BEITRÄGE ZUR HISTORISCHEN THEOLOGIE

Herausgegeben von Johannes Wallmann

95

Kirche im Sozialismus

Geschichte, Bedeutung und Funktion einer
ekklesiologischen Formel

von

Wolfgang Thumser

J.C.B.Mohr (Paul Siebeck) Tübingen

Die Deutsche Bibliothek – CIP-Einheitsaufnahme

Thumser, Wolfgang:
Kirche im Sozialismus: Geschichte, Bedeutung und Funktion einer
ekklesiologischen Formel / von Wolfgang Thumser. – Tübingen: Mohr, 1966
  (Beiträge zur historischen Theologie; 95)
  ISBN 3-16-146502-4
NE: GT

© 1996 J. C. B. Mohr (Paul Siebeck) Tübingen

Das Buch wurde von Gulde-Druck in Tübingen aus der Bembo-Antiqua belichtet, auf alte-
rungsbeständiges Werkdruckpapier der Papierfabrik Weissenstein in Pforzheim gedruckt
und von der Großbuchbinderei Heinr. Koch in Tübingen gebunden.

ISSN 0340-6741

für Stefanie

Vorwort

Diese Arbeit beschäftigt sich mit der Formel „Kirche im Sozialismus". Die Formel wird als Bündelung unterschiedlicher Selbst- und Fremdverständnisse der evangelischen Christen in der DDR[1] und insbesondere ihrer Sozialgestalt, der evangelischen Kirchen in der DDR, aufgefaßt. Sie ist inhaltlich und funktional vieldeutig, d.h. sie wurde und wird, je nach Perspektive und historischer Zeitstelle, auf ganz unterschiedliche Weise interpretiert und mit unterschiedlichen Intentionen verwendet.

Die vorliegende Studie nähert sich diesem Gegenstand in systematisch-theologischer Perspektive. Sie betrachtet die Formel und ihre Geschichte als Ausdruck vielfältiger ekklesiologischer Theorie- und Programmelemente. Die in sich komplexe und nach außen hin (sachlich und historisch) offene Gesamtheit dieser Elemente bildete das Selbstverständnis der evangelischen Kirchen in der DDR[2].

Das Interesse am Selbstverständnis der evangelischen Kirchen in der DDR bzw. am ekklesiologischen Selbstverständnis der evangelischen Christenheit der DDR hängt mit der gegenwärtigen Situation des deutschen Protestantismus zusammen. Diese läßt sich durch die Gleichzeitigkeit zweier Momente skizzieren, eines langfristigen Prozesses und eines in diesen Prozeß fallenden Ereignisses.

Der Prozeß besteht in einer vielfältigen strukturellen Transformationsbewegung von Gesellschaft und Kirche. Zum einen muß sich die Kirche auf die Existenz in einer pluralistischen Gesellschaft einstellen. Diese Gesellschaft schwankt zwischen der funktionalen Relativierung[3] und Autonomisierung[4] aller ihrer Handlungsbereiche bei gleichzeitiger Öffnung nach außen einerseits und der Suche nach absoluten Orientierungspunkten andererseits. In diesen Prozeß, der einen ho-

---

[1] Das ergänzende Prädikat „ehemalig" wird hier durchgehend weggelassen. Dies hat nicht nur platzsparende Gründe. Denn Sinn hätte die Prädizierung nur, wenn eine Verwechslung der gemeinten, vergangenen DDR mit so etwas wie der DDR in unserer Gegenwart drohte. Dies ist jedoch nicht der Fall. Der Terminus DDR ist eindeutig und bedarf keiner näheren Bestimmung.

[2] Zum Zusammenhang von Ekklesiologie, ekklesiologischen Formeln und kirchlichem Selbstverständnis vgl. u. Kap. II.B/2.3.2.2.1.

[3] D.h. alle in der Gesellschaft erbrachten Leistungen können grundsätzlich hinsichtlich des Verhältnisses von gesellschaftlichen Kosten und Nutzen bewertet und bei einer Verschlechterung dieses Verhältnisses durch funktionale Äquivalente ersetzt werden. Dieser Vorgang erfolgt nicht durch einen subjektiven Willen und mittels eines institutionalisierten Verfahrens. Er kann jedoch im Rückblick verifiziert werden.

[4] Jeder Interaktionsbereich (jedes Subsystem) der Gesellschaft tendiert dazu, aufgrund seiner ihn konstituierenden Funktion und seiner dadurch geleiteten spezifischen Wirklichkeitswahrnehmung seine Handlungsziele und -methoden autonom zu definieren.

hen kirchlichen Bedarf nach ekklesiologischer Orientierung erzeugt, fiel die
durch die historischen Umstände bedingte Auflösung des Bundes der Evangelischen Kirchen in der DDR und die Erneuerung des föderativen Zusammenschlusses aller deutschen evangelischen Landeskirchen.

Dieses Ereignis hat in Ost und West ganz unterschiedliche Auswirkungen. Auf
westdeutscher Seite überwiegt die Forderung nach Integration und Anpassung der
östlichen Landeskirchen[5], verbunden mit einer gewissen Enthemmung des Urteils
ihnen gegenüber. Ihr Weg wird mittlerweile, nach dem Wegfall des Zwanges zu
politischer Rücksichtnahme, offener als bisher als Irrweg entlarvt und verworfen.
Die Stasi-Thematik bietet sich dabei ebenso wie ihre Personalisierung als eine auf
den Markt der bundesdeutschen Öffentlichkeit zugeschnittene Reduzierung des
Problems an. Entsprechend gibt es auch Anzeichen einer kirchen- bzw. theologie-
politischen Instrumentalisierung der DDR-Zeitgeschichte[6]. Allerdings dürfte es
dem Erkenntniswert der Forschung nicht zugute kommen, wenn sie von dem Interesse geleitet ist, offene Rechnungen zu begleichen oder als Munition im Streit
sich neu formierender Fronten zu fungieren.

Im Osten reichen die Reaktionen auf die kirchenpolitischen Vorgänge der letzten Jahre von larmoyanter Vergangenheitssehnsucht über trotzige Identitätsverte-
idigung bis hin zu selbstbewußten Gestaltungsimpulsen. Erneut findet man sich auf
einer schwierigen Gratwanderung – diesmal zwischen der Zurückweisung der in
der Forderung eines Schuldbekenntnisses kulminierenden, jedoch weithin als welt-
anschauungspolitisches Kalkül durchschauten Kirchenschelte westlicher Provenienz einerseits und der Übung ebenso notwendiger wie berechtigter öffentlicher
Selbstkritik bzw. der kritischen Sichtung der eigenen Vergangenheit andererseits.
Angesichts dieser prekären Situation, die durch die Flut mannigfacher struktureller und organisatorischer Schwierigkeiten der Kirche selbst sowie ihrer enormen
und überaus schwierigen Aufgaben im Zusammenhang der Bewältigung der sozialen und ökonomischen Strukturkatastrophen in den fünf Neuen Ländern noch erheblich verschärft wird, ist eine leistungsfähige theologische und zeitgeschichtli-
che Erforschung der eigenen jüngsten Vergangenheit, von einigen wenigen Einzel-
leistungen abgesehen, zur Zeit realistischerweise nicht zu erwarten.

Gerade auf nüchterne theologische Arbeit aber kommt es, wenn diese Skizze der
kirchlichen Situation auch nur einigermaßen zutrifft, gegenwärtig ganz besonders
an. Die vorliegende Studie stellt einen Versuch dar, zu solcher Arbeit beizutragen.

Als Ziel strebt sie keine Lösungen, sondern Präzisierungen der verhandelten Probleme an.

---

[5] Als Ausdruck dieser Haltung vgl. pars pro toto A. v. CAMPENHAUSEN, „Auch der Westen hat
seine Erfahrungen". Soll das Grundgesetz geändert werden?, in: ZW 62, 1991, 238–242.
[6] Vgl. die umfangreiche Debatte um die Stasi-Dokumentation Gerhard Besiers (G. BESIER/S.
WOLF [Hgg.], „Pfarrer, Christen und Katholiken". Das Ministerium für Staatssicherheit der ehemaligen DDR und die Kirchen, 1991) und den traditionsgeschichtlichen Vorstoß Friedrich Wilhelm Grafs (F. W. GRAF, Traditionsbewahrung in der sozialistischen Provinz. Zur Kontinuität antikapitalistischer Leitvorstellungen im neueren deutschen Protestantismus, in: ZEE 36, 1992, 175–
191).

Das hat seinen Grund zum einen in dem hier zugrundeliegenden Begriff von Wissenschaft überhaupt. Denn die Ergebnisse (theoretischer) Wissenschaften können nie mehr beanspruchen als eine Präzisierung der Problemwahrnehmung. Gerade wenn sie das leisten, eignet ihnen eine direkte und eminente handlungsorientierende Kraft.

Das genannte Ziel liegt aber auch im Gegenstand der Untersuchung selbst begründet. Denn die gegenwärtige ekklesiologische Diskussion im deutschen Protestantismus ist ja keineswegs durch das Fehlen von Lösungsangeboten gekennzeichnet. Durch weitere Lösungsvorschläge würden daher wohl eher offene Türen eingerannt. Hinzu kommt, daß konkrete Entscheidungen in der gegenwärtigen Struktur- und Orientierungskrise nicht Sache der systematischen Theologie sein können, sondern den Kirchenleitungen obliegen. Wissenschaftliche Theologie kann nicht mehr, sollte aber auch nicht weniger tun als dafür zu orientieren, d.h. mögliche Orientierungsdefizite auszugleichen. Gründe für solche Defizite können in mangelndem Konsens bei der Problemwahrnehmung bzw. -formulierung, aber auch in einer unzureichenden Präzision der Problemwahrnehmungsversuche bestehen.

Dem vorliegenden Orientierungsversuch liegt eine Kombination von Perspektiven zugrunde. Der vor uns liegende Weg mit seinen Aufgaben kann nur gelingen unter der Voraussetzung, daß wir ihn bewußt *mit* unseren gemeinsamen und getrennten Vergangenheiten antreten. Das aussichtsreichste Verfahren, hierfür die Voraussetzungen zu schaffen, scheint mir eine Kombination von Selbst- und Fremdbeobachtung zu sein. Im Falle dieser Studie heißt das: Der Prozeß der Selbstbeobachtung des Protestantismus in der DDR wird der Fremdbeobachtung unterzogen. Dies erweitert die Möglichkeit der Reflexion der Geschichte im Osten und ermöglicht ihre Rezeption im Westen. Beides ist wichtig. Dabei hat dieses Verfahren einen entscheidenden Nachteil und einen ebensolchen Vorteil. Der Nachteil besteht in dem uneinholbaren Erfahrungsvorsprung der Selbstbeobachtung vor der Fremdbeobachtung. Der Vorteil besteht in dem wiederum uneinholbaren Komplexitätsvorsprung der Fremdbeobachtung vor der Selbstbeobachtung.

Angesichts dieser Konstellation bleibt abschließend zweierlei zu hoffen. Zum einen, daß es gelungen ist, Vor- und Nachteil des gewählten Verfahrens zumindest in der Waage zu halten. Einen Beitrag dazu will auch die in den Anhang der Untersuchung aufgenommene Dokumentation leisten, indem sie den Zugang zu einer großen Zahl von wichtigen Texten zur Geschichte der evang. Kirchen in der DDR und besonders zum Verständnis der Formel „Kirche im Sozialismus" – und damit für westliche Leser auch zum Sprach- und Denkhorizont des untersuchten Gegenstandes – ermöglicht bzw. erleichtert.

Eine Reduzierung der Gefahr des Mißverhältnisses von Vor- und Nachteil des gewählten Verfahrens, und dies ist das Zweite, sehe ich erreichbar nicht durch eine Änderung, sondern nur durch eine Intensivierung der hier eingeschlagenen Richtung. Das heißt: Nur durch eine tendenziell stärkere Zusammenarbeit und Integration von Selbst- und Fremdbeobachtung beider vormals getrennter und jetzt vereinter Kirchengebiete hinsichtlich ihrer Identität und *nicht* durch eine wechselseitige Isolierung beider Perspektiven werden die Probleme der Gegenwart einer Lösung nähergebracht werden können. Meine persönlichen Erfahrungen während meiner Arbeit in den letzten Jahren stimmen in dieser Hinsicht freilich eher optimistisch. Ihre Artikulation erfolgt darum in der Form der Danksagung.

Für unkomplizierte und tatkräftige Unterstützung in vielerlei Weise danke ich Prof. Dr. Wolf Krötke, Prof. Dr. Michael Beintker, Prof. Dr. Eberhard Jüngel, Prof. Dr. Richard Schröder, Dr. Johannes Althausen, Bischof i.R. Dr. Werner Krusche, Bischof i.R. Dr. Albrecht Schönherr, Propst Dr. Hans-Otto Furian, und Propst Dr. Heino Falcke. Unveröffentlichtes Quellenmaterial wurde mir von der Evang. Kirche der Union, Berlin, der Informations- und Dokumentationsstelle der EKD, Berlin sowie dem Bundesarchiv, Abteilungen Potsdam freundlich zur Verfügung gestellt. Für finanzielle Unterstützung danke ich der Friedrich-Ebert-Stiftung und der Evangelisch-Lutherischen Kirche in Bayern.

Die Gespräche und die gemeinsame Arbeit mit Christoph Hoffmann-Richter haben mir nicht nur für die vorliegende Arbeit wichtige Impulse vermittelt. Barbara Hepp hat die Mühe der Lektüre großer Teile des Textes auf sich genommen und mit ihren präzisen Rückfragen an vielen Stellen ein Weiterdenken angeregt. Beide haben darüber hinaus zusammen mit Andreas Rickerl die Druckfahnen korrekturgelesen. Michael Sonnenstatter half bei vielen kleinen und großen Problemen der Daten- und Textverarbeitung. Ihnen und vielen anderen, die hier ungenannt bleiben, danke ich von Herzen. In mitunter schwierigen Zeiten waren sie zuverlässige und selbstlose Freunde.

Mein besonderer Dank gilt Prof. Dr. Ingolf U. Dalferth, der die Entwicklung der Arbeit intensiv und mit großem Interesse begleitet hat und mit seiner stetigen, unkomplizierten und immer hilfreichen Präsenz über manche Durststrecke hinweghalf.

Der Fachbereich Evangelische Theologie der Johann Wolfgang Goethe-Universität Frankfurt am Main hat die vorliegende Untersuchung im Wintersemester 1993/94 als Dissertation angenommen. Die Gutachten fertigten Prof. Dr. Ingolf U. Dalferth, Prof. Dr. Michael Beintker und Prof. D. Dr. Erwin Fahlbusch an.

Für die Aufnahme der Arbeit in die Reihe *Beiträge zur Historischen Theologie* danke ich Prof. Dr. Johannes Wallmann und dem Verleger Georg Siebeck. Der Text wurde für die Veröffentlichung von mir überarbeitet.

Ermöglicht wurde die Drucklegung durch Zuschüsse der Vereinigten Evangelisch-Lutherischen Kirche Deutschlands, der Evangelischen Kirche der Union und der Evangelisch-Lutherischen Kirche in Bayern.

Vagen, im Februar 1996   *Wolfgang Thumser*

Inhalt

Vorwort   V

Verzeichnis der verwendeten Abkürzungen   XVI

Verzeichnis der Zeitschriften XVIII

Einleitung   1

I. Zum historischen Kontext

A. Der Sozialismus und die Entwicklung seines Verhältnisses zu
Kirche und Religion. Eine Erinnerung.   5

1. Karl Marx: Religion als „Opium des Volkes"   5
   1.1   Die Dissertation 1839: philosophische Religionskritik im Sinne
          der Linkshegelianer   5
   1.2   Von der Hinwendung zur politischen Religionskritik bis zum
          „Ende der Religionskritik"   6
   1.3   Ideologiekritik als Folge der Neubestimmung des Hegelschen Basis-
          Überbau-Modells   8
   1.4   Entfremdung und Fetischismus   8
   1.5   Die Überwindung der Entfremdung in der proletarischen Revolu-
          tion   10

2. Engels, Bebel, Lenin: Religion als Instrument des Klassenfeindes und die
Politik der Einheitsfront   10

B. Geschichte und Grundprobleme der Kirchenpolitik der DDR   18

1. Vorbemerkungen   18
   1.1   Die marxistische Staatstheorie   18
   1.2   Das marxistische Politikverständnis   20

2. Kirche und Staat in den Jahren der Nachkriegszeit   22
   2.1   Kirchlicher Strukturwandel aufgrund territorialer und personeller
          Verluste   22
   2.2   Der restaurative Neuaufbau der Kirche   23
   2.3   1945–1951: Die Einstellung der politischen Kräfte zur Kirche.
          Die staatskirchenrechtlichen Grundentscheidungen   24

3. 1952–1967: Kirchenpolitik im Zeichen des „Aufbaus des Sozialismus" 26
  3.1   Die Phase der Konfrontation 26
  3.1.1   Die Stalinisierung der DDR 26
  3.1.2   1952/53: Kirchenkampf und innenpolitische Krise 27
  3.1.3   Die Einführung der Jugendweihe 28
  3.1.4   Die Kirche zwischen den Systemen 29
  3.2   Die Phase der Konsolidierung und Ideologisierung 31
  3.2.1   Die „Vollendung des sozialistischen Aufbaus" 31
  3.2.2   Das Kommuniqué vom 1. Juli 1958 31
  3.2.3   Die Kirchenpolitik der sechziger Jahre: Kirche als Teil der „soziali-
          stischen Menschengemeinschaft" 32

4. 1968–1989: Der Weg zur Politik der pragmatischen Koexistenz von Kirche
und Staat 37
  4.1   1968 – 1971: Von der Fassade zum Diktat 37
  4.1.1   Die neue machtpolitische Linie 37
  4.1.2   Der Streit um die kirchliche „Eigenständigkeit". 37
  4.2   Juni 1971 – März 1978: Kirchenpolitische Übergangszeit 39
  4.2.1   Die Korrektur der ideologischen Leitbegriffe 39
  4.2.1.1   Die DDR als „Klassengesellschaft neuen Typs" 39
  4.2.1.2   Die kirchenpolitische Formel vom „sozialistischen Bürger christli-
          chen Glaubens" 40
  4.2.2   Der neue außenpolitische Kurs der „Koexistenz" und die Neu-
          orientierung der Arbeit des Ministeriums für Staatssicherheit 41
  4.2.2.1   Der neue außenpolitische Kurs der DDR Anfang der siebziger
          Jahre und die „Prinzipien friedlicher Koexistenz" 41
  4.2.3   Die Grundsätze der Kirchenpolitik gegenüber der „Kirche im
          Sozialismus" 43
  4.2.4   Die Krise von 1976/77 46
  4.2.4.1   Das „Zeichen von Zeitz" 46
  4.2.4.2   Repressive Kulturpolitik 47
  4.2.5   Erneute Konsolidierung und Bekräftigung des neuen kirchenpoliti-
          schen Kurses 48
  4.3   Der 6. März 1978 49
  4.4   1978–1989 50
  4.4.1   Lebensstandard 51
  4.4.2   Legitimation und Identität 51
  4.4.2.1   Legitimation 51
  4.4.2.2   Kurswechsel in der Begründung gesellschaftlicher Identität:
          die Erberezeption 52
  4.4.3   Systemgeschlossenheit 53
  4.4.3.1   Die Gefährdungen der Geschlossenheit von außen 54
  4.4.3.2   Die Gefährdungen der Geschlossenheit von innen 54
  4.4.3.3   Die totale Gefährdung der Geschlossenheit 55

C. Die Entstehung der Formel „Kirche im Sozialismus" 57

1. Der deutsche Protestantismus und das Problem der nationalen Einheit 57

2. Die organisatorische Selbständigkeit der östlichen Landeskirchen 62

3. Die Entwicklung eines eigenen Selbstverständnisses der Kirchen in der DDR
   und die Entstehung der Formel 65
   3.1   Die zweifache Eigenständigkeit des Kirchenbundes 65
   3.2   „Kirche im Sozialismus" 67

II. Zur Bedeutung der Formel „Kirche im Sozialismus"

A. „Kirche im Sozialismus" als Ortsbestimmung 74

1. Vorbemerkungen 74
   1.1   Ortsbestimmung im Sozialismus 74
   1.2   Ortsbestimmung „im Sinne echter Anwesenheit" 75

2. Otto Dibelius: Der totale Staat kann nicht Obrigkeit sein. 78
   2.1   Die politische Ekklesiologie Otto Dibelius' 78
   2.2   Der ekklesiologische Kontext der Nachkriegszeit 80
   2.3   „Obrigkeit?" 82

3. Versuche einer konfliktfreien Ortsbestimmung der Kirche in der ideologisierten Gesellschaft 85

4. Versuche einer eigenständigen Lokalisierung der Kirche jenseits der politischen Antagonismen 87
   4.1   Die Anerkennung der DDR als „Obrigkeit" 87
   4.1.1   Franz Laus Lutherinterpretation von 1952 88
   4.1.2   Martin Fischer über die Aufgabe einer Kirche unter einer ideologi-
              sierten Obrigkeit 89
   4.1.2.1   Obrigkeit 90
   4.1.2.2   Ideologisierte Obrigkeit 90
   4.1.2.3   Die Inkonsequenz der Ideologen 91
   4.1.2.4   Gefahren einer Kirche unter einer ideologisierten Obrigkeit 91
   4.1.2.5   Die Aufgabe der Kirche unter einer ideologisierten Obrigkeit 91
   4.1.3   Günter Jacob: Antichrist oder Obrigkeit? 92
   4.1.4   Johannes Hamel: Wider die Selbstbehauptung der Kirche und ihre
              gesetzliche Predigt 94
   4.2   Koexistenz und Kooperation 95

5. Zusammenfassung 98

B. „Kirche im Sozialismus" als Situationsbestimmung 101

1. Die Umwelt der Kirche 101
   1.1   Voraussetzung: Bonhoeffers Rede von der „mündig gewordenen
              Welt". 102

1.1.1   Das Wirklichkeitsverständnis des christlichen Glaubens   102
1.1.2   Säkularisierung   103
1.1.2.1   Erbe und Verfall (1940)   103
1.1.2.2   Widerstand und Ergebung (1944)   104
1.1.2.3   Einige Problemanzeigen   106
1.2   Analyse: Die kirchliche Wahrnehmung ihrer Umwelt in der DDR .   107
1.2.1   Die Relevanz der Problemstellung   107
1.2.2   „Kirche und Welt"   109
1.2.3   Die „säkulare Welt"   109
1.2.4   Mündigkeit   112
1.2.4.1   Die Mündigkeit der „Welt"   113
1.2.4.2   Mündige Gemeinde und mündige Christen   116
1.2.4.3   Mündigkeit der „Welt" oder Mündigkeit der Christen?   118
1.2.4.4   Die Mündigkeit der Gesellschaft und die Mündigkeit der Kirche . . .   122
2. Die Kirche in ihrer Umwelt   123
2.1   „Kirche in der Diaspora" als Kennzeichnung der Außenrelation
           der „Kirche im Sozialismus"   125
2.1.1   Differenzierungen im Diaspora-Begriff   125
2.1.2   Merkmale der ideologischen Diaspora   126
2.1.2.1   Minderheitssituation der Kirche   126
2.1.2.2   Unprivilegiertheit der Kirche   127
2.1.2.2.1 Materielle und juristische Privilegien   127
2.1.2.2.2 Gesellschaftliche Einfluß- und Gestaltungsmöglichkeiten   128
2.1.2.2.3 Verlust der sozialen Privilegierung der Kirchenzugehörigkeit   128
2.2   „Kirche in der Diaspora" als Kennzeichnung der Innenrelation der
           „Kirche im Sozialismus"   131
2.2.1   Die Diasporakirche als Kirche im Übergang   132
2.2.1.1   Von der Volkskirche zur Freiwilligkeitskirche   132
2.2.1.2   Von der Volkskirche zur bekennenden Gemeinde   133
2.2.1.3   Von der Volkskirche zur missionierenden Gemeinde   134
2.2.2   Die Diasporakirche als Offene Kirche   139
2.3   „Kirche in der Diaspora" als normative Gestalt der Kirche.   139
2.3.1   Der Befund   140
2.3.1.1   Die ekklesiologische Privilegierung der kirchlichen Unprivilegiert-
           heit   142
2.3.1.1.1 Die Bewertung kirchlicher Privilegienverluste in staatlicher Per-
           spektive   142
2.3.1.1.2 Die Bewertung der kirchlichen Privilegienverluste in kirchlicher
           Perspektive   144
2.3.1.2   Die ekklesiologische Privilegierung der kirchlichen Minderheitssi-
           tuation   154
2.3.2   Zur Beurteilung   159
2.3.2.1   Die Frage nach den Kriterien der Möglichkeit der programmatisch-
           ekklesiologischen Privilegierung einer bestimmten situationsrelati-
           ven kirchlichen Gestalt   159
2.3.2.2   Die Frage nach Funktion und Bedeutung des Volkskirchenbegriffs
           im Zusammenhang der „Situationsbestimmung" der Kirche in der
           DDR   161

2.3.2.2.1 Skizze einer Theorie ekklesiologischer Programmformeln 161
2.3.2.2.2 Die Verwendung von „Volkskirche" als ekklesiologische Negativfolie 165

C. „Kirche im Sozialismus" als Auftragsbestimmung 167

1. Die „Prägung" der sozialistischen Gesellschaft durch eine repressive Zivilreligion 170
 1.1   Die Analyse der „Prägung" der sozialistischen Gesellschaft als Ant-
         wort auf die Frage nach den Bedingungen der Konstitution indivi-
         dueller und sozialer Identitäten in hochentwickelten Gesellschaften . 171
 1.1.1   Das Integrationsproblem in der sozialistischen Gesellschaft 171
 1.1.2   Der Sozialismus als repressive Zivilreligion 173
 1.2   Die erzwungene Transformation des Sozialismus in der DDR von
         einer exklusiven in eine inklusive repressive Zivilreligion 175
 1.3   Das Scheitern des Sozialismus als inklusive repressive Zivilreligion .. 179

2. Der Auftrag der „Kirche im Sozialismus" 184
 2.1   Einleitung: Relevanz und Vollzug kirchlicher Auftragsbestimmung . 184
 2.2   Zur aporetischen Existenz der Kirche in der sozialistischen Gesell-
         schaft der DDR 185
 2.3   Versuche, die Aporie aufzulösen 188
 2.3.1   Das Konfrontationsmodell 188
 2.3.2   Konvergenzmodelle 189
 2.3.2.1 Die CDU 189
 2.3.2.2 Überkonfessionelle und überregionale innerkirchliche Gruppierun-
         gen 191
 2.3.2.3 Der „Thüringer Weg" 194
 2.3.2.4 Hanfried Müller 197
 2.4   Versuche einer verantwortlichen kirchlichen Existenz in der apore-
         tischen Situation: „Kirche im Sozialismus" als „Koexistenzformel" . 202
 2.4.1   „Kirche im Sozialismus" als Kirche in der Aporie 202
 2.4.2   Das Spitzengespräch vom 6. März 1978 als Grunddatum der
         „Kirche im Sozialismus" 203
 2.4.3   Manfred Stolpe und die Politik des „Burgfriedens" 205
 2.4.3.1 Die Voraussetzungen 205
 2.4.3.2 Der Auftrag 206
 2.4.3.3 Die Methode: Gespräch zwischen Staat und Kirche 208
 2.4.3.3.1 Das Gespräch als Instrument kirchlicher Interessenpolitik 208
 2.4.3.3.2 Das Gespräch als funktionales Äquivalent für das fehlende Staatskir-
         chenrecht 210
 2.4.3.3.3 Das Gespräch als Wahrnehmung des kirchlichen Auftrags in der
         sozialistischen Gesellschaft 211

3. Die Identität der Kirche als das zentrale Problem ihrer Auftragsbestimmung im
Sozialismus 215
 3.1   Einleitung: Die Identität der Kirche 215
 3.1.1   Die zweifache Konstitutionsweise kirchlicher Identität 215

3.1.2   Zum Problem des Verhältnisses von Identität und Kommunikation
         der Kirche 217
3.2   Das Problem der Identität der „Kirche im Sozialismus" und die
         Wahrheitsfrage 219
3.2.1   Die Kirche als Zeugin oder als Anwältin der Wahrheit? 220
3.2.2   Sozialistische und christliche Religionskritik im Sozialismus 220
3.2.3   Die Wahrheit des Glaubens und die Homogenität der Wirklichkeit . 222
3.2.4   Dietrich Bonhoeffers Rede von der Arkandisziplin der Kirche 224
3.2.4.1 Das grundsätzliche Schweigen der Kirche 224
3.2.4.2 Das relative Schweigen der Kirche 225
3.2.5   Zur kommunikationstheoretischen Lokalisierung kirchlicher Identi-
         tätskonstitution in kritischer Auseinandersetzung mit Bonhoeffer .. 227
3.3   Gestalten und Probleme kreuzestheologischer Profilierungsversu-
         che der Ekklesiologie in der DDR 232
3.3.1   Die Außenkommunikation der „Kirche im Sozialismus" als „Teil-
         nahme" 233
3.3.2   Die Kennzeichen der „Teilnahme" einer „Kirche unter dem
         Kreuz" 240
3.3.2.1 Formales Kennzeichen: Selbstlosigkeit 241
3.3.2.1.1 Statt Selbstbehauptung: Selbstverleugnung 241
3.3.2.1.2 Selbstlosigkeit der Kirche bei Wahrung der eigenen Identität 243
3.3.2.1.3 Zur Kritik der Kenosis-Ekklesiologie 245
3.3.2.2 Strukturelles Kennzeichen: Die einzelnen Christen als Subjekte des
         kirchlichen Auftrages 248
3.3.2.3 Inhaltliches Kennzeichen: Eigenständigkeit 255
3.3.2.3.1 Zum Verhältnis von Zeugnis und Dienst der „Kirche im Sozialis-
         mus" 257
3.3.2.3.2 Das „Wächteramt" der Kirche 261
3.3.2.3.3 Die „Kirche im Sozialismus" als „Lerngemeinschaft" 263
3.3.2.3.4 Kirchliche Eigenständigkeit als Freiheit der Theologie und als Ein-
         heit der Kirche 268
3.3.2.3.5 Theologische Opposition gegen die Eigenständigkeit der Kirche ... 270
3.3.3   Die Konkretionen der „Teilnahme" einer „Kirche unter dem
         Kreuz" 272
3.3.3.1 „Dialog" zwischen Staat und Kirche 272
3.3.3.2 Die „Kirche im Sozialismus" als „Offene Kirche": Zum Problem
         des Verhältnisses von Kirche und Gruppen 276
3.3.3.2.1 Kirche und Gruppen. Ein historischer Abriß 277
3.3.3.2.2 Offenheit und Geschlossenheit der Kirche als Problem ihrer Identi-
         tät. Eine theologische Problemskizze 283
3.3.3.2.3 Kirchliche Integrationsstrategien 286
3.3.3.2.4 Modelle konditionierter Integration 291
3.3.3.2.5 Das Interdependenzmodell 295
3.3.3.2.6 Die Leipziger Kritik an den Integrationsmodellen 299
3.3.4   Fazit: Die „Teilnahme" der „Kirche im Sozialismus" als „kritische
         Solidarität" 305

III. Zusammenfassung

Anhang

Dokumentation 317

Literaturverzeichnis 463

Verzeichnis der abgekürzten Literaturangaben 499

Bibelstellenregister 503

Personenregister 504

Sachregister 508

Verzeichnis der verwendeten Abkürzungen

BAP	Bundesarchiv, Abteilungen Potsdam
BEK	Bund der Evangelischen Kirchen in der DDR
BEP	Bund evangelischer Pfarrer in der DDR
BK	Bekennende Kirche
BS	Bundessynode
DBW	Dietrich Bonhoeffer Werke, hg. v. E. Bethge u.a. München: Kaiser 1986ff.
DC	Deutsche Christen
DEKT	Deutscher Evangelischer Kirchentag
DW	Darmstädter Wort
EKD	Evangelische Kirche in Deutschland
EKU	Evangelische Kirche der Union
ESG	Evangelische Studenten-Gemeinde
EStL	Evangelisches Staatslexikon, begründet v. H. Kunst und S. Grundmann, hg. v. H. Kunst, R. Herzog u. W. Schneemelcher, Stuttgart Berlin (Kreuz) ²1975
EVA	Evangelische Verlagsanstalt Berlin/O.
EZA	Evangelisches Zentralarchiv, Berlin
ena	Evangelischer Nachrichten-Dienst
epd	Evangelischer Pressedienst
FDJ	Freie Deutsche Jugend
FS	Festschrift
GA	Gesamtausgabe
HDThG	Handbuch für Dogmen- und Theologiegeschichte
KI	Kommunistische Internationale
KKL	Konferenz der evangelischen Kirchenleitungen in der DDR
KL	Kirchenleitung
KThQ	Kirchen- und Theologiegeschichte in Quellen. Ein Arbeitsbuch, hg. v. H. A. Oberman u.a.
LAW	W. I. Lenin, Ausgewählte Werke in zwei Bänden, Moskau (Verlag für fremdsprachige Literatur) 1946f.
LB	Landesbischof
LS	Landessynode
LThK	Lexikon für Theologie und Kirche
LWB	Lutherischer Weltbund
MEW	Karl Marx/Friedrich Engels, Werke, hg.v. Institut für Marxismus-Leninismus beim ZK der SED, 39 Bände und zwei Ergänzungsbänder (diese werden mit „MEW EB" zitiert), Berlin/DDR (Dietz) 1956–1968
MfS	Ministerium für Staatssicherheit
NBST	Neukirchener Beiträge zur Systematischen Theologie
NKFD	Nationalkomitee „Freies Deutschland"
PS	Provinzialsynode
RGG	Die Religion in Geschichte und Gegenwart. Handwörterbuch für Theologie und Religionswissenschaft. Dritte, völlig neu bearbeitete Auflage 1957–1962

SBZ	Sowjetische Besatzungszone
SMAD	Sowjetische Militäradministration in Deutschland
StL	Staatslexikon
STS	Dienststelle des Staatssekretärs für Kirchenfragen
ThST	Theologische Studien
TRE	Theologische Realenzyklopädie, in Gemeinschaft mit H.R.Balz u.a. hg.v. G.Krause u. G.Müller, Berlin New York (de Gruyter) 1977ff.
TVZ	Theologischer Verlag Zürich
VELKD	Vereinigte Evangelisch-Lutherische Kirche in Deutschland
VELKDDR	Vereinigte Evangelisch-Lutherische Kirche in der DDR
V&R	Vandenhoek & Ruprecht
WAK	Weißenseer Arbeitskreis
ZK	Zentralkomitee

Verzeichnis der Zeitschriften

BThZ   Berliner Theologische Zeitschrift. Theologia Viatorum Neue Folge
DA   Deutschland Archiv. Zeitschrift für Fragen der DDR und der Deutschlandpolitik
DAS   Deutsches Allgemeines Sonntagsblatt
DZfPh   Deutsche Zeitschrift für Philosophie
EK   Evangelische Kommentare
EV   Evangelische Verantwortung. Meinungen und Informationen aus dem Evange-
              lischen Arbeitskreis der CDU/CSU
EvInf   Evangelische Information. Nachrichtenspiegel des epd
EvTh   Evangelische Theologie
epd-Dok   epd-Dokumentation
GuH   Glaube und Heimat. Evangelische Wochenzeitung für Thüringen
JK   Junge Kirche
KiS   Kirche im Sozialismus. Zeitschrift zu Entwicklungen in der DDR
KJB   Kirchliches Jahrbuch für die Evangelische Kirche in Deutschland
KuD   Kerygma und Dogma
KZG   Kirchliche Zeitgeschichte. Internationale Halbjahresschrift für Theologie und
              Geschichtswissenschaft
LM   Lutherische Monatshefte
LWI   Lutherische Welt-Information. Pressedienst des LWB
MBEK   Mitteilungsblatt des BEK
ND   Neues Deutschland
NZ   Neue Zeit
NZSTh   Neue Zeitschrift für Systematische Theologie und Religionsphilosophie
RM   Rheinischer Merkur
SI   Sozialdemokratischer Informationsdienst. Evangelische Perspektiven
Stp   Standpunkt
ThB   Theologische Beiträge
ThLZ   Theologische Literaturzeitung
ThPr   Theologia Practica
ThR   Theologische Rundschau
ThZ   Theologische Zeitschrift
Übergänge
VF   Verkündigung und Forschung
WBl   Weißenseer Blätter
WZ(L).GS   Wissenschaftliche Zeitschrift der Karl-Marx-Universität Leipzig. Gesellschafts-
              und sprachwissenschaftliche Reihe (wird auch zit. als „WZUL B")
ZdialTh   Zeitschrift für dialektische Theologie
ZdZ   Die Zeichen der Zeit
ZEE   Zeitschrift für Evangelische Ethik
ZevKR   Zeitschrift für evangelisches Kirchenrecht
ZfS   Zeitschrift für Soziologie
ZThK   Zeitschrift für Theologie und Kirche
ZW   Zeitwende. Die neue Furche

Einleitung

Der Versuch, das Selbstverständnis einer Kirche zu erfassen, muß methodisch zunächst die folgenden drei kategorialen Dimensionen berücksichtigen

1. Die *vertikale Dimension* umfaßt zum einen *die vertikale Struktur der Kirche*, die in unserem Fall vom DDR-Kirchenbund über die Landeskirchen und Kirchenkreise bis hin zu den Einzelgemeinden und einzelnen Christen reicht. In dieser Dimension ist zweitens aber auch *die Struktur von theologischer Forschung und Lehre* zu berücksichtigen.

2. In der *horizontalen Dimension* wird hinsichtlich der unterschiedlichen *Konfessionen bzw. konfessionellen Kirchenföderationen* differenziert. Auch die Berücksichtigung *lokaler Eigentümlichkeiten* hat hier ihren Ort.

3. In der *punktuellen Dimension* schließlich ist die Aufmerksamkeit auf die einzelnen Persönlichkeiten bzw. Gremien selber gerichtet, die einen Beitrag zur Entwicklung des Selbstverständnisses der Kirche geleistet haben.

Diese drei kategorialen Dimensionen sind analog zu den drei räumlichen Dimensionen gebildet. Sie ermöglichen daher zuverlässig eine präzise Lokalisierung jeder einzelnen für unsere Fragestellung relevanten Quelle. Darüber hinaus führte eine *konsequente* Anwendung dieses analytischen Instrumentariums (die im Rahmen der vorliegenden Studie nur ansatzweise geleistet werden konnte) zu einer Vielzahl wichtiger kirchensoziologischer und konfessionshistorischer Erkenntnisse.

Gleichwohl bleiben diese Erkenntnisse hinsichtlich ihrer analytischen Potenz defizitär, wenn die methodischen Instrumente auf die drei genannten quasi-lokalen Kategorien beschränkt blieben. Diese müssen daher durch zwei Kategorien ergänzt werden, die die relative Abgeschlossenheit der lokalen Perspektive jeweils transzendieren und dabei sowohl wechselseitig aufeinander als auch auf die einzelnen lokalen Dimensionen zu beziehen sind. Den letzteren sind sie also nicht additiv zugeordnet, sondern bilden vielmehr eine Erweiterung ihrer analytischen Potentialität. Diese beiden Kategorien bestehen aus der Anwendung zweier weiterer Dimensionen:

a. Die *historische Dimension* wird zunächst in der traditionsgeschichtlichen Fragestellung berücksichtigt. Alle hier zu untersuchenden Phänomene stehen zu einem relativ stabilen geistigen Kontinuum im Verhältnis wechselseitiger Interaktion: sie sind einerseits von ihm abhängig und stellen andererseits immer schon eine Interpretation und Variation dar. Darüber hinaus ist zu beachten, daß der hier zu untersuchende Gegenstand seinerseits prozeßhaften Charakter hat. Es sind also unterschiedliche Phasen der Entwicklung des kirchlichen Selbstverständnisses in der DDR zu unterscheiden, wobei das Interesse vor allem den zwischen ihnen liegenden Zäsuren gilt.

b. Die *Innen/außen-Dimension*. Die in sich geschlossene lokale Dimensionalität muß nicht nur in zeitlicher, sondern auch in räumlicher Hinsicht transzendiert werden. Dies erfolgt durch die Unterscheidung zwischen Kirche und ihrer Umwelt bzw. genauer: zwischen Innen- und Außenrelation der Kirche. Das geschieht auch hier wiederum in Form zweier voneinander zu unterscheidender Weisen. Erstens muß das christliche Selbstverständnis von Kirche in ein Verhältnis gesetzt werden zu dem Kirchenverständnis bzw. den Kirchenverständnissen ihrer Umwelt. Auch hier besteht das Verhältnis in einem komplizierten System wechselseitiger Interaktion. Die Komplexität ergibt sich aus der Tatsache, daß ja sowohl „Kirche" als auch „Umwelt der Kirche" wiederum komplexe und in sich differenzierte Gebilde darstellen. Die Differenziertheit der Kirche wird mit den bisher genannten vier Dimensionen erfaßt. Die Umwelt der Kirche kann immer nur vergröbert und schematisiert wahrgenommen werden, da sie prinzipiell inkommensurabel ist. Als besonders relevante Elemente kirchlicher Umwelt lassen sich Staat und Gesellschaft der DDR, die EKD, sowie die ökumenische Bewegung in ihren unterschiedlichen Erscheinungsformen benennen. Die zweite Weise der Unterscheidung von Innen- und Außenrelation der evang. Kirche in der DDR bildet eine Erweiterung des eben genannten Gesichtspunktes. Denn nicht nur das interne und externe Kirchen*verständnis* bilden ein System wechselseitiger Abhängigkeit und Beeinflussung. Vielmehr gilt es auch die faktischen strukturellen Bedingungen des Seins der Kirche (unabhängig von – wo auch immer zu lokalisierenden – ekklesiologischen Programmelementen) und umgekehrt die Auswirkungen eben dieser Existenz der Kirche auf ihre Umwelt zu sehen. Das Verhältnis von Kirche und ihrer Umwelt ist in seiner Wechselseitigkeit eben nicht nur Gegenstand und Ziel programmatischer ekklesiologischer Reflexion, sondern auch deren Voraussetzung.

Das *methodische* Vorgehen der vorliegenden Studie besteht nun nicht darin, die unterschiedlichen Kategorien getrennt voneinander anzuwenden, sondern sie zu unterscheiden, um sie konstruktiv aufeinander zu beziehen. Dabei wird die Gewichtung von Fall zu Fall, also themenorientiert, variieren. Akzentuiert wird die Methodik darüber hinaus auch durch subjektive Schwerpunktsetzungen des Verfassers, die bei der Lektüre wohl nicht verborgen bleiben werden und zu denen ich mich gerne bekenne. Beides führt dazu, daß nicht ständig alle Kategorien im Blick sind und zur Anwendung gelangen. Wichtige Forschungsbereiche konnten darum nur andeutungsweise bearbeitet werden, so daß – und dies mag schon als eines der Ergebnisse der Arbeit gelten – an einer Reihe von Stellen der Charakter der Provokation zur Weiterarbeit den der umfassenden materialen Orientierung verdrängt. So tritt, um ein Beispiel zu nennen, die horizontale Kategorie in der Analyse eher zurück. Eher im Vordergrund dagegen steht eine Kombination der historischen mit der innen/außen-(bzw. systemtheoretischen) Dimension. Durch sie wird die Untersuchung auch konzeptionell bestimmt. So bildet Teil I den Versuch einer hi-

storischen Problemorientierung, der m.E. für das Verständnis der Thematik unerläßlich ist. Der gesamte Teil II ist sodann von der Innen-Außen-Perspektive geprägt. Dabei bilden seine drei Teile in chronologischer wie in sachlicher Hinsicht
eine Stufenfolge. Die Analyse dieses historisch-sachlichen Fortganges der Entwicklung des ekklesiologischen Selbstverständnisses der evangelischen Christenheit in
der DDR, die ihre Ergebnisse im Einzelnen durch Anwendung der drei quasi-lokalen Kategorien erzielt, erfolgt durchgängig unter konstitutiver Berücksichtigung
der innen/außen-Differenz. In dem hier „Ortsbestimmung" genannten Teil wird
untersucht, unter welchen Umständen und auf welche Weise die Kirche ihr Verhältnis zum Staat fundamental geklärt hat. Der Abschnitt „Situationsbestimmung"
fragt in differenzierter Weise nach dem Verhältnis von Kirche und Gesellschaft. Im
Kapitel „Auftragsbestimmung" schließlich geht es um die unter der Voraussetzung
der beiden vorangegangenen Klärungen von innen/außen-Verhältnissen vorgenommenen Reflexionen kirchlichen Handelns.

Die Einbeziehung und Kombination der beiden letztgenannten kategorialen Dimensionen erlaubt auch die notwendige Entwicklung einer *Hermeneutik*, die versucht, die zu analysierenden Quellen innerhalb ihrer politischen und gesellschaftlichen Kontexte mit ihren ganz spezifischen sachlichen wie auch sprachlichen Bedingungen zu verstehen. Obgleich der Versuch der Einfühlung in diese Bedingungen und damit des Verstehens immer nur annäherungsweise gelingen kann, könnte ein gänzlicher oder weitgehender Verzicht auf ihn[1] zu Fehleinschätzungen führen und so den Ertrag der Untersuchung gefährden. Immer wieder machen Disku-
tanten aus dem Osten darauf aufmerksam, daß die Interpretation DDR-interner
Kommunikationsvorgänge das dort vorherrschende „Zwielicht"[2] bzw. die für diese Kommunikation „typische Differenz zwischen Einstellung und öffentlicher Rede"[3] zu berücksichtigen habe.

Ein weiteres Problem stellt der zeitliche Umfang des zu untersuchenden Gegenstandes dar. In diesem Zusammenhang muß auch das schwierige Verhältnis systematisch-theologischer und zeitgeschichtlicher Arbeitsweise angesprochen werden. Der vorliegende Versuch versteht sich primär als systematisch-theologische
und *nicht* als historisch-zeitgeschichtliche Analyse. Gleichwohl müssen bei der
Wahrnehmung des Gegenstandes und der Bearbeitung der zu untersuchenden Fragestellungen historische und soziologische Deutemuster in Anspruch genommen
werden. Auf eine – eigentlich notwendige – Einordnung in größere historische
und soziologische Problemperspektiven mußte aber, von ganz wenigen Ausnahmen abgesehen, im Rahmen dieser Arbeit verzichtet werden. Daß die Kirchen in
der DDR gleichwohl nicht „als erratischer Block in der Zeitgeschichte" „in die

---

[1] So D. Pollack kritisch gegenüber F. W. Grafs Versuch einer traditionsgeschichtlichen Deutung der kirchenpolitischen Grundhaltung des DDR-Kirchenbundes (D. Pollack, Sozialismus-
Affinität im deutschen Protestantismus? Sozialistische Leitvorstellungen des Kirchenbundes in
der DDR, in: ZEE 37, 1993, 226–230, 226f. Vgl. F. W. Graf, Traditionsbewahrung in der sozialistischen Provinz, a.a.O.).

[2] Vgl. R. Schröder, Denken im Zwielicht, Tübingen 1990, bes. V-XII.

[3] D. Pollack, a.a.O., 226.

Jahreszahlen 1945/49–1989 eingepfercht"[4] werden, geht, so hoffe ich zumindest, aus der Studie selbst hervor.

---

[4] So die berechtigte Mahnung des Leipziger Kirchenhistorikers K. Nowak an die Zeitge-schichtsforschung („Zum Widerstreit um die ‚Kirche im Sozialismus'", in: ZEE 36, 1993, 235–238, 236).

I. Zum historischen Kontext

A. Der Sozialismus und die Entwicklung seines Verhältnisses zu Kirche und Religion. Eine Erinnerung.

1. Karl Marx: Religion als „Opium des Volkes"

1.1 Die Dissertation 1839: philosophische Religionskritik im Sinne der Linkshegelianer

In seiner Dissertation aus dem Jahre 1839 steht Marx noch ganz unter dem Einfluß der philosophisch-aufklärerischen Religionskritik der Linkshegelianer. Deren Denken hatte an die ihrer Meinung nach im Hegelschen System nicht klar beantwortete Frage nach der Verhältnisbestimmung von Religion und spekulativer Philosophie angeknüpft. Bei Hegel schienen beide Größen ein „labiles Gleichgewicht"[1] zu bilden, indem sie bei inhaltlicher Übereinstimmung lediglich im Umfang ihres Rezipientenkreises differieren[2]. An diesem Punkt sah die kritische Hegelhermeneutik der Linkshegelianer eine Korrektur als unvermeidlich an. Denn war bei Hegel die Religion nicht auch als zu überwindende Entwicklungsphase des Geistes auf seinem Weg zum absoluten Wissen, das Verhältnis von Religion und Spekulation mithin als Stufenmodell zu denken? Traf dies zu, dann müßte, so das Programm der Linkshegelianer, die Aufgabe der Philosophie als entmythologisierende Auflösung der religiösen Vorstellungsgehalte in Spekulation beschrieben werden.

In diesem Sinne faßt Marx denn auch seine Dissertation, in der er den Theologen Plutarch und den Philosophen Epikur gegenüberstellt, wie folgt zusammen:

> „Wir sehen also, wie Plutarch in seiner Polemik gegen Epikur Schritt vor Schritt dem Epikur sich in die Arme wirft, nur daß dieser einfach, abstrakt, wahr und dürr die Konsequenzen entwickelt und weiß, was er sagt, während Plutarch überall etwas anderes sagt, als er zu sagen meint, aber im Grund auch etwas anderes meint, als er sagt. Das ist überhaupt das Verhältnis des gewöhnlichen Bewußtseins zum philosophischen."[3]

---

[1] W. Post, Kritik der Religion bei Karl Marx, 1969, 81.

[2] Die Spezifität der Religion bestünde dabei darin, daß sie „die Wahrheit *für alle Menschen*" sei (G. W. F. Hegel, Enzyklopädie der philosophischen Wissenschaften im Grundrisse [1827], hg. v. W. Bonsiepen u. H.-C. Lucas, Hamburg: Meiner 1989 [= Gesammelte Werke 19], 405, 3.

[3] MEW EB 1, 123. W. Post erläutert: „Der Theologe Plutarch weiß nicht mehr als der Philosoph Epikur; Plutarch beschreibt die sinnlich-naiven Formen dessen, was Epikur auf den Begriff bringt. Philosophie entdeckt die theologischen Aussagen als sinnlich-empirische Vorstufen des

Nur an einer Stelle im Anhang der Untersuchung geht Marx in einer für ihn charakteristischen Weise schon hier über die Linkshegelianer hinaus. In seiner Behandlung der Gottesbeweise identifiziert er diese, zunächst noch ganz im Sinne Bruno Bauers, als „hohle Tautologien"[4]. Sie sind „nichts als Beweise für das Dasein des wesentlichen menschlichen Selbstbewußtseins"[5]. Doch dann fährt er fort: „Die wirklichen Beweise müßten umgekehrt lauten: ‚Weil die Natur schlecht eingerichtet ist, ist Gott.' ‚Weil eine unvernünftige Welt ist, ist Gott.'"[6] Der hier erstmals aufblitzende Gedanke, daß es die „unvernünftige Welt" sei, die letztlich die Ursache für das Phänomen Religion ist, leitet das dann 1843/44 proklamierte Ende der Religionskritik ein.

1.2 Von der Hinwendung zur politischen Religionskritik bis zum „Ende der Religionskritik"

Mit seiner Tätigkeit bei der „Rheinischen Zeitung" beginnt Marx, politische Kritik und Religionskritik zu verbinden. Er erkennt, daß die Religion zugunsten der politischen Restauration instrumentalisiert wird. Beides aber, die Religion und der restaurative Staat, sind Manifestationen eines „mystischen, sich selbst unklaren Bewußtseins"[7]. Diesem gilt also mittelbar der eigentliche Kampf, der unmittelbar gegen den restaurativen Staat und gegen die Religion geführt wird. Die Entwicklung hin zum klaren Bewußtsein der Menschen geschieht, mit geschichtlicher Notwendigkeit, „durch Analysierung des mystischen, sich selbst unklaren Bewußtseins, trete es nun religiös oder politisch auf."[8] Die methodischen Konsequenzen aus diesem veränderten Ansatz vertieft Marx in seinen Briefen aus den „Deutsch-Französischen Jahrbüchern"[9]. Das Neue wird demnach nicht hegelianisierend durch seine Konstruktion und Antizipation aufgefunden, sondern durch kritische Reflexion des Bestehenden, welche in konkrete Aufklärung mündet. Dies muß zum einen geschehen durch eine Analyse des Bewußtseins (Religionskritik), zum andern durch eine Kritik der praktischen Existenz des menschlichen Lebens (politische Kritik).

Diesen methodischen Dualismus läßt Marx in seiner Schrift „Zur Judenfrage" von 1843 hinter sich[10]. Unter kritischer Aufnahme von Hegels Staatslehre unterscheidet er hier zwischen Staat und Gesellschaft und entwickelt seine Lehre von der Selbstentfremdung des Menschen. Ausgehend von der Idee des Staates als Wirklichkeit der sittlichen Ideale hatte Hegel den Staat als das an und für sich seien-

---

Selbstbewußtseins und macht sie in der Aufhebung überflüssig, indem sie diese als Mystifikationen aufklärt." (DERS., ebd.).

[4] MEW EB 1, 371.
[5] A.a.O., 373.
[6] Ebd.
[7] MEW 1, 346.
[8] Ebd.
[9] Auch „Briefe an Ruge" genannt, MEW 1, 337–346.
[10] MEW 1, 347–377.

de Allgemeine gegenüber der Interessenbesonderheit der bürgerlichen Individuen gelehrt. Marx konstatiert nun eine Zerrissenheit des Menschen, der einerseits als Mitglied der bürgerlichen Gesellschaft konkret ein egoistisches und unabhängiges Individuum ist, andererseits als Staatsbürger eine moralische Person. Doch „der Staat enthält als Subjekt die sittlichen Prädikate des Bürgers *auf abstrakte Weise*, das heißt ohne eine konkrete Vermittlung zur bürgerlichen Gesellschaft"[11].

„Erst wenn der wirkliche individuelle Mensch den abstrakten Staatsbürger in sich zurücknimmt und als individueller Mensch in seinem empirischen Leben, in seiner individuellen Arbeit, in seinen individuellen Verhältnissen, Gattungswesen geworden ist, erst wenn der Mensch seine „forces propres" als gesellschaftliche Kräfte erkannt und organisiert hat und daher die gesellschaftliche Kraft nicht mehr in der Gestalt der politischen Kraft von sich trennt, erst dann ist die *menschliche Emanzipation* vollbracht."[12]

Die Religion ist nun keineswegs die Ursache der genannten, durch „menschliche Emanzipation" (die Marx hier gegen die von ihm als ungenügend verworfene politische Emanzipation setzt) zu überwindende Entfremdung, sondern deren Symptom. Die menschliche Emanzipation ist demnach auch kein Kampf gegen die Religion. Sie wird sich freilich als Ende der Religion vollziehen.

In seiner Einleitung zur Kritik der Hegelschen Rechtsphilosophie (Dez. 1843 – Jan. 1844)[13] proklamiert Marx als Fazit aus diesen Überlegungen das Ende der Religionskritik. Denn in ihrem Ergebnis hat die Religionskritik von sich weg auf neue Aufgaben gewiesen. Dieses Ergebnis lautet: Religion ist Ausdruck und zugleich Sinngebung von Zuständen, in denen die Menschheit zerrissen lebt. Marx bringt dieses Ergebnis mit einer dreifachen Bestimmung des Phänomens Religion auf den Begriff: Religion ist

– Ausdruck des wirklichen Elends, Seufzer der bedrängten Kreatur;
– Protestation gegen das wirkliche Elend;
– Opium des Volkes, d.h. Betäubungsmittel, mit dessen Hilfe das wirkliche Elend erträglich wird.

Das Ende der Religionskritik ist zugleich der Anfang einer Kritik der Bedingungen der Möglichkeit von Religion. Religion, so hatte Marx festgestellt, ist ein Symptom der menschlichen Entfremdung. Nun meint er auch die Wurzel dieser Selbstentfremdung gefunden zu haben. 15 Jahre später wird er rückblickend schreiben:

„Meine Untersuchung mündete in dem Ergebnis, daß Rechtsverhältnisse wie Staatsformen weder aus sich selbst zu begreifen sind noch aus der sogenannten allgemeinen Entwicklung des menschlichen Geistes, sondern vielmehr in den materiellen Lebensverhältnissen wurzeln, deren Gesamtheit Hegel […] unter dem Namen „bürgerliche Gesellschaft" zusammenfaßt, daß aber die Anatomie der bürgerlichen Gesellschaft in der politischen Ökonomie zu suchen sei."[14]

---

[11] W. POST, a.a.O., 159f. Herv. v. mir, W.Th.
[12] MEW 1, 370. Herv. i. O.
[13] MEW 1, 378–391.
[14] MEW 13, 8.

Die Wurzel aller Formen menschlicher Selbstentfremdung, und dazu gehört für Marx auch der Staat, liegen in der entfremdeten Arbeit und in den entfremdeten sozialen Beziehungen innerhalb der warenproduzierenden Gesellschaft, kurz: in den Produktionsverhältnissen. Die logische Fortsetzung der an ihr Ende gekommenen Religionskritik ist demnach die ökonomische Analyse.

1.3 Ideologiekritik als Folge der Neubestimmung des Hegelschen Basis-Überbau-Modells

Indem Marx die Verhältnisse der politischen Ökonomie als bestimmend für die Struktur der Gesellschaft, für Rechtsverhältnisse und Staatsformen hält, hat er das Hegelsche Modell von Basis und Überbau vom Kopf auf die Füße gestellt. Die Feststellung wiederum, daß die Religion *Ausdruck* der (verkehrten) konkreten Strukturen und Verhältnisse ist, komplettiert das Modell und führt Marx zusammen mit Engels 1845/46 zu einer Neubestimmung des Ideologiebegriffs.[15] Verwundert und spöttisch zugleich fragen sie sich nun, warum es „keinem von diesen Philosophen" – gemeint sind ihre ehemaligen Freunde, die Junghegelianer – „eingefallen (ist), nach dem Zusammenhange ihrer Kritik mit ihrer eigenen materiellen Umgebung zu fragen."[16] Genau darauf nämlich komme es an, denn: „Nicht das Bewußtsein bestimmt das Leben, sondern das Leben bestimmt das Bewußtsein."[17] Genauer: Diejenigen, die das Leben in seinen konkreten Verhältnissen dominieren, bestimmen auch das Bewußtsein. Die Profiteure ungerechter Verhältnisse schaffen ein Bewußtsein, das diese Verhältnisse legitimiert und stabilisiert[18].

Als ideologisch gilt Marx fortan jedes Denken, dem die Fähigkeit zur Einsicht in den unauflöslichen Zusammenhang seiner eigenen Bewegungen mit denen der sozialen Kräfte abgeht. Zum ideologischen „Überbau" der Gesellschaft zählt Marx nicht nur die Religion, sondern die ganze Sphäre des Geistes und der Ideen, also auch alle unkritische Philosophie, aber auch Recht, Wissenschaften u.s.w.

1.4 Entfremdung und Fetischismus

In seinem weiteren Denken wird Marx die antagonistische Struktur der Klassengesellschaft sowie ihren unauflösbaren Zusammenhang mit den Produktionsver-

---

[15] „Die deutsche Ideologie", MEW 3, 9ff.
[16] MEW 3, 20.
[17] MEW 3, 27.
[18] K. MARX: „Die Gedanken der herrschenden Klasse sind in jeder Epoche die herrschenden Gedanken, d.h. die Klasse, welche die herrschende materielle Macht der Gesellschaft ist, ist zugleich ihre herrschende geistige Macht. Die Klasse, die die Mittel zur materiellen Produktion zu ihrer Verfügung hat, disponiert damit zugleich über die Mittel zur geistigen Produktion, so daß ihr damit zugleich im Durchschnitt die Gedanken derer, denen die Mittel zur geistigen Produktion abgehen, unterworfen sind. Die herrschenden Gedanken sind weiter Nichts als der ideelle Ausdruck der herrschenden materiellen Verhältnisse; also der Verhältnisse, die eben die eine Klasse zur herrschenden machen, also die Gedanken ihrer Herrschaft" (MEW 3, 46).

hältnissen einerseits und mit der Religion andererseits näher untersuchen. Dabei
rücken die polaren Begriffe „Entfremdung" und „Identität" immer mehr ins Zentrum. Die Entfremdung des Menschen besteht in seiner entfremdeten Arbeit, genauer: in der Entfremdung des Arbeiters vom Arbeitsprodukt. Diese hat ihren
Grund darin, daß der ursprüngliche Zweck der Produktion, nämlich der Erhaltung des Lebens zu dienen, zugunsten ihres Warencharakters verlorengeht. Dieser
Umstand aber ist durch das herrschende ökonomische System bedingt. Es führt zu
einer „Spaltung des Arbeitsprodukts in nützliches Ding und Wertding"[19]. Dadurch
erhält das zur Ware verkommene Arbeitsprodukt eine von seiner „sinnlich verschiedenen Gebrauchsgegenständlichkeit getrennte, gesellschaftlich gleiche Wert-
gegenständlichkeit."[20] Im „Kapital" (1867) bezeichnet Marx die Ware als einen Fetisch[21]. In der Religionswissenschaft wird dieser Terminus „als Bezeichnung für be-
arbeitete Gegenstände benutzt, denen eine göttliche Kraft zugeschrieben wird."[22]
Der Irrtum des Fetischismus besteht also darin, „daß der Verehrende vergißt, daß
er selbst oder andere Menschen vor ihm den Fetisch hergestellt haben und daß sie
ihn statt dessen wie eine übernatürliche Gestalt behandeln. Der Mensch vergißt
den geschichtlichen Entstehungsprozeß des Fetischs und erhöht ihn zu einer zeitlo-
sen, übernatürlichen Würde."[23] Fetischismuscharakter hat nach Marx zum einen
der Warenaustausch.

„[Er] wird als eine Relation zwischen selbständigen Dingen, den Waren, aufgefaßt, ist
aber […] in Wirklichkeit ein Ausdruck für eine soziale Relation. Die Ware wird als Fetisch
verstanden, wenn die Menschen ihr eigenes Geschöpf, das ökonomische System, als ein na-
turgegebenes Faktum betrachten."[24]

Fetischismuscharakter hat aber auch die Religion, denn wie für jede Ideologie
ist es auch für sie typisch, „daß die eigenen Schöpfungen des Menschen als selbständige, zeitlose, übernatürliche Wesen betrachtet werden."[25] Die Analogie von Warenaustausch und Religion ist keineswegs zufällig, denn „[s]olange die sozialen Beziehungen der Menschen ihnen als Beziehungen von fremden Sachen (Waren) erscheinen, ihre eigene Gesellschaft also ihnen als ein Komplex gegenständlicher Relationen mit unbeeinflußbaren Eigengesetzen gegenübersteht, werden sie nicht
aufhören, jenseits dieser Gesellschaft ein transzendentes, göttliches Wesen zu fin-
gieren, genauso wie sie zur Zähmung und Regulierung dieser Gesellschaft einer
politischen Macht (des Staates) bedürfen."[26] Ändern sich die Verhältnisse, die zur
Entfremdung der Menschen führen, so wird damit auch die Religion verschwin-

---

[19] MEW 23, 87.
[20] Ebd.
[21] A.a.O., 85–98.
[22] P. FROSTIN, Materialismus, Ideologie, Religion. Die materialistische Religionskritik bei
Karl Marx, 1978, 164.
[23] A.a.O., 164f.
[24] A.a.O., 164.
[25] Ebd.
[26] I. FETSCHER, Wandlungen der marxistischen Religionskritik, in: DERS., Karl Marx und der
Marxismus. Von der Philosophie des Proletariats zur proletarischen Weltanschauung, 1967, 200–
217, 209f.

den. Den Zustand, durch dessen Herbeiführung dies geschehen wird, beschreibt
Marx so:

„[D]ie Verhältnisse des praktischen Werkeltagslebens (müssen) den Menschen tagtäglich
durchsichtig vernünftige Beziehungen zueinander und zur Natur darstellen. Die Gestalt
[...] des materiellen Produktionsprozesses [...] [muß] als Produkt frei vergesellschafteter
Menschen unter deren bewußter planmäßiger Kontrolle [stehen]."[27]

1.5 Die Überwindung der Entfremdung in der proletarischen Revolution

Das *Subjekt* der Überwindung der falschen Welt und mit ihr der falschen Ideologie ist das Proletariat. Die Tat, durch die die falsche Welt richtig gemacht und damit auch ihre falsche ideologische Spiegelung aufgehoben wird, ist die proletarische Revolution. Sie ist nur möglich, wenn das Proletariat seiner selbst bewußt ist
und aufgrund dieses Bewußtseins kollektiv handelt. Im kollektiv handelnden, seiner selbst bewußten Proletariat wird die Menschheitsgeschichte zur Geschichte
des Menschen, „weil die Menschheit im Proletariat ihr bewußtes Subjekt geworden ist, ohne deshalb aufzuhören, zugleich ‚Objekt' oder richtiger ‚Substanz' der
Geschichte zu sein."[28] Zugleich ist in der revolutionären Tat des Proletariats „die
Trennung und Isolierung des ideellen (bewußten) und des materiellen (lebendigen, objektiven) Moments überwunden, die für die bürgerliche Ideologie kennzeichnend war."[29] In ihr kommt es zur Aufhebung der Philosophie im Sinne ihrer
Verwirklichung.

2. Engels, Bebel, Lenin: Religion als Instrument des Klassenfeindes und die Politik der Einheitsfront

Friedrich Engels (1820–1895) baute auf dem Basis-Überbau-Modell auf. Dessen
Grundannahme besteht in der These von der Abhängigkeit des geistigen, d.h. politischen, rechtlichen, philosophischen, religiösen, künstlerischen und moralischen
Bereiches der Gesellschaft von ihrer ökonomischen Struktur und deren Umwäl-
zungsprozeß. Dabei sieht Engels die Ursache-Wirkung-Relation, übrigens ebenso wie Marx, nicht streng eingleisig, d.h. auch der Überbau hat einen, wenn auch
wesentlich schwächeren, Einfluß auf die progressive Entwicklung der Basis. Im allgemeinen jedoch wird er als Trägheitskraft der Geschichte, als retardierendes Moment im Entwicklungsprozeß der ökonomischen Strukturen betrachtet.

Auf dieser Grundlage unternimmt Engels eine materialistisch-historische Erklärung der Religionsgeschichte, wobei er nachzuweisen sucht, daß jede gesellschaft-

---

[27] MEW 23, 94.
[28] I. Fetscher, Von der Philosophie des Proletariats zur proletarischen Weltanschauung, in:
Ders., Karl Marx und der Marxismus. Von der Philosophie des Proletariats zur proletarischen
Weltanschauung, 1967, 123–144, 130. Vgl. zu diesem Thema auch W. Post, a.a.O., 157–183.
[29] I. Fetscher, a.a.O., 129.

liche Situation *die* Religion entwickelt, die zu ihr paßt. Im Stadium der gesellschaftlichen Entwicklung seiner Gegenwart sei die Religion zum Alleinbesitz der
herrschenden Klassen geworden, mit dem sie die unteren Klassen in Schranken halten. Jede der herrschenden Klassen benutze dabei die ihr entsprechende Religion.

Positiv gefaßt sei die Religion die Reaktion der Menschen auf die Unerträglich-
keit ihrer gesellschaftlichen Situation. Die religiöse Reaktion ist nun nach Engels
eine Folge mangelhafter Erkenntnis, genauer: „eine primitive Weise der Erkenntnis ..., die durch den Fortschritt der Naturwissenschaft zunächst monotheistisch,
dann metaphysisch und schließlich ganz aufgelöst wird."[30] Der Einfluß von A.
Comtes Dreistadiengesetz ist deutlich zu erkennen, wie überhaupt Engels dem Positivismus seiner Zeit stark verpflichtet war. So ist auch sein Hauptvorwurf gegen
die Religion nicht, wie bei Marx, ihr ideologischer Charakter, sondern ihre Unwissenschaftlichkeit. Überwunden werden wird sie demnach auch nicht durch die
revolutionäre Befreiungstat des Proletariats, sondern durch den Siegeszug einer
einheitlichen wissenschaftlichen Weltanschauung, die die gemeinsame Grundlage
aller Arten von Wissenschaft bilden wird: den dialektischen Materialismus. Unter
„Dialektik" versteht Engels die Wissenschaft von den allgemeinen Bewegungs-
und Entwicklungsgesetzen der Natur, der Gesellschaft und des Denkens.

Die Grundstrukturen des dialektischen Materialismus blieben die Grundlage
der offiziellen Weltanschauung der sozialistischen Bewegungen und Staaten und
können wie folgt skizziert werden: 1. Die Einheit der Welt besteht in ihrer Mate-
rialität. Alles Wirkliche ist materiell und existiert in den Grundformen von Raum
und Zeit. Zwischen den Einzeldingen besteht somit ein allgemeiner Zusammenhang. 2. Die Daseinsform der Materie ist die Bewegung, d.h. alles Materielle ist
wesentlich bewegt, unbewegte Materie kann es nicht geben.

Auf diese materialistische Ontologie wendet Engels nun die Gesetze der Hegelschen Dialektik an, die er als reale Gesetzmäßigkeiten der Natur, der Geschichte
und des Geistes betrachtet: 1. Das Gesetz vom Umschlagen der Quantität in Qualität, genauer: von der Entstehung qualitativer Differenzen aus dem Anwachsen
quantitativer Differenzen. Damit wird die qualitative Differenziertheit der Welt ge-
netisch erklärt und als Besonderheit der Welt selbst dargestellt – sie ist also nicht
nur eine Eigenschaft unserer Wahrnehmung der Welt. 2. Das Gesetz von der
Durchdringung der Gegensätze. Ausgehend vom Phänomen der Polarität stellt Engels fest, daß Bewegung ihrem Wesen nach widerspruchsvoll ist, sich mithin in der
Wirklichkeit notwendig Gegensätze durchdringen, aus deren Konflikten jegliche
Entwicklung hervorgeht. 3. Das Gesetz von der Negation der Negation. „Es besagt, jedes System weise die natürliche Tendenz dazu auf, ein neues System aus sich
hervorzubringen, welches seine Negation darstelle, daß diese Negation ihrerseits
der Negation unterworfen werde, um einem System den Anfang zu geben, das in
bestimmten wesentlichen Aspekten eine Wiederholung des Ausgangssystems darstelle, doch gleichsam auf einem höheren Niveau; die Entwicklung vollzieht sich
somit spiralförmig, die Synthese ist die Wiederholung des Ausgangszustands in ver-

---

[30] I. Fetscher, Wandlungen der marxistischen Religionskritik, a.a.O., 213.

vollkommneter Form, bewahrt die beiden widersprüchlichen Elemente, deren Widersprüchlichkeit durch die Aufhebung ihrer Glieder aufgelöst wird."[31] Die erkenntnistheoretische Entsprechung dieses monistischen Materialismus besteht in einem naiven Realismus. Ausgangspunkt ist die Auffassung, daß die Welt in der eben beschriebenen Weise unabhängig von menschlicher Erkenntnis und menschlichem Bewußtsein besteht. Erkenntnis ist Widerspiegelung der Materie im menschlichen Bewußtsein. Ein objektiv gültiges Urteil liegt dann vor, wenn es zu einer Übereinstimmung zwischen der Natur und dem die Natur widerspiegelnden Bewußtsein kommt. Objektiv gültige Urteile sind möglich, da das Gehirn des Menschen selbst ein Naturprodukt ist, Denkgesetze also mit Naturgesetzen übereinstimmen können.

Engels' Versuch, in Aufnahme positivistischer und evolutionistischer Elemente die erkenntnistheoretischen Grundlagen einer sozialistischen Weltanschauung herauszuarbeiten, steht in Spannung zu seinen im Basis-Überbau-Axiom vorliegenden eigenen motivierenden Voraussetzungen. Faktisch wird das Basis-Überbau-Modell so modifiziert, daß innerhalb des Überbaus eine Differenz eingebaut wird, deren Kriterium die aufklärerische Potenz der jeweiligen Elemente des Überbaus ist. Nicht mehr der Überbau als solcher gilt dann als die gesellschaftliche Entwicklung bremsend, sondern nur noch seine antiaufklärerischen Elemente, als deren Inbegriff die Religion gilt. Diesen ist die aufklärerische und als solche religionskritische wissenschaftliche Weltanschauung des dialektischen Materialismus entgegengesetzt.

Diese Modifikation des Basis-Überbau-Modells ist ihrerseits das Symptom einer Akzentverlagerung innerhalb des marxistischen Programms der Verwirklichung einer nichtentfremdeten Gesellschaft vom revolutionären Umsturz hin zu Reformismus, Pragmatismus und Aufklärung. Der neue Aufschwung der deutschen Arbeiterbewegung in den sechziger Jahren stand im Zeichen der Sozialdemokratie, die einen revolutionären Umsturz nicht mehr ins Auge gefaßt hatte, sondern auf parlamentarischem Wege Reformen auf den Weg zu bringen suchte. Politischer Gegner war der antidemokratische autoritäre Staat, der sich selbst als christlichen Staat begriff und von den Kirchen gestützt wurde. Zu den vorrangigsten Reformzielen gehörte darum die Trennung von Staat und Kirche sowie von Kirche und Schule. Diese Forderung, die sich seit 1848 in allen wesentlichen programmatischen Äußerungen sozialistischer Bewegungen oder Parteien findet[32], hatte so-

---

[31] L. Kolakowski, Die Hauptströmungen des Marxismus. Entstehung, Entwicklung, Zerfall. Bd. 1, 1977, 445.

[32] Auf einem Flugblatt, das der Bund der Kommunisten 1848 verbreitet hatte, „finden wir die erste Formulierung dessen, was das Proletariat von dem demokratischen Staat in Bezug auf die Kirche fordert. Punkt 13 verlangt: ‚Völlige Trennung von Kirche und Staat. Die Geistlichen aller Konfessionen werden lediglich von ihrer freiwilligen Gemeinde besoldet'" (E. Adam, Die Stellung der deutschen Sozialdemokratie zu Religion und Kirche, 1930, 35. Vgl. W. Mommsen, Deutsche Parteiprogramme, 1960, 291). Die Kommunisten nahmen damit die kirchenpolitischen Vorstellungen der radikal-demokratischen Kräfte auf.

Im August 1848 trat in Berlin der erste deutsch Arbeiterkongreß zusammen, um Grundsätze auszuarbeiten, die der Frankfurter Nationalversammlung unterbreitet werden sollten. Auf seiner vierten Sitzung verabschiedete der Kongreß folgende Beschlüsse zu den Beziehungen von Kirche und Schule: § 1 verlangt, „daß die Schule als Staatsanstalt von der Kirche getrennt wird. ... § 2

mit in den allermeisten Fällen einen politischen, weniger einen weltanschaulichen Hintergrund. Es ging dabei um die Sicherstellung der staatlichen Souveränität des angestrebten demokratischen Gemeinwesens gegenüber einer Kirche, die höchste Autorität beanspruchte. Vor allem aber ging es um die entscheidende Schwächung des autoritären Staates, zu dessen stärksten Waffe diese Kirche zählte.

Auch *August Bebel* (1840–1913) hatte immer wieder auf den Zusammenhang von Privateigentum, Staat und Kirche hingewiesen.[33] Auch zum Kulturkampf hatte er angemerkt, es ginge dabei gar nicht eigentlich um einen Kampf gegen den Katholizismus, sondern um die Macht im Staate. Den Katholizismus könne man auch nicht mit Ausnahmegesetzen wirklich treffen, sondern durch das Stoppen der ihm zufließenden staatlichen Mittel und deren Investition in die Bildung und Aufklärung des Volkes. Doch das „wolle weder Regierung noch Bürgertum, denn mit der himmlischen Autorität falle die irdische."[34] Denn, so Bebel, „'… (d)ie Staatenlenker aller' Zeiten haben in der Religion und ihren Dienern das vornehmste Mittel erblickt, das Volk in Abhängigkeit und Untertänigkeit zu erhalten.'"[35] Kurz nach diesen Aussagen von 1872 reagierte Bebel auf einen Leserbrief von Kaplan Hohoff, in dem dieser

---

besagt: Die Schule ist konfessionslos und erteilt keinerlei Religionsunterricht. … ‚Die Beaufsichtigung der Schule wird der Geistlichkeit entzogen'" (E. ADAM, a.a.O., 36).

Die Linke in der Frankfurter Nationalversammlung forderte eine „völlige Trennung von Kirche und Staat", nicht um die Religion zu bekämpfen, sondern „aus dem Prinzip der Freiheit für alle in allem" (ebd.).

J. B. von Schweitzer, der Nachfolger Lassalles als Vorsitzender des Allgemeinen deutschen Arbeitervereins, betrachtete die „christliche Offenbarungsreligion", der er Intoleranz und Autoritätsglauben vorwarf, als das Hauptbollwerk der Reaktion. „Der moderne demokratische Staat muß seine Souveränität unter allen Umständen wahren, darum ist es für ihn auf die Dauer unmöglich, mit der Kirche in Einvernehmen zu leben, da diese die höchste Autorität beanspruche. Daher muß sie von dem Staat wie jede andere private Vereinigung behandelt werden" (E. ADAM, a.a.O., 44). Der tolerante, demokratische Staat wird ohne Religion bestehen. Die Religion wird jedoch nicht mit Gewalt beseitigt, sondern friedlich durch Geistesfreiheit und Aufklärung ersetzt. Schweitzer forderte in diesem Zusammenhang auch eine weltliche Schule und die Konfiskation der Kirchengüter durch den Staat.

Auf dem allgemeinen deutschen sozialdemokratischen Arbeiterkongreß in Eisenach vom 7. bis 9. August 1869 kam es durch August Bebel und Wilhelm Liebknecht zur Gründung der Sozialdemokratischen Arbeiterpartei. Das in Eisenach angenommene Programm verzeichnet unter III.5: „Trennung der Kirche vom Staat und Trennung der Schule von der Kirche" (E. ADAM, a.a.O., 48. Vgl. W. MOMMSEN, a.a.O., 312). Adam resümiert: „Die Stellung der Sozialdemokratie zur Kirche war … diktiert von den Prinzipien der Demokratie, die Haltung zur Religion bestimmt durch die Ansichten der bürgerlichen Aufklärung gegenüber den religiösen Dogmen und Kulten" (E. ADAM, a.a.O., 49).

Auf dem Vereinigungskongreß von Lassalleanern und Eisenachern in Gotha vom 22. bis 27. Mai 1875 wurde die Eisenacher Formel ersetzt durch die neue Formel: „Erklärung der Religion zur Privatsache" (W. MOMMSEN, a.a.O., 314. Vgl. E. ADAM, a.a.O., 63). Bebels Zusatzantrag: „Trennung der Kirche von Schule und Staat" fand in der Abstimmung keine Mehrheit (E. ADAM, a.a.O., 63).

Im Erfurter Parteiprogramm von 1891 wurde diese Linie fortgesetzt. Die Sozialdemokratie hielt am Grundsatz der Gewissensfreiheit fest und sprach sich gegen einen Weltanschauungskampf aus, vgl. Dok 1891/2.

[33] Vgl. dazu v.a. seine Berliner Rede vom 16. Juli 1891, Dok 1.

[34] Aus Bebels Reichstagsrede vom 19. Juni 1872, zit.nach E. ADAM, a.a.O., 53.

[35] Aus Bebels Tätigkeitsbericht über die parlamentarische Tätigkeit im Reichstag, zit.nach E. ADAM, a.a.O., 53.

auf eine Konvergenz der Interessen von Christentum und Sozialismus hingewiesen hatte, mit einer scharfen antichristlichen Schmähschrift, in der er hauptsächlich die Thesen des antikirchlichen bürgerlichen Liberalismus seiner Zeit popularisierte.[36] Ihr Grundgedanke besteht darin, daß das Christentum eine höchst mangelhafte und schädliche Religion sei, die durch die Erkenntnisse der „neueren Naturwissenschaft" endgültig als widerlegt zu gelten habe. Diese Schrift galt für Jahrzehnte als gültige Zusammenfassung der sozialistischen Religionskritik und hat das antireligiöse Bewußtsein der deutschen Sozialdemokratie nachhaltig geprägt.

Der Kampf gegen Kirche und Religion war also den politischen Zielen des Sozialismus bzw. der Sozialdemokratie stets unter- und zugeordnet. Aktiver Weltanschauungskampf um seiner selbst willen stieß bei allen seinen Klassikern von Marx bis Lenin auf entschiedene Ablehnung, da er der sozialistischen Sache mehr schade als nütze. Engels lehnte in seinem „Anti-Dühring" Unterdrückung und Verbot der Religion strikt ab und verwies zur Begründung auf das Scheitern des Bismarckschen Kulturkampfes, aus dem die katholische Kirche gestärkt hervorgegangen sei. Vielmehr sei es notwendig, weiteste Kreise der proletarischen Klasse in die bewußte revolutionäre Praxis einzubeziehen. Christliche Proletarier dürften aus diesem Grunde nicht von vornehrein ausgegrenzt werden. Statt antichristlicher Agitation sei pragmatische Zusammenarbeit zwischen Christen und Sozialisten anzustreben. Grundsätzlich gelte, daß die Mittel im Kampf gegen Kirche und Christentum nicht Gewalt und Unterdrückung, sondern Bildung und Aufklärung der Bevölkerung seien. *Wladimir Iljitsch Lenin* (1870–1924) befand sich, was die Verhältnisbestimmung von Kirche und Sozialismus betrifft, ganz auf dem von Engels und Bebel bereiteten Boden. In diesem Sinne variierte er auch das Marxsche Diktum von der Religion als „Opium des Volks"[37]. Damit hatte Marx auf den schmerzlindernden Effekt der Religion für die in entfremdeten Verhältnissen lebenden Menschen angespielt. Die Pointe dieser Anspielung besteht darin, daß es bei anhaltendem Schmerz nicht sinnvoll ist, auf das Narkotikum zu verzichten. Das Ziel muß dann vielmehr sein, die Schmerzursache zu finden und zu beseitigen. Engels und Bebel dagegen hatten die Religion weniger als Symptom gesellschaftlicher Entfremdung und Unterdrückung, sondern als deren Instrument begriffen. Lenin sprach darum von der Religion als „Opium *für das Volk*", d.h. sie wird als Instrument der herrschenden Klasse verstanden, das durch gezieltes Unmündighalten der Massen Demut und Geduld bewirken soll. Religion ist ein Narkotikum, das dem Volke absichtsvoll von seinen Unterdrückern zubereitet und gereicht wird. Die Kirche ist mithin ein Instrument des Klassenfeindes und muß darum bekämpft werden. Auf der anderen Seite propagierte Lenin ebenso wie Engels und die deutschen Sozialdemokraten die später so genannte „Einheitsfrontpolitik", d.h. er trat ein für das Werben um die Mitarbeit der christlichen Klassenbrüder in der Partei. Das hieraus

---

[36] A. BEBEL, Hie Sozialismus, hie Christentum, Leipzig 1874. Horváth nennt als Quellen Bebels Häckel, L.Büchner, Karl Vogt und Kolb, vgl. A. HORVÁTH, Sozialismus und Religion. Die Religion und ihre Funktionen im Spiegel sozialistischer Ideologien, 1987, 282.
[37] MEW 1, 378.

entstehende Dilemma – Kampf gegen die Kirche und den von ihr verkündigten Glauben einerseits und Werbung der Glaubenden zur Mitarbeit andererseits – versuchte Lenin mit dem taktischen Grundsatz der strikten Unterordnung der atheistischen Propaganda unter die Erfordernisse des Klassenkampfes zu lösen. Wirklich gelöst sein würde dieses Dilemma erst mit dem Absterben der Religion in der sozialistischen Gesellschaftsordnung, von dem Lenin im Anschluß an Marx fest überzeugt war. Zu dieser Lösung ist es nie gekommen, vielmehr stellte die Gratwanderung zwischen atheistischer Propaganda, verbunden mit Unterdrückung der Kirchen einerseits, offizieller Zusicherung von Gewissensfreiheit und damit verbundener Toleranz sowie die Werbung um Teilnahme der christlichen „Klassenbrüder" am gemeinsamen politischen Kampf (wiederum verbunden mit der Tolerierung ihrer religiösen Motivation) andererseits eines der gravierendsten und beständigsten Probleme sozialistischer Staatswesen dar. Auch die Religionspolitik der SED sollte sich als ein permanentes Lavieren innerhalb der Pole dieses Dilemmas erweisen.

Die Prinzipien sozialistischer staatlicher Kirchenpolitik lauteten: garantierte Gewissensfreiheit und Trennung von Kirche und Staat. Ziel dieser Politik war die Befreiung der Menschen von ihren „religiösen Vorurteilen". Unter der Voraussetzung dieser Prinzipien sowie sozialistischer Produktionsverhältnisse und ideologischer Propaganda und Erziehung wurde das Verschwinden der Religion erwartet. Gebrauch von Gewaltmitteln gegen die Religion war dabei strikt untersagt. In Lenins „Verordnung über die Trennung der Kirche vom Staat und der Schule von der Kirche" vom 23. Januar 1918 sind diese Prinzipien erstmals verbindlich festgelegt worden, sie ist damit „(d)as grundlegende normative sozialistische Gesetz über die Religion"[38]. Grundlegend war dieses Dokument auch, was die Kirchenpolitik betrifft, für die sowjetische Verfassung vom 5. Dezember 1936. Die Tendenz ging 1936 jedoch dahin, die gesetzliche Garantie für individuelle Gewissensfreiheit zu begrenzen. So ist in Art. 124[39] das Recht auf antireligiöse Propaganda niedergelegt. Der Grund dafür liegt in der Besonderheit des sozialistischen Konzepts einer Trennung von Kirche und Staat, das nicht, wie im Liberalismus, auf einen toleranten und neutralen, sondern auf einen weltanschaulich gebundenen und aktiven Staat abzielte. Die Garantie der Gewissensfreiheit erfolgte unter dem ausdrücklichen Ziel, „das Festhalten an religiösen Bekenntnissen zu vermindern und die Erkenntnis der trügerischen Natur religiöser Glaubensvorstellungen zu verbreiten."[40] Das Programm der Kommunistischen Internationale, das 1928 auf ihrem VI. Weltkongreß in Moskau verabschiedet worden war und einen starren Dogmatismus vertrat[41], mußte bereits sieben Jahre später revidiert werden. Durch Hitlers Machtergreifung und die nur wenige Wochen später erfolgte Zerschlagung der KPD war eine Situation entstanden, die eine möglichst breite antifaschistische Front als wünschenswert und notwendig erscheinen ließ. Die Voraussetzungen dafür suchte der

---

[38] G. BARBERINI u.a. (Hgg.), Kirchen im Sozialismus, 1977, 28. Vgl. Dok 3.

[39] Dok 5.

[40] G. BARBERINI, a.a.O., 30.

[41] H. WEBER (Hg.), Der deutsche Kommunismus. Dokumente 1915–1945, ³1973, 46–57; vgl. Dok 4.

VII. Weltkongreß der KI in Moskau im Juli 1935 zu schaffen, indem er Dogmatismus und Sektierertum eine klare Absage erteilte.[42] Die neue Kominternlinie ermöglichte es der KPD, auf der im Oktober 1935 in einem Erholungsheim der KPdSU in der Nähe von Kunzewo bei Moskau stattfindenden, aus Gründen der Konspiration „Brüsseler Konferenz" genannten Parteikonferenz die Schaffung einer „antifaschistischen Einheits- und Volksfront" konkret anzugehen. Anvisiert wurde ein breites Bündnis „der Arbeiterklasse und aller anderen Hitlergegner – gleich welcher Weltanschauung und sozialer Stellung, gleich welchen politischen Bekenntnisses"[43], dessen Ziel zum einen der Sturz der Hitlerregierung und die Beseitigung der Kriegsgefahr, zum anderen die Bildung einer neuen Regierung war. Diese Regierung

> „würde eine Koalition von Vertretern der Arbeiterklasse und anderer werktätiger Schichten sowie des antinazistisch gesinnten Bürgertums darstellen, die im Kampf zum Sturz des Naziregimes eng zusammengewirkt hätten. Eine solche Regierung würde weder die Diktatur des Proletariats sein, wenn auch die Arbeiterklasse auf sie entscheidenden Einfluß nehmen müßte, noch eine Koalitionsregierung von der Art jener in der Weimarer Republik."[44]

Solche derartig gewunden vorgetragenen Zielvorstellungen mußten freilich schon damals die Befürchtung wecken, daß die Koalition, wenn überhaupt, dann nur zum Kampf gegen Hitler, nicht jedoch zu der positiven Aufgabe eines konstruktiven Neuaufbaus taugen würde. Eine wichtige Ursache für die anhaltende Zersplitterung der Opposition war denn auch die Verschiedenheit der Auffassungen über das, was nach Hitler kommen sollte. Immer wieder versuchte die KPD, die mittlerweile die „aktive Unterstützung der um die Religionsfreiheit kämpfenden katholischen und evangelischen Massen durch alle Antifaschisten"[45] gefordert hatte, konsensfähige Zielvorstellungen zu formulieren. Die von ihr angestrebte Volksfront sollte sich unter folgenden Grundforderungen sammeln:

> „Persönliche und politische Freiheit für alle Bürger ohne Unterschied der Herkunft, des Standes, der Rasse und der Religion; volle Glaubens- und Gewissensfreiheit, Freiheit der Organisationen, der Presse und Versammlung; Freiheit der Lehrtätigkeit, der wissenschaftlichen Forschung und künstlerischen Gestaltung; Wiederherstellung des freien und gleichen Wahlrechtes;"

Ferner sollte gelten:

> „Die Volksfront läßt die religiösen Überzeugungen und die politischen Grundsätze der in ihr vereinigten Parteien, Gruppen und Persönlichkeiten unangetastet, sie verlangt von ihren Partnern nur, daß sie sich mit all ihren Kräften für die freiwillig anerkannten Ziele einsetzen und dieser großen Schicksalsaufgabe der deutschen Opposition alles unterordnen."[46]

---

[42] Vgl. K. MAMMACH (Hg.), Die Brüsseler Konferenz der KPD (3.-15.Oktober 1935), 1975, 17–19.

[43] A.a.O., 37.

[44] A.a.O., 38.

[45] H. WEBER, a.a.O., 379; vgl. Dok 6.

[46] Aufruf des ZK der KPD zur Einigung der deutschen Opposition und Bildung einer Volksfront vom 16. September 1938, in: H. WEBER, a.a.O., 384–386.

Anfang 1939 fand in Draveil, südlich von Paris, der 14. Parteitag der KPD statt, aus Gründen der Konspiration „Berner Parteikonferenz" genannt. Hier wurden die politischen Zielvorstellungen einer zu bildenden Volksfront noch einmal zusammengefaßt.[47] Wichtig ist hier die konditionierte Formulierung der Zusage von Glaubensfreiheit und Schutz des Eigentums an *die* Kirche, „die auf seiten des Volkes steht"[48]. Dieser Konditionalis stellt die klassische Lösung des Dilemmas der Einheitsfrontpolitik dar. Sie besteht in dem sozialistischen Verständnis der Grundrechte als „Gestaltungsrechte". Das Recht der Glaubens- und Gewissensfreiheit ist danach zu interpretieren als Angebot des Staates an die christliche Bevölkerung, am Aufbau einer antifaschistisch-demokratischen und später sozialistischen Gesellschaftsordnung aktiv mitzuwirken, mithin sich für den marxistischen Sozialismus zu entscheiden.[49]

---

[47] Dok 7.

[48] H. DOHLE/K. DROBISCH/E. HÜTTNER (Hgg.), Auf dem Wege zur gemeinsamen humanistischen Verantwortung. Eine Sammlung kirchenpolitischer Dokumente 1945–1966 unter Berücksichtigung von Dokumenten aus dem Zeitraum 1933 bis 1945, 1967, 122.

[49] Vgl. H. DÄHN, Konfrontation oder Kooperation?, 1982, 19–24. Ähnlich urteilt P. MASER, Glauben im Sozialismus, 1989, 22. Vgl. auch die Entschließung der 10. Vollsitzung des NKFD vom 15. Juni 1944, in: DOHLE/DROBISCH/HÜTTNER 1967, 130–135.

B. Geschichte und Grundprobleme der Kirchenpolitik der DDR

1. Vorbemerkungen

1.1 Die marxistische Staatstheorie

Marx und Engels hatten mit der traditionellen Staatstheorie darin übereingestimmt, daß die Entfaltung der menschlichen Persönlichkeit der Gemeinschaft bedürfe[1]. Allerdings sah der Marxismus die optimalen Entfaltungsbedingungen erst in einer nichtstaatlichen Sozialordnung gegeben. Denn:

> „In den bisherigen Surrogaten der Gemeinschaft, im Staat usw. existierte die persönliche Freiheit nur für die in den Verhältnissen der herrschenden Klasse entwickelten Individuen und nur, insofern sie Individuen dieser Klasse waren. Die scheinbare Gemeinschaft, zu der sich bisher die Individuen vereinigten, verselbständigte sich stets ihnen gegenüber und war zugleich, da sie eine Vereinigung einer Klasse gegenüber einer anderen war, für die beherrschte Klasse nicht nur eine ganz illusorische Gemeinschaft, sondern auch eine neue Fessel. In der wirklichen Gemeinschaft erlangen die Individuen in und durch ihre Assoziation zugleich ihre Freiheit.“[2]

Schärfer findet sich der Sachverhalt bei Lenin ausgedrückt, der den Staat grundsätzlich als „Zwangsapparat“[3], als „eine organisierte, systematische Gewaltanwendung gegenüber Menschen“[4] verstanden wissen wollte. Gemeinsamer Grundgedanke der marxistisch bzw. marxistisch-leninistischen Staatstheorie ist jedenfalls, daß der Staat nicht, wie bei Hegel, die „Wirklichkeit der sittlichen Idee“ ist, sondern ein Produkt der Gesellschaft auf einer bestimmten Stufe ihrer ökonomischen Entwicklung, nämlich derjenigen Stufe, die durch die „*Unversöhnlichkeit* der Klassengegensätze“ gekennzeichnet ist[5].

---

[1] „Erst in der Gemeinschaft (mit Anderen hat jedes) Individuum die Mittel, seine Anlagen nach allen Seiten hin auszubilden; erst in der Gemeinschaft wird also die persönliche Freiheit möglich“ (K. MARX/FR. ENGELS, Die deutsche Ideologie, in: MEW 3, 9ff, 74).

[2] Ebd.

[3] W. I. LENIN, Staat und Revolution, in: LAW II, 158–253, 226.

[4] LAW II, 235.

[5] LAW II, 161; Herv. i. O. „Der Staat entsteht dort, dann und insofern, wo, wann und inwiefern die Klassengegensätze objektiv *nicht* versöhnt werden *können*. Und umgekehrt: das Bestehen des Staates beweist, daß die Klassengegensätze unversöhnlich sind“ (ebd.; Herv. i. O.).

In dieser Situation des Klassenantagonismus bildet der Zwangsapparat des Staates ein Instrument in der Hand der herrschenden Klasse zur Unterdrückung und Ausbeutung der anderen Klassen[6].

Gemäß der von Engels auf historische Entwicklungen angewandten drei Gesetze der Dialektik[7] wird dieser bürgerliche Staat durch die proletarische Revolution gewaltsam abgeschafft werden. Seine Stelle wird für eine Übergangszeit ein anderes Staatswesen einnehmen. „Der Marxismus macht keinen Hehl daraus, daß es sich auch hier um eine Klassenherrschaft handelt, und zwar um eine diktatorische"[8]. Die „Diktatur des Proletariats"[9], der proletarische Staat, ist für eine historische Übergangszeit als Zwangsapparat zur Unterdrückung der Unterdrücker erforderlich.

Dieser Staat hat die Aufhebung der Klassengegensätze überhaupt zum Ziel, die Entwicklung einer klassenlosen Gesellschaft, die dann auch folgerichtig kein Staatswesen mehr kennt (denn dieses ist ja per definitionem an den Klassenantagonismus gebunden)[10].

Die Art und Weise des Übergangs von der „ersten" zur „höheren Phase der kommunistischen Gesellschaft"[11] wird allgemein als ein „Absterben" charakterisiert, also als ein allmählicher Wandlungsprozeß. Konkret geschieht das durch einen langen[12] Lern- und Gewöhnungsprozeß der Menschen[13], der durchaus von polizeistaatlichen Terrormaßnahmen unterstützt werden kann:

---

[6] „Nach Marx ist der Staat ein Organ der Klassen*herrschaft*, ein Organ der *Unterdrückung* der einen Klasse durch die andere, ist die Errichtung derjenigen ‚Ordnung‘, die diese Unterdrückung sanktioniert und festigt, indem sie den Konflikt der Klassen dämpft" (LAW II, 162; Herv. i. O.).

[7] S. o. Kap. I.A/2.

[8] R. Zippelius, Allgemeine Staatslehre, [10]1988, 213.

[9] K. Marx, Kritik des Gothaer Programms, in: MEW 19, 11–32, 28. Vgl. LAW II, 223.

[10] „Sind im Laufe der Entwicklung die Klassenunterschiede verschwunden und ist alle Produktion in den Händen der assoziierten Individuen konzentriert, so verliert die öffentliche Gewalt den politischen Charakter. Die politische Gewalt im eigentlichen Sinne ist die organisierte Gewalt einer Klasse zur Unterdrückung einer andern. Wenn das Proletariat im Kampfe gegen die Bourgeoisie sich notwendig zur Klasse vereint, durch eine Revolution sich zur herrschenden Klasse macht und als herrschende Klasse gewaltsam die alten Produktionsverhältnisse aufhebt, so hebt es mit diesen Produktionsverhältnissen die Existenzbedingungen des Klassengegensatzes, die Klassen überhaupt, und damit seine eigene Herrschaft als Klasse auf" (K. Marx/Fr. Engels, Manifest der Kommunistischen Partei, in: MEW 4, 459–493, 482).

[11] Diese Terminologie verwendet K. Marx in der „Kritik des Gothaer Programms", MEW 19, 21. Vgl. auch LAW II, 228–237.

[12] Lenin hat mehrmals auf die Ungewißheit der Dauer und konkreten Form dieses Umwandlungsprozesses hingewiesen: „Wie rasch aber diese Entwicklung weitergehen wird, [...] das wissen wir nicht und *können* wir *nicht* wissen. Wir sind daher auch nur berechtigt, von dem unvermeidlichen Absterben des Staates zu sprechen. Dabei betonen wir, daß dieser Prozeß von langer Dauer ist und vom Entwicklungstempo der *höheren Phase* des Kommunismus abhängt, wobei wir die Frage der Fristen oder der konkreten Formen des Absterbens vollkommen offenlassen, denn Unterlagen zur Entscheidung dieser Fragen *gibt es nicht*" (LAW II, 232; Herv. i. O.).

[13] „Der Staat wird dann völlig absterben können, wenn die Gesellschaft den Grundsatz: ‚Jeder nach seinen Fähigkeiten, jedem nach seinen Bedürfnissen‘ verwirklicht haben wird, d.h. wenn die Menschen sich so an die Befolgung der Grundregeln des gesellschaftlichen Zusammenlebens gewöhnt haben werden und ihre Arbeit so produktiv sein wird, daß sie freiwillig *nach ihren Fähigkeiten* arbeiten werden" (LAW II, 232; Herv. i. O.).

„Denn wenn *alle* gelernt haben werden, selbständig die gesellschaftliche Produktion zu leiten, und sie in der Tat leiten werden, selbständig die Rechnungslegung und die Kontrolle über die Müßiggänger, die Herrensöhnchen, die Gauner und ähnliche ‚Hüter der Traditionen des Kapitalismus' verwirklichen werden, so wird die Umgehung dieser vom ganzen Volk durchgeführten Rechnungslegung und Kontrolle unvermeidlich so ungeheuer schwierig werden, eine so höchst seltene Ausnahme bilden und wahrscheinlich eine so rasche und ernsthafte Bestrafung nach sich ziehen (denn die bewaffneten Arbeiter sind Menschen des praktischen Lebens und keine sentimentalen Intelligenzler und werden kaum mit sich spaßen lassen), daß die *Notwendigkeit* der Einhaltung der unkomplizierten Grundregeln für jedes Zusammenleben von Menschen sehr bald zur *Gewohnheit* werden wird. Und dann wird das Tor zum Übergang von der ersten Phase der kommunistischen Gesellschaft zu der höheren Phase und damit auch zum völligen Absterben des Staates sperrangelweit geöffnet sein."[14]

Zusammenfassend läßt sich sagen: Das Ziel des historischen Entwicklungsprozesses ist die klassenlose Gesellschaft, die ihrerseits wiederum die Vervollkommnung der sozialen Kompetenzen des Menschen voraussetzt.

1.2 Das marxistische Politikverständnis

Nach marxistischem Verständnis schöpft die politische Führung eines sozialistischen Staates ihre Entscheidungskriterien aus dieser Zielvorgabe. Politik wird somit als Durchführung eines Projektes begriffen.[15] Auch das Politikverständnis der politischen Führung der DDR ist als „poietisch" zu bezeichnen[16] und muß daher von einem pragmatischen Begriff von Politik (wonach die Aufgabe von Politik in erster Linie darin besteht, grundlegende und durch möglichst weitgehenden Konsens gesicherte Prinzipien in ständig wechselnden Entscheidungssituation pragmatisch zur Anwendung zu bringen) streng unterschieden werden.

Das dem Sozialismus eigene poietische Politikverständnis hat einige für unseren Zusammenhang wichtige Konsequenzen.

1. Ein poietisches Politikverständnis hat eine Maximierung des Legitimationsproblems zur Folge. Die politische Herrschaft kann ihre Legitimation nur über die Legitimität des von ihr durchzuführenden Projektes empfangen. Um diese beurteilen zu können, müßte jedoch die Verwirklichung des Projektes vorausgesetzt sein. Da diese noch aussteht, muß seine Legitimität proleptisch durch eine Geschichtstheorie erbracht werden. Deren Ziel ist dann, das Projekt „1. für möglich und 2. seine Verwirklichung für wünschenswert" erscheinen zu lassen[17].

---

[14] LAW II, 237; Herv. i. O. Die Grundsätze eines Überwachungssystems nach Art des MfS sind hier deutlich ausgesprochen.
[15] Vgl. hierzu und zum folgenden R. SCHRÖDER, Was kann „Kirche im Sozialismus" sinnvoll heißen?, in: DERS., Denken im Zwielicht, 1990, 49–54, bes. 50–52; DERS., Nochmals: „Kirche im Sozialismus", in: a.a.O., 149–159, bes. 158f.
[16] A.a.O., 158.
[17] R. SCHRÖDER, Was kann „Kirche im Sozialismus" sinnvoll heißen, a.a.O., 50.

2. Verschärft wird das Legitimationsproblem noch durch die Tatsache, daß die Durchführung des historischen Projektes nicht allein Sache des Staates und seiner Organe sein kann, sondern eine aktive Beteiligung der gesamten Gesellschaft unter Konzentration aller Kräfte und Mobilisierung aller Reserven erforderlich macht.

3. Hieraus ergibt sich, daß das in einem sozialistischen System wie der DDR vorherrschende poietische Politikverständnis zu einer politischen Funktionalisierung *aller* gesellschaftlichen Potenzen führt, was mit Notwendigkeit die Unterbindung aller Ansätze eines innergesellschaftlichen weltanschaulichen Pluralismus mit sich bringt. Diese Funktionalisierung kann zu dem angestrebten gesellschaftlichen Ziel in einem *direkten* oder einem *indirekten* Zusammenhang stehen. Ein direkter Zusammenhang liegt vor, wenn das entsprechende gesellschaftliche Teilsystem einen Beitrag zur Erreichung des Zieles leistet. Ein indirekter Zusammenhang besteht dann, wenn es zur Legitimation des Gesellschaftsprojektes und damit der politischen Führung beiträgt. Ein solcher Beitrag wiederum kann grundsätzlich auf zweierlei Weise erbracht werden, entsprechend der doppelten Legitimationsstruktur politischer Herrschaft, die ihr Legitimationsproblem nämlich prinzipiell
a. durch Androhung und Ausübung von Zwang oder
b. durch normative Indoktrination
lösen kann. Im Fall der Kirchen liegt der Versuch einer *indirekten* Funktionalisierung vor: sie sollen einen Beitrag zur normativen Indoktrination der Bevölkerung leisten und dadurch an der Lösung des Legitimationsproblems mitarbeiten. Die Voraussetzung dafür wäre allerdings die volle Loyalität zu den politischen Zielen der Staatsführung (so wie in Herrschaftssystemen mit pragmatischer Politikauffassung die Voraussetzung eine Übereinstimmung mit den *Prinzipien* der Politik wäre). Ein Beispiel für die positive Aufnahme dieser funktionalen Zuordnung der Kirche in der DDR stellt die Position des Thüringer Landesbischofs Moritz Mitzenheim dar[18].

4. Die Bearbeitung der Legitimationsprobleme, die ein poietisches Politikverständnis mit sich bringt, zieht wiederum typische Folgeprobleme nach sich, von denen eines der gravierendsten das Problem einer theorielosen Praxis ist. Die Notwendigkeit geschichtsphilosophischer Legitimierung von praktischen politischen Entscheidungen zeigt als Ergebnis die kategoriale Unterscheidung einer *richtigen* (da sich im Einklang mit den „wissenschaftlich" erfaßbaren Gesetzen der historischen Entwicklung befindlichen) und einer *falschen* Politik. Eine Politik, die sich selbst als Exekution einer „richtigen", weil „wissenschaftlichen" Weltanschauung versteht, muß jedoch mit Notwendigkeit zu Theoriedefiziten führen. Der Grund dafür liegt in einer unvermeidlichen Tendenz zur Immunität gegen die empirische Wirklichkeit. Diese Tendenz zielt dahin, die Wirklichkeit der gesellschaftlichen Zustände nicht mit Hilfe theoretisch fundierter analytischer Anstrengungen wahrzunehmen, sondern in bestehende, dogmatisch fixierte Theorieschablonen zu integrieren. Genauer: Die Wechselwirkung zwischen dem kategorialen Instrumentari-

---

[18] Vgl. Dok 1959/2; 1961/1; 1964/2; 1969/3.4.

um der Wahrnehmung, das die Wahrnehmung codiert und so steuert, und dem Wahrgenommenen, das seinerseits die Entwicklung und Weiterentwicklung dieses Instrumentariums anregt, wird durch dessen starre Fixierung unterbunden. Damit ist der praktischen Politik die Möglichkeit genommen, ihre Richtlinien auf der Basis einer erkennenden Aufarbeitung der gesellschaftlichen Wirklichkeit zu definieren. Treten Weltanschauung und einzelne Aspekte der Wirklichkeit auseinander, so geht die Tendenz dahin, letztere als zu überwindende Gegenkräfte auf dem dialektischen Weg zum Sozialismus zu interpretieren. Umgekehrt wurde im Sprachgebrauch der marxistisch-leninistischen Doktrin und der politischen Programmatik alles, was laut offizieller Doktrin dem „Aufbau des Sozialismus" zuträglich war, mit dem Prädikat „realistisch" versehen und hatte damit teil an der ideologisch definierten Wirklichkeit, deren Realitätspotenz sich am Ende universal durchsetzen sollte.

2. Kirche und Staat in den Jahren der Nachkriegszeit

2.1 Kirchlicher Strukturwandel aufgrund territorialer und personeller Verluste

Der deutsche Protestantismus östlich der Elbe mußte nach 1945 Gebietsverluste hinnehmen. Die Evangelische Kirche der altpreußischen Union verlor ihre östlich der Oder-Neiße-Linie gelegenen schlesischen, pommerschen, ost- und westpreußischen Kirchengebiete. Dies stellte für die Kirche nicht nur einen territorialen Substanzverlust, sondern auch ein konfessionspolitisches Problem dar. Zum einen bestand die Tendenz, aufgrund des Übergangs von bislang protestantisch dominierten Kirchengebieten in eine andere konfessionelle Regie die politische Niederlage in Analogie zu 1918 auch als konfessionspolitische Niederlage zu interpretieren.[19] Zum anderen führte das mit der territorialen Neuordnung überaus drängend gewordene Flüchtlings- und Vertriebenenproblem nicht nur zu großen logistischen Schwierigkeiten, sondern auch zu einer nachhaltigen konfessionellen Durchmischung der Bevölkerung. Betroffen war die Kirche auch durch kriegsbedingte Verluste unter ihren Pfarrern und Mitarbeitern und durch Zerstörungen von Kirchen-

---

[19] Vgl. K. Nowak, Christentum in politischer Verantwortung. Zum Protestantismus in der Sowjetischen Besatzungszone (1945–1949), in: J.-Chr. Kaiser/A. Doering-Manteuffel, Christentum und politische Verantwortung. Kirchen im Nachkriegsdeutschland, 1990, 42–62, 55. Nowak weist in diesem Zusammenhang darauf hin, daß die kirchliche Einstellung zur Oder-Neiße-Linie und überhaupt zur Deutschlandfrage neben traditionsgeschichtlicher und gesellschaftspolitischer auch konfessionspolitischer Motivation entsprang. Doch obwohl die Wiedererrichtung eines deutschen Nationalstaates bis zum Ende der fünfziger Jahre ein kirchenpolitisches Hauptanliegen der EKD geblieben war, hatte diese bereits bei ihrer Neugründung ihren „praktischen und formalen Zuständigkeitsbereich auf das Gebiet der vier Besatzungszonen beschränkt[]", also „ohne die Gebiete östlich der Oder-Neiße-Linie" (U. Bayer, Die „Deutsche Frage" auf den EKD-Synoden 1958 bis 1963: Konsolidierung und Ernüchterung im Zeichen des Mauerbaus. Die Vertiefung der deutschen Teilung und das Ende der Einheit der EKD, in: KZG 3, 1990, 336–354, 337).

gebäuden. Gerade unter diesem Gesichtspunkt des personellen Notstandes stellte die Entnazifizierung der Kirche ein weiteres bedrückendes Problem dar.[20]

2.2 Der restaurative Neuaufbau der Kirche

Der Neuaufbau der evangelischen Kirchen in Deutschland verlief unter weitgehender Regie der Kräfte der sogenannten „Mitte", die im Kirchenkampf versucht hatten, eine neutrale Position einzunehmen, und die ihn nicht als Erneuerung, sondern als Wiederherstellung und Reinigung der Kirche verstanden wissen wollten. Daß sich die Konzeption der Bekennenden Kirche, die eine Restitution der überkommenen Behördenkirche ablehnte, eine konsequentere Entnazifizierung der Kirche forderte und einer stärkeren Orientierung hin zu einer Gemeindekirche das Wort redete, nicht durchsetzen konnte, hat viele Gründe, die zu analysieren hier der Raum fehlt.[21] Nowak weist darauf hin, daß die Restitution des kirchlichen Zustandes vor 1933 auch das Ziel der alliierten Kirchenpolitik war.[22] Bestimmendes Leitbild, das sowohl auf alliierter wie auf kirchlicher Seite dabei im Hintergrund stand, war die Vorstellung einer „'Dyarchie' von Staat und Kirche" „als hoheitliche Mächte [...], die über der Gesellschaft stehen und gegenüber den partikularen gesellschaftlichen Interessen das Gemeinwohl zu vertreten haben."[23] Ihr Verhältnis zueinander ergibt sich dann daraus, daß beide, „entsprechend ihrer jeweiligen Eigenart, dem Volk dienen und sich in diesem Dienst zusammenfinden"[24]. Das in diesem Sinne verstandene, die Nachkriegsära kennzeichnende Konzept von Volkskirche sah als deren „politische Funktion [...] vorwiegend [ihren] stabilisierenden und legitimierenden Charakter [an]. Sie vermittelte Wertvorstellungen,

---

[20] In Thüringen, einer vormaligen Hochburg der Deutschen Christen, konnten alle Pfarrer, die Mitglieder der Deutschen Christen bzw. nationalsozialistischer Organisationen waren, im Dienst bleiben bzw. wurden nach einer Wartezeit übernommen (vgl. J. J. SEIDEL, „Neubeginn" in der Kirche? Die evangelischen Landes- und Provinzialkirchen in der SBZ/DDR im gesellschaftspolitischen Kontext der Nachkriegszeit [1945–1953], 1989, 101–110). Der Thüringer Landesbischof MITZENHEIM war es auch, der durchsetzte, daß die Kirchen in ihrem Bereich die Entnazifizierung selber durchführen durften (die dann aufgrund des Pfarrermangels entsprechend vorsichtig ausfiel). 1948 erreichte Mitzenheim, daß Nazi-Pfarrer, die sich in ihrer Heimatkirche als untragbar erwiesen hatten, in anderen Kirchen genommen wurden „und im Segen wirken können" (K. MEIER, Volkskirchlicher Neuaufbau in der sowjetischen Besatzungszone, in: V. CONZEMIUS/M. GRESCHAT/H. KOCHER (Hgg.), Die Zeit nach 1945 als Thema kirchlicher Zeitgeschichte, 1988, 213–234, 224). Zum Thema Entnazifizierung vgl. ferner: C. VOLLNHALS, Entnazifizierung und Selbstreinigung im Urteil der evangelischen Kirche. Dokumente und Reflexionen 1945–1949, München 1989. Zur kirchlichen Nachkriegssituation im allgemeinen sei nachdrücklich hingewiesen auf K. HERBERT, Kirche zwischen Aufbruch und Tradition, 1989. Zur Lage der Kirche in der SBZ vgl. v.a. P. MASER, Glauben im Sozialismus, 1989, 22–48; M. ONNASCH, Die Situation der Kirchen in der sowjetischen Besatzungszone 1945–1949, in: KZG 2, 1989, 210–220; H. GRÜBER, Erinnerungen aus sieben Jahrzehnten, 1968.
[21] Vgl. hierzu P. MASER, a.a.O., 35f.; J. J. SEIDEL, a.a.O., 93–110; O. LUCHTERHANDT, Die Gegenwartslage der Evangelischen Kirche in der DDR, 1982, 6–8 sowie K. HERBERT, a.a.O., die diese Entwicklung bedauern, und K. MEIER, a.a.O., der ihr positiver gegenübersteht.
[22] Vgl. K. NOWAK, a.a.O., 42.
[23] W. HUBER, Kirchen im Konflikt, in: epd-Dok 43/1975, 50–57, 55.
[24] K. NOWAK, a.a.O., 43.

auf denen eine politische Ordnung erneut aufgebaut werden konnte; sie verbürgte sich für die Legitimität dieser neuen Ordnung."[25]

2.3 1945–1951: Die Einstellung der politischen Kräfte zur Kirche. Die staatskirchenrechtlichen Grundentscheidungen

Das von der KPD angestrebte gesellschaftspolitische Konzept einer „antifaschistisch-demokratischen Ordnung" war noch nicht von einer sozialistischen Zielperspektive geprägt, sondern verstand sich selbst als vorläufige Ordnung mit transitorischem Charakter.[26] Ihre Aufgabe sollte sein, die noch nicht entwickelten Voraussetzungen für den Aufbau einer sozialistischen Gesellschaftsordnung erst zu schaffen. Als eine dieser Voraussetzungen galt die Verwirklichung des Führungsanspruchs der Kommunistischen Partei, welcher mit Hilfe der kommunistischen Bündnispolitik und v.a. des Blocksystems angestrebt wurde.[27] W. Ulbricht hat dieses einigermaßen komplizierte Programm auf die ebenso einfache wie präzise Formel gebracht: „Es muß demokratisch aussehen, aber wir müssen alles in der Hand haben."[28]

Im Zusammenhang des teleologischen Charakters der gesellschaftlichen Ordnung konnten auch die Grundrechte ihren Sinn nicht in sich selbst haben. Wie alles Recht wurden auch sie funktionalisiert und zu „Gestaltungsrechten" uminterpretiert. Für die Kirche bedeutete dies, daß das Grundrecht der Glaubens- und Gewissensfreiheit als Angebot des Staates an die christliche Bevölkerung zu verstehen war, am Aufbau einer antifaschistisch-demokratischen und später sozialistischen Gesellschaftsordnung aktiv mitzuwirken. Im Zuge einer klaren Abgrenzung von staatlicher und kirchlicher Aufgabenstruktur wurde den Kirchen die Funktion der „Erfüllung religiöser Aufgaben" zugesprochen. Religion galt als Privatsache, das Erziehungsmonopol sollte beim Staat liegen. Unter Hinweis auf die gemeinsamen gesellschaftspolitischen Ziele Gerechtigkeit und Frieden warb die SED für Kooperation, d.h. auch für eine möglichst weitgehende Einbindung der Kirchen in ihr Blocksystem.

Die u.a. von dem damaligen Ost-CDU-Vorsitzenden[29] Jakob Kaiser vertretene Konzeption eines „christlichen Sozialismus", der sich deutlich von einem Sozialis-

---

[25] W. HUBER, ebd. Herausragender Vertreter eines solchen ekklesiologischen Leitbildes einer staatsunabhängigen, dabei aber gesellschaftsoffenen Volkskirchlichkeit in der SBZ/DDR war der Thüringer Landesbischof M. MITZENHEIM, vgl. K. MEIER, a.a.O., 227.

[26] Vgl. W. LEONHARD, Die Revolution entläßt ihre Kinder, ⁵1992, 411–598; H. DÄHN, Konfrontation oder Kooperation?, 1982, 11–24.

[27] Das Programm eines „antifaschistisch-demokratischen Blocks" und die Vereinigung von KPD und SPD beruht auf dem Ideologumenon der Einheitsfront. Die Herstellung einer demokratischen Ordnung auf dem Wege zum Sozialismus wurde durch Lenins Theorie von den zwei Phasen der Revolution gerechtfertigt, welche sich ihrerseits auf einen Gedanken von Marx beruft, den dieser in seiner Kritik am Gothaer Vereinigungsparteitag der SPD geäußert hat. Vgl. hierzu J. J. SEIDEL, a.a.O., 45–48.

[28] W. LEONHARD, a.a.O., 440; vgl. H. WEBER, Geschichte der DDR, ³1989, 57.

[29] Im folgenden wird mit „CDU" immer die CDU/Ost bezeichnet.

mus marxistischer Prägung abheben sollte, stieß dagegen in der SED auf scharfe Zurückweisung und provozierte im August 1946 eine „notwendige Klarstellung des Zentralsekretariats der Sozialistischen Einheitspartei Deutschlands" zum Thema „SED und Christentum"[30], in der erneut alle gesellschaftlichen Kräfte zur Beteiligung am Neuaufbau Deutschlands aufgerufen wurden. Die unterschiedlichen Weltanschauungen dürften bei dieser gemeinsamen „Verantwortung vor der Zukunft"[31] nicht trennend wirken. Die SED wolle auch „den Glaubensgemeinschaften eine positive Mitwirkung am Neuaufbau Deutschlands [...] ermöglichen."[32] „Die frühere allgemeine Ablehnung der Kirche durch die sozialistische Arbeiterbewegung galt nicht dem christlichen Glauben. [...] Der christliche Glaube und die Zugehörigkeit zu einer Religionsgemeinschaft sind kein Hinderungsgrund für das Bekenntnis zum Sozialismus und für die Mitgliedschaft in der marxistischen Partei."[33]

Die sowjetische Militäradministration nahm anfangs eine freundliche und großzügige Haltung gegenüber der Kirche ein[34]. Man würdigte damit den Widerstand der Kirche gegen den Nationalsozialismus und den Einsatz von Geistlichen bei der Übergabe von Städten und Gemeinden an die Rote Armee. Damit war die von der Kirche in Angriff genommene Konsolidierung zweifellos begünstigt. Allerdings wich bereits seit 1946 die anfängliche Großzügigkeit einer zunehmend restriktiven Verhaltensweise. Durch Bespitzelung, Denunziantentum und auf administrativem Wege wurde versucht, die kirchliche Arbeit einzudämmen. Damit einher gingen immer deutlichere Versuche der SMAD, die Kirchen politisch zu instrumentalisieren, d.h. sie und ihre Amtsträger in den Propagandaapparat zu integrieren und zur öffentlichen Unterstützung politischer Maßnahmen zu gewinnen. Die kirchliche Antwort darauf bestand in einem gemeinsamen „Schreiben der evangelischen Bischöfe der Ostzone an Marschall Sokolowski" vom 11. Mai 1948[35], in dem die Kirche beansprucht, „nur aus innerer Nötigung vom Evangelium her"[36] zu politischen Fragen Stellung zu nehmen. Denn: „Die Freiheit der Kirche, zu Maßnahmen des Staates positiv oder negativ Stellung zu nehmen, ist ein unablösbarer Teil der Religionsfreiheit, die die Kirche vom Staat erbitten muß und die ihr in den Länderverfassungen der Ostzone feierlich zugesichert worden ist."[37] Ihren staatskirchenrechtlichen Niederschlag fand die bisher skizzierte Kirchenpoli-

---

[30] Abgedruckt in: Dohle/Drobisch/Hüttner 1967, 165–167.

[31] A.a.O., 165.

[32] Ebd.

[33] A.a.O., 166.

[34] Sehr anschaulich beschrieben bei H. Grüber, a.a.O. Eine neuere Untersuchung bietet J. J. Seidel, a.a.O., 68–92.

[35] Abgedruckt in: G. Heidtmann (Hg.), Hat die Kirche geschwiegen? Das öffentliche Wort der evangelischen Kirche aus den Jahren 1945–1964, ³1964, 32–34.

[36] A.a.O., 33.

[37] A.a.O., 34. K. Nowak sieht allerdings den tatsächlichen „Grundkonflikt zwischen Protestantismus und politischer Macht" in einer „fundamentale(n) Auseinandersetzung über die gesellschaftliche Leitkultur", in der beide Seiten einen „Anspruch auf das Weltanschauungsmonopol" geltend machten. Dieser Grundkonflikt sei in dem genannten Text nur „undeutlich" umrissen (Ders., a.a.O., 51).

tik in den Bestimmungen der Verfassung der DDR aus dem Jahre 1949[38], die sich eng an „den staatskirchenrechtlichen Bestimmungen der Weimarer Verfassung mit ihrer zwiespältigen Haltung zwischen Trennung und Verbindung von Staat und Kirche" orientierte.[39] Die Tendenz zur Trennung von Staat und Kirche lag vor in den ausgesprochen liberalen Grundsätzen der Glaubens- und Gewissensfreiheit (Art. 41.1), der Kultusfreiheit (Art. 41.2), der Freiheit der Vereinigung zu Religionsgemeinschaften und Weltanschauungsverbänden einschließlich der Freiheit der organisierten Religionslosigkeit (Art. 43.1 und 43.5) sowie die über die Weimarer Kompromisse hinausgehende Trennung von Kirche und Schule (Art. 36.1; 38.1; 40; 44). Andererseits wurden die großen Kirchen als juristische Personen des öffentlichen Rechts anerkannt (Art. 43.3 und 43.5) und mit entsprechenden Privilegien wie Steuererhebung (Art. 43.4; 43.5), Sondergewährleistung der vermögensrechtlichen Stellung (Art. 45.2) und dem Recht auf Erteilung von Religionsunterricht in den Räumen der Schule (Art. 44) ausgestattet. Ferner waren religiöse Handlungen in öffentlichen Anstalten zugelassen (Art. 46) und der Sonntag und die Feiertage geschützt (Art. 16.2).

3. 1952–1967: Kirchenpolitik im Zeichen des „Aufbaus des Sozialismus"

3.1 Die Phase der Konfrontation

3.1.1 Die Stalinisierung der DDR

Anfang der fünfziger Jahre war die durch Ulbrichts SED betriebene Stalinisierung der DDR auf ihrem Höhepunkt angelangt.[40] Die SED sowie das gesamte politische und gesellschaftliche System wurden im Sinne des „demokratischen Zentralismus"[41] gleichgeschaltet. Die SED wurde durch rigorose Säuberungen, ständige

---

[38] Vgl. hierzu H. ROGGEMANN (Hg.), Die DDR-Verfassungen, ³1980; E. JACOBI, Staat und Kirche nach der Verfassung der Deutschen Demokratischen Republik, in: ZevKR 1, 1951, 113–135; DOHLE/DROBISCH/HÜTTNER 1967, 31–33.

[39] E. JACOBI, a.a.O., 113.

[40] Vgl. dazu H. WEBER, Geschichte der DDR, ³1989, 186–244.

[41] R. HENKYS beschreibt dieses Ordnungsprinzip so: „Staat, Parteien, gesellschaftliche Einrichtungen und Organisationen, Wirtschaft usw. sind in der DDR nach dem Prinzip des ‚demokratischen Zentralismus' organisiert. Dieses […] System sichert trotz Wahl aller Leitungsgremien von unten nach oben der Leitungsspitze den entscheidenden Einfluß und schaltet die Möglichkeit der Fraktions- oder Oppositionsbildung sowie eines politischen Pluralismus aus. Es sichert gleichzeitig der SED als der verfassungsmäßig führenden Kraft von Staat und Gesellschaft nicht nur die Kontrolle des Staatsapparates, sondern des gesamten organisierten Lebens in der DDR. Diskussion mit dem Ziel der Entscheidungsfindung ist nur möglich, bis die Partei, also Politbüro oder Zentralkomitee, gesprochen hat. Deren Entscheidung ist dann für alle verbindlich. Weitere Diskussion dient nur dem Ziel, sich die Entscheidungen der Partei anzueignen und auf ihrer Grundlage ‚schöpferische Initiative' zu entwickeln. Ursprünglich als Herrschaftsinstrument zur planmäßigen und einheitlichen Führung der Gesellschaft durch die Arbeiterklasse und deren Partei entwickelt, wird das Prinzip des demokratischen Zentralismus zunehmend mit einer im Sozialismus vorhandenen prinzipiellen Interessenübereinstimmung von Staat, Gesellschaft und Individuen be-

ideologische Indoktrination sowie Einschüchterung und Bedrohung diszipliniert. Die Optimierung der Gleichschaltung des Parteiensystems erfolgte durch eine stärkere Einbeziehung von DBD, NDPD und der Massenorganisationen in den Block, Säuberungen in CDU und LDP sowie Bildung und konsequenten Ausbau der „Nationalen Front" (NF). Der Totalitätsanspruch der Partei wurde durch kultische Momente wie den Mystizismus um das Parteibuch oder den Personenkult um Stalin unterstrichen. Ihren politisch-programmatischen Ausdruck fand diese Entwicklung auf der 2. Parteikonferenz der SED vom 9. – 12. Juli 1952, wo offiziell die Beendigung der Phase der „antifaschistisch-demokratischen Ordnung" zugunsten der neuen Parole vom „Aufbau des Sozialismus" verkündet worden war. Der Begriff „Sozialismus" war dabei als auf das stalinistische System der UdSSR reduziert verstanden. Entsprechend breitete sich die totale Herrschaft des SED-Parteiapparats allmählich auf alle Lebensbereiche der Gesellschaft aus.

3.1.2 1952/53: Kirchenkampf und innenpolitische Krise

Das Jahr 1952 stand auch unter dem Zeichen einer Verdichtung des Eisernen Vorhangs, was mit dem Scheitern der Stalin-Note vom 10. März 1952 zusammenhing. An der Demarkationslinie wurde die Aussiedlung von „asozialen oder politisch feindlich eingestellten Menschen" vorgenommen. Die EKD, als einzige gesamtdeutsche Großorganisation, sah sich gezielten behördlichen Schikanen ausgesetzt, die das Ziel hatten, ihre Einheit zu zerstören. Doch auch das innere Leben der Kirche in der DDR wurde nun massiv angegriffen. Die Junge Gemeinde, deren Anstecknadel bereits 1950 verboten worden war, konnte seit dem Sommer 1952 weder Bibelfreizeiten noch andere größere Zusammenkünfte ungehindert durchführen. Neben massiven behördlichen Verhinderungsmaßnahmen kam es auch zu MfS-Observationen und Gottesdienststörungen durch FDJ-Schlägertrupps. Als Rechtsmittel für die Polizeimaßnahmen diente die Behauptung, die Junge Gemeinde sei eine illegale Organisation, da die einzige legale Jugendorganisation die FDJ sei. Im Winter 1952/53 eskalierten die staatlichen Angriffe. Tausende von Schülern wurden von den Schulen verwiesen, weil sie sich zu ihrer Mitgliedschaft in der Jungen Gemeinde bekannten. Die Kampagne gipfelte in dem Vorwurf von Ministerin Else Zaisser, die Junge Gemeinde sei eine „unter religiöser Maske getarnte illegale Agenten- und Spionageorganisation", eine „Agentur des amerikanischen Imperialismus", deren „Feindtätigkeit" gegen den Aufbau des Sozialismus gerichtet sei[42]. Neben der Jungen Gemeinde wurden auch die Studen-

---

gründet. Auftretende Widersprüche werden als zweitrangig und überwindbar angesehen, weil der grundlegende Klassenantagonismus aufgehoben ist. Dies wird immer wieder auch gegenüber den christlichen Bevölkerungsteilen geltend gemacht. Vornehmlich die DDR-CDU, die im Rahmen des demokratischen Zentralismus die Aufgabe hat, die Politik der SED gegenüber den Christen zu vertreten und sie zur Mitarbeit im Sozialismus zu gewinnen, propagiert die These, daß erst die sozialistische Gesellschaft Kirchen und Christen frei gemacht habe, ihrer wahren Bestimmung zum Dienst am Nächsten zu folgen."(R. HENKYS, Kirche – Staat – Gesellschaft, in: DERS. 1982, 11–61, 13f.); vgl. auch W. LEONHARD, a.a.O., 87.
[42] Zit. bei P. MASER, a.a.O. (Anm. 20), 51.

tengemeinden offen als CIA-Stützpunkte bezeichnet. Anfang 1953 kam es zu Verhaftungen von Studentenpfarrern und anderen kirchlichen Mitarbeitern. Zur selben Zeit weiteten sich die staatlich gelenkten Aktionen auch gegen die Diakonie aus. Zahlreiche diakonische Einrichtungen wurden geschlossen. Als Ziele wurden ferner ins Auge gefaßt: Die Behinderung der Öffentlichkeitsarbeit der Kirche, die Beseitigung der bisherigen Kirchenleitungen, eine Sammlung der „fortschrittlichen" Pfarrerschaft und ein Angriff auf die wirtschaftlichen Grundlagen der Kirche[43].

Die Kampagne geriet durch die Krise der SED im Frühjahr 1953 ins Stocken. Der Tod Stalins am 5. März 1953 hatte die SED-Ideologen schockiert und zu einer nachhaltigen Verunsicherung geführt, zumal die neue sowjetische Führung unter Berija von der DDR eine konziliantere Haltung in der deutschen Frage und die Revision des forcierten Kurses beim „Aufbau des Sozialismus" forderte. Zeitgleich mit der ideologischen Verunsicherung ging eine dramatische Verschlechterung der Lebenslage der Bevölkerung einher. Unter dem Druck der Verhältnisse nahm das Politbüro der SED am 9. Juni 1953 unter der Parole „Neuer Kurs" eine Korrektur ihrer bisherigen Linie vor. Ein am 4. Juni von der Konferenz der evangelischen Kirchenleitungen ausgesprochener Gesprächswunsch wurde überraschend aufgegriffen. Bereits sechs Tage darauf fand ein Spitzengespräch von Vertretern von Staat und Kirche statt, in dem sich die staatliche Seite zur Zurücknahme aller antikirchlichen Maßnahmen und zur Rehabilitierung der verfolgten Christen verpflichtete[44].

3.1.3 Die Einführung der Jugendweihe

Auf die ideologischen und innenpolitischen Turbulenzen in der ersten Hälfte des Jahres 1953 folgte eine Phase der Konsolidierung. Die Bevölkerung zog aus dem gescheiterten Aufstand vom 17. Juni die Erfahrung, daß der Versuch einer gewaltsamen Veränderung des politischen Systems unter den bestehenden Machtverhältnissen keine Aussicht auf Erfolg hat. Die SED dagegen bemühte sich um eine Verlangsamung des Strukturwandels. Zugleich suchte sie ihre Herrschaftsmethoden bei grundsätzlicher Beibehaltung des stalinistischen Kurses flexibler zu gestalten. Bereits auf dem IV. Parteitag der SED vom 30. März – 6. April 1954 wurde der „Neue Kurs" für beendet erklärt. Ulbricht proklamierte den Übergang zur „Schaffung der Grundlagen des Sozialismus".

Daß der Staat nicht seine grundsätzliche Kirchenpolitik, sondern nur seine Taktik geändert hatte, wurde schon bald deutlich. 1954 begann mit der Einführung der Jugendweihe[45] eine staatliche[46] Kampagne gegen die Konfirmation. Die Teil-

---

[43] Vgl. KJB 80, 1953, 131–159.
[44] Vgl. Dok 1953/1.
[45] Vgl. Dok 1954/2 und 1954/3.
[46] Obwohl dies offiziell anfangs noch abgestritten wurde, war die Jugendweihe von Beginn an eine staatliche Angelegenheit, vgl. Dok 1954/4. Ab 1957 war der staatliche sowie der weltanschauliche Charakter der Jugendweihe offiziell geworden, vgl. H. GRÜBER, Erinnerungen aus sieben Jahrzehnten, 1968, 378–383; H. DÄHN, a.a.O., 67–69. So proklamierte W. ULBRICHT in ei-

nahme an der Jugendweihe wurde faktisch zur Voraussetzung für die Zulassung zum Abitur und zu weiterführender Bildung[47]. Die Kirche sah sich zu einer Machtprobe herausgefordert und ging auf Konfrontationskurs, indem sie die Konfirmation für unvereinbar mit einer Teilnahme an der Jugendweihe erklärte[48]. Doch der Kampf mußte nach wenigen Jahren verloren gegeben werden[49]. Die Problematik, der man sich nun gegenübersah und die in den verschiedenen Landeskirchen der DDR in der Folgezeit auf unterschiedliche Weise gelöst worden war, bestand in dem Gegensatz der beiden Prinzipien: a. Unvereinbarkeit von Konfirmation und Jugendweihe; b. Getaufte Kinder können durch die Jugendweihe nicht aus der Kirche ausgeschlossen werden[50].

3.1.4 Die Kirche zwischen den Systemen

Mitte der fünfziger Jahre wurde die Teilung Deutschlands weiter zementiert. 1955 ratifizierte der Bundestag die Pariser Verträge über die Einbeziehung der

---

ner Rede in Sonneberg/Thüringen am 29. 9. 1957 offen den staatlichen und atheistischen Charakter der Jugendweihe und rief dazu auf, „alte, überlebte Glaubenssätze über Bord zu werfen" (zit. n. H. GRÜBER, a.a.O., 382). 1958 erklärte Volksbildungsminister F. LANGE in einer Rede in Güstrow: „Die Unterstützung der Jugendweihe ist nicht eine Privatsache des Lehrers, sondern eine moralische und inzwischen auch eine staatliche Verpflichtung" (zit. n. G. KÖHLER, Pontifex nicht Partisan, Stuttgart 1974, 167).

[47] Vgl. den anonymen Brief einiger junger Pfarrer aus der DDR an Karl Barth vom Sommer 1958 in: K. BARTH, Brief an einen Pfarrer in der Deutschen Demokratischen Republik, in: DERS., Offene Briefe 1945–1968, hg. v. D. KOCH, Zürich 1984 (Gesamtausgabe V), 401–439, 407–409.

[48] Vgl. Dok 1954/1. Bischof DIBELIUS hatte im Januar 1955 in einem „Rundbrief [...] an die Pfarrer und Gemeinden der Evangelischen Kirche von Berlin-Brandenburg" die geltende Position der Kirche so formuliert: „[V]or das deutliche Entweder-Oder müssen alle gestellt werden, die es angeht: Kinder, die sich zur Jugendweihe melden, können nicht konfirmiert werden! Sie scheiden aus der Gemeinschaft derer aus, die am Heiligen Abendmahl teilnehmen und das Patenamt ausüben können!" (KJB 82, 1955, 112). Den theologischen Hintergrund bildet dabei eine scharfe Grenzziehung zwischen Kirche und Welt. Dibelius betonte, „daß wir da, wo es um die Geltung des Evangeliums geht, mit aller Festigkeit bei dem stehen, was uns aufgetragen ist. Dazu gehört auch das, daß wir die Ordnungen unserer Kirche vor aller Verweltlichung und Vernebelung frei halten" (ebd.). Eine genaue Darstellung der Auseinandersetzung um Konfirmation und Jugendweihe findet sich bei H. DÄHN, a.a.O., 52–64, vgl. auch 67–69.82–84. Viele Quellen sind abgedruckt in G. KÖHLER, Pontifex nicht Partisan, 1974, 134–143.

[49] J. JÄNICKE urteilte 1984: „Es ist ein sehr notvolles Kapitel in der Geschichte der Kirche geworden, und im Ergebnis ist eindeutig, daß die Kirchen das konsequente Entweder-Oder nicht haben durchhalten können." (DERS., Ich konnte dabeisein, Berlin 1984, 165; zit. n. P. MASER, a.a.O.[Anm. 20], 90).

[50] Zur Lösung der Konfirmationsfrage nach 1958 vgl. H. FRICKEL, Stationen einer 20jährigen Entwicklung. Konfirmandenunterricht und Konfirmation in der DDR. Eine Problemskizze, in: KiS 3/1975, 9–17; Fixierung überwinden. Kirchenprovinz Sachsen: Versuch einer Bilanz zu Jugendweihe und Konfirmation, in: KiS 3/1980, 15–24; D. URBAN/H. W. WEINZEN, Jugend ohne Bekenntnis? 30 Jahre Konfirmation und Jugendweihe im anderen Deutschland 1954–1984, Berlin 1984; P. MASER, a.a.O. (Anm. 20), 66f. Zur Jugendweihe vgl. G. SCHMOLZE, Nach 20 Jahren: Jugendweihe in der DDR. Die Effektivität der Jugendstunden und Abschlußfeiern soll erhöht werden, in: KiS 3/1975, 18–22; H. W. WEINZEN, Jugendweihebücher – gestern und heute. Entwicklungen in drei Jahrzehnten DDR, in: KiS 5/1983, 14–24; DERS., Wegweiser zur Jugendweihe. Buchreport über das dritte Handbuch zur Jugendweihe, in: KiS 13, 1987, 111–115; P. C. BLOTH, Art.: Jugendweihe, in: TRE 17, 1988, 428–432.

Bundesrepublik in die NATO und führte wenig später die allgemeine Wehrpflicht wieder ein. Im selben Jahr wurde der „Vertrag über die Beziehungen zwischen der DDR und der UdSSR" abgeschlossen, der die völlige Souveränität der DDR garantieren sollte. Die DDR baute sich daraufhin sofort eine eigene Armee auf und trat im Januar 1956 den Streitkräften des Warschauer Paktes bei.

Vor dem Hintergrund der Integration der beiden deutschen Teilstaaten in einander feindlich gegenüberstehende Militärbündnisse wurde die Einheit der 1948 gegründeten EKD immer mehr zu einer Belastung des Verhältnisses von Staat und Kirche in der DDR. Die öffentliche Polemik gegen die Kirche und hier v.a. gegen den EKD-Ratsvorsitzenden Bischof Dibelius wurde immer schärfer[51]. Die DDR setzte die ostdeutschen Landeskirchen mit der Forderung nach einer offiziellen Loyalitätserklärung unter Druck. In Teilen des westdeutschen Protestantismus dagegen betrachtete man die evangelischen Kirchen in der DDR als die stärksten Bollwerke gegen den atheistischen Kommunismus (und bestätigte damit ungewollt die marxistisch-leninistische Religionstheorie). Mit einer „Theologischen Erklärung" suchte die in Berlin tagende außerordentliche EKD-Synode im Juni 1956 dieser Situation zu begegnen[52]. Doch das in dieser Erklärung im Sinne von Römer 13 dargelegte Verhältnis der Kirche zum Staat konte den Wünschen der DDR-Regierung nicht genügen, die unter „Loyalität" die aktive Zustimmung zu ihrer Politik verstand.

Mit dem von Bischof Dibelius am 22. Febr. 1957 abgeschlossenen Militärseelsorgevertrag zwischen der EKD und der Bundesrepublik Deutschland, dem die Synode der EKD am 7. März 1957 nur noch nachträglich zustimmen konnte, war eine enge Bindung zwischen der EKD und der Bundesrepublik geschaffen und die östlichen Landeskirchen desavouiert worden[53]. Die Einheit der EKD, wollte man daran festhalten, mußte neu definiert werden. Vor allem aber waren geordnete Beziehungen der EKD zur Regierung der DDR nicht mehr möglich. Ihr Abbruch im Jahre 1958[54] durch die DDR war die logische Konsequenz.

Spätestens jetzt mußte man in den ostdeutschen Landeskirchen die Notwendigkeit von eigenständigen, d.h. von der Haltung der EKD unabhängigen Beziehungen zur DDR erkennen. Die Gefahr, von ideologisch denkenden kirchlichen Kreisen in der Bundesrepublik als Kollaborateure des atheistischen Kommunismus geschmäht zu werden, mußte dabei in Kauf genommen werden. In dem Bemühen um eine theologisch zu verantwortende Verhältnisbestimmung von christlichem Glauben und Ideologie[55] wuchs die Erkenntnis, daß die Alternative zwischen Kollaboration und radikaler Opposition auf einer Politisierung des Evangeliums fußt und damit Gottes Wort mit einer Bindung an den „Gegner" und sein „System"

---

[51] Ein offenes Wort hierzu leistete sich der sicherlich nicht zu Dibelius' engerem Freundeskreis gehörige Propst GRÜBER im April 1958 auf der EKD-Synode, vgl. Dok 1958/1.
[52] Dok 1956/1.
[53] Vgl. Dok 1958/2.
[54] Vgl. Dok 1958/3.
[55] Vgl. u. Kap. II.A.

heimlich verraten wird. Diese bereits 1952 von M. Fischer[56] erkannte Gefahr der Ideologisierung der Kirche, die damit eine fatale Konformität zu dem von ihr im Namen des Evangeliums bekämpften ideologisierten Staat gewinnt, konnte nun aufgrund der Lockerung der Einheit der EKD leichter erkannt werden. Damit war die Chance gegeben, zu einer „Normalisierung" des Verhältnisses zwischen Staat und Kirche zu kommen. Daß daran auch der staatlichen Seite gelegen war, wird deutlich, wenn man beachtet, daß sie trotz des Abbruchs ihrer Beziehungen zur EKD durchaus an einer Fortführung ihrer Kontakte zu den DDR-Kirchen interessiert war[57].

3.2 Die Phase der Konsolidierung und Ideologisierung

3.2.1 Die „Vollendung des sozialistischen Aufbaus"

Nachdem unter den programmatischen Formeln „antifaschistisch-demokratische Umgestaltung" und „Aufbau des Sozialismus" die wesentlichen ordnungspolitischen Voraussetzungen – beginnend mit der Boden-, Schul- und Industriereform über die Umwandlung des Wirtschaftssystems zu einer sozialistischen Planwirtschaft und der SED zu einer „Partei neuen Typus" bis hin zur Umgestaltung des gesamten Parteiensystems – für die gesellschaftlichen Zielvorstellungen des Sozialismus geschaffen waren, mußte nun, der Logik der kommunistischen Strategie entsprechend, „die Umformung des Bewußtseins der Menschen, die Beeinflussung ihrer Gedanken und Gefühle im Sinne der ‚sozialistischen' Ideologie"[58] folgen. Die Einführung der Jugendweihe und v.a. die massive Jugendweihe-Kampagne unter Beteiligung des Staatsapparates im Oktober 1956 hatte den Auftakt gebildet. Fortan wurde kein Hehl mehr aus der Tatsache gemacht, daß die Jugendweihe eine staatlich geförderte und ideologisch ausgerichtete Angelegenheit sei[59]. Auch die ideologische Gebundenheit der Erziehung an staatlichen Schulen wurde nunmehr offen proklamiert[60]. Den Höhepunkt der ideologischen Schwerpunktbildung bildete der V. SED-Parteitag vom 10. bis 16. Juli 1958.

---

[56] S. u. Kap. II.A/4.1.2.

[57] Vgl. Dok 1958/3.

[58] H. WEBER, a.a.O., 309.

[59] Vgl. ULBRICHTS Eröffnungsrede zum Jugendweihejahr 1958 am 29.9. 1957 in Sonneberg, in: G. KÖHLER, a.a.O., 139–143.

[60] „[A]m 1.9. 1957 war die bisher ‚demokratische' Schule zur ‚sozialistischen Schule' umbenannt worden" (G. KÖHLER, a.a.O., 142). Ein am 12.2. 1958 ergangener Erlaß von Volksbildungsminister F. LANGE „brachte den kirchlichen Religionsunterricht vor allem in ländlichen Gebieten fast völlig zum Erliegen" (F. EHLERT, „Suchet der Stadt Bestes!" Bischof Mitzenheims Bemühungen um Einvernehmen mit dem Staat, in: KiS 14, 1988, 97–101, 97). Am 4.3. 1958 proklamierte das ZK der SED „die atheistische Erziehung als Grundlage einer wahrhaft humanistischen Bildung" (zit. n. ebd.). Vgl. H. DÄHN, Wissenschaftlicher Atheismus und Erziehungssystem, in: HENKYS 1982, 144–157, 151.

3.2.2 Das Kommuniqué vom 21. Juli 1958

Die Kirche erkannte in der vom Staat betriebenen Ideologisierung des Bildungssektors einen Verstoß gegen den in der Verfassung garantierten Grundsatz der Glaubens- und Gewissensfreiheit[61]. Umgekehrt beklagte die staatliche Seite

„die Einstellung der Kirche zum Staat und zur Gesellschaft. […] Man müsse den gewandelten Charakter des Staates im Auge behalten. […] Artikel 41 der Verfassung mit seiner Bestimmung, daß die Kirche das Recht habe, zu den Lebensfragen des Volkes Stellung zu nehmen, müsse also so ausgelegt werden, daß die Kirche das Recht habe, den Kampf des Volkes für die Durchsetzung des Sozialismus zu unterstützen. Der Staat sei bereit und hätte den Wunsch, das Verhältnis zur Kirche zu normalisieren. Man sei auch bereit, aufeinander zu hören, aber Voraussetzung sei die bedingungslose Anerkennung der Souveränität des Staates […]."[62]

Tatsächlich war in den Kirchen der DDR zu dieser Zeit eine Tendenz zur Westorientierung nicht zu übersehen. Immerhin hatten alle landeskirchlichen Synoden in der DDR der Regelung der Seelsorge in der Bundeswehr durch die EKD-Organe zugestimmt, und auf der EKD-Synode 1957 hatten die Synodalen aus der DDR überwiegend nicht zu dem der dem Militärseelsorgevertrag kritisch gegenüberstehenden Minderheit gehört.

Im Juni 1958 fanden mehrere Gesprächsrunden von hochrangigen Vertretern von Staat und Kirche statt, in denen die Grundlagen für einen künftigen modus vivendi ausgehandelt werden sollten. Die von Bischof Mitzenheim vorgetragene Position der Kirche bestand in der Bereitschaft, den Sozialismus grundsätzlich als ein am Gemeinwohl orientiertes Wirtschafts- und Gesellschaftssystem zu respektieren und die christliche Bevölkerung zum Ernstnehmen ihrer staatsbürgerlichen Pflichten anzuhalten. Dies sei aber nur unter der Voraussetzungen möglich,

„daß bei all solchem Gestaltwandel im staatlichen Bereich die Grundprinzipien des Rechtes und der Menschlichkeit, der Glaubens- und Gewissensfreiheit einschließlich der Freiheit des kirchlichen Handelns in echter Toleranz gewährleistet bleiben."[63]

Ferner sicherte Mitzenheim zu, daß der Militärseelsorgevertrag

„für die Gliedkirchen in der Deutschen Demokratischen Republik keine rechtliche Bindung bringt und nie eine solche gehabt hat."[64]

Die Ergebnisse der Verhandlungen wurden in einem gemeinsamen Kommuniqué festgeschrieben[65]. Darin bekräftigte die Regierung den Verfassungsgrundsatz der Glaubens- und Gewissensfreiheit sowie den Schutz der ungestörten Religionsausübung. Die kirchlichen Vertreter nahmen den Vorwurf des Verfassungsbruches

---

[61] Die kirchlichen Vorwürfe sind dokumentiert in: G. Köhler, a.a.O., 134ff.
[62] So die Position von Staatssekretär Eggerath bei dem Gespräch am 11. Juni 1958, wie sie von OKR Dr. Hafa protokolliert worden ist, zit. n. G. Köhler, a.a.O., 179.
[63] Aus der Erklärung Bischof Mitzenheims, die er zu Beginn der Verhandlungsrunde am 23. Juni 1958 verlesen hat, zit. n. G. Köhler, a.a.O., 182.
[64] G. Köhler, a.a.O., 184.
[65] Dok 1958/4.

formell zurück, erklärten, daß der Militärseelsorgevertrag für die Kirchen in der DDR keine Gültigkeit habe und schrieben ihre Respektierung der „Entwicklung zum Sozialismus" fest.

Die Zufriedenheit über dieses Verhandlungsergebnis hielt sich auf kirchlicher Seite in Grenzen. Die politisch motivierte und mit staatlichen Mitteln durchgesetzte massive Ideologisierung aller Lebensbereiche der Gesellschaft, v.a. des Bildungssystems, blieb bestehen und wurde in weiten Teilen der Kirche weiterhin als unerträglich empfunden. Dies zeigen besonders die kirchlichen Reaktionen auf eine Rede von Ministerpräsident Grotewohl, die dieser am 23. März 1959 vor Berliner Künstlern gehalten hatte[66]. In einem Memorandum vom 9. 5. 1959 stellten die evangelischen Bischöfe der DDR dazu fest:

„Erklärungen über die materialistisch-atheistische Grundlage des Staates, die bisher nur von der Sozialistischen Einheitspartei abgegeben wurden, sind nunmehr vom höchsten Vertreter der Staatsregierung der Deutschen Demokratischen Republik selbst ausgesprochen worden und haben damit offiziellen staatlichen Charakter erhalten."[67]

Am 20. 4. 1959 hatte Otto Dibelius in einem offenen Brief an Grotewohl dessen Rede vom 23. März als eine „Proklamation atheistischer Denkweise von Staats wegen" bezeichnet und als Konsequenzen genannt:

„Der Staat setzt sich damit in Widerspruch zu einer christlich gesinnten Bevölkerung. Bitte, täuschen Sie sich nicht darüber: ein atheistischer Staat kann für den Christen niemals zu einer inneren Heimat werden!"[68]

In der Kirche setzte in den folgenden Jahren ein Ringen um das rechte Verhältnis zu dem sich nunmehr offen als solchen präsentierenden Weltanschauungsstaat ein, das unter dem Begriff „Obrigkeitsstreit" bekannt geworden ist[69]. Diese Diskussion war allerdings nach dem Bau der Mauer aufgrund der damit gegebenen neuen Situation abgebrochen worden.

3.2.3 Die Kirchenpolitik der sechziger Jahre: Kirche als Teil der „sozialistischen Menschengemeinschaft"

Das Staat-Kirche-Kommuniqué vom 21. Juli 1958 trug das Seine zu einem Konsolidierungsprozeß bei, dessen Ursachen v.a. in der guten Wirtschaftsentwicklung und der damit verbundenen Steigerung des Lebensstandards zu Ende der fünfziger Jahre lagen. Die Mehrheit der Bevölkerung hatte begonnen, sich mit dem DDR-System zu arrangieren und sich in ihm einzurichten. Daß sich jedoch die wenigsten mit ihm zu identifizieren vermochten, machte die jähe Krise offenbar, die im Herbst 1960 einsetzte und sich in ihrem weiteren Verlauf zu einer panikartigen Fluchtbewegung entwickelte. Die DDR-Führung begegnete dem zu Tage tretenden Legitimationsdefizit des politischen Systems mit seiner Abschließung.

---

[66] KJB 86, 1959, 149–151.
[67] KJB 86, 1959, 159–161, 159.
[68] KJB 86, 1959, 152–154, 152f.
[69] S. u. Kap. II.A.

Doch schon vor dem Bau der Mauer war es auf der Grundlage des Kommuniqués vom 21. Juli 1958 zu einem neuen Stil in der Gestaltung des Staat-Kirche-Verhältnisses gekommen. Dies hängt eng mit Ulbrichts damaligen Bemühungen um eine innere Harmonisierung der DDR-Gesellschaft zusammen, die mit einer vorsichtigen ideologischen Distanzierung von Moskau einherging. Gemäß der aktualisierten Doktrin galt fortan der mittlerweile in der DDR als „entwickelt" bezeichnete Sozialismus nicht mehr nur als gesellschaftliche Übergangsphase zum Kommunismus sowjetischen Vorbilds, sondern als eine Gesellschaftsform mit durchaus eigenständigem Charakter, nämlich als „Sozialismus unter den Bedingungen eines industriell hochentwickelten und dazu von den Imperialisten gespaltenen Landes"[70]. Der Anspruch der Eigenständigkeit gründete also in dem Faktum unterschiedlicher Rahmenbedingungen für die gesellschaftliche Entwicklung in der UdSSR einerseits und der DDR andererseits. Unter Ulbricht wurde der gesellschaftliche status quo der DDR zum „System des Sozialismus"[71] und damit zu einer dauerhaften Gesellschaftsform erklärt, die den Übergang zum Kommunismus zwar noch kennt, aber erst in ferner Zukunft erwartet. Der revolutionäre Prozeß, durch den dieser Übergang ursprünglich charakterisiert und dessen Subjekt die Arbeiterklasse gewesen war, spielte für die ideologische Kennzeichnung der aktuellen gesellschaftlichen Situation nur noch eine geringe Rolle. Statt dessen wurden die Klassenantagonismen als weitgehend überwunden betrachtet. In der ideologischen Formel von der „sozialistischen Menschengemeinschaft", welche als durch übereinstimmende Ziele und gemeinsame Verantwortung gekennzeichnet gedacht wurde, fand diese Sichtweise ihren Ausdruck.

Entsprechend war in der Bearbeitung der Differenz zwischen der ideologisch festgeschriebenen „Realität" und der gesellschaftlichen Wirklichkeit eine Tendenzwende weg von administrativen Zwangsmaßnahmen und hin zu einer Verstärkung der Manipulation festzustellen. An die Stelle der gewaltsamen Durchsetzung der ideologischen „Realität" trat mehr und mehr ihre Simulation durch Propaganda.

Die kirchenpolitischen Ziele dieser Phase bestanden freilich nach wie vor in der Abspaltung der DDR-Kirchen von der EKD und der Gewinnung von christlichen Staatsbürgern für den Aufbau des Sozialismus (bei Ausschaltung ihres kritischen Bewußtseins). Der neue Stil bestand dabei in einer Stärkung des gesellschaftlich integrativen Moments.

Die offizielle Religionswissenschaft in der DDR, der „Wissenschaftliche Atheis-

---

[70] Politisches Grundwissen. Hg. v. d. Parteihochschule „Karl Marx" beim ZK der SED, Berlin (Ost) 1970, 620; zit. n. H. WEBER, a.a.O., 395. Zur Revision der Vorstellung vom Sozialismus als bloßem Durchgangsstadium zum kommunistischen Ziel vgl. G. HEYDEN, Persönlichkeit und Gemeinschaft in der sozialistischen Gesellschaft, in: DZfPh 1/1968, wo gegen ein Verständnis des Sozialismus als „Fegefeuer" polemisiert wird (a.a.O., 15; vgl. W. BÜSCHER, Ein neues Interesse an Kirche und Religion, in: KiS 5/1981, 13–20, 14).

[71] R. HENKYS, Kapitalistisches Überbleibsel. Kirchenpolitik nach dem letzten SED-Parteitag, in: EK 5, 1972, 215–218, 216; Herv. i. O. Der Systembegriff soll den Gehalt der Formel von der „sozialistischen Menschengemeinschaft" zum Ausdruck bringen, der in der „Idee eines konfliktfrei regulierten Gesellschaftsganzen" besteht (W. BÜSCHER, a.a.O., 15) und eine „Vorliebe" Ulbrichts „für die Sprache der Kybernetik" (ebd.) begründete.

mus", reagierte auf diese Entwicklung mit vorsichtigen Modifikationen. In den Arbeiten von O. Klohr aus den 60er Jahren[72] werden für die Entstehung von Religion einerseits *soziale Ursachen* angegeben, deren Entfallen im Sozialismus dann zum Absterben der Religion führt. Zum anderen anerkennt Klohr jedoch auch ein *subjektives Bedürfnis nach Religion*, das in ihrer Trost- und Hilfefunktion bei Kontingenzerfahrungen wurzelt. Dieses subjektive Bedürfnis nach Religion wird zwar deren Absterben verlangsamen, letztlich jedoch nicht aufhalten. In diesem Zusammenhang betont Klohr die Überordnung des Sozialismus vor dem Atheismus. Der Atheismus sei lediglich ein Bestandteil der weltanschaulichen Grundlegung des Sozialismus, zähle jedoch nicht zu dessen Zielen. Daher müsse bei der ideologischen Erziehung und Propaganda stets berücksichtigt werden, daß es nicht prinzipiell um den Atheismus, sondern vielmehr pragmatisch um den Aufbau des Sozialismus gehe. Sie dürfe daher nicht zu einer politischen Kriegserklärung an die Religion entarten. Mit dieser Anknüpfung an die Einheitsfrontidee war ein deutliches Signal gegen die ideologischen Kreuzzüge der fünfziger Jahre gesetzt.

Auf solcherart erneuerter religionstheoretischer Grundlage baute die SED Ulbrichts ihre neue Integrations-Kirchenpolitik auf. Statt offenen Kirchenkampfes wurden die Christen eingeladen, in der gesellschaftlichen Konsequenz ihres Glaubens am Aufbau des Sozialismus mitzuarbeiten. Daß dies problemlos möglich und sogar zwingend geboten sei, wurde mit der These von der Konvergenz der „humanistischen Ziele des Sozialismus" mit dem „Christentum"[73] begründet. Den Differenzen weltanschaulicher Art kam in der offiziellen Lesart dagegen nur noch adiaphoristischer Rang zu. Zugleich blieb die Polemik gegen die westdeutsche evangelische Kirche auf einem sehr hohen Intensitätsgrad.

Auch die Kirchen sollten also als Teil der nunmehr nicht mehr durch Klassengegensätze und revolutionäre Prozesse definierten, sondern als überwiegend homogen, nämlich als „sozialistische Menschengemeinschaft" begriffenen Gesellschaft angesehen wurden. Die Homogenität der Gesellschaft aber sollte in der gemeinsamen Arbeit auf ein gemeinsames Ziel hin bestehen. Wo die kirchliche Wirklichkeit dieser Theorie nicht entsprach, setzte die Propaganda ein. Ihr Grundzug bestand darin, die „sozialistische Menschengemeinschaft" und also auch die „Gemeinsamkeit von Marxisten und Christen im Ziel und in der Verantwortung"[74] als Faktum zu behaupten und diese Behauptung unermüdlich und penetrant zu wiederholen. Neben der CDU, die sich *als politische Partei* dieser Aufgabe verpflichtet wußte, hatten sich ihr auch einige Gruppierungen in Theologie und Kirche angenommen, etwa der „Bund evangelischer Pfarrer", die „fortschrittlichen Christen"

---

[72] O. KLOHR, Probleme des wissenschaftlichen Atheismus und der atheistischen Propaganda, in: DZPh 12, 1964, 133–150; DERS., Theoretische Grundsätze und Aufgaben der Soziologie der Religion, in: DERS. (Hg.), Religion und Atheismus heute. Ergebnisse und Aufgaben marxistischer Religionssoziologie, 1966, 13–32; vgl. H. DÄHN, Wissenschaftlicher Atheismus in der DDR, 1986.
[73] W. ULBRICHT, „Programmatische Erklärung" vor der DDR-Volkskammer, 4.10. 1960, Dok 1960/1.
[74] R. HENKYS, Kapitalistisches Überbleibsel, a.a.O., 217.

oder die DDR-Regionalkonferenz der Christlichen Friedenskonferenz. Ulbricht selbst bekräftigte seine am 4. 10. 1960 vor der Volkskammer verkündete Theorie der praktischen Konvergenz von Christen und Sozialisten in Gesprächen mit Emil Fuchs und Landesbischof Mitzenheim. Durch eine immense propagandistische Auswertung[75] sollten diese Gespräche die Faktizität der „sozialistischen Menschengemeinschaft" suggerieren und die Kirchen „als eine Art sozialistischer Organisationen"[76] im Rahmen derselben erscheinen lassen.

Es gehörte zu dieser Simulationspolitik, solchen Propaganda-Gesprächen mit ausgewählten Partnern aus Kirche und Theologie den Rang offizieller Staat-Kirche-Begegnungen zuzuschreiben. Kontakte zu einem tatsächlich von den Kirchenleitungen dazu autorisierten Gremium fanden dagegen nicht statt, da man die Kirchenleitungen von Gliedkirchen der EKD, und das waren die DDR-Kirchen ja bis zum Juni 1969 gewesen, nicht als Gesprächspartner akzeptierte. Die öffentliche Kirchenpolitik beschränkte sich in dieser Phase also auf fassadenhafte Gespräche mit loyalitätspflichtigen und akklamationsbereiten Partnern.

Kirchenpolitik in der „sozialistischen Menschengemeinschaft" bestand aber darüber hinaus auch in „intensive[n] Gespräche[n], die Funktionäre mit kirchlichen Entscheidungsträgern führ[t]en", um ihnen „vor einer Tagung [...] mehr oder weniger geschickt die Interessenlage des Staates für anstehende Personal- oder Sachentscheidungen"[77] zu vermitteln. „Eine weitere Methode der Einflußnahme war es, kirchliche Gremien vom Gemeindekirchenrat über die Landessynode bis hin zur Kirchenleitung mit Personen zu durchsetzen, die in ihren kirchlichen Entscheidungen nicht nur ihrer Kirche, sondern auch nicht kirchlichen oder anpassungswilligen kirchenpolitischen Organisationen loyalitätspflichtig" waren[78]. Solche Organisationen, etwa der „Bund evangelischer Pfarrer in der DDR", dem u.a. Gerhard Bassarak, Prof. Hans Moritz und, als Ehrenmitglied, Landesbischof Mitzenheim angehörten, sollten gezielt zu Repräsentanten der evangelischen Christen in der DDR aufgebaut werden.

Oberste Leitlinie der Kirchenpolitik war also, eine ideologisch definierte und vorgegebene „Realität" zu simulieren. Bekämpft wurde alles, was die Stabilität dieser Simulation gefährden konnte, indem es der von ihr dargestellten „Realität" widersprach, v.a. die Zugehörigkeit der DDR-Kirchen zur EKD und ein freies Wirken von Kirchen, die ihre Ziele und Inhalte eigenständig bestimmen.

---

[75] So veranstaltete die CDU am Jahrestag des Ulbricht-Fuchs-Gesprächs, also am 9. Februar, regelmäßig propagandistische Festveranstaltungen.

[76] R. HENKYS, Ebd.

[77] R. HENKYS, Kirche-Staat-Gesellschaft, a.a.O., 16. Vgl. dazu die jetzt zugänglichen halbjährlich erstellten „Arbeitspläne" des Staatssekretariats für Kirchenfragen, in denen sich jeweils, in stark formalisierter Sprache, zum einen eine Bewertung der aktuellen kirchenpolitischen Situation aus der Sicht des Staatssekretärs, zum anderen die sich daraus ergebenden inhaltlichen Zielvorgaben für die Einflußnahme auf die Arbeit der Kirchen findet. Typische Einleitungen für den Zielkatalog sind dabei etwa: „In der politisch-ideologischen Tätigkeit mit den kirchlichen Amtsträgern ist deshalb prinzipiell klarzustellen: ..." (Dok 1971/7); „In tiefgründiger und kontinuierlicher ideologischer Auseinandersetzung ist deshalb zu klären, ..." (Dok 1972/8). Vgl. auch Dok 1968/11.14; 1969/8.9; 1970/7.8; 1971/5; 1972/12.

[78] R. HENKYS, a.a.O., 16f.

4. 1968–1989: Der Weg zur Politik der pragmatischen Koexistenz von Kirche und Staat

4.1 1968 – 1971: Von der Fassade zum Diktat

4.1.1 Die neue machtpolitische Linie

Seit dem Sommer 1968 war aufgrund der Vorgänge in Prag der Sozialismus Moskauer (und damit auch Ost-Berliner) Prägung nicht nur der CSSR gegenüber als Machtfrage deklariert. Dieser Akzent wurde auch in der Kirchenpolitik der DDR deutlich spürbar. Offensichtlich war, „daß jetzt angesetzt werden soll[te], aus der Fassade marxistisch-christlicher und staatlich-kirchlicher Einigkeit in allen gesellschaftlich und politisch relevanten Fragen Realität werden zu lassen."[79] Staatssekretär Seigewassers Zusage, der sozialistische Staat sei bereit,

„den Geistlichen und den Kirchenleitungen mit gutem Rat zu helfen, wenn sie alte anachronistisch gewordene Abhängigkeiten überwinden und eindeutig die Position der Kirche im Sozialismus beziehen wollen"[80],

war eine kaum verdeckte Formulierung der neuen „Programmatik der Machtausübung zur Gleichschaltung"[81], deren theoretische Ausarbeitung von der CDU übernommen worden war. Der CDU-Vorsitzende Götting kombinierte in seinem Grundsatzreferat vor dem CDU-Parteitag in Erfurt am 3. Oktober 1968 die „von den Kirchen unbestrittene, im Gegenteil oft betonte staatsbürgerliche Verantwortung der Christen" mit der seit Jahren propagierten „Identität der humanistischen Zielsetzungen von Marxismus und Christentum" und kam zu dem Ergebnis, „daß die sozialistische Ordnung der DDR ‚zutiefst' den Vorstellungen von einem Gemeinwesen entspricht, wie es von bewußten Christen ‚seit den Tagen der christlichen Urgemeinde immer wieder angestrebt worden ist, ohne je zuvor verwirklicht werden zu können'."[82] Die staatsbürgerliche (oder, damit seit der neuen DDR-Verfassung offiziell identisch, gesellschaftliche) Verantwortung der Kirche könne demnach „nur durch bewußte Identifizierung mit Zielsetzungen und Praxis des von der Partei der Arbeiterklasse geführten Staates und aus dieser Identifizierung entspringenden Mitarbeit realisiert werden."[83]

4.1.2 Der Streit um die kirchliche „Eigenständigkeit".

Die Voraussetzung für ein solches Programm war die *organisatorische* Eigenständigkeit der östlichen Landeskirchen gegenüber der EKD. Die Ambivalenz dieses

---

[79] Zwischen Volkskirche und Freiwilligkeitsgemeinde. Tatsachen und Tendenzen aus dem kirchlichen Leben in der DDR, in: EK 1, 1968, 619–623, 622.
[80] So in einem Aufsatz in der „Neuen Zeit" Nr. 233 vom 2.10.68, vgl. Dok 1968/6.
[81] Zwischen Volkskirche und Freiwilligkeitsgemeinde, a.a.O., 622.
[82] Ebd.
[83] Ebd.

aufgrund der neuen Verfassung mehr oder weniger erzwungenen Vorgangs[84] lag jedoch darin, daß die Kirchen von ihrem Selbstverständnis her viel eher dazu neig-
ten, ihre organisatorische Selbständigkeit zur Basis einer Entwicklung hin zu einem eigenständigen *Zeugnis* zu machen, also zu einer *inhaltlichen* Eigenständigkeit
zu finden, die die Formel von der gemeinsamen humanistischen Verantwortung
gerade insofern ernst nähme, als sie die Politik der Staatsführung immer wieder kritisch an deren eigenen humanistischen Ansprüchen mäße. Spätestens dann freilich
tauchen Probleme nicht nur unterschiedlicher Humanismus-Auffassungen[85] auf,
sondern – grundsätzlicher – auch die Frage danach, ob nach sozialistischer Auffassung eine Sozialismus-Kritik, die über eine nur in einem engen funktionalen Rahmen zugelassene „Selbstkritik" hinausgeht, überhaupt zulässig sei[86].

Wenn die Repräsentanten des Staates seit Oktober 1968 immer dringlicher die
Kirche aufforderten, eine Ortsbestimmung vorzunehmen, so geschah dies jedenfalls in einem anderen Sinne. Um die bisher immer nur propagandistisch postulierte
„sozialistische Menschengemeinschaft" endlich zu realisieren, erwartete man von
der Kirche die vorbehaltlose Anerkennung der Führungsrolle der Partei und somit
das Bekenntnis zum sozialistischen Aufbau der DDR. Mit diesem Schritt, so argumentierte Staatssekretär Seigewasser, täten die Kirchen nichts anderes, als die Konsequenzen aus der neuen Verfassung zu ziehen. Es ist zu vermuten, daß der Ausdruck
„im Sozialismus" bei Seigewasser einen materialen Hinweis auf die neue Verfassung impliziert, die ja die repressive Harmonievorstellung einer „sozialistischen
Menschengemeinschaft" von einer bloßen politischen Forderung zum Grundgesetz erhoben hatte. Der Gedanke eines weltanschaulichen Pluralismus, der ja die
Grundlage einer im kirchlichen Verständnis „eigenständigen" Position der Kirche
im Sozialismus wäre, hatte darin jedenfalls keinen Platz. Die bereits hier bei Seigewasser mit dem Ausdruck „Kirche im Sozialismus" ausgedrückte Forderung einer
gesellschaftlichen Ortsbestimmung der Kirche war also nichts anderes als die alte,
nun allerdings mit neuem Nachdruck gestellte sozialistische Bekenntnisfrage.

Mit der Gründung des Kirchenbundes und dem damit zusammenhängenden
Beginn eines Prozesses der kirchlichen Standortfindung in der Gesellschaft der
DDR waren die Voraussetzungen dafür gegeben, die Kirchenpolitik wieder auf
ihr tatsächliches Gegenüber auszurichten. Der erste Schritt hierzu mußte die förm-
liche Anerkennung des Kirchenbundes durch die Regierung sein. Daß diese sich
dafür sehr viel Zeit ließ, lag daran, daß der neuentstandene „Bund evangelischer
Kirchen in der DDR" in einigen wichtigen Punkten ihren Vorstellungen von einer gegenüber der EKD eigenständigen Kirche nicht entsprach. Neben ihrer föde-
ralen Struktur (die DDR hätte es lieber mit ganz selbständigen Landeskirchen zu
tun gehabt), der fortdauernden Mitgliedschaft der unierten Kirchen in der (somit
weiterhin gesamtdeutschen) EKU sowie der Ost-West-Gemeinschaft in der Evan-

---

[84] S. u. Kap. I.C/2.
[85] Vgl. R. Schröder, Der christliche Humanismus – aus protestantischer Sicht (1985), in:
Ders. 1990, 23–35.
[86] S. u. Kap. II.C/3.3.3.1.

gelischen Kirche in Berlin-Brandenburg war das insbesondere der Art. 4.4 der Bundesordnung, in dem sich „Der Bund ... zu der *besonderen Gemeinschaft* der ganzen
evangelischen Christenheit in Deutschland" bekannte[87]. Anfang 1971 gab der
Staat dann seine Zurückhaltung auf und signalisierte durch eine Rede von Politbüromitglied Paul Verner[88] und dem kurz darauf erfolgenden Empfang des Vorstandes des Kirchenbundes bei Staatssekretär Seigewasser die Anerkennung des Bundes als Gesamtvertretung der evangelischen Kirchen in der DDR.
Verner würdigte in seiner Rede die Gründung des Kirchenbundes und die damit
begonnene Bemühung der Kirchen in der DDR um eine eigenständige Bestimmung ihres gesellschaftlichen Ortes in der DDR. Mit unmißverständlicher Deutlichkeit aber wies er darauf hin, daß dem Spielraum für die Kirche bei der Formulierung ihres gesellschaftlichen Selbstverständnisses durch die Verfassung der DDR
und die ideologischen Grundlagen des „sozialistischen Gesellschaftssystems" enge
Grenzen gesetzt seien. Diese Grenzen abzustecken und damit den in der Kirche begonnenen und offensichtlich staatlicherseits sehr genau beobachteten Prozeß der
gesellschaftlichen Selbstortung zu beeinflussen, war das Ziel seiner Rede. Die Existenz der Kirchen sollte in die angestrebte Stabilität des gesellschaftlichen status quo
einbezogen werden. Entsprechend wurde andererseits ihre dauerhafte Präsenz in
der sozialistischen Gesellschaft nicht mehr bestritten[89]. Diese Präsenz unterliege allerdings der Bedingung, daß die Christen sich bei voller Übereinstimmung mit den
gesellschaftlichen Zielen des Sozialismus lediglich durch die Besonderheit ihrer Motivation unterschieden. Die prinzipiellen weltanschaulichen Differenzen zwischen
Marxismus-Leninismus und Christentum würden dabei anerkannt und sollten
auch gar nicht im Sinne einer „'Sozialisierung' der christlichen Lehre"[90] überwunden werden, da sie ohnehin keine gesellschaftliche Relevanz besäßen.

4.2 Juni 1971 – März 1978: Kirchenpolitische Übergangszeit

4.2.1 Die Korrektur der ideologischen Leitbegriffe

4.2.1.1 Die DDR als „Klassengesellschaft neuen Typs"

Nach der Absetzung des schwerkranken Ulbricht[91] und dem Wechsel an der
SED-Spitze[92] setzte der VIII. SED-Parteitag (15.-19. Juni 1971) neue ideologische

---

[87] KJB 96, 1969, 257; Herv. v. mir, W.Th.
[88] Dok 1971/1.
[89] „Gegenwärtig wird in den Kirchen der DDR von verschiedenen Positionen aus versucht,
Antwort auf diese Fragen zu geben, wie die Kirche sich dauerhaft und unabänderlich auf die Bedingungen des sozialistischen Gesellschaftssystems einrichten soll. [...] Jede Fragestellung nach dem
Platz der Kirchen in der Deutschen Demokratischen Republik muß von der sozialistischen Verfassung ausgehen und davon, daß in der DDR das gesellschaftliche System des Sozialismus dauerhaft
und unabänderlich ist, daß christliche Bürger *auf immer* in diesem Staat leben und sich durch ihre Arbeit und Leistung mitgestalten" (KJB 98, 1971, 214f; Herv. v. mir, W.Th.; vgl. Dok 1971/1).
[90] A.a.O., 214.
[91] H. WEBER, a.a.O., 403.
[92] Das ZK der SED wählte am 3. Mai 1971 ERICH HONECKER einstimmig zum Nachfolger Ulbrichts als SED-Generalsekretär.

Akzente. In dem von Chefideologe Kurt Hager vorgestellten neuen Programm kam es zu einer Redynamisierung des von Ulbricht weitgehend statisch gedachten „Systems des Sozialismus", indem die These vom Sozialismus als relativ selbständiger Gesellschaftsform als nicht haltbar zurückgewiesen und durch die Rückkehr zur Theorie des Übergangs vom Sozialismus zum Kommunismus ersetzt wurde. An Stelle des Ulbrichtschen Leitbegriffes der „sozialistischen Menschen*gemeinschaft*" sprach man jetzt in Anlehnung an den aktuellen offiziellen sowjetischen Sprachgebrauch von der „entwickelten sozialistischen *Gesellschaft*", womit durch die Doktrin der Klassencharakter der DDR-Gesellschaft erneut betont worden war. Dies sollte jedoch keineswegs das Zulassen von innerer Pluralität oder gar von antagonistischen Widersprüchen innerhalb der Gesellschaft bedeuten. Vielmehr galt die DDR nun „als eine ‚Klassengesellschaft neuen Typs', in der ‚unter Führung der Arbeiterklasse freundschaftlich miteinander verbundene Klassen und Schichten existieren'"[93].

Als Zeichen der verstärkten Anerkennung der Führungsrolle der UdSSR wurde der von Moskau erst kurz vorher auf dem 24. Parteitag der KPdSU im April 1971 eingeschlagene Kurs der Intensivierung der ideologischen Indoktrinierung[94] von der SED übernommen. Damit wurde erneut die Erziehung zur „sozialistischen Persönlichkeit" betont, „deren atheistische Komponente man nun wieder deutlicher akzentuierte."[95]

4.2.1.2 Die kirchenpolitische Formel vom „sozialistischen Bürger christlichen Glaubens"

Der neue ideologiepolitische Trend führte die Kirchenpolitik der SED, wollte sie nicht in die Verhaltensmuster der fünfziger Jahre zurückfallen, in einen Interessenkonflikt:

– Da die Kirche wieder stärker als Fremdkörper innerhalb der Gesellschaft betrachtet wurde, mußte sie im Interesse des Leitbildes der „Klassengesellschaft neuen Typs", die ja, obwohl in Klassen und Schichten gegliedert, durchaus als ein homogenes Ganzes gedacht war, möglichst von jeder eigenständigen Einflußnahme auf öffentliche Angelegenheiten abgehalten werden. Alle Ansätze zu einem innergesellschaftlichen Pluralismus handlungsleitender Orientierungen waren im Zuge der neuen Welle der Ideologisierung aller Lebensbereiche zu unterbinden.

– Zugleich forderte das genannte Leitbild aber auch, die Integration aller Bürger in den Sozialismus anzustreben.

Die von dem Politbüromitglied Albert Norden in seiner Rede auf dem 13. Parteitag der CDU am 12. Oktober 1972 in Erfurt erstmals verwendete und daraufhin

---

[93] H. WEBER, a.a.O., 424. Weber bezieht sich auf: Politisches Grundwissen. Ausgearbeitet von einem Autorenkollektiv der Parteihochschule „Karl Marx" beim ZK der SED, Berlin (Ost) ²1972, 117.

[94] Anlaß waren reformkommunistische Strömungen im sowjetischen Hegemonialbereich gewesen.

[95] O. LUCHTERHANDT, a.a.O., 35.

von der CDU verbreitete Formel vom „sozialistischen Staatsbürger christlichen Glaubens" suchte diesen Konflikt durch Rückgriff auf das Ulbrichtsche Modell der praktischen Konvergenz zu lösen.[96] Demnach *teilen* die Christen mit allen Staatsbürgern der DDR ihren Willen zur bewußten und konstruktiven Integration in die sozialistische Gesellschaft, die volle Bejahung ihrer sämtlichen Ziele und die Bereitschaft, dies durch politische und gesellschaftliche Aktivität in den dafür vorgesehenen Organisationen an den Tag zu legen. Sie *unterscheiden* sich dabei lediglich durch die Art ihrer Motivation zur gesellschaftlichen Mitarbeit. Mit anderen Worten: Der nie bestrittene, vielmehr immer wieder zitierte „unüberbrückbare weltanschauliche Gegensatz zwischen Christen und Marxisten" geht mit einer weitgehenden inhaltlichen Konvergenz bei Reden und Handeln einher. Die weltanschaulichen Differenzen haben für die Gestalt des gesellschaftlichen Engagements keine Relevanz.

4.2.2 Der neue außenpolitische Kurs der „Koexistenz" und die Neuorientierung der Arbeit des Ministeriums für Staatssicherheit

4.2.2.1 Der neue außenpolitische Kurs der DDR Anfang der siebziger Jahre und die „Prinzipien friedlicher Koexistenz"

Den Bemühungen der DDR um die Überwindung ihrer internationalen Isolation waren mit der Unterzeichnung des Grundlagenvertrages mit der Bundesrepublik am 21. Dezember 1972 und der Aufnahme beider deutscher Staaten in die UNO im darauffolgenden Jahr Erfolg beschieden. Im Zuge dieser außenpolitischen Öffnung besann man sich auf die traditionellen Grundsätze sozialistischer Außenpolitik in ihrer damals gültigen Formulierung durch Lenin und aktuellen Anwendung durch Breshnew. Diese besagen, daß die Außenpolitik sozialistischer Staaten angesichts des Nebeneinanderbestehens von sozialistischen und kapitalistischen Staaten zunächst grundsätzlich „in ihrem Inhalt und in ihren Zielen eine Klassenpolitik – eine sozialistische Politik" sei[97].

Bereits Lenin jedoch hatte für die Regelung der gegenseitigen Beziehungen von sozialistischen und kapitalistischen Staaten „Prinzipien der friedlichen Koexistenz"[98] formuliert. Nach ihnen wird der Klassenkampf – verstanden als nicht nur innergesellschaftlicher, sondern weltweiter, internationaler Prozeß – in „Bemühungen um Frieden, Entspannung, Sicherheit und Zusammenarbeit"[99] eingebettet und in diesem Kontext vom militärischen auf den ökonomischen Bereich verlagert:

„Europa hat gegen uns Krieg geführt, und jetzt beginnt eine neue Phase des Krieges. Früher spielte sich der Krieg auf einem Gebiet ab, auf dem die Imperialisten unvergleichlich

---

[96] Vgl. Dok 1972/1.
[97] L. Breshnew, Rede zum 50. Jahrestag der Bildung der UdSSR, Berlin/O 1973, 37f. Zit. n. „Überlegungen zu Theorie und Praxis des Klassenkampfes als Herausforderung an die Christen in der DDR", in: epd-Dok 27/1974, 95–104, 97.
[98] „Überlegungen ...", a.a.O., 96.
[99] Ebd.

stärker waren als wir, nämlich auf militärischem Gebiet. [...] Nun nehmen wir den weiteren Kampf auf und gehen zum Ökonomischen Krieg über."[100]

Die Klassenkampf-Rhetorik kann freilich nur mit Mühe verbergen, daß die historischen Gründe für die Entstehung der „Prinzipien friedlicher Koexistenz" in der Erschöpfung Rußlands nach dem 1. Weltkrieg zu suchen sind, die weitere militärische Auseinandersetzungen mit den kapitalistischen Staaten vorerst ausschloß und die Aufnahme friedlicher Handelsbeziehungen dringend erforderlich machte, wie aus einschlägigen Zitaten Lenins, welche diese „Prinzipien der friedlichen Koexistenz" begründen, hervorgeht[101].

Auch Anfang der 70er Jahre war nach mehr als zwei Jahrzehnten angestrengten Aufrüstens und mehrerer z.T. langwieriger Stellvertreterkriege die Zeit reif für eine erneute Besinnung auf Entspannung und friedliche Zusammenarbeit. Der Beschluß des ZK der KPdSU „über die internationale Tätigkeit des ZK der KPdSU bei der Realisierung der Beschlüsse des XXIV. Parteitages" vom April 1973 lautete:

„Umfassende Anerkennung haben die Prinzipien der friedlichen Koexistenz als Norm der Beziehungen von Staaten unterschiedlicher Gesellschaftsordnung gefunden, es vollzieht sich eine Wende vom ‚Kalten Krieg' zur Entspannung."[102]

Damit war mitnichten ein Verzicht auf die Klassenkampftheorie verbunden:

„Die friedliche Koexistenz – als Alternative zu einer Politik der militärischen Konfrontation und der Spannungen, die die Gefahr eines atomaren Krieges heraufbeschwört – ist eine Form der weltweiten Klassenauseinandersetzung, die zur zwingenden Notwendigkeit geworden ist. Mit ihrer Durchsetzung verlagert sich die Auseinandersetzung zwischen Sozialismus und Imperialismus zunehmend auf das Gebiet der Ökonomie und Ideologie... In der Gegenwart kommt den diplomatischen Bemühungen eine wesentliche, wachsende Bedeutung zu..."[103]

Die unter dem Titel „friedliche Koexistenz" firmierende Lehre von der eigentümlichen Verknüpfung von Kampf und Zusammenarbeit hatte auch in den 80er Jahren ihre Gültigkeit behalten. Dieter Klein, Prorektor für Gesellschaftswissenschaften, formulierte 1988:

„Die ihren Inhalt entfaltende friedliche Koexistenz ist jenes Miteinander in den Beziehungen von Staaten unter Ausschluß von Kriegen und anderen Formen der Gewalt, das zunehmend von einer Kooperation bei der Lösung der Probleme einer in vielem ganzheitlichen Welt gekennzeichnet ist. Sie ist also jene sich entwickelnde, konkrete Gestalt des Friedens, die heute die einzig mögliche Form des Überlebens aller Völker und Klassen ist und

---

[100] W. I. LENIN, Rede in der Aktivversammlung der Moskauer Organisation der KPR(B) am 6.12.1920, in: Werke 31, 451; zit. n. „Überlegungen ...", ebd.

[101] „Der wichtigste Faktor, der uns angesichts dieser komplizierten und ganz außergewöhnlichen Lage die Existenz möglich macht, ist der, daß wir, ein sozialistisches Land, mit kapitalistischen Ländern Handelsbeziehungen aufnehmen" (W. I. LENIN, Rede auf der Moskauer Gouvernementskonferenz der KPR(B) am 21.11.1920, in: Werke 31, 408; zit. n. „Überlegungen ...", a.a.O., 97).

[102] ND vom 28.4.1973; zit. n.: ebd.

[103] S. DOERNBERG, Europäische Sicherheit und internationale Entspannung, Berlin/O 1973, 40.43f.; zit. n.: ebd.

die im gemeinsamen Interesse aller Klassen beider Weltsysteme und der Entwicklungsländer liegt. Sie ist kooperativer Frieden zwischen Staaten unterschiedlicher Ordnung, prägt aber auch unverzichtbare Seiten in den Beziehungen gleicher Gesellschaftsformationen. Sie ist damit der Friedensrahmen und in diesem Sinne die Friedensform, in der Klassenkampf und Systemauseinandersetzung heute und in Zukunft vor sich gehen müssen. Doch ist sie kein Instrument zur Destabilisierung des Kapitalismus, sondern als kooperative, gewaltlose Beziehung zwischen den Staaten eine Chance für alle zur Lösung von globalen und inneren Problemen ohne den Druck des Unfriedens."[104]

4.2.3 Die Grundsätze der Kirchenpolitik gegenüber der „Kirche im Sozialismus"

Die ideologische Trendwende nach 1971 hatte zu einer Wiederaufnahme des traditionellen marxistisch-leninistischen Kirchenbegriffs geführt. In dem Konzept einer dynamischen, sich zum Kommunismus weiterentwickelnden, von den Interessen der Arbeiterklasse bestimmten „entwickelten sozialistischen Gesellschaft" galt die Kirche wieder als Relikt einer überwundenen gesellschaftlichen Stufe. Im Sinne der Einheitsfrontpolitik wurde ihr jedoch, nachdem sie ihre grundsätzliche Orientierung auf die gesellschaftlich-politische Wirklichkeit der DDR ausgesprochen hatte[105], ein legitimer Platz in der Gesellschaft nicht mehr streitig gemacht.[106] Der „Wissenschaftliche Atheismus", dem nach seinem eigenen Selbstverständnis die „Aufgabe" zukam, „den politischen Entscheidungseliten in Partei und Staat Empfehlungen für die Kirchen- und Religionspolitik im allgemeinen und für die Bildungs- und Erziehungspolitik im besonderen zu liefern"[107], zählte in den siebziger Jahren erstmals die Existenz der Institution Kirche zu den Faktoren, die das Fortbestehen der Religion bedingen. Ihre Position als gesellschaftliche Kraft sei aus verschiedenen Gründen gestärkt. Zu diesen Gründen zählten ihre geachtete Position und ihr Einfluß in der Ökumene, ihr mittlerweile pragmatisches Verhältnis zur sozialistischen Gesellschaftsordnung und ihre im Vergleich mit dem Marxismus offensichtlich größere Leistungsfähigkeit im Bereich der Ethik[108]. Für die Religionspolitik hatte das die Konsequenzen, zum einen die Bereitschaft der Christen zur gesellschaftlichen Mitarbeit anzuerkennen und die hier erkannten Potenzen für den Sozialismus zu mobilisieren. Der ökumenische Einfluß der Kirche sollte in Anspruch genommen

---

[104] D. KLEIN, Dialog als Chance zu eigener Theorieentwicklung, in: WBl 1/1988, 28–53, 46.

[105] Von besonderer Bedeutung war hier die Formulierung von Eisenach 1971 (Dok 1971/2) mit ihrem „in", aber auch die ebenfalls in Eisenach erstmals in Aussicht genommene politische Mitarbeit von Christen in DDR-Organisationen als positive Möglichkeit des kirchlichen Dienstes.

[106] Vgl. Dok 1976/2.

[107] H. DÄHN, Wissenschaftlicher Atheismus in der DDR, 1986, 108.

[108] Den letzten Gesichtspunkt betont bes. O. KLOHR, Vom „Absterben der Religion" im Sozialismus. Schwierigkeiten der atheistischen Propaganda in der DDR, russisch in: woprossi filosofii 3/1974, 147ff. (eine Zusammenfassung findet sich in: KiS 4/1975, 27–30). Zur Neuorientierung der Atheismusforschung in den siebziger Jahren vgl. darüber hinaus v.a. die Referate auf dem II. Güstrower Symposium „Marxistisch-leninistische Grundpositionen zur Einbeziehung der Christen in die weitere Gestaltung der entwickelten sozialistischen Gesellschaft sowie zur Rolle und Funktion der Kirchen und der Theologie in der sozialistischen Gesellschaft" vom Oktober 1980 (gedruckt als Manuskript in der Reihe „Forschungsberichte und Beiträge" der PH Güstrow) sowie H. DÄHN, a.a.O.; O. LUCHTERHANDT, a.a.O., 50–54.

werden, um nach außen das Ansehen der DDR und ihrer „Friedenspolitik" weltweit zu stärken. Dagegen mußte die öffentliche Wirksamkeit der Kirche im Innern
minimiert werden. Dahinter stand die Überzeugung, daß

> „[d]er Prozeß des Absterbens von Religion und Kirche […] keinen spontanen Charakter
> [trägt]; er muß durch die aktive Integration der Christen in den gesellschaftlichen Entwick-
> lungsprozess in Verbindung mit der weltanschaulichen Bildung und Erziehung vorangetrie-
> ben werden."[109]

Die Spontaneität der Entwicklung erschien den Atheismus-Forschern nun vielmehr als in umgekehrter Richtung verlaufend. O. Klohr beobachtete eine Verlangsamung des Absterbeprozesses der Religion und sah die „Erhaltung des erreichten
Standes von Ungläubigen" nur durch eine „kämpferische[] atheistische[] Bildung
und Erziehung"[110] gewährleistet.

> „Jede Unterschätzung der Wirksamkeit atheistischer Bildung und Erziehung gibt einer
> Spontaneität den Weg frei, die unter den jetzigen Bedingungen einen hinderlichen Einfluß
> auf die Entwicklung der sozialistischen Weltanschauung ausüben würde."[111]

Die atheistische Propaganda kann jedenfalls nicht mehr als Instrument zur Überwindung der Religion angesehen werden. Diese wird vielmehr mittlerweile als
„notwendiges Produkt"[112] der sozialistischen Gesellschaft gesehen, deren Absterben erst im voll entwickelten, „reifen Kommunismus"[113] zu erwarten ist. Atheistische Propaganda muß also als positive ideologische Arbeit angesehen werden, die
„ausschließlich sachlich-wissenschaftlich zu erfolgen und die Persönlichkeit der
Gesprächspartner voll zu respektieren"[114] hat. Denn die Christen sind

> „nicht nur als gleichberechtigte Bürger des sozialistischen Staates zu betrachten, sondern
> als unsere Mitstreiter, Kampfgefährten, Arbeitskollegen, Mitbewohner. […] Der Umstand,
> daß manche religiöse Menschen in einigen Fragen gewisse Vorbehalte sowohl in der Weltan-
> schauung als auch im praktischen Leben haben, darf nicht Veranlassung für Distanz sein, son-
> dern muß zu verstärkter individueller Arbeit zur Gewinnung dieser Gläubigen führen."[115]

Dabei wird die „Hinwendung der Christen zum Sozialismus" durchaus als „Gesetzmäßigkeit des historischen Fortschritts" angesehen[116], die in vier Stufen vorgestellt wird: 1. „Haltung der Toleranz oder Loyalität gegenüber dem Sozialismus –
etwa im Sinne von K.Barth". 2. „Akzeptierung des Sozialismus als der einzigen Gesellschaftsordnung, in der die humanistischen und ethischen Ideale des Christentums Verwirklichung finden können". 3. „'Engagement für die sozialistische Ent-

---

[109] H. Dähn, a.a.O., 113.
[110] So wird er in KiS 4/1975, 27 jedenfalls interpretiert.
[111] A.a.O., 30.
[112] O. Klohr, Anmerkungen zur Rolle der Religion in der sozialistischen Gesellschaft, in: II.
Güstrower Symposium … (Okt. 1980), a.a.O., 37–51, 40; vgl. O. Luchterhandt, a.a.O., 50.
[113] Ebd.
[114] O. Klohr, a.a.O., 46; zit. n. O. Luchterhandt, a.a.O., 53.
[115] Ebd.
[116] H. Lutter, Die Hinwendung der Christen zum Sozialismus – eine Gesetzmäßigkeit des historischen Fortschritts, in: II. Güstrower Symposium … (Okt. 1980), a.a.O., 7–36.

wicklung' bei ‚partiellen Vorbehalten'". 4. „Identifikation mit dem Sozialismus"[117]. Die Hinwendung der Christen zum Sozialismus erfolgt auf allen Stufen aufgrund religiöser Motivation. Die weltanschauliche Erziehung darf darum auf keinen Fall mit einer Verletzung religiöser Gefühle einhergehen:

> „Atheistische Erziehung darf in der Gegenwart nicht außer acht lassen, daß der religiöse Glaube für den Marxisten kein Kriterium ist, um einen Menschen als Gegner oder Feind anzusehen."[118]

Kirchenpolitisch verließ sich die SED in dieser Situation auf ihre bewährte Taktik der gezielten Spaltung, oder, wie es offiziell hieß, die Taktik, alle „innerkirchlichen Auseinandersetzungen mit dem Ziel der Differenzierung zu fördern und zu vertiefen"[119], die „realistischen", „progressiven" bzw. „positiven" Kräfte innerhalb der Kirche zu unterstützen und „feindlich-negative" bzw. „reaktionäre" Kräfte unter Druck zu setzen. Eine pauschale Diskreditierung der Kirche erfolgte dagegen nicht mehr. Nach der Anerkennung des Kirchenbundes als offizieller gemeinsamer Vertretung der ostdeutschen evangelischen Landeskirchen gegenüber dem Staat wurden einige bisherige Formen der kirchenpolitischen Agitation modifiziert[120], andere, wie die Unterwanderungsversuche durch das MfS sowie die gezielte staatliche Einflußnahme auf kirchliche Personalentscheidungen, blieben unverändert. Grundsätzlich blieb es jedoch bei der Doppelstrategie der „Einbeziehung der Gläubigen bei gleichzeitiger Zurückdrängung des kirchlichen Einflusses"[121] bzw. dessen Vereinnahmung für die Interessen der DDR.

Die Effektivität dieser Vorgehensweise ist bekanntlich gegenwärtig noch umstritten.[122] Aus zeitgenössischer kirchlicher Perspektive führte sie jedenfalls zu zwei zentralen Versuchungen der Kirche:

---

[117] H. LUTTER, a.a.O., 12; zit. n. O. LUCHTERHANDT, a.a.O., 52.

[118] So umriß W. LANGE die Position des Wissenschaftlichen Atheismus zur Frage der ideologischen Erziehung. Das Zitat findet sich bei R. ZANDER, Die Verstärkung der staatlichen Erziehung seit dem XXIV. Parteitag der KPdSU und dem VIII. Parteitag der SED. Strategien und Tendenzen. Vervielfältigter Maschinenskript des Sekretariats des Bundes der Ev. Kirchen in der DDR (USB 622/75); zit. n. KJB 102, 1975, 315.

[119] H. DOHLE, Grundzüge der Kirchenpolitik der SED zwischen 1968 und 1978, 1988, 52.54; zit. n. BESIER/WOLF 1991, 25. Vgl. hierzu auch die Arbeitspläne des Staatssekretariats für Kirchenfragen, s. o. Anm. 77.

[120] *Kirchliche* Institutionen, die bisher mit der Aufgabe der ideologischen Indoktrination der Kirche betraut waren, wurden in dieser Phase aufgelöst, so die Blätter „Glaube und Gewissen" und „Evangelisches Pfarrerblatt" sowie der „Bund Evangelischer Pfarrer". Ihre Aufgabe wurde fortan stärker von *außerkirchlichen* Organen wahrgenommen, etwa durch die CDU-Periodika „Standpunkt" und „Neue Zeit".

[121] H. DOHLE, a.a.O., 79; zit. n. BESIER/WOLF 1991, 27.

[122] Glaubt man der Darstellung von BESIER und WOLF, die sich, was diesen Zeitabschnitt betrifft, sehr eng an die Dissertation von HORST DOHLE, einem SED-Mitglied und langjährigen Mitarbeiter im Staatssekretariat für Kirchenfragen anschließt, dann kommt man zu dem Ergebnis, daß die kirchenpolitischen Ziele in einem relativ hohen Maße auch tatsächlich erreicht wurden. Die Art und Weise, wie BESIER und WOLF zu ihren Ergebnissen kommen, hat allerdings erheblichen Widerspruch v.a. im Bereich der östlichen Landeskirchen hervorgerufen. Der Vorwurf lautet, daß sie sich zu einseitig auf SED- und MfS-Material stützen und den wahrscheinlich tendenziösen Charakter und die perspektivische Verzerrung dieser Quellen bei ihrer Auswertung zu wenig in Rechnung stellen.

a) Die Begrenzung der kirchlichen Wirksamkeit hinsichtlich ihrer Reichweite: auf den Kreis derer, die „religiöse Bedürfnisse" haben (Entöffentlichung des Christentums).

b) Die Begrenzung der kirchlichen Wirksamkeit hinsichtlich ihres Inhaltes (ideologische Anpassung der Kirche).[123]

4.2.4 Die Krise von 1976/77

Seine entscheidende Krise erfuhr der sich noch in der Konsolidierungsphase befindende neue politische Kurs in den Jahren 1976/77.

4.2.4.1 Das „Zeichen von Zeitz"[124]

1976, mitten in einer kirchenpolitischen Entspannungsphase[125], entlud sich die Unzufriedenheit großer Teile der christlichen Bevölkerung über ihre Situation in der Gesellschaft der DDR sowie über die Politik ihrer Kirchenleitungen „wie eine Woge"[126]. Am 18. August 1976 hatte sich Pfarrer Oskar Brüsewitz aus Droßdorf/Rippicha vor der Michaeliskirche in Zeitz selbst verbrannt und damit „Betroffenheit, Diskussion und eine gewisse Identifikation"[127] nicht nur unter der christlichen Bevölkerung ausgelöst.

Der Vorfall war in der DDR zunächst nur durch die Berichterstattung westlicher Medien publik geworden. Seine Wirkung ging also auf die Rezeption dieses „publizistische[n] Rücktransport[es] des Ereignisses durch die westlichen Medien in die Gesellschaft, die es eigentlich angeht"[128], zurück und war damit eine Reaktion auf eine bestimmte, perspektivische Wahrnehmung und Interpretation. In dieser Interpretation erschien die Selbstverbrennung als „Opfertod" und „Märtyrer-

---

[123] In beispielhafter Weise werden diese Versuchungen in dem Bericht von Bischof H.-J. FRÄNKEL vor der Landessynode der Evang. Kirche des Görlitzer Kirchengebietes, März 1977, zur Sprache gebracht und zurückgewiesen (in: epd-Dok 17/1977, 43–52; vgl. Dok 1977/5).

[124] Als neueste Arbeiten dazu seien genannt: H. MÜLLER-ENBERGS/H. SCHMOLL/W. STOCK, Das Fanal. Das Opfer des Pfarrers Brüsewitz und die evangelische Kirche, Frankfurt/M. Berlin 1993; H. MÜLLER-ENBERGS, Das Zusammenspiel von Staatssicherheitsdienst und SED nach der Selbstverbrennung des Pfarrers Oskar Brüsewitz aus Rippicha am 18. August 1976, Berlin 1993; H. SCHULTZE (Hg.), Das Signal von Zeitz. Reaktionen der Kirche, des Staates und der Medien auf die Selbstverbrennung von Oskar Brüsewitz 1976. Eine Dokumentation, Leipzig 1993. Vgl. dazu auch K. NOWAK, Das umstrittene Zeugnis des Pfarrers von Rippicha. Drei Neuerscheinungen zu Oskar Brüsewitz, in: ZdZ 47, 1993, 154–160. Zur gegenwärtigen Diskussion vgl. auch C. GERMIS, Der Märtyrer von Zeitz, in: DIE ZEIT 21/1993, 9; R. SCHRÖDER, Wahrheit und Lüge stehen nebeneinander, in: DIE ZEIT 21/1993, 9–11.

[125] Im Sommer 1976 war die lange verweigerte Grundsatzerlaubnis zum Bau kirchlicher Räume in sozialistischen Neubaugebieten erteilt worden. Auch die Situation der waffenlos dienenden Bausoldaten, von denen viele christlich motivierte Wehrdienstverweigerer waren, war verbessert worden: Sie durften wieder studieren und mußten sich nicht mehr an militärischen Schanzarbeiten beteiligen.

[126] J. HEMPEL, Rede vor der Synode der Ev.-Luth. Landeskirche Sachsen in Dresden (16.-20. Okt. 1976), in: epd-Dok 38/1977, 9f., 9.

[127] R. HENKYS, Das Zeichen von Zeitz und seine Wirkung, in: EK 9, 1976, 583–585, 584.

[128] Ebd.

sterben gegen das System"[129]. Offensichtlich fanden damit erstaunlich viele und durchaus nicht nur christliche Bürger der DDR ihren durch lange angestaute Leiderfahrungen und Unzufriedenheiten gewachsenen, nie aber entladenen Protest stellvertretend artikuliert.[130] Dem Ausmaß der entstandenen Unruhe trug die politische Führung dadurch Rechnung, daß sie im CDU-Organ „Neue Zeit"[131] und im „Neuen Deutschland"[132] „den verzweifelten Versuch" unternahm, „die Tat zu privatisieren, als Selbstmord eines geistig Kranken abzustempeln."[133] Die heftigsten Reaktionen löste Brüsewitz' Tat freilich in den Gemeinden der DDR, ihrer Pfarrerschaft und den Kirchenleitungen aus. Die Kritik bezog sich inhaltlich v.a. auf zwei miteinander zusammenhängende Punkte:

a) Innerkirchlich auf die zunehmende Entfremdung von Kirchenleitung und Gemeinden bzw. Pfarrerschaft.

b) Nach außen auf die Art und Weise der „offiziellen" Gestaltung der Beziehungen zwischen Kirche und Staat, die für die einzelnen Christen aus der Perspektive ihrer Erfahrungen häufig nicht nachvollziehbar war.

4.2.4.2 Repressive Kulturpolitik

Die überraschend heftigen Reaktionen auf die Selbstverbrennung von Pfarrer Brüsewitz warfen ein Schlaglicht auf den inneren Zustand der DDR-Gesellschaft. Die Ursachen der Unzufriedenheit waren neben dem stagnierenden Lebensstandard v.a. der Anspruch der SED auf eine umfassende und alleinige „Führungsrolle" und ihr Versuch, ihre Machtposition durch Intensivierung der ideologischen Indoktrinierung und durch Instrumentalisierung des Rechts zu festigen. Der Verdruß der Bevölkerung wurde vor allem durch die Wahrnehmung einer deutlichen Diskrepanz zwischen der Innenpolitik und den neuen außenpolitischen Prinzipien der DDR-Regierung genährt. Der außenpolitischen Entspannung entsprach eine Zunahme der Repression im Inneren. Die spektakuläre Ausbürgerung Wolf Biermanns im November 1976 sowie des Schriftstellers Reiner Kunze wenige Monate danach signalisierten eine kulturpolitische Wende. Viele Schriftsteller und Künstler wurden als „Abweichler" verhaftet oder abgeschoben. Es kam zu einem regelrechten Exodus von Künstlern.

---

[129] R. HENKYS, a.a.O., 583.

[130] Die Magdeburger KL analysierte in ihrem „Bericht über Überlegungen und Entscheidungen im Zusammenhang mit der Selbstverbrennung von Pfarrer Oskar Brüsewitz", den sie der Synode der Kirchenprovinz Sachsen auf ihrer Tagung am 28.10.1976 vorlegte: „Die Zeichenhandlung vom 18.8. hatte gerade in ihrer Mehrdeutigkeit die Wirkung und schuf die Möglichkeit, daß Menschen mit unterschiedlichsten gesellschaftlichen Leiderfahrungen – oft genug mühsam durch Jahre hindurch unter der Lebensoberfläche gehalten – sich auf einmal in diesem Geschehen wiederfinden und verstanden und auf sich aufmerksam gemacht fühlen können" (epd-Dok 38/1977, 10–19, 14).

[131] „Schamlose Hetze mit menschlichem Versagen. Hintergründe und Zusammenhänge der Sache Brüsewitz", in: NZ v. 31.8.1976; abgedr. in: epd-Dok 41a/1976, 13f.

[132] „Du sollst nicht falsch Zeugnis reden", in: ND v. 31.8.1976; abgedr. in: epd-Dok 41a/1976, 12f.

[133] R. HENKYS, a.a.O., 584.

In diesem zunehmend repressiver werdenden gesellschaftlichen Umfeld fielen die Ideen der Entspannungspolitik und des Eurokommunismus auf ein besonders fruchtbares Feld. Rudolf Bahro und Robert Havemann entwickelten Visionen einer repressionsfreien sozialistischen Gesellschaft. Im Januar 1978 erschien in der Bundesrepublik das „Manifest einer demokratischen Opposition in der DDR"[134], in dem Demokratisierung und Rechtsstaatlichkeit der DDR gefordert wurden.

4.2.5 Erneute Konsolidierung und Bekräftigung des neuen kirchenpolitischen Kurses

Die Selbstverbrennung Oskar Brüsewitz' und die Ausbürgerung Wolf Biermanns waren Vorgänge mit hoher symbolischer Kraft, die das internationale Ansehen der DDR nachhaltig geschädigt[135] und im Inneren die Initialzündung für eine Oppositionsbewegung gebildet hatten, die, in unterschiedlicher Gestalt, Anlaß zu permanenter Beunruhigung der stets um die kollektive Uniformierung der Gesinnung innerhalb der Bevölkerung bemühten Partei gegeben hat.

In der Phase dieser innenpolitischen Entwicklung schien dem Staat viel an stabilen Beziehungen zur evangelischen Kirche zu liegen. Man zählte ganz offensichtlich auf den Einfluß der Kirche auf die unruhigen „Massen" und traute es sich zu, ihre Führungsebene einigermaßen unter Kontrolle halten zu können. Trotz der dramatischen Verschlechterung des Klimas zwischen Staat und Kirche während der Brüsewitz-Affäre[136] bemühte man sich bereits im Rahmen der Kampagne zur Volkskammer-Einheitswahl am 17.10. 1976 deutlich um ein entspanntes Verhältnis zur Kirche. Diese Tendenz fand ihre Fortsetzung im Dezember 1976, als das Politbüro des ZK der SED seine bisherige Kirchenpolitik bekräftigte und darüber hinaus einen „Maßnahmenkatalog" verabschiedete, „der u.a. vorsah, ‚besondere Aufmerksamkeit der Herstellung eines ständigen Kontaktes und eines vertrauensvollen Verhältnisses' zu den ‚realistischen Führungskräften' des BEK zu widmen, um ihnen ‚bei der Verwirklichung eines realistischen Kurses zu helfen'"[137]. Dies bedeutete einerseits eine Verstärkung der Bemühungen des MfS, auf die Entscheidungen innerhalb der Kirche Einfluß zu nehmen, und andererseits „eine weitere Zunahme der ‚vertraulichen Gespräche'"[138] zwischen Staatsführung und Vertretern der Kirchenleitung.

---

[134] DER SPIEGEL 1/1978, 21–24; 2/1978, 26–30.
[135] Zur kontroversen Diskussion um die propagandistische Auswertung des Brüsewitz-Todes in der Bundesrepublik durch die Errichtung eines „Brüsewitz-Zentrums" in Bad Oeynhausen vgl. epd-Dok 38/1977.
[136] Beispielsweise war ein „Brief der Konferenz der Kirchenleitungen an die Gemeinden" vom 11.9. 1976 der Zensur zum Opfer gefallen und von Erich Honecker als einer „der größten konterrevolutionären Akte" gegen die DDR bezeichnet worden, vgl. Evang. Kirche der Kirchenprovinz Sachsen, Provinzialsynode, Oktober 1976, Bericht der Kirchenleitung über Überlegungen und Entscheidungen im Zusammenhang mit der Selbstverbrennung von Pfarrer Oskar Brüsewitz, in: epd-Dok 38/1977, 10–19, 13; BESIER/WOLF 1991, 31f.
[137] BESIER/WOLF, 1991, 33. Besier/Wolf zitieren H.DOHLE, a.a.O., 166.
[138] BESIER/WOLF, ebd.

4.3 Der 6. März 1978

Am 6. März 1978 fand nach intensiven, geheimen Vorverhandlungen ein Gespräch zwischen dem Vorsitzenden des Staatsrates der DDR, Erich Honecker, und dem Vorstand der Konferenz der Evangelischen Kirchenleitungen unter der Leitung von Albrecht Schönherr statt. Das entscheidende Ergebnis dieses Ereignisses war, abgesehen von den inhaltlichen Vereinbarungen, das Akzeptieren der Kirche „als gesellschaftliches Dauerphänomen"[139], womit offensichtlich dem damaligen Stand der Atheismus-Forschung (nicht nur in der DDR, sondern auch in anderen sozialistischen Ländern), die die These von dem notwendigen Absterben der Religion in einer sozialistischen Gesellschaft im Grunde fallen gelassen hatte, politisch Rechnung getragen worden war. Damit war die seit der Beendigung der offiziellen Kontakte von Staat und Kirche im Jahr 1958 herrschende Haltung der DDR, für eine „vertrauensvolle Zusammenarbeit" zwischen Christen und Marxisten zu werben, eine solche jedoch nicht zwischen den Institutionen Staat und Kirche zuzulassen, aufgegeben.

Die Pointe des 6. März bestand allerdings in der Anerkennung der Kirche als einer *eigenständigen* gesellschaftlichen Kraft. Diese Schlußfolgerung wurde jedenfalls übereinstimmend in den Interpretationen des Vorgangs durch die DDR-Kirchenleitungen[140] und durch westliche Beobachter[141] getroffen. Honecker dagegen hatte zurückhaltender davon gesprochen,

„daß sich den Kirchen als Kirchen im Sozialismus heute und künftig viele Möglichkeiten des Mitwirkens an der Realisierung der zutiefst humanistischen Ziele unserer Politik eröffnen."[142]

Die hervorgehobene Verwendung des Ausdrucks „Kirche im Sozialismus" könnte allerdings andeuten, daß dem mit dieser Formel kirchlicherseits verbundenen Anspruch auf Eigenständigkeit in der Wahrnehmung gesellschaftspolitischer Verantwortung[143] Anerkennung zuteil worden war. Jedenfalls wurden die in diese Richtung zielenden kirchlichen Interpretationen des 6. März von staatlicher Seite nicht ausdrücklich dementiert.

---

[139] TH. MECHTENBERG, Die Lage der Kirchen in der DDR, 1985, 86. O. LUCHTERHANDT schätzte das Gespräch juristisch sogar „als ein grundlegendes Dokument von konkordatsähnlichem Charakter" ein (DERS., a.a.O., 56).
[140] Vgl. z.B. Dok 1978/2; H.-J. FRÄNKEL, Bericht an die Synode der Evang. Kirche des Görlitzer Kirchengebietes auf ihrer Tagung vom 31. März bis 3. April 1978 in: epd-Dok 30/1978, 62–70, 66; A. SCHÖNHERR, Nach zehn Jahren. Rückblick auf das Staat-Kirche-Gespräch vom 6. März 1978, in: DERS., Abenteuer der Nachfolge, 344–352, 348–350.
[141] Vgl. z.B. MECHTENBERG 1985, 84–88.
[142] Aus dem Bericht des Politbüros vor der 8. Tagung des ZK der SED, in: KJB 105, 1978, 353, vgl. Dok 1978/3.
[143] A. SCHÖNHERR hatte in seiner Ansprache am 6. März den Ausdruck „Kirche im Sozialismus" im Anschluß an Schwerin 1973 (Dok 1973/1) interpretiert und dabei die „Freiheit, die aus der Bindung des Glaubens kommt," bei der Wahrnehmung der kirchlichen Verantwortung unterstrichen, vgl. DERS., Gespräch zwischen Staat und Kirche, in: DERS., Abenteuer, 272–276, 274.

Eine Anerkennung der Kirchen als *eigenständiger* Organisationen innerhalb der sozialistischen Gesellschaft aber bedeutete mehr als die bloße Bekräftigung der von der Verfassung ohnehin garantierten Glaubens- und Gewissensfreiheit, es war ansatzweise die Aufgabe der ideologisch begründeten geistigen Monopolstellung der Partei, ein Widerspruch zur Doktrin von der sozialistischen Menschengemeinschaft, ein erster Schritt hin zu einem weltanschaulichem Pluralismus und also ein Aufweichen der Geschlossenheit des Systems gewesen[144].

Die seit der Gründung des Kirchenbundes andauernde Übergangsphase war damit beendet. Die Kirche hatte sich als *Kirche im Sozialismus* bewährt und war koexistenzfähig geworden. Der Staatsratsvorsitzende aber hatte einige fundamentale Bestandteile der sozialistischen Staatsdoktrin zugunsten einer pragmatischeren Politik angetastet.

4.4 1978–1989

Die innere Situation der DDR in ihrem letzten Jahrzehnt war v.a. durch die „Gegenläufigkeit zweier Prozesse"[145] bestimmt, nämlich zum einen die in allen hochentwickelten Industriegesellschaften mit zunehmendem Komplexitätsniveau[146] immer deutlicher werdende Tendenz zur Ausdifferenzierung autonomer gesellschaftlicher Teilsysteme, zum anderen „politisch induzierte Entdifferenzierungsprozesse, die die Eigenständigkeit der gesellschaftlichen Teilbereiche wieder aufhoben"[147]. Die Partei erstrebte eine kontinuierliche Überprüfung aller Handlungen innerhalb der Gesellschaft, von den Prozessen der Normen-, Ziel- und Methodendefinition einzelner gesellschaftlicher Subsysteme wie Wirtschaft, Politik, Wissenschaft, Recht, Kirche, Kultur und Sport über das Verhalten kleinerer, nichtinstitutionalisierter sozialer Systeme bis hin zu Handlungen und Meinungen der Individuen auf ihr Verhältnis zu den ideologisch definierten gesellschaftlichen Zielen mit dem Zweck einer umfassenden und lückenlosen Kontrolle und Beeinflus-

---

[144] Zu diesen Schlußfolgerungen kommt etwa MECHTENBERG 1985, 84–88. Zu den Schwankungen des Grades der Geschlossenheit des Organisationssystems DDR vgl. das folgende Kapitel und D. POLLACK, Das Ende einer Organisationsgesellschaft. Systemtheoretische Überlegungen zum gesellschaftlichen Umbruch in der DDR, in: ZfS 19, 1990, 292–307, bes. 297–300.

[145] D. POLLACK, a.a.O., 293. Die von POLLACK hier in Anschlag gebrachte systemtheoretische Methode liegt dem Folgenden ebenso zugrunde wie seine wesentlichen dabei erzielten Ergebnisse.

[146] Trotz des unterschiedlichen Gesellschaftssystems gab es in dieser Hinsicht keine grundlegende Differenz zwischen der DDR und den westlichen Industriegesellschaften. H. KNABE notierte dazu im Zusammenhang seiner Analyse des Phänomens der neuen sozialen Bewegungen in der DDR: „Auch die sozialistische Industriegesellschaft der DDR basiert nicht auf einem grundsätzlich anderen Zivilisationsmodell. Produktionsweise und favorisierte Technologien gleichen ebenso den in anderen Industriestaaten verwendeten wie die gesamte industriestaatliche Lebensweise. [...] Durch die Entscheidung der kommunistischen Parteien für die Öffnung zum Weltmarkt wird die Einebnung von Differenz zwischen den Systemen zugunsten eines breiten Fundamentes gemeinsamer Strukturen und symmetrischer Prozesse in Staaten mit unterschiedlichen politischen Systemen weiter vorangetrieben" (H. KNABE, Neue soziale Bewegungen. Zur Entstehung und Bedeutung alternativer Gruppen im Sozialismus, in: KiS 15, 1989, 14–16, 14).

[147] D. POLLACK, a.a.O., 294.

sung. Alle gesellschaftlichen Teilsysteme sollten ebenso wie die Gesellschaft als Ganzes auf diese Weise einem ihnen vorgegebenen Ziel funktional zugeordnet werden. Die Gesellschaft glich so einer von der Partei kontrollierten und gesteuerten Maschine.

Die Gegenläufigkeit dieser beiden Prozesse mußte zu einer permanenten Situation gesellschaftlicher Spannung führen. Denn die Entwicklung einer modernen Industriegesellschaft „ist auf das freie Spiel der bereichsspezifischen und individuellen Kräfte [...] angewiesen."[148] Mit dem Erreichen eines bestimmten Komplexitätsniveaus der Gesellschaft ist die Tendenz zur Ausdifferenzierung gesellschaftlicher Teilsysteme *untrennbar* verbunden. Eine hierarchisch organisierte und auf einer in sich geschlossenen und autoritär vermittelten universalen Interpretation der Wirklichkeit gegründete moderne Industriegesellschaft ist ein Widerspruch in sich.

Angesichts dieser systemimmanent angelegten Spannung ist es von zwingender Logik, daß das vorrangige innenpolitische Ziel der DDR in der *Stabilisierung* der gesellschaftlichen Verhältnisse bestehen mußte. Als stabilitätsrelevante Faktoren müssen vor allem Lebensstandard, Herrschaftslegitimation und Systemgeschlossenheit gelten.

4.4.1 Lebensstandard

Eine Stabilisierung der Gesellschaft durch positive Beeinflussung der Stimmung in der Bevölkerung erforderte zunächst Bemühungen um die Anhebung des allgemeinen Lebensstandards. Doch gerade in diesem Bereich formte sich die Selbstwidersprüchlichkeit des Systems zu einem Teufelskreis. Um die Befriedigung der auf die Lebensbedingungen der westlichen Industrienationen, v.a. der Bundesrepublik, fixierten DDR-Bevölkerung[149] gewährleisten zu können, waren größte Anstrengungen notwendig, die Leistungsfähigkeit der heimischen Wirtschaft international wettbewerbsfähig zu halten. Gerade an dieser Stelle mußte jedoch die systemeigene Tendenz zur Entdifferenzierung bremsend wirken. Ideologische Gesichtspunkte standen der nach Ausdifferenzierung verlangenden wirtschaftlichen Effizienz entgegen. Darüber hinaus erzwang das Effizienzpostulat eine weitgehende wirtschaftliche Kooperation mit den westlichen Industriestaaten, v.a. der Bundesrepublik, was wiederum die Geschlossenheit des Systems[150] und damit seine Stabilität gefährdete.

4.4.2 Legitimation und Identität

4.4.2.1 Legitimation

Die Legitimation der politischen Herrschaft beruhte im politischen System des „Demokratischen Zentralismus" weitgehend auf ideologischer Indoktrination.

---

[148] D. POLLACK, a.a.O., 295.
[149] Hier wirkte sich v.a. der Einfluß der westdeutschen Massenmedien aus, ein Phänomen, das der Problematik der Systemgeschlossenheit zuzurechnen ist, s. u. Kap. 4.4.3.1.
[150] S. u. Kap. 4.4.3.

Diese Legitimationsstruktur, die für die sozialistischen Gesellschaften Osteuropas typisch war, war von den ideologisch-politischen Kurswechseln der DDR-Führung unberührt geblieben. In Phasen gesteigerter gesellschaftlicher Instabilität war die Indoktrination stets verstärkt worden[151], was in der Regel auch direkte kirchenpolitische Konsequenzen hatte.

4.4.2.2 Kurswechsel in der Begründung gesellschaftlicher Identität: die Erberezeption

Im Zeichen der „entwickelten sozialistischen Gesellschaft" war erstmals der Begriff der Nation für die Begründung der Identität der sozialistischen Gesellschaft der DDR herangezogen worden[152]. Ulbricht hatte noch jede nationale Identität der sozialistischen Gesellschaft entschieden abgelehnt und bekämpft. An ihre Stelle hatte er den Gedanken der „sozialistischen Menschengemeinschaft" gesetzt, die den westlichen Gesellschaften und Nationen antagonistisch gegenüberstünde[153]. Auch in diesem Punkt hatte die ideologische Kurskorrektur von 1971 zu einer Neuorientierung geführt. Es war damit begonnen worden, die gesellschaftliche Identität wieder mit dem nationalen Gedanken zu begründen. Der damalige SED-Chefideologe Kurt Hager hatte 1971 von der „sozialistischen Nation" gesprochen, die Produkt des Klassenkampfes, von der „Führungsrolle der Arbeiterklasse" geprägt und „durch die feste Verankerung in der sozialistischen Staatengemeinschaft [...] gekennzeichnet" sei[154]. Die Identität der Gesellschaft und die Legitimi-

---

[151] Ein Beispiel bildet die Situation 1980/81, als die DDR-Führung aufgrund der wirtschaftlichen Stagnation und eines möglichen Übergreifens der polnischen Demokratisierungsbewegung die gesellschaftliche Stabilität in akuter Gefahr sah. Der X. Parteitag der SED vom 11. – 16. April 1981 in Ost-Berlin betonte daraufhin abermals die „führende Rolle" der SED in allen Bereichen der Gesellschaft. In seinem Rechenschaftsbericht vor dem Parteitag erklärte E. HONECKER „die SED zur ‚führenden Kraft bei der Gestaltung der entwickelten sozialistischen Gesellschaft' und betonte: ‚Die ständige Erhöhung der führenden Rolle der Partei in allen Sphären der Gesellschaft ist eine objektive Notwendigkeit.' Die SED-Spitze gehe auch weiterhin davon aus, daß die ‚Kaderfrage' entscheidend ist. Deshalb will sie die ‚führende Rolle' der Partei vor allem dadurch absichern, daß sie treue ‚Kader heranbildet', die sich auszeichnen durch Parteiergebenheit, bedingungsloses Bekenntnis zur Führung und zur KPdSU, Qualifizierung und ideologische Ausrichtung" (H. WEBER, a.a.O., 460f. Vgl. Protokoll der Verhandlungen des X. Parteitages der Sozialistischen Einheitspartei Deutschlands. 11. bis 16. April 1981, Berlin/O. 1981, Bd. 1, 132.138). Unterstrichen wurde der Herrschaftsanspruch der Partei zudem noch durch einen sich steigernden Personenkult um Honecker. Alle DDR-internen Ansätze zu einem demokratischen bzw. pluralistischen Sozialismus wurden mit Schärfe bekämpft. Die Bildungspolitik wurde von Volksbildungsministerin MARGOT HONECKER auf einem harten ideologischen Kurs gehalten. Das MfS war mit einem Heer von Spitzeln bemüht, alle Bereiche des öffentlichen und privaten Lebens in der DDR zu kontrollieren und zu disziplinieren.
[152] Zur Geschichte des Problems der nationalen Identität der DDR und des wechselvollen Umgangs der SED mit nationalen Traditionen vgl. M. STOLPE, Schwieriger Aufbruch, 1992, 23–29.
[153] Vgl. MECHTENBERG 1985, 80.
[154] So in einem Referat, das er am 14. Oktober 1971 in Ost-Berlin auf einer Tagung von Gesellschaftswissenschaftlern gehalten hatte und dem wesentliche Bedeutung für die Auslegung des VIII. SED-Parteitags im Juni 1971 zukam (K. HAGER, Die entwickelte sozialistische Gesellschaft. Aufgaben der Gesellschaftswissenschaften nach dem VIII. Parteitag der SED, Berlin/O 1971; zit. n. R. HENKYS, Kapitalistisches Überbleibsel. Kirchenpolitik nach dem letzten SED-Parteitag, in: EK 5, 1972, 215–218, 217).

tät ihrer Herrschaftsstruktur sollten wieder aus einer geschichtlich-dynamischen Perspektive gewonnen werden, und zwar erstens von ihrem *Ziel* her, nämlich der kommunistischen Gesellschaft, die „durch die Herstellung einer die osteuropäischen Staaten umfassenden sozialistischen Nation, in der die bisherigen nationalen Unterschiede zu Stammesverschiedenheiten herabsinken"[155], verwirklicht werden sollte. Daneben begannen aber auch die *Ursprünge* der nationalen Identität in neuer Weise Beachtung zu finden. Traditionen deutscher Geschichte wurden eklektisch rezipiert. Maßgebliches Kriterium war dabei jeweils ihr „progressiver", „revolutionärer" und „humanistischer" Charakter, der ihnen von der ideologischen Interpretation zugesprochen wurde.[156] Offensichtlich war man in der Partei zu dem Schluß gekommen, daß die Identität des nationalen Bewußtseins der DDR-Bevölkerung auf der negativen Basis des bloßen Gegensatzes zur Bundesrepublik und der positiven der internationalistischen sozialistischen Bewegung und ihrer utopischen Dogmen nicht hinreichend verankert werden könne[157]. Sie sollte darum stärker in den „progressiven" Traditionen der deutschen Geschichte verankert werden. Der sozialistische Staat hatte begonnen, sich nicht mehr nur allein teleologisch zu legitimieren, indem er sich „zum einzig legitimen Nachfolger und Erben aller ‚fortschrittlichen' Kräfte der deutschen Geschichte"[158] erklärte. „[A]uf der Suche nach den Wurzeln einer ‚nationalen Identität' für ihren Staat"[159] wandte sich die DDR-Geschichtsschreibung insbesondere der preußischen Vergangenheit[160] und den Traditionen der Reformation zu. Diese sogenannte „Erberezeption" hatte zu Anfang der achtziger Jahre in einem überraschenden Ausmaß an Gewicht gewonnen. Besonderes Aufsehen erregten dabei die spektakulären staatlich organisierten Lutherehrungen anläßlich der 500. Wiederkehr dessen Geburtstages im Jahre 1983[161].

4.4.3 Systemgeschlossenheit

Der entscheidende Stabilitätsfaktor der gesellschaftlichen Konstruktion der DDR aber war ihre Geschlossenheit. Diese bestand zum einen in ihren geschlossenen Systemgrenzen und zum anderen in dem Universalitäts- und Absolutheitsanspruch ihrer ideologischen Legitimation und dem entsprechenden einheitlich durchorganisierten Gesellschaftsaufbau. Die innere und die äußere Geschlossenheit bedingten sich gegenseitig und erhielten sich wechselseitig aufrecht. Aller-

[155] R. HENKYS, ebd.
[156] Vgl. MECHTENBERG (Anm. 153), ebd.
[157] Vgl. H. N. JANOWSKI, Luther im roten Rock, in: EK 14, 1981, 681f.; R. HENKYS, Der Reformator als Patron. Bilanz des Luther-Jahres in der DDR, in: EK 17, 1984, 64–67.
[158] B. LANG, Luther von Staats wegen, in: EK 15, 1982, 652.
[159] W. E. WEICK, Bismarcks Comeback, in: EK 17, 1984, 515f., 515.
[160] Vgl. W. E. WEICK, a.a.O.
[161] Vgl. dazu neben den bereits Genannten P. GOTTSCHALK, Spurensicherung in Erfurt, in: EK 16, 1983, 534; W. ZADEMACH, Luther und Marx. Assoziationen zu zwei Gedenktagen, in: JK 44, 1983, 668–674; R. MAU, Die marxistischen Luther-Thesen der DDR, in: BThZ 1, 1984, 27–44. Zum Wandlungsprozeß der Luther-Interpretation in der DDR vgl. S. BRÄUER, Martin Luther in marxistischer Sicht von 1945 bis zum Beginn der achtziger Jahre, Berlin 1983.

dings war die Geschlossenheit des Systems zu jeder Zeit nur eine relative Größe, d.h. sie war stets mehr oder weniger starken Schwankungen ausgesetzt, wobei diese Schwankungen, wenn sie unter Kontrolle blieben, der Stabilität des Systems durchaus zuträglich sein konnten, nämlich dann, wenn dadurch systemeigene Spannungen teilweise abgebaut werden konnten. Doch trotz ihrer *relativ* spannungsregulierenden und dadurch stabilisierend wirkenden Schwankungen blieb die Systemgeschlossenheit erhalten – und die systemimmanenten Spannungen blieben damit *grundsätzlich* unauflösbar. Die Aufrechterhaltung dieses labilen Zustandes war zu keiner Zeit ungefährdet.

4.4.3.1 Die Gefährdungen der Geschlossenheit von außen

Zu den extern verursachten Störungen der Systemgeschlossenheit der DDR-Gesellschaft gehörte die Wirkung der westlichen Medien, die darin bestand, „daß das intern entworfene Bild der Innen/Außen-Differenz durch die extern konstituierte Innen/Außen-Differenz ständig in Frage gestellt wurde."[162] Ein weiterer Störfaktor bestand in der notwendig gewordenen außenpolitischen Öffnung, markiert durch die Unterzeichnung des Grundlagenvertrages mit der Bundesrepublik, die Aufnahme beider deutscher Staaten in die UNO und die Unterzeichnung der Menschenrechtsakte von Helsinki. Die Außenpolitik der „friedlichen Koexistenz" sowie die international verbindliche Anerkennung der Menschenrechte konnten innenpolitisch als Berufungsinstanzen für Forderungen nach gesellschaftlichen Reformen verwendet werden.

Schließlich variierte auch der Grad der Geschlossenheit der Staatsgrenzen selber. Durch eine vorsichtige Liberalisierung der Reiseregelung und erhebliche Schwankungen bei der Praxis der Behandlung von Ausreiseanträgen sollte offenbar innenpolitischer Druck abgebaut werden.

4.4.3.2 Die Gefährdungen der Geschlossenheit von innen

Die Grundlage der inneren Geschlossenheit der Gesellschaft, nämlich die universale Geltung einer geschlossenen Deutung der gesamten Wirklichkeit, konnte trotz aller Anstrengungen auf dem Felde der ideologischen Indoktrination der Bevölkerung[163] nicht bruchlos durchgängig gewährleistet werden, „denn es gab einen Bereich, der in den einheitlich durchorganisierten Gesellschaftsaufbau nicht einbezogen war: die Kirche."[164] An dieser Stelle der *Unterbrechung der inneren Systemgeschlossenheit* bot sich Gelegenheit zu freier Kommunikation und offenem Dialog, zur Bildung und Artikulation eigener Meinungen. Genau hier lassen sich denn auch besonders gut die (bis zu einem gewissen Grad) systemstabilisierenden Auswirkungen der Schwankungen im Grad der Geschlossenheit des Systems zei-

---

[162] D. POLLACK, a.a.O., 297.

[163] Also v.a. auf dem Felde der Bildungspolitik, der politisch-ideologischen Propaganda, der ideologischen Besetzung lebensgeschichtlicher und jahreszeitlicher Riten sowie der Formen und Sitten der Alltagskommunikation.

[164] D. POLLACK, a.a.O., 298.

gen. Vor diesem Hintergrund ist das *dialektische Verhältnis des Staates zur Kirche*, wie es insbesondere die späten siebziger und die achtziger Jahre kennzeichnete, zu erklären.

Indem die Existenz der Kirche die innere Geschlossenheit der Gesellschaft auflockerte, erfüllte sie eine Ventilfunktion. Sie bildete den Ort, an dem die systemeigenen Spannungen ausgetragen und damit teilweise abgebaut werden konnten, ohne daß es zu einer wirklichen Gefährdung des Gesamtsystems bzw. dessen Geschlossenheit kommen mußte. Voraussetzung dafür war allerdings, daß die Kirche, obgleich sie keine sozialistische Organisation war, doch auch nicht in eine unkontrollierte Autonomie abglitt, sondern vielmehr bereit war, die in ihr stattfindende Artikulation systemspezifischer Spannungen so zu *regulieren*, daß diese nicht zu einer Gefährdung des Gesamtsystems führten. Dies führte zu erheblichen innerkirchlichen Spannungen, deren Abarbeitung noch lange nicht beendet ist.

Die eben genannte systemstabilisierende Funktion der Kirche war jedoch aus staatlicher Sicht keineswegs gesichert. Die Kirche stellte vielmehr im Gegenteil ihrerseits einen Unsicherheitsfaktor dar, der angesichts seiner großen Bedeutung innerhalb des immens stark belasteten und instabilen Gefüges des innergesellschaftlichen Druckausgleichs stets auch eine latente Bedrohung bedeutete. Da das Ziel einer hinreichenden Kontrolle des in sich komplexen Systems Kirche nicht erreicht wurde, mußte sie mit größter Aufmerksamkeit beobachtet werden. Für den Fall einer akuten Bedrohung der Stabilität durch die Kirche hatte sich die staatliche Seite ein differenziertes Instrumentarium disziplinierender Interventionen geschaffen, zu dessen Voraussetzungen ein möglichst weitgehender Verzicht auf formelle staatskirchenrechtliche Fixierungen gehörte.

4.4.3.3 Die totale Gefährdung der Geschlossenheit

Die stärkste Gefährdung der Systemgeschlossenheit, die ihr *von außen* drohen konnte, war diejenige *aus dem eigenen Lager* der sozialistischen Staaten. Die besondere Tücke dieser Gefährdung bestand darin, daß sie sehr viel schwieriger in das System der geschlossenen ideologischen Wirklichkeitswahrnehmung integrierbar war. Denn war es bisher grundsätzlich möglich gewesen, alle innen- und außenpolitischen Konflikte „über den dualen Code sozialistisch/antisozialistisch" zu interpretieren und somit die Wirklichkeit selbst auf die so „codierte Alternativität"[165] zu reduzieren und damit zugleich zu bewältigen, so war dieses Verfahren bei der polnischen Demokratiebewegung nur noch mit Mühe, bei der Herausforderung durch das „Neue Denken", das mit der Amtsübernahme M. Gorbatschows unter den Schlagworten *Glasnost* und *Perestrojka* in der Politik der Sowjetunion Einzug gehalten hatte, überhaupt nicht mehr anwendbar. Hier lag eine Gefährdung vor, die die innere *und* die äußere Geschlossenheit des Systems zugleich betraf. Konnten bisher die von außen kommenden Gefährdungen der Systemgeschlossenheit durch die innere Geschlossenheit unter Kontrolle gehalten und umgekehrt die

---

[165] D. POLLACK, a.a.O., 296.

Konsequenzen der inneren Brüche der Geschlossenheit durch die äußere Abschließung des Systems erstickt werden, so bestand diese Möglichkeit hier nicht mehr.
Diese Situation führte, in Verbindung mit einer besonderen historischen Konstellation, zum Ende der DDR.

C. Die Entstehung der Formel „Kirche im Sozialismus"

Die Entstehung der Formel „Kirche im Sozialismus" hängt eng mit dem Vorgang der Ausbildung der organisatorischen Selbständigkeit der acht Landeskirchen, die sich auf dem Gebiet der DDR befanden, gegenüber der EKD zusammen. Dieser kirchenrechtliche Vorgang hatte sowohl ekklesiologische Aspekte als auch politische Bedeutung. Keiner dieser beiden Aspekte ist verstanden, wenn er vom anderen isoliert wird. Beide müssen daher hier zumindest angedeutet werden.

Die organisatorische Selbständigkeit war aber nur die Außenseite des Prozesses einer Neuorientierung der DDR-Kirchen innerhalb des gesellschaftlichen Prozesses, in dem sie sich seit Kriegsende befanden. Mit dieser Neuorientierung, die durch die aktuelle deutschlandpolitische Situation angeregt worden war, sollte in verantwortlicher Weise eine Antwort auf die Frage gesucht werden, wie Kirche in der DDR-Gesellschaft zu denken sei.

Die Entstehung der Formel „Kirche im Sozialismus" fällt in den Beginn dieser Orientierungsversuche. Die Formel ist schließlich zum Inbegriff einer bestimmten Antwort, genauer: einer bestimmten Bandbreite von Antworten auf die genannte Frage geworden. Ihre Bedeutung ist innerhalb dieser Bandbreite stets kontrovers diskutiert worden. Zugleich gab es auch innerhalb der DDR-Kirchen eine ganze Reihe von Antworten, die sich außerhalb dieser Bandbreite befanden, d.h. das durch die Formel symbolisierte kontextorientierte ekklesiologische Konzept als Ganzes ablehnten und ihm Alternativen entgegenstellten. Trotz ihrer unklaren Bedeutung und ihrer Umstrittenheit ist die Formel „Kirche im Sozialismus" zum Synonym für den DDR-Kirchenbund und sein Selbstverständnis geworden. Ein Versuch, sie zu verstehen, muß zunächst die näheren Umstände ihrer Entstehung in den Blick nehmen.

1. Der deutsche Protestantismus und das Problem der nationalen Einheit

Die deutschlandpolitischen Initiativen nach der Gründung der beiden Staatswesen im Jahre 1949 waren gescheitert, weil die beiden deutschen Teilstaaten bereits zu fest in die jeweiligen Systemblöcke integriert waren. Der mehrmals von der Sowjetunion gemachte Vorschlag eines neutralen, vereinigten Deutschland waren von der Bundesregierung abgelehnt worden, da Adenauer der Westbindung einen klaren Vorrang vor der nationalen Einheit einräumte. Eine Wiedervereinigung

Deutschlands war für ihn nur denkbar als Anschluß der DDR an die Bundesrepublik bei bleibender Einbindung Gesamtdeutschlands in das westliche Militärbündnis. Die von der Sowjetunion vorgeschlagene Neutralität eines Gesamtdeutschland konnte er nur als ersten Schritt zu dessen Bolschewisierung begreifen. Die Siegermacht USA meinte im Rahmen der von US-Außenminister J. F. Dulles 1953 konzipierten Strategie des *Containment* gar nur eine Wiedervereinigung Deutschlands in den Grenzen von 1939 akzeptieren zu können. Dieser amerikanischen Strategie der „Einkreisung"[1], „Eindämmung" und „Zurückdrängung"[2] entsprach auf seiten der Sowjetunion die Bildung eines Ringes kommunistischer Volksdemokratien und das Drängen auf ein neutrales Gesamtdeutschland.

Auch die Kirchen haben den deutschlandpolitischen Kurs Adenauers trotz aller öffentlichen Einheitsrhetorik[3] mehrheitlich mitgetragen[4]. Seine Diskrepanz zu dem offiziellen Bekenntnis zur deutschen Einheit als oberstem politischen Ziel hatte Heinrich Vogel auf der EKD-Synode im März 1963 in Bethel (auf der die Synodalen aus der DDR erstmals keine Teilnahmemöglichkeit mehr hatten) zu der Bemerkung veranlaßt:

> „Ich kann keinen Hehl daraus machen, daß nach meiner Überzeugung die Mauer, politisch gesehen, von beiden Seiten gebaut worden ist [...]."[5]

---

[1] Truman-Doktrin vom März 1947.

[2] J. F. DULLES, Strategie des *Containment* und *Roll back* von 1953.

[3] Das politische Ziel der nationalen Einheit wurde auf der Gründungsversammlung der EKD 1948 in Eisenach als ein Hauptanliegen des kirchenpolitischen Engagements der EKD erkennbar und war es auch bis Ende der fünfziger Jahre geblieben. In Eisenach wurde die Aufrechterhaltung der Zonengrenzen ebenso kritisiert wie alle anderen „Maßnahmen, die auf eine endgültige Aufspaltung Deutschlands hinauslaufen". Begründet wurde dies mit dem Hinweis auf eine ansonsten zu erwartende „Verelendung" des Volkes aufgrund einer „Auflösung [seiner] sittlichen Bindungen" (alle Zitate bei U. BAYER, Die „Deutsche Frage" auf den EKD-Synoden 1958 bis 1963: Konsolidierung und Ernüchterung im Zeichen des Mauerbaus. Die Vertiefung der deutschen Teilung und das Ende der Einheit der EKD, in: KZG 3, 1990, 336–354, 337). „[D]urch unmögliche Grenzziehungen" würden dem deutschen Volke „die Lebensgrundlagen genommen" (a.a.O., 338).

[4] Daß sie in diesem Punkt nicht nur unter dem Druck des Staates, sondern auch des Ökumenischen Rates der Kirchen standen, hat jetzt M. LOTZ, Evangelische Kirche 1945–1952. Die Deutschlandfrage. Tendenzen und Positionen, Stuttgart 1992, belegt. Lotz weist nach, daß der ÖRK über Initiativen wie die „Ökumenische Kommission für Europäische Zusammenarbeit" Anfang der fünfziger Jahre versuchte, „westdeutsche Kirchenkreise bis hin zu einzelnen Persönlichkeiten kirchlichen Lebens aus der DDR für die Westintegration und Wiederbewaffnung Westdeutschlands zu gewinnen" (23). Die EKD sieht Lotz damit „unter einem gewissen Druck" (23) stehen. Die von der Kommission vertretenen politischen Ziele waren eine gemeinsame Wirtschaft und gemeinsame Aufrüstung innerhalb des westlichen Bündnisses. Da die öffentliche Meinung diesen keine Priorität gegenüber der deutschen Einheit einräumte, müsse auf sie Druck ausgeübt werden, was eine „Herausforderung an die Kirchen" darstelle (27).

[5] Bethel 1963. Bericht über die zweite Tagung der dritten Synode der Evangelischen Kirche in Deutschland vom 10. bis 13. März 1963, hg. im Auftrage des Rates von der Kirchenkanzlei der Evangelischen Kirche in Deutschland, Hannover o.J., 87; zit. n. U. BAYER, a.a.O., 351. J. EBERNBURG fragte angesichts der nahezu vollständig ausgebliebenen kirchlichen Kritik an der Adenauerschen Deutschlandpolitik auf derselben Synode: „Haben wir in den vergangenen zwölf Jahren nicht vieles falsch gemacht, haben wir nicht durch mancherlei Tun und mehr noch durch unser Nichttun eine schwere Schuld auf uns geladen? Wenn uns die zwölf Jahre noch einmal geschenkt würden, würden wir dann nicht miteinander reden und verhandeln, statt alles zurückzuweisen,

Deutlichstes Zeichen der Unterstützung des Adenauer-Kurses war der von Bischof Dibelius am 22. Februar 1957 abgeschlossene Militärseelsorgevertrag zwischen der EKD und der Bundesrepublik Deutschland.

Die Kirche hatte allerdings auch deutschlandpolitische Zeichen anderer Art gesetzt. Bei ihrer Neuorganisation hatte die EKD nämlich ihren „praktischen und formalen Zuständigkeitsbereich auf das Gebiet der vier Besatzungszonen [...] ohne die Gebiete östlich der Oder-Neiße-Linie" beschränkt[6] und damit dem Revisionismus eine klare Absage erteilt. Diese Haltung wurde auch in dem „Tübinger Memorandum" einiger evangelischer Persönlichkeiten vom 6. November 1961 (das seinen Unterzeichnern den Vorwurf des Landesverrats einbrachte) und in der EKD-Vertriebenendenkschrift von 1965, welche auf die Anerkennung der politischen Realitäten drängte und damit die Neuorientierung der Außen- und Deutschlandpolitik unter der Regierung Brandt/Scheel vorbereitete, kontinuierlich beibehalten.

Der wichtigste und schwerwiegendste deutschlandpolitische Beitrag der EKD bestand allerdings in ihrer bis 1969 fortbestehenden organisatorischen Einheit.[7] Seit dem Scheitern einer der wichtigsten deutschlandpolitischen Initiativen der Sowjetunion, der Stalin-Note vom März 1952, war die organisatorische Einheit des deutschen Protestantismus von der Staatsführung der DDR massiv bekämpft worden. Aufgrund des Vorwurfs, die evangelischen Kirchen in der DDR seien einseitig am Westen orientiert, gar von ihm gesteuert, versuchte man, sie durch behördliche Maßnahmen, etwa der Verweigerung von Pässen zu interzonalen kirchlichen Zusammenkünften, von den West-Kirchen zu isolieren.[8] Bischof Dibelius reagier-

---

was von drüben kommt, und würden wir in der Frage der Wiedervereinigung nicht endlich eine eigene Initiative entwickeln?" und forderte „die Einberufung einer Synodalkommission, die die deutschlandpolitischen Entscheidungen der EKD zwischen Bethel 1949 und Bethel 1963 nachzeichnen sollte", freilich ohne Erfolg (Bethel 1963, a.a.O., 105; zit. n. U. BAYER, a.a.O., 351).

[6] U. BAYER, a.a.O., 337.

[7] J. J. SEIDEL, „Neubeginn" in der Kirche?, 1989, 174–189, weist darauf hin, daß die Bemühungen um den Zusammenhalt in der EKD nach dem Kriege vor allem von den östlichen Gemeinden ausgingen, wo man befürchtete, von der Kirche im Westen abgeschnitten und aufgegeben zu werden. Zeichen der Verbundenheit waren etwa die von Dibelius 1945 in Treysa vorgeschlagene Einrichtung einer Zweigstelle der EKD-Kirchenkanzlei in Berlin und die beginnende finanzielle Unterstützung des östlichen Landeskirchen durch die westlichen Gliedkirchen der EKD. Eine wichtige Rolle spielte in diesem Zusammenhang auch der Deutsche Evangelische Kirchentag, dessen Entwicklung nach dem Kriege „von allem Anfang an durch das Faktum der deutschen Teilung" geprägt war (W. HUBER, Was wollten wir eigentlich? Ein Rückblick auf gemeinsame Wege im Kirchentag, in: epd-Dok 28/1992, 7–15, 7). „Das Motiv, die evangelischen Christen zu sammeln, verband sich von Beginn an mit dem anderen Motiv, die fortdauernde Einheit des deutschen Volkes sichtbar zu machen" (ebd.). Der 3. Deutsche Evangelische Kirchentag versammelte unter dem Motto „Wir sind doch Brüder" vom 11. bis 15. Juli 1951 300.000 Teilnehmer in Berlin. Die Abschlußkundgebung des gesamtdeutschen Kirchentages in Leipzig 1954 war die „größte Massenversammlung in der Geschichte der evangelischen Kirchentage" (C. KLESSMANN, Ein Kirchentag der Kontraste. SED-Dokumente zum Leipziger Kirchentag von 1954, in: KZG 4, 1991, 533–550, 536; zit. n. W. HUBER, a.a.O., 8). Gleichwohl hatte bereits 1952 in Elbingerode die EKD-Synode das Fazit gezogen, man habe sich auseinandergelebt.

[8] Seit der 2. Parteikonferenz der SED vom 9. bis 12. Juli 1952 erschien es der Partei als offensichtlich, daß die DDR-Kirchen in die Konfrontation der beiden deutschen Teilstaaten verwikkelt waren. Die Konferenz signalisierte, daß künftig die Verbindung der evangelischen Kirchen in

te darauf in einem Hirtenbrief an die Pfarrer der Berlin-Brandenburgischen Kirche vom 26. Juli 1952[9] mit einer theologischen Argumentation. Wohl beziehe sich die Verheißung der Einheit der Kirche etwa nach Joh 17,21 auf die eschatologische *ecclesia triumphans*, müsse aber nichtsdestoweniger zugleich Zielsetzung für das Handeln der irdischen Kirche sein. Diesem Sachverhalt entspreche die EKD, indem sie ihren Auftrag darin sehe, verschiedene Kirchen zu gemeinsamem Handeln zusammenzufassen und damit eine – begrenzte – Einheit der deutschen Reformationskirchen zu erzielen. Ein Angriff auf die Einheit der EKD müsse demnach im Namen des Auftrages der Kirche abgewehrt werden:

> „Was wir aber um des Testamentes Jesu Christi willen in der Selbstzucht christlichen Gehorsams zu erreichen streben, dürfen wir uns auch von außen her nicht zerschlagen lassen. Kein Staat hat das Recht, die Einheit der Kirche Jesu Christi anzutasten. Wir können uns mit mancherlei Gestaltungen des politischen Lebens abfinden. Aber wir können niemals dem Satz zustimmen, daß Staatsgrenzen zugleich Kirchengrenzen seien und daß, wenn der Staat seine Grenzen abschließt, die Kirche sich in diese Grenzen miteinschließen lassen müsse."[10]

Theologisch ist damit von Dibelius das Problem der *unitas ecclesiae* angeschnitten worden. Tatsächlich ist die Einheit eines der vier traditionellen Attribute der geglaubten Kirche. Diese vier Attribute beschreiben nach reformatorischem Verständnis die Verheißung, unter der die Kirche steht, und sind damit zugleich Kriterien für die Gestaltung der empirischen Kirche, welche ihrerseits immer als eine Vielzahl von Partikularkirchen in den Blick kommt, die wiederum in einer ganzen Reihe von verschiedenen elementaren Gestalten existieren, nämlich (in der Terminologie von W. Huber[11]) als Ortsgemeinde, Initiativgruppe, Regionalkirche und Föderation. Die geglaubte *unitas ecclesiae* kann sich demnach nur *in* der Partikularität ihrer empirischen Existenzformen verwirklichen.

Daß und wie dies möglich ist, soll hier kurz am Beispiel der vom damaligen Magdeburger Präses Kreyssig auf der EKD-Synode im April 1958 in Berlin/O gegebenen Anregung zur Gründung der *Aktion Sühnezeichen* gezeigt werden. Dieses Beispiel ist umso eindrücklicher, weil jene Synode ja ansonsten nicht gerade wegen ihrer Stärkung der kirchlichen Einheit zwischen Ost und West traurige Berühmtheit erlangt hat. Kreyssigs Formulierung

„Der Dienst soll Deutsche aus der Bundesrepublik und aus der Deutschen Demokratischen Republik vereinen"[12]

---

der DDR zu den westlichen EKD-Gliedkirchen eingeschränkt werden müsse. Tatsächlich erteilte die DDR-Regierung keine Genehmigungen für die Teilnahme von Christen aus der DDR an der Tagung des Lutherischen Weltbundes vom 25. Juli bis 3. August 1952 in Hannover und am Evangelischen Kirchentag Ende August 1952 in Stuttgart, vgl. M. ONNASCH, Konflikt und Kompromiß. Die Haltung der evangelischen Kirchen zu den gesellschaftlichen Veränderungen in der DDR am Anfang der fünfziger Jahre, in: KZG 3, 1990, 152–165.

[9] KJB 79, 1952, 211–216. Vgl. zum selben Thema auch DIBELIUS, Bericht zur Lage auf der a.o. Tagung der Synode der Evang. Kirche Berlin-Brandenburg am 9./10. August 1952 in Berlin, in: a.a.O., 216–226.

[10] KJB 79, 1952, 215.

[11] W. HUBER, Kirche, München ²1988, 44–58.

[12] Berlin 1958. Bericht über die dritte Tagung der zweiten Synode der Evangelischen Kirche

läßt den Schluß zu, daß das vereinende Moment als weder in einer gemeinsamen Staatszugehörigkeit noch in einer Staatsgrenzen übergreifenden Kirchenorganisation, „sondern in Frieden und Verständigung fördernden sowie Versöhnung symbolisierenden Aktivitäten junger Deutscher aus beiden deutschen Staaten"[13] bestehend gedacht wird.

Entgegen Dibelius' Argumentation von 1952, wonach die empirische Entsprechung zu der der Kirche verheißenen Einheit in der Unversehrtheit einer bestimmten Gestalt einer bestimmten Partikularkirche, nämlich des in der EKD vorgenommenen lockeren Zusammenschlusses der deutschen evangelischen Landeskirchen, erblickt wird, muß daran festgehalten werden, daß sich die *unitas ecclesiae* zwar, wo möglich, auch in der organisatorischen Gestalt der empirischen Partikularkirchen niederschlagen muß und wird, die empirische Entsprechung zu diesem Attribut der geglaubten Kirche jedoch keineswegs nur in Fragen der Kirchenordnung besteht. Und erst recht ist die Einheit der Kirche nicht, wie die Fürstenwalder Synode 15 Jahre später glauben machen wollte, in der organisatorischen Einheit der Teilkirchen bzw. ihrer Gestalten *begründet*[14].

Die Verteidigung der Einheit der EKD war in den fünfziger Jahren erfolgreich gewesen, obwohl mit dem Abschluß des Militärseelsorgevertrages im Jahre 1957 ein nur schwer zu überbrückender innerer Spalt aufgebrochen war. Aus westlicher Sicht wurde die Kircheneinheit ob ihrer „Klammerfunktion" gewürdigt, welche die Hoffnung auf eine Wiedervereinigung der deutschen Teilstaaten nach westlichen Vorstellungen wachhalten sollte. Die Kirchen in der DDR galten damit implizit oder explizit als antikommunistische Bollwerke des christlichen Abendlandes. Erst langsam und nur bei wenigen setzte sich die Erkenntnis durch, daß die Christen in der DDR nicht „nur verhinderte Westbürger" waren, sondern zum Teil auch, bei „klarer Opposition zum dialektischen Materialismus und seiner Dogmatik [...] zugleich in bewußter Bejahung der bei ihnen nun neu gebildeten Gesellschaftsordnung [stehen] und [...] diese für richtiger halten", daß es mithin „in Zukunft immer stärker um die viel schwierigere Aufgabe" gehen werde, „die Einheit der Evangelischen Kirche in Deutschland zu wahren, obwohl die Bejahung auch der politischen Systeme unter uns selbst, hüben und drüben, immer verschiedener wird."[15] Das Festhalten an der Einheit der EKD war freilich nicht nur wegen seiner deutschlandpolitischen Implikationen von großer Bedeutung. Es war zugleich ein Zeugnis gegen den totalen Anspruch des Staates auf alle Lebensbereiche, indem es signalisierte, daß es auch in der DDR Lebensbereiche gab, die dem staatlichem Reglement entzogen waren, d.h. in denen politischen Zweckmäßigkeitserwägungen

---

in Deutschland vom 26. bis 30. April 1958, hg. im Auftrag des Rates von der Kirchenkanzlei der Evangelischen Kirche in Deutschland, Hannover o.J., 279f.; zit. n. U. Bayer, a.a.O., 340.

[13] U. Bayer, a.a.O., 340f.

[14] Zur Fürstenwalder Synode vgl. u. Kap. 2.

[15] So H. Gollwitzer auf der EKD-Synode vom 21. bis 26. Februar 1960 in Berlin: Berlin 1960. Bericht über die vierte Tagung der zweiten Synode der Evangelischen Kirche in Deutschland vom 21. bis 26. Februar 1960, hg. im Auftrage des Rates von der Kirchenkanzlei der Evangelischen Kirche in Deutschland, o.O. o.J., 141; zit. n. U. Bayer, a.a.O., 343.

(die gerade für die DDR-Bürger leicht in Opportunismus umschlagen konnten), nicht in der sonst üblichen unbedingten Weise gefolgt werden mußte[16].

2. Die organisatorische Selbständigkeit der östlichen Landeskirchen

Auch nach dem 21. Juli 1958, der das Ende der heißen Phase der Konfrontation von Staat und Kirche in der DDR markiert, war die Spaltung der EKD ein kirchenpolitisches Hauptziel der DDR-Führung geblieben. Diese hatte seit der Absetzung Propst Grübers als Bevollmächtigter des Rates der EKD bei der DDR-Regierung am 17. Mai 1958 durch Ministerpräsident Grotewohl[17] keine gemeinsame Vertretung der östlichen Landeskirchen mehr als Verhandlungspartner anerkannt. Die Kirchen ihrerseits jedoch hielten scheinbar unbeirrt an der organisatorischen Einheit der EKD fest. Das seit Ende der 50er Jahre einsetzende Arrangement auch der christlichen Bevölkerung mit den herrschenden Verhältnissen und die immer mehr an Plausibilität gewinnende Einsicht, daß diese dauernden Bestand haben würden, erschien nicht als hinreichender Grund für eine Sezession. Abgesehen von der strukturellen Trägheit großer Organisationen gab es auch wichtige Gründe gegen eine Spaltung der EKD[18]. Zum einen spielte immer noch der nationale Gedanke eine wesentliche Rolle. „Die evangelische Kirche war die letzte Klammer deutscher Einheit" urteilt rückblickend Altbischof Albrecht Schönherr[19]. Zum anderen und vor allem hatte das Festhalten an der Einheit der EKD „für manche den Charakter eines aktuellen Bekenntnisses zur Einheit der Kirche Christi."[20]

Dieses zweite, theologische Motiv war es, das auf der letzten und zugleich deutlichsten Bekundung des Einheitswillens der östlichen Landeskirchen, der Fürstenwalder Synode im April 1967[21], in den Mittelpunkt gestellt worden war. Man woll-

---

[16] In diesem Sinne urteilt z.B. der anonyme Verfasser des Artikels „Zwischen Volkskirche und Freiwilligkeitsgemeinde. Tatsachen und Tendenzen aus dem kirchlichen Leben in der DDR", in: EK 1, 1968, 619–623, 623.

[17] Vgl. Dok 1958/3.

[18] Dies gilt auch für die nach dem Bau der Mauer im Sommer 1961 neu aufflammende Diskussion. Eine direkte Folge für die kirchliche Organisation bestand in der zukünftigen Unmöglichkeit gemeinsamer Tagungen des Rates der EKD. Dessen Vorsitzender K. SCHARF wurde am 31. August aus der DDR und Ost-Berlin ausgesperrt. Zur Begründung hieß es u.a., „[e]r sei als der Vorsitzende des Rates der EKD der Leiter einer ‚friedensfeindlichen und illegalen Organisation'" (KJB 88, 1961, 6). Die östlichen Landeskirchen erklärten z.T. ausdrücklich, weiterhin Mitglieder der EKD bleiben zu wollen. Lediglich der konformistische und kirchlich einflußlose „Bund evangelischer Pfarrer" veröffentlichte am 17. Oktober 1961 einen „Ratschlag an die Synoden und Leitungen der Evangelischen Kirchen in der DDR" (a.a.O., 13f.), in dem er „[e]ine Fortexistenz der evangelischen Kirchen in der DDR als Gliedkirchen der EKD [...] unter diesen Umständen als innerlich und äußerlich unmöglich" erklärte. Es erscheine „vielmehr notwendig, so bald wie möglich gesamtkirchliche Organe in der DDR zu schaffen, die unabhängig von der EKD sind und arbeiten können" (13).

[19] A. SCHÖNHERR, Weder Opportunismus noch Opposition. Kirche im Sozialismus – der beschwerliche Weg der Protestanten in der DDR, in: DIE ZEIT 7/1992 vom 7.2. 1992, 4f, 4.

[20] Ebd.

[21] Seit dem Mauerbau mußte die EKD-Synode ja getrennt tagen. In Fürstenwalde traten vom

te dem gewachsenen politischen Druck auf die Kirche „eine spezifisch kirchlich-theologische Sicht entgegen[]stellen"[22] – ein aus kirchlicher Perspektive angemessenes Verfahren, das elf Jahre zuvor schon einmal in großem Stil zur Anwendung gekommen war, als die a.o. EKD-Synode in Berlin 1956 auf die von staatlicher Seite immer dringender gestellte Forderung nach einer „Loyalitätserklärung" mit einer „Theologischen Erklärung" reagiert hatte[23]. So konzentrierte sich Bischof Krummacher in seinem Fürstenberger Synodalvortrag auch ganz auf eine theologische Argumentation und wies jede politische Motivation für die Erhaltung der Einheit der Kirchenorganisation scharf zurück[24]. Umso nachdrücklicher versuchte er, die institutionelle Einheit der Kirche einerseits und ihre Gemeinschaft im Glauben andererseits wenn nicht gleichzusetzen, so doch so eng miteinander zu verknüpfen, daß eine Aufgabe der organisatorischen Einheit der EKD als Glaubensungehorsam erscheinen mußte.

Eine sprachliche Analyse des Textes[25] zeigt auf, daß Krummacher dabei auch mit gezielten terminologischen Ungenauigkeiten arbeitete. Für das ekklesiologische Attribut der *unitas ecclesiae spiritualis* verwendete er den Begriff der „Gemeinschaft", während die organisatorische Einheit der empirischen Kirche als „institutionelle Einheit" bezeichnet oder mit „beieinander bleiben" bzw. „einander nicht loslassen" umschrieben wurde. Aufgrund seiner problematischen These, die „praktizierte[] Gemeinschaft der evangelischen Christenheit in Deutschland"[26] sei „auf die Dauer nur [!] möglich, wenn man beieinander bleibt und einander nicht losläßt"[27], begann er, die beiden Sachverhalte der *unitas ecclesiae spiritualis* und *particularis* terminologisch gezielt zu vermischen – zunächst in der aus der genannten These gezogenen Schlußfolgerung, es sei „eine Frage des Glaubensgehorsams, ob wir an der *Einheit und Gemeinschaft* [!] der Evangelischen Kirche in Deutschland festhalten oder nicht."[28] Die propagandistische These der DDR-Führung, die Einheit der EKD sei faktisch längst erloschen und werde nur aus politischen Gründen

---

1. bis 7. April 1967 die Synodalen aus den Gliedkirchen der DDR zusammen. Vgl. KJB 94, 1967, 263–270; Henkys 1970, 96–100; H. Weber, Geschichte der DDR, 374f.; R. Henkys, Kirche-Staat-Gesellschaft, 34; P. Maser, Glauben im Sozialismus, 79f.; H. Müller, Kirche im Sozialismus (1), 1983, 18f. (3), 1984, 32.

[22] E. Wilkens in: KJB 94, 1967, 263.

[23] Vgl. Dok 1956/1.

[24] KJB 94, 1967, 264.

[25] Auszüge: Dok 1967/6.

[26] KJB 94, 1967, 265.

[27] A.a.O., 265f. Schon der Terminus „praktizierte Gemeinschaft" hat suggestive Qualität. Denn was unterscheidet theologisch eine „praktizierte Gemeinschaft" von „Gemeinschaft"? Ist z.B. die Abendmahlsgemeinschaft zweier Kirchen „nur" Gemeinschaft oder „praktizierte Gemeinschaft"? Offensichtlich fügt das Prädikat „praktiziert" dem Begriff „Gemeinschaft" keine Qualität hinzu, die dieser nicht ohnehin in seinem Bedeutungsgehalt enthielte. Der tautologische Ausdruck „praktizierte Gemeinschaft" hat suggestive Funktion. Er soll eine Steigerung von Gemeinschaft suggerieren, die ohne eine gemeinsame organisatorische Gestalt nicht möglich sein soll. Genau diesem Gedanken versucht Art. 4,4 der Verfassung des Kirchenbundes von 1969 Rechnung zu tragen. Darin wird angesichts der organisatorischen Trennung ausdrücklich der Fortbestand einer „besonderen Gemeinschaft" zu den Kirchen der EKD festgeschrieben.

[28] KJB 94, 1967, 266. Herv. v. mir, W.Th.

künstlich aufrechterhalten[29], stellte er mit den Worten dar, die politische Führung bestreite „die *institutionelle Gemeinschaft* [!] einer Evangelischen Kirche in Deutschland"[30]. Der Ausdruck *institutionelle Gemeinschaft* faßt dabei auf suggestive Weise die These zusammen, daß das (geglaubte) ekklesiologische Attribut der *unitas* seine empirische Entsprechung *notwendig* in der institutionellen Einheit der Kirche hat. Der Kategorienfehler besteht darin, daß hier die Differenz zwischen geglaubter und empirischer Kirche terminologisch eingeebnet wird. Die Folge ist, daß eine Frage der Kirchenordnung zum *status confessionis* erklärt wird: Es geht „nicht mehr um eine institutionelle Frage, sondern um die Gemeinschaft im Glauben an den Einen Herrn"[31], die organisatorische Einheit der EKD erscheint als „unaufgebbare Gemeinschaft", die „aus Glaubensgehorsam Tag für Tag tiefer [zu] verwirklichen" ist.[32] In deutlicher Antithese zur Position Ulbrichts[33] stellte die „Fürstenwalder Erklärung" darum fest, daß die institutionelle Einheit der Kirche nur aus geistlichen Gründen aufgegeben werden kann.

Daß eine solche theologische Argumentation nicht weit zu tragen vermochte, wurde bald nur allzu deutlich. Denn die Verfassungsdiskussion des Jahres 1968 legte ein Verständnis des neuen Kirchenartikels im Sinne einer Gleichsetzung von Staats- und Kirchengrenzen nahe, das „die evangelische Kirche möglicherweise in die Zone der Illegalität gerückt hätte"[34]. Bischof Mitzenheim nahm auf einer Bürgervertreterkonferenz in Weimar am 29. Februar 1968 in Anwesenheit Ulbrichts diese Position mit den Worten auf:

„Die Staatsgrenzen der Deutschen Demokratischen Republik bilden auch die Grenzen für die kirchlichen Organisationsmöglichkeiten."[35]

---

[29] Der Staatsratsvorsitzende W. Ulbricht hatte in einem in der Öffentlichkeit groß herausgestellten Gespräch mit dem Thüringer Landesbischof M. Mitzenheim anläßlich einer Ordensverleihung am 22. September 1966 politische Kriterien zur Definition von „Kirche" und ihrer Einheit entwickelt (vgl. Dok 1966/3), ohne hierfür bischöflichen Widerspruch zu erfahren. Nach Ulbricht war die institutionelle, territoriale Einheit der EKD nur noch eine künstliche, äußerliche Form, der keine innere Realität mehr entsprach. Diese einheitsstiftende innere kirchliche Realität wurde dabei politisch-weltanschaulich bestimmt. Bei weiterhin bestehender äußerlicher, institutioneller Einheit sei so deren Grundlage längst erloschen, so daß es eigentlich bereits längst „mehrere Kirchen" gebe, nämlich einerseits „eine Kirche, die in christlicher Verantwortung die Grundsätze des Humanismus achtet und verbreitet", andererseits die „Militärkirche". Die Gemeinsamkeit von Ulbricht und Krummacher besteht darin, daß sie einen unmittelbaren und notwendigen Zusammenhang zwischen einem angenommenen „Wesen" der Kirche und ihrer äußerlich-institutionellen Gestalt postulieren. Der Unterschied besteht dann nur noch in der inhaltlichen Bestimmung dieses kirchlichen Wesens. Ulbricht bestimmt es durch die ideologisch geprägten aktuellen politischen Leitdifferenzen, Krummacher theologisch als „Gemeinschaft". Jenseits dieser unterschiedlichen inhaltlichen Ausformung ist die Denkfigur jedoch dieselbe. Anders ausgedrückt: Die Zumutungen der Propaganda werden nur inhaltlich, nicht jedoch formal zurückgewiesen. Die propagandistische Denkfigur färbt auf das theologische Denken ab.

[30] Ebd. Herv. v. mir, W.Th.

[31] Ebd.

[32] Ebd.

[33] Vgl. Anm. 29.

[34] Th. Mechtenberg, Die Lage der Kirchen in der DDR, 1985, 17.

[35] Dok 1968/4.

Um Bischof Krummacher zu zwingen, seine in Fürstenwalde unmißverständlich artikulierte gegenteilige Position zu revidieren, schreckte Mitzenheim nicht davor zurück,

„kompromittierende Unterlagen gegen Bischof Krummacher vom MfS anzufordern. Krummacher [...] wurde von Mitzenheim auf diese Weise – allerdings mit geringem Erfolg – regelrecht erpreßt."[36]

Jedenfalls sah sich Krummacher nur zehn Monate nach Fürstenwalde gezwungen, seine dort vorgenommene Verhältnisbestimmung von Glaubensgemeinschaft und kirchlicher Einheit öffentlich erheblich zu modifizieren. Nun sah er die

„kirchliche Selbständigkeit [...] nicht [mehr] im Widerspruch zu der brüderlichen Gemeinschaft des christlichen Glaubens, die über alle staatlichen Grenzen hinweg lebendig ist."[37]

Hinsichtlich der Einheit der Kirche war damit deutlicher und konsequenter zwischen der Einheit im Glauben und in der organisatorischen Gestalt der Kirche differenziert worden. Doch war mit der Gründung des Kirchenbundes die Einheit des deutschen Protestantismus ja auch nicht einfach aufgegeben worden. Deutlich wird dies in Artikel 4,4 der Grundordnung des Kirchenbundes, der die „besondere Gemeinschaft" zu den westdeutschen Kirchen als konstitutiven Bestandteil des eigenen Selbstverständnisses festschrieb.

3. Die Entwicklung eines eigenen Selbstverständnisses der Kirchen in der DDR und die Entstehung der Formel

3.1 Die zweifache Eigenständigkeit des Kirchenbundes

Die Kirche hatte mit dem Prozeß ihrer Verselbständigung das Ziel einer doppelten Eigenständigkeit angestrebt. Die Selbständigkeit des neugegründeten DDR-Kirchenbundes *gegenüber den westlichen EKD-Kirchen* hatte bis in die unmittelbare Nachkriegszeit zurückreichende Wurzeln. Bereits seit September 1945 hatte die Erkenntnis, daß die besonderen Bedingungen der Ostzone Probleme erzeugten, die vom Osten selbst gelöst werden mußten, Vertreter der Kirchenleitungen der östlichen Landeskirchen zu regelmäßigen Gesprächen zusammengeführt[38]. Diese von Bischof Dibelius arrangierten Ostkirchenkonferenzen hatten zu Irritationen geführt, erstreckte sich doch die Zuständigkeit des nur wenige Tage zuvor in Treysa gewählten Rates der EKD auf alle Landeskirchen, so daß „sich vom organisatorischen Rahmen der EKD her vorerst keine Notwendigkeiten zu eigenen zentralen

---

[36] G. Planer-Friedrich, Einfallstore für die Stasi, in: EK 25, 1992, 75–79, 78.
[37] So in einer Stellungnahme vom 14. 2. 1968 zum Entwurf der neuen DDR-Verfassung, in: EK 1, 1968, 179f. (Dok 1968/5).
[38] Im November 1945 fand die zweite, ein Jahr später bereits die sechste „Ostkirchenkonferenz" statt. Vgl. J. J. Seidel, „Neubeginn" in der Kirche?, Göttingen 1989, 188–195.

Zusammenschlüssen [hätten] ergeben müssen"[39]. Doch Behinderungen im Inter-
zonenverkehr erschwerten die regelmäßige Teilnahme von Ostzonenvertretern an
gesamtkirchlichen Veranstaltungen. Zudem wurde von Dibelius und den anderen
Ostkirchenleitungen die Notwendigkeit empfunden, sich regelmäßig „über konkrete Aufgaben kirchenleitender Verantwortung unter den neuen politischen Bedingungen"[40] abzustimmen. Damit war bereits in der unmittelbaren Nachkriegszeit der Grund jener Selbständigkeit gelegt, die schließlich im Februar 1968 zu Bischof Krummachers schroffer Zurückweisung von „Weisungen oder gar ‚Bevormundungen' [...] von außerhalb unseres Staatsgebiets"[41] und schließlich 1969 zur
Sezession führte.

Zugleich suchte der Kirchenbund seine Selbständigkeit aber auch *gegenüber den
ideologischen Vereinnahmungsversuchen des Staates* zu verteidigen. Die Neuorientierung der DDR-Kirchen umfaßte daher auch das Ziel einer eigenständigen Wahrnehmung öffentlicher Verantwortung der Kirchen in der sozialistischen Gesellschaft. Die von den DDR-Bischöfen in ihrem „Brief aus Lehnin" vom 15.2.68 ausgesprochene Annahme der mit der Staatsbürgerschaft eines sozialistischen Staates
verbundenen Aufgabe, „den Sozialismus *als eine Gestalt gerechteren Zusammenlebens*
zu verwirklichen"[42], deutete durch ihre konditionale Formulierung die Entschlossenheit der Kirche zu *eigenverantwortlicher* Mitarbeit an, die im Sinne von Barmen 5
nicht nur die Sachgemäßheit und Qualität der praktischen Verwirklichung politischer Ziele, sondern auch diese Zielsetzungen selber einer permanenten Prüfung
unterzieht[43].

Zum Konflikt mit dem Staat, dessen Folge die vorläufige Nichtanerkennung des
Kirchenbundes war, war es zunächst jedoch durch die bereits genannte Proklamation der „besonderen Gemeinschaft" mit den westdeutschen EKD-Kirchen gekommen. Ebenso war der DDR-Führung die nach wie vor bestehende Einheit
der EKU sowie der Evang. Kirche in Berlin-Brandenburg ein Dorn im Auge. Vor
allem aber stieß die innere Struktur, die sich der Protestantismus in der DDR gegeben hatte, auf die Ablehnung des Staates. Die Landeskirchen hatten sich als Kirchenbund organisiert, in dem durch die Organe Synode und Konferenz der Kirchenleitungen der Gedanke der Einheit und der Föderation verbunden worden
war. Die Staats- und Parteiführung dagegen favorisierte ein Modell völlig autarker
Landeskirchen. Wie aus einer erst nach der Wende zugänglich gewordenen Rede

---

[39] A.a.O., 191. Bekräftigt wurde dies in der im Juli 1948 auf der Kirchenversammlung in Eisenach verabschiedeten Grundordnung der EKD, in der ein gesamtkirchlicher „Alleinvertretungsan-
spruch" der EKD gegenüber der öffentlichen Gewalt festgeschrieben worden war, wonach die
EKD „auf allen Gebieten des öffentlichen Lebens" für „ein einheitliches Handeln" aller Gliedkirchen zu sorgen hat und „die gesamtkirchlichen Anliegen gegenüber allen Inhabern öffentlicher
Gewalt" selber „vertritt", vgl. Dok 1948/1.

[40] A.a.O., 190.

[41] In seiner bereits genannten (vgl. Anm. 37) Stellungnahme zum Verfassungsentwurf von
1968, Dok 1968/5.

[42] Dok 1968/1. Herv. v. mir, W.Th.

[43] Vgl. hierzu die im selben historischen Kontext angesiedelten Erläuterungen des Görlitzer
Bischofs FRÄNKEL, Dok 1968/8.

des im Politbüro des Zentralkomitees der SED für Kirchenpolitik zuständigen Paul Verner vom 7. April 1969 vor politischen Funktionären hervorgeht, war die Frage der organisatorischen Gestalt des Bundes der entscheidende Grund für seine vorläufige Nichtanerkennung durch die DDR[44].

Die gewonnene und verteidigte Selbständigkeit der Kirchen wollte jedoch auch positiv gefüllt werden. Erforderlich war daher, neben der Organisationsstruktur auch Auftrag und Selbstverständnis unter Berücksichtigung der spezifischen Situation zu bestimmen. Wie ist in diesem Zusammenhang die Formel „Kirche im Sozialismus" entstanden und in den kirchlichen Sprachgebrauch gelangt?

3.2 „Kirche im Sozialismus"

Die Darstellungen der Entstehung der Formel sind bis heute verwirrend geblieben. Als Beispiel für die allgemein herrschende Auffassung kann die von H.-J. Röder vorgetragene Entstehungsgeschichte angeführt werden.[45] Demnach wurde die Formel „Kirche im Sozialismus" von der Entschließung der BEK-Synode 1970[46] abgeleitet, jedoch auch bereits „Anfang 1968" von Mitzenheim verwendet, „kurze Zeit später" vom DDR-Staatssekretär für Kirchenfragen, Hans Seigewasser, aufgegriffen und endlich auf der BEK-Synode 1971 inhaltlich gefüllt.

Ein Gebrauch der Formel „Kirche im Sozialismus" durch Mitzenheim ist jedoch nach meinem Kenntnisstand nicht nachweisbar[47]. Ebensowenig taucht sie in einem offiziellen Text der beiden genannten Bundessynoden auf. Und auch ohne Quellenstudium ist leicht einsichtig, daß eine Formel, die von einem 1970 entstandenen Text abgeleitet worden ist, nicht bereits 1968 verwendet worden sein kann.

Der Ausdruck taucht erstmalig in der staatlichen Semantik der späten Ulbricht-Ära auf. Der damalige Staatssekretär für Kirchenfragen in der DDR, Hans Seigewasser, schrieb in der „Neuen Zeit" vom 2. Oktober 1968:

„[D]ie Staatspolitik in Kirchenfragen […] muß […] auf ihrem Gebiet […] Verhältnisse schaffen, die unserer Gesamtpolitik zur vollen Entfaltung der sozialistischen Menschengemeinschaft entsprechen. Dazu gehören […] die Bereitschaft des sozialistischen Staates, den Geistlichen und den Kirchenleitungen mit gutem Rat zu helfen, wenn sie alte anachronistisch gewordene Abhängigkeiten überwinden und eindeutig die Position der Kirche im Sozialismus beziehen wollen. Für Männer der Kirche ist das oftmals ein komplizierter, vielleicht sogar schmerzlicher Entwicklungsprozeß […]."[48]

---

[44] Dok 1969/6. Vgl. A. SCHÖNHERR, Gratwanderung, 1992, 18–20.

[45] H.-J. RÖDER, Kirche im Sozialismus. Zum Selbstverständnis der evangelischen Kirchen in der DDR, in: HENKYS 1982, 62–85, 70.

[46] Dok 1970/2.

[47] Vgl. jedoch den indirekten Nachweis in der Eisenacher Ansprache von Staatssekretär H. SEIGEWASSER am 25. Februar 1971 (Dok 1971/4), wonach der Gebrauch der Formel bereits *vor* der Bundessynode in Eisenach 1971 in der Thüringer Kirche beheimatet gewesen sei!

[48] H. SEIGEWASSER, Erläuterungen der Grundsätze staatlicher Kirchenpolitik anläßlich des 12. CDU-Parteitages in Erfurt 1968, in: NZ v. 2. 10. 1968 (Dok 1968/6).

Wenige Monate später formulierte Seigewasser in einer Rede in Burgscheidungen:

> „[Die Männer der Kirche sollten aus dem Votum der DDR-Bevölkerung zugunsten der neuen sozialistischen Verfassung] die Schlußfolgerung ableiten, daß sie dem geistlichen Auftrag der Kirche im Sozialismus nur dann gerecht werden ..., wenn sie den Sozialismus und seine humanistische Staatspolitik, insbesondere seine Außenpolitik nicht negieren."[49]

M. Punge, der die Passage an den Anfang seiner Dokumentation gesetzt hatte, vermittelte dadurch den Eindruck, Seigewasser hätte die Formel in Burgscheidungen geprägt, und setzte damit in der zu diesem Zeitpunkt heftigen Debatte um die Formel neue Akzente[50]. Die Burgscheidungener Formulierung muß jedoch nicht notwendig den Ausdruck „Kirche im Sozialismus" *als Formel* verwenden, sondern kann auch als Differenzierung zwischen dem geistlichen Auftrag der Kirche *im Sozialismus* und der Kiche *anderswo* gemeint sein[51]. Gemeint wäre dann, daß dem „Sozialismus" entscheidende Relevanz für die Bestimmung des „geistlichen Auftrag[es] der Kirche" in der DDR zukomme, dessen Proprium dann in dem Bekenntnis zur sozialistischen Gesellschaftsordnung bestünde. In diesem Sinne ist wohl auch eine Formulierung von Paul Verner vom 8. Februar 1971 zu verstehen:

> „Eine weitere wesentliche Voraussetzung konzeptioneller Überlegungen über die Kirche im Sozialismus besteht darin, daß man von der real existierenden sozialistischen Gesellschaftsordnung ausgehen muß."[52]

Daraus kann zweierlei geschlossen werden:

1. Die Pointe der staatlichen Rede von der „Kirche im Sozialismus" war die Nötigung der Kirche zu unkritischer Loyalität zum DDR-System.

2. Dagegen wollte der Ausdruck *nicht* dazu einladen, als Chiffre für das kirchliche Selbstverständnis von der Kirche in deren Sprachgebrauch übernommen zu werden. Denn es läßt sich zeigen, daß die DDR-Führung die kirchliche Verwendung des Sozialismus-Begriffes meist als bedrohlich ambivalent angesehen hat. „Sie bekennen sich", so die (berechtigte) intern geäußerte Befürchtung des Staatssekretärs für Kirchenfragen, „allgemein zum Sozialismus als der gegenüber dem

---

[49] H. SEIGEWASSER, Rede in Burgscheidungen, Febr. 1969, in: M. PUNGE (Hg.), Zum Gebrauch des Begriffs „Kirche im Sozialismus", 1988, 2f. (Dok 1969/5).

[50] So versandte Propst FURIAN am 9.9. 1988 die Pungesche Quellensammlung „An die Herren Superintendenten und die Vorsitzenden der Bruderschaftlichen Leitungen der Evangelischen Kirche in Berlin-Brandenburg" zusammen mit einem Begleitschreiben, in dem es u.a. heißt: „Ich halte diese Ausarbeitung [...] für so wichtig, daß sie nicht nur verdient gelesen, sondern u.U. auch in die Konventsarbeit aufgenommen zu werden. – Im ersten Teil der Ausarbeitung war mir z.B. neu, daß der Begriff ‚Kirche im Sozialismus' von staatlicher Seite, und zwar schon 1969 von dem damaligen Staatssekretär für Kirchenfragen, Seigewasser, in die Debatte um die sog. Standortfindung der Kirche in der DDR eingeführt wurde." (unveröffentlicht. Az.: K. Ia Nr. 1728/88).

[51] Mit diesem Argument bestreitet z.B. R. SCHRÖDER die These, Seigewasser hätte in Burgscheidungen die Worte „Kirche im Sozialismus" bereits im Sinne einer Formel verwendet, „woraus manche gefolgert haben, die Kirche habe diese Formel den Staatsvertretern bloß nachgeredet" (DERS., Nochmals: „Kirche im Sozialismus" [1989], in: DERS. 1990, 149–159, 155).

[52] P. VERNER, „Gemeinsam auf dem guten Weg des Friedens und des Sozialismus", in: KJB 98, 1971, 212–217, 215 (Dok 1971/1).

Kapitalismus gerechteren Gesellschaftsordnung. Sie meinen aber meist nicht den Sozialismus im Zeichen des Marxismus-Leninismus, den die Werktätigen in der DDR aufbauen, sondern einen ‚Sozialismus' der sozialdemokratischen Reformen auf dem Wege der Konvergenz mit der spätkapitalistischen Gesellschaft.“[53] Auch die Formel „Kirche im Sozialismus“ als solche war daher ambivalent. Ihre politisch korrekte Verwendung erforderte ihre nähere Bestimmung im Sinne eines Bekenntnisses zum *real existierenden* Sozialismus[54] oder ihrer Identifizierung mit dem „Thüringer Weg“ Bischof Mitzenheims[55]. Fehlten solche Näherbestimmungen, konnte die Formel durchaus auch negative Bedeutung erlangen[56]. Entsprechend war auch die geforderte „Positionsbestimmung“ bzw. „Standortbestimmung“ oder „Standortfindung“ der Kirche „in der sozialistischen Gesellschaft“ bzw. „im Sozialismus“ als solche zunächst durchaus ambivalent, da die Kirche ihre Position ja auch in einer unerwünschten Weise bestimmen[57] oder einen den staatlichen Intentionen zuwiderlaufenden Standort einnehmen[58] konnte. Auch diese Begriffe bedurften also meist[59] einer qualifizierenden Näherbestimmung als „eindeutig“[60], „bewußt“[61] oder „klar“[62]. Entsprechend konnte die kirchliche „Standortfindung“ komparativisch als ein sich in seiner Eindeutigkeit, Bewußtheit und Klarheit steigerbarer Prozeß gedacht werden[63].

Im offiziellen *kirchlichen Sprachgebrauch* tauchte die Formel „Kirche im Sozialismus“ erst im Bericht der Konferenz der Kirchenleitungen an die 5. Tagung der I. Synode in Schwerin im Mai 1973 auf, und zwar als (falsches) Zitat der Formulierung von Eisenach 1971[64]. In Eisenach hatte es geheißen:

„Eine Zeugnis- und Dienstgemeinschaft von Kirchen in der Deutschen Demokratischen Republik wird ihren Ort genau zu bedenken haben: *In* dieser so geprägten Gesellschaft, nicht *neben* ihr, nicht *gegen* sie.“[65]

In Schwerin hieß es 1973 dann:

„Auf eine Formel gebracht, die auch auf der Synode des Bundes in Eisenach 1971 gebraucht wurde: ‚Wir wollen nicht Kirche *neben*, nicht *gegen*, sondern *im* Sozialismus sein.'

---

[53] Dok 1972/12. Vgl. Dok 1968/11.14; 1970/8; 1971/5.6.7.
[54] Vgl. Dok 1971/4.7; 1972/5.6.7.
[55] Vgl. Dok 1971/4; 1973/6; 1975/1; 1981/4.
[56] Vgl. Dok 1968/10.13; 1976/9.
[57] In diesem Sinne begegnet „Positionsbestimmung“ in Dok 1968/10.13, vgl. auch 1968/11.
[58] Vgl. Dok 1971/4; 1972/8.
[59] Um die Verwirrung zu steigern, wurden sie ab und zu jedoch auch ohne qualifizierenden Zusatz mit einer eindeutigen, dabei freilich nicht konstant bleibenden Wertung gebraucht. „Positionsbestimmung“ etwa war in der Anfangsphase seiner Verwendung in der staatlichen Semantik ein deutlich negativ besetzter Begriff, vgl. Dok 1968/10.11.13. Zehn Jahre später wiederum konnte „Standortfindung“ für sich genommen eine positive Bewertung darstellen, vgl. Dok 1979/1; 1981/4.
[60] Dok 1968/6.
[61] Dok 1971/5.
[62] Dok 1970/7.
[63] Vgl. Dok 1971/6; 1972/9.11; 1975/1.
[64] Dok 1973/1.
[65] Zit. n. KJB 98, 1971, 354; Herv. i. O.; vgl. Dok 1971/2.

[…] In der Tat: Kirche im Sozialismus wäre die Kirche, […]. Kirche im Sozialismus wäre eine Kirche, […]."[66]

Hier ist deutlich zu sehen, wie behutsam die Eisenacher Formulierung in die Formel „Kirche im Sozialismus" transformiert wird. Eine zunächst ganz unauffällige Umstellung der Eisenacher Worte wird schließlich zu der Formel verkürzt. Die Schweriner Transformation der Eisenacher Formulierung behielt in der Folgezeit ihre Gültigkeit.[67] Im Verlauf der in der zweiten Hälfte der achziger Jahre neu und heftiger als je zuvor aufgeflammten Debatte um die Formel wurde der Eisenacher Text erneut in einer anderen Gestalt zitiert, die bis heute verwendet wird. Der damalige berlin-brandenburgische Landesbischof Forck sagte dem westdeutschen SPIEGEL im Frühjahr 1987:

„Seinerzeit, als die Formel geprägt wurde, hieß es ja sehr deutlich: Wir sind nicht eine Kirche für den Sozialismus oder dagegen, sondern im Sozialismus."[68]

Ob die Formulierung der Bundessynode in Eisenach 1971 und ihre Variationen die kirchliche Reaktion auf die Vorgaben von Staatssekretär Seigewasser darstellen, ist nicht zweifelsfrei nachzuweisen. Neben den bereits genannten Fundstellen[69] spräche für diese These allerdings die folgende, in unmittelbarer zeitlicher und örtlicher Nähe zur Eisenacher Bundessynode vom Staatssekretär getane Äußerung:

„Hier [in der Thüringer Kirche] ist das Wort formuliert worden, nach dem die Thüringer Kirche nicht Kirche für oder gegen den Sozialismus, sondern Kirche im Sozialismus sein wollte."[70]

Nachweislich ist jedenfalls, daß die Terminologie der kirchlichen „Standortbestimmungen" der frühen siebziger Jahre im staatlichen Sprachgebrauch früher wahrnehmbar ist als im kirchlichen Sprachgebrauch und daß dieser als schrittweise Annäherung an jenen gelesen werden kann.

In der kirchlichen Semantik dieser Phase ist vor allem eine sukzessive Entwicklung abnehmender Konkretion bei der Bestimmung des Gegenstandsbereiches des öffentlichen kirchlichen Handelns, also der Umwelt der Kirche, feststellbar. Im Februar 1968 hatte der Thüringer Landesbischof Mitzenheim im Zusammenhang der Diskussion um die geplante neue Verfassung der DDR formuliert:

---

[66] Zit. n. KJB 100, 1973, 181; Herv. i. O.; vgl. Dok 1973/1.

[67] Auf der Bundessynode in Görlitz im Jahre 1977 etwa wird als selbstverständlich vorausgesetzt, daß die Formel „Kirche im Sozialismus" 1971 in Eisenach geprägt worden ist, vgl. Dok 1977/1.2.

[68] G. FORCK, „Wir sind eine unabhängige Vertrauensinstanz". Interview, in: DER SPIEGEL Nr. 21/1987 v. 18.5.87; abgedr. in: epd-Dok 25/1987, 58–61, 58f. Vgl. auch G. FORCK, „Was wollten wir eigentlich?". Vortrag auf dem Kirchentagskongreß in Jena-Lobeda, 12.-14. 6. 1992, in: epd-Dok 28/1992, 3–6, 6 (Dok 1992/2); M. STOLPE, „Man bekam dann einen Anruf…". Vorabdruck von „Aufbruch", 1992, in: DER SPIEGEL 4/1992, 22–27, 23, zitiert die Eisenacher Formel mit den Worten: „Die Antwort unserer Kirche war die Erklärung, nicht Kirche für den Sozialismus und nicht Kirche gegen den Sozialismus, sondern Kirche im Sozialismus zu sein."

[69] Dok 1968/6; 1969/5.

[70] H. SEIGEWASSER in Eisenach, 25. Februar 1971, also gut vier Monate vor der ebendort stattfindenden Bundessynode, Dok 1971/4.

„Wir wollen nicht Kirche gegen den Sozialismus sein, sondern Kirche für die Bürger in der DDR, die in einer sozialistischen Gesellschaft mit ungekränktem Gewissen Christen sein und bleiben wollen."[71]

Der Magdeburger Landesbischof W. Krusche sagte im November 1969 vor der Synode der Kirchenprovinz Sachsen:

„Überschaut man Weg und Verhalten der Kirche in diesen 20 Jahren, so wird man sagen dürfen, daß sie sich zu keinem Zeitpunkt als Kirche gegen den sozialistischen Staat, sondern immer als Kirche im sozialistischen Staat gewußt, daß sie sich also an Römer 13 gehalten hat."[72]

In den Dokumenten der Bundessynode in Potsdam-Hermannswerder vom Juni 1970 findet sich die Formulierung:

„Der Bund wird sich als eine Zeugnis- und Dienstgemeinschaft von Kirchen in der sozialistischen Gesellschaft der DDR bewähren müssen."[73]

In Eisenach hatte man 1971 von der „so geprägten Gesellschaft" gesprochen[74].

Die Formulierung der auf Eisenach folgenden Bundessynode in Dresden 1972 kam der Kurzformel schon recht nahe, verwendete sie aber ebenfalls nicht:

„Der Bund ist der sozialistischen Wirklichkeit der DDR in großer Offenheit gegenübergetreten [...]. Bei all ihrer Offenheit will Kirche aber auch im Sozialismus Kirche bleiben, eine Gemeinschaft von Christen in einer sozialistischen Umwelt, Christen, die ihres Glaubens leben und ihrem Herrn nachfolgen und so ihren Weg finden zum Besten ihres Volkes."[75] „Die Kirchen des Bundes [...] wollen auch im Sozialismus Kirche ihres Herrn bleiben."[76]

Die als Umwelt der Kirche zu identifizierende Größe und damit der Gegenstand ihrer Außenkommunikation wurde also in zunehmender Abstraktion bestimmt. Ging es bei Mitzenheim noch konkret um Menschen, so ist im Verlauf der Diskussion erst von „Staat", dann von „Gesellschaft"[77], schließlich von „Sozialismus" die Rede[78]. Entscheidend war dabei, daß der Kirchenbund die sich allen Versuchen konkreter, verbindlicher Näherbestimmung entziehenden Größe „Sozialismus" in die Formulierung ihrer „Standortbestimmung" aufnahm. Die Vokabel

---

[71] Zit. n. KJB 95, 1968, 171–173 (Dok 1968/3).
[72] Zit. n. KJB 96, 1969, 168f. (Dok 1969/2). Der Bezug auf den Staat erklärt sich hier allerdings aus dem Anlaß des Referates, nämlich der 20. Jahrestag der Gründung der DDR.
[73] Zit. n. KJB 97, 1970, 301 (Dok 1970/2).
[74] Dok 1971/2.
[75] Zit. n. KJB 99, 172, 272 (Dok 1972/3).
[76] Zit. n. KJB 99, 1972, 294 (Dok 1972/4).
[77] Damit soll nicht gesagt sein, daß die jeweils konkreteren Bestimmungen damit vergessen gewesen wären! So war auch in Potsdam 1970 davon die Rede, daß „Er uns an den Menschen weist" und daß „Christus [...] uns in die Verantwortung [...] für den Staat" stellt (Dok 1970/1). Ebenso war auch in Eisenach als Aufgabe der Kirche bestimmt worden, „den Christen zu helfen, den Platz in ihrem Staat zu finden, an dem sie ihre Mitverantwortung in der Weise wahrnehmen können, zu der sie Zeugnis und Dienst des Evangeliums verpflichten", sowie „an dem Gespräch teilzunehmen, das der Staat mit seinen Bürgern über die Gestaltung der gemeinsamen Zukunft führt" (Dok 1971/2).
[78] Dresden 1972 und Schwerin 1973. Das in Anm. 77 einschränkend Gesagte gilt auch hier, vgl. Dok 1972/3.4; 1973/1.

„Sozialismus" war ein propagandistischer Zentralbegriff der SED-Agitation mit einer immensen Legitimationsfunktion. Sie konnte, nach der Analyse R. Schröders[79], sowohl zur Beschreibung des damals gegenwärtigen Gesellschaftszustandes gebraucht werden als auch ein ordnungspolitisches Konzept bezeichnen, wobei es in letzterem Falle unmöglich war, zwischen den Zielen dieses Konzeptes und den Mitteln, diese Ziele zu erreichen, zu differenzieren. Damit wurde jeder Diskurs über die Frage der Angemessenheit der Mittel zur Erreichung dieses Zieles unmöglich gemacht. Der Grund dafür liegt darin, daß aufgrund der propagandistischen Identifizierung von „Sozialismus" mit „Frieden" und „Humanismus" das Verhältnis zu jenem zu einer Bekenntnisfrage stilisiert worden war[80]. Dadurch waren politische Fragen (eben z.B. die nach einer angemessenen Zweck-Mittel-Relation), anstatt diskursiv und nach zweckrationalen Gesichtspunkten entschieden zu werden, auf suggestive Weise zu Bekenntnisfragen erhoben worden.

Doch der Gebrauch des Begriffes „Sozialismus" verunklarte nicht nur die politische Zweck-Mittel-Relation, sondern darüber hinaus auch die Frage nach den Subjekten politischen Handelns. Darauf hat wiederum R. Schröder hingewiesen, der in seiner Interpretation der Burgscheidunger Rede Seigewassers[81] schreibt:

> „Nach Seigewasser hat oder betreibt der Sozialismus eine humanistische Staatspolitik. ‚Sozialismus' kann nun – wie oben gezeigt – unterschiedlich verstanden werden; wie auch immer: Nichts dergleichen betreibt Politik. Denn handeln können nur Personen, natürliche und juristische. Die klar beschreibbaren Unterschiede zwischen Gesellschaft, Staat, Regierung, Partei einerseits, Gesellschaftszustand und gesellschaftspolitischem Programm andererseits verschwimmen hier. ‚Sozialismus' wird zum Pseudosubjekt, und das ist Pseudometaphysik. Pseudosubjekte aber legitimieren oft Verantwortungslosigkeit. Denn ‚den Sozialismus' kann zweifellos niemand zur Verantwortung ziehen."[82]

Mit der Formulierung „Kirche im Sozialismus" vollzog die Kirche also – ob reflektiert oder nicht – den Anschluß an die marxistische Redeweise vom „Sozialismus" bzw. von der „sozialistischen Gesellschaft" und übernahm damit implizit die marxistischen Auffassungen von Staat, Recht und Gesellschaft, wonach „Gesellschaft" als Bezeichnung der menschlichen Wirklichkeit schlechthin fungierte, Staat und Recht dagegen als Instrumente der herrschenden Klasse, d.h. in der Realität des „real existierenden Sozialismus": der Partei, zur Durchsetzung ihrer Interessen bzw. historischen Ziele erachtet wurden. Diese implizite Verhaftung der „Kirche im Sozialismus" am marxistischen Staatsbegriff erschwerte auch eine kritische Distanz zu dem damit verbundenen poietischen Politikverständnis. Ebenso wird dadurch ersichtlich, warum die Neuorientierung der DDR-Kirchen nach Er-

---

[79] Vgl. R. Schröder, a.a.O., 156–158.
[80] Vgl. die Ausführungen von Staatssekretär H. Seigewasser vor dem 12. Parteitag der CDU im Oktober 1968 in Erfurt: „Der Humanismus [...] fordert zur unbedingten Parteinahme auf, er läßt keine Möglichkeit des Ausweichens vor der Verantwortung zu. Dieser konkrete Humanismus verlangt deshalb das vorbehaltlose ‚Ja' zum Sozialismus in Würdigung der geschichtlichen Tatsache, daß Sozialismus und Frieden identisch sind" (Dok 1968/6).
[81] Dok 1969/5. Vgl. o.
[82] R. Schröder, Nochmals: „Kirche im Sozialismus", in: Ders. 1990, 149–159, 156.

langung ihrer organisatorischen Eigenständigkeit vieldeutig als „Standortbestimmung" und nicht etwa präziser als Neuformulierung des Staat-Kirche-Verhältnisses bezeichnet worden war.

Andererseits lief die Aufnahme der staatlichen Rede von einer kirchlichen
Standortbestimmung „im Sozialismus" in die offizielle kirchliche Semantik deren
Pointe gerade entgegen, indem sie nämlich eine eigenständige Näherbestimmung
des Sozialismusbegriffes und darum auch des konkreten Charakters kirchlicher
Existenz im Sozialismus reklamierte. Damit war gewonnen, daß mit der Rede von
der „Kirche im Sozialismus" einerseits die kirchliche Bereitschaft zu friedlicher Koexistenz mit dem Staat signalisiert werden konnte, andererseits diese Koexistenz
aber nicht den Charakter der reinen Anpassung, also des Bekenntnisses zur jeweils
aktuellen Gestalt der sozialistischen Realexistenz annehmen mußte. Davor schütz-
te die Bedeutungsweite des Sozialismusbegriffs und die daraus folgende Vieldeutigkeit der Formel „Kirche im Sozialismus".

Indem in ihr die Ambivalenz des Sozialismusbegriffes weiterwirkte, war die Formel also ebenfalls stets präzisierender Näherbestimmungen bedürftig. Erst aufgrund solcher eindeutig machenden Präzisierungen wurde ihre Verwendung
dann, je nach deren Inhalt, von der DDR-Führung als politisch positiv oder negativ eingeschätzt. Eine nicht näher bestimmte Verwendung der Formel dagegen
mußte als latent subversiv eingeschätzt werden.

Wenn dies zutrifft, dann erscheint es als wenig wahrscheinlich, daß die Kirche
die Formel auf Druck des Staates verwendet hat. Sie muß wohl eher als eine Vereinfachung der komplizierten Eisenacher Formulierung angesehen werden, die ohne
kontrollierende Reflexion erfolgt ist.

Allerdings dürfte den Kirchenleitungen durchaus bewußt gewesen sein, daß die
Formel gerade aufgrund ihrer Vieldeutigkeit eine eminente politische Funktion erfüllen konnte, da sie als Projektionsfläche für Staat-Kirche-Konzepte von großer inhaltlicher Mannigfaltigkeit geeignet war. Genau diese Variabilität lag im Interesse
des Staates. Denn je weniger er sich auf ein bestimmtes Verhältnis zur Kirche festgelegt sah, desto willkürlicher konnte er sich ihr gegenüber verhalten, was eine Stärkung seiner Kontroll- und Steuerungsmöglichkeiten bedeutete. In Entsprechung
dazu stand die Bereitschaft der Kirche, die inhaltliche Bedeutung der Formel je
nach kirchenpolitischer Großwetterlage zu variieren[83].

Bestand somit die Funktion der Formel in der kirchlichen Semantik darin, die
Bereitschaft der Kirche zur Koexistenz mit dem DDR-Staat zu signalisieren[84], so
läßt sich ihr Inhalt weit weniger präzise angeben. Einige inhaltliche Grundtenden-
zen sind allerdings deutlich: Mit der Formel „Kirche im Sozialismus" war eine bestimmte kirchliche Wahrnehmung ihrer Umwelt und ihrer eigenen, dieser Umwelt zugeordneten Gestalt sowie eine ebenso kontextbezogene Bestimmung ihres
Auftrags verbunden. Diese funktionalen und inhaltlichen Bedeutungen der Formel sind Gegenstand des folgenden zweiten Teiles der Untersuchung.

---

[83] Vgl. Dok 1976/1; 1977/2; 1988/7.
[84] Vgl. Dok 1977/1.

II. Zur Bedeutung der Formel „Kirche im Sozialismus"

A. „Kirche im Sozialismus" als Ortsbestimmung

Die *ekklesiologische Grundfrage*, die die Formel „Kirche im Sozialismus" in ihrer Bedeutung als Ortsbestimmung zu beantworten sucht, lautet: wie verhält sich das christliche Leben zu seiner konkreten Umwelt, in diesem Falle also zu der sich selbst als „sozialistisch" bezeichnenden Gesellschaft der DDR und ihrer politischen Ordnung?

Die Formel „Kirche im Sozialismus" besagt, daß die evangelische Kirche den Staat DDR als Obrigkeit und damit den real existierenden Sozialismus als legitime Form der Machtausübung und Gesellschaftsgestaltung anerkennt. Damit ist ihr zugleich die Verhältnisbestimmung von christlichem Glauben und der marxistisch-leninistischen Ideologie des Sozialismus aufgegeben.

1. Vorbemerkungen

1.1 Ortsbestimmung im Sozialismus

Der Bund Evangelischer Kirchen in der DDR bezeichnete in seiner Ortsbestimmung „Kirche im Sozialismus" seine Umwelt als „Sozialismus". Die entscheidende Schwäche dieser Ortsbestimmung liegt dabei in der terminologischen Ungenauigkeit der Erfassung der Umwelt. Denn der Begriff „Sozialismus" ist keineswegs univok. Diesen Einwand machte bereits 1976 der Ausschuß „Kirche und Gesellschaft" in seiner unveröffentlichten Studie „Überlegungen zu den Fragen der 2. Tagung der 2. Synode des Bundes der Evangelischen Kirchen in der Deutschen Demokratischen Republik" zu den Themen „Wie wird das Evangelium über die Motivation hinaus für das Engagement von Christen im gesellschaftlichen Leben wirksam? Wie ist das Verhältnis des christlichen Glaubens zu Ideologien zu bestimmen?"[1] geltend. Die Studie möchte „Sozialismus als gesellschaftliche Wirklichkeit und als Ideologie" unterschieden wissen[2]. Dabei besteht die Pointe dieser Unterscheidung darin, daß die Ideologie (verstanden „als die offiziell geltende Deutung der geschichtlich-gesellschaftlichen Situation, als ökonomisch-politische Strategie, als ethische Zielsetzung und humanistische Sinngebung"[3]) entgegen ihrem

---

[1] Im Folgenden zitiert als: KuG 1976.
[2] KuG 1976, 5.
[3] A.a.O., 6.

Selbstverständnis als ein „zwar [...] entscheidender, aber doch nur *ein* Faktor in der gesellschaftlichen Wirklichkeit"[4] angesehen werden muß. Dieser Sachverhalt sei sowohl in empirischer als auch in theologischer Hinsicht geltend zu machen. Schon die empirisch wahrnehmbare Interdependenz von ideologischer und politisch-gesellschaftlicher Entwicklung verbiete es, so die Autoren der Studie, beide Größen aufeinander zu reduzieren. Eine auf die Ideologie fixierte Sicht der gesellschaftlichen Wirklichkeit würde diese also gerade verfehlen. Noch deutlicher müsse die Unterscheidung aus theologischer Perspektive ausfallen, wonach der geschichtliche Prozeß der gesellschaftlichen Wirklichkeit als durch das Schöpferhandeln Gottes konstituiert und durch sein Erlösungswerk in Jesu Christi Kreuz und Auferstehung als zum Heil bestimmt zu denken sei. Die *so* verstandene gesellschaftliche Wirklichkeit des Sozialismus müsse dann aber von ihrer marxistisch-leninistischen Ideologie sorgfältig unterschieden werden.

Legt man diese wichtige Differenzierung[5] zugrunde, dann kann sich „Kirche im Sozialismus" nur auf den real existierenden Sozialismus als Bezugsrahmen kirchlicher Auftragserfüllung beziehen. *Aufgrund* dieser so verstandenen Ortsbestimmung muß es dann allerdings auch zu einer Verhältnisbestimmung von christlichem Glauben und der marxistisch-leninistischen Ideologie des Sozialismus kommen.

Auf der Seite des Sozialismus als real existierender Gesellschaftsform müßte dann eine weitere Differenzierung in sozialistischen Staat, sozialistische Partei und sozialistische Gesellschaft erfolgen, eine Unterscheidung, die allerdings von der sozialistischen Ideologie gezielt verwischt und von der Partei z.T. auch real aufgehoben worden ist.

Einer der Mängel der theologischen Identifizierung und Orientierung der Kirche in der DDR bestand darin, daß die genannten Differenzierungen im Großen und Ganzen nicht hinreichend zur Geltung gekommen sind. Dies hat seinen Grund in der historischen Genese der kirchlichen Ortsbestimmung, die in ihren grundsätzlichen Entscheidungen mit dem Ende des Obrigkeitsstreites im Jahr 1960 feststand und die ihre wesentliche Ausrichtung damit in einer Zeit bekommen hatte, die durch eine starke Tendenz zur Entdifferenzierung gekennzeichnet war.

1.2 Ortsbestimmung „im Sinne echter Anwesenheit"

Ein Verständnis der Formel „Kirche im Sozialismus" als Ortsbestimmung in räumlicher Hinsicht wäre sinnlos. Dies erweist sich schon bei einem Blick auf ihre ursprüngliche Gestalt in der Formulierung von Eisenach 1971. Eine Kirche „neben" dem Sozialismus ist räumlich überhaupt nicht denkbar, erst recht keine Kir-

---

[4] Ebd. Herv. i. O.
[5] Vgl. dazu auch R. Schröder, Was kann „Kirche im Sozialismus" sinnvoll heißen?, in: Ders. 1990, 49–54.

che „gegen" den Sozialismus. Wenn aber die nach allgemeinem Verständnis zur Erläuterung der Kurzformel „Kirche im Sozialismus" dienenden negativen präpositionalen Bestimmungen keinen räumlichen Sinn haben können, kann die Formel auch nicht räumlich interpretiert werden.

Hinzu kommt, daß bei einer räumlichen Interpretation der als Ortsbestimmung verstandenen Formel notwendig auch der Begriff *Sozialismus* topographisch verstanden werden müßte. Auch hier tauchen Schwierigkeiten auf, denn *Sozialismus* bezeichnet nicht in erster Linie einen räumlich erfaßbaren Sachverhalt. Doch immerhin ist es möglich, den Begriff in diesem Sinne zu interpretieren. Dann freilich umfaßte er (in der Phase vom Kriegsende bis 1989/90) die Sowjetunion sowie alle anderen sozialistischen Staaten weltweit in ihrer Gesamtheit. Sollte die Formel „Kirche im Sozialismus" als Ortsbestimmung der Evangelischen Kirchen in der DDR im räumlichen Sinn gelten, müßte also präziser formuliert werden.

Es bleibt daher allein die Möglichkeit, die Formel im übertragenen Sinne als Ortsbestimmung aufzufassen, nämlich „im Sinne echter Anwesenheit"[6]. Die Entscheidung, die einem solchen Selbstverständnis der Kirchen in der DDR zugrunde lag, ist bereits mehr als ein Jahrzehnt vor Eisenach 1971 gefallen.

Wenn die Formel „Kirche im Sozialismus" in ihrer Interpretation als Ortsbestimmung folglich im übertragenen „Sinne echter Anwesenheit" gebraucht worden war, dann heißt das: es bestand (auf kirchlicher oder auf staatlicher oder auf beiden Seiten) offensichtlich Bedarf an der Klärung des Grades der „Echtheit" der kirchlichen Anwesenheit innerhalb der Gesellschaft der DDR. In der Tat war der seit dem März 1952 von der DDR-Staatsführung mit zunehmender Dringlichkeit gegen die DDR-Kirchen erhobene Vorwurf einer einseitigen Westorientierung[7] ja nicht aus der Luft gegriffen. Günter Jacob beschrieb 1966 die „politische[] Mentalität, die in den fünfziger Jahren in unseren Kirchengemeinden, und zwar nicht nur in der älteren Generation, weithin als untergründige Stimmung herrschte", so:

> „Wer aus Gründen, die jetzt nicht analysiert werden können, auf einen Tag X als auf das dramatische Ende aller Nöte hoffte, erwartete zugleich ein Ende aller Schrumpfungen und Bedrängnisse, in denen er als Christ mit der Kirche stand. Er rechnete für eine baldige Zukunft nach Beendigung der Episode und des Provisoriums mit einer Wiederherstellung der öffentlichen Vorrangstellung der Kirche und der Privilegierung der Christen im Stil der bundesrepublikanischen Restauration. Inzwischen mußte man überwintern und sich in einer hinhaltenden Verteidigung bewähren, um tapfer den Raum der Kirche gegen Angriffe aus einer Welt des Atheismus abzusichern. Wenn man durch seine kirchliche und politische Haltung in Gefahr kam, so verblieb noch immer die Möglichkeit des Absprungs in Richtung Westen. In dieser Zeit gingen in unseren Kirchengemeinden Entsatzhoffnungen und Durchhalteparolen um, die eine an die Wurzeln greifende Besinnung auf den Auftrag der Christen in der Begegnung mit der sozialistischen Gesellschaft und in der Stunde der Her-

---

[6] A. SCHÖNHERR, Christsein in der DDR, 1977, 18 (Dok 1977/3). Im Gegensatz zu den hier angestellten Überlegungen ist Schönherr allerdings durchaus der Meinung, man könne die Formel „Kirche im Sozialismus" auch „rein räumlich verstehen", das sei bloß „zu wenig" (ebd.).

[7] S. o. Kap I.C/1.

ausforderung durch die Religionskritik des Marxismus-Leninismus verhängnisvoll blockierte."[8]

Johannes Hamel, ein anderer Zeitzeuge, fragte im Rückblick:

> „War nicht die Haltung der Kirchen und vieler ihrer Glieder weithin von der Überzeugung bestimmt, daß die ‚Wiedervereinigung' nicht mehr lange auf sich warten lassen werde? [...] Konnte daher die Regierung der DDR die Wahrnehmung der gesellschaftlichen Verantwortung durch die Kirchen eigentlich anders verstehen als Parteinahme für die BRD gegen die DDR?"[9]

Doch bereits nach der deutlichen Stabilisierung der deutschen Teilung in der Mitte der fünfziger Jahre schien diese „Überwinterungstaktik" nicht länger sinnvoll zu sein. Eine klare Verhältnisbestimmung zwischen der Kirche und dem Staat DDR wurde als überfällig empfunden. Erste Ansätze lagen in Form der „Theologischen Erklärung" vom Juni 1956[10] und im Kommuniqué vom 21.Juli 1958[11] vor. Die besondere Schwierigkeit lag dabei in dem von SED und CDU kategorisch ausgesprochenen Ausschluß „ideologische[r] Koexistenz"[12]. Die Kirche sah darin einen Verstoß gegen den in der Verfassung verankerten Grundsatz der Glaubens- und Gewissensfreiheit. Nachdem die DDR in dem genannten Kommuniqué die entsprechenden verfassungsrechtlichen Bestimmungen bekräftigt hatte, war die weitere Entwicklung im Gefolge des V. SED-Parteitages (10.-16. Juli 1958) durch zwei Faktoren gekennzeichnet:

1. Der SED gelang eine stärkere ideologische Bindung des Staates und des gesamten öffentlichen Lebens,
2. die neue kirchenpolitische Linie der Partei zielte nicht mehr auf den Konflikt weltanschaulicher Überzeugungen, sondern auf praktische Kooperation bei Hintanstellung der ideologischen Gegensätze.

Mit der Frage nach einer theologisch verantworteten Verhältnisbestimmung von Kirche und Staat in der DDR war damit untrennbar die Frage nach dem Verhältnis von gesellschaftlicher Mitarbeit der Christen am „Aufbau des Sozialismus" und dem Problem des immer deutlicher werdenden ideologischen Anspruchs des Staates verbunden. Diese Diskussion um die politische Ethik fand im „Obrigkeitsstreit" 1959/60 ihren Höhepunkt und mit dem Bau der Mauer im August 1961 ihren jähen Abbruch.

---

[8] G. JACOB, Christen ohne Privilegien. Möglichkeiten des Christseins in der sozialistischen Gesellschaft, in: KJB 94, 1967, 308–311, 309.

[9] J. HAMEL, Wahrnehmung gesellschaftlicher Verantwortung durch die evangelischen Kirchen in Deutschland – ein Rückblick, in: A. BURGSMÜLLER (Hg.), Zum politischen Auftrag der christlichen Gemeinde (Barmen II). Votum des Theologischen Ausschusses der Evangelischen Kirche der Union, Gütersloh 1974, 19–33, 25.

[10] Dok 1956/1.

[11] Dok 1958/4.

[12] Vgl. Dok 1957/3.4.

2. Otto Dibelius: Der totale Staat kann nicht Obrigkeit sein.

2.1 Die politische Ekklesiologie Otto Dibelius'

Die von Otto Dibelius[13] Zeit seines Lebens vertretene Verhältnisbestimmung von Staat und Kirche geht auf ein Staatsverständnis zurück, das seine Wurzeln im Denken des Deutschen Idealismus hat. Hier hatte man sich nostalgisch-programmatisch an das umfassende Verständnis des Staates in der griechischen Antike erinnert: verstanden als „Totalität des geistigen, kulturellen und religiösen Lebens" hatte die Polis nicht nur für Recht und Frieden zu sorgen, sondern sich auch dem Wahren, Guten und Schönen zuzuwenden und die Bürger zur Tugend zu erziehen[14]. In dieser Tradition stehend sah etwa Wilhelm von Humboldt „im Staat den Erzieher des Volkes, meinte durch ihn Gesinnungen pflanzen zu können"[15].

Die protestantisch-konservative Staatsphilosophie des 19. Jahrhunderts nahm den Gedanken des Staates als Erziehungsanstalt auf, betonte dabei aber als Bedingung der Möglichkeit der Ausübung dieser Funktion seine religiöse Fundierung[16]. Dem im Christentum gegründeten Staatswesen entsprach dann „eine grundsätzlich staatsloyale, ja obrigkeitshörige Kirche."[17] Dibelius war in dieser Tradition aufgewachsen[18] und ist ihr, gerade auch in seinen wichtigen kirchenpolitischen Entscheidungen, immer treu geblieben.

Nach dem 1. Weltkrieg hatte sich eine grundlegend neue Situation ergeben: Der nunmehr weltanschaulich neutrale Staat konnte nicht mehr als „christliche Obrigkeit" angesehen werden[19]. Das aber bedeutete für Dibelius, daß die Kirche ihn in seiner Funktion als Hüter der christlichen Gesellschaftsordnung beerbte. Die Kirche war nun gefordert, „die christliche Kultur des Abendlandes [zu] schirme[n], nachdem kein Staat sie mehr schirmen will"[20]. Der Verlust des christlichen

---

[13] OTTO DIBELIUS wurde 1880 in Berlin geboren. Seit 1921 war der Pfarrer und promovierte Theologe Mitglied des Evangelischen Oberkirchenrats Berlin, seit 1925 Generalsuperintendent der Kurmark, bis ihn 1933 die Nationalsozialisten aus allen Ämtern entfernten. Fortan arbeitete Dibelius mit KURT SCHARF in der Widerstandsleitung der BK zusammen. 1945 war er als Bischof der Evangelischen Kirche in Berlin-Brandenburg maßgeblich für den restaurativen Charakter des kirchlichen Wiederaufbaus verantwortlich (vgl. J. J. SEIDEL, „Neubeginn" in der Kirche?, Göttingen 1989, 101–110.195–205). Neben dem Bischofsamt, das er bis 1966 innehatte, war er von 1949 bis 1961 Vorsitzender des Rates der EKD sowie von 1954–1960 Präsident des ÖRK.
[14] R. SCHRÖDER, Was heißt „... für Recht und Frieden sorgen" heute?, in: ZdialTh 7, 1991, 145–164, 151.
[15] P. BERGLAR, Wilhelm von Humboldt, Reinbek ³1979, 86. Vgl. a.a.O., 126.
[16] So etwa bei JULIUS STAHL, vgl. K. KUPISCH, Art. „Stahl, Friedrich Julius", in: RGG 6, ³1962, 327; G. HORNIG, Lehre und Bekenntnis im Protestantismus, in: HDThG III, 71–287, bes. 184–188.
[17] K. SCHOLDER, Otto Dibelius (1880–1980), in: ZThK 78, 1981, 90–104, 90.
[18] Dibelius war „von Hause aus ein preußischer Konservativer [...]. Er war aufgewachsen [...] in einer Kirche, die [...] im preußischen Königshaus beides, ihre weltliche und ihre geistliche Obrigkeit sah" (K. SCHOLDER, a.a.O., 91).
[19] „Und diese christliche Obrigkeit ist heute eben *nicht* mehr da!" (O. DIBELIUS, Die Verantwortung der Kirche. Eine Antwort an Karl Barth, Berlin 1931, 11; Herv. i. O.).
[20] O. DIBELIUS, Nachspiel, Berlin 1928, 25. Sein vehementes Eintreten für das Engagement der Kirche in Angelegenheiten, die gemäß der lutherischen Zweireichelehre zum Aufgabenbe-

Staates kam für Dibelius einer „Entseelung des Gesamtlebens" gleich[21]: „Das Leben der Gesamtheit weiß kaum mehr etwas" vom christlichen Glauben[22]. Für die Kirche mußte das heißen:

> „Diese Schicksalsgemeinschaft dem Willen Jesu zu unterwerfen, ist unsere Aufgabe, die ebenbürtig neben die Missionsaufgabe an den Einzelnen tritt.[23] [...] Den Einzelnen gewinnen – gewiß! Aber dann doch die gewonnenen Einzelnen zusammenfassen, daß sie etwas verwirklichen, was als Abbild des künftigen Gottesreiches wirksam wird. [...] Das Volk – das ist die Aufgabe!"[24]

In diesem Zusammenhang ist es für das Verständnis der von Dibelius vorgenommenen Verhältnisbestimmung von Staat und Kirche entscheidend zu sehen, wie die Ekklesiologie bei ihm in der Gotteslehre gründet[25]. Der zentrale Begriff in Dibelius' theologischem Denken ist das Reich Gottes. Es ist mit seiner göttlichen Wirklichkeit im Christusereignis in die Welt eingetreten, um sich hier immer mehr zu entfalten und die Welt so zu durchdringen. Die Aufgabe der Kirche besteht darin, das Gottesreich und damit Gottes ewiges Wesen in der Welt zu verwirklichen, konkreter: die Gesinnungen des ewigen Gottesreiches zur Wirklichkeit zu machen. Das Mittel dafür ist die *Tat* und da, wo Widerstand auftritt, der *Kampf*[26].

Dem säkularen Staat kann eine Mitwirkung bei dieser Aufgabe jedenfalls nicht zugetraut werden. Ihn kann Dibelius ohnehin nur als Machtstaat begreifen, der ganz und gar außerstande ist, sich ein Ziel außerhalb seiner selbst zu setzen und der daher „alles, was er anfaßt, in Instrumente seiner Macht verwandelt"[27]. Es ist daher für eine politische Ethik grundlegend, das Handeln des Staates auf die *Verwaltung* und *Verteidigung* der „Lebenskräfte des Volkes" zu beschränken, von ihrer *Gestaltung* und *Zielsetzung* dagegen fernzuhalten[28].

---

reich des Staates gehörten, verteidigte Dibelius 1931 gegen die Angriffe K. Barths so: Da eine christliche Obrigkeit nun nicht mehr da sei, die die weltlichen Anliegen der Kirche verwirklicht, so z.B. christliche Schulen einrichtet, die Kirche gegen äußere Feinde (früher die Türken, heute die Bolschewiken) verteidigt, darum müsse die Kirche „aus christlicher Liebe [...] tun, was ihr als Kirche eigentlich zu tun nicht zusteht" (O. DIBELIUS, Die Verantwortung der Kirche, 1931, 13). Denn: „Die Liebe steht über der theologischen Theorie" (a.a.O., 12). Der Universität Marburg galt Dibelius darum als „Wahrer der christlichen Kultur des Abendlandes" (so im Text der juristischen Ehrendoktorurkunde vom 15.5.1949, zit. n. W.-D. ZIMMERMANN, Otto Dibelius, in: M. GRESCHAT (Hg.), Gestalten der Kirchengeschichte, Bd.10,1: Die neueste Zeit III, Stuttgart u.a. 1985, 302–317, 302).

[21] O. DIBELIUS, Das Jahrhundert der Kirche. Geschichte, Betrachtung, Umschau und Ziele, Berlin (1926) [6]1928, 125.
[22] Ebd.
[23] A.a.O., 128.
[24] A.a.O., 129.
[25] Darauf weist mit Nachdruck hin: W. KRÖTKE, Gottes Herrlichkeit und die Kirche. Zum Gottesverständnis der Auseinandersetzung zwischen Karl Barth und Otto Dibelius, in: KZG 2, 1989, 437–450, dem sich das Nachfolgende auch verdankt. Krötke orientiert sich bei seiner Darstellung an der „theologischsten" der Schriften Dibelius', dem „Nachtgespräch".
[26] Vgl. O. DIBELIUS, Die Verantwortung der Kirche, 1931, 25.
[27] O. DIBELIUS, Volk, Staat und Wirtschaft aus christlichem Verantwortungsbewußtsein. Ein Wort der Kirche, Berlin 1947, 32.
[28] Vgl.O. DIBELIUS, Das Jahrhundert der Kirche, [6]1928, 232–241; DERS., Volk, 1947, 28.

Die für jede Gesellschaft konstitutive „tragende Mitte"[29] kann der säkulare Staat also nicht gewährleisten, selbst wenn er es wollte[30]. Jede andere „tragende Mitte" als Gott führt notwendig zum sittlichen Verfall, welcher unweigerlich den „Untergang des Abendlandes"[31] nach sich zieht. Als Beleg für diese These und zugleich als Höhepunkt dieser Entwicklung gilt der Nationalsozialismus.

In einem säkularen, weltanschaulich neutralen Staatswesen muß also die Kirche *die* Funktion der vormals „christlichen Obrigkeit" mit übernehmen, die darin besteht, die gesellschaftlich lebensnotwendige Sittlichkeit zu pflegen und aufrechtzuerhalten[32]. Ziel ist dabei die „Durchchristlichung" der Kultur[33], „die Königsherrschaft Jesu in den Herzen der Menschen"[34], „eine durchdringende Entsäkularisierung unseres gesamten Lebens"[35], konkret etwa eine „Wirtschaftsführung in christlicher Verantwortung"[36] oder „eine Rechtsprechung [...], die sich ausdrücklich auf die Gebote Gottes gründet und damit dem Recht wieder seine Heiligkeit gibt."[37] Um diese ihre Funktion der religiös-normativen Fundierung der Gesellschaft ausüben zu können, muß die Kirche unabhängig vom Staat sein und über einen ungehinderten Einfluß auf das öffentliche Leben verfügen. Werden ihr diese Voraussetzungen nicht freiwillig gewährt, erhebt gar der säkulare Staat seinerseits Anspruch auf Ausbildung und Durchsetzung einer normativen Grundlegung der Gesellschaft, dann muß es zum Kampf kommen[38].

2.2 Der ekklesiologische Kontext der Nachkriegszeit

Auf dieser theologischen Grundlage hatte Dibelius nach dem Kriege seinen Kurs der Restauration der „Volkskirche" zusammen mit den Kräften der „Mitte"

---

[29] O. DIBELIUS, Volk, 1947, 16.
[30] Vgl. die Bewertung des Kommunismus in O. DIBELIUS, Das Jahrhundert der Kirche, 61928, 198.
[31] O. DIBELIUS, Volk, 1947, 17.
[32] Angesichts der (neuen) Weltlichkeit des Staates und des gesellschaftlichen Lebens in der Weimarer Republik hatte Dibelius 1926 ausgerufen: „Wahrhaftig, es ist höchste Zeit, daß jemand mit starker Hand das Steuer ergreift, daß er an die neugewordenen Verhältnisse den Maßstab einer absoluten Sittlichkeit anlegt und den Menschen wieder zum Bewußtsein bringt, was gut und böse ist" (O. DIBELIUS, Das Jahrhundert der Kirche, 61928, 227).
[33] A.a.O., 131.
[34] A.a.O., 231.
[35] O. DIBELIUS, Volk, 1947, 18.
[36] A.a.O., 39.
[37] A.a.O., 20.
[38] Vgl. neben O. DIBELIUS, Das Jahrhundert der Kirche, 61928, 198; DERS., Die Verantwortung der Kirche, 1931, 25; DERS., Volk, 1947, 23–32, eine Passage aus dem deutschen Text-Entwurf eines Schreibens Dibelius' an den Präsidenten der USA-Kirchenrates vom Juli 1949, wo er die Situation der evang. Kirche in der SBZ so beschreibt: „Der große Abwehrkampf, den die Zivilisation des Westens gegenwärtig gegen das Vordringen des Bolschewismus führt, ist [...] der entscheidende Inhalt des gegenwärtigen Weltgeschehens [...]. Wenn ihm nicht andere geistige Mächte siegreich entgegentreten, dann wird Europa [...] eines Tages der unterirdischen bolschewistischen Propaganda unterliegen. Es gibt aber nur eine einzige Macht, der diese überwindende Kraft geschenkt werden kann: das ist die christliche Kirche" (zit. n. W.-D. ZIMMERMANN, Otto Dibelius, a.a.O., 311).

und gegen den Widerstand der BK durchgesetzt[39]. Er ging konform mit der damals aufgrund der historischen Situation vorherrschenden „Vorstellung einer ‚Dyarchie' von Staat und Kirche"[40]. Demnach hatte

> „[d]ie politische Funktion der Volkskirche [...] in der Nachkriegszeit vorwiegend stabilisierenden und legitimierenden Charakter. Sie vermittelte Wertvorstellungen, auf denen eine politische Ordnung erneut aufgebaut werden konnte; sie verbürgte sich für die Legitimität dieser neuen Ordnung. Diese Funktion beruhte darauf, daß der Kirche eine gesellschaftliche Sonderstellung zuerkannt wurde. Staat und Kirche wurden als hoheitliche Mächte anerkannt, die über der Gesellschaft stehen und gegenüber den partikularen gesellschaftlichen Interessen das Gemeinwohl zu vertreten haben."[41]

Diese „temporäre Stellvertreterrolle" kam der Kirche aufgrund der Tatsache zu, daß sie als einzige Institution den Zusammenbruch des Dritten Reiches halbwegs intakt überlebt hatte, und maß ihr kurzfristig eine hohe „gesellschaftliche[], sozial-organisatorische[] und (teil-) politische[] Bedeutung" zu, was die Geltungsansprüche kirchlicher Normgebung und Wegweisung nachhaltig stärkte und ihr gesellschaftliches Selbstbewußtsein enorm ansteigen ließ[42].

Der so in den Kirchen in Ost und West gleichermaßen weit verbreitete Gedanke, die neu zu gestaltende Gesellschaftsordnung auf der Grundlage christlicher Maßstäbe und Wertvorstellungen aufzubauen, verdankte sich einer geschichtstheologischen Analyse der Katastrophe des Nationalsozialismus, die diesen als Folge eines Abfalls der Menschen von Gott deutete und als Konsequenz die Forderung nach verstärkten Anstrengungen zu einer neuen Verchristlichung des Volkes erhob, was in ekklesiologischer Hinsicht nichts anderes hieß, als daß die kirchliche Lehre und Sitte wieder alle persönlichen und gesellschaftlichen Lebensbereiche durchdringen und bestimmen müsse[43].

Dieses Programm einer Gesellschaftsordnung auf christlichem „Fundament" hatte auch in der SBZ/DDR eine denkbar breite Basis und war in den ersten Nachkriegsjahren auch bei kirchenpolitischen Gegnern Dibelius' verbreitet. So verwandte auch der den Restaurationskurs vehement bekämpfende[44] Günter Jacob in überraschender Weise Gedanken und Terminologie von Dibelius[45]. Und

---

[39] Vgl. o. Kap I.B/2.2.

[40] W. HUBER, Kirchen im Konflikt (1974), in: epd-Dok 43/1975, 50–57/55.

[41] Ebd.

[42] K. NOWAK, Christentum in politischer Verantwortung. Zum Protestantismus in der Sowjetischen Besatzungszone (1945–1949), in: KAISER/DOERING-MANTEUFFEL, Christentum und politische Verantwortung. Kirchen im Nachkriegsdeutschland, 1990, 42–62, 44.

[43] K. NOWAK, a.a.O., 44–48. Vgl. W. LÜCK, Das Ende der Nachkriegszeit. Eine Untersuchung zur Funktion des Begriffs der Säkularisierung in der „Kirchentheorie" Westdeutschlands 1945–1965, 1975.

[44] Vgl. G. JACOB, Vom einfältigen Dienst, in: ZdZ 2, 1948, 193–196.

[45] In der für JACOB typischen bildhaft-pathetischen Sprache klang das dann so: „Sind solche Fundamente gegeben, auf denen der Einzelne im Ablauf seines wirklichen Lebens und nicht in einer abseitigen Inselwelt, also in Fabriksaal und Büro, in Werkstatt und Kinderstube und nicht in utopischen Bezirken abstrakten Für-sich-Seins die ihn bedrängenden Fluten zurückwerfen und bändigen, sein Tagewerk in einem universalen Sinne verwurzeln, seine Stunden festen Rhythmen im Ablauf des Tages einordnen, sein persönliches Leben mit allen Nöten und Ängsten der

F.-W. Krummacher konnte sich im selben Zusammenhang gegen eine „Restauration" der „morsche[n] Gemäuer der Vergangenheit" aussprechen, „die säkularisierten Volkskirchen alten Stils in den Staub sinken" sehen und zugleich fordern:

> „es gilt im öffentlichen Leben des Volkes die unverrückbare Geltung der zehn Gebote als der sittlichen Grundlage menschlicher Gemeinschaft festzuhalten;"[46]

Reinhold G. Quaatz, Dozent für Soziologie an der Kirchlichen Hochschule Berlin, sah die Notwendigkeit, das Liebesgebot als „Seinsgrund" der Gesellschaft zu etablieren und erkannte die Aufgabe des „Lehramt[es] der Kirche" darin,

> „die gottgewollte Ordnung immer wieder von menschlichen Verdunkelungen und Entstellungen zu reinigen, der Welt zum Selbstverständnis von Christus her zu helfen."[47]

Der Greifswalder Bischof von Scheven formulierte als Aufgabe der Kirchenleitung:

> „Sie soll Mittel und Wege suchen, das gesamte Volksleben mit den Kräften des Evangeliums zu durchdringen [...], sie soll [...] sich unerschrocken für die Geltung der Gebote Gottes im öffentlichen Leben einsetzen."[48]

Voten für eine christlich fundierte *sozialistische* Gesellschaftsordnung waren insgesamt in der SBZ weit verbreitet[49].

2.3 „Obrigkeit?"

Dibelius' Weigerung, den modernen Staat theologisch als „Obrigkeit" zu qualifizieren, gründete in seinem bereits oben kurz skizzierten Staatsverständnis, mit dem er sich in der Tradition des Neuluthertums befand. Als Kriterien des Obrigkeitsbegriffs entwickelte er in einer 1959 verfaßten Schrift unter Berufung auf Lu-

---

schmerzhaften Vereinzelung entreißen und in einen ewigen Bau einfügen kann? Dieses Fundament ist die *Kirche* selbst, die Kirche als lebendiger, Völker und Jahrhunderte umspannender Organismus, die Kirche als ‚Leib Christi', die Kirche als der in der Verhüllung und Verborgenheit fortwirkende und gegenwärtige Christus. [...] So müssen wir wieder die *Ecclesia Orans*, die durch die Jahrhunderte fortlebende und am Altar betende, fürbittende und anbetende Kirche als die tragende Mitte entdecken und begreifen, daß aus solchen Fundamenten das Chaos gebändigt, die alltägliche Weltwirklichkeit geformt und das wirkliche, leibhaftige Leben heute konkret durchlichtet, begnadet und verwandelt werden kann" (G. JACOB, Vom priesterlichen Dienst, in: ZdZ 1, 1947, 41–47, 45. Herv. i. O.).

[46] F.-W. KRUMMACHER, Vom Auftrag der Kirche in der Welt. Gedanken über den kirchlichen Dienst im Osten Deutschlands, in: ZdZ 1, 1947, 9–15, 15.

[47] R. G. QUAATZ, Zum Thema Kirche und Welt, in: ZdZ 2, 1948, 214–217, 216.

[48] K. v. SCHEVEN, Kirchenleitendes Handeln heute. Grundsätze und Forderungen, in: ZdZ 6, 1952, 180–183, 181.

[49] Vgl. F. HEIDLER, Thesen zur Frage Christentum und Sozialismus, in: ZdZ 2, 1948, 78–81 und M. DOERNE, Demokratie in christlicher Schau, in: ZdZ 2, 1948, 173–176. Die Option für einen „demokratischen" oder „christlichen" Sozialismus als Konsequenz aus der Nazivergangenheit war 1945/46 im Westen wie im Osten Deutschlands weit verbreitet gewesen, gerade auch in der CDU, wie das Ahlener Programm der CDU im Westen und der anfängliche CDU-Kurs im Osten unter dem Vorsitzenden JAKOB KAISER und seinem Stellvertreter ERNST LEMMER zeigte.

ther Autorität, unter Berufung auf Paulus Zweckgerichtetheit auf das Allgemein-
wohl und unter Berufung auf Augustin Recht. Nur wo alle drei Kriterien erfüllt
seien, könne von Obrigkeit die Rede sein. Einer modernen Parteiendemokratie
gehe aufgrund der Abwählbarkeit der Machthaber die rechte Autorität ab[50]. Der
totalitäre Staat dagegen erfülle das Kriterium der Zweckgerichtetheit auf das Allge-
meinwohl nicht, da sein Zweck einzig in der Aufrechterhaltung der Macht der
Herrschenden liege. Spreche bereits dies gegen die Legitimität der politischen Ordnung der DDR, so doch auch schließlich die Anwendung des dritten Kriteriums,
welches besagt,

> „daß die Ordnung, die die Machthaber im Auftrag Gottes aufrechterhalten, durch die Ge-
> bote Gottes bestimmt sein muß, bewußt oder unbewußt, daß sie legitime Ordnung sein
> muß, wenn sie respektiert werden soll, und daß die Gebote Gottes allen Menschen ohne Un-
> terschied gelten. Und [...] daß die Gebote Gottes seiner Liebe entspringen und daß sie ir-
> gendwie im Sinne seiner Liebe wirken sollen. ,Dir zugut!‘ Das aber ist es, was der Christ als
> Grundlage alles Rechtes verstehen muß. Dies christlich verstandene Recht ist die Vorausset-
> zung dafür, daß er eine Ordnung als verbindlich anerkennen kann. Nicht danach hat er zu
> fragen, auf welche Weise ein Staat nun einmal da ist. Nicht danach hat er zu fragen, ob die
> Menschen, die in diesem Staat etwas zu sagen haben, rechtschaffene Menschen oder gewis-
> senlose Agitatoren sind. Nicht danach hat er zu fragen, ob die Ordnung, die der Staat auf-
> richtet, gute oder böse Ordnung ist. Aber danach, ob Recht in Geltung ist oder nicht – da-
> nach hat er allerdings zu fragen."[51]

Dibelius kommt zu dem Ergebnis: „die Sache, die das Wort [Obrigkeit] bezeichnete, die gibt es heute in Deutschland nicht mehr"[52].
Der Versuch Dibelius', positive Kriterien für die Legitimation staatlicher Herrschaft herauszuarbeiten und anzuwenden, hätte ein wichtiger und notwendiger
Beitrag für die politische Ethik des Protestantismus in der DDR sein können. Er
stieß allerdings zurecht auf breite Ablehnung, und dies nicht nur „wegen der ins
Maßlose getriebenen Polemik sowohl gegen das SED-Regime wie gegen den demokratisch legitimierten Westberliner Oberbürgermeister Reuter"[53], sondern v.a.
auch wegen dem vordemokratischen Charakter seiner Legitimationskriterien und
der monarchistischen Perspektive seiner positiven ordnungspolitischen Vorstellungen. Denn positiv beschrieb Dibelius das Wort „Obrigkeit" so:

> „das ist ein schönes Wort. In dem Wort ist Seele und Gemüt. Es ist etwas von väterlicher
> Autorität darin [...]. Die Obrigkeit findet man vor, wenn man zur Welt kommt. Man kann
> sie nicht machen, ebensowenig wie man sich einen Vater selber machen kann. Sie steht da,
> von Gott gesetzt. Sie mag von guten oder schlechten Menschen dargestellt werden, von
> Christen oder Türken – sie ist da, und wir müssen uns ihr willig beugen. Und dahinter

---

[50] „Wie [...] kann jemand, auf dessen Sturz ich hinarbeite, für mich Autorität sein?" (O. Dibelius, Obrigkeit? Eine Frage an den 60jährigen Landesbischof, in: KJB 86, 1959, 123–129, 126).
[51] A.a.O., 129.
[52] A.a.O., 125.
[53] K. Nowak, Labile Selbstgewißheit. Über den Wandel des ostdeutschen Protestantismus in
vierzig Jahren DDR, in: F. W. Graf/K. Tanner (Hgg.), Protestantische Identität heute, 1992,
105–115, 107.

steht, durch alles hindurchscheinend, Gottes Wille. ‚Wilhelm, von Gottes Gnaden König von Preußen, Kurfürst von Brandenburg‘ [...], [d]as ist Obrigkeit!"[54]

Am deutlichsten wird allerdings Dibelius‘ Verständnis des Obrigkeitsbegriffes, wenn er ihn negativ bestimmt. In seinem Votum auf der Synode der Evang. Kirche in Berlin-Brandenburg 1960 führte er aus, der Staat, der den Kriterien für Obrigkeit nicht genüge, sei „nur noch als menschliche Institution unter menschlichen Gesichtspunkten zu betrachten."[55] Staatliche Herrschaftsstrukturen seien nicht mehr als von Gott eingesetzte Gewalten anzusehen, „die das Gewissen des Christen verpflichten."[56] Von diesem vormodernen Staatsverständnis muß allerdings ein Verständnis des Staates als demokratisch legitimierter Rechtsstaat, wie es auch z.B. der funktionalen Bestimmung von Barmen V zugrundeliegt, unterschieden werden. Daß dieses nicht „Obrigkeit" (im Sinne Dibelius‘!) ist, sondern „nur" eine „menschliche Institution", kann dann als Konsens gelten. Zum Streit muß es dagegen bei den Folgen dieser Feststellung kommen, da Dibelius einer „nur noch als menschliche Institution" zu betrachtenden Herrschaftsstruktur nicht nur die gewissensbindende, sondern *jede* Gehorsam fordernde Macht über Christen abspricht. Einer nur menschlich legitimierten Herrschaft gegenüber beanspruchen Christen demnach nicht nur Gewissensfreiheit (was bei einer den Namen „Obrigkeit" verdienenden staatlichen Herrschaft gerade nicht der Fall wäre), sondern die Freiheit der allgemeinen anarchischen Gehorsamsverweigerung, mit der Begründung, für Christen könne nur ein auf ein absolutes, „übergeordnete[s] Recht"[57] gegründetes Recht anerkannt werden.

Die andere und entscheidende Schwäche der politischen Ethik, wie sie Dibelius in seiner Obrigkeitsschrift ausgeführt hat, lag in einem theologischen Fehler. Die Anerkennung einer politischen Herrschaft als gute Gabe Gottes ist bei Dibelius kein Glaubensurteil, sondern wird von der Beurteilung ihrer Legitimität abhängig gemacht. Dagegen werden sowohl bei Paulus als auch in der Tradition reformatorischer Theologie bis hin zu Barmen V die politisch Herrschenden genau darum von den von ihnen regierten Christen einer dauernden kritischen Prüfung unterzogen, *weil* sie als institutum Dei *geglaubt* werden.

Darum liegt der eigentliche Schaden der Obrigkeitsschrift von 1959 darin, daß aufgrund des allem zugrundeliegenden und so alle inhaltlichen Aussagen überschattenden theologischen Fehlers auch die richtigen kritischen Beobachtungen, etwa hinsichtlich der rechtsstaatlichen Defizite der DDR, in der Diskussion um die politische Ethik in den Hintergrund geraten waren. Da in der damaligen Debatte die entscheidende Weichenstellung für die „Ortsbestimmung" der Kirche in der sozialistischen Gesellschaft der DDR erfolgt war, war dieses Versäumnis überaus folgenreich[58].

---

[54] A.a.O., 125.
[55] Zit. n. G. KNECHT, Obrigkeit? Überlegungen zu einer immer noch umstrittenen Frage, in: ZdZ 47, 1993, 22–24, 22.
[56] So formuliert G. KNECHT, ebd. in seiner Paraphrase der Obrigkeits-Schrift Dibelius.
[57] A.a.O., 24.
[58] s. o. Kap. 5.

3. Versuche einer konfliktfreien Ortsbestimmung der Kirche in der ideologisierten Gesellschaft

Die Spannung, in der die Kirchenpolitik der SED sich bewegte, bestand darin, daß die Gesamtkirche sowohl aus deutschlandpolitischen[59] wie aus ideologischen Gründen nicht als gesellschaftliche Kraft im Sozialismus akzeptiert werden konnte. Andererseits sah das poietische Politikverständnis der sozialistischen Partei die Mitarbeit *aller* gesellschaftlicher Potentiale an der Verwirklichung der politischen Ziele vor.

Die eine mögliche Lösung dieser Spannung war die Zerschlagung der kirchlichen Organisation bzw. ihre Neutralisierung durch feste Einbindung in das System. Dieser Lösungsansatz, der in der stalinistischen Phase der DDR verfolgt worden war, mußte gegen Ende der fünfziger Jahre als undurchführbar aufgegeben werden. Die andere, nunmehr verfolgte Möglichkeit bestand darin, die kirchliche Organisation zu *ignorieren* und die christliche Bevölkerung als einzelne Bürger anzusprechen und in das System zu integrieren.

Durch diesen Neuansatz bewegte sich der Schwerpunkt der DDR-Religionspolitik weg von der Frage der Staat-Kirche-Beziehung und hin zu dem „Verhältnis von Christen und Marxisten". Dieses Verhältnis, so die neue offizielle Linie, sei nicht auf die „unversöhnliche[n] Gegensätze"[60] im weltanschaulichen Bereich zu reduzieren. Vielmehr schließe die Tatsache der Unmöglichkeit „ideologische[r] Koexistenz" eine Zusammenarbeit von Christen und Marxisten nicht aus[61], da auch unterschiedliche Weltanschauungen in ihren praktischen Auswirkungen und Zielen konvergieren könnten[62]. Auf der Grundlage dieser behaupteten[63] Zielkonvergenz wurde in den sechziger Jahren versucht, die christliche Bevölkerung in den Prozeß des „Aufbaus des Sozialismus" zu integrieren[64].

Dieses Modell der praktischen Koexistenz von Christen und Marxisten wurde innerhalb von Kirche und Theologie auf unterschiedliche Weise aufgegriffen. Da dieser Vorgang sachlich seinen Ort bei der Frage nach dem Auftrag der Kirche hat, wird er dem dieser Frage gewidmeten Kapitel zugeordnet und dort ausführlich behandelt[65]. Ich beschränke mich darum hier auf einige Anmerkungen.

Eine direkte Übernahme des Konvergenzmodells war von seiten des Religiösen Sozialismus erfolgt. Der Leipziger Professor für christliche Ethik und Religionssoziologie Emil Fuchs[66] hatte auf Ulbrichts „Programmatische Erklärung" vom 4. Oktober 1960 mit einer „Stellungnahme" reagiert, die er diesem am 9. Februar

---

[59] Dies galt jedenfalls, solange die gesamtdeutsche Einheit der EKD Bestand hatte.

[60] H. MATERN, Erläuterung der Beschlüsse des 30. Plenums des ZK, 1957, Dok 1957/3. Vgl. Dok 1957/2.

[61] O. NUSCHKE, Vortrag vor Studenten über Probleme der Koexistenz, 1957, Dok 1957/4.

[62] Das klassische Dokument dieses Programms ist die „Programmatische Erklärung" ULBRICHTS vor der Volkskammer am 4. Oktober 1960 (Dok 1960/1).

[63] Sie wurde in der Regel mit leeren Allgemeinbegriffen wie „Humanismus" und „Frieden" begründet.

[64] Vgl. Dok 1964/1; 1966/2; 1967/1; 1967/3.

[65] Vgl. u. Kap. II.C/2.3.2.

[66] S. u. Kap II.C/2.3.2.2.

1961 überbrachte. In ihr wird die Regierungspolitik uneingeschränkt begrüßt
und die Bereitschaft der Christen zur Mitarbeit ausgesprochen. In dem sich daran
anschließenden Gespräch, das bis zum Ende der Ära Ulbricht als ein Meilenstein
in der Entwicklung der Staat-Kirche-Beziehungen gefeiert worden war[67], redu-
zierte Fuchs den christlichen Glauben auf das Gebot der Nächstenliebe, welches er
wiederum in der sozialistischen Gesellschaftsordnung verwirklicht sah, da diese
nicht auf dem Prinzip der Konkurrenz basiere.

Innerhalb der Kirchenleitung galt der damalige Bischof der Evang.-Luth. Kirche in Thüringen, Moritz Mitzenheim, als wichtigster Kronzeuge des Modells
konfliktfreier Koexistenz. Von staatlicher Seite inszenierte Gesprächstermine mit
dem Staatsratsvorsitzenden W. Ulbricht sollten ihn daher als den offiziellen Repräsentanten der evangelischen Christenheit in der DDR in Szene setzen. Umgekehrt war dadurch Mitzenheim eine der wenigen kirchenleitenden Figuren, deren
Wort damals bei der Staats- und Parteiführung noch Gehör fand. Dies ist darum
von Bedeutung, weil seine öffentlich bekundete Bereitschaft zur Kooperation von
Christen und Marxisten keineswegs einer konformistischen Haltung entsprang,
sondern vielmehr die Konsequenz seiner theologischen Überzeugung darstellte,
welche – und hier liegt der Unterschied zu Fuchs deutlich am Tage – mit den reli-
gionspolitischen Vorstellungen der staatlichen Seite keineswegs vollständig dek-
kungsgleich war. Fuchs hatte im Konsens mit Ulbricht die inhaltliche Konvergenz
von Glaube und Sozialismus betont. Im Gegensatz dazu hielt Mitzenheim an der
Unterscheidung, ja Trennung beider fest. Zwischen Staat und Kirche strebte er einen „Ausgleich" an, bei dessen Gestaltung er das Prinzip *do-ut-des* verfolgte. Seine
Zielvorstellung bestand dabei in einer Dyarchie bei klarer Trennung der Kompe-
tenz- und Gestaltungsbereiche. Verbunden sind die beiden Dyarchen durch ihre
identische funktionale Ausrichtung auf das Wohl des Volkes[68]. Dabei ist das – ver-
nunftgeleitete – Handeln des Staates kein Gegenstand kirchlicher Beurteilung.
Ebensowenig verfügt die gesellschaftliche Mitarbeit der Kirche und der einzelnen
Christen zum Wohle der Gesellschaft über eine eigenständige inhaltliche Grundlage. Allerdings muß der Staat seinerseits der Kirche den für ihre Verkündigung „notwendige[n] Raum […] belassen"[69]. Diese Verhältnisbestimmung in der Tradition
der neulutherischen Interpretation der Zweireichelehre hat die Formulierung des
Kommuniqués vom 21. Juli 1958[70] stark geprägt.

Das Prinzip des „Thüringer Weges" bestand also darin, daß die christlichen Bürger aufgrund ihres Glaubens ihre Obrigkeit formal respektieren und ihren staatsbürgerlichen Pflichten auf vorbildliche und treue Weise nachkommen, solange sie

---

[67] Vgl. DOHLE/DROBISCH/HÜTTNER 1967, 38–60.

[68] Vgl. dazu MITZENHEIMS Gesprächsbeitrag bei dem sog. „Wartburggespräch" mit ULBRICHT
am 18. August 1964 (Dok 1964/2).

[69] M. MITZENHEIM, Ansprache anläßlich der Verleihung des Vaterländischen Verdienstordens
in Gold am 16. August 1961 (Dok 1961/1).

[70] „Ihrem Glauben entsprechend erfüllen die Christen ihre staatsbürgerlichen Pflichten auf
der Grundlage der Gesetzlichkeit. Sie respektieren die Entwicklung zum Sozialismus und tragen
zum friedlichen Aufbau des Volkslebens bei" (Dok 1958/4).

nur volle Glaubens- und Gewissensfreiheit genießen und die freie Religionsausübung unter dem Schutz der Republik steht.[71] Je ungestörter die Kirche ihrer Verkündigungsaufgabe nachkommen kann, desto zuverlässiger werden diese „Früchte des Glaubens [...] dem Staate zugute kommen."[72]

Dem die Interessen der Kirche stets im Auge behaltenden „Thüringer Weg" Moritz Mitzenheims stand eine andere ekklesiologische Konzeption mit genau entgegengesetzter Tendenz entgegen. Die Proexistenzekklesiologie versuchte, durch eine mit christologischen Analogiebildungen abgesicherte Verhältnisangabe von Kirche und Welt den Ekklesiozentrismus, den man sowohl im Konfrontationskurs Dibelius' als auch in der Kooperationsbereitschaft Mitzenheims erkannt hatte, zu überwinden. Die Identität der Kirche bestehe einzig in einem ebenso radikalen wie formalen Altruismus, der sich konkret in unkritischem Engagement für den Sozialismus äußere[73].

4. Versuche einer eigenständigen Lokalisierung der Kirche jenseits der politischen Antagonismen

Die später so genannte „Ortsbestimmung" bestand in den Jahren 1956–1960 in dem Lösungsversuch zweier miteinander zusammenhängender Problemkreise: a. die Anerkennung der DDR als „Obrigkeit", d.h. aus der Sicht des Staates die Anerkennung der Rechtmäßigkeit seiner Staatlichkeit durch die Kirche und b. das problematische Verhältnis von Kooperation und Koexistenz von Kirche und Staat bzw. Christen und Marxisten.

4.1 Die Anerkennung der DDR als „Obrigkeit"

Die Schwierigkeit, die einer solchen Anerkennung in erster Linie im Wege stand, schien darin zu bestehen, daß der Staat seinen Sinn darin erblickte, eine „sozialistische" Gesellschaft auf „wissenschaftlicher" Grundlage zu errichten und daß er im Zuge der Verwirklichung dieses Vorhabens zum einen alle „unwissenschaftlichen" Elemente innerhalb der Gesellschaft auszuschalten und diese so zu weltanschaulicher Uniformität zu führen, zum anderen alle gesellschaftlichen Potenzen zur Mitarbeit an dem staatlichen Hauptziel zu verpflichten trachtete. Dies mußte zu einer Existenzbedrohung der Kirchen und zur Benachteiligung und Schikanierung der christlichen (und anderen Religionen anhängenden) Bevölkerung führen. Die Frage, die durch den staatlichen Druck zu Loyalität und Mitarbeit noch verschärft wurde, lautete also: Kann ein weltanschaulich gebundener Staat für Christen als Obrigkeit gelten? Anders ausgedrückt: Woher empfängt diese politische Herrschaft ihre Legitimation? Sollte diese Legitimation einzig aus der von ihr

---

[71] Neben den genannten klassischen Dokumenten vgl. auch MITZENHEIMS Rede auf der Zehnjahrfeier der DDR am 6. Oktober 1959 (Dok 1959/2).
[72] Dok 1961/1.
[73] S. u. Kap. II.C/3.3.2.1.1.

absolut gesetzten und von Christen nicht akzeptierten „wissenschaftlichen Weltanschauung" stammen (so wie sie es selber beansprucht), oder ist sie durch göttliche Einsetzung legitimiert (so wie es der christliche Glaube von jeder politischen Herrschaft unabhängig von ihren eigenen Legitimationsmustern als gewiß annimmt)? Einige Stufen der theologischen Arbeit, die schließlich zur gesamtkirchlichen Durchsetzung dieser zweiten Option führten, seien hier im folgenden dargestellt.

4.1.1 Franz Laus Lutherinterpretation von 1952

In seinem 1952 erschienenen Werk zu „Luthers Lehre von den beiden Reichen" legte Lau[74] nach der Feststellung der „grundsätzliche[n] Verschiedenheit der beiden Reiche"[75] alles Gewicht auf ihre Zusammengehörigkeit: „Beide Reiche sind Reiche Gottes"[76], genauer noch: Beide Reiche sind „Reiche der göttlichen Liebe"[77], ihre Zusammengehörigkeit besteht letztlich darin, „[d]aß *beide* Reiche Gottes Reiche sind und Feld, auf denen sich der *eine* Gott betätigt, der letztlich wohl *ein* Ziel verfolgt"[78].

Dieses theologische Urteil schließt freilich die Möglichkeit des Mißbrauchs sowohl der geistlichen als auch der weltlichen Gewalt nicht aus[79]. Der Gedanke einer Aufhebung der *gubernatio Dei* ist jedoch auch für den weltlichen Bereich grundsätzlich abzulehnen[80]:

„Gott hat sie alle am Zügel. Die Gefahr besteht nicht, daß die von ihm gesetzten Gewalten ihm ganz entgleiten. Die Welt hört nicht auf, Gottes gute und von ihm geordnete Welt zu sein, und sie wird nicht wüst, bis dahin, da Gott selbst ihr das Ende setzt."[81]

Auf dieser Grundlage nimmt Lau abschließend einige konkrete Probleme christlichen bzw. kirchlichen Verhaltens in „dem betont nichtchristlichen Staat"[82] in den Blick. Auch einem solchen Staat gegenüber ist das theologische Urteil, ihm den Charakter eines von Gott eingesetzten, erhaltenen und regierten Regimentes und damit einer die Christen einer legitimen Gehorsamspflicht unterziehenden Obrigkeit grundsätzlich abzusprechen, gemäß Luthers Lehre unmöglich.

---

[74] FRANZ LAU war nach einem Theologiestudium in Leipzig und Wien zunächst Pfarrer der Evang.-Luth Landeskirche Sachsen, Direktor des Predigerseminars Lückendorf und Superintendent in Dresden, wo er im Februar 1945 die Leitung der Kirche übernahm. Nach Kriegsende hatte er als Landessuperintendent und kommissarischer Leiter der sächsischen Landeskirche an ihrem Neuaufbau wesentlichen Anteil. 1947 wurde er als Ordinarius für Kirchengeschichte an die Theologische Fakultät der Universität Leipzig berufen.

[75] F. LAU, Luthers Lehre von den beiden Reichen, 1952, 28–34.

[76] A.a.O., 34.

[77] A.a.O., 49. „Es geht in dem einen und dem anderen Reich – unbeschadet der hüben und drüben verschiedenen Weise, sie zu praktizieren – nach der Liebe" (52). „Was Luthers Sicht betrifft, so ist deutlich, daß die beiden Reiche dadurch, daß es in ihnen nach der Liebe geht (bzw. gehen soll), bezeugen, daß in ihnen ein und derselbe Gott regiert und daß sie trotz der Unterscheidung, die gewahrt werden muß, durch diese Liebe zusammengehören" (53).

[78] A.a.O., 53. Herv. i. O.

[79] A.a.O., 64–74.

[80] A.a.O., 78–81.

[81] A.a.O., 81.

[82] A.a.O., 84.

„Der Christ kann nicht sagen: Weil die Obrigkeit so gar sehr gegen Gottes Gebot sündigt und ihre Untertanen gegen Gottes Gebot sündigen heißt, ist sie nicht mehr Obrigkeit, und man muß sie zu stürzen suchen. Nein, sie bleibt Gottes Dienerin;"[83]

Das heißt jedoch nicht, daß es in Einzelfällen nicht auch eine Entbindung von der christlichen Gehorsamspflicht gegenüber der Obrigkeit, ja eine „Pflicht zum Ungehorsam"[84] gibt, nämlich in solchen Fällen, wo sich der Gehorsam gegen die Obrigkeit und der Gehorsam gegen Gott klar widersprechen. Solche Entscheidungen können jedoch nur für den Einzelfall getroffen werden und dürfen keinesfalls zu einer generellen Aufhebung der christlichen Gehorsamspflicht führen:

„[I]n tragbaren Sachen bleibt die Gehorsamspflicht; da gilt wieder, und zwar bei der entsetzlichsten und ganz unchristlichen Obrigkeit auch, daß Gott verborgen handelt in den irdischen Gewalten. Nur von Fall zu Fall heißt es ungehorsam sein und dann alle Konsequenzen des Ungehorsams auf sich nehmen."[85]

Entsprechend gilt für die Kirche, daß sie ihre Aufgabe gegenüber der Welt, welche „auch im Widerspruch"[86] bestehen kann, weder aus einer prinzipiellen Distanz heraus[87] noch als ein institutionalisiertes Amt prophetischen Einspruchs[88], also „nur im Protest"[89] wahrnimmt, sondern als einen – wenn notwendig auch kritischen – Dienst, der letztlich „[n]icht um der Welt willen [...], sondern um Gottes willen, der beide Reiche regiert und doch ein Gott ist"[90], getan wird.

4.1.2 Martin Fischer über die Aufgabe einer Kirche unter einer ideologisierten Obrigkeit

Fischer[91], der nicht wie Lau von Luthers Zweireichelehre, sondern von einem aus Rö 13 gewonnenen Obrigkeitsbegriff ausging, beschränkte sich nicht wie dieser auf die Unterscheidung zwischen christlichem und nichtchristlichem Staat, sondern fragte genauer nach der Bedeutung der ideologischen Legitimierung staatlicher Herrschaft für die christliche politische Ethik. Dies geschah v. a. in einem

---

[83] A.a.O., 85f.
[84] A.a.O., 85.
[85] A.a.O., 86.
[86] A.a.O., 96.
[87] A.a.O., 90f.
[88] A.a.O., 87–90.
[89] A.a.O., 96.
[90] Ebd.
[91] MARTIN FISCHER wurde am 9. 8. 1911 in Magdeburg geboren und studierte in Greifswald, Berlin und Halle Theologie. 1934 wurde er illegaler Vikar der BK, dann Reisesekretär in der damaligen Deutschen Christlichen Studenten-Vereinigung (DCSV). Ab 1936 leitete er das Studentenamt der Vorläufigen Kirchenleitung und damit der Bekenntnisstudenten Deutschlands. Bereits während der Verbotszeit des DCSV und dann besonders nach dem Kriege war er bei der Umwandlung dieser Arbeit in die Evangelische Studentengemeinde (ESG) maßgeblich beteiligt. Von 1945 an hat er die Kirchliche Hochschule Berlin mit aufgebaut und ihre Entwicklung zunächst als Dozent, seit 1949 als Professor für Praktische Theologie und von 1948–1955 als Ephorus mitbestimmt.

Vortrag vor der EKD-Synode 1952 in Elbingerode[92] und in einigen kleineren Auf-sätzen und Vorträgen der nachfolgenden Jahre[93].

4.1.2.1 Obrigkeit

Nach Fischer qualifiziert Rö 13, 1–10 jede Obrigkeit als gute Ordnung Gottes mit der Funktion, die Guten zu loben und die Bösen zu strafen und so für Recht und Ordnung in der Welt Sorge zu tragen. Obrigkeit ist also „Funktionsträger Got-tes."[94]

4.1.2.2 Ideologisierte Obrigkeit

Es liegt auf der Hand, so Fischer weiter, daß die Obrigkeit häufig dieser ihrer Funktion nicht gerecht wird. Die tiefste Gefährdung ihrer Funktion ist dabei ihre Ideologisierung, d.h. „daß nicht die Guten gelobt und die Bösen bestraft werden, sondern daß über die einfache Funktion der Obrigkeit hinaus höhere ideale Ziele verfolgt werden, deren Anerkennung staatlich gebotener Glaubenssatz ist, der sei-nerseits mit staatlichen Mitteln gefordert und durchgeführt werden kann und muß."[95] Kennzeichen eines solchen ideologisierten Staates ist, „daß er nicht mehr der Erhaltung von Menschen dient, sondern daß die Menschen zur Erhaltung sei-ner ideologischen Postulate zu dienen haben"[96]. Voraussetzung der Entstehung von Ideologien ist ein Lehr-Vakuum, d.h. eine Situation der Abwesenheit starker, wirksamer und gültiger Gedanken. Um dem drohenden Nihilismus zu entkom-men, suchen die Menschen dann das Verlorene zu substituieren, sei es durch ro-mantische Erinnerung, religiöse Restauration oder revolutionäre Behauptung. Auf diese Weise entstehen „weltanschauliche Quasi-Religionen […], die mit ih-rem Absolutheitsanspruch jede zweifelnde Frage ausschließen und einen Gehor-sam verlangen, der nur Gott gebührt."[97] Der ideologisierte Staat muß also zum To-talitarismus tendieren, d.h. zur Selbst-Absolutsetzung und zum Grenzenlos-Wer-den seiner Thesen. Dies gebiert stets Dualismus.[98] Die Folgen eines Dualismus ge-bärenden Absolutheitsanspruchs aber sind Entdemokratisierung und die Knech-tung der Vernunft unter „Zwangsvorstellungen, die die Freiheit ausschließen und deren Logik der Krieg ist"[99].

---

[92] M. FISCHER, Die öffentliche Verantwortung der Christen, in: Elbingerode 1952, 90–140 (wird im folgenden mit „E" zitiert).

[93] Sie wurden zusammengefaßt in dem Bändchen: M. FISCHER, Obrigkeit, Berlin 1959 (unter-wegs 10) (wird im folgenden mit „O" zitiert).

[94] O 39. Vgl. auch O 28–31. 76–83.

[95] O 39.

[96] O 41.

[97] O 46. Vgl. O 45–49; E 100–103.

[98] Vgl. E 103–107.

[99] O 23.

4.1.2.3 Die Inkonsequenz der Ideologen

Wie ist es möglich, einen ideologisierten Staat als Obrigkeit anzuerkennen? Nach Fischer hängt es mit der Einsetzung der Staatsgewalt durch Gott zusammen, daß ihre Verderbnis inkonsequent sein *muß*. Diese Inkonsequenz besteht darin, daß auch die pervertierteste Obrigkeit um ihrer eigenen Machterhaltung willen für ein Minimum an Recht sorgen und also die Guten loben und die Bösen strafen muß. Genau in dieser sozusagen einprogrammierten Inkonsequenz der Ideologen sieht Fischer eine Auswirkung des göttlichen Weltregimentes, und genau davon lebt die Kirche.[100]

4.1.2.4 Gefahren einer Kirche unter einer ideologisierten Obrigkeit

Die Gefahr einer Kirche unter einer ideologisierten Obrigkeit besteht darin, der Konformität zu verfallen. Dies ist bereits dann geschehen, wenn ihr Verhältnis zur Obrigkeit ideologieabhängig geworden ist. Eine Kirche aber, die einen Staat um seiner antichristlichen Ideologie willen nicht mehr als Obrigkeit anzuerkennen vermag und ihn bekämpfen zu müssen meint, sei es durch Ablehnung, Sabotage, Auswanderung oder Parteinahme für eine dieser seiner Ideologie feindlich gegenüberstehenden anderen Ideologie, ist selber der Ideologisierung und damit dem „Regiment der Propaganda-Gegenkirchen"[101] verfallen. Vieles spricht dafür, daß dies in der evangelischen Kirche im Osten wie im Westen Deutschlands in einem erschreckenden Ausmaß der Fall ist. Untrügliche Kennzeichen dafür sind innerkirchliche Tendenzen zu Entdemokratisierung und eine unübersehbare ideologische Orientierung bei kirchenpolitischen Entscheidungen zuungunsten eines klaren christlichen Bekenntnisses[102].

4.1.2.5 Die Aufgabe der Kirche unter einer ideologisierten Obrigkeit

Die dringendste und fundamentale Aufgabe sieht Fischer in einer Rückgewinnung biblischer Lehre. Dies einerseits darum, weil ja gerade das allgemeine Lehr-Vakuum die Ursache für die Ideologiebildungen ist. Andererseits würde eine verantwortlich für die Gegenwart durchdachte biblische Lehre zu einer Klärung des Obrigkeitsbegriffs und damit des Verhältnisses der Kirche zum Staat verhelfen. Eine neue Konzentration auf die Lehre würde auch dazu anleiten, Ideologien als Versuche menschlicher Selbstrechtfertigung zu entlarven. Damit würde die Kir-

---

[100] O 33f.91.97; E 104.

[101] O 17.

[102] Letzteres meint Fischer beim Zustandekommen des Militärseelsorgevertrages, beim Kampf gegen die Jugendweihe und bei der kirchlichen Position in der Atomwaffenfrage konstatieren zu müssen: „Die Kirche möchte leben dürfen ohne es zu bekennen. Sie sagt kein wirkliches ‚Ja' und kein wirkliches ‚Nein' mehr. ... Sie sagt gerade so viel, wie nötig ist, um nachträglich beteuern zu können, daß man auch dagegen war" (O 20). Eine Tendenz zur Entdemokratisierung (wie sie bei Ideologisierungsprozessen immer vorkommt) liegt allgemein in der immer geringer werdenden Beachtung der Synoden und ihrer Worte (O 16f.88f.; E 90–92) und speziell in der „Beseitigung Heinemanns aus dem Amt des Präses der EKD-Synode" (O 19) vor.

che erkennen, daß ihre vordringliche Aufgabe nicht in der Prüfung, sondern in
der Relativierung der Ideologien besteht. Indem die Kirche den Staat nicht auf seine Ideologie, sondern auf seine Obrigkeitsfunktion hin anspricht, versteht sie ihn
besser als er sich selbst. Im Ernstnehmen und Bestärken seiner wahren Funktionen
dient ihm die Kirche, denn ein seiner Obrigkeitsfunktion untreu werdender Staat
betreibt seine Selbstzerstörung. Die Anerkennung eines ideologisierten Staates als
von Gott verordneter Obrigkeit geschieht konkret als Widerstand und Fürbitte.
Dabei widersteht jeder Christ in seinem Beruf und Stand[103]. Ziel des Widerstandes
ist nicht die Vernichtung des Staates, sondern die Wiederherstellung und Stärkung
seiner guten Obrigkeitsfunktion. Darum ist auch gerade die pervertierte Obrigkeit stets Gegenstand christlicher Fürbitte. Bei ihrem Kampf auf dem politischen
Felde kann es der Christenheit nicht um die Durchsetzung spezifisch christlicher
Inhalte gehen, sondern um nichts anderes als um die Wiederherstellung von Nüchternheit und Vernunft[104].

4.1.3 Günter Jacob: Antichrist oder Obrigkeit?

Die Bekennende Kirche hatte das Staatsverständnis der überkommenen politischen Ethik einer radikalen Umdeutung unterworfen. Aus der guten Gottesgabe
(Rö 13) war das Tier aus dem Abgrund geworden, das nach Apk 13 vor dem Ende
der Welt durch Machtpolitik und Irreführung die ganze Erde verführt und auch
Macht hat, gegen die Heiligen zu kämpfen und sie zu überwinden. Die Erfahrungen des Kirchenkampfes legten die Orientierung am dualistischen Denken der
frühchristlichen apokalyptischen Geschichtsbilder nahe. „Diese neue Deutung des
Staates war entscheidend für den weiteren Weg der Christen. Im bipolaren Denken jener Jahre gab es nur zwei Möglichkeiten: der Staat als Gottesordnung oder
als Satans Werkzeug. Etwa ab 1936/37 wurde diese zweite Deutung immer selbst-
verständlicher." Mit ihr „war der Weg zum Widerstand, zum Handeln gegen den
Staat frei geworden."[105] Die satanologische Deutung des Staates wurde im Berlin-
Brandenburger Gebiet vor allem von dem Mitglied des Provinzialbruderrates Brandenburg der BK, Pfarrer Günter Jacob vertreten und eingehend dargelegt[106]. Auch
nach dem Zusammenbruch des nationalsozialistischen Staatswesens behielt Jacob,
der 1946 Generalsuperintendent des Sprengels Cottbus und damit Inhaber eines
gegen den Widerstand der BK von den Restauratoren um Dibelius wiederherge-
stellten Amtes geworden war, den Dualismus des apokalyptischen Geschichtsbil-
des bei. Der sich immer deutlicher abzeichnende Charakter der SBZ/DDR als ein
atheistischer Weltanschauungsstaat schien dieses Deutemuster zunächst zu bestätigen. Zu seiner erstmaligen Erschütterung war es jedoch bereits 1949 durch die

---

[103] Vgl. O 85; E 96–100. Nach FISCHER ist die Gemeinde Trägerin des apostolischen Amtes
und damit auch der öffentlichen Verantwortung der Kirche.

[104] Vgl. O 99.

[105] W.-D. ZIMMERMANN, Eine bedeutsame Weichenstellung, in: KiS 12, 1986, 9–11, 10. Diesem Aufsatz, der aus Anlaß von JACOBS 80. Geburtstag erschien, ist auch der Untertitel des vorliegenden Kapitels entnommen.

[106] ZIMMERMANN bietet hierzu eine Reihe einschlägiger Zitate, vgl. ebd.

Aufnahme förmlicher Beziehungen der EKD zu *beiden* deutschen Regierungen gekommen. Denn damit hatte die soeben gegründete gesamtdeutsche Kirchenorganisation auch die DDR, d.h. „einen atheistischen Staat [...] als Gottes Ordnung akzeptiert."[107] Im Verlauf der nächsten Jahre erwies sich, daß die apokalyptische Staatsdeutung der DDR eng mit der konkreten Hoffnung auf Wiedervereinigung verbunden gewesen war. Unter dem Eindruck der seit dem Scheitern der Moskauer Wiedervereinigungsinitiative 1952 dichter gewordenen innerdeutschen Grenze und dem 1955 erfolgten Eintritt Westdeutschlands in die NATO sah Jacob als einer der ersten das Ende einer an dieser Hoffnung orientierten Kirchenpolitik gekommen. Für ihn, der seit Jahren vor einer selbstgewählten Ghettoisierung der Kirche gewarnt hatte[108], wurde damit die Notwendigkeit, „ein zugleich offenes und kritisches, eindeutiges und gesprächsbereites Verhältnis zum Staat der DDR und der von ihm repräsentierten gesellschaftlichen Ordnung zu finden"[109] zwingend. Mit einer beeindruckenden Konsequenz verabschiedete sich Jacob von der immer noch in weiten Kreisen der Kirche vorherrschenden Überzeugung, im Staat der DDR den Antichristen zu sehen und rief in einem Vortrag vor der außerordentlichen EKD-Synode in Berlin im Juni 1956 dazu auf, ihn im Sinne von Römer 13 als Obrigkeit „in der von der Bibel gebotenen Loyalität" zu respektieren[110]. Die Konsequenzen blieben nicht aus. Im April 1958 nahm Jacob vor der EKD-Synode in Ost-Berlin gegen den Militärseelsorgevertrag Stellung, den die Christen in der DDR, wenn sie die Realität, in der sie leben, nicht negieren wollten, unmöglich mittragen könnten[111].

---

[107] W.-D. ZIMMERMANN, a.a.O., 11.

[108] V.a. in: G.JACOB, Die Verpflichtung der Kirche gegenüber den ihr Fernstehenden, a.a.O.

[109] G. BRANSCH, Prophetische Wegmarkierung als kirchenleitendes Handeln, in: KiS 12, 1986, 2–7, 4.

[110] G. JACOB, Der Raum für das Evangelium in Ost und West, in: KJB 83, 1956, 9–16; abgedr. unter dem Titel: „Das Ende des konstantinischen Zeitalters" in: DERS., Umkehr in Bedrängnissen, 1985, 43–59. Das Zitat bei W.-D. ZIMMERMANN, a.a.O., 11. Ein „Neuanfang im theologischen Denken", wie das W.-D. ZIMMERMANN wertet (ebd.), war das freilich nur für JACOB selbst, da M. FISCHER bereits vier Jahre vorher auf der EKD-Synode in Elbingerode gefordert hatte, den Staat auf seine Obrigkeitsfunktion hin anzusprechen (s. o. Kap. 4.1.2). Die Bedeutung der Erwähnung von Loyalität im Zusammenhang der Obrigkeitsthematik wird erst dann ersichtlich, wenn man bedenkt, daß der Ausgangspunkt dieser a.o. EKD-Synode der Druck war, den die DDR auf die Kirche mit ihrer Forderung nach einer „Loyalitätserklärung" ausgeübt hatte. Die von der Synode angenommene, von HEINRICH VOGEL konzipierte Erklärung (Dok 1956/1) hatte versucht, auf diese politische Forderung theologisch zu antworten. Sie nahm dabei FISCHERs Verhältnisbestimmung von Glaube und Ideologie und JACOBs neu an Rö 13 orientiertes Staatsverständnis auf. Indem die Respektierung der Staatsgewalt als Obrigkeit mit der Bitte verbunden wurde, „der Kirche den Raum nicht zu verwehren, den sie braucht, um das Evangelium in aller Öffentlichkeit zu verkündigen", wurde auch ein zentraler Gesichtspunkt des „Thüringer Weges" aufgenommen, der allerdings in gewisser Spannung steht zu der ebenfalls in der Erklärung zu findenden Rede vom „Evangelium, das selbst Raum schafft und schenkt".

[111] Dok 1958/1. Zur EKD-Synode 1958 in Ost-Berlin vgl. auch H. GRÜBER, Erinnerungen aus sieben Jahrzehnten, 1968, 396–400.

4.1.4 Johannes Hamel: Wider die Selbstbehauptung der Kirche und ihre gesetzliche Predigt

Johannes Hamel konstatierte in seinen von vielen als befreiend erfahrenen „Er-wägungen zum Weg der evangelischen Christenheit in der DDR"[112] als deren „Kennzeichen"[113] und „eigentliche[n] Grundschade[n]",[114] ein gesetzliches Nein zu ihrer „gottfeindlichen"[115] Umwelt, ohne daß dieses Nein eingebettet wäre in „die Zusage jenes Ja der Barmherzigkeit mit dieser verlorenen Welt, zu der wir in erster Linie selbst gehören."[116] Damit wird hinsichtlich des Umweltverhältnisses der Kirche im Anschluß an K. Barth eine sachgemäße Relationierung von Gesetz und Evangelium angemahnt. Ihre Konkretion erfährt diese Mahnung in der kriti-schen Betrachtung des Staat-Kirche-Verhältnisses. Zwar sei der Weg der Kirchen-leitungen, die geforderte Akklamation gegenüber dem Staat zu verweigern, grund-sätzlich richtig gewesen. Im Zusammenhang mit der gesetzlichen Interpretation ih-rer Umwelt hätte dieser Weg jedoch zu einer falschen Strategie der Selbstbehaup-tung der Kirche geführt. Demgegenüber macht Hamel geltend, daß das rechte Ver-hältnis von Evangelium und Gesetz, das in dem Umgreifen des „Ja Gottes zu dieser gottfeindlichen Welt" um das „Nein zu den Übertretungen der Gebote Gottes im kleinen und im großen"[117] besteht, auch zu einem gewandelten Obrigkeitsver-ständnis führen müsse. „Untertan sein" heiße, so argumentiert Hamel in Ausle-gung der einschlägigen neutestamentlichen Stellen Rö 13, 1.Tim 2, 1.Petr 2 und Tit und im Anschluß an Luther, daß die Christen zunächst in bezug auf jedes menschliche Geschöpf zu Gebet und Fürbitte aufgefordert seien. Nur zusätzlich er-folge noch die ausdrückliche Betonung, daß das auch für die Mächtigen gelte. „Obrigkeit" sei die politische Herrschaft also genau dann und darum, wenn und weil sie aus ihrer Isolation befreit und ausdrücklich in das „alles" mit einbezogen werde, dessen Untertanen die Christen sind. Damit soll eine Unterscheidung ei-ner Sphäre Gottes und einer Sphäre der Welt, wobei letztere als repräsentiert und angeführt durch ihre Herrscher gedacht wird, zurückgewiesen werden. Die Herr-scher sind vielmehr Instrumente Gottes und können diesem somit nicht gegen-übergestellt werden. Darum gilt: So wie die Christenheit in der DDR ihr „keines-falls zu unterlassende[s]"[118] Nein zur Gottlosigkeit ihrer Umwelt im Ja Gottes zu eben dieser Welt eingebettet sehen sollte, so müßte sie „dann auch zu Gottes Han-deln mit uns durch die Mächtigen ein ,Ja'" sagen und tun[119].

---

[112] J. HAMEL, Erwägungen zum Weg der evangelischen Christenheit in der DDR, in: DERS., Christ in der DDR, 1957.

[113] J. HAMEL, a.a.O., 30.

[114] A.a.O., 10.

[115] A.a.O., 30.

[116] Ebd.

[117] Ebd.

[118] J. HAMEL, a.a.O., 30.

[119] Ebd. Obwohl er die Ortsbestimmung der Kirche, ohne die es nie zur Gründung des Bun-des gekommen wäre, zu einem wesentlichen Teil mit vorbereitet hatte, wurde Hamel später zu ei-nem der erbittertsten Gegner der Sezession von der EKD und der Gründung des BEK.

Für eine theologisch reflektierte Anerkennung der DDR als Obrigkeit sprachen nicht nur theologische, sondern auch gute pragmatische Gründe. Die mit „innere Emigration" auf den Begriff gebrachte Haltung vieler Christen, die in einer Kombination von äußerer Anpassung an die Verhältnisse des Systems mit innerer Distanz und Aversion bestand, verbunden mit der „Hoffnung, entweder in absehbarer Zeit wieder zu einem – nicht-kommunistischen – Gesamtdeutschland zu gehören, oder dann nach der Bundesrepublik auswandern zu können, wenn die Lage in der DDR ‚unerträglich' werden sollte"[120], durfte nicht länger theologisch stabilisiert werden, und das nicht nur aus wichtigen seelsorgerlichen, sondern auch aus politischen Gründen. Hamel meinte in den Folgen dieser Haltung der „inneren Emigration" eine genaue Entsprechung zur marxistischen Taktik erkennen zu können:

„Diese Taktik besteht nämlich darin, den Raum der geforderten Assimilation ständig zu vergrößern und den Raum der inneren Aversion immer mehr von jeder Öffentlichkeitsäußerung abzuschnüren. Man braucht lediglich den Moment abzuwarten, wo diese verkümmerte Aversion über eine tiefe Verzweiflung in Zustimmung umschlägt. Damit rückt das marxistische Ziel der ‚Bewußtseinsänderung' in bedrohliche Nähe; denn kein Mensch kann auf die Dauer in dieser Zerspaltenheit leben. Vor eventuellen Ausbrüchen einer dann gänzlich ins Unterbewußtsein verdrängten Aversion aber kann einem nur grauen!"[121]

4.2 Koexistenz und Kooperation

Das langsame Aufgeben der „inneren Emigration" der Christen in der DDR und die intensive grundsätzliche theologische Reflexion der politischen Ethik der Kirche[122] nötigten zur Behandlung einer Reihe von konkreten Folgeproblemen, etwa:
– Was ist zu tun, wenn die politische Herrschaft in ihrer konkreten geschichtlichen Gestalt und ihrem Handeln in einen klaren Widerspruch zu ihrer von den Christen geglaubten Legitimation gerät?

---

[120] A.a.O., 8.

[121] A.o.O., 9.

[122] Die Frage nach dem kausalen Wechselverhältnis dieser beiden Tendenzen der fünfziger und sechziger Jahre wurde im Rückblick meist so beantwortet, daß die Integration der Christen in das sozialistische System den kirchlichen Entscheidungen voranging, die von der Kirche geleistete theologische Orientierung im Bereich der politischen Ethik der Entwicklung mithin hinterherhinkte und somit gerade keine orientierende, sondern lediglich bereits irreversible Tendenzen sanktionierende Kraft hatte. M. STOLPE urteilte etwa 1979: „Die große Mehrheit der Gemeindeglieder steht durch die Berufstätigkeit spätestens seit der Sozialisierung der Landwirtschaft 1960 und dem weiteren Rückgang der Privatbetriebe in Handel und Industrie mitten in einer sozialistischen Gesellschaft. Die Entscheidung hunderttausender von Christen fällt weithin ohne kirchliche Orientierung. Sie fällt in leider nicht wenigen Fällen für die äußere oder innere Emigration. Sie fällt jedoch in der Mehrheit für die Arbeit in dieser neuen Gesellschaft. Mitarbeitend, mitschaffend und mitdenkend sind Christen im Sozialismus eine unübersehbare und unersetzbare Realität, lange bevor Kirche zu Entscheidungen kommt" (M. STOLPE, Zehn Jahre Bund der Evangelischen Kirchen in der DDR. Anmerkungen zur kirchlichen Entwicklung nach 1968, in: ZdZ 33, 1979, 414–421, 415).

– Was ist zu tun, wenn die politische Herrschaft von der Kirche eine aktive Unterstützung ihrer eigenen Legitimationsstruktur fordert?

– Was ist zu tun, wenn die politische Herrschaft die Christen zu einem Verhalten nötigt, das diese mit zentralen Inhalten ihres Glaubens in Konflikt bringt?

In dem spannungsreichen Verhältnis von Koexistenz und Kooperation lassen sich diese Probleme zusammenfassen und die Ansätze zu ihrer Lösung systematisch darstellen.

Wir sahen bereits, daß sich *die staatliche Seite* eine Kooperation von Menschen unterschiedlicher Weltanschauung sehr gut vorstellen konnte, wobei man allerdings die soziale Gestalt des Glaubens ebenso wie sein Wirklichkeitsverständnis gezielt ausschalten und ihn auf Phrasen wie „Frieden" oder „Humanismus" reduzieren mußte. Mit anderen Worten: Die Probleme der Koexistenz sollten im Interesse gelingender Kooperation möglichst ignoriert werden.

Auf kirchlich-theologischer Seite kam diesem Modell – neben seiner direkten Übernahme, etwa bei Emil Fuchs (und der CDU) die *Proexistenzekklesiologie* am nächsten, denn auch sie verzichtete auf eine Reflexion der sozialen Gestalt des Glaubens und seines Wirklichkeitsverständnisses. Anders als Fuchs und die CDU sah man hier jedoch die Zusammenarbeit von Christen und Marxisten nicht in einer Zielkonvergenz, also materialethisch begründet, sondern in der dem Evangelium selber eignenden Nötigung zur Proexistenz der Christen.

Die bei weitem überwiegende Mehrheit auf kirchlicher Seite verfolgte dagegen eine Linie, die man etwa auf die allgemeine Formel bringen könnte: „Keine Kooperation ohne Koexistenz". Im einzelnen wurden verschiedene Variationen auf unterschiedlichem Differenzierungsniveau vertreten.

Bischof *Mitzenheim* betonte die Übereinstimmung der Kirchen mit den Grundlagen der Politik der DDR und die dem entsprechende treue Pflichterfüllung der Christen aufgrund ihrer Anerkennung der politischen Ordnung als Obrigkeit. Als Minimalvoraussetzung dafür galten ihm jedoch die Gewährung von Glaubens- und Gewissensfreiheit an den Einzelnen sowie der Freiheit zur öffentlichen Verkündigung an die Kirche. Das Verhältnis von Kooperation und Koexistenz erhielt damit die Struktur eines Handels.

Stärker auf eine (in ihren Konsequenzen freilich quietistische) Konfrontation zielte die Handreichung der *VELKD* aus dem Jahre 1960[123]. Grundsätzlich müßten die Christen zwar, so die Handreichung, ihre staatsbürgerlichen Pflichten erfüllen. Andererseits sei es ihnen nicht möglich, aktiv am Aufbau einer atheistischen Gesellschaft mitzuarbeiten. Denn:

„Es sind geschichtliche Situationen denkbar, in denen der Kirche und ihren Gliedern jede von christlicher Verantwortung getragene eigene Mitarbeit an einem Staatswesen und an einem Gesellschaftssystem mit Gewalt verwehrt oder durch den Charakter, den die Mitarbeit hat, unmöglich gemacht wird."[124]

---

[123] Der Christ in der Deutschen Demokratischen Republik. Handreichung der VELKD vom 3. November 1960, in: KJB 87, 1960, 238–255.

[124] A.a.O., 241.

Die Konsequenz lautet:

> „Der Christ erfüllt seine Pflicht, aber er kann die Tatsache, in einem atheistisch-materialistischen Weltanschauungsstaat zu leben, nur hinnehmen und erleiden, aber nicht durch eigene politische Aktivität anerkennen und fördern."[125]

Diese Position steht auch hinter dem von Landesbischof *F.-W. Krummacher* aufgestellten Grundsatz des „Gleichzeitig Ja und Nein"[126], womit die Unterscheidung zwischen anzuerkennendem Leben und Mitarbeiten in einer sozialistischen Gesellschaft bei gleichzeitiger Ablehnung der Weltanschauung des Atheismus und Dialektischen Materialismus gemeint ist, die im Konfliktfalle als Konsequenz nur den bewußten Weg ins Leiden offenläßt[127].

Differenzierter wird das Problem in der Handreichung der *EKU* aus dem Jahre 1959 angegangen[128]. Die Situation der Christen in der DDR[129] wird auf der Grundlage der „Botschaft der Königsherrschaft Gottes in Jesus Christus"[130] erschlossen. Auf dieser Grundlage werden dann z.T. sehr konkrete Folgerungen für „Das Leben der Christen in der Deutschen Demokratischen Republik"[131] gezogen. Hinsichtlich ihres „politische[n] Gehorsam[s]",[132] gilt grundsätzlich:

> „Die Anerkennung einer Staatsführung als gottgesandte Obrigkeit im Sinn von Römer 13 steht und fällt nicht einfach mit dem Urteil darüber, wie weit sie ihrem göttlichen Auftrag gerecht wird"[133].

Angesichts der Realität eines Weltanschauungsstaates, in dem „[d]er politische Bereich [...] mit der Forderung ideologischer Akklamation durchtränkt"[134] ist und viele politische Vorgänge ein kultisches Gepräge erhalten, lehnt die Handreichung jede undifferenzierte Lösung, also sowohl die prinzipielle Ablehnung, die „in allen Entscheidungen politischer Art den Bekenntnisfall als gegeben" annimmt[135], als auch die grundsätzliche Bejahung der staatlichen Politik ab. Aber auch eine gleichgültige Anpassung an das System sei keine mögliche Alternative. Statt dessen wird für ein differenziertes Abwägen im Einzelfall votiert, das dann entweder zur

a. Übernahme von Mitverantwortung trotz eindeutiger ideologischer Vorzeichen,

b. zu schweigendem, distanziertem Nichtmitmachen oder zu

c. einem klaren Nein und also zum status confessionis

---

[125] A.a.O., 247.
[126] F.-W. KRUMMACHER, Bericht des Landesbischofs vor der Synode der Pommerschen Kirche vom 1. November 1960, in: KJB 87, 1960, 202–211, 209.
[127] Vgl. dazu auch das Schreiben der ev. Bischöfe der DDR an Ministerpräsident GROTEWOHL vom 21. November 1958 (Dok 1958/5).
[128] Das Evangelium und das christliche Leben in der Deutschen Demokratischen Republik. Handreichung, entgegengenommen durch die Synode der EKU im Februar 1959.
[129] A.a.O., 5–14.
[130] A.a.O., 15–23.
[131] A.a.O., 23–69.
[132] A.a.O., 29–39.
[133] A.a.O., 30.
[134] A.a.O., 33.
[135] A.a.O., 34.

führen kann. Diese differenzierte und ganz aus der Perspektive der Situation der einzelnen Christen heraus entwickelte Verhältnisbestimmung von Koexistenz und Kooperation enthielt bereits wesentliche Momente, die später für die „Kirche im Sozialismus" konstitutiv werden sollten.

5. Zusammenfassung

Die Formel „Kirche im Sozialismus" als Ortsbestimmung darf nicht auf die lokale Bedeutung des Begriffes „Ort" reduziert werden. Ihre Bedeutung geht weit darüber hinaus und erhält auch erst dadurch politische und theologische Relevanz. Grundsätzlich muß darunter die Klärung des Verhältnisses der Kirche zum sozialistischen Staat und somit auch, nach sozialistischem Verständnis untrennbar damit verbunden, zur sozialistischen Gesellschaft verstanden werden.

Die in den DDR-Kirchen Anfang der sechziger Jahre konsensfähig gewordene Position läßt sich so zusammenfassen: Die Christen haben im Glauben die Freiheit, den Staat entgegen seinem eigenen Selbstverständnis als gute Ordnung Gottes anzusehen und auf dieser Grundlage die Rechtmäßigkeit seiner Staatlichkeit anzuerkennen. Diese Anerkennung schließt ein kritisches Wächteramt der Kirche und im Einzelfall das Recht oder gar die Pflicht zum Widerstand nicht aus, sondern ein. Das Kriterium dafür besteht in der Frage, ob der Staat, nach einer Formulierung Karl Barths,

„die Gestalt und Macht eines Versuchers hat, der die Menschen und insbesondere die Christen zu verkehrten Einstellungen und Verhaltensweisen ihm gegenüber [...] [und damit in letzter Konsequenz] zur tätlichen Gottlosigkeit, die die wahre, ernstlich so zu nennende Gottlosigkeit ist – veranlassen und verführen mag."[136]

Gemäß der in der 5. These der Barmer Theologischen Erklärung vertretenen funktionalen Staatsauffassung[137] wäre es jedoch erforderlich, über dieses rein negative Kriterium hinaus noch ein positives Kriterium christlicher politischer Ethik zur Geltung zu bringen, nämlich die Frage, ob der Staat seiner ihm „nach göttlicher Anordnung" zukommenden „Aufgabe" entspricht, die darin besteht, „in der noch nicht erlösten Welt [...] nach dem Maß menschlicher Einsicht und menschlichen Vermögens unter Androhung und Ausübung von Gewalt für Recht und Frieden zu sorgen."[138] Außer – in problematischer Weise[139] – von O. Dibelius ist, nicht zuletzt wohl als Reaktion auf eben diese Problematik, dieses positive Kriterium nicht sonderlich stark zur Anwendung gelangt. Hier muß weitgehend ein Rück-

---

[136] K. BARTH, Brief an einen Pfarrer in der Deutschen Demokratischen Republik, in: DERS., Offene Briefe 1945–1968, hg. v. D. KOCH, Zürich 1984 (Gesamtausgabe V), 401–439, 415.
[137] Vgl. W. HUBER, Folgen christlicher Freiheit. Ethik und Theorie der Kirche im Horizont der Barmer Theologischen Erklärung, ²1985, 97f.; E. JÜNGEL, Mit Frieden Staat zu machen. Politische Existenz nach Barmen V, 1984, 39.
[138] Text der 5. Barmer These, zit. n. A. BURGSMÜLLER/R. WETH (Hgg.), Die Barmer Theologische Erklärung. Einführung und Dokumentation, ³1984, 38.
[139] S. o. Kap. 2.3.

fall hinter Barmen V in ein formal-ontologisches Staatsverständnis konstatiert werden. Zwar hatte Martin Fischer zumindest noch eine Erinnerung an das funktionale Staatsverständnis von Barmen V. Seine Lehre von der gleichsam einprogrammierten Inkonsequenz der Ideologen stellte freilich den Versuch einer Re-ontologisierung dieser Funktionalität dar.

Dieser Befund hat mehrere historische Gründe.

1. Die Frage nach der Bedeutung des ideologischen Selbstverständnisses des Staates DDR für seine Anerkennung als „Obrigkeit" stand völlig im Vordergrund und überdeckte alle anderen Gesichtspunkte der politischen Ethik.

2. Die aktuelle theologiepolitische Konstellation bedingte, daß es unausweichlich erschien, bei einer konsequenten Anwendung eines funktionalen Staatsverständnisses in die Nähe der Position Dibelius' zu geraten. Dies aber war für die meisten mit unannehmbaren theologischen und kirchenpolitischen Konnotationen verbunden.

3. Viele verstanden die Anerkennung der Rechtmäßigkeit der Staatlichkeit der sozialistischen DDR auch als „ein Stück historischer Buße" für eine als Irrweg erkannte[140] antikommunistische Tradition im deutschen Protestantismus[141].

4. Die seelsorgerliche Bedeutung der „Einsicht, daß auch diese für uns so schwierig zu ertragende ‚Obrigkeit' ,von Gott' sei"[142], kann kaum überschätzt werden. Sie wollte die christlichen Bürger der DDR aus dem auf Dauer unerträglichen Zwiespalt von innerer Emigration und äußerer Anpassung, der oft genug seine Auflösung in der äußeren Emigration fand, befreien[143].

Der Verzicht auf die konsequente Anwendung des funktionalen Staatsverständnisses von Barmen V auf die DDR muß angesichts der Situation Ende der fünfziger und Anfang der sechziger Jahre also verständlich und vielleicht sogar notwendig erscheinen. Folgenlos blieb er keineswegs. So sieht etwa Wolf Krötke rückblickend an genau dieser Stelle die entscheidende falsche Weichenstellung für den Weg der Kirche in der DDR vorgenommen:

„Damit war faktisch akzeptiert, daß der Verzicht auf die dritte Gewalt und die Machtkontrolle grundsätzlich eine legitime Art staatlicher Machtausübung sei. Wenigstens die Frage jenes Streites von 1960 ist nie mehr ernstlich gestellt worden. Es war deshalb konsequent, daß fortan alle weiteren Fragen, die die Kirche an diesen Staat zu stellen hatte, zu Fragen des *Arrangements* mit der Macht wurden. An die Stelle des Rechts traten sogenannte ‚Gespräche'. Damit aber war genau jene Grau-

---

[140] Das wichtigste Dokument dafür stellt das „Darmstädter Wort des Bruderrates zum politischen Weg unseres Volkes" von 1947 dar, vgl. Dok 1947/1.

[141] Hierauf legt rückblickend v.a. J. ALTHAUSEN Gewicht, vgl. DERS., Die Kirchen in der DDR zwischen Anpassung und Verweigerung, 1992. Das Zitat ist den Thesen zu diesem Referat entnommen, These 8. Vgl. Dok 1992/4.

[142] W. KRÖTKE, Mußte die Kirche mit der Stasi reden?, in: DIE ZEIT Nr. 37/1992 v. 4.9. 1992, 8f., 8.

[143] Daß dies nicht vollständig gelingen konnte, liegt auf der Hand. Das geschlossene gesellschaftliche System der DDR (s. o. Kap. I.B/4.4.3) verursachte nicht nur bei den Christen, „was später sozialpsychologisch das DDR-Syndrom genannt wurde: der in äußerer Anpassung und innerer Verweigerung gespaltene Mensch" (H. FALCKE, Kirche im Sozialismus, 1992, 14).

zone geschaffen, die als ein Feld kirchlicher Einflunahme auf die Art und Weise der Ausübung der Macht erschien. Von daher lag es auch nicht ganz so fern, eben durch ‚Gespräche' ins Dunkel der Macht hinein zugunsten der Kirche oder einzelner in der Kirche tätig zu werden. So gesehen sind jene kirchlichen Konspirationen nicht einfach ein der Imagination und Begabung einzelner zuzuschreibender Zufall. Sie sind die Folge eines Versäumnisses im Zentrum der theologischen Ethik, das sich die ganze Kirche zuzuschreiben hat."[144] Die in der Formel „Kirche im Sozialismus" immer enthaltene bzw. ihr zugrundeliegende Ortsbestimmung des Protestantismus in der DDR fußte auf den theologischen und politischen Erkenntnisprozessen der Umbruchs- und Orientierungsphase von 1952 bis 1961. Mit dem Mauerbau am 13. August 1961 hatte die Diskussion in dieser Form ein jähes Ende gefunden. Hauptergebnisse der Debatte, deren Konsensfähigkeit sich in der Folgezeit und vor allem nach der Gründung des Kirchenbundes im Jahr 1969 erwiesen hatte, war die kirchliche Anerkennung der Legitimität des politischen Herrschaftssystems der DDR und die Abwehr eines ideologischen bzw. anti-ideologischen Verständnisses des christlichen Glaubens. Damit war eine Basis gewonnen, auf der sich die kirchliche Selbstwahrnehmung nunmehr verstärkt anderen wichtigen Aufgaben zuwenden konnte, insbesondere der Reflexion der Situation der Kirche in der DDR-Gesellschaft sowie der Frage nach ihrer Gestalt und nach ihrem Auftrag in dieser Situation.

---

[144] W. KRÖTKE (Anm. 142), ebd.

B. „Kirche im Sozialismus" als Situationsbestimmung

Die *ekklesiologische Grundfrage*, die die Formel „Kirche im Sozialismus" in ihrer Bedeutung als Situationsbestimmung zu beantworten sucht, lautet: Inwiefern muß die Kirche unter Berücksichtigung ihrer konkreten gesellschaftlichen Situation ihre Arbeit inhaltlich und strukturell modifizieren und wie sind diese Modifikationen theologisch zu bewerten?

Die Formel „Kirche im Sozialismus" besagt, daß die Kirche die sich sozialistisch nennende Gesellschaft der DDR als den Ort begrüßt und bejaht, der es ihr ermöglicht, in rechter Weise Kirche zu sein, nämlich nicht als Volkskirche, sondern als Kirche in einer Diasporasituation.

Hatten wir unter „Ortsbestimmung" die Klärung der Art des Verhältnisses zwischen Kirche und politischer Ordnung in der DDR verstanden, so bezeichnet „Situationsbestimmung" in unserem Zusammenhang die Konsequenzen dieser Klärung für das kontextrelative Selbstverständnis der Kirche. Dieser Prozeß soll hier in zwei Schritten analytisch nachvollzogen werden. Wir unterscheiden 1. die Wahrnehmung und theologische Qualifizierung der kirchlichen Umwelt durch Kirche und Theologie und 2. die kirchliche Selbstthematisierung angesichts ihrer Koexistenz mit dieser Umwelt.

1. Die Umwelt der Kirche

Die Umwelt der Kirchen in der DDR wurde zunächst und in erster Linie unter dem Gesichtspunkt ihres betont nichtreligiösen Charakters wahrgenommen. Für eine theologische Verarbeitung dieser Situation jenseits des Konfrontationsmodelles boten sich die von Bonhoeffer kurz vor seinem Tode andeutungsweise skizzierten theologischen Kategorien an. Vor einer Analyse der zu großen Teilen von ihnen angeregten „Situationsbestimmung" der Kirche in der DDR sollen daher zunächst diese theologischen Ansätze des späten Bonhoeffer eine knappe und auf ihre Relevanz für unseren Zusammenhang beschränkt bleibende Darstellung erfahren.

1.1 Voraussetzung: Bonhoeffers Rede von der „mündig gewordenen Welt".

1.1.1 Das Wirklichkeitsverständnis des christlichen Glaubens

Etwa mit Aufnahme der Arbeit an seiner „Ethik" hatte Bonhoeffer begonnen, das Denken in unterschiedlichen Wirklichkeitsbereichen, an dem er sich in der „Nachfolge" noch orientiert hatte, hinter sich zu lassen. Insbesondere bei seinem vierten Ansatz einer Konzeption der „Ethik"[1] wird die Einheit der Wirklichkeit als für alles Weitere grundlegend betont. Dabei wird zwar terminologisch zwischen „Gotteswirklichkeit" und „Weltwirklichkeit" unterschieden, die Auffassung jener als ein Teil dieser jedoch entschieden zurückgewiesen. Vielmehr gilt:

„Es gibt nicht zwei Wirklichkeiten, sondern nur eine Wirklichkeit, und das ist die in Christus offenbargewordene Gotteswirklichkeit in der Weltwirklichkeit."[2]

Inhaltlich bringt Bonhoeffer diese eine Wirklichkeit in der Terminologie der Rechtfertigungslehre zum Ausdruck:

„Alles Faktische erfährt von *dem* Wirklichen, dessen Name Jesus Christus heißt, seine letzte Begründung und seine letzte Aufhebung, seine Rechtfertigung und seinen letzten Widerspruch, sein letztes Ja und sein letztes Nein. [...] Von diesem Handeln Gottes her, von dem Wirklichen, von Jesus Christus her, empfängt nun die Wirklichkeit ihr Ja und ihr Nein, ihr Recht und ihre Schranke."[3]

Man könnte daher auch sagen: die Wirklichkeit besteht in der Welt-Christus-Relation und läßt sich inhaltlich in dem Satz ausdrücken: Gott hat die Welt in Christus mit sich versöhnt. Die Wirklichkeit ist die „Wirklichkeit der Versöhnung der Welt mit Gott, wie sie in Christus geschehen ist."[4] Da diese eine Wirklichkeit „die in Christus offenbargewordene"[5] Wirklichkeit ist, kann sie Bonhoeffer auch als „*Offenbarungswirklichkeit Gottes in Christus*"[6] oder als „die Wirklichkeit Gottes in seiner Offenbarung in Jesus Christus"[7] bezeichnen. Die Erkenntnis der Wirklichkeit ist somit eine Glaubenserkenntnis und als solche von einer „religiöse[n] Abrundung eines profanen Weltbildes"[8] polemisch zu unterscheiden. Darum gilt:

„Alle Dinge erscheinen [...] im Zerrbild, wo sie nicht in Gott gesehen und erkannt werden. Alle sogenannte Gegebenheiten, alle Gesetze und Normen sind Abstraktionen, so lange nicht Gott als die letzte Wirklichkeit geglaubt wird."[9]

---

[1] Ich folge mit dieser Datierung der „Ethik"-Fragmente BONHOEFFERS den Ergebnissen E. BETHGES, vgl. dessen Vorwort zur neugeordneten sechsten Auflage der „Ethik" (München [9]1981, 14–17) sowie DERS., Dietrich Bonhoeffer. Theologe – Christ – Zeitgenosse, München [5]1983, 803–811.

[2] E, DBW 6, 43. Herv. i. O. (= E, [9]1981, 210).

[3] A.a.O., 261f. (243).

[4] A.a.O., 262 (243f.).

[5] A.a.O., 43 (210).

[6] A.a.O., 34. Herv. i. O. (202).

[7] A.a.O., 33 (202).

[8] A.a.O., 32 (201).

[9] Ebd.

Wo kein Glaube ist, erscheint also die Wirklichkeit als gleichsam noch nicht realisiert. Genau hieraus ergibt sich nun Bonhoeffers Bestimmung der christlichen
Ethik: Christliches Leben erscheint ihm als Teilhabe an der Wirklichkeit Gottes
und christliche Ethik fragt nach der Realisierung dieser Wirklichkeit in der
„Welt". Als das Ziel christlichen Handelns kann daher angegeben werden: „daß
die Wirklichkeit Gottes sich überall als die letzte Wirklichkeit erweise."[10] Es ist
deutlich, daß trotz der Überwindung des Denkens in Wirklichkeitsbereichen in
der Konzeption der in Christus vermittelten Einheit von Gotteswirklichkeit und
Weltwirklichkeit letztlich ein dualistisches Denkmuster zugrundeliegt. Der Dualismus ist nur von der ontologischen auf die epistemologische Ebene verschoben worden: die eine Wirklichkeit kann angemessen oder unangemessen, realistisch oder
unrealistisch realisiert werden. Genauer müßte man eigentlich sagen: sie kann realisiert oder nicht realisiert werden.

In seiner Tegeler Zelle ist Bonhoeffer einen entscheidenden Schritt über dieses
offenbarungstheologisch konzipierte Modell hinausgegangen. Nunmehr soll der
aufgrund Bonhoeffers Dilthey-Rezeption[11] neu in den Mittelpunkt gerückte Begriff der „Mündigkeit"[12] besagen, daß die „Welt" ihre Wirklichkeit aus sich selbst
schöpft. Den abstrakten Begriff der Wirklichkeit vermeidet Bonhoeffer hier allerdings weitgehend und spricht statt dessen von „Bewußtsein" oder „Gesetze".

Diese erhebliche Korrektur in der Konzeption des Wirklichkeitsbegriffes hängt
mit der Entwicklung von Bonhoeffers Säkularisierungsverständnis zusammen.

1.1.2 Säkularisierung

1.1.2.1 Erbe und Verfall (1940)

In den Ethik-Fragmenten hatte Bonhoeffer sich mit der Säkularisierungsthema-
tik v.a. in dem im September 1940 im Zusammenhang des zweiten konzeptionel-
len Ansatzes entstandenen Essays „Erbe und Verfall"[13] befaßt. Zunächst wird hier
der Ursprung der als Emanzipationsprozeß verstandenen Säkularisierung in der
Reformation lokalisiert. Angeregt durch den Impuls der reformatorischen Zwei-

---

[10] Ebd.

[11] Die Bonhoeffer-Forschung vermutet einen starken Einfluß DILTHEYS auf BONHOEFFER, der
im ersten Halbjahr 1944 die Titel „Das Erlebnis und die Dichtung, 4 Aufsätze", „Von deutscher
Dichtung und Musik", vor allem jedoch „Weltanschauung und Analyse des Menschen seit Renaissance und Reformation" gelesen hatte, vgl. E. BETHGE, Dietrich Bonhoeffer. Theologe –
Christ – Zeitgenosse, München ⁵1983, 973 (Anm. 175 [Literatur!]). E. FEIL vermutet, daß in den
„umfänglichen konspirativen Kontakte[n], durch die Bonhoeffer auch mit Religionslosen hohen
menschlichen und ethischen Formats zusammengekommen ist [,...] die Voraussetzungen dafür
liegen, daß Bonhoeffer während der Haft so konstruktiv auf Diltheys Analysen der Neuzeit mit
der These ihrer Autonomie und Mündigkeit eingehen konnte" (DERS., Ende oder Wiederkehr
der Religion? Zu Bonhoeffers umstrittener Prognose eines „religionslosen Christentums", in:
GREMMELS/TÖDT 1987, 27–49, 35).

[12] Am Rande tauchte er schon in den Ethik-Fragmenten auf, nämlich bei der Behandlung der
Säkularisierung als Emanzipation von staatlicher Bevormundung, vgl. E, DBW 6, 110 (= E,
⁹1981, 107).

[13] A.a.O., 93–124 (94–116).

reichelehre befreite sich die ratio von geistlich-klerikaler und, in Entsprechung dazu, auch von staatlicher Bevormundung. Diese Emanzipation bewertet Bonhoeffer allerdings als ambivalenten Prozeß mit der Tendenz zur Perversion seiner
selbst: „das Verlangen nach absoluter Freiheit"[14], die man in der absoluten Selbstbezogenheit des mündig gewordenen Menschen zu finden erhoffte, führt nach Bonhoeffer zu Ideologien und also zu Religionssubstituten, die „in der schließlichen
Selbstzerstörung, im Nichts" enden[15]. Denn:

> „Mit der Zertrümmerung des biblischen Gottesglaubens und aller göttlichen Gebote
> und Ordnungen zerstört der Mensch sich selbst. Es entsteht ein hemmungsloser Vitalismus,
> der die Auflösung aller Werte in sich schließt [...]."[16]

Inmitten der durch den Säkularisierungsbegriff gekennzeichneten Verfallsge-
schichte empfängt die Kirche ihre Funktion als verantwortliche Trägerin des
abendländischen Kulturerbes:

> „Das Abendland ist dabei, die Annahme seines geschichtlichen Erbes als solches zu ver-
> weigern. Das Abendland wird christusfeindlich. Das ist die einzigartige Situation unserer
> Zeit und es ist echter Verfall. Mitten in der Auflösung alles Bestehenden stehen die christli-
> chen Kirchen als die Hüter des Erbes des Mittelalters und der Reformation, vor allem aber
> als die Zeugen des Wunders Gottes in Jesus Christus ‚gestern, heute und in Ewigkeit' (Hebr
> 13,8). Neben ihnen aber steht ‚das Aufhaltende', d.h. jener Rest an Ordnungsmacht, der
> sich noch wirksam dem Verfall widersetzt. Die Aufgabe der Kirche ist ohnegleichen. Das
> corpus Christianum ist zerbrochen. Das corpus Christi steht einer feindseligen Welt gegen-
> über. Einer Welt, die sich von Christus abgekehrt hat, nachdem sie ihn gekannt hat, muß
> die Kirche Jesus Christus als den lebendigen Herrn bezeugen."[17]

1.1.2.2 Widerstand und Ergebung (1944)

In den Briefen aus seiner Tegeler Zelle unterzog Bonhoeffer sein Verständnis
von Säkularisierung einer gründlichen Revision[18]. Zwar wird Säkularisierung
auch jetzt noch rein emanzipatorisch verstanden. Der Unterschied zum Konzept
der Ethik-Fragmente besteht jedoch in einer gänzlich neuen Bewertung des Sachverhalts. Bonhoeffer postuliert eine theologisch begründete Legitimität der Autonomie der neuzeitlichen „Welt", der er in diesem Sinne das Prädikat „mündig" zu-
ordnet. Den Hintergrund für die theologische Legitimierung des emanzipatorisch
verstandenen Säkularisierungsprozesses der Neuzeit bildet Bonhoeffers Religionsverständnis.

E. Feil hat auf die fundamentale Differenz des Bonhoefferschen Religionsbe-
griffs zu jedem systematischen Religionsbegriff hingewiesen[19]. Bonhoeffer begreift gerade das systematische Verständnis von Religion als anthropologischer

---

[14] A.a.O., 112 (108).
[15] A.a.O., 115 (109).
[16] A.a.O., 114f. (109).
[17] A.a.O., 123 (115).
[18] Vgl. o. Anm. 11.
[19] E. FEIL, a.a.O., 31–33. Vgl. DERS., Religio, Göttingen 1986.

Konstante, die Annahme also, der Mensch als solcher sei durch ein religiöses a priori oder Existential bestimmt, als eine historische und damit kontingente Erscheinung, für deren Auftauchen es ebenso angebbare historische Gründe wie für ihr Verschwinden gibt. Beides hängt nach Bonhoeffers im Anschluß an Dilthey gewonnenem Verständnis mit der in der Renaissance einsetzenden Entwicklung hin zur Autonomie der „Welt" zusammen. Diesem Prozeß korreliert eine Entwicklung des christlichen Glaubens zur „Religion" und damit die Entstehung einer „religiösen" Gestalt des Christentums, die folgende Merkmale aufweist[20]:

1. Eine metaphysische Ausprägung in dem Sinne, daß das religiöse Christentum „die Welt mit einer Art von Transzendenz, nach der sie verlangte", versah und so dazu verleitet wurde, „statisch in zwei Räumen zu denken"[21].
2. Die Individualisierung der Gottesbeziehung in dem Sinne, daß das religiöse Christentum seinen primären, wesentlichen und häufig auch einzigen Ort in der Privatsphäre des Individuums hat.
3. An diesem Ort der Gottesrelation des Individuums stellt die christliche Religion einen abgetrennten Bereich neben anderen Bereichen dar, eine Sonderwelt, einen Ort der Weltflucht. Ihr Thema ist das Seelenheil.
4. Hieraus ergibt sich der Privileg-Charakter des religiösen Christentums. Die Religion wird zum „Scheidungsmerkmal" zwischen Christen und Nichtchristen[22].
5. Gott erscheint als allmächtiger, herrschender Vormund. Dieser Vorstellung entspricht die institutionelle Erscheinungsweise der christlichen Religion in der Form des Klerikalismus.
6. Faktisch wird dieser allmächtige Herrscher von der „Welt" auf einen Deus ex machina, einen Nothelfer und Problemlöser, einen Lückenbüßer, eine Arbeitshypothese reduziert.
7. Abschließendes und zusammenfassendes Charakteristikum der religiösen Gestalt des Christentums ist darum die Entbehrlichkeit Gottes. Denn hat man erst einmal gelernt, die Probleme selbst zu lösen, wird der bevormundende Nothelfer nicht mehr gebraucht. Das Fortschrittsparadigma, das dieser Religionskritik zugrundeliegt, stellt diesen Sachverhalt als sukzessiven Vorgang vor: Je mehr Wissenslücken durch Wissenschaft und Forschung geschlossen werden, desto seltener benötigt man Gott zur Erklärung des ansonsten Unerklärlichen.

Die Überwindung der religiösen Gestalt des Christentums durch den säkularisierten „modernen Menschen" bzw. die „moderne Welt" ist theologisch als ein Prozeß zu begrüßen, der eine historisch bedingte Verzerrung des christlichen Glaubens korrigiert und darum von der Kirche nicht bekämpft, sondern begrüßt werden sollte. Die säkularisierte Welt der Neuzeit ist die den Verzerrungen und Bevormundungen der Religion gegenüber mündig gewordene Welt. Das heißt für Bonhoeffer:

---

[20] Vgl. E. BETHGE, a.a.O., 976–988; E. FEIL, a.a.O., 39; W. HUBER, „Was das Christentum oder auch wer Christus für uns heute eigentlich ist" – Dietrich Bonhoeffers Bedeutung für die Zukunft der Christenheit, in: Gremmels/Tödt 1987, 87–100, 95.

[21] E. BETHGE, a.a.O., 980.

[22] A.a.O., 984.

1. Die säkulare „Welt" kann sich selbst und ihre Gesetze selbständig und vollständig erkennen.[23]
2. Sie kann auch die Kontingenzproblematik selbständig aus eigener Kraft, d.h. nichtreligiös, bewältigen[24].

1.1.2.3 Einige Problemanzeigen

Abgesehen von seiner biographisch bedingten Unfertigkeit und Unabgeschlossenheit, weist das Bonhoeffersche Konzept der „mündig gewordenen Welt" eine Reihe von Problemen auf. Die Struktur des Konzeptes läßt sich zusammenfassen in der parallelen Zuordnung zweier Differenzen, nämlich der Differenz „religiöses"/„nicht-religiöses Christentum" einerseits und der Differenz „unmündige"/„mündig gewordene Welt" andererseits.

Das erste Problem, das sich hieraus ergibt, besteht in dem Sachverhalt, daß der sachliche Zusammenhang zwischen dem christlichem Glauben und der Säkularisierung nur negativ erhoben wird, nämlich als Überwindung der „religiösen" Verzerrung des Christentums in Form der Überwindung der Unmündigkeit der „Welt". Damit kann jedoch noch keineswegs eine positive Beziehung der beiden Gegenseiten der zugrundegelegten Differenzen, also eines nicht-religiösen Christentums und einer mündig gewordenen Welt, als hinreichend begründet gelten. Diese müßte eigens gezeigt werden, und hier tauchten Probleme auf wie etwa die Frage nach dem Verhältnis von christlicher Freiheit zur Mündigkeit der säkularen Welt oder das Problem der Kompatibilität des christlichen Selbst- und Weltverständnisses, das durch den Schöpfungsglauben geprägt ist, mit dem Selbstverständnis einer säkularisierten „Welt".

Weitere Schwächen bestehen in der abstrakten Begrifflichkeit („Welt"), der Undifferenziertheit der Wertungen („mündig"/„unmündig") und des unzureichenden Religionsbegriffes, wobei die beiden letztgenannten Punkte eng miteinander zusammenhängen. Die Rede von der „Welt" als uniformem Gegenstand, dem alternativ die Attribute religiös oder religionslos zugeordnet werden können, wird der Differenziertheit religionssoziologischer Sachverhalte nicht gerecht. Fragen wie die nach dem Legitimationsproblem staatlicher Herrschaft, dem Problem der Einheit der geschichtlichen Wirklichkeit sowie dem Problem der Einheit der gesellschaftlichen Wirklichkeit, Fragen also, deren Bearbeitung auch in säkularen Kontexten religiöse Aspekte hat, können bei einem so groben Kategorienraster ebensowenig in den Blick kommen wie Phänomene funktionaler Substitution von Religion. In dieser Hinsicht war in den Ethikfragmenten Bonhoeffers noch ein schärferes Problembewußtsein zu beobachten[25].

---

[23] WEN 341f.356f. (=D. BONHOEFFER, Widerstand und Ergebung. Briefe und Aufzeichnungen aus der Haft, hg. v. Eberhard Bethge, Gütersloh [11]1980, 155f.159).

[24] WEN, 341f.413 (WE, [11]1980, 155f.190).

[25] Zur Legitimationsproblematik vgl. E, DBW 6, 116–118 (= E, [9]1981, 110–112); zum Problem der Religionssubstitute vgl. a.a.O., 113f. (109).

1.2 Analyse: Die kirchliche Wahrnehmung ihrer Umwelt in der DDR

1.2.1 Die Relevanz der Problemstellung

Seit den fünfziger Jahren waren, beginnend mit Gogarten, die eben genannten und andere Probleme der Säkularisierungsfrage in theologischen, geschichtsphilosophischen, soziologischen, rechtswissenschaftlichen und z.T. auch interdisziplinären Kontexten kontinuierlich diskutiert worden[26], wobei es zu teilweise erheblichen Weiterentwicklungen sowohl der Problemlagen als auch der Lösungsansätze gekommen war. Es ist bezeichnend, daß aus der DDR weder Impulse zu dieser Debatte beigetragen wurden noch ein erkennbarer Rezeptionsprozeß ihrer Ergebnisse stattfand. Die Beobachtung der gesellschaftlichen Wirklichkeit durch die Kirche in der DDR und damit auch ihre reflexive Situationsbestimmung erfolgten bis etwa Mitte der achtziger Jahre fast ausschließlich und auch danach noch weitgehend unter Anwendung derjenigen Kategorien, die Bonhoeffer skizzenhaft in den Briefen aus seiner Tegeler Zelle entwickelt hatte. Der Grund dafür dürfte in ihrer hohen terminologischen und sachlichen Anschlußfähigkeit an die Wahrnehmungsmuster des DDR-Sozialismus gelegen haben. Es gab daher wohl kaum eine These, die innerhalb der evangelischen Kirchen in der DDR so konsensfähig war wie diejenige, man befinde sich in der DDR in einem säkularisierten Staat und in einer säkularisierten Gesellschaft. Da man unter Säkularisierung in Anknüpfung an Bonhoeffer einen Emanzipationsprozeß verstand, in dessen Verlauf sich die „Welt" von religiöser und klerikaler Bevormundung befreit, konnte man das Ergebnis dieses Vorganges, die säkulare Gesellschaft, auch als „mündige Welt" bezeichnen[27]. In diesem Sinne bezeichnete Albrecht Schönherr „den Materialismus als militante Mündigkeitserklärung der Welt durch sich selbst"[28].

---

[26] Vgl. dazu K. Bartl, Schwerpunkte der Säkularisierungsdebatte seit Friedrich Gogarten. Ein Literaturbericht, in: VuF 35, 1990, 41–61.

[27] „Bonhoeffers Ausführungen über die religionslosen und mündigen Menschen und also über die anderen helfen uns, den Menschen in unserer Situation angemessen, d.h. ihrem Selbstverständnis entsprechend, zu begegnen. Daß es diese anderen gibt, ist unsere tägliche Erfahrung. Man begegnet ihnen nicht nur außerhalb der Gemeinde, die eine kleine Minderheit ist, sondern auch innerhalb der Gemeinde. Daß weiter der eine oder andere von ihnen mit Recht als religionslos und mündig bezeichnet werden kann, steht ebenso fest. Das kann man etwa daraus schließen, daß man sich, ohne viel darüber zu diskutieren, mit Bonhoeffers Urteil identifiziert, wenn man von ihm hört oder über die Sache spricht: Ja, wir sind religionslos und mündig; wir brauchen keinen Gott, um unser Leben zu bewältigen. Angesichts dieser ausgesprochenen oder unausgesprochenen Identifizierung kann es nicht Aufgabe kirchlichen Handelns heute sein, mit diesen anderen darüber zu diskutieren, ob das auch wirklich stimmt, sondern das ist die Aufgabe, sie in ihrem Anderssein, in ihrer Religionslosigkeit und Mündigkeit anzunehmen und ernst zu nehmen" (M. Kuske, „Kirche für andere" in der „mündigen" Welt. Die Bedeutung von „Widerstand und Ergebung" für kirchliches Handeln heute [1970], in: Pabst 1973, 83–102, 87).

[28] A. Schönherr, Impulse aus der Theologie Bonhoeffers für den Weg der Christen in der sozialistischen Gesellschaft der Deutschen Demokratischen Republik (1972), in: Ders. 1979, 119–141, 139. Dieselbe Formulierung findet sich auch schon in Ders., Die Predigt der Kirche in der „mündigen" Welt. Gedanken Dietrich Bonhoeffers, in: ZdZ 9, 1955, 242–250, 245. In leichter Variation formulierte Schönherr 1976: „Der Marxismus versteht sich, wenn man Bonhoeffers Nomenklatur anwenden will, als emphatische Mündigkeitserklärung der Welt durch sich selbst.

Dabei wurde der Vorgang der Säkularisierung keineswegs als spezifisch für die
DDR oder den Sozialismus, sondern als Teil eines sich weltweit vollziehenden historischen Prozesses begriffen, der freilich in den sozialistischen Gesellschaften als
am weitesten fortgeschritten galt. Als Beleg für diese in den sechziger Jahren in der
DDR zuerst von G. Jacob mit großer Resonanz aufgestellte These[29] galten die Ergebnisse der zeitgenössischen Planungswissenschaften, die sich unter dem Titel
„Futurologie" mit der Zukunft des „technischen Zeitalters" beschäftigten[30]. Diese
„futurologischen" Erkenntnisse waren z.T. in Form einer populären Prognostik
der kirchlichen Zukunft weiterentwickelt worden[31], deren Tenor in der These von
der Säkularisierung als eines weltweit stetig fortschreitenden, unumkehrbaren Prozesses bestand, an dessen Ende „das Absterben und das Ende aller Religionen"[32] zu
erwarten sei. Daß diese universale These in der Entwicklung der kirchlichen Situation in der DDR ihre Bestätigung fand, mußte unmittelbar einleuchten, zumal sie
inhaltlich mit den Ergebnissen der unter Ulbricht noch hoch im Kurs stehenden
Wissenschaftlichen Atheismusforschung weitgehend konvergierte.

Damit aber war eine Verschiebung der Problemlage von erheblichem Ausmaß
geleistet worden. Indem man nämlich „Säkularisierung" als Oberbegriff wählte,
dem dann u.a. auch der Begriff „Sozialismus" und das ganze mit ihm zusammenhängende Problemfeld wie Atheismus, Ideologisierung, Glaubens- und Gewissensfreiheit etc. unterzuordnen waren, war der Weg geebnet, das Sozialismusproblem
durch eine geeignete Fassung der Säkularisierungsproblematik gleich mit lösen
oder doch zumindest theologisch lokalisieren zu können[33]. Die für die Ekklesiologie relevante Fragestellung lautete jetzt also nicht mehr „Christentum und Sozialismus", „christlicher Glaube und atheistische Weltanschauung" etc., sondern „Kirche und säkulare Welt".

Die der Formel „Kirche im Sozialismus" zugrundeliegende, von dieser Fragestellung her geleitete Einsicht lautete: Als Kirche in einer säkularen Welt anerkennt
die Kirche die Mündigkeit dieser Welt (und nimmt an ihr teil[34]).

In der ‚Internationale' heißt es: ‚Uns hilft kein Gott, kein höheres Wesen ...'"(DERS., Dietrich
Bonhoeffer, in: ZdZ 30, 1976, 373f., 373). In einer 1986 entstandenen Bonhoeffer-Interpretation schrieb SCHÖNHERR: „Die ‚mündige Welt' tritt uns in der DDR, die von einer marxistisch-leninistischen Partei geführt wird, in der Form des bewußten Atheismus, also der militanten Mündigkeitserklärung durch sich selbst, entgegen" (DERS., Die Religionskritik Dietrich Bonhoeffers
in ihrer Bedeutung für das Christsein in der DDR, in: DERS. 1988, 239–260, 240).
[29] G. JACOB, Die Zukunft der Kirche in der Welt des Jahres 1985, in: ZdZ 21, 1967, 441–451.
[30] A.a.O., 441.
[31] A. v. LEEUWEN, Das Christentum in der Weltgeschichte, Stuttgart 1966; H. COX, Stadt
ohne Gott?
[32] G. JACOB, ebd.
[33] Deutlich kenntlich gemacht wird dieses Verfahren z.B. bei J. LANGER, Übergang zwischen
Christlichem und Weltlichem. Zu Fragen von kirchlicher Sozialgestalt und Ekklesiologie unter
den Bedingungen der Säkularität in der DDR, in: BThZ 3, 1986, 293–306. LANGER schreibt:
„Die ‚Welt' begegnet uns in Gestalt des ‚real existierenden Sozialismus' in der DDR, und zwar in
Form aller seiner geschichtlichen Auswirkungen im für uns überschaubaren geschichtlichen Zeitraum. Dabei hat sich nicht der Sozialismus an und für sich oder in seiner atheistischen Komponente als das Problem für kirchliche Mitarbeiter herausgestellt, sondern der Sozialismus innerhalb des
weltweiten Säkularisierungsvorgangs, dessen Bestandteil er ist" (300).
[34] Zu diesem letzten Punkt vgl. u. Kap. II.C/3.3.1.

Läßt man die Frage nach der Legitimität der Verschiebung der Fragestellung von „Kirche und Sozialismus" hin zu „Kirche und (säkulare) Welt" als Voraussetzung der These einmal beiseite und unterzieht sie nur für sich selbst einer theologischen Kritik, so ergeben sich als Probleme zum einen der hier zugrundeliegende Dualismus von Kirche und Welt und zum anderen die Näherqualifizierungen der „Welt" durch die Prädikate „säkular" und „mündig".

1.2.2 „Kirche und Welt"

Das Problemfeld, das mit der Kirche/Welt-Differenz einhergeht, kann hier nicht im einzelnen entfaltet und vertieft werden[35]. Als Grundproblem ist mit M. Honecker festzuhalten, daß beiden Begriffen ein hoher Grad von Unbestimmtheit eignet, dem eine Unschärfe ihrer Relation entspricht[36]. Die theoretische Leistungsfähigkeit der Kirche/Welt-Differenz ist dadurch stark eingeschränkt. V.a. der Begriff „Welt" wird ohne eine Kombination weiterer Differenzierungen theologischer und soziologischer Art lediglich zu „Globalformulierungen"[37] verführen, die in der Regel eher zur Steigerung von Unklarheit als von Klarheit beitragen. So ist es beispielsweise für die Fassung der Säkularisierungsproblematik von entscheidender Bedeutung, ob der Begriff theologisch differenziert oder undifferenziert verwandt wird. Während Bonhoeffer, wie wir gesehen haben, in seinen Gefängnisbriefen mit einem sowohl in theologischer als auch in soziologischer Hinsicht undifferenzierten „Welt"-Begriff operierte, verdankt die Säkularisierungsproblematik ihre spezifische Fassung bei Gogarten neben den ihr zugrundeliegenden anthropologischen Prämissen auch einer bereits im Neuen Testament aufgefundenen fundamentalen theologischen Differenzierung des „Welt"-Begriffs[38]. Doch um mit der Kirche/Welt-Differenz sinnvoll operieren zu können, wird man über Gogarten hinausgehen und die theologische Differenzierung des „Welt"-Begriffs mit seiner soziologischen Präzisierung kombinieren müssen. M.a.W.: An die Stelle von „Welt" muß die möglichst genau zu erfassende konkrete „Umwelt" der Kirche treten.

1.2.3 Die „säkulare Welt"

Der seiner ursprünglichen Bedeutung nach juristische Begriff „Säkularisierung" bezeichnet in diesem Sinne die Enteignung kirchlichen Gutes und seine Indienstnahme für profane Zwecke, also einen Akt der Konfiskation. Die folgenreichste Säkularisierung in der Geschichte der Neuzeit fand auf der rechtlichen Grundlage des Reichsdeputationshauptschlusses von 1803 statt: Bei der unter Oberaufsicht Frankreichs und Rußlands vollzogenen Neuaufteilung Deutschlands wurden die geistlichen Territorien aufgelöst und ihr Gebiet an mittlere und große

---

[35] Vgl. dazu M. HONECKER, Art. „Kirche und Welt" in: TRE 18, 1989, 405–421.
[36] Vgl. a.a.O., 405–408.
[37] A.a.O., 406.
[38] S. u. Kap. 1.2.4.3.

weltliche Fürsten verteilt[39]. In seinem diesen präzisen juristischen Bedeutungsrahmen überschreitenden, weithin üblich gewordenen Gebrauch bezeichnet „Säkularisierung" dann allgemeiner den Übergang von einem kirchlichen (sakralen, gottesdienstlichen, geistlichen) in einen profanen, weltlichen Kontext.

Demnach kann das Prädikat „säkularisiert" oder „säkular" sinnvoll also nur auf einen im weitesten Sinne kirchlichen Sachverhalt angewandt werden. Der Ausdruck „säkulare Welt" dagegen ist tautologisch.

Sinnvoll kann die Rede von einer säkularen bzw. säkularisierten Welt allenfalls unter der Voraussetzung einer Präzisierung der beiden verwendeten Begriffe werden. Setzt man nämlich an die Stelle des Globalbegriffes „Welt" präzisere Begriffe wie Staat und Gesellschaft, so liegt die Vermutung nahe, daß mit der Prädizierung ihrer Säkularität ihre Unterscheidung von einem religiös legitimierten Staat bzw. einer religiös integrierten Gesellschaft ausgesagt werden soll. Der Inhalt der Aussage wäre dann vom jeweiligen Verständnis von Religion abhängig.

Der Ausdruck „säkularisierte Welt" unterschiede demnach, verkürzt gesagt, eine nicht-religiöse von einer religiösen „Welt", und zwar im Sinne eines historischen Übergangsprozesses. Der Übergang von einer religiös konstituierten Wirklichkeit und damit einer (durch die Kirche) religiös integrierten Gesellschaft und einem (durch die Kirche) religiös legitimierten Staat zu einer nicht religiös konstituierten Wirklichkeit ist der historische Prozeß der Neuzeit. Für diesen Prozeß gilt: Er vollzieht sich, ist beobachtbar und beschreibbar, er hat jedoch kein Subjekt, keinen Handlungscharakter, kein Ziel. Genau hier aber hat die wohl irreführendste Verwendung des „Welt"-Begriffes ihren Ort, die gerade in den ekklesiologischen Problemzusammenhängen der Kirche in der DDR folgenreich war. Denn wie man an zahllosen Beispielen zeigen kann, wurde der hypostasierte Begriff „Welt" in aller Regel als Subjekt des Säkularisierungsprozesses eingesetzt. Pars pro toto soll hier als Beispiel der bereits genannte Satz von A. Schönherr als Beleg genügen, in dem der „Materialismus als militante Mündigkeitserklärung der Welt durch sich selbst" bezeichnet wird[40]. Die „Welt"[41] schüttelt fremde Vorherrschaft ab, erkämpft sich ihre Autonomie und erlangt so ihre Mündigkeit. Ein formaler Vergleich dieses Gedankenganges mit dem marxistisch-leninistischen Historizismus macht die Konvergenz unübersehbar. In beiden Fällen wird ein über-historisches Subjekt am Werk gesehen, das die geschichtliche Entwicklung steuert und

---

[39] Eine Konfiskation, für die die Kirchen bis heute staatliche Entschädigungszahlungen erhalten (und übrigens auch in der DDR erhalten haben).

[40] Vgl. o. Anm. 28. Die Hypostasierung des „Welt"-Begriffes findet sich übrigens auch bei D. BONHOEFFER, der in seinem Brief vom 8.6.44 schreibt: „Die zum Bewußtsein ihrer selbst und ihrer Lebensgesetze gekommene Welt ist ihrer selbst in einer Weise sicher, daß uns das unheimlich wird; Fehlentwicklungen und Mißerfolge vermögen die Welt an der Notwendigkeit ihres Weges und ihrer Entwicklung doch nicht irre zu machen; sie werden mit männlicher Nüchternheit in Kauf genommen [...]. Gegen diese Selbstsicherheit ist nun die christliche Apologetik in verschiedenen Formen auf den Plan getreten. Man versucht, der mündig gewordenen Welt zu beweisen, daß sie ohne den Vormund ,Gott' nicht leben könne" (WEN, 357 [= WE, [11]1980, 159]).

[41] An die Stelle der „Welt" können auch Begriffe wie „die moderne Welt", „der moderne Mensch", „das technische Zeitalter" usf. treten, ohne daß dies etwas an der angesprochenen Problematik ändern würde.

auf ein Ziel hin lenkt. Dieses die Historie gestaltende Super-Subjekt ist in der Ideologie des Marxismus-Leninismus (im Anschluß an Marx' Lehre von der gesellschaftlichen Klasse des Proletariats, die sich zum Subjekt ihrer eigenen Geschichte aufschwingt, indem sie das Bewußtsein ihrer selbst erlangt) die Partei bzw., in der hypostasierend-verunklarenden Terminologie der SED-Propaganda[42], „der Sozialismus".

Das an Bonhoeffer anschließende kirchliche Verständnis ihrer gesellschaftlichen Umwelt als „säkularisierte Welt" korrelierte also sowohl inhaltlich (als Prognose eines unaufhaltsamen Verschwindens von „Religion") als auch formal (als Akt eines Super-Subjektes) mit der die Umwelt der Kirche totalitär bestimmenden Ideologie.

Dagegen bleibt festzuhalten, daß die Interpretation des Säkularisierungsprozesses als Pseudo-Handlung mit Notwendigkeit zu einer Verzerrung der mit Hilfe dieser Kategorie beobachteten Wirklichkeit führt. Diesem metaphysischen Säkularisierungsverständnis ist der soziologische Säkularisierungsbegriff als der angemessenere entgegenzuhalten. Danach gründet Säkularisierung auf dem „Prozeß der gesellschaftlichen Ausdifferenzierung hin zu einem Pluralismus, in dem es nur noch eine Menge von partikulären gesellschaftlichen Gruppen, nicht aber mehr eine die ganze Gesellschaft umfassende und integrierende soziologische Größe gibt"[43], oder, in der systemtheoretischen Terminologie N. Luhmanns ausgedrückt, auf dem „Übergang von primär stratifikatorischer zu primär funktionaler Differenzierung"[44]. Als Bezeichnung des Kirche/Umwelt-Verhältnisses wird der Begriff so nicht mehr in Abhängigkeit vom Religionsbegriff, also unter Anwendung der Differenz religiös/profan definiert. Vielmehr erscheint Säkularisierung nun als Bezeichnung einer von mehreren Auswirkungen eines allgemeinen gesellschaftlichen Strukturproblems, nämlich als die Bezeichnung *derjenigen* Auswirkungen, die die Kirche betreffen[45].

Auf die gesellschaftliche Situation der DDR angewandt, bedeutet das: Ideologisierung und Säkularisierung sind entgegengesetzte, einander ausschließende Begriffe. Die Gesellschaft der DDR war gerade keine säkulare Gesellschaft. Der „Aufbau des Sozialismus" war gerade keine Säkularisierung, sondern Ideologisierung, d.h. zwangsweise Homogenisierung der Wirklichkeitswahrnehmung und -deutung, durchgesetzt durch Verhinderung und Bekämpfung aller Ansätze von gesellschaftlichem Pluralismus, kritischer Öffentlichkeit und individueller Meinungsfrei-

---

[42] R. SCHRÖDER spricht in diesem Zusammenhang von „Pseudometaphysik", vgl. DERS. 1990, 52.156.

[43] K. BARTL, a.a.O., 52. Diese Verwendung des Säkularisierungsbegriffes „als allgemeine[] Deutungskategorie von Prozessen sozialen oder religiösen Wandels" (T. RENDTORFF, Von der Kirchensoziologie zur Soziologie des Christentums. Über die soziologische Funktion der „Säkularisierung", in: DERS., Theorie des Christentums. Historisch-theologische Studien zu seiner neuzeitlichen Verfassung, Gütersloh 1972, 116–139, 120) geht zurück auf H. BECKER, Säkularisierungsprozesse, in: Kölner Vierteljahreshefte für Soziologie, 1932, 283ff.

[44] N. LUHMANN, Gesellschaftsstruktur und Semantik. Studien zur Wissenssoziologie der modernen Gesellschaft (1989), Frankfurt a.M. 1993, 7. Vgl. DERS., Archimedes und wir, Berlin 1987, 3f.

[45] Vgl. N. LUHMANN, Funktion der Religion, Frankfurt/M. [2]1990, 225–271, bes. 227.229.233.

heit. Säkularisierung bedeutet Entideologisierung der politischen Kultur. Ideologisierung ist dagegen nichts anderes als Entsäkularisierung und die Rückkehr in vorsäkulare Strukturen.

Versteht man Säkularisierung in dem genannten Sinne, dann wird die Rede von einem „ideologisch forcierten Säkularisierungsprozeß"[46] ebenso unsinnig wie die Annahme, daß die „Intention staatlicher Kirchenpolitik [...] die soziologische Wirkung des Säkularisierungsprozesses" verstärkt hätte[47]. Daß dies jedoch nicht die einzige in der DDR mögliche Sicht der Dinge darstellte, belegt die „Bestandsaufnahme" P. Wensierskis, in der der Autor bereits im Jahre 1981 zu dem Schluß kam, die Säkularisierung träfe in der DDR den Staat mehr als die Kirche[48] – eine Einsicht, die in der DDR nicht zuletzt aus kirchenpolitischen Gründen zu keiner Zeit mehrheitsfähig war. Der hier gemachte Befund bietet also eine Bestätigung der These H. Lübbes, wonach der Säkularisierungsbegriff einer „ideenpolitischen" Funktionalisierung verfallen und dadurch seiner wirklichkeitsaufschließenden Kraft verlustig gegangen sei[49], für den Bereich der DDR.

1.2.4 Mündigkeit

Es ist von Bonhoeffers Religionsverständnis her naheliegend, den religionslosen Menschen bzw. die religionslose „Welt" als mündig zu apostrophieren. In den Briefen aus der Haft hatte Bonhoeffer die Begriffe „religionslos" und „mündig" daher nahezu synonym gebraucht. Eine Welt, die die Vormundschaft der Religion überwunden hat, muß als mündige Welt angesprochen werden.

Damit operiert die theologische Beschreibung der kirchlichen Umwelt unter Anwendung der aus dem juristischen Sprachgebrauch stammenden Unterscheidung mündig/unmündig. Eine Auskunft darüber, warum diese Unterscheidung für den genannten Zweck leistungsfähiger sei als andere mögliche Unterscheidungen, wird von Bonhoeffer und seinen Nachfolgern nicht gegeben. Offensichtlich hat die Idee vom nahe herbeigekommenen religionslosen Zeitalter die Betreffenden so fasziniert, daß die Frage nach ihrer heuristischen Leistungsfähigkeit im Zusammenhang ekklesiologischer Fragestellungen gar nicht erst aufkam. Ebensowenig wird von den Bonhoeffer-Rezipienten eine Kriteriologie für die angemessene

---

[46] H. FALCKE, Die unvollendete Befreiung. Die Kirchen, die Umwälzung in der DDR und die Vereinigung Deutschlands, München 1991, 11.

[47] A.a.O., 12. Solche Deutungen erfreuen sich gegenwärtig noch eines breiten Konsenses. So heißt es etwa in dem vom Kirchenbund gezogenen Resümee aus dem Jahre 1990: „Säkularisierungserscheinungen, wie sie in allen Industrieländern anzutreffen sind, wurden durch gezielte weltanschauliche Beeinflussungen und durch administrative Maßnahmen verstärkt" (Bleibender Auftrag unter neuen Herausforderungen. Überlegungen zum Weg unserer Kirche in das vereinigte Deutschland. Ein Gesprächsangebot, hg. v. BEK, in: ZdZ 44, 1990, 225–229, 226). Und der Jenaer Systematiker M. SEILS kommt in seiner Analyse des „DDR-Christentum[s]" zu dem Urteil: „Wir hatten es vordergründig mit einer öffentlich indoktrinierten Säkularisation zu tun" (M. SEILS, Die Zukunftsräume offenhalten. DDR-Christentum in einer säkularisierten Gesellschaft, in: LM 29, 1990, 305–307, 305).

[48] P. WENSIERSKI, Thesen zur Rolle der Kirchen in der DDR. Eine Bestandsaufnahme, in: KiS 5/1981, 21–30.

[49] H. LÜBBE, Säkularisierung. Geschichte eines ideenpolitischen Begriffs, Freiburg ²1975.

Anwendung dieser Kategorie entwickelt, obwohl Ansätze dafür beispielsweise in F. Gogartens hochdifferenziertem existential-ontologischen Denken bereitgelegen hätten. Statt dessen wurde „Mündigkeit" pauschal auf die „moderne Welt" und den „modernen Menschen" angewandt, wobei dann als einzige Differenzierungsmöglichkeit eine grobe Quantifizierung übrigblieb, die nach dem Schema verfuhr: je „säkularer", desto „mündiger".

An dieser Stelle muß jedoch berücksichtigt werden, daß der Mündigkeitsbegriff innerhalb der kirchlich-theologischen Semantik in der DDR in unterschiedlichen Kontexten beheimatet war. Dabei haben sich diese unterschiedlichen, sich jeweils in einer Entwicklung befindenden Bedeutungen und Anwendungen des Mündigkeitsbegriffes z.T. gegenseitig interpretiert. Eine Annäherung an diesen für das Selbstverständnis der „Kirche im Sozialismus" zentralen Begriff geht darum methodisch am besten den Weg des Versuchs einer differenzierten Nachzeichnung der begriffsgeschichtlichen Entwicklung.

1.2.4.1 Die Mündigkeit der „Welt"

Es war vor allem der bereits mehrfach erwähnte Albrecht Schönherr, der, als Teilnehmer des Predigerseminars in Finkenwalde 1935 direkter Schüler Bonhoeffers, dessen in den Briefen aus der Haft artikulierte Überlegungen aufgriff und für die Konzeption des Weges der evangelischen Kirchen in der DDR fruchtbar gemacht hat[50]. Der uns hier interessierende Gedanke, Bonhoeffers These von der Mündigkeit des modernen Menschen, war dabei Schönherrs Ausgangspunkt. Daß es von der Kirche als normaler Zustand anzuerkennen sei, daß der moderne Mensch Gott nicht mehr brauche und ohne Gott leben könne, schrieb Schönherr, Bonhoeffers Verständnis von Religion und Säkularisierung übernehmend, bereits 1947[51], also in einer Phase, als sich die These von der Notwendigkeit einer erneuten „Durchchristlichung" der Gesellschaft breiter Zustimmung in nahezu allen kirchlichen und theologischen Lagern erfreute[52]. Ausführlicher entwickelte er seine Bonhoeffer-Interpretation dann in einem 1955 erschienenen Aufsatz[53]. Hier wurde der Begriff der „mündigen Welt" in Verbindung mit einer energischen Demission des Denkens in zwei Wirklichkeitsbereichen zum Instrument,

---

[50] ALBRECHT SCHÖNHERR tat dies neben zahlreichen Publikationen v.a. in Form der aktiven Gestaltung der kirchlichen Verhältnisse. Nach dem Kriege wurde der Pfarrer zunächst Superintendent, Direktor des Predigerseminars am Dom zu Brandenburg und Generalsuperintendent. In den sechziger Jahren fungierte er daneben als Leitungsmitglied des Weißenseer Arbeitskreises und Vorsitzender des Regionalausschusses der Christlichen Friedenskonferenz in der DDR. Seit 1967 war er Verwalter des Bischofsamtes für die in der DDR gelegenen Gebiete der Evang. Kirche Berlin-Brandenburg. Von 1969 bis 1981 hatte Schönherr den Vorsitz der Konferenz der Kirchenleitungen inne, von 1972 bis 1981 war er Bischof der Evang. Kirche in Berlin-Brandenburg/ Region Ost.

[51] A. SCHÖNHERR, Diesseitigkeit. Ein Gedenkwort für Dietrich Bonhoeffer, in: ZdZ 1, 1947, 307–312.

[52] S. o. Kap. II.A/2.2.

[53] A. SCHÖNHERR, Die Predigt der Kirche in der „mündigen" Welt. Gedanken Dietrich Bonhoeffers, in: ZdZ 9, 1955, 242–250.

mit dem er die in der Kirche weitverbreitete aggressiv-apologetische Haltung gegenüber der ihrerseits aggressiv auftretenden atheistischen Weltanschauung der SED bekämpfte.

Zur Kritik genügt es nicht, auf das bereits oben zum Säkularismusbegriff Bonhoeffers und seinen religionstheoretischen Voraussetzungen Gesagte sowie auf die kritischen Bemerkungen zur Kategorie „Mündigkeit" zu verweisen. Denn die Anwendung der Unterscheidung mündig/unmündig als heuristische Grundlage für die Steuerungsaufgaben der Kirchenleitungen *in der DDR* wirft noch einmal spezifische Probleme auf. Dies liegt daran, daß der Begriff von der „mündigen Welt" zwar eine wichtige theologiepolitische Funktion erfüllte, zur theologischen Qualifizierung der DDR-Gesellschaft aber nur wenig geeignet war. Geschah dies im Sinne Schönherrs dennoch, dann wurde der Begriff „Welt" hier faktisch auf die von einer Clique von Herrschenden, die die Ausübung ihrer Herrschaft zudem ihrer Einsetzung und massiven Stützung durch eine ausländische Macht verdankte, vertretene, als endgültig und wahr, weil wissenschaftlich, behauptete und unter Anwendung massiven politischen Drucks als einzig gültige verbreitete Weltanschauung reduziert. Daß diese Weltanschauung dabei hinsichtlich ihrer unmündig machenden Potenz jeder denkbaren „Religion" im Sinne Bonhoeffers äquivalent war, wurde übersehen. Diese Wahrnehmungsschwäche hat ihren Grund darin, daß Schönherr sich in seinen Wertungen stets vom *Selbstverständnis* der marxistisch-leninistischen Ideologie leiten ließ und damit jeder Möglichkeit verlustig ging, für die Verifizierung oder Falsifizierung der ideologischen Simulation der Wirklichkeit Kriterien zu entwickeln. Mit anderen Worten: Die Anwendung des Begriffes von der „mündigen Welt" auf die sozialistische Gesellschaft war nur möglich unter der Prämisse der Gültigkeit der herrschenden Ideologie, ja, genau genommen war sie selbst ein Teil dieser Ideologie.

Damit aber war die Pointe der Rede von der „mündigen Welt" gerade verfehlt, die ja in der Forderung bestand, die „Welt" in ihrem Selbstverständnis ernst zu nehmen. Denn zum einen nahm eine die Proklamation der von der Partei „sozialistisch" genannten Gesellschaft als „mündige Welt" betreibende Theologie nicht das Selbstverständnis der „Welt" – das es als solches auch gar nicht geben kann[54] – ernst, sondern statt dessen das Selbstverständnis, das die Welt *gemäß einer bestimmten Weltanschauung*, nämlich der der herrschenden Partei, hat – und erweist sich so als tendenziell konformistisch. Zum anderen hätte wirkliches Ernstnehmen weltlicher Selbstverständnisse gerade nicht deren demütige Anerkennung, sondern die kritische Auseinandersetzung mit ihnen bedeutet.[55] Die beschriebene, bei Schönherr v.a. in der Phase vor der Gründung des Kirchenbundes zu beobachtende Tendenz trat in bestimmten Bereichen der an den Sektionen betriebenen Theologie noch verstärkt auf. Als exemplarisch dafür kann die von Hanfried Müller[56] verfaß-

---

[54] Vgl. o. Kap. 1.1.2.3; 1.2.2.
[55] Vgl. u. Kap. II.C/3.2.
[56] HANFRIED MÜLLER, geb. 1925, übersiedelte nach einem Theologiestudium in Bonn und Göttingen nach Leipzig und promovierte mit einer Arbeit über Bonhoeffer, die v.a. im Westen Beachtung gefunden hat. 1959 war er als Dozent durch das DDR-Staatssekretariat für Hoch-

te, 1956 von der Sektion Theologie der Humboldt-Universität Berlin als Dissertation angenommene und 1961 in Leipzig veröffentlichte Bonhoeffer-Studie „Von der Kirche zur Welt" angesehen werden. Diese in Methode und Inhalt dem Marxismus-Leninismus verpflichtete Interpretation Bonhoeffers sollte offensichtlich zu einer Klärung des Selbstverständnisses der Kirche in einer sozialistischen Gesellschaft im Sinne der damals aktuellen programmatischen Parteiparole vom „Aufbau des Sozialismus" und der damit verbundenen kirchenpolitischen These der praktischen Konvergenz von Marxismus und Christentum beitragen. Müllers erkenntnisleitendes Interesse an Bonhoeffer muß von hier aus verstanden werden. Er erkannte eine Entwicklung in Bonhoeffers Denken, die er als

„vorbildlich für die bürgerlichen Christen unserer Zeit [...] [wertete]. Er [Bonhoeffer] verwirft das Bürgertum nicht, sondern er öffnet dem Bürger die Augen für neue, große Aufgaben. Er gibt dem bürgerlichen Menschen als Christen die Freiheit, mitzuarbeiten an den Aufgaben, die eine neue Zeit stellt."[57]

Gezeigt wird dies anhand einer Analyse des Mündigkeitsbegriffes. Bonhoeffers Rede von der „mündigen Welt" als die „zum Bewußtsein ihrer selbst und ihrer Lebensgesetze gekommene Welt"[58] wird von Müller so interpretiert: „Sie ist also die Welt, die bewußt das Subjekt ihrer Geschichte ist."[59] In dem Begriff

---

schulwesen mit der Wahrnehmung eines ordentlichen Lehrstuhles für Systematische Theologie an der Humboldt-Universität Berlin beauftragt worden. Von 1964 bis zu seiner Emeritierung 1990 war MÜLLER Prof. für Systematische Theologie ebd. MÜLLER war im Januar 1958 Gründungsmitglied des „Weißenseer Arbeitskreises" (vgl. C. STAPPENBECK, Die Anfänge des Weißenseer Arbeitskreises vor 25 Jahren. Ein Kapitel Geschichte der Kirchlichen Bruderschaften, in: WBl 1/1983, 36–46) und repräsentierte bei dessen Spaltung im Sommer 1961 zusammen mit G. FUNKE und G. BASSARAK den linken Flügel (vgl. zum WAK den gut informierten Bericht des MfS über „Rolle und Aufbau oppositioneller Gruppierungen in den evangelischen Kirchen Westdeutschlands und der Deutschen Demokratischen Republik" vom 12. August 1960 in: BESIER/WOLF 1991, 219–241, bes. 226–232). Seit 1983 gibt MÜLLER die Zeitschrift „Weißenseer Blätter" heraus. Die an den Sektionen betriebene Theologie und Kirchenpolitik war beim Staat sehr einflußreich, in der Kirche jedoch nicht konsensfähig. Erhellend für die Art und Weise der Universitätspolitik ist die Affäre um die vom Rat der Theol. Fakultät der Humboldt-Universität am 14. Oktober 1961 anläßlich der nach dem Mauerbau einsetzenden umfassenden Militarisierung des öffentlichen Lebens verabschiedeten „theologischen Erklärung", die sich für die Anerkennung von Kriegsdienstverweigerern aus Gewissensgründen bei gleichwertigem Ersatzdienst aussprach und Massenvernichtungsmittel kategorisch verwarf. Das Papier wurde auf politischen Druck zurückgehalten und durch einen neuen Text ersetzt, der u.a. von dem vom Staatssekretariat für Hochschulwesen in den Fakultätsrat hineinpraktizierten H. MÜLLER unterstützt wurde und den Mauerbau als „unvermeidlich" (KJB 88, 1961, 216) bezeichnete, den Christen, die den nationalen Streitkräften der DDR beitraten, „ein gutes Gewissen" (ebd.) zusicherte und potentielle Kriegsdienstverweigerer aus Gewissensgründen zu einem Gespräch aufforderte, in dem „freundschaftlich und geduldig über die Notwendigkeit einer bewaffneten Verteidigung des Friedens und der DDR sowie ihren Beitrag dazu" (a.a.O., 217) gesprochen werden sollte. Die Evang. Kirchenleitung Berlin-Brandenburg teilte dem Dekan der Fakultät daraufhin am 14.12. 1961 in einem Schreiben mit, „daß sie der Erklärung der Fakultät nicht zustimmen kann" (ebd.).

[57] H. MÜLLER, Von der Kirche zur Welt. Ein Beitrag zu der Beziehung des Wortes Gottes auf die societas in Dietrich Bonhoeffers theologischer Entwicklung, Leipzig 1961, 10.

[58] Vgl. o. Anm. 23.

[59] H. MÜLLER, a.a.O., 359.

„mündige Welt" sieht er darum eine „Hinwendung [Bonhoeffers] zu der [...] realistischen Auffassung der Geschichte in ihrer Immanenz"[60] zum Ausdruck gebracht. Einen Grund dafür meint er in Bonhoeffers wissenschaftstheoretischen Prämissen zu erkennen, denen er eine Nähe zu denen des Engelsschen Dialektischen Materialismus zuschreibt. Demnach hätte Bonhoeffer die von Wilhelm Dilthey vollzogene und z.B. von R. Bultmann übernommene Abgrenzung der Geschichtswissenschaft gegen die Naturwissenschaft und die daraus folgende „Trennung von Natur- und Geisteswissenschaften in der Methode faktisch nirgends rezipiert"[61]. Mit Engels gehe er daher „nicht allein von der Entdeckung der Gesetzmäßigkeit der Entwicklung in der Natur, sondern auch von der *Erkennbarkeit und Anwendbarkeit der gesellschaftlichen Gesetzmäßigkeit*"[62] aus.

Der Verdacht, daß hier traditionsgeschichtliche Verschiebungen im Sinne einer „Heimholungsstrategie" vorliegen, liegt nahe. Das Attribut der „Mündigkeit der Welt" wird auf diese Weise zu einer affirmativen Bestätigung der Ideologie des Marxismus-Leninismus.

Wenn diese Analyse zutrifft, dann nimmt es nicht wunder, daß die Rede von der „Mündigkeit der Welt" vor allem von der systemkonformen Theologie[63] positiv aufgenommen worden war[64]. Im kirchlichen Bereich dagegen erfuhr die Verwendung des Mündigkeitsbegriffes z.T. erhebliche Modifikationen.

1.2.4.2 Mündige Gemeinde und mündige Christen

Der Begriff der Mündigkeit wurde in den auf ökumenischer und regionaler Ebene geführten ekklesiologischen Debatten der fünfziger und sechziger Jahre zu einem geradezu inflationär gebrauchten Grundbegriff. Obwohl enge Zusammenhänge zu seiner Verwendung bei Bonhoeffer vorliegen, wo er als zentraler Terminus für die Gestaltung der Außenrelation der Kirche auftritt, sind die Bezüge seiner Verwendung hier demgegenüber etwas verschoben: „Mündigkeit" wird nun zum Schlagwort für die Reform der kirchlichen Innenrelationen, konkret: der Relationen Gemeinden-Kirchenleitung und Laien-Gemeindeleitung. So forderten v.a. den Traditionen der Bekennenden Kirche anhängende Theologen unter der Parole von der „mündigen Gemeinde" eine Überwindung des

---

[60] A.a.O., 358. Man beachte, wie MÜLLER hier mit der Verwendung des wertenden Adjektivs „realistisch" die Terminologie der ideologischen Propagandasprache der SED unkritisch übernimmt. Das aber heißt, daß er sich unreflektiert und ohne explizite Kenntlichmachung dieses Vorgangs der Kriterien der Parteiideologen für seine Bewertungen der Bonhoefferschen Theologie bedient. Noch deutlicher kommt dies in dem folgenden Satz zum Ausdruck: „Diese [...] positive Hinwendung zu realistischerem Geschichtsverständnis steht unter dem Thema der ‚mündigen Welt'" (ebd.).

[61] A.a.O., 362.

[62] Ebd., Herv. v. mir, W.Th.

[63] Vgl. M. BEINTKER, Die Idee des Friedens als Waffe im Kalten Krieg, in: KZG 4, 1991, 249–259.

[64] Vgl. die Wertung von G. BASSARAK: „Progressive Theologen würdigen Säkularisation theologisch, als deren Ergebnis sie die ‚mündige Welt' sehen" (DERS., Art. „Säkularisation" in: Theologisches Lexikon, 1978, 369f.). Vgl. dazu auch H. TREBS, Art. „Aufklärung", in: a.a.O., 45f. sowie DERS., Art. „Klerikalismus", in: a.a.O., 260.

hierarchisch-obrigkeitlichen Denkens innerhalb der Kirche und die Entwicklung von Eigeninitiative, Selbständigkeit und Eigenverantwortung der Gemeinden gegenüber den Kirchenleitungen[65]. Auf der Gemeindeebene suchte man in entsprechender Weise das traditionelle Verhältnis von Pfarrern und „Laien" einer Reform zu unterziehen. „Mündige Christen" sollten als „mündige Gemeindeglieder" ernstgenommen werden, was sich konkret in dem Programm einer Neuformulierung der kirchlichen Aufgabenverteilung auswirken sollte: Sowohl innerkirchliche Entscheidungsvorgänge als auch die unterschiedlichen Außenrelationen von der Verkündigung des Evangeliums über die Wahrnehmung gesellschaftlicher Mitverantwortung bis hin zu gültiger Repräsentation der Kirche sollten in eigenverantwortlicher Weise von den „mündigen Christen" wahrgenommen werden. Entsprechend fanden Verschiebungen etwa beim Amtsbegriff oder bei der Theorie der Gottesdienstgestaltung statt[66].

Zwischen der Anerkennung der „Mündigkeit der Welt" und den kirchlichen Reformbestrebungen unter dem Zeichen der „mündigen Gemeinde" und des „mündigen Christen" bestand eine *Entsprechung*. Für Bonhoeffer selber hatte die Anerkennung der Mündigkeit der Welt die *Diesseitigkeit* christlicher Existenz mit Notwendigkeit nach sich gezogen: Die Kirche nimmt an den weltlichen Aufgaben des menschlichen Gemeinschaftslebens nicht herrschend, sondern dienend teil. Denn: „[N]icht ein homo religiosus, sondern ein Mensch schlechthin ist der Christ", der darum auch „erst in der vollen Diesseitigkeit des Lebens glauben lernt"[67]. Und „Diesseitigkeit" heißt: „in der Fülle der Aufgaben, Fragen, Erfolge und Mißerfolge, Erfahrungen und Ratlosigkeiten leben"[68]. Von den anderen Menschen unterscheidet sich der Christ dann aber doch durch eine qualifizierte Art seiner Diesseitigkeit: „Nicht die platte und banale Diesseitigkeit der Aufgeklärten, der Betriebsamen, der Bequemen oder der Lasziven, sondern die tiefe Diesseitigkeit, die voller Zucht ist, und in der die Erkenntnis des Todes und der Auferstehung immer gegenwärtig ist, meine ich."[69] Damit war zugleich eine Verschiebung auf Seiten der Subjekte kirchlichen Handelns von den Leitungsorganen hin zu den „Laien" angelegt: Der „mündigen Welt" entspricht der „mündige Christ" und damit auch die Intention der „Überwindung der ‚Entmündigung der Gemein-

---

[65] In der DDR aufgenommen z.B. von C. BERG, Wittenberg unter Moskau. Entwicklungen, Probleme, Aufgaben, in: JACOB/BERG 1957, 33–54, bes. 47f.

[66] Vgl. z.B. W. MÜCKSCH, Gestaltwandel der Gemeinde, in: ZdZ 9, 1955, 361–367; F. HEIDLER, Voraussetzungen für lebendige Gemeinde, in: ZdZ 10, 1956, 175–180; F.-W. KRUMMACHER, „Zeichen der Zeit". Rückblick und Ausblick, in: ZdZ 10, 1956, 1–8; G. JACOB, Der Dienst des Laien in der Kirchengemeinde heute, in: ZdZ 13, 1959, 203–211; E.-R. KIESOW, Art. „Pfarrer, Pfarramt" in: Theologisches Lexikon, 1978, 328f.

[67] WEN, 401 (= WE, [11]1980, 183).

[68] WEN, 402 (= WE, [11]1980, 183).

[69] WEN, 401 (= WE, [11]1980, 183).

den'"[70], der sowohl die nach dem Kriege gegründeten Evang. Akademien[71] als auch die neu konzipierte Jugendarbeit[72] verpflichtet waren.

In der DDR konnten Konzepte solcher Art auch den politisch bedingten Machtverfall der kirchlichen Institution theologisch kompensieren helfen. Diese These wird durch die Beobachtung gestützt, daß die bis dahin wohlfeile Parole von den „mündigen Christen in einer mündigen Welt"[73] in dem Maße, in dem die Kirche als Institution erneut gesellschaftlichen Einfluß gewann, wieder von der Bildfläche verschwand[74]. Als schließlich die Mündigkeit der Laien in den achtziger Jahren nicht mehr nur als theologisches Postulat, sondern in Form sozialethisch engagierter Gruppen als leibhaftig erfahrbare und provozierende Wirklichkeit in den Alltag der Kirche einzog, mußte diese erst wieder mühsam lernen, eine Kirche mündiger Christen (sachgemäßer sprach man jetzt von „Offener Kirche") zu werden[75].

1.2.4.3 Mündigkeit der „Welt" oder Mündigkeit der Christen?

Auf der Bundessynode in Eisenach 1971 war der Versuch unternommen worden, das Konzept einer „Kirche für andere" in einer „mündig gewordenen Welt" für die DDR-Kirchen konkret umzusetzen[76]. Schon bald danach war es allerdings zu einer erheblichen Verschiebung innerhalb der theologischen Beschreibung des

---

[70] So, ein Wort von H. DIEM aufnehmend, M. PUNGE, Art. „Evang. Akademien" in: Theologisches Lexikon, 1978, 17f., 17. G. JACOB sah in seiner Prognose der kirchlichen Verhältnisse des Jahres 1985 die einer dann vollends „mündig" gewordenen „Welt" entsprechende Kirchenstruktur so: „Diese ecclesia wird sich 1985 in Gruppen, Zellen, kommunitäre Bewegungen, in Teams und dynamischen Minoritäten von mündigen Christen darstellen" (DERS., Die Zukunft der Kirche in der Welt des Jahres 1985, a.a.O., 450).

[71] Vgl. M. PUNGE, a.a.O.

[72] Vgl. R. D. GÜNTHER, Art. „Junge Gemeinde" in: Theologisches Lexikon, 1978, 225: In der kirchlichen Jugendarbeit erfolgt „Einübung in mündiges Christsein", d.h. es „sollen eigenverantwortliche Entscheidungen ermöglicht werden, die sich im Gespräch prüfen und gegebenenfalls korrigieren lassen und die Fähigkeit einüben, für Folgen von Entscheidungen einzustehen". „Ziel dieser Jugendarbeit sind mündige Christen, die in der Gemeinde (als Zeugnis- und Dienstgemeinschaft) befreit werden zu einer dienenden Mitverantwortung in der Gesellschaft."

[73] Wie sehr der Begriff der Mündigkeit am Ende zur Phrase verkommen war, zeigt ein von dem Berliner Theologen H. TREBS verantworteter Appell an die christliche Bevölkerung, der neuen Verfassung zuzustimmen. Er erschien unter dem Titel „Mündige Christen in einer mündigen Welt. Von der Volksaussprache zum Volksentscheid" in der „Neuen Zeit" Nr. 83/1968 vom 6. April 1968 (abgedr. in: KJB 95, 1968, 195–197).

[74] Allerdings hatte sich mittlerweile die Umsetzung dieses Konzeptes in den praktischen Alltag der Gemeinden auch allgemein als Überforderung erwiesen. Skeptisch äußerte sich bereits M. ZIEGLER, Auf dem Wege zu einer missionierenden Gemeinde, in: ZdZ 18, 1964, 204–214; vgl. M. BEINTKER, Der gesellschaftliche Neuaufbau in den östlichen Bundesländern. Herausforderungen an die Theologie, in: ThLZ 116, 1991, 241–254, 246.

[75] Dabei waren viele Themen der „Gruppen"-Debatte der achtziger Jahre bereits in der „Laien"-Diskussion der fünfziger Jahre antizipiert worden, vgl. v.a. G. JACOB, Der Dienst des Laien in der Kirchengemeinde heute, a.a.O. Hier unterschied JACOB in nachgerade prophetischer Weise von dem „traditionellen Laien" den Typ eines „nichttraditionellen Laien", der, häufig aus unkirchlicher Tradition kommend, sich oft in einem „Zweifrontenkrieg" (209) zwischen feindlicher Umwelt und skeptischer Kerngemeinde wiederfindet.

[76] Vgl. u. Kap. II.C/2.4.3.3.3; 3.3.1; 3.3.2.1.2; 3.3.2.2.

Verhältnisses von Christ bzw. Kirche und Welt gekommen. Diese Verschiebung ging auf eine theologische Überprüfung der Zuordnung des Attributes „mündig" zurück, ein Vorgang, der aufs engste mit der Formel „Kirche im Sozialismus" zusammenhängt, da er zeitlich mit ihrem Entstehungsprozeß zusammenfällt. Dabei sind Elemente des (von Bonhoeffer explizit verworfenen) existentialtheologischen Fragens nach der rechten Weltlichkeit der Welt aufgenommen worden. Ein prominenter, zeitlich nach Bonhoeffer entstandener Versuch dieser Tradition soll darum vorab kurz skizziert werden.

Exkurs: Friedrich Gogarten: Glaube, Mündigkeit und Säkularismus

Gogarten findet bei dem von ihm dezidiert als Anti-Gnostiker interpretierten Paulus den Welt-Begriff in einer differenzierten Fassung vor. Von der Welt „an sich" als guter Schöpfung Gottes wird „diese Welt" unterschieden, die als die verkehrte Welt eine den Menschen von Gott trennende Macht darstellt. Konstitutiv für diese Unterscheidung ist nicht, wie in der Gnosis angenommen, ein kosmisches Drama, sondern die Sünde der Menschen, die darin besteht, sich gegen ihren Schöpfer und gegen ihr eigenes Geschöpfsein zu verschließen. Das impliziert, daß „sie darauf aus sind, die Welt in sich zu schließen, so daß diese in sich selbst begründet ist und ihren Sinn in sich selbst hat."[77] Gogartens existential-ontologische Anthropologie unterscheidet entsprechend zwischen dem „dieser Welt" verfallenen, weil das Geschöpf an Stelle des Schöpfers verehrende und somit sein Sein aus der Welt empfangende und in der Verantwortung vor ihr stehenden Menschen einerseits und dem erlösten, weil Gott verehrenden und somit sein Sein aus Gott empfangenden und in der Verantwortung vor ihm stehenden Menschen anderseits[78]. In einer in sich geschlossenen Welt werden die gesetzlichen Mächte der Welt, die *Stoicheia,* zu gottfeindlichen Gewalten, denen der sündige Mensch unterworfen ist. Der Glaube dagegen erkennt die *Stoicheia* als zur geschaffenen Welt gehörig und sieht sie in ihrer schöpfungsgemäßen Aufgabe, nämlich die Welt als Welt zu erhalten[79]. Das Verhältnis der Glaubenden zu ihnen ist ebenso wie ihr Verhältnis zu Gott von Freiheit und Selbständigkeit gekennzeichnet. Aus diesem Grunde wird ihnen von Paulus das Prädikat der „Sohnschaft" zugesprochen. „Das ist darum nicht unwichtig, weil der Sohn im Unterschied zum Kind der Mündige und darum Selbständige ist. Nur wenn das beachtet wird, erkennt man, daß mit der Sohnschaft des Menschen nicht nur einer diese entsprechende Beziehung zu Gott ausgesagt wird [die darin besteht, daß der Sohn sein Sein aus dem Vater empfängt], sondern ebenso eine seinem Sohnsein Gott gegenüber entsprechende Beziehung

[77] F. GOGARTEN, Verhängnis und Hoffnung der Neuzeit. Die Säkularisierung als theologisches Problem, Stuttgart 1953, 13. GOGARTENs differenziertes „Welt"-Verständnis wurde im Bereich der DDR u.a. von W. KRUSCHE rezipiert, vgl. DERS., Der welt-fremde Christ. Christliche Existenz in unserer Zeit, Sexau 1987, 6f.
[78] A.a.O., 24–31.
[79] A.a.O., 13.

zur Welt [die in der Freiheit vom Gesetz ‚dieser Welt' besteht und zugleich in der Verantwortung dafür, daß die Welt Schöpfung bleibt]"[80].

Wichtig für unseren Zusammenhang ist die Feststellung, daß Gogarten „Mündigkeit" als Aspekt der „Sohnschaft" einführt[81]. Die von ihm beobachtete Perversion der mit dem christlichen Glauben notwendig einhergehenden Säkularisierung der Welt zum Säkularismus bestünde gerade darin, daß hier der Mensch die ihm vom Christentum erschlossene Freiheit gegenüber der Welt, also einen Aspekt der Mündigkeit, in Anspruch nimmt, ohne den Glauben an die durch externe Konstitutionsweise bestimmte ontologische Struktur des Menschseins des Menschen und des Weltseins der Welt, also den anderen Aspekt der mit der Sohnschaft gegebenen Mündigkeit, zu teilen[82].

Reflexe eines solchen differenzierteren Ansatzes von „Mündigkeit" lassen sich in der ekklesiologischen Debatte in der DDR etwa seit der Gründung des Kirchenbundes beobachten. Sie führten zu der für das Konzept „Kirche im Sozialismus" charakteristisch gewordenen Struktur des Kirche/Gesellschaft-Verhältnisses.

Heino Falcke[83] hatte in seinem Referat vor der Bundessynode 1972 in Dresden[84] versucht, theologische Grundlagen für eine gegenüber Eisenach 1971 neu akzentuierte Verhältnisbestimmung von Kirche und Gesellschaft in der DDR zu erarbeiten. Als Aufgangspunkt für seine Überlegungen wählte er den Freiheitsbegriff, der allerdings in charakteristischer Weise von der in Bonhoeffers Haftbriefen im Vordergrund stehenden Emanzipationssemantik abweicht. Im Unterschied zu Bonhoeffers Konzept der mündig gewordenen Welt, die ihre Freiheit durch ihre Emanzipation von der unmündig machenden Religion erlangt, wird hier die Ambivalenz aller menschlichen Selbstbefreiungsversuche betont[85]. Als theologischer Begriff erscheint Freiheit bei Falcke nicht im Sinne von Emanzipation von religiöser Bevormundung, sondern von Befreiung von der Knechtschaft der Sünde.

Von diesem (rechtfertigungs-)theologisch gefaßten Freiheitsbegriff aus führt ein direkter Weg zu einer gänzlich anderen Beurteilung der Mündigkeitsthematik als bei Bonhoeffer und Schönherr. Im Horizont der paulinischen Rechtfertigungslehre definiert Falcke den Begriff der Mündigkeit *nicht* unter Anwendung der Differenz Religion/Religionslosigkeit, sondern derjenigen von Knechtschaft/Befreiung. Entscheidend dabei ist, daß der Gott des Rechtfertigungsglaubens, also der Vater Jesu Christi, von dem „religiös" (im Sinne Bonhoeffers) bestimmten Gott unterschieden wird[86]. Vielmehr wird die Religion (im Sinne Bonhoeffers) gerade im

---

[80] A.a.O., 31.

[81] Darin folgte ihm der Berliner Systematiker H.-G. FRITZSCHE in seinem Artikel „Mensch" in: Theologisches Lexikon, Berlin/O. 1978, 288f., bes. 289.

[82] F. GOGARTEN, A.a.O., 137–143.

[83] HEINO FALCKE war von 1963 bis 1973 Direktor des Predigerseminars Gnadau. Seit 1973 ist er Propst in Erfurt.

[84] H. FALCKE, Christus befreit – darum Kirche für andere, in: KJB 99, 1972, 242–255.

[85] A.a.O., 242f.

[86] „Die Neuzeit meinte […], der Mensch müsse die Gotteskindschaft ablegen, sich von der Autorität Gott befreien, um mündig zu werden. Der Vater Jesu Christi aber ist kein einschüchtern-

Gegensatz zum Rechtfertigungsglauben zu den „Zuchtmeistern und autoritären Gewalten *dieser Welt*, die uns gängeln und durch Lockung und Drohung in Unmündigkeit festhalten"[87], gezählt.

Der aus sich selbst heraus lebende Mensch – ob seinem Selbstverständnis nach religiös oder religionslos – ist von Lebensangst und der Sorge um Sicherheit umgetrieben. Um Lebens-Garantien zu gewinnen, schafft er sich „Götzen, die ihm Sicherheit geben sollen"[88], die aber zum einen ambivalent sind und zum anderen seine Unmündigkeit stabilisieren. Mündigkeit dagegen ist für Falcke erst und ausschließlich mit der „Befreiung zur Sohnschaft"[89] erreichbar, so daß er pointiert formulieren kann: „Christus befreit zur Mündigkeit"[90].

Damit ist Mündigkeit einmal als Befreiung von Religion (im Sinne Bonhoeffers) verstanden, zugleich aber auch als Befreiung von der Knechtschaft durch Religionssubstitute, also durch funktional äquivalente Größen, die in „religionslosen" Gesellschaften an die Stelle von Religion treten und gleich dieser Unmündigkeit erzeugen. Die Bonhoeffersche Gleichung, wonach der Übergang von der „religiösen" zur „religionslosen Welt" gleichzusetzen sei mit dem Übergang von der „unmündigen" zur „mündig gewordenen Welt", geht also in dieser rechtfertigungstheologischen Perspektive nicht mehr auf. Mündigkeit ist bei Falcke kein Prädikat der Religionslosigkeit, sondern der Freiheit, deren Urheber Christus ist.

Diese Korrektur des Mündigkeitsbegriffes hatte eminente Bedeutung für die theologisch codierte Beobachtung bzw. Beschreibung der gesellschaftlichen Umwelt der Kirche in der DDR. Denn diese war bisher

a. dem Schema der von den SED-Ideologen vorgenommenen Selbstbeschreibung der sozialistischen Gesellschaft gefolgt, dem die Differenz „religiös"/„atheistisch" bzw. „wissenschaftlich" zugrundelag, und hatte

b. in diesem Zusammenhang den Bonhoefferschen emanzipatorischen Mündigkeitsbegriff angewandt.

In beiden Hinsichten findet sich bei Falcke ein Neuansatz: Indem er

a. eine theologische Perspektive an die Stelle der von der Partei betriebenen ideologischen Selbstbeschreibung der Gesellschaft setzt und

b. den Mündigkeitsbegriff aus einer religionskritischen in eine rechtfertigungstheologische Bestimmung überführt,

kommt er zu einer genau entgegengesetzten theologischen Bewertung der Gesellschaft der DDR als der von Schönherr vertretenen. Daß er sie in Dresden nicht offen und explizit aussprechen konnte, versteht sich von selbst. Aber auch seine vorsichtigen Formulierungen ließen für diejenigen, die Ohren hatten zu hören, an Deutlichkeit nichts zu wünschen übrig:

---

der Patriarch. [...] Er bringt uns nicht in neue Hörigkeit [...]. Er will nicht hörige Mitläufer" (A.a.O., 244f.).

[87] A.a.O., 244. Herv. v. mir, W.Th.

[88] Ebd.

[89] Ebd.

[90] Ebd.

„Weil Gott seine Autorität dazu einsetzte, Autor unserer Freiheit und Mündigkeit zu sein, wird sich alle Autorität in Familie, Kirche und Gesellschaft daran messen lassen müssen, ob sie Autorschaft von Freiheit ist und zur Mündigkeit hilft. Als mündige Söhne stehen wir Menschen in unvertretbarer Selbstverantwortung vor Gott. Darum können wir andere Menschen nicht gleichschalten und uns zum Herrn ihrer Gewissen machen (Rö 14,4). Mündigkeit ist freilich etwas anderes als die liberalistische Privatfreiheit zu denken, zu wollen und zu tun, was ich will. Mündigkeit wagt das offene Wort, verantwortet sich vor anderen, stellt sich der Kritik, sucht das verbindliche Gespräch. Sie verfällt nicht dem Pluralismus als einer Ideologie der Unverbindlichkeit, aber sie läßt eine Vielheit von Meinungen gelten und ermutigt zu selbständigem Denken. Wenn Gott es riskiert, mündige Partner zu haben, sollten Kirche und Gesellschaft nicht weniger riskieren."[91]

Bereits zwei Jahre vor Falckes Dresdner Synodalvortrag hatte der Vorsitzende des Rates der EKU, der Görlitzer Landesbischof H.-J. Fränkel, in seinem Bericht vor der Regionalsynode Ost des Rates der EKU vom 22. bis 24. Mai 1970 in Magdeburg dessen Grundgedanken in kürzerer Form ausgeführt. Im Anschluß an die zweite These der Barmer Theologischen Erklärung sprach Fränkel von der „Befreiung aus den gottlosen Bindungen dieser Welt", deren Souveränität von „Ambivalenz" geprägt sei[92] und von einem „erschreckenden Mißverhältnis" zwischen der „rationale[n] Mündigkeit des Menschen" und „seiner ethischen Unmündigkeit"[93]. Diese „ethische Unmündigkeit" wird näher konkretisiert und enthält folgende Elemente:
– „der einzelne Mensch" ist nicht „verantwortliche Person", sondern „von dunklen Mächten manipulierbares Objekt".[94]
– Dem entsprechen „Absolutsetzung[en] politischer, nationaler, rassischer und ideologischer Werte."[95]
Zur Mündigkeit dagegen gehört für Fränkel die volle und allgemeine Glaubens- und Gewissensfreiheit und ein gesellschaftliches Klima der Offenheit und Wahrhaftigkeit.[96]

1.2.4.4 Die Mündigkeit der Gesellschaft und die Mündigkeit der Kirche

Im Anschluß an die eben skizzierten Modifikationen des Mündigkeitsbegriffes mußte sich die Kirche in erster Linie selbst als mündig begreifen. Die mündige und darum ihren Auftrag in eigenständiger Weise bestimmende Kirche mußte diesen Auftrag dann genau *darin* sehen, diese ihre Mündigkeit als in Christus konstituierte Freiheit allen Menschen zu bezeugen und in der Konsequenz alle dieser Freiheit und ihren Konsequenzen entsprechenden Sachverhalte zu unterstützen, sich allen ihr widersprechenden Sachverhalten dagegen zu widersetzen. Die Kirche be-

---

[91] A.a.O., 245.
[92] KJB 97, 1970, 305.
[93] A.a.O., 306.
[94] Ebd.
[95] Ebd.
[96] Vgl. auch H.-J. FRÄNKEL, Was haben wir aus dem Kirchenkampf gelernt? Vortrag am 8. November 1973 in der Annenkirche zu Dresden, in: KJB 100, 1973, 161–167.

trachtete m.a.W. ihre eigene (vom Staat am 6. März 1978 anerkannte) Mündigkeit nicht als Privileg, sondern als allgemeine Grundlage *allen* menschlichen Zusammenlebens und somit als inhaltliches Kriterium für ihr eigenes gesellschaftliches Engagement[97].

Der Weg zur „Kirche im Sozialismus" war somit, aus der Perspektive des Mündigkeitsbegriffes gesehen, der Weg von einer der „Welt" affirmativ Mündigkeit zusprechenden Kirche (die auf diese Weise die unfruchtbare Konfrontation von „Christentum" und „Sozialismus" zu überwinden gesucht hatte) hin zu einer Kirche, die sich innerhalb einer ideologischen und damit Mündigkeit erheblich begrenzenden Gesellschaft aufgrund ihrer Botschaft des Evangeliums zum Anwalt der Mündigkeit der Menschen und d.h. zum Anwalt mündiger Verhältnisse macht.

2. Die Kirche in ihrer Umwelt

Der kirchlichen Wahrnehmung ihrer Umwelt als „säkular" bzw. „religionslos" war eine Unsicherheit in der ekklesiologischen Leitbegrifflichkeit gefolgt[98]. Als übergeordnetes Deutungsinstrument für das Selbstverständnis einer Kirche in einer in der genannten Weise wahrgenommenen Umwelt hatte sich jedoch der Diaspora-Begriff bald allgemein durchgesetzt.

Das griechische Wort διασπορά hat seinen Ort in der LXX, wo es als Substantiv das hebr. *niddach* (verstoßen, vertrieben, versprengt), als Verb (διασπείρειν) hauptsächlich Formen von hebr. *puz* (sich ausbreiten, zerstreuen) bzw. *napaz* (sich zerstreuen, sich verlaufen) übersetzt. Den hebräischen terminus technicus für die Deportation ins Exil, *golah*, gibt LXX dagegen nie mit διασπορά wieder. Der Begriff muß also von „Exil" abgegrenzt werden. Eine Deportation ist als einer von mehreren möglichen Gründen einer Diaspora von dieser selbst zu unterscheiden. Eine Diaspora kann daneben auf Handelskolonien, Söldnertum, Emigration oder Kriegsgefangenschaft zurückgehen. Mit dem Begriff ist zum einen der Minderheitenstatus der jüdischen Gemeinde in einer religiös andersartigen Umwelt, zum anderen die räumliche Entfernung vom Zentralheiligtum auf dem Zion bezeichnet.

Die urchristlichen Gemeinden übernahmen den Begriff vom Judentum zusammen mit dem Anspruch, „Volk Gottes" bzw. das „wahre Israel" zu sein. Die sachliche Berechtigung dieser Übernahme lag zum einen in der Tatsache, daß die frühen Gemeinden noch eine dem Judentum vergleichbare Bindung an

---

[97] Deutlich erkennbar wurde das in den späten achtziger Jahren, als die Kirche die Förderung der „Mündigkeit der Bürger" in zunehmendem Maße auch explizit als ein notwendiges Ziel ihrer gesellschaftlichen Mitverantwortung erkannte. Gefördert wurde diese Erkenntnis v.a. durch den Druck der Ausreiseproblematik und die innerkirchlich mit Vehemenz zur Sprache gebrachte „Abgrenzungs"frage.

[98] Vgl. dazu z.B. C. STIER, Bericht des Landesbischofs an die Synode der Landeskirche Mecklenburgs, Schwerin, 13.-16. März 1986, in: epd-Dok 18/1986, 5–11 (Dok 1986/2).

Jerusalem aufwiesen, indem sie an diesem Ort die Wiederkunft Christi, die Erfüllung der Verheißungen und den Mittelpunkt der kommenden Gottesherrschaft erwarteten. Für die Gemeinden außerhalb Palästinas stellte der Begriff also sowohl in seiner Distanz- wie in seiner Minderheiten-Komponente eine relevante Deutungskategorie dar und wurde als eine solche verwendet[99]. Nachdem im 4. Jahrhundert beide inhaltlichen Komponenten ihre Relevanz für die Kirche verloren hatten, verschwand der Begriff auch aus dem christlichen Bewußtsein.

Erst in der Neuzeit hielt der Begriff mit charakteristischen Bedeutungsverschiebungen erneut Einzug in den reflexiven christlichen Sprachgebrauch, nämlich als Bezeichnung der Situation einer konfessionellen Minderheit in einer sie umgebenden konfessionellen Mehrheit sowie als terminus technicus für die Situationsbestimmung von Auslandsgemeinden.

In neuester Zeit wurde der Begriff aufgrund der Erfahrung der Säkularisierung der kirchlichen Umwelt und dem im Zusammenhang damit neu erwachten Bewußtsein von der Fremdheit der Christen in der „Welt" wieder neu als Deutekategorie des Kirche-Umwelt-Verhältnisses entdeckt. Aus dem Hinweis auf die damit vollzogene Wiederentdeckung einer ekklesiologischen Kategorie der Urchristenheit wurde sodann häufig die Schlußfolgerung gezogen, die „Diasporagestalt" der Kirche hätte normative ekklesiologische Qualität.

Die besondere Problemlage einer Kirche in der säkularen Diaspora besteht in der Frage nach ihrer Identität, d.h. in der Spannung zwischen Assimilierungs- und Ghettoisierungstendenzen. Konkretisiert wird diese Frage durch die Verhältnisbestimmung von Sammlung (Ekklesia) und Zerstreuung (Diaspora). Die Frage nach der Identität der Kirche in einer säkularen Diaspora stellt sich aber noch grundsätzlicher, wenn man beachtet, daß konstitutiv für den Diaspora-Begriff die Momente der Fremdheit, Minderheit und Heimatlosigkeit der Christen in ihrer Umwelt sind. Eine entscheidende Bedeutung kommt damit indirekt der Frage nach den Kriterien der Unchristlichkeit der Umwelt und der Christlichkeit (Kirchlichkeit) der Christen zu[100].

Nach diesen einführenden allgemeinen Bemerkungen soll nun die Verwendung des Begriffs „Diaspora" im Kontext der kirchlichen Situationsbestimmung in der DDR analysiert werden. Dabei empfiehlt es sich im Interesse der Übersichtlichkeit, methodisch zwischen seinem Ort in der Außenrelation und der Innenrelation der Kirche zu unterscheiden. Abschließend wird nach der programmatischen Relevanz des Begriffes für die „Kirche im Sozialismus" zu fragen sein.

---

[99] Jak 1,1; 1.Petr 1,1.
[100] Erst von hier aus wird die ganze Tragweite der Neuaufnahme des Religionsbegriffes als zentrales Thema der theologischen Debatte in der DDR in den achtziger Jahren verständlich, s. u. Kap. II.C/3.3.3.2.

2.1 „Kirche in der Diaspora" als Kennzeichnung der Außenrelation der „Kirche im Sozialismus"

2.1.1 Differenzierungen im Diaspora-Begriff

Der Begriff „Diaspora" als Kennzeichnung der Situation der Kirche in der DDR wurde erstmals 1958 von Fritz Führ verwendet[101]. Von der „eingeengt[en]" Bedeutung des Begriffs im Sinne einer konfessionellen Diaspora grenzt Führ seinen Diaspora-Begriff ab, der „die Existenzform der Kirche, wie wir sie im Neuen Testament bis in die Evangelien hinein verfolgen können", bezeichnet[102]. Damit kann, auf die Gegenwartssituation der Kirche bezogen, nicht nur die Situation säkularer Diaspora einer Kirche in einer neuzeitlich pluralistischen Gesellschaft auf den Begriff gebracht werden, sondern auch und vor allem die einer „Gegnerschaft aus Prinzip, ja nicht selten sogar aus haßerfüllter Ablehnung"[103], die Führ als Situation der Kirchen in der DDR beobachtete.

Von dem Magdeburger Bischof Werner Krusche erfuhr Führs Differenzierung durch die Einführung des Begriffs „ideologische[] Diaspora"[104] eine terminologische Präzisierung. Neben der konfessionellen Diaspora wird also jetzt zwischen einer säkularen und einer ideologischen Diaspora unterschieden, eine Unterscheidung, die auf dem Unterschied zwischen einer pluralistischen Gesellschaft und dem „Totalanspruch der ideologischen Einheitsgesellschaft"[105] als Umwelt der Kirche beruht.

Dieses Differenzierungsniveau hat sich in der innerkirchlichen Reflexion über das Umweltverhältnis der Kirche allerdings nicht allgemein durchgesetzt. Seit der Wende und der nachfolgenden Vereinigung von EKD und BEK ist gar seine gezielte Unterschreitung zu beobachten. So spricht Propst Heino Falcke neuerdings rückblickend von einem „ideologisch forcierten Säkularisierungsprozeß"[106], also davon, daß die „Intention staatlicher Kirchenpolitik [...] die soziologische Wirkung des Säkularisierungsprozesses", worunter Falcke eine gesellschaftliche Ausdif-

---

[101] F. Führ, Kirche am Anfang einer neuen Zeit, München 1958. Eine gekürzte Fassung findet sich unter dem Titel „Unsere Kirche in der Zerstreuung – Not und Segen" in: ZdZ 13, 1959, 1–3; vgl. auch Ders., Kirche wird Diaspora. Biblische Perspektiven für kirchenleitenden Dienst, in: ZdZ 17, 1963, 124–134. Vgl. auch den Hinweis bei H. Falcke, Die unvollendete Befreiung, München 1991, 15 (Anm. 6).

[102] F. Führ, Kirche am Anfang einer neuen Zeit, München 1958, 17.

[103] A.a.O., 10.

[104] W. Krusche, Die Gemeinde Jesu Christi auf dem Wege in die Diaspora. Vortrag vor der Synode der Evangelischen Kirche der Kirchenprovinz Sachsen, Halle, 17. November 1973, in: KJB 100, 1973, 167–175, 168.

[105] Ebd. Im gleichen Sinne unterschied Bischof A. Schönherr in seinem Referat vor der Bundessynode in Potsdam 1974, daß die Minderheitssituation der Kirche nicht nur auf dem Umstand beruhe, daß sie ihre zentrale Stellung in einer stabilen Gesellschaft, für deren Stabilität sie verantwortlich war, verloren habe (säkulare Diaspora), sondern auch darauf, daß sie sich in einer Gesellschaft vorfinde, „die nach dem Willen der führenden Partei von einer im Kern atheistischen Ideologie geprägt werden soll" (Ders., Die Kirche als Lerngemeinschaft, in: Ders. 1979, 206–229, 220f.).

[106] H. Falcke, Die unvollendete Befreiung, München 1991, 11.

ferenzierung versteht, „verstärkte"[107]. Nach solcher Vermischung der beiden – in Wahrheit einander ausschließenden – Größen Ideologisierung und Säkularisierung ist es möglich, die Situation der Kirche in der DDR als eine „säkulare[], ideologische[] Diaspora" zu bezeichnen[108]. Das Interesse, das dabei im Hintergrund steht, ist unschwer zu erkennen. Indem die ideologische Diaspora zu einer nur quantitativ unterschiedenen Variante der ohnehin allerorten konstatierten bzw. prognostizierten säkularen Diaspora erklärt wird, geht es um die Relevanz der Erfahrungen der Kirchen aus der DDR-Zeit für die gesamtdeutsche kirchliche Gegenwart und Zukunft. Um dies zu erreichen, werden die Ähnlichkeiten in den äußeren Situationen der Kirche hervorgehoben. Abstrakter ausgedrückt: Die bleibende Relevanz der bereits gefundenen Problemlösungen soll mit Hilfe des Aufzeigens von Problemkontinuitäten sichergestellt werden. Zu diesem Zweck soll im Wechsel der kontingenten gesellschaftlichen Situation die Relation von Problem und Problemlösung möglichst stabil gehalten werden. Um dies zu erreichen, wird folgendes Verfahren eingeschlagen: die Problematik der neuen Situation wird konsequent aus der Perspektive der der alten Situation zugeordneten Problemlösungen wahrgenommen. Die mit einer solchen Vorgehensweise einhergehende Gefahr besteht darin, daß damit eine Problem-Konstruktion entsteht, die die Genauigkeit der Problemerfassung und, als Folge dessen, auch die Effektivität der Problemlösungen vermindern kann.

2.1.2 Merkmale der ideologischen Diaspora

2.1.2.1 Minderheitssituation der Kirche

In den fünfziger Jahren war das Bewußtsein einer Minderheitskirche noch nicht allgemein vorherrschend gewesen. Bezeichnend dafür ist die Behandlung des Themas bei F. Führ. Er konstatierte 1958 eine Unproportionalität des Wachstumsprozesses der Menschheit einerseits und des Anteils der Christen daran andererseits. Daraus ergibt sich, daß die Christenheit weltweit auch bei absoluter Zunahme doch relativ „im Schrumpfen"[109] begriffen ist. Diesen „Schrumpfungsprozeß"[110] mag Führ allerdings nicht als konstitutiven Bestandteil einer Diaspora-Kirche begreifen, eher im Gegenteil: da eine Diaspora-Kirche „auch missionierende Kirche"[111] ist und Führ unter Mission kirchliche Bestandserweiterung versteht, ist sie auch wachsende Kirche.

Die statistische Entwicklung der Kirchenmitgliedschaft hatte in Verbindung mit der populären alarmierenden Prognostik der sechziger Jahre[112] in dieser Hinsicht einen gründlichen Bewußtseinswandel bewirkt. Aus dem relativen war ein absoluter

---

[107] A.a.O., 12.
[108] A.a.O., 87.
[109] F. Führ, a.a.O., 12.
[110] Ebd.
[111] A.a.O., 19.
[112] Vgl. G. Jacob, Die Zukunft der Kirche in der Welt des Jahres 1985, in: ZdZ 21, 1967, 441–451.

Schrumpfungsprozeß geworden, und die gesellschaftliche „Minderheitssituation" der Kirchen in der DDR stand nicht mehr in Frage[113].

2.1.2.2 Unprivilegiertheit der Kirche

Unprivilegiertheit der Kirche ist kein notwendiger Bestandteil des Begriffes „Diaspora". Es ist durchaus möglich – und auch historisch belegt –, daß religiöse Minderheiten, beispielsweise relativ zu anderen Minderheiten, Privilegien genießen und u.U. auch beanspruchen. Der für den Diasporabegriff konstitutive gesellschaftliche Minderheitenstatus der Religionsgemeinschaft schließt dies nicht mit Notwendigkeit aus. Daß die Selbstidentifizierung der „Kirche im Sozialismus" als „Kirche in der Diaspora" neben ihrem Minderheitenstatus v.a. mit ihrer Unprivilegiertheit begründet worden war, macht einerseits eine präzisere Fassung des Diasporabegriffs erforderlich und läßt andererseits nach der kirchenpolitischen und ekklesiologischen Erfassung und Bewertung der Differenz privilegierte/unprivilegierte Kirche fragen.

2.1.2.2.1 Materielle und juristische Privilegien

Die materielle und staatskirchenrechtliche Situation der Kirchen in der DDR kann hier nicht im einzelnen untersucht werden. Ich beschränke mich auf einzelne stichpunktartige Andeutungen.

In der DDR wurde von 1945 an Kirchensteuer im Lohnabzugverfahren erhoben. In den Evang.-Luth. Landeskirchen Sachsen und Mecklenburg erfolgte die Veranlagung zur Kirchensteuer vom 1. April 1949 an nicht mehr durch die staatlichen Steuerämter, sondern in den Kirchengemeinden selbst. Die Landesregierungen stellten der Kirche zu diesem Zweck Unterlagen und Besteuerungsgrundlagen zur Verfügung[114]. Seit 1955 war eine kirchliche Einsichtnahme in staatliche Steuerlisten DDR-weit nicht mehr möglich, im darauffolgenden Jahr wurde das Kirchensteuereinzugsverfahren definitiv aufgehoben, worauf es zu einem dramatischen Rückgang der Kirchensteuereinnahmen kam. Für ihre Verwaltung bezogen die Kirchen jedoch weiterhin finanzielle Leistungen aus dem Staatshaushalt, auch blieben sie von bestimmten Steuern befreit[115]. Von der Bodenreform 1945 war der kirchliche Grundbesitz ausgenommen worden. Die wirtschaftliche Absicherung der Kirchen in der DDR erfolgte zu einem wichtigen Teil auch durch regelmäßigen Finanztransfer von seiten der westdeutschen Kirchen[116].

---

[113] Vgl. W. KRUSCHE, a.a.O.

[114] Vgl. ZdZ 3, 1949, 228.

[115] Für die Phase 1949–1968 vgl. H. DÄHN, Konfrontation oder Kooperation?, Opladen 1982, 98–100. Kirchliche Bautätigkeit wurde nach dem 6. März 1978 von der EKD, aber auch vom Staat subventioniert.

[116] Vgl. hierzu W. HAMMER, „Besondere Gemeinschaft" – sehr konkret. Über die Hilfeleistungen westlicher Kirchen, in: Übergänge 6/90, 220–223. Eine detaillierte Beschreibung des Finanzierungssystems der evang. Kirchen in der DDR bietet R. HENKYS, Volkskirche im Übergang, in: DERS. 1982, 437–462, 440–442; vgl. auch J. LOHMANN, Gratwanderung, in: KiS 16, 1990, 17–21, 19; B. C. WITTE, Bericht über kirchliche Transferleistungen im evang. Bereich in die DDR

Die kirchenrechtliche Situation der Kirche war, was die Rechtswirklichkeit betrifft, in relativ hohem Ausmaß von der allgemeinen innen- und außenpolitischen Lage der DDR abhängig. Es waren juristische Instrumente wie die Veranstaltungsverordnung geschaffen worden, die geeignet waren, bei politischem Bedarf den Spielraum kirchlicher Aktivitäten auf dem Verwaltungswege empfindlich einzuschränken[117]. Als Kriterium dafür galt, den Wirkungskreis der Kirchen auf die Befriedigung religiöser Bedürfnisse gläubiger Bürger zu begrenzen.

2.1.2.2.2 Gesellschaftliche Einfluß- und Gestaltungsmöglichkeiten

Im Verlauf der fünfziger und sechziger Jahre hatte sich innerhalb der DDR-Kirchen in einem langsamen Prozeß das Bewußtsein gebildet, man befände sich *nicht mehr* „in einem Zustand kaum bestrittener gesellschaftlicher Herrschaft"[118]. Genau dieses Bewußtsein, das sich zu Anfang der siebziger Jahre innerhalb der Kirche auf breiter Front durchgesetzt zu haben schien, sollte mit dem Begriff von der „Kirche in der Diaspora" zum Ausdruck gebracht werden:

> „Wenn wir von einer Kirche in der Diaspora sprechen, haben wir zumeist nur die ganz allgemeine Vorstellung von einer Kirche in einer Umgebung, in der sie als eine Minderheit und ohne Privilegien leben muß und in der ihre Tätigkeit nicht als wichtig für die Allgemeinheit angesehen wird."[119]

Gleichwohl nahmen die kirchlichen Einfluß- und Gestaltungsmöglichkeiten innerhalb der Gesellschaft der DDR in den siebziger und achtziger Jahren deutlich zu. Als der entscheidende Wendepunkt in dieser Entwicklung gilt das Staat-Kirche-Gespräch vom 6. März 1978, dessen kirchliche Interpretation besagte:

> „In dieser Begegnung sind der Kirche im Sozialismus in aller Form gesellschaftliche Bedeutung und Mitspracherecht zuerkannt worden [...]. Die Kirche ist nicht nur dazu da, die religiösen Bedürfnisse ihrer Mitglieder zu erfüllen, sondern ihr Dienst hat Bedeutung für die Zukunft aller. [...] Deutlich ist, daß [...] der Kirche die Möglichkeit gegeben wurde, ihre Wirkungsmöglichkeiten zu erweitern."[120]

Diese Tendenz hielt im letzten Jahrzehnt der DDR an. In zunehmender Weise sah sich die Kirche nun mit der Aufgabe konfrontiert, gesellschaftliche Funktionen

---

von 1957 bis 1990, in: epd-Dok 11a/1993, 1–6.

[117] Vgl. dazu z.B.: Bericht der Kirchenleitung vor der Synode der Kirchenprovinz Sachsen im November 1972, in: KJB 99, 1972, 256–260, bes. 257f.; R. HENKYS, Kirche in der DDR. Vortrag am 12. Februar 1977 in Rotenburg/Fulda bei der deutschlandpolitischen Tagung der Exil-CDU, in: epd-Dok 17/1977, 22–42, 32f.

[118] F. FÜHR, Kirche wird Diaspora, in: ZdZ 17, 1963, 124–134, 124. FÜHR datierte das Ende der „staatliche[n] und gesellschaftliche[n] Selbstverständlichkeit, mit der das Christsein umgeben und umhegt war", objektiv auf das Ende des Staatkirchentums im Jahr 1918 (DERS., Kirche am Anfang einer neuen Zeit, 1958, 9).

[119] W. KRUSCHE, Die Gemeinde Jesu Christi auf dem Wege in die Diaspora, in: KJB 100, 1973, 167–175, 167.

[120] A. SCHÖNHERR, Über Auftrag und Weg der Kirche Jesu Christi in der sozialistischen Gesellschaft der DDR. Referat vor der Landessynode der Evang. Kirche in Berlin-Brandenburg, April 1979 (Dok 1979/2).

wahrzunehmen, die außerhalb des mit ihrem Selbstverständnis gegebenen Auftrages lagen bzw. nur noch mittelbar durch diesen begründet werden konnten. Als einzige öffentliche Institution, die nicht als „sozialistische Massenorganisation" gleichgeschaltet war, hatte sie in der Situation stärker werdender Spannung zwischen innergesellschaftlichen Differenzierungs-und Entdifferenzierungstendenzen eine wichtige Vermittlungsfunktion übernommen. Die Vermittlungsleistung bestand in erster Linie in der Substitution kirchenfremder Funktionen. Für Funktionen wie unabhängige Rechtsprechung oder innergesellschaftliche Kommunikation waren in der DDR im Gegensatz zu ausdifferenzierten Gesellschaften kaum Institutionen bzw. Strukturen ausgebildet. Für eine Phase, die zunächst als Übergangszeit empfunden wurde und die sich dann als Endzeit der DDR herausstellte, war die Kirche die einzige gesellschaftliche Größe, die dieses funktionale Vakuum der Gesellschaft auszufüllen in der Lage war. Die Grundlage dafür war das „faktisch zu einem spezifischen Kirchenprivileg gewordene[]" staatliche „Zugeständnis der Eigenständigkeit" der Kirche „nicht nur in Kultus, innerer Organisation und Personalhoheit, sondern auch bei ihrer Wirksamkeit im gesellschaftlichen Bereich"[121].

2.1.2.2.3 Verlust der sozialen Privilegierung der Kirchenzugehörigkeit

Der Situationswandel der Kirche, der als Übergang von der Volkskirche zur Diaspora-Kirche zu verstehen und zu beschreiben versucht worden war, hatte nicht nur Folgen für die Außenrelation der kirchlichen Organisation, sondern auch für die gesellschaftliche Existenz der einzelnen Christen, was wiederum auf die Institution Kirche zurückwirkte. Diese Folgen für die gesellschaftliche Existenz der Christen lassen sich in der Formel vom „Verlust der sozialen Privilegierung der Kirchenzugehörigkeit" auf den Begriff bringen[122].

Die Tendenz dazu ist nicht grundsätzlich auf die Situation ideologischer Diaspora beschränkt, sondern kann – in anderer Gestalt und Intensität – auch in Situationen säkularer Diaspora auftreten. In der ideologisch geprägten Gesellschaft werden Abweichungen vom Kodex der staatlich verordneten Überzeugungen durch staatliche Organe mit in der Regel direkt kausal darauf bezogenen Sanktionen bestraft. Zwar werden in der säkularen Diaspora Überzeugungsabweichungen ebenfalls sanktioniert. Doch sind hier sowohl die Kodifizierung der Überzeugungen als auch die Durchführung der Sanktionsmaßnahmen nicht zentral gesteuert, sondern es existiert zum einen eine Pluralität von Überzeugungskodizes, zum anderen erfolgen die Sanktionsmaßnahmen wesentlich subtiler und unübersichtlicher. Unabhängig von diesen Unterschieden muß die entscheidende Frage jedoch stets lauten, *ob* und inwiefern eine Abweichung von der jeweiligen Überzeugungsgemeinschaft vorliegt. Sekundär ist dann die Frage, wie diese Überzeugungsgemeinschaft konstituiert ist und wer auf welche Weise auf die Abweichung reagiert.

---

[121] R. HENKYS, Evangelische Kirche, in: HELWIG/URBAN 1987, 45–90, 82.

[122] Vgl. dazu H.-J. FRÄNKEL, Bericht vor der Synode der Evang. Kirche des Görlitzer Kirchengebietes, Görlitz, 30. März bis 2. April 1979, in: epd-Dok 19/1979, 9–18, bes. 17f.

Für die DDR-Gesellschaft muß die Antwort auf diese primäre Frage komplizierter ausfallen, als man zunächst erwarten mag. Dies hängt mit der Pluriperspektivität des Sachverhalts zusammen sowie damit, daß er darüber hinaus geschichtlichen Wandlungen ausgesetzt war. Die Frage, ob in der DDR-Gesellschaft der christliche Glaube eine Abweichung von der – in diesem Fall ideologisch konstituierten – Überzeugungsgemeinschaft darstellte, läßt sich aus mindestens vier Perspektiven betrachten.

1. Aus verfassungsrechtlicher Perspektive bestand weder Privilegierung noch Benachteiligung von DDR-Bürgern aufgrund ihres weltanschaulichen oder religiösen Bekenntnisses[123].

2. In der ideologischen Perspektive des Marxismus-Leninismus sind Wandlungen in der Einschätzung des Verhältnisses von Religion und Ideologie zu beobachten, die sich jedoch zum größeren Teil auf der Ebene der Staat-Kirche-Beziehungen ausgewirkt haben[124]. Kirchliche Klagen über Benachteiligungen gläubiger Bürger wurden kategorisch zurückgewiesen[125]

3. In theologischer Perspektive wurde die soziale Unprivilegiertheit der Kirchenzugehörigkeit als Ausdruck der Fremdlingschaft des Christen in der Welt begriffen und als solcher anzunehmen gelehrt. Innerhalb dieses theologischen Horizontes wurden unterschiedliche Modelle der Verhältnisbestimmung von christlichem Glauben und marxistisch-leninistischer Ideologie entwickelt. Innerkirchlich setzte sich dabei mehrheitlich das Modell einer „kritischen Solidarität" des Glaubens mit dem durch seine gesellschaftlichen Zielvorstellungen definierten Sozialismus durch, die sich in einer eigenständigen, „konkret unterscheidenden Mitarbeit" konkretisierte.

4. In der existentiellen Perspektive der einzelnen Christen stand außer Frage, daß öffentlich erkennbare Glaubensäußerungen wie Kirchenzugehörigkeit, Taufe, Konfirmation, Gottesdienstbesuch und Teilnahme an kirchlichen Veranstaltungen wie Christenlehre, Rüstzeiten, Kirchentagen, Friedensdekaden, aber auch kirchlich organisierten Konzerten und anderen kulturellen Veranstaltungen mit mehr oder weniger großer Gewißheit z.T. empfindliche Schikanen nach sich zogen. Auch wenn es dabei Phasen unterschiedlicher Intensität der Schikanierung gegeben hat, so ist doch der von W. Krusche im Rückblick gesprochene Satz in seiner Allgemeinheit zutreffend: „Gott hat uns beigebracht, daß es zum Leben eines Christen gehört, sich als ein solcher zu erkennen zu geben und sich sein Christsein etwas kosten zu lassen."[126]

Die Rückwirkung des zuletzt genannten Sachverhalts auf die Gesamtkirche wurde häufig als „Übergang von der Volkskirche zur Freiwilligkeitskirche" bezeichnet[127]. Demnach ging die Schrumpfung der Kirche zum kleinsten Teil auf

---

[123] Vgl. Dok 1949/1; 1968/2.
[124] Vgl. o. Kap. I.B.
[125] Vgl. z.B. Dok 1972/6; 1972/12.
[126] W. KRUSCHE, „Denkt daran, daß im Herrn eure Mühe nicht vergeblich ist". Rückblick auf 21 Jahre Weg- und Arbeitsgemeinschaft im Bund, in: ZdZ 46, 1992, 9–45, 44.
[127] Vgl. u. Kap. 2.2.1.1.

Austritte von Kirchenmitgliedern zurück. Vielmehr ist durch den Verlust ihrer sozialen Privilegierung (und in den wenigsten Fällen aus marxistischer bzw. atheistischer Überzeugung) die Kirchenmitgliedschaft von einer gesellschaftlichen Selbstverständlichkeit zum Gegenstand einer gründlich abzuwägenden Entscheidung geworden. Faktisch war die Schrumpfung der Kirche in der DDR also darauf zurückzuführen, daß die Kirchenmitgliedschaft zu einem abweichenden Verhalten geworden war[128] – und unterschied sich damit nicht grundsätzlich von einer kirchlichen Schrumpfung in einer Situation säkularer Diaspora. Denn entscheidend für den Verlust sozialer Privilegierung ist, *was* von einer Gesellschaft als abweichendes Verhalten empfunden wird, und *nicht, aus welchen Gründen* dies so empfunden wird. Verliert das Bekenntnis zum christlichen Glauben bzw. die Kirchenmitgliedschaft den Charakter des gesellschaftlich Selbstverständlichen und damit ihre soziale Privilegierung, so bedeutet das, positiv formuliert, die Privatisierung des Glaubens.

2.2 „Kirche in der Diaspora" als Kennzeichnung der Innenrelation der „Kirche im Sozialismus"

Wir haben gesehen: Die Kirchen in der DDR haben ihre Umwelt als eine atheistische, nichtchristliche und ideologisch geprägte Gesellschaft wahrgenommen und, zumindest in der offiziellen Semantik des Kirchenbundes, als „mündig" theologisch qualifiziert. Ihre äußere Situation in dieser Umwelt wurde als „ideologische Diaspora" wahrgenommen, wobei die beiden sich wechselseitig verstärkenden Prozesse der Schrumpfung und des Privilegienverlustes im Vordergrund standen.

Nun hat die äußere Situation einer Kirche stets Auswirkungen auf ihre Gestalt. Umgekehrt formuliert: Die Organisationsstruktur einer Kirche steht in einem Zusammenhang mit ihrer gesellschaftlichen Situation.

Im Folgenden soll der Frage nachgegangen werden, wie dieser Zusammenhang von den Kirchen in der DDR wahrgenommen worden ist. Einige Tendenzen waren im Verlauf der bisherigen Untersuchung bereits deutlich geworden, nämlich der durch die ökumenische ekklesiologische Entwicklung angeregte bzw. verstärkte Trend zur „mündigen Gemeinde" und zum „mündigen Christen", der sich v.a. in einer – in der DDR z.T. von der Umwelt erzwungenen – Verschiebung der Wahrnehmung kirchlicher Aufgabenbereiche innerhalb der einzelnen kirchlichen Sozialformen auswirkte[129]. Neben den – pragmatisch und theologisch begründeten – Programmen zur Neugestaltung der Wahrnehmung der kirchlichen Aufgaben hat die Diasporasituation der Kirche jedoch auch zu grundsätzlicheren Ansätzen der Formulierung kirchlichen Selbstverständnisses geführt.

---

[128] Vgl. dazu R. HENKYS, Kirche in der DDR. Vortrag bei der deutschlandpolitischen Tagung der Exil-CDU, Rotenburg/Fulda, 12.2. 1977, in: epd-Dok 17/1977, 22–42, 26f.

[129] Vgl. u. Kap. II.C/3.3.2.2.

2.2.1 Die Diasporakirche als Kirche im Übergang

Die in diesem Zusammenhang verwendeten ekklesiologischen Programmformeln bringen ihrer formalen Struktur nach meist einen *Prozeß* zum Ausdruck, bei dem in erster Linie folgende Gesichtspunkte eine Rolle spielen:

2.2.1.1 Von der Volkskirche zur Freiwilligkeitskirche

Die Formel will sagen: Aufgrund des Wegfalls der sozialen Privilegierung der Kirchenmitgliedschaft erhält diese den Charakter einer freiwilligen, bewußten Entscheidung. Dies ist aus theologischen Gründen zu begrüßen, weil dadurch die soziale Gestalt des Glaubens dessen Wesen als einer alle Lebensbereiche durchdringenden, bewußt, entschieden und verantwortlich gegebenen Antwort des Menschen auf die heilschaffende Anrede Gottes im Evangelium in angemessener Weise entspricht. Konkret bedeutet das ein bewußteres und aktiveres kirchliches Engagement der Christen[130], ein Trend, von dem man sich einen „Prozeß der Umwandlung der ‚Betreuungskirche' zur Dienstgemeinde"[131] und damit eine auftragsgemäßere Existenz der Kirche[132] erhoffte.

In der Praxis war es bei einer Vermischung von Elementen der Volkskirche und der Entscheidungskirche geblieben[133]. Hauptursache dafür war die von den Kirchen in der DDR aus theologischen Gründen beibehaltene Tradition der Säuglingstaufe[134]. Dies führte hinsichtlich der Kirchenmitgliedschaft zu folgender charakteristischen Unterscheidung:

– die Entstehung der Kirchenmitgliedschaft, der Eintritt in die Kirche, erfolgte in der Regel ohne eigene, bewußte Entscheidung.

– Die Aufrechterhaltung der Kirchenmitgliedschaft, das Bleiben in der Kirche, machte in der Situation der realsozialistischen Gesellschaft dagegen eine solche Entscheidung erforderlich[135].

---

[130] So war es wohl gemeint, als G. JACOB 1957 den von ihm beobachteten „Weg von der Volkskirche zur Freiwilligkeitskirche" als „innere Regeneration der Kirche" begrüßte (DERS., Deutsche Volkskirche im Ernstfall, in: JACOB/BERG 1957, 7–32, 31). Dieser Gedanke wurde in den achtziger Jahren v.a. von M. STOLPE betont, der 1987 mit Befriedigung konstatierte: „Aus der Massenkirche ist eine Freiwilligkeitskirche geworden" (DERS., Kirche im Bewährungsfeld. Zum Auftrag evangelischer Kirchen in der DDR, in: KiS 13, 1987, 133–137, 137. Vgl. DERS., Kirche, Staat und Welt, in: epd-Dok 52/1980, 67–74, bes. 69; DERS., Anmerkungen zum Weg der Evangelischen Landeskirchen in der Deutschen Demokratischen Republik, in: epd-Dok 8/1982, 27–36, bes. 28).

[131] So beobachtet von R. HENKYS, Die Gemeinden in der DDR, in: KJB 93, 1966, 312–316, 313.

[132] Aus diesem Grunde hat das Freiwilligkeitskriterium den Kontext der DDR-Gesellschaft überdauert und lebt als „Freiwilligkeitsprinzip[]" in den gegenwärtigen Strukturdebatten des deutschen Protestantismus fort (H. FALCKE, Die unvollendete Befreiung. Die Kirchen, die Umwälzung in der DDR und die Vereinigung Deutschlands, München 1991, 89).

[133] Vgl. u. Kap. 2.3.2.2.2.

[134] Vgl. u. Kap. 2.2.1.2.

[135] Vgl. R. HENKYS, Volkskirche im Übergang, in: DERS. 1982, 437–462, 438f. Im Zuge der im Verlauf der achtziger Jahre immer stärker ins Bewußtsein tretenden kirchlichen Identitätsunklarheiten war allerdings auch die Exklusivität und damit die Eindeutigkeit des Kirchenmitgliedschaft konstituierenden Effektes der Taufe gefährdet gewesen, vgl. G. PLANER-FRIEDRICH, Wer ge-

2.2.1.2 Von der Volkskirche zur bekennenden Gemeinde

Die Formel will sagen: Bereits die Kirchenmitgliedschaft selber und im einzelnen die Taufe, die Konfirmation, die Teilnahme an der Christenlehre und die Beanspruchung kirchlicher Kasualien gewinnen im Kontext eines totalitären Weltanschauungsstaates Bekenntnisrang[136]. Dies ist aus theologischen Gründen zu begrüßen, weil dadurch die soziale Gestalt des christlichen Lebens dessen konfessorischem Grundzug in angemessener Weise entspricht[137].

Hinsichtlich der theologische Privilegierung der Bekenntniskirche bestand innerhalb der evang. Kirchen in der DDR allerdings kein allgemeiner Konsens. Sie wurde in erster Linie von Theologen betrieben, die von den Erfahrungen und den theologischen Traditionen der Bekennenden Kirche der Hitlerzeit geprägt waren. Ihre Versuche, nach Kriegsende die Gestalt des kirchlichen Neuaufbaus zu beeinflussen, konnten sich zunächst gegen die starken restaurativen Strömungen der Zeit nicht durchsetzen. Umso mehr sah man gegen Ende der fünfziger Jahre in der DDR die Chance, die Nachkriegsrestauration der Kirche angesichts ihrer aktuellen inneren und äußeren Situation als fassadenhafte Wiederherstellung einer nicht nur als nicht mehr zeit- und situationsgemäß, sondern auch als ekklesiologisch nicht sachgemäß empfundenen „Volkskirche" zu entlarven[138]. Auch der im Januar 1958 „[i]n der Ev. Kirche Berlin-Brandenburg [...] [als] freie innerkirchliche Vereinigung in der Art der sogenannten kirchlichen Bruderschaften"[139] gegründete „Weißenseer Arbeitskreis" (WAK)[140] hatte sich zunächst ganz dem Kampf gegen volkskirchliche Strukturen verschrieben. Die Thesen des WAK zu Gestalt und Wesen von Taufe und Konfirmation[141] fanden jedoch dezidierten Widerspruch von lutherischer Seite[142].

---

hört eigentlich zur Kirche? Theologische und rechtliche Aspekte der Kirchenmitgliedschaft, in: KiS 1/1984, 20–23; vgl. u. Kap. II.C/3.3.3.2.

[136] In dem Streit um das rechte Verständnis der Sakramente führten die Verfechter des Konzeptes „Bekennende Gemeinde" die Alternative von „Weihehandlung" und „Bekenntniszeichen" ein, vgl. J. HAMEL, Erwägungen zum Weg der evangelischen Christenheit in der DDR, in: DERS., Christ in der DDR, 1957; F. FÜHR, Kirche, 1958 [s. Anm. 118], 21; DERS., Unsere Kirchen in der Zerstreuung – Not und Segen, in: ZdZ 13, 1959, 1–3. Vor diesem Hintergrund ist auch der Vorstoß des Weißenseer Arbeitskreises zur Abschaffung der Kindertaufe zu sehen, s. u.

[137] Vgl. J. JÄNICKE, Kirche auf dem Wege, in: ZdZ 11, 1957, 83–88; G. JACOB, Deutsche Volkskirche im Ernstfall, 1957; DERS., Exodus, 1965; A. SCHÖNHERR, Wort, 1970, 355; DERS., Noch, 1977, 189.

[138] Vgl. v.a. die Äußerungen von J. HAMEL und G. JACOB aus dieser Zeit.

[139] C. STAPPENBECK, Die Anfänge des Weißenseer Arbeitskreises vor 25 Jahren. Ein Kapitel Geschichte der Kirchlichen Bruderschaften, in: WBl 1/1983, 36–46, 36.

[140] Vgl. auch den von E. MIELKE verfaßten MfS-Bericht über „Rolle und Aufbau oppositioneller Gruppierungen in den evangelischen Kirchen Westdeutschlands und der Deutschen Demokratischen Republik" vom 12.8.1960, abgedr. in: BESIER/WOLF 1991, 219–241, bes. 226–232.

[141] Abgedr. in: ZdZ 12, 1958, 426f. und ZdZ 13, 1959, 66–68. Die „Not der Kindertaufe" besteht demnach in der „getarnte[n] Gleichgültigkeit der Eltern, die als solche kein ausreichendes Merkmal zur Taufversagung ist. Hinzu kommt die weltanschauliche Beeinflussung der Menschen in der DDR. [...] Die Würde der Taufe gestattet es nicht, daß man sie in zwei Akte zerlegt: Kindertaufe und nachgeholtes Bekenntnis [...]. Kommt hinzu, daß der zweite Akt heute in größter Ungewißheit liegt."

[142] In der Frage der Kindertaufe geschah dies zunächst in Form der „Friedenauer Thesen" der

2.2.1.3 Von der Volkskirche zur missionierenden Gemeinde

Die Formel will sagen: In der Diasporakirche wird der Charakter der Gemeinde als „Sammlung" der Christen innerhalb der Welt zu der dieser Welt gegenüber fremden christlichen Gemeinde in neuer Deutlichkeit erfahrbar. Ihre Sammlung aber geschieht nicht um der Gemeinde selbst willen, sondern sie ist lediglich Bedingung, Zurüstung, Vorbereitung ihrer Sendung in die Welt.

Die Kirche/Welt-Differenz, die diesem Konzept zugrundeliegt, wurde insbesondere von G. Jacob betont, der in dem Ende der volkskirchlichen Nähe von Kirche und Staat eine Restauration der ursprünglichen, vorkonstantinischen[143] bzw. apokalyptischen[144] Form dieser Differenz zu erblicken meinte. Für die Gemeinde bedeutet diese Restauration nach Jacob im Einzelnen eine Erneuerung ihres Bewußtseins von ihrer Fremdheit in der Welt, die nach Hebr 13,12f. als ein Akt der Nachfolge Christi und des Bekenntnisses zu ihm gewertet wird[145]. Eben darum sei es der Kirche verwehrt, sich in der ihr fremden Welt in ein Ghetto zurückzuziehen[146]. Vielmehr schreite sie, die ihr wesenhafte expansive Energie verwirklichend, beständig über sich hinaus zum Dienst an der Welt[147].

Lutherischen Arbeitsgemeinschaft Berlins (abgedr. in: ZdZ 13, 1959, 181–187), denen ein theologisches Lehrgespräch (vom 9. bis 11. Febr. 1960; Referenten waren auf seiten des WAK H. BANDT, auf lutherischer Seite G. VOIGT, vgl. den von J. HENKYS verfaßten Bericht in: ZdZ 14, 1960, 230–233) sowie eine literarische Fortsetzung der Diskussion (O. PERELS in: ZdZ 14, 1960, 393–395; H. BANDT in: a.a.O., 435–437) folgten. In der Konfirmationsfrage ging auf lutherischer Seite der Trend dahin, diese nicht als ein Bekenntnis der Konfirmanden, sondern als Aufgabe, die der Kirche an ihrer getauften Jugend gestellt ist, zu begreifen (G. NOTH, Volkskirche heute, in: ZdZ 14, 1960, 166–170). Skeptisch zeigte sich auch ein Anonymus, der in einem Artikel im „Deutschen Pfarrerblatt" Nr. 2/1959 v. 15.1. 1959, 25–28 („X.Y. aus der DDR: Sterbende Volkskirche?") angesichts der noch bestehenden volkskirchlichen Substanz die Zielvorstellung der „Bekennenden Gemeinde" als nicht realisierbar und darum auch nicht als sinnvoll ansah. Wolle man in dieser Situation den organisatorischen Rahmen für einen mit größerer Entschiedenheit gelebten Glauben schaffen, dann „müßte man also versuchen, einen bestimmten bekenntnismäßigen Kern aus den vorhandenen volkskirchlichen Gemeinden herauszulösen und organisatorisch auf eigene Füße zu stellen. Es ist die Frage, ob das im gegenwärtigen Zeitpunkt wirklich durchführbar ist" (28). In der Tat mußten die Versuche, die Schrumpfung der Volkskirche als willkommenen Anlaß zu ihrer Transformation in „Bekennende Gemeinde" zu nehmen, schon bald als gescheitert gelten, da sie die Gemeinden überforderten. So warnte H. FALCKE in seinem Dresdner Synodalvortrag von 1972 davor, „beim Abbau der Betreuungsstrukturen kurzschlüssig Aktivierungsstrukturen an die Stelle zu setzen [...]. An die Stelle der Volkskirche träte eine Art Sendungselite [...]" (KJB 99, 1972, 254). Im Rückblick stellte FALCKE 1991 nüchtern fest: „Die Minorisierung ließ die Kirchen nicht durch einen Ausleseprozeß zu einer Elite bekennender Christen zusammenschrumpfen" („Die unvollendete Befreiung", 1991, a.a.O. [s. Anm. 132], 87).

[143] Vgl. G. JACOB, Vom Leben der christlichen Gemeinde in einer nichtchristlichen Umwelt. Bemerkungen zum 1.Petrusbrief, in: ZdZ 15, 1961, 94–99.

[144] Vgl. G. JACOB, Die Geschichtsdeutung der Kirche, in: FS Dibelius, 1950, 81–100; DERS., Die Kirche als Braut Christi, in: ZdZ 7, 1953, 454–457, bes. 455f.

[145] Vgl. G. JACOB, Vom Leben der christlichen Gemeinde in einer nichtchristlichen Umwelt, a.a.O.; DERS., Exodus in die Welt von morgen, in: ZdZ 19, 1965, 242–249, 248. Vgl. u. Kap. II.C/3.3.2.1.3.

[146] Vgl. G. JACOB, Die Verkündigung der Weihnachtsbotschaft im Jahre 1947, in: ZdZ 1, 1947,

Die Existenz der Kirche läßt sich nach diesem Modell so formulieren: Sammlung und Sendung der Gemeinde als Minderheit in einer nichtchristlichen Umwelt. Das Leben der Kirche ist bestimmt von der „Polarität und Kontrapunktikvon Konzentration und Expansion[148]„.

Im Anschluß an das ekklesiologische Denken Karl Barths[149] konnte J. Hamel die Differenz zur Volkskirche dagegen gerade in einer *ausschließlichen* Betonung des Moments der *Sammlung* wahrnehmen. Demnach hätte sich in der DDR mit dem Verfall der Volkskirche zugleich „eine neue Sammlung um das lebendige Wort"[150] als Neubeginn wahrer Gemeindebildung ereignet. Als Konsequenz aus dieser Beobachtung forderte Hamel eine sich ganz am Begriff der sich versammelnden Gemeinde orientierende Reform der Kirchenordnung[151].

Demgegenüber betonten G. Jacob und W. Krusche, und zwar ebenfalls in Abgrenzung zum Modell der Volkskirche, die Einheit der Differenz von Sammlung und Sendung, wobei der Sendung ekklesiologische Priorität zugesprochen wird. V.a. Krusche erkannte gerade in dem einseitig zentripetalen Modell einer auf Sammlung, Erbauung und Betreuung der Gemeinde konzentrierten Kirchenstruktur das spezifisch volkskirchliche Moment. Eine dieses Volkskirchenmodell ekklesiologisch verantwortet transformierende Strukturreform müsse also nach den strukturellen Merkmalen einer sich primär als gesandte, eben als missionierende (und ausschließlich zu diesem Zweck gesammelte) Gemeinde verstehenden Kirche fragen[152].

393–400. *Daß* die Kirche nach dem Ende des konstantinischen Zeitalters „in einen äußersten Winkel der Weltwirklichkeit abgedrängt" wird (a.a.O., 399), kann für Jacob keinen Zweifel leiden. Alles kommt freilich darauf an, aus diesem „Ghetto" auszubrechen. An anderer Stelle kannJacob in diesem Sinne auch von echtem und falschem Ghetto der Kirche in der Welt sprechen. Während sich die Kirche das falsche Ghetto als ruhigen Rückzugsort aus der Welt in die Privatsphäre des Glaubens *selbst* erwählt, wird ihr das echte Ghetto von einer haßerfüllten Umwelt aufgezwungen (vgl. Ders., Die Verpflichtung der Kirche gegenüber den ihr Fernstehenden. Eine Einführung in die Probleme der Sektion II der Zweiten Weltkonferenz des Ökumenischen Rates in Evanston, in: ZdZ 8, 1954, 248–253, 249f.).

[147] Vgl.G. Jacob, Die Sendung der eucharistischen Bruderschaft, in: ZdZ 3, 1949, 17–23.

[148] G. Jacob, Exodus in die Welt von morgen, a.a.O., 249.

[149] Vgl. für unseren Zusammenhang v.a. K. Barth, Die Kirche – die lebendige Gemeinde des lebendigen Herrn Jesus Christus, in: Ders., Die lebendige Gemeinde und die freie Gnade, München 1947 (ThExh NF 9), 3–23.

[150] J. Hamel, Der Weg der Kirche inmitten des „Abfalls", in: ZdZ 12, 1958, 402–407, 405.

[151] „Wir werden erkennen müssen, daß alle kirchliche Ordnung im Grunde nur die Ordnung ist, die die Versammlung darstellt, die Gottes Wort hört, tauft und Mahl hält. [...] So wird alle kirchliche Neuordnung und ihre Anwendung von dieser um Gottes Wort sich jeweils sammelnden Gemeinde her entworfen werden müssen [...]. Über den Kreis der sich wirklich versammelnden Gemeinde hinaus wird unsere Kirche heute nichts mehr zu ordnen haben und jeden Versuch in dieser Richtung besser unterlassen. Die Einladung ergeht an alle, das Evangelium gilt allen, denn es ist seinem Wesen nach (nicht erst seinem Anspruch nach!) das Wort an alle. Trägerin dieses Wortes aber ist die sich real versammelnde Schar und nicht die Millionen, die sich faktisch nicht zu dieser Versammlung halten" (J. Hamel, a.a.O., 406f.).

[152] W. Krusche, Das Missionarische als Strukturprinzip, in: Ders., Schritte und Markierungen, Göttingen 1971, 109–124.

Bereits an diesem Beispiel ist deutlich zu erkennen, daß der Begriff „Volkskirche" in der DDR als Negativfolie für recht unterschiedliche ekklesiologische Vorstellungen verwendet worden war[153]. Die Gemeinsamkeit aller dieser Verwendungsweisen scheint lediglich darin zu bestehen, daß mit „Volkskirche" stets ein Kirchentum bezeichnet wird, dem vorgeworfen wird, situationsbedingt sein „wahres Wesen" verloren, vergessen oder verraten zu haben[154].

Die strukturellen Konsequenzen des skizzierten Programmes bestehen v.a. in einem Verzicht auf die flächendeckende Struktur der Gemeinde (Parochialstruktur), die man als die kirchenorganisatorische Konsequenz einer als atavistisch entlarvten „volkskirchlichen" Betreuungsmentalität verwarf und durch punktuelle Orte der Sammlung und Sendung von Diasporagemeinden ersetzen wollte.

Als Alternative zur Parochialstruktur wurde in den fünfziger Jahren der von Eberhard Müller[155] geprägte Begriff der „Paragemeinden" in der kirchlichen Strukturdebatte in der DDR aufgegriffen und diskutiert. Er stand für den strukturellen Aspekt der in den vierziger und fünfziger Jahren zentralen Problemstellung, die Kirche könne den „modernen Menschen" nicht mehr „erreichen"[156] und bezeichnete das Phänomen, daß es aufgrund eines rasch fortschreitenden gesellschaftlichen Strukturwandels Menschen gebe, die aufgrund ihres Wohnsitzes oder ihrer Arbeitszeit von der herkömmlich strukturierten Kirche nicht mehr erreicht werden könnten[157]. Die Forderung nach einem dem Strukturwandel der Gesellschaft entsprechenden „Gestaltwandel der Gemeinde" bezog sich dann v.a. auf eine situationsgerechte Reformulierung des Amtsverständnisses[158] und insbesondere auf eine Neubewertung des Verhältnisses von Amtsinhabern und Laien[159].

---

[153] Dies muß als Entsprechung zu der Tatsache gesehen werden, daß auch der Begriff „Volkskirche" selber im Verlauf seiner 150jährigen Geschichte mehrere einander teilweise überschneidende Bedeutungslinien entwickelt hat. Vgl. dazu A. ADAM, Nationalkirche und Volkskirche im deutschen Protestantismus, Göttingen 1938; W. HUBER, Welche Volkskirche meinen wir?, in: DERS., Folgen christlicher Freiheit, Neukirchen ²1985, 131–146; K. MEIER, Volkskirche 1918–1945. Ekklesiologie und Zeitgeschichte, München 1982; G. RAU, Volkskirche heute – im Spiegel ihrer theologischen Problematisierung, in: VF 32, 1987, 2–31. W. HÄRLE, Art. Kirche – Dogmatisch, in: TRE 18, 1989, 277–317, bes. 306–308.

[154] Vgl. die Kritik W.HUBERS an der VELKD-Studie des Jahres 1977 („Volkskirche – Kirche der Zukunft?", in: W. LOHFF/L. MOHAUPT [Hgg.] 1977, 9–37). Die Studie hatte versucht, den kirchenpraktischen Begriff „Volkskirche" unter Rückgriff auf CA VII theologisch zu begründen. HUBER argumentiert dagegen, CA VII habe nur „Grenzbestimmungen im Blick auf das Problem kirchlicher Einheit" formulieren wollen, bilde also lediglich einen „regulativen", nicht jedoch einen „konstruktiven" Kirchenbegriff. Dem Unternehmen, den Volkskirchenbegriff mit dem regulativen Kirchenbegriff von CA VII theologisch zu begründen, wirft er daher vor, ein Versuch zu sein, das Kirchenverständnis von normativen theologischen Ansprüchen so weit als möglich zu befreien, vgl. DERS., a.a.O., 142f.

[155] E. MÜLLER, Die Welt ist anders geworden, Hamburg 1953.

[156] A. SCHÖNHERR, Die Predigt der Kirche in der „mündigen" Welt. Gedanken Dietrich Bonhoeffers, in: ZdZ 9, 1955, 242–250, 242.

[157] Vgl. F.-W. KRUMMACHER, „Zeichen der Zeit". Rückblick und Ausblick, in: ZdZ 10, 1956, 1–8.

[158] Vgl. W. MÜCKSCH, Gestaltwandel der Gemeinde, in: ZdZ 9, 1955, 361–367.

[159] Vgl. W. MÜCKSCH, a.a.O.; F.-W. KRUMMACHER, a.a.O.

Daß der Begriff „Paragemeinde" zwar eine Antwort auf ein situationsbedingtes Problem, keineswegs jedoch eine programmatische Alternative mit normativem Anspruch zur – eben auch mit theologischen Gründen von bleibender Gültigkeit gerechtfertigten – parochialen Struktur der Volkskirche bilden kann, hat G. Noth mit Recht betont[160]. Der Hauptgrund für *diese* besteht in der im Volkskirchenbegriff ausgesagten und in einer Diasporakirche theologisch unter dem Gesichtspunkt „Mission" zu fassenden[161] Verantwortung der Kirche für das Ganze der Gesellschaft[162]. Aufgrund der von ihr beibehaltenen Option für die Kindertaufe blieb für die Kirche zudem das Prinzip flächendeckender Präsenz praktisch unaufgebbar[163].

Ganz im Gegensatz dazu sah Günter Jacob unter den Bedingungen des säkularen Zeitalters das Ende *jeder* institutionellen Form von Religion gekommen[164]. In der nachkonstantinischen[165] Ära unterlägen Kirche und Theologie „tiefe[n] Wandlungsprozesse[n]"[166], von denen der fundamentalste in ihrem Auszug aus der bürgerlichen Gesellschaft bestehe[167]. Dies müsse immense strukturelle Folgen nach sich ziehen, die für Jacob in erster Linie in einer neuen Gewichtung des Verhältnisses der unterschiedlichen Sozialgestalten der Kirche zueinander bestehen: Der die gesellschaftliche Präsenz der Kirche gewährleistende kirchliche Verwaltungsapparat werde tendenziell abgelöst von einer sich in Gestalt von „Gruppen, Zellen, kommunitären Bewegungen, [...] Teams und dynamischen Minoritäten von mündigen Christen darstellen[den]" Kirche[168]. Das Umweltverhältnis dieser auf ele-

---

[160] G. Noth, Volkskirche heute, in: ZdZ 14, 1960, 166–170.
[161] Dies betonte v.a. W. Krusche, Das Missionarische als Strukturprinzip, a.a.O.
[162] G. Noth, a.a.O., 168.
[163] Vgl. R. Henkys, Volkskirche im Übergang, in: Ders. 1982, 437–462, 439f.
[164] G. Jacob, Die Zukunft der Kirche in der Welt des Jahres 1985, in: ZdZ 21, 1967, 441–451.
[165] Vgl. G. Jacob, Vom priesterlichen Dienst, in: ZdZ 1, 1947, 41–47, 43; Ders., Die Verkündigung der Weihnachtsbotschaft im Jahre 1947, in: ZdZ 1, 1947, 393–400; Ders., Der Raum für das Evangelium in Ost und West, in: KJB 83, 1956, 9–16.
[166] G. Jacob, Die Zukunft der Kirche in der Welt des Jahres 1985, a.a.O., 443.
[167] Vgl. G. Jacob, Exodus in die Welt von morgen, in: ZdZ 19, 1965, 242–249.
[168] G. Jacob, Die Zukunft der Kirche in der Welt des Jahres 1985, a.a.O., 450. Vgl. Ders., Vom einfältigen Dienst, in: ZdZ 2, 1948, 193–196, wo sich als Bezeichnung der beiden als einander ausschließend gedachten kirchlichen Sozialformen die Begriffe „Volkskirche" und „Bruderschaft" finden. An anderer Stelle greift Jacob im selben Zusammenhang auf die auf F. Tönnies („Gemeinschaft und Gesellschaft", 1886 ³1919) zurückgehende Unterscheidung zwischen Gesellschaft und Gemeinschaft zurück, vgl. G. Jacob, Die Sendung der eucharistischen Bruderschaft, in: ZdZ 3, 1949, 17–23. Tönnies, Distinktion war vom frühen Bonhoeffer („Sanctorum Communio. Eine dogmatische Untersuchung zur Soziologie der Kirche" [1930], hg. v. J. v. Soosten, München 1986 [DBW 1], 55–61) und später von E. Brunner („Das Mißverständnis der Kirche", 1951) aufgegriffen worden. Die Aufnahme dieser Terminologie verweist auf die Tradition der institutionsfeindlichen Ekklesiologie der Dialektischen Theologie (vgl. W.-D. Marsch, Institution im Übergang, 1970, 75–82.106–109). Die Unterscheidung besteht darin, „daß in der Gesellschaft die Beziehung der Personen zweckbestimmt, in der Gemeinschaft aber selbstzwecklich ist." (E. Lange, Kirche für andere, in: EvTh 27, 1967, 513–546, 520). Lange hat auch auf ihren „ideologischen Charakter" hingewiesen: „Sie dient in einer Situation des gesellschaftlichen Umbruchs der Unterscheidung, Verteidigung, Stärkung der alten, problematisch gewordenen Sozialstrukturen gegen die neuen, des angeblich Gewachsenen gegen das bloß Gemachte, der geheiligten Ordnung gegen die bloß zweckmäßige Organisation" (ebd.). In der Tat ist auch in Jacobs

mentarste Sozialformen reduzierten Kirche wird durch das Begriffspaar Sammlung und Sendung bezeichnet[169].

Die unter dem Stichwort der „Diaspora-Kirche" angestrebte kongregationalistische Strukturreform der Kirche hat sich in der DDR letztlich nicht durchsetzen können[170]. Dies hat mehrere Gründe.

a. Zum einen dürfte sich hier die These von der (allgemein konstatierbaren, im kirchlichen Bereich jedoch einer weit verbreiteten Auffassung zufolge besonders stark ausgeprägten) Veränderungsträgheit sozialer Strukturen wieder einmal bewahrheitet haben.

b. Durch die finanzielle Unterstützung von seiten der EKD (und nur dadurch) waren die Kirchen in der DDR weiterhin finanziell in der Lage, den parochialen („volkskirchlichen") Verwaltungsapparat weiterhin aufrechtzuerhalten.

c. Einer Reform der Parochialstruktur stand jedoch auch ein gewichtiger theologischer Gesichtspunkt entgegen, nämlich der Gedanke der *Präsenz* der Kirche in der Gesellschaft, der sich sachlich aus dem Anspruch ergibt, Kirche für andere zu sein.

d. Die Alternative zwischen zwei einander ausschließenden kirchlichen Sozialgestalten war unrealistisch, weil zu einfach gedacht. Die theologischen Begründungen, die für das Modell von Sammlung und Sendung gegeben wurden, konnten, wie die Arbeiten von W. Krusche zeigen, zu durchaus differenzierteren Strukturmodellen führen.

e. Ein Gesichtspunkt dürfte auch die Fehleinschätzung bzw. theologische Instrumentalisierung der kirchlichen bzw. kirchenpolitischen Situation, bezeichnet durch die Stichworte „Säkularisierung" und „Ende der Volkskirche", sein.

f. Die „steilen" theologischen Ansprüche stellten eine entschiedene Überforderung der Christen und Gemeinden dar.[171]

g. Die Verlagerung des kriteriologischen Schwerpunkts zugunsten einer *theologischen* Begründung kirchlicher Strukturreform und zuungunsten der Berücksichtigung „von psychologischen, sozialen und sonstigen anthropologischen Gegebenheiten, so wenig diese unbeobachtet und unbeachtet bleiben können"[172], war nicht konsensfähig.

Ekklesiologie ein restaurativer Grundzug unübersehbar. Mit Recht merkte G. Noth im Hinblick auf Jacobs spektakulären Vortrag vor der EKD-Synode 1956 kritisch an, daß man, wenn man das Ende des konstantinischen Zeitalters ausrufe, nicht von der Rückkehr in das vorkonstantinische, sondern vom Eintritt in das nachkonstantinische Zeitalter reden müsse („Volkskirche heute", in: ZdZ 14, 1960, 166–170).

[169] Vgl. G. Jacob, Die Zukunft der Kirche in der Welt des Jahres 1985, a.a.O., bes. 448–451.

[170] Die Klage über die nicht vollzogene Überwindung der „Volkskirche" auf der strukturellen Ebene durchzieht die Geschichte der DDR-Kirchen von den sechziger Jahren bis hin zu den Rückblicken der Gegenwart, vgl. K. Nowak, Labile Selbstgewißheit. Über den Wandel des ostdeutschen Protestantismus in vierzig Jahren DDR, in: F. W. Graf/K. Tanner (Hgg.), Protestantische Identität heute, Gütersloh 1992, 105–115, 109.

[171] Vgl. „Sterbende Volkskirche?" in: Deutsches Pfarrerblatt Nr. 2/1959 v. 15.1. 1959, 25–28; H. Falcke, Christus befreit – darum Kirche für andere, in: KJB 99, 1972, 242–255, 254; M. Beintker, Der gesellschaftliche Neuaufbau in den östlichen Bundesländern. Herausforderungen an die Theologie, in: ThLZ 116, 1991, 241–254, 246.

[172] W. Mücksch, a.a.O., 361.

2.2.2 Die Diasporakirche als Offene Kirche

Das soeben skizzierte ekklesiologische Übergangsmodell lebt von der Zuordnung des zentripetalen und zentrifugalen Moments, von Introversion und Extraversion der Kirche, von der Einheit und Zusammengehörigkeit der beiden einander entgegengesetzten Bewegungen Sammlung und Sendung. In der Betonung der Einheit und wechselseitigen Bedingtheit dieser beiden Momente des Kircheseins wird die Identität der Kirche gesehen. In struktureller Hinsicht tendiert dieses Modell zum Kongregationalismus: Kirche vollzieht sich in der Sammlung und Sendung *einzelner Christen* durch die *Gemeinde*, übergeordnete kirchliche Strukturen dagegen verlieren an funktionalem Gewicht.

In einer gewissen Spannung dazu steht das ekklesiologische Konzept der „Offenen Kirche". Seine Grundgedanken lassen sich wie folgt zusammenfassen: „Kirche für andere" ist die Kirche aufgrund ihrer institutionellen *Präsenz* in der Gesellschaft. Dieses formale Gestaltungsprinzip von Kirchesein wird dabei inhaltlich durch das Prinzip der *Stellvertretung* qualifiziert. Um ihres als Proexistenz verstandenen Auftrages willen stellt die Kirche die Sorge um ihre Identität im Konfliktfall hintan, ohne diese jedoch preiszugeben. Der gesamtgesellschaftliche Auftrag der Kirche wird v.a. auch im Aufbau institutioneller kirchlicher Strukturen und in einem durch diese wahrzunehmenden öffentlichen Einfluß der Kirche erfüllt. Daß die Kirche/Welt-Differenz dabei an Profil einbüßt, war in der DDR v.a. an der kontroversen Diskussion des Verhältnisses der Kirche zu den sozialethisch engagierten Gruppen deutlich geworden. Eine eingehendere Behandlung des Themas „Kirche im Sozialismus" als Offene Kirche erfolgt weiter unten[173].

2.3 „Kirche in der Diaspora" als normative Gestalt der Kirche.

Angesichts der Situation, in der sich die Kirchen in der DDR vorfanden, schien ihnen ein zentrales Problem der neueren Kirchendebatten, nämlich die Spannung zwischen ekklesiologischer Normativität und kirchlicher Wirklichkeit, einer Lösung nähergekommen zu sein. Die Kluft zwischen den Idealen des wahren Kircheseins und der empirischen Realität der Kirche schien an Breite verloren zu haben. Für nicht wenige war die Rede von der Transformation der „Volkskirche" in die „Kirche in der Diaspora" nicht nur eine *Beschreibung* der sich durch die veränderte gesellschaftliche *Situation* ergebenden strukturellen Modifikationen der Kirchengestalt (nach innen und außen) als angemessen-flexible Reaktion der Kirche auf eben diese Situation, sondern vielmehr eine *theologisch* begründete Bewegung, deren movens im Begriff der Kirche selbst liege. In diesem Fall wäre die genannte Transformation dann zugleich mit einem Zugewinn an kirchlicher Identität verbunden. In diesem Denken können die jeweiligen historischen gesellschaftlichen Orte und Situationen der Kirche dann unter der Fragestellung beobachtet werden, ob sie die-

---

[173] Vgl. u. Kap. II.C/3.3.3.2.

sem Entwicklungsprozeß hin zur wahren, wesentlichen Gestalt der Kirche[174] zu- oder abträglich sind. Der sozialistischen Gesellschaft der DDR wurde in diesem Zusammenhang häufig die Funktion eines Katalysators zugesprochen. Dieser Tatbestand begründete das für die Kirchen in der DDR typisch gewordene Oszillieren zwischen der Klage über die Gottlosigkeit der Gesellschaft und die Verfolgung, Unterdrückung und Schrumpfung der Kirche sowie die Schikanierung der Christen einerseits und dem manchmal recht selbstbewußt vertretenen Anspruch, bessere, weil authentischere, wahrere Kirche zu sein.

Genau dies markiert jedoch schon eine bestimmte Position innerhalb der erwähnten Kirchendebatten, eine Position, die sich in den Kirchen in der DDR offensichtlich eines sehr breiten Konsenses erfreute und insofern selbst als Teil des in der Formel „Kirche im Sozialismus" zum Ausdruck kommenden kirchlichen Selbstbewußtseins zu gelten hat. Vorausgesetzt ist dabei zum einen, daß die Breite der Kluft zwischen geglaubter und empirischer Kirche kontextrelativ variabel ist, d.h. daß sie sich im Zuge einer historischen Veränderung der kirchlichen Umweltsituation verändern kann. Dies wird zum anderen mit einer weiteren Voraussetzung kombiniert, nämlich dem Gedanken der Quantifizierbarkeit kirchlicher Identität: je schmaler die Kluft zwischen Empirie und Theologie der Kirche, desto größer das Quantum an Identität, das der betreffenden empirischen Kirche eignet.

Zwar wurde von lutherischer Seite gelegentlich vor der Vorstellung gewarnt, es gebe eine geschichts- und situationsunabhängig gültige, ihrem Wesen entsprechende äußere Form der Kirche[175]. Gleichwohl hatte sich in den siebziger und achtziger Jahren das Bewußtsein allgemein durchgesetzt, daß Kleinheit, Einflußlosigkeit und Bedrängnis der Kirche grundsätzlich positiv zu bewerten und die mit der Formel „Kirche im Sozialismus" bestimmte Situation zu begrüßen sei als ein Kontext, der der Kirche hilft, zu einer mit ihrem Wesen in Einklang stehenden Lebensform zu finden.

Die These, dem in der Formel „Kirche im Sozialismus" zum Ausdruck kommenden kirchlichen Selbstbewußtsein liege implizit die Vorstellung normativer Kriterien kirchlicher Gestaltung zugrunde, soll zunächst in einem ersten Schritt entfaltet und belegt sowie schließlich einer kritischen Bewertung unterzogen werden.

2.3.1 Der Befund

Zusammenfassend läßt sich sagen: Die Situation der Diaspora-Kirche wurde ekklesiologisch privilegiert. In diesem Sachverhalt scheint eine der Hauptursachen für die Schwierigkeiten bei der praktischen Durchführung der Kirchenvereinigung nach dem Zusammenbruch der DDR im Herbst 1989 sowie für die daran an-

---

[174] Für die Bezeichnung dieser Gestalt gibt es eine breite Palette äquivalenter Termini, ich nenne nur als Beispiele „auftragsgemäße", „gehorsame", „ernstlich so zu nennende" Kirche bzw. Gemeinde.

[175] Vgl. F.-W. KRUMMACHER, „Zeichen der Zeit". Rückblick und Ausblick, in: ZdZ 10, 1956, 1–8; DERS., Bericht des Landesbischofs vor der Synode der Pommerschen Kirche vom 1.11. 1960, in: KJB 87, 1960, 202–211; G. NOTH, Volkskirche heute, in: ZdZ 14, 1960, 166–170.

schließende Strukturdebatte zu liegen[176]. Im folgenden soll der Versuch gemacht werden, die *theologische* Problematik, die unserem Befund zugrundeliegt und die, wenn die eben geäußerte Vermutung zutrifft, wenigstens zum Teil die genannte Debatte mitausgelöst hat, näher herauszuarbeiten.

Wichtig für unseren Zusammenhang ist nun, daß die Beobachtungen der Wirklichkeit (und also auch die Selbstbeobachtung der kirchlichen Wirklichkeit) in einer Gesellschaft mit ideologisierten Wirklichkeitsmustern erheblichen Schwierigkeiten ausgesetzt sind[177]. Diese bestehen darin, daß die jede Beobachtung konstituierenden Leitdifferenzen nicht frei wählbar sind. In der Praxis heißt das, daß die unter theologisch gewonnenen kirchlichen Leitdifferenzen vorgenommenen (Selbst-)Beobachtungen ideologischer Kritik und Beeinflussung unterliegen. Die ideologischen Leitdifferenzen haben nämlich die Tendenz, alternative Leitdifferenzen zu kontrollieren bzw. zu überlagern und sich selbst entweder als schlechthin alternativlose oder doch zumindest als Meta-Differenzen zu etablieren, denen dann alle anders codierten Beobachtungsversuche kompatibel sein müssen. Im Ergebnis führt dieses Verfahren der Entpluralisierung von Beobachtungen bzw. Beobachtungsperspektiven zu einer Verringerung der Klarheit der Beobachtungen[178]. Beim analytischen Nachvollzug der Selbstbeobachtung der Kirchen in der DDR ist aufgrund dieser Sachlage im einzelnen besonders zu beachten:

a. Für die Frage nach dem rechten Kirchesein gab es Kriterien ideologischer und theologischer Provenienz.

b. Die Kriterien ideologischer Provenienz konnten sowohl außerhalb als auch innerhalb der selbstreflexiven kirchlichen Kommunikation ihren Anspruch erheben.

c. Die Kriterien theologischer Provenienz konnten als Folge davon an Klarheit und Eindeutigkeit (d.h. an Identifizierbarkeit als theologische Kriterien) verlieren.

---

[176] Auf der letzten Bundessynode sollte dieser Verdacht freilich zurückgewiesen werden. Altbischof W. KRUSCHE formulierte dort in seinem Rückblick: „Ich denke, wir haben uns nie überschätzt und uns als die ‚bessere‘ Kirche und die ‚besseren‘ Christen gefühlt" („Denkt daran, daß im Herrn eure Mühe nicht vergeblich ist", in: ZdZ 46, 1992, 9–15.34–45, 43). Der Leipziger Kirchengeschichtler K. NOWAK kommt dagegen in seiner kritischen Analyse („Labile Selbstgewißheit. Über den Wandel des ostdeutschen Protestantismus in vierzig Jahren DDR", a.a.O. [s. Anm. 170]) zu dem Ergebnis: „In den Kirchen der ehemaligen DDR lebt die Überzeugung, eine ekklesiologisch und sozialethisch fortgeschrittenere Gestalt der Kirche zu repräsentieren, als das Kirchensystem der (alten) Bundesrepublik" (108). Und der Berliner Systematiker W. KRÖTKE stellt in einem „kritischen Rückblick" („Dietrich Bonhoeffer als ‚Theologe der DDR‘", in: ZEE 37, 1993, 94–105) fest: „Gerade mit jenen Bonhoefferschen Kategorien [‚unprivilegierte‘ ‚Kirche für andere‘ in einer ‚mündigen Welt‘] war ‚Sozialismus‘ in dieser Formel [‚Kirche im Sozialismus‘] auch theologisch qualifiziert, nämlich als eine Chance und Verheißung für das rechte Kirchesein" (99).

[177] Die im Folgenden skizzierte Problematik gilt nicht exklusiv für ideologisch geprägte Gesellschaften, stellt sich hier jedoch mit besonderer Schärfe. Man kann auch umgekehrt sagen: Die Stärke des Problemdrucks ist ein Maß für die Ideologisierung einer Gesellschaft.

[178] Die sich daraus ergebende Situation der intellektuellen Existenz in der DDR hat R. SCHRÖDER präzise mit „Denken im Zwielicht" charakterisiert, vgl. den Titel seiner Aufsatzsammlung, Tübingen 1990.

d. Innerhalb der selbstreflexiven kirchlichen Kommunikation konnten sich die unterschiedlichen Leitdifferenzen auf vielfältige Weise zueinander verhalten (Identität; Übernahme; Abgrenzung; Anregung [= „Lernen"]; Anschluß etc.).

e. Die kirchliche Selbstbeobachtung konnte diese Problematik wiederum mitre-
flektieren oder nicht. Das sich aus dieser Unterscheidung ergebende unterschiedliche Problembewußtsein konnte seinerseits Auswirkungen auf die erzielten Ergebnisse zeitigen.

In Entsprechung zu der oben durchgeführten Analyse der im Diaspora-Begriff
zusammengefaßten Situationsbestimmung der „Kirche im Sozialismus" läßt sich
deren ekklesiologische Privilegierung differenzieren in die Privilegierung ihrer
Unprivilegiertheit und ihrer Kleinheit bzw. ihrer Minderheit-Situation.

2.3.1.1 Die ekklesiologische Privilegierung der kirchlichen Unprivilegiertheit

Wie oben bereits festgestellt[179], operierte sowohl die theologische als auch die
ideologische Beobachtung der Kirche mit der Differenz privilegiert/unprivile-
giert. Nachdem wir dort die deskriptive Leistungsfähigkeit dieser Unterscheidung
einer kritischen Untersuchung unterzogen haben, wenden wir uns nun der Frage
nach ihrer normativen Orientierungsfunktion zu. Die eben skizzierte Problemlage läßt dabei eine perspektivisch differenzierte Darstellung als sinnvoll erscheinen.
Dabei ergibt sich zunächst die Beobachtung, daß diese Differenz sowohl in staatlichen als auch in kirchlichen Texten, die die Situation der Kirche in der DDR the-
matisieren, eine herausragende Rolle einnimmt. Neben der Perspektivenunter-
scheidung muß bei der Analyse solcher Texte weiterhin unterschieden werden zwischen deskriptiven und programmatischen Aussagen, sowie bei programmatischen
Aussagen in das jeweils zugrundeliegende Verständnis von „Privilegierung" bzw.
„Unprivilegiertheit", der jeweiligen Wertung innerhalb dieser Differenz sowie
der Begründung für diese Bewertung.

2.3.1.1.1 Die Bewertung kirchlicher Privilegienverluste in staatlicher Perspektive

Das Ziel der Entprivilegisierung der Kirchen war eine Konstante sowohl in der
marxistisch-leninistischen Theorie wie in ihrer Praxis. Es hatte seinen Grund in
dem Verständnis der Kirche als Instrument des Klassenfeindes, der mit ihrer Hilfe
Bewußtseinsentwicklungen und gesellschaftliche Veränderungen verhindern
will[180].

In der DDR begegnete demgegenüber seit den siebziger Jahren eine entscheidende Weiterentwicklung: Die Kirche wurde nicht mehr als eine mit Notwendigkeit (bewußt oder unbewußt instrumentalisiert) die Ziele des Klassengegners ver-
folgende Größe angesehen. Vielmehr war auch denkbar geworden, daß sie bewußt eine „richtige", „positive" und „fortschrittliche" Position einnehmen kön-

---

[179] S. o. Kap. 2.1.2.2.
[180] Vgl. o. Kap. I.A/2; Dok 1891/2; 1918/1.

ne[181]. Dies änderte grundsätzlich nichts an dem Postulat ihrer Unprivilegiertheit, das nach wie vor positiv vom Totalitätsanspruch des Staates, genauer: vom Anspruch der alleinigen Führungsrolle der Partei, abgeleitet wurde, machte aber den Unterschied, daß nun die Kirche, sofern sie entschieden Partei für den Sozialismus nahm und damit auch die Führungsrolle der Partei anerkannte, als eine auf ihre gesellschaftliche Privilegierung *selbst* verzichtende Kirche gedacht werden konnte[182].

Dabei war die staatliche Propaganda gegenüber den Kirchenleitungen – und die Theologie, die sich zum Handlanger dieser Propaganda gemacht hatte – bestrebt, deutlich zu machen, daß sowohl die entschiedene Parteinahme für den Sozialismus als auch der damit notwendig verknüpfte Verzicht auf gesellschaftliche Privilegien theologisch wie kirchenpolitisch im Eigeninteresse der Kirche sei. Das gängigste Argument lautete dabei, die Kirche könne durch den Verzicht auf ihre überkommenen Privilegien ihren Dienst nunmehr „frei von allen weltlichen Bindungen"[183] und damit auch frei von dem (als für „den Herrschaftsmechanismus der kapitalistische Gesellschaft" im Gegensatz zur „sozialistischen Gesellschaft" typisch angesehenen) Mißbrauch „für machtpolitische Interessen"[184] ausüben, was zur Folge habe, daß ihre Amtsträger „bessere Seelsorger, treuere Diener ihrer Kirche und befähigtere Helfer ihrer Gläubigen" seien[185].

Entscheidend ist nun aber, was die Partei und die staatlichen Dienststellen unter einem kirchlichen Verzicht auf Privilegien verstanden – und was sie nicht darunter verstanden. Gemeint waren damit in erster Linie
– der Verzicht der Kirche auf einen eigenen Sozialismus-Begriff, also auf alternative normative Vorstellungen zur Gesellschaftgestaltung[186] sowie
– ihr Verzicht auf ein „Wächteramt" in der Gesellschaft, also auf öffentliche kritische politische Äußerungen, sowie auf eine eigenständige Mitwirkung bei der Gestaltung gesellschaftlicher Verhältnisse[187].

Keine ideologischen Schwierigkeiten schien es dagegen damit gegeben zu haben, die Kirche in *das Privilegiensystem der DDR* zu integrieren. Ein Versuch, dies zu verstehen, muß die Eigenart des gesellschaftlichen Kontextes der Kirchen in der DDR berücksichtigen. Der Widerstand gegen das Privateigentum, eine der

---

[181] Dies ist als eine aktualisierte Variante des traditionellen Volksfrontgedankens zu werten, vgl. Dok 1976/6; 1980/1. Staatssekretär K. Gysi sprach in diesem Zusammenhang von einem „große[n] historische[n] Experiment in unserer Kirchenpolitik" (Dok 1981/3, vgl. Dok 1981/1), andere schlugen als Sprachregelung den von der Kirche gerne aufgenommenen (vgl. Dok 1974/7; 1984/1) Begriff des „beiderseitigen Lernprozesses" vor (Dok 1987/1). Für Staat und Partei führte dieser „Lernprozeß" u.a. auch zu der Tendenz, die feste Verknüpfung gesellschaftspolitischer Ziele mit bestimmten weltanschaulichen Positionen zu lockern, vgl. Dok 1988/1.
[182] Vgl. Dok 1971/4; 1972/8.
[183] „Der Sozialismus hat Christen und die Kirche vom Druck befreit, ihren Glauben zu Zwecken zu mißbrauchen, die nichts mit christlichen Geboten zu tun haben" (Staatssekretär K. Gysi in einem Vortrag in London am 13. Mai 1981, Dok 1981/3).
[184] So nach der von Staatssekretär H. Seigewasser am 7. Juli 1972 an seine Dienststelle ausgegebenen „Präambel zum Arbeitsplan für das II. Halbjahr 1972", Dok 1972/8.
[185] Dok 1971/4.
[186] Vgl. Dok 1968/11.14; 1971/5.7; 1972/5.6.8.10.12.
[187] Vgl. Dok 1968/12.13; 1969/7; 1970/7.8; 1971/7; 1972/5.6.8.10; 1976/9; 1978/5.

Grundkonstanten der DDR-Gesellschaftsordnung, widersprach dem natürlichen menschlichen Drang nach persönlichem Eigentum und produzierte als Folge das innenpolitische Dauerproblem des niedrigen Niveaus der Bereitschaft der Bürger zu gesellschaftlichem Engagement. Verschärft wurde dieses für jede Gesellschaft lebensbedrohliche Problem noch durch die poietische Struktur der DDR-Gesellschaft[188]. Eine vorrangige innenpolitische Aufgabe bestand also, neben der ideologischen Gleichschaltung, in der Motivation der Bürger zum Engagement. Die materiellen Anreize wurden dabei durch Privilegien ersetzt. Politisches Engagement und Wohlverhalten zogen Belohnungen in Form von Verfügungsgewalt, Machtteilhabe und Sonderrechten nach sich. Auf diese Weise entstand als Alternative zu einer auf materiellen Reizen aufgebauten Gesellschaft in der DDR eine Privilegiengesellschaft[189]. Auch die „Diasporakirche" in der DDR war, ob sie es theologisch wollte oder nicht, ein Teil dieser Gesellschaft[190].

2.3.1.1.2 Die Bewertung der kirchlichen Privilegienverluste in kirchlicher Perspektive

Das Wort vom „Privilegienverzicht" hatte jedoch auch in den Kirchen weithin einen guten Klang gehabt. Vor allem Theologen und kirchliche Amtsträger, die in den Traditionen der Bekennenden Kirche standen, strebten von Anfang an als Abgrenzung von einem „volkskirchlichen" Konzept von Kirche die Befreiung der Kirche von eigenen Machtansprüchen und gesellschaftlichen Privilegien an. In der Zielvorstellung bestand daher grundsätzlich in weiten Teilen der Kirche Konformität mit der staatlichen Zielsetzung darin, Privilegienverzicht bzw. -entzug als wesentlichen Bestandteil einer anzustrebenden Trennung von Staat und Kirche zu begreifen. In der Intention einer Anwendung und Verwirklichung der Bonhoefferschen Gedanken zu einer „Kirche für andere" wollte man die Diasporakirche von der der Selbstbezogenheit bezichtigten „Volkskirche" abgrenzen. Ekklesiologische Leitvorstellung war dabei, im Gegensatz zur Vorstellung einer machtvoll die Gesellschaft durchdringenden und sie prägenden Institution, die Sammlung einer

---

[188] S. o. Kap. I.B/1.2.

[189] Die oftmals erstaunlich hohe Bereitschaft zur Mitarbeit beim MfS war z.T. auch auf diesen Sachverhalt zurückzuführen. Das verdrängte, da gesellschaftlich verfemte Streben nach persönlichem Eigentum wurde kompensiert durch eine Verstärkung des Drangs nach Teilhabe an der Herrschaftsausübung. „Die Kooperation mit der staatlichen ‚Behörde' bot die Möglichkeit der Machtbeteiligung" (G. PLANER-FRIEDRICH, Einfallstore für die Stasi. Der Thüringer Weg systemkonformer Kirchenpolitik, in: EK 25, 1992, 75–79, 76).

[190] Mitunter wurde dies auch offen ausgesprochen. So sagte Staatssekretär K. GYSI in seinem Londoner Vortrag vom 13. Mai 1981: „In den siebziger Jahren begann für die Kirchen eine Zeit, in der sie in wachsendem Maße die Vorteile, die ihnen ein sozialistisches System und der Staat bieten, begriffen, und es wuchs ihre Bereitschaft, eine objektive und realistische Einstellung anzunehmen" (Dok 1981/3). Und in einem internen „Informationsmaterial zu Kirchenfragen" der Zentralen Auswertungs- und Informationsgruppe des MfS vom Mai 1987 heißt es: „Je mehr sie selbst sich dagegen verwahren, von Kräften vereinnahmt zu werden, denen es letztendlich nicht um humanistische Ziele des Christentums, sondern um die Konfrontation mit einem Staat geht, der grundsätzlich doch gleiche und ähnliche Ziele verfolgt, desto weniger brauchen die Kirchen befürchten, von diesem Staat ‚bevormundet' zu werden, desto mehr Entfaltungsmöglichkeiten eröffnen sich den Kirchen in diesem Staat" (Dok 1987/4).

„kleinen Schar" zu Zeugnis und Dienst in der Welt, von dieser durch ihr Bekenntnis eindeutig unterscheidbar und durch Privilegienverzicht auch strukturell möglichst wenig mit ihr verwoben.

„Kirche im Sozialismus" war Ausdruck der Auffassung, dem historischen Verhältnis von christlicher Kirche und sozialistischen Bewegungen insbesondere marxistisch-leninistischer Prägung im Anschluß an die These 5 des Darmstädter Wortes nur so entsprechen zu können, indem die Kirche darauf verzichtet, die sozialistische Gesellschaft unter Anwendung christlicher Kategorien zu gestalten, zu belehren oder gar zu beherrschen, sondern sich ihr statt dessen, so gut es das Erfordernis
der Bewahrung der eigenen Identität zuläßt, einzuordnen. Ihrer Umwelt gegenüber, die sie theologisch als „mündige Welt" qualifiziert hatte, wollte die „Kirche
im Sozialismus" nicht als Lehrmeister, sondern als „Partner" mit einer eigenständigen Identität auftreten. Weder Abgrenzung und Kampf noch Auflösung und Iden-
titätsverlust, sondern Offenheit, Koexistenz und Kooperation sollten die Außenrelation der Kirche bestimmen. Deren zentrale inhaltliche Merkmale wurden in ekklesiologischen Programmformeln fixiert. Es handelte sich dabei um Orientierung am kirchlichen Auftrag („Zeugnis- und Dienstgemeinschaft"), Proexistenz
(„Kirche für andere") und Offenheit („Offene Kirche"). Die – für eine Diasporasituation typische – Problemkonstellation, die die ekklesiologische Reflexion der
„Kirche im Sozialismus" weithin geprägt hatte, bestand in der ausgleichenden
Wahrnehmung zweier je für sich Probleme aufwerfenden Zielvorstellung, die unter bestimmten Voraussetzungen auch zu einem Zielkonflikt führen konnten: der
Begründung und Erhaltung kirchlicher Identität einerseits und der konsequenten
und effektiven Ausführung des Auftrages der Kirche andererseits.

Diese Thematik wird in Kap. II.C näher behandelt werden. An dieser Stelle soll
lediglich die für das Selbstverständnis der „Kirche im Sozialismus" als „Kirche in
der Diaspora" zentrale Differenz privilegiert/unprivilegiert in den Blick genommen werden.

*a) Die Relevanz der Differenz privilegiert/unprivilegiert für die kirchliche
Selbstbeobachtung*

Werner Krusche hatte in seiner differenzierten Situationsanalyse aus dem Jahre
1973[191] nicht nur zwischen verschiedenen Arten der Diaspora-Situation unterschieden[192], sondern auch mehrere Typen ihrer sachlich-historischen Genese beschrieben:
1. Die „jungen" Missionskirchen entstehen als Diaspora-Kirchen, sie verfügen
   über keine Erfahrungen mit einer andersgearteten Situation, ihr Umweltverhältnis ist nicht durch eine bestimmte Geschichte vorgeprägt.
2. Für die Freikirchen hat der Status einer Diaspora-Kirche einen theologisch reflektierten und intendierten Charakter: ihnen eignet „das elitäre Bewußtsein ei-

---

[191] W. KRUSCHE, Die Gemeinde Jesu Christi auf dem Wege in die Diaspora, a.a.O.
[192] Vgl. o. Kap. 2.1.1

ner erwählten Schar"[193], die nie etwas anderes war und auch nichts anderes sein will.

3. Die Kirchen des BEK dagegen wurden unfreiwillig und durch den Druck der Verhältnisse zu Diaspora-Kirchen. In ihre Diaspora-Situation bringen sie ihre volkskirchliche Geschichte und Identität mit. Der Übergang in die neue Situation geschah weder freiwillig noch aufgrund eines theologisch gesteuerten kirchlichen Gestaltungsprogramms. Die theologische Reflexion der kirchlichen Existenz als Diaspora-Kirchen hat, unabhängig von ihren materialen Ergebnissen, den Charakter der Nachträglichkeit.

Diese Differenzierung bei der theologischen Reflexion der kirchlichen Situation zu berücksichtigen heißt zunächst, daß, soll sie sachgemäß sein, Analogiebildungen zur Urgemeinde, zu den „jungen" Missionskirchen oder den Freikirchen nicht zu ihrem Instrumentarium gehören können[194]. Die theologische Bestimmung des Umweltverhältnisses der Kirche in der DDR als Kirche in einer ideologischen Diaspora kann daher nicht einfach vorgegebenen Mustern folgen, sondern muß neu erarbeitet werden.

Eine der wichtigsten Leitdifferenzen, mit denen dieses Verhältnis theologisch fixiert wurde, war privilegiert/unprivilegiert. Dies lag nahe, weil

1. mit dieser Differenz der Wandel in der Situation der Kirchen in der DDR, wie er sich in den fünfziger und sechziger Jahren ereignet hatte, mit Aussicht auf breiten Konsens beschreibbar war,

2. diese Differenz nicht nur hinsichtlich ihrer deskriptiven Potenz, sondern auch im Hinblick auf ihre normativ-ekklesiologischen Konnotationen als in Theologie und Kirche leistungs-, d.h. in hohem Maße konsensfähig gelten mußte und

3. ihre Anwendung Verständigungsmöglichkeiten mit dem Staat zu eröffnen versprach.

Das alles besagt allerdings noch nichts darüber, wie der Begriff der Privilegierung inhaltlich gefüllt und mit welchen Wertungen die Differenz privilegiert/unprivilegiert im Einzelfall angewandt worden war.

b) Theologische Argumente für eine unprivilegierte Kirche

Der Gedanke der Unprivilegiertheit als Kennzeichen wahrer Kirche entstammt einer kreuzestheologisch fundierten Ekklesiologie, wie sie K. Barth[195] und, in etwas anderer Weise, auch D. Bonhoeffer[196] vorgelegt haben[197]. Das Wesen und zu-

---

[193] W. Krusche, a.a.O., 169.

[194] Damit ist eine in den späten vierziger und fünfziger Jahren v.a. von G. Jacob einflußreich vertretene Argumentationslinie zurückgewiesen. Jacob hatte die Beobachtung einer analogen Struktur der kirchlichen Nachkriegssituation in der SBZ/DDR einerseits und der Situation der Urgemeinde andererseits zur Grundlage seiner ekklesiologischen Konzeptionsentwürfe gemacht.

[195] Exemplarisch durchgeführt im Zusammenhang seiner Auseinandersetzung mit O. Dibelius, vgl. K. Barth, Die Not der evangelischen Kirche, in: Ders., „Der Götze wackelt", hg. v. K. Kupisch, 33–62.

[196] Vgl. D. Bonhoeffer, Widerstand und Ergebung, [11]1980, 178.180f.182–184.190–193.

[197] Die kreuzestheologische Begründung für kirchlichen Privilegienverzicht war vom Kirchen-

gleich die „Not" der evangelischen Kirche besteht demnach darin, daß sie die Bewegung der Selbstentäußerung Gottes in seiner Menschwerdung und seiner Erniedrigung am Kreuz in gehorsamer Nachfolge mit- bzw. nachvollzieht. Ihr Verhältnis zur „Welt" wird daher recht verstanden immer das der „Fremdlingschaft" sein müssen[198]. Der kreuzestheologisch begründete Begriff der „Fremdlingschaft" der Kirche wurde dann in der Regel durch die Einführung und Anwendung der Dichotomie von „Macht" und „Dienst" konkretisiert[199].

Die im Zusammenhang der ekklesiologischen Reflexionsprozesse in den Kirchen der DDR angeführten theologischen Argumente für eine unprivilegierte Kirche lassen sich unter der These zusammenfassen: Einflußlosigkeit entspricht dem Auftrag der Kirche (in dieser Situation). Für diese These wurden v.a. in den sechziger und siebziger Jahren mehrere unterschiedliche, sich z.T. ergänzende, z.T. aber auch in Spannung zueinander stehende Begründungsansätze geltend gemacht:

1. Der Auftrag der Kirche ist grundsätzlich theologisch zu bestimmen. Darum gilt: Der Auftrag der Kirche ist der Intention des göttlichen Heilswillens zugeordnet. Dieser aber zielt nicht auf die Kirche, sondern auf die Welt[200]. Das Ziel kirchli-

---

bund insbesondere auf seiner Synode in Potsdam 1970 geltend gemacht worden, vgl. Dok 1970/ 1. Vgl. u. Kap. II.C/3.3.1.

[198] Als dictum probans wurde dafür in der Regel Hebr 13,12f. genannt, vgl. u. Kap. II.C/3.3.2.1.3. Der Gedanke der Fremdlingschaft der Kirche in der Welt als normatives ekklesiologisches Moment findet sich in fast allen Schriften G. JACOBS, aber auch bei anderen vormaligen Repräsentanten der BK und späteren Gegnern des Restaurationskurses nach dem Kriege. So sagte etwa der damalige Superintendent von Köpenick und Präses der Berlin-Brandenburger Synode F. FIGUR in einer Andacht auf dem Kirchentag der BK in Berlin am 3.1. 1948 in deutlicher Anlehnung an K. BARTH: „[E]s gibt nicht nur eine Not der Kirche, die in ihrer Lage begründet ist, in der Unzulänglichkeit der Menschen und der Verhältnisse, sondern es gibt auch eine Not, die in der Sache begründet ist, und die darum bleibt […]. Und die evangelische Kirche tut gut daran, etwas von dieser Not zu wissen, die nicht mit der Einstellung und Haltung ihrer Glieder zusammenhängt, nicht mit eigener und fremder Schuld, sondern die mit ihrer Existenz gegeben ist, die damit gegeben ist, daß sie den zum Herrn hat, dessen Krippe steht, wo man keinen Raum in der Herberge hat, und dessen Kreuz steht da draußen vor dem Tor" („Weg in der Wüste – Wasserströme in der Einöde", in: ZdZ 2, 1948, 33–37, 35f.). Der Gedanke der Fremdlingschaft der Kirche ist in der DDR auch über den unmittelbaren Kontext der Kirchlichen Bruderschaften hinaus wirksam geblieben, vgl etwa W. KRUSCHE, Der welt-fremde Christ, Sexau 1986.

[199] „Wir können im übrigen gar keine Mittelpunktstellung haben wollen, da unsere Mitte Jesus Christus ist, von dem wir wissen, daß er seine Herrschaft über die Welt nicht durch Gewalt, sondern durch die Macht seiner wehrlosen Kreuzes-Liebe ausübt und daß er von seiner Kirche nicht Machtpositionen besetzt, sondern Dienstfunktionen wahrgenommen haben will. Wir werden mehr als bisher lernen müssen, die Existenz einer Kirche ohne Privilegien, ohne Glanz und Ansehen willig anzunehmen im Wissen darum, daß der Herr uns gerade aus dieser bescheidenen, demütigen Position heraus als Boten und Werkzeuge seiner allen geltenden Liebe haben und sein Evangelium gesellschaftswirksam machen will" (W. KRUSCHE, Bericht vor der Synode der Kirchenprovinz Sachsen, Halle, 15.11. 1969, in: KJB 96, 1969, 167–172, 168). „‚[D]ie Inanspruchnahme der mündigen Welt durch Christus' [so die Formulierung des Auftrags der Kirche] geschieht […] nicht in der Weise der Macht. Vielmehr hat die Kirche in der Kreuzesnachfolge auf alle Machtpositionen zu verzichten. Denn die Herrschaft Christi ist kreuzestheologisch als Dienstschaft zu verstehen. […] In der Anfechtungssituation unter dem Kreuz verläuft sich die Volkskirche" (H. FALCKE, Die unvollendete Befreiung, München 1991, 15). Vgl. auch die Aussagen der Bischöfe J. HEMPEL und A. SCHÖNHERR in Dok 1977/6 und 1978/4.

[200] Vgl. A. SCHÖNHERR, Das Zeugnis des Christen in der DDR, in: DERS. 1979, 248f., 248.

chen Handelns kann daher nicht in der Stärkung und Erhaltung ihrer eigenen Organisation bestehen.

2. Macht und Einfluß korrumpieren die Kirche und machen ihre Botschaft unglaubwürdig. Der Verlust kirchlicher Macht und kirchlichen Einflusses wird daher als von Gott inszenierte Ausrüstung der Kirche zur besseren Erfüllung ihres Auftrages begriffen[201].

3. Speziell in der DDR erfährt die Kirche die Intentionen und Ziele des Sozialismus als konvergent zu ihren eigenen sozialethischen Zielvorstellungen und anerkennt aus diesem Grunde die Machtverhältnisse in der DDR, und das heißt auch: den alleinigen Führungsanspruch der Partei und den Ausschluß der Kirche aus dem Prozeß gesellschaftlicher Gestaltung[202].

4. Auch die den Intentionen der staatlichen Kirchenpolitik verpflichtete „Akklamationstheologie"[203], die v.a. an der Sektion Theologie der Berliner Humboldt-Universität beheimatet war, argumentierte in der Frage des öffentlichen Einflusses der Kirche kreuzestheologisch. Einer *theologia crucis* entspräche als ekklesiologischer Programmbegriff eine „Kirche unter dem Kreuz". Deren Kennzeichen seien[204]:

a. Selbstverleugnung durch Verzicht auf die Sicherstellung der Identität kirchlichen Handelns. Da die Identität kirchlichen Handelns durch das das Tun identifizierende und so erst eindeutig machende Wort entsteht, besteht die geforderte Selbstverleugnung der „Kirche unter dem Kreuz" darum folgerichtig in der Auflösung der Verbindung von Wort und Tat.

b. Ein Verzicht auf kirchliche Lehre mit Wahrheitsanspruch ist die Folge. An die Stelle der hochmütigen Belehrung ihrer Umwelt durch eine Verkündigung mit Wahrheitsanspruch tritt die Anerkennung der Richtigkeit der wissenschaftlichen Weltanschauung des Marxismus-Leninismus.

c. An die Stelle des Versuchs, religiöse Herrschaft über die Welt aufzurichten, tritt das Leiden einer „dienenden Kirche". Darum gehen eigenständige öffentlich-politische Stellungnahmen der Kirche auch nicht an.

---

[201] Nach SCHÖNHERR ist eine mächtige Körperschaft für die Aufgabe, vom göttlichen Heilswillen Zeugnis abzulegen, weniger kompetent als eine gehorsame „Schar von Brüdern" (a.a.O., 249). Im Grunde bleibt diese These auf der Ebene des Ressentiments. Weder bei Schönherr noch anderswo findet sich der ernsthafte Versuch einer überzeugenden Begründung. Vgl. dazu z.B. auch J. HEMPEL, Annehmen und Freibleiben. Teil III des Tätigkeitsberichtes der Dresdner Kirchenleitung vor der sächsischen Landessynode, Dresden, 15.-19. Oktober 1977, in: epd-Dok 46/1977, 4–10, bes. 7–10: HEMPEL konstatiert eine indirekte Proportionalität zwischen Macht und Vollmacht der Kirche. Die Vollmacht der Kirche („die – ohne Zuhilfenahme menschlicher Macht erfahrbare – Überzeugungskraft des Evangeliums" [9]) nehme bei abnehmender Macht derselben („‚Macht' im Sinne von Einflußmöglichkeit und Durchsetzungsvermögen der Kirche innerhalb der Gesellschaft" [7]) zu. Vollmacht *gewänne* die Kirche also gerade durch die öffentliche Einfluß*losigkeit* ihrer Organisation und, als damit einhergehend gedacht, die glaubwürdige Existenz der einzelnen Christen.
[202] Vgl. z.B. A. SCHÖNHERR, Impulse aus der Theologie Bonhoeffers für den Weg der Christen in der sozialistischen Gesellschaft der Deutschen Demokratischen Republik, in: DERS. 1979, 119–141, bes. 122.126–129.
[203] M. BEINTKER, Die Idee des Friedens als Waffe im Kalten Krieg, in: KZG 4, 1991, 249–259, 257.
[204] Das Folgende findet sich ausführlicher entfaltet in Kap. II.C/3.

5. Eine dazu geradezu entgegengesetzte Argumentation führte W. Krusche, wenn er sich aufgrund der „Fremdlingschaft" und „Machtlosigkeit" der Kirche in der Diaspora eine „chancenreiche Konzentration auf das Entscheidende" versprach, die aus der „volkskirchlichen Konturenlosigkeit" heraus- und zu einem „klare[n] Profil" der Kirche führt[205]. Hier wird als Argument für die Privilegienlosigkeit der Kirche in der Diaspora also gerade eine *Stärkung* ihrer Identität angeführt. Entsprechend betonte Krusche gegen das Verständnis einer „priesterliche[n]" Proexistenz der Kirche deren „prophetische[n]" Auftrag der Wortverkündigung „in die konkreten Situationen von Kirche und Gesellschaft hinein"[206] und stellte den die Tat identifizierenden Vorrang des Wortes heraus[207].

6. Die von dem langjährigen Vorsitzenden der Konferenz der Kirchenleitungen, Bischof Schönherr, und anderen in den siebziger Jahren zur Grundlage der „Kirche im Sozialismus" gemachte Konzeption der „Kirche für andere" weist in einer Reihe von Punkten eine starke Nähe zu der unter 4) referierten, die Kreuzestheologie betonenden Position auf. In ausdrücklicher Entgegensetzung zu einer von ihm als „Volkskirche" bezeichneten ekklesiozentrischen Konzeption von Kirche hat Schönherr ein gewissermaßen ekklesiofugales[208] Modell vorgelegt und in immer neuen, meist aus aktuellem Anlaß entstandenen Texten entwickelt. Grundgedanke ist dabei die negative Bewertung von „Kirchlichkeit". Mit diesem Begriff wird ein Verständnis von Kirche abgelehnt, das nach außen christlich-religiöse Bevormundung der Welt betreibt und nach innen den Organisations- bzw. Institutionscharakter der christlichen Gemeinde betont. Die Begriffe „Dienst" und „Macht" werden dabei im Sinne wechselseitiger Abgrenzung begriffen:

„Eine Kirche, die sich als Gemeinde des Gekreuzigten versteht, soll es als Hilfe zu einem besseren Verständnis ihres Dienstes und zur Erprobung ihres Glaubens und nicht als Un-

---

[205] W. KRUSCHE, Die Gemeinde Jesu Christi auf dem Wege in die Diaspora, in: KJB 100, 1973, 167–175, 170.

[206] W. KRUSCHE, Bericht vor der Synode der Kirchenprovinz Sachsen, Halle, 15. November 1969, in: KJB 96, 1969, 167–172, 167.

[207] „Unser entscheidender Dienst für die Menschen besteht darin, ihnen den Dienst Jesu zu vergegenwärtigen. Das geschieht durch das Wort und das ihm entsprechende Tun, wobei dem existenzverwandelnden Wort der Vorrang zukommt. Das Wort *ist* bereits Dienst; [...] Das Wort erst macht die Zeichen eindeutig [...]. Dieser Hinweis-Charakter unterscheidet das Tun der Diener Gottes von sonstiger humaner Tat" (W. KRUSCHE, Diener Gottes, Diener der Menschen, in: KJB 98, 1971, 355–364, 357).

[208] Anders kann man ja wohl einen Satz wie diesen nicht interpretieren: „Nicht der theoretische Atheismus, sondern der praktische Atheismus der Christen [...] ist die eigentliche Gefahr [...] für die Welt." (A. SCHÖNHERR, Das Zeugnis des Christen in der DDR. Thesen für den Weißenseer Arbeitskreis [1960], in: DERS. 1979, 248f., 248). Hier wird eine umgekehrte Zuordnung von Wort und Tat wie bei W. KRUSCHE (s. Anm. 207) vorgenommen. Auf diese Weise kann SCHÖNHERR „Kirchlichkeit" und „Gehorsam des Glaubens" gegeneinander ausspielen. Für SCHÖNHERR hat das Handeln als solches Vorrang vor seiner weltanschaulich-religiösen Fundierung. Die Differenz der Weltanschauungen wird ausdrücklich als irrelevant gegenüber dem praktischen Handeln bezeichnet. Mit dieser genauen Entsprechung zu ULBRICHTS kirchenpolitischen Grundthesen kehrt SCHÖNHERR das Verhältnis von handlungsleitender Orientierung und Handeln um.

glück ansehen, wenn ihr äußere Macht verwehrt ist. Sie kann aus ihrer eigenen Geschichte lernen, wie ungut die Verbindung von Glaube und Macht ist.[209] [...] Weil der Gekreuzigte sich zum Dienst an den Menschen auf dieser Erde erniedrigt hat, wird seine Gemeinde nicht hoch über der Erde thronen dürfen. Sie wird an den Gemeinschaftsaufgaben der Gesellschaft teilnehmen, ohne auf ihre Besonderheit zu pochen.[210] [...] Es kommt darauf an, daß sie ihre Ohnmacht als eine Hilfe Gottes annimmt, um das Evangelium deutlicher vertreten zu können."[211]

Als Kirche unter dem Kreuz verzichtet die Kirche also auf die Sorge um sich selbst. Sie vertritt weder eigene Interessen, sorgt sich nicht um ihre eigene Identität und lehrt keine eigene Wahrheit. In ihrer Außenrelation verlegt sie ihren Schwerpunkt von der öffentlichen Wortverkündigung auf leidende „Teilnahme". Die selbstlose, ohnmächtige Kirche unter dem Kreuz steht unter der Signatur des Leides. Als ekklesiologisches Idealbild kann Schönherr darum auch eine Romanfigur von Christa Wolf vorstellen, „die sich als Christin beweist, indem sie einfach leidet, um helfen zu können, und darunter leidet, nicht genug geholfen zu haben, und die vor allen Dingen wahrhaftig ist."[212]

c) Die praktische Dimension der privilegiert/unprivilegiert-Differenz

Praktisch wurde der Verlust kirchlicher Privilegien als Wegfall zivilreligiösen[213] „Ballastes"[214] und der Versuchung, „mit heimlichem oder gar offenem, gesellschaftlichem Druck zu arbeiten"[215], gewertet. In der offiziellen Semantik des Kirchenbundes stand hierfür der Begriff der „Chance"[216] für eine Steigerung von Gehorsam und Glaubwürdigkeit der Kirche.

---

[209] A. Schönherr, Impulse aus der Theologie Bonhoeffers für den Weg der Christen in der sozialistischen Gesellschaft der Deutschen Demokratischen Republik (1972), in: Ders. 1979, 119–141, 126.

[210] A.a.O., 127.

[211] A.a.O., 128.

[212] A. Schönherr, Noch – schon – heute. Die Bedeutung Dietrich Bonhoeffers für das Christsein in der DDR, in: Ders. 1979, 188–199, 198.

[213] Vgl. G. Jacob, Christen ohne Privilegien, Dok 1966/5. Jacobs positive Bewertung des Übergangs der „offiziellen Staatsmetaphysik" von der Kirche auf die marxistisch-leninistische Ideologie der Partei offenbart eine ekklesiozentrische Sichtweise und ein darin begründetes defizitäres Problembewußtsein. Denn durch die Verlagerung der Trägerschaft der Zivilreligion ist das Problem, das sie darstellt und das auch für die Kirche entscheidende Relevanz besitzt, in keiner Weise gelöst. Vgl. u. Kap. II.C/1.

[214] „Die Chance besteht darin, daß in der sozialistischen Gesellschaft viel Ballast weggefallen ist, daß uns viele Stützen genommen und daß viele Privilegien abgebaut wurden. Die Aufforderung unseres Herrn, allein seinem Wort zu vertrauen, uns zu ihm zu bekennen, ist unverstellter und kommt deutlicher auf den einzelnen zu als in früheren Verhältnissen" (A. Schönherr, Chancen und Probleme christlicher Existenz in einer sozialistischen Gesellschaft, in: Ders. 1988, 277–290, 278).

[215] H.-J. Fränkel, Bericht vor der Synode der Evang. Kirche des Görlitzer Kirchengebietes, Görlitz, 30.3.-2.4. 1979, in: epd-Dok 19/1979, 9–18, 17. Daß die Trennung von Staat und Kirche in dieser Hinsicht für die Kirche vorteilhaft sei, hat auch die staatliche Propaganda gegenüber den Kirchenleitungen immer wieder betont, vgl. o. Kap. 2.3.1.1.1.

[216] Die Bundessynode in Dessau 1979 hatte von der durch die sozialistische Gesellschaft gege-

In einer merkwürdigen Spannung zu der in den Kirchen des Bundes zweifellos mehrheitsfähigen und für das herrschende Selbstverständnis wohl auch grundlegenden These von der ekklesiologischen Privilegierung kirchlicher Einfluß- und Privilegienlosigkeit stand die tatsächliche Situation und praktische Politik der Kirchenleitungen in Bund und Gliedkirchen. *Erlebt* wurde der normativ favorisierte kirchliche Privilegienverlust in der Praxis jedenfalls ambivalent. *Daß* die kirchlichen Organisationen und ihre Leitungsspitzen in der DDR durchaus Privilegien genossen und daß es in der Folge innerhalb der Kirchen zu einem Privilegierungsgefälle zwischen einzelnen kirchlichen Sozialformen gekommen war, zeigten die Reaktionen der kirchlichen „Basis" auf die Selbstverbrennung von Pfarrer Oskar Brüsewitz in Zeitz im August 1976. Auf der darauf folgenden sächsischen Landessynode versuchte Landesbischof Hempel die z.T. erregt geführte Diskussion zusammenzufassen. Danach war eine der Hauptwirkungen von Brüsewitz' Tat das schlaglichtartige Offenbarwerden einer tiefen innerkirchlichen Vertrauenskrise. Neben der Thematisierung struktureller Probleme wurde im Herbst 1976 v.a. der Vorwurf der Gemeinden an die Kirchenleitungen artikuliert: „Ihr seid gegenüber dem Staat allzu diplomatisch. [...] Ihr lebt in unseren Augen als Privilegierte."[217] Der Vorwurf belegt, daß es hinsichtlich des Grades der Unprivilegiertheit der „Diasporakirche" Abstufungen zwischen den einzelnen kirchlichen Sozialformen gegeben haben muß. Während die Christen die Erfahrung alltäglicher Schikanen und z.T. gravierender Benachteiligungen machten, beobachteten sie einen zunehmend vertraulich werdenden Umgang auf der Leitungsebene von Staat und Kirche (dessen Inhalt und Ergebnisse ihnen obendrein häufig nicht zugänglich gemacht wurden), Dienstreisemöglichkeiten für kirchliche Mitarbeiter in das westliche Ausland sowie die Möglichkeit der Durchführung von Valuta-Bauprogrammen[218].

Die Tatsache, daß die Institution Kirche nach der Anerkennung des Kirchenbundes durch die staatlichen Organe zu einem Teil des Privilegiensystems der DDR

---

bene „Dienstchance" gesprochen (Dok 1979/3), vgl. auch den Text der Bundessynode von Dresden 1985 (Dok 1985/1). Bereits 1960 hatte A. SCHÖNHERR formuliert: „Wir glauben, daß Gott, indem er seiner Gemeinde Macht und Einfluß nimmt, die Chance gibt, glaubhaft Zeugnis abzulegen von der Macht ihres ‚sanftmütigen Herrn' (Matth. 21,5)" („Das Zeugnis des Christen in der DDR", in: DERS., 1979, 248f., 249). Ähnlich hatte auch G. JACOB in der „neue[n] Situation [...] eine Chance für ein glaubwürdiges und gehorsames Leben der Christen" erkannt (Dok 1966/5). W. KRUSCHE schließlich stellte im Rückblick fest: „Wir haben gelernt, daß der Kirche die Distanz zur Macht guttut. [...] Wir waren nicht in die politischen Machtstrukturen integriert" („Denkt daran, daß im Herrn eure Mühe nicht vergeblich ist", in: ZdZ 46, 1992, 9–15.34–45, 43).
    [217] J. HEMPEL, Rede vor der Synode der Evang.-Luth. Landeskirche Sachsen, Dresden, 16.-20. Oktober 1976, in: epd-Dok 38/1977, 9f., 9. Vgl. den Bericht der Magdeburger Kirchenleitung „Über Überlegungen und Entscheidungen im Zusammenhang mit der Selbstverbrennung von Pfarrer Oskar Brüsewitz" vor der Synode der Kirchenprovinz Sachsen, 28. Oktober 1976, in: epd-Dok 38/1977, 10–19; Dok 1976/5; R. HENKYS, Das Zeichen von Zeitz und seine Wirkung. Kirchen in der DDR überprüfen ihre Position, in: EK 9, 1976, 583–585.
    [218] Die beiden letzten Punkte wurden so von C. STIER in seinem Bericht als Landesbischof an die Synode der Evang.-Luth. Kirche Mecklenburg, Schwerin, 13.-16. März 1986 (epd-Dok 18/1986, 5–11) als „Privilegien" der Kirche bezeichnet.

wurde, ließ die Unprivilegiertheit als ekklesiologische Kategorie bei vielen ambivalent werden, wenn auch nur wenige diesen Vorgang offen reflektierten. Dagegen ist eine Modifikation des allgemeinen kirchlichen Sprachgebrauchs unübenseh-
bar. Folgende Argumente sprachen dafür, Privilegien der Kirche unter bestimmten Umständen zu akzeptieren bzw. anzustreben:

1. Die Sicherstellung der Möglichkeitsbedingungen kirchlicher Arbeit. Daß die
Kirchenleitungen als Teil ihrer verantwortlich wahrgenommenen Aufgabe auch
die wirtschaftliche Sicherung der kirchlichen Arbeit begriffen, ist selbstverständlich[219]. Die Notwendigkeit einer durch die Kirche wahrgenommenen Vertretung
eigener Interessen gegenüber dem Staat stand in der Praxis zu keinem Zeitpunkt in
Frage.

2. Auch die Wahrnehmung öffentlicher Verantwortung durch die Kirche in
Form von Einflußnahme auf das öffentliche Leben der Gesellschaft war als Teil des
kirchlichen Auftrags nie in Frage gestellt worden. Die *faktische* Unmöglichkeit der
Wahrnehmung dieser Aufgabe durch die Kirchenleitung (der die Funktion der
Wahrnehmung und Gestaltung der kirchlichen Außenrelation strukturell zufällt)
in den sechziger und frühen siebziger Jahren und die daraus resultierende Übertragung dieser Aufgabe an die einzelnen Christen war in dem Konzept der Diaspora-
kirche theoretisch verarbeitet worden, das seine deutlichste Ausformulierung auf
der Bundessynode in Eisenach 1971 gefunden hatte[220].

Nachdem die Repräsentation des kirchlichen Lebens nach außen durch den Kirchenbund staatliche Anerkennung gefunden hatte, kam es zu vorsichtigen Modifikationen dieses ekklesiologischen Modelles. Folgende Gesichtspunkte spielten dabei eine Rolle:

– Die Situation der Minderheit und Unprivilegiertheit der Kirche und ihrer Glieder blieb weiterhin bestehen.
– Diese Situation wurde aus der theologisch begründeten Ablehnung ekklesiozen-
  trischer Tendenzen begrüßt.
– Gleichwohl erkannte es in dieser Situation die Kirchenleitung als ihrem Auftrag
  entsprechend, möglichst effektiv Einfluß auf die Gestaltung der Gesellschaft zu
  nehmen. Sie interpretierte dies als die Leistung eines eigenständigen Beitrages
  zu einer gemeinsamen Aufgabe.

Dieses Modell fand in dem Staat-Kirche-Gespräch vom 6. März 1978 seine
wichtigste, weil folgenreichste Anwendung. Dem durch die wechselseitige Anerkennung von Kirche und Staat als „Partner" begründeten Unmut der Gemeinden
über die Abstufung kirchlicher Unprivilegiertheit suchte Bischof Schönherr zu begegnen, indem er gegenüber Honecker betonte:

---

[219] Vgl. z.B. die Argumentation in der Stellungnahme Propst GRÜBERs zu dem in den Staat-
Kirche-Verhandlungen vom 10. Februar 1956 vorgetragenen Memorandum der DDR-Regie-
rung, in: G. KÖHLER, Pontifex nicht Partisan. Kirche und Staat in der DDR von 1949 bis 1958,
Stuttgart 1974, 148–150.

[220] Vgl. u. Kap. II.C/3.3.2.2.

„Das Verhältnis von Staat und Kirche ist so gut, wie es der einzelne christliche Bürger in seiner gesellschaftlichen Situation vor Ort erfährt."[221]

In der Folge des 6. März läßt sich eine behutsame ekklesiologische Neubestimmung des Einfluß-Begriffes beobachten. Der neuen Situation entsprechend sprach man nun nicht mehr von einem als „volkskirchlich" diffamierten *Macht*streben der Kirche, sondern von der auftragsgemäßen Wahrnehmung ihrer *Verantwortung*. Deutlich wurde diese terminologische Neufassung z.B. in dem Beitrag der DDR-Kirchen zum Thema der ÖRK-Weltkonferenz 1979 („Glaube, Wissenschaft und Zukunft"). Der BEK-Ausschuß „Kirche und Gesellschaft" legte dafür ein Papier vor, in dem als Ausdruck der öffentlichen Verantwortung der Kirche artikuliert wird, einen eigenständigen Beitrag zur Lösung gemeinsamer (Menschheits-) Probleme leisten zu wollen. Eher bedauernd wird in diesem Zusammenhang festgestellt, daß die „Kirchen als Minderheiten [...] wenig Einfluß auf die Macht- und Entscheidungszentren" haben[222].

Die Spannung zwischen der ekklesiologischen Privilegierung einer unprivilegierten Minderheitskirche und dem zunehmend als dringlich empfundenen Auftrag, als Kirche öffentlichen Einfluß auszuüben, kommt exemplarisch in dem Vortrag von Landesbischof H.-J. Wollstadt vor der Frühjahrssynode 1981 der Evang. Kirche des Görlitzer Kirchengebietes zum Ausdruck. Zum einen vertrat Wollstadt die normativen Implikationen des Konzepts der Diaspora-Kirche:

„Es kommt bei Gott nicht auf die zahlenmäßige Größe an, *eher im Gegenteil*. Das Kleine trägt den Segen der Verheißung, und auch den Auftrag."[223]

Auf der anderen Seite beklagte er jedoch zugleich das „Problem unserer Kleinheit"[224] und die daraus resultierende gesellschaftliche Einflußlosigkeit der Kirche, die die Erfüllung des ihr anvertrauten Auftrages erschwere:

„Haben wir in der Minderheitssituation, in der wir uns als kleine Kirche befinden, überhaupt die Möglichkeit, unseren Auftrag zu erfüllen? Was gilt denn unsere Stimme inmitten der vielen andersartigen Stimmen in unserer Welt?"[225]

„Kleinheit" kann also für die Kirche auch „eine große Belastung sein."[226] Die Ambivalenz bei der Bewertung kirchlicher Kleinheit scheint auf der Unterschiedlichkeit mehrerer Arten der kirchlichen Außenkommunikation zu beruhen, die, als Entfaltung des „Auftrags" der Kirche, mit den Begriffen „Zeugnis" und

---

[221] A. SCHÖNHERR, Gespräch zwischen Staat und Kirche, in: DERS. 1988, 272–276, 276.
[222] Verantwortung der Christen in einer sozialistischen Gesellschaft für Umwelt und Zukunft des Menschen. Beitrag der Kirchen in der DDR zum Thema der Weltkonferenz des ÖRK 1979 („Glauben, Wissenschaft und Zukunft"), erarbeitet vom Ausschuß „Kirche und Gesellschaft" des BEK, in: ZdZ 33, 1979, 243–263, 263.
[223] H.-J. WOLLSTADT, Kleine Kirche – großer Auftrag. Vortrag vor der Synode der Evang. Kirche des Görlitzer Kirchengebietes, Görlitz, 27. März 1981, in: epd-Dok 21/1981, 59–69, 61f. Herv. v. mir, W.Th.
[224] A.a.O., 64.
[225] Ebd.
[226] A.a.O., 60.

„Dienst" differenziert werden. Zum „Zeugnis" verhält sich die kirchliche Kleinheit durchaus positiv, da sie seine Glaubwürdigkeit erhöht. Kirchlicher „Dienst" dagegen gewinnt mit zunehmender Größe und Einfluß der Kirche an Effektivität[227]. Aus diesem Grunde plädierte Wollstadt für eine starke Kirchengemeinschaft in Form der „Vereinigten Evangelischen Kirche".

Mit dieser Differenzierung in Zeugnis und Dienst der Kirche ist „Unprivilegiertheit" als allgemeines ekklesiologisches Kriterium allerdings sehr geschwächt. Gleichwohl hat sich dieses Denkmodell in der Praxis wohl weitgehend durchgesetzt. Die Alternative dazu bestand darin, die Leitdifferenz nicht zwischen Zeugnis und Dienst, sondern zwischen den einzelnen kirchlichen Sozialformen zu suchen. Kennzeichen der „Kirche im Sozialismus" als „Kirche in der Diaspora" wäre demnach eine spezifische Verteilung der kirchlichen Aufgaben auf ihre unterschiedlichen Sozialformen, also einzelne Christen, Gruppen, Kirchenleitung. Durch eine solche Strategie wäre jedenfalls der Zwangsläufigkeit des Privilegienzuwachses der Kirchenleitung und dem daraus resultierenden kircheninternen Privilegiengefälle gewehrt, ohne daß die öffentliche Verantwortung der Kirche vernachlässigt würde.

So formulierte D. Mendt vor der Frühjahrssynode 1987 der Evang. Kirche in Berlin-Brandenburg das ekklesiologische Programm, „eine wirksame Minderheit von spürbarem Einfluß auf eine große nichtchristliche Mehrheit zu sein". Anders als Wollstadt, der diesen Einfluß durch eine starke Kirche, die vom Staat als „Partner" anerkannt ist, gewährleistet sehen wollte, bezeichnete Mendt „ein neues Bündnis zwischen ‚Thron und Altar' [als] für beide Seiten weder wünschenswert noch sachgemäß"[228]. Die Effektivität der Minderheitskirche sah er allerdings durch den Umstand, daß die Kirche in den achtziger Jahren „wie eine einflußreiche bedeutende gesellschaftliche Größe" behandelt wird, in den Medien und im öffentlichen Leben wieder deutlicher präsent ist und z.B. „die höhere kirchliche Hierarchie die erste Gruppe in der DDR gewesen ist, die in den Genuß der Reiseerleichterungen gekommen ist"[229], eher geschwächt. Der Schlüssel zu ihr sei vielmehr in einer Schwerpunktverlagerung bei der Wahrnehmung der kirchlichen Außenrelation von der Kirchenleitung auf die einzelnen Christen zu finden.

2.3.1.2 Die ekklesiologische Privilegierung der kirchlichen Minderheitssituation

Die ekklesiologische Privilegierung der Minderheitssituation der Kirche bestand, allgemein gesagt, in einer Betonung der scheinbar[230] empirischen Beobachtung einer qualitativen Steigerung von Kirche bei ihrer quantitativen Abnahme.

---

[227] Vgl. dazu die noch ganz andersartige Verhältnisbestimmung von „Dienst" und „Macht" bei A. Schönherr, Impulse aus der Theologie Bonhoeffers für den Weg der Christen in der sozialistischen Gesellschaft der Deutschen Demokratischen Republik (1972), in: Ders. 1979, 119–141, bes. 126–128.

[228] D. Mendt, „Ihr seid das Salz der Erde". Vortrag vor der Synode der Evang. Kirche in Berlin-Brandenburg, Berlin/O., 24.-28. April 1987, in: epd-Dok 25/1987, 16–26, 19.

[229] A.a.O., 18.

[230] Anders der Befund bei R. Henkys, Kirche in der DDR, in: epd-Dok 17/1977, 22–42, 26.

Als Anhaltspunkt dafür galt der Vergleich statistisch auswertbarer Kirchlichkeit (in Form von Teilnehmerzahlen bei Abendmahlsfeiern, der Höhe von Spenden und Kirchensteuern, der Beteiligung an kirchlichen Veranstaltungen und der Anzahl und Leistungsbereitschaft ehrenamtlicher Mitarbeiter) mit der Entwicklung der Gesamtzahl der Gemeindeglieder[231]. Im Hintergrund steht dabei das im Pietismus wurzelnde ekklesiologische Modell der *ecclesiola in ecclesia*: die eigentlich „Kirche" zu nennende Größe verbirgt sich innerhalb des groß- bzw. volkskirchlichen *corpus permixtum*. Löst sich dieses in Folge der rapiden Abnahme der sozialen Privilegierung von Christsein und Kirchenmitgliedschaft auf, so kommt es zu einer Reduktion der Kirche auf ihren wahren, reinen Kern[232], zu den „Chancen der kleinen Schar"[233]. So gesehen würde der Privilegienverlust der Kirche geradezu die Voraussetzung für ihren „qualitativen Sprung in die Minderheitskirche" bilden[234].

Einen wesentlichen Anstoß zur Reaktivierung des *ecclesiola in ecclesia*-Modells hatte K. Barths Ekklesiologie gegeben, die einen Verlust des „Seins" der Kirche kennt[235] und daher zwischen „Scheinkirche" und „lebendiger Gemeinde" unterscheidet[236]. Obwohl Barth grundsätzlich die Unabhängigkeit der Wahrheit der Kirche von ihrer Größe[237] und ihrer Sozialform[238] betonte, hat doch sein aktualistischer Kirchenbegriff[239] eine klare Tendenz zur Etablierung eines theologisch begründeten Identitätsgefälles der Kirche entlang ihrer unterschiedlichen Sozial- und Organisationsformen. Dies führte im Verlauf seiner Rezeptionsgeschichte zur

---

[231] Vgl. bes. M. STOLPE, Kirche, Staat und Welt, in: epd-Dok 52/1980, 67–74, 68; DERS., Anmerkungen zum Weg der Evangelischen Landeskirchen in der Deutschen Demokratischen Republik, in: epd-Dok 8/1982, 27–36, 28; DERS., Kirche „1985" und 2000 – Sammlung, Öffnung, Sendung, in: Stp 14, 1986, 39–45, 42; DERS., Kirche im Bewährungsfeld, in: KiS 13, 1987, 133–137, 137.

[232] Das sogenannte „Gesundschrumpfen", vgl. G. JACOB, Dok 1966/5.

[233] A. SCHÖNHERR, Dok 1979/2.

[234] A. SCHÖNHERR, Chancen und Probleme christlicher Existenz in einer sozialistischen Gesellschaft, in: DERS. 1988, 277–290, 286. Vgl. DERS., Wort des Verwalters des Bischofsamtes in der Region Ost der Evangelischen Kirche in Berlin-Brandenburg auf der Synode vom 6. bis 10. März 1970, in: KJB 97, 1970, 354–358, 355; H. MORITZ, Dok 1967/5; M. KUSKE, „Kirche für andere" in der „mündigen Welt", in: PABST 1973, 83–102, 88; H.-J. FRÄNKEL, Bericht vor der Synode der Evang. Kirche des Görlitzer Kirchengebietes, Görlitz 1979, in: epd-Dok 19/1979, 9–18, 18; H. FALCKE, Die unvollendete Befreiung, München 1991, 14.

[235] „Wir reden [...] von der Gefahr, in der sie ihr Sein als Kirche verlieren kann" (K. BARTH, Die Kirche – die lebendige Gemeinde des lebendigen Herrn Jesus Christus, in: DERS., Die lebendige Gemeinde und die freie Gnade, München 1947, 3–23, 3).

[236] Vgl. a.a.O., bes. 8–15. Zum Problem des Verhältnisses der Unterscheidungen in „Schein"- bzw. „falscher Kirche" und „lebendiger Gemeinde" bzw. „wahrer Kirche" einerseits und in *ecclesia invisibilis* und *visibilis* andererseits vgl. die Diskussion zwischen E. HÜBNER („Die Lehre von der Kirche und die volkskirchliche Wirklichkeit als Problem von Theorie und Praxis", in: Freispruch und Freiheit. FS W. KRECK, München 1973, 189–205) und M. JOSUTTIS („Dogmatische und empirische Ekklesiologie in der Praktischen Theologie. Zum Gespräch mit Karl Barth", in: Theologie und Kirchenleitung. FS M. FISCHER, München 1976, 150–168).

[237] KD IV/1, 791–793.

[238] KD IV/3, 845–849.

[239] Vgl. DERS., Die Kirche – die lebendige Gemeinde des lebendigen Herrn Jesus Christus, a.a.O., bes. 3–8.

Ausbildung einer positiven und negativen Idealtypik kirchlicher Gestaltung[240]. Den innovativen Kerngemeinden und Nachfolgegruppen, die sich innerhalb der traditionellen, großkirchlichen Volkskirchen bilden, kommt demnach gegenüber diesen ein Zugewinn an kirchlicher Identität zu.

Vor dem Hintergrund dieser ekklesiologischen Tradition konnte die ihre eigene Entwicklung beobachtende Kirche in der DDR diese als kathartisch bewerten. Eine solche Vorgehensweise ist in mehrfacher Hinsicht kritikwürdig.

Zum einen bleibt die Perspektive ekklesiozentrisch. Als Hauptkriterium ekklesiologischer Bewertung erscheint die Reinheit, die Wahrheit, die „Qualität"[241] und „Intensität"[242], letztlich also die Identität der Kirche. Die als Gegenentwurf zu Dibelius' ekklesiologischem Triumphalismus vorgestellte Proexistenzstruktur der Kirche war darum in formaler Hinsicht keine echte Alternative.

Der deduktiv vorgehenden Konzentration auf eine wahre, intensive, qualitativ hochstehende und also identische Kirche entspricht zum anderen ein theologisch nicht zu rechtfertigender und, wie wir sehen werden, auch politisch fragwürdiger Hochmut im Hinblick auf den status quo bzw. den status quo ante der empirischen Kirche. Sie wird als „bürgerliche" „Massenkirche" verachtet, die durch Anpassung bzw. Unterscheidbarkeit gekennzeichnet ist und ihre massenhafte Organisation als Instrument im ideologischen Klassenkampf einsetzt, zumindest jedoch von der Herrschenden mißbraucht wird. In einer Phase des „Übergangs" den „Ballast" der „Massen" abzuwerfen wird als legitimes Eigeninteresse einer ekklesiologisch selbstbewußten Kirche betrachtet, der real existierende Sozialismus als willkommene „Chance" betrachtet, d.h. als ein gesellschaftlicher Kontext, der dieses kirchliche Eigeninteresse letztlich eher fördert als behindert.

Der Begriff der „Massenkirche" bildet das negative Pendant zu den oben genannten positiven, anzustrebenden Gestalten der „Diasporakirche als Kirche im Übergang". Den dabei angestellten theologischen Wertungen liegt ein Wertungsgefälle zwischen „bewußten Gemeindegliedern" und „Mitläufern" zugrunde[243]. M. Stolpe sprach in diesem Zusammenhang mehrfach von der positiv zu bewertenden Verwandlung „von einer Massen- und Mitläuferkirche in eine Freiwilligkeitskirche"[244]. Der Begriff der „Masse" hat sowohl soziologische als auch politische Implikationen. In der ersten Hinsicht wird er von G. Jacob benutzt[245], der damit erkennbar an D. Bonhoeffer anschließt. Dieser hatte eine Wertung unterschiedlicher

[240] Vgl. J. MOLTMANN, Kirche in der Kraft des Geistes, München 1975, bes. 350ff.; H. GOLLWITZER, Vortrupp des Lebens, 1975.

[241] So H.-J. FRÄNKEL, Bericht, 1979, a.a.O. (s. Anm. 234), 18; M. STOLPE, Anmerkungen, 1982, a.a.O. (s. Anm. 231), 28; vgl. auch A. SCHÖNHERR, Chancen, a.a.O. (s. Anm. 234), 286; H. MORITZ, Dok 1967/5; M. KUSKE, a.a.O. (s. Anm. 234).

[242] M. STOLPE, Kirche, 1980, a.a.O. (s. Anm. 231), 68; DERS., Anmerkungen, 1982, a.a.O. (s. Anm. 231), 28.

[243] So die Differenz bei D. MENDT, „Ihr seid das Salz der Erde", in: epd-Dok 25/1987, 16–26, 17.

[244] M. STOLPE, Evangelische Kirche in der DDR unterwegs zum Jahr 2000, in: epd-Dok 19/1987, 47–55, 48; vgl. DERS., Kirche im Bewährungsfeld, in: KiS 13, 1987, 133–137, 137. Vgl. auch A. SCHÖNHERR, Wort, 1970, a.a.O. (s. Anm. 234), 355.

[245] G. JACOB, Die Sendung der eucharistischen Bruderschaft, in: ZdZ 3, 1949, 17–23.

Sozialformen mit Hilfe des Kriteriums des die liberale Theologie des 19. Jhdts. prägenden Persönlichkeitsideals vorgenommen. In diesem Zusammenhang stellte er im Anschluß an A. Vierkandt[246] fest:

> „In der Masse geht die Grenze der Personhaftigkeit verloren, der Einzelne ist nicht mehr Person, sondern nur noch Teil der Masse, mitgerissen und gelenkt von dieser. Die Masse aber ist eine Einheit, die nicht durch die Geschiedenheit der Person unterbaut ist und daher keine Dauer in der Zeit besitzen kann. Sie ist das einfachste Sozialgebilde und schafft die kraftvollsten Einheitserlebnisse."[247]

H. Müller dagegen schließt bewußt an die marxistisch-leninistische Verwendungsweise des „Massen"-Begriffs an, wenn er eine Abgrenzung vom Volkskirchenmodell aus politischen Gründen fordert. Aufgrund einer naturgemäßen Allianz der „Machtkirche" mit der herrschenden Klasse sei aus der „Feudalkirche" im Zeitalter des „Imperialismus" eine „'Kirche im Kapitalismus'" geworden, die es verstanden hätte, ihre „Fähigkeit und Möglichkeit, Massen zu organisieren", politisch zu funktionalisieren. Gemeinde Jesu Christi dagegen müsse sich als „'Wortkirche'" verstehen.[248] Mit der Übernahme des Begriffs der „Massenkirche" in ihre selbstreflexive Semantik haben die Kirchen also ganz bestimmte politische Konnotationen in Kauf genommen, was ihnen denn auch den Beifall der Herrschenden im Sozialismus gesichert hat. So begrüßte Staatssekretär K. Gysi die von ihm beobachtete „Umformung der konventionellen Kirche der Massen in eine bekennende Kirche einer aktiven Minderheit von Gläubigen"[249].

Die zweite Negativfolie der ekklesiologischen Programmatik der DDR-Kirchen erscheint im Begriff der Bürgerlichkeit. Hierbei ist zunächst der Gebrauch des Wortes „Bürger" als Bezeichnung von Staatsangehörigen auszuschließen. Doch neben dieser auch in der DDR üblichen Verwendung fungierte der Begriff als Negativpol sowohl einer ekklesiologischen als auch einer ideologischen Grunddifferenz.

Die ekklesiologische Grunddifferenz lautet Kirche und Welt. Ekklesiologische Wertigkeit erlangt diese Differenz dann, wenn der Unterschied zwischen wahrer und falscher Kirche im Grade der Konsequenz der von der Kirche vorzunehmenden Grenzziehung zwischen Kirche und Welt gesucht wird. Als falsche oder Scheinkirche ist demnach eine Kirche zu bewerten, die zu einer Identität von Bürgergemeinde und Christengemeinde hin tendiert. Als wahre Kirche dagegen gilt eine sich von der „bürgerlichen" Welt unterscheidende und also in ihr deutlich identifizierbare Gemeinde. Zum Kriterium für falsches Kirchesein wird somit der Grad der Bürgerlichkeit einer Kirche, aber auch umgekehrt der Grad der „von der Gesellschaft noch bejahten allgemeinen Christlichkeit"[250].

---

[246] A. Vierkandt, Gesellschaftslehre. Hauptprobleme der philosophischen Soziologie, Stuttgart 1923, 427.

[247] D. Bonhoeffer, Sanctorum Communio, a.a.O. (s. Anm. 168), 61.

[248] H. Müller, Kirche im Sozialismus II, in: WBl 1/1984, 21–32.

[249] Dok 1981/3.

[250] A. Schönherr, Grußwort an die Synode der EKD, Saarbrücken, 6. 11. 1977, in: epd-Dok 5/1978, 4–6, 5; vgl. auch Ders., Noch – schon – heute. Die Bedeutung Dietrich Bonhoeffers für

Auffallend ist nun die terminologische Konvergenz mit einer bestimmten sprachlichen Ausdrucksform der in der DDR geltenden Lagertheorie. Denn das ideologisch verfestigte dualistische Weltbild des Marxismus-Leninismus wurde u.a. mit dem Begriffspaar „bürgerlich"/"sozialistisch" zum Ausdruck gebracht[251]. Das antibürgerliche Ressentiment der Dialektischen Theologie bot sich daher ebenso wie sein Trennungs-Pathos für die regimefreundliche „Akklamationstheologie" in der DDR zur – freilich durchaus eigenwilligen – Anknüpfung an[252]. Auch wenn diese Art der Anknüpfung weitgehend auf Teile der Sektionen Theologie der Humboldt-Universität Berlin und der Universität Leipzig beschränkt geblieben und in der innerkirchlichen Debatte zu keiner Zeit mehrheitsfähig gewesen, ja kaum zur Kenntnis genommen worden waren[253], so bildeten der Grundsatz der strikten Trennung von Staat und Kirche und die Distanzierung von jeder volkskirchlichen „Bürgerlichkeit" doch feste Bestandteile des Selbstverständnisses der „Kirche im Sozialismus". Den dieses Selbstverständnis maßgeblich prägenden, in der Tradition der Dialektischen Theologie, Barths, Bonhoeffers und der Bekennenden Kirche stehenden Theologen mußte die sozialistische Gesellschaft jedenfalls *auch* als willkommene Chance zu einer Transformation der „verbürgerlichten Volkskirche" erscheinen.

---

das Christsein in der DDR, in: DERS. 1979, 188–199. Die abwertende Verwendung des Begriffs „Bürgerlichkeit" begegnet jedoch in erster Linie bei G. JACOB. Ihr liegt die bei JACOB grundlegende Vorstellung einer Diastase von Kirche und Welt zugrunde, die stark das Pathos des frühen Karl Barth atmet (vgl. v.a. G. JACOB, Die Geschichtsdeutung der Kirche, in: FS DIBELIUS, 1950, 81–100). Sie verbietet es, das kirchliche Amt als einen bürgerlichen Beruf aufzufassen (DERS., Vom priesterlichen Dienst, in: ZdZ 1, 1947, 41–47; vgl. F.-W. KRUMMACHER, Zehn Jahre Predigerschule Paulinum, in: ZdZ 9, 1956, 262–264, 262). Während die falsche Kirche „einen religiösen Lebensstil in enger Nachbarschaft zum bürgerlichen Geist pflegen will", sucht die „echte[] Kirche Jesu Christi [...] Weltgelände [zu] besetzen und im Namen Jesu Christi um[zu]wandeln" (G. JACOB, Die Verpflichtung der Kirche gegenüber den ihr Fernstehenden, in: ZdZ 8, 1954, 248–253, 250). Die Ablehnung der „Identität von Bürgergemeinde und Christengemeinde" (die als Kennzeichen der „Volkskirche" gilt) (G. JACOB, Die Zukunft der Kirche in der Welt des Jahres 1985, in: ZdZ 21, 1967, 441–451, 446; vgl. H.-J. FRÄNKEL, Bericht, 1979, a.a.O. [s. Anm. 234]) gründet auf einer zynischen und hochmütigen Kritik nicht nur der Bürgerlichkeit der Kirche, sondern auch der Kirchlichkeit der Bürger (so deutlich bei J. HAMEL, Der Weg der Kirche inmitten des „Abfalls", in: ZdZ 12, 1958, 402–407; G. JACOB, Der Dienst des Laien in der Kirchengemeinde heute, in: ZdZ 13, 1959, 203–211).

[251] Vgl. H. MATERN, Dok 1957/3.

[252] Vgl. z.B. G. BASSARAK, Heil heute und Wohl des Menschen, in: epd-Dok 36/1974, 49–71 (Auszüge in: Dok 1974/8) sowie die Schriften von H. MÜLLER, v.a. „Kirche im Sozialismus", in: WBl 5/1983, 11–19; 1/1984, 21–32; 3/1984, 22–35; 4/1984, 11–17; 5/1984, 12–23; „Christliche, sozialethische Aspekte der Zusammenarbeit von Kommunisten und Christen", in: Wbl 2/1988, 8–27; „Religio rediviva oder Die Beschwörung der Kontingenz", in: WBl 4/1985, 2–19; „Das ‚Evangelium vom Gott der Gottlosen' und die ‚Religion an sich'", in: WBl 4/1986, 26–40.

[253] Vgl. W. KRÖTKE, Dietrich Bonhoeffer als „Theologe der DDR", in: ZEE 37, 1993, 94–105, 101.

2.3.2 Zur Beurteilung

2.3.2.1 Die Frage nach den Kriterien der Möglichkeit der programmatisch-ekklesiologischen Privilegierung einer bestimmten situationsrelativen kirchlichen Gestalt

Neben diesen an terminologische Beobachtungen anschließenden Einzeluntersuchungen ist nun aber zuletzt und vor allem die Vorgehensweise einer theologisch wertenden Kritik kirchlicher Gestaltungsformen überhaupt und als solche (und nicht nur ihre Probleme und Berechtigung[254] im einzelnen) kritisch in den Blick zu nehmen. Inwiefern kann die Ekklesiologie eine solche Funktion erfüllen und inwiefern nicht? Und, schließlich, wie sind die ekklesiologischen Formeln zu verstehen, die in diesem Zusammenhang von Bedeutung sind?

Ekklesiologie ist die Lehre von Wesen und Auftrag der Kirche stets nur im Sinne der theologischen Identifizierung einer bestimmten Kirche. Sie hat damit teil an der der Kirche zugeordneten Funktionalität aller theologischen Disziplinen, d.h. sie dient der theologischen Orientierung kirchlicher Praxis. Der von der Ekklesiologie geleisteten theologischen Identifizierung und Orientierung der Kirche entspricht auf seiten der Kirche ein kontextrelatives programmatisches Selbstverständnis. Bewegt sich dieses auf breitem innerkirchlichen Konsens, kann es sich zu einer ekklesiologischen Programmformel verdichten.

Maßgebliches Kriterium ekklesiologischer Arbeit ist die sachgemäße Analogie von theologischer Identifizierung und Orientierung der Kirche und ihr entsprechender Bildung kirchlichen Selbstverständnisses einerseits und der Struktur des christlichen Glaubens andererseits. Sachgemäß ist dies deshalb, weil die Kirche genau, d.h. nicht mehr, aber auch nicht weniger und auch nichts anderes ist als die in sich differenzierte Sozialgestalt des Glaubens. Darum muß auch die Struktur kirchlichen Selbstverständnisses, soll es seine Sache nicht von vornherein verfehlen, der Struktur des Glaubens entsprechen. Deren fundamentale Differenz aber lautet: Christ sein/als Christ leben. In der (für den christlichen Glauben normativen) paulinischen Fassung dieser Fundamentaldifferenz des Glaubensbegriffs stehen die beiden Größen darüber hinaus in einer bestimmten, nicht umkehrbaren Relation zueinander: Der Indikativ (Christ sein) ist die Bedingung der Möglichkeit des Imperativs (als Christ leben). Dem Zuspruch des „Christ sein" kommt im Glaubensbegriff ein systematisch stärkeres Gewicht zu als dem Anspruch des „als Christ leben".

In der Ekklesiologie wird sowohl das „christ sein" als auch das als „Christ leben" hinsichtlich seiner konkreten sozialen Gestalt in der Geschichte thematisiert. Grundsätzlich kann der Glaube nur als ein soziales Geschehen begriffen werden. Dieses soziale Geschehen aber vollzieht sich stets an einem bestimmten historischen Ort als ein Teil der gesellschaftlichen Wirklichkeit dieses Ortes. Die Fragen der Ekklesiologie müssen also lauten: Wo sind wir Christen?, und: Was bedeutet dieser Ort für die soziale Gestalt unseres Christseins?, um schließlich in die prak-

---

[254] Die Frage nach der Berechtigung wird kritisch erörtert von K. Nowak, Labile Selbstgewißheit. Über den Wandel des ostdeutschen Protestantismus in vierzig Jahren DDR, a.a.O. (s. Anm. 170).

tisch-theologischen bzw. sozialethischen Fragen zu münden: Was bedeutet dieser Ort für unser christliches Leben?, sowie: Was bedeutet unser christliches Leben für diesen Ort?

Die oben behauptete Analogie von systematischer Struktur des christlichen Glaubens und theologischer Identifizierung der Kirche darf jedoch nicht so mißverstanden werden, als entspräche der Differenzierung zwischen „Christ sein" und „als Christ leben" auf der einen Seite die Differenzierung zwischen Ort und Auftrag der Kirche auf der anderen Seite, so daß gelte: „Christ sein" entspricht dem Ort der Kirche; „als Christ leben" entspricht dem Auftrag der Kirche. Denn damit würde, wenn man das systematische Gefälle der beiden im Glaubensbegriff einander zugeordneten Größen berücksichtigt – und genau darin besteht ja die Pointe der Analogie –, der gesellschaftliche Ort der Kirche die Möglichkeitsbedingung ihres Auftrages darstellen. Gerade das jedoch ist nicht der Fall. Vielmehr muß als die (einzige) Möglichkeitsbedingung für das auftragsgemäße Handeln der Kirche das Wirken des Heiligen Geistes festgehalten werden. Die Umwelt der Kirche bedingt dagegen nicht die *Möglichkeit* von (interner und externer) Glaubenskommunikation, wohl aber deren konkrete *Form*[255].

Damit ist nichts anderes gesagt, als daß die *Form* der kirchlichen Gestalt (also ihre rechtliche und organisatorische Struktur) und die Form ihrer internen und externen Kommunikation kontextrelativ sind. Und genau hier muß nun die genannte Analogie zur systematischen Struktur des christlichen Glaubens geltend gemacht werden. Denn wenn das eben Gesagte zutrifft, dann zieht die Kontextrelativität eine formale Variabilität (was nicht bedeutet: Beliebigkeit!) nach sich: Gestalt und Kommunikationsformen empirischer Kirchen können vielfältig sein. Ihre konkrete Ausformung hängt von der Gestalt ihrer jeweiligen Umwelt ab. Diese unterschiedlichen Ausformungen von Kirche dürfen aber nicht an einer – woher auch immer gewonnenen – normativen Idee von Kirche gemessen, die gewonnenen Meßergebnisse nicht zu einer Quantifizierung kirchlicher Identität verwendet werden. Geschähe dies, dann wäre genau das der Fall, was soeben zurückgewiesen wurde: die Gestalt des gesellschaftlichen Ortes der Kirche würde zur Möglichkeitsbedingung von Kirchesein. Anders ausgedrückt: die (mit diesem Vorgehen eingeführte) Quantität kirchlicher Identität hinge von den Bedingungen ihrer Umwelt ab.

Die nicht hintergehbare ekklesiologische Entsprechung zur systematischen Struktur des christlichen Glaubens besteht, recht verstanden, darin, daß dem Zuspruch des Kircheseins systematisch ein stärkeres Gewicht zukommt als dem Anspruch der konkreten formalen Ausgestaltung dieses Seins. Den Diskussionen um diese formalen Ausgestaltungen muß das Kirchesein jeweils *zugrundeliegen* – und

---

[255] Die Differenz von Möglichkeit und Form (interner und externer) christlicher Glaubenskommunikation geht auf die in der lutherischen Tradition verankerte strenge Unterscheidung von Institution und Konstitution der Kirche zurück. In der Confessio Augustana wird die Institution der Kirche als institutio iuris divini (vgl. CA V in Verbindung mit CA XXVIII, bes. Nr. 50–52) streng von ihren constitutiones (CA XXVIII, bes. Nr. 60) bzw. traditiones humanae (CA VII u. XV) unterschieden (vgl. dazu W. HUBER, Die wirkliche Kirche, in: DERS. 1985, 147–168, 153f.).

eben nicht (mit ihnen) zur Disposition stehen. Gefragt muß dann werden, was das Kirchesein unter den jeweils gegebenen Umständen bedeutet und was nicht. *Nicht möglich ist hingegen die Behauptung, die Umstände (d.h. die gesellschaftliche Umwelt) A ermöglichten das Kirchesein auf eine weitergehende, adäquatere, fortgeschrittenere Weise als die Umstände B.* Denn, und genau hier liegt die Wahrheit der Analogie zum Glaubensbegriff, die Umstände, unter denen sich die Kirche vorfindet, ermöglichen ihr das Kirchesein *überhaupt nicht*, auch nicht ein wenig, also auch nicht hier ein wenig mehr als dort. Darum ist es auch sinnlos, die Formen des Kircheseins von Kirchen, die in unterschiedlichen gesellschaftlichen Umwelten existieren, quantifizierend miteinander zu vergleichen. Es gibt keine Kriterien für eine ekklesiologisch quantifizierende Wertung historischer Ausformungen von Kirchesein, die über die Grenzbestimmung des Begriffs Kirche[256] hinausgehen.

Es kann also nicht die Aufgabe der Ekklesiologie sein, kirchliche Identität zu quantifizieren und sie einzelnen sozialen Phänomenen zuzumessen, ebensowenig wie die theologische Glaubenslehre ihren Gegenstand, den christlichen Glauben, quantifiziert und in unterschiedlichen Quanten dann einzelnen Menschen zu- oder auch abspricht. Allerdings, und das ist hiervon zu unterscheiden, kann und muß die Ekkleskiologie diejenigen sozialen Größen, die den Anspruch erheben, Kirche zu sein, als solche identifizieren und ihnen Auskunft darüber geben können, was dieser Anspruch bzw. diese Identität unter den gegebenen Umständen bedeutet und was nicht[257].

2.3.2.2 Die Frage nach Funktion und Bedeutung des Volkskirchenbegriffs im Zusammenhang der „Situationsbestimmung" der Kirche in der DDR

2.3.2.2.1 Skizze einer Theorie ekklesiologischer Programmformeln

Genau diese eben genannte Auskunft ist es, die sich, bei hinreichendem Konsens innerhalb der jeweiligen Kirche, zu einer ekklesiologischen Programmformel verdichten kann. Wenn dies so ist, dann muß eine solche Formel mindestens – die gegebenen Umstände sowie

---

[256] An dieser Stelle liegt in der lutherischen Tradition die Funktion der „Kennzeichen" der Kirche (CA 7), vgl. W. HUBER, Kirche, München ²1988, 60–62. Die Grenzbestimmung des Begriffs Kirche muß nicht immer eindeutig ausfallen und Konsens erzielen. Bei dieser Problematik geht es dann allerdings nicht um ein ekklesiologisch quantifizierendes, sondern um ein ekklesiologisch qualifizierendes Urteil.

[257] Die Unterscheidung der kirchlichen Konstitution von ihrer Institution bedeutet also keineswegs, daß jene von dieser unabhängig wäre. Das Verhältnis ist präzise bestimmbar. Die Konstitution der Kirche muß der Tatsache ihrer göttlichen institutio sowie deren Charakter entsprechen, indem sie sie bezeugt. Diese Entsprechung kann von der Theologie in *kontextrelativ* vorgenommenen Prüfungen der kirchlichen Lehre und Gestalt überprüft werden. *Absolute* Kriterien gibt es nur für die instituio der Kirche, nicht dagegen für die Entsprechung von institutio und constitutio. Die Rede von „wahrer" und ‚falscher' bzw. „Scheinkirche" ist daher irreführend. Denn „wahr" ist die Kirche immer hinsichtlich ihrer institutio. Dagegen würde sie hinsichtlich der Entsprechung von constitutio und institutio immer als falsch gelten müssen, da diese Entsprechung unter den Bedingungen der Sünde nie Vollkommenheit, ja nicht einmal Eindeutigkeit in ihrer Beurteilung erlangen kann.

– das, was sie für die soziale Gestalt und die Inhalte des christlichen Lebens bedeuten,
in prägnanter Form zum Ausdruck bringen können. Sie muß, mit anderen Worten, formal beschreibend und zugleich inhaltlich wegweisend sein, sie muß deskriptiven und orientierenden Charakter in sich vereinen, darf zumindest das eine vom anderen nicht isolieren.

Die verhältnismäßig große Bedeutung, die der eben beschriebene Vorgang theologischer Identifizierung und Orientierung und, dieser entsprechend, ekklesiologischer Selbstvergewisserung der Kirche in unserem Jahrhundert erhalten hat, ist zu einem großen Teil auf die rasante Entwicklung der staatskirchenrechtlichen Rahmenbedingungen kirchlicher Existenz zurückzuführen. Mit dem Ende des Staatskirchentums in Deutschland im Jahre 1918 erlangten die evangelischen Kirchen eine relative Eigenständigkeit gegenüber dem Staat. Die Freiheit zu selbständiger Gestaltung der erfahrbaren Kirche, die Anfang des 19. Jhdts. entstanden und in den kirchenrechtlichen Bestimmungen der Weimarer Verfassung ausgebaut worden war, ermöglichte es den Kirchen, ihre erfahrbare Gestalt in selbständiger und eigenverantwortlicher Weise in eine möglichst adäquate Beziehung zu ihren theologisch beschreibbaren Attributen zu setzen. Ekklesiologische Programmbegriffe versuchen, diese adäquate Beziehung für eine bestimmte historische Situation auf den Begriff zu bringen und so für die Gestaltung kirchlicher Ordnung und kirchlichen Handelns Orientierung zu stiften. Indem sie dies leisten, integrieren sie die Kirche nach innen und repräsentieren sie zugleich nach außen. Sie können, diesen ihren Funktionen entsprechend, an folgenden Kriterien gemessen werden:

1. Wahrnehmung der Wirklichkeit
   Die Leistungsfähigkeit einer ekklesiologischen Leitvorstellung ist von der Genauigkeit der Selbstwahrnehmung der Kirche und der Wahrnehmung ihrer politisch-gesellschaftlichen Umwelt abhängig.

2. Theologische Begründung
   Die Leistungsfähigkeit einer ekklesiologischen Leitvorstellung ist von der Konsequenz abhängig, mit der sie die theologisch verbindliche Selbstthematisierung der Kirche zu ihrer Selbstbeobachtung und Beobachtung ihrer Umwelt in Bezug setzt.

3. Integration und Repräsentation
   Die Leistungsfähigkeit einer ekklesiologischen Leitvorstellung besteht in ihrer binnenkirchlichen Integrationskraft und in der Glaubwürdigkeit des Bildes von Kirche, das sie ihrer Umwelt vermittelt.

Wenn es stimmt, daß sich ekklesiologische Programmformeln in der eben angedeuteten Weise auf die empirische Kirche beziehen, dann taucht hier allerdings ein Problem auf. Denn angesichts der Komplexität kirchlicher Wirklichkeit muß jeder Versuch, diese Wirklichkeit mit *einem* Begriff zu beschreiben, zu Reduktionen führen, die seine Intention gefährden. Denn *die* (als solche beschreibbare) empirische Kirche gibt es nicht. Der empirische Aspekt von Kirche erscheint vielmehr als eine Vielzahl von Kirchentümern in unterschiedlichen Rechts-, Organisations- und Sozialformen sowie regionalen Abgrenzungen, die nicht aufeinander reduzierbar sind. So kann eine bestimmte regionale Abgrenzung empirischer Kirche eine Vielzahl kirchlicher Organisationen enthalten, von denen jede einzelne wiederum möglicherweise in mehrere Sozialformen ausdifferenziert ist. Darüber hinaus gibt es auch überregionale Gestalten von Kirche.

Ekklesiologische Programmformeln haben ihren Ort in der Regel auf der Ebene der Regionalkirche. Ihre Funktionen bestehen dann darin, diese in sich differenzierte Regionalkirche zu einer Einheit zu integrieren, diese Einheit nach außen hin darzustellen und mit anderen Kirchentümern vergleichbar zu machen. Der Vergleich unterschiedlicher Kirchentümer untereinander kann immer nur unter *einem* bestimmten Aspekt geschehen, und zwar so, daß die in dieser bestimmten Aspektklasse enthaltenen Prädikate von Kirche auf ihre Übereinstimmung oder Differenz hin befragt werden. Man muß sich also mehrere Aspekte denken, unter denen eine (Selbst-)Thematisierung von Kirche möglich ist, und bei jedem dieser Aspekte eine Vielzahl von der jeweiligen Kirche zuordenbaren Prädikaten. Ich nenne einige Beispiele, die beliebig erweiterbar sind:

Aspekt:	*Prädikate*
Herrschaftsstruktur der Kirche	episkopale Kirche; konsistoriale Kirche; synodale Kirche.
Innere Verfaßtheit der Kirche	plurale Kirche; uniforme Kirche.
Äußere Verfaßtheit der Kirche	Parochialsystem; Amtskirche; Paragemeinden; Laienkirche; Gemeindekirche; Großkirche; Nachfolgegruppen; Bruderschaft etc.
Inhaltlicher Schwerpunkt des Selbstverständnisses der Kirche/kirchliches Selbstbewußtsein	charismatische Kirche; missionarische Kirche; Kultkirche; Betreuungskirche; Zeugnis- und Dienstgemeinschaft; Kirche für andere; Kirche des Volkes; Beteiligungskirche; lebendige Gemeinde; Bekennende Kirche etc.
Verhältnis der Kirche zu Staat und Gesellschaft	Staatskirche; Freikirche; Volkskirche; Diasporakirche; Nationalkirche etc.
Reproduktion des kirchlichen Bestandes	Freiwilligkeitskirche; Entscheidungskirche; Offene Kirche; Kindertaufkirche;

Mit allen diesen, jeweils einen bestimmten Aspekt empirischer Kirchen bezeichnenden Prädikaten sind jeweils *nicht* einzelne Sozialformen von Kirche bezeichnet, sondern ein in verschiedene Sozialformen ausdifferenziertes, in seinem regionalen Umfang angebbares konkretes Kirchentum.

Die Prädikate können beschreibenden ebenso wie diffamierenden oder programmatisch orientierenden Charakter haben. Sie können appellativ, polemisch oder apologetisch verwendet werden oder als kategoriale Orientierung einer deskriptiven Bestandsaufnahme. Einen *rein* deskriptiven Charakter können sie allerdings nie haben. Denn in der kirchlichen Binnenperspektive, wo diese Prädikate ihren Ort haben, ist eine deskriptive Selbstbeschreibung ohne normative Konnotationen nicht möglich.

Ekklesiologische Programmformeln sind Ausdrücke, die eine (meist nicht genau definierbare bzw. umstrittene) Kombination mehrerer Prädikate unterschiedlicher Aspektklassen darstellen, selbst aber nicht mehr eindeutig einer bestimmten Aspektklasse zuordenbar sind. Daneben gibt es auch die Möglichkeit, daß ein einzelnes Prädikat verschiedene Prädikate anderer Aspektklassen fest an sich bindet und auf diese Weise die Funktion und Verwendungsweise einer Programmformel annimmt. Zur ersten Gattung gehört der Ausdruck „Kirche im Sozialismus", zur zweiten sind z.B. „Diasporakirche" und „Volkskirche" zu zählen.

Ihrer Repräsentationsfunktion entsprechend, können die ekklesiologischen Formeln ihren eigentlichen binnenkirchlichen Ort transzendieren und auf die Ebene der Kirche-Umwelt-Kommunikation wechseln. In der Kommunikationsrichtung Kirche – Umwelt fungieren sie dann, wie gesagt, repräsentativ. Dagegen besteht ihre Funktion in der Kommunikationsrichtung Umwelt – Kirche in der Artikulation bestimmter Erwartungen der Umwelt an die Kirche. Träger außerkirchlicher Erwartungen an die Kirche zu sein gehört allerdings nicht zu den Funktionen ekklesiologischer Programmformeln, sondern stellt einen Funktionsübergang dar. Die (sich möglicherweise in der Verwendung ekklesiologischer Programmbegriffe artikulierenden) außerkirchlichen Erwartungen an die Kirche müssen vielmehr ihrerseits als Teil der kirchlichen Wirklichkeitswahrnehmung in den Prozeß der sich in den ekklesiologischen Formeln zuspitzenden Bildung kirchlichen Selbstverständnisses eingehen.

Doch auch im innerkirchlichen Bereich kann eine ekklesiologische Programmformel in unterschiedlichen regionalen und/oder historischen Kontexten mit unterschiedlichen Bedeutungen verwendet werden. Ebenso kann sie in einem identischen regionalen und historischen Kontext einen Prozeß der Modifikation ihrer Bedeutung erfahren. Solche Modifikationen können durch
– Präzisierung der Erfassung der (sich wandelnden) Umwelt der Kirche und/oder
– den Fortgang bzw. die Neuorientierung theologischer Erkenntnis
veranlaßt sein. Je nach dem Ausmaß der nötigen Korrektur wird
– entweder die Programmformel durch eine andere ersetzt
– oder ihr Verständnis durch eine Veränderung ihrer Prädikatenkomposition oder auch nur des Verständnisses einzelner Prädikate modifiziert.

Da eine ekklesiologische Programmformel stets auf einem mehr oder weniger großen Konsens innerhalb der Kirche gründet, sind mehrere konkurrierende Formeln denkbar, deren Gültigkeit öffentlich diskutiert wird. Gegenstand des Diskurses müssen dabei die oben genannten Kriterien sein.

Eine Partikularkirche kann also in ihrer geschichtlichen Entwicklung ihre Prädikate modifizieren oder wechseln. Es ist jedoch wichtig, daß beim Vollzug ebenso wie beim analytischen Nachvollzug eines solchen Vorgangs kein Kategorienfehler gemacht wird. Eine Kategorienverwechslung läge dann vor, wenn gedacht würde, daß ein Prädikat der einen Aspektklasse in ein Prädikat einer anderen Aspektklasse übergeht. Ein Prädikatenwechsel kann vielmehr nur innerhalb ein und derselben Aspektklasse stattfinden.

Nun noch einige Überlegungen zu möglichen Verhältnissen der Prädikate zueinander. Zunächst ist festzuhalten, daß ein Prädikat nicht nur Prädikate anderer Aspektklassen in sich schließen kann, sondern sich auch zu anderen Prädikaten der eigenen Aspektklasse in einer mehr oder weniger großen Nähe befindet. Sowohl von Prädikaten derselben Aspektklasse als auch unterschiedlicher Aspektklassen kann gelten, daß sie sich entweder notwendig gegenseitig ausschließen oder daß sie miteinander kompatibel sein können.[258] Bei dem dritten denkbaren Fall, nämlich daß mit einem Prädikat ein anderes Prädikat *notwendig* verbunden ist, ist Zurückhaltung angebracht. Zunächst muß man hier zwischen einseitiger und zweiseitiger Relation unterscheiden. Bei einer einseitigen Relation wäre ausgesagt, daß Prädikat A notwendig immer mit Prädikat B zusammen aufträte, ohne daß dasselbe umgekehrt von Prädikat B gelte. Bei einer zweiseitigen Relation dagegen fiele die gemachte Einschränkung weg: sowohl träte Prädikat A nie ohne Prädikat B auf, und gleichermaßen wäre Prädikat B notwendig mit Prädikat A verbunden. Sinnlos ist die notwendige Verbindung zweier Prädikate im Sinne einer zweiseitigen Relation nur dann, wenn beide Prädikate derselben Aspektklasse angehören. Denn in diesem Fall erweiterten sich beide Relate wechselseitig und könnten zu einem Ausdruck zusammengefaßt werden. In allen anderen Fällen ist eine notwendige Verknüpfung zweier Prädikate logisch denkbar, wenn auch in der Praxis wenig sinnvoll, da der vermeintlichen Notwendigkeit der Verbindung der beiden Prädikate in der Regel historische Relativität zukommt[259].

2.3.2.2.2 Die Verwendung von „Volkskirche" als ekklesiologische Negativfolie

Die „Kirche im Sozialismus" hat ihr Profil zu einem wichtigen Teil aufgrund ihrer Konturierung vor der Negativfolie „Volkskirche" erhalten. Als Gegenbegriff zu „Volkskirche" diente dabei der Ausdruck „Diasporakirche".

---

[258] So schließen sich etwa „Staatskirche" und „Bekennende Gemeinde" mit Notwendigkeit gegenseitig aus. Dagegen schließen sich „Freikirche" und „Minderheitenkirche" *nicht* notwendig aus, was nicht heißt, daß jede Minderheitenkirche notwendig Freikirche sein müßte und umgekehrt.

[259] So scheint es uns keine Schwierigkeiten zu bereiten, mit dem Volkskirchenbegriff (Aspekt: Verhältnis zu Staat und Gesellschaft) die Vorstellung eine offenen, plural verfaßten Kirche (Aspekt: innere Ordnung der Kirche) als notwendig verbunden zu denken. Dies ist jedoch keineswegs der Fall, da die Verbindung des Begriffs der Volkskirche mit der Vorstellung innerkirchlicher Pluralität ganz bestimmte historische gesellschaftliche Voraussetzungen hat und deswegen nicht als notwendig gelten kann.

Beim Vorgang der Konturierung der beiden kirchlichen Selbstverständnisse gegeneinander wurden also zwei Prädikatenkombinationen auf Differenz und Übereinstimmung hin untersucht. Die besondere Problematik dieses Verfahrens lag darin begründet, daß beide Begriffe uneindeutig waren – „Volkskirche" mehr noch als „Diasporakirche"[260]. Entsprechend unterschiedlich sind die Ergebnisse ausgefallen. Je nach den verwendeten Begriffsbedeutungen und – häufig damit verbunden – theologischen Interessenlagen variieren die differierenden und konvergierenden Prädikate.

1. Am eindeutigsten schien der Befund unter dem Aspekt der kirchlichen Bestandsreproduktion. „Kirche im Sozialismus" verstand sich als Transformation der Kirche „von der Volkskirche, in die hinein man sozusagen geboren wird – zu einer Art von Kirche, zu der man sich entscheiden, zu der man sich bekennen muß."[261] Doch die Alternative von Volkskirche und Entscheidungskirche war, wie wir bereits gesehen haben, keineswegs so klar wie weithin angenommen[262]. Die Praxis der Kindertaufe, der Grundsatz der niedrigen Zugangsschwelle sowie der „Freiwilligkeit der Intensität, in der ihre Glieder partizipieren möchten" und der „Offenheit für unterschiedliche Strukturen des Engagements"[263] waren volkskirchliche Elemente der DDR-Kirchen geblieben.

2. Auch hinsichtlich der Gestalt des Verhältnisses zu Staat und Gesellschaft suchte die „Kirche im Sozialismus" ihre Identität in einer Abgrenzung von der Volkskirche. Die entscheidende Differenz meinte man weithin in einer Befreiung von der Last zivilreligiöser Funktionen zu sehen[264]. Die Übernahme zivilreligiöser Funktionen durch den Staat wurde in der DDR zunächst als Chance zur „Kirchwerdung" der Kirche begrüßt[265], geriet dann aber zu einem zentralen Punkt kirchlicher Systemkritik[266]. Ob diese Abgrenzung von der Volkskirche tatsächlich sachgemäß war, kann in zweifacher Hinsicht angezweifelt werden. Der Leipziger Kirchenhistoriker Kurt Nowak etwa zweifelt an der empirischen Verifizierbarkeit der These von der zivilreligiösen Enthaltsamkeit der „Kirche im Sozialismus".

„Gewiß war in der ehemaligen DDR nicht das Grundgefüge von Staat und Gesellschaft auf einen religiös-christlichen Boden gestellt. Wohl aber sind verschiedene Segmente der Gesellschaft durch die Kirchen quasi zivilreligiös legitimiert worden. Dieser Zusammenhang ist augenfällig z.B. in der kirchlichen Approbation des waffenlosen Wehrdienstes als

---

[260] Zur Entstehung und historischen Wandlung des Volkskirchenbegriffes vgl. o. die in Anm. 153 angegebene Literatur. Zum unterschiedlichen Differenzierungsniveau im Gebrauch des Begriffs „Kirche in der Diaspora" vgl. o. Kap. 2.1.1.

[261] A. SCHÖNHERR, Noch – schon – heute, in: DERS. 1979, 188–199, 189.

[262] S. o. Kap. 2.2.1.1. Die Uneindeutigkeit dieser Alternative wurde nicht nur von westlichen Beobachtern registriert (vgl. R. HENKYS, Volkskirche im Übergang, in: DERS. 1982, 437–462, 438f.), sondern findet sich auch gelegentlich in rückblickenden Selbstbeobachtungen der DDR-Kirche (vgl. K. NOWAK, Labile Selbstgewißheit, a.a.O. [s. Anm. 170], 109; H. SCHULTZE, Gemeindeaufbau nach dem Einigungsvertrag, in: ThPr 26, 1991, 178–192).

[263] H. SCHULTZE, a.a.O., 189.

[264] Vgl. o. Kap. 2.3.1.1.2, c.

[265] Vgl. v.a. G. JACOB, Christen ohne Privilegien, 1966 (Dok 1966/5).

[266] Der Vorwurf der Verletzung der Gewissensfreiheit durchzieht die öffentlichen Äußerungen der Kirche in den siebziger und achtziger Jahren wie ein roter Faden.

das ‚deutlichere christliche Zeugnis', in den Optionen gegen die Nachrüstung am Beginn der Achtziger Jahre sowie in den vielfachen Verschränkungen von politischer, sozialer und religiöser Motivation in den autonomen Gruppen und den kirchlichen Aktionsgruppen. Ihnen ist nicht nur logistische Unterstützung (Bereitstellung von kirchlichen Räumen, kirchlichen Kommunikatinsstrukturen u. a.) die Nähe der Kirche zu ihren Anliegen bezeugt worden, sondern auch durch entsprechende theologische Argumente, die ihr zusätzliches Schwergewicht vielfach im ökumenischen Horizont des konziliaren Prozesses für Gerechtigkeit, Frieden und Bewahrung der Schöpfung erhielten. Es ist schlecht einzusehen, wieso bestimmte kirchliche Äußerungs- und Aktionsformen in dem einen Gesellschaftssystem unter das Vorzeichen zivilreligiösen Mißbrauchs des Christentums gestellt werden können, in dem anderen aber nicht."[267]

Auf der anderen Seite muß man fragen, ob und in welcher Form eine sich als Volkskirche verstehende „Kirche im Pluralismus"[268] überhaupt mit dem Problem zivilreligiöser Funktionalisierung konfrontiert ist[269]. Daß die Wahrnehmung der zivilreligiösen Funktion von „Volkskirche" aus der Ost-Perspektive in der Regel unter Vereinfachungen und Verzerrungen gelitten hat, legt wiederum Nowak nahe, indem er fragt:

„Ist die im ehemaligen DDR-Protestantismus kursierende Vermutung vom Mißbrauch des bundesrepublikanischen Kirchen- und Religionssystems zu zivilreligiösen Zwecken nicht ohnehin einer optischen Täuschung und der Suggestion von Vorurteilen durch marxistische Politik- und Gesellschaftstheorien erlegen?"[270]

Festzuhalten bleibt, daß das Problem der Zivilreligion mit der Differenz von Volkskirche und Diaspora- bzw. Minderheitskirche und der Vorstellung einer Transformation der einen in die andere Gestalt von Kirche selbst noch nicht gelöst ist.

3. Daß unter dem Aspekt der kirchlichen Auftragsbestimmung eine Konvergenz zu volkskirchlicher Programmatik vorlag, war dagegen in den Kirchen der DDR kaum strittig. Die *Universalität* des kirchlichen Auftrages war ein volkskirchliches Element des kirchlichen Selbstbewußtseins, das auch von Theologen als solches anerkannt wurde, die wie A. Schönherr den Volkskirchenbegriff ansonsten *ausschließlich* als Negativfolie verwendeten[271].

---

[267] K. Nowak, a.a.O., 110.

[268] E. Jüngel, Kirche im Sozialismus. Kirche im Pluralismus, in: EK 26, 1993, 6–13.

[269] Eine differenzierte Erfassung dieses Problems bietet z.B. E. Herms, vgl. Ders., Die Fähigkeit zu religiöser Kommunikation und ihre systematischen Bedingungen in hochentwickelten Gesellschaften. Überlegungen zur Konkretisierung der Ekklesiologie, in: Ders., Theorie für die Praxis, 1982, 259–287; Ders., Ist Religion noch gefragt?, in: Ders., Erfahrbare Kirche, 1990, 25–48; Ders., Pluralismus aus Prinzip, in: „Vor Ort". FS P. C. Bloth, 1991, 77–95.

[270] Ebd. Nowak unterliegt freilich seinerseits einer Vereinfachung des Problems, wenn er fortfährt: „Befindet sich der westdeutsche Protestantismus angesichts der Realitäten einer pluralistischen – oder schärfer jetzt: fragmentierten – Gesellschaft nicht in der Situation, ohnehin nur eine bestimmte Klientel zivilreligiös zu bedienen?" (ebd.).

[271] In einem programmatischen Vortrag aus dem Jahre 1977 formulierte Schönherr: „Christsein ist Mitarbeit am Ganzen. Kleinkirchliches Gehabe paßt nicht zu Christus. Mit unserer Liebe versuchen wir, den Angriff der Liebe Gottes auf diese Welt mitzumachen. In diesem Sinne allerdings bekenne ich mich zur Volkskirche" („Noch – schon – heute", a.a.O., 198).

4. Was die äußere Verfaßtheit anbelangt, so haben die Kirchen in der DDR mit guten Gründen am volkskirchlichen Parochialsystem festgehalten. Hier bestehen Zusammenhänge zu den bereits genannten Entscheidungen. Sowohl das Festhalten an der Kindertaufe als auch die Erkenntnis der gesamtgesellschaftlichen Dimension des kirchlichen Auftrages führen notwendig zum volkskirchlichen Grundsatz der flächendeckenden Präsenz der Kirche.

5. Auf die Konvergenz der inneren Verfaßtheit von Diasporakirche und Volkskirche hat unter dem Stichwort der Pluralität der damalige provinzsächsische Landesbischof Werner Krusche nachdrücklich hingewiesen[272].

6. Die interne Ordnung der „Kirche im Sozialismus"[273] bestand in einer Synodalverfassung. Subjekt der Kirchenleitung und Träger der Autonomie der Kirche mit geistlicher und rechtlicher Hoheit waren die Landessynoden unter dem Vorsitz des jeweils von ihnen gewählten Landesbischofs. Dies entspricht der Struktur moderner Volkskirchen[274].

---

[272] W. KRUSCHE, Die Vielfalt der Evangeliumsverkündigung in der Diaspora, in: epd-Dok 9/1976, 36–42.

[273] Vgl. die ausführlichen Erläuterungen zur Entstehung der Ordnung des Kirchenbundes bei A. SCHÖNHERR, Ein wichtiger Schritt auf dem Wege zum „Bund der Evangelischen Kirchen in der DDR", in: KJB 95, 1968, 237–243 sowie die Darstellung bei R. HENKYS, Volkskirche im Übergang, in: DERS. 1982, 437–462, 448–462.

[274] Darin ist eine Erinnerung an den ursprünglichen polemischen Sinn des Volkskirchenbegriffs bei SCHLEIERMACHER erhalten. Dessen „polemische Spitze richte[e]t sich gegen das ‚Staatskirchentum' ebenso wie gegen die ‚Pastorenkirche' und die ‚Bekenntniskirche'." Positiv war allerdings eher an „eine gemeindlich-bruderschaftliche Kirchenverfassung" gedacht (W. HUBER, Welche Volkskirche meinen wir?, a.a.O., 134).

C. „Kirche im Sozialismus" als Auftragsbestimmung

In der „Auftragsbestimmung" der Kirche geht es um das Verhältnis von kirchlicher Identität und kirchlichem Handeln, von Sein und Funktion der Kirche, von Ekklesiologie und Ethik. Die Thematisierung dieses Verhältnisses kann nicht in allgemeiner Weise erfolgen, sondern muß sich notwendig auf eine örtlich und zeitlich bestimmte Kirche unter konstitutiver Beachtung ihrer Kontexte beziehen. Unter dieser Bedingung kann sie dann allerdings sowohl in der Form der Selbst- als auch in der der Fremdbeobachtung, sowohl als rückblickende Analyse als auch als Programm für Gegenwart und Zukunft, sowohl aus der Perspektive der Kirche als auch aus der ihrer Umwelt erfolgen[1]. Damit ist jedoch keineswegs gesagt, daß sie nicht die Gestalt theoretischer Reflexion annehmen kann. Diese Reflexion bezieht sich dann nicht nur auf einen historischen Gegenstand, sondern unterliegt ihrerseits auch historischen Bedingtheiten.

Gegenstand der folgenden Untersuchung soll eine analytische Darstellung dieser Reflexion im Bereich der Kirchen in der DDR sein. Anders ausgedrückt: Die programmatische Selbstbeobachtung dieser Kirchen wird einer analytischen Fremdbeobachtung unterzogen. Dabei wird sowohl auf die historischen Bedingungen der Reflexion selbst wie auch ihres Gegenstandes zu achten sein. Ihr Ziel wäre erreicht, wenn eventuelle Zusammenhänge zwischen diesen beiden Bedingtheiten und den Ergebnissen der Reflexion deutlicher sichtbar würden als bisher.

Die *ekklesiologische Grundfrage*, die die Formel „Kirche im Sozialismus" in ihrer Bedeutung als Auftragsbestimmung zu beantworten sucht, lautet: Welche Gestalt nimmt der Auftrag der Kirche in ihrer konkreten historischen Situation an?

Die Formel „Kirche im Sozialismus" besagt, daß die Kirche in der DDR in ihrer konkreten historischen Umwelt und in der ihr damit gegebenen Situation den Auftrag und die Chance hat, verantwortlich mitzudenken, mitzuhandeln und zu lernen und so an den Problemen und Errungenschaften der sozialistischen Gesellschaft teilzunehmen, zu deren Entwicklung sie beiträgt, ohne die in ihrer Identität wurzelnde Eigenständigkeit aufzugeben.

---

[1] Die letztgenannte Unterscheidung ist keineswegs, wie man vermuten könnte, mit der Differenz von Selbst- und Fremdbeobachtung identisch. Denn wenn die zuvor genannte Bedingung beachtet wird, ist in kirchlicher Perspektive sowohl Selbst- als auch Fremdbeobachtung denkbar. Fremdbeobachtung wäre dann eine kirchlich/theologische Perspektive, die ihren Gegenstand von einer anderen räumlichen und/oder zeitlichen Stelle aus erfaßt als der, in der sich dieser selbst befindet.

Die Untersuchung der Formel „Kirche im Sozialismus" in ihrer Bedeutung als Auftragsbestimmung der Kirchen in der DDR setzt damit die Ortsbestimmung und die Situationsbestimmung dieser Kirchen voraus. Im Anschluß an die kritische Diskussion v.a. der Situationsbestimmung soll nun zunächst versucht werden, positiv einen eigenen Begriff von der Problematik der Kirche-Umwelt-Relation in der DDR zu gewinnen (1), der dann seinerseits die heuristische Grundlage für die Darstellung (2) und die Herausarbeitung der zentralen Problematik (3) der Auftragsbestimmung der Kirchen in der DDR stellt.

1. Die „Prägung" der sozialistischen Gesellschaft durch eine repressive Zivilreligion

Das Wort von der „Prägung" der Gesellschaft war so, wie es die Bundessynode in Eisenach 1971 formuliert hatte[2], für Interpretationen offen. Denn was kirchlicherseits unter der „Prägung" der sozialistischen Gesellschaft zu verstehen sei, war von der Synode nicht festgelegt worden, obwohl doch die Beantwortung dieser Frage erst geklärt hätte, welche Probleme die Kirche bei dem Versuch zu gewärtigen hätte, „in" dieser so geprägten Gesellschaft und nicht „neben" ihr oder „gegen" sie ihren Auftrag wahrzunehmen. Die „Prägung" der Gesellschaft war jedenfalls von ihrer theologischen Qualifizierung als „mündige Welt" zu unterscheiden. Mit letzterer war ja nur entschieden, sich auf die Probleme und Konflikte kirchlicher Existenz in der DDR *überhaupt* einzulassen, keineswegs jedoch, worin diese Probleme und Konflikte im einzelnen bestanden und erst recht nicht, wie sie möglicherweise zu lösen wären. Diese Fragen wurden meist weniger auf dem Niveau eines theoretisch-allgemeinen Problembewußtseins, sondern im Kontext aktueller Konflikte behandelt[3]. Daß diese Handhabung der Probleme das genaue kirchliche Äquivalent zur Handlungsstrategie der Partei in der Religionsfrage darstellte, werden wir noch sehen.

Um die Frage nach dem Problembewußtsein, das der Orientierung des kirchlichen Handelns in der DDR zugrundelag, kritisch stellen zu können, müssen wir also zunächst selbst einen Begriff von der „Prägung" der Gesellschaft der DDR entwickeln. Dieser Terminus soll hier so verstanden werden, daß die jeweilige Besonderheit der „Prägung" einer Gesellschaft in den jeweils vorliegenden Bedingungen ihrer Legitimation und Integration besteht.

---

[2] Dok 1971/2.

[3] Die Frage, ob auf diese Weise die jeweils in Frage stehende Problematik überhaupt so in den Blick kommen kann, daß daraus effektive Lösungsansätze entspringen, kann nicht allgemein, sondern nur im Einzelfall entschieden werden. Gleichwohl muß sie gestellt werden dürfen, auch wenn viele Theologen aus der ehem. DDR im Gegenteil meinen, rückblickend die mangelnden Theorieanlagen bei der theologischen Identifizierung der Probleme als besondere Wirklichkeitsnähe der Theologie in der DDR verklären zu müssen, vgl. z.B. J. LOHMANN, Theologie und Wirklichkeit. Das Verhältnis von Theologie, Kirche und Gesellschaft in der DDR, in: Übergänge 2/1990, 75f.

1.1 Die Analyse der „Prägung" der sozialistischen Gesellschaft als Antwort auf die Frage nach den Bedingungen der Konstitution individueller und sozialer Identitäten in hochentwickelten Gesellschaften

1.1.1 Das Integrationsproblem in der sozialistischen Gesellschaft

Daß in der sozialistischen Gesellschaft der DDR weitgehend die gleichen Entwicklungen und Probleme zu beobachten waren wie in den hochentwickelten Industriegesellschaften des Westens, ist in den achtziger Jahren immer deutlicher geworden.[4] Eines der Grundprobleme solcher Gesellschaften aber sind die Schwierigkeiten bei der Ausbildung personaler Identität.[5] Personale Identität ist das Ergebnis einer „Integrationsleistung religiös-weltanschaulicher Sinngebung"[6]. Eilert Herms hat als Charakteristikum moderner Gesellschaften „ein problematisches Nebeneinander zweier unterschiedlicher und potentiell widerstreitender Integrationsmechanismen"[7], nämlich die Konkurrenz zwischen sinnvermittelter und technischer Integration, erkannt.

Sinnvermittelte Integration wird, so Herms, im Prozeß der Sozialisation durch zwischenmenschliche Kommunikation aufgebaut. Sie besteht in der Gewinnung einer Balance zwischen den gefestigten Erwartungshorizonten der Gruppe und den Erwartungshorizonten der neu in sie hineinwachsenden Mitglieder und fußt mithin auf einer wechselseitigen Bedingtheit und Abhängigkeit von persönlicher (privater) und sozialer (öffentlicher) Identität. „Die Bedrohung auch nur einer der beiden Seiten bedroht das ganze Gefüge"[8].

Die Bedrohung der öffentlichen Identität besteht nun in dem für moderne Industriegesellschaften typischen Vorgang der Ausdifferenzierung der Gesellschaft in mehrere autonome, aufgabenspezifische Handlungsbereiche, die sich nicht mehr auf einen umfassenden Sinnhorizont beziehen lassen. Jedem dieser Subsysteme eignet ein eigener Integrationsmodus: „die Systeme werden integriert durch das Programm einer bloßen Erfüllung von aufgabenspezifischen technischen Anforderungen durch alle Beteiligten."[9] Das Nebeneinander der zwei Integrationsweisen führt zu einer Trennung eines privaten von verschiedenen öffentlichen Lebensbereichen und damit zum Verlust der Wirklichkeit als eines einheitlichen Sinnsystems. Die Tendenz zur Privatisierung des Sinnsystems – bzw. eben dann: der Sinnsysteme – führt ihren Funktionsverlust herbei, da ihre integrierende Funktion ja gerade auf der Interdependenz privater und öffentlicher Identität basiert. Mit der

---

[4] Vgl. H. KNABE, Neue soziale Bewegungen, in: KiS 15, 1989, 14–16.

[5] Vgl. J. HABERMAS, Können komplexe Gesellschaften eine vernünftige Identität ausbilden? (1974), in: DERS., Zur Rekonstruktion des Historischen Materialismus, Frankfurt am Main (1976) [5]1990, 92–126.

[6] E. HERMS, Die Fähigkeit zu religiöser Kommunikation und ihre systematischen Bedingungen in hochentwickelten Gesellschaften. Überlegungen zur Konkretisierung der Ekklesiologie (1976), in: DERS., Theorie für die Praxis. Beiträge zur Theologie, München 1982, 257–287, 262.

[7] A.a.O., 263.

[8] A.a.O., 263f.

[9] A.a.O., 264.

Gefährdung der sozialen Identität wird also auch die Ausbildung individueller personaler Identitäten problematisch.

Die Ausbildung personaler Identität ist nur möglich, wenn der Konflikt der beiden Integrationsweisen auf irgendeine Weise überwunden wird. Herms hält dafür folgende Möglichkeiten für grundsätzlich denkbar:

1. Die „technokratische Lösung"[10]: Integration erfolgt durch Unterwerfung des einzelnen unter die Eigengesetzlichkeiten der jeweiligen Subsysteme. Das heißt nichts anderes, als daß „die im öffentlichen Bereich dominanten technologischen Integrationsmechanismen auch im personalen Bereich" durchgesetzt werden sollen[11]. Allerdings wird die sinnhafte Einheit der gesellschaftlichen Wirklichkeit damit preisgegeben[12].

2. Die „volksdemokratische Lösung"[13]: Integration erfolgt durch Unterwerfung des Einzelnen unter einen autoritär behaupteten einheitlichen Sinn. Eine besondere materiale Definition von Lebenssinn wird autoritär für die Gesellschaft verbindlich erklärt und ihre Anerkennung zwangsweise durchgesetzt.[14]

3. Den beiden repressiven Lösungsansätzen stellt Herms die Möglichkeit einer nichtrepressiven Form von Integration durch eine gesamtgesellschaftlich relevante religiöse Kommunikation entgegen[15].

Es dürfte deutlich sein, daß das Integrationsproblem in der sozialistischen Gesellschaft der DDR mittels der von Herms „volksdemokratisch" genannten Lösung angegangen worden ist. Die Identität der Gesellschaft sollte durch ihre Verpflichtung auf den von der Partei gelehrten und (durch den von ihr geschaffenen und gesteuerten Apparat) exekutierten „wissenschaftlichen Sozialismus" konstituiert werden.

Der „weltanschauliche Gegensatz" von Christentum und Sozialismus, das immer wieder auf beiden Seiten genannte Grundproblem im Verhältnis von Kirche und Staat in der DDR, wird in seiner eigentlichen Problematik erst von hier aus verständlich. Dann stellen sich folgende Fragen:

1. Beruhte die kirchliche Distanz zur sozialistischen Gesellschaft auf inhaltlichen Momenten der sozialistischen Doktrin oder auf deren Funktionalisierung als autoritär gesetzte Integrationsgrundlage?

---

[10] A.a.O., 268.

[11] Ebd.

[12] Religion jedenfalls kann eine solche sinnhafte Einheit der Wirklichkeit nicht mehr stiften, da sie in der modernen Gesellschaft selbst nur ein Sinnsystem neben allen anderen bildet. Der Vorgang der Ausdifferenzierung der Gesellschaft in funktionale und weitgehend autonome Teilbereiche ohne übergreifenden Sinnzusammenhang stellt sich im Hinblick auf die Religion als Säkularisierung dar, vgl. o., Kap. II.B/1.2.3.

[13] E. HERMS, a.a.O., 269.

[14] Damit werden der säkularen Gesellschaft erneut vorsäkulare Strukturen aufgezwängt. E. HERMS (a.a.O., 269) sieht dadurch „langfristig nur die Aussicht auf den erneuten Ablauf eines Säkularisierungsprozesses und dessen problematisches Resultat: die völlige Privatheit umfassender Lebensdeutung" eröffnet.

[15] E. HERMS, a.a.O., 269. Ähnlich J. HABERMAS, a.a.O., 115–121, allerdings ohne die Annahme eines religiösen Charakters einer die Identität komplexer Gesellschaften ermöglichenden „wert- und normbildende[n] Kommunikation[]„ (120).

2. Rivalisierten Christentum und Sozialismus um ihre Funktion als autoritär behaupteter einheitlicher Lebenssinn, der für die Gesamtgesellschaft integrative Funktion ausüben soll? Oder lehnte die Kirche das Modell repressiver Etablierung von gesellschaftskonstituierendem Sinn im Namen des christlichen Glaubens überhaupt ab? Im zweiten Fall hätte sie dem als Alternative ein wie auch immer im einzelnen geartetes Modell einer nichtrepressiven Form von Integration entgegenstellen müssen.

Die Formel „Kirche im Sozialismus" repräsentierte in beiden Fragen jeweils die Tendenz zur zweiten Alternative[16].

1.1.2 Der Sozialismus als repressive Zivilreligion

Die „volksdemokratische" Lösung des Integrationsproblems ist m.E. in ihrer Eigenart und Problematik besser erfaßt, wenn sie als repressive Zivilreligion in den Blick genommen wird. Die hier zur Diskussion gestellte These lautet dann, daß die „sozialistische" Gesellschaft der DDR durch eine repressive Zivilreligion geprägt war. Zur Erörterung dieser These versuche ich zunächst, den Begriff der Zivilreligion etwas genauer in den Blick zu nehmen[17].

Robert N. Bellah, der diesen Begriff in die religionssoziologische Diskussion der Gegenwart eingeführt hat, versteht darunter die Gesamtheit der „tiefsten Grundüberzeugungen über das, was im Gemeinwesen gelten soll", den Niederschlag der „Grundüberzeugungen des Volkes vom Sinn des Gemeinwesens"[18]. Der Begriff Zivilreligion faßt die gemeinsamen Werte und Überzeugungen der Mitglieder einer Gesellschaft zusammen. Dahinter steht die Überzeugung, daß eine Gesellschaft *letztlich* durch eben solche gemeinsamen Werte und Überzeugungen konstituiert ist – und nicht etwa durch geographische oder historische Gegebenheiten[19].

Die *Funktionen* von Zivilreligion sind demnach
1. Die Legitimation und dauernde Aufrechterhaltung der Ordnung und Herrschaftsstruktur eines Gemeinwesens, d.h. die Begründung seiner politischen Struktur, seiner Rechtsprinzipien sowie seiner Geschichte in Vergangenheit und Zukunft in einer außerhalb menschlicher Verfügbarkeit liegenden (transzendenten) Wahrheit.
2. Die Gewährleistung sozialer (und dadurch auch personaler) Identität.

---

[16] Die erste Position wurde in der DDR durch den Namen Otto Dibelius symbolisiert.

[17] Vgl. zum Folgenden E. Herms, a.a.O.; Ders., Pluralismus aus Prinzip, in: „Vor Ort". FS P. C. Bloth, 1991, 77–95. H. Lübbe, Religion nach der Aufklärung, 1986, 306–327; R. Schieder, Civil Religion. Die religiöse Dimension der politischen Kultur, 1987; Ders., Rationalität im ethischen Diskurs. Kirchen als Stabilitätsgaranten im politischen Umbruch, in: LM 29, 1990, 309–312; J. Thrower, Marxism-Leninism as the Civil Religion of Soviet Society. God's Commissar, 1992.

[18] So die Interpretation Bellahs durch R. Schieder, Rationalität, 1990, 309. Vgl. Ders., Civil Religion, 1987, 21f.

[19] Damit befindet sich Bellah in der religionssoziologischen Tradition, die ihren Theoriebildungen einen funktionalen Religionsbegriff zugrundelegt und die hauptsächlich von E. Durkheim, B. Malinowski und T. Parsons geprägt wurde.

Der *Inhalt* von Zivilreligion besteht aus einer Wahrheit und universale Gültigkeit beanspruchenden Wahrnehmung von Wirklichkeit.

Die *Formen* von Zivilreligion sind die mythische, kulturelle oder rational-lehrhafte, jedenfalls aber konsensfähige und auf Konsens zielende Tradierung der gesellschaftlichen Grundwerte sowie rituelle und liturgische Momente des Vollzugs und der Bestätigung dieses Konsenses.

Die Zivilreligion eines Gemeinwesens kann, muß jedoch nicht mit der Religion einer innerhalb dieses Gemeinwesens existierenden Religionsgemeinschaft zusammenfallen. Sie kann statt dessen auch Elemente unterschiedlichen (religiösen, philosophischen, historischen, wissenschaftlichen, kulturellen) Ursprungs in sich vereinen.

Die Zivilreligion eines Gemeinwesens kann durch freie Kommunikation entstehen und gepflegt werden. Mit beginnender gesellschaftlicher Differenzierung wurden jedoch eigene Institutionen geschaffen, die die zivilreligiösen Grundsätze in einheitlicher Form fixieren, für verbindlich erklären und ihre allgemeine Anerkennung durchsetzen sollten[20]. Damit stellt sich die Frage nach dem exklusiven oder inklusiven Charakter von Zivilreligion.

Eine *exklusive* Zivilreligion hat die Tendenz, alleinige Staatsreligion zu sein. Ihr Charakteristikum ist darum Intoleranz. Ihr Subjekt ist der Staat oder eine ihm funktional zugeordnete und von ihm kontrollierte Religionsinstitution.

Eine *inklusive* Zivilreligion dagegen erlaubt einen bedingten weltanschaulich-religiösen Pluralismus. Ihr Charakteristikum ist die bedingte Toleranz. Das bedeutet: Alle Weltanschauungen und Religionen werden toleriert, die
1. ihrerseits tolerant sind und darüber hinaus
2. der Zivilreligion nicht widersprechen[21].

Die Grundprinzipien der inklusiven Zivilreligion tendieren eher als diejenigen der exklusiven Zivilreligion zu inhaltlicher Minimierung und größtmöglicher Einfachheit, um möglichst weitreichende Integrationsflächen zu bieten.

Der Marxismus-Leninismus bzw. die Lehren des Historischen und Dialektischen Materialismus stellen, insbesondere in ihrer stalinistischen Form, nach Funktion, Inhalt und Form eine exklusive Zivilreligion dar[22]. Das gilt auch für die stalinistische Phase der DDR.

---

[20] Nach J. THROWER, Marxism-Leninism, 1992, 145f., hatte der legendäre Herrscher des antiken römischen Reiches, König NUMA, erstmals das Amt eines Hohenpriesters geschaffen, dessen Aufgabe es war, die Identität des Reiches durch die Verkündigung und Praktizierung eines heiligen, einheitlichen Rechts und der Schaffung eines einheitlichen Ritus zu gewährleisten: „Numa's purpose in establishing this office would appear to have been to counter anything which might undermine the unity of the state, or weaken the sense of identity and solidary among its citizens that the ‚religion of Numa' was designed to foster. The Pontifex Maximus' task was, therefore, nothing less than that of maintaining the religious foundations of the political order" (a.a.O., 146).

[21] Die klassische Formulierung für das Charakteristikum einer inklusiven Zivilreligion findet sich bei J.-J. ROUSSEAU im achten Kapitel des vierten Buches des „Gesellschaftsvertrags": „Heute, wo es eine ausschließliche Staatsreligion nicht mehr gibt noch geben kann, muß man alle jene tolerieren, die ihrerseits die anderen tolerieren, sofern ihre Dogmen nicht gegen die Pflichten des Bürgers verstoßen" (nach der Übersetzung von H. BROCKARD, Stuttgart 1991, 152).

[22] Eine ausführliche Begründung dieser These findet sich bei J. THROWER, a.a.O.

1.2 Die erzwungene Transformation des Sozialismus in der DDR von einer exklusiven in eine inklusive repressive Zivilreligion

Dem Untergang der DDR ging ein langer Zerfallsprozeß ihrer zivilreligiösen Legitimationsstruktur voraus. Ulbrichts Versuch der Durchsetzung des stalinistischen Modells einer exklusiven Zivilreligion zu Anfang der fünfziger Jahre mußte bald als gescheitert angesehen werden. Es folgte eine bis zur Anerkennung des Kirchenbundes (1971) und seiner gesellschaftlichen Relevanz (1978) während Übergangszeit, während der einerseits die Integrations- und Legitimationsstruktur einer exklusiven Zivilreligion durch Simulation in Geltung gehalten, andererseits aber zugleich schrittweise die Transformation in eine inklusive Zivilreligion vollzogen wurde. Diese bildete schließlich, in einer repressiven Variante[23], die Legitimationsstruktur und also die „Prägung" der sozialistischen Gesellschaft der DDR in ihrem letzten Jahrzehnt.

Eine inklusive Zivilreligion hat die Struktur eines Scheinpluralismus[24]. Das bedeutet, daß der religiös-weltanschauliche Pluralismus einer Gesellschaft vom Rahmen eines allen ihren Gliedern als Staatsbürgern eigenen Bestandes von Grundüberzeugungen bzw. Grundwerten begrenzt ist. „'Zivilreligion' bezeichnet [dann] also die in einer gesellschaftlichen Öffentlichkeit vorherrschende Überzeugung, daß:

(1) alle Bürger als solche an einem grundlegenden weltanschaulich-ethischen Konsens partizipieren;

(2) dieses Verständigtsein als conditio sine qua non des Zusammenlebens eingestuft wird;

(3) es daher auch gegen auflösende Infragestellung zu verteidigen sei, durch unterschiedliche Maßnahmen, die aber jedenfalls effektiv, also konsensstiftend und -erhaltend sein müssen."[25]

Dieser wichtige Gesichtspunkt der konsensstiftenden und -erhaltenden Funktion der inklusiven Zivilreligion bedingt zwei ihrer charakteristischen Merkmale:

1. Ihr inhaltlicher Bestand muß so gering wie möglich gehalten werden. Seine Formulierung muß zum Konsens einladen, wenn nicht nötigen. Das Ziel ist erreicht, wo das Bedürfnis nach einer expliziten Verständigung über die wechselseitige Konsensunterstellung gar nicht erst auftaucht und der unterstellte Konsens als solcher also gar nicht thematisiert wird[26].

2. Die Existenz von Differenzen zwischen dem zivilreligiösen Horizont und gewissen eigentümlichen Zügen der einzelnen Weltanschauungen wird *behauptet*, nicht aber explizit erfasst und begrifflich analysiert[27].

---

[23] repressiv ist eine inklusive Zivilreligion dann, wenn Verstöße gegen ihren Konsens nicht (nur) mit sozialen, sondern (auch) mit ordnungspolitischen Sanktionen belegt werden.

[24] Vgl. E. HERMS, Pluralismus aus Prinzip, a.a.O., v. a. 80–84.

[25] E. HERMS, a.a.O., 81. Die Art dieser Maßnahmen entscheidet über den repressiven oder nicht-repressiven Charakter der inklusiven Zivilreligion, s. o. Kap. 1.1.2.

[26] A.a.O., 82f. HERMS weist in diesem Zusammenhang auf die konsenserschütternde Wirkung der sokratischen Frage hin.

[27] A.a.O., 83: „Es ist die wechselseitig erhobene und anerkannte *Behauptung* von Differenz und Konsens *anstelle* ihres expliziten Begriffs, von der die zivilreligiöse Vermittlung oder Abfederung religiös-weltanschaulicher Differenzen lebt" (Herv. i. O.).

Es sind genau diese für eine inklusive Zivilreligion charakteristischen Merkmale, die das von der Partei intendierte Verhältnis von Kirche und Sozialismus in der DDR seit 1960 geprägt haben. Zum einen wurde die offizielle Politsprache von suggestiv zum Bekenntnis nötigenden Leerformeln wie „Humanismus", „Frieden" etc. dominiert[28]. Zum anderen bildete die schematische Verhältnisbestimmung von Differenz und Konsens zwischen dem christlichen Glauben und dem Sozialismus seit Ulbrichts Programmatischer Erklärung vom 4. Oktober 1960 eine Konstante der von der Partei kontrollierten öffentlichen Rhetorik in der DDR.[29] Der mit dieser Erklärung einsetzende Wandlungsprozeß von einer exklusiven zu einer inklusiven Zivilreligion, der durch das Scheitern der vorangegangenen Bemühungen, die Kirche aus dem öffentlichen Leben zu verdrängen, unausweichlich geworden war, war dadurch charakterisiert, daß die Differenz zwischen dem christlichen Glauben und dem Marxismus-Leninismus mit der Floskel von der „unterschiedlichen Weltanschauung" lediglich behauptet, nicht jedoch bezeichnet wurde. Statt dessen lag die Betonung nun auf der Herausstellung eines alle in der Gesellschaft existierenden Weltanschauungen umgreifenden Konsenses hinsichtlich der sozialistischen Grundideen. Diese auch – so die in ermüdender Weise immer neu wiederholte Behauptung[30] – dem christlichen Glauben mögliche[31], ja ihm notwen-

---

[28] R. SCHRÖDER hat 1989 festgestellt: „Der Ausdruck ‚humanistische Staatspolitik' sagt [...] über diese Politik inhaltlich überhaupt nichts, gibt aber zu verstehen, daß als Menschenfeind gelten muß, wer diese humanistische Politik kritisiert. Er ruft auf zum *Bekenntnis*" (Nochmals: „Kirche im Sozialismus", in: DERS. 1990, 149–159, 156. Herv. i. O.). Neben diesen eher sozialismustypischen Grundwerten, zu denen auch „Gerechtigkeit" und „Solidarität" zu zählen sind, finden sich auch Konsens-Formulierungen, die in nur geringer Abwandlung auch zum zivilreligiösen Grundbestand westlicher Industriegesellschaften gehören. So traten in der DDR an die Stelle des westlichen „Wohlstandes" die Grundwerte „Befriedigung aller Bedürfnisse", „Glück" und „Wohl", vgl. E. HONECKER auf dem VIII. SED-Parteitag 1971: „[D]ie Außen- und die Innenpolitik unseres sozialistischen Staates" werden „von dem humanistischen Grundprinzip [...] bestimmt [...]: ‚Alles zu tun für das Wohl des Menschen, für das Glück des Volkes, für die Interessen der Arbeiterklasse und aller Werktätigen.'" (zit. n. einem internen Papier des STS, Dok 1972/8); Staatssekretär für Kirchenfragen H. SEIGEWASSER formulierte vor dem CDU-Hauptvorstand in Februar 1979: „Das höchste Ziel unserer hochgesteckten wirtschafts- und sozialpolitischen Aufgaben ist das Wohl und das Glück des Menschen" (Dok 1979/6). Eine klassische Zusammenstellung sozialistischer Grundwerte als „gemeinsame geistige Fundamente" aller Staatsbürger gleich welcher Weltanschauung bietet Staatssekretär K. GYSI in einem Vortrag vom 29. Mai 1981: „Frieden[]", „das Beste für das Wohl aller Menschen bei uns", „internationale Solidarität [...] in der Welt und soziale Gerechtigkeit" (Dok 1981/1). Atheismus-Theoretiker O. KLOHR definierte sozialistische Politik als eine Politik, der es „um die Gestaltung einer friedliebenden, gerechten, auf das Wohl der Menschen gerichteten Gesellschaft geht" (Dok 1988/1).

[29] Die Formulierung ULBRICHTS lautete: „Das Christentum und die humanistischen Ziele des Sozialismus sind keine Gegensätze" (Dok 1060/1).

[30] Dies geschah in der immer neuen Reproduktion von propagandistischen Sprachschablonen. Ihre jeweils aktuelle Gestalt fand diese hochformalisierte Sprache in einem überaus komplizierten Prozeß. Akzentänderungen in der jeweils aktuellen ideologischen Gesamtlinie der Partei wurden durch teilweise filigrane Modifikationen in der offiziell-öffentlichen Formelterminologie zum Ausdruck gebracht und durch unterschiedliche Kanäle in die Öffentlichkeit transportiert. Den „Transmissionsriemen" zur christlichen Bevölkerung bildete in direkter Weise die CDU, die sich streng an die Instruktionen des Staatssekretariats für Kirchenfragen zu halten hatte, welches wiederum, selbst gänzlich ohne eigene Entscheidungsbefugnis, lediglich ausführendes Organ des für Kirchenfragen zuständigen ZK-Sekretärs war. Der Staatssekretär für Kirchenfragen erstellte regelmä-

dig innewohnende[32] Zustimmung zu den gesellschaftlichen Zielen einer sozialistischen Politik sollte dabei durchaus Entscheidungs- bzw. Bekenntnischarakter haben[33]. Die Identität und Eigenständigkeit der „weltanschaulichen" Besonderheit des christlichen Glaubens werde dadurch nicht angetastet[34]. Die Propagandaformeln für diese induktiv-zivilreligiöse Integrationsstrategie lauteten „Zusammenarbeit"[35], „Mitwirkung"[36], „konstruktives Zusammenwirken"[37], „gemeinsame humanistische Verantwortung"[38], „politisch-moralische Einheit [der] sozialistischen

---

ßig interne Dossiers, die jeweils eine Beurteilung der aktuellen kirchenpolitischen Situation sowie inhaltliche und strategische Richtlinien der Öffentlichkeitsarbeit enthielten (vgl. Dok 1968/ 11.14; 1969/9; 1970/7.8; 1971/5.7; 1972/8). Wichtige Neuakzentuierungen wurden in öffentlichen Reden des Staatssekretärs, in seltenen Fällen auch des für Kirchenfragen zuständigen ZK-Sekretärs meist vor dem CDU-Hauptvorstand verkündet (vgl. z.B. Dok 1968/6; 1969/5; 1971/7; 1972/1; 1979/6; 1980/1; 1981/1). Mitarbeiter der CDU, des STS und des MfS versuchten daraufhin, durch verschiedene öffentliche und nichtöffentliche Formen der Einflußnahme die kirchlichen Amtsträger im Sinne der aktuellen kirchenpolitischen Strategie zu beeinflussen. Zu den öffentlichen Maßnahmen gehörten neben den Reden und Publikationen von CDU-Politikern (vgl. z.B. G. Götting, Mitarbeit sozialistischer Staatsbürger christlichen Glaubens, Berlin 1973; Ders., Christliche Demokraten in schöpferischer Mitarbeit für das Wohl des Volkes. Aus Reden und Aufsätzen 1977–1981, Berlin 1982; W. Heyl, Christen und Kirchen in der Deutschen Demokratischen Republik, Berlin 1975; Ders., Christ im Sozialismus. Freiheit und Dienst. Aus Reden und Aufsätzen 1958–1980, Berlin 1981) auch hinsichtlich Auswahl und Kommentierung ideologisch geprägte Darstellungen des Staat-Kirche-Verhältnisses in Form von Quellensammlungen (vgl. H. Dohle/K. Drobisch/E. Hüttner [Hgg.], Auf dem Wege zur gemeinsamen humanistischen Verantwortung. Eine Sammlung kirchenpolitischer Dokumente 1945–1966 unter Berücksichtigung von Dokumenten aus dem Zeitraum 1933 bis 1945, Berlin 1967; Christen und Marxisten in gemeinsamer Verantwortung, Berlin 1971). Letztere sind ein Beispiel für die mythische Form der sozialistischen Zivilreligion (vgl. J. Thrower, a.a.O., 164–168).

[31] Dok 1960/1.

[32] In diesem Sinne hat W. Ulbricht im September 1966 gegenüber dem damaligen Thüringer Landesbischof Mitzenheim die unwidersprochen gebliebene Behauptung aufgestellt, daß die Stellung der Kirche zu den „Grundsätze[n] des Humanismus" bzw. ihre Wahrnehmung „humanistische[r] Verantwortung", die in ihrem Engagement „für den Aufbau und die Entwicklung der sozialistischen Gesellschaftsordnung zum Ausdruck kommt", ein ekklesiologisch relevantes Kriterium darstelle (Dok 1966/3).

[33] Dies wird neben (meist nur in internen Dossiers gebrauchten) konfessorischen Formeln (vgl. Dok 1968/11.14; 1969/9; 1970/8; 1971/4.5.7; 1972/1.12) und der Rede von einem notwendig zu entwickelnden „staatsbürgerlichen Bewußtsein" (vgl. Dok 1969/8.9; 1970/7.8; 1971/ 5.7; 1972/12) v.a. durch den Begriff der Parteinahme zum Ausdruck gebracht, vgl. Dok 1967/3; 1977/8. Eine Position der Neutralität oder der „kritischen Distanz" wird als Tatbestand der „ideologischen Diversion" gewertet und führt zu einer schweren Belastung des Staat-Kirche-Verhältnisses, vgl. Dok 1971/1.5; 1972/10.

[34] Seinen klassischen Ausdruck hat dies in der Formulierung des für Kirchenfragen zuständigen Politbüromitglieds P. Verner gefunden: „eine ‚Sozialisierung' der christlichen Lehre hat es bisher nicht gegeben und wird es auch in Zukunft nicht geben" (Dok 1971/1, vgl. o. Kap. I.B/4.1.2). Ein Hauptergebnis des Staat-Kirche-Gespräches vom 6. März 1978 war dann auch eine Bekräftigung des Grundsatzes der wechselseitigen Respektierung der jeweiligen „Eigenständigkeit" (vgl. o. Kap. I.B/4.3).

[35] Dok 1964/1; 1967/2.3; 1976/6; 1987/1.

[36] W. Ulbricht, Marxisten und Christen wirken gemeinsam für den Frieden und Humanismus, Berlin 1964. Vgl. Dok 1978/3; 1979/6.

[37] Dok 1980/1.

[38] Dok 1966/2.3; 1968/6; 1969/4.

Menschengemeinschaft"[39] und mündeten schließlich in die die Struktur einer inklusiven Zivilreligion bereits gefährdenden Vorstellungen von „Partnerschaft"[40], „Dialog"[41] und „wechselseitigem Lernprozeß"[42].

Ein wichtiges Moment der inklusiv-zivilreligiösen Legitimationsstruktur des real existierenden Sozialismus der DDR war, in Entsprechung zu der Betonung des die unterschiedlichen Weltanschauungen übergreifenden praktisch-politischen Konsenses, die Bestreitung eines weltanschaulich exklusiven Charakters des Gemeinwesens. Immer wieder wurde betont, der Sozialismus der DDR habe keine notwendig atheistische Komponente, noch habe er eine atheistisch geprägte Gesellschaft als Zielvorstellung[43]. Ein „Bekenntnis" zu den die sozialistische Gesellschaft konstituierenden Grundideen und Zielen impliziere daher nicht notwendig das Bekenntnis zum Atheismus oder anderer weltanschaulicher bzw. philosophischer Inhalte[44].

Die Formel „Kirche im Sozialismus" repräsentierte

1. die Bereitschaft der Kirche, die inklusiv-zivilreligiöse Legitimationsstruktur der sozialistischen Gesellschaft anzuerkennen und sich in ihr einzupassen[45], und zugleich

2. die Freiheit der Kirche, die inhaltliche Basis dieser inklusiv-zivilreligiösen Legitimation der sozialistischen Gesellschaft einer permanenten Prüfung nach unabhängigen[46] Kriterien zu unterziehen[47].

---

[39] Dok 1969/6.8.9; 1970/8.

[40] Dieser von kirchlicher Seite für die Kennzeichnung des Staat-Kirche-Verhältnisses favorisierte Begriff (vgl. Dok 1973/3) war von der Partei erst lange abgelehnt worden, vgl. Dok 1968/10.13; 1969/7; 1971/6; 1972/8.10.11; 1978/5.

[41] Dok 1976/6. S. u. Kap. 3.3.3.1.

[42] Dok 1987/1. S. u. Kap. 3.3.2.3.3.

[43] Vgl. R. Henkys, Grenzen der Lernbereitschaft, in: KiS 5/1981, 11f.; H. Dähn, Wissenschaftlicher Atheismus in der DDR, in: Basse 1986, 101–114. Eine klassische Formulierung hierfür wie für die Prinzipien der inklusiven Zivilreligion überhaupt stellt die Ansprache von Staatssekretär K. Gysi auf der Festveranstaltung „300 Jahre Edikt von Potsdam" am 26. Oktober 1985 dar, vgl. Dok 1985/2.

[44] Beispielhaft hierfür die Ausführungen des wichtigsten Theoretikers des „Wissenschaftlichen Atheismus" in der DDR, O. Klohr, in der DZfPh 4/1988 (Dok 1988/1).

[45] In dem für die Orientierung der DDR-Kirchen und darum auch für die Interpretation der Formel „Kirche im Sozialismus" zentralen Brief der DDR-Bischöfe aus Lehnin vom 15. 2. 1968 findet sich die klassische Formulierung hierfür: „Wir bitten, daß die neue Verfassung so erstellt wird, daß die Christen und diejenigen Mitbürger, die die Weltanschauung der führenden Partei nicht teilen, an der Verantwortung für unser Staatswesen mit unverletztem Gewissen teilhaben können" (Dok 1968/1). Der thüringische Landesbischof M. Mitzenheim ging noch etwas weiter, indem er nicht nur eine gemeinsame Verantwortung für das Gemeinwohl, sondern „die echte Gemeinschaft von Menschen mit verschiedenen Weltanschauungen, von Marxisten und Christen, in unserem Staate" anstrebte (Dok 1969/4). In ähnlicher Weise äußerte sich der Theologische Studienausschuß des Nationalkomitees des LWB in der DDR in einer Studie vom Oktober 1973 (Dok 1973/3). Sowohl der Vorsitzende der KKL, A. Schönherr, (vgl. z. B. Dok 1974/1) als auch der Leiter des Sekretariats des Kirchenbundes, M. Stolpe, (vgl. z. B. Dok 1979/4) haben sich in den siebziger Jahren wiederholt programmatisch im Sinne der inklusiv-zivilreligiösen Verhältnisbestimmung von Differenz und Konsens zwischen Kirche bzw. dem in christlicher Verantwortung gelebten Leben einerseits und Staat bzw. sozialistisch geprägter Gesellschaft andererseits geäußert.

[46] D.h. nicht notwendig nur diejenigen Kriterien anwendend, die die Zivilreligion als allein gültige Kriterien ihrer selbst definiert.

[47] Der klassische Text für dieses unter den Stichworten „kritische Solidarität" und „kritisch un-

1.3 Das Scheitern des Sozialismus als inklusive repressive Zivilreligion

Dieser zweite, ihre Eigenständigkeit betonende Aspekt des kirchlichen Verständnisses christlicher Existenz in der sozialistischen Gesellschaft der DDR führte dazu, daß mit dem Konsens über die zivilreligiösen Grundideen zugleich auch das Konzept eines zivilreligiös kontrollierten Pluralismus (= Scheinpluralismus) einer permanenten Gefährdung ausgesetzt war.

Gefährdet war der zivilreligiöse Konsens aber nicht nur durch den Anspruch der Kirche auf dessen eigenständige Interpretation, sondern zunehmend auch durch die Entstehung und Entwicklung eines freien, nicht organisierten und inhaltlich viel diffuseren Pluralismus innerhalb der Gesellschaft seit den späten siebziger Jahren. Das Interesse einer inklusiven Zivilreligion mußte dahin gehen, diesen diffusen, schwer kontrollierbaren Pluralismus in die Kirche einzubinden, da das subtile Staat-Kirche-Verhältnis stets Möglichkeiten staatlicher Disziplinierung der Kirche gewährleistete.

Der spontan und frei entstehende gesellschaftlich-politische Pluralismus der späten siebziger und der achtziger Jahre muß allerdings von dem mit der Existenz der Kirchen gegebenen weltanschaulichen Pluralismus genau unterschieden werden. Jener war nämlich nicht als Fortbestand überkommener, präsozialistischer Kulturtradition (miß)verstehbar, sondern Symptom und direkte Folge des Scheiterns der sozialistischen Zivilreligion.

Der Sozialismus war als Zivilreligion nicht nur an seinen inhaltlichen Widersprüchen[48] und Unzulänglichkeiten, sondern auch und vielleicht vor allem an seiner selbstauferlegten Überforderung gescheitert. Der politische Ansatz Ulbrichts und der ihn steuernden sowjetischen Besatzungsmacht nach dem Kriege war gewesen, die Identität des neu zu schaffenden Gemeinwesens allein auf einen unter zentraler Kontrolle der Partei stehenden Antifaschismus und Sozialismus zu begründen[49]. Einen wichtigen Teil dieser Politik stellte die Abgrenzung gegenüber den westlichen, nichtsozialistischen Gesellschaften und vor allem gegenüber der Bundesrepublik dar. Den inneren Aspekt dieser Abgrenzung bildete eine zeitweise konsequent durchgeführte Enttraditionalisierung der „sozialistischen" Gesellschaft. Nationale, religiöse, ethische und kulturelle Traditionen, Werte und Symbole „bürgerlicher" bzw. deutscher Identität waren im Zuge des programmatisch-politischen Über-

---

terscheidende Mitarbeit" gewöhnlich zusammengefaßte Verfahren ist, neben wiederum dem schon erwähnten Brief aus Lehnin, der die Christen als Staatsbürger vor die Aufgabe gestellt sah, „den Sozialismus *als eine Gestalt gerechteren Zusammenlebens* zu verwirklichen" (Dok 1968/1), das Referat von H. FALCKE vor der Bundessynode in Dresden 1972 (Dok 1972/2). Das Ergebnis war nicht nur eine Präzisierung der sozialistischen Zielvorstellungen durch „eigenständige" prädikative Näherbestimmungen (was bereits als solches eine Sabotage des Anspruchs der Partei auf das exklusive Lehramt sein mußte), sondern auch ihre Relativierung, die v.a. in dem Ausdruck „besserer" oder „verbesserlicher Sozialismus" zum Ausdruck kam.

[48] So ist z.B. E. NEUBERT zuzustimmen, für den es „fast nicht nachvollziehbar [ist], wie die Kommunisten mit größtem Aufwand einer Metaphysik der Geschichte huldigten, die sie von den eigenen erkenntnistheoretischen Grundlagen wegführte" (DERS., Vorauseilender Gehorsam. Protestanten im veränderten gesellschaftlichen Kontext, in: Übergänge 6/1990, 230–236, 233).

[49] Vgl. W. LEONHARD, Die Revolution entlässt ihre Kinder [5]1992, 411ff.

gangs von der Schaffung einer „antifaschistisch-demokratischen Ordnung" (1945–1951) hin zum „Aufbau des Sozialismus" bzw. dessen „Vollendung" systematisch beseitigt worden[50]. An ihre Stelle sollte der Gesellschaft eine sozialistische Identität aufgezwungen werden, die nicht mehr in den Traditionen und dem Bewußtsein deutscher Nation, sondern in der Idee einer „sozialistischen Menschengemeinschaft" und den historischen Traditionen der Arbeiterbewegung wurzelte. Hauptcharakteristikum dieser sozialistischen Identität war ihre revolutionäre, prozeßhafte Gestalt, also ihre teleologische Struktur. Ihr Ziel bestand hinsichtlich der nationalen Frage in der „Aufhebung der Nation im vollen Kommunismus", in dem „die bisherigen nationalen Unterschiede zu Stammesverschiedenheiten herabsinken."[51] Die die Identität der diesem Ziel zustrebenden „sozialistischen Nation"[52] konstituierenden, auf allgemeinem Konsens beruhenden Grundüberzeugungen sollten dabei die Dogmen des Marxismus-Leninismus in der (exklusive Gültigkeit beanspruchenden) Interpretation durch die Partei sein.

In der „sozialistischen Menschengemeinschaft" seien, so die Doktrin, die ursprünglich sehr verschiedenen sozialen Milieus nivelliert[53]. Die überkommenen, von protestantischer Arbeitsethik und Rationalität geprägten Grundmuster sozialen Verhaltens sollten durch eine sozialistische Arbeitsmotivation, ein sozialistisches Eigentumsverhältnis und eine sozialistische Lebensweise[54], alles gegründet auf eine sozialistische Wahrnehmung der Realität mittels der Kategorien des Historischen und Dialektischen Materialismus, ersetzt werden. Mit der Intention der nahezu anknüpfungslosen Schaffung einer solchen nicht organisch gewachsenen, sondern propagandistisch erzeugten und administrativ verordneten nationalen

---

[50] Vgl. M. STOLPE, Schwieriger Aufbruch, 1992, 23–26.

[51] R. HENKYS, Kapitalistisches Überbleibsel, 1972, 217.

[52] Dies war ein zentraler Begriff im Zuge der ideologischen Akzentverschiebung nach der Ablösung ULBRICHTS. Er taucht etwa in dem wichtigen, den VIII. SED-Parteitag vom Juni 1971 interpretierenden Referat des damaligen ZK-Sekretärs und SED-Chefideologen K. HAGER auf, das dieser am 14. Oktober 1971 in Ost-Berlin auf einer Tagung von Gesellschaftswissenschaftlern hielt, vgl. DERS., Die entwickelte sozialistische Gesellschaft. Aufgaben der Gesellschaftswissenschaften nach dem VIII. Parteitag der SED, Berlin 1971, und die Zusammenfassung dieses Referates bei R. HENKYS, Kapitalistisches Überbleibsel, 1972, 217. ULBRICHT hatte zuvor zu einer vorsichtigen Reaktivierung eines deutschen Nationalbewußtseins der DDR tendiert. So hatte er in dem propagandistisch wichtigen Gespräch mit dem thüringischen Landesbischof Mitzenheim vom 22. September 1966 „Deutschland" als Oberbegriff für die Bundesrepublik und die DDR verwendet und die „humanistische Verantwortung" von Staat und Kirche der DDR „vor der deutschen Nation" betont (Dok 1966/3). Die offizielle Terminologie hatte damals von der DDR als dem „ersten sozialistischen Staat[] deutscher Nation" gesprochen (so das streng von der Partei kontrollierte Staatssekretariat für Kirchenfragen in einem internen Papier vom 4. Juli 1968, Dok 1968/11).

[53] Vgl. E. NEUBERT, Protestantische Aufklärung. Die Bedeutung der informellen Gruppen für die Umgestaltung, in: Übergänge 4/1990, 144–147, 144.

[54] Vgl. U. LUCAS, Christen und sozialistische Lebensweise, Rostock-Warnemünde 1983. Einen Versuch, eine sozialistische Lebensweise zu begründen, stellten die von W. ULBRICHT auf dem V. SED-Parteitag 1958 verkündeten „Zehn Gebote der neuen sozialistischen Sittlichkeit" dar, die freilich auch nicht ohne den Rückgriff auf deutsche bürgerliche Tugendtraditionen auskommen. So heißt es darin u.a.: „Du sollst Dein Vaterland lieben […]. Du sollst stets nach Verbesserung Deiner Leistungen streben, sparsam sein […]. Du sollst sauber und anständig leben […]" (KJB 85, 1958, 175f.).

Identität hat sich die sozialistische Zivilreligion maßlos überfordert. Unter der Oberfläche lebten die tief im Volk verwurzelten kulturellen Traditionen fort.

Daß das Unternehmen, eine sozialistische Identität zu schaffen, gescheitert war, war seit Ende der siebziger Jahre[55] in zunehmender Deutlichkeit erkennbar. Als einander wechselseitig beeinflussende Zerfallssymptome müssen gelten:

1. die Sozialisationsdefizite in der Gesellschaft und
2. die Legitimationskrise des staatlichen Systems.

zu 1.: Aufgrund der Zerstörung der bisherigen sozialen Strukturen sowie der verordneten Abkehr von den bisherigen Grundmustern sozialen Verhaltens „trat eine Situation ein, die dem Individuum eine freie Gestaltung seiner Biographie unmöglich machte, da es zunehmend auf den Nachvollzug angebotener juristischer Standarts angewiesen war, *mit denen es sich kaum identifizieren konnte. So trat rasch ein Bedarf an Vermittlung zwischen dem einzelnen und der Gesellschaft auf.* Die offiziellen Instanzen konnten die tiefgehende Entfremdung zwischen den einzelnen Menschen und der gesellschaftlichen Organisation immer weniger aufhalten."[56] Die damals innerkirchlich heftig und kontrovers diskutierte „Gruppen"-Bewegung der späten siebziger und der achtziger Jahre dürfte als kompensatorische Reaktion auf das gesellschaftliche Sozialisationsdefizit der DDR zu verstehen sein[57].

zu 2.: Die fortschreitende Schwächung des ideologischen Grundkonsenses hatte zugleich den zunehmenden Verfall der staatlichen Legitimation zur Folge. Die Kluft zwischen dem (legitimierenden) ideologischen Anspruch und der gesellschaftlichen Realität war nur noch durch die inflationäre Präsenz der Staatssicherheit im Innern und die Abgrenzung nach außen zu überbrücken. Diese Kluft war bereits in der Spätphase der Ulbricht-Ära zum erstenmal aufgebrochen, als der DDR-Sozialismus von einer dynamischen Bewegung mit dem Ziel eines gesellschaftlichen Heilszustandes zu einer, in der interpretierenden Formulierung eines westlichen Journalisten, „auf eigene Stabilisierung gerichtete[n] Form der bestehenden Gesellschaft, also *Establishment*"[58] transformiert werden sollte[59]. Unter Ho-

---

[55] Noch 1973 war dagegen von der von der VELKDDR und der EKD gebildeten Lehrgesprächskommission der „sozialistische Humanismus" ganz unangefochten als Integrationsfaktor anerkannt worden, der die Sozialisation der Individuen zu „sozialistischen Persönlichkeit[en]" gewährleiste: „Schließlich ermöglicht die bewußte Integration in die Gesellschaft dem einzelnen auch eine Lebensbejahung, die sich auf die Gewißheit stützt, die Dynamik des gesellschaftlichen Entwicklungsprozesses zu kennen und keinem unberechenbaren Schicksal ausgeliefert zu sein." Insofern seien „die gesellschaftlichen Verhältnisse" in der Lage, „ein sinnvolles Leben [zu] gewährleisten" (Rechtfertigung und Gesellschaft. Werkstattbericht III der Kommission für das Lehrgespräch, in: KJB 99, 1972, 301–309, 302).
[56] E. NEUBERT, ebd. Herv. v. mir, W.Th.
[57] Vgl. E. NEUBERT, Religion in der DDR-Gesellschaft. Nicht-religiöse Gruppen in der Kirche – ein Ausdruck der Säkularisierung?, in: KiS 11, 1985, 99–103; DERS., Sozialisierende Gruppen im Konziliaren Prozeß, in: KiS 11, 1985, 241–245; DERS., Megapolis DDR und die Religion. Konsequenzen aus der Urbanisierung, in: KiS 12, 1986, 155–164; abgedr. in: PTh 76, 1987, 222–245; DERS., Reproduktion von Religion in der DDR-Gesellschaft, in: epd-Dok 35–36/1986. S. u. Kap. 3.3.3.2.3; 3.3.3.2.6.
[58] W. BÜSCHER, Ein neues Interesse an Kirche und Religion. Kirche als Element einer sozialistischen Nationalkultur?, in: KiS 5/1981, 13–20, 15. Herv. i. O.
[59] Vgl. o. Kap I.B/3.2.3.

necker wurde die ideologische Orientierung des staatlichen Handelns zunehmend
von einer pragmatischen Wirtschafts-, Außen-, Sozial-, Kultur- und Sicherheitspo-
litik überlagert, als deren prägende Momente zunehmend die machtpolitische Bestandssicherung des Staates, nicht mehr jedoch die Ideale der marxistisch-leninistischen Gesellschaftstheorie erschienen, welche freilich weiterhin den ideologischen Grundkonsens der Gesellschaft bilden sollten. Die ideologischen Bemühungen verloren dadurch mehr und mehr ihren Zusammenhang zur gesellschaftlichen
Realität der DDR und zur tatsächlichen politischen Linie der Partei. Viel zu deutlich war inzwischen geworden, daß es Staat und Partei gar nicht um ihre „sozialistische" Sache ging , sondern um Bestands-und Machterhaltung, d.h. um die Stabilisierung der staatlichen Machtverhältnisse und der Ausbalancierung der gesellschaftlichen Spannungen. Hinzu kam eine alles andere dominierende Wirtschafts– und
Industriepolitik, die nicht sozialistischen Prinzipien verpflichtet war, sondern primär mit *allen* Mitteln versuchte, den Abstand zur Entwicklung der westlichen Industrienationen zu verringern oder doch zumindest nicht noch größer werden zu lassen. Anspruch und Wirklichkeit des Sozialismus waren weit auseinandergetreten
und hatten so dessen Glaubwürdigkeit und damit seine Konsensfähigkeit und also
auch seine zivilreligiöse Leistungsfähigkeit geschwächt.

Die Folge der Legitimationskrise war ein Rückgriff auf funktionale Äquivalente. Die sich nun neu herausbildende Legitimationsstruktur konzentrierte sich auf
die klassischen Komponenten Wohlstand[60] und Religion[61] und trug damit das Ihre

---

[60] D. POLLACK bezeichnet im Rückblick den „wirtschaftliche[n] Erfolg" als „das wichtigste
Mittel zur Kompensation der fehlenden politischen Legitimation" (DERS., Religion und gesellschaftlicher Wandel. Zur Rolle der Kirche im gesellschaftlichen Umbruch, in: Übergänge
6/1990, 236–243, 236).

[61] Die Partei scheute sich nun nicht mehr, die Kirche als politischen Stabilitätsfaktor zu instrumentalisieren. Indem die offizielle Politsprache diesen erstaunlichen Vorgang als „großes historisches Experiment" (so Staatssekretär K. GYSI, Dok 1981/3) und als „Lernprozeß" (O. REIN-
HOLD, Dok 1987/1) bezeichnete, unterschlug sie freilich die Ironie, die darin besteht, daß der sozialistische Staat nun eine Instrumentalisierung der Kirche anstrebte, die, als vom „Klassenfeind"
intendierte, einst den Hauptgrund und -inhalt marxistischer Religionskritik dargestellt hatte.
Vgl. dazu die hellsichtige Analyse des damaligen Naumburger Studentenpfarrers E. RICHTER
(Chancen für Kirche und Staat. Die neue Kirchenpolitik der SED und die Marxsche Religionskritik, in: KiS 3/1983, 9–23; jetzt besser zugänglich in: DERS., Christentum und Demokratie in
Deutschland. Beiträge zur geistigen Vorbereitung der Wende in der DDR, 1991, 202–232): Der
von einer revolutionären Bewegung inzwischen in machtstaatliche Formen transformierte Sozialismus erinnerte sich an die Inhalte seiner einst mit Empörung vorgetragenen Religionskritik,
wonach die Religion der Herrschaftsverhältnisse stabilisiere. Gerne wollte man jetzt auch selber
in der Not von protestantischem Gouvernementalismus und protestantischer Arbeitsethik profi-
tieren, wenngleich dafür die Doktrin vom alsbaldigen Verschwinden der Religion einem „Burgfrieden" zwischen Kirche und Staat geopfert werden mußte, genauer: einem labilen, von tagespo-
litischen Ereignissen abhängigen Verhältnis wechselseitiger Stabilisierung. Den Preis für die „vertrauensvolle Zusammenarbeit" war man gerne bereit zu zahlen: Die Partei gab dem kirchlichen
Drang nach gesellschaftlichem Freiraum willig nach, konnte sie doch dabei auf eine kirchliche
Identifikation und dadurch auch Kontrolle möglichst aller potentieller gesellschaftlicher Freiräume zählen, was ihrem Ziel, die aufgrund gesellschaftlicher Differenzierungsprozesse neu entstandenen pluralistischen Tendenzen zu hemmen und unter zentraler Kontrolle zu halten, entgegen-
kam. Das Risiko dieser Form der Repression bestand in ihrer Indirektheit. Je umfassender die Kirche nolens volens Aufgaben der gesellschaftlichen Integration wahrnahm, desto mehr hing das

zur Einebnung der real existierenden Differenz zwischen den ideologischen Lagern bei. An die politische Mobilisierung und Integration der Bevölkerung auf der Grundlage eines „sozialistischen Staatsbewußtseins" war angesichts dieses faktischen Zerfalls des ideologischen Profils nicht mehr zu denken. Die verlorengegangene identitätsstiftende Potenz der Ideologie versuchte die Partei vielmehr durch einen spektakulären Rückgriff auf das Erbe ehemals verfemter deutscher, genauer: reformatorischer und preußischer Traditionen zu kompensieren[62].

Zusammenfassend läßt sich also sagen: Die ideologische Orientierung der Sozial- und Wirtschaftspolitik war an ihrer Anpassungsunfähigkeit an die Erfordernisse einer modernen Industriegesellschaft gescheitert. Die geschichtsmetaphysisch genährte Illusion, allein die Schaffung sozialistischer Eigentumsformen führe mit Notwendigkeit einen gesellschaftlichen Zustand auf einem bislang unerreichten Niveau der sozialen, kulturellen und materiellen Qualität herbei, hatte zur Vernachlässigung der Entwicklung ideologieunabhängiger theoretischer Instrumente zur analytischen Wahrnehmung und Steuerung der politischen, sozialen und ökonomischen Wirklichkeit geführt[63]. Diese Entwicklung zog eine Identitätskrise der sozialistischen Gesellschaft nach sich. Das Scheitern des Versuchs, auf der Grundlage der marxistisch-leninistischen Ideologie eine sozialistische Identität der DDR-Gesellschaft zu schaffen, hat sowohl zu Sozialisations- als auch zu Legitimationsdefiziten geführt. Diese Defizite waren auf zweierlei Weise kompensiert worden, nämlich zum einen durch Modifikationen in der Legitimationsstruktur, die sich in einer staatlichen Neubewertung kultureller Traditionen und einer Neugestaltung des Staat-Kirche-Verhältnisses niederschlugen. Zum anderen aber durch stärker werdende Tendenzen zu einer Autonomisierung der Zivilreligion. In den „sozialisierenden Gruppen" wurden Bausteine einer neuen, autonomen Zivilreligion kreiert und artikuliert.

Stabilitätsinteresse der Partei an einer funktionierenden Steuerung und Kontrolle der Kirche. Dieses waghalsige Konstrukt brach im Winter 1987/88 zusammen, s. u. Kap. 3.3.3.2.1.

[62] Vgl. o. Kap. I.B/4.4.2.2. Diese Interpretation des sozialistischen Erberezeptionsprozesses stellt nicht die damalige kirchliche Mehrheitsmeinung bzw. die offizielle Position des Kirchenbundes in dieser Frage dar. Letztere dürfte eher in folgender Formulierung des damaligen Leiters des Sekretariats des Kirchenbundes, späteren provinzsächsischen Bischofs und schließlich letzten Vorsitzenden der KKL, CHRISTOPH DEMKE Ausdruck gefunden haben: „Die Wandlungen im Umgang mit dem geschichtlichen Erbe müssen zuerst nach marxistischem Selbstverständnis als ein Zeichen von gewachsenem Selbstbewußtsein und von Überlegenheit verstanden werden, weil damit die sozialistische Gesellschaft im Blick auf das Kulturerbe erst voll in ihre historische Mission eintritt. Dies wird überall dort verkannt, wo man diesen Wandel als Anzeichen von Schwäche und ideologischer Ratlosigkeit meint, diagnostizieren zu können. Solche Fehldiagnosen müssen dann auch Fehlreaktionen auslösen" (DERS., Umstrittenes Erbe. Zur Einordnung Martin Luthers in die „sozialistische Nationalkultur" der DDR, in: KiS 3/1981, 30–35, 33).

[63] Vgl. o. Kap. I.B/1.2.

2. Der Auftrag der „Kirche im Sozialismus"

2.1 Einleitung: Relevanz und Vollzug kirchlicher Auftragsbestimmung

Unter „Sozialismus" soll im Folgenden die in der DDR real gewesene, soeben beschriebene Prägung der Gesellschaft durch eine repressive Zivilreligion bezeichnet sein. Wie hat die Kirche ihren Auftrag innerhalb dieses Kontextes bestimmt? Beleuchten wir zunächst vorab Vorgang und Bedeutung kirchlicher Auftragsbestimmung etwas genauer.

Was die Kirche ist, der Kern ihres Selbstverständnisses, wird durch die kritische und programmatische Reflexion ihrer Praxis geklärt. Diese Reflexion wird unter unterschiedlichen, untereinander zusammenhängenden Fragestellungen betrieben. Dabei sind diese Fragestellungen selber ebenso notwendig[64] wie kontextunabhängig. Lediglich die Gewichtung der einzelnen Fragen gegeneinander sowie ihre Beantwortung erfolgen kontextrelativ.

Diese Fragen sind im einzelnen:

1. Die Frage nach dem Verhältnis von kirchlichem Auftrag und kirchlicher Identität. Damit ist zugleich auch die Frage nach dem Verhältnis der kirchlichen Praxis zu ihrer Identität gestellt. Ist ihre Identität durch einen „Auftrag" konstituiert, so stellt sich hinsichtlich kirchlichen Handelns die Frage nach dem Verhältnis von Auftrag und pragmatischen Erfordernissen. Thema ist dann die Spannung zwischen kirchlicher Identität und Aktualität.

2. Die Frage nach dem Subjekt der Auftragsbestimmung. Wer nimmt die Auftragsbestimmung der Kirche bzw. ihre Formulierung vor oder, realistischer formuliert, wer ist dabei aktiv und mitbestimmend beteiligt und wer nicht und warum bzw. warum nicht?

3. Die Frage nach der Abgrenzung des kirchlichen Auftrags. Wie verhält sich die kirchliche Praxis zur Praxis anderer gesellschaftlicher Handlungssysteme? Wie lauten die Kriterien zur Beurteilung bzw. Gestaltung dieser Verhältnisse?

4. Die Frage nach der Methodik der kirchlichen Auftragsbestimmung. Worin besteht der ihre Identität konstituierende und ihre Praxis steuernde Auftrag der Kirche? Wie kann sich die Kirche im Kontext ihrer jeweils aktuellen Situation ihres Auftrags vergewissern? Hier kann zwischen einer eher deduktiv und einer eher induktiv verfahrenden Methode der Auftragsbestimmung unterschieden werden.

5. Die Frage nach der Auftragsrichtung. Hier ist zu unterscheiden zwischen einem Auftrag nach innen und einem Auftrag nach außen.

6. Die Frage nach den Auftragsformen. Hier hat sich, nicht nur im Sprachgebrauch der Kirchen in der DDR, im Anschluß an die Terminologie der Barmer Theologischen Erklärung die Unterscheidung in Zeugnis und Dienst herausgebildet. Wie verhalten sich diese beiden Formen zueinander?

---

[64] d.h. alle diese Fragen stellen sich allen Kirchen zu allen Zeiten und werden faktisch auch stets, mehr oder weniger reflektiert, auf die eine oder andere Weise beantwortet.

7. Die Frage nach den Trägern des kirchlichen Auftrags. Auf welche Weise sind die einzelnen Auftragsformen bzw. Auftragsbereiche den einzelnen Elementen innerhalb der sozial und funktional differenzierten Struktur der Kirche zuzuordnen?
8. Die Frage nach der Auftragserfüllung. Gibt es Formen der Kontrolle kirchlicher Auftragserfüllung? Welche Folgen zieht eine schlecht, nur teilweise, einseitig oder gar nicht gelungene Erfüllung ihres Auftrags für die Kirche nach sich?

Wie hat die „Kirche im Sozialismus" diese Fragen unter den Bedingungen einer durch eine repressive Zivilreligion geprägten Gesellschaft beantwortet?

2.2 Zur aporetischen Existenz der Kirche in der sozialistischen Gesellschaft der DDR

Die Grundaporie kirchlicher Existenz in der sozialistischen Gesellschaft bestand darin, daß die Kirche
1. die Rechtmäßigkeit des Staates DDR sowie die Legitimität des politischen Systems „real existierender Sozialismus", d.h. also die vorfindlichen Herrschaftsstrukturen anerkannte, zugleich jedoch
2. deren Legitimation die Anerkennung verweigerte.

Diese Aporie hatte zwei Folgen:
1. Die Kirche verlor ein klares Bewußtsein hinsichtlich ihrer Identität;
2. Die Kirche verlor ein klares Bewußtsein hinsichtlich ihres Verhältnisses zum Staat.

Symptom dieses Sachverhaltes ist eine innerkirchliche Dauerreflexion ihrer Identität und speziell ihres Verhältnisses zum Staat, welche inhaltlich als Reflexion ihres Auftrags erscheint.

Es kann keinen Zweifel daran geben, daß für die Kirche in der DDR die „Machtfrage" geklärt war[65]. Die Kirche hat sich zu keiner Zeit als eine politische

---

[65] Dies ist der Sinn des „Kirche *nicht gegen* die so geprägte Gesellschaft" von Eisenach 1971. Die Anerkennung der politischen Machtverhältnisse in der DDR durch die Kirche bildete den Kern der in der Formel „Kirche im Sozialismus" ausgesprochenen „Ortsbestimmung". Als beispielhafte Zusammenfassung seien einige Äußerungen von Landesbischof W. KRUSCHE aus dem Jahre 1969 angeführt: „Überschaut man Weg und Verhalten der Kirche in diesen 20 Jahren, so wird man sagen dürfen, daß sie sich zu keinem Zeitpunkt als Kirche gegen den sozialistischen Staat, sondern immer als Kirche im sozialistischen Staat gewußt, daß sie sich also an Römer 13 gehalten hat" (Bericht vor der Synode der Kirchenprovinz Sachsen am 15. November 1969 in Halle, in: KJB 96, 1969, 167–172, 168). „Wenn die Kirche in bestimmten Fällen aus ihrer Bindung an Gottes Wort ein partielles Nein gesagt hat, so geschah dies immer unter dem Vorzeichen des grundsätzlichen Ja zum Staat und niemals in der Absicht, der DDR zu schaden" (a.a.O., 169). „Die Kirche hat bewußt Kirche in unserem Staat und nicht Kirche gegen unseren Staat sein wollen. Auch wo sie – nicht aus politischer Opposition, sondern im Gehorsam gegenüber dem sie unbedingt bindenden Gebot Gottes – ein partielles Nein gesagt hat, geschah dies immer unter dem Vorzeichen des grundsätzlichen Ja" (Zwanzig Jahre evangelische Kirche im sozialistischen Staat, in: ZdZ 23, 1969, 361 f., 362). Die Unantastbarkeit der Machtfrage war später zu einem wesentlichen Bestandteil des „Burgfriedens" (s. u. Kap. 2.4.3) geworden, wie eine Äußerung der Greifswalder Landessynode von 1980 belegt: „Wo bei dem Staat und der Partei die Sorge aufkommt,

Opposition im Staate verstehen oder instrumentalisieren lassen wollen. An diesem Grundsatz haben auch die kirchlichen Kritiker der sozialistischen Gesellschaft festgehalten[66].

Die Anerkennung der vorfindlichen *Machtverhältnisse* implizierte jedoch die Anerkennung der Legitimität des politischen Systems der DDR, welche in umfassender Weise das Staats-, Rechts- und Politikverständnis der SED in sich schloß. Sie bestand im einzelnen in der Anerkennung

– der verfassungsmäßig festgeschriebenen Führungsrolle der SED,
– der damit verbundenen Tatsache des grundsätzlichen Ausschlusses einer politischen Opposition,
– des programmatischen Fehlens jeder Form von Gewaltenteilung, insbesondere das Fehlen einer unabhängigen Iudikative sowie
– des poietischen Politikverständnisses der SED, wonach die sozialistische Politik im Erreichen bestimmter *Ziele* besteht. Dieser Gesichtspunkt schließt die vorangehend genannten in sich und begründet sie zugleich. Mit dem poietischen Politikverständnis ist verbunden, daß *alle* gesellschaftspolitischen Fragen unter dem Gesichtspunkt beurteilt werden[67], ob sie dem Erreichen der diese Politik konstituierenden Ziele hinderlich oder förderlich sind. Diesem Kriterium unterliegen dann nicht nur alle kurz- und langfristigen politischen Entscheidungen, sondern vor allem auch die Fragen der strukturellen Gestaltung der Gesellschaft, also insbesondere Organisation, Selbstverständnis und Funktion von Institutionen aller gesellschaftlichen Interaktionsbereiche wie Politik, Recht, Wirtschaft, Wissenschaft, Öffentlichkeit, Religion, Sport etc.

Damit kann der oben genannte „grundsätzliche Ausschluß einer politischen Opposition" präzisiert werden als die Unmöglichkeit freier Meinungsbildung und -äußerung über

– die Mittel und Wege, die gesellschaftlichen Ziele zu erreichen,
– das Verhältnis von Formulierung und Realisierung der gesellschaftlichen Ziele,
– die Bestimmung und Formulierung der Ziele selbst sowie
– die teleologische bzw. poietische Struktur der Politik überhaupt.

Das durch diese Grundsätze charakterisierte politische System „real existierender Sozialismus" war nicht demokratisch, sondern ideologisch (genauer, wie wir gesehen haben: repressiv-zivilreligiös) legitimiert. Das heißt:

---

daß durch Anliegen der Kirche die Machtfrage innerhalb unserer Gesellschaft berührt sein könnte, ist der Staat offenbar nicht mehr zum Gespräch mit der Kirche bereit" (zit. n. P. WENSIERSKI, Thesen zur Rolle der Kirche in der DDR. Eine Bestandsaufnahme, in: KiS 5/1981, 21–30, 29). Der damalige Leiter des Kirchenbund-Sekretariats, M. STOLPE, unterstrich in einer Gastvorlesung an der Theologischen Sektion der Humboldt-Universität am 9.12. 1981: „Die evangelischen Kirchen haben die sozialistischen Produktionsverhältnisse akzeptiert und betrachten die politische Machtfrage als entschieden (Albrecht Schönherr)" (DERS., Anmerkungen zum Weg der Evangelischen Landeskirchen in der Deutschen Demokratischen Republik, in: epd-Dok 8/1982, 27–36, 34).

[66] Vgl. etwa H.-J. FRÄNKEL, Was haben wir aus dem Kirchenkampf gelernt? Vortrag am 8. November 1973 in der Annenkirche zu Dresden, in: KJB 100, 1973, 161–167, 162f.

[67] bzw. die Rechtmäßigkeit ihrer Beurteilung dadurch legitimiert wird

– Der alleinige Führungsanspruch der Partei wurde durch den Ursprungsmythos[68] der Zivilreligion begründet. Die von Marx und Engels fixierte und als endgültig wahre Wirklichkeitsdeutung feststehende Lehre war demnach *allein* von Lenin verstanden worden. Folgerichtig hatte die unter dessen Leitung stehende kommunistische Partei eine *richtige* Politik verfolgt, die zur (darum auch *richtigen*) sozialistischen Revolution und zur Gründung des kommunistischen Staates (als darum *bester* aller Staatsformen) geführt hat. Die sozialistische Partei steht *als einzige* politische Kraft in dieser Tradition der allein gültigen Interpretation der endgültig wahren Deutung der Wirklichkeit durch Marx und Engels.

– Die gesellschaftlichen Ziele sowie die politischen Mittel, sie zu erreichen, dürfen daher nur und ausschließlich von der Partei formuliert werden. Die Wahrheit der von Marx und Engels gelehrten Wirklichkeitsdeutung sowie die exklusive Richtigkeit und Gültigkeit ihrer Interpretation durch die Partei gewährleisten so eine „richtige" Politik und, als deren Ergebnis, das endliche Erreichen eines optimalen Gesellschaftszustandes.

Diese Legitimationsstruktur ist in sich unanfechtbar, da sie wirksame Selbstimmunisierungsmechanismen enthält. Für eine kritische Überprüfung der Wahrheit der sozialistischen Lehre und der Gültigkeit ihrer Interpretation durch die Partei fehlen die Kriterien, da nach ihrer internen Logik die Lehre bzw. ihre Interpretation das einzige Kriterium ihrer selbst darstellt[69]. Notwendige Bedingung der Möglichkeit einer kritischen, und das heißt: mündigen Auseinandersetzung mit der Legitimation des real existierenden Sozialismus war darum deren Entmythologisierung.

Eine Kirche, die „*in* dieser so geprägten [nämlich sozialistischen] Gesellschaft, nicht *neben* ihr, nicht *gegen* sie"[70] ihrem Auftrag nachkommen und nachdenken wollte, war mit dem Problem konfrontiert, daß diese Prägung auf einem Wirklichkeitsverständnis mit dem Anspruch universaler *und* exklusiver Wahrheit und Gültigkeit beruhte, der christliche Glaube aber, dessen Vollzug in allen seinen Gestalten zu ermöglichen und zu fördern der Auftrag der Kirche (als der sozialen Gestalt dieses Glaubens) ist, seinerseits ein Wirklichkeitsverständnis mit dem Anspruch universaler, *nicht jedoch* exklusiver Geltung darstellt.

---

[68] Die Urgestalt dieses Ursprungsmythos bildet die im Herbst 1938 in der UdSSR erschienene und angeblich von STALIN verfaßte „Geschichte der KPdSU" (vgl. J. THROWER, a.a.O., 165f.; W. LEONHARD, Die Revolution entlässt ihre Kinder, [5]1992, 71.85f.), die nach STALINs Tod zurückgezogen und durch andere, politisch aktualisierte Varianten formal mythischer Geschichtsdarstellungen ersetzt worden war.

[69] Dies bestätigt den mythischen Charakter der sozialistischen Zivilreligion. Denn vom Mythos gilt, daß „das Zurücktreten des Subjekts eine Notwendigkeit sozusagen methodologischer Ordnung darstellt: es gehorcht dem Drang, nichts von dem Mythos anders als durch den Mythos zu erklären und folglich die willkürliche Perspektive auszuschließen, die den Mythos von außen betrachtet und deshalb dazu neigt, äußere Ursachen für ihn zu finden. Man muß sich im Gegenteil von der Überzeugung leiten lassen, daß sich hinter jedem mythischen System als ausschlaggebende Faktoren, die es bestimmen, andere mythische Systeme abzeichnen" (C. LÉVI-STRAUSS, Mythologica IV/2, 1975, 735f.).

[70] Bundessynode in Eisenach 1971, Dok 1971/2.

Die Aporie der „Kirche im Sozialismus" war also in ihrer Pointe noch nicht in den Blick gekommen, wenn sie, wie in aller Regel geschehen, als „das Zusammenlebenmüssen unterschiedlicher Grundüberzeugungen" begriffen worden war[71]. Denn pluralistische Koexistenz als solche muß nicht notwendig aporetisch sein, wie die in neuester Zeit im Protestantismus geführte Pluralismusdebatte gezeigt hat. Entscheidend ist die Pluralismus*fähigkeit* der jeweils koexistierenden Religionen bzw. Weltanschauungen. So können unterschiedliche Wirklichkeitsdeutungen mit dem (ihnen als solchen notwendig eignenden) Anspruch universaler Wahrheit und verbindlicher Gültigkeit durchaus koexistieren, solange sie keine Exklusivität beanspruchen[72]. Genau dieser Exklusivitätsanspruch bildete jedoch das entscheidende, ihren repressiven Charakter begründende Merkmal der sozialistischen Zivilreligion sowohl in ihrer exklusiven wie in ihrer inklusiven Ausprägung. Der grundlegende Konflikt bestand also im Fehlen der Bedingungen für eine Koexistenz der „unterschiedlichen Grundüberzeugungen". Für die Kirche bedeutete das, daß sie im prinzipiellen Konflikt mit der Legitimation des von ihr *politisch* anerkannten Systems stand. Ihre Anerkennung der politischen Herrschaft erfolgte allein auf der Grundlage von deren Faktizität. Für den Staat bedeutete es, daß er von der Kirche zugleich gestützt und sabotiert wurde, indem diese einerseits seine Staatlichkeit anerkannte, ihn nach innen und außen loyal vertrat und auf die Rolle einer prinzipiellen politischen oder weltanschaulichen Opposition verzichtete, andererseits jedoch durch ihre bloße Existenz seine zivilreligiöse Legitimationsstruktur gefährdete.

2.3 Versuche, die Aporie aufzulösen

2.3.1 Das Konfrontationsmodell

Die eine mögliche Auflösung der Aporie, das Konfrontationsmodell, wurde in den fünfziger Jahren sowohl von staatlicher wie kirchlicher Seite favorisiert. Beide Seiten traten als weltanschauliche Hegemonialmächte gegeneinander an, wobei der Staat sein Vorgehen mit der Theorie des notwendigen Absterbens der Religion im Sozialismus sowohl motivierte als auch legitimierte. Die Kirche andererseits berief sich auf die „Säkularisierungsthese"[73], wonach der Verlust des christli-

---

[71] M. STOLPE, Kirche im Bewährungsfeld. Zum Auftrag evangelischer Kirchen in der DDR, in: KiS 13, 1987, 133–137, 135.

[72] Genau diese Struktur, nämlich die Gleichzeitigkeit von Partikularität und universalem Wahrheitsanspruch, sucht E. HERMS als das Charakteristikum der christlichen Gewißheit darzulegen, indem er sie auf die Struktur des diese Gewißheit konstituierenden und zugleich ihren Inhalt ausmachenden Handelns Gottes zurückführt. Die Unterscheidung von universalem Schöpferhandeln und partikularem Gnadenhandeln Gottes erlaube es, so HERMS, die Partikularität des Ursprungs und die Universalität des Inhalts der christlichen Gewißheit so zusammenzudenken, daß jene als ein Moment dieses Inhalts ausgesagt werden könne (vgl. DERS., Theologie und Politik, in: DERS., Gesellschaft gestalten. Beiträge zur evangelischen Sozialethik, Tübingen 1991, 95–124, bes. 109–117).

[73] Vgl. Kap I.B/4.

chen Glaubens als der „tragenden Mitte" des „Volkslebens" zu Verfall und endlichem Untergang einer Gesellschaft führen müsse, wofür die Geschichte des nationalsozialistischen Deutschland das deutlichste Beispiel darstelle[74].

Auf kirchlicher Seite hatte der Konfrontationskurs nicht nur die politische Entwicklung und damit pragmatische Gründe gegen sich. Denn die Konfrontationspolitik war sinnvoll nur im Zusammenhang der sogenannten „Überwinterungstaktik", der die Erwartung einer baldigen Wiedervereinigung Deutschlands zugrundelag. Eine auf unabsehbare Dauer angelegte Konfrontation mit dem Weltanschauungsstaat hätte für die christliche Bevölkerung eine Märtyrerexistenz bedeutet und konnte darum für eine Volkskirche auch aus seelsorgerlichen Gründen keine mögliche Option sein. Hinzu kam das theologische Argument[75], daß das Konfrontationsmodell zu einer Verfälschung des Glaubens führe, da es seinem universalen Wahrheitsanspruch einen Exklusivitätsanspruch hinzufüge bzw. mit einem solchen verwechsle, was bedeuten würde, daß der Glaube im Zuge seiner (konfrontativen) Auseinandersetzung mit der Ideologie selber ideologische Züge annähme und so von vorneherein als Verlierer in dem Konflikt feststünde.

2.3.2 Konvergenzmodelle

Es fehlte jedoch auch nicht an Bemühungen, den Konflikt ganz zu vermeiden. Insgesamt vier Strategien lassen sich hier unterscheiden:

2.3.2.1 Die CDU

Die CDU hatte nach ihrer Gleichschaltung[76] die Funktion, den Kirchen und der christlichen Bevölkerung die Grundsätze der SED-Kirchenpolitik zu vermitteln[77]. Das Fundament der Parteiarbeit bildete die Überzeugung, daß die Christen

---

[74] Vgl. O. DIBELIUS, Die tragende Mitte (1947), Dok 1947/2.

[75] Erstmals und beispielhaft vorgetragen wurde dieses Argument von M. FISCHER, s. o. Kap. II.A/4.1.2.

[76] Die Gleichschaltung der CDU war seit 1948 in vollem Gange gewesen (vgl. G. WIRTH, Die Beteiligung der CDU an der Umgestaltung der DDR in den fünfziger Jahren, in: KZG 3, 1990, 125–151; CHR. V. DITFURTH, Blockflöten. Wie die CDU ihre realsozialistische Vergangenheit verdrängt, Köln 1991, 16–75). Zuvor hatte die CDU unter ihrem ersten Vorsitzenden J. KAISER einen „Sozialismus aus christlicher Verantwortung" angestrebt, der sich als „christlicher Sozialismus" gegenüber marxistischen Sozialismustheorien profilieren sollte (vgl. H. WEBER, Geschichte der DDR, ³1989, 136f.; M. ONNASCH, Die Situation der Kirchen in der sowjetischen Besatzungszone 1945–1949, in: KZG 2, 1989, 210–220, 218). Kaiser und sein Stellvertreter E. LEMMER waren am 20. 12. 1947 durch Befehl der SMAD abgesetzt worden, nachdem es die CDU-Führung abgelehnt hatte, sich an der Volkskongreßbewegung zu beteiligen. Dieses Datum markiert zugleich das Ende der Eigenständigkeit der Partei und den Beginn ihres Anpassungsprozesses (vgl. H. WEBER, a.a.O., 162f.). Auf dem 10. Parteitag 1960, der die Unterordnung unter die SED verbindlich in der Satzung der Partei verankerte, hatte der Integrationsprozeß der Partei in das politische System seinen Abschluß gefunden: „Die Mitglieder der CDU erkennen die Arbeiterklasse und ihre Partei als berufene Führerin unserer Nation an und setzen ihre ganze Kraft für die Stärkung und Festigung der DDR ein" (Dokumente der CDU, Bd. IV, Berlin/O. 1962, 130f.; zit. n. H. WEBER, a.a.O., 303).

[77] Die programmatischen Aussagen dazu finden sich in den Parteitagsbeschlüssen der Jahre 1956 (Dok 1956/2) und 1958 (vgl. H. WEBER, a.a.O., 302).

sich *aufgrund ihres Glaubens* notwendig für den Sozialismus entscheiden, sich zu ihm bekennen und an der Erreichung seiner Zielsetzungen mitarbeiten müßten[78]. Dieses „[a]us christlicher Verantwortung"[79] direkt ableitbare „staatsbürgerliche Bewußtsein" des „sozialistischen Bürgers christlichen Glaubens" motiviere demnach zur „gesellschaftlichen Mitarbeit". Dies gälte allerdings nur für die einzelnen Glaubenden. Die Kirche dagegen komme ihrer Aufgabe nach, indem sie solchen derart motivierenden Glauben der Menschen in der Gemeinde wecke und pflege. Inhaltliche politische Konkretionen dieses so gefaßten christlichen Glaubens zu lehren falle dagegen allein in den Zuständigkeitsbereich der sozialistischen Partei, wobei die Aufgabe der Kommunikation dieser inhaltlichen Fragen christlicher Weltverantwortung der CDU vorbehalten bleibe. Ihrer *eigenen* gesellschaftlichen Verantwortung *als Kirche* dagegen komme die Kirche dann in rechter Weise nach, wenn sie diese ausschließlich in nichtöffentlicher Weise wahrnehme, nämlich (so die offizielle Linie nach der staatlichen Anerkennung des Kirchenbundes) in Gestalt vertraulicher Spitzengespräche[80].

---

[78] Den ersten Versuch der Schaffung einer theologischen Begründung für die konfliktfreie Koexistenz im Sinne einer praktischen Konvergenz bei bleibender Behauptung der Unterschiedlichkeit der Weltanschauungen bildeten die 1951 proklamierten „Thesen des christlichen Realismus" (Dok 1951/1), in denen auf der Basis einer Vorbild-Christologie die Notwendigkeit eines „Bekenntnisses" zum Sozialismus „aus christlicher Verantwortung" deduziert wird. Bei allen kirchenpolitischen Aktualisierungen ist die CDU diesem Grunddogma treu geblieben. So bekräftigte der Parteitag 1956, daß die Mitarbeit am Aufbau des Sozialismus „den christlichen Grundsätzen" entspräche (Dok 1956/2). Vgl. dazu auch die Entschließung des 11. Parteitages 1964 (Dok 1964/1); die programmatische Ansprache des neugewählten Parteivorsitzenden G. GÖTTING auf der Hauptvorstandssitzung in Weimar am 4.5. 1966 (Dok 1966/2); DERS., Vorwort, in: DOHLE/ DROBISCH/HÜTTNER 1967, 21–27. In seinem Grundsatzreferat auf dem Erfurter Parteitag vom Oktober 1968 hatte GÖTTING (lt. einem in Westdeutschland erschienenen Bericht) die „staatsbürgerliche Verantwortung der Christen" damit begründet, „daß die sozialistische Ordnung der DDR ‚zutiefst' den Vorstellungen von einem Gemeinwesen entspricht, wie es von bewußten Christen ‚seit den Tagen der christlichen Urgemeinde immer wieder angestrebt worden ist, ohne je zuvor verwirklicht werden zu können'. Staatsbürgerliche Verantwortung […] kann deshalb dieser Theorie nach nur durch bewußte Identifizierung mit Zielsetzungen und Praxis des von der Partei der Arbeiterklasse geführten Staates und aus dieser Identifizierung entspringenden Mitarbeit realisiert werden." (Zwischen Volkskirche und Freiwilligkeitsgemeinde, in: EK 1, 1968, 619–623, 622). Auf dem 13. Parteitag am 12. 10. 1972 in Erfurt war dieser Gedanke von Politbüromitglied A. NORDEN in die Formel vom „sozialistischen Staatsbürger christlichen Glaubens" gebracht worden (Dok 1972/1. Der volle Wortlaut der Hauptreferate des Parteitags findet sich in: G. GÖTTING, „Mitarbeit sozialistischer Staatsbürger christlichen Glaubens", Berlin/O. 1973. Vgl. dazu auch R. HENKYS, Getrennt und doch nicht getrennt. Staat, Gesellschaft und Kirche in der DDR, in: EK 7, 1974, 264–267).
[79] Thesen des christlichen Realismus, KJB 78, 1951, 138–147, 146. Vgl. Dok 1951/1.
[80] Letzteres wurde innerhalb der CDU durch einen programmatischen Artikel von G. WIRTH in der NZ vom 2. 1. 1981 proklamiert (abgedr. in: epd-Dok 8/1981, 15; vgl. R. HENKYS, Irritationen, 1980, 62). Eine öffentliche Rolle der Kirche ist laut WIRTH nur dann zugelassen und sogar gefordert, wo es um Zustimmung zur und Stützung der DDR-Politik in der Ost-West-Auseinandersetzung geht. Vgl. dazu auch R. HENKYS, Evangelische Kirche, in: HELWIG/URBAN 1987, 45–90, 78.

2.3.2.2 Überkonfessionelle und überregionale innerkirchliche Gruppierungen

Die eben referierten Positionen, die von der CDU als politischer Partei vertreten worden waren, hatten auch in innerkirchlicher Perspektive Fürsprecher, nämlich „linke" kirchliche und theologische Gruppen und Einzelpersonen unterschiedlicher Tradition wie etwa den am 1.7. 1958 in Leipzig gegründeten „Bund evangelischer Pfarrer in der Deutschen Demokratischen Republik" (BEP)[81]. Dieser Pfarrerbund, „dem eine eigene Zeitschrift zur Verfügung stand und der in jeder Weise finanziell und publizistisch gefördert wurde"[82], sollte als innerkirchlich verlängerter Arm der CDU fungieren, die sich selber ja als politische Partei offiziell nicht in Kirchenangelegenheiten einmischen durfte. Das kirchenpolitische Ziel war es, durch den BEP, zu dessen Mitgliedern Gertard Bassarak, Hans Moritz, Herbert Trebs und, als Ehrenmitglied, Moritz Mitzenheim zählten, die Kirche nach innen zu zersetzen[83] und nach außen zu repräsentieren. Seine theologische Programmatik, die der BEP 1962 in einem Papier zusammengefaßt und veröffentlicht hatte[84], konnte sich jedoch in den Kirchen der DDR nie nennenswerten Einfluß verschaffen[85]. In der veränderten kirchenpolitischen Situation der siebziger Jahre war der Pfarrerbund nicht mehr zeitgemäß und wurde 1974 aufgelöst. Eine ähnliche innerkirchliche Gruppierung bildeten die in der Nationalen Front engagierten „fortschrittlichen Christen" sowie die auf Staats-, Bezirks- und Kreisebene wirkenden „Arbeitsgruppen ‚Christliche Kreise' der Nationalen Front".

In der Tradition des Pazifismus und der Bekennenden Kirche stand die 1958 in Prag gegründete Christliche Friedenskonferenz (CFK), die sich die Überwindung des „Eisernen Vorhangs" und den Widerstand gegen die atomare Aufrüstung zum Ziel gesetzt hatte. In den sechziger Jahren sah sich die CFK westlichen Vorwürfen einer einseitigen Orientierung an den Interessen sowjetischer Machtpolitik ausgesetzt[86].

---

[81] Das CDU-Organ „Neue Zeit" kommentierte die Gründung in seiner Ausgabe vom 6.7. 1958 so: „Sie bejahen diesen Staat nicht nur als Obrigkeit, sondern sagen ja auch zu seinem politischen und sozialen Inhalt und sind bereit, auf ihre Weise am Aufbau des Sozialismus in der DDR mitzuarbeiten" (abgedr. in: KJB 85, 1958, 172).

[82] R. HENKYS, Kirche-Staat-Gesellschaft, in: DERS. 1982, 11–61, 17.

[83] Die offiziellen Formeln der internen politischen Semantik sprachen von einer „Differenzierungspolitik" (Dok 1968/11) in Form einer „differenzierten politisch-ideologischen Überzeugungs- und Erziehungsarbeit" (Dok 1970/8), die zu einem innerkirchlichen „Differenzierungsprozeß" führen sollte (Dok 1969/9; 1982/4).

[84] Christ und Kirche in der Deutschen Demokratischen Republik. Verlautbarung des Bundes evangelischer Pfarrer in der DDR, in: Evangelisches Pfarrerblatt, Heft 18, September 1962; abgedr. in: KJB 89, 1962, 222–237.

[85] Vgl. H. DÄHN, Konfrontation oder Kooperation?, Opladen 1982, 187–192.

[86] Vgl. J. SMOLIK, Die Haltung der Christlichen Friedenskonferenz zur „Deutschen Frage" Ende der 50er Jahre, in: KZG 3, 1990, 380–385, der darauf hinweist, daß der Vorwurf politischer Einseitigkeit auch von K. BARTH erhoben worden war (in einem Brief an HROMADKA, vgl. K. BARTH, Briefe 1961–1968, hg. v. J. FANGMEIER u. H. STOEVESANDT, Zürich 1975, 149–153). Seit dieser Zeit galt die CFK im Westen als „kommunistische[] Tarnorganisation, mit deren Hilfe die Regime im gesamten Ostblock die evangelische Christenheit zu infiltrieren suchten" (DER SPIEGEL 50/1991, 22. Vgl. H. N. SCHULTZ, Die eigene Geschichte geleugnet und dahingesiecht. Die Christliche Friedenskonferenz [CFK] versuchte, den Ost-West-Gegensatz zu überwinden. Nach 1968 entwickelte sie sich zur kommunistischen Tarnorganisation, in: DAS

Der Regionalausschuß der CFK in der DDR[87] galt als Zirkel ideologiekonformer christlicher Theologen und Laien[88].

Die Zustimmung des in der Tradition des Religiösen Sozialismus stehenden Lagers zur inklusiv-zivilreligiös bestimmten Strategie der SED-Religionspolitik folgte einer eigenständigen Begründung und erfordert daher eine gesonderte Darstellung. Herausragender Repräsentant des Religiösen Sozialismus in der DDR war der Leipziger Professor für christliche Ethik und Religionssoziologie Emil Fuchs[89]. Sein Gespräch mit Walter Ulbricht am 9. Februar 1961[90] wurde bis zur Anerkennung des Kirchenbundes im Jahr 1972 als epochales und die Gestalt des Staat-Kirche-Verhältnisses gültig repräsentierendes Ereignis bewertet. Auf der Grundlage einer eigentümlichen Verbindung von Geschichtstheologie und Lebensphilosophie[91] entwickelt Fuchs den Gedanken der notwendigen Realisierung

---

4/1992, 22). Diese Einschätzung wird durch die Selbstdarstellung der CFK bestätigt. G. BASSA-RAK faßte seinen Artikel über die CFK im „Theologischen Lexikon" von 1978 wie folgt zusammen: „Die kirchenhistorische Bedeutung der CFK besteht darin, daß es ihr zum erstenmal in der Geschichte der Christenheit gelang, die auf verschiedenste Kirchen und Denominationen verstreuten Friedenskräfte und -gruppen zu integrieren und – in der Epoche des weltweiten Klassenkampfes, charakterisiert durch den Übergang vom Kapitalismus zum Sozialismus – für den Kampf gegen den Imperialismus in allen seinen Erscheinungsformen zu mobilisieren" (DERS., Art.: Friedenskonferenz, Christliche [CFK], in: Theologisches Lexikon, 1978, 146–148, 148). Vgl. ferner D. URBAN, Von Anfang an in einer Krise. Gedanken zum 25-jährigen Bestehen der CFK, in: KiS 6/1983, 9–26; zur Situation der CFK nach dem Untergang der kommunistischen Gesellschaftssysteme vgl. L. v. ZOBELTITZ, Die christliche Friedenskonferenz am Scheideweg – Ende oder neuer Anfang?, in: JK 51, 1990, 147–150.
   [87] 1964/65 amtierte der spätere KKL-Vorsitzende A. SCHÖNHERR als Vorsitzender der Regionalkonferenz des CFK in der DDR. Im Dezember 1965 wurde er, der das Amt nur provisorisch übernommen hatte, von dem Rostocker Alttestamentler K.-H. BERNHARDT abgelöst. Sekretär des Regionalausschusses war C. ORDNUNG. Zuletzt war das Amt des Vorsitzenden von H. FINK, Prof. für Praktische Theologie an der Sektion Theologie der Humboldt-Universität Berlin, bekleidet worden.
   [88] Vgl. M. BEINTKER, Die Idee des Friedens als Waffe im Kalten Krieg, in: KZG 4, 1991, 249–259.
   [89] EMIL FUCHS, geb. am 13.5. 1874, war vor dem Kriege SPD-Mitglied und Leiter der Thüringer Gruppe der Religiösen Sozialisten. Nach 1945 war er zunächst Professor für Systematische Theologie in Frankfurt am Main, wo er am 5.1. 1947 zu den Mitbegründern der „Arbeitsgemeinschaft für Christentum und Sozialismus" gehörte. Ab 1950 lehrte er christliche Ethik und Religionssoziologie an der Universität Leipzig, wo er sich auch noch einmal intensiv theoretisch und autobiographisch mit dem Verhältnis von Christentum und Sozialismus beschäftigte („Marxismus und Christentum", Leipzig 1953; „Christliche und marxistische Ethik. Lebenshaltung und Lebensverantwortung der Christen im Zeitalter des werdenden Sozialismus", 2 Bde., Leipzig 1956 u. 1959; „Mein Leben", 2 Bde., Leipzig 1957 u. 1959). Zu seinem 85. Geburtstag am 13. Mai 1959 erhielt FUCHS den Vaterländischen Verdienstorden in Gold. Vgl. G. WIRTH, Neue Aspekte in der Fuchs-Rezeption, in: Stp 6/1986; K.-H. BANGARD, Reich Gottes und soziale Gerechtigkeit bei Emil Fuchs. Theorie und Praxis der religiösen Sozialisten im „werdenden Sozialismus" unter Berücksichtigung der Probleme des Verhältnisses von Staat und evangelischer Kirche in der DDR.
   [90] Das Gespräch findet sich dokumentiert in: KJB 88, 1961, 111ff.; HENKYS 1970, 55–65; DOHLE/DROBISCH/HÜTTNER 1967, 38–60.
   [91] Sie war in den zwanziger Jahren in einer Situation der drohenden Aufspaltung der religiössozialistischen Bewegung in einen gesinnungsethisch und einen geschichtstheologisch orientierten Flügel als Vermittlungsversuch entwickelt worden (vgl. R. BREIPOHL, Religiöser Sozialismus und bürgerliches Geschichtsbewußtsein zur Zeit der Weimarer Republik, 1971). Für FUCHS er-

des Glaubens als Kampf für den Sozialismus[92]. Ausgangspunkt ist dabei die Bestimmung des Gebotes der Nächstenliebe als Zentrum des christlichen Glaubens[93]. Da Fuchs in der sozialistischen Gesellschaftsordnung den christlichen Gedanken der Nächstenliebe verwirklicht sieht (weil sie nicht auf dem Prinzip der Konkurrenz aufbaut), können die gesellschaftlichen Konsequenzen des christlichen Glaubens, „nämlich der Einsatz für Frieden und wahre Menschlichkeit", „heute in Deutschland ohne Verkürzung nur auf dem Boden der DDR verwirklicht werden."[94] Dies führt Fuchs direkt zu folgender Formulierung, die seine politische Theologie für die Kirche in der DDR zusammenfaßt:

„Gewiß, es gibt Unterschiede zwischen der Weltanschauung des Marxisten und dem Glauben des Christen, es gibt sogar sehr tiefgehende Unterschiede, die wir nicht vertuschen wollen. Aber diese weltanschaulichen Unterschiede sind für uns kein Hindernis für die feste Gemeinsamkeit aller der Kräfte, die in echter Verantwortung für des Menschen wahres Wohl wirken wollen."[95]

---

füllt sich der Sinn des Lebens in der Hingabe an den großen Zusammenhang der Geschichte bzw. des Lebens. Die persönlichen Kontingenzerfahrungen werden durch die Gewißheit der Zugehörigkeit zu einem großen sinnvollen Gesamtleben überwunden („Dein Schicksal ist ja nicht das Wesentliche, sondern das Geschehen des Großen, des Heiligen" [E. Fuchs, Predigten eines religiösen Sozialisten, Gotha 1928, 102f.; zit. n. R. Breipohl, a.a.O., 110]). Jede historische Entwicklung wird darum bejaht und kann zum Medium der Offenbarung Gottes werden, denn Gott ist der „Lenker der Weltenschicksale" (E. Fuchs, Mein Leben, Bd. 2, 1959, 104; zit. n. R. Breipohl, a.a.O., 112), der sich in der Geschichte dem Menschen vernehmbar macht. Insofern wird die Geschichte selbst als „handelnde Macht, die Heil verbürgt" (R. Breipohl, a.a.O., 111) angesehen. Die Vermittlung zwischen Geschichtstheologie und Gesinnungsethik erfolgt in der Verbindung der Kategorien „Ruf Gottes" und „Gewissen" bei der Beurteilung historischer Prozesse. Der Begriff „Ruf Gottes" drückt die Dringlichkeit einer Sache und die existentielle Betroffenheit des Menschen durch sie aus, der des „Gewissens" die Entscheidung über die inhaltliche Aufgabe, die das Gerufensein dem Menschen zuweist. In Fuchs' Geschichtsdeutung interessiert also nicht die Frage langfristiger Entwicklungen und Ziele der Geschichte, sondern „nur der kleine Ausschnitt der den Menschen im Ruf Gottes jeweils konkret gedeuteten Geschichte und das daraus sich ergebende Handeln des Menschen" (R. Breipohl, a.a.O., 112). Das Gewissen als solches, d.h. ohne Bezug auf den „Ruf Gottes", ist inhaltlich nicht festgelegt. Als den „Ruf Gottes" seiner Gegenwart identifiziert Fuchs das „Elend" des „notleidenden Proletariats" (A.a.O., 115). Als existentielles Betroffensein des Menschen entspricht ihm „die im Bereich subjektiven Wollens liegende, vom einzelnen Menschen zu leistende ‚sozialistische Lebensgestaltung'" (A.a.O., 116). In diesem Zusammenhang wird die „Sünde des Menschen [...] offenbar in der Mutlosigkeit, die die Aufgabe der Menschheit verleugnet, der Glaube in dem Willen und dem Bewußtsein, trotz allem zur Arbeit an der Gestaltung des Lebens gezwungen zu sein" (ebd.). Die Gnade macht den Menschen für die an ihn im „Ruf Gottes" ergehenden Aufgaben bereit.

[92] „Unser Gewissen, die gesellschaftlichen Konsequenzen unseres christlichen Glaubens, unser unerbittlicher Wille, für die Wahrheit einzutreten, zwingen uns, für den Frieden und für die soziale Gerechtigkeit, für den Sozialismus zu kämpfen. Die Programmatische Erklärung des Staatsrates zeigt den Weg, auf dem dieser Kampf erfolgreich und im Interesse unseres ganzen Volkes geführt werden kann" (E. Fuchs am 9.2. 1961, zit. n. Dohle/Drobisch/Hüttner 1967, 42f.).

[93] Dictum probans ist 1.Joh 4,20, das bei Fuchs gewissermaßen als hermeneutischer Schlüssel zur Schrift fungiert (vgl. a.a.O., 40.54).

[94] A.a.O., 41.

[95] A.a.O., 42. Zu welchen theologischen Verirrungen ein Verfolgen dieses Ansatzes führen kann, wenn zugleich der Auftrag der Kirche nicht nur als Dienst, sondern auch als Zeugnis begriffen wird, zeigt ein Votum des Eberswalder Superintendenten Falk, der sich damals in der Delegation Fuchs' befand. Nach dessen Hauptreferat äußerte jener in einem Statement: „Der Christ ist

Hier finden sich die beiden wichtigsten formalen Elemente der realsozialistischen inklusiven Zivilreligion in einer exemplarischen Formulierung verbunden:
- Die pauschale Behauptung „weltanschaulicher Unterschiede" unter programmatischem Verzicht auf deren Benennung[96] und
- die inhaltlich leere, jedoch zum Bekenntnis zu ihr zwingende Formulierung des gesellschaftlichen Konsenses.

2.3.2.3 Der „Thüringer Weg"

Eine weitere Strategie des konfliktfreien Umgangs mit der Grundaporie kirchlicher Existenz in der sozialistischen Gesellschaft der DDR war der von dem Thüringer Landesbischof Moritz Mitzenheim[97] geprägte, auf lutherischer Tradition aufbauende „Thüringer Weg"[98] der Evang.-Luth. Kirche in Thüringen.

Der „Thüringer Weg" gründete auf einer neulutherisch geprägten, auf einen Interessenausgleich von Staat und Kirche bei klarer Unterscheidung ihrer Funktionen hinauslaufenden Zweireichelehre. Danach sind sowohl der Staat als auch die Kirche funktional auf „das Volk" bezogen. Ihre jeweils spezifischen Funktionen müssen streng voneinander getrennt und zugleich in konstruktiver Weise aufeinander bezogen werden. Das bedeutet:

1. die Kirche weiß sich jedem Staat in Respekt und Loyalität verpflichtet, der
- seine staatlichen Funktionen erfüllt[99] sowie

Zeuge. Was Zeuge sein heißt, das wissen wir ja alle. Das heißt auch, wir sind für die Deutsche Demokratische Republik Zeuge […]. Ich bin froh, sagen zu können, daß ich das stets mit einer besonderen Freude getan habe, da ja des Positiven genug ist, das wir sagen dürfen. […] Es ist überzeugten Christen ein großes Anliegen, in ihrem Zeugnis wahr zu sein und das Gute, Positive, das wir miterleben dürfen, kundzutun" (a.a.O., 59.).

[96] W. ULBRICHT sprach in seiner Antwort auf FUCHS von „philosophischen Meinungsverschiedenheiten" und „wissenschaftliche[m] Meinungsstreit" (a.a.O., 53).

[97] MORITZ MITZENHEIM war 1891 in Hildburghausen als Sohn eines Seminarlehrers und Kantors geboren worden. Er studierte Theologie in Leipzig, Heidelberg, Berlin und Jena. Von 1914 an war er im kirchlichen Dienst und bekleidete zunächst Pfarrstellen in Saalfeld und Eisenach. Während des Kirchenkampfes war er in Eisenach Sprecher der Lutherischen Bekenntnisgemeinschaft gegenüber der deutsch-christlichen Kirchenbehörde. 1945 wurde er vom Thüringer Landeskirchenrat zum Landesbischof bestellt, ein Amt, das er bis 1970 ausfüllte. Seit 1954 war er stellvertretender Vorsitzender der Ostkirchenkonferenz, seit 1955 Mitglied des Rates der EKD, ferner Ehrenmitglied im BEP und Mitarbeit in den Gremien der CFK in Prag. 1961 Verleihung des Vaterländischen Verdienstordens in Gold, 1966 Stern der Völkerfreundschaft in Silber. In den fünfziger Jahren hat MITZENHEIM das Verhältnis von Staat und Kirche prägend mitgestaltet. Er war einer der wichtigsten kirchlichen Wortführer bei den Staat-Kirche-Gesprächen vom 10. Juni 1953 und 10. Februar 1956, v.a. aber bei der Entstehung des Staat-Kirche-Kommuniqués vom 21. Juli 1958. In den sechziger Jahren avancierte MITZENHEIM zum einflußreichsten Vertreter der Kirche bei Staat und Partei, was er bei der Diskussion um die neue Verfassung von 1968 geschickt zu nutzen wußte. Innerhalb der Kirche hatte er sich mit seinem „Thüringer Sonderweg" freilich isoliert.

[98] Die Formel „Thüringer Weg" wurde in der parteiinternen Semantik der Formel „Kirche im Sozialismus" als inhaltlich präziser vorgezogen (vgl. Dok 1970/8; 1977/8; 1981/4). In den siebziger Jahren, als Mitzenheims Nachfolger im Thüringer Landeskirchenamt BRAECKLEIN dessen Linie noch fortführte, galt der „Thüringer Weg" als exemplarisches Modell für das gewünschte Verständnis von „Kirche im Sozialismus" (vgl. Dok 1971/4; 1973/6; 1975/1).

[99] „Wir Christen erkennen in jeder Ordnung, die das Miteinander der Menschen formt und

– die Erfüllung der kirchlichen Funktionen nicht behindert[100] und die Glaubens-
und Gewissensfreiheit der Einzelnen unangetastet läßt[101].

Das heißt, die Funktionsbereiche von Staat und Kirche müssen streng getrennt
bleiben. Die Kirche nimmt demnach keinen Einfluß auf die Gestaltung des öffentlichen Lebens, der über die Frage der Gewährleistung der beiden genannten Punkte
hinausgeht[102]. Der Staat wiederum tastet die Freiheit der Kirche nicht an, ihren
Auftrag, nämlich „[a]ls Kirche im Volk und fürs Volk [...] zu jeder Zeit und in jede
Ordnung hinein das Wort von Gottes Gericht und Gnade zu sagen und die Menschen auf ihre Menschlichkeit anzusprechen"[103], auszuführen.

2. Die Funktionen von Kirche und Staat sind in konstruktiver Weise aufeinander zu beziehen, denn:

– die Kirche braucht „manchmal bei bestimmten äußeren Dingen die Hilfe des
Staates"[104].

– Der Staat kann die von ihm angestrebten Ziele nicht allein durch seine eigenen,
ihm zur Verfügung stehenden Mittel erreichen, er braucht dabei die Assistenz
der Kirche[105].

---

dem Chaos wehrt, Gottes gnädige, bewahrende Güte, für die wir den Dank in täglicher, treuer
Pflichterfüllung gegenüber der Forderung des Tages erstatten" (Dok 1959/2).

[100] Vgl. Dok 1961/1.

[101] 1968 unternahm MITZENHEIM eine erfolgreiche Initiative zur Änderung des Entwurfs der
neuen Verfassung im Sinne der „ausdrückliche[n] Festschreibung der Glaubens- und Gewissensfreiheit und [der] Ergänzung des weltanschaulichen durch das religiöse Gleichheitsrecht" (F. EH-
LERT, „Suchet der Stadt Bestes!" Bischof Mitzenheims Bemühungen um Einvernehmen mit dem
Staat, in: KiS 14, 1988, 97–101, 99; vgl. HENKYS 1970, 115–117).

[102] Hier schließt MITZENHEIM direkt an die Traditionslinie des lutherischen Flügels der Bekennenden Kirche an. So hatte etwa H. ASMUSSEN in seinen „Grundsätzliche[n] Erwägungen zur
Volkskirche" aus dem Jahre 1935 geschrieben: „Wir haben – sonderlich im Dritten Reich – als
Kirche grundsätzlich auf den Willen zu verzichten, das Volk gestalten zu wollen. [...] Es geht uns
als Kirche gar nichts an, was dabei herauskommt, wenn wir das Volk dem Staat und der ihn tragenden Bewegung überlassen. Der uns gebotene Gehorsam verbietet uns, das Volk anders zu wollen,
als Staat und Partei es wollen. [...] In diesem Gehorsam muß dem Staat gegeben werden, was des
Staates ist, und der Kirche, was der Kirche ist [...]. Sie müssen also aus den ihnen geltenden Ordnungen und den ihnen zur Verfügung stehenden Kräften beide das Ihre bauen, und die Kirche
muß den Mut haben, das, was bei der Arbeit des Staates herauskommt, entgegenzunehmen.
Wenn sie dazu den Mut hat, dann wird ihr zu seiner Zeit gegeben, was ihr not ist. Welche Gestalt
also die Kirche weiterhin haben wird, kann sie getrost Gott überlassen, wenn sie wirklich wagt,
Gott gehorsam zu sein und auf die Dinge zu verzichten, sie sie nichts angehen. [...] Die Frage der
Volkskirche ist im gegenwärtigen Augenblick eine Frage an die Kirche, ob sie den Mut hat, Kir-
che zu sein" (in: JK 3, 1935, 288–294, 291f.). Vgl. auch H. ASMUSSEN, Politik und Christentum,
Hamburg 1933; dazu: K. SCHOLDER, Die Kirchen und das Dritte Reich. Bd. 1, 1986, 235f.

[103] Dok 1961/1.

[104] Dok 1964/2.

[105] Der Gedanke von der normativen Indoktrination der Bevölkerung durch die Kirche im Interesse der Stabilisierung der politischen Herrschaft wird von MITZENHEIM sehr direkt formuliert:
„Wenn der Kirche dazu der notwendige Raum vom Staat belassen wird und wenn die Kirche ihren Dienst recht ausrichtet, so werden die Früchte des Glaubens, als da sind: gewissenhafte Pflichterfüllung, stete Hilfsbereitschaft, dienende Liebe, auch dem Volksleben und letztlich dem Staate
zugute kommen" (Dok 1961/1). „Wir sind selber auch bereit – und wir tun es –, in Dingen zu
dienen, die durch Gesetz und Macht nicht geregelt werden können. Man kann sie befehlen, aber
das wäre zwecklos. Es muß eine innere Bereitschaft da sein. Wir wollen durch unser Dienen helfen, daß diese inneren Voraussetzungen geschaffen werden" (Dok 1964/2). Ähnlich in einem an-

Die Problematik kirchlicher Existenz im Sozialismus wird hier, wie bei Emil Fuchs, auf einen nicht näher bezeichneten Weltanschauungspluralismus reduziert. Anders als bei Fuchs liegt jedoch die Motivation für die Konfliktvermeidung hier in einer pragmatisch-volkskirchlichen Interessenpolitik. Die Perspektive dieser Verhältnis- und Auftragsbestimmung von Kirche und Staat ist dabei noch ganz von der Vorstellung der Dyarchie zweier gesellschaftlicher Hoheitsmächte geprägt, also zweier Institutionen, die – im Bild gesprochen – der Gesellschaft gegenüberstehen und sich in ihrer reflexiven Auftragsbestimmung autonom selbst zu der Gesellschaft und zu dem jeweils anderen Dyarchen in eine Beziehung setzen. Bei Mitzenheim führt dieser theoretische Rahmen zu einer perspektivisch ekklesiozentrischen Methode der Verhältnisbestimmung von Kirche zu Gesellschaft und Staat: die Gesellschaft tritt als Adressat der kirchlichen Botschaft und als Objekt kirchlichen Handelns, der Staat als Garant der dafür notwendigen Rahmenbedingungen in den Blick. Die Gestaltung der Beziehung der Kirche zum Staat DDR wird bei Mitzenheim also nicht durch das Prinzip des theoretischen Konfliktes, sondern durch das des praktischen Interessenausgleichs gesteuert.

Das Modell des Thüringer Weges steht und fällt mit seinen gesellschaftstheoretischen Voraussetzungen. Diese basieren auf der Unterscheidung zwischen „der Gesellschaft" als einer diffus homogen gedachten Sphäre teilweise konfligierender Individualinteressen einerseits und den beiden Hoheitsmächten Staat und Kirche als Garanten des Allgemeinwohles. Die primäre Struktur der Gesellschaft besteht also in einer stratifikatorischen Differenzierung. Damit trägt dieses Modell dem für die westlichen Gesellschaften typischen neuzeitlichen Übergang von der primär stratifikatorischen zur primär funktionalen Differenzierung der Gesellschaft nicht hinreichend Rechnung. Die Folge ist ein Defizit an wirklichkeitserschließender Potenz der Theorie, die sich früher oder später als Fehler bei der durch sie gesteuerten Praxis auswirken muß. Daß dies in diesem Fall relativ spät der Fall war, ist v.a. dem Umstand zu verdanken, daß die analytische Schwäche des Dyarchiemodells durch seinen vorübergehenden Plausibilitätsschub aufgrund der sozialpsychologisch bedingten außerordentlich hohen gesellschaftlichen Relevanz der Kirchen im Nachkriegsdeutschland zunächst wirkungsvoll verschleiert worden ist. Seit den siebziger Jahren hat jedoch hier ein Bewußtseinswandel in Form einer Transformation der Perspektive eingesetzt. Die Kirche vermag nun nicht mehr als *Gegenüber* der Gesellschaft gesehen, sondern muß als eines ihrer *Teile* begriffen werden.

Doch liegt darin nicht das Hauptunterscheidungsmerkmal zwischen den beiden Konzepten „Thüringer Weg" und „Kirche im Sozialismus". Dieses besteht vielmehr in einer unterschiedlichen Fassung des kirchlichen Auftrages. Der „Thüringer Weg" deduzierte den Auftrag der Kirche aus ihrer in CA VII formulierten funktionalen Definition. Die kirchliche Perspektive ihrer Umwelt folgte dann der Leit-

---

deren Kontext, nämlich dem des funktional differenzierten freiheitlichen Rechtsstaats der Bundesrepublik Deutschland: E. HERMS, Ist Religion noch gefragt? Das religiöse Fundament des staatsbürgerlichen Handelns (1985), in: DERS. 1990, 25–48, v.a. 35f. Vgl. dazu auch R. MAYNTZ, Soziologie der Organisation (1963) ⁶1972, 99.

unterscheidung, inwiefern einzelne Phänomene oder Ereignisse innerhalb der Umwelt die Erfüllung dieses Auftrags und damit die Stabilisierung kirchlicher Identität fördern oder behindern. Dagegen repräsentiert das Konzept der „Kirche im Sozialismus" die Tendenz zu einer inhaltlichen Orientierung kirchlicher Auftragsbestimmung. Die kirchliche Perspektive auf ihre Umwelt orientiert sich dann an der Leitunterscheidung, inwiefern einzelne Phänomene oder Ereignisse innerhalb der Umwelt diesen Inhalten entsprechen oder nicht. Die Pointe dieser Differenz in der programmatischen Orientierung besteht darin, daß aus Sicht der „Kirche im Sozialismus" durchaus der Fall denkbar ist, daß es Phänomene oder Ereignisse innerhalb oder außerhalb der Kirche gibt, die einerseits die kirchliche Identität destabilisieren, andererseits aber aus der Perspektive des Evangeliums gesehen ein positives kirchliches Engagement erfordern. Im Konzept des „Thüringer Weges" ist dieser Fall unmöglich. In der programmatischen ekklesiologischen Terminologie wurde die Unterscheidung dieser beiden Modelle durch die Demission ekklesiozentrischen Denkens im Namen des Konzeptes einer „Kirche für andere" artikuliert.

2.3.2.4 Hanfried Müller

Zum Schluß noch ein Blick auf die Theologie, die an den theologischen Sektionen der staatlichen Universitäten betrieben worden war[106]. Da der Staat hier sowohl die Besetzung der Lehrstühle wie die Gestaltung des Lehrplans[107] ohne Einfluß der Kirche vornahm, galten die Sektionen und die an ihnen beheimatete theologische Forschung und Lehre als politisch bevormundet und unfrei. Die dort entwickelten sozialethischen und ekklesiologischen Modelle wurden darum innerhalb der Kirche kaum rezipiert, ja oft nicht einmal richtig zur Kenntnis genommen[108] und erlangten kaum Einfluß auf die praktische kirchliche Handlungsorientierung, zumal auch die an den Sektionen Theologie Studierenden „durch ein solches Bombardement an Ideologie eher abgeschreckt" wurden[109].

---

[106] Zu den Sektionen und die an ihnen betriebene Theologie vgl. K. ALAND, Die Theologischen Fakultäten in der DDR, in: ZdZ 8, 1954, 106–110; R. HENKYS, Divergenz-Theologie, in: EK 3, 1970, 379f.; DERS., Bedingungen theologischer Arbeit in der DDR. Theologische Forschung und Lehre in der sozialistischen Gesellschaft, in: KiS 3/1975, 30–32; H. DRESSLER/C.-J. KALTENBORN (Hgg.), Junge Theologen im Sozialismus, Berlin 1979; R. STAWINSKI, Theologie in der DDR – DDR-Theologie?, in: HENKYS 1982, 86–125, 120–122; CHR. GESTRICH, Wissenschaftliche Theologie in Berlin. Selbstdarstellung der Sektion Theologie der Humboldt-Universität anläßlich des 175. Jahrestags des Bestehens der Berliner Universität, in: KiS 12, 1986, 74–79; R. BLÜHM, Überlegungen zum Theologiestudium auf dem Hintergrund der theologischen Ausbildung in der DDR, in: ThB 21, 1990, 285–300; F. SCHILLING/F. STENGEL, Die theologischen Sektionen im „real-existierenden" Sozialismus der DDR, in: KZG 5, 1992, 100–112; R. MAU, Bündnis mit der Macht? Die theologischen Fakultäten in den neuen Ländern, in: EK 25, 1992, 79–81.
[107] Obligatorischer Bestandteil des Universitätsstudiums war ein „gesellschaftswissenschaftliches Grundstudium", das die Grundlagen des Marxismus-Leninismus vermitteln sollte, sowie ein vierwöchiger militärischer Lehrgang.
[108] Vgl. W. KRÖTKE, Dietrich Bonhoeffer als „Theologe der DDR". Ein kritischer Rückblick, in: ZEE 37, 1993, 94–105, v.a. 96.100f.
[109] A.a.O., 101.

Einer der eigenständigsten, produktivsten und prominentesten Dozenten aus dem Bereich der Sektionen war der Berliner Systematiker Hanfried Müller[110]. Müllers Umgang mit dem Grundproblem kirchlicher bzw. christlicher Existenz in der sozialistischen Gesellschaft der DDR unterscheidet sich wesentlich von den bisher vorgestellten Konzepten. Obwohl ihn mit Mitzenheim die Betonung der sauberen Abgrenzung kirchlicher und staatlicher Aufgaben- und Handlungsbereiche vereinte, war er ein Gegner des „Thüringer Weges", da er Eigeninteresse als Kriterium kirchlichen Handelns ablehnte. Zugleich galt er als „grimmige[r] Opponent[] der Ost-CDU"[111], weil der von ihr und den ihr nahestehenden kirchlichen Kreisen gepflegten sozialethischen Begründungsfigur heftig widersprach[112]. Im Folgenden mache ich den Versuch einer systematischen Skizze seines Konzeptes einer politischen Ekklesiologie.

Die Grundlagen von Müllers Theologie bilden D. Bonhoeffers Konzept der „diesseitigen", religionslosen Welt[113] und eine starke Orientierung am frühen, „dialektischen" K. Barth sowie an der *theologia crucis* Luthers. Eine systematisch zentrale Stellung bildet Müllers existentialtheologischer Glaubensbegriff. Glaube ist für Müller kein Wirklichkeitsverständnis. Zwischen Glaube und Welterkenntnis gibt es keinen Zusammenhang[114]. Das bedeutet einerseits:

„Der Christusglaube ist keine Weltanschauung – weder eine religiöse noch eine nichtreligiöse."[115]

„Es geht um die Befreiung zu einer atheistischen, nichtreligiösen Weltanschauung."[116]

Denn andererseits gilt:

„Gerade aus Gottes Wort und Gnade, aus dem Evangelium kommt ja jene Freiheit, in Christus die Welt als Gottes alte und neue Schöpfung zu glauben, in der der Schöpfer und Erhalter unserer Anschauung verborgen, unserer Wissenschaft unfaßbar und unserer Welterkenntnis nicht zugänglich, sich von uns nur im Glauben und nicht im Wissen ergreifen lassen will."[117]

Positiv wird Glaube dagegen als Verzicht auf jede Art von Selbstbezogenheit gedacht[118].

---

[110] Vgl. Kap. II.B/1.2.4.1, Anm. 56.

[111] M. BEINTKER, Die Idee des Friedens als Waffe im Kalten Krieg, in: KZG 4, 1991, 249–259, 257.

[112] Anschaulich werden diese Differenzen etwa in den „Vier Positionen", die als Ergebnis der „Überlegungen" einer „privaten Arbeitsgruppe von Kirchenvertretern aus der Evangelischen Kirche in Berlin-Brandenburg" „zu Theorie und Praxis des Klassenkampfes als Herausforderung an den Christen in der DDR" zu Mitte der siebziger Jahre in der DDR kursierten. Im Westen wurden sie veröffentlicht in: epd-Dok 27/1974, 95–104.

[113] Vgl. H. MÜLLER, Von der Kirche zur Welt. Ein Beitrag zu der Beziehung des Wortes Gottes auf die societas in Dietrich Bonhoeffers theologischer Entwicklung, 1961.

[114] Vgl. M. SEILS, Die Gesprächsthemen der systematischen Theologie, in: ZdZ 20, 1966, 358–367.

[115] H. MÜLLER, Evangelische Dogmatik im Überblick, Bd. 1, ²1989, 257.

[116] DERS., Von der Kirche zur Welt, 1961, 403.

[117] Ebd.

[118] „'Ich glaube': das heißt, daß ich mich so auf Jesus Christus verlasse und in allem Tun und

Mit dieser strikten Trennung von Glaube und Weltverhältnis ist die Basis gelegt für Müllers mit Nachdruck vorgebrachtes Postulat, jede Art von religiös gewonnener Einsicht bzw. Handlungsorientierung als „Unglaube" zu identifizieren. Denn jeder Versuch einer *positiven* Verbindung materialer Glaubensinhalte mit Urteilsbildungen und Handlungen in der „Welt" muß als Akt religiöser Vereinnahmung, als Klerikalisierung der Welt entlarvt und zugunsten der vollen Anerkennung ihrer Diesseitigkeit und Religionslosigkeit zurückgewiesen werden.

Darum kann der christliche Glaube unmöglich als Motivation für ein bestimmtes ethisches Verhalten bzw. für eine bestimmte politische Entscheidung angesehen werden. Vielmehr orientiert sich das ethische Verhalten der Christen ebenso wie das aller nichtglaubenden Menschen an den – eben vernünftig und also nicht religiös zu beurteilenden – Handlungszielen. Dagegen verfällt es Müllers Verdikt des Klerikalismus, wenn „man den Sozialismus hinsichtlich seines Ursprungs und seines Endzieles in die eigene christlich-religiös-sozialistische Haltung einbezieht und von ihr her deutet und eventuell auch modifiziert."[119] Müller will also einer Klerikalisierung der „Welt" ebenso wehren wie einer Säkularisierung der Kirche[120]. Die Abwehr von beidem gehöre zusammen. Die von Müller als Klerikalismus gebrandmarkte Bemühung um eine eigenständige christlich orientierte Kriteriologie sozialethischer Urteilsbildung ist für ihn nur Ausdruck einer auf gesellschaftlichen Einfluß, damit auf Eigeninteressen fixierten und also dem Unglauben verfallenen, säkular gewordenen Kirche. Jeder Versuch, kirchliche „Eigenständigkeit" als wesentliches Moment des Selbstverständnisses der „Kirche im Sozialismus" zu betonen, wird darum ebenso abgelehnt wie diese Formel[121]. Bei der Frage nach der Berechtigung von „Eigenständigkeit" oder, wie Müller diesen Begriff interpretiert, „kritischer Distanz"[122], geht es letztlich um die Frage nach dem Bewußtsein der Kirche von ihrer Identität. Und hier gilt in strenger Analogie zu seiner Bestimmung des Glaubensbegriffs, daß die Identität der Kirche, d.h. theologisch gesprochen dasjenige Merkmal, das den Unterschied von Kirche und Welt definiert, weder aus inhaltlichen Momenten des kirchlichen Bekenntnisses noch des kirchlichen Auftrags in Zeugnis und Dienst, sondern in dem Sachverhalt kirch-

---

Denken auf ihn orientiert bin, wie ich mich als Sünder auf mich selbst und auf alles in bezug auf mich zu verlassen pflege und geneigt bin, mich in allem Tun und Denken auf mich selbst und das Meine zu orientieren. ,Ich glaube': das heißt, […] daß ich keiner Eigenliebe mehr bedarf. ,Ich glaube': das heißt, daß ich hier zum letzten Male über mich selbst verfüge, indem ich mich dem überantworte, der nun die Verantwortung für mich übernimmt, und daß es also fortan dieses ,ich' mit seiner Sorge um Seligkeit und Ewigkeit, Glück und Bestand für mich nicht mehr gibt […]. [I]n diesem Glauben werde ich als einzelner der Sünde und dem Unglauben sterben […] in dem Christus, der einsam, von den Seinen […] und auch von mir verlassen und verleugnet, ausgestoßen von Kirche und Welt vor den Toren der Stadt (Hebr 13,12f.) gekreuzigt ist" (DERS., Evangelische Dogmatik im Überblick, Bd. 1, ²1989, 86f.).

[119] H. MÜLLER, Christliche, sozialethische Aspekte der Zusammenarbeit von Kommunisten und Christen, in: WBl 2/1988, 8–27, 24.

[120] Vgl. DERS., Evangelische Dogmatik im Überblick, Bd. 1, ²1989, 227.238–244.

[121] Vgl. H. MÜLLER, Kirche im Sozialismus (I-V), in: WBl 5/1983, 11–19; 1/1984, 21–32; 3/1984, 22–35; 4/1984, 11–17; 5/1984, 12–23.

[122] DERS., Kirche im Sozialismus, WBl 5/1983, 19; 3/1984, 33f. Vgl. auch Dok 1979/5.

licher *Selbstverleugnung* besteht[123]. Die vordringliche Aufgabe der Kirche in der DDR ist für Müller darum *Buße*, d.h. die Umkehr von einer eigene Interessen verfolgenden, sich mit den politisch Herrschenden zu diesem Zweck verbündenden und diese mittels einer religiösen Welt- und Geschichtsdeutung zugleich legitimierenden *Machtkirche* zu einer durch den individuellen Glauben ihrer Glieder, der ihre selbstlose, aufopferungsvolle Hingabe an die gute Sache begründet und verlangt, bestimmten *Wortkirche*[124].

Es ist klar, daß bei diesem ekklesiologischen Modell einer ihre Identität in ihrer Selbstauflösung findenden Kirche die Möglichkeit von Konflikten der Kirche nach außen von vorneherein ausgeschlossen ist. Eine Kirche, deren Identität gerade in ihrer „Selbstverleugnung", d.h. in ihrem Verzicht auf einen eigenen „Standpunkt" besteht, kann unmöglich in Konflikt mit religiösen oder weltanschaulichen Ansprüchen geraten. Insofern liegt hier die wohl weitestgehende Konfliktvermeidungsstrategie vor. Die *fundamentale* theologische Problematik liegt dabei in einer Steigerung der schon bei Bonhoeffer zu beobachtenden[125] Unterbestimmung der Differenz zwischen Christus und der Kirche bzw. den Glaubenden. Müller deduziert seine Ekklesiologie konsequent aus einer kreuzestheologisch geprägten Christologie, allerdings so, daß der gekreuzigte „Christus für andere" direkt in das Konzept einer „Kirche für andere" transformiert wird, ohne den fundamentalen theologischen Unterschied hinreichend zu beachten, der darin liegt, daß die Kirche eben nicht Christus ist, sondern aus „anderen" besteht.

Ein nachgeordnetes, gleichwohl ebenfalls wichtiges Problem stellt die Frage nach der sozialethischen Begründungsstruktur dar. Was tritt an die Stelle der von Müller zurückgewiesenen (vielfältigen Möglichkeiten der) theologischen Begründung ethischen Verhaltens? Welche „innerweltlichen"[126] Gründe gibt es, worin besteht die „ökonomische[], gesellschaftliche[] oder politische[] Motivation"[127] der „Zusammenarbeit von Kommunisten und Christen"[128]? Als Antwort bietet Müller nichts als die Übernahme der ideologischen Phraseologie des Parteiapparates sowie ihrer Immunisierungsstrategie. An diesem Punkt tritt seine ideologische Abhängigkeit am deutlichsten zutage. Denn was er „Vernunft" nennt, ist tatsächlich die Parteidoktrin. Die Sache, um deretwillen Christen mit Sozialisten kooperieren, und die ja weder ihre eigene Sache sein noch durch eigene Kriterien überprüft werden darf, ist „Frieden"[129], ist „das ,Humanum', die Sorge für Gemein-

---

[123] „Indem die Gemeinde in der Liebe Gottes die Welt liebt, verleugnet sie sich selbst. In dieser selbstverleugnenden Liebe Jesu Christi *unterscheidet* sie sich von der Welt, die das Ihre sucht und sich selber liebt" (DERS., Evangelische Dogmatik im Überblick, Bd. 1, ²1989, 226. Herv. i. O.). Vgl. hierzu auch entsprechende Aussagen G. BASSARAKs, gleichfalls Theologiedozent an der Humboldt-Universität, z.B. Dok 1987/2.
[124] H. MÜLLER, Kirche im Sozialismus (II), WBl 1/1984, 25–32.
[125] Vgl. W. HUBER, Wahrheit und Existenzform. Anregungen zu einer Theorie der Kirche bei Dietrich Bonhoeffer, in: DERS. 1985, 169–204, v.a. 202f. Vgl. u. Kap. 3.3.2.1.3.
[126] H. MÜLLER, Christliche, sozialethische Aspekte der Zusammenarbeit von Kommunisten und Christen, in: WBl 2/1988, 8–27, 21.
[127] Ebd.
[128] So der Titel des Textes in WBl 2/1988, 8–27.
[129] A.a.O., 20.

wohl, Recht und Frieden, die umfassende politische Aufgabe, das Zusammenleben der Menschen menschlich zu ordnen also"[130], ist die „gemeinsame alltäglich
politische Aufgabe [...] höchst konkret Lebensbedingungen zu schaffen, unter denen möglichst wenige Menschen durch menschliches Verschulden leiden und sterben müssen"[131], ist die Aufgabe, „gemeinsam die menschliche Gesellschaft zum
größtmöglichen Wohl der Menschen jetzt und in Zukunft [zu] ordnen"[132]. Der
Frage, die sich angesichts dieser Ansammlung von Leerformeln unweigerlich
stellt, nämlich warum man zur Erreichung dieser zweifellos erstrebenswerten Ziele ausgerechnet und notwendig mit den DDR-Sozialisten kooperieren muß, wird
mit der bereits erwähnten Übernahme der sozialistischen Immunisierungsstrategie, der Zwei-Lager-Theorie, vorgebeugt. Sie gründet auf dem Axiom, daß das Lager des Sozialismus real auf dem Wege zu weltweitem Frieden und Gerechtigkeit
ist[133]. Hieraus wird deduziert, daß alle, die sich nicht im Lager des Sozialismus befinden, ein zweites Lager bilden, das den Sozialismus und die Verwirklichung seiner Ziele bedroht. Aus dieser Bedrohung heraus werden nun alle inneren Widersprüche und Mängel des sozialistischen Weges plausibel gemacht und gerechtfertigt, etwa seine aggressive Bewaffnung, seine autoritäre Gesellschaftsstruktur und
die Symptome seiner gesellschaftlichen Defizite. Dadurch wird der offensichtliche
Widerspruch zwischen den hehren Zielen des Sozialismus und seiner ihnen widersprechenden Realität dialektisch aufgehoben: Wer es unternimmt, angesichts der
Unmenschlichkeit des Regimes, des Überwachungssystems, der Unfreiheit in vielen Lebensbereichen, der undemokratischen Wahlen, der Abgeschlossenheit
durch Mauer und Schießbefehl, der Willkürherrschaft unter dem Titel „demokratischer Zentralismus", des Aberwitzes einer „wissenschaftlichen Weltanschauung"[134], der gigantischen Umweltzerstörung, der Militarisierung der Gesellschaft,
der Nichtachtung der Menschenrechte, der Mangelwirtschaft etc. nach dem sozialistischen Selbstverständnis zu fragen, wird den „negativen Kräften" bzw. den
„Feinden des Sozialismus" zugerechnet. Müller variiert genau diese Strategie,
wenn er argumentiert, daß der Kirche *qua Kirche* die Haltung einer „kritischen Distanz" nicht ansteht.

---

[130] A.a.O., 27.
[131] Ebd.
[132] Ebd.
[133] Diese These wird bei der Argumentation MÜLLERS immer, meist unausgesprochen, als
wahr vorausgesetzt.
[134] Bereits 1958 hatte der Berliner Generalsuperintendent FRITZ FÜHR den materialistischen
Wissenschaftsbegriff als Nachhall des längst untergegangenen klassischen Weltbildes der bürgerlichen Welt des 19. Jahrhunderts verhöhnt, vgl. DERS., Kirche am Anfang einer neuen Zeit, 1958,
6.10f.

2.4 Versuche einer verantwortlichen kirchlichen Existenz in der aporetischen Situation: „Kirche im Sozialismus" als „Koexistenzformel"

2.4.1 „Kirche im Sozialismus" als Kirche in der Aporie

Die gelegentlich vorgenommene[135] Kennzeichnung der Formel „Kirche im Sozialismus" als „Koexistenzformel" deutet an, daß diese Formel die kirchliche Bereitschaft zu einem pragmatischen Umgang mit der aporetischen Situation signalisierte. Zum Symbol für die pragmatische Koexistenz von Staat und Kirche in der DDR ist das Spitzengespräch zwischen dem Staatsratsvorsitzenden E. Honecker und der Leitung der KKL unter A. Schönherr am 6. März 1978 geworden. Zur Symbolfigur für die Bemühungen pragmatischer Vermittlung in einer letztlich nicht auflösbaren Problemkonstellation wurde Manfred Stolpe[136].

Solange eine Situation aporetisch ist – und das haben wir vorausgesetzt – gibt es keine „richtige" und darum auch keine falsche Lösung. Man kann bestenfalls nach besseren oder schlechteren Problemlösungsansätzen fragen, und dieses Fragen schließt Anstrengungen, zu einer besseren Problemwahrnehmung zu kommen, ein. Wie wir sahen, gab es für die Kirche in der DDR grundsätzlich die beiden Möglichkeiten, ihre aporetische Situation entweder einseitig aufzulösen oder sie auszuhalten. Der Versuch der Lösung der Aporie hat, Kennzeichen jeder radikalen oder fundamentalistischen Strategie, den Vorteil der größeren Klarheit und Eindeutigkeit. Sein Nachteil ist, daß er entweder auf der einen oder der anderen Seite der Aporie Gewalt anwenden muß. Der Versuch, die Aporie auszuhalten, hat den Vorteil des größeren Realismus, weil die bestehende Problematik hier nicht zu umgehen versucht, sondern angenommen wird. Ein Annehmen der Problematik aber verspricht auf Dauer effektivere Problemlösungen als ihre – kurzfristig möglicherweise überzeugendere – gewaltsame Lösung. Der Nachteil dieser Strategie ist die mit ihr einhergehende unvermeidliche innere Spannung und Ambivalenz. Sie kann unmöglich ohne innere Beschädigungen – Verwirrungen im Denken und Schuld im Handeln – verfolgt werden. Der Kirchenbund hat sich gleichwohl für diese zweite mögliche Variante kirchlicher Existenz in der DDR entschieden. Die für sie gerne gebrauchte Metapher von der „Gratwanderung"[137] vermittelt trotz der in ihr enthaltenen Bewegung das zu statische Schema einer Kirche, die sich *zwischen* zwei verhängnisvollen Abgründen entlangbalanciert. Der Grat selber, das ist

---

[135] Ausdrücklich geschah dies erstmals auf der Bundessynode in Görlitz 1977, vgl. Dok 1977/ 1. Vgl. aber auch den Pressebericht über das Jenaer Referat des KKL-Vorsitzenden W. LEICH vom 5.3. 1989, Dok 1989/3.

[136] MANFRED STOLPE, geb. 1936 in Stettin, war aufgrund seines kirchlichen Engagements nach seinem Jurastudium eine Tätigkeit als Anwalt verwehrt. Die Evangelische Kirche in Berlin-Brandenburg stellte den Juristen ein. Von 1962 bis 1969 war er im dortigen Konsistorium Juristischer Oberkonsistorialrat, bevor er, von 1969 bis 1982, im neugegründeten Kirchenbund die Leitung des Sekretariats übernahm. 1982 kehrte er in das Konsistorium der Evang. Kirche in Berlin-Brandenburg zurück, als dessen Präsident er bis 1990 fungierte. Zugleich hatte er das Amt eines stellvertretenden Vorsitzenden der KKL inne.

[137] Vgl. A. SCHÖNHERR, Gratwanderung. Gedanken über den Weg des Bundes der Evangelischen Kirchen in der Deutschen Demokratischen Republik, Leipzig 1992.

die Tücke des Bildes, bleibt dabei merkwürdig ortlos. Präziser scheint die Metapher einer oszillierenden Kirche, deren „Weg" im real existierenden Sozialismus in einem unauflöslichen Miteinander von grundsätzlichem Konflikt und grundsätzlichem Frieden bestand, bei dem das Verhältnis von Dominanz und Rezession sowohl in temporärer[138] als auch in regionaler[139] und sozialer[140] Hinsicht instabil war. Das Beieinander der beiden widersprüchlichen Existenzformen der ihre aporetische Situation annehmenden und dadurch selbst aporetisch werdenden Kirche kennzeichnet sowohl die Funktion der Formel „Kirche im Sozialismus" als „Koexistenzformel" als auch ihre damit verbundene Umstrittenheit sowohl innerhalb als auch außerhalb der Kirche.

2.4.2 Das Spitzengespräch vom 6. März 1978 als Grunddatum der „Kirche im Sozialismus"

Das Spitzengespräch vom 6. März 1978 zwischen dem Staatsratsvorsitzenden Erich Honecker und dem Vorsitzenden der Konferenz der Kirchenleitungen Albrecht Schönherr war das wichtigste kirchenpolitische Datum in der Phase des Kirchenbundes. Der 6. März bildete nicht nur die vielfach beschworene Grundlage des Staat-Kirche-Verhältnisses bis zum Ende der DDR, sondern stellte in gewisser Weise auch Zusammenfassung und Höhepunkt der Entwicklung seit dem Inkrafttreten der neuen DDR-Verfassung 1968 und der Gründung des Kirchenbundes 1969 dar.

Die Verfassung von 1968[141] hatte nicht nur die Selbständigkeit der Kirche hinsichtlich der Regelung ihrer inneren Angelegenheiten festgeschrieben[142], sondern auch die grundsätzliche Anerkennung der Möglichkeit von Vereinbarungen zwischen Staat und Kirche. Im Unterschied zum Staatskirchenrecht der UdSSR, in dem dem Staat die *ungeteilte* Religionshoheit zukommt, lag hier also ein „Trennungssystem"[143] vor. Zwischen Staat und Kirche war somit eine Kommunikation zweier formal eigenständiger Rechtssubjekte möglich[144]. Diese Kommunikation führte jedoch nie zu einer staatskirchenvertraglichen Festschreibung des Staat-Kirche-Verhältnisses, da der Staat seiner Kirchenpolitik die denkbar größte Offenheit und Flexibilität sichern wollte, d.h. die Möglichkeit, jederzeit ohne die Verletzung positiven Rechts den Spielraum der Kirche frei zu erweitern oder zu verengen[145]. Funktionales Äquivalent für den fehlenden Staatskirchenvertrag war die Formel „Kirche im Sozialismus", die angesichts dieser ihrer Funktion gelegentlich auch als

---

[138] was gestern dominant war, ist heute rezessiv und umgekehrt.

[139] was hier dominant ist, ist dort rezessiv und umgekehrt.

[140] die bei den einen dominante Verfahrensweise ist bei den anderen rezessiv und umgekehrt.

[141] Vgl. Dok 1968/2.

[142] Auf diesen Sachverhalt hat A. SCHÖNHERR gegenüber der EKD-Synode in Saarbrücken am 6. 11. 1977 mit Nachdruck hingewiesen, vgl. epd-Dok 5/1978, 4–6, 5.

[143] O. LUCHTERHANDT, Die Gegenwartslage der Evangelischen Kirche in der DDR. Eine Einführung, 1982, 30.

[144] Seit 1971 galten nicht mehr nur die einzelnen Landeskirchen als staatlich anerkannte kirchliche Subjekte, sondern auch der Kirchenbund.

[145] Vgl. O. LUCHTERHANDT, a.a.O., 28f.

„Koexistenzformel"[146] bezeichnet worden war. Diese funktionale Interpretation der Formel wird bestätigt durch die Tatsache ihrer zentralen Bedeutung beim Gespräch am 6. März 1978[147].

Dieses Gespräch hatte zwar nicht die rechtliche Qualität eines Staatskirchenvertrages, sollte aber die Funktion eines solchen erfüllen. Da kein gemeinsames Kommuniqué veröffentlicht worden war, blieben Inhalt und Bedeutung des Ereignisses unfixiert und daher auslegungsbedürftig[148] und relativ unverbindlich. Gleichwohl markierte das Spitzengespräch vom 6. März 1978 eine Aufweichung der staatlichen Linie. Bei weiterhin Gültigkeit behaltender grundsätzlicher Ablehnung jeder Art von „ideologischer Koexistenz"[149] wurde die Kirche jetzt als eine „eigenständige gesellschaftliche Kraft" anerkannt.

Welche Bedeutung hatte diese Entwicklung für die aporetische Existenz der Kirche in der sozialistischen Gesellschaft der DDR? Eine grundsätzliche Änderung der Stellung der Kirche gegenüber dem Staat und in der Gesellschaft hat der 6. März nicht avisiert. Für beide Relationen gilt weiterhin die Struktur der inklusiven Zivilreligion. Allerdings haben sich innerhalb dieser Struktur die Gewichte verschoben. Die Relevanz dieses Sachverhalts für Identität, Programmatik und Handeln der Kirche war erheblich. Einer, der das Selbstverständnis der „Kirche im Sozialismus" am entscheidensten mitgeprägt hat, war Manfred Stolpe.

---

[146] S. o. Anm. 135.

[147] Vgl. Dok 1978/6.

[148] Als die offizielle kirchliche Auslegung des 6. März 1978 (und damit auch die gültige kirchiche Interpretation dessen, was „Kirche im Sozialismus" als „Koexistenzformel" ausdrückt) gilt der Bericht der KKL vor der Bundessynode in Leipzig 1980 (Dok 1980/4), vgl. R. HENKYS, Undeutliche Klarstellungen, in: KiS 1/1981, 9f. Die offizielle Interpretation auf staatlicher Seite erfolgte in Form des Berichtes HONECKERS vor dem ZK der SED (Dok 1978/3). Besonders das letztgenannte Dokument verdeutlicht die Bedeutung der Formel für das Staat-Kirche-Verhältnis: HONECKER formuliert mit der Einschränkung, seine Aussage beziehe sich nur auf die „Kirchen *als Kirchen im Sozialismus*" (ebd., Herv. v. mir, W.Th.) – denen dann freilich nichts zugesagt wird als die Eröffnung „viele[r] Möglichkeiten des Mitwirkens an der Realisierung der zutiefst humanistischen Ziele *unserer Politik*" (ebd., Herv. v. mir, W.Th.). Man muß sehen, was damit alles *nicht* ausgeschlossen ist, um den Aussagewert dieser diplomatischen Formulierung erfassen zu können. Der Kirche werden im allgemeinen (das heißt nicht, daß dies auch für jeden Einzelfall gelte) weder bestimmte Tätigkeitsfelder noch bestimmte Arbeitsformen bestritten. Als Minimalbedingung gilt lediglich ihre bedingungslose Einordnung in die teleologisch formulierte sozialistische Zivilreligion – was zugleich eine Maximalbedingung darstellt, da dadurch willkürlicher administrativer Schikane gegen praktisch jede kirchliche Lebensäußerung Tür und Tor geöffnet ist. Die offizielle kirchliche Interpretation des 6. März setzte dagegen andere Akzente, wenn sie in Leipzig 1980 das Staat-Kirche-Verhältnis mit den drei Schlüsselbegriffen Trennung von Staat und Kirche, Eigenständigkeit und Partnerschaft umriß. Während sich die beiden ersten Begriffe auf einen Konsens beider Seiten stützen, zumindest aber Widerspruchsfreiheit zur staatlichen Position geltend machen können, scheint der Begriff „Partnerschaft", der auch nur auf kirchlicher Seite auftaucht, zumindest die Gefahr der Sprengung des zivilreligiösen Deutungsmodells mit sich zu führen. Dabei bleibt die Gedankenfolge jedoch stringent: Der Grundsatz der Trennung von Staat und Kirche führt zu einer eigenständigen Wahrnehmung der Verantwortung für die Gesellschaft auf beiden Seiten. Der Zustand der wechselseitigen Respektierung der Eigenständigkeit des anderen wird „Partnerschaft" genannt. Die konkrete Gestalt dieser Partnerschaft ist das dauernde, sachbezogene Gespräch beider Partner.

[149] damit sollte die bleibende Gültigkeit des Exklusivitätsanspruches der sozialistischen Zivilreligion sichergestellt werden.

2.4.3 Manfred Stolpe und die Politik des „Burgfriedens"

Stolpes Konzept des „Burgfriedens" hatte sich als maßgebliche Leitvorstellung für die Außenkommunikation des Kirchenbundes durchgesetzt. Diese Leitvorstellung soll im Folgenden hinsichtlich der von ihr gemachten Voraussetzungen, der sich daraus ergebenden Bestimmungen des Auftrags der Kirche sowie der Frage nach der konkreten methodischen Umsetzung dieses Auftrags befragt werden. Hermeneutisch ist hier besonders zu beachten, daß Stolpes öffentliche Äußerungen in der DDR immer strategischen Charakter hatten und von dieser Strategie selber zu unterscheiden sind[150].

2.4.3.1 Die Voraussetzungen

Als Grundsituation der „Kirche im Sozialismus" erscheint bei Stolpe die Koexistenzproblematik[151]. Sie läßt sich sowohl aus staatlicher als auch aus kirchlicher Perspektive beschreiben. Aus staatlicher Perspektive besteht sie aus dem Widerspruch zwischen der notwendigen Zusammenarbeit aller gesellschaftlichen Kräfte an der *einen* Aufgabe, die von der Partei definiert wird und die die Identität der sozialistischen Gesellschaft konstituiert einerseits und der Einschränkung der öffentlichen Wirksamkeit derjenigen gesellschaftlichen Erscheinungen, die die Einheit dieser Aufgabenstellung gefährden[152], andererseits. Aus kirchlicher Perspektive erscheint sie aus dem Konflikt zwischen der dem Glauben eignenden gesamtgesellschaftlichen Verantwortung und der Unvereinbarkeit dieses Glaubens mit den diese Gesellschaft bestimmenden weltanschaulichen Grundüberzeugungen. Stolpe votierte angesichts dieser Situation dafür, den „weltanschauliche[n] Gegensatz"[153] weder zu bagatellisieren oder zu verschweigen noch zu versuchen, ihn aufzulösen[154]. Vielmehr betonte er die partnerschaftliche Kooperation angesichts *einiger bestimmter* gemeinsamer Aufgaben unter wechselseitiger Respektierung der Identität des Partners.

Dieses Konzept war *dann* mit der sozialistischen Zivilreligion kompatibel, wenn ein tatsächlicher Konsens bei der Bestimmung der partnerschaftlich wahrzunehmenden Aufgaben erreichbar war. Genau an diesem Punkt lag die Problematik und die Sprengkraft dieses Modells.

---

[150] Zu Letzterer finden sich offene Äußerungen STOLPES (die freilich wiederum eine, jetzt andere, strategische Funktion erfüllen) in seinen seit 1990 erschienenen Publikationen, so etwa in: M. STOLPE, „Schwieriger Aufbruch", Berlin 1992.

[151] s. o. Kap. 2.2.

[152] Vgl. M. STOLPE, Zehn Jahre Bund der Evangelischen Kirchen in der DDR. Anmerkungen zur kirchlichen Entwicklung nach 1968, in: ZdZ 33, 1979, 414–421 (vgl. Dok 1979/4).

[153] M. STOLPE, Anmerkungen zum Weg der Evangelischen Landeskirchen in der Deutschen Demokratischen Republik. Gastvorlesung an der Theologischen Sektion der Humboldt-Universität Ost-Berlin am 9. Dezember 1981, in: epd-Dok 8/1982, 27–36, 34.

[154] A.a.O., 35.

2.4.3.2 Der Auftrag

Stolpe hat das Selbstverständnis der Kirche in der DDR von ihrem Auftrag her entwickelt. Die Formel „Kirche im Sozialismus" interpretierte er als „die kürzeste Beschreibung des Verständnisses der evangelischen Kirche von ihrem Auftrag hier in diesem Land."[155] Seine Interpretation dieser Beschreibung hat er rückblickend so dargestellt:

> „Die evangelische Kirche in der DDR mußte, wenn sie sich treu bleiben wollte, über Predigt, Seelsorge und Diakonie hinaus vor allem in drei Aufgabenfeldern Freiräume erhalten: Jugendarbeit, Eintreten für benachteiligte und bedrängte Bürger im Lande und Erhalt der Gemeinschaft mit den evangelischen Kirchen in Westdeutschland."[156]

Der Begriff „Freiraum" bildete für Stolpe das Zentrum der kirchlichen Auftragsbestimmung. Er wird in einer doppelten Weise angewandt:

1. „Freiraum" im Sinne des „Anspruch[s] auf ungehinderte Tätigkeit der Kirche auch in einer sozialistischen Gesellschaft"[157]. Inhaltlich ist diese Tätigkeit den eben genannten Aufgabenfeldern zuzuordnen. Zu unterscheiden ist dann allerdings zwischen diesen *Aufgaben* der Kirche und ihrem *Interesse* an dem gesellschaftlichen Freiraum, den sie zur ungehinderten Erfüllung dieser Aufgaben braucht. „Freiraum" bezeichnet also hier die Bedingung der Möglichkeit von auftragsgemäßem Handeln der Kirche.

2. „Freiraum" im Sinne bürgerlicher Mündigkeit und demokratischer Freiheit für die Menschen in der Gesellschaft. Freiräume sind dann „Inseln, auf denen Meinungen frei ausgetauscht und ohne Bevormundung zusammengearbeitet werden konnte"[158], Orte „für Menschen [...], die sich mit den Gegebenheiten auseinandersetzten, die Dinge im Lande verändern wollten."[159] Hier ist mit „Freiraum" also ein Teil des materialen Auftrags der Kirche ausgesagt.

Die Schaffung von „Freiräumen" innerhalb der Gesellschaft liegt damit einerseits im Interesse der Kirche (als Bedingung der Möglichkeit ihrer Auftragserfüllung) und bildet andererseits zugleich auch einen wichtigen Teil dieses Auftrags selber. Angesichts dieser ihrer Doppelfunktion bildet sie gewissermaßen den Meta-Auftrag der „Kirche im Sozialismus", der ihrer Auftragsbestimmung als Ganzer eine spezifische Signatur verleiht. Entscheidend ist nun aber, daß die zu schaffenden Freiräume in keinem der Fälle Selbstzweck sein können, sondern immer als Mittel zur Erreichung der eigentlichen Ziele angesehen werden müssen.

Diese Ziele nun sind bei Stolpe eindeutig politischer Natur[160]. Es geht bei der

---

155 M. STOLPE, Kirche „1985" und 2000 – Sammlung, Öffnung, Sendung. Gespräch mit Günter Wirth, in: Stp 14, 1986, 39–45, 41.
156 M. STOLPE, Schwieriger Aufbruch, a.a.O., 101.
157 Ebd. Vgl. A.a.O., 97.103.112.114.119.137.
158 A.a.O., 114.
159 A.a.O., 102. Vgl. a.a.O., 104.137.139.
160 STOLPE spricht selber, wenn er (rückblickend) vom Auftrag der Kirche spricht, von „politische[n] Ziele[n]" (a.a.O., 121), davon, etwas „in unserem Sinne zu bewegen" (ebd.), „[e]twas für die Menschen und das Land [zu] bewegen" (122). „Mein eigentliches Ziel und das vieler Mitstreiter in der Kirche war, das System zu verändern" (135). „Unsere Vorschläge dienten [...] dem Wan-

Schaffung von Freiräumen letztlich um die Veränderung der gesellschaftlichen Verhältnisse in Richtung von Demokratie und Rechtsstaatlichkeit[161] und um eine
deutsch-deutsche Annäherung[162].

Die besondere Problematik dieses Konzeptes liegt in der einseitig induktiven
Methodik der Bestimmung des kirchlichen Auftrages. Stolpes Motivation lag sowohl zeitlich[163] wie sachlich vor seinem kirchlichen Engagement. Aus diesem
Grunde werden die Ziele, die er in und mit der Kirche verfolgte, auch nicht theologisch begründet. Das Subjekt des kirchlichen Auftrages wird zudem auf *eine* kirchliche Sozialform, nämlich die Institution Kirche und ihre Leitung, ihr Auftrag einseitig auf den Bereich ihrer Außenkommunikation reduziert. Dabei bildet die Relation Kirchenleitung/Staats- und Parteiführung die dominierende Perspektive bei
der Wahrnehmung der meisten Einzelprobleme und -phänomene[164]. Kurz: Stolpes Bestimmung des Auftrags der Kirche war in bestimmender Weise an Kategorien nicht primär theologischen Ursprungs orientiert. Nun ist einem Kirchenjuri-
sten nicht vorzuwerfen, daß er sein Tätigkeitsgebiet mittels der ihm zur Verfügung
stehenden Kategorien beschreibt. Allerdings hätte es angesichts des faktischen Einflusses, den Stolpe auf die Gestaltung der kirchlichen Außenkommunikation aus-
übte, kirchliche Strukturen des Ausgleichs solcher kategorialen Einseitigkeit geben müssen. Ihr Fehlen bzw. ihre mangelnde Effektivität muß im Rückblick als
ein Versäumnis der Kirchenleitungen der evangelischen Kirchen in der DDR bezeichnet werden.

---

del der DDR" (137). Doch auch schon 1987 notierte STOLPE für das West-Berliner Periodikum
„Kirche im Sozialismus": „Gott braucht Kirche und Christen in der DDR, weil sie davon wissen,
daß Verhältnisse nicht endgültig sind, daß Bewegung unausweichlich ist, und weil sie diese Hoffnung auf Veränderung weitergeben können" (M. STOLPE, Kirche im Bewährungsfeld. Zum Auftrag evangelischer Kirchen in der DDR, in: KiS 13, 1987, 133–137, 134).

[161] M. STOLPE, Schwieriger Aufbruch, Berlin 1992, 135.

[162] Als eines der kirchlichen „Aufgabenfelder[]" nennt STOLPE den „Erhalt der Gemeinschaft
mit den evangelischen Kirchen in Westdeutschland" (a.a.O., 101). „Innerkirchlich war für die
evangelischen Christen in den beiden deutschen Staaten der deutsch-deutsche Zusammenhalt
ein entscheidendes Anliegen. Die organisatorische Einheit war verlorengegangen, um so wichtiger war es, sich nicht aus den Augen zu verlieren und alle Chancen zur Begegnung zu nutzen.
[...] Wir glaubten nicht, daß Kirche und Nation bald wieder vereint sein könnten, aber wir taten
unser Möglichstes, um den Zusammenhalt zu bewahren" (134).

[163] Dies geht aus einigen von STOLPE selbst gemachten biographischen Angaben hervor. So er-
zählt er („Schwieriger Aufbruch", 112–115), wie er als junger Jurist trotz mehrfacher guter Möglichkeit darauf verzichtet hatte, sein Land zu verlassen. Vielmehr sah er seine Aufgabe darin, zu
bleiben und die Verhältnisse zu ändern. Die beste Möglichkeit dafür schien ihm die evangelische
Kirche zu bieten („Als Kirchenjurist mußte man sich nicht in einer Nische verkriechen. Ich konnte versuchen, Freiräume zu schaffen [...]" [114]), zumal ihn „Kurt Scharf [davon] überzeugte
[...], daß die evangelische Kirche hier einen Auftrag hatte" (115).

[164] Ekklesiologische Probleme wie die Frage nach der Identität der Kirche oder die Sorge um
die Wahrheit ihrer Verkündigung waren dem Juristen – verständlicherweise? – fremd. Die daraus
erwachsende Einseitigkeit der Perspektive zeigt sich z.B. in dem Versuch eines Vergleichs der Barmer Theologischen Erklärung und der „Ergebnistexte" der Dritten Vollversammlung der Ökumenischen Versammlung im April 1989 in Dresden hinsichtlich ihrer politischen Effektivität
(vgl. a.a.O., 49), ohne die unterschiedliche Situation, v.a. aber die grundlegende Differenz in Intention und Charakter der beiden Dokumente zu beachten, die einen solchen Vergleich nicht zuläßt.

2.4.3.3 Die Methode: Gespräch zwischen Staat und Kirche

2.4.3.3.1 Das Gespräch als Instrument kirchlicher Interessenpolitik

Stolpes Politik des „Burgfriedens"[165] verstand sich selbst als *Interessenpolitik*, d.h. sie war erfolgsorientiert und pragmatisch[166]. Sie setzte voraus, daß die in den evangelischen Kirchen in der DDR organisierten Christen als solche spezifische Interessen hatten, die in Konflikt mit anderen Interessen kommen konnten, der dann einen „Interessenausgleich"[167] bzw. eine „Konfliktregulierung"[168] erforderlich werden ließ.

Als Voraussetzung für jede Art von Interessenausgleich galt für Stolpe jedoch das, was er die Herausführung der Kirche „aus dem doppelten Gegensatz zur Macht" nennt[169]. Dieser „doppelte Gegensatz" bestand darin, daß die Kirche *sowohl* in weltanschaulicher *als auch* in politischer Hinsicht auf der Seite des Klassenfeindes geortet und darum aus der sozialistischen Gesellschaft ausgegrenzt wurde. Solange die Kirche aber als politischer Gegner galt, war sie nicht in der Lage, für sich und für andere „Freiräume" zu schaffen, also sich auftragsgemäß zu verhalten. Ziel war somit, trotz des bleibenden weltanschaulichen Gegensatzes den politischen Konflikt zu regulieren, ihn unter Kontrolle zu halten:

> „Es ging uns [...] mit der Kurzformel „Kirche im Sozialismus" nicht um eine ideologische oder gar theologische Rechtfertigung dieses SED-Sozialismus, wohl aber um das volle Hineingehen in die uns vorgegebene Wirklichkeit dieser Gesellschaft. Wir wollten sie nicht unterminieren. Wir wollten ihr nicht entfliehen. Wir wollten uns aber von ihr auch nicht ausgrenzen und diskriminieren lassen."[170]

Der angestrebte „Burgfrieden" wurde am 6. März 1978 geschlossen. Es „wurde die politische Gegnerschaft offiziell beendet, die weltanschauliche blieb bestehen."[171] Damit scheint Stolpe mit dem „Burgfrieden" den oben genannten Konvergenzmodellen ein weiteres hinzugefügt zu haben. Demgegenüber weist er aber auf die damit verbundene „Doppelstrategie" hin: der „Burgfrieden", also das Einfrieren des politischen Konfliktes zugunsten eines wechselseitigen Interessenausgleichs, stelle selbst ja nicht das Ziel kirchlichen Handelns, sondern nur die Bedingung seiner Möglichkeit dar. In diesem Sinne müsse er als Interims-Zustand erscheinen, der

---

[165] A.a.O., 97.100.105.106.109.

[166] „Meine Aufgabe war es seit 1962, die Interessen der evangelischen Kirchen gegenüber dem Staat wahrzunehmen. [...] Meine Arbeit war auf Erfolg orientiert, die Methoden blieben weithin mir selber überlassen" (a.a.O., 112).

[167] M. STOLPE, Die Zukunft der Deutschen in Europa, in: KZG 3, 1990, 328–335, 330.

[168] M. STOLPE, Schwieriger Aufbruch, a.a.O., 105; vgl. a.a.O., 142.151.168.174.

[169] A.a.O., 96.

[170] A.a.O., 99; vgl. a.a.O., 96: „Weltanschaulich würden wir [...] der Gegner bleiben. Aber es mußte doch möglich sein, zu erreichen, daß wir nicht dauerhaft als Ersatz-Klassenfeind herhalten mußten. Der wirkliche Klassenfeind im Sinne der Marxisten saß ja nicht im Lande." Ähnlich formuliert der Berliner Generalsuperintendent G. KRUSCHE im Rückblick: „In einer Zeit, da die Hallstein-Doktrin erst ausgehöhlt und dann abgebaut wurde, wollte und konnte die Kirche nicht der letzte ‚kalte Krieger' sein" (DERS., Im Zwielicht der Geschichte. Warum die Angriffe auf Manfred Stolpe nicht treffen, in: LM 31, 1992, 97–99, 98).

[171] M. STOLPE, Schwieriger Aufbruch, a.a.O., 102.

es allererst erlaube, Schritte zum eigentlichen Ziel, nämlich einer demokratischen und rechtsstaatlichen Ordnung (in der die Grund-Aporie der „Kirche im Sozialismus" dann allerdings überwunden wäre), zu tun. Diese Schritte bestünden in der Schaffung und Pflege von „Freiräumen" für mündige Kommunikation.

Die praktische Gestalt der Politik des „Burgfriedens" bestand in unablässigen pragmatischen Verhandlungen der Kirchenleitung mit staatlichen Stellen. Stolpe verstand seine Rolle dabei wie folgt: Das Ziel war die Einflußnahme der Kirche auf gesellschaftliche Gestaltungsprozesse, konkret: die Einflußnahme auf die Staatsmacht. Diese Macht erschien in dreierlei Gestalt: als Staatsapparat, als Partei, als Staatssicherheit. Der einzige institutionalisierte Kontakt der Kirche zur Staatsmacht befand sich im Bereich des Staatsapparates in Form des Staatssekretariats für Kirchenfragen. Der Versuch von Einflußnahme auf den Staatsapparat war jedoch ineffektiv, da die staatlichen Stellen keine eigene Entscheidungskompetenz hatten, sondern völlig weisungsabhängig waren. Für alle Einzelentscheidungen sowie für die konzeptionelle Gestaltung der Politik war die Partei zuständig. Zu ihr gab es keine offiziellen Kontakte[172]. Gespräche kirchenleitender Personen mit hohen Parteifunktionären waren äußerst selten und hatten meist die Funktion, der Kirche grundsätzliche Änderungen der staatlichen Kirchenpolitik anzuzeigen[173]. Effektiv konnte also allein über die Staatssicherheit auf die Entscheidungsfindung der Partei Einfluß genommen werden. Denn die Funktion des MfS war es, der parteilichen Entscheidungsebene die Wirklichkeit der DDR zu vermitteln. Die Informationen des MfS bildeten die Entscheidungsgrundlage der Partei. Für Stolpe galt daher: „Erfolge waren [...] nur möglich, wenn ich mit Mächtigen in allen Bereichen sprach – also auch mit der Staatssicherheit."[174] Stolpes einseitig instrumentelles Verständnis der Gesprächskontakte als kirchlicher Versuch der Einflußnahme auf gesellschaftspolitische Gestaltungsvorgänge erweitert sich bei einem Blick auf die gesamtkirchliche Perspektive. Faßt man diese zusammen, so wird darin die Gesprächskultur zwischen Kirchenleitung und Staats- bzw. Parteiführung v.a. in zwei Hinsichten interpretiert: 1. als funktionales Äquivalent für das fehlende Staatskirchenrecht; 2. als die auftrags- und situationsgerechte Form kirchlicher Außenkommunikation.

---

[172] STOLPE schildert, daß ihm inoffizielle Kontakte zur SED in seltenen Fällen möglich waren, etwa bei diplomatischen Empfängen (a.a.O., 69.133) oder durch direkt an HONECKER gerichtete und persönlich bei der Poststelle des ZK der SED hinterbrachte Briefe: „Das war ein Weg an allen Instanzen vorbei, und es war besser, wenn davon niemand erfuhr" (118).

[173] Das bereits genannte Gespräch HONECKERS mit SCHÖNHERR am 6. März 1978 ist das beste Beispiel dafür. Die in der damaligen SED bei Kirchenfragen eigentlich federführende Person war SED-Sekretär P. VERNER, der auch vor und während des Gespräches am 6. März die staatlichen Positionen artikulierte (vgl. a.a.O., 68). Kontakte VERNERS, der im Politbüro eine starke Position innehatte, mit kirchenleitenden Personen waren äußerst selten. Selbst der langjährige KKL-Vorsitzende SCHÖNHERR erinnert sich nur an sehr wenige Begegnungen, die zudem stets den Charakter einseitiger Informationsübermittlung an sich trugen (lt. mdl. Mitteilung). Ein Parteikontakt, nämlich die Vorladung des KKL-Vorsitzenden LEICH durch den VERNER-Nachfolger W. JAROWINSKI am 19. Februar 1988, war dann auch das Signal für das Ende der durch den 6. März symbolisierten Staat-Kirche-Beziehungen.

[174] A.a.O., 112; vgl. a.a.O., 118.129.133f.

2.4.3.3.2 Das Gespräch als funktionales Äquivalent für das fehlende Staatskirchenrecht

Die Ergebnisse des 6. März 1978 waren nach dem Urteil des westdeutschen Juristen Otto Luchterhandt

„ein grundlegendes Dokument von konkordatsähnlichem Charakter. Es ist zugleich eine ‚Vereinbarung' im Sinne von Art. 39 Abs. 2 der DDR-Verfassung."[175]

Damit war im wesentlichen auch die Einschätzung innerhalb der DDR-Kirchen getroffen. Der Kirchenbund hatte in der Vorbereitungsphase des Spitzengespräches auf der Bundessynode in Görlitz 1977 seine Intentionen hinsichtlich der Gestaltung des Staat-Kirche-Verhältnisses offengelegt. Als unstrittige Voraussetzung galt, daß bei fehlender „Einmütigkeit in den fundamentalen Überzeugungen"[176] eine rechtliche Stabilisierung des Verhältnisses durch ein Konkordat keine Möglichkeit darstellt. Eine relative Stabilisierung wird jedoch auf der Grundlage der Formel „Kirche im Sozialismus" als „Koexistenzformel[]"[177] und in Form permanenter Gespräche auf Leitungsebene[178] angestrebt. Das Verhältnis von Staat und Kirche läßt sich demnach in zwei Ebenen unterscheiden:

1. Grundsätzliche Koexistenz bei weltanschaulichem Dissens. Als zusammenfassendes Symbol für die Bedingungen der Möglichkeit dafür gilt die Koexistenzformel „Kirche im Sozialismus".
2. Die immer neue, prozeßhafte, konkrete und pragmatische Realisierung dieser Koexistenz durch die Etablierung einer Gesprächskultur auf höchster Ebene.

Mit der Betonung des prozeßhaften Charakters der Koexistenz[179] berücksichtigte die Synode den Art. 39.2 der Verfassung von 1968, der das Staat-Kirche-Verhältnis nicht durch Rechtssetzung, sondern durch „Vereinbarungen" begründet sehen wollte. Die dahinterstehende Intention des Verfassungsgebers hatte Staatssekretär Seigewasser verdeutlicht, indem er betonte, „[d]ie Beziehungen zwischen Staat und Kirche stellten sich als Prozeß dar, der nicht unabhängig von der gesellschaftlichen Entwicklung gesehen werden könne."[180] Das aber konnte nichts anderes bedeuten, als daß die Kirche rechtlich ungesichert und jederzeit erpreßbar bleiben sollte. Für die Kirche hieß das, daß für sie, wollte sie ihrem Auftrag in verantwortlicher Weise nachkommen, die Bemühung um die Herstellung einer vertrauensvollen Gesprächsbasis mit dem Staat oberste Priorität besitzen mußte, daß also

---

[175] O. LUCHTERHANDT, Die Gegenwartslage der Evangelischen Kirche in der DDR. Eine Einführung, 1982, 56f.
[176] Bundessynode in Görlitz 1977, Bericht der KKL an die Synode, in: epd-Dok 24/1977, 4–24, 6 (vgl. Dok 1977/1).
[177] Ebd.
[178] A.a.O., 10f.
[179] Der KKL-Vorsitzende A. SCHÖNHERR formulierte wenig später, am 6.11.1977, vor der EKD-Synode in Saarbrücken: „[...] wir leben zusammen, Christen und Nichtchristen. [...] Das Problem unseres Zusammenlebens ist nicht prinzipiell, sondern nur prozessual zu lösen. Das wichtigste Mittel dazu ist das Gespräch" (epd-Dok 5/1978, 5).
[180] Zit. n. Bundessynode in Görlitz 1977, Bericht der KKL an die Synode, a.a.O., 10.

alles, was die Entwicklung dieses „Grundvertrauen[s]"[181] störte, genauer Prüfung bedurfte – und oft schwere Kontroversen hervorrief.

Wenn die Koexistenz von Staat und Kirche als grundsätzlich nicht abschließbarer Prozeß immer neuer Verständigung begriffen wurde, genau dieser Sachverhalt aber durch die Formel „Kirche im Sozialismus" zum Ausdruck gebracht werden sollte, dann ergibt sich daraus, daß die konkrete Bedeutung dieser Formel, die Gesamtheit ihrer inhaltlichen Implikationen ebenfalls dynamischen Charakter haben mußte, anders ausgedrückt: daß die Formel permanent interpretationsbedürftig war[182]. Damit entsprach sie der Vorstellung von der „Kirche im Sozialismus" als „Lerngemeinschaft", auf die noch zurückzukommen sein wird.

2.4.3.3.3 Das Gespräch als Wahrnehmung des kirchlichen Auftrags in der sozialistischen Gesellschaft

Die Gesprächskultur zwischen Kirchenleitung und Staatsführung bildete allerdings nicht nur die Bedingung der Möglichkeit einer bestimmten Form von – in einer bestimmten historischen Phase für alle Beteiligten wünschenswerten – Koexistenz, sondern auch die nach kirchlichem Selbstverständnis in dieser gegebenen Situation angemessene Form eines Teils des kirchlichen Auftrags selber, nämlich ihrer Außenkommunikation.

Selbstverständnis und Gestaltung der kirchlichen Kommunikation mit ihrer Umwelt hatten sich in der Phase des Kirchenbundes erheblich gewandelt. Wie bereits mehrfach erwähnt, implizierte das Selbstverständnis einer „Kirche in der Diaspora" den weitgehenden Verzicht der kirchlichen Organisationsstrukturen auf öffentliche Kommunikation und die Reservierung dieses kirchlichen Tätigkeitsfeldes für den Bereich des Alltagslebens der einzelnen Christen. Mit der Gründung des Kirchenbundes wurde jedoch, zunächst noch vorsichtig, auch der Anspruch der Kirche als Institution auf eine in Eigenverantwortung wahrzunehmende Teilnahme an gesellschaftlichen Gestaltungsprozessen geltend gemacht. Die Bundessynode in Eisenach 1971 hatte zunächst noch ganz im Sinne des „Diaspora"-Konzeptes formuliert:

„Die Kirchen haben sich die Aufgabe gesetzt, den Christen zu helfen, den Platz in ihrem Staat zu finden, an dem sie ihre Mitverantwortung in der Weise wahrnehmen können, zu der sie Zeugnis und Dienst des Evangeliums verpflichten."

Dann allerdings wird vorsichtig ein zusätzlicher, wichtiger Akzent gesetzt, indem das Subjekt von „Zeugnis und Dienst des Evangeliums" wechselt:

„*Die Kirchen selbst* sind bereit [...] an dem Gespräch teilzunehmen, das der Staat mit seinen Bürgern über die Gestaltung der gemeinsamen Zukunft führt. Sie sind der Überzeugung, daß sie in diesem Gespräch, gerade weil sie zu Zeugnis und Dienst des Evangeliums

[181] Bundessynode in Greifswald 1984, Bericht der Konferenz der Kirchenleitungen, Dok 1984/1.
[182] Dies hatte die Bundessynode in Züssow 1976 betont, vgl. Dok 1976/1. Auch in Görlitz 1977 tauchte dieser Gedanke auf, vgl. Dok 1977/2.

verpflichtet sind, Wesentliches für die Erkenntnis dessen beizutragen haben; was der
Mensch und was menschliche Gesellschaft ist und braucht."[183]

Die Wahrnehmung gesellschaftlicher Verantwortung durch die Kirche als Institution ist vom Staat hingenommen worden – allerdings unter seinen Bedingungen. Diese Bedingungen waren Nichtöffentlichkeit und Kontrollierbarkeit. Die
staatliche Seite versprach sich von einer Einbindung der Kirchenleitungen in die
gesellschaftliche Verantwortung die Sicherstellung der politischen Berechenbar-
keit des Unsicherheitsfaktors Kirche, die Möglichkeit schneller interner Klärung
bei auftretenden Konflikten sowie die Instrumentalisierung der Kirche als Ventil
für innergesellschaftliche Spannungen. Als Gegenleistung akzeptierte er den kirchlichen Anspruch auf „Eigenständigkeit" – allerdings mit einer wichtigen Einschränkung: zwar durfte die Kirche in eigenständiger Weise ihren Beitrag zum Erreichen der von der Partei definierten gesellschaftlichen Ziele leisten, nicht jedoch
über diese Ziele selbst diskutieren[184].

Die Kirche hat nichtöffentliche Gespräche zwischen Staat und Kirche auf Leitungsebene als legitime Form der Erfüllung ihres Auftrages verstanden[185]. Dies
geht zunächst aus den Rechtfertigungsversuchen der Kirchenleitungen dafür hervor. Die Bundessynode in Schwerin 1973 unterschied bei der kirchlichen Auftrags-

---

[183] Bundessynode in Eisenach 1971, Bericht der Konferenz der Kirchenleitungen, Dok 1971/
2. Herv. v. mir, W.Th. Nur nebenbei sei auf die überaus genaue und zugleich vielsagende Formulierung aufmerksam gemacht. Die Öffentlichkeit der DDR wird 1. freundlich als „Gespräch" bezeichnet, was die wohlwollende Rezeption des Textes auf staatlicher Seite sichergestellt haben
dürfte. Bei genauem Hinsehen erscheint dieses „Gespräch" aber 2. als eindimensionaler Vorgang
auf der vertikalen Linie Staat – Bürger, als dessen alleiniges Subjekt zudem der Staat erscheint. Angesichts der letztgenannten Beobachtung muß dann die kirchliche „Bereitschaft" zu einer (doch
wohl aktiv gemeinten) „Teilnahme" an diesem Gespräch als die Intention zu einer weitreichen-
den Veränderung dieser Öffentlichkeitsstruktur gelesen werden.
[184] Die theologischen Begründungsfiguren der Versuche, dieser Vorgabe kirchlich zu entsprechen, waren in der Regel 1. methodisch einseitig induktiv orientiert und/oder 2. inhaltlich um
eine Betonung der Proexistenzstruktur von Kirche bemüht. Für beides sei ein Beispiel genannt.
A. Schönherr spielte in seinem Konzept der „Kirche als Lerngemeinschaft" induktive und de-
duktive Ekklesiologie gegeneinander aus, anstatt sie aufeinander zu beziehen: „Der Weg, den der
Glaube zu gehen versucht, geht [...] nicht durch eine von ihm gemachte oder gewünschte, sondern durch die von ihm vorgefundene Welt. Darum genügt es für den Glaubenden nicht mehr,
Bibelsprüche und Gesangbuchverse zu lernen" (A. Schönherr, Die Kirche als Lerngemeinschaft, in: Ders. 1979, 206–229, 208). Der Mecklenburger Landesbischof H. Rathke versuchte,
die „Kirche im Sozialismus" als „Kirche für andere" zu interpretieren. Weil nach seiner Definition aber „Sozialismus heißt [...]: da sein für andere" (Ders., Referat vor dem Sprengelkonvent in
Hamburg, 27.4.1979, in: KJB 106, 1979, 452–463, 459; vgl. Dok 1979/1), kann eine „Kirche
für andere" mit den Zielen des Sozialismus gar nicht in Dissens geraten: „Unter dieser Aufgabenstellung [nämlich der des Sozialismus gemäß dem VIII. SED-Parteitag] kann eine Kirche, die sich
für andere einsetzen will, sicher ihren Platz finden" (Ders., Kirche für andere – Zeugnis und
Dienst der Gemeinde. Referat auf der Bundessynode in Eisenach 1971, in: KJB 98, 1971, 265–
272, 270).
[185] Zur Begründung des Gespräches als Folge der gemeinsam empfundenen Verantwortung
bei unterschiedlichen Grundüberzeugungen vgl. A. Schönherrs Ansprache bei seiner Begegnung mit E. Honecker am 6. März 1978 (Dok 1978/6). Die Bundessynode in Güstrow 1981 formulierte entsprechend: „Unser Nachdenken wird uns auch dazu führen, unsere Weltverantwortung wahrzunehmen. Das normale und erprobte Instrument, das sich dafür anbietet, ist das verantwortliche Gespräch" (Dok 1981/5).

bestimmung zwischen Binnen- und Außenkommunikation der Kirche. Die Form der Außenkommunikation ergibt sich dabei aus der Bestimmung des kirchlichen Auftrags als Wahrnehmung gesellschaftlicner Verantwortung[186]. Da diese Wahrnehmung in eigenständiger Weise erfolgt, macht sie das „Gespräch mit den zuständigen Stellen" erforderlich. Auf den in der Regel nichtöffentlichen Charakter dieser Gespräche wird dabei ausdrücklich hingewiesen[187]. Die heftigen innerkirchlichen Reaktionen auf die Selbstverbrennung von Pfarrer Oskar Brüsewitz im August 1976 signalisierten jedoch erhebliches Unverständnis der Gemeinden über die einseitige Entwicklung der kirchlichen Außenkommunikation als „Geheimdiplomatie" auf der Leitungsebene von Staat und Kirche und provozierten so neue Begründungsanstrengungen. Der sächsische Landesbischof Johannes Hempel setzte daraufhin die Akzente neu, indem er die Gespräche nicht mehr vorrangig als die Form kirchlicher Weltverantwortung bestimmte, sondern als Instrument zur Verbesserung der Situation der Christen in der sozialistischen Gesellschaft:

> „Die wichtigste Möglichkeit, Schwierigkeiten zu verringern, liegt in *Gesprächen* mit Staatsvertretern Auge in Auge. Wir haben solche Gespräche oft geführt und werden sie weiter führen, wo immer wir die Gelegenheit dazu herbeiführen können. Das ist ein Stil, der nicht mit umfassenden Sofort-Erfolgen, aber mit kleinen Real-Erfolgen rechnen kann. Er verlangt Geduld und Hörfähigkeit auch unsererseits. Er muß auf *allen* Ebenen, nicht nur auf Leitungsebene, und er muß – bildlich gesprochen –im hellen Tageslicht praktiziert werden, damit beide Seiten füreinander durchschaubar werden."[188]

Der Görlitzer Landesbischof Hans-Joachim Fränkel versuchte dagegen, eher die bisherige Linie weiterzuführen. Er begründete die Gespräche mit der Aufgabe der Kirche, „öffentliche Verantwortung, die in der Botschaft von der Versöhnung der Welt begründet ist", wahrzunehmen[189]. Ihr konspirativer Charakter erwüchse jedoch aus ihrer Funktion, die Probleme der Christen gegenüber dem Staat zu vertreten:

> „Hier geht es dann neben Informationen auch um Erörterung von grundsätzlichen Sachfragen und den Versuch, belastende Probleme zu klären und, wenn möglich, zu lösen oder doch einer Lösung entgegenzuführen. Hier kommen ebenso die Anliegen unserer Gemeinden zur Sprache wie auch die Vertreter des Staates ihre Wünsche und Erwartungen zum Ausdruck bringen. Nun gehört zum Wesen dieser Gespräche ein bestimmtes Maß an Vertraulichkeit. Nicht alles, was in diesen Gesprächen erörtert wird, kann veröffentlicht werden. Dadurch könnten Lösungen noch offener Fragen erschwert werden. [...] Die Beteiligung der Gemeinden am Gespräch, gerade wenn es um brennende Fragen geht, stellt ein echtes Problem dar. [...] Es gibt eine berechtigte Verantwortung der Kirchenleitung dafür,

---

[186] „Kirche im Sozialismus wäre eine Kirche, die auch als solche [d.h. als Institution Kirche im Unterschied zu anderen kirchlichen Sozialformen] [...] bereit ist, dort, wo in unserer Gesellschaft menschliches Leben erhalten und gebessert wird, mit vollem Einsatz mitzutun, und dort, wo es nötig ist, Gefahr für menschliches Leben abwenden zu helfen." (Dok 1973/1).

[187] Ebd.

[188] J. HEMPEL, Annehmen und freibleiben. Tätigkeitsbericht der Kirchenleitung vor der sächsischen Landessynode in Dresden, Oktober 1977, in: epd-Dok 46/1977, 4–10, 7. Herv. i. O.

[189] So unter Berufung auf Barmen 2 in: H.-J. FRÄNKEL, Bericht auf der Tagung der Synode der Evang. Kirche des Görlitzer Kirchengebietes (25.-28.3. 1977), in: epd-Dok 17/1977, 43–52, 47.

daß der Fortgang hilfreicher Kontakte mit den Vertretern unseres Staates nicht unnötig ge-fährdet wird.“[190]

Die Kirche hat, wie man sieht, die Funktion ihrer Gesprächskultur allmählich präzisiert. Die noch sehr allgemein gehaltene Auskunft, diese sei die Form ihrer ge-sellschaftlichen Verantwortung, ging langsam in eine genauere Bestimmung des in den Gesprächen vorliegenden Kommunikationsvorgangs über. Dieser bestand dar-in, die in einseitiger Richtung verlaufende[191] vertikale gesellschaftliche Kommuni-kation zu erweitern. Diese Erweiterung vollzog sich stufenweise. Auf jeder dieser Stufen fungierte die Kirche als Medium, Relais und Katalysator der Kommunika-tion zugleich. Mit jeder quantitativ neuen Stufe nahm die Unmittelbarkeit der Be-ziehung der jeweiligen Gestalt kirchlicher Kommunikationsvorgänge zu ihrem theologisch deduktiv formulierbaren Auftrag ab und trug so zu ihrer Identitätskri-se bei. In schematischer Darstellung erscheinen die einzelnen Stufen wie folgt:

1. Die Einseitigkeit der Richtung der vertikalen gesellschaftlichen Kommunika-tion von „oben“ nach „unten“ wird für den Bereich der evangelischen Christen er-weitert zu einer wechselseitigen Kommunikation. D.h. die evangelischen Kirchen-leitungen fungieren als Anwälte der Gemeinden bzw. der einzelnen Christen bei den Machthabern, in erster Linie um deren Anspruch auf die Erfüllung ihrer verfas-sungsmäßig festgeschriebenen Rechte geltend zu machen[192].

2. Da die Kirchen sich nie als exklusive Lobbyisten christlicher Interessen ver-standen haben, implizierte dieses Verfahren bereits seine eigene Ausweitung auf den Bereich der Gesamtgesellschaft. Erforderlich war dies geworden, weil der auf eine Gewaltenteilung verzichtende Sozialismus keine unabhängige Judikative kannte und es daher für die Bürger keine Möglichkeit gab, gegenüber dem Staat auf ihre Rechte zu klagen. In der Rolle des Mittlers zwischen dem Staat und sei-nen Bürgern übernahm die Kirche in einer Vielzahl von Fällen faktisch die Rolle des funktionalen Äquivalents eines unabhängigen Verfassungsgerichts[193].

---

[190] A.a.O., 48f.

[191] nämlich vom Staat zu den Bürgern

[192] Als Beispiel hierfür kann die Ansprache SCHÖNHERRS bei seinem Gespräch mit HONECKER am 6. März 1978 gelten. Eine Passage daraus lautet: „Es ist und bleibt ein Problem, das den mit der Erziehung Betrauten ein ungewöhnliches Maß von Takt und Toleranz abverlangt, die Span-nung zwischen der Zusicherung der Glaubens- und Gewissensfreiheit einerseits und dem Erzie-hungsziel der kommunistischen Persönlichkeit andererseits nicht zum Nachteil der christlich be-stimmten Kinder und Jugendlichen wirksam werden zu lassen. Lassen Sie es uns freimütig sagen: Hier liegen unsere Hauptsorgen. Für das Zusammenleben in unserem Staat wird es große Bedeu-tung haben, daß der von Christen oder Nichtchristen offen geäußerten Überzeugung – ob es sich um Erwachsene oder Kinder handelt – Achtung gezollt wird. Diese Achtung sollte nicht nur verbalen Charakter haben, sondern sich auch in der Chancengleichheit, sowohl bei der Ausbil-dung wie bei der Betrauung mit wichtigen Funktionen, niederschlagen“ (A. SCHÖNHERR, Ge-spräch zwischen Staat und Kirche, in: DERS. 1988, 272–276, 276).

[193] Sachgemäß wurde diese Aufgabe der Kirche auch als „Stellvertretung“ bezeichnet, etwa von H. FALCKE, der den universalen Auftrag der Kirche angesichts ihrer Minderheitssituation in den beiden Begriffen „Präsenz“ und „Stellvertretung“ zusammengefaßt sah: „Die Kirche hat in den Brennpunkten der Gesellschaft präsent zu sein, wo Menschlichkeit und Zukunft auf dem Spiele stehen, und sie hat dort stellvertretend zu handeln. […] Nicht in den Institutionen einge-richtete Präsenz, sondern eintretende Präsenz, in den Riß tretende Stellvertretung, wo die gesell-

3. Schließlich substituierte die Kirche auch die fehlenden Institutionen horizontaler gesellschaftlicher Kommunikation. Die vom Staat durch Kriminalisierung bzw. Ausgrenzung[194] auf Dauer nicht eindämmbare Tendenz gesellschaftlicher Differenzierung strebte nach Möglichkeiten, sich Ausdruck zu verschaffen. Für „mündige", d.h. freie politische, ästhetische und wissenschaftliche Kommunikation fehlte in der sozialistischen Gesellschaft der DDR jedoch nahezu jede Möglichkeit. Allein durch ihre Existenz bildete die evangelische Kirche einen Ausgleich dieses elementaren gesellschaftlichen Defizits. In bewußter Annahme dieser Funktion begriff sich die „Kirche im Sozialismus" programmatisch als „Offene Kirche"[195].

3. Die Identität der Kirche als das zentrale Problem ihrer Auftragsbestimmung im Sozialismus

3.1 Einleitung: Die Identität der Kirche

3.1.1 Die zweifache Konstitutionsweise kirchlicher Identität

Soll theologisch sachgemäß über kirchliche Identität gesprochen werden, so ist zunächst daran zu erinnern, daß Gott das Subjekt der Kirche ist. Die Kirche ist ihrem Selbstverständnis gemäß primär keine menschliche Veranstaltung, keine gesellschaftliche, bürokratische Institution, sondern ein Werk Gottes. Die Attribute der Kirche (Einheit, Heiligkeit, Allgemeinheit und Apostolizität[196]) stellen nicht die programmatische Essenz praktisch-theologischer bzw. kirchenpolitischer Modelle dar, sondern wollen die Wahrheit der Kirche aussagen, die Gegenstand des Glaubens ist und den Charakter einer Verheißung hat. Die Wahrheit der Kirche zu glauben, heißt 1. die Wirklichkeit in ihrem Lichte wahrzunehmen und 2. das Handeln an ihr zu orientieren.

---

schaftlichen Institutionen versagen, das ist der Weg der Kirche als Minderheit" (DERS., Stellvertretendes Handeln. „Kirche im Sozialismus" am Beispiel der DDR, in: KiS 15, 1989, 232–238, 236. Vgl. DERS., Zukunft der kleinen Herde. Die Einwanderung der Kirche in die nachsozialistische Gesellschaft, in: EK 23, 1990, 163–166). Beispielhaft wird diese Funktion in der Ansprache des KKL-Vorsitzenden W. LEICH anläßlich seines Treffens mit E. HONECKER am 3. März 1988 wahrgenommen, deren Hauptteil eine Ansammlung von Gravamina darstellt, die in ausdrücklich stellvertretender Weise vorgetragen werden (vgl. epd-Dok 12/1988, 2–5, v.a. 3 f.).

[194] Für beide ordnungspolitischen Vorgehensweisen trifft in präziser Weise der Terminus „Exkommunizierung" zu, denn sowohl die Inhaftierung wie die Ausweisung „negativer Kräfte" intendierte den Ausschluß der Betreffenden aus den innergesellschaftlichen Kommunikationsvorgängen.

[195] So die Formulierung der Bundessynode in Potsdam-Hermannswerder 1983 (Dok 1983/1). Vgl. dazu auch: M. ZAGATTA, Kirche als Ersatzöffentlichkeit. Zuflucht oder Ventil: der Funktionszuwachs der Kirchen in der DDR, in: Politische Kultur in der DDR, hg. v. der Landeszentrale für politische Bildung Baden-Württemberg, 1989, 66–80.

[196] Die Formulierung der vier Attribute der Kirche findet sich im Symbolum Constantinopolitanum, formuliert 381 vom zweiten ökumenischen Konzil in Konstantinopel: „Credo in [...] unam sanctam catholicam et apostolicam Ecclesiam" (DS 150).

Damit ist jedoch noch nicht geklärt, welche gesellschaftliche Wirklichkeit der Glaube als unter dieser Verheißung stehend wahrnimmt. Welche sozialen Phänomene sind als Kirche anzusehen und darum auch als Kirche im oben angegebenen Sinne zu glauben? Die Antwort lautet: Nach reformatorischem Verständnis ist die Kirche aufgrund ihrer beiden Kennzeichen Verwaltung der Sakramente und Verkündigung des Evangeliums[197] zu identifizieren.

Fragt man nach dem Verhältnis von Attributen und Kennzeichen der Kirche hinsichtlich des kirchlichen Handelns, so gilt: während die Attribute der geglaubten Kirche wie alle anderen Glaubensinhalte auch als Handlungs*orientierung* fungieren, geben die Kennzeichen der vorfindlichen Kirche in konstitutiver Weise deren Handeln selber an. Wird also bei der Diskussion um kirchliche Gestaltung und kirchliches Handeln theologisch argumentiert[198], so stellen darum die Kennzeichen der Kirche ein direktes, die Attribute dagegen ein indirektes Kriterium dar.

Dieser Unterschied ist wichtig. Denn es wäre z.B. ein theologischer Kategorienfehler, die Heiligkeit der Kirche im Sinne *menschlicher* Verantwortung zum Konstituens kirchlicher Identität zu erklären. Notwendige Folge wäre dann eine ethische Fassung des Begriffs der Heiligkeit, und conditio sine qua non der Kirche wäre eine von diesem Begriff her zu entwickelnde ethische Handlungsweise ihrer Glieder sowie ihrer institutionellen Einrichtungen. Theologisch zutreffend ist dagegen vielmehr, die Heiligkeit der Kirche im Sinne *göttlicher* Verantwortung zu verstehen. Heilig in einem konstitutiven Sinn ist die Kirche dann deshalb, „weil sie von Gott erwählt ist und unter seiner Verheißung steht, weil er in der Person des Heiligen Geistes in ihr gegenwärtig ist."[199] Dagegen stellen die *Kennzeichen* der Kirche Gegenstände *menschlicher* Verantwortung dar, konstituieren aber als solche und auf ihre Weise ebenfalls die Identität der Kirche.

Die Identität der Kirche ist also doppelt konstituiert. Im Folgenden soll von ihr im zweiten, durch die notae ecclesiae bestimmten Sinne die Rede sein.

Die Identität der Kirche in diesem Sinne kann unter formalem oder unter inhaltlichem Aspekt thematisiert werden. In formaler Hinsicht wird die Identität eines sozialen Systems durch seine Unterschiedenheit zu seiner Umwelt konstituiert. Kirchliche Sorge um ihre Identität muß sich darum um Kriterien für diese Grenzziehung und um die Aufrechterhaltung der Grenze bemühen. In materialer Hinsicht gilt: Die Identität eines sozialen Systems wird durch eine sachgemäße Relation von handlungsleitender Orientierung und Handeln konstituiert. Kirchliche Sorge um ihre Identität muß sich darum um ein rechtes Verständnis und einen rechten Umgang mit dem Evangelium bemühen.

Es ist ekklesiologisch keineswegs selbstverständlich, daß die Kirche um ihre Identität Sorge trägt. Vielmehr läßt sich auch eine Programmatik der Sorglosigkeit

---

[197] Diese beiden „notae ecclesiae" gehen auf die Formulierung von CA VII zurück: „Est autem ecclesia congregatio sanctorum, in qua evangelium pure docetur et recte administrantur sacramenta" (BSLK 61).

[198] Die theologisch Argumentation ist keineswegs die einzig mögliche, sollte aber ausschlaggebendes Gewicht haben.

[199] W. HUBER, Kirche, ^{2}1988, 91.

hinsichtlich kirchlicher Identität ekklesiologisch begründen, so paradox das klingen mag. Man kann diese Unterscheidung sogar geradezu als Leitunterscheidung bei der Behandlung der ekklesiologischen Programmatikansätze der DDR-Theologien verwenden. Die Entscheidung innerhalb der genannten Alternative fällt als Antwort auf die Frage nach der Art und Weise der ekklesiologischen Relevanz des Kreuzes Jesu Christi. Der Gegenstandsbereich, dem wir uns zuwenden müssen, wenn wir der programmatisch-ekklesiologischen Leitunterscheidung zwischen Sorge und Sorglosigkeit hinsichtlich der kirchlichen Identität auf den theologischen Grund gehen wollen, ist also die Theologie des Kreuzes. Die Frage, die dabei behandelt wird, lautet: wie verhalten sich unterschiedliche kreuzestheologische Optionen zum uns hier beschäftigenden Identitätsproblem?

3.1.2 Zum Problem des Verhältnisses von Identität und Kommunikation der Kirche

Betrachtet man die Kirche als die Sozialgestalt des Glaubens, dann heißt dies, aus der Perspektive ihrer Auftragsbestimmung her formuliert, zunächst allgemein: die Kirche ist ein System öffentlicher religiöser Kommunikation. Über Art und Weise sowie über den Inhalt der *kirchlichen* (Außen-)Kommunikation[200] kann es sowohl innerhalb der Kirche als auch zwischen der Kirche und ihren Kommunikationspartnern in ihrer Umwelt, also anderen Kommunikationssystemen, zum Konflikt kommen.

Kommunikation kann im Anschluß an Niklas Luhmann allgemein als Einheit von Information, Mitteilung und Verstehen gedacht werden[201]. Information ist dabei als „eine Selektion aus einem (bekannten oder unbekannten) Repertoire von Möglichkeiten"[202] gedacht. Eine Mitteilung entsteht durch Codierung einer Information. Verstehen schließlich ereignet sich durch die Beobachtung der Differenz von Information und Mitteilung sowie deren Zugrundelegung für die Wahl des Anschlußverhaltens. Entscheidend für das Zustandekommen von Kommunikation ist, daß „[d]ie Codierung [...] als operative Vereinheitlichung von Information und Mitteilung" durch die Kommunikanten „gleichsinnig gehandhabt" wird[203].

Wir wollen dieses Modell akzentuieren, indem wir die Information als „Motivation", die Mitteilung als „Intention" und das Verstehen als „Motivationsübernahme" denken[204]. Kommunikation, die Einheit von Motivation, Intention und Motivationsübernahme, bestünde dann, nimmt man die Anschlußkommunikation in ihren Begriff mit auf, in einem Austausch von Intentionen bzw. in einer wechselseitigen Motivübernahme.

---

[200] Hiervon ist die Binnenkommunikation des Kommunikationssystems Kirche zu unterscheiden.

[201] Vgl. N. LUHMANN, Soziale Systeme. Grundriß einer allgemeinen Theorie, ⁴1991, 193–201.

[202] A.a.O., 195.

[203] A.a.O., 197.

[204] Diese Terminologie erfolgt im Anschluß an W. HÄRLE/E. HERMS, Rechtfertigung. Das Wirklichkeitsverständnis des christlichen Glaubens, 1980, 132f.

Diese Skizze soll als heuristisches Modell für eine verstehende Betrachtung der Außenkommunikation der Kirche in der DDR dienen. „Kommunikation" ist damit der Oberbegriff für alle kirchlichen Lebensäußerungen und schließt sowohl Handeln als auch Reden der Kirche ein. Wie bei jedem Kommunikationssystem lassen sich nun auch bei der Kirche Binnen- und externe Kommunikation unterscheiden. Beiden Kommunikationsbereichen liegen wiederum spezifische Differenzen zugrunde.

– Der Binnenkommunikation des Kommunikationssystems Kirche liegt einerseits die soziale Differenz unterschiedlicher Sozialformen (einzelner Christ, Gruppe, verschiedene[205] Formen institutioneller kirchlicher Organisationen) und andererseits die funktionale Differenz von Laien und Amtsträgern[206] zugrunde.

– Der externen Kommunikation liegt (wie schon der Unterscheidung in Binnen- und externer Kommunikation überhaupt) konstitutiv die Unterscheidung Kirche/Umwelt zugrunde. Die Gestalt kirchlicher Außenkommunikation kann in die Formen Zeugnis und Dienst differenziert werden[207].

Unter „Auftragsbestimmung" verstehen wir die Fixierung bestimmter Formen und Inhalte kirchlicher Kommunikation. Mit solcher formalen und inhaltlichen Fixierung eines Kommunikationssystems[208] ist zugleich dessen Identität konstituiert.

Daß hier wichtige Probleme der „Kirche im Sozialismus" liegen dürften, haben wir schon in dem Kapitel vermutet, das diese Formel als „Situationsbestimmung" interpretiert. Denn die Frage nach der eigenen Identität stellt ein spezifisches Problem der Diaspora-Situation der Kirche dar. Seine Behandlung hat ihren sachgemäßen Ort jedoch im Rahmen der Frage nach der kirchlichen Auftragsbestimmung.

Bevor wir zu den Einzelproblemen der Auftragsbestimmung der Kirchen in der DDR in ihrem spezifischen historischen Kontext kommen, werden wir also zunächst nach der Bestimmung des Auftrags der Kirche vor dem Horizont der Frage nach der Vergewisserung ihrer Identität zu fragen haben. Dabei werden wir methodisch die oben genannte Differenz von Innen- und Außenkommunikation zur Anwendung bringen. Auch die Behandlung dieser grundlegenden Problematik wird freilich nicht in allgemeiner Weise erfolgen, sondern bereits einen Teil der Interpretation der Formel „Kirche im Sozialismus" als Auftragsbestimmung darstellen.

---

[205] in der Regel zu unterscheiden in territorial, konfessionell und funktional ausgerichtete Formen.

[206] Daß diese Differenzierung (nur) in funktionaler Hinsicht zu begreifen ist, setzt schon ein bestimmtes Verständnis voraus, das nicht notwendig allgemeinen Konsens repräsentiert.

[207] Diese terminologische Fassung der formalen Differenzierung kirchlicher Außenkommunikation ist v.a. auf die Barmer Theologische Erklärung zurückzuführen.

[208] Dabei ist vorausgesetzt, daß jedes soziale Phänomen formal als Kommunikationssystem anzusehen ist.

3.2 Das Problem der Identität der „Kirche im Sozialismus" und die Wahrheitsfrage

Eine kreuzestheologisch fundierte Ekklesiologie oder *ecclesiologia crucis* führt genau dann zu einer „theologische[n] Selbstverunsicherungspraxis"[209] der Kirche, wenn sie die Wahrheitsfrage tangiert, ganz unabhängig davon, ob sich die Kirche in einer pluralistisch-liberalen, zur Beliebigkeit oder gar zum Verschwinden von Wahrheiten tendierenden, oder in einer ideologischen, zur Etablierung von Überzeugungszwang tendierenden gesellschaftlichen Umwelt existiert. Für eine Kirche, die in einer ideologisch geprägten gesellschaftlichen Umwelt existiert, hat die Wahrheitsproblematik die Form der Herausforderung durch eine Deutung der Wirklichkeit, die nicht nur universale Gültigkeit, sondern auch Exklusivität beansprucht und also die Wirklichkeit auf eine bestimmte Interpretation festlegt und die Anerkennung dieser Festlegung unter dem Druck staatlicher Repression zu erzwingen trachtet. Das bedeutet, daß jeder Akt einer Wirklichkeitsdeutung, die von der offiziellen „ideologischen Festlegung der Wirklichkeit"[210] abweicht bzw. nicht in sie integrierbar ist, staatsfeindliche Qualität erlangt.

Ausgangspunkt der folgenden Überlegungen ist die These, daß die (die Identität der Kirche konstituierende) Kommunikation des Evangeliums unabhängig von ihrer Sozialform, Richtung und Gestalt notwendig im Modus assertorischer Rede geschieht. Das heißt, sie macht einen Wahrheitsanspruch geltend[211], oder genauer: sie repräsentiert eine als wahr bezeugte Wirklichkeit[212]. Begründet ist dieser assertorische Charakter der christlichen Rede in ihrem „Anspruch [...], in all ihren Vollzügen Rückrede auf ergangene Anrede Gottes zu sein"[213].

Wenn diese These zutrifft, dann hat die identitätskonstituierende Kommunikation der Kirche notwendig einen ideologiekritischen Aspekt. Umgekehrt müssen dann Defizite im Bereich dieses ideologiekritischen Aspektes zu Identitätsproblemen der Kirche und damit des Glaubens, dessen Sozialform sie ist, führen[214].

Damit ist die Wahrheitsfrage als ein theologisches Grundproblem der „Kirche im Sozialismus" aufgeworfen, dem wir etwas ausführlicher nachgehen müssen. Zunächst soll kurz auf drei Problemzusammenhänge hingewiesen werden, in denen sich die Wahrheitsproblematik in ihrer hier vorgelegten Fassung in der DDR kon-

---

[209] M. BEINTKER, Der gesellschaftliche Neuaufbau in den östlichen Bundesländern. Herausforderungen an die Theologie, in: ThLZ 116, 1991, 241–254, 246.
[210] W. KRÖTKE, Die Kirche und die „friedliche Revolution" in der DDR, in: ZThK 87, 1990, 521–544, 537.
[211] Vgl. I. U. DALFERTH, Religiöse Rede von Gott, 1981, v.a. 522–530. DALFERTH identifiziert den assertorischen Charakter christlicher Rede von Gott als „Behauptungscharakter" (523), d.h. „– daß von Gott geredet wird; – daß die Sprecher intendieren, Behauptungen aufzustellen; – daß sie mit ihren Äußerungen einen verständlichen propositionalen Gehalt zum Ausdruck bringen, den sie als wahr oder falsch behaupten" (525).
[212] Zur Näherbestimmung des assertorischen Charakters christlicher Rede von Gott als Zeugnis vgl. J. FISCHER, Behaupten oder Bezeugen? Zum Modus des Wahrheitsanspruchs christlicher Rede von Gott, in: ZThK 87, 1990, 224–244.
[213] I. U. DALFERTH, Existenz Gottes. Skizzen zu einer eschatologischen Ontologie, 1984, 19.
[214] Vgl. dazu M. BEINTKER (Anm. 209), 244–247.

kretisiert hat. Im Anschluß daran will ich eine kritische traditionsgeschichtliche Darstellung versuchen.

3.2.1 Die Kirche als Zeugin oder als Anwältin der Wahrheit?

Die Identitätskrise von Glaube und Kirche in der DDR war mit der politischen Strategie der Kirchenleitung verbunden. Das Paradoxon der „Kirche im Sozialismus" bestand darin, daß sie, um innerhalb der ideologischen Diktatur Freiräume der Wahrheit eröffnen zu können[215], ihre eigene Identität hintangestellt hat. Denn um Freiraum für mannigfache Gegenöffentlichkeiten in der sozialistischen Gesellschaft bieten zu können, mußte die Kirche als Institution in der Gesellschaft gesichert präsent sein. Diese gesicherte Präsenz wäre aber gefährdet oder gar unmöglich gewesen, hätte die Kirche *selbst*, als Institution und in deren Namen, öffentlich darauf gedrängt, die Wahrheitsfrage offenzuhalten. Statt dessen hat sie sich darauf beschränkt, in indirekter Weise der Wahrheit zu dienen. Damit war der ideologiekritische Aspekt kirchlicher Kommunikation über weite Strecken auf bestimmte kirchliche Sozialformen reduziert. Seine Beschränkung auf die kirchliche Binnenkommunikation war in den achtziger Jahren einer der meistumstrittenen Sachverhalte sowohl innerhalb der Kirche als auch zwischen Staat und Kirche. Es war die oben beschrieben „Doppelstrategie" der Kirche, (Stolpe) die sie zu diesem Reduktionismus genötigt hatte und die damit mit dem hohen Risiko der Gefährdung der Identität des Glaubens und der Kirche verbunden gewesen war.

3.2.2 Sozialistische und christliche Religionskritik im Sozialismus

Im Namen des Evangeliums kann man Unmündigkeit, Knechtschaft und Entwürdigung des Menschen ebensowenig gutheißen wie Verhältnisse, in denen Menschen unmündige, geknechtete und entmündigte Wesen sein müssen[216]. Im Namen des Evangeliums muß also solcher Praxis widersprochen, müssen solche Verhältnisse geändert und Kräfte, die solche Verhältnisse stabilisieren, kritisiert werden. Falls, wie der Marxismus behauptet, Religion zur Stabilisierung von heteronomen Verhältnissen beiträgt, geht theologische mit marxistischer Religionskritik vereint und kann dabei auch Kirchen- und Theologiekritik einschließen. Solche theologische Kritik befindet sich in der Tradition Bonhoeffers, denn dessen Religions-, Kirchen- und Theologiekritik hatte sich im Namen des mündigen, nämlich mündig, d.h. autonom gewordenen neuzeitlichen Menschen gegen die ent-

---

[215] Ideologie ist der gewaltsame Versuch einer menschlichen Fest- und Durchsetzung einer bestimmten Überzeugung und damit das Gegenteil von Wahrheit, denn Wahrheit ist frei und macht frei. Die Interpretation der kirchlichen „Freiraum"-Politik durch den Wahrheitsbegriff etwa bei E. JÜNGEL, Kirche im Sozialismus. Kirche im Pluralismus, in: EK 26, 1993, 6–13 trifft darum m.E. den Sachverhalt ganz präzise: „Die evangelische Kirche war auch im Sozialismus ein Ort, an dem man die Wahrheit sagen konnte" (11). „So war die Minderheitskirche tatsächlich für alle da. Sie war es einfach und elementar dadurch, daß man in ihr die Wahrheit sagen konnte. Sie war innerhalb der verlogenen sozialistischen Gesellschaft ein konsequenter Anwalt der Wahrheit" (10).

[216] Wichtige Anregungen zu den folgenden Gedanken habe ich empfangen von: R. SCHRÖDER, Der christliche Humanismus – aus protestantischer Sicht, in: DERS. 1990, 23–35.

mündigende Tendenz von Theologie und kirchlicher Verkündigung seiner Zeit gewendet.

Kriterium theologischer Religions-, Kirchen- und Theologiekritik ist also das Menschsein des Menschen. Theologische Kritik ist sie aber erst dann, wenn diesem Kriterium die Einsichten des christlichen Glaubens in die Bedingungen wahren Menschseins zugrundeliegen. Eine Kritik aufgrund dieser Einsichten beschränkt sich dann jedoch nicht selbstkritisch auf kirchliche, sondern bezieht alle Phänomene ein, die diesen Bedingungen entgegenstehen. In allen Fällen erfolgt die Kritik in konstruktiver Weise, bilden die genannten Einsichten also auch die Grundlage für positive Beiträge des christlichen Glaubens zu der Frage nach einer Handlungsorientierung, die dem Menschsein des Menschen zugute kommt.

Die einsichtige Annahme einer als berechtigt anerkannten Kritik und ihre Aufnahme als Selbstkritik hindert also nicht daran, fordert vielmehr im Gegenteil dazu auf, die Kriterien dieser Kritik aktiv sowohl negativ (als Kritik) als auch positiv (als konstruktiven Beitrag) selbst anzuwenden.

In der sozialistischen Gesellschaft der DDR hätte man damit allerdings gleich mehrere Tabus verletzt, nämlich

1. den Grundsatz der Beschränkung der Kritik auf sozialistische Selbstkritik[217] und
2. den Grundsatz der Unmöglichkeit ideologischer Koexistenz.

Beide Tabus hatten die Funktion, den als politisches Axiom behaupteten Sachverhalt, daß die Wahrheitsfrage in der DDR entschieden sei, sicherzustellen. Die Essenz des „Burgfriedens" vom 6. März 1978 war die Übereinkunft, daß die Kirche nicht „Kirche für den Sozialismus" und erst recht nicht „sozialistische Kirche" sein müsse, um dieses politische Axiom zu akzeptieren. Andererseits war aber auch klar, daß sie, hätte sie sich ihm offen widersetzt, zur „Kirche gegen den Sozialismus" erklärt worden wäre, was ihrem Selbstverständnis ausdrücklich widersprochen hätte[218]. Politisch ist die Sache damit klar. Theologisch muß allerdings dagegen Einspruch erhoben werden, die Wahrheitsfrage auf der Ebene der Differenz für/gegen den Sozialismus zu lokalisieren.

Den Hintergrund der offensichtlichen Tendenz zu dieser Lokalisierung bildete Bonhoeffers wertende Unterscheidung zwischen religiös und religionslos. Die Rezeption dieser Bonhoefferschen Unterscheidung und den bei diesem mit ihr verbundenen Wertungen verleitete in besonderer Weise dazu, christliche und sozialistische Religionskritik einander anzunähern und auf diese Weise die christliche Religionskritik auf kirchliche Selbstkritik zu reduzieren.

Bonhoeffers Religionsverständnis[219] betrachtete Religion als einen Bereich innerhalb, oder besser: neben der „Welt". Die Leistung dieses Bereiches besteht in der Befriedigung religiöser Bedürfnisse der „Welt". Diese Bedürfnisse sind weitgehend individueller Natur, etwa Trost angesichts der Erfahrung von Leid oder Sinn

---

[217] s. u. Kap. 3.3.3.1.
[218] Vgl. den Text der Bundessynode in Eisenach 1971, Dok 1971/2.
[219] s. o. Kap. II.B/1.1.

angesichts der Erfahrung von Kontingenz. Die Kritik dieser Religion besteht wesentlich aus zwei Punkten:

1. Der christliche Glaube ist mit einer so verstandenen Religion nicht identisch. Er ist nicht funktional auf bestimmte Bedürfnisse, also bestimmte Mangelphänomene der Menschen bezogen, sondern ist Antwort auf die Inanspruchnahme des ganzen Menschen, der ganzen Welt durch Jesus Christus[220]. Das religiöse Mißverständnis des Glaubens verführt die Kirche dazu, im Eigeninteresse religiöse Bedürfnisse der Menschen zu erzeugen, um deren Befriedigung dann gewährleisten zu können[221].

2. Die Mängel und Defizite, die als religiöse Bedürfnissen gelten, können auf „weltliche", also nichtreligiöse Weise bearbeitet werden. Diese nichtreligiöse Bearbeitung der sogenannten religiösen Bedürfnisse ist diesen angemessen, da sie autonome Verhältnisse schafft, während die Religion Heteronomie erzeugt[222].

Religion wird also bei Bonhoeffer rein negativ bestimmt, nämlich als unsachgemäßes, da Heteronomie erzeugendes Instrument der Bearbeitung menschlicher Bedürfnisse. Dieses Religionsverständnis legte den Gedanken nahe, es gäbe eine „Welt" ohne Religion, und diese „Welt" sei gerade aufgrund ihrer Religionslosigkeit mündig zu nennen, weil sie den heteronomen Umgang mit ihrer Unvollkommenheit überwunden und zu Autonomie gefunden habe.

Wird die in der angegebenen Weise interpretierte Unterscheidung von religiös und religionslos zur dominanten Kategorie bei der theologisehen Verhältnisbestimmung von Kirche und „Welt", dann ist es, zumal angesichts einer sich als „wissenschaftlich" und „atheistisch" gerierenden Weltanschauung, nur ein kurzer Weg zu der Überzeugung, das Geltendmachen eines Wahrheitsanspruches durch die Kirche sei ein Akt klerikaler Bevormundung der mündigen Welt.

3.2.3 Die Wahrheit des Glaubens und die Homogenität der Wirklichkeit

Eine Verbindung der für den Protestantismus typischen Neigung zur Vorstellung der Homogenität[223] der Wirklichkeit mit der religiös/religionslos-Differenz als dominanter Kategorie bei der Wahrnehmung dieser Wirklichkeit hat die strenge Alternative zwischen ihrer „religiösen" und ihrer „säkularen" Interpretation zur Folge. In der Tat muß unter dieser Voraussetzung ein Begriff des Glaubens als Wirklichkeitsverständnis mit universalem Geltungsanspruch hegemonialen, seine Sozialform klerikalen Charakter annehmen. Ein Streit um die Wahrheit der Realität konnte dann nicht anders als eine Rivalität zweier sich wechselseitig ausschließender Ideologien gedacht werden. Wenn man dies vermeiden wollte, ohne die genannten Voraussetzungen zu revidieren, so mußte das theologische Denken anders strukturiert werden. Ausgangspunkt war dann die Anerkennung der – in der DDR ideologisch po-

---

[220] WEN, 373–375 (= WE, [11]1980, 169f.).

[221] WEN, 356–360 (= WE, [11]1980, 158–163). 373–375 (169f.). 379f. (174).

[222] WEN, 341f. (= WE, [11]1980, 155f.). 356–360 (158–163).

[223] K. NOWAK hat auf eine „protestantische [...] Neigung zu gesellschaftlichen Homogenitätsmustern" und deren Auswirkungen in der DDR hingewiesen (DERS., Der Protestantismus in der DDR – Erfahrungen und Schwierigkeiten auf dem Weg zur Demokratie, in: ZEE 34, 1990, 165–173, 166).

stulierten und inhaltlich festgeschriebenen – Evidenz der „Wirklichkeit des Lebens und der Welt."[224] Damit hatte die Theologie aber das sozialistische Axiom von der „Unmöglichkeit ideologischer Koexistenz" akzeptiert. Die Folge war, daß der Glaube innerhalb der ideologisch definierten Wirklichkeit entweder *jeden* Anspruch auf Wirklichkeitsdeutung aufgeben oder dualistische Struktur annehmen mußte.

In der Regel hatten darum auch alle Versuche sozialistisch orientierter Theologie in der DDR eine unübersehbare Tendenz zu Trennung, Divergenz und Dualismus. 1951 hatte die CDU in Ostdeutschland versucht, ihre damals erfolgte Gleichschaltung theologisch zu rechtfertigen. In ihren auf einer Arbeitstagung in Meißen verabschiedeten „Thesen des christlichen Realismus" wurde der ausdrücklich als „dualistisch" gekennzeichnete Glaube als „Anerkennung zweier wesensunabhängiger Wirklichkeiten", nämlich „Sein und Bewußtsein", bestimmt[225]. Der Berliner Theologe Gerhard Bassarak faßte diese Doktrin der zwei Wirklichkeiten in das Begriffsschema Heil und Wohl und betonte, die „Realität des Heils" erhebe weder Anspruch auf Erkenntnis noch auf Gestaltung der Wirklichkeit und begründe auch keine eigenen Kriterien zur Beurteilung politischer Wirklichkeitsgestaltung[226].

In der Kirche war diese an den Sektionen Theologie der staatlichen Universitäten betriebene „Divergenz-Theologie" so gut wie nicht rezipiert worden. Hier orientierte man sich v. a. an Dietrich Bonhoeffers Wirklichkeitsverständnis[227], das insbesondere in der Argumentation Albrecht Schönherrs eine fundamentale Bedeutung einnahm. Schönherr betonte, daß der christliche Glaube sich der ihre Wirklichkeit aus sich selber schöpfenden und darum „mündig" genannt zu werdenden verdienenden „Welt" nicht „religiös" konfrontiert, sondern leidend an ihr *teilnimmt*. Mit Bonhoeffer lehnte er jedoch auch eine wie auch immer geartete Doktrin der zwei Wirklichkeiten ab, sondern sprach von der „wahren Wirklichkeit", als deren Zeugin sich die Kirche innerhalb der mündigen Welt und ihrer Wirklichkeit bewähren müsse. Diese „Gotteswirklichkeit" in ein Konfrontationsverhältnis mit der ideologischen „Realität" des Sozialismus zu stellen, wäre für ihn freilich der Kategorienfehler einer nicht vollzogenen Unterscheidung zwischen vorletzter (wissenschaftlicher) und letzter (existentieller) Wirklichkeit[228] gewesen. Auch hier blieb die Struktur des Denkens also letztlich unvermittelt-dualistisch.

---

[224] Rechtfertigung, Glaube und Bewußtsein. Werkstattbericht IV der Kommission für das Lehrgespräch, in: KJB 100, 1973, 227–234, 231.

[225] Dok 1951/1.

[226] Dok 1974/8. Vgl. auch C. ORDNUNG, Divergenz und Polarisierung. Beitrag auf der IX. Sitzung des CDU-Hauptvorstandes im Dezember 1970, in: KJB 97, 1970, 194–196; R. HENKYS, Divergenz-Theologie, in: EK 3, 1970, 379f. Wichtige direkte kritische theologische Bezugnahmen auf die Divergenz-Theologie bieten H. FALCKE, Bemerkungen zur Funktion der Zweireichelehre für den Weg der Evangelischen Kirchen in der Deutschen Demokratischen Republik, in: U. DUCHROW (Hg.), Zwei Reiche und Regimente, 1977, 65–78; G. JACOB, Weltwirklichkeit und Christusglaube. Wider eine falsche Zweireichelehre, 1977. Bei W. KRÖTKE steht die Auseinandersetzung um die Wirklichkeitsfrage im Zentrum seines gesamten Werkes.

[227] s. o. Kap. II.B/1.

[228] „Wir Christen können den Marxisten die Wirklichkeit dessen nicht beweisen, was für unseren Glauben die Mitte der Wirklichkeit ist" (A. SCHÖNHERR, Die Religionskritik Dietrich Bonhoeffers in ihrer Bedeutung für das Christsein in der DDR [1986], in: DERS. 1988, 239–260). Aus

Ihre Pointe findet die Wahrheits- und also die Identitätsproblematik der Kirche in dem Begriff der Arkandisziplin, der von Bonhoeffer wieder in die ekklesiologische Diskussion gebracht worden war.

3.2.4 Dietrich Bonhoeffers Rede von der Arkandisziplin der Kirche

Bei Bonhoeffers Aussagen über das Schweigen der Kirche bzw. über ihre Arkandisziplin läßt sich unterscheiden zwischen einem grundsätzlichen und einem relativen Schweigen der Kirche. Beidemale gilt jedoch gleichermaßen, daß das Schweigen der Kirche ihrem Reden *funktional zugeordnet* ist. Das Schweigen der Kirche geschieht stets um ihres Redens willen[229].

3.2.4.1 Das grundsätzliche Schweigen der Kirche

In der geschichtlichen Einleitung der Finkenwalder Homiletik kommt Bonhoeffer auf die historische Entstehung der Arkandisziplin zu sprechen:

> „Unter Origenes entsteht aber auch die Arkandisziplin, d.h. die Wahrung der geschlossenen Versammlung zum Empfang der Sakramente, zum Glaubensbekenntnis und Vaterunser. Sie entsteht zum Schutz wider den Spott der Welt."[230]

Die die kirchliche Identität konstituierende Kommunikation, der Raum, in dem sie ihre Identität ausbildet und durchhält, bedarf des Schutzes. „Es gibt ein christliches Wissen, das nur zur Selbstverständigung der Gemeinde dient."[231] Dieses Wissen wird im Bekenntnis aufbewahrt und artikuliert. Als das die kirchliche Identität ausmachende Wissen[232] darf das Bekenntnis dem Unglauben nicht schutzlos preisgegeben werden. In seiner Ekklesiologievorlesung vom Sommersemester 1932 sagt Bonhoeffer:

> „Bekenntnis ist nicht zu verwechseln mit Bekennertum. Bekennertum nimmt das Bekenntnis als Propaganda- und Kampfmittel gegen die Gottlosen. Das Bekenntnis gehört als Arcanum in die christliche Versammlung der Gläubigen. [...] Es ist nicht laut propagandistisch hinauszuschreien; es muß als heiligstes Gut der Gemeinde bewahrt bleiben. Es ist eine Sache zwischen Gott und Gemeinde, nicht zwischen Gemeinde und Welt; Parole zum Erkennen zwischen Freund und Freund, nicht gegen den Feind anzuwenden."[233]

Bonhoeffer möchte das Bekenntnis also *grundsätzlich* auf den Bereich kirchlicher Binnenkommunikation beschränkt wissen. Die rechte Zuordnung zur Außenkommunikation geschieht mittels zweier Differenzierungen. Zunächst unter-

---

diesem Grund komme für die Gestalt des christlichen Zeugnisses im Sozialismus der Tat Vorrang vor dem Wort, dem praktischen Vorrang vor dem theoretischen Dialog zu (vgl. u. Kap. 3.3.2.3.1).

[229] „Immer aber steht das Schweigen in einer dialektischen Beziehung und in einer dienenden Funktion zum Reden" (H.-J. ABROMEIT, Das Geheimnis Christi. Dietrich Bonhoeffers erfahrungsbezogene Christologie, 1991, 150).

[230] GS IV, 239.

[231] H.-J. ABROMEIT, a.a.O., 155.

[232] „Am Bekenntnis scheidet sich die Gemeinde von der Welt" (GS V 258).

[233] GS V, 259.

scheidet Bonhoeffer zwischen Lehre, Verkündigung und Bekenntnis der Kirche, wobei gelten soll:

> „Lehren soll die Kirche vor aller Welt. Verkündigen muß sie sowohl Getauften wie Ungetauften. Aber bekennen soll und kann sie nur in der Gemeinde (s. Arkandisziplin). Ein Bekenntnis nach außen ist ein gefährliches Unterfangen."[234]

Doch auch Bonhoeffer kennt die Möglichkeit eines Bekenntnisses nach außen. Dies ist dann möglich, wenn innerhalb des Bekenntnisbegriffes zwischen Wort und Tat geschieden wird:

> „Das erste Bekenntnis der christlichen Gemeinde vor der Welt ist die Tat. Sie interpretiert sich selbst. [...] Allein die Tat ist unser Bekenntnis vor der Welt."[235]

3.2.4.2 Das relative Schweigen der Kirche

In anderen Zusammenhängen unterscheidet Bonhoeffer nicht zwischen unterschiedlichen Akten verbaler kirchlicher Kommunikation, bei denen die einen Binnen- und Außenkommunikation umfassen, die anderen dagegen exklusiv der Binnenkommunikation zugeordnet werden, sondern unterschiedliche historische Phasen. Es gibt demnach Zeiten, in denen die Kirche vorrangig verbal mit ihrer Umwelt kommuniziert, aber auch Zeiten, in denen dies – gerade um des wiederzuerlangenden vollmächtigen Redens willen – durch die handelnde Praxis zu geschehen hat. Dafür kann es zwei Gründe geben.

1. Der eine Grund besteht in dem Versagen der Kirche selber, insofern sie aufgrund einer „Diskrepanz zwischen Wort und Tat"[236] Anstoß gegeben und also ihre Glaubwürdigkeit verloren hat. „Einer Gesellschaft, gegenüber der die Kirche versagt hat, weil sie anders redete als sie handelte, kann die Kirche erst einmal nur schweigend, aber überzeugend handelnd, begegnen. [...] Das notwendige Schweigen ist ein Bußschweigen."[237] Es zielt freilich auf die Wiedererlangung des vollmächtigen Wortes: „Der Tag wird kommen –, an dem wieder Menschen berufen werden, das Wort Gottes so auszusprechen, daß sich die Welt darunter verändert und erneuert."[238]

2. Die zweite Begründung eines zeitweisen Schweigens der Kirche ist pädagogischer Natur. Damit ist gemeint: Es kann u.U. im Sinne der Botschaft sein, wenn sie – zeitweise – verschwiegen wird, nämlich dann, wenn die Konfrontation mit ihr die Ungläubigen überfordern würde. Ein Verkündigen der christlichen Botschaft kann nur dann als Auftrag der Kirche angesehen werden, wenn es unter Bedingungen geschieht, die es als möglich erscheinen lassen, daß diese Botschaft ihre Adres-

---

[234] GS V, 339.
[235] GS V, 259. Entsprechend nimmt BONHOEFFER die Unterscheidung von Gemeinde- und Volkspredigt vor, vgl. GS IV, 238–240.
[236] GS V, 386.
[237] H.-J. ABROMEIT, a.a.O., 157.
[238] WEN, 328.

saten auch erreicht. Fehlen diese Bedingungen dagegen, so wirkte eine dennoch vollzogene Verkündigung „kontraproduktiv"[239].

Bonhoeffer sah zu seiner Zeit das Fehlen dieser Bedingungen darin begründet, daß die christliche Botschaft von Kirche und Theologie in einer Sprache artikuliert wurde, die der „mündiggewordenen Welt" nicht mehr verständlich sein konnte. Konkret hieß das für ihn: Solange der christliche Glaube sein Wirklichkeitsverständnis in einer religiös geprägten Sprache zum Ausdruck brachte, konnte er es in einer religionslos gewordenen Welt nicht mit Aussicht auf Gehör artikulieren und tat also besser daran, vorläufig zu schweigen.

Auch hier besteht, wie beim Bußschweigen, die Alternative in einer zeitweiligen Präferenz des Tatzeugnisses vor dem Wortzeugnis. In den Gefängnisbriefen nimmt Bonhoeffer den Zeugnis- bzw. Bekenntnischarakter der christlichen Praxis dann allerdings stark zurück und spricht von der Teilnahme der Christen am „Leiden Gottes an der gottlosen Welt"[240].

Doch Bonhoeffer denkt in diesem zweiten Fall die Relativität des kirchlichen Schweigens nicht nur zeitlich, sondern auch inhaltlich. Mit seiner Rede von den „Stufen der Bedeutsamkeit"[241] nimmt er eine Verknüpfung des grundsätzlichen mit dem zeitweisen Schweigen der Kirche vor. Es gibt, so Bonhoeffer, unterschiedliche Grade der Vermittelbarkeit innerhalb der christlichen Botschaft. Teile des der Kirche anvertrauten Gutes können so zum „Geheimnis" werden, von dem zeitweise nicht geredet werden kann, ohne sowohl ihm als auch den Hörern Schaden zuzufügen. Genau diese Erkenntnis war es, die zu Bonhoeffers Kritik an Barths von ihm polemisch so genannten „Offenbarungspositivismus" geführt hatte:

„Barth hat als erster Theologe – und das bleibt sein ganz großes Verdienst – die Kritik der Religion begonnen, aber er hat dann an ihre Stelle eine positivistische Offenbarungslehre gesetzt, wo es dann heißt: ‚friß, Vogel, oder stirb'; ob es nun Jungfrauengeburt, Trinität oder was immer ist, jedes ist ein gleichbedeutsames und – notwendiges Stück des Ganzen, das eben als Ganzes geschluckt werden muß oder gar nicht. Das ist nicht biblisch. Es gibt Stufen der Erkenntnis und Stufen der Bedeutsamkeit; d.h. es muß eine Arkandisziplin wiederhergestellt werden, durch die die *Geheimnisse* des christlichen Glaubens vor Profanierung behütet werden."[242]

Mit seiner Rede von „Stufen der Erkenntnis und [...] der Bedeutsamkeit" legte Bonhoeffer einen didaktischen Maßstab an die Inhalte der kirchlichen Verkündigung an. H.-J. Abromeit hat diese „Didaktik des Glaubens" wie folgt zusammengefaßt:

---

[239] H.-J. ABROMEIT, a.a.O., 159.
[240] WEN, 395.
[241] WEN, 312.
[242] WEN, 312. Herv. i. O. W. PANNENBERGs Berufung auf BONHOEFFERS BARTH-Polemik verfehlt also deren Pointe, wenn PANNENBERG den Begriff „Offenbarungspositivismus" bei BONHOEFFER als Kritik an einer Funktion der Offenbarung bei BARTH als einer nicht auf ihre Voraussetzungen hin befragten Argumentationsgrundlage liest, vgl. W. PANNENBERG, Wissenschaftstheorie und Theologie (1973), 1987, 31. Vgl. auch a.a.O., 266–277.

„1. Ein Unterscheiden der Stufen der Erkenntnis und der Bedeutsamkeit;

2. ein Nennen des Gottesnamens im Vorletzten dort, wo die Zugehörigkeit des Christen zu Gott sichtbare Auswirkungen auf das Verhalten der Menschen hat, also im Bereich von Schöpfungs- und politischer Ethik;

3. glaubwürdiges Handeln im Vorletzten, das über sich selbst hinaus weist auf das Letzte;

4. ein – vorläufiges – Schweigen von der Rechtfertigung des Lebens durch Gott als dem Letzten, aus dem der Glaubende lebt und dessen Gewißheit ihm nicht infrage steht, eben weil das Letzte, Christus, sein Leben ist."[243]

3.2.5 Zur kommunikationstheoretischen Lokalisierung kirchlicher Identitätskonstitution in kritischer Auseinandersetzung mit Bonhoeffer

V.a. seine zweite Begründung eines zeitweisen Schweigens der Kirche macht deutlich, daß Bonhoeffers Andeutungen zu einer Arkandisziplin der Kirche voraussetzungsreich sind. So gehört zur notwendigen Bedingung ihrer möglichen Plausibilität etwa sein Religionsverständnis und sein davon abgeleiteter Begriff von „Mündigkeit"[244]. Es mag zu der mit diesem Denkhorizont gegebenen Negativfolie gehören, daß Bonhoeffer das Kirche-Umwelt-Verhältnis fast ausschließlich konfrontativ zeichnete. So stellte er 1932 die Hörer seiner Ekklesiologievorlesung im Zusammenhang der Frage nach der Lokalisierung des christlichen Bekenntnisses vor die Alternative, dasselbe entweder als „propagandistisch" hinausgeschrieenes „Kampfmittel gegen die Gottlosen" oder als der „Welt" vorzuenthaltendes „heiligstes Gut der Gemeinde" zu verstehen[245]. Offensichtlich konnte Bonhoeffer kirchliche Außenkommunikation nicht anders verstehen als zumindest latent aggressives „Proselytenmachen"[246], in ihrer „religiösen" Form vergleichbar einem Überfall oder einer Vergewaltigung[247]. Vor diesem Hintergrund muß seine Forderung einer zeitlich befristeten schweigsamen Besinnung allerdings richtig und angemessen erscheinen. Umgekehrt kann man jedoch fragen, ob eine Kirche, die ihr Reden nicht als „religiöse" Attacke gegen die „Welt" versteht, sondern als ihren öffentlichen Beitrag zur Wahrheitsfrage, die – gegen alle Formen eines Wahrheitsdiktats – zu stellen und offenzuhalten, aber eben auch – für einen Pluralismus, aber ge-

---

[243] H.-J. ABROMEIT, a.a.O., 170.

[244] s. o. Kap. II.B/1.

[245] GS V, 259.

[246] N, DBW 4, 180 (= N, [15]1985, 161).

[247] „Unsere gesamte 1900jährige christliche Verkündigung und Theologie baut auf dem ‚religiösen Apriori' der Menschen auf. [...] Unserem ganzen bisherigen ‚Christentum' wird das Fundament entzogen und es sind nur noch einige ‚letzte Ritter' oder ein paar intellektuell Unredliche, bei denen wir ‚religiös' landen können. Sollten das etwa die wenigen Auserwählten sein? [...] Sollen wir ein paar Unglückliche in ihrer schwachen Stunde überfallen und sie sozusagen religiös vergewaltigen? Wenn wir das alles nicht wollen, [...] was für eine Situation entsteht dann für uns, für die Kirche? Wie kann Christus der Herr auch der Religionslosen werden? [...] [W]as bedeutet eine Kirche, eine Gemeinde, eine Predigt, eine Liturgie, ein christliches Leben in einer religionslosen Welt? Wie sprechen wir von Gott – ohne Religion [...]? Wie sprechen (oder vielleicht kann man aber nicht einmal mehr davon ‚sprechen' wie bisher) wir ‚weltlich' von ‚Gott' [...]? [...] Bekommt hier die Arkandisziplin [...] neue Wichtigkeit?" (WEN, 305f. [= WE, [11]1980, 132–134]).

gen dessen Pervertierung zur Beliebigkeit oder gar zum Verlust jedweden Wahrheitsanspruches – in der Form eines universalen, nichtexklusiven Wahrheitsanspruches zu beantworten sie als zeitgemäße Form der Evangeliumsverkündigung und
darum als ihre vornehmste Aufgabe ansieht, Bonhoeffers Aufruf zum Schweigen
mehr als ein historisches Interesse entgegenbringen kann. Die Kategorie religiös/
religionslos wäre dann allerdings sowohl zur Erschließung des gesellschaftlichen
Wirkungsbereiches der Kirche als auch zur Charakterisierung kirchlich-theologischer Redeweise von bestenfalls sekundärer Orientierungskraft. Denn Heteronomie erzeugend (für Bonhoeffer ein zentrales Kennzeichen von Religion) kann ein
sich als verbindlichen Beitrag zum gesellschaftlichen Orientierungswissen verste-
hendes christliches Reden nicht sein. Im Gegenteil gehört ja die Forderung nach
Glaubens- und Gewissensfreiheit als Grundrecht und also das Eintreten für eine offene, mündige Gesellschaft zu den *essentials* protestantischer Wirksamkeit, was ja
nicht zuletzt gerade durch die evangelischen Kirchen in der DDR eindrucksvoll
bestätigt worden ist. Hinsichtlich der Umwelt der Kirche ist andererseits die Differenz religiös/religionslos viel zu holzschnittartig, um auch nur ansatzweise orientierend wirken zu können. Abgesehen von der unübersehbaren Mannigfaltigkeit
des unterschiedlichsten dezidiert religiösen Lebens macht die pauschale Behauptung eines angebrochenen religionslosen Zeitalters blind für die vielfältigen und
wichtigen Sachverhalte, die erst ein funktionaler Religionsbegriff erschließt und
führt darüber hinaus zu einer entscheidenden Schwächung der ideologiekritischen Potenz des Glaubens.

Fällt aber mit der Kritik der Bonhoefferschen Religionskategorie die zweite Begründung für das zeitweise Schweigen der Kirche, so läßt sich auch die erste Begründung dieses Schweigens als Bußschweigen nicht lange halten. Denn sollte die
Kirche ihre Glaubwürdigkeit durch die Diskrepanz von Wort und Tat verloren haben, so muß das wohl heißen, daß es darum gehen soll, diese Glaubwürdigkeit wie-
derherzustellen. Dies dürfte aber eher dann gelingen, wenn die Kirche ihrer selbst-
kritischen Einsicht die Bemühung um eine künftige bessere Entsprechung von
Überzeugung und Handeln folgen ließe, anstatt ganz auf die Ausrichtung der ihr
anvertrauten Lehre zu verzichten. Denn die den Auftrag der Kirche bildende Artikulation der Wahrheit des Evangeliums ist primär verbaler Natur. Dagegen zöge
ein als Reaktion auf die Diskrepanz von Wort und Tat der Kirche angestrebter Verzicht auf öffentliche assertorische Rede zu Unklarheiten hinsichtlich der Verwei-
sungsstruktur von Wort und Tat und bürge so in sich die Gefahr, daß die Unterscheidung zwischen Handlung und handlungsleitender Orientierung zur Trennung pervertiert.

Dabei ging Bonhoeffer nicht so weit, daß er der durch den Begriff der Arkandisziplin bestimmten spezifischen Fassung kirchlicher Außenkommunikation identitätsstiftende Potenz zugesprochen hätte – ganz im Gegenteil. Hier muß zunächst
gesehen werden, daß die Identitätsfrage ja den Gegenstand des Kirchenkampfes gebildet hatte. Der Kirchenkampf war ein Streit um die Wahrheit der Kirche. Dieser
Streit mußte im innerkirchlichen Bereich ausgetragen werden, sei es im Horizont
der Selbstreflexion der Bekennenden Kirche, in ihrer direkten Auseinanderset-

zung mit der Reichskirche oder im ökumenischen Kontext im Ringen um die Frage nach den Bedingungen der Möglichkeit der Mitgliedschaft einer Kirche in ökumenischen Gremien. Die Frage nach der Identität als Frage nach der Wahrheitsfähigkeit der Kirche und darum auch als „Frage nach den wahren Grenzen der Kirche"[248] wird bei Bonhoeffer als Frage nach dem Bekenntnis der Kirche formuliert. Im (konziliaren) Akt des Bekennens wird der Streit um die Wahrheit (der Kirche) entschieden. An der Verbindlichkeit des Bekenntnisses entscheidet sich die Wahrheitsfähigkeit der Kirche[249]. W. Huber interpretiert diese „Theorie der Kirche" Bonhoeffers ausdrücklich in Abgrenzung zu E. Langes „Theorie kirchlichen Handelns"[250] mit der Pointe, daß bei Bonhoeffer sich die Identität der Kirche nicht an ihrem Handeln, sondern an ihrer so verstandenen Wahrheitsfähigkeit entscheidet. Das diese Wahrheitsfähigkeit konstituierende Bekenntnis wird nun exklusiv im Bereich kirchlicher Binnenkommunikation lokalisiert. Dort ist es der kirchliche „Akt der *Annahme* des Wortes Gottes"[251], der dann als seine Wirkung Existenzform und Handeln der Kirche bestimmt.

Innen- und Außenkommunikation der Kirche erscheinen also bei Bonhoeffer einander so zugeordnet, daß die Frage nach der Identität der Kirche im Bereich ihrer Binnenkommunikation, nämlich im exklusiv diesem Bereich zugeordneten Akt des Bekenntnisses, entschieden wird und als so entschiedene dann die Außenkommunikation der Kirche steuert. Diese Beobachtung bestätigt sich, wenn man Bonhoeffers späteres Konzept einer „Kirche für andere" unter dem Gesichtspunkt dieser Fragestellung betrachtet. Das Verhältnis von Außen-und Binnenkommunikation der Kirche wird hier mit den Begriffen „Weltlichkeit" und „Arkandisziplin" markiert. Ausgangspunkt des Gedankengangs ist wieder die Grundannahme einer religionslosen Zeit. Dies führt Bonhoeffer zu der von ihm als heilsam empfundenen Nötigung, den Glauben an Gott in nichtreligiöser Weise zu begreifen. Dazu gehört, Gottes Transzendenz nicht (in religiöser Weise) räumlich zu denken, sondern als Transzendenz im Diesseits, nämlich in der Proexistenz und im Leiden Jesu. Diese Weltlichkeit Gottes wird ekklesiologisch transformiert. Die ekklesiologische Entsprechung besteht dann in dem Fundamentalkriterium der „Weltlichkeit der Kirche", das inhaltlich durch die Elemente Leiden und Proexistenz präzisierbar ist. Dieses Kriterium, das dann praktisch als Differenz von Ekklesiozentrismus (Interesse der Kirche an ihrer Bestandssicherung, Selbsterhaltung, Selbstverteidigung) und Proexistenz erscheint, kann zur Grundlage der Kritik an geschichtlichen Gestalten von Kirche gemacht werden.

Um die Weltlichkeit der Kirche vor Verweltlichung zu bewahren, entspricht ihrem verantwortlichen, weltlichen Handeln nach außen (Dienst) ihre „innerste

---

[248] W. Huber, Wahrheit und Existenzform. Anregungen zu einer Theorie der Kirche bei Dietrich Bonhoeffer, in: Ders. 1985, 169–204, 186.

[249] Vgl. D. Bonhoeffer, Die Bekennende Kirche und die Ökumene (1935), in: GS I, 240ff. sowie W. Huber, a.a.O., 183–192.

[250] E. Lange, Überlegungen zu einer Theorie kirchlichen Handelns, in: Ders., Kirche für die Welt, 1981, 197ff. Vgl. W. Huber, a.a.O.

[251] W. Huber, a.a.O., 192, Herv. i. O. Huber referiert D. Bonhoeffer, a.a.O., 250.

Konzentration"[252] auf ihre „geistliche Existenz"[253], die diesen ihren „Dienst nach
außen"[254] erst ermöglicht, indem sie seine Identität sicherstellt. Diese Entsprechung des Dienstes der Kirche (Außenkommunikation) in ihrer Binnenkommunikation wird von Bonhoeffer in den Begriff der Arkandisziplin gefaßt[255], worin
deutlich wird, daß diese Funktion kirchlicher Identitätsvergewisserung, der „Vergewisserung der Wahrheit" von „Weltlichkeit und Gegenwärtigkeit" der Kirche[256], selber keinen Zeugnischarakter hat. Damit werden der „Dienst" der Kirche
und seine „Wahrheit" unterschieden, indem sie den beiden Kommunikationsrichtungen der Kirche zugeordnet werden: dem öffentlichen, dienenden und leidenden Handeln der Kirche ad extra entspricht ihr nichtöffentliches geistliches Leben.
Zugleich werden beide als untrennbar einander zugeordnet gedacht. Es ergibt sich
folgende terminologische Aufteilung der Kommunikationsstruktur:

Binnenkommunikation	*Außenkommunikation*
Arkandisziplin	Weltlichkeit
Bekenntnis	Dienst
Beten	Tun des Gerechten
Konstitution der Identität	Identität

Fragt man genauer nach der Kommunikationsstruktur des kirchliche Identität
konstituierenden Aktes des Bekenntnisses bei Bonhoeffer, so ist zunächst innerhalb der kirchlichen Binnenkommunikation die Einführung einer (neben der Unterscheidung unterschiedlicher Sozialformen) weiteren Differenzierung erforderlich, nämlich zwischen der Kommunikation zwischen Menschen untereinander
und der Kommunikation zwischen Menschen und Gott. Denn das Bekenntnis der
Kirche wird von Bonhoeffer nicht als innerkirchliche Kommunikation *über* die Erfahrung der Annahme des Wortes Gottes bzw. über auf dieser Annahme gründende Erfahrungen, sondern als dessen Annahme selber begriffen und muß daher als
Kommunikation zwischen Menschen und Gott, als Gebet angesehen werden.

Wir hatten oben gesagt, die Kirche werde anhand ihrer beiden Kennzeichen
von anderen sozialen Phänomenen unterscheidbar und so identifizierbar. Die genaue Formulierung von CA VII weist jedoch darauf hin, daß die Sache komplizierter ist. Denn demnach wird ein soziales Phänomen daran als Kirche Jesu Christi erkennbar, daß in ihr „evangelium *pure* docetur et *recte* administrantur sacramenta."[257] Die Frage nach der Sachgemäßheit bzw. Wahrheit kirchlichen Handelns
scheint daher von erheblicher ekklesiologischer Relevanz. Die zusammenfassende
Antwort auf diese Frage gibt eine Kirche in ihrem Bekenntnis. Indem im Bekenntnis einer Kirche ihre Lehre und damit der jeweilige Inhalt der beiden Vollzugsbe-

---

[252] D. Bonhoeffer, GS II, 449.
[253] W. Huber, a.a.O., 199.
[254] D. Bonhoeffer, ebd.
[255] Vgl. W. Huber, a.a.O., 198f.204.
[256] A.a.O., 198.
[257] BSLK 61. Herv. v. mir, W.Th.

stimmungen von CA VII in zusammenfassender, formelhafter Weise zur Sprache kommt, kann es als Grenzbestimmung, vielmehr Grenz-anerkennung[258] zwischen einzelnen Kirchen fungieren.

Es liegt in der Natur der Sache, daß diese Funktion des Bekenntnisses in Zeiten innerkirchlicher Spannungen, in denen grundlegende, nicht miteinander zu vereinbarende Wahrheitsansprüche aufeinandertreffen, eine besondere Betonung erfährt, so etwa in der Phase des Kirchenkampfes im Dritten Reich. Es ist jedoch gegenüber Bonhoeffer wichtig zu betonen, daß damit eine bestimmte Akzentsetzung innerhalb des Bekenntnisbegriffes vorgenommen ist, die in anderen Kontexten auch anders ausfallen kann. Denn „Bekennen" bezeichnet weit mehr als das Erstellen eines Konsensformulares zum Zwecke innerkirchlicher Artikulation und Abgrenzung von Wahrheitsansprüchen. *Allgemein*[259] läßt sich sagen:

1. Das Bekenntnis ist der Inbegriff christlicher Rede unter besonderer Betonung ihres assertorischen Charakters.

2. Das Bekenntnis hat für die Identität der Kirche konstituierende Funktion.

3. Das Bekenntnis begegnet unreduzierbar in drei Dimensionen kirchlicher Kommunikation:

3.1. Als Rede der Gemeinde zu Gott. Das Bekenntnis hat in allen seinen Gestalten den Charakter einer Antwort auf die Anrede Gottes. Explizit wird dieser Antwortcharakter in den Kommunikationsformen Sündenbekenntnis, Gebet und Doxologie.

3.2. Als Rede innerhalb der Gemeinde. Hier hat das Bekenntnis normative (konsensbildende und Grenzen anerkennende) und hermeneutische (lehrende) Funktion.

3.3. Als Rede der Gemeinde zu ihrer Umwelt. Das Bekenntnis hat in allen seinen Gestalten den Charakter des öffentlichen Zeugnisses von der Wahrheit des in der Anrede Gottes Vernommenen.

Keine dieser drei Dimensionen kirchlicher Kommunikation kann für sich isoliert werden. So kann das Bekenntnis seine identitätsstiftende, hermeneutische und verkündigende Funktion nur als Antwort auf die ergangene Anrede Gottes erfüllen. Umgekehrt kann die Antwort auf diese Anrede nur in gemeinschaftsbildender, verstehender und öffentlich bezeugender Form angemessen erfolgen. Und andererseits gilt, daß das Bekenntnis nur als Akt öffentlicher Parteinahme im Streit

---

[258] BONHOEFFER hatte in seinen Kirchenkampf-Aufsätzen der Jahre 1935 und 1936 als charakteristisches Moment des evangelischen Kirchenbegriffs festgehalten, daß die Kirche ihre Grenze zur Umwelt nicht selber setzt, sondern vielmehr an Grenzen stößt, die ihr von außen gesetzt werden. Die identitätsstiftende Funktion des Bekenntnisses erfolgt daher nicht in der Form der Selbstabgrenzung, sondern in der der Grenzanerkennung. Vgl. DERS., Die Bekennende Kirche und die Ökumene (1935), in: GS I, 240ff.; DERS., Zur Frage nach der Kirchengemeinschaft (1936), in: GS II, 217ff.; W. HUBER, a.a.O., v.a. 187.

[259] Zum hier zugrundegelegten Bekenntnisbegriff vgl. I. U. DALFERTH, Religiöse Rede von Gott, 1981, v.a. 374–391; E. JÜNGEL, Theologie in der Spannung zwischen Wissenschaft und Bekenntnis (1973), in: DERS., Entsprechungen, ²1986, 37–51; W. KRÖTKE, Das Bekenntnis als Dimension des Lebens der Gemeinde, in: DERS., Die Universalität des offenbaren Gottes, München 1985, 209–220; W. PANNENBERG, Systematische Theologie. Bd. 3, 1993, 129–141.

um die Wahrheit Bekenntnis ist und also identitätsstiftende Kraft für die Kirche erlangen kann. Das aber bedeutet, daß die Kirche ihrer Identität nur durch solche öffentliche Parteinahme gewiß werden kann. Die Identitätsproblematik läßt sich
nicht auf die kirchliche Binnenkommunikation beschränken[260].

Die Aufnahme Bonhoefferscher Kategorien bei der kommunikationstheoretischen Lokalisiarung der Akte kirchlicher Identitätskonstitution muß, um recht verstanden werden zu können, als Teil einer weiterreichenden Grundorientierung
des ekklesiologischen Denkens in der DDR begriffen werden. Diese Orientierung kann als der Versuch kreuzestheologischer Profilierung der Ekklesiologie bezeichnet werden.

3.3 Gestalten und Probleme kreuzestheologischer Profilierungsversuche der Ekklesiologie in der DDR

Bei der bisherigen Erörterung von Bonhoeffers Andeutungen über eine Arkandisziplin der Kirche wurde noch nicht berücksichtigt, daß seine beiden genannten
Begründungen für die Forderung eines zeitweisen kirchlichen Schweigens eng
miteinander zusammenhängen. Denn die Diskrepanz zwischen Wort und Tat der
Kirche, die zum Verlust ihrer Glaubwürdigkeit führt, ist für Bonhoeffer ihrerseits
die Folge eines Grundfehlers ihrer ekklesiologischen Orientierung. Dieses – von
Bonhoeffer als „Schuld" qualifiziertes – ekklesiologisches Orientierungsdefizit erscheint als Fehlgewichtung zwischen den beiden Polen Selbstbezogenheit und
Selbstlosigkeit. Demnach kann die Kirche als direkte Folge ihrer schuldhaften
Selbstbezogenheit die inhaltlichen Grundlagen ihrer Identität *selbst* nicht mehr verstehen, vermag sie *darum* auch nicht mehr zu vermitteln und muß also schweigen[261].

---

[260] Noch einmal sei auf die eingangs festgestellte doppelte Konstitution kirchlicher Identität
hingewiesen. Es ist klar, daß alle Versuche eigenmächtiger menschlicher Identitätssicherung der
Kirche, die mit Notwendigkeit zu totalitärer, fundamentalistischer Erstarrung neigen, überflüssig
und sinnlos sind. Dieser Einsicht trägt die Rede von der identitätskonstituierenden Funktion des
Bekenntnisses Rechnung, indem sie das Bekenntnis unhintergehbar als Antwort auf ergangene
Anrede Gottes versteht. Die Anrede Gottes durch sein Wort ist also Bedingung der Möglichkeit
des kirchliche Identität konstituierenden Bekenntnisses. Diese Bedingung ist für die kirchliche
Identität notwendig, nicht jedoch hinreichend. Erst aufgrund der bekennenden Antwort des
Glaubens kann Kirche sein.

[261] „[W]ir [...] sind wieder ganz auf die Anfänge des Verstehens zurückgeworfen. Was Versöhnung und Erlösung, was Wiedergeburt und Heiliger Geist, was Feindesliebe, Kreuz und Auferstehung, was Leben in Christus und Nachfolge Christi heißt, das alles ist so schwer und so fern, daß
wir es kaum mehr wagen, davon zu sprechen. [...] Das ist unsere eigene Schuld. Unsere Kirche,
die in diesen Jahren nur um ihre Selbsterhaltung gekämpft hat, als wäre sie ein Selbstzweck, ist un-
fähig, Träger des versöhnenden und erlösenden Wortes für die Menschen und für die Welt zu
sein. Darum müssen die früheren Worte kraftlos werden und verstummen, und unser Christsein
wird heute nur in zweierlei bestehen: im Beten und im Tun des Gerechten unter den Menschen.
Alles Denken, Reden und Organisieren in den Dingen des Christentums muß neugeboren werden aus diesem Beten und aus diesem Tun. [...] [D]er Tag wird kommen [...], an dem wieder
Menschen berufen werden, das Wort Gottes so auszusprechen, daß sich die Welt darunter verändert und erneuert. [...] Bis dahin wird die Sache der Christen eine stille und verborgene sein;

Diese Argumentation basiert auf einem theologischen Denken, das man als Kenosis-Ekklesiologie bezeichnen könnte. Gemeint ist damit, daß eine Kirche, deren Handeln nicht ausschließlich *pro aliis* erfolgt, ihre eigene Identität schuldhaft gefährdet. Diese Denkschule einer theologischen Kritik der „Fixierung der Kirche auf das eigene Überleben"[262] war einer der wenigen ganz großen Konsense innerhalb der DDR-Kirchen. Sie war damit nicht nur in der DDR-Kirche vor der Wende weitgehend bewußtseinsbestimmend gewesen, sondern bildet auch im gegenwärtigen Streit um ekklesiologische Konzepte den häufig unreflektiert bleibenden Horizont einer weit verbreiteten Position.

Die kreuzestheologischen Profilierungsversuche ekklesiologischer Orientierung sollen hier im Folgenden nur unter dem Aspekt der Fragestellung nach dem Verhältnis von Kirche und Umwelt betrachtet werden. Aus kirchlicher Sicht stellte sich die Thematisierung dieses Verhältnisses als Frage nach der Außenkommunikation der Kirche dar. Aus staatlicher Sicht wurde die Kirche-Umwelt-Relation als Frage nach dem Verhältnis von Kirche und Sozialismus wahrgenommen. Dabei war die Wahrnehmung dieses Sachverhalts durch den Staat bzw. die Partei mit Hilfe des ideologietypischen Dualismus von Pro und Contra unter Ausschluß dritter Möglichkeiten erfolgt. Als einzig mögliche Option der „Kirche im Sozialismus" sollte dabei die „Parteinahme" für „den Sozialismus" gelten. Die Kirche dagegen hat die ideologieimmanente Alternative von Parteinahme und Diversion nicht übernommen und ihr stattdessen die Denkfigur der „Teilnahme" (Kooperation) als Haltung zwischen Akklamation und Opposition gegenübergestellt. Hinsichtlich ihrer Formen wurde die als „Teilnahme" begriffene kirchliche Außenkommunikation der „Kirche im Sozialismus" in „Zeugnis und Dienst" differenziert. Die so spezifizierte Außenkommunikation einer Kirche unter dem Kreuz hat verschiedene Kennzeichen und Konkretionen.

3.3.1 Die Außenkommunikation der „Kirche im Sozialismus" als „Teilnahme"

Bonhoeffers Konzept hatte ein auf die aktuelle Situation bezogenes Programm für eine zeitlich begrenzte kirchliche Übergangsphase sein wollen. Bonhoeffer hatte gemeint, den historischen Vorgang einer Gestalttransformation des Christentums zu beobachten. Nach dem Ende der „religiösen" Gestalt des Christentums erwartete er einen Neuanfang, ein nicht-religiöses, mündiges Christentum. In der Phase des Übergangs, in der er seine eigene Gegenwart lokalisierte, erschien ihm einerseits die religiöse Gestalt des Christentums als Anachronismus und die Attakken ihrer existentialphilosophisch munitionierte Theologie gegen die Mündigkeit der Welt als aussichtsloses Nachhutgefecht. Andererseits stand jedoch eine neue, zu erwartende mündige Gestalt des Christentums noch aus. Bonhoeffers „Arkandisziplin" bildete also eine Interimsekklesiologie, deren Kern darin besteht, der

---

aber es wird Menschen geben, die beten und das Gerechte tun und auf Gottes Zeit warten" (WEN, 327f. [= WE, ¹¹1980, 152f.]).

[262] M. BEINTKER, Das Wort vom Kreuz und die Gestalt der Kirche, in: KuD 39, 1993, 149–163, 157.

Binnen- und Außenkommunikation der Kirche jeweils ganz bestimmte Kommunikations*formen* zuzuteilen. Die Binnenkommunikation wird im Begriff „Gebet", die Außenkommunikation im Begriff „Tun des Gerechten" zusammengefaßt. Vorerst soll uns nur die Außenkommunikation interessieren. Bonhoeffer faßte den inhaltlichen Begriff „Tun des Gerechten" formal als „Teilnahme", und zwar in einer zweifachen Hinsicht:

– als Teilnahme an der „Mündigkeit" und „Diesseitigkeit" der Welt. Das „religiöse" Christentum wird dadurch zu einem „religionslosen", „mündigen", „diesseitigen" Christentum[263].

– Gerade in seiner Teilnahme an der Diesseitigkeit der Welt ist der christliche Glaube dann aber auch Teilnahme am Leiden Gottes[264].

Als Teilnahme am Leiden Gottes an der Welt erhält die Teilnahme an der Diesseitigkeit der Welt die Form der Proexistenz. Die ekklesiologische Konsequenz dieser Einsicht hat Bonhoeffer mit der Formel „Kirche für andere" nur noch andeuten können[265].

Übersetzt man diese Überlegungen in das Schema „Zeugnis und Dienst", so gilt für Bonhoeffer: solange die noch zu leistende nicht-religiöse Interpretation der kirchlichen Lehre aussteht, geht das Zeugnis der Kirche ganz in ihrem Dienst auf. Der Grund dafür liegt darin, daß ein seine nicht-religiöse, mündige Gestalt noch nicht gefunden habendes Christentum einer bereits nicht-religiös, mündig gewordenen Welt ihre Botschaft, also die Geheimnisse des christlichen Glaubens, nicht sagen kann. Die „Arkandisziplin" stellt als kirchliche Auftragsbestimmung also gewissermaßen eine „Notordnung" dar für eine Übergangszeit, bis Inhalt und Gestalt eines „nicht-religiösen" Christentums gefunden sein werden.

Hanfried Müller hat in seiner 1961 veröffentlichten großen Bonhoeffer-Inter-

---

[263] „So führt uns unser Mündigwerden zu einer wahrhaftigeren Erkenntnis unserer Lage vor Gott. Gott gibt uns zu wissen, daß wir leben müssen als solche, die mit dem Leben ohne Gott fertig werden. Der Gott, der mit uns ist, ist der Gott, der uns verläßt (Markus 15,34)! Der Gott, der uns in der Welt leben läßt ohne die Arbeitshypothese Gott, ist der Gott, vor dem wir dauernd stehen. Vor und mit Gott leben wir ohne Gott" (WEN, 394 [= WE, [11]1980, 178]). „Ich habe in den letzten Jahren mehr und mehr die tiefe Diesseitigkeit des Christentums kennen und verstehen gelernt. Nicht ein homo religiosus, sondern ein Mensch schlechthin ist der Christ [...]" (WEN, 401 [= WE, [11]1980, 183]).

[264] „Der Mensch wird aufgerufen, das Leiden Gottes an der gottlosen Welt mitzuleiden. Er muß also wirklich in der gottlosen Welt leben, und darf nicht den Versuch machen, ihre Gottlosigkeit irgendwie religiös zu verdecken, zu verklären; er muß ‚weltlich' leben und nimmt eben darin an dem Leiden Gottes teil; [...] Nicht der religiöse Akt macht den Christen, sondern das Teilnehmen am Leiden Gottes im weltlichen Leben" (WEN, 395 [= WE, [11]1980, 180]). „Später erfuhr ich und ich erfahre es bis zur Stunde, daß man erst in der vollen Diesseitigkeit des Lebens glauben lernt. Wenn man völlig darauf verzichtet hat, aus sich selbst etwas zu machen – sei es einen Heiligen oder einen bekehrten Sünder [...] – und dies nenne ich Diesseitigkeit, nämlich in der Fülle der Aufgaben, Fragen, Erfolge und Mißerfolge, Erfahrungen und Ratlosigkeiten leben, – dann wirft man sich Gott ganz in die Arme, dann nimmt man nicht mehr die eigenen Leiden, sondern die Leiden Gottes in der Welt ernst, [...] und ich denke, das ist Glaube [...]; und so wird man ein Mensch, ein Christ. [...] Wie sollte man bei Erfolgen übermütig oder an Mißerfolgen irre werden, wenn man im diesseitigen Leben Gottes Leiden mitleidet?" (WEN, 401f. [= WE, [11]1980, 183]).

[265] Vgl. WEN, 415f. (= WE, [11]1980, 193).

pretation[266] dieses Verhältnis von Arkandisziplin und nichtreligiöser Interpretation umgekehrt: Die Problematik der „nichtreligiösen Interpretation" bedingt hier nicht die Arkandisziplin der Kirche, sondern wird umgekehrt aus ihr abgeleitet. Diese dagegen wird nicht mehr als interimistische Programmatik, sondern als ekklesiologisches Prinzip eingesetzt: Das Arkanum erhält die ekklesiologisch fundamentale Funktion der Unterscheidung von Kirche und Welt, es schützt die Welt vor Klerikalisierung und die Kirche vor Säkularisierung. Mit dieser Umkehrung aber hat die Arkandisziplin die Begründung, die sie bei Bonhoeffer hatte, verloren. Ihre erforderliche Neubegründung als ekklesiologisches Prinzip erscheint bei Müller in der Gestalt eines theologischen Analogieschlusses: die Stellung der Kirche in der Gesellschaft müsse sich, so Müller, in Analogie zur *absconditio Dei sub contrario* gestalten. Diese Analogie fordere die „Aufhebung der Öffentlichkeit christlicher Religiosität."[267] „Gebet und Kultus [müßten] verborgen bleiben"[268].

Dieser solcherart zum Prinzip gewordenen Arkandisziplin wird die „nichtreligiöse Interpretation" nun ihrerseits zugeordnet. Der Begriff erfährt zugleich eine Universalisierung seines Anwendungsbereiches, die ihm bei Bonhoeffer noch nicht zugekommen war, worauf schon seine stets objektlose Verwendung bei Müller hindeutet. Hier wird mit ihm kein hermeneutisches Problem zum Ausdruck gebracht: „Das Ziel ist nicht, dem areligiösen Menschen das Evangelium so zu sagen, daß er es versteht"[269]. Unter „nichtreligiöser Interpretation" versteht Müller vielmehr „die Verkündigung des Evangeliums in einer religionslosen Zeit", und das ist nichts anderes als „die Begegnung der religionslosen Menschen in der mündigen Welt mit dem Leiden Gottes im Diesseits"[270] so sachgemäß wie möglich zu denken. Das Entscheidende dabei ist, daß Sachgemäßheit hier als Voraussetzungslosigkeit gedacht wird. Der Glaube an das Evangelium, also an die „Botschaft vom in der Welt ohnmächtigen Gott"[271], dürfe weder ein bestimmtes Weltbild noch bestimmte religiöse Gefühle voraussetzen – sonst wäre dem mündigen Menschen die Möglichkeit des Glaubens verwehrt. Der nicht-theistische Glaube des mündigen Menschen könne statt dessen als ein seiner selbst nicht bewußtes „Teilhaben am Leiden Gottes in Christus" gedacht werden[272]. Zusammenfassend läßt sich Müllers

---

[266] H. Müller, Von der Kirche zur Welt, Leipzig 1961

[267] A.a.O., 400.

[268] A.a.O., 398. Eine Begründung der theologischen Sachgemäßheit der genannten Analogiebildung fällt Müller allerdings schwer. Der Verweis auf die Notwendigkeit der Unterscheidung von Kirche und Welt gibt selber ja noch keinerlei Anlaß zu der These, die Kirche müsse ihr Handeln in Analogie zur Offenbarung Gottes und dann in Analogie zur Signatur der *absconditio sub contrario* gestalten. Auf der Suche nach Argumenten für seine These von der Öffentlichkeitsscheu als ekklesiologischem Grundprinzip scheut Müller nicht einmal vor dem Hinweis auf Bonhoeffers Rede von der „fundamentale[n] Bedeutung der Scham für die menschliche Existenz" zurück (a.a.O., 399 mit Bezug auf N, DBW 4, 152f. [= N, ⁵1985, 132]).

[269] A.a.O., 401; vgl. 404. Anders bei Bonhoeffer: „Die Kirche ist nur Kirche, wenn sie für andere da ist. [...] Sie muß den Menschen aller Berufe sagen, was ein Leben mit Christus ist, was es heißt, ‚für andere dazusein'" (WEN, 415f. [= WE, ¹¹1980, 193]).

[270] H. Müller, a.a.O., 401.

[271] A.a.O., 402.

[272] A.a.O., 411, unter Verweis an Bonhoeffers „Unterscheidung von fides directa und fides reflecta" (mit Bezug auf WEN, 405 und 395f.).

Fassung des Bonhoefferschen Begriffs der „nichtreligiösen Interpretation" also so
angeben: Das Evangelium wird non-verbal kommuniziert als Vollzug christlicher
Existenz *in* dieser Welt, und zwar dann, wenn sich diese Existenz in Analogie zur
Existenz Christi in der Welt in Form leidender Proexistenz *für* die Welt – konkret:
in selbstloser, positiver und optimistischer Mitarbeit an „den Aufgaben, die eine
neue Zeit stellt"[273] – vollzieht, also in der Form positiven gesellschaftlichen Engagements der Kirche und ihrer Glieder unter Verzicht auf eine eigene, öffentlich wirksame Identität.

Im Unterschied zu Müller hat Albrecht Schönherr die Arkandisziplin nicht als
Lösung eines prinzipiellen ekklesiologischen (Unterscheidung Kirche-Welt), sondern eines vorübergehenden pragmatischen Problems angesehen. 1967 führte
Schönherr zu Bonhoeffers Wort, das Tun der Kirche müsse in nächster Zukunft
im „Beten und Tun des Gerechten"[274] bestehen, aus:

„Das bedeutet kaum, daß das Wort Gottes in der Verkündigung überhaupt nicht mehr
laut werden solle. Das kann aber bedeuten, daß die Kirche vorläufig darauf verzichten soll,
wie sie das normalerweise tut, vorwiegend verbal zu wirken. [...] Es kann nur darum gehen,
daß um des Wortes, um der Wahrheit des Zeugnisses willen eine zeitlang legitim geschwiegen, oder wenigstens sehr leise geredet werden muß."[275]

Entsprechend bildet auch die „nichtreligiöse Interpretation" nicht, wie bei Müller, das Prinzip kirchlicher Außenkommunikation schlechthin, sondern eine situa-
tionsbezogene, zu lösende hermeneutische Aufgabe[276].

Das vorübergehend vorwiegend nicht verbale Zeugnis der Kirche wird aufgrund ihrer Diasporasituation nicht von der Institution Kirche, sondern in erster
Linie von den einzelnen Christen getragen. Die Aufgabe der kirchlichen Institution dagegen verschiebt sich tendenziell aus dem Bereich der Außen- in den Bereich der Binnenkommunikation. Hauptaufgabe der Kirche ist es nun, die einzelnen Christen zu ihrem Zeugendienst zuzurüsten.

Positiv wird der vorwiegend non-verbale Zeugendienst der Christen im Anschluß an Bonhoeffer als „Teilnahme" begriffen. Schönherr hat 1967 die „Teilnah-

---

[273] A.a.O., 10.
[274] WEN, 327f.
[275] A. Schönherr, Missio heute, in: ZdZ 22, 1968, 167–172, 168. Vgl. Ders., Christsein in
der DDR. Interview vom 8. 2. 1977, in: epd-Dok 17/1977, 18–21, 20: „Bonhoeffer sprach davon, daß in unserer Zeit durch die Schuld der Kirche die wichtigsten Grundaussagen des Glaubens fraglich geworden sind, so daß wir sie eigentlich gar nicht recht wiedergeben können. Und
er zieht daraus die Folgerung, es müsse jetzt eine Zeit geben, in der die Kirche sehr still ist, das Gerechte tut und betet. Darin liegt für mich etwas sehr Wichtiges für unsere eigene Situation."
[276] „[W]enn wir anderen Menschen unseren christlichen Glauben klarmachen wollen, können wir nicht mehr so reden und denken wie unsere Vorväter. [...] Ich bin überzeugt davon, daß
es noch eine gute Zeit dauern wird, bis wir das, was wir glauben, so deutlich sagen können, daß es
einem Menschen, der in der Gedankenwelt unserer Zeit lebt, verständlich ist. Ich bin aber auch
überzeugt, daß es einmal – vielleicht auf eine ganz neue Weise – dazu kommt. [...] Wir werden
wagen müssen, unsere Botschaft in der Sprache, in der Begriffswelt und im Rahmen des Weltbildes der Menschen zu sagen, die wir anreden wollen" (A. Schönherr, Wort des Verwalters des Bischofsamtes in der Region Ost der Evangelischen Kirche in Berlin-Brandenburg auf der Synode
vom 6. – 10. März 1970, in: KJB 97, 1970, 354–358, 356).

me" der Christen am Gesellschaftsprozeß als zeitgemäße Form einer missionarisch verstandenen kirchlichen Außenkommunikation begründet:

> „Wir haben den Befehl Matth. 28: ‚Machet zu Jüngern' im Ohr. Bei aller Strategie ist dies das letzte Ziel. Es ist unmöglich, davon abzugehen, daß wir dieses Ziel haben, für Christus zu gewinnen, zu Jüngern zu machen [...]. Gerade 1.Kor 9,20ff. zeigt, daß diese Bemühung nicht allein verbaler Natur ist. Paulus sagt nicht: ‚Ich habe *geredet* wie ein Jude' oder ‚wie einer ohne Gesetz', sondern: ‚*ich bin geworden wie* ... '. Es geht nicht um Methodenfragen, sondern um Existenzfragen. Das Wort ‚Solidarität' besagt zu wenig. Ich meine, man sollte das deutsche Wort ‚Teilnahme' in seinem vollen Sinn einsetzen. Christus hat teilgenommen an unserer Welt, als er zu uns kam. ‚Teilnahme' schließt das Leiden deutlicher mit ein als ‚Solidarität'. Teilnahme heißt aber, mittendrin zu stehen und umgetrieben zu sein von all den Leiden und Schmerzen, von denen die Menschen unserer Welt bewegt sind."[277]

Mit diesem Modell hatte sich eine gegenüber den fünfziger Jahren völlig neue Behandlungsweise der Frage nach der Gestaltung der christlichen Existenz in der sozialistischen Gesellschaft durchgesetzt. Die Frage, die die Handreichungen der EKU und der VELKD 1959 und 1960 und zuletzt auch noch die „Zehn Artikel über Freiheit und Dienst der Kirche" vom 8. März 1963 zu beantworten gesucht hatten, nämlich was es heißt, in der DDR Christus nicht zu verleugnen und den Glauben durchzuhalten, war der anderen Frage gewichen, welche Formen des „weltlichen", des gesellschaftlichen Handelns von Christen ihrem Auftrag entsprechen. Diese Wende von der defensiven Verteidigung christlicher Identität und Existenzweise gegenüber dem Sozialismus und seinen Ansprüchen hin zur offensiveren Wahrnehmung des Auftrags der Kirche *durch* die (Art und Weise der) Übernahme „konkrete[r] gesellschaftliche[r] Verantwortung [...] im Denken, Arbeiten und politischen Handeln"[278] v.a. der einzelnen Christen war mit der Auseinandersetzung zwischen den „Zehn Artikeln" und den „Sieben Sätzen" 1963/64 eingeleitet worden, deren Ergebnis in erster Linie ein neues Verständnis des Welt-Bezuges des christlichen Glaubens im Kontext der sozialistischen Gesellschaft darstellte[279].

---

[277] A. SCHÖNHERR, Missio heute, a.a.O. (Anm. 275), 168; Herv. i. O. In diesem Sinne konnten die Bischöfe in ihrem „Brief aus Lehnin" von der Teilnahme der Christen „an der Verantwortung für unser Staatswesen" sprechen (Dok 1968/1). Von einer „Teilnahme" der *Institution Kirche* hat SCHÖNHERR lange Zeit nur in außenpolitischer Hinsicht gesprochen, z.B. in einem Interview vom 8. 2. 1977: „Man erwartet von der Kirche, daß sie [...] an dem Befreiungskampf der Völker teilnimmt [...]. Das entspricht auch unseren Vorstellungen von unserem Auftrag" („Christsein in der DDR", in: epd-Dok 17/1977, 18–21, 18). Wie immer auch die Gewichtung zwischen Außen- und Innenpolitik, zwischen den unterschiedlichen kirchlichen Sozialformen und dem Grade der inhaltlichen Eigenständigkeit – unbestritten war der Sachverhalt, „[d]aß diese Formel [„Kirche im Sozialismus"] [...] die Teilnahme an einem gesellschaftlichen Prozeß [...] meinte" (W. KRUSCHE, „Denkt daran, daß im Herrn eure Mühe nicht vergeblich ist". Rückblick auf 21 Jahre Weg- und Arbeitsgemeinschaft im Bund. Referat vor der Bundessynode, September 1990, in: ZdZ 46, 1992, 9–15.34–45, 11).

[278] Von der Freiheit der Kirche zum Dienen. Theologische Sätze des Weißenseer Arbeitskreises (= „Sieben Sätze"), in: KJB 90, 1963, 194–198, 196.

[279] Vgl. die voranstehende Anm. und: Zehn Artikel über Freiheit und Dienst der Kirche, in: KJB 90, 1963, 181–185. Die wichtigsten Texte der damaligen Auseinandersetzung sind: K. BARTH, Theologisches Gutachten zu den Zehn Artikeln über Freiheit und Dienst der Kirche, in: KJB 90, 1963, 190–193; G. JACOB, Zehn Artikel und Sieben Sätze. Versuche einer Wegweisung,

Es blieb in der Geschichte der DDR-Kirchen ein sich durchhaltendes Motiv, diesen Welt-Bezug als „Teilnahme" zu beschreiben. Schon die genannten „Sieben Sätze" hatten von der Aufgabe der Christen gesprochen, „im freien Gehorsam des Glaubens konkrete gesellschaftliche Verantwortung [...] im Denken, Arbeiten und politischen Handeln wahrzunehmen" und riefen dazu auf, „auch in der sozialistischen Gesellschaftsordnung verantwortlich mit[zu]leben."[280] In ihrem „Brief aus Lehnin" von 1968 baten die DDR-Bischöfe, „daß die neue Verfassung so erstellt wird, daß die Christen und diejenigen Mitbürger, die die Weltanschauung der führenden Partei nicht teilen, an der Verantwortung für unser Staatswesen mit unverletztem Gewissen teilhaben können."[281] Nach der Gründung des Kirchenbundes sah dessen erste Synode im Juni 1970 in Potsdam-Hermannswerder die „nicht zum Herrschen, sondern zum Dienen berufen[e]" Kirche von „Christus [...] in die Verantwortung für das Ganze" und also mit den Worten Bonhoeffers zu „selbstloser Teilnahme am Ganzen und an den Leiden unserer Mitmenschen" gerufen[282]. Die darauffolgende Bundessynode in Eisenach 1971 verpflichtete die Christen zur „Mitverantwortung" und betonte die Bereitschaft der Institution Kirche, „an dem Gespräch teilzunehmen, das der Staat mit seinen Bürgern über die Gestaltung der gemeinsamen Zukunft führt."[283] Nach dem 6. März 1978 beanspruchte die Kirche, ihre gesellschaftliche Mitverantwortung als „Partner" wahrzunehmen[284]. Die nunmehr partnerschaftlich verstandene Teilnahme der Kirche wurde in den achtziger Jahren inhaltlich präzisiert[285] und bildete ein konstitutives Moment der Formel „Kirche im Sozialismus".

---

in: KJB 91, 1964, 195–200; J. HAMEL, Kirche für die Welt – Ein Abänderungsvorschlag zu den Zehn Artikeln, in: KJB 91, 1964, 200–205; A. SCHÖNHERR, Kirche in der Welt – Kirche für die Welt. Antwort an Johannes Hamel, in: KJB 91, 1964, 205–212. Einen Kommentar aus westlicher Sicht bietet E. WILKENS, Die zehn Artikel über Freiheit und Dienst der Kirche, 1964. Beurteilungen aus einiger historischer Distanz finden sich in: A. SCHÖNHERR, Vor fünfundzwanzig Jahren: Die „Zehn Artikel" und die „Sieben Sätze", in: ZdZ 42, 1988, 294–298; W. KRÖTKE, Dietrich Bonhoeffer als „Theologe der DDR". Ein kritischer Rückblick, in: ZEE 37, 1993, 94–105, 98. Vgl. auch die Darstellung bei TH. FRIEBEL, Kirche und politische Verantwortung in der sowjetischen Zone und der DDR 1945 – 1969, 1992.

[280] Von der Freiheit der Kirche zum Dienen. Theologische Sätze des Weißenseer Arbeitskreises, in: KJB 90, 1963, 194–198, 196 (Nr. 5).

[281] Dok 1968/1.

[282] Dok 1970/1.

[283] Dok 1971/2.

[284] Die Bundessynode in Leipzig 1980 hatte formuliert: „Wichtig ist, aus dem Begriff der Partnerschaft das Element der Teilgabe und Teilnahme an gesellschaftlichen Beratungs- und Entscheidungsprozessen bewußtzuhalten, wie es in dem ökumenischen Leitbegriff der Partizipation enthalten ist" (Dok 1980/4).

[285] Die klassische Formulierung wurde auf der Bundessynode in Güstrow 1981 geprägt: „‚Kirche im Sozialismus' heißt, an den Problemen und Errungenschaften der Gesellschaft, in der wir leben, mittragend teilzunehmen, konkret unterscheidend mitzuarbeiten und dabei eigenständig und eigenprofiliert zu bleiben." (so zitiert von A. SCHÖNHERR, Dok 1988/2). Etwas andere Akzente waren auf der Bundessynode in Erfurt 1986 gesetzt worden: „‚Kirche im Sozialismus' bedeutet, daß Kirche teilhat an den Ängsten und Hoffnungen, den Sorgen und Erfolgen der Menschen in sozialistischer Gesellschaft." (Dok 1986/4). M. STOLPE formulierte 1987 entsprechend: „Gott [braucht] die Kirche in der DDR um der Menschen willen [...], damit sie ihre Sorgen und Nöte mitträgt" („Kirche im Bewährungsfeld", 134).

Dieser Sachverhalt ist wohl im Blick gewesen, wenn die Formel „Kirche im Sozialismus" als „Einwanderungsformel" bezeichnet worden ist[286]. A. Schönherr stellt ausdrücklich einen Zusammenhang zwischen „Teilnahme" und „Einwanderung" her, indem er beides als Ausdruck der „Anwesenheit"[287] bzw. der „qualifizierte[n] Anwesenheit"[288] der Kirche verstanden wissen will. Die Betonung der Qualifiziertheit kirchlicher Anwesenheit in der sozialistischen Gesellschaft ist dabei keineswegs unwesentlich, wie ein Blick auf die Verwendungsgeschichte der Ein- bzw. Auswanderungsmetapher innerhalb der unterschiedlichen Phasen ekklesiologischer Theoriebildung in der DDR zeigt. Denn der Blick auf die Gefahr eines „volkskirchlichen" Verschmelzungsprozesses der Kirche mit der Gesellschaft hatte nach dem Kriege bei vielen in der Tradition der Bekennenden Kirche und Karl Barths stehenden Theologen sowie in der Theologie der Ökumenischen Bewegung eher das Exodus-Motiv ekklesiologisch in den Vordergrund rücken lassen[289]. Das christliche Bekenntnis war scharf von jeder Form „bürgerlicher" Religiosität abgegrenzt[290], der Weltbezug der Kirche als Gegenbewegung von Sammlung aus und Sendung in die Welt zu beschreiben versucht worden. Motivierend war dabei die Sorge um die Identität des christlichen Glaubens und der Kirche gegenüber Kultur und Religion der Gesellschaft wirksam geworden. Erst aufgrund der kirchlichen Annahme der grundsätzlich gewandelten gesellschaftlichen Situation der Trennung von Kirche und Staat in einer nicht religiös (zumindest nicht christlich bzw. kirchlich) geprägten Gesellschaft konnte der Gedanke der „Sendung" zur „Teilnahme" ummoduliert werden. Die nun in Gebrauch kommende Formel „Kirche im Sozialismus" symbolisierte neben dem im Hintergrund immer wirksam bleibenden Motiv des Exodus aus der „volkskirchlichen Symbiose mit der Gesellschaft"[291] jetzt vor allem „eine Einwanderungsbewegung der Kirche in die sozialistische Gesellschaft"[292]. Die Identität der Kirche bleibt gewahrt, solange

[286] „'Kirche im Sozialismus' bezeichnet [...] eine [...] Einwanderungsbewegung der Evangelischen Kirche in die sozialistische Gesellschaft" (H. FALCKE, Zukunft der kleinen Herde. Die Einwanderung der Kirche in die nachsozialistische Gesellschaft, in: EK 23, 1990, 163–166, 163; vgl. DERS., Die unvollendete Befreiung, 1991, 19).
[287] A. SCHÖNHERR, Weder Opportunismus noch Opposition. Kirche im Sozialismus – der beschwerliche Weg der Protestanten in der DDR, in: DIE ZEIT 7/1992 v. 7. 2. 1992, 4f., vgl. Dok 1992/5.
[288] DERS., Nach zehn Jahren. Rückblick auf das Staat-Kirche-Gespräch vom 6. März 1978, in: DERS. 1988, 344–352, 352; vgl. Dok 1988/2.
[289] Auch hier war es H. FALCKE, der diesmal im Namen der Identität der Kirche vor deren Einwanderung in die Gesellschaft gewarnt hatte: „Wandert die Gemeinde in eine Kultur und Gesellschaft ein und ist sie dort zur Volkskirche geworden – wie in der konstantinischen Ära – [... so entsteht] eine enge Verflechtung mit dem geistigen, kulturellen, wirtschaftlichen und politischen Leben jener Gesellschaft. Notwendigerweise gerät dabei die Identität der Kirche in Gefahr" (DERS., Was soll die Kirchenmusik in unserer Kirche auf dem Weg in die Diaspora-Situation?, in: epd-Dok 38/1975, 69–73, 70).
[290] Vgl. für den Bereich der DDR v.a. die frühen Schriften G. JACOBS.
[291] H. FALCKE, a.a.O. (Anm. 289), 72.
[292] H. FALCKE, Die unvollendete Befreiung, 1991, 19. Vgl. DERS., Zukunft der kleinen Herde. Die Einwanderung der Kirche in die nachsozialistische Gesellschaft, in: EK 23, 1990, 163–166, 163.

diese Einwanderung „auftragsgeleitet"[293] erfolgt. Gerade die „Auftragsgemäß-heit"[294] aber macht die Einwanderung zu einer „Einwanderung in den Konflikt"[295].

An dieser Stelle ist eine grundsätzliche Bemerkung zu der hier referierten Termi-nologie kirchlicher Auftragsbestimmung unumgänglich. Die programmatische Be-schreibung des Kirche-Umwelt-Verhältnisses bzw. der Außenkommunikation der Kirche durch die Metaphern der Teilnahme bzw. der Ein- oder Auswanderung suggeriert, es sei in die Disposition der Kirche gestellt, ein (handelnder) Teil der Gesellschaft zu sein oder nicht. Genau dies ist jedoch nicht der Fall. Es zeigt sich, daß die Probleme, die die ekklesiologisch kategoriale Verwendung der Kirche - Welt-Differenz aufwirft[296], hier fortwirken und den Orientierungswert der theolo-gischen Auftragsbestimmung erheblich vermindern. Denn das theoretische Mo-dell einer sich souverän zur „Welt" in Beziehung setzenden, gleichsam ortlosen Kirche trägt aufgrund seiner minimalen wirklichkeitserschließenden Potenz eher zur Desorientierung bei. Tatsächlich ist der Begriff Kirche immer auf eine handeln-de soziale Größe bezogen, die – wie alle anderen Phänomene dieser Art auch – so-wohl ihre eigene Komplexität als auch ihr Verhältnis zu anderen sozialen Hand-lungssystemen beständig regulieren muß. Gegenstand der Reflexion können da-rum nur die Kriterien, Verfahrensweisen und Ziele dieser Regulierungen mit ih-ren jeweiligen Begründungsproblemen sein. Auch die genannten Metaphern sind Symbole für ganz bestimmte Regulierungsoptionen. Ihre Problematik besteht dar-in, daß dieser ihr Charakter durch sie selbst verleugnet wird.

Kommen wir nach diesem eher allgemeinen Einwand wieder auf die Einzelpro-bleme der kirchlichen Auftragsbestimmung zurück, so stellt sich nun die Frage, wie die formale Bestimmung der „Qualifiziertheit" kirchlicher „Anwesenheit" oder der „Auftragsgemäßheit" ihrer „Einwanderung" inhaltlich gefüllt wird. Wo-rin besteht der Auftrag und also die Identität der einwandernden und teilnehmen-den Kirche, und wie wird diese Identität im Prozeß der Einwanderung und Teil-nahme bewahrt und zur Geltung gebracht?

3.3.2 Die Kennzeichen der „Teilnahme" einer „Kirche unter dem Kreuz"

Zur Beantwortung der Frage nach ihrer Identität muß die Kirche eine Grenze zwischen kirchlicher (Binnen- und Außen-) Kommunikation und der Kommuni-kation ihrer Umwelt definieren und aufrechterhalten. Die „Kirche im Sozialis-mus" hat eine kreuzestheologisch geprägte Identität entwickelt, die nicht frei von inneren Paradoxien war.

---

[293] H. Falcke, Die unvollendete Befreiung, 1991, 19.
[294] Ebd.
[295] H. Falcke, Kirche im Sozialismus. Unveröffentlichtes Manuskript (1992), 13. Vgl. Ders., „Kirche im Sozialismus" als Kompromißformel?, in: ZdZ 47, 1993, 82–86, 82: „In diesem Sinne bezeichnet die Formel Konfliktannahme und meint sie einen auftragsgeleiteten Einwanderungs-vorgang".
[296] Vgl. o. Kap. II.B/1.

3.3.2.1 Formales Kennzeichen: Selbstlosigkeit

Unbestritten war, daß die Kirche ihre Identität in einer „auftragsgemäßen" Existenz findet und bewahrt. Der Konsens umfaßte auch die Erkenntnis, daß das formale Hauptkriterium der Auftragsgemäßheit kirchlicher Existenz, dem Evangelium entsprechend, in ihrer Selbstlosigkeit besteht[297]. Die selbstlose „Kirche für andere" wurde dabei als ein Gegenmodell zur westdeutschen „Volkskirche" aufgefaßt, das die Kirchen der Neuen Länder gegenwärtig als ein Ergebnis ihrer spezifischen Geschichte in die nun gemeinsame EKD als kritisches Korrektiv einbringen wollen[298]. Das Problem der Selbstlosigkeit der Kirche als programmatischer identitätskonstituierender Faktor besteht nun aber in der Frage, ob es überhaupt möglich sein kann, daß die Identität eines sozialen Systems gerade in dessen programmatischem Verzicht auf eigene Identität besteht. Auf diese Frage wurden innerhalb des Konzeptes der „Kirche für andere" durchaus unterschiedliche Antworten gegeben, was eine differenzierte Darstellung erforderlich macht.

3.3.2.1.1 Statt Selbstbehauptung: Selbstverleugnung

Hanfried Müller hat, wie wir bereits gesehen haben[299], den christlichen Glauben in seiner individuellen wie in seiner sozialen Gestalt nur durch negative formale Aussagen bestimmen können, die sich in dem Begriff der Selbstverleugnung zusammenfassen lassen. Die Differenz von Selbstbehauptung und Selbstverleugnung bildet daher das Kriterium der Unterscheidung von Kirche und Welt, Glaube und Unglaube sowie falscher (Macht-) und wahrer (Wort-)Kirche. Die Identität der Kirche besteht so paradoxerweise in ihrem Verzicht auf Identität – gerade in diesem Verzicht unterscheidet sie sich von Nicht-Kirche oder falscher Kirche.

Diese Gestalt der *ecclesiologia crucis*, die für H.Müller zum Lebensthema geworden war, war Mitte und Ende der fünfziger Jahre v.a. im Bereich der Evangelischen Studenten-Gemeinden in der DDR und der Evangelischen Akademie Berlin-Brandenburg unter ökumenischer Anregung entwickelt und gepflegt worden. So

---

[297] Für H. FALCKE besteht die Identität der Kirche darin, „daß sie sich vom Evangelium leiten" läßt. Dieses Kriterium führt ihn direkt zu den formalen Bestimmungen „Kirche für andere" und „Proexistenz" (DERS., „Kirche im Sozialismus" als Kompromißformel, a.a.O. [Anm. 295], 82).

[298] Der entscheidende Streitpunkt ist dabei die Frage nach Nähe und Distanz der Kirche zu Staat und Gesellschaft. Um der Distanz willen, so die Argumentation vieler Theologen aus den Kirchen der ehem. DDR, ist es wichtig, daß die Kirche keine eigenen Interessen verfolgt, sondern „selbstlos und uneigennützig" der Welt dient (D. MENDT, Kirche zwischen Körperschaft des öffentlichen Rechts und Salz der Erde, in: ZdZ 47, 1993, 145–147, 145). Denn nur eine ihre eigenen Interessen mißachtende Kirche ist in der Lage, statt (volkskirchlich) in die Gesellschaft hinein aufzugehen, aus einer angemessenen Distanz heraus in sie „hineinzuwirken" (M. G. PETZOLDT, Sind wir nun eine christliche Gesellschaft?, in: ZdZ 47, 1993, 48–51, 50). Statt sich im Ringen um Macht, Einfluß und Geld in die Geschäfte der Welt zu verstricken, muß die Kirche, um „Gehorsam, Wahrhaftigkeit und Glaubwürdigkeit" zu erhalten, letztlich also „aufgrund unseres Auftrages und um der Klarheit unseres Zeugnisses willen, den Abstand bewahren" (A. NOACK, Kirche im Übergang – wohin? Evangelische Kirche nach der Vereinigung. Thesen eines Beitrags zum Thüringer Kirchentag, Erfurt, 4.7. 1992, in: epd-Dok 34/1992, 7–10, 8).

[299] s. o. Kap. 2.3.2.4.

verstand etwa der damalige Reisesekretär der ESG und spätere Leiter der Evang. Akademie Berlin-Brandenburg Gerhard Bassarak[300] in einem Aufsatz aus dem Jahre 1957 den Dienst der Kirche als „priesterliche(n) Dienst"[301], der in der Form des als Fürbitte für die Welt verstandenen Gebetes vollzogen wird. Die Kirche kommt ihrem Auftrag nach, indem sie stellvertretend für die Welt zu Gott betet[302] und auf diese Weise am Weltregiment Christi beteiligt ist[303]. Im Vollzug dieser Fürbitte solidarisiert sie sich so sehr mit der Welt, daß sie ihre Identität aufs Spiel setzt. Vor Identifizierung mit der Welt ist sie jedoch gerade durch die Ausübung der Fürbitte bewahrt[304]. Deutlich wird hier besonders die paradoxe Denkfigur des Gewinns von Identität durch die Hingabe von Identität sowie die methodische Privilegierung der Analogie von Christus und Kirche, die zu einer theologisch problematischen Unterbestimmung der Differenz zwischen beiden Größen zu führen droht.

Für die Reisesekretärin des Christlichen Studentenweltbundes und spätere Nachfolgerin Bassaraks in der Leitung der Evang. Akademie Berlin-Brandenburg Elisabeth Adler[305] ist der Gedanke der Proexistenz dazu geeignet, die Alternative von Konfrontation und Kooperation von Kirche und Welt im Sozialismus, die politisch motiviert sei und darum eine fremdbestimmte Orientierung der Kirche darstelle, in sachgemäßer Weise zu überwinden. Im Vorwort eines von ihr 1960 herausgegebenen Bändchens mit Texten der „Verkündigung und Fürbitte in der DDR"[306] schlug sie darum vor, unter dem Titel der Proexistenz das gesamte Handeln der Kirche von ideologischer Motivation zu reinigen, zu welcher sie freilich nicht nur die kirchliche Parteinahme für oder gegen ein bestimmtes politisch-wirtschaftliches System, sondern auch die Orientierung kirchlichen Handelns an kirchlichen Interessen und an einer eigenen inhaltlichen Identität zählte.

Die prominenteste Ausformulierung einer *ecclesiologia crucis* als Selbstverleugnung der Kirche stellen jedoch die als konkurrierend-polemische Antwort auf die „Zehn Artikel über Freiheit und Dienst der Kirche" vom 8. März 1963 konzipierten „Sieben Sätze des Weißenseer Arbeitskreises von der Freiheit der Kirche zum

---

[300] GERHARD BASSARAK, geb. 1918, war von 1959 bis 1967 Leiter der Evangelischen Akademie Berlin-Brandenburg. Vorher hatte er als Reisesekretär für die ESG gewirkt. Seit 1967 wirkte er als Professor für Ökumenische Theologie zuerst an der Universität Halle, dann an der Humboldt-Universität Berlin.

[301] G. BASSARAK, Gebet für die Welt, in: ZdZ 11, 1957, 322–325, 325.

[302] „Das ist mehr als Gebet zugunsten der Welt, das ist Hintreten an ihrer Stelle vor Gott, stellvertretend für die Welt, die zu Gott nicht beten kann oder will" (ebd.). „Diese Welt lebt vom Gebet der Gemeinde, obwohl sie es nicht weiß und nicht wissen will" (A.a.O., 322).

[303] „Durch das Gebet beteiligt Christus seine Gemeinde an seinem Weltregiment" (ebd.).

[304] „Fürbitte löscht die Grenzen zwischen der Welt und uns. Wir treten vor Gott in Solidarität für die Welt als Schuldige und Sünder. Fürbitte bewahrt uns vor Identität mit der Welt. Weil die Welt nicht beten kann, müssen wir die Identität aufgeben, um das Gebet zu wagen" (A.a.O., 325).

[305] ELISABETH ADLER wurde 1926 in Magdeburg geboren. Sie studierte Germanistik und Geschichte in Halle und an der Humboldt-Universität Berlin. Von 1951 bis 1956 war sie Reisesekretärin der ESG in der DDR, danach bis 1958 Mitarbeiterin der Evang. Akademie in Berlin. 1959 wurde sie vom Christlichen Studentenweltbund, zu dessen Vizepräsidentin sie 1956 gewählt worden war, zur Reisesekretärin berufen. Von 1965 an wirkte sie dann wieder an der Evang. Akademie Berlin-Brandenburg, zu deren Leiterin sie 1967 berufen wurde.

[306] E. ADLER, Pro-existenz. Verkündigung und Fürbitte in der DDR, 1960.

Dienen"[307] dar. Die „Sieben Sätze" verstehen sich selbst als Beitrag zu einer „Weg-weisung" für die „Kirche Jesu Christi im Bereich der sozialistischen Gesell-schaft"[308]. Ihre Besonderheit gegenüber anderen Beiträgen sehen sie darin, diese Aufgabe „von der Mitte, dem Kreuz Jesu Christi her" anzugehen[309]. Die Auftrags-bestimmung der Kirche erscheint dabei unter methodischer Anwendung des für die Kenosis-Ekklesiologie typischen Analogieverfahrens als Wahl zwischen der Al-ternative von selbstlosem Dienen und eigensüchtiger Interessenpolitik:

„Gott [...] hat sich in Jesus Christus selbst verleugnet und die Welt geliebt. Die Kirche, die in der Nachfolge Jesu sich verleugnet und die Welt liebt, ist durch ihre Selbstverleug-nung von der Welt unterschieden und durch ihre Liebe mit ihr verbunden. Diese Freiheit zu selbstloser Liebe gibt Gott ihr in allen Gesellschaftsordnungen. [...] Im Glaubensgehor-sam widersteht die Kirche der Versuchung, in der Absonderung von der gottlosen Welt selbstsüchtig ihr Heil zu suchen. Sie wird ihr Heil nur darin finden, daß sie das Heil der Welt sucht. [...] Wenn sie den Auftrag ihres Herrn erfüllt, wird sie in seinem Dienst, als sein Leib gebrochen, das Leiden, die Schande und den Tod ihres Hauptes bezeugen dürfen."[310]

3.3.2.1.2 Selbstlosigkeit der Kirche bei Wahrung der eigenen Identität

Von dieser kenotisch orientierten Proexistenz-Ekklesiologie ist ein Konzept ei-ner *ecclesiologia crucis* zu unterscheiden, das zwar auch das Zentrum kirchlicher Iden-tität im „priesterlichen Dienst"[311] der Kirche an der Welt und in ihrer selbstlosen „Hinwendung zu den Menschen"[312] sieht, allerdings diese „Sendung" der Kirche stets nur als Komplement ihrer – ebenso identitätsstiftenden – „Sammlung" verste-hen kann[313]. Die Selbstlosigkeit der kirchlichen Proexistenz kann sie zwar in Leid

---

[307] in: KJB 90, 1963, 194–198.

[308] A.a.O., 194.

[309] Ebd.

[310] A.a.O., 195. Zum Verhältnis von Proexistenz und Verzicht auf das eigene Heil vgl. auch G. BASSARAK, Dok 1987/2.

[311] G. JACOB, Vom priesterlichen Dienst, in: ZdZ 1, 1947, 41–47.

[312] G. JACOB, Die Sendung der eucharistischen Bruderschaft, in: ZdZ 3, 1949, 17–23, 19. Vgl. DERS., Vom Leben der christlichen Gemeinde in einer nichtchristlichen Umwelt. Bemerkungen zum 1.Petrusbrief, in: ZdZ 15, 1961, 94–99, 96: „So ist das Volk Gottes niemals Selbstzweck. Es hat sich nicht selbst zu bewahren, sondern es hat sich in der Nachfolge dessen, der ,draußen vor dem Tor' (Hebr 13,12) für die anderen gelitten hat, in diesem Dienst für die anderen ganz hinzu-geben." Für A. SCHÖNHERR konstituiert die Differenz Selbstzweck/Selbstlosigkeit die Identität der Kirche, indem sie die Grenze zwischen Kirche und Nicht-Kirche markiert: „Wenn sich aber die Kirche zum Selbstzweck macht und als Machtgruppe in Konkurrenz zu anderen zu behaup-ten trachtet und damit selber zur ,Welt' geworden ist (Barmen V), hat sie kein Recht, die starken Antithesen des Neuen Testamentes gegen die ,Welt' für sich in Anspruch zu nehmen." (DERS., Die Botschaft vom Reich und der Dienst in der Welt, in: ZdZ 21, 1967, 81–87, 83). W. KRUSCHE markiert mit ebendieser Differenz den Unterschied zwischen Gehorsam und Ungehorsam der Kirche gegenüber ihrem Auftrag: „[E]ine Kirche, die selbst zu einer Interessengruppe geworden ist, ist dienstuntauglich. Gerade indem sie überleben will, ist sie überlebt (Matth. 16,25)" (DERS., Diener Gottes, Diener der Menschen. Hauptreferat auf der Vollversammlung der KEK vom 26.4. – 3.5. 1971 in Nyborg, in: KJB 98, 1971, 355–364, 360).

[313] Vgl. G. JACOB, Die Sendung der eucharistischen Bruderschaft, a.a.O., 19f.: „Vergäße sie ihre Sendung in die Zeit, so wäre ihr Gottesdienst im kultischen Ghetto eingemauert; vergäße sie ihre tägliche Heimkehr zum Kultus als Gebet, Fürbitte und Anbetung, so wäre ihr Zeugnis zur

und Bedrängnis führen[314]. Der Gedanke von kirchlicher Selbstverleugnung und Selbstauflösung in die Welt als letzter Konsequenz ihrer Proexistenz ist dieser Denkschule allerdings fremd. Den Höhepunkt ihrer programmatischen Ausformulierung fand sie auf der Bundessynode in Eisenach 1971, die mit dem Slogan „Kirche für andere" das entscheidende Stichwort für das zu findende Selbstverständnis des zwei Jahre zuvor gegründeten Kirchenbundes proklamiert hatte[315]. Das Problem, das in Eisenach nicht gesehen worden war, bestand darin, daß die rein formale Bestimmung der Proexistenz nicht geeignet sein konnte, die dringend notwendige inhaltliche Orientierung der kirchlichen Außenkommunikation in der sozialistischen Gesellschaft zu leisten[316]. Es war das Verdienst Heino Falckes, in seinem Hauptreferat auf der darauffolgenden Synode in Dresden 1972 diese wichtige konzeptionelle Schwäche erkannt und korrigiert zu haben, indem er die Selbstlosigkeit der Kirche nicht nur als formales Prinzip christlicher Existenz, sondern darüber hinaus und vor allem inhaltlich zu verstehen lehrte[317]. Nicht mehr nur die formale Entsprechung von Proexistenz Christi und Proexistenz der Kirche sollte das Handeln der Kirche orientieren. Falcke bestimmte darüber hinaus die Proexistenz der Kirche ganz vom rechtfertigungstheologischen Ansatz der Befreiung her. D.h. der Dienst der Christen hat nicht nur in der Sendung durch Christus seinen formalen Grund, sondern empfängt darüber hinaus seine inhaltliche Charakteristik aus der Rechtfertigungslehre, die als „Befreiung durch Christus" interpretiert wird. Die Implikationen dieser Neufassung des Proexistenzgedankens sind formal eine kritische („konkret unterscheidende") gesellschaftliche Mitarbeit der Christen,

---

weltanschaulichen Propaganda verzerrt und ihre diakonische Tat zum aktivistischen Handeln verfälscht."

[314] V.a. A. SCHÖNHERR hat immer wieder auf den bei BONHOEFFER angelegten engen Zusammenhang auf Selbstlosigkeit und Leidensbereitschaft der Kirche hingewiesen,vgl. DERS., Die Predigt in der „mündigen" Welt. Gedanken Dietrich Bonhoeffers, in: ZdZ 9, 1955, 242–250, 246: „[D]ie Kirche [...] wird also nur Kirche Jesu Christi sein können, indem sie selbst ganz für andere da ist und darauf verzichtet, sich selbst zu behaupten. Sie wird darum auch ihr Leiden als notwendigen Bestandteil ihres Lebens mit Christus bejahen." An anderer Stelle heißt es: „Ein Leben mit Christus besteht nach Bonhoeffers Überzeugung darin, am dem Leiden Christi in seinen ärmsten und verlassensten Brüdern teilzunehmen. Weil der Gekreuzigte sich zum Dienst an den Menschen auf dieser Erde erniedrigt hat, wird seine Gemeinde nicht hoch über der Erde thronen dürfen. Sie wird an den Gemeinschaftsaufgaben der Gesellschaft teilnehmen, ohne auf ihre Besonderheit zu pochen" (DERS., Impulse aus der Theologie Bonhoeffers für den Weg der Christen in der sozialistischen Gesellschaft der Deutschen Demokratischen Republik, in: DERS. 1979, 119–141, 127).
[315] Der Mecklenburgische Landesbischof H. RATHKE hielt das Hauptreferat der Synode. Darin heißt es u.a.: „Kirche bleibt nur darin Kirche, daß sie ganz für andere da ist. Dasein für andere spricht das ganze Wesen der Kirche aus" (DERS., Kirche für andere – Zeugnis und Dienst der Gemeinde, in: KJB 98, 1971, 265–272, 267).
[316] Paradoxerweise war genau dieser Anspruch von der Synode selbst erhoben worden: „'Kirche für andere', mit dieser knappen Formel sprechen wir an, was den Inhalt von Zeugnis und Dienst des Bundes ausmachen könnte, zu dem wir uns als Evangelische Kirchen in der Deutschen Demokratischen Republik zusammengefunden haben" (A.a.O., 265. Herv. i. O.).
[317] Neben H. FALCKES Hauptreferat nahmen auch die offiziell von der Synode verabschiedeten Entschließungen deutliche Korrekturen an dem Eisenacher Formalismus vor, indem sie mit Nachdruck die christliche Identität von Zeugnis und Dienst der Kirche und der Christen in der DDR betonten, vgl. Dok 1972/3.4.

bei der inhaltlich normativ nicht der Sozialismus (weder in seiner idealen, lehrhaften[318] noch in seiner real existierenden, Verhalten und Überzeugungen der Menschen total beanspruchenden Form), sondern Christi Verheißung des kommenden Reiches der Freiheit sein soll.

3.3.2.1.3 Zur Kritik der Kenosis-Ekklesiologie

Eine Schwäche der *ecclesia crucis* der DDR war es, daß die Relation innerhalb der ekklesiologischen Fundamentalunterscheidung zwischen geglaubter und vorfindlicher Kirche zur Vereinseitigung neigte. Die allgemeinen, deduktiv gewonnenen ekklesiologischen Aussagen etwa die Proexistenz der Kirche betreffend drohten ihre *konkreten* theologische (!) Orientierung zu dominieren. Am deutlichsten wird das bei der Forderung nach Selbstverleugnung und Identitätsverzicht der Kirche. Denn dabei wird ja offensichtlich entweder vorausgesetzt, daß ein soziales System die Möglichkeit hat, frei darüber zu entscheiden, ob es seine Identität bewahren will oder nicht, oder, was wahrscheinlicher ist, die Kirche kommt gar nicht in ihrer Wirklichkeit als soziales System in den Blick. Die einseitig deduktiv-ekklesiologische Argumentation steht also in der Gefahr, die Wirklichkeit dessen, was sie zu orientieren beansprucht, nicht hinreichend in diese Orientierung mit aufzunehmen. Diese in ihrer theologischen Orientierung zu berücksichtigende Wirklichkeit der Kirche ist mit soziologischen Kategorien wahrnehm- und artikulierbar. Mit den Kategorien einer bestimmten soziologischen Theorie, der Systemtheorie, gesprochen, gilt: Die Kirche ist ein soziales System (neben anderen sozialen Systemen). Wenn dies zutrifft, dann muß alles, was für soziale Systeme allgemein gilt, auch für die Kirche gelten. Dazu aber gehört, daß jedes soziale System zur Stabilisierung seiner System-Umwelt-Grenze tendiert und umgekehrt jeder Destabilisierung dieser Grenze entgegenzuwirken sucht. Denn die Grenze zwischen System und Umwelt konstituiert das System[319]. Die Alternative von Selbsterhaltung oder Selbstverleugnung kann für das System selbst gar nicht zur Disposition stehen und stellt darum für es auch keine reale Handlungsalternative dar. Operiert seine Selbstorientierung aber mit irrealen Handlungsalternativen, so wird sie zur Selbstdesorientierung.

Kennzeichen mangelnder Orientierungskraft eines theoretischen Modells aber sind Defizite in seiner Praktizierbarkeit. Die eben formulierte Kritik wird darum durch den Sachverhalt bestätigt, daß als klassisches Gegenargument gegen die Kenosis-Ekklesiologie das Effizienzkriterium ins Feld geführt zu werden pflegt[320]. Es

---

[318] Es geht also auch nicht darum, den Sozialismus kritisch bei seinen eigenen Ansprüchen zu behaften.

[319] Vgl. N. LUHMANN, Komplexität, in: DERS., Soziologische Aufklärung. Bd. 2, 1975, 204–220, 211: „Ein System ist seine Differenz zur Umwelt, ist eine grenzdefinierende, grenzerhaltende Ordnung." Vgl. DERS., Soziale Systeme, ⁴1991, 35f. 51–55. 177–179.

[320] M. BEINTKER hat in einer im Rückblick vorgenommenen kritischen Auseinandersetzung mit ekklesiologischen Traditionen in der DDR darauf hingewiesen, „daß eine Kirche gut beraten ist, mit ihrer institutionellen Gestalt pfleglich umzugehen, wenn sie […] ihre Existenz ‚für andere' effektiv zum Zuge bringen möchte. Die Kenosis der verfaßten Kirche kann jedenfalls – im Unter-

ist im übrigen ein Trugschluß zu meinen, diesem Kriterium komme Plausibilität nur im Zusammenhang der Großkirchen mit ihrem Verwaltungsapparat und ihrem gesellschaftlichen Einfluß zu. Denn die Sorge um die Effektivität sozialen Handelns ist Teil der Sorge um die Identität des jeweils handelnden Systems bzw. der Stabilität seiner System-Umwelt-Grenze. Die Tendenz zur Stabilisierung der System-Umwelt-Grenze (und also auch zur Sicherstellung der Mittel, die für diese Stabilisierung erforderlich sind) kommt sozialen Systemen jedweder Sozialform gleichermaßen zu.

Eine weitere Schwäche der *ecclesiologia crucis* besteht in der Struktur ihrer Begründungsversuche. Das fundamentale Problem des Analogiemodells liegt in der mangelnden Trennschärfe zwischen Christologie und Ekklesiologie. Die Methode der Analogiebildung, die von Christus, dem „Mensch[en] für andere"[321], *unmittelbar* auf eine „Kirche für andere" schließt, nivelliert die Differenz zwischen Christus und den Glaubenden, was in der Konsequenz zu einer „Konfusion der Beziehungsebenen"[322] führt: das christologische „pro nobis" und das ekklesiologische „pro aliis" fallen ununterscheidbar zusammen und „die soteriologische Beziehungsebene [wird so] ihrer befreienden Kraft beraubt bzw. vorschnell in die ethisch-sozialethische Beziehungsebene eingetragen."[323] Demgegenüber ist darauf zu bestehen, daß die Kirche eben *nicht* Christus (auch nicht als *Christus prolongatus*[324] und auch nicht als „Christus als Gemeinde existierend"[325]) ist, sondern ihrerseits aus „anderen" besteht.

Neben diesem allgemeinen Einwand muß jedoch auch noch auf einige nicht unwesentliche Einzelfehler der kreuzesekklesiologischen Begründungsversuche hingewiesen werden. Denn selbst wenn das Analogieverfahren unproblematisch wäre, sprächen einige exegetische Befunde dagegen, die Kenosis-Christologie in dieser Weise ekklesiologisch zu interpretieren. Zum einen begegnet ihr Hauptbeleg, der Philipper-Hymnus (Phil 2,6–11), im Kontext einer Diskussion der Gestalt *binnenkirchlichen* Lebens (vgl. Phil 2,1–5) und wird von Paulus gerade *nicht* auf das Kirche-Umwelt-Verhältnis bezogen. Die in der Kenosis-Ekklesiologie begegnende Dominanz der Kenosis hinsichtlich der Gestaltung der kirchlichen Außenkommunikation kann sich auf diesen Text daher nur bedingt stützen. Viel häufiger wurde daher auch auf Hebr 13,12f. Bezug genommen[326]. Doch diese Stelle muß im Zusam-

---

schied zu Bonhoeffers radikaler Zukunftsvision – nicht so weit gehen, daß sich die Kirche ihrer solche Kenosis erst ermöglichenden irdischen Existenzmittel einfach beraubt" (DERS., Das Wort vom Kreuz und die Gestalt der Kirche, in: KuD 39, 1993, 149–163, 159).

[321] H. RATHKE, Kirche für andere – Zeugnis und Dienst der Gemeinde, a.a.O., 267.

[322] M. BEINTKER, a.a.O. (Anm. 320), 159.

[323] Ebd.

[324] Eine besonders im Katholizismus ausgearbeitete Denkfigur, die die Einheit von Christus und Kirche in einem „mystischen Kirchenbegriff" denken will, vgl. die Enzyklika „Mystici corporis" (1943), DS 3800–3822.

[325] D. BONHOEFFER, SC, DBW 1, 76 u.ö. Vgl. W. HUBER, a.a.O. (Anm. 248), 202f.

[326] Die Prominenz des Diktums aus dem Hebräerbrief in der DDR könnte darauf zurückzuführen sein, daß es als dictum probans mit argumentationsstrukturierender Funktion in der ekklesiologischen Auseinandersetzung zwischen O. DIBELIUS und K. BARTH von 1930/31 bereits Theologiegeschichte gemacht hatte, vgl. K. BARTH, Die Not der evangelischen Kirche (1931) in:

menhang der Diskussion um das Verhältnis der christlichen Gemeinde zum jüdischen Kult gelesen werden. Als Prinzip für die Bestimmung des Verhältnisses von Kirche und Gesellschaft ist das „draußen vor dem Tor" zwar sehr anschaulich verwendbar, doch stellt eine solche Verwendungsweise ein Mißverständnis bzw. einen Mißbrauch dar.

Wie interessegeleitet das Analogieverfahren angewandt worden ist[327], zeigt sich an seiner Umkehrbarkeit. Denn gelegentlich wurde neben der Methode, aus christologischen Aussagen des Neuen Testamentes bzw. der Theologie- und Dogmengeschichte unmittelbare ekklesiologische bzw. kirchenstrukturelle Konsequenzen zu ziehen, auch der umgekehrte Weg gewählt, indem das kirchen- und theologiepolitisch Gewünschte die Interpretation der theologischen Motive steuerte. Ein besonders deutliches Beispiel findet sich in dem oben genannten Text von E. Adler. Adler versuchte ihre gegen die Praxis einer antimarxistischen politischen Konfrontation der Kirche konzipierte Proexistenz-Ekklesiologie theologisch durch das Kenosis-Motiv zu begründen. Ihr Argument lautet dabei, daß der in seiner bedingungslosen Liebe sich selbst erniedrigende Christus die Menschen nicht auf ihre falsche „Ideologie" hin anspreche, sondern sie vielmehr „in" ebendieser liebe, ohne mit dieser Liebe auf eine Berichtigung dieser Falschheit zu zielen. Daß mit dieser Interpretation sowohl die Praxis Jesu, wie sie in den Evangelien bezeugt wird, als auch die christologische Verkündigung des Paulus verfehlt wird, scheint mir am Tage zu sein.

Abgesehen davon, daß, wie wir gerade gesehen haben, die wichtigsten Belege den ihnen zugeschriebenen Sinn gar nicht haben, ist auch grundsätzlich zu bedenken, daß neutestamentliche Metaphern und Analogiebildungen stets kritisch auf ihre Zeitgebundenheit zu prüfen sind. Für die Bestimmung des Verhältnisses der Kirche zu ihrer Umwelt sind Prinzipien, die mit dem Anspruch nichtrelativierbarer sachlicher Gültigkeit zur Geltung gebracht werden, stets mit Skepsis zu behandeln. Viel sinnvoller scheint es dagegen zu sein, die Identität der Kirche immer wieder neu zu reflektieren und zu formulieren und im Zusammenhang mit einer sorgfältigen Wahrnehmung der Umstände in aktuelle und durchaus relative Gestal-

---

DERS., „Der Götze wackelt", hg.v. K. KUPISCH, [2]1964, 33–62. Nach dem Kriege sammelten sich die zumeist aus Kreisen der Bekennenden Kirche stammenden Gegner von DIBELIUS' „Ekklesiozentrismus" um die von BARTH vorgegebene kreuzestheologische Gegenargumentation. Hebr 13,12f. ist seither eine der im ekklesiologischen Diskurs in der DDR meistzitierten Bibelstellen geblieben. Zentrale Bedeutung hatte sie v.a. in der Theologie G. JACOBS gewonnen, vgl. DERS., Die Kirche als Braut Christi, in: ZdZ 7, 1953, 454–457, 457; DERS., Vom Leben der christlichen Gemeinde in einer nichtchristlichen Umwelt. Bemerkungen zum 1.Petrusbrief, in: ZdZ 15, 1961, 94–99, 96; DERS., Exodus in die Welt von morgen, in: ZdZ 19, 1965, 242–249, 248. Vgl. auch P. SCHICKETANZ, Die Zukunft der Gemeinde und die Gemeinde der Zukunft, in: ZdZ 20, 1966, 354–357. Auch auf der Programmsynode des Kirchenbundes in Eisenach 1971 fehlte sie nicht, vgl. H. RATHKE, Kirche für andere – Zeugnis und Dienst der Gemeinde, a.a.O., 267. Sachgemäß auch bei H. MÜLLER, Einige Randbemerkungen zu einigen Randerscheinungen zwischen Kirche und Kultur. Teil 2, in: WBl 1/1983, 20–32, 32. Vgl. auch W. KRUSCHE, Die Gemeinde Jesu Christi auf dem Wege in die Diaspora, in: KJB 100, 1973, 167–175, 170.

[327] Mit dieser Feststellung ist über die Berechtigung des Interesses selbst noch keine Aussage gemacht.

tungs- und Handlungsorientierung zu überführen. Dabei dürfte dann freilich schnell klar werden, daß die (exklusive) Alternative Selbstbezogenheit – Selbstlosigkeit zur Effektivität solcher Gestaltungs- und Handlungsorientierung der Kirche nur wenig beitragen kann, weil für die Kirche wie für jedes soziale System gilt: Es gibt keine Fremdreferenz ohne Selbstreferenz und umgekehrt. Die Distinktion Selbstbezogenheit/Selbstlosigkeit hat darum, auf ein soziales System angewandt, eher wirklichkeitsverschleiernde und darum verwirrende als orientierende Kraft. Konkret heißt das: Um Kirche für andere sein zu können, bedarf es kirchlicher Organisation, Finanzierung, Struktur und Identität. Die Sorge *darum* darf nicht polemisch der Proexistenz-Struktur der Kirche entgegengesetzt werden.

3.3.2.2 Strukturelles Kennzeichen: Die einzelnen Christen als Subjekte des kirchlichen Auftrages

Entgegen der bis Mitte der siebziger Jahre andauernden Bemühungen der sozialistischen Partei und ihrer politischen, geheimdienstlichen und theologischen Hilfsorganisationen, das Selbstverständnis und die Struktur der evangelischen Kirchen auf eine kultische Institution ohne Auftrag und Kompetenz zu öffentlichem Reden und Handeln (als Impuls zur Gestaltung der Gesellschaft) zu reduzieren, hat die Kirche in der DDR an ihrem mit ihrem Selbstverständnis verbundenen „Öffentlichkeitsauftrag" in Theorie und Praxis stets grundsätzlich festgehalten[328].

Allerdings gab es bei der Frage nach den Subjekten und den Formen dieses öffentlichen Handelns der Kirche durchaus Nuancen. Die Situation der Kirche, v.a. ihre ja ekklesiologisch begrüßte Einflußlosigkeit[329], ließ es keineswegs als abwegig erscheinen, ihre Außenkommunikation, also „Zeugnis und Dienst", stärker als Funktion der einzelnen Gemeindeglieder zu betrachten, während die Tätigkeit der *Institution* Kirche und ihrer Amtsträger sich tendenziell auf die Binnenkommunikation, genauer: auf die Sammlung der Christen und ihre Zurüstung zu diesen ihren Aufgaben reduzieren sollte.

Diese Neudistribution der kirchlichen Aufgaben innerhalb ihrer einzelnen Sozialgestalten war, kombiniert mit dem neuen Verständnis ihrer Außenkommunikation als „Teilnahme" an der gesellschaftlichen Entwicklung, als „lernende" Annahme der neuen Situation der Kirche und zugleich auch als Schritt in eine ekklesiologisch gebotene Richtung gedeutet worden. Damit wurde die Existenz in einer Gesellschaft, die durch eine repressive Zivilreligion geprägt war, nicht nur als „Chance", sondern auch als „Verheißung" der Kirche begriffen[330]. Denn die gesellschaftli-

---

[328] Für die Zeit vor der Gründung des Kirchenbundes vgl. dazu G. HEIDTMANN (Hg.), Hat die Kirche geschwiegen? Das öffentliche Wort der evangelischen Kirche aus den Jahren 1945–1964, ³1964; TH. FRIEBEL, Kirche und politische Verantwortung in der sowjetischen Zone und der DDR 1945 – 1969. Eine Untersuchung zum Öffentlichkeitsauftrag der evangelischen Kirchen in Deutschland, 1992.

[329] vgl. o. Kap. II.B/2.3.1.1.

[330] W. KRUSCHE, Die Gemeinde Jesu Christi auf dem Wege in die Diaspora. Vortrag vor der Synode der Evangelischen Kirche der Kirchenprovinz Sachsen, Halle, 17.11.1973, in: KJB 100, 1973, 167–175, 169.

chen Rahmenbedingungen schienen sich positiv auf gewünschte strukturelle Transformationstendenzen der Kirche auszuwirken. Deren erzwungener öffentlicher Einflußlosigkeit[331] wurde als positiver Aspekt eine neue Betonung des Laienengagements sowohl in ihrem Zeugnis[332] als auch in ihrem Dienst[333] abgewonnen. Die klassische Formulierung dieses Konzeptes war auf der Bundessynode in Eisenach 1971 erfolgt. Diese Synode, die unter dem Leitbegriff der „Kirche für andere" die Proexistenz als kirchliche Grundstruktur festgeschrieben hatte, hatte diese in erster Linie im Sinne der Übernahme gesellschaftlicher Verantwortung *durch die einzelnen Christen* gedeutet. „Kirche für andere" realisiere sich, so die Synode, in der gesellschaftlichen Mitarbeit der einzelnen Christen als Staatsbürger am Aufbau einer wahrhaft menschlichen Gesellschaft[334]. Die Funktion der Institution Kirche dagegen wurde darin gesehen, zu diesem Engagement aufzurufen, zu befähigen, es zu schützen und einzuüben.

Die situationsbedingte funktionale Aufwertung der christlichen Bürger als Repräsentanten der Kirche in der Gesellschaft und als Träger ihrer Funktionen nach außen[335] prägte die Orientierungsversuche auch der folgenden Bundessynoden. H. Falcke artikulierte in Dresden 1972 die Beobachtung:

„In unserer säkularen Gesellschaft kann sich die Kirche nicht mehr auf einen Vorschuß an Vertrauen und eine Vorgabe an institutioneller Autorität stützen. Nur was wir selber leben, wird Gehör finden."[336]

Als Aufgabe der Kirche gelte daher:

„Um der mündigen Mitarbeit willen wäre es in der Kirche wichtig, daß sie dem Einzelnen mehr Hilfe dafür gibt. Sie sollte ihm für seinen Dienst in der Gesellschaft das klärende, beratende und ermutigende Gespräch bieten und eine Gemeinschaft, die ihn trägt."[337]

Dieses Konzept krankte jedoch an einem wichtigen theoretischen Mangel, nämlich der fehlenden Einsicht in den Sachverhalt, daß in der Praxis die Kommunikation eines sozialen Systems nach außen notwendig immer institutionelle Formen

---

[331] „Im übrigen gehört es zu den Erfahrungen unserer spezifischen Diasporasituation, daß die Kirche nicht als eine gesellschaftliche Größe angesehen wird, die eine eigene gesellschaftliche Verantwortung wahrzunehmen hätte. [...] Normalerweise werden [...] von der Kirche in unserer Diasporasituation keine eigenen Stellungnahmen zu den Vorgängen in der Gesellschaft erwartet" (W. KRUSCHE, a.a.O., 173).

[332] „In einer Diasporasituation wie der unseren wird man sich immer weniger auf das berufen können, was die Kirche glaubt oder der Pfarrer sagt, sondern es werden Menschen gebraucht, die in der Lage sind, das Evangelium selbständig zu verantworten, eigene Antworten des Glaubens zu geben, ohne dafür eine kirchliche Approbation zu haben" (W. KRUSCHE, a.a.O., 170f.).

[333] „So wird das, was im gesellschaftlichen Bereich von der Gemeinde Jesu Christi ausgeht, in der Hauptsache durch einzelne ihrer Glieder geschehen" (W. KRUSCHE, a.a.O., 173).

[334] Vgl. G. KRUSCHES Vorbereitungspapier für die Synode (Dok 1971/3) sowie die Referate von H. RATHKE („Kirche für andere – Zeugnis und Dienst der Gemeinde", in: KJB 98, 1971, 265–272) und J. CIESLAK („Die Bedeutung der Gemeinde für den Alltag der Christen", Zusammenfassung in: KJB 98, 1971, 277f.).

[335] Vgl. H.-J. RÖDER, Kirche im Sozialismus. Zum Selbstverständnis der evangelischen Kirchen in der DDR, in: HENKYS 1982, 62–85, 73–75.82f.

[336] H. FALCKE, Christus befreit – darum Kirche für andere, in: KJB 99, 1972, 242–255, 250.

[337] A.a.O., 253.

annimmt. Ein Theoriemodell, das dies außer acht läßt, orientiert an der Wirklichkeit vorbei und führt auf diese Weise zu einem Frustrationsstau, der sich, ist er nur weit genug angeschwollen, anläßlich einer aktuellen Gelegenheit entladen kann, was dann u.U. zu einem überraschenden Mißverhältnis zwischen der Reaktion und dem sie auslösenden Sachverhalt führt. Auf diese Weise offenbaren die heftigen Reaktionen der Gemeinden auf die Selbstverbrennung von Oskar Brüsewitz im September 1976 schlagartig eine Kluft zwischen den theoretischen Modellen und der tatsächlichen Praxissituation der Kirchen. Längst hatte sich in den Gemeinden nämlich das Bewußtsein einer immer größer werdenden Distanz zu ihren Kirchenleitungen festgesetzt, welche ihren Ausdruck in erster Linie in dem bereits erwähnten Privilegierungsgefälle fand. Damit aber war die Schieflage des gültigen ekklesiologischen Theoriemodells entlarvt: statt, wie die Theorie es wollte, die Außenkommunikation der Kirche auf die Interaktionsfelder der einzelnen Christen zu verlagern, waren lediglich unterschiedliche *Gestalten* kirchlicher Außenkommunikation auf die verschiedenen Sozialformen der Kirche verteilt worden. Während die Kirchenleitungen die Kirche gegenüber dem Staat und dem Ausland repräsentierten, trugen die Gemeinden und christlichen Familien die ganze Last, die mit einer christlichen Existenz im real existierenden Sozialismus der DDR verbunden war. Zutiefst verunsichert aufgrund der Widersprüche zwischen der vom Marxismus-Leninismus definierten „Realität" und dem dem christlichen Existenzvollzug zugrundeliegenden Wirklichkeitsverständnis[338], sollten sie Zeugnis und Dienst der Kirche in ihrem Alltag glaubwürdig repräsentieren und so die anspruchsvolle Ekklesiologie des Kirchenbundes in individuelle Lebenspraxis überführen. Die hoffnungsvollen ekklesiologischen Transformationsversuche der „Volkskirche" erwiesen sich im Kontext der sozialistischen Gesellschaft darum letztlich als zynische „Überforderung der Gemeinden"[339].

Schon früh hatten einzelne Stimmen vor einer allzu wohlfeilen ekklesiologischen Adaption der gesellschaftlichen Situation der Kirche gewarnt. Heino Falcke hatte 1972 in Dresden auch einige kritische „Fragen an unser Kirchenverständnis, speziell an unsere Konzepte von missionarischer Gemeinde" gestellt:

„Sind wir nicht in Gefahr, beim Abbau der Betreuungsstrukturen kurzschlüssig Aktivierungsstrukturen an die Stelle zu setzen, einen kleinbürgerlich beschaulich-erbaulichen Versammlungsstil durch einen sozialethisch engagierten Lebensstil zu ersetzen und mit Glauben in eins zu setzen? An die Stelle der Volkskirche träte eine Art Sendungselite [...]. Solch ein Konzept kann blind machen für heute fällige Funktionen der Kirche und für berechtigte Erwartungen von Menschen, die an der Gemeinde teilnehmen möchten, ohne sogleich vereinnahmt zu werden. Die Gemeinde des befreienden Christus sollte nicht nur Rüststätte, sondern auch Raststätte sein. Der unter Leistungsdruck und Qualifizierungsanforderungen stehende Mensch sollte in ihr sein Angenommensein erfahren, ohne wiederum nach frommer Leistung, kirchlicher Brauchbarkeit und Schulungsfähigkeit eingestuft zu werden."[340]

---

[338] Vgl. M. BEINTKER, Der gesellschaftliche Neuaufbau in den östlichen Bundesländern. Herausforderungen an die Theologie, in: ThLZ 116, 1991, 241–254, 245f.
[339] A.a.O., 246.
[340] H. FALCKE, a.a.O. (Anm. 336), 254.

Grundsätzlicherer Natur waren die Einwände des Görlitzer Bischofs Hans-Joachim Fränkel[341], der die Verlagerung des Schwerpunktes der öffentlichen Wirksamkeit der Kirche auf die einzelnen Christen[342] stets differenziert beurteilt und daneben immer auch die Kirche als Subjekt kirchlicher Außenkommunikation angesehen hatte. Vor der Regionalsynode Ost der EKU stellte er im Mai 1970 in Magdeburg klar:

„Unsere Evangelische Kirche der Union erkennt die Aufgabe, auf der Basis einer sozialistischen Wirtschaftsstruktur das Zusammenleben der Bürger zu gestalten, als eine legitime Aufgabe [der Kirche!] an. Wie sie sich allen Versuchen, diese Basis zu zerstören, versagt, so läßt sie sich auch nicht politisch mißbrauchen."[343]

Noch deutlicher erfolgte die gegenüber der Kirchenbund-Linie alternative Akzentsetzung in zwei Vorträgen Fränkels aus dem Jahre 1973. Der Reduzierung der kirchlichen Außenkommunikation auf *eine* Sozialform wird nun ausdrücklich widersprochen. Der Auftrag der Institution Kirche besteht, so Fränkel, nicht nur darin, die einzelnen Christen zu ihrem öffentlichen Engagement zu motivieren und zuzurüsten, sondern auch darin, selbst gesellschaftliche Verantwortung zu übernehmen. Rein formal sei das schon darin begründet, daß die Kirche bei ihrer Auftragsbestimmung nicht davon absehen könne, daß sie ein gesellschaftliches Interaktionssystem[344] ist, dessen Verhalten, wie auch immer es begründet und faktisch gestaltet sein mag, somit immer schon per se öffentlichen Charakter habe. Erst recht aber ergäbe sich die Öffentlichkeit kirchlichen Verhaltens aus ihrem Auftrag selbst, der in der universalen öffentlichen Proklamation der Botschaft von der Versöhnung Gottes mit der Welt bestehe[345]. Darüber hinaus könnten die sozialen Aspekte

---

[341] HANS-JOACHIM FRÄNKEL war von 1964 – 1979 Bischof der Ev. Kirche von Schlesien (seit 1968 Evangelische Kirche des Kirchengebietes Görlitz) sowie 1970 und 1972/73 Vorsitzender des Rates der EKU/Bereich DDR.

[342] die FRÄNKEL durchaus gesehen und begrüßt hat: „In einer Zeit, in der alle, die der Kirche hauptamtlich dienen, zunehmend in das gesellschaftliche Abseits geraten, gewinnt der Zeugendienst unserer Laien immer mehr an Gewicht, denn sie sind an Orten unserer Gesellschaft präsent, die den Amtsträgern weithin unerreichbar geworden sind. Das aber bedeutet, daß die öffentliche Verkündigung heute nicht ohne Rückkoppelung zu den Erfahrungen unserer Laien geschehen kann und daß wiederum unsere Laien der Zurüstung durch ihre Pastoren für ihren Zeugendienst bedürfen." (DERS., Was haben wir aus dem Kirchenkampf gelernt? Vortrag am 8. November 1973 in der Annenkirche zu Dresden, in: KJB 100, 1973, 161–167 [im folgenden zit. als: Kirchenkampf, 1973], 166). Zu beachten ist jedoch, daß und wie FRÄNKEL zwischen dem „Zeugendienst unserer Laien" und der „öffentlichen Verkündigung" unterscheidet.

[343] H.-J. FRÄNKEL, Bericht des Vorsitzenden des Rates der EKU vor deren Regionalsynode Ost, Magdeburg, 22.-24. 5. 1970, in: KJB 97, 1970, 305–308 (im folgenden zit. als: Bericht, 1970), 306. Die „gesellschaftliche Mitarbeit" der Christen will FRÄNKEL als „den christlichen Beitrag" verstanden wissen, „eine Gestalt gerechteren Zusammenlebens zu *finden*" (ebd., Herv. v. mir, W.Th.). Als Versuch des erwähnten politischen Mißbrauchs wird dagegen die ULBRICHTsche Formel von der „gemeinsamen humanistischen Verantwortung von Christen und Marxisten" entlarvt, da sie Christen und Marxisten ein und dieselbe handlungsleitende Orientierung unterstellt (A.a.O., 307; vgl. u. Kap. 3.3.2.3).

[344] FRÄNKEL spricht von „ihrem Sein als soziologische Größe in dieser Welt" (DERS., Ein Wort zur öffentlichen Verantwortung der Kirchen in der gegenwärtigen Stunde. Vortrag vor der Provinzialsynode der Evangelischen Kirche des Görlitzer Kirchengebietes vom 30. März bis 2. April 1973, in: KJB 100, 1973, 182–190 [im folgenden zit. als: Wort, 1973], 182).

des Evangeliums nur von einer gesellschaftlichen Institution wirksam zur Geltung gebracht werden[346]. Das Argument, die Perfektion der sozialistischen Gesellschaft bzw. der ihr zugrundeliegenden und in ihr tendenziell verwirklichten politischen Prinzipien mache jede Form von Öffentlichkeit außerhalb der sozialistischen Partei überflüssig[347], müsse auf der Grundlage des christlichen Wirklichkeitsverständnisses, das keine innerweltlichen Absolutheiten anerkenne, zurückgewiesen werden[348]. Im Gegensatz zur *theologischen* Qualifizierung der sozialistischen Gesellschaft als „mündiger Welt" erkannte Fränkel unter Verwendung eines *politischen* Mündigkeitsbegriffes Toleranz[349], Glaubens- und Gewissensfreiheit[350], Meinungsfreiheit[351], eine offene Informationspolitik[352] und ein „Klima [...], in dem man sich in Offenheit und Wahrhaftigkeit begegnet"[353] als Kennzeichen einer mündigen

---

[345] „Die Universalität und Totalität der Versöhnung begründet die öffentliche Verantwortung der Kirche als mit dem Auftrag zur Proklamation dieser Versöhnung untrennbar verbunden" (A.a.O., 182f.). In seinem erheblichen Wirbel verursachenden Vortrag in der Dresdner Annenkirche wenige Monate später konkretisierte FRÄNKEL diese Aussage, indem er vor Begrenzungen der Evangeliumsverkündigung hinsichtlich ihrer Reichweite und ihres Inhalts warnte (Dok 1973/7; vgl. DERS., Bericht vor der Synode der Evang. Kirche des Görlitzer Kirchengebietes [25.-28. 3. 1977], in: epd-Dok 17/1977, 43–52 [im folgenden zit. als: Bericht, 1977], 47f.). Der Gedanke der Universalität des kirchlichen Auftrages stand auch im Zentrum der Apologie des Volkskirchenbegriffes durch den damaligen sächsischen Landesbischof G. NOTH. NOTH hatte 1960 gegen kongregationalistische Bestrebungen, wie sie damals v.a. der Weißenseer Arbeitskreis vertreten hatte, den universalen missionarischen und diakonischen Auftrag der Kirche geltend gemacht: „Volkskirche bedeutet eine Verantwortung für das Volksganze. [...] Die Freikirche hat demgegenüber die Tendenz, sich auf den kleinen Kreis der Glieder zu beschränken" (DERS., Volkskirche heute, in: ZdZ 14, 1960, 166–170, 168).

[346] „Nun ergeht die Versöhnungsbotschaft ganz gewiß an den einzelnen, aber dieser einzelne existiert nicht als ein abstraktes Individuum, sondern immer als gesellschaftliches Wesen, d.h., er existiert immer in bestimmten gesellschaftlichen Bezügen, von denen nicht abgesehen werden kann. Weil das Wort von der Versöhnung ihn nicht anders als in diesen gesellschaftlichen Bezügen existierend trifft, kann es auch nicht ohne Relevanz für diese Bezüge sein. Das wird niemand leugnen. Aber die Frage ist: Kann man sich damit begnügen, daß von dem einzelnen, der sich zur Versöhnung mit Gott und also zum Glauben hat rufen lassen, Impulse der Liebe in die gesellschaftlichen Bereiche ausgehen? Kann man es dem Selbstlauf überlassen, was die Heilskräfte des Evangeliums, von denen man dann gern bei solcher Begrenzung spricht, für die gesellschaftlichen Bezüge austragen? So wichtig solche Impulse der Liebe für das gesellschaftliche Leben auch sein mögen, die öffentliche Verantwortung der Kirchen reicht weiter. Die Versöhnung Gottes mit der Welt hat auch einen unmittelbaren Bezug zu den Ordnungen und Strukturen, in welchen sich das Zusammenleben der Menschen vollzieht. [Dieser Bezug] bedeutet [...], daß diese [Ordnungen und Strukturen] daraufhin zu prüfen sind, ob sie die Annahme der Botschaft von der Versöhnung erleichtern oder erschweren und ob sie offen sind für die Aufrichtung vorlaufender Zeichen der Vollendung der Welt" (H.-J. FRÄNKEL, Wort, 1973, 183).

[347] Vgl. u. Kap. 3.3.2.3.2.

[348] „[A]uch in der besten Gesellschaftsordnung bleibt der Mensch Sünder. Daher kann sich die Kirche die Behauptung nicht zu eigen machen, daß im Sozialismus die objektive Notwendigkeit einer öffentlichen Verantwortung der Kirche entfiele, weil die Qualität des Sozialismus eine solche ausschlösse." (H.-J. FRÄNKEL, Wort, 1973, 185; vgl. DERS., Kirchenkampf, 1973, 165).

[349] Vgl. DERS., Wort, 1973, 189f.; Kirchenkampf, 1973, 166; Bericht, 1977, 51.

[350] Vgl. DERS., Bericht, 1970, 307; Wort, 1973, 189f.; Kirchenkampf, 1973, 165; Bericht, 1977, 43.50.

[351] Vgl. DERS., Bericht, 1970, 307; Kirchenkampf, 1973, 165.

[352] Vgl. DERS., Wort, 1973, 188; Bericht, 1977, 44.

[353] DERS., Bericht, 1970, 307f.; vgl. Wort, 1973, 190; Bericht, 1977, 44.50.

Gesellschaft, für die einzutreten zur Aufgabe der Kirche gehöre[354] – gerade im real existierenden Sozialismus[355].

Der Kirchenbund blieb in seinen offiziellen Äußerungen jedoch zunächst auf der 1971 in Eisenach gefundenen Linie. Doch bereits die Bundessynode in Schwerin 1973 unterschied verschiedene kirchliche Sozialformen als Träger des öffentlichen Handelns der Kirche in der DDR. Die von der Amtskirche getragene Außenkommunikation erfolge, so die Synode, „vor allem im Gespräch mit den zuständigen Stellen, gelegentlich auch öffentlich."[356] Erstmals war damit die für die „Kirche im Sozialismus" v.a. in ihrem ersten Jahrzehnt typische Kombination der beiden Differenzen einzelne Christen – Kirchenleitung einerseits und öffentliche und eingeschränkt öffentliche bzw. geheime Außenkommunikation andererseits explizit dokumentiert worden.

Es darf allerdings auch nicht übersehen werden, daß die bis etwa 1958 entschlossen wahrgenommene öffentliche Verantwortung der Kirche von Partei und Regierung nicht ganz zu unrecht „als Parteinahme für die BRD gegen die DDR" aufgefaßt worden war[357]. Trifft das aber zu, dann sind mit dem Vollzug der „Ortsbestimmung" der Kirche in der DDR durchaus gute politische – wenn auch nicht theologische – Gründe für eine Zurückhaltung der Kirche bei ihrem öffentlichen und eigenständigen Engagement für die Gestaltung der sozialistischen Gesellschaft verbunden gewesen.

Eine neue Situation begann sich erst mit dem Beginn der Überwindung der außenpolitischen Isolation der DDR, ihrer Aufnahme in die UNO 1973 sowie ihrer Mitwirkung beim KSZE-Prozeß und der Unterzeichnung der KSZE-Schlußakte von Helsinki am 1. August 1975 abzuzeichnen. Dem Staat lag daran, in seinen außenpolitischen Anliegen von den in der Ökumene einflußreichen DDR-Kirchen unterstützt zu werden[358]. Die Kirchen sollten auf ihre Weise einen Beitrag zum

---

[354] und zwar als „unausweichlich[er]" Bestandteil ihres Auftrags, die Botschaft von der Versöhnung öffentlich zu proklamieren (DERS., Kirchenkampf, 1973, 164; vgl. Wort, 1973, 190).

[355] FRÄNKEL erkannte angesichts der „Absolutsetzung politischer, nationaler, rassischer und ideologischer Werte" auf ein „erschreckende[s] Mißverhältnis" zwischen der „rationale[n] Mündigkeit des Menschen" und „seiner ethischen Unmündigkeit". Zur Aufgabe der Kirche gehöre es, dazu beizutragen, „ethische Reife zu gewinnen. Damit ist der einzelne Mensch aufgerufen, verantwortliche Person und nicht von dunklen Mächten manipulierbares Objekt zu sein" (DERS., Bericht, 1970, 306; vgl. Kirchenkampf, 1973, 161).

[356] Dok 1973/1.

[357] J. HAMEL, Wahrnehmung gesellschaftlicher Verantwortung durch die evangelischen Kirchen in Deutschland – ein Rückblick, in: Zum politischen Auftrag der christlichen Gemeinde. Barmen II, 1974, 19–33, 25.

[358] Bereits in der „Präambel zum Arbeitsplan der Dienststelle des Staatssekretärs für Kirchenfragen für das II.Halbjahr 1971" vom 29. 6. 1971 wird zwischen innen- und außenpolitischen „Einfluß" der Kirchen streng geschieden. Eine Tendenz der „Kirchenleitungen", ihren Einfluß innerhalb der Gesellschaft zu vergrößern, wird als „ideologische[] Diversion" pauschal abgelehnt. Eine außenpolitische Wirksamkeit der Kirchen dagegen ist erwünscht, wobei die von ihnen zu vertretenden Sachthemen genau benannt werden. Es handelt sich dabei um kirchliches Eintreten für „[d]ie Notwendigkeit der rechtmäßigen Forderung der DDR auf Mitgliedschaft in der UNO und ihren Spezialorganisationen; für die völkerrechtliche Anerkennung der DDR durch alle europäischen Staaten und für die Herstellung normaler Beziehungen zwischen der DDR und der BRD auf völkerrechtlicher Grundlage", für die Einberufung einer „europäischen Staatenkonfe-

Ziel einer internationalen Anerkennung der Verwirklichung der Menschenrechte in der DDR leisten. Dies ist auch geschehen, insbesondere durch das starke Engagement der DDR-Kirchen bei der von der Kommission der Kirchen für internationale Angelegenheiten (CCIA) des ÖRK vom 21. bis 26. 10. 1974 in St. Pölten veranstalteten Konsultation über Menschenrechte und christliche Verantwortung[359] sowie durch ihre Unterstützung für das Antirassismusprogramm von ÖRK/Brot für die Welt. Auch wenn sich in diesen und anderen Zusammenhängen die kirchlichen Texte meist noch auf eine Bestätigung und Bekräftigung der von der Partei vorgegebenen Linie[360], etwa im Streit um das Verhältnis von kollektiven und individuellen Menschenrechten[361], beschränkten, so ging die Entwicklung doch hin zu einer allmählichen Rehabilitierung der Kirchen als (eigenständiger) politischer Subjekte.

Nach 1975 wurde diese Tendenz verstärkt. Die auch von der DDR unterzeichnete KSZE-Schlußakte wirkte insbesondere in ihrer Bekräftigung der individuellen Menschenrechte innergesellschaftlich dynamisierend, da sie eine von der DDR-Regierung schlecht anfechtbare Berufungsinstanz darstellte. So erlaubte der ebenfalls in der Schlußakte aufgezeigte unauflösliche Zusammenhang von Friedenssicherung und Menschenrechtsverwirklichung den Kirchen nun viel mehr Spielraum zur Entwicklung eigenständiger Positionen und offener Auseinandersetzung mit der herrschenden Doktrin, da die Begriffe „Frieden" und „Humanis-

---

renz für kollektive Sicherheit und Frieden, an der auch die DDR gleichberechtigt teilnimmt" sowie gegen die „USA-Aggression in Vietnam" (BAP, D 0–4, Nr. 2499/1, Az.: 05–18–00; vgl. Dok 1971/5).

[359] Als Teilnehmer aus der DDR waren in St. Pölten vertreten: OKR Lewek und OKR Zeddies. Ihr Bericht an die KKL findet sich in KJB 101, 1974, 501f. Zur Vorbereitung der Tagung wurden vom Theologischen Studienausschuß des Nationalkomitees des LWB in der DDR (s. nachf. Anm.), von einer gemeinsamen Arbeitsgruppe des Ausschusses „Kirche und Gesellschaft" und des Sekretariats des BEK (KJB 101, 1974, 495f.) sowie von der Studiengruppe UNO der CFK/DDR Studien zum Thema Menschenrechte vorgelegt.

[360] Dies trifft insbesondere für die vom Theologischen Studienausschuß des Nationalkomitees des LWB in der DDR zur Vorbereitung von St. Pölten im Oktober 1973 vorgelegte Studie „Sorge um eine menschliche Welt" zu (KJB 101, 1974, 486–495.507–509). Die Studie erkennt für die Christen in der DDR eine „produktive Beziehung" ihrer „[c]hristliche[n] und staatsbürgerliche[n] Verantwortung" (508). Die christliche Verantwortung der einzelnen Christen wird als Bereitschaft, „ihrem Herrn in den Ordnungen des Sozialismus nachzufolgen", etwa durch die Mitarbeit in den sozialistischen Organisationen, bezeichnet (509). Die Aufgaben der Kirchen werden innerhalb der DDR-Gesellschaft als auf den diakonischen Bereich beschränkt begriffen. Auf internationalem Feld dagegen gilt: „Die Kirchen in der DDR nehmen ihre ökumenische Verpflichtung bewußt als Kirchen in einem sozialistischen Lande wahr. Damit ist in der Regel eine Stärkung des politischen Ansehens der DDR in der Welt verbunden. Diese Chance wird seitens des Staates begrüßt und gefördert" (508).

[361] Vgl. hierzu eine Äußerung des damaligen Vorsitzendender Konferenz der Kirchenleitungen, A. Schönherr, aus dem Jahre 1973: „Wir Christen in den sozialistischen Staaten wissen etwas von der Berechtigung kollektiver Menschenrechte. Wir sollten dazu nach Kräften helfen, daß kollektive und individuelle Menschenrechte gegeneinander ausgewogen sind. Der Sinn der Menschenrechte kann nicht in schrankenlosen Berechtigungen liegen. Sie sollten das Maß von Recht formulieren, das der Mensch braucht, um frei sein zu können für andere Menschen" (Ders., Die Rolle des Bundes der Evangelischen Kirchen für den Protestantismus in der DDR, in: Ders. 1988, 262–271, 270f.).

mus", die die Grundlage der sozialistischen Zivilreligion bildeten, nun nicht mehr
exklusiv ideologisch besetzbar waren.

3.3.2.3 Inhaltliches Kennzeichen: Eigenständigkeit

Die Folge dieser Entwicklung war, daß spätestens seit dem 6. März 1978 inhaltliche „Eigenständigkeit" als Kennzeichen der „Teilnahme" der „Kirche im Sozialismus" zunehmend öffentlich geltend gemacht werden konnte[362].

Das ekklesiologische Grundproblem im Zusammenhang der kirchlichen Auftragsbestimmung, das mit der Thematik der „Eigenständigkeit" der Kirche angeschnitten ist, ist die Frage nach ihrem Subjekt. Dieses Problem war für die Kirche
in der DDR virulent, da ihr der Staat eine autonome Bestimmung ihres Auftrags
ausdrücklich verwehrte und umgekehrt sowohl auf dessen negative als auch positive Formulierung einen – in verschiedenen Phasen der DDR unterschiedlich ausgeprägten und artikulierten – entschiedenen Einfluß auszuüben trachtete. Negativ
versuchten der Staat und die anderen (kirchen)politischen Instrumente der Partei
das Selbstverständnis der Kirche im Sinne einer in ihrer Tätigkeit ausschließlich auf
ihren eigenen, „religiösen" Bereich beschränkten „Kultgemeinschaft" zu beeinflussen. Positiv sollte die Kirche dagegen – v.a. auf internationalem Parkett – ihren
Auftrag im Zusammenhang einer bekennenden „Parteinahme" für den Sozialismus begreifen und ausüben.

Die Hauptstrategie des Staates, seine massiven Versuche der Einflußnahme auf
kirchliche Identität und Auftragsbestimmung zu verschleiern, bestand in der Betonung der Trennung von Staat und Kirche im Sozialismus. Demnach sei, so die Argumentation der Propaganda, die Kirche in der DDR erstmals seit der Konstantinischen Wende befreit davon, für nichtkirchliche Zwecke mißbraucht zu werden. In
der DDR sei das Ende der Volkskirche mit ihrer engen Verbindung mit den Interessen der Herrschenden gekommen, die Kirche habe, erkenne sie den Sozialismus
nur mit aller Entschiedenheit, ohne Wenn und Aber und mit allen (freilich ihr ja
letztlich nur zugute kommenden) Konsequenzen an, in der DDR die Chance, ihr
Wesen erstmals seit den Zeiten der Urkirche unvermischt und rein zu verwirklichen[363].

Der zynische Zungenschlag dieser Argumentation wurde keineswegs immer
durchschaut. Die klassisch gewordene Formulierung von Politbüromitglied Paul
Verner vom 8. 2. 1971:

„Es hat zwar eine Verpreußung der evangelischen Kirchen und nationalistische, ja sogar
faschistische Verfälschungen der christlichen Botschaft gegeben – eine ‚Sozialisierung' der

---

[362] Dies war auch schon vorher geschehen, etwa auf der Bundessynode in Schwerin 1973
(Dok 1973/1). Es ist jedoch bezeichnend, daß A. SCHÖNHERR am 6. März 1978 gegenüber HO
NECKER ausgerechnet diejenige Passage des damaligen Berichtes der KKL an die Synode zitierte,
die die Eigenständigkeit des „Mittuns" der „Kirche als solche" betont (vgl. Dok 1978/6). Die auf
der Bundessynode in Leipzig 1980 vorgenommene kirchliche Interpretation des 6. März zählte
darum auch mit Recht „Eigenständigkeit" zu den „Schlüsselbegriffen […], die die Wirkungsgeschichte dieses Gespräches bestimmen." (Dok 1980/4).
[363] Vgl. o. Kap. I.B/4.1.1.

christlichen Lehre hat es bisher nicht gegeben und wird es auch in Zukunft nicht geben"[364],

auf die sich die Kirche bei der Frage ihrer Stellung im Sozialismus seither immer wieder berufen hat, betont ja lediglich die Freiheit des christlichen *Glaubens*, nicht jedoch des christlichen *Handelns*. Die *Trennung* von beidem aber stellte die eigentliche Anfechtung für die Kirche dar und macht den Zynismus dieser Politik aus. Genau gegen diese zynische Trennung von Handlung und handlungsleitender Orientierung mußte das kirchliche Insistieren auf ihre Eigenständigkeit gerichtet sein.

Methodisch bestand das Problem der Eigenständigkeit in dem Verhältnis von deduktiver und induktiver Methode bei der theologisch-kirchlichen Bestimmung des Auftrags der Kirche. Eine Kirche wie die evangelische Kirche in der DDR, deren Selbstverständnis neben einer stark lutherischen Ausrichtung v.a. auch in der Barmer Theologischen Erklärung gründete, konnte eine – offene oder verschleierte – staatliche Fremdbestimmung nicht hinnehmen. Nach diesem Selbstverständnis empfängt sie ihren Auftrag von Christus, ihrem Herrn. Gemäß den für sie maßgeblichen Traditionen besteht er in der Verkündigung des Evangeliums an alle Menschen und der rechten Verwaltung der Sakramente[365]. Nun muß aber, will die Kirche diesem ihrem Auftrag in verantwortlicher und also auch in realistischer Weise nachkommen, zu dieser Deduktion ihres Auftrags aus der Tradition immer ein induktives Moment hinzutreten, das die Situation in die Auftragsformulierung mit einbezieht. Das heißt also, daß die kirchliche Situationsbestimmung in ein konstruktives Verhältnis zu ihrer Auftragsbestimmung gesetzt werden muß. Bei diesem Vorgang sind zwei Gesichtspunkte von besonderer Bedeutung:

1. Die direkte Relevanz der Situationsbestimmung der Kirche für ihre Auftragsbestimmung bedeutet, daß eventuelle Mängel bei jener (also etwa theoretische Defizite, die zu unsauberer Verwendung theologischer und politischer Kategorien führen können, und/oder Probleme der perspektivischen Betrachtung aufgrund einer traditions- oder interessegeleiteten Verzerrung bzw. Verengung des Blicks) mit einer hohen Wahrscheinlichkeit Folgeprobleme bei der Formulierung ihres Auftrages nach sich ziehen.

2. Das Verhältnis von Situations- und Auftragsbestimmung ist unterschiedlich interpretierbar. Hat die Berücksichtigung der Situation nur eine begrenzende Funktion für die (somit vorrangig deduktiv vorgenommene) Auftragsbestimmung? Oder wird die Situationsbestimmung der Kirche aufgewertet bis hin zu einer positiven Orientierung ihrer (dann eher induktiv angelegten) Auftragsbestimmung?

Aspekte des ersten Gesichtspunktes sind bereits oben skizziert worden[366]. Die Diskussion der zweiten Frage erfolgte innerhalb der Kirchen in der DDR v.a. unter zwei Gesichtspunkten, nämlich als Frage nach dem Verhältnis von Zeugnis und Dienst der Kirche und in der Einführung von „Lernen" als Meta-Auftrag der Kirche.

---

[364] Dok 1971/1.
[365] Vgl. Mt 28,18–20; CA VII (BSLK, 61).
[366] vgl. o. Kap. II.B.

3.3.2.3.1 Zum Verhältnis von Zeugnis und Dienst der „Kirche im Sozialismus"

Zeugnis und Dienst bilden die beiden grundlegenden Gestalten kirchlichen Handelns und als solche auch die beiden Formen, in denen sich ihr Auftrag formulieren lassen können muß. Dabei entstehen mehrere Zuordnungsmöglichkeiten. So können etwa die beiden Formen kirchlichen Handelns der Unterscheidung von Innen- und Außenkommunikation der Kirche zugeordnet werden[367], oder sie werden distributiv auf die unterschiedlichen kirchlichen Sozialgestalten bezogen. Beide Auftragsformen können aber auch in ein inneres Verhältnis zueinander gebracht werden. So hat etwa Karl Barth in dem „Der Dienst der Gemeinde" überschriebenen Abschnitt seiner „Kirchlichen Dogmatik"[368] diesen Dienst als „Zeugendienst"[369] begriffen und „Zeugnis [...] als Inbegriff dessen, was die christliche Gemeinde in ihrem Dienst zu tun [...] hat", bestimmt[370].

Im Bereich der DDR-Kirche standen in dieser Tradition vor allem (aber nicht nur!) Lutheraner, die den Verlust der inhaltlichen Bestimmtheit kirchlichen Handelns durch das „Wort" beklagten, gegenüber dieser Tendenz eine Zeugnis-orientierte Auftragsbestimmung der Kirche vorlegten und zum ekklesiologischen Leitbild einer „missionarischen Kirche" verdichteten.

Eine konkretisierende Ausarbeitung dieses Modells eines aus dem Zeugnisauftrag der Kirche abgeleiteten Dienstes vor dem Problemhorizont der DDR hat der sächsische Landesbischof Gottfried Noth vorgelegt. Als zentrale Aufgabe der Kirche gilt ihm die Verkündigung des Wortes[371] in seinen Gestalten Evangelium und Gesetz[372]. Durch eine sachgemäße Wortverkündigung wird das weltliche Handeln von Christen und Kirche nicht nur orientiert (durch die Predigt des Gesetzes), sondern durch die in der Predigt des Evangeliums geltend zu machende Unterscheidung von Erhaltung und Erlösung auch in ein richtiges Bezugssystem gestellt.

Der in der DDR einflußreichste Vertreter des Modells einer „missionarischen Kirche" war der von 1968 bis 1983 amtierende provinzsächsische Landesbischof und zwischenzeitliche Vorsitzende der Konferenz der Kirchenleitungen Werner Krusche. Sein Konzept entstand aus einer kritischen Rezeption der zeitgenössischen ökumenischen Impulse zu einer aktuellen Interpretation des Mission-Begriffes. Die beiden Pole der seit Anfang der sechziger Jahre geführten kontroversen Debatte zur Bestimmung des kirchlichen Auftrags faßte Krusche selbst so zusammen:

„Mission ist die Bezeugung des rettenden Evangeliums mit dem Ziel der Einverleibung neuer Glieder in den Leib Christi, in die Kirche, in der es allein Heil gibt; Ziel der missiona-

---

[367] der Tendenz nach geschah dies in dem auf BONHOEFFER zurückgehenden ekklesiologischen Theoriefragment der „Arkandisziplin", s. o. Kap. 3.2.
[368] K. BARTH, KD IV/3. Bd. 2 (1959), 951–1034.
[369] A.a.O., 954.956.960.
[370] A.a.O., 967.
[371] So schon 1960 in „Volkskirche heute", a.a.O. (Anm. 345), wo NOTH v.a. die universale *Reichweite* des kirchlichen Auftrages betont hatte.
[372] Vgl. G. NOTH, Bericht des Landesbischofs der Evang.-Luth. Landeskirche Sachsens auf der Landessynode im Herbst 1970, in: KJB 97, 1970, 359–363.

rischen Bewegung ist die Integration der von ihr Erreichten in der Kirche als dem eschatologischen Gottesvolk."[373]

„Mission ist die absichtslose Bezeugung der Liebe Gottes in den Strukturen und an den Orten der Welt, und zwar vornehmlich in der Gestalt des hingebenden, sich zerreiben lassenden Dienstes zur Herstellung des Schalom – des heilen menschlichen Miteinander."[374]

In den folgenden Jahren bemühte er sich um eine konstruktive Vermittlung zwischen den ökumenischen Anregungen und den ihnen entgegenstehenden überkommenen ekklesiologischen Konzepten v.a. lutherischer Prägung[375].

Das von Krusche referierte lutherische Konzept kirchlicher Auftragsbestimmung geht von der bestehenden Kirche aus. Der Auftrag der Kirche wird ihrem Bestand dann zugeordnet im Sinne seiner Pflege und Erhaltung (Auftrag nach innen) sowie seiner Erweiterung (Auftrag nach außen). Die als kirchliche Bestandserweiterung begriffene Mission wird weiterhin als Versetzung von Menschen aus dem Bereich der „Welt" in den Bereich der Kirche („Bekehrung"[376]) gedacht. Das Konzept ist ekklesiozentrisch angelegt, was durch die ihm zugrundeliegende Soteriologie bedingt ist. Denn in dieser fungiert die Kirche durch ihr Amt der Wortverkündigung und Sakramentsverwaltung als exklusives Instrument der Heilsvermittlung. Darum gilt als vorläufiges Ziel des göttlichen Heilswillens die Eingliederung von Menschen in die Kirche.

Dem ebenfalls von Krusche referierten ökumenischen Diskurs[377] dagegen lag an einer Korrektur dieser theologischen Bestimmung der Kirche. Es sollte der Gefahr gewehrt werden, daß die Kirche letztlich als Selbstzweck erscheint. Zu diesem Zweck wurde der theologische Bezugsrahmen der Soteriologie und mit ihr auch der Ekklesiologie variiert. Als Prinzip der Theologie erschien nunmehr das missionarische Handeln Gottes, seine „Sendungsbewegung". Aus dem Prinzip der Mission, verstanden als Prädikat Gottes, wurde systematisch eine (Inkarnations-)Christologie, eine Geschichtstheologie und eine Ekklesiologie gewonnen. In der Sendungsbewegung Gottes, seiner Zuwendung zur Welt, sind nicht nur die Sendung des Sohnes und des Geistes, sondern auch die Geschichte selbst und die Kirche ein-

---

[373] W. KRUSCHE, Das Missionarische als Strukturprinzip (1964), in: DERS. 1971, 109–124, 113.
[374] Ebd.
[375] Als Kontrastmodell wählte W. KRUSCHE (in seiner Studie „Die Kirche für andere. Der Ertrag der ökumenischen Diskussion über die Frage nach Strukturen missionarischer Gemeinden" [1968], in: DERS. 1971, 133–175 [im folgenden zit. als: Kirche, 1968]) aktuelle lutherische Arbeiten zum Thema Mission, nämlich „Spandauer Thesen über ‚Die missionierende Kirche'", 1958 und die Schriftenreihe „Missionierende Gemeinde". Seine Intention war es dabei, den Lutherischen Weltbund zu einer Auseinandersetzung mit den auf der Dritten Vollversammlung des ÖRK in Neu-Delhi 1961 angestoßenen theologischen Denkbewegungen anzuregen.
[376] Zur Analyse des Bekehrungs-Begriffs in diesem Zusammenhang vgl. W. KRUSCHE, Missio – Präsenz oder Bekehrung? (1968, im folgenden zit. als: Missio, 1968), in: DERS. 1971, 176–200.
[377] W. KRUSCHE bezieht sich auf zwei Studien, die die Anregungen von Neu-Delhi 1961 aufgenommen und weitergeführt hatten: The Church for others. Final report of the Western European Working Group, in: CONCEPT, Spezial Issue 11, Genf 1966; und: H. J. MARGULL (Hg.), Mission als Strukturprinzip. Ein Arbeitsbuch zur Frage missionarischer Gemeinden, Genf 1965 (vgl. W. KRUSCHE, Kirche, 1968). Als weitere Orientierung dient die vom Christlichen Studentenweltbund vorgetragene „Präsenz"-Ekklesiologie (vgl. DERS., Missio, 1968).

geschlossen[378]. Subjekt von Mission ist also Gott. Mission ereignet sich durch das Handeln Gottes in der Geschichte. Ziel ist dabei nicht die Erhaltung der Welt, sondern ihre Verwandlung ins Gottesreich. Dabei bleibt es „durchaus offen, welche Rolle dabei die Kirche spielt."[379] Diese kommt erst durch einen zusätzlichen Gedanken etwas genauer in den Blick. Denn für die Autoren der ökumenischen Ekklesiologiestudien erfolgt die Geschichtsbewegung nicht geradlinig linear, sondern dialektisch, da sie „als ein fortschreitendes, im Kampf gegen die Mächte sich durchsetzendes Ergreifen der Herrschermacht durch Christus verstanden" werden muß[380]. In diesem Zusammenhang kann der Christusglaube nun als eine Teilnahme an diesem Kampf interpretiert werden. Diese erfolgt in zwei Schritten: Zum einen ist der Auftrag der Kirche prophetischer Natur. In ihrer Verkündigung beansprucht die Kirche „anzuzeigen und anzusagen, wie und wo Gott am Werke ist in den geschichtlichen Bewegungen und gesellschaftlichen Vorgängen."[381] Zum anderen besteht das Ziel und die Konsequenz der prophetischen Verkündigung der Kirche in der aktiven Teilnahme der Christen an der nunmehr identifizierten Geschichtsbewegung, also in ihrer engagierten Parteinahme für die auf das Reich Gottes zielenden Geschichtsprozesse und in dem ebenso engagierten Kampf gegen die Machenschaften der „Mächte"[382].

In seiner ausführlichen Kritik dieses Modelles[383] erinnert Krusche u.a. an die Notwendigkeit einer angemessenen Zuordnung von soteriologischer und diakonischer Funktion der Kirche. Deren Auftragsbestimmung wäre verfehlt, wenn diese beiden Funktionen, wie tendenziell bei den referierten bisherigen Diskussionen geschehen, als Alternativen angesehen würden[384]. Um dies zu vermeiden, müsse auf Seiten der ökumenischen Studien genauer zwischen Erhaltung und Errettung der Welt, zwischen deren Heil und Wohl unterschieden werden. So erst sei auch

---

[378] Vgl. dazu den in der ökumenischen Bewegung einflußreichen J. C. HOEKENDIJK, Die Zukunft der Kirche und die Kirche der Zukunft, Stuttgart Berlin 1964.
[379] W. KRUSCHE, Kirche, 1968, 139.
[380] A.a.O., 146. Die Einführung der „Mächte" und der durch sie begründete Gedanke des dialektischen Geschichtsprozesses erfolgt ohne theologische (oder andere) Begründung und erscheint formal als Analogiebildung zur Theorieanlage des Marxismus-Leninismus und funktional als Bedingung der Möglichkeit für die Entwicklung der nun folgenden kirchlichen Auftragsbestimmung.
[381] Ebd. Als aus der Offenbarung gewonnene Kriterien für die Scheidung zwischen göttlichen und widergöttlichen Anteilen des Geschichtsprozesses werden genannt: Humanisierung, Säkularisierung und Urbanisierung.
[382] „Die Geschichte vollzieht sich [...] in dauernden Transformationen, die die Gemeinde prophetisch anzuzeigen und an denen sie verantwortlich – und also kritisch und konstruktiv – teilzunehmen hat in der ‚Überwindung der bösen Strukturen der Gesellschaft'" (W. KRUSCHE, Missio, 1968, 185).
[383] In W. KRUSCHE, Kirche, 1968. Angesichts der dort gebotenen umfassenden Kritik erspare ich mir an dieser Stelle eine detaillierte Diskussion der vorgetragenen Gedanken und beschränke mich auf den in unserem Zusammenhang interessierenden Gedanken des Verhältnisses von Zeugnis und Dienst.
[384] In den ökumenischen Studien wurde die soteriologische Relevanz der Kirche tatsächlich fast vollständig ausgeklammert. Dies geschah durch eine Absolutsetzung der soteriologischen Effektivität von Kreuz und Auferstehung Christi: *allein* Kreuz und Auferstehung sind (universal) heilsentscheidend, nicht jedoch die Zugehörigkeit zur Kirche Christi.

eine sachgemäße Zuordnung von (auf das – ewige – Heil zielender) Verkündigung und (auf das – zeitliche – Wohl zielender) Diakonie möglich. Der lutherischen Position dagegen hält Krusche ein individualistisch enggeführtes Verständnis der Heilsbedeutung des Todes Jesu vor sowie eine Unterbewertung des Gedankens der Sendung der Kirche.

Mit den ökumenischen Studien will Krusche an dem Missionsbegriff als ekklesiologischer Leitidee festhalten. Die Kirche nimmt demnach teil an der Sendungsbewegung Gottes, die von Krusche allerdings anders als dort, nämlich nicht geschichtsphilosophisch, sondern soteriologisch interpretiert wird[385]. Darum ist die auf die Errettung der Welt zielende Verkündigung der ihrer Erhaltung dienenden Diakonie systematisch vorzuordnen[386]. Genauer: beide Formen kirchlichen Handelns sind dem Auftrag der Kirche, nämlich der „Ausrichtung des verheißenden und gebietenden, rettenden und richtenden Wortes Gottes in die konkreten Situationen von Kirche und Gesellschaft hinein"[387] zuzuordnen. Damit ist, wie Krusche selbst mehrmals betont hat, der Auftrag der Kirche streng deduktiv bestimmt[388]. Indem damit das Handeln der Kirche in Wort *und* Tat Zeugnischarakter annimmt, ergibt sich notwendig die systematische Vorordnung des Wortes vor der Tat. Denn nicht die Selbstlosigkeit oder die besondere Motivation machen das Spezifikum des (gesellschaftlichen) christlichen Handelns aus, sondern sein Zeichencharakter. Der aber erfährt erst in Verbindung mit dem Wort Eindeutigkeit[389]. Zugleich empfängt das Tun vom Wort auch seine inhaltliche Orientierung[390].

Eine in Begründung und Durchführung ähnliche Zuordnung von Wort und Tat der Kirche bzw. der Christen legte der Bischof der Evang. Kirche des Görlitzer Kirchengebietes, H.-J. Fränkel, seinem Konzept der kirchlichen Auftragsbestimmung zugrunde. Auch Fränkel lehnte eine einseitig induktiv vorgenommene Auftragsbestimmung der Kirche, wie er sie „[i]nnerhalb der ökumenischen Bewegung und ihrer theologischen Diskussion" vorfand, ab. Denn der „Vorrang des entscheidenden Auftrages der Kirche, nämlich das Evangelium zu verkündigen", gehe damit verloren, die „Situation" werde zur „ausschlaggebenden Norm" kirchlichen Handelns, die „gesellschaftliche Wirklichkeit [...] zum Maßstab der Verkündi-

---

[385] Vgl. W. KRUSCHE, Das Missionarische als Strukturprinzip (1964), in: DERS. 1971, 109–124; DERS., Die Gemeinde Jesu Christi in der Welt (Thesen) (1967), in: DERS. 1971, 125–132 (im folgenden zit. als: Gemeinde, 1967); DERS., Bericht vor der Synode der Kirchenprovinz Sachsen am 15. November 1969 in Halle, in: KJB 96, 1969, 167–172 (im folgenden zit. als: Halle, 1969), 167f.

[386] In DERS., Gemeinde, 1967, wird dies in der Terminologie von „Sendung" und „Sammlung"/ „Erbauung" zum Ausdruck gebracht. Vgl. DERS., Kirche, 1968, 167–170.

[387] DERS., Halle, 1969, 167.

[388] „Die entscheidende Frage ist nicht die, ob wir situationsgerecht, sondern ob wir auftragsgerecht und also botschaftsgemäß gelebt und gehandelt haben" (W. KRUSCHE, Zwanzig Jahre evangelische Kirche im sozialistischen Staat, in: ZdZ 23, 1969, 361f., 361). „Nicht die Situation fordert unseren Dienst heraus, sondern der Herr bzw. sein Wort fordert ihn heraus angesichts der Situation" (DERS., Diener Gottes, Diener der Menschen. Hauptreferat auf der Vollversammlung der KEK vom 26. 4. – 3. 5. 1971 in Nyborg, in: KJB 98, 1971, 355–364, 356).

[389] „Das Wort erst macht das Zeichen eindeutig [...]. Dieser Hinweis-Charakter unterscheidet das Tun der Diener Gottes von sonstiger humaner Tat" (A.a.O., 357).

[390] A.a.O., 358f.

gung." Der Auftrag der Kirche wandle sich von der Verkündigung an die Welt zum Engagement in der Welt. Dagegen sei geltend zu machen: Nur indem die Kirche dem sie freimachenden Worte Gottes dient, kann sie der Welt dienen."[391] Wenn die Außenkommunikation der Kirche a. eigenständig gesteuert ist, b. auf einen nicht begrenzten Adressatenkreis zielt und c. im Modus assertorischer Rede erfolgt, dann stellt sich die Frage nach dem Verhältnis der Kirche zu anderen Kommunikationssystemen. Besonders konfliktanfällig ist dabei das Verhältnis zu einem Kommunikationssystem, dessen Außenkommunikationsstruktur dem kirchlichen besonders ähnelt: dem Staat. Für die theologische Bestimmung des Verhältnisses von Kirche und Staat liegen in der Tradition mehrere unterschiedliche Modelle vor. Ein Modell, das die drei genannten Merkmale kirchlicher Außenkommunikation in hervorgehobener Weise berücksichtigt, sieht die Kirche gegenüber Staat und Gesellschaft in einem „Wächteramt".

3.3.2.3.2 Das „Wächteramt" der Kirche

Die Rede vom „Wächteramt" der Kirche ist ursprünglich in der reformierten Tradition beheimatet[392]. Ohne in einen direkten Widerspruch zu Luther zu geraten, der lehrte, daß Gott in den beiden Regimenten in jeweils anderer Weise gegenwärtig sei, nahmen die Reformierten eine folgenschwere Akzentverschiebung vor, indem sie die Betonung darauf legten, daß auch im politischen Raum *kein anderer* als der in der Kirche geglaubte und von ihr verkündigte Gott regiere. Ein erheblicher Unterschied in der Entwicklung der politischen Ethik war die Folge. Während die in lutherischer Tradition stehende Zweireichelehre stets einen Hang zum Gouvernementalismus aufgewiesen hat (die Obrigkeit ist Gottes Dienerin, weil sie Obrigkeit ist), entwickelte die reformierte Tradition ein funktionales Staats- bzw. Obrigkeitsverständnis (die Obrigkeit ist zu achten, weil *und insofern* sie Gottes Dienerin ist). Die gehorsame Achtung einer politischen Herrschaft als Obrigkeit wird somit an Kriterien, genauer: an inhaltliche Kriterien hinsichtlich ihrer Machtausübung gebunden. Das Wächteramt der Kirche besteht dann in einer aktiven und kritischen Begleitung der staatlichen Politik im Sinne dieser Kriterien[393].

---

[391] H.-J. FRÄNKEL, Bericht, 1970, 305. Wie W. KRUSCHE setzt sich auch FRÄNKEL mit der zugrundeliegenden Inkarnationschristologie, Geschichtstheologie und dem daraus gewonnenen Verständnis kirchlicher Verkündigung als prophetischer Aufzeig desjenigen Ortes im Weltgeschehen, „in welchem wir Christus am Werke sehen" (ebd.), auseinander.

[392] Vgl. dazu E. BUSCH, „Gott hat nicht auf sein Recht verzichtet". Die Erneuerung der Kirche im Verhältnis zum politischen Bereich nach dem Verständnis der reformierten Reformatoren, in: EvTh 52, 1992, 160–176. Seinen biblischen Anhalt hat die Vorstellung eines kirchlichen Wächteramtes v.a. in der exilischen Prophetie, vgl. Ez 3,17–21; 33,1–9; Jes 56,9–12.

[393] In Barmen 5 hat das funktionale Staatsverständnis und das darauf bezogene Wächteramt der Kirche eine klassische Ausformulierung gefunden. Ganz entsprechend hat K. BARTH zwei Jahre nach Barmen betont, das Wächteramt der Kirche sei unabhängig von ihrem konkreten Verhältnis zum Staat in jedem Fall ein notwendiger Bestandteil ihrer Außenkommunikation wahrzunehmen, vgl. DERS., Volkskirche, Freikirche, Bekenntniskirche, in: EvTh 3, 1936, 411–422. Das „Darmstädter Wort" des Bruderrates der EKiD vom August 1947 mußte im Rückblick als Schuld der Kirche allerdings ihr Versagen hinsichtlich ihres Wächteramtes feststellen. Sie habe, so die Darmstädter Erkenntnis, dem weltanschaulich im Götzendienst des Nationalismus begründe-

Im westdeutschen Nachkriegsprotestantismus wurde trotz aller Kontroversen über die Zweireichelehre die öffentliche Verantwortung der Kirche kaum ernsthaft angezweifelt. Trutz Rendtorff suchte 1975 den Verdacht abzuwehren, beim Nachdenken der Kirche über den Staat gehe es in erster Linie um Eigeninteressen, Bestandssicherung oder Privilegien der Kirche:

> „Die theologische Einsicht, daß diese Welt Gottes Welt sei, nötigt vielmehr ursprünglicher dazu zu fragen, wie sich im Staate die Präsenz eines göttlichen Auftrages, einer letzten Verbindlichkeit der politischen Ordnung manifestiere und gestalte. Daß die Christenheit dies zu tun verpflichtet sei, auch ohne daß darin der eigene Auftrag der christlichen Verkündigung explizit hervortrete, dies anzusprechen ist unter anderem die zentrale Bedeutung der lutherischen Zwei-Reiche-Lehre."[394]

Auch die Demokratiedenkschrift der EKD aus dem Jahr 1985 schloß an die reformierte Tradition an, wenn sie an die Fehlbarkeit der Regierenden und die Überordnung des Willens Gottes über den Gehorsamsanspruch des Staates erinnerte und diesen Gehorsam aufgrund der immer verbesserungsfähig und -bedürftig bleibenden staatlichen Ordnung als „kritische[] Solidarität" bezeichnete[395]. In der Wahrnehmung ihrer öffentlichen Verantwortung habe die Kirche kein „eigenes politisches Programm zu verkündigen, wohl aber politische Programme darauf zu befragen, wie sie sich mit dem Gebot Gottes vertragen."[396]

In der DDR war die sachliche Notwendigkeit eines kirchlichen Wächteramtes aufgrund der historischen Erfahrungen der Kirche im Nationalsozialismus innerhalb der Kirche zunächst kaum in Frage gestanden. Von staatlicher Seite wurde der Begriff allerdings als programmatische Anzeige der kirchlichen Intention, „die gesellschaftliche Entwicklung in eine andere Richtung zu lenken", gelesen[397]. Erklärbar wird diese Überinterpretation nur aus der sozialistischen Staatsdoktrin: Eine relativ unabhängige kritische Instanz mußte in Konflikt mit dem gesellschaftlichen Organisationsprinzip des „demokratischen Zentralismus"[398] geraten, da sie die allei-

---

ten staatlichen Totalitarismus nicht gewehrt. Vielmehr habe sie den Götzendienst mitgetragen, ja, ihn durch das Evangelium legitimiert, indem sie sich selbst weltanschaulich gebunden habe (vgl. dazu W. Leich, Bedeutung und Wirkung des Darmstädter Wortes des Bruderrats für den Weg der evangelischen Christen und Kirchen in der Deutschen Demokratischen Republik, in: epd-Dok 52/1987, 60–70).

[394] T. Rendtorff, Die Beziehung von Kirche und Staat. Zur Wirklichkeit der Volkskirche, in: epd-Dok 43/1975, 20–35, 22.

[395] Evangelische Kirche und freiheitliche Demokratie. Der Staat des Grundgesetzes als Angebot und Aufgabe. Eine Denkschrift der Evangelischen Kirche in Deutschland, Gütersloh ³1985, 14–17.

[396] A.a.O., 23. Angesichts ihrer Existenz in einer hochentwickelten Industriegesellschaft, die dabei ist, die Dyarchie von Staat und Kirche hinter sich zu lassen und mehrere relativ autonome funktionale Teilsysteme auszudifferenzieren, muß die Kirche den Begriff des Wächteramtes allerdings von seiner einseitigen Bezugnahme auf den Staat lösen. Anregungen zu einer dem entsprechenden inhaltlichen und formalen Neufassung von kirchlicher Öffentlichkeit finden sich bei M. Welker, Kirche ohne Kurs? Aus Anlaß der EKD-Studie „Christsein gestalten", 1987, v.a. 70–84.

[397] So die Dienststelle des Staatssekretärs für Kirchenfragen in einer „Information über neue Formen und Methoden der politisch-religiösen Einflußnahme der Kirchen auf die Jugend" vom 27.3. 1969, Dok 1969/7. Vgl. Dok 1971/6.

[398] Vgl. R. Henkys, Kirche-Staat-Gesellschaft, in: Ders. 1982, 11–61, 13f.

nige Führungsrolle der Partei in Frage stellte. Staatliche Stellen drängten darum darauf, den Begriff des Wächteramtes aus dem kirchlichen Sprachgebrauch zu entfernen. Als Begründung dafür machte Staatssekretär Seigewasser gegenüber der Kirche geltend, im Sozialismus bestünde keine Veranlassung zu einem derartigen Amt der Kirche. Dies sei vielmehr ein Relikt aus der Zeit, als sich die Kirche noch „[i]n der Welt der imperialistischen Unmoral" befunden hätte. „Im Sozialismus dagegen entwickelt sich die Gesellschaft, wie das Individuum auf der Grundlage neuer moralisch-ethischen Wertauffassungen." Die sozialistische Gesellschaft bedürfe keiner gesellschaftskritischen Funktion der Kirche, um Fehlentwicklungen zu verhindern[399], da es solche nicht gebe, aufgrund des wissenschaftlichen Charakters des Sozialismus nicht geben könne. „Entwicklungsschwierigkeiten bei der Gestaltung der sozialistischen Gesellschaft" seien nicht als Fehlentwicklung mißzuverstehen[400].

3.3.2.3.3 Die „Kirche im Sozialismus" als „Lerngemeinschaft"

Die von staatlicher Seite ausgehende Nötigung, auf Begriff und Praxis eines kirchlichen Wächteramtes zu verzichten, war in den siebziger und frühen achtziger Jahren von Theologie und Kirchenleitung der DDR auf breiter Ebene akzeptiert worden. Theologisch begründet wurde diese Haltung mit Variationen v.a. der folgenden Argumente:

1. Ein historisches Argument gegen den Begriff des Wächteramtes lautete, dieser Begriff bezeichne bei Ezechiel eine Funktion des Propheten gegenüber dem Volke Gottes, könne also nur im Sinne einer exklusiv auf den Bereich kirchlicher Binnenkommunikation bezogenen Aufgabe der Kirchenleitung verwendet werden[401].

2. Systematisch stellt der Verzicht auf ein kirchliches Wächteramt zunächst ein Implikat der bereits genannten Tendenz zur Reduzierung der kirchlichen Außenkommunikation auf die Ebene der einzelnen Christen dar[402].

---

[399] Staatssekretär H. SEIGEWASSER in einem Vortrag vor dem Vorstand des DDR-Kirchenbundes am 26.6. 1972, Dok 1972/6. Vgl. Dok 1972/8.

[400] Dok 1972/6. Diese Unterscheidung steht parallel zur Differenz Kritik/Selbstkritik, s. u. Kap. 3.3.3.1.

[401] A. SCHÖNHERR zog gegenüber Staatssekretär SEIGEWASSER am 26.6. 1972 den Begriff mit der Begründung zurück, „[b]iblisch ist nur gemeint, daß man auf die Tendenzen in der Kirche aufpassen muß" (Dok 1972/7). Dasselbe Argument begegnet auch bei H. TREBS, Art. „Königsherrschaft Christi", in: Theologisches Lexikon, 1978, 266f., 267: „Der zuweilen herangezogene Begriff des ‚Wächteramtes' nach Hes 3,17 ist nicht anwendbar; er bezeichnet ursprünglich eine Funktion innerhalb des atl. Gottesvolkes, im übertragenen Sinne einen ‚prophetischen' Auftrag ausschließlich gegenüber der Kirche und gerade nicht gegenüber der Welt."

[402] H. MÜLLER legte den Versuch einer pneumatologischen Begründung dieser Reduzierung vor, die vom Gedanken des allgemeinen Priestertums aller Gläubigen zur exklusiven Repräsentanz der Kirche durch alle Gläubigen fortschreitet, ohne für diese schwärmerische Radikalisierung freilich Gründe angeben zu können, die über ihre schiere Behauptung hinausgehen. MÜLLER schreibt: „Der Heilige Geist ist der ganzen Gemeinde gegeben und nicht nur ihren ‚Amtsträgern'; alle Christen sind Geistliche. [...] Nur im Unglauben an den Heiligen Geist kann es sich die Kirche anmaßen, das kirchliche Amt an die Stelle des Geistes zu setzen und so sich selbst zuzutrauen, was allein Gott tut: Jesus Christus zu vergegenwärtigen und zu vertreten. [...] In diesem Sinne ist nicht nur die Lehre vom Vikariat des erhöhten Christus durch den Bischof von Rom als

3. Ein weiteres Argument gegen ein Wächteramt der Kirche bestand im Klerika-
lismusvorwurf. Ihm liegt mit der These, die Ausübung dieses Amtes stelle einen
Akt kirchlicher Machtausübung dar, ein nichttheologisches Axiom zugrunde, das
dann unter Anwendung der Differenz herrschen/dienen zu theologisch-ekklesio-
logischen Wertungen führt[403]. Diese Figur begegnete v.a. beim Weißenseer Arbeitskreis[404] und fand ihre Fortsetzung in der Klerikalismusschelte Hanfried Müllers[405], prägte aber vermittelt durch Albrecht Schönherr auch nachhaltig den Kurs
des Kirchenbundes. Sie ist ein Beispiel dafür, wie die ideologische Propaganda das –
auch die theologische Argumentation konstituierende – Realitätsbewußtsein innerhalb der DDR dominiert hatte. Denn die These, daß eine verantwortliche Ausübung des kirchlichen Wächteramtes einen Akt klerikaler Arroganz darstelle, beanspruchte in aller Regel unmittelbare Evidenz, eine Evidenz, die jedoch ihrerseits
von der Annahme der Realitätspotenz der sozialistischen Ideologie abhängig ist.
Eine ideologiekritische theologische Thematisierung des Sachverhalts, die das Defizit der theologischen Fundierung der Argumentation herausgearbeitet haben
würde, ist über weite Strecken hin nicht erfolgt.

4. Das am häufigsten gebrauchte Argument bestand jedoch in einer Variante der
Zweireichelehre, die die Trennung der beiden Bereiche betonte. Ein kirchliches
Wächteramt sei deswegen zwar nicht grundsätzlich ausgeschlossen, jedoch angesichts kirchlichen Versagens und kirchlicher Fehlentscheidungen in diesem Punkt
in der Vergangenheit zum einen, aufgrund der, wie man meinte, offensichtlichen
Konvergenz der Ziele beider Bereiche im Sozialismus zum anderen für die Kirche
in der DDR keine *vorrangige* Aufgabe. Angesichts dieser historischen Konstellation
stünde der Kirche gerade gegenüber dem Sozialismus eher Zurückhaltung, ja Demut an[406]. Als Konkretisierung dieser Demut galt eine neue Struktur der Kommu-

---

Nachfolger Petri (der Papst als Stellvertreter Gottes auf Erden) zu verwerfen, sondern auch die faktische Inanspruchnahme eines Vikariats des erhöhten Christus in der Gestalt eines ‚Wächteramtes der Kirche über die Welt' im protestantischen Klerikalismus. Denn der Geist – und nicht die
Bischöfe! – ‚vertritt die Gemeinde nach außen'. Er tut das im Zeugnis jedes Christen [...]."
(DERS., Evangelische Dogmatik im Überblick. Bd. 1, ²1989, 111 [Frage 77,1], Herv. i. O.). Ein
Widerspruch liegt vor, wenn zum einen betont wird, der Geist sei allen kirchlichen Sozialformen
gleichermaßen zuzuschreiben, er andererseits aber dann überraschend den Bischöfen abgespro-
chen wird. Die behauptete pneumatologische Vorrangstellung des „Zeugnis[ses] jedes Christen"
vor der Außenkommunikation anderer kirchlicher Sozialformen wird lediglich durch die Zita-
tion von Mt 10,20 begründet, einer Stelle, die zur Frage nach der theologischen Bewertung unterschiedlicher kirchlicher Sozialformen allerdings gar keine Aussage enthält.
[403] Vgl. o. Kap. II.B/2.3.
[404] explizit z.B. in dessen Bericht für die Landessynode der Evang. Kirche in Berlin-Brandenburg, in dem es heißt: „Die Kirche kann sich nicht zum Wächter über die Gesellschaft aufspielen" (Dok 1968/13).
[405] Theologisch wird die Warnung vor der Gefahr des Klerikalismus bei H. MÜLLER durch die
Annahme begründet, aufgrund der Wahrnehmung öffentlicher Verantwortung der Kirche komme es zur „Verkirchlichung der Welt und Verweltlichung der Kirche" (vgl. DERS., Evangelische
Dogmatik im Überblick. Bd. 1, ²1989, 31.114.227). Diese Annahme setzt allerdings die unproble-
matisiert bleibende Prämisse voraus, daß diese Wahrnehmung öffentlicher Verantwortung als
„kirchliche Beteiligung an gesellschaftlicher Machtausübung" verstanden wird (DERS., Die Synode des Bundes und Probleme der Zeit, in: WBl 3/1987, 37–39, 38).
[406] Als ein Beispiel von vielen sei aus dem Referat des Synodalen A. MÖLLER, Medizinalrat aus

nikation zwischen Kirche und Umwelt. Die nähere Bestimmung dieser Struktur orientierte sich an der Leitdifferenz belehren/lernen. Dies führte zu einer Transformation der die Außenkommunikation der Kirche (sofern diese von der Kirchenleitung und vergleichbaren institutionalisierten kirchlichen Kommunikationsstrukturen vollzogen wurde) bezeichnenden Terminologie. An die Stelle der Rede vom „Wächteramt der Kirche" trat fortan die von der „Kirche als Lerngemeinschaft".

Damit war eine wesentliche Akzentverschiebung vorgenommen worden: In der Kommunikation zwischen Kirche und Umwelt (die immer die Struktur wechselseitiger Motivübernahme hat) sollte der Schwerpunkt nicht mehr in der Übermittlung der Intentionen des Glaubens von der Kirche an die Umwelt mit dem Ziel, von der Umwelt aufgenommen und zu ihren eigenen Motiven gemacht zu werden, liegen, sondern umgekehrt in der Aufnahme der Intentionen der Umwelt durch die Kirche mit dem Ziel, nun ihrerseits diese zu ihren eigenen Motiven zu machen.

Mit dieser Neustrukturierung des Kirche-Umwelt-Verhältnisses sollten v.a. (häufig als volkskirchliche Prädikate vorgestellte) kirchliche Überheblichkeit[407] und Besserwisserei[408] sowie eine unzulässige Bevormundung der „mündigen Welt" durch die Kirche aufgrund eines Anspruches auf moralische Überlegenheit[409] ausgeschlossen sein. Statt die sozialistische Gesellschaft in Ausübung eines Wächteramtes zu belehren, wollte man nun von ihr lernen.

Rostock-Warnemünde, vor der Bundessynode in Eisenach 1971 zitiert: „Müssen wir nicht den Marxisten beipflichten, wenn sie sagen: die Kirche hat fast 2000 Jahre Zeit gehabt, Gerechtigkeit und Menschenwürde mit der Predigt des Wortes Gottes zu erlangen; nun laßt es uns einmal mit der Vernunft versuchen! Angesichts dieser geschichtlichen Vorbelastung kommt es mir persönlich manchmal hochmütig vor, wenn noch vom ‚Wächteramt der Kirche' gesprochen wird. Die Sache an sich ist wohl richtig. Wer aber seinem sogenannten Wächterauftrag in früheren Gesellschaftsordnungen wieder und wieder untreu geworden ist, sollte doch wohl Zurückhaltung üben, wenn er diesen Auftrag erst heute, und dann nicht ohne Ressentiment meint wahrnehmen zu müssen" (DERS., Die gesellschaftliche Verantwortung des Christen, in: KJB 98, 1971, 272–277, 276).

[407] „Mit solchen Akten kritischer Begleitung [gemeint sind öffentliche Äußerungen der Kirchenleitungen zu gesellschaftspolitischen Themen, die also keineswegs pauschal als solche ausgeschlossen sein sollen] ist kein ‚Wächteramt der Kirche' institutionalisiert, zumal der Begriff ‚Wächteramt' zu sehr an volkskirchliche Verhältnisse von einst erinnert und unangenehm nach Moral und Überheblichkeit schmeckt" (A. SCHÖNHERR, Impulse aus der Theologie Bonhoeffers für den Weg der Christen in der sozialistischen Gesellschaft der Deutschen Demokratischen Republik [1972], in: DERS. 1979, 119–141, 128). Der damalige Vorsitzende des Bereichsrates der EKU/Bereich DDR H. GIENKE, von 1972 bis zum Vertrauensentzug durch die Synode im Jahr 1989 Bischof der Landeskirche Greifswald, erkannte in seinem Bericht vor der Bereichssynode 1974 zwar eine öffentliche Verantwortung der Kirche an, beschränkte sich in seinen Ausführungen zu diesem Punkt jedoch fast ganz auf Warnungen vor übertriebenem Eifer, denn: „Damit *erhebt* sie sich nicht zu einem Wächter *über die Gesellschaft,,* (in: epd-Dok 29/1974, 69–83, 81. Herv. v. mir, W.Th.).

[408] So wiederum GIENKE: „Sie weiß es nicht besser als die Regierenden und Regierten. Sie hat keine Ratschläge und schon gar keine Anweisungen dafür zu geben, was in der Gestaltung der politischen Wirklichkeit zu geschehen hat und wie es zu geschehen hat" (ebd. Man fragt sich angesichts dieser Formulierung freilich, als gesellschaftliche Größe welcher Art GIENKE die Kirche eigentlich sieht, wenn sie weder den Regierenden noch den Regierten zuzuordnen sein soll).

[409] „Wir erheben [...] nicht den Anspruch auf moralische Überlegenheit, der aus dem sogenannten *Wächteramt* der Kirche herausgehört werden kann" (A. SCHÖNHERR, Chancen und Pro-

Albrecht Schönherr hatte vor der Bundessynode in Potsdam 1974 darum sowohl die individuelle als auch die soziale christliche Existenz unter dem Leitgesichtspunkt des „Lernens" darzustellen versucht[410]. Der Glaube des Einzelnen wird dabei als Lernprozeß begriffen, der „das Risiko eines Lebens mit Christus"[411] eingeht, dabei „Erfahrungen"[412] macht und in diesem Prozeß der Nachfolge Christi dem „Lernziel", „Christi Mitarbeiter zu sein"[413], „mit Jesus Christus im Dienst an anderen stehen zu dürfen"[414], immer näher kommt. Entsprechendes gelte auch für die Sozialgestalten des Glaubens, die entsprechend als „Gemeinschaft von Lernenden" zu verstehen sei[415]. Lernen müsse die Kirche stets, die inhaltliche Gestaltung ihres formal als „Zeugnis und Dienst" angebbaren Auftrages an ihrer historischen Situation auszurichten[416]. Dabei gelte es, sowohl die Transformation der Situation der Kirche als auch die der Situation der Gesellschaft zu erkennen und zu berücksichtigen. Die kirchliche Situation in der DDR sei, so Schönherr, durch den Übergang von Volkskirche zu Minderheitskirche geprägt. Die Kirche habe ihre zentrale Stellung in der Gesellschaft verloren. Die Gesellschaft wiederum habe, damit zusammenhängend, ihre einheitliche und stabile Ordnung verloren.

Im Lernprozeß bezieht die Kirche also die für den christlichen Glauben normativen Größen Schrift und Bekenntnis auf ihre aktuelle Situation. Entscheidend ist dabei nun, daß sie nach Schönherrs Darstellung diesen Lernprozeß *nicht* autonom bzw. unter kontingenten Bedingungen vollzieht. Vielmehr wird das Lernen der Kirche durchgängig als Entsprechung zum Lehren Gottes gedacht[417]. Das wiederum bedeutet, daß die Erfahrungen der Kirche, ihre Situation, als nicht kontingent, sondern einer pädagogischen göttlichen Absicht entspringend gedacht werden. Damit wird die Unterscheidung zwischen Schrift und Bekenntnis einerseits und den konkreten historischen Gegebenheiten andererseits hinsichtlich ihrer inhaltlichen Relevanz für das Lernen der Kirche durchlässig. Für die „Kirche im Sozialismus" bedeutet das:

„Auch durch das Medium einer andersartigen Ideologie hindurch, wie sie sich selbst auch verstehen möchte, kann dem Christen, kann den Kirchen einiges von dem aufgehen, was Gott uns lehren will."[418]

---

bleme christlicher Existenz in einer sozialistischen Gesellschaft [1981], in: DERS. 1988, 277–290, 283. Herv. i. O.).

[410] A. SCHÖNHERR, Die Kirche als Lerngemeinschaft (1974), in: DERS. 1979, 206–229.

[411] A.a.O., 208.

[412] A.a.O., 207.

[413] A.a.O., 215.

[414] A.a.O., 214.

[415] A.a.O., 216.

[416] „Es gilt […] vor allem […] zu lernen, wie wir das Zeugnis und den Dienst in der Gesellschaft leisten, zu der wir gehören" (A. SCHÖNHERR, Die Rolle des Bundes der Evangelischen Kirche für den Protestantismus in der DDR [1973], in: DERS. 1988, 262–271, 270).

[417] Schon der individuelle Glaube als Erfahrungen machende Nachfolge wird als auf den lehrenden Christus bezogen gedacht (A.oSCHÖNHERR, Die Kirche als Lerngemeinschaft, a.a.O. [Anm. 410], 209–213).

[418] A.a.O., 221. Im Anschluß an diese Formulierung folgt eine Reihe von Beispielen, die belegen soll, inwiefern die Kirche vom „Partner" (221), nämlich „der führenden Partei" (220), etwas von dem lernen kann, was Gott sie lehren will.

Das „Lernen" der Kirche meint also bei Schönherr nicht nur die Betonung der Kontextrelativität der Wahrnehmung ihres Auftrags, sondern tendiert darüber hinaus zu dessen kontext*abhängiger* Bestimmung. Die Kirche hat demnach nicht nur die Art und Weise der Wahrnehmung ihres Auftrags sinnvollerweise an ihre Umwelt anzupassen, sondern sie empfängt von ihr auch Orientierung darüber, was ihr Auftrag überhaupt ist – also Orientierung über ihre eigene Identität. Schönherr hält zwar an dem fundamentalekklesiologischen Satz der exklusiven Konstitution der Kirche durch Gott fest, weicht ihn aber insofern auf, als er die Medien dieses göttlichen konstituierenden Handelns ausweitet bis hin zur „führenden Partei" und ihrer „andersartigen Ideologie".

Mit dieser, als Alternative zum nicht mehr zeitgemäß erscheinenden „Wächteramt"-Programm entwickelten ekklesiologischen Neuakzentuierung hat sich Schönherr in eine nicht unbedeutende Distanz zu dem von der Bekennenden Kirche 1934 in Barmen gefundenen Konsens gebracht, der zu jeder Zeit auch ein Konstitutivum kirchlichen Selbstverständnisses des DDR-Kirchenbundes geblieben war. Der Konsens des in der 1. These der Barmer Theologischen Erklärung formulierten Bekenntnisses zu Jesus Christus als dem exklusiven Medium göttlicher Offenbarung wird zumindest in einigen Formulierungen Schönherrs arg strapaziert. In der Konsequenz wird dann auch die 5. Barmer These, eine der klassischen Formulierungen des kirchlichen Wächteramtes, die der Kirche zumutet, den Staat an seine göttlicher Anordnung entspringende Aufgabe zu erinnern, problematisch. Denn das wäre nicht mehr möglich, wenn die Kirche die göttliche Anordnung „auch" durch das „Medium" der die Macht der Partei und die Gestaltung von Staat und Gesellschaft begründenden „andersartigen Ideologie" wahrzunehmen beanspruchte.

Als Folgeprobleme des Konzeptes der „Kirche als Lerngemeinschaft" bleiben zu notieren: 1. Die ideologiekritische Funktion des Glaubens bleibt unterbestimmt. 2. Das Verhältnis des Wahrheitsanspruches des Evangeliums zu anderen Wahrheitsansprüchen wird undeutlich.

Dagegen muß vor dem Hintergrund der These vom notwendig assertorischen Charakter der christlichen Rede von Gott[419] und damit also auch der inhaltlich als Verkündigung des Evangeliums zu bestimmenden kirchlichen Außenkommunikation die oben genannte Differenz „Belehren/Lernen" als sekundär eingestuft werden. Das bedeutet, daß diese Differenz einen theologischen Sinn nur dann ergibt, wenn sie auf das Problem der Kontextorientierung der assertorischen christlichen Rede von Gott bezogen wird, nicht jedoch, wenn damit der assertorische Charakter dieser Rede selbst oder gar das Reden der Kirche von Gott überhaupt zur Disposition gestellt werden soll.

Andererseits ist deutlich, daß unter den gegebenen Umständen die Kirche ihren Anspruch auf „Eigenständigkeit" am ehesten durch ein tendenziell induktiv angelegtes Modell der Auftragsbestimmung wahren konnte. Denn je nach den vorauszusetzenden Entscheidungen der Situationsbestimmung konnten dann die staatli-

---

[419] s. o. Kap. 3.2.

chen Zumutungen an die Kirche als Teil von deren situationsbedingten Auftrages interpretiert werden, ohne formal das Subjekt ihrer Auftragsbestimmung in Zweifel zu ziehen.

3.3.2.3.4 Kirchliche Eigenständigkeit als Freiheit der Theologie und als Einheit der Kirche

Zum Schluß noch ein kurzer ergänzender Hinweis auf zwei wichtige Kennzeichen der „Kirche im Sozialismus", die zwar in den Zusammenhang ihrer Eigenständigkeit gehören, allerdings in keinem direkten Zusammenhang mit ihrer Außenkommunikation stehen.

Zunächst ist auf die Freiheit der Theologie als der Bedingung der Möglichkeit der hier dargestellten und diskutierten kirchlichen Selbstreflexion hinzuweisen. Da diese für eine sorgfältige und sachbezogene theologische Argumentation grundlegende Freiheit an den Sektionen der staatlichen Universitäten weitgehend nicht gewährleistet zu sein schien, war diese Arbeit ausschließlich an den kirchlichen Bildungs- und Forschungseinrichtungen zu leisten, also an den Kirchlichen Hochschulen, den Predigerseminaren, der Theologischen Studienabteilung des Kirchenbundes und in den einzelnen Kirchenbund-Ausschüssen. Die öffentliche Artikulation dieser Theologie erfolgte in den wenigen kircheneigenen Publikationsorganen sowie durch kirchliche Amtsträger auf Landes- und Bundessynoden oder bei Vorträgen im Ausland.

Als eine der Hauptaufgaben ihrer theologischen Binnenkommunikation hatte die „Kirche im Sozialismus" die Bemühungen um die theologischen Grundlagen für die volle Kirchengemeinschaft der im Kirchenbund zusammengeschlossenen Landeskirchen angesehen[420]. Die acht Gliedkirchen des Kirchenbundes hatten ausnahmslos einer der beiden konfessionellen überlandeskirchlichen Vereinigungen (VELK und EKU) angehört. Einer der wichtigsten programmatischen Inhalte des Kirchenbundes bestand darin, die konfessionelle Frage einen konstruktiven Schritt voranzubringen. Ziel war die volle Kirchengemeinschaft aller evangelischen Kirchen in der DDR und das Zusammenwachsen der rechtlich selbständigen Landeskirchen zu einer „verbindlichen föderativen Gemeinschaft" als Zielpunkt des Prozesses der sog. „Kirchwerdung des Bundes"[421]. Als ein wichtiges Mo-

---

[420] Die Ordnung des Kirchenbundes, die im Juni 1969 in Kraft trat, beschreibt als „Ziel des Bundes", die Gemeinschaft der Kirchen in der DDR und ihre Zusammenarbeit „zu vertiefen" (Art. 1 Abs. 1). „Der Bund [...] strebt an, in der Einheit und Gemeinsamkeit des christlichen Zeugnisses und Dienstes [...] zusammenzuwachsen" (Art. 1 Abs. 2). Diese Zielsetzung wird bei der Beschreibung der Aufgaben in Art. 4 noch einmal aufgenommen: „Der Bund verfolgt seine Ziele, indem er die Gemeinschaft der in ihm zusammengeschlossenen Kirchen festigt, den Gliedkirchen bei der Erfüllung ihres Dienstes hilft und ein gemeinsames Handeln anstrebt" (Alle Zitate nach U.-P. HEIDINGSFELD, Der Bund der Evangelischen Kirchen – Aspekte seiner Entstehung und seines Wirkens aus westlicher Sicht, in: epd-Dok 21/1992, 1–45, 6).

[421] Im Bericht der Konferenz der Kirchenleitungen an die Bundessynode in Eisenach 1971 heißt es programmatisch: „Zeugnis und Dienst werden in der DDR durch eine ,Gemeinschaft von Kirchen' ausgerichtet" (KJB 98, 1971, 287. Herv. i. O.). Der Kirchenbundvorsitzende A. SCHÖN-HERR erläuterte das ehrgeizige Programm 1973 so: Die „Kirchengemeinschaft soll nicht nur er-

ment kirchlicher Eigenständigkeit ist dieses Ziel vor allem deshalb anzusehen, weil die Kirchenpolitik der DDR stets den kirchlichen Partikularismus gefordert und partikularistische Tendenzen in der Kirche unterstützt hatte. Da dieses Ziel „nur bei Übereinstimmung in den Grundlagen der Verkündigung möglich" sein konnte, wurden konfessionsübergreifende „verbindliche Lehrgespräche" geführt, die „auf die gegenwärtige Situation der Verkündigung aller evangelischen Kirchen ausgerichtet sein" sollten[422]. Eine „Kommission für das Lehrgespräch" erarbeitete in der Zeit von Juni 1971 bis September 1973 fünf „Werkstattberichte"[423]. Die Grundlage für die Kirchengemeinschaft bildete dann die 1974 erfolgte Zustimmung aller acht Gliedkirchen zur Leuenberger Konkordie. Aufgrund der daraufhin 1974 vom Ausschuß „Kirchengemeinschaft" in dem Arbeitspapier „Zwischen Konkordie und Kirche"[424] getroffenen und 1976 von der Bundessynode in Züssow bestätigten Feststellung, daß der Kirchenbund im theologischen Sinne Kirche sei, beschloß eine von Kirchenbund, EKU und VELK in der DDR gebildete Delegiertenversammlung 1979 die „Eisenacher Empfehlung", in der es hieß: „Die in der DDR bestehenden kirchlichen Zusammenschlüsse – Bund, EKU, VELK – vereinigen sich mit Zustimmung ihrer Gliedkirchen schrittweise zu einem neuen Zusammenschluß, in dem die bisherigen Zusammenschlüsse aufgehen. Der neue Zusammenschluß soll den Namen ‚Vereinigte Evangelische Kirche in der DDR' (VEK) tragen."[425] Die auf der Grundlage dieser Empfehlung von der Bundessynode in Güstrow 1981 ausgearbeitete „Gemeinsame Entschließung zur schrittweisen Verwirklichung einer verbindlichen föderativen Gemeinschaft der evangelischen Kirchen[426]" wurde von der Landeskirche Berlin-Brandenburg auf ihrer Synode am 15./16. November 1981 abgelehnt[427]. Damit war die Bildung der VEK

---

klärt, sondern in Zeugnis und Dienst konkretisiert und aktualisiert, das heißt voll verwirklicht werden. Das ist ein Verständnis von Kirchengemeinschaft, wie es in der Ökumene wahrscheinlich neu ist. Gegenüber einem statischen Verständnis, das auf einen ein für allemal festgelegten Lehrkonsens zielt und sich damit begnügt, geht es hier um einen Prozeß" (DERS., Die Rolle des Bundes der Evangelischen Kirche für den Protestantismus in der DDR [1973], in: DERS. 1988, 262–271, 266).

[422] Zit. aus der Eisenacher Entschließung der VELK in der DDR vom 6. Juli 1969, in: KJB 96, 1969, 282f., 282.

[423] Werkstattbericht I: Verkündigung, Lehre und Kirchengemeinschaft (Juni 1971), in: KJB 98, 1971, 295–314. Werkstattbericht II: Rechtfertigung und heutige Rede von Gott (Dez. 1971), in: A.a.O., 315–321. Werkstattbericht III: Rechtfertigung und Gesellschaft (Jan. 1973), in: KJB 99, 1972, 301–309. Werkstattbericht IV: Rechtfertigung, Glaube und Bewußtsein (März 1973), in: KJB 100, 1973, 227–234. Werkstattbericht V: Rechtfertigung und Zukunft (Sept. 1973), in: A.a.O., 234–239.

[424] Zwischen Konkordie und Kirche. Arbeitsergebnis des Ausschusses Kirchengemeinschaft zur Frage der Kirchwerdung des Bundes, in: KJB 101, 1974, 456–471.

[425] Vgl. R. HENKYS, Eine neue Kirche entsteht. Die evangelischen Kirchen in der DDR schließen sich zusammen, in: EK 12, 1979, 131–133; U.-P. HEIDINGSFELD, a.a.O. (Anm. 420), 9.

[426] abgedr. in: epd-Dok 43/1981, 59–65.

[427] Eine differenzierte Erörterung der Berlin-Brandenburger Bedenken gegen die VEK hat VEK-Befürworter M. STOLPE bei einer Gastvorlesung an der Theologischen Sektion der Humboldt-Universität Berlin am 9.12.1981 vorgelegt, vgl. DERS., Anmerkungen zum Weg der Evangelischen Landeskirchen in der Deutschen Demokratischen Republik, in: epd-Dok 8/1982, 27–36.

vorerst gescheitert. Zwar beschlossen Kirchenbund, VELK in der DDR und EKU/ DDR am 2. Juli 1982, den Plan trotz des erlittenen Rückschlags weiterzuverfolgen, zwar leitete die Synode der Evang. Kirche Berlin-Brandenburg mit Beschluß vom 12. 4. 1983 ein neues Abstimmungsverfahren über eine VEK ein und bekräftigten die beiden konfessionellen Föderationen im selben Jahr ihre Zustimmung zum Stufenplan, doch mit der erneuten Ablehnung des Beschlußantrags zum Thema Kirchengemeinschaft durch die Berlin-Brandenburger Landessynode vom 6.-11. 4. 1984 mußte die VEK als endgültig gescheitert gelten, auch wenn sich, um die Konsequenzen aus dem bisher Erreichten zu ziehen, die VELK in der DDR zum 31. Dezember 1988 selbst auflöste und ihre Leitungs- und Arbeitsgremien an den Kirchenbund übertrug. Werner Krusche zog in seinem Rückblick auf die Arbeit des Kirchenbundes, den er auf dessen letzter Synode im September 1990 vortrug, ein nüchternes und bitteres Fazit dieser immensen theologischen und juristischen Anstrengungen:

> „Das Thema Kirchengemeinschaft verselbständigte sich zusehends und wurde zum Dauerthema, das Kommissionen, Kirchenleitungen und Synoden über Jahre hin und – wie man im Rückblick sagen muß – über jedes vertretbare Maß hinaus beschäftigte und ihre Kräfte beanspruchte und dabei die Gemeinden so gut wie nicht berührte. [...] Die Zeit und Kräfte raubenden Bemühungen um eine angemessenere Struktur der Kirchengemeinschaft haben zu nichts geführt. Sie haben Kräfte gebunden, die anderswo sehr viel nötiger und sinnvoller hätten eingesetzt werden können und müssen. Wir waren in einem enormen Maße mit uns selbst beschäftigt. Die Gemeinden haben an diesen ganzen Strukturbemühungen so gut wie keinen Anteil genommen und nichts von ihnen gehabt."[428]

3.3.2.3.5 Theologische Opposition gegen die Eigenständigkeit der Kirche

Trotz der diskutierten methodischen Probleme war die Formel „Kirche im Sozialismus" untrennbar und konstitutiv mit dem Anspruch der „Eigenständigkeit" kirchlicher Auftragsbestimmung verbunden, dessen theologische Begründung in der untrennbaren Einheit von christlichem Glauben und christlichem Leben bestand[429]. Auch die Rede von der „Kirche als Lerngemeinschaft" erscheint als der Versuch, an der Eigenständigkeit der Kirche unter den gegebenen Umständen festzuhalten. Davon zu unterscheiden sind Modelle, die methodisch in dieselbe Richtung einer Aufwertung des induktiven Moments kirchlicher Auftragsbestimmung weisen, dabei aber einen entscheidenden Schritt weitergehen. Die Rede von der Eigenständigkeit der Kirche wird hier explizit zurückgewiesen. Daß damit auch die Ablehnung der Formel „Kirche im Sozialismus" verbunden ist, zeigt ex negativo, daß der Gedanke der Eigenständigkeit deren inhaltliches Konstituens darstellte.

---

[428] W. KRUSCHE, „Denkt daran, daß im Herrn eure Mühe nicht vergeblich ist", in: ZdZ 46, 1992, 9–15.34–45, 12f.

[429] Bereits im „Brief aus Lehnin" vom 15. 2. 1968 findet sich die Grundlegung der Eigenständigkeit des gesellschaftlichen Verhaltens von Christen und Kirchen, wenn die Bischöfe „bitten [...] zu berücksichtigen, daß sich der christliche Glaube im tätigen Leben [...] ausdrückt" (Dok 1968/1).

So polemisierte der Ostberliner Systematiker Hanfried Müller deshalb gegen die Verwendung der Formel, weil er – im Gegensatz zum Anspruch der Kirche auf Eigenständigkeit – die Ableitung des kirchlichen Auftrags aus der sozialistischen Auftragsbestimmung der Gesellschaft forderte. Der primäre Auftrag der Kirche bestehe in ihrer Proexistenz, in ihrem Dasein für die Welt. Die Kriterien für ihre konkrete Handlungsorientierung der Kirche sollten dabei jedoch ausschließlich durch Anwendung politischer Vernunft gewonnen werden. Diese aber, das wird als evident vorausgesetzt und bleibt unbegründet, ist einseitig und exklusiv im „Sozialismus" lokalisierbar, so daß die politische Ethik der Kirche darin besteht, die vom Sozialismus formulierten Ziele[430] als den ihre Identität konstituierenden Auftrag der Kirche zu formulieren[431]. Dies bedeutet eine konkretisierende Ergänzung der oben dargelegten streng deduktiven, christologisch bestimmten primären (allgemeinen) kirchlichen Auftragsbestimmung als Proexistenz für die Welt durch eine sozialistisch bestimmte sekundäre (konkrete) Auftragsbestimmung: als konkreter Inhalt des kirchlichen Auftrages wird der gesellschaftliche Auftrag übernommen, Subjekt der konkret-inhaltlichen kirchlichen Auftragsbestimmung ist also das Pseudosubjekt „Sozialismus". Jede „Eigenständigkeit" kirchlicher Auftragsbestimmung wird dabei ausdrücklich zurückgewiesen. Eine nach ihrer eigenen Identität fragende und sie pflegende Kirche gilt Müller als „Machtkirche", die in „kritischer Distanz" zur Gesellschaft ihre eigenen Interessen verfolgt und darum dem ekklesiologisch zentralen Proexistenzgedanken nicht entspricht[432].

---

[430] Aufgrund ihres poietischen Charakters läßt sich sozialistische Politik angemessen als gesellschaftliche Auftragsbestimmung begreifen, woraus folgt, daß die Frage nach dem Verhältnis von Staat und Kirche als Frage nach dem Verhältnis von gesellschaftlichem und kirchlichem Auftrag gestellt werden muß.

[431] „Gegenüber den beiden 1958 aktuellen Konzeptionen einer überwiegend passiven ‚Respektierung' des Sozialismus fand der Weißenseer Arreitskreis aktiv im Sozialismus eine vernünftiz zu erkennende, im politischen Handeln Christen und Nichtchristen verbindende, mit menschlichen Kräften zu bewältigende Aufgabe. ‚Aufgabe, nicht Annahme' lautete die in der Bruderschaft aufbrechende Alternative. Damit trat in den Mittelpunkt unserer Überlegungen die Frage, welche Beziehung es zwischen unserem eigentlichen, dem die Kirche konstituierenden Auftrag und jenen politischen Aufgaben gäbe, vor denen unsere Gesellschaft stand – unsere Gesellschaft, zu der wir gehörten und gehören wollten. Inwiefern erfordere unser Auftrag, indem er uns mit unseren Werken an die Welt weist, daß wir diese Aufgaben als unsere Aufgaben sehen, die wir mitzulösen und mitzuverantworten haben?" (H. MÜLLER, Kirche im Sozialismus (I), in: WBl 5/1983, 11–19, 12).

[432] H. MÜLLER, Kirche im Sozialismus (III), in: WBl 3/1984, 22–35; DERS., Christliche, sozialethische Aspekte der Zusammenarbeit von Kommunisten und Christen, in: WBl 2/1988, 8–27. Vgl. auch G. BASSARAK, Heil heute und Wohl des Menschen, in: epd-Dok 36/1974, 49–71. BASSARAK weist jede Möglichkeit einer Spezifität christlicher handlungsleitender Orientierung zurück mit der Begründung, dem Glauben komme außer dem formalen Prinzip eines konsequenten Altruismus keinerlei inhaltliche Bestimmtheit zu: „[Darum] bemühen wir nicht die heute [...] überstrapazierten Begriffe der Identität und der Authentizität, weil wir von der Richtigkeit der biblischen Wahrheit durchdrungen sind, daß sein Leben verliert, wer es finden möchte (Matth. 10,39), daß das Thema christlicher und kirchlicher Existenz Selbstverleugnung heißt (und nicht Selbstfindung) [...]" (A.a.O., 49f.).

3.3.3 Die Konkretionen der „Teilnahme" einer „Kirche unter dem Kreuz"

Wir haben gesehen, daß die Außenkommunikation der „Kirche im Sozialismus" als selbstlose und eigenständige „Teilnahme" der Kirche in ihren unterschiedlichen Sozialgestalten an den gesellschaftlichen Aufgaben verstanden worden ist. Die konkrete Gestalt dieser „Teilnahme" v.a. der kirchlichen Institution „an den Problemen und Errungenschaften der [sozialistischen] Gesellschaft"[433] soll im folgenden Kapitel unter zwei Hinsichten thematisiert werden, nämlich dem „Dialog" zwischen Staat und Kirche und der Programmatik einer „Offenen Kirche". Dabei soll der Schwerpunkt der Untersuchung wieder auf der Herausarbeitung der Kontroversen liegen, unter denen sich die kircheninterne programmatische Begriffsbildung vollzogen hat.

3.3.3.1 „Dialog" zwischen Staat und Kirche

Die „Kirche im Sozialismus" als „Lerngemeinschaft" nahm gegenüber dem Staat kein „Wächteramt" wahr, sie wollte die mündige Welt nicht „belehren" und stand dem Sozialismus nicht mit „kritischer Distanz"[434] gegenüber. In der Ära des „Burgfriedens" zwischen Staat und Kirche (1978–1988) wurde die positive Beschreibung der kirchlichen Außenkommunikation unter Beibehaltung dieser negativen Abgrenzungen erneut neu akzentuiert, indem nun der „Dialog" sowohl auf staatlicher wie auch auf kirchlicher Seite zum bestimmenden Leitgedanken avancierte. Die damit angezeigte Kommunikationsstruktur muß von beiden Perspektiven aus betrachtet werden.

1. Die von marxistischer Seite spät und vorsichtig vorgenommene Aufnahme des Dialog-Begriffes zur Kennzeichnung der Kommunikation zwischen christlicher Kirche und Sozialismus (worunter speziell die Kommunikation zwischen Kirchenleitung[en] und den ihnen zugeordneten staatlichen Stellen verstanden wurde) versah das mit ihm Gemeinte mit zwei wichtigen und zugleich typischen Vorbehalten, was es gerechtfertigt erscheinen läßt, von einem spezifisch marxistischen Dialog-Begriff zu sprechen. Diese Vorbehalte waren a. die führende Rolle der Partei und b. die Teleologie des Sozialismus.

1.a. Die maßgebliche Funktion der Partei sowohl hinsichtlich der allgemeinen Handlungsrichtlinien als auch bei vielen Einzelentscheidungen in den verschiedenen Feldern des öffentlichen und z.T. auch privaten Lebens durfte durch die Praxis einer wechselseitigen Kommunikation gesellschaftlicher Subjekte auf keinen Fall

---

[433] Bundessynode in Güstrow 1981, zit. n. A. SCHÖNHERR, Nach zehn Jahren. Rückblick auf das Staat-Kirche-Gespräch vom 6. März 1978, in: DERS. 1988, 344–352, 351 f.; vgl. Dok 1988/2. Typisch war übrigens die terminologische Umformung des Synodenzitates in der internen Semantik des MfS. Hier hieß es dann: „Sie [= die Kirche] bekennt sich zur Verteidigung der Errungenschaften des Sozialismus" (Aus der Rede-Disposition eines Führungsoffiziers der Abt. XX des MfS zur Rolle des „politischen Klerikalismus" [1982], in: BESIER/WOLF 1991, 357–367, 361; vgl. Dok 1982/2). Zum einen wird die kirchliche Rede von den Problemen der DDR-Gesellschaft unterschlagen, statt dessen wird aus der (eigenständigen) Teilnahme ein Bekenntnis zur Verteidigung.

[434] Dieser Ausdruck war innerkirchlich umstritten, vgl. Dok 1979/5 u.ö.

tangiert werden. Dieser Vorbehalt führte zu der bereits erwähnten Differenzierung der kirchlichen Außenkommunikation in „Lehren"[435] und „Lernen" und der strikten Ablehnung eines kirchlichen „Wächteramtes". Das marxistische Verständnis von „Wächteramt" läßt sich geradezu dadurch definieren, daß dieser Begriff die kirchliche Intention der Nichtanerkennung der exklusiven führenden Rolle der Partei zum Ausdruck bringt[436].

1.b. Wie bei jedem anderen Sachverhalt, so erfolgte auch bei dem Thema „Dialog" die marxistische Thematisierung durch eine Beurteilung seiner funktionalen Stellung im Entwicklungsprozeß des Sozialismus. Die zentrale Kategorie dieses sozialistischen Utilitarismus, der die politische Ethik der DDR bildete, war „Parteilichkeit". Entsprechend mußte dieses Kriterium auch als Bedingung der Möglichkeit von Dialog im Sozialismus gelten. Nur unter der Voraussetzung des entschiedenen Bekenntnisses aller Beteiligter zum Sozialismus und ihres Engagements für seine Ziele konnte somit überhaupt von Dialog gesprochen werden. Unter der Bedingung von „kritischer Distanz" dagegen mußte eine Existenz im Sozialismus als selbstwidersprüchlich erscheinen und damit auch die Möglichkeit eines Dialogs ausschließen.

Damit war keineswegs ausgeschlossen, daß der Dialog auch kritische Elemente enthalten könne. Zu beachten ist dabei allerdings, daß die marxistisch-leninistische Tradition Kritik nur im strengen Sinne als „Selbstkritik" kannte[437]. Darunter verstand man, daß eventuelle Kritik grundsätzlich unter dem Vorbehalt des Zielkonsenses zu erfolgen hat und stets konstruktiv auf eine effektivere Gestaltung des Weges zu diesem Ziel bezogen sein muß[438]. Dagegen waren Argumente, die geeignet waren, als Zweifel an den „Errungenschaften" bzw. den Zielen des Sozialismus selbst interpretiert zu werden, nicht mehr als Kritik, sondern als Zersetzung, ihre Vertreter nicht als Kritiker, sondern als „negative Kräfte" anzusehen, welche mit Notwendigkeit gewaltsam aus der Kommunikationsgemeinschaft auszuschließen waren[439].

---

[435] wobei terminologisch die kirchliche Lehre in aller Regel polemisch zur „Belehrung" verzerrt worden war.

[436] Vgl. P. KROH, „Lernprozess" und „Lerngemeinschaft". Gedanken eines marxistisch-leninistischen Philosophen, in: WBl 4/1989, 31–45, 32.34.36.42.

[437] Zur Tradition von „Kritik und Selbstkritik" im Rahmen der sowjetischen Funktionärsschulung in der Stalinära vgl. W. LEONHARD, Die Revolution entlässt ihre Kinder, ⁵1992, 270–282. 294–301.

[438] „Kritik ist im Sozialismus und im Marxismus stets mit Selbstkritik verbunden. Nur in dieser Einheit ist sie eine wesentliche Methode zur Aufdeckung und Lösung von Widersprüchen, zur Erkenntnis und Überwindung von rückständigen Auffassungen, Verhaltensweisen, Arbeitsmethoden. Kritik ist erstmals im Sozialismus für alle umfassend möglich. [...] Möglich ist Kritik für alle, weil das Bremsen der gesellschaftlichen Entwicklung den Interessen des Volkes widerspricht. Notwendig ist sie, weil die gesellschaftliche Entwicklung bewußt zu lenken ist. Von daher ergibt sich Recht und Pflicht der Kritik überall dort, wo das für das Fortschreiten der sozialistischen Entwicklung erforderlich ist. Kritik darf sich deshalb nicht auf die Nennung negativer Erscheinungen begrenzen, nicht von subjektiven Maßstäben ausgehen, sondern sie muß gesetzmäßige, objektive Zusammenhänge kennen sowie Mittel und Wege zur Überwindung negativer Erscheinungen zeigen" (P. KROH, a.a.O. (Anm. 436), 37f.).

[439] Auch H. MÜLLERS Zurückweisung des kirchlichen Anspruches auf Eigenständigkeit und

2. Auf kirchlicher Seite war der Begriff „Dialog" zunächst als Kennzeichnung einer Alternative zu der inklusiv-zivilreligiösen Vereinnahmungsstrategie des Staates verstanden worden. An die Stelle der von der Partei angestrebten Regulierung des Verhältnisses von christlichem Glauben und Ideologie des Marxismus-Leninismus durch Inklusivformeln wie der von der „gemeinsamen humanistischen Verantwortung" wurde vor allem von den einflußreichen Landesbischöfen Werner Krusche und Hans-Joachim Fränkel das Modell einer Zusammenarbeit eigenständiger und gleichberechtigter Partner gesetzt, die über ihre unterschiedlichen handlungsleitenden Orientierungen dialogisch, d.h. offen und in gegenseitigem Respekt miteinander kommunizieren[440]. Das wurde vom Staat so nicht akzeptiert. Lange Zeit

---

seine damit begründete Ablehnung der Formel „Kirche im Sozialismus" müssen im Zusammenhang des sozialistischen Kritikbegriffes gesehen werden.

[440] In seinem Synodalvortrag vom 15. November 1969 äußerte W. KRUSCHE seine Einschätzung der Formel von der „gemeinsamen humanistischen Verantwortung" wie folgt: „Bei dieser Formulierung handelt es sich vermutlich um eine Abkürzung; denn an eine Verantwortung unter dem Vorzeichen eines gemeinsamen Humanismus ist doch wohl nicht gedacht – das schiene mir auch von marxistischen Voraussetzungen her nicht gut denkbar. Gemeint darf aber sein, eine gemeinsame Verantwortung für den Menschen auch von einer durchaus verschiedenen Auffassung vom Menschen aus. *Eine gemeinsame Wahrnehmung der Verantwortung für den Menschen macht freilich den Dialog nötig*" (in: KJB 96, 1969, 167–172, 169. Herv. v. mir, W.Th.). Daß der Gedanke des Dialoges letztlich eine andere, offenere Gesellschaftsstruktur impliziert, hat W. KRUSCHE nicht verschwiegen, sondern ausdrücklich als Ziel kirchlichen Handelns zur Sprache gebracht. Vor der provinzsächsischen Landessynode 1970 entwickelte er das entschiedene Eintreten der Kirche für eine offene, mündige, demokratische Gesellschaft direkt aus dem Verständnis ihres ureigenen Auftrages, den er als „Dienst der Versöhnung" vorstellte: „Diesen im Kreuzestode Jesu Christi begründeten Dienst der Versöhnung zu tun, ist die einzige Aufgabe, die die Kirche hat und in deren Wahrnehmung sie unvertretbar ist. Dazu ist sie gesandt. Es ist die einzige Aufgabe, die freilich zugleich eine umfassende, sich auf alle Lebensgebiete erstreckende und auf alle Lebensvollzüge bezogene Aufgabe darstellt. Der ‚Dienst der Versöhnung' geschieht durch das ‚Wort von der Versöhnung' (2.Kor 5,19), durch das Bekanntmachen der Tatsache, daß Gott im Stellvertretungstode Jesu Christi mit uns einen neuen Anfang gemacht und allen die Möglichkeit eröffnet hat, mit ihm und damit untereinander in Gemeinschaft zu leben. Und er geschieht in einem Leben, das eine Antwort auf das Wort von der Versöhnung ist. Leben auf Grund und in der Verwirklichung der Versöhnung heißt nicht: Verwischung der Gegensätze, sondern Austragung der Gegensätze unter dem Vorzeichen des Ja untereinander. Die Versöhnung hebt nicht alle *Gegensätze*, wohl aber die *Feindschaft* in allen Gegensätzen auf. Sie öffnet füreinander und macht willig zum Miteinander. Der der Kirche aufgegebene ‚Dienst der Versöhnung' ist alles andere als überflüssig in einer Welt, in der es für den notwendigen Prozeß des Zusammenwachsens darauf ankommen wird, daß sich die Bewegungen von der Konfrontation zur Kooperation, vom Partikularismus zur Einheit in der Vielfalt, von zentralisierter Führung zu gemeinsamer Verantwortung vollzieht" (in: KJB 97, 1970, 193. Herv. i. O.). Daß solche Aussagen wütenden Widerspruch von der CDU nahestehenden Theologen hervorrufen würde, war selbstverständlich, vgl. etwa das Referat von C. ORDNUNG vor dem CDU-Hauptvorstand im Dezember 1970 („Divergenz und Polarisierung", in: KJB 97, 1970, 194–196). Ähnlich wie W. KRUSCHE stellte auch H.-J. FRÄNKEL in einer Rede im Mai 1970 vor der Regionalsynode Ost der EKU klar, daß eine „gesellschaftliche Mitarbeit" von Christen in der sozialistischen Gesellschaft einen offenen Dialog nicht nur über pragmatische Probleme, sondern über die handlungsleitenden Orientierungen der Aktanten notwendig zur Voraussetzung hat (Dok 1970/5). In dieselbe Richtung zielte auch H. FALCKES Rede von einer „aus Glauben mündigen Mitarbeit", die er vor der Bundessynode in Dresden 1972 entwickelt hatte (Dok 1972/2). Eine solche Mitarbeit beziehe, so FALCKE, auch eine eigenständige Zielperspektive mit ein („Unter der Verheißung Christi werden wir unsere Gesellschaft nicht loslassen mit der engagierten Hoffnung eines verbesserlichen Sozialismus", ebd.).

blieb es beim bloßen Postulat weitreichender praktischer Konvergenzen von Christentum und Marxismus bei zu vernachlässigenden Unterschieden in der Motivationsstruktur. Der 6. März 1978 stand für eine Entwicklung der Staat-Kirche-Beziehungen hin zu einer stärkeren Betonung der Eigenständigkeit des christlich/kirchlichen gesellschaftlichen Engagements. Im Zuge dieser Entwicklung bekamen auch die Vorstellungen von Partnerschaft und Dialog eine neue Aktualität und Relevanz. Als Gespräch zwischen gleichberechtigten Partnern konnte ein Dialog im real existierenden Sozialismus jedoch nur geführt werden, wenn hinsichtlich des Gesprächsgegenstandes streng zwischen der Handlungswirklichkeit einerseits und der handlungsleitenden Orientierung, die als solche die Handlungsmotivation ebenso umfaßt wie die finale Handlungsintention, andererseits unterschieden und letzteres ausgeschlossen wurde. Diese Position eines rein pragmatisch orientierten Dialoges hat exemplarisch Albrecht Schönherr vertreten. Ausgangspunkt seines Modells war die Einsicht in die Notwendigkeit des Dialoges angesichts der gemeinsamen Aufgaben von Staat und Kirche, die die Wahrnehmung gemeinsam aufeinander abgestimmter Verantwortung als wünschenswert erscheinen ließ[441]. Als *Voraussetzung* für solchen Dialog (die selbst also nicht zu seinen *Gegenständen* zu zählen war) war dann ein gewisser gemeinsamer Wahrheitshorizont zu postulieren[442]. Angesichts der genannten Notwendigkeit und auf der Grundlage der erwähnten Voraussetzung sollte dann ein Dialog eigenständiger, gleichberechtigter und sich wechselseitig respektierender Partner stattfinden, der weder apologetischen, polemischen noch theoretischen Charakter annimmt.

Dieses Konzept enthält ungelöste Probleme. Ein Hauptproblem besteht in dem beiderseitigen Wahrheitsanspruch der Dialogpartner. Getreu der SED-Devise von der „Unmöglichkeit ideologischer Koexistenz" verzichtete die Kirche auf Versuche, das Problem der Pluralität der Wahrheitsansprüche durch theoretische Lösungsmodelle anzugehen, sondern verlagerte es durch Subordination unter das Problem einer den Aufgaben angemessenen Praxis[443]. Ein das Wahrheitsproblem hint-

---

[441] „Der Dialog zwischen Marxisten und Christen ist unter der Herausforderung, entweder die Zukunft gemeinsam zu bestehen oder gemeinsam unterzugehen, unbedingt notwendig. Um die Zukunft bewältigen zu können, bedarf es gemeinsamen Handelns" (A. SCHÖNHERR, Gedanken zu einem Dialog zwischen Marxisten und Christen, in: ZdZ 43, 1989, 245–247, 246).

[442] „Um einen Dialog führen zu können, muß ein gewisser gemeinsamer Wahrheitshorizont vorhanden sein. Sonst bliebe der Dialog darin stecken, daß beide Seiten sich lediglich Antithesen entgegenstellen" (ebd.).

[443] Unter Berufung auf BONHOEFFERS Konzeption von „Wirklichkeit" (s. o. Kap. II.B/1.1) formulierte A. SCHÖNHERR 1976: „Es kann nicht um einen theoretischen Dialog mit dem Marxismus gehen, sondern, wenn Christus die Wirklichkeit dieser Welt ist, dann treffen wir uns (oder treffen uns nicht) an den Aufgaben, die uns hier gestellt werden" („Dietrich Bonhoeffer", in: ZdZ 30, 1976, 373f., 374). Nicht unwichtig ist, daß SCHÖNHERR diesen Sachverhalt ausdrücklich auf die Formel „Kirche im Sozialismus" bezogen wissen wollte (die ja dann wenig später im Spitzengespräch am 6. März 1978 eine große Rolle spielte): „'Kirche im Sozialismus' bedeutet wohl auch, daß wir unseren christlichen Glauben mehr im praktischen Miteinander als in einem theoretischen Gegenüber einbringen" (Dok 1977/3). Ausdrücklich werden BONHOEFFERS Andeutungen zu einer „Arkandisziplin" als Begründung für einen Verzicht der Kirche auf eine Thematisierung ihrer handlungsleitenden Orientierung im Rahmen ihrer öffentlichen Kommunikation herangezogen: „Bonhoeffer sprach davon, daß in unserer Zeit durch die Schuld der Kirche die wich-

anstellendes Gespräch kann aber nie Dialog genannt werden. Es hat lediglich den Charakter einer Verhandlung[444]. Wird dieser Unterschied nicht beachtet, so droht die verlagerte Wahrheitsfrage in der Form von Identitätsproblemen wieder aufzutauchen.

Neben seiner Gerichtetheit auf die Wahrheit ist ein Dialog v.a. auch durch seine Interesselosigkeit von einer Verhandlung zu unterscheiden. Gerade ein „interessenfreier Raum freier Begegnung" war die Gesprächskultur zwischen Staat und Kirche in der DDR der achtziger Jahre jedoch gerade nicht gewesen. Sie hatte eher die Form eines wechselseitigen Interessenausgleichs im Bewußtsein des Aufeinanderangewiesenseins. Auch dieses Kriterium bestätigt also: es wurde kein Dialog geführt, sondern interessegeleitete Verhandlungen zweier gefährdeter Institutionen mit dem Ziel der wechselseitigen Stabilisierung[445].

3.3.3.2 Die „Kirche im Sozialismus" als „Offene Kirche": Zum Problem des Verhältnisses von Kirche und Gruppen

Die wohl wichtigste und zugleich spektakulärste, da sowohl politisch als auch theologisch eminent problematische Form der „Teilnahme" der Kirche an den – hier wohl vor allem – Problemen der sozialistischen Gesellschaft war die Funktion

---

tigsten Grundaussagen des Glaubens fraglich geworden sind, so daß wir sie eigentlich gar nicht recht wiedergeben können. Und er zieht daraus die Folgerung, es müsse jetzt eine Zeit geben, in der die Kirche sehr still ist, das Gerechte tut und betet. Darin liegt für mich etwas sehr Wichtiges für unsere eigene Situation" (A. SCHÖNHERR, Christsein in der DDR, in: epd-Dok 17/1977, 18–21, 20). Erst 1989 hatte SCHÖNHERR begonnen, auch die Verständigung über die unterschiedlichen handlungsleitenden Grundüberzeugungen in sein Dialog-Modell mit aufzunehmen: „Man darf sich nicht, wie bisher, damit begnügen, gemeinsame Aktivitäten ins Auge zu fassen, aber die Motive bewußt außer acht zu lassen" (A. SCHÖNHERR, Gedanken zu einem Dialog zwischen Marxisten und Christen, a.a.O. [Anm. 441], 246).
[444] Vgl. R. SCHRÖDER, Religion und Gesellschaft, in: DERS. 1990, 95–120, v.a. 118–120; DERS., Kampf – Verhandlung – Dialog, in: a.a.O., 78–94. W. KRUSCHE hat in seinem Vortrag auf der Theologischen Woche in Jena vom Oktober 1986 u.a. auch die Frage diskutiert, ob die Rede der Kirche angesichts ihres Wahrheitsanspruches überhaupt dialogische Form annehmen kann. Als Antwort unterscheidet er zunächst zwischen prophetischem und weisheitlichem Modus kirchlicher Außenkommunikation und erhält damit schon einen Bereich, in dem die Form dialogischer Rede auf jeden Fall zulässig ist, denn es gilt: „Weisheitliche Rede ist […] prinzipiell dialogoffen. Hier wird argumentiert und nicht proklamiert" (DERS., Die Kirche im Spannungsfeld von Charisma und Institution, in: DERS. 1990, 138–154, 150). Doch selbst das prophetische Wort stellt, so W. KRUSCHE weiter, keine eindimensionale Kommunikationsform dar, sondern fordert Überprüfung und Diskussion und ist damit strukturell auch dialogisch angelegt (a.a.O., 151).
[445] Vgl. E. RICHTER, Chancen für Kirche und Staat, in: KiS 3/1983, 9–23. 1981 schrieb der westdeutsche Journalist W. BÜSCHER, es entspräche dem Sozialismus in der DDR, der keine politische Bewegung mehr sei, sondern ein auf Stabilisierung und Bestandserhaltung gerichtetes Establishment, daß er keine Integration der Kirche oder gar einen Dialog mit ihr beabsichtige, sondern die Einordnung ihrer Aktivitäten und Äußerungen in den Rahmen der politischen Interessen des Staates (vgl. DERS., Ein neues Interesse an Kirche und Religion, in: KiS 5/1981, 13–20). Auf der anderen Seite machte etwa M. STOLPE keinen Hehl daraus, daß der Interessenausgleich zu den Prinzipien der von ihm geleisteten Kirchenpolitik gehörte. Der Begriff „Dialog" bildete also die euphemistische Umschreibung dessen, was H. FALCKE präzise mit „System wechselseitiger Stabilisierung" bezeichnet hat (zit. n. E. JÜNGEL, Kirche im Sozialismus – Kirche im Pluralismus, in: EK 26, 1993, 6–13, 9).

der Kirche im Zusammenhang der gesellschaftlichen Erosionsprozesse der DDR in den achtziger Jahren. Die Entwicklung der gesellschaftlichen Problemlage hatte zu neuen Leitbegriffen in der Auftragsbestimmung der Kirche geführt. Zum Leitbegriff hinsichtlich ihrer Binnenkommunikation avancierte der Begriff „Offene Kirche", hinsichtlich ihrer Außenkommunikation begriff sich die Kirche nun als „Mittler" zwischen dem Staat und seinen Bürgern. Da sich die genannte politische und theologische Problematik als Frage nach dem Verhältnis von Kirche und „Gruppen"[446] eingrenzen und präzisieren läßt, beginnt ihre Untersuchung mit einem kurzen historischen Abriß dieses Verhältnisses, woran sich der Versuch einer von den konkreten historischen Sachverhalten abstrahierenden Skizze der Problematik anschließt, die mit dem Ausdruck „Offene Kirche" verbunden ist. Den Hauptteil bildet dann schließlich eine kritische Darstellung der vorgelegten Problemlösungsansätze.

3.3.3.2.1 Kirche und Gruppen. Ein historischer Abriß

Junge Gemeinde

Die Kirche hatte nach dem Kriege die kirchliche Jugendarbeit in ihrer gewohnt konservativen Gestalt wieder aufgenommen. P. Maser erkennt darin eine sich auf Bonhoeffer berufende „Betreuung[s]- und Erziehungsmentalität"[447]. Bonhoeffer hatte 1934 notiert: „Aufgabe der Jugend ist nicht Neugestaltung der Kirche, sondern Hören des Wortes Gottes, Aufgabe der Kirche ist nicht Eroberung der Jugend, sondern Lehre und Verkündigung des Wortes Gottes. Unsere Frage ist nicht: Was ist die Jugend und was ist ihr Recht, sondern was ist die Gemeinde und welcher Ort kommt der Jugend in ihr zu?"[448] Zum Oberbegriff für die mit dieser Programmatik begonnene Jugendarbeit wurde die Bezeichnung „Junge Gemeinde". Die Berliner Stelle der Kirchenkanzlei der EKD hat in einem Schreiben vom 22. Januar 1953 an Ministerpräsident Grotewohl anläßlich schikanöser Behinderungen ihrer Tätigkeit die Junge Gemeinde wie folgt beschrieben:

---

[446] Ich wähle mit Absicht an dieser Stelle diese sehr allgemeine Bezeichnung, da alle Näherbestimmungen wie „sozialethisch engagierte Gruppen", „Nachfolgegruppen", „sozialisierende Gruppen", „politisch alternative Gruppen", „Neue soziale Bewegungen" etc. bereits Ausdruck bestimmter Interpretationen sind, die im Folgenden erst diskutiert werden sollen. Als einführende Literatur, in der das Phänomen der Gruppen in der DDR sowohl anhand von Quellen dokumentiert als auch ersten Analysen unterzogen wird, liegt vor (Auswahl): S. BICHHARDT, Recht ströme wie Wasser. Christen in der DDR für Absage an Praxis und Prinzip der Abgrenzung. Ein Arbeitsbuch, 1988; H. KNABE (Hg.), Aufbruch in eine neue DDR, 1989; W.-J. GRABNER/C. HEINZE/D. POLLACK (Hgg.), Leipzig im Oktober. Kirchen und alternative Gruppen im Umbruch der DDR. Analysen zur Wende, 1990; D. POLLACK (Hg.), Die Legitimität der Freiheit. Politisch alternative Gruppen in der DDR unter dem Dach der Kirche, 1990 (im folgenden zit. als: Pollack 1990); G. REIN, Die protestantische Revolution 1987–1990. Ein deutsches Lesebuch, 1990; J. ISRAEL (Hg.), Zur Freiheit berufen. Die Kirche in der DDR als Schutzraum der Opposition 1981–1989, 1991. Vgl. auch die Sammelrezensionen von S. GROTEFELD (in: KZG 5, 1992, 155–161) und R. HENKYS (in: EK 26, 1993, 454–457).

[447] P. MASER, Glauben im Sozialismus, 1989, 103.

[448] D. BONHOEFFER, GS III, ²1965/66, 292. Zit. n. P. MASER, ebd.

„Unter Junger Gemeinde versteht man die konfirmierten Glieder der christlichen Gemeinde, die sich im jugendlichen Alter befinden. Grundsätzlich gehört also jeder Jugendliche, der ein evangelischer Christ ist, zur Jungen Gemeinde, ob er davon Gebrauch macht oder nicht. [...] Die Zusammenkünfte der Jungen Gemeinde stehen allen jugendlichen Gemeindegliedern ebenso offen, wie die Bibelstunden den Erwachsenen. [...] Die Betätigung der Jungen Gemeinde besteht im einzelnen in folgendem: 1. Bibelbesprechung in jugendgemäßer Form, 2. Unterweisung in Lehre und Geschichte der Kirche, 3. Pflege des kirchlichen Singens, 4. kirchlichem Verkündigungsspiel, 5. Bildung von Posaunenchören, 6. Mitwirkung im Gottesdienst und innerkirchlichem Leben durch mancherlei Dienste, 7. Teilnahme an Kirchentagen und Bibelrüstzeiten."[449]

Die Junge Gemeinde begann bald auf die Jugendlichen eine starke Attraktivität zu entwickeln, nachdem sich herumgesprochen hatte, daß es sich dort „besser singt, spielt und reist"[450] als in der „straff organisierten staatlichen Jugendarbeit (FDJ, GST, Klassenkollektiv und Jugendbrigade)"[451]. Sie wurde als „Freiraum"[452] empfunden, „weil man sich da mit Gleichgesinnten treffen kann, offen auch über solche Probleme sprechen darf, die in der sozialistischen Gesellschaft sonst tabuisiert werden, und sich einfach dem Gefühl hingeben kann, wenigstens an dieser Stelle einmal etwas wirklich ganz freiwillig tun zu können."[453] Der Konflikt der Kirche mit dem Staat zu Anfang der fünfziger Jahre hatte vor allem im Bereich der kirchlichen Jugendarbeit stattgefunden, die seit dem Sommer 1952 plötzlich massiv behindert und bekämpft wurde. „[V]or allem [...] sind es neben den Bibelfreizeiten die größeren Zusammenkünfte, deren Durchführung der Staat zu verhindern trachtet. An zahlreichen Orten wurde von der Kirche ein erbitterter Kampf um die Durchführung kirchlicher Jugendtage gegen die Verhinderungsmaßnahmen der Polizei geführt."[454] Das Rechtsmittel, mit dem die behördlichen Schikanen begründet wurden, war stets die Behauptung, die Junge Gemeinde sei eine illegale Organisation, da die einzige legale Jugendorganisation die FDJ sei. Die Kirchenleitung antwortete mit dem Argument, die Junge Gemeinde sei überhaupt keine Organisation, sondern schlicht die Jugend der Gemeinde. Wer sie antaste, taste die Kirche an[455].

Mit dem am 10. Juni 1953 beendeten Kampf endete auch eine Phase der kirchlichen Jugendarbeit. Zwar hatte der Staat nicht, wie geplant, die Junge Gemeinde vernichtet. Doch sie hat sich von diesem Schlag auch nie mehr richtig erholt.

---

[449] Aus einem Schreiben der Kirchenkanzlei der EKD – Berliner Stelle – vom 22. Jan. 1953 an Ministerpräsident GROTEWOHL anläßlich der Behinderungen der Tätigkeit der Jungen Gemeinde. Zit. n. G. KÖHLER (Hg.), Pontifex nicht Partisan, 1974, 100f.
[450] G. KÖHLER, a.a.O., 81.
[451] P. MASER, a.a.O. (Anm. 447), 104.
[452] Ebd.
[453] A.a.O., 107.
[454] KJB 79, 1952, 197.
[455] So formulierte die Synode der Evang. Kirche Berlin-Brandenburg vom 9./10. August 1952 in Berlin, vgl. KJB 79, 1952, 227–229.

Die „Rettungsarbeit"

Die Junge Gemeinde hatte als traditionelle kirchliche Jugendarbeit hauptsächlich die Jugendlichen aus der bürgerlichen Mittelschicht angesprochen. Daneben entwickelte sich aber bald ein sozialdiakonischer Zweig der Jugendarbeit, dessen Zielgruppe jugendliche sozialauffällige Außenseiter der Gesellschaft waren. Da sich in der DDR eine Diagnose dieses Phänomens aus ideologischen Gründen verbot, stand ihm die Gesellschaft hilflos gegenüber und vermochte nur mit Sanktionen und Disziplinarmaßnahmen zu reagieren. Einzig die Kirche war aufgrund ihrer ideologischen Ungebundenheit in der Lage, diese Hilflosigkeit zu überwinden. Ihre „Rettungsarbeit", die sich als Teil der Diakonie verstand, war bei grundsätzlich missionarischer Ausrichtung therapeutisch-pädagogisch konzipiert.

„Offene Arbeit"

Nach dem mit grober ordnungspolitischer Gewalt geführten Vernichtungskampf gegen die Junge Gemeinde leitete die DDR-Führung mit der Einführung der Jugendweihe Mitte der fünfziger Jahre einen zweiten Versuch ein, die Sozialisation der Jugendlichen in der DDR von der kirchlich-religiösen Erziehung abzukoppeln. Tatsächlich hatte sich die Jugendweihe Anfang der 60er Jahre allgemein durchgesetzt. Zur nachhaltigen Schwächung der Jungen Gemeinde, die auf die dem offenen Kampf folgende Zermürbungstaktik des Staates mit offensichtlichen Ermüdungserscheinungen reagierte[456], kam also jetzt noch der Niedergang der volkskirchlichen Sitte der Konfirmation. Auch die Teilnahme der Schüler an der „Christenlehre", dem evangelischen Religionsunterricht, ging aufgrund vielfältiger und andauernder Schikanen zurück. Eine institutionalisierte kirchliche Jugendarbeit im volkskirchlichen Sinne war damit nicht mehr möglich. Die Jugendarbeit bewegte sich als Folge dieser Entwicklung immer mehr hin zu offenen Formen.

Die sogenannte „Offene Arbeit" ging zunächst auf Initiativen einzelner Mitarbeiter zurück und knüpfte inhaltlich an die „Rettungsarbeit" an. Im Unterschied zu dieser verzichtete man allerdings auf eine missionarische Zielsetzung und beschränkte sich darauf, „Jugendlichen einen offenen Raum anzubieten, in den sie ohne jede Vorbedingung eingeladen sind."[457] Damit begann die Kirche, zum Raum von sozialen und zunehmend auch ideologischen Außenseitern der Gesellschaft zu werden, was den Argwohn sowohl der Staats-und Parteiorgane der DDR als auch der Kirchengemeinden wecken mußte. Von seiten der Gemeinden wurde vor allem die mangelnde kirchliche Identität der Offenen Arbeit beklagt. Die Kirchenleitungen dagegen befürchteten eine weitere Belastung ihres ohnehin labilen Verhältnisses zum Staat, wenn sich die Kirche zu einem Sammelbecken systemkritischer Potenzen entwickeln sollte.

---

[456] Vgl. G. JACOB, Deutsche Volkskirche im Ernstfall, in: JACOB/BERG, 1957, 5–32.
[457] P. MASER, a.a.O. (Anm. 447), 111.

Sozialethisch engagierte Gruppen

Aus dem kritischen Potential der Offenen Arbeit entwickelten sich seit dem Ende der siebziger Jahre politisch alternative Gruppen mit einer starken thematischen Konzentration ihrer Aktivitäten auf die Friedensproblematik. Die Thematisierung der globalen politischen und wirtschaftlichen Probleme wurde dabei stets mit der Bearbeitung DDR-spezifischer Themen verbunden. Seit der Ausweisung Wolf Biermanns und der darauf folgenden Hetzkampagne gegen Schriftsteller, die sich für ihn eingesetzt hatten, war für viele klar, daß das sozialistische Gesellschaftsmodell der DDR einer grundsätzlichen und weitgehenden, an der Idee des Sozialismus orientierten Reform bedürftig war.

Die traditionelle Nähe der kritischen Jugendlichen zur evangelischen Kirche – die kirchliche „Friedensdekade" unter dem Motto „Gerechtigkeit, Abrüstung, Frieden" fand v. a. bei jungen Menschen ein starkes Echo – blieb jedoch nicht konfliktfrei. So sahen sich die Kirchenleitungen angesichts des harten staatlichen Durchgreifens gegen den Aufnäher „Schwerter zu Pflugscharen"[458] 1982 zu vorsichtiger Distanzierung von den Gruppen genötigt[459].

Eine Zäsur stellte die Verwirklichung des NATO-Doppelbeschlusses für die Entwicklung der Gruppenszene in der DDR dar. Als Folge kam es zu einer thematischen Erweiterung der Arbeit, die neben der Friedensthematik nun auch stärker die Bereiche Umwelt und Gerechtigkeit umfaßte, verbunden mit einer allgemeinen Erhöhung des Organisationsgrades der Gruppen. Mit dem Machtantritt Gorbatschows im Jahr 1985 und der von ihm eingeleiteten Kurskorrektur auf politischem und ideologischem Felde „verlagerte sich der thematische Schwerpunkt der Gruppenarbeit nochmals und erhielt nun einen deutlich sozialismusspezifischen Akzent. Die Kritik konzentrierte sich mehr und mehr auf die Menschenrechtsverletzungen in der sozialistischen Gesellschaft der DDR sowie auf ihren Mangel an Demokratie, Dialog und Öffentlichkeit."[460]

Bis Ende 1987 blieb die Situation relativ stabil. Die DDR-Führung reagierte auf die Entwicklung zunächst abwartend bis liberal. Ein Hauptgrund dafür dürfte auch in diesem Fall darin zu suchen sein, daß die Innenpolitik der DDR in der Regel stark von ihrer außenpolitischen Situation abhängig war. In der Phase von 1986/ 87 stand die DDR aber unmittelbar vor einem der wichtigsten deutschlandpolitischen Erfolge in ihrer Geschichte, den man sich nicht zunichte machen wollte, indem man in dieser entscheidenden Phase das Bild einer despotischen Gewaltherrschaft bot[461].

---

[458] Die SED reagierte auf ihrer 3. ZK-Tagung im März 1982 zunächst mit der Gegenparole „Der Friede muß verteidigt werden – der Friede muß bewaffnet sein!". Wenig später folgte das offizielle Verbot des Aufnähers.
[459] In einem Brief der Synode der Evang.-Luth. Kirche Sachsens an die Friedensgruppen vom April 1982 heißt es: „Wir müssen Euch sagen, daß wir nicht mehr in der Lage sind, Euch vor Konsequenzen, die das Tragen des Aufnähers jetzt mit sich bringen kann, zu schützen. Deshalb bitten wir Euch, mögliche Folgen ernsthaft zu bedenken" (zit. n. P. MASER, a.a.O. [Anm. 447], 115).
[460] D. POLLACK, Vorwort, in: DERS. 1990, 11.
[461] Die demonstrative Offenheit der DDR nach innen und außen kam im Spätsommer 1987

Die Gruppen drangen derweil auf eine basisdemokratische Öffnung des Sozialismus und die Entwicklung einer pluralistischen Konflikt-Kultur[462]. Beides wurde ansatzweise unter dem schützenden Dach der Kirche praktiziert, wo das ideologisch begründete Informations- und Öffentlichkeitsmonopol der SED unterlaufen wurde[463].

Der Staat, dem die politischen Strukturen fehlten, um die sich steigernde „Dissonanz von offizieller und dominanter politischer Kultur"[464] konstruktiv zu verarbeiten, akzeptierte offensichtlich die Haltung der Kirche, da diese in der innenpolitischen Auseinandersetzung regulativ zu wirken schien.

Das labile Gleichgewicht zwischen dem Staat, den Kirchen und den Gruppen kippte im Winter 1987/88, nachdem es zu dem ehrenvollen Empfang Erich Honeckers in Bonn gekommen war. Unmittelbar nach dem Höhepunkt der Entspannungsphase, dem Olof-Palme-Friedensmarsch im September 1987, trat durch zwei polizeiliche Übergriffe eine abrupte Verschärfung der Situation ein. Am 24. November 1987 kam es in der Umwelt-Bibliothek der Ost-Berliner Zionskirche zu einer nächtlichen Hausdurchsuchung, bei der mehrere ihrer Mitarbeiter verhaftet und Material konfisziert wurde. Am 17. Januar 1988 wurden am Rande der Liebknecht/Luxemburg-Demonstration mehrere Mitglieder von Friedens- und Menschenrechtsgruppen verhaftet. Gleichzeitig war es Anfang November 1987

---

durch das gemeinsam von der SED-Akademie für Gesellschaftswissenschaften und der Grundwertekommission der SPD ausgearbeitete Dokument mit dem Titel „Der Streit der Ideologien und die gemeinsame Sicherheit" zum Ausdruck, das am 27. August auf einer Pressekonferenz in Ost-Berlin vorgestellt wurde. Darin wurde u.a. die Bedeutung der Kirchen im Dialog zwischen den Systemen betont. Kurz darauf fand vom 1. – 19. September der Olof-Palme-Friedensmarsch in der DDR und der Bundesrepublik mit Kundgebungen und Friedensgebet für eine atomwaffenfreie Zone in Mitteleuropa und Abrüstungspartnerschaft zwischen Ost und West statt. Besonders bemerkenswert war dabei im Bereich der DDR die Zusammenarbeit zwischen der Jungen Gemeinde und der FDJ. Und noch am 16. Oktober war es an der Universität Rostock zur Gründung eines Forschungszentrums zur Förderung des christlich-marxistischen Dialogs gekommen.
[462] Der Ost-Berliner freie Autor R. ROSENTHAL sagte hierzu in einem Interview aus dem Jahre 1987: „Sie [die Gruppen] wollen nicht als oppositionelle Gruppen bezeichnet werden, weil der Begriff Opposition besetzt ist, etwa durch das westliche Oppositionsverständnis. Die Gruppen haben aber natürlich einen oppositionellen Charakter, weil sie eingefahrene Denk- oder Verfahrensweisen kritisieren. Aber nicht in dem Sinne, daß sie die DDR-Gesellschaft stürzen oder gewaltsam verändern wollen. Sie streben eine Art Reform- oder Evolutionsprozeß in der Gesellschaft an. Dabei verfolgen sie ja auch originär marxistische Ideale" (DERS., Größere Freiräume für Basisgruppen. Interview von M. HARTMANN, in: KiS 13, 1987, 189–191, 190).
[463] „Die SED kontrolliert nahezu die gesamte öffentliche Kommunikation in der DDR" (M. ZAGATTA, Kirche als Ersatzöffentlichkeit. Zuflucht oder Ventil: der Funktionszuwachs der Kirchen in der DDR, in: Politische Kultur, 1989, 66–80, 66). „Ihren Herrschaftsanspruch, Öffentlichkeit als […] Machtmittel einzusetzen und die öffentliche Kommunikation […] zu steuern, rechtfertigt die SED mit Berufung auf ein Erkenntnismonopol. Öffentlichkeit (als Gesellschaft) bedarf demzufolge der Führung durch die SED, die über die notwendige ‚Bewußtheit' und die Einsicht in als objektiv deklarierte ‚Informationsnotwendigkeiten' verfügt: ‚Die marxistisch-leninistische Theorie sowie die Analyse und Prognose der gesellschaftlichen Entwicklung befähigen die marxistisch-leninistische Partei und die sozialistische Staatsmacht zur Formulierung der Informationserfordernisse der sozialistischen Gesellschaft'" (A.a.O., 67. ZAGATTA zitiert aus: Wörterbuch der sozialistischen Journalistik, Leipzig ²1981, 100).
[464] R. RYTLEWSKI, Ein neues Deutschland? Merkmale, Differenzierungen und Wandlungen in der politischen Kultur der DDR, in: Politische Kultur, 1989, 11–28, 21.

zu einer schlagartigen Verschlechterung der Staat-Kirche-Beziehungen gekommen[465].

In dieser Phase zunehmenden Drucks durch den Staat suchten immer mehr Ausreisewillige, sogenannte „Antragsteller", in den Gruppen und damit mittelbar bei der Kirche Zuflucht. Dies führte zum einen zu Konflikten innerhalb der Gruppen, deren Ziele ja mit denen der „Antragsteller" keineswegs übereinstimmten, zum anderen aber zu einer Polarisierung innerhalb der Kirchenleitungen. Diejenigen Stimmen, die schon vorher vor einer Belastung des Staat-Kirche-Verhältnisses gewarnt hatten, forderten nun erst recht eine klare Abgrenzung der Kirche von den Regimegegnern. Andere forderten, sich für die Ausreisewilligen und zugleich für eine Veränderung der vielfach unerträglich gewordenen gesellschaftlichen Zustände beim Staat einzusetzen.

In den Gruppen, wo sie Unterstützung suchten, waren die Ausreisewilligen in der Regel nicht willkommen, da sie dem gruppeninternen Ethos konstruktiven gesellschaftskritischen Engagements nicht entsprachen. Entschloß sich die Kirche also, den Antragstellern beizustehen, so eröffnete sie damit nicht nur intern[466] sowie im Staat-Kirche-Bereich[467] ein neues Konfliktfeld, sondern belastete auch erneut ihr Verhältnis zu den Gruppen.

---

[465] M. STOLPE vermutet, daß die kirchenpolitische Kehrtwendung auf eine Anordnung von E. MIELKE zurückzuführen ist. STOLPE selbst war durch G. MITTAG und HONECKERs Kanzleichef F.-J. HERRMANN signalisiert worden, „daß der Generalsekretär nicht mehr bereit war, sich mit der evangelischen Kirche einzulassen, unsere Verbesserungs- und Reformforderungen nicht mehr ertragen könne." (M. STOLPE, Schwieriger Aufbruch, Berlin 1992, 70). Die eben noch eifrig gepflegten Gesprächskontakte wurden weitgehend eingestellt. Am 6. November sagte Staatssekretär K. GYSI Gespräche mit dem KKL-Vorsitzenden LEICH ab, die er ihm am 5. September angeboten hatte.

[466] Die Kirche in der DDR hatte sich in jeder Phase, vor allem aber auch anläßlich der großen Auswanderungswellen von 1960, 1984 und 1988 gegen die Tendenz zur Emigration ausgesprochen. Gerade in dieser „Ethik des Bleibens" (K. NOWAK, Der Protestantismus in der DDR – Erfahrungen und Schwierigkeiten auf dem Weg zur Demokratie, in: ZEE 34, 1990, 165–173, 168; vgl. DERS., Labile Selbstgewißheit. Über den Wandel des ostdeutschen Protestantismus in vierzig Jahren DDR, in: F. W. GRAF/K. TANNER (Hgg.), Protestantische Identität heute, Gütersloh 1992, 105–115, 106) bestand eine wichtige Pointe der Formel „Kirche im Sozialismus". Eine ausführliche und beispielhafte Durchführung der „Ethik des Bleibens" stellt H. FALCKES „Brief an die Pfarrer und Mitarbeiter im Verkündigungsdienst in der Propstei Erfurt" vom Februar 1984 (epd-Dok 21/1984, 1–4) dar. Kritiker NOWAK interpretiert Sätze wie: „Wenn euch die politischen Verhältnisse kein sinnvolles Leben zu erlauben scheinen, sollen wir nicht auch unser Land und Leben in ihm trotz aller Enttäuschungen unter Gottes Herrschaft und Verheißung sehen?" (H. FALCKE, a.a.O., 2) als Ausfluß eines „Denkzwang[es] zur politisch-gesellschaftlichen Homogenität" (K. NOWAK, Der Protestantismus in der DDR – Erfahrungen und Schwierigkeiten auf dem Weg zur Demokratie, a.a.O., 166), den der Protestantismus mit dem Sozialismus teilte und der „tendenziell die Rechte des Individuums und seine Ansprüche außer Kraft oder doch hintenan [setzte]" (a.a.O., 168). Dem entspreche ein „traditioneller Gouvernementalismus", dem ein „etatistisches Staatsverständnis" naheliege (a.a.O., 166). Die Kombination von Homogenitätsmuster und Gouvernementalismus, so NOWAK weiter, dazu geführt, daß sich „[d]ie kritische Funktion des Protestantismus [...] in aller Regel" negativ „auf Versuche zur Eingrenzung der staatlichen Omnipotenz" bezogen habe (a.a.O., 169). Eine positive Orientierung der Kritik etwa an einem demokratischen Staats- und Politikverständnis, an Werten wie Freiheit und Mündigkeit der Bürger sei dagegen unterentwickelt geblieben.

[467] Die Ausreiseproblematik stellte ein zentrales Thema bei dem Gespräch des KKL-Vorsitzen-

3.3.3.2.2 Offenheit und Geschlossenheit der Kirche als Problem ihrer Identität. Eine theologische Problemskizze

Mit der Formel „Kirche im Sozialismus" sollte der Auftrag der Kirche unter spezieller Berücksichtigung ihres besonderen Ortes in der sozialistischen Gesellschaft der DDR bestimmt werden. Wir sahen, daß die „Kirche im Sozialismus" sowohl in ihrer Innen- als auch in ihrer Außenrelation ihre Identität in der Erfüllung *bestimmter*, nämlich unter Berücksichtigung ihrer gesellschaftlichen Umwelt definierter Aufgaben suchte.

Damit trug sie dem Grundsatz einer ökumenisch orientierten Ekklesiologie Rechnung, wonach die universale Allgemeinheit und die regionale Partikularität bzw. die geschichtliche Besonderheit der Kirche nicht voneinander isoliert werden dürfen. An ihrem geschichtlichen Ort als empirische lokale Kirche, die ihren Auftrag und damit ihr Selbstverständnis in hohem Maße relativ zu ihrem politisch-gesellschaftlichen Kontext entwickeln muß, gewinnt die geglaubte „eine, heilige, allgemeine, apostolische Kirche"[468] Gestalt.[469] Im Wesen der Kirche liegt dann freilich auch, daß sie ihrer Identität niemals *sicher* sein kann. Gerade weil sie sich selbst immer nur als lokale Kirche in der Geschichte vorfindet, bedarf sie stets der Vergewisserung ihres eigenen (universalen) Wesens. Das Problem verschärft sich noch, wenn man berücksichtigt, daß die empirische Kirche nicht an eine bestimmte soziale Form gebunden ist, sondern mehrere soziale Formen zugleich ausbilden kann.

So kann Kirche etwa in der Form eines tendenziell öffentlichkeitslosen Sozialsystems auftreten[470]. Ein solches System, auch Face-to-Face-System genannt, „existiert durch Versammlung aller Mitglieder an einem bestimmten Ort und zu einer bestimmten Zeit. Das System besteht, solange das Treffen (das Zusammensein) dauert. Unter Umständen können Regelmäßigkeiten des Zusammenkommens auch große Pausen – Stunden oder Tage – zulassen; so ergibt sich eine durch Konventionen getragene intermittierende Existenz. Aber für die Reinheit des Typs ist Spontaneität entscheidend: Alle Regelmäßigkeiten können durch Interaktion der jeweils real Versammelten beliebig verändert werden. Grenze der Beliebigkeit ist lediglich das Verlassen der Versammlung, weil jenseits dieser Grenze keine Beeinflussung des Systems mehr möglich ist."[471] Wir wollen solche tendenziell öffentlichkeitslosen Sozialsysteme *„Gruppen"* nennen.

---

den Leich mit Honecker am 3. März 1988 dar. Nachdem Leich mit seinem Drängen bei Honecker auf taube Ohren gestoßen war, kam es zur Eskalation. Am 6. März 1988 wurden Bürger von der Staatssicherheit gewaltsam an der Teilnahme an einer kirchlichen Veranstaltung in der Berliner Sophienkirche gehindert, ein bis dahin in der DDR einmaliger Vorgang (vgl. den Beschluß der Landessynode der Evang. Kirche der Kirchenprovinz Sachsen vom März 1988 in: epd-Dok 17/1988, 9; M. Stolpe, Schwieriger Aufbruch, 1992, 165f.).

[468] *Credo … unam, sanctam, catholicam et apostolicam ecclesiam.* – Symbolum Nicaenum, BSLK 26f.

[469] Zum Verhältnis von Universalität und Besonderheit der Kirche vgl. W. Huber, Kirche, ²1988, 33–39.

[470] Vgl. Mt 18,20.

[471] W. Härle/E. Herms, Rechtfertigung. Das Wirklichkeitsverständnis des christlichen Glaubens, 1980, 114f.

In der Regel assoziiert man bei dem Begriff „Kirche" jedoch ein Sozialsystem eingeschränkter Öffentlichkeit. Einem solchen gehört – im Gegensatz zu sozialen Systemen uneingeschränkter Öffentlichkeit – nur eine bestimmte Menge von Personen zu. Die Zugehörigkeit wird allerdings nicht, wie bei einer Gruppen, durch Anwesenheit, sondern durch „die Anerkennung bestimmter Regeln des gegenseitigen Verhaltens"[472] definiert. Die Festlegung dieses Regelwerks entscheidet über die Identität des Systems, der Anerkennungsakt über die Zugehörigkeit zu ihm. Wir wollen solche sozialen Systeme eingeschränkter Öffentlichkeit „*Organisationen*"[473] nennen. Im allgemeinen kann man innerhalb eines solchen Systems noch einmal unterschiedliche Formen differenzieren. Kirchliche Organisationsformen wären etwa Gemeinden, Landeskirchen, Gesellschaften mit spezifischem (z.B. missionarischem oder diakonischem) Aufgabenbereich oder Zusammenschlüsse von Kirchen auf nationaler oder ökumenischer Ebene.

Die Frage lautet nun, ob in dem Begriff „Kirche" ein *bestimmtes* Verhältnis der beiden genannten möglichen Sozialformen zueinander gesetzt ist. Um sie beantworten zu können, müssen wir die ekklesiologische Fundamentalunterscheidung zwischen geglaubter und empirischer Kirche mitberücksichtigen. Dann ergibt sich:

1. Die Mitgliedschaft in der geglaubten universalen Kirche hat die Mitgliedschaft in einer *bestimmten* Partikularkirche ebensowenig zur Voraussetzung wie die Zugehörigkeit zu einer *bestimmten* kirchlichen Sozialform.
2. Andererseits ist eine Gliedschaft in der Universalkirche, inhaltlich gesprochen: die Gewißheit der Heilszusage Gottes, nicht denkbar unabhängig von der Zugehörigkeit zu *irgendeiner* Sozialform *irgendeiner* Partikularkirche[474]. Der Grund dafür liegt in der notwendig sozialen Konstitution des Glaubens[475].

Innerhalb des hiermit gegebenen Rahmens muß nun das Verhältnis der beiden kirchlichen Sozialformen zueinander geklärt werden. Zunächst gilt:

– In *synchroner* Betrachtungsweise repräsentiert jede der beiden Sozialformen ein unaufgebbares Element der Kirche[476]. In der Gruppe wird der *Ereignischarakter* der Kirche deutlich: Kirche ist da und nur da, wo es zum Ereignis der Relation von Wort und Glaube kommt. Dieses Ereigniswerden von Kirche aber geht aus dem Wirken Gottes und dem Wirken des Heiligen Geistes hervor und ist menschlicher Verfügungsgewalt grundsätzlich entzogen (*ubi et quando visum est Deo*[477]). In der Organisation werden die Bedingungen der Möglichkeit des Ereigniswerdens von Kirche institutionalisiert, d.h. auf Dauer gestellt. Durch solche *Dauerhaftigkeit* wird nicht nur die Entstehung kirchlicher Identität ermöglicht, sondern auch die Verbindung räumlich entfernter Partikularkirchen und

---

[472] A.a.O., 115.
[473] im Anschluß an W. Härle/E. Herms, ebd.
[474] Hierin hat die cyprianische Regel: *nulla salus extra ecclesiam* ihre Wahrheit (Cyprian, Brief 73, 21; vgl. Ders., De ecclesiae catholicae unitate, 6: „Habere iam non potest Deum patrem qui ecclesiam non habet matrem").
[475] Vgl. Rö 10, 14–17.
[476] Vgl. zum Folgenden W. Huber, a.a.O., 39–44.
[477] CA 5, BSLK 58.

damit die Universalität der Kirche. Sie ist damit eine notwendige Grundbestimmung der Kirche. Zwischen Aktualität und Institutionalität der Kirche besteht immer ein Spannungsverhältnis, da die Institutionalisierung der Bedingungen der Möglichkeit des Ereignisses Kirche dieses zugleich immer auch gefährdet.

– In *diachroner* Betrachtungsweise stellt sich das Verhältnis so dar, daß die kirchliche Organisation eine *Institutionalisierung* einer ursprünglichen „Gruppen"- Bewegung ist. Gruppen haben nämlich in der Regel die Tendenz zu Organisierung und Institutionalisierung, d.h. zur Ausbildung fester, arbeitsteiliger und differenzierter Strukturen und eines eigenen, identitätsstiftenden Regelkanons.

Die Versuchung, die sich aus der diachronen Betrachtungsweise ergibt, besteht darin, die beiden elementaren Gestalten der Kirche aufeinander zu reduzieren. Gerade davor sollte uns aber die synchrone Perspektive bewahren. Wenn es zutrifft, daß Kirche in Sozialformen mit tendenziell öffentlichkeitslosem Charakter auftreten kann, dann – und nur dann – können Gruppen nicht nur innerhalb, sondern auch außerhalb kirchlicher Organisationen kirchliche Identität beanspruchen. Zu fragen bliebe dann, worin diese besteht. In der Anerkennung des Regelwerks der kirchlichen Organisation kann sie ja nicht bestehen, da sich die Gruppen *dann* ja gerade nicht außerhalb, sondern innerhalb des Rahmens der Organisation befänden. Die kirchliche Identität solcher Gruppen bestünde stattdessen vielmehr darin, daß es in ihrer Kommunikation und Interaktion zum Ereignis der Relation von Wort und Glaube kommt, wenn auch nicht in den von der kirchlichen Organisation institutionalisierten Formen. Diese werden vielmehr häufig durch die sich in solchen Gruppen (aber durchaus nicht nur dort) repräsentierende Aktualität der Kirche kritisiert. Ziel dieser Kritik ist die Reformation dieser Formen.

Der Anspruch kirchlicher Identität außerhalb der kirchlichen Organisation muß diese notwendig in eine Identitätskrise führen, denn nach deren Selbstverständnis ist kirchliche Identität ja gerade durch den Anerkennungsakt zu *ihrem* Regelwerk definiert. Die Kirche hat darum in ihrer Geschichte auf nicht kirchlich organisierte Gruppen mit erkennbarem kirchlichem Anspruch stets so reagiert, daß sie diese entweder zu integrieren oder aber ihre Wirksamkeit auf andere Weise zu kontrollieren trachtete.

Dies ist aus systemtheoretischer Perspektive auch unvermeidlich, da ein System, das sich nicht mehr durch eine klar definierbare Identität von seiner Umwelt zu unterscheiden vermag, in seiner Existenz gefährdet ist. Hierzu muß jedoch eine korrigierende theologische Ergänzung treten. Denn zum Wesen des gesellschaftlichen Teilsystems Kirche gehört es, daß es dauernd in der Überschreitung seiner eigenen Grenzen begriffen ist. Die Tendenz der empirischen Kirchen geht immer über sich selbst hinaus. Denn das Heil, das sie verkünden, ist keinem geschlossenen Kreis zugesagt, sondern allen Menschen[478]. Jesus von Nazareth, der historische und sachliche Grund der Kirche, hat die religiösen Regelwerke seiner Zeit durch sein Lehren und sein Wirken konsequent mißachtet und gerade diese permanente Grenzüberschreitung als Ausdruck der Liebe Gottes zu den Menschen begriffen,

---

[478] Vgl. 1.Tim 2,4.

deren endgültige Durchsetzung im Reiche Gottes er verkündigte. Eben dieses von
Jesus verkündigte Reich Gottes aber ist die Hoffnung der Kirche. Diese Hoffnung
begründet letztlich ihre eigentümliche Offenheit. Es ist eine Offenheit auf das erhoffte Reich Gottes hin. Diese Offenheit wirkt einerseits als Korrektiv auf alle
kirchlichen Selbstverabsolutierungstendenzen. Andererseits bedeutet sie aber eine
in diesem Begriff von Kirche implizit angelegte Distanz der Kirche zu sich selber,
eine mindestens latente Identitätskrise der Kirche *als solcher.*

3.3.3.2.3 Kirchliche Integrationsstrategien

Vor allem in der Phase vor dem Jahreswechsel 1987/88 erschienen die gesellschaftskritischen Gruppen in der DDR, die aus der Friedensbewegung der späten
70er und frühen 80er Jahre hervorgegangen waren und sich Zielen wie der Förderung der individuellen Menschenrechte innerhalb der sozialistischen Gesellschaft
der DDR bzw. der Demokratisierung des DDR-Systems, aber auch globalen Themen wie Frieden oder Schutz der natürlichen Lebensgrundlagen verschrieben hatten, aus der Perspektive der evangelischen Kirchenleitungen in aller Regel als *Objekte* kirchlichen Handelns, welches dann vor allem in der Bereitstellung eines Frei-
bzw. Schutzraums innerhalb der Gesellschaft sowie in der vermittelnden Stellvertretung der Gruppen und ihrer Anliegen gegenüber staatlichen Instanzen bestand.
Die klassische Formulierung dieses Sachverhaltes war auf der Bundessynode in
Potsdam-Hermannswerder 1983 erfolgt:

> „Die Synode bekräftigt, daß zum Wesen der Kirche ihre Offenheit gehört. Kirche ist of-
> fen auch für alle Menschen, die in ihr Annahme und Verständnis, Geborgenheit und
> Schutz, Gespräche und Nähe, Hilfe und Begleitung für ihr Leben suchen. Die Kirche
> macht sich schuldig, wenn sie sich dieser Aufgabe entzieht."[479]

Von maßgeblichen Vertretern der Kirchenleitungen wurde in der Folgezeit das
Verhältnis von Kirche und Gruppen von der Fürsorgepflicht, die die Kirche für
Schwache und gesellschaftliche Außenseiter habe, bestimmt[480]. Die Dynamik der

---

[479] Dok 1983/1.
[480] W. Leich formulierte in seiner programmatischen Ansprache vor der in Berlin versammelten Bundessynode anläßlich seiner Wahl zum Vorsitzenden der Konferenz der Kirchenleitungen
am 1. Februar 1986: „Der Bund der Evangelischen Kirchen hat nach meiner Überzeugung in seiner bisherigen Geschichte überzeugend dargestellt, daß wir uns auch denen gegenüber verpflichtet wissen, die wir als die Schwachen der Gesellschaft ansehen. […] Das gilt […] auch für die, die
am Rand der Gesellschaft leben und die die Kirche suchen, um hier Verständnis zu finden und
auch Anwälte ihrer Lebensweise und ihrer Situation. Ich glaube, wir werden als Kirche einen
Weg suchen müssen, auf dem wir deutlich machen, daß wir für die Schwachen der Gesellschaft
immer einzutreten bereit sind, auch dann, wenn wir deren Überzeugung als Kirche nicht zu unserer eigenen Überzeugung machen können. Aber sie dürfen gewiß sein, daß wir auf ihrer Seite red-
liche Helfer sein wollen" (epd-Dok 18/1986, 3). In dieselbe Richtung ging wenige Wochen später das Programm des Bischofs der Evang. Kirche in Berlin-Brandenburg, G. Forck, in seinem
Vortrag vor der Landessynode: „Die Kirche soll sich in ihrem Dienst besonders derer annehmen,
die an den Rand der Gesellschaft geraten sind. […] Sie wird […] auch für die da sein müssen, die
anders sind oder anders denken und deshalb Nachteile haben oder jedenfalls nicht genügend berücksichtigt werden" (epd-Dok 18/1986, 42).

Ereignisse und die Starrheit des politisch-gesellschaftlichen Systems der DDR führten jedoch dazu, daß sich dieses diakonische Handeln der Kirche innerhalb kurzer Zeit in einen spezifischen und durchaus politischen „Funktionszuwachs"[481] ausweitete, der darin bestand, wichtige, in der sozialistischen Gesellschaft jedoch fehlende gesellschaftliche Institutionen wie vor allem eine unabhängige Justiz, aber auch eine freie Presse[482] zu substituieren. Dadurch wuchs die Kirche zusehends in die Rolle des stellvertretenden Vermittlers zwischen dem Staat und den Bürgern der DDR.[483]

---

[481] Vgl. M. ZAGATTA, Kirche als Ersatzöffentlichkeit. Zuflucht oder Ventil: der Funktionszuwachs der Kirchen in der DDR, in: Politische Kultur in der DDR, hg. v. der Landeszentrale für politische Bildung Baden-Württemberg, 1989, 66–80.

[482] Die restriktive Informationspolitik der DDR-Regierung und die stark eingeschränkte Freiheit öffentlicher Meinungsäußerung war von Teilen der Kirchenleitungen bereits in den siebziger Jahren, v.a. jedoch im innenpolitisch krisenhaften Jahr 1977 kritisiert worden, so z.B. in nahezu allen öffentlichen Äußerungen des Görlitzer Landesbischofs H.-J. FRÄNKEL, vgl. bes. seinen Bericht vor der Landessynode im März 1977 (epd-Dok 17/1977, 43–52, v.a. 44). In den achtziger Jahren boten Druckerzeugnisse mit dem Zusatz „nur für den innerkirchlichen Dienstgebrauch" vielfach die einzige Möglichkeit für die Gruppen, die staatliche Zensur zu umgehen. Seit 1988 war freilich auch die Kirchenpresse wieder vereinzelt Gegenstand staatlicher Zensurmaßnahmen. Aus diesem Anlaß hatte am 10. Oktober 1988 in Berlin ein von Diakonen initiierter Protestmarsch stattgefunden, vgl. M. STOLPE, Schwieriger Aufbruch, 1992, 168.

[483] G. FORCK hat 1987 in einem SPIEGEL-Gespräch die Kirche als „unabhängige Vertrauensinstanz" bezeichnet, die den einzigen Rechtsweg darstelle für Bürger, die dem Staat Beschwerden vorbringen wollten (DER SPIEGEL 21/1987; abgedr. in: epd-Dok 25/1987, 58–61). Beispielhaft wurde diese Funktion praktiziert bei der Begegnung des KKL-Vorsitzenden W. LEICH mit dem Staatsratsvorsitzenden E. HONECKER am 3.3. 1988, bei der der Bischof vor seiner für sozialistische Verhältnisse schonungslos offenen Auflistung aktueller Gravamina auf den *nicht ekklesiologisch begründeten* Funktionszuwachs der Kirchen ausdrücklich hinwies: „Die Fragen, die unsere evangelischen Kirchen [...] in den letzten Monaten bewegt haben, sind Fragen, die aus dem gesellschaftspolitischen Bereich kommen. Sie haben keinen Ursprung im Dienst unserer Kirchen. Die Auseinandersetzung mit diesen Fragen mußten wir stellvertretend für Staat und Gesellschaft wahrnehmen. Wir haben uns diese Rolle nicht ausgesucht. Die eigentlichen Adressaten haben keine Bereitschaft zum Dialog signalisiert." (epd-Dok 12/1988, 3). Im Gegensatz zu FORCK hat FALCKE gerade das „stellvertretende Handeln" der „Kirche im Sozialismus" ekklesiologisch begründen wollen, indem er Präsenz und Stellvertretung als die beiden maßgeblichen Kategorien der Außenkommunikation einer Diasporakirche bestimmte: „Die Kirche hat in den Brennpunkten der Gesellschaft präsent zu sein, wo Menschlichkeit und Zukunft auf dem Spiele stehen, und sie hat dort stellvertretend zu handeln. [...] [Jesus] ruft uns in die Nachfolge solchen stellvertretenden Handelns und Lebens für andere. Dietrich Bonhoeffer hat in seiner Ethik gezeigt, daß Stellvertretung eine Grundstruktur verantwortlichen Lebens in der Gesellschaft überhaupt ist. [...] Nicht in den Institutionen eingerichtete Präsenz, sondern eintretende Präsenz, in den Riß tretende Stellvertretung, wo die gesellschaftlichen Institutionen versagen, das ist der Weg der Kirche als Minderheit" (DERS., Stellvertretendes Handeln. „Kirche im Sozialismus" am Beispiel der DDR, in: KiS 15, 1989, 232–238, 236). Faktisch *mußte* sich die Kirche nolens volens den drängenden gesellschaftlichen Herausforderungen stellen, auch wenn nicht alle darin ihren primären Auftrag gesehen haben mögen. Zwar entsprang ihre Stellvertreterfunktion wohl nicht unmittelbar ihrem Auftrag, doch kam sie ihr als einziger nicht gleichgeschalteter gesellschaftlicher Institution in dieser Situation nahezu mit Notwendigkeit und unabhängig von ihrem primären Auftrag bzw. ihrer eigentlichen Identität zu. Und doch besteht ein Zusammenhang insofern, als a) gerade die Tatsache ihrer Nichtgleichschaltung ja eng mit ihrer Identität zusammenhing, da ihre relative politische Freiheit als Ausfluß ihres Insistierens auf der Freiheit der Wortverkündigung gesehen werden muß, und b) ihre Aufgabe, sofern sie als „Verantwortung für das Ganze" verstanden wurde, auch u.U. auf den ersten Blick „unkirchlich" erscheinende Formen der Wahrnehmung dieser Verantwortung implizieren konnte.

Einzelne Theologen gingen jedoch über dieses Modell hinaus und sprachen den Gruppen selber kirchliche Identität zu. So unterschiedlich die Argumentationsfiguren dieser Integrationsstrategie waren, im Ergebnis stimmten sie doch darin überein, daß die Gruppen nicht als Objekte, sondern als Subjekte kirchlichen Handelns erscheinen sollten. Dabei lassen sich zwei Integrationsmuster grundsätzlich unterscheiden, nämlich eine kirchliche Integration der Gruppen aufgrund ihrer a) inhaltlich oder b) funktional begriffenen ekklesiologischen Relevanz.

a. Heino Falcke: Sozialethisch engagierte Gruppen als Sozialgestalt kirchlichen Bekennens

Heino Falcke hat seit 1985 versucht, die Gruppen nicht als Gegenstand des diakonischen bzw. karitativen Handelns der Kirche zu verstehen, sondern als die spezifische Sozialgestalt einer ganz bestimmten kirchlichen Kommunikationsform, nämlich des Bekenntnisses[484]. Dabei legt Falcke einen Bekenntnisbegriff zugrunde, der auf der Einheit von Orthodoxie und Orthopraxis beruht. Im Bekenntnisbegriff sollen somit Affirmation tradierter zentraler christlicher Lehrinhalte einerseits und Urteilskraft und Engagement in sozialethischen und politischen Fragen von besonderer Tragweite andererseits zusammenfallen. Eine Kirche, deren Identität durch so begriffenes Bekennen konstituiert ist, nennt Falcke „Kirche des Shalom"[485]. Aufgrund ihrer spezifischen Charakteristika können die Gruppen für die Shalom-Kirche, so das Argument Falckes, Funktionen wahrnehmen, für die es innerhalb der Kirche keine anderen Funktionsträger gibt noch geben kann. In der kirchlichen Außenkommunikation können sie aufgrund ihrer undistanzierten Betroffenheit durch die jeweils in Frage stehenden Problemzusammenhänge eine „Sensorenfunktion"[486] wahrnehmen. In der Innenkommunikation kommt ihnen aufgrund ihrer relativen Distanz zur Kirche und der damit verbundenen Fähigkeit, die binnenkirchliche Perspektive zu erweitern, eine „Beunruhigungsfunktion"[487] zu. Zugleich können sie zum Ort kirchlich-religiöser Sozialisation werden[488].

Das Hauptproblem dieses Modells besteht wohl in der Frage, wie die Gruppen, die, wie Falcke selber darlegt, keine klare kirchliche Identität haben[489], als Subjekt ausgerechnet des Bekenntnisses der Kirche gedacht werden können. Denn wie auch immer man den Bekenntnisbegriff im einzelnen fassen mag, so dürfte doch gelten, daß ein Bekenntnis die verbindliche öffentliche Präsentation der eigenen Identität bzw. einzelner Aspekte derselben ist. Falcke versucht diese Schwierigkeit durch einen orthopraktisch gewendeten Bekenntnisbegriff zu lösen. Die gemeinsa-

---

„Die Sozialgestalt des Bekennens heute könnten die Gruppen sein." (H. FALCKE, Unsere Kirche und ihre Gruppen. Lebendiges Bekennen heute?, in: KiS 11, 1985, 145–152 [im folgenden zit. als: FALCKE 1985], 145). Vgl. DERS., Kirche und christliche Gruppen. Ein nötiges oder unnötiges Spannungsfeld? (1989), in: POLLACK 1990, 103–113 (im folgenden zit. als: FALCKE 1989).

[485] FALCKE 1985, 147.
[486] A.a.O., 150.
[487] Ebd.
[488] A.a.O., 149f.
[489] Vgl. a.a.O., 148; FALCKE 1989, 105.

me kirchliche Identität beruhe dann nicht auf der Gemeinsamkeit bestimmter Lehrüberzeugungen, sondern auf einer Zielkonvergenz von Kirche und Gruppen[490]. Aufgrund der so gefaßten Identität könne dann auch von einer „Berufung"[491] der Gruppen zu den kirchlichen Funktionen, die Falcke ihnen zuspricht und im Bekenntnisbegriff zusammenfaßt, gesprochen werden. Dabei wird innerhalb des Bekenntnisbegriffes Falckes unterderhand eine Transformation des ursprünglichen Gedankens der Einheit von Orthodoxie und Orthopraxis (die ihrerseits in ihrer theologischen Struktur einer genaueren Erfassung bedürftig bleibt) hin zu einem eindeutig orthopraktisch dominierten Bekennen vorgenommen[492]. Denn nur so kann einerseits die Rede von der gemeinsamen Identität aufgrund von Zielkonvergenz aufrechterhalten, andererseits die contradictio in adjecto eines unbewußten bzw. nicht intendierten Bekennens vermieden werden. Problematisch bleibt dabei die mangelnde Trennschärfe zwischen der theologisch zutreffenden Feststellung, „daß ethische, genauer sozialethisch-politische, Fragen die Dignität von Bekenntnisfragen" bekommen können[493] einerseits und eines einseitig orthopraktisch verstandenen Bekenntnisbegriffes bzw. der einseitig induktiv gefaßten Aufgabenbestimmung der Kirche andererseits.

Die Folgen der kirchlichen Integrationsstrategien bestanden

1. aus der Perspektive der Kirche darin, daß sich die Kirche damit zum Subjekt der Systemkritik in der DDR erklärte, mit allen Folgen, die das für das Verhältnis von Staat und Kirche mit sich bringen mußte;

2. aus der Perspektive der Gruppen, daß sie sich einem Sog kirchlicher Domestikation ausgesetzt sahen, der zu einer Spaltung der Gruppenszene in kirchliche und autonome Gruppen führte;

3. aus der Perspektive des Staates, daß die innenpolitisch destabilisierend wirkenden Gruppen in das definierte und relativ kontrollierbare Staat-Kirche-Verhältnis eingebunden wurden. Die Kirche erfüllte eine stabilisierende Funktion, indem sie einen vorgegebenen Rahmen bildete, innerhalb dessen Abweichler von der parteibürokratisch vorgegebenen Linie agieren konnten. Wurde dieser Rahmen verlassen, kam es zum Konflikt mit der Staatsmacht. Indem der Staat der Kirche die Ventilfunktion für den angesammelten innergesellschaftlichen Druck anvertraute, ging er ein hohes Risiko ein, da die innenpolitische Stabili-

---

[490] Diese Zielkonvergenz kommt zustande, wenn man mit FALCKE den Auftrag der Kirche aus einer „im Licht des Evangeliums" (FALCKE 1989, 108) vorgenommenen Analyse der Gegenwartssituation, also einseitig induktiv, gewinnen will und aufgrund solcher Analyse „eine deutliche Affinität zwischen dem christlichen Glauben und den Aufgabenstellungen der politischen Vernunft" (a.a.O., 104) ausmacht, was FALCKE im Juni 1989 zu der Schlußfolgerungen kommen ließ: „Die Kirche hat [...] von ihrer Sendung her [...] mit den sozialethisch engagierten Gruppen einen gemeinsamen Ausgangspunkt. Sie hat den Gruppen also nicht mit formalen situationslosen Identitätskriterien von Kirchlichkeit und Christlichkeit zu begegnen, sondern sich auf die gemeinsam angehende Herausforderung einzulassen" (a.a.O., 108f.).

[491] FALCKE 1985, 147.150f.

[492] A.a.O., 147: „Wir sind sozusagen in die Situation des Matthäus eingerückt, oder auch – jetzt mehr auf die Gruppen hin formuliert – in die Situation des ersten Johannes-Briefes, wo die Glaubenspraxis zum Kriterium des Glaubenszeugnisses wird."

[493] A.a.O., 146.

tät dadurch von der Verläßlichkeit der Kirche bzw. ihrer Kontrollierbarkeit durch die bekannten kirchenpolitischen Instrumentarien abhängig war.

b. Ehrhart Neubert: Sozialisierende Gruppen als Ort der gesellschaftlichen Reproduktion von Religion im Sozialismus

Der Versuch der kirchlichen Integration der Gruppen aufgrund der These ihrer *funktionalen* ekklesiologischen Relevanz ist in den achtziger Jahren vor allem von Ehrhart Neubert[494] vorgenommen worden. Als methodische Grundlage diente ihm eine Kombination theologischer und soziologischer Auftragsbestimmung der Kirche, die diesen Auftrag erst soziologisch definiert und seine theologische Ausformulierung dann auf diesem Hintergrund vornimmt[495]. Die soziologische Definition des kirchlichen Auftrages basiert dabei auf einer gesellschaftlichen Situationsanalyse im Lichte eines funktionalen Religionsverständnisses. Dabei wird die Funktion von Religion primär als Sozialisation verstanden. Die unmittelbare religiöse Funktion der Kontingenzbewältigung mittels symbolischer Sinngebung ist dagegen der Sozialisation funktional zugeordnet. Religiöse Symbole bzw. Kontingenzformeln werden von Neubert darum konsequent als „Sozialisationsvehikel" begriffen[496]. Das Verhältnis von Religion und Sozialisation scheint bei Neubert die Struktur einer umkehrbaren Gleichung anzunehmen[497]: So wie Religion primär funktional als Sozialisation verstanden wird, ist umgekehrt Sozialisation stets als Vorgang mit religiösem Charakter anzusehen.

Neuberts Thesen lauten:

1. In der sozialistischen Gesellschaft der DDR herrscht ein „*Sozialisationsnotstand*"[498].

---

[494] EHRHART NEUBERT war seit 1979 erst als Pfarrer und seit 1985 als Referent für Gemeindesoziologie an der Theologischen Studienabteilung des Kirchenbundes in Gruppen aktiv. In der Zeit der Wende hatte er sich als Mitbegründer der Partei „Demokratischer Aufbruch", die er auch als ihr Stellvertretender Vorsitzender am Zentralen Runden Tisch vertreten hatte, verstärkt der Politik zugewandt. 1990 trat NEUBERT als Referent der Studien- und Begegnungsstätte der EKD in Berlin wieder in den kirchlichen Dienst. Wichtige Beiträge zur Gruppenthematik stellen vor allem seine folgenden Arbeiten dar: E. NEUBERT, Religion in der DDR-Gesellschaft. Nicht-religiöse Gruppen in der Kirche – ein Ausdruck der Säkularisierung?, in: KiS 11, 1985, 99–103 (im folgenden zit. als: NEUBERT 1985); DERS., Megapolis DDR und die Religion. Konsequenzen aus der Urbanisierung, in: KiS 12, 1986, 155–164 (im folgenden zit. als: NEUBERT 1986); vgl. auch DERS., Sozialisierende Gruppen im konziliaren Prozeß, in: KiS 11, 1985, 241–245; DERS., Reproduktion von Religion in der DDR-Gesellschaft, in: epd-Dok 35–36/1986.

[495] NEUBERT 1985, 102.

[496] A.a.O., 100.

[497] Vgl. dazu v.a. TH. LUCKMANN, Zum Problem der Religion in der modernen Gesellschaft: Institution, Person und Weltanschauung, Freiburg 1963; in einer überarbeiteten und erweiterten Fassung in englischer Sprache: „The Invisible Religion", New York 1967; Paperback 1970; dt.: „Die unsichtbare Religion", Frankfurt/M. 1991; DERS., Neuere Schriften zur Religionssoziologie (Sammelbesprechung), in: KZfSS 12, 1960, 315ff.

[498] NEUBERT 1985, 100. Herv. i. O. Eine nähere Analyse der Ursachen des Sozialisationsnotstandes versucht NEUBERT in DERS. 1986 zu leisten, wo das Sozialisationsdefizit als eine der Folgen des mit der marxistischen Gesellschaftspolitik einhergehenden Kulturbruchs dargestellt wird.

2. Die direkte Folge dieses Sozialisationdefizites der Gesellschaft ist ein gesellschaftliches Bedürfnis nach Religion. Da die sozialistische Gesellschaftspolitik-
die Religionsinstitutionen ihrer Sozialisationsfunktion systematisch enteignet
hat, bilden sich in der verbliebenen Leerstelle andere Spielarten von Sozialisation: sozialisierende Gruppen.

3. Ihre „natürliche Institution" hat die Sozialisation freilich „in der Kirche"[499].
Denn die Kirche ist Ort der Religion als Vermittlungsinstanz zwischen Individuum und Gesellschaft. Ihre Aufgabe ist es, das gesellschaftliche Bedürfnis nach
Sozialisation und damit nach Religion zu befriedigen. Kann sie das nicht mehr
in der Gestalt der Volkskirche tun, so bleibt ihr doch die Tendenz zur Integration gesellschaftlicher Sozialisationsvorgänge.

4. Die Gruppen haben aufgrund ihrer sozialisierenden Funktion also religiösen
Charakter und darum ihren natürlichen Ort in der Kirche. Umgekehrt muß
die Kirche die Gruppen als eine ihrer Sozialgestalten akzeptieren lernen[500].

Neuberts funktional-religiöses Verständnis der Kirche stellt eine ekklesiologische Unterbestimmung dar. Die Kirche Jesu Christi kann ihr Selbstverständnis
nicht darauf reduzieren, Trägerin der Funktionen zu sein, die die Religion in einer
Gesellschaft innehat. Denn damit wäre die im Neuen Testament angelegte[501] religionskritische Potenz des Evangeliums völlig aus dem Blick geraten. Dieses Evangelium zu verkündigen und zu leben ist die Aufgabe der Kirche als Sozialform des
Glaubens – nicht jedoch die inhaltlich beliebige funktionale Bezogenheit auf die jeweiligen gesellschaftlichen Reproduktionen von Religion.

3.3.3.2.4 Modelle konditionierter Integration

Interpretiert man die Diskussion in Theologie und Kirche über die Gruppenproblematik unter dem Gesichtspunkt der Gefährdung der kirchlichen Identität,
so läßt sich als bei allen Unterschieden gemeinsame These der beiden genannten
Integrationsmodelle formulieren: Die Gruppen verhelfen der Kirche zur Wiederentdeckung eines wesentlichen Aspektes ihrer Identität. Dabei hat Heino Falcke,

---

[499] NEUBERT 1985, 101.

[500] „Die Gesellschaft […] reproduziert Religion, die in der Kirche ihre natürliche Institution
haben kann" (ebd.). Die zu große Selektivität kirchlicher Integrationsanstrengungen sind vor
dem Hintergrund eines Interessenkonfliktes zu verstehen: „Das Interesse der Kirche, legitimiert,
etabliert und konsolidiert zu sein und zu wirken, steht gegen das Interesse, in sozialisierenden
Gruppen schon artikuliert, innovatorisch und verändernd die Gesellschaft zu durchdringen"
(a.a.O., 102). NEUBERTs Modell kirchlicher Auftragsbestimmung will diesen Interessenkonflikt
zugunsten eines innovativen Selbstverständnisses der Kirche auflösen: „Die Kirche ist […] in dieser einen unter anderen möglichen und ihr auch angemessenen Sozialgestalt der Gruppen in der
Gesellschaft unentbehrlich. Die Gruppen sind ein wesentlicher Faktor zur *Sozialisation* des Menschen in der DDR-Gesellschaft, die daran einen ungedeckten Bedarf hat. Hier kann die Kirche
kommunikative Freiräume bereitstellen, ihren reichen Theorie-und Formüberhang zur Verfügung stellen und sich als Instanz von Sinngebung erweisen" (Ebd.; vgl. dazu auch NEUBERTs Auseinandersetzung mit H. MORITZ [s. u. Kap. 3.3.3.2.6] in: E. NEUBERT, Religion in Soziologie und
Theologie. Ein Vermittlungsversuch für den Gebrauch des Religionsbegriffes in der DDR, in:
KiS 12, 1986, 71–74).

[501] Vgl. z.B. Eph 2,12.

wie gezeigt, die Funktion bzw. „Berufung" der Gruppen darin gesehen, daß sie der Kirche zu ihrer Identität im Sinne eines orthopraktischen Bekenntnisses verhelfen, zugleich zum Subjekt jenes Bekennens werden und insofern selbst kirchliche Identität annehmen. Dabei bleiben, wie bereits oben angedeutet, v.a. zwei Probleme ungelöst: a) Die Außenkommunikation der Kirche verliert ihre inhaltlichen Pointen, wenn, wie es Falcke fordert, ihr (notwendig mehrdeutig bleibendes) Handeln zum Kriterium ihres verbalen Zeugnisses wird; b) Den Gruppen wird einerseits eine unklare kirchliche Identität attestiert, andererseits werden sie als Subjekt des kirchlichen Bekenntnisses in Anspruch genommen. Die Figur des „unbewußten Christentums", die Falcke hier faktisch zur Anwendung bringt, mag ihre Berechtigung haben – unbewußtes bzw. nicht intendiertes Bekennen ist jedoch eine contradictio in adjecto.

Diese Probleme wurden in einem anderen Modell von Offener Kirche zu vermeiden gesucht. Leitend war dabei der Gedanke einer *konditionierten* kirchlichen Integration der Gruppen. Als Kriterium einer sich selbst kirchlich verstehenden Wirksamkeit der Gruppen gilt eine gegebene, *durch diese Wirksamkeit nicht zur Selbstreflexion und Korrektur angeregte* Identität der Kirche. Der Unterschied zum ersten Modell besteht in der Fragestellung, unter der der Sachverhalt behandelt wird. Falcke und Neubert fragten, welche Bedeutung die Situation mit ihrer komplexen Konstellation für Auftrag und Selbstverständnis der Kirche in sich berge. Die im Folgenden darzustellenden Ansätze dagegen verdankten sich alle mehr oder weniger der Frage: „Wer gehört eigentlich zur Kirche?"[502]. Während beim ersten Modell die für die Identität der Kirche konstitutive Grenze zwischen Kirche und Umwelt personal undeutlich bleibt, suchen die Modelle konditionierter Integration gerade Kriterien für deren personale Festlegung zu gewinnen. Entsprechen unterscheidet sich auch die Kriteriologie: dominierten dort bei der Lokalisierung der Kirche/Umwelt-Grenze praktische Kriterien, so sind hier eher theoretische Kriterien maßgeblich. Trotz aller Probleme, die sich damit im einzelnen ergeben[503], ist in aller Regel das Getauftsein der Beteiligten als Kriterium für die personale Unterscheidung christlich/nichtchristlich herangezogen worden. Für die Frage nach dem kirchlichen Charakter einer Veranstaltung gilt der biblische Bezug ihres Inhalts als ausschlaggebend. Stellt sich das Problem dann als Frage, „wo vielleicht Grenzen [der kirchlichen] Gastfreiheit bestehen. Hat Kirche eine diakonische Gastbereitschaft, eine Art kulturelle Asylpflicht, oder darf in ihren Veranstaltungen nur vorgebracht werden, was die Botschaft Jesu entfaltet?"[504], so ist eine pragmatische Problemlösung denkbar wie die Folgende, von M. Stolpe als das Berlin-Brandenburger Modell vorgestellte:

„In der Evangelischen Kirche in Berlin-Brandenburg haben wir uns darauf verständigt, daß auch nichtchristliche Äußerungen in unseren Veranstaltungen legitim sind. Allerdings

---

[502] Vgl. G. PLANER-FRIEDRICH, Wer gehört eigentlich zur Kirche? Theologische und rechtliche Aspekte der Kirchenmitgliedschaft, in: KiS 1/1984, 20–23.

[503] Vgl. G. PLANER-FRIEDRICH, a.a.O.

[504] M. STOLPE, Kirche im Bewährungsfeld. Zum Auftrag evangelischer Kirchen in der DDR, in: KiS 13, 1987, 133–137, 137.

mit einer Begrenzung und einer Bedingung. Die Bedingung besteht darin, daß nichtchristliche Stimmen nicht allein stehen bleiben dürfen, sondern von der biblischen Botschaft aufgenommen, erwidert werden müssen. Der Verzweiflung über die Gesellschaft muß die frohmachende Hoffnungsbotschaft Jesu entgegengehalten werden können. Die Begrenzung besteht darin, daß wir Haß und Gewaltandrohung oder gar Rassismus und Hetze nicht zulassen könnnn."[505]

Ähnlich formulierte Stolpe sein Konzept der Offenen Kirche auch in einem Interview aus dem Jahr 1986:

„Öffnung ist nötig für die Menschen, die noch nicht Christen sind. Sie müssen verstehen können, was Kirche eigentlich will. Sie brauchen Verständnis, Raum und Geduld. Die Kirche muß Übergangsformen zur Taufe und zur Mitgliedschaft entwickeln. Die Kirche muß auch aufmerksam hören, ob sie nicht gerade von außen auf neue Elemente der Verkündigung gestoßen wird. Die Kirche muß für alle Mühseligen, Beladenen, Frustrierten und Erbitterten offen sein. Bei allen nötigen und streitigen Diskussionen mit Neuankömmlingen aber muß klar bleiben, daß es in der Kirche letztlich nur um die Botschaft Jesu Christi gehen kann."[506]

Jedoch ist das Problem der Kriteriologie hier nicht gelöst, sondern nur verschleiert. Die Antwort auf die eigentlich relevante Frage, nämlich, worin der Unterschied besteht zwischen der „biblischen Botschaft" und den „nichtchristliche[n] Stimmen", worum es geht, wenn es um „die Botschaft Jesu Christi" geht, und wie sich das zu den Botschaften der „Neuankömmlinge[]" verhält, fehlt entweder ganz oder wird durch Pauschalschablonen wie der Differenz von Hoffnung und Verzweiflung ersetzt. Statt die Frage nach der Identität der Kirche zu stellen, besteht das Interesse offensichtlich darin, überkommene Vorstellungen von ihr angesichts aktueller Gefährdungen zu stabilisieren.

Eine Präzisierung dieser Gefährdung nimmt ein Text von Günter Krusche[507] vor, der damit auch weitergehende Erkenntnisse über das Interesse ermöglicht, das hinter dem Modell konditionierter Integration stand.

G. Krusche formuliert das Grundproblem zunächst so, daß einerseits die Gruppen eine kirchliche Sozialform darstellten und aktuell „zu einer wichtigen Daseinsform von Kirche in der säkularen Welt geworden" seien[508], andererseits daraus keineswegs gefolgert werden könne, jede Gruppe sei als solche schon ein Teil der Kirche. Aus diesem Grund müsse es Kriterien für die kirchliche Identität von Gruppen geben. Als solche Kriterien kann G. Krusche weder „soziologische Merkma-

[505] Ebd.

[506] M. Stolpe, Kirche „1985" und 2000 – Sammlung, Öffnung, Sendung. Gespräch mit G. Wirth, in: Stp 14, 1986, 39–45, 45.

[507] G. Krusche, Gemeinden in der DDR sind beunruhigt. Wie soll die Kirche sich zu den Gruppen stellen? (1988), in: Pollack 1990, 57–62. Günter Krusche war von 1958–1966 Studieninspektor am Predigerseminar in Lückendorf und von 1959 an Pfarrer an der Johanniskirche in Dresden. Seit Februar 1966 wirkte er als „Referent für den Theologischen Nachwuchs und Soziologie" im LKA Dresden. Von 1970 bis 1984 war er Mitglied, seit 1977 Vorsitzender der Studienkommission des LWB. Seit 1974 Dozent für Praktische Theologie am Sprachenkonvikt in Berlin. Seit 1983 Generalsuperintendent im Sprengel Berlin.

[508] G. Krusche, a.a.O., 58.

le"[509] noch die „Verfolgung bestimmter tagespolitischer Ziele"[510] anerkennen, sondern nur die „Bindung an das Wort Gottes, das uns nach dem Bekenntnis der Reformation den Grund zeigt, auf dem die Kirche steht: die Rechtfertigung des Sünders aus Gnaden."[511]Diese Kriteriologie einer inhaltlich gefaßten kirchlichen Identität wird nun aber durch einen politischen Aspekt erweitert, der sich schließlich als das eigentlich argumentationsleitende Interesse herausstellt. Demnach hängt der kirchliche Charakter der Gruppen davon ab, auf welche Art und Weise und mit welcher Intention sie Kritik üben. Die Kirche nämlich bringt die auftretenden Probleme „*auf angemessene Weise* gegenüber Vertretern des Staates zur Sprache"[512]. Vor allem aber hat die von der Kirche geübte Kritik konstruktiven und nicht oppositionellen, konfrontativen Charakter[513].

Es zeigt sich damit, daß G. Krusche die Identitätsfrage zur Stabilisierung einer bestimmten politischen Position der Kirche instrumentalisiert hat. Denn seine Forderung sorgfältiger Ausgrenzung *gesellschaftskritischer* Gruppen aus kirchlichen Kontexten steht im Dienste eines Konzeptes von „Kirche im Sozialismus" als Mittler zwischen dem System und seinen Kritikern:

„Das Konzept einer ‚Kirche im Sozialismus' bedeutet keineswegs die Rechtfertigung der Zustände in diesem Lande, es ist vielmehr der Hoffnung auf Vermenschlichung der Gesellschaft verpflichtet. Aus diesem Grunde sieht es die Kirche in der DDR als ihre Aufgabe an, den notwendigen Dialog zwischen den Befürwortern und den Kritikern der sozialistischen Gesellschaft zu fördern, zwischen den Regierenden und den Regierten, um es in der Terminologie der V. Barmer These zu sagen. In dieser Rolle eines Brückenbauers (pontifex) geschieht es immer wieder, daß die Kirche in die Gegenpole gerät. Die Regimekritiker bezichtigen sie der Kollaboration, die Vertreter der Staatsmacht werfen ihr vor, daß sie die Feinde des Sozialismus unterstützt. Aber wenn es gelingt, den Dialog auch innerhalb der DDR zu fördern, hat die Kirche aus dem Geist Christi dem Wohl des Ganzen gedient."[514]

---

[509] A.a.O., 60, offensichtlich gegen NEUBERT, s. o. Kap. 3.3.3.2.3.

[510] Ebd., polemisch gegen FALCKE, s. o. Kap. 3.3.3.2.3. FALCKE antwortete in: DERS., Kirche und christliche Gruppen. Ein nötiges oder unnötiges Spannungsfeld? (1989), in: POLLACK 1990, 103–113, v.a. 108.

[511] G. KRUSCHE, ebd.

[512] A.a.O., 61. Herv. v. mir, W.Th.

[513] „Sie unterscheidet [...] zwischen Kritik, die auf die Verbesserung der Verhältnisse im eigenen Lande zielt, und aggressiven, oppositionellen Akten, mit denen sie sich nicht solidarisieren kann" (a.a.O., 61). „So kommt für die aktiven und lernbereiten Christen in der DDR alles darauf an, daß sie, bei aller Kritik im einzelnen, ihre Aufgaben als christliche Staatsbürger erkennen und, vom Glauben motiviert, an der Veränderung der gesellschaftlichen Verhältnisse mitarbeiten. Das wäre auch ein Signal wider die weitverbreitete Hoffnungslosigkeit und Resignation, die sich u.a. auch in dem zunehmenden Drang nach dem Westen ausdrückt" (a.a.O., 62). In der „Welt" vom 2. 6. 1988 warnte G. KRUSCHE vor „aggressiven politischen Aktivitäten von Gruppen, die auf politische Konfrontation angelegt sind. Wenn Gruppen politische Aktivitäten entfalten, die auf politische Konfrontation angelegt sind, kann die Kirche nicht zustimmen" (zit. n. einem Rundschreiben des Leiters der Zentralen Koordinierungsgruppe Übersiedlung im MfS, Generalmajor NIEBLING v. 17. 10. 1988, abgedr. in: BESIER/WOLF 1991, 564–567, 566).

[514] G. KRUSCHE, Gemeinden in der DDR sind beunruhigt, a.a.O. (Anm. 507), 62. Die vermutlich unbewußt vorgenommene Parallelisierung von Regierenden mit Systembefürwortern und Regierten mit Systemkritikern ist ein beredtes Zeichen für den Ernst der damaligen Lage. Die Erwähnung des Begriffes *pontifex* stellt eine Anspielung auf die ekklesiologischen Positionen Propst

3.3.3.2.5 Das Interdependenzmodell

Der hier „Interdependenzmodell" genannte Denkansatz gründet in der Überzeugung, daß die beiden Sozialformen Kirche (als Organisation) und Gruppen eine (unverzichtbare) wechselseitige Funktion füreinander haben.

G. Krusche hatte den „Burgfrieden" des 6. März 1978 erklärtermaßen restaurieren[515] und die mit ihm verbundenen Verhaltensregeln der Kirche gegenüber den Gruppen in Geltung halten wollen. Doch nach den Staat-Kirche-Turbulenzen des Winters 1987/88 war diese Linie in der Kirche nicht mehr konsensfähig. Damit hatte sich auch die Art und Weise der theologischen Diskussion des Kirche-Gruppen-Verhältnisses modifiziert. Im Zentrum des Diskurses stand nun nicht mehr die Problematik kirchlicher Identität. Statt dessen wurde der Sachverhalt jetzt verstärkt aus der Perspektive der Pluralität kirchlicher Sozialformen thematisiert. Die kirchliche Identität der Gruppen war zunächst als Ausgangspunkt vorausgesetzt. Ihre Unklarheit wurde dann als eines unter mehreren nachgeordneten Problemen erörtert. Entsprechend führte das Interdependenzmodell die Konflikte zwischen Kirchenleitungen und Gruppen nicht primär auf die Identitätsfrage zurück. Ein verbreitetes Modell der Konfliktanalyse etwa kommt ganz ohne die Innen/Außen-Unterscheidung[516] aus. Der Konflikt wird stattdessen im binnenkirchlichen Bezugsrahmen lokalisiert und hier als Generationenkonflikt gedeutet[517].

Dem liegt ein bestimmtes ekklesiologisches Modell zugrunde, das mit der Leitdifferenz vom Ganzen und seinen Teilen arbeitet. Differenziert wird dabei zwischen der Institution Kirche als *Gesamtsystem* (hierbei spielt die Unterscheidung verschiedener institutioneller Ebenen wie Kirchenbund, Landeskirche, Kirchenkreis, Ortsgemeinde keine Rolle) und den innerhalb dieses Gesamtsystems auftretenden Gruppierungen als *Subsystemen* (wiederum fällt hierunter *jede* Art von Gruppierung von Hauskreisen über Zirkel zur Pflege einer bestimmten Frömmigkeit bis hin zu politisch bzw. sozialethisch engagierten Aktionsgruppen). Der Grundgedanke besteht darin, daß weder ein Gesamtsystem ohne Subsysteme denkbar ist noch umgekehrt. Die Aufgabe, die sich aus dieser Erkenntnis ergibt, besteht darin, das Verhältnis der beiden Systemebenen zueinander sowohl theoretisch zu bestimmen als auch praktisch zu gestalten. Die dazu vorliegenden Texte konstatieren in der Regel ein Defizit bei der praktischen Gestaltung. In der Konsequenz appellieren sie dann an den politischen Willen der Beteiligten aufgrund ihrer ekklesiologisch formulierbaren Verantwortung. Diesem Appell wird dabei nicht selten

---

GRÜBERS dar, die allerdings den völlig anderen Kontext des Kalten Krieges und der innerkirchlichen Auseinandersetzungen der Nachkriegszeit voraussetzen, vgl. Dok 1958/2.

[515] Vgl. G. KRUSCHE, ebd.

[516] D.h. ohne die Anwendung von Differenzen wie Kirche/Welt, christlich/nichtchristlich etc.

[517] Vgl. den Bericht der Konferenz der Kirchenleitungen an die Bundessynode in Erfurt 1986, Dok 1986/4; Eine Vertiefung dieser Deutung leistete M. PUNGE in: DERS. (Hg.), Zum Gebrauch des Begriffes Kirche im Sozialismus, 1988, 14–18. In Versuchen rückblickender Deutung findet sich das Modell des Generationenkonfliktes bei G. KRUSCHE, Im Zwielicht der Geschichte. Warum die Angriffe auf Manfred Stolpe nicht treffen, in: LM 31, 1992, 97–99, 98; J. HEMPEL, „Stellungnahme zu uns selbst". Wider die einfachen Antworten, in: ZdZ 47, 1993, 42–48, 43.

durch eine Präzisierung eben dieser ekklesiologischen Einsichten Nachdruck ver-
liehen. Wichtig ist, daß er sich an *alle* Beteiligten wendet: an die Kirchenleitungen,
die Gruppen nicht auszugrenzen, und an die Gruppen, ein gemeinsames, übergrei-
fendes kirchliches Bewußtsein zu entwickeln und zu pflegen[518].

Harald Schultze, Oberkonsistorialrat im Evang. Konsistorium Magdeburg, hat
im Zusammenhang der Diskussion von nach der Wende erhobenen Vorwürfen[519]
ein solches ekklesiologisches Modell vorgelegt. Sein Ausgangspunkt ist die Ablehnung des Versuchs, das Verhältnis von Kirche und Gruppen in der DDR mit Hilfe
der begrifflichen Gegenüberstellung von „Kirchenleitung" und „Basis" zu fassen,
als empirisch[520] und ekklesiologisch unsachgemäß. Denn ekklesiologisch sachgemäß könne als Basis der Kirche nur Christus gedacht werden. Auf dieser Basis bilde die Kirche verschiedene Funktionsbereiche aus, die einander zugeordnet sind,
dabei durchaus auch Druck aufeinander ausüben, von denen aber keiner eine *re-
praesentatio Christi* im Sinne einer Basis der Kirche beanspruchen darf. In diesem
Modell ist also weder Platz für eine Gruppenkirche, die die Kirchenleitung zum
Überbau degradiert oder als Bürokratie diffamiert, noch für eine Amtskirche, die
das Amt zum Urbild Christi macht.

Der Versuch, das durch die Gruppenproblematik besonders akut gewordene
grundsätzliche ekklesiologische Problem von Identität und Pluralität der Kirche
mit einem Modell der Integration der zwei Systemebenen zu lösen, hatte in der
Theologie der DDR eine nicht unerhebliche Tradition[521]. So hat etwa Werner
Krusche im Zusammenhang seines auf die Situation der Diaspora bezogenen Konzeptes einer Missionarischen Kirche 1975 auch das Pluralismusproblem ausführlich erörtert[522]. Krusches ekklesiologische Grundoption für die Missionarische Kirche wirkt sich dabei so aus, daß jede ekklesiozentrische Perspektive bei der Beurteilung des Problems zugunsten einer auftragsorientierten Perspektive zurückgewiesen wird. Dieser Auftrag, oder, wie Krusche formuliert, das „Grundgeschehen
von Kirche" wird als (Teilnahme der Kirche an) „Jesu Suche der Verlorenen" ge-

---

[518] Vgl. V. KRESS, Die Kirche und ihre Gruppierungen – Die Gruppierungen und ihre Kirche.
Vortrag vor der Synode der Ev.-Luth. Landeskirche Sachsen auf ihrer Tagung vom 24. – 28. März
1979 in Dresden, in: epd-Dok 19/1979, 4–8; D. MENDT, „Ihr seid das Salz der Erde". Vortrag vor
der Synode der Evang. Kirche in Berlin-Brandenburg, Ost-Berlin, 24. – 28.4. 1987, in: epd-
Dok 25/1987, 16–26, v.a. 20–22; W. SCHWEITZER, Kircheneinigung als Lernprozeß der EKD?
Was wird aus den „Erfahrungen" der DDR-Kirchen?, in: Übergänge 5/1990, 188–191, 190f.
[519] SCHULTZE nimmt Stellung zu der Behauptung von G. BESIER, die evang. Kirchenleitungen
in der DDR hätten es allein dem „Druck der Basis" verdankt, daß sie „ihre Glaubwürdigkeit [...]
nicht ganz verloren hätten", vgl. H. SCHULTZE, Kirchenleitendes Handeln unter Basisdruck, in:
ZdZ 47, 1993, 137–141, 137. Er bezieht sich auf G. BESIER, „Pfarrer, Christen und Katholiken".
Das Ministerium für Staatssicherheit der ehemaligen DDR und die Kirchen, ²1992, 35.75.
[520] Selbst wenn man den Bereich der Subsysteme als „Basis" faßte, wären die sozialethisch engagierten Gruppen doch nur ein Teil dieser Basis gewesen, H. SCHULTZE, a.a.O., 138f.
[521] Vgl. neben den ausführlicher dargestellten Lösungsvorschlägen z.B. auch FR. SCHORLEM-
MER, Macht und Ohnmacht kleiner Gruppen vor den Herausforderungen unserer Zukunft
(1985), in: POLLACK 1990, 17–23, 17.
[522] W. KRUSCHE, Die Vielfalt der Evangeliumsverkündigung in der Diaspora. Vortrag beim Ältestenrüsten des Evang. Gemeindedienstes Halle, 24.4. 1975, in: epd-Dok 9/1976, 36–42.

faßt[523]. Es bedingt Pluralität in zweifacher Weise, nämlich als mannigfache individuelle Disposition sowohl auf seiten der Suchenden als auch auf seiten der zu Suchenden. Die sich aufgrund der mannigfachen individuellen Disposition der zu Suchenden ergebende Pluralität der Kirche, die gemäß 1.Kor 9 darin besteht, allen alles zu werden, bewirkt, daß die Kirche „in den Augen der Menschen"[524] (gemeint
ist: aus der Perspektive ihrer Umwelt) ihre Identität verliert. Dagegen bleibt diese
in ihrer Binnenperspektive gewahrt, denn sie besteht ja „allein in der Liebe zu den
Verlorenen"[525] in ihrer ganzen Vielgestaltigkeit. Auch das Modell Krusches mündet so in den Appell, „Gemeinschaft in der Pluralität durchzuhalten"[526].

In einem weiteren, nunmehr konkret auf das Verhältnis der Kirche zu den „Ak-
tions- oder Initiativgruppen"[527] bezogenen Versuch interpretiert W. Krusche dieses Verhältnis als „Spannungsfeld von Charisma und Institution". Beide Aspekte
der Kirche sind pneumatischer Natur und ergänzen sich gegenseitig. Die Beantwortung der Frage, ob die Gruppen charismatisch verstanden werden können, erfordert „pneumatologische Grundentscheidungen"[528] hinsichtlich der beiden Fragen: Ist die Wirksamkeit des Heiligen Geistes nur auf das Heil oder auch auf das
Wohl der Welt bezogen zu denken? Und: Wird der Geist nur Menschen mit christ-
lichem/kirchlichem Selbstverständnis zuteil? Krusche entscheidet unter Berufung
auf Calvin:

„Calvin hat das bejaht und von Geistesgaben für die Erhaltung der Welt – von politischen, wissenschaftlichen und künstlerischen Charismen – gesprochen, die nicht nur Christen zuteil werden."[529]

Damit ist die argumentationsleitende Relevanz des Problems der kirchlichen
Identität der Gruppen zurückgewiesen. Diese Zurückweisung geschieht kraft einer pneumatologischen Bestimmung der Identität der Kirche, die diese Identität,
ohne sie aufzulösen, aus den engen Fesseln menschlicher Identitätssicherung befreit und als durch den seinerseits nicht kirchlich domestizierbaren Heiligen
Geist[530] konstituiert erblickt. Diese eigentümliche Struktur kirchlicher Identität er-

---

[523] A.a.O., 37.
[524] Ebd.
[525] A.a.O., 38.
[526] A.a.O., 39. Vgl. den Vortrag des damaligen sächsischen Landesjugendpfarrers V. Kress vor
der sächsischen Landessynode im März 1979 in Dresden („Die Kirche und ihre Gruppierungen –
Die Gruppierungen und ihre Kirche", in: epd-Dok 19/1979, 4–8). Kress verteidigt den innerkirchlichen Pluralismus, den er nicht, wie W. Krusche, missions-, sondern schöpfungstheolo-
gisch begründet, gegen den „Partikularismus" als „eine Haltung, in der sich die einzelnen Teile
für wichtiger halten als das große Ganze" (4). An die Stelle des Partikularismus wird auch hier ein
Modell der wechselseitigen Anerkennung von Institution und Partikulargruppen aufgrund un-
hintergehbarer wechselseitiger funktionaler Ergänzung gestellt („Dialektik von Institution und
freier Initiative" [8]).
[527] W. Krusche, Die Kirche im Spannungsfeld von Charisma und Institution (1986), in:
Ders., Verheißung und Verantwortung. Orientierungen auf dem Weg der Kirche, 1990, 138–
154, 145.
[528] A.a.O., 145.
[529] Ebd. Vgl. Ders., Das Wirken des Heiligen Geistes nach Calvin, 1957, 95–125.
[530] „Man weiß zwar, daß der Geist weht, wo er will, aber es scheint so, daß er am liebsten in

laubt es dann, auch Gruppen ohne dezidiert kirchliches Selbstverständnis als charismatische Aufbrüche zu begreifen[531]. Auch hier ist die theologische Reflexion von
der Intention geleitet, angesichts der aktuellen Situation zu einer theologisch verantwortbaren Lösung des Problems des Verhältnisses von Kirchenleitungen und
Gruppen zu finden. In diesem Fall besteht diese Lösung in der als Bestimmung dieses Verhältnisses von beiden Seiten konstruktiv zu bearbeitenden Spannung zwischen charismatischem Aufbruch und Institution. Wiederum wird dabei der appel-
lative Gedanke der wechselseitigen Anerkennung aufgrund der Erkenntnis des un-
hintergehbaren funktionalen Aufeinanderangewiesenseins herausgearbeitet[532].

Im Ergebnis fällt die große Nähe W. Krusches zu den Thesen H. Falckes auf.
Ein wichtiger Unterschied besteht allerdings in der Begründungsstrategie. Während Falcke, wie gesehen, mit einer Neufassung des Bekenntnisbegriffes aufgrund
einer Umstrukturierung des Verhältnisses von Orthodoxie und Orthopraxis operiert, baut W. Krusche auf der paulinischen Charismenlehre auf[533]. Hier erscheinen freilich die pneumatologischen Grundentscheidungen, die ja den weiteren Ar-
gumentationsgang tragen, einer näheren Begründung bedürftig als sie der bloße
Hinweis auf Calvin zu leisten vermag.

Die Integrationsmodelle betrachten die Gruppen als *gesellschaftliche* soziale Bewegungen, die aufgrund der Vorteile und Möglichkeiten, die damit verbunden waren, aber auch z.T. aufgrund kirchlicher Bindung von Gruppenmitgliedern in den
Raum der Kirche drängte. In der Perspektive des Interdependenzmodelles dagegen werden die Gruppen als Sozialform *der Kirche* wahrgenommen, deren kirchliche Identität freilich z.T. unklar ist. Die eine Perspektive erkennt in den Gruppen
eine Bewegung von der Umwelt in die Kirche, die andere umgekehrt von der Kirche in die Umwelt. Die historische Verwurzelung der Gruppenszene in kirchli-

---

den Kanälen der Institution wehen will. Aber so ist es eben nicht. Das Charisma schafft sich zwar
Institutionen und geht in sie ein, aber es geht nicht in ihnen auf und unter; es wandert freilich
auch nicht etwa grundsätzlich aus ihnen aus. Es bricht entweder in der Institution auf und durchbricht ihre Kanalisierungen, oder es bricht außerhalb ihrer auf und läßt neue Lebensformen entstehen" (W. Krusche, Die Kirche im Spannungsfeld von Charisma und Institution, a.a.O. [Anm.
527], 144).

[531] „Macht man mit dem Heiligen Geist als Creator wirklich ernst, wird man also in Gruppierungen wie den genannten charismatische Aufbrüche sehen dürfen [...]" (A.a.O., 145). Allerdings hat W. Krusche diese These später nur noch eingeschränkt vertreten. In einem Papier vom
3.3.1988 formulierte er: „Ob es sich um charismatische Aufbrüche handelt, wird daran erkennbar sein, daß in diesen Gruppen das Hören auf die Stimme Christi und das Gebet einen festen
Platz haben" (Ders., 6. März 1978 – 1988. Ein Lernweg, in: epd-Dok 12/1988, 9–31, 21).

[532] Vgl. W. Krusche, Die Kirche im Spannungsfeld von Charisma und Institution, a.a.O.
(Anm. 527), 145f. Für W. Krusche bestätigt sich die Richtigkeit dieses Appells auch im Rückblick, vgl. Ders., „Denkt daran, daß im Herrn eure Mühe nicht vergeblich ist" (1990), in: ZdZ
46, 1992, 9–15.34–45, 40f.

[533] Allerdings fehlt dieser Gedanke auch bei H. Falcke nicht, vgl. Ders. 1985, 152: „Landeskirchen und Gruppen sind auch aufeinander angewiesen, mit ihren verschiedenen Fähigkeiten, Ei-
genschaften und sozialen Möglichkeiten und Rollen. Die gemeinsame Verantwortung vollzieht
sich eben in verschiedenen sozialen Rollen und Funktionszusammenhängen. Sie vollzieht sich
paulinisch gesprochen in unterschiedlichen Berufungen und kraft verschiedener Charismen.
Eben darum treten sie wechselseitig füreinander ein und sind in ihrer Begrenztheit aufeinander
angewiesen."

chen Kontexten[534] scheint eher für die zweite Perspektive zu sprechen. Sachlich knüpfte diese außerdem an eine im Kirchenbund bereits etablierte Tradition einer bestimmten Zuordnung von kirchlicher Institution und einzelnen Christen an. Denn wie gesehen war bereits in den siebziger Jahren der kirchlichen Sozialform der Gruppe gelegentlich eine wichtige Funktionsstelle im Zusammenhang der Kirche-Umwelt-Kommunikation zugesprochen worden[535].

3.3.3.2.6 Die Leipziger Kritik an den Integrationsmodellen

Eine gemeinsame Schwäche der Integrations- und Interdependenzmodelle bestand in der schwachen systematischen Position, die sie dem Selbstverständnis der Gruppen zuweisen. Denn in vielen Gruppen war mitnichten ein deutliches Bewußtsein kirchlicher Identität ausgebildet. Vielmehr unterschied man hier in der Regel die eigenen Ziele und das ihnen entsprechende Verhalten deutlich vom Handeln der Kirche[536], eine Tendenz, die seit den Konflikten im Zusammenhang des Berliner Kirchentages vom Juni 1987 zunehmend bewußt reflektiert und programmatisch konkretisiert worden war.

Während in der besonders betroffenen Berlin-Brandenburger Kirche und den ebenfalls in Berlin ansässigen Einrichtungen des Kirchenbundes wie z.B. der Theo-

---

[534] S. o. Kap. 3.3.3.2.1.

[535] S. o., Kap. 3.3.2.2.2. A. SCHÖNHERR formulierte in seinem programmatischen Entwurf von 1974: „Der Glaubende steht in der Gemeinschaft von Lernenden. Diese Gemeinschaft findet er zuerst in der Gruppe. [...] Die Gruppe ist der Ort, an dem der Dienstcharakter der Gemeinde am deutlichsten hervortritt" (DERS., Die Kirche als Lerngemeinschaft, in: DERS. 1979, 206–229, 216). Der BEK-Ausschuß „Kirche und Gesellschaft" hat diesen „Dienst" in einem Papier näher bestimmt, das als Beitrag für die Weltkonferenz des ÖRK 1979 entstanden ist. Die Aufgabe der „Kirche im Sozialismus", die darin gesehen wird, einen eigenständigen Beitrag zur Lösung gemeinsamer Probleme zu leisten, soll darin am Beispiel der Umweltthematik durchgespielt werden. Die Lösung der Aufgabe wird in einem „doppelte[n] Weg: Neuer Lebensstil und Veränderung der Gesellschaft" erblickt. Dabei spielen Gruppen „eine wichtige Rolle": „Die drohende Überlebenskrise fordert sowohl eine tiefgreifende Änderung des einzelnen als auch die Veränderung gesellschaftlicher Zielsetzungen und Strukturen. [...] Einzelne und Gruppen versuchen, ihren Lebensstil so zu ändern, daß er den ökologischen Bedingungen gerecht wird und den Forderungen sozialer Gerechtigkeit im Weltmaßstab entspricht. [...] Durch Mitarbeit in der Gesellschaft wird versucht, auf die ökonomischen und politischen Entscheidungen hinzuwirken, die einer überlebensfähigen Weltgesellschaft dienen. [...] Für die Bildung eines neuen Lebensstils werden kleine Gruppen eine wichtige Rolle spielen. [...] Die Funktion motivierender und tragender Gruppen können [...] die christlichen Gemeinden erfüllen. [...] Diese Gruppen werden den einzelnen auch zu gesellschaftlich-politischer Mitarbeit ermutigen und befähigen können" („Verantwortung der Christen in einer sozialistischen Gesellschaft für Umwelt und Zukunft des Menschen". Beitrag der Kirchen in der DDR zum Thema der Weltkonferenz des ÖRK 1979 [„Glauben, Wissenschaft und Zukunft"], erarbeitet vom Ausschuß „Kirche und Gesellschaft" des BEK, in: ZdZ 33, 1979, 243–263, 260.262).

[536] Auch wenn Gruppen sich selber als „Basisgruppen" oder als Gruppen „in" der Kirche verstanden, begriffen sie ihre Aktionen doch meist nicht als Handeln der Kirche, sondern sich selber als Gegenstand desselben. Vgl. unter dieser Fragestellung etwa Texte wie R. ROSENTHAL, Größere Freiräume für Basisgruppen. Interview von M. HARTMANN, in: KiS 13, 1987, 189–191; U. POPPE, Das kritische Potential der Gruppen in Kirche und Gesellschaft, in: POLLACK 1990, 63–79. Allerdings dürfte hier auch eine Auswirkung der weitverbreiteten intuitiven Identifizierung des Begriffs „Kirche" mit der Leitung der Institution vorliegen.

logischen Studienabteilung versucht worden war, integrative Modelle zu erarbeiten, versuchte man an anderer Stelle, nämlich v.a. an der Universität Leipzig, Alternativen dazu zu entwickeln. In diesen Alternativkonzepten wird den Integrationsmodellen eine mehr oder weniger starke Überlagerung ihrer empirischen Wahrnehmung durch normative ekklesiologische bzw. kirchenpolitische Vorgaben vorgeworfen. Das Programm bestand demgegenüber dann in einem Ausgleich dieser
Schwäche durch eine möglichst objektive Phänomenologie der Gruppen. Voraussetzung dafür war eine Präzisierung des für die Verhältnisbestimmung von Kirche
und Gruppen verwendeten methodisch-kategorialen Instrumentariums, etwa unter Aufnahme zusätzlicher bzw. anderer politikwissenschaftlicher und religionssoziologischer Kategorien.

Aus politik- bzw. gesellschaftswissenschaftlicher Sicht aber erschien die Grup-
penbewegung nicht primär als religiöses Phänomen. So interpretierte der westdeutsche DDR-Forscher Hubertus Knabe[537] die von ihm „Neue soziale Bewegungen" genannten Gruppen

> „als Ausdruck struktureller Tendenzen in hochentwickelten Industriegesellschaften und
> als Andeutung eines Paradigmenwechsels […], der durch die Krise der industriellen Lebens-
> weise auch in sozialistischen Staaten an Bedeutung gewonnen hat."[538]

Die Nähe der Neuen sozialen Bewegungen in der DDR zu Kirche und Religion sei, so Knabe, systemspezifisch und daher als akzidentiell zu bewerten[539].

Diese letzte These wurde von theologischer Seite besonders vom Institut für Religionssoziologie (Emil-Fuchs-Institut) der Sektion Theologie an der Karl-Marx-
Universität Leipzig zu vertiefen versucht. Grundlage dieses Versuches bildete die
Rezeption des Religionsbegriffes einer bestimmten religionssoziologischen Schule, wonach die gesellschaftliche Funktion der Religion in Kontingenzbewältigung
besteht. Dagegen wird eine andere funktionale Deutung von Religion, nämlich

---

[537] HUBERTUS KNABE ist seit der Jahreswende 1988/89 Studienleiter an der Evangelischen Akademie Berlin/W. Frühere Publikationen zum Thema sind: H. KNABE, Neue soziale Bewegungen
als Problem der sozialistischen Gesellschaft. Zur Entstehung und Bedeutung neuartiger Bewußtseinslagen in der DDR und in Ungarn, in: Das Profil der DDR in der sozialistischen Staatengemeinschaft. XX. Tagung zum Stand der DDR-Forschung, Köln 1987, 106–119; DERS., Neue soziale Bewegungen im Sozialismus. Zur Genesis alternativer politischer Orientierungen in der
DDR, in: Kölner Zeitschrift für Soziologie und Sozialpsychologie 40, 1988, 551–569.
[538] H. KNABE, Neue soziale Bewegungen. Zur Entstehung und Bedeutung alternativer Gruppen im Sozialismus, in: KiS 15, 1989, 14–16, 14.
[539] „Die monopolisierte Struktur des politischen Systems im Sozialismus führt dazu, daß sich
die neuen Orientierungen nicht als *offene Bewegungen* äußern können". Parteien und gesellschaftliche Organisationen bleiben ihnen verschlossen. Sie „äußern sich deshalb dort, wo sich die Gesellschaft am offensten präsentiert: in der Kunst, in der Literatur und in den Kirchen." Die Verschiebung in kirchliche Kontexte „ist auch dem Bedürfnis ihrer Träger nach Legalität und institutioneller Absicherung entgegengekommen. Es entstand eine Art *halbautonome Bewegung*, die zur Selbst-
begrenzung gezwungen und stark geprägt ist vom Eigengewicht der ‚Mutter-Institution'. Die
neuen Bewußtseinslagen vermischen sich mit religiösen Gefühlen, verfügen aber im Schutzraum
der Kirchen – im Gegensatz zu anderen sozialistischen Ländern – über eine relative organisatorische und ideologische Autonomie" (H. KNABE, a.a.O., 16. Herv. i. O.). Vgl. auch U. FUNK, Die
Existenz sozialethischer Gruppen in der evangelischen Kirche der DDR als gesellschaftswissenschaftliches Problem, in: POLLACK 1990, 81–102.

im Sinne von Sozialisation, abgelehnt. Diese Ablehnung bediente sich jedoch nicht des aus der soziologischen Debatte bekannten Argumentes, diese Fassung des Religionsbegriffes, die, konsequent durchgeführt, das Religiöse auch unabhängig von seinen institutionellen Gestalten zu fassen vermag[540], sei „zu weit"[541]. Vielmehr machte der Leipziger Systematiker und Religionssoziologe Hans Moritz diesem in der DDR u.a. von der Theologischen Studienabteilung des Kirchenbundes gepflegten Religionsbegriffes hauptsächlich den Vorwurf falscher kirchenpolitischer Tendenz. Denn das funktionale Verständnis von Religion als Sozialisation sei die Ursache des Konfliktes von Staat und Kirche in der DDR. Entsprechend will Moritz' eigene religionssoziologische Option[542] eine Antwort sein auf die Frage nach „positiven Möglichkeiten eines konstruktiven Verhältnisses von Marxismus und Christentum in der vom Marxismus dominierten sozialistischen Gesellschaft der DDR."[543] Die für ein solches „konstruktive Verhältnis" notwendige christliche Anerkennung der „dominierenden Rolle" der marxistischen Ideologie besteht für ihn in der Anerkennung ihrer „integrativen Funktion" für die sozialistische Gesellschaft, eine Anerkennung, die, da sie auf seine Funktion beschränkt bleibt, „die weltanschaulich-atheistischen Gesinnungsteile des Marxismus" nicht einschließt[544]. Allerdings bedeutet sie den Verzicht der Religion auf den Anspruch zur Ausübung der ihr ebenfalls eignenden Integrationsfunktion. Statt dessen schlägt Moritz als Weg, wie die Religion einerseits die exklusive Stellung der Ideologie als Sozialisationsinstanz anerkennen und andererseits zugleich ihrem eigenen „Selbstverständnis", ihrer „eigenständigen Intention [...] Genüge getan werden kann"[545], vor, eben diese eigenständige Intention als Kontingenzbewältigung zu fassen. Denn darin a) kommt sie nicht in Konflikt mit dem Dominanzanspruch der sozialistischen Ideologie, b) verleugnet sie nicht ihr eigenständiges Selbstverständnis, c) behält sie – „wegen bleibend vorhandener Kontingenz der gesellschaftlichen und individuellen Entwicklung"[546] – ihre gesamtgesellschaftliche Relevanz und bleibt dabei d) auch außerhalb der religiösen Binnenstruktur kommunikationsfähig sowie e) mit den Zielen des Sozialismus kompatibel.

Die Frage, ob diese kirchenpolitisch utilitaristisch geprägte Argumentation tatsächlich beanspruchen kann, „dem Selbstverständnis" nicht nur „der Religion", sondern auch dem christlichen Glauben und seiner Sozialform, der Kirche, „Ge-

---

[540] klassisch: TH. LUCKMANN, a.a.O. (Anm. 497).
[541] Vgl. das Referat dieser Debatte bei H. KNOBLAUCH, Die Verflüchtigung der Religion ins Religiöse. Thomas Luckmanns Unsichtbare Religion, in: TH. LUCKMANN, Die unsichtbare Religion, Frankfurt/M. 1991, 7–41, 12. KNOBLAUCH bezieht sich dabei v.a. auf P. L. BERGER, Some second Thoughts on Substantive Versus Functional Definitions of Religion, in: Journal for the Scientific Study of Religion 13, 1974, 125–133. Genannten Vorwurf macht gegenüber NEUBERT auch U. FUNK geltend, vgl. a.a.O. (Anm. 539), 92.
[542] HANS MORITZ lehrte seit 1975 als Professor für Systematische Theologie und Religionssoziologie am Leipziger Emil-Fuchs-Institut. Sein wichtiges Referat vom 29. 10. 1984 wurde unter dem Titel „Religion und Gesellschaft in der DDR" veröffentlich in: ThLZ 110, 1985, 573–588.
[543] A.a.O., 577.
[544] A.a.O., 578.
[545] A.a.O., 582.
[546] A.a.O., 584.

nüge" zu tun[547], m.a.W. ob sie nicht nur religionssoziologisch, sondern auch theologisch verantwortlich ist, kann hier aus Raumgründen nur angeregt, nicht aber diskutiert werden[548].

Moritz' Schüler Detlef Pollack knüpfte in Intention und Durchführung an seinen Lehrer an. Auch sein Ziel war es, „das vertrauensvolle Gespräch und die konstruktive Zusammenarbeit" zwischen Christen und Marxisten in der DDR zu befördern[549]. Den Schlüssel zu diesem Ziel erkannte er in einer methodologischen Option: statt vom Standpunkt entweder der marxistisch-leninistischen Ideologie oder der christlichen Theologie aus nach der Bedeutung von Religion und Kirche in der (sozialistischen) Gesellschaft zu fragen, sei ein neutrales analytisches Instrumentarium zu wählen. Gewonnen wäre damit, daß das Verhältnis von Religion und Sozialismus rein deskriptiv, unter Verzicht „[a]uf normative und wertende Aussagen" zu fassen wäre[550]. Als solches, „nicht weltanschaulich gebunden[es]" „analytisches Hilfsmittel zur wissenschaftlichen Aufarbeitung des Problemfeldes" böte sich „die Religionssoziologie" an[551]. Die Fragestellung, von Pollack als „Untersuchung der gesellschaftlichen Reproduktionsbedingungen von Religion im Sozialismus" präzisiert[552], lege, da auf eine Relation bezogen, nahe, bei der Beschreibung von Religion den „Funktionsbegriff" als einen „Relationsbegriff" zu wählen[553]. Bei der funktionalen Bestimmung der Religion im Sozialismus unterschied Pollack zunächst mehrere Ebenen der Gesellschaft (gesamtgesellschaftliche, teilsystemische, organisatorisch-institutionelle, interpersonale und individuelle Ebene) und beobachtete eine „Verlagerung des Schwerpunktes ihrer [der Religion] Funktionserfüllung von den oberen zu den unteren Ebenen"[554]. Parallel dazu beschrieb er einen differenzierten Prozeß nichtreligiöser Substitution religiöser Funktionen. Dieser Prozeß sei auf den oberen Ebenen stärker fortgeschritten als auf den unteren, zugleich seien bestimmte Funktionen der Religion stärker davon betroffen als andere. So seien etwa die „Legitimations-, Standardisierungs- und Integrationsfunktion", da sie „heute in den Aufgabenbereich der sozialistischen Ideologie" fallen[555], stärker substituiert als etwa die Funktion der Kontingenzbewältigung, bei der die Religion, besonders „auf den individuell-interaktionistischen Ebenen"[556], noch relativ konkurrenzlos sei. Für diesen Bereich gelte da-

[547] Vgl. a.a.O., 582.
[548] Vgl. aber die Polemik von R. SCHRÖDER: „Religion und Gesellschaft. Über einige Versuche, der Kirche in der sozialistischen Gesellschaft der DDR durch Religionssoziologie aufzuhelfen", in: DERS. 1990, 95–120.
[549] D. POLLACK, Religion und Kirche in der DDR, in: WZ(L).GS 37, 1988, 92–104, 104. Dieser Text ist in überarbeiteter Form abgedr. u. d. T. „Religion und Kirche im Sozialismus" in: ZdZ 43, 1989, 6–14. Hier gibt POLLACK als sein Ziel an, „die Grundlage der konstruktiven und vertrauensvollen Zusammenarbeit zwischen Christen und Marxisten" herauszuarbeiten (14).
[550] D. POLLACK, Religion und Kirche in der DDR, a.a.O., 93.
[551] Ebd.
[552] A.a.O., 95.
[553] Ebd.
[554] A.a.O., 102.
[555] Ebd.
[556] A.a.O., 103.

rum auch im Sozialismus , daß „Religion für die Gesellschaft und für den einzelnen grundlegende Bedürfnisse befriedigt", also „offenbar gesellschaftlich nützliche Funktionen erfüllt", die einerseits schwer substituierbar sind und andererseits „für den Marxismus-Leninismus als gesellschaftbestimmende Ideologie [...] keine ernsthafte Konkurrenz" darstellen[557]. Damit ist, ähnlich wie bei Moritz, ein Integrationsmodell von Religion und Sozialismus in utilitaristischer Perspektive geschaffen: Religion und sozialistische Ideologie werden beide als auf dasselbe Ziel hin gerichtet gedacht. Dabei werden die Begriffe von Ideologie und Religion funktional so bestimmt, daß beide in dieser ihrer gemeinsamen Zielgerichtetheit nicht konkurrieren, sondern einander ergänzen. Es fehlt freilich eine kritische Prüfung der „Neutralität" der dabei in Anschlag gebrachten religionssoziologischen Methode, die lediglich behauptet bleibt, und weiterhin eine Problematisierung ihres Verhältnisses zur theologischen und zur ideologischen Perspektive. Pollacks Vorschlag scheint vorauszusetzen, a) daß eine rein deskriptive Perspektive möglich ist und b) daß diese eigenartig ortlose und universale Deskription zugleich in der Lage ist, die Selbstverständnisse der jeweiligen Teilperspektiven so adäquat zu erfassen, daß diese sich in ihr wiederfinden und sie in ihre eigenen, normativen Systeme integrieren können – denn nur so kann der Deskription die Problemlösungspotenz erwachsen, um die es Pollack ja geht. Beide Voraussetzungen bleiben zwar nicht unerwähnt[558], ihre Problematik erscheint jedoch unterbestimmt.

In seiner Anwendung dieser Ergebnisse auf das Problem des Verhältnisses von Kirche und Gruppen[559] setzt Pollack nun eine funktionale Bestimmung des Religionsbegriffes als Kontingenzbewältigung voraus[560]. Zugleich wird die Substituierbarkeit der Religion auch in der Kontinenzproblematik stärker als bisher hervorgehoben[561]. Daraus ergibt sich die Nötigung zu einer Kombination von funktionaler und substantieller Religionsauffassung nach folgendem Muster: Von Religion ist dann zu sprechen, wenn

a) das zu beschreibende Phänomen im Zusammenhang mit der Kontingenzproblematik steht *und*

b) dieser Zusammenhang religiöser und nicht anderer Natur ist, d.h. wenn er „durch zwei Momente gekennzeichnet [ist]: einmal durch den Akt der Überschreitung der normalen Lebenswelt, zum anderen durch die gleichzeitige Bezugnahme auf diese Lebenswelt."[562]

Die Antwort auf die Frage: An welcher Stelle reproduziert die Gesellschaft Religion? lautet also: Dort, wo auf religiöse Weise auf das Problem der Religion, also die Kontingenzproblematik Bezug genommen wird.

---

[557] A.a.O., 104.
[558] Vgl. a.a.O., 93–95.
[559] D. POLLACK, Sozialethisch engagierte Gruppen in der DDR. Eine religionssoziologische Untersuchung (1989), in: DERS. 1990, 115–154.
[560] A.a.O., 126: „Das Problem der Religion besteht [...] in dem Problem der Kontingenz."
[561] A.a.O., 127.
[562] Ebd.

In Anwendung dieses Ergebnisses auf die Gruppenfrage stellt Pollack dann die These auf: Die Gruppen haben keine religiöse Identität, da sie sich zwar aufgrund der „Erfahrung gesellschaftlicher Kontingenz" konstituieren, dieses „Erleben des religiösen Bezugsproblems [...] aber nicht zur Aktualisierung religiöser Antworten, sondern zum gesellschaftlichen Engagement" führt[563].

Damit ist aufgrund der Anwendung eines modifizierten Religionsverständnisses das Modell E. Neuberts[564] zurückgewiesen. Pollack begründet seinen Widerspruch aber nicht nur mit einem Gegenargument, sondern prüft zugleich auch die Argumentation Neuberts auf ihre Stichhaltigkeit. Neubert hatte über den religiösen Charakter der Gruppen mittels eines Religionsbegriffes geurteilt, der die sozialisierende Funktion der Religion in den Vordergrund stellt. Nun weisen sowohl Moritz als auch Pollack die sozialisierende Funktion der Religion keinesfalls in absoluter, sondern nur in relativer Weise, nämlich als im Kontext einer sozialistischen Gesellschaft irrelevant, zurück. Denn hier wird diese Funktion von der Ideologie wahrgenommen. Die Beantwortung der Frage: „Wie sozialisierend sind die Gruppen?"[565] bildet aus dieser Sicht darum nicht nur ein sekundäres Argument gegen Neubert, sondern erlaubt zugleich auch eine nähere Bestimmung des Verhältnisses der Gruppen zur sozialistischen Gesellschaft der DDR.

Auch bei dieser Frage versucht Pollack einen Präzisionsgewinn durch Differenzierung zu erzielen, indem er zwei qualitativ unterschiedliche Formen der Bearbeitung von Sozialisationsdefiziten bzw. -bedürfnissen unterscheidet:
a) deren Kompensation durch Bildung einer „'Gegenkultur'"[566];
b) ihre Aufhebung durch gesamtgesellschaftliche Integration, d.h. durch „Zusammenschluß von Individuum und Gesellschaft."[567]

Aufgrund einer „[e]mpirische[n] Bestandsaufnahme"[568] findet Pollack zu der These, daß von einer sozialisierenden Funktion der Gruppen lediglich „in einem kompensatorischen Sinne" die Rede sein könne[569], ihnen also auch unter der Prämisse der Anerkennung der Relevanz der sozialisierenden Funktion für den Religionsbegriff religiöse Identität nicht zugesprochen werden könne. Vielmehr seien die Gruppen als „politisch alternativ[]"[570] bzw. „[s]ozialethisch engagiert[]"[571] zu kennzeichnen.

Festzuhalten bleibt, daß der Anspruch möglichst objektiver empirischer Wahrnehmung durch die Anwendung soziologischer Kategorien, denen weitgehende Interesselosigkeit unterstellt wurde, selber durchaus einem kirchenpolitischem Interesse verpflichtet war. Dafür gibt es mehrere Anhaltspunkte. Zunächst haben Moritz und Pollack ihre Theoriearbeit ja selber explizit dem Ziel eines „konstruktiven

---

[563] A.a.O., 147.
[564] S. o. Kap. 3.3.3.2.3.
[565] A.a.O., 143.
[566] A.a.O., 145.
[567] Ebd.
[568] A.a.O., 128–142.
[569] A.a.O., 145.
[570] A.a.O., 153.
[571] A.a.O., 115.

Verhältnisses" von Christen und Marxisten zugeordnet. Entsprechend bildete dieses Ziel auch das Hauptkriterium der Beurteilung anderer Modelle. Doch nicht nur der Intention, sondern auch der Durchführung nach erweist sich der Anspruch interesseloser Objektivität als nur vorgeschoben. Denn der als Rückgriff auf eine neutrale soziologische Kategorie deklarierte Begriff von Religion als individuelle Kontingenzbewältigung griff eine Option auf, die die sozialistische Religionstheorie bereits seit den sechziger Jahren im Angebot hatte[572].

3.3.4 Fazit: Die „Teilnahme" der „Kirche im Sozialismus" als „kritische Solidarität"

Im Begriff der „kritischen Solidarität" sind alle Merkmale und konkreten Gestalten der kirchlichen „Teilnahme" am System des Sozialismus in der DDR zusammengefaßt. In ihm finden sich Selbstlosigkeit und Eigenständigkeit kirchlicher Außenkommunikation kombiniert, er kann auf alle kirchlichen Sozialformen bezogen werden, er umfaßt die beiden Grundformen kirchlichen Handelns, Zeugnis und Dienst, gleichermaßen, und er schließt weder ein Wächteramt noch eine Dialogpartnerschaft noch eine Stellvertreterfunktion der Kirche aus. Dies ist der Grund, warum im Begriff der kritischen Solidarität viele den treffendsten Ausdruck für das Ergebnis des Lernprozesses der „Kirche im Sozialismus" sehen[573], ein Ergebnis, das als Kombination von Auftrags- und Situationsorientiertheit dieser Kirche zugleich über deren spezifische Situation hinaus bleibende Gültigkeit beansprucht[574]. Obwohl er vor allem durch das aufsehenerregende Referat Heino

---

[572] S. o. Kap. I.B/3.2.3.

[573] Vgl. „Bleibender Auftrag unter neuen Herausforderungen". Überlegungen zum Weg unserer Kirche in das vereinigte Deutschland. Ein Gesprächsangebot, hg. vom BEK, in: ZdZ 44, 1990, 225–229, 228f.; W. KRUSCHE, „Denkt daran, daß im Herrn eure Mühe nicht vergeblich ist". Rückblick auf 21 Jahre Weg- und Arbeitsgemeinschaft im Bund, in: ZdZ 46, 1992, 9–15.34–45, 37–41; DERS., Zwischen Anpassung und Opposition. Gespräch über den zurückliegenden Weg der „Kirche im Sozialismus", in: Übergänge 2/1990, 51–56, 51.

[574] Die Fülle der bis in die Gegenwart reichenden Diskussion kann hier nicht dokumentiert werden. Als Beispiel möchte ich eine Passage aus einem Beitrag des ehem. Ostberliner Generalsuperintendenten G. KRUSCHE aus dem Jahr 1990 zitieren: „Die Kirche darf sich die Freiheit zur Einmischung in die Politik nicht wieder nehmen lassen. Den Dienst ‚konkret unterscheidender Mitarbeit' schuldet die Kirche auch der nachsozialistischen Gesellschaft. In einer offenen Gesellschaft, wie wir sie erhoffen und anstreben, wird die Kirche in ‚kritischer Solidarität' mit den Menschen ihr prophetisches Wächteramt ausüben. [...] Selbst wenn die Kirche in einer weltanschaulich neutralen Gesellschaft wieder in größere Nähe zu politischen Entscheidungsträgern gerät (z.B. durch personelle Mitgliedschaft von Christen in Entscheidungsgremien), wird sie sich des kritischen Potentials der christlichen Überlieferung bewußt bleiben müssen. Die Gefahr der Anpassung droht nicht nur einer ‚Kirche im Sozialismus'!" (DERS., Alles wird neu – und ist neu zu lernen. Die Kirche in der nachsozialistischen Gesellschaft, in: LM 29, 1990, 193–196, 195). Der damalige KKL-Vorsitzende CHR. DEMKE formulierte in einem Interview im selben Jahr: „Die Kirche [...] muß darauf achten, daß sie sich gegenüber jeder Gesellschaftsform so verhält, wie wir es mit dem Schlagwort von der ‚kritischen Solidarität' versucht haben zu beschreiben und auch ein Stück weit zu praktizieren. Wenn diese ‚kritische Solidarität' also nicht nur aus einer unangenehmen politischen Situation gewachsen ist, sondern dem Wesen des kirchlichen Auftrages entspricht, dann muß diese Grundbestimmung auch für ganz veränderte Verhältnisse gelten. Natürlich wird es schwierig werden, diese kritische Solidarität im Gegenüber zu Menschen, die selber Glieder der christlichen Gemeinde sind, zu praktizieren. Mir ist klar, daß es auch menschlich verletzend wirken kann. Doch muß die kritische Solidarität das Leitmotiv für das Verhalten der

Falckes auf der Bundessynode in Dresden 1972 bekannt geworden ist, hat der Gedanke der „kritischen Solidarität" der „Kirche im Sozialismus" bzw. ihrer „konkret unterscheidende[n] Mitarbeit"[575] oder „mündige[n] Mitverantwortung"[576] seinen Ursprung sachlich in den kirchenpolitischen Konzepten der Kirchenleitungen der Kirchenprovinz Sachsen und des Görlitzer Kirchengebietes, die diese bereits unmittelbar nach der Gründung des Kirchenbundes entwickelt hatten[577]. Bereits im November 1969 hatte der Magdeburger Landesbischof Werner Krusche vor der Provinzialsynode in Halle von der Möglichkeit eines „partielle[n] Nein" bei „grundsätzliche[m] Ja zum Staat" gesprochen, eine Möglichkeit, die ihren Grund in der kirchlichen „Bindung an Gottes Wort" habe[578]. In einem gleichzeitig veröffentlichten Essay sprach sich Krusche für eine

„Zusammenarbeit der Kirche und ihrer Glieder mit allen in der Gesellschaft, die sich für den Menschen verantwortlich wissen,"

aus, betonte dabei aber:

„Dazu wird nur eine mündige Kirche in der Lage sein, die dialogische Kommunikationsformen des Evangeliums ausgebildet hat und im lebendigen ökumenischen Austausch steht und deren Glieder sich darin einüben können, das Evangelium selbständig zu verantworten und als ‚Christen im Welthorizont' zu leben."[579]

Im November 1970 konkretisierte Krusche seine Vorstellungen von kritischer Solidarität und mündiger Mitverantwortung der Kirche durch die Vorstellung eines Konzeptes für eine *spezifische* politische Verantwortung der Kirche, d.h. eine Verantwortung, „in deren Wahrnehmung sie unvertretbar ist" und die in ihrem

---

christlichen Gemeinde in jedem Staat sein" (DERS., Nicht bremsen – aber nüchtern rechnen. Gespräch mit dem DDR-Kirchenbundvorsitzenden zum Weg der Kirchen, in: Übergänge 3/1990, 89–93, 92). Vgl. auch die Beiträge des Zittauer Superintendenten D. MENDT zum selben Thema (DERS., Lehren aus der DDR-Vergangenheit. Distanz zum Staat – eine notwendige politische Haltung?, in: LM 31, 1992, 450–453; DERS., Kirche zwischen Körperschaft des öffentlichen Rechts und Salz der Erde, in: ZdZ 47, 1993, 145–147).

[575] So die Formulierung H. FALCKES in Dresden 1972, vgl. Dok 1972/2.

[576] Auch diese Formel geht auf FALCKES Dresdner Referat zurück, vgl. DERS., Christus befreit – darum Kirche für andere, in: KJB 99, 1972, 242–253, 252. An selber Stelle sprach FALCKE auch von „eigenprofilierte[r] Mitarbeit" (252), „aus Glauben mündige[r] Mitarbeit" (251, vgl. 250.252), konkretem Engagement (vgl. 251) und „verantwortliche[m] Kompromiß" (252). Vgl. auch die Terminologie in dem von W. KRUSCHE auf der letzten Bundessynode im September 1990 vorgetragenen „Rückblick auf 21 Jahre Weg- und Arbeitsgemeinschaft im Bund" (DERS., „Denkt daran, daß ihr im Herrn eure Mühe nicht vergeblich ist", a.a.O. [Anm. 573], 37–41).

[577] R. HENKYS wies 1973 auf „die vor allem von der Magdeburger Kirchenleitung schon früher ins Gespräch gebrachte Formel von einer ‚kritischen Solidarität' der Christen in der DDR mit ihrer sozialistischen Gesellschaft" hin, vgl. DERS., Dialog statt Agitation. Kirche und Staat in der DDR, in: EK 6, 1973, 35f., 36.

[578] Dok 1969/2. Diese im Folgenden als „Ja/Nein-Modell" bezeichnete Formulierung stellt die offensive Interpretationsvariante der „Eigenständigkeit" und „kritischen Solidarität" der Kirche dar, im Gegensatz zu anderen, eher defensiven und harmonisierenden Varianten. Wie der Staat solche Äußerungen interpretierte, geht aus einem internen STS-Papier vom 15. Dezember 1970 hervor, das eine klare Bezugnahme auf die Äußerung W. KRUSCHES enthält, vgl. Dok 1970/8.

[579] W. KRUSCHE, Zwanzig Jahre evangelische Kirche im sozialistischen Staat, in: ZdZ 23, 1969, 361f., 362.

„Dienst der Versöhnung" besteht[580]. Dieser spezifische „Dienst der Kirche wird immer zugleich konstruktiv und kritisch sein müssen, wenn er verantwortlich sein will."[581] Entsprechend hatte der Bischof der Evang. Kirche des Görlitzer Kirchengebietes, H.-J. Fränkel, im Mai 1970 die – als solche nie in Frage stehende – „gesellschaftliche Mitarbeit" der Christen als „einen genuin christlichen Beitrag", „eine Gestalt gerechteren Zusammenlebens zu finden" verstehen wollen, woraus für ihn folgt: „dann vollziehen wir damit gerade keine kritiklose, die Eigenverantwortung preisgebende Akklamation, sondern unterstellen die sozialistische Gesellschaftsordnung der Zielsetzung einer besseren Gerechtigkeit, auf die hin der Sozialismus sich befragen lassen muß."[582] Mit diesen Äußerungen hatten W. Krusche und Fränkel nicht nur den sozialistischen Staat[583], sondern auch den neugegründeten Kirchenbund provoziert, der zu diesem Zeitpunkt, auf seine offizielle staatliche Anerkennung wartend, ein Konzept eher unkritischer Teilnahme vertreten hatte. Auch die spektakuläre Aufnahme des Gedankens der kritischen Solidarität in dem Referat H. Falckes vor der Bundessynode in Dresden 1972 war zu diesem Zeitpunkt innerhalb der Kirchen in der DDR nicht mehrheitsfähig. Erst als durch die Unterzeichnung der KSZE-Schlußakte von Helsinki auch das innenpolitische Klima in der DDR freundlicher zu werden schien, begann der Kirchenbund, den Anspruch der Kirchen auf inhaltliche Eigenständigkeit ihrer öffentlichen Mitverantwortung in der sozialistischen Gesellschaft mit wachsendem Nachdruck geltend zu machen[584]. Auch fortan betonte man angesichts des labilen, da rechtlich ungesicherten Status der Kirche freilich weniger die mündige Eigenständigkeit ihrer öffentlichen Ver-

---

[580] W. KRUSCHE, Bericht der Kirchenleitung der Kirchenprovinz Sachsen vor der Landessynode am 6. November 1970 in Wernigerode, in: KJB 97, 1970, 193f.308–312, 193.

[581] W. KRUSCHE, Diener Gottes, Diener der Menschen. Hauptreferat auf der Vollversammlung der KEK vom 26. 4. - 3. 5. 1971 in Nyborg, in: KJB 98, 1971, 355–364, 362f. An seinem Modell von Ja und Nein, Zustimmung und Zurückweisung, Engagement und Verweigerung hat W. KRUSCHE auch in späteren Äußerungen festgehalten, vgl. Dok 1977/9.

[582] Dok 1970/5.

[583] Die Magdeburger Kirchenleitung war am 9. 2. 1972 zu einem Gespräch mit Staatssekretär SEIGEWASSER zitiert worden, wo ihr mangelnde Linientreue zum Vorwurf gemacht worden ist. Im Gegenzug verteidigte Bischof W. KRUSCHE sein Konzept der „Kritischen Solidarität" (Dok 1972/ 5). Zu den Versuchen der Arbeitsgruppe Kirchenfragen im ZK der SED, Bischof FRÄNKEL innerhalb der Kirche zu isolieren, vgl. BESIER/WOLF 1991, 29f., die die Darstellung von H. DOHLE, Grundzüge der Kirchenpolitik der SED zwischen 1968 und 1978, 1988, 137, wiedergeben.

[584] Der Vorsitzende der KKL, A. SCHÖNHERR, hat am 8. 2. 1977 in einem Interview W. KRUSCHES Formulierung aus dem Jahr 1969 vom partiellen Nein als grundsätzlichem Ja (Dok 1969/ 2), die damals vom Staatssekretär für Kirchenfragen noch als staatsfeindlich eingestuft worden war (Dok 1970/8), in variierter und eher noch verschärfter Form (ja, „wo man ja sagen kann", nein, „wo man nein sagen muß") zum konstitutiven Bestandteil der Formel „Kirche im Sozialismus" erklärt (Dok 1977/3; vgl. den Kommentar von R. HENKYS, Dok 1977/4). Bezeichnend für das gewandelte Verhältnis von Staat und Kirche nach 1975 ist, daß die so definierte Formel dann die Grundlage für den am 6. März 1978 geschlossenen „Burgfrieden" bilden konnte – auch wenn SCHÖNHERR in seiner Ansprache am 6. März die vorsichtigere Formulierung der Bundessynode Schwerin 1973 benutzt hatte (Dok 1978/6; vgl. Dok 1973/1) und die kirchlichen Interpretationen des 6. März die Begriffe „kritische Solidarität" und das Ja/Nein-Modell vermieden und von „eigenständige[r] [...] Wahrnehmung von Verantwortung", von „Partizipation" als einem „dynamischen und konstruktiv-kritischen Prozeß" sprachen (so die Bundessynode in Leipzig 1980, Dok 1980/4).

antwortung[585] als vielmehr das „Grundvertrauen"[586] und die „Partnerschaft"[587] zwischen Staat und Kirche. Das änderte sich erst seit 1986, als die Linie des Kirchenbundes unter immer stärker werdenden Druck durch die gesellschaftskritisch engagierten Gruppen geriet, welche sich ihrerseits durch das „Neue Denken" Gorbatschows ermutigt fühlten[588]. Ende der achtziger Jahre fand die „kritische Solidarität" der Kirche ihre aktuelle Gestalt in den kirchlichen Funktionen von Präsenz und Stellvertretung.

---

[585] Vgl. die defensive Formulierung der Bundessynode in Güstrow 1981: „Es gibt [...] eine Art von Kritik, der man den Willen, hilfreich zu sein, nicht mehr abspürt'", Dok 1981/5. Im Gegensatz zum Ja/Nein-Modell, das als inhaltliches handlungsleitendes Kriterium für die „kritische Solidarität" der Christen das Evangelium beansprucht, wird hier der konstruktive Charakter der Kritik zu ihrem Kriterium.

[586] Bundessynode in Greifswald 1984, Dok 1984/1.

[587] Bundessynode in Leipzig 1980, Dok 1980/4.

[588] Den Auftakt bildete eine Klausurtagung der KKL in Bad Saarow im März 1986, in deren Mittelpunkt ein Gespräch mit der Kommission für Kirchliche Jugendarbeit stand, vgl. den darauf folgenden Bericht der KKL an die Bundessynode in Erfurt 1986 (Dok 1986/4). Auf derselben Bundessynode war nach langer Zeit wieder das Ja/Nein-Modell der „kritischen Solidarität" zur Anwendung gelangt (ebd.). Die Synode war damit einem Signal des Altbischofs A. SCHÖNHERR gefolgt, der wenige Wochen zuvor in der Westberliner Zeitschrift „Kirche im Sozialismus" unter ausdrücklicher Bezugnahme auf W. KRUSCHE und die von diesem geprägte Terminologie programmatisch den „kritisch unterscheidenden" Charakter der kirchlich-christlichen „Mitarbeit" in der DDR-Gesellschaft betont und dabei erstmals wieder das Ja/Nein-Modell als deren Interpretation verwendet hatte (Dok 1986/5).

III. Zusammenfassung

Einen „Schluß" kann diese Untersuchung nicht haben, wollte sie doch angesichts der historischen Abgeschlossenheit der „Kirche im Sozialismus" (keineswegs freilich ihrer theologischen Implikationen) eine Anregung sein für ein offeneres gemeinsames ekklesiologisches *Weiterdenken*, ein Weiterdenken, das seine Offenheit gerade aus einer möglichst genauen Wahrnehmung des *bisherigen Denkens* empfängt. Daß diese Wahrnehmung immer nur perspektivisch sein kann, muß dabei ebenso klar sein wie die Binsenweisheit, daß jeder möglichen Perspektive ihre eigene Ambivalenz zukommt. Wichtiger erscheinen mir einige methodische Entscheidungen. Ich habe versucht, mit Kategorien einer kontextorientierten Ekklesiologie vorzugehen, einer Ekklesiologie also, die auf eine angemessene Verknüpfung von dogmatischer („deduktiver") und empirischer („induktiver") Perspektive zielt und damit eine Integration der Wirklichkeit der Kirche in die ekklesiologische Theoriebildung anstrebt. Gelänge dies, wäre damit ein fundamentales Kriterium für die Beurteilung ekklesiologischer Orientierungsversuche gewonnen, denn ein als einseitig deduktiv erkannter Orientierungsversuch stellt eine Desorientierung dar, während umgekehrt eine einseitig induktive Ekklesiologie überhaupt nicht zu orientieren vermag[1].

Der für die Kirchen in der DDR maßgeblich gewordene Teil ihrer ekklesiologischen Orientierungsversuche hat seinen zusammenfassenden Ausdruck in der ekklesiologischen Formel „Kirche im Sozialismus" gefunden, die in der Phase der Neuorientierung der Kirchen in der DDR nach dem Ende der organisatorischen Einheit der Evangelischen Kirche in Deutschland zu Ende der sechziger Jahre entstanden war. Die sich in der vielgestaltigen Interpretation und Verwendung dieser Formel ausdrückende Selbstreflexion der evangelischen Kirchen in der DDR geschah als unreflektierte Vermischung theologischer und politischer Intentionen. Eine wichtige Ursache dieses Sachverhaltes dürfte darin zu suchen sein, daß die Kirche Schwierigkeiten hatte, zu einem theologischen Begriff ihrer sozialen Gestalt zu finden. Diese Schwierigkeiten liegen vor allem in folgenden Sachverhalten begründet:

Allgemein ist – bei aller Unterschiedlichkeit im konkreten Einzelfall – ein gewisses Theoriedefizit der Ekklesiologie in der DDR nicht zu übersehen. Der Kirche fehlten, aus wiederum ganz verschiedenen Gründen, hinreichende kategoriale Voraussetzungen für eine Analyse der gesellschaftlichen Wirklichkeit, von der sie selbst ein Teil war. Dieser Theoriemangel dürfte ihr selbst umso weniger bewußt

---

[1] Mit „Orientierung" soll hier weder Deskription noch Präskription gemeint sein, sondern die Erhöhung der Kompetenz zur Entscheidung für die Selektion einer bestimmten Möglichkeit aus einer Vielzahl von Handlungsmöglichkeiten.

gewesen sein, als er ja auch ein konstitutives Kennzeichen ihrer Umwelt darstellte[2] und daher keine Kontrasterfahrungen auslösen konnte. Zudem lag die Versuchung nahe, dieses Defizit durch seine populäre Etikettierung als „Wirklichkeitsnähe" positiv zu wenden. Unbewußt mußte bei einer solchen Vorgehensweise bleiben, daß in einer Situation des ideologischen Totalitarismus ja gerade die Frage nach dem, was wirklich sei, die Grundfrage gerade der Religion bzw. des Religionssystems sein muß. Um diese Frage stellen bzw. überhaupt erst ihre Strittigkeit erkennen zu können, hätte es der Ausbildung eines eigenen kategorialen Instrumentariums bedurft. Ansätze dazu waren unter dem Anspruch der „Eigenständigkeit" auch durchaus unternommen worden, auf breiter Front setzten sich jedoch diejenigen theologischen Kategorien durch, denen die höchste Anschlußfähigkeit an das ideologische System der DDR eignete. Die Folge war, daß die kirchliche Wahrnehmung ihrer Umwelt tendenziell an theologischer Autonomie verlor und statt dessen Züge sozialistischer Selbstbeobachtung bzw. Selbstinterpretation annahm – eine für totalitäre Gesellschaften typische Tendenz.

Mit dieser Kritik soll keineswegs bestritten werden, daß sich die Gestalt einer Kirche faktisch immer relativ zu ihrer gesellschaftlichen Situation bildet, im Gegenteil. Doch kann sich dieser Vorgang unreflektiert und ungesteuert oder reflektiert und gesteuert vollziehen. Aufgabe der Ekklesiologie aber ist es, diese Reflexion zu leisten und so die Steuerungskompetenz zu erhöhen.

Dieser Aufgabe versuchten Kirche und Theologie in der DDR in erster Linie auf dem Boden einer Rezeption des Bonhoefferschen Säkularisierungskonzeptes gerecht zu werden. Der späte Bonhoeffer hatte die zuvor von ihm postulierte Ambivalenz der emanzipatorisch verstandenen Säkularisierung fallengelassen und die neuzeitliche „Welt" aufgrund ihrer „Religionslosigkeit" als „mündig" apostrophiert und theologisch legitimiert. Unter unkritischer Übernahme des Bonhoefferschen Religionsverständnisses, das diesem Konzept zugrundeliegt, und dessen ebenso unkritischer Kombination mit dem Selbstverständnis des Marxismus-Leninismus konnten die Bonhoefferrezipienten in der DDR ihre Gesellschaft als Avantgarde der „mündigen Welt" identifizieren. Durch diese Operation war das Sozialismusproblem in der Säkularisierungsproblematik aufgegangen und der Illusion Tür und Tor geöffnet, es könnte durch einen geeigneten Umgang mit letzterer gleich mit gelöst werden. Allerdings war bei dieser Vorgehensweise so gut wie alles problematisch. Denn erstens hängt die ganze Konstruktion an dem zugrundegelegten Verständnis von Religion und Religionslosigkeit. Bonhoeffers emanzipatorisches Verständnis von Säkularisierung aber ist nur plausibel in Verbindung mit seinem von der liberalen Religionskritik des 19. Jahrhunderts übernommenen repressivklerikalen Religionsbegriff. Offensichtlich weil dies der sozialistischen Religionsauffassung nahekam, verzichteten die Bonhoefferrezipienten in der DDR darauf, das Religionsthema eigens aufzugreifen – dies geschah dann erst, allerdings in einem ganz anderen Zusammenhang, in den achtziger Jahren – und begaben sich so auch zweitens der Möglichkeit einer kritischen Differenzierung zwischen Ideolo-

---

[2] Vgl. o. Kap. I.B./1.2.

gisierung und Säkularisierung. Drittens konnte der sozialistischen Gesellschaft der DDR nur aufgrund einer gedankenlosen Übernahme ihrer eigenen propagandistischen Phrasen, also nur im Rahmen ihrer eigenen Legitimationsstruktur so etwas wie Mündigkeit unterstellt werden. Eine Auseinandersetzung mit der Sozialismusfrage hat es in der DDR jenseits der Propagandaphraseologie kirchlicherseits so gut wie nicht gegeben. Schließlich war auch der Mündigkeitsbegriff selbst theologisch unterbestimmt.

Das Versäumnis, die Begriffe „Religion" und „Wirklichkeit" eigenständig zu füllen und zu gebrauchen und statt dessen das Begnügen damit, diese ja in der Konsequenz auch ekklesiologisch zentralen Problemfelder weithin ungeprüft aus der eigenen, eklektisch gebrauchten Tradition bzw. dem kirchenpolitischen Diktat der Partei zu übernehmen, führte die Kirche auch in erhebliche Unsicherheiten hinsichtlich ihres Selbstverständnisses. Konnte sie doch die Mündigkeit ihrer gesellschaftlichen Umwelt nicht pauschal anerkennen, ohne auch deren Sicht der Kirche als Institution der Unmündigkeit mitzuübernehmen. Die einer ideologisch geprägten Gesellschaft gegenüber eigentlich dringend erforderliche Religionskritik wurde so auf eine Selbstkritik der Kirche reduziert. Der Glaube konnte entsprechend nicht als ein Wirklichkeitsverständnis mit orientierender Kraft gedacht werden, sondern wurde reduziert auf eine „Teilnahme" an der repressiv formulierten Wirklichkeit. Theologisch umstritten war dann nur noch, ob diese „Teilnahme" in eher „eigenständiger" oder eher „selbstloser" Weise angemessen zu praktizieren sei.

Zu der Erkenntnis, daß das Theoriedefizit eine hinreichende analytische Wahrnehmung der kirchlichen Umwelt erschwerte, tritt demnach die Einsicht, daß die Existenz der Kirche in der spezifischen Umwelt des totalitären Systems der DDR darüber hinaus dazu beitrug, daß es der Kirche-Umwelt-Differenz als solcher an Klarheit ermangelte. Ihre Existenz in einem ideologischen Totalitarismus, also in vorsäkularen Strukturen, erschwerte es der Kirche, sich selbst als gesellschaftliches Subsystem wahr- und ernstzunehmen und machte es so auch unmöglich, sich selber als solches *theologisch* zu begreifen.

Positiv nährte sich die theologische Selbstwahrnehmung der DDR-Kirchen aus einer polemischen Entgegensetzung der ekklesiologischen Formeln „Volkskirche" und „Kirche in der Diaspora". Die Leistungsstärke dieser Gegenüberstellung lag darin begründet, daß sie einerseits die für notwendig erachtete kirchliche Selbstkritik zu integrieren in der Lage war, wurde doch eine Diasporakirche im Gegensatz zur Volkskirche als klein, unprivilegiert und einflußlos gedacht. Andererseits sollte sie gerade deswegen auch zugleich privilegierte ekklesiologische Kriterien transportieren wie Freiwilligkeit und Bekenntnisfreudigkeit der Kirchenmitglieder.

Als Schwächen einer auf diese Weise verfahrenden ekklesiologischen Reflexion habe ich erstens auf die Unzulässigkeit der ekklesiologischen Privilegierung einer bestimmten situationsrelativen Gestalt der Kirche verwiesen, da hierbei das Verhältnis von Institution und Konstitution der Kirche falsch bestimmt ist. Zum anderen erscheint mir die Verwendung des ekklesiologischen Leitbildes „Volkskirche" als Negativfolie für das ekklesiologische Leitbild einer „Kirche in der Diaspora" sachlich nicht zwingend und empirisch im Bereich der DDR problematisch zu sein. Sachlich nicht zwingend ist es, weil bei entsprechenden Interpretationen der beiden (vieldeutigen) Formeln sich diese durchaus nicht gegenseitig ausschließen müssen und in der DDR faktisch auch nicht ausgeschlossen haben. Empirisch problematisch ist es, weil sich die mit dem Ausdruck „Kirche in der Diaspora" verbundenen Prädikate den Kirchen in der DDR nicht in eindeutiger Weise zuordnen lassen.

Daß die Kirche dem Totalitarismus ihrer ideologisch geprägten Umwelt gegenüber kein stärkeres und theologisch besser abgestütztes Selbstbewußtsein gefunden hat, lag freilich keineswegs allein an den angedeuteten Theoriedefiziten, sondern läßt sich auch aus einer komplexen Konstellation historischer und theologischer Sachverhalte plausibel machen, die im Ergebnis zu der in der Regel als „Ortsbestimmung" bezeichneten kirchlich-theologischen Anerkennung der Legitimität der Staatlichkeit der DDR geführt hat. Im Kontext jener Konstellation erscheint diese Anerkennung als nicht nur politisch wie theologisch gut begründet, sondern nachgerade als notwendig, vollzog sie sich doch als Widerspruch gegen die These, die Kirche könne die Legitimität einer staatlichen Herrschaft nur dann anerkennen, wenn diese ihre Legitimation und ihre Orientierung aus den Inhalten des christlichen Glaubens schöpfe. Dieser These stand als theologisches Gegenargument eine fundamentale Einsicht der christlichen Staatslehre entgegen, wonach die institutio Dei einer politischen Herrschaft unkonditioniert geglaubt wird und darum nicht das Ergebnis einer (kriteriologisch ohnehin problematischen) Prüfung sein könne. In den Zusammenhang dieser Diskussion, die in den späten fünfziger Jahren kulminierte, gehört auch die kritische Prüfung des Verhältnisses von christlichem Glauben und Ideologie mit dem Ergebnis der Zurückweisung eines antiideologischen Glaubensverständnisses. Denn eine konfrontative Verhältnisbestimmung von Glaube und Ideologie verfälsche den Glauben, indem es seinem universalen Wahrheitsanspruch einen Exklusivitätsanspruch hinzufüge und gerade damit seinerseits zu seiner Ideologisierung beitrüge. Zu diesen theologischen Überlegungen kam das pragmatisch-seelsorgerliche Argument, daß einer volkskirchlichen bzw. nachvolkskirchlichen Kirche eine Existenz weder im prinzipiellen Widerstand noch in der inneren Emigration auf Dauer möglich sein könne.

Folgenreich war nun, daß diese unter den gegebenen Umständen ebenso sinnvolle wie unvermeidliche formale Anerkennung der Legitimität der politischen Herrschaft hinter dem funktionalen Staatsverständnis von Barmen 5 zurückblieb und so der kirchlich-theologischen Orientierung auf dem Felde gesellschaftlicher und politischer Sachverhalte und Vorgänge entscheidende Kriterien entzog.

Damit ergibt sich, daß die Außenkommunikation der Kirche nicht nur aufgrund kategorialer Defizite unter einer Schwächung der *Wahrnehmung* ihrer Umwelt litt, sondern aufgrund kriteriologischer Defizite auch unter einer Schwächung der theologischen *Beurteilung* derselben. Das deskriptive und das präskriptive Defizit bedingten und verstärkten sich wechselseitig und wirkten sich so auf die praktische Gestaltung des kirchlichen Verhaltens aus. Meine These lautet, daß das zentrale Problem dieser Gestaltung in einer Identitätskrise der Kirche bestand, die als notwendige Folge ihrer aporetischen Existenz begriffen werden muß.

Die Aporie der „Kirche im Sozialismus" bestand darin, die Legitimität von Staat und Gesellschaftssystem der DDR einerseits anerkennen, ihre Legitimationsmuster und Integrationsstrategien andererseits jedoch ablehnen zu müssen. Daß diese Aporie binnenkirchlich in ihrer Schärfe kaum in den Blick kam, lag wohl im wesentlichen daran, daß hinsichtlich der in der DDR wirksamen Legitimationsmuster und Integrationsstrategien nur undeutliche und nicht selten propagandistisch-phraseologisch vernebelte Vorstellungen wirksam waren, was, wie bereits angezeigt, zu der soziologisch irrigen Annahme führte, man lebe in einer säkularen Gesellschaft, woraus man wiederum folgern zu dürfen meinte, das Gesellschaftssystem der DDR sei als eine besonders reine und fortgeschrittene Verwirklichung des theologischen Begriffs der „Welt" anzusehen.

Demgegenüber habe ich den Vorschlag gemacht, die sozialistische Gesellschaft hinsichtlich der in ihr wirksamen Bedingungen ihrer Legitimation und Integration als repressive Zivilreligion zu begreifen. Den Grund für den notwendigen Konflikt der Kirche mit diesem Legitimationsmuster sehe ich in seinem repressiven Charakter. Daß der Universalitätsanspruch der sozialistischen Zivilreligion repressiv durchgesetzt werden sollte, hat die Gesellschaft der DDR entscheidend geprägt. Für die Kirchen hatte dies die Folge eines dauernden starken Drucks, die für sie geltende Relation von handlungsleitender Orientierung und Handeln unsachgemäß zu gestalten. Begreift man die Identität eines sozialen Systems aber als die sachgemäße Relation von handlungsleitender Orientierung und Handeln, so war damit eine permanente Identitätskrise der „Kirche im Sozialismus" systembedingt programmiert.

Die Kirche hat auf diese Zumutung mit unterschiedlichen Strategien geantwortet. Dabei waren folgende Modelle für die „Kirche im Sozialismus" *nicht konsensfähig*: Das Modell der inklusiven Zivilreligion mit seiner These, daß die inhaltlich unterschiedlichen handlungsleitenden Orientierungen von Christen und Marxisten *notwendig* zu inhaltlich identischen Handlungszielen führten und darum als Adiaphora anzusehen seien, wurde seit Anfang der sechziger Jahre offiziell von staatlicher Seite und von der CDU propagiert und mehr oder weniger direkt von dem Leipziger Ethiker und Religionssoziologen Emil Fuchs, dem „Bund evangelischer Pfarrer in der DDR", den „fortschrittlichen Christen" sowie dem Regionalausschuß der Christlichen Friedenskonferenz in der DDR übernommen.

Das Modell des „Thüringer Weges" postulierte, daß die inhaltlich unterschiedlichen handlungsleitenden Orientierungen von Staat/Gesellschaft einerseits und Kirche andererseits gar nicht zu inhaltlich konfligierenden Handlungszielen führen *können*, da sich diese auf getrennten Ebenen befinden. Formal seien die Handlungsziele von Staat/Gesellschaft und Kirche dagegen identisch oder zumindest kompatibel.

Die Berliner Theologen Hanfried Müller und Gerhard Bassarak bestritten in scharfem Kontrast dazu, daß der Glaube überhaupt materiale handlungsleitende Orientierungen kenne. Ihnen zufolge empfange der Glaube seine Identität einzig aus dem formalen Prinzip der Selbstlosigkeit. Inhaltliche Orientierung des Handelns sowohl der Christen als auch der Marxisten dagegen sei gleichermaßen nur durch die Vernunft möglich – und auf dieser Ebene darum auch leicht gegenseitig vermittelbar. *Konsensfähig* waren innerhalb der „Kirche im Sozialismus" vor allem zwei Modelle der Verhältnisbestimmung von handlungsleitender Orientierung und Handeln. Gemäß dem einen, eher deduktiv verfahrenden Modell bildet der christliche Glaube inhaltlich spezifische Orientierungsmuster aus, welche von den Christen bzw. Kirchen sowohl zur Orientierung des eigenen als auch zur Beurteilung fremden Handelns verwendet werden („Wächteramt"). Variieren kann dieses Modell bei der inhaltlichen Bestimmung der Orientierungsmuster bzw. beim Verfahren ihrer Gewinnung. Das andere, eher induktiv angelegte Modell sieht das Handeln der Christen sich vorrangig an der konkreten Erfordernissen der Situation orientieren. Dieses Handeln kann dann auch kriteriologische Funktion für die Beurteilung der Leistungsfähigkeit der christlichen Orientierungsmuster erlangen („Lerngemeinschaft").

Die pragmatische Politik des „Burgfriedens" zwischen Staat und Kirche, die von 1978 bis 1988 durchgehalten worden ist, ist auf beiden Seiten von der Tendenz gekennzeichnet, die theoretischen Konzepte den praktischen Erfordernissen der Situation anzupassen. Die Grundsituation war die, daß das Verhältnis zwischen Staat und Kirche zwar keine rechtlich verbindliche Formulierung erfuhr, beide Seiten aber seit Ende der siebziger Jahre wechselseitig ein starkes Stabilitätsinteresse aneinander hatten. An die Stelle des fehlenden Staatskirchenvertrages traten mehr oder weniger kontinuierlich und mehr oder weniger öffentlich geführte „Gespräche" auf verschiedenen Ebenen. Als Fundament dieser Gesprächskultur aber galt beiden Seiten – meist unausgesprochen, manchmal aber auch explizit – das Verständnis der evangelischen Kirche als „Kirche im Sozialismus". Diese enorme funktionale Leistungsfähigkeit verdankte die Formel ihrer starken inhaltlichen Variabilität. Kirchlicherseits konnte die Formel eine Bandbreite von „kritischer Distanz" über „Eigenständigkeit" bis hin zu „Grundvertrauen" ausfüllen, staatlicherseits oszillierte ihre Verwendung zwischen der Unterstellung einer grundsätzlichen aktiven Loyalität der Kirche einerseits und dem Argwohn unzulässiger Sozialismuskonzeptionen andererseits. Bei all dieser inhaltlichen Vielfalt, die ja gerade ihre Stärke ausmachte, stand die Formel *für beide Seiten unmißverständlich* für den Willen zur Koexistenz. Darin bestand darum auch ihre eigentliche Bedeutung. Ihre Vieldeutigkeit, die ihrer Funktion als „Koexistenzformel" zugute kam, hat auf der anderen Seite zu gefährlichen ekklesiologischen Unterbestimmungen geführt. Für die Formel „Kirche im Sozialismus" ist eine Schieflage des Verhältnisses von funktionaler und inhaltlicher Bedeutung charakteristisch. Damit soll keineswegs gesagt sein, sie hätte überhaupt keine inhaltlichen, also deskriptiven und orientierenden Bedeutungsgehalte, sondern, daß diese 1. gegenüber ihrer kirchenpolitisch-funktionalen Bedeutung sekundär und 2. von relativ hoher Uneinheitlichkeit waren. Für gefährlich halte ich dies deswegen, weil jede ekklesiologische Formel in erster Linie eine Kombination von deskriptiver und orientierender Funktion erfüllen muß und *nur aufgrund dieser Leistung* als Bündelung eines Selbst- und/oder Fremdverständnisses von Kirche überhaupt sinnvoll ist. Mit anderen Worten: Eine Kirche, deren formelhaft verdichtet formuliertes Selbstverständnis *in erster Linie* in dem erklärten Willen besteht, mit ihrer Umwelt zu koexistieren, leidet an ekklesiologischen Orientie-rungsdefiziten – ein Befund, der mit der Diagnose der Identitätskrise korreliert. Diese Identitätskrise hat nicht nur, wie soeben angezeigt, die Außenrelation der „Kirche im Sozialismus" betroffen, sondern in zunehmenden Maße auch ihre In-nenrelation, worauf die Untersuchung abschließend ihren Blick lenkt. Die These lautet, daß die Problematik in diesem Bereich in einer zunehmenden Unbestimmt-heit der Grenzen der Kirche bestand. Als Identitätskrise wird dieses Problem plausi-bel unter der Voraussetzung, daß die Identität eines sozialen Systems als durch sei-ne System/Umwelt-Grenze konstituiert gedacht wird. Denkt man diese Grenze in funktionalem Sinne, dann verliert sie an Bestimmtheit in dem Maße, in dem das System systemfremde Funktionen wahrnimmt. Denkt man sie dagegen in persona-lem Sinne, dann verliert sie an Bestimmtheit in dem Maße, in dem Systemfunktio-nen von Personen wahrgenommen werden, die das inhaltliche Konstituens des Sy-stems (nämlich die für es geltende Relation von handlungsleitender Orientierung und Handeln) nicht anerkennen. Denkt man sie schließlich in inhaltlichem Sinne, dann verliert sie an Bestimmtheit in dem Maße, in dem die systemspezifische Co-dierung der Wirklichkeitswahrnehmung (durch die eine ethische Orientierung allererst möglich wird) an Deutlichkeit verliert.

Die Wahrnehmung des Auftrags der „Kirche im Sozialismus" als „Teilnahme" hatte nun aber eine Steigerung der beiden erstgenannten Unbestimmtheiten ihrer Umweltgrenze zur Folge, ihre Selbstbestimmung als „Lerngemeinschaft" (und die in dieser Richtung noch viel konsequenter weiterdenkende „Kenosis-Ekklesiolo-gie") gefährdete die Bestimmtheit ihrer System/Umwelt-Grenze im dritten, inhalt-lichen Sinn. Das Problem konkretisierte sich theoretisch als Frage nach der Offen-heit der Kirche, praktisch als Frage nach dem Verhältnis von Kirche und „Gruppen".

Das Problem der Offenen Kirche besteht in der Frage, ob die Grenzen des Sy-stems Kirche mit den Grenzen der Organisation Kirche zusammenfallen, d.h. ob es kirchliche Gruppen nur innerhalb oder sowohl innerhalb als auch außerhalb der kirchlichen Organisation geben kann, allgemeiner gesagt: ob die Aktualität der Kir-che mit ihrer Institutionalität zusammenfällt oder aber größer ist als diese. Meine These lautet, daß die theologische Pointe des Problems der Offenheit der Kirche in der Tatsache besteht, daß die handlungsleitende Orientierung der Kirche, näm-lich das Evangelium, ihr eine Offenheit zumutet, die sie als soziales System gar nicht haben kann. Das aber heißt: Die institutio Dei der Kirche durch das Wort steht in einem grundsätzlichen Konflikt mit ihrer constitutio hominum als soziales System. Die geglaubte und die vorfindliche Kirche können nie deckungsgleich sein. Ihr Konflikt ist ebenso unvermeidlich wie unlösbar. Vor diesem Hintergrund referiert die Untersuchung abschließend einige, zum Teil kontroverse, da unter-schiedlichen Interessen verpflichtete Versuche, angesichts dieser Aporie zu praxis-tauglichen Begründungsfiguren zu kommen.

Am Ende dieser Zusammenfassung stellt sich die Frage nach der Bedeutung der Ergebnisse. Wir haben als die Stärke der Formel „Kirche im Sozialismus" ihre hohe kirchenpolitisch-funktionale Leistungsfähigkeit erkannt, als ihre Schwäche dagegen ihre geringe orientierende Kraft. Stärke und Schwäche der Formel bedingen einander, und ihre Kombination spiegelt genau die Prioritäten kirchlicher Existenz in der DDR wider.

Das Zustandekommen eines solchen Prioritätenkatalogs kann hier weder im einzelnen analysiert und schon gar nicht bewertet werden. Zu diesem Zweck müßte das Zusammentreffen der wirksamen theologischen Traditionen mit dem, was man die „Semantik einer Gesellschaft"[3] nennen könnte, also der Gesamtheit der innerhalb einer Gesellschaft „überzeugenden Ideen"[4], einer genaueren Untersuchung unterzogen werden, als es hier möglich war.

Für wichtiger halte ich hingegen die Einsicht, daß das Verhältnis von Kirche und Gesellschaft in der Bundesrepublik Deutschland nach der politischen Zeitenwende von 1989 sowohl vor dem Hintergrund einer anderen „Semantik der Gesellschaft" zu sehen ist, als auch als innerhalb eines ganz anderen juristischen, ökonomischen, politischen und sozialen Kontextes angesiedelt, was notwendig zu anderen ekklesiologischen Herausforderungen führen muß. So müssen in der gegenwärtigen Situation einer staatskirchenrechtlich abgesicherten Kirche in einer Zeit des Zusammenbrechens der bisher gültigen Orientierungshorizonte die ekklesiologischen Prioritäten in anderer Weise gesetzt werden. Nicht die Frage nach den Bedingungen der Möglichkeit kirchlicher Existenz in feindlicher Umwelt darf heute das interesseleitende Proprium ekklesiologischer Reflexion sein, sondern die Frage, wie die Kirche in einer noetisch und ethisch[5] verwirrten Gesellschaft[6] orientierend wirksam werden kann. Wird der Begriff Volkskirche in diesem Sinne als Auftragsbestimmung der Kirche verstanden, so hat er m. E. alle Berechtigung.

Gerade wegen der unterschiedlichen Kontexte, in denen sie bis 1989 beheimatet waren, sollten die Ekklesiologien westlicher und östlicher Provenienz darauf verzichten, sich wechselseitig zum Kriterium der Beurteilung der jeweils anderen zu erklären. Eine kontextvergessene Polemik mag zwar zu kurzfristiger Befriedigung führen, doch verzerrt sie die Probleme und trägt damit zu ihrer Verschärfung, nicht jedoch zu ihrer Lösung bei. Das aber werden wir uns nicht mehr lange leisten können.

---

[3] N. LUHMANN, Archimedes und wir, Berlin 1987, 8.

[4] Ebd.

[5] Beides hängt untrennbar miteinander zusammen, vgl. J. FISCHER, Glaube als Erkenntnis. Zum Wahrnehmungscharakter des christlichen Glaubens, München 1989.

[6] Diese Verwirrung erst ist das Problem des vielzitierten Pluralismus, nicht dieser selbst. Die funktional ausdifferenzierte Gesellschaft konfrontiert das Individuum mit einer Vielzahl von Wirklichkeiten sowie von Moralen, ohne ihm Kriterien für die – notwendig gewordene – Wahl zur Verfügung zu stellen.

Anhang
Dokumentation

Verzeichnis der Texte

Die dokumentierten Quellentexte sind chronologisch geordnet. Die Reihenfolge innerhalb eines Jahres ist dabei zufällig. Die Texte stellen fast durchweg Auszüge aus den angegebenen Quellen dar.
In der voranstehenden Untersuchung werden die hier abgedruckten Texte jeweils mit der Angabe „Dok (Jahreszahl)/(lfd. Nr.)" zitiert.

1891/1   August Bebel, Berliner Rede vom 16. Juli 1891 328
1891/2   SPD, Erfurter Parteiprogramm von 1891 328
1918/1   Verordnung des Rates der Volkskommissare über die Trennung der Kirche
          vom Staat und der Schule von der Kirche vom 23. Jan. 1918 328
1928/1   VI. Weltkongreß der Kommunistischen Internationale in Moskau, Sept.
          1928, Programm der Kommunistischen Internationale 329
1936/1   Verfassung der UdSSR, 1936 330
1937/1   Zentralkomitee der KPD, Die KPD und der Kirchenkampf. Direktive, Juni
          1937 330
1939/1   KPD, 14. Parteitag, 1939 („Berner Parteikonferenz"), Resolution 330
1941/1   Geistlicher Vertrauensrat der DEK, Kanzelabkündigung vom 13. Juli 1941 . 331
1947/1   „Darmstädter Wort", 1947 331
1947/2   Bischof Otto Dibelius, Die tragende Mitte 332
1948/1   EKD, Grundordnung, Artikel 19 332
1949/1   Verfassung der Deutschen Demokratischen Republik vom 7. Oktober
          1949 333
1951/1   CDU, Thesen des christlichen Realismus 334
1953/1   Kommuniqué des Staat-Kirche-Gespräches vom 10. Juni 1953 335
1954/1   Evangelische Kirche in Berlin-Brandenburg, Wort der Kirchenleitung an
          die Gemeinden, 30. Nov. 1954 336
1954/2   Zentraler Ausschuß für Jugendweihen in der DDR, Thesen zur Durchfüh-
          rung der Jugendweihe, Nov. 1954 337
1954/3   Jugendweihegelöbnis 337
1954/4   SED Bernau, Kreisleitung, Abt. Agitation und Propaganda, Schreiben vom
          20. Dez. 1954. 338
1956/1   Theologische Erklärung der a.o. EKD-Synode in Berlin, 27.–29. Juni 1956 . 338
1956/2   CDU-Parteitag Sept. 1956, Entschließung 339
1957/1   EKU-Synode, 2. Dez. 1957, Wort der Hilfe, wie wir Christen uns zu unse-
          rem Staat verhalten sollen 340
1957/2   Hermann Scheler (Hg.), Die Stellung des Marxismus-Leninismus 340
1957/3   Hermann Matern, Erläuterung der Beschlüsse des 30. Plenums des ZK
          (30. 1. – 1. 2. 1957) 341
1957/4   Otto Nuschke, Vortrag vor Studenten, Sept. 1957 341
1958/1   Günter Jacob, Referat vor der EKD-Synode 1958 341
1958/2   Propst Heinrich Grüber, Erklärung des Beauftragten des Rates der EKD
          bei der DDR-Regierung vor der EKD-Synode in Berlin 1958 342
1958/3   Ministerpräsident Otto Grotewohl, Schreiben an Propst Grüber vom
          17. Mai 1958 343

1958/4   Gemeinsame Erklärung von Vertretern der Regierung der Deutschen
Demokratischen Republik und der evangelischen Kirchen in der Deutschen
Demokratischen Republik vom 21. Juli 1958   344

1958/5   Aus dem Schreiben der ev. Bischöfe der DDR an Ministerpräsident Grote-
wohl vom 21. Nov 1958   344

1958/6   V. SED-Parteitag, Juli 1958, Abschnitt V des Beschlusses „Über den Kampf
um den Frieden, für den Sieg des Sozialismus, für die nationale Wiedergeburt Deutschlands als friedliebender, demokratischer Staat"   345

1959/1   Kurt Scharf, Bericht des Vorsitzenden des Rates der EKU auf der EKU-
Generalsynode in Berlin-Spandau vom 8. bis 13. Febr. 1959   345

1959/2   Bischof Moritz Mitzenheim, Rede auf der Zehnjahrfeier der DDR am
6. Okt. 1959   345

1959/3   Thesen zum Thema „Obrigkeit", erarbeitet 1959 von einem Theologenkreis, der dem Weißenseer Arbeitskreis nahesteht.   346

1960/1   Walter Ulbricht, Programmatische Erklärung des Vorsitzenden des Staatsrates der Deutschen Demokratischen Republik vor der Volkskammer am
4. Oktober 1960   347

1960/2   Offener Brief der Heidelberger Konferenz: Die Christen und ihre Obrig-
keit.   348

1961/1   Bischof Moritz Mitzenheim, Ansprache anläßlich der Verleihung des Vaterländischen Verdienstordens in Gold am 16. Aug. 1961   349

1964/1   Aus der Entschließung des 11.Parteitages der CDU (Okt. 1964).   349

1964/2   Bischof Moritz Mitzenheim, Gesprächsbeitrag bei einem Gespräch mit
W. Ulbricht am 18. Aug. 1964 auf der Wartburg   349

1966/1   Johannes Jänicke: Aus dem Bericht des Landesbischofs vor der Synode der
Kirchenprovinz Sachsen am 26. März 1966   350

1966/2   Gerald Götting, Ansprache auf der X. Sitzung des Hauptvorstandes der
CDU in Weimar, 4. Mai 1966   350

1966/3   Gesprächsbeiträge von Walter Ulbricht bei einem Gespräch mit dem Landesbischof der Evang.-Luth. Kirche in Thüringen, M. Mitzenheim, anläßlich der Verleihung des „Sterns der Völkerfreundschaft" in Silber, 22. Sept.
1966   351

1966/4   Aus der Erklärung des Nationalrates der Nationalen Front des demokratischen Deutschland zur Bedeutung der nationalen Jubiläen 1967 (Juli
1966).   352

1966/5   Günter Jacob, Christen ohne Privilegien. Möglichkeit des Christseins in
der sozialistischen Gesellschaft   352

1967/1   Herbert Trebs, Referat auf der Tagung des Präsidiums des Hauptvorstandes
der CDU mit Universitätstheologen, Geistlichen und anderen christlichen
Persönlichkeiten, Universität Jena, 8.–9. Febr. 1967   353

1967/2   Gerald Götting, Referat auf der Tagung des Präsidiums des Hauptvorstandes der CDU mit Universitätstheologen, Geistlichen und anderen christlichen Persönlichkeiten, Universität Jena, 8.–9. Febr. 1967   353

1967/3   Aus der Erklärung der „Arbeitsgruppe Christliche Kreise beim Nationalrat
der Nationalen Front", angenommen auf ihrer Tagung am 29.3. 1967 zum
Thema „Verantwortungsbewußte Kirchenpolitik heute"   354

1967/4   „Fürstenwalder Erklärung"   354

1967/5   Hans Moritz, Nachwort zu G. Kretzschmar, „Volkskirche im Umbruch",
Berlin/O 1967   354

1967/6   Bischof Friedrich-Wilhelm Krummacher, Tätigkeitsbericht vor der Synode
in Fürstenwalde, 1.–7. April 1967   355

1968/1   Brief der DDR-Bischöfe an den Staatsratsvorsitzenden Ulbricht vom 15.2.
1968 („Brief aus Lehnin")   356

1968/2 Verfassung der DDR von 1968 357
1968/3 Bischof Moritz Mitzenheim, Interview in der NZ vom 4.2.1968 357
1968/4 Bischof Moritz Mitzenheim, Rede auf der Bürgervertreterkonferenz in
Weimar am 29.2.1968 357
1968/5 Bischof Friedrich-Wilhelm Krummacher, Stellungnahme zum Entwurf
einer neuen Verfassung der DDR, 14.2.1968 358
1968/6 Hans Seigewasser über die „gemeinsame humanistische Verantwortung"
von Christen und Sozialisten in der „sozialistischen Menschengemeinschaft" 359
1968/7 Bischof Johannes Jänicke, Bericht vor der Provinzialsynode der Kirchenprovinz Sachsen, 19. Okt. 1968 360
1968/8 Bischof Hans-Joachim Fränkel, Bericht vor der Provinzialsynode der Evangelischen Kirche des Görlitzer Kirchengebietes 361
1968/9 Protokoll der Dienstbesprechung beim Staatssekretär für Kirchenfragen am
11. April 1968 mit Fortsetzung am 19. April 1968 361
1968/10 Protokoll der Dienstbesprechung beim Staatssekretär für Kirchenfragen am
4. Juli 1968 362
1968/11 Staatssekretär für Kirchenfragen, Information Nr. 7/68: Präambel zum
Arbeitsplan für das II. Halbjahr 1968 der Dienststelle des Staatssekretärs für
Kirchenfragen, 4.7.1968 362
1968/12 Staatssekretariat für Kirchenfragen, Abt. II (Dr. Fitzner), Vorlage zur Dienstbesprechung: „Zum Problem der möglichen Vereinbarungen zwischen
Staat und Kirche (Artikel 39, Abs. 2 der Verfassung)", 23.10.1968 363
1968/13 Dienststelle des Staatssekretärs für Kirchenfragen, Dr. Wilke, „Einschätzung
der Synode der Kirche Berlin-Brandenburg vom 1.–5.11.1968 in der Ste-
phanus-Stiftung Berlin-Weißensee", 8.11.1968 363
1968/14 Staatssekretär für Kirchenfragen, Information Nr. 1/69: „Präambel zum
Arbeitsplan für das I. Halbjahr 1969 der Dienststelle des Staatssekretärs für
Kirchenfragen", 10.12.1968 364
1969/1 Thesen des Komitees zum 20. Jahrestag der DDR 365
1969/2 Bischof Werner Krusche, Bericht vor der Synode der Kirchenprovinz Sachsen am 15. Nov. 1969 in Halle 366
1969/3 Bischof Moritz Mitzenheim, Gespräch mit Hermann Kalb 366
1969/4 Bischof Moritz Mitzenheim über die „gemeinsame humanistische Verantwortung von Marxisten und Christen" 366
1969/5 Staatssekretär Hans Seigewasser über „Kirche im Sozialismus" 367
1969/6 Paul Verner am 7. April 1969 zur Gründung des DDR-Kirchenbundes 368
1969/7 Dienststelle des Staatssekretärs für Kirchenfragen, „Information über neue
Formen und Methoden der politisch-religiösen Einflußnahme der Kirchen
auf die Jugend", 27.3.1969 368
1969/8 Staatssekretär für Kirchenfragen, Information Nr. 5/69: „Präambel zum
Arbeitsplan der Dienststelle des Staatssekretärs für Kirchenfragen für das
II. Halbjahr 1969", 30.6.1969 368
1969/9 Staatssekretär für Kirchenfragen, Information Nr. 11/69: „Präambel zum
Arbeitsplan der Dienststelle des Staatssekretärs für Kirchenfragen für das
I. Halbjahr 1970", 19.12.1969. 369
1970/1 Synode des Bundes der Evangelischen Kirchen in der DDR vom 26.–29.
Juni 1970 in Potsdam-Hermannswerder: Bericht der Konferenz der Evange-
lischen Kirchenleitungen 370
1970/2 Synode des Bundes der Evangelischen Kirchen in der DDR vom 26.–29.
Juni 1970 in Potsdam-Hermannswerder: Beschlüsse der Synode 370
1970/3 Hans-Hinrich Jenssen, Zur geistigen Neuorientierung der Kirchen in der
DDR 371

1970/4 Evangelische Kirche der Kirchenprovinz Sachsen, Landessynode am
6. November 1970 in Wernigerode, Bericht der Kirchenleitung 372
1970/5 EKU-Ratsvorsitzender Hans-Joachim Fränkel über die Eigenständigkeit
des gesellschaftlichen und politischen Engagements der Christen in der
DDR 373
1970/6 „Berufsbild eines Absolventen der Theologischen Sektion" der Humboldt-
Universität Berlin 374
1970/7 Staatssekretär für Kirchenfragen, Information Nr. 5/70: „Präambel zum
Arbeitsplan der Dienststelle des Staatssekretärs für Kirchenfragen für das
II. Halbjahr 1970", 17. 6. 1970 375
1970/8 Staatssekretär für Kirchenfragen, Information Nr. 11/70: „Präambel zum
Arbeitsplan der Dienststelle des Staatssekretärs für Kirchenfragen für das
I. Halbjahr 1971", 15. 12. 1970 376
1970/9 Dienststelle des Staatssekretärs für Kirchenfragen, „Einschätzung der Herbstsynoden der Evangelischen Landeskirchen in der Deutschen Demokrati-
schen Republik", 29. 12. 1970 377
1971/1 Paul Verner, „Gemeinsam auf dem guten Weg des Friedens und des Sozia-
lismus" 378
1971/2 Synode des Bundes der Evangelischen Kirchen in der DDR in Eisenach
1971, Bericht der Konferenz der Kirchenleitungen 379
1971/3 Günter Krusche, Kirche in der DDR – Kirche für andere 379
1971/4 Staatssekretär Hans Seigewasser, „Ansprache auf der Veranstaltung mit der
Thüringer Kirche am 25. Februar 1971 in Eisenach" 380
1971/5 Staatssekretär für Kirchenfragen, Information Nr. 4/71: „Präambel zum
Arbeitsplan der Dienststelle des Staatssekretärs für Kirchenfragen für das
II. Halbjahr 1971", 29. 6. 1971 381
1971/6 Dienststelle des Staatssekretärs für Kirchenfragen, „Einschätzung der
3. Tagung der 1. Synode des Bundes der Evangelischen Kirchen in der
DDR", 9. 7. 1971 381
1971/7 Staatssekretär für Kirchenfragen, Information Nr. 11/1971: „Präambel zum
Arbeitsplan der Dienststelle des Staatssekretärs für Kirchenfragen für das
1. Halbjahr 1972", 20. 12. 1971 382
1972/1 Albert Norden vor dem 13. Parteitag der CDU am 12. Oktober 1972 in
Erfurt 384
1972/2 Synode des Bundes der Evangelischen Kirchen in der DDR in Dresden
1972, Referat Heino Falcke: „Christus befreit – darum Kirche für andere" . 384
1972/3 Synode des Bundes der Evangelischen Kirchen in der DDR in Dresden
1972, Bericht der Konferenz der Kirchenleitungen 385
1972/4 Synode des Bundes der Evangelischen Kirchen in der DDR in Dresden
1972, Stellungnahme der Synode zum Bericht der Konferenz der Kirchen-
leitungen 386
1972/5 Staatssekretär für Kirchenfragen, Information Nr. 2/72: „Gespräch mit der
Magdeburger Kirchenleitung", 15. 4. 1972 386
1972/6 Staatssekretär Hans Seigewasser, „Grundsätzliche Bemerkungen zum Thema: der Platz der Kirchen in der sozialistischen Gesellschaft in der DDR" . . 389
1972/7 Staatssekretär für Kirchenfragen, Information Nr. 7/72: „Information über
das Gespräch des Staatssekretärs mit dem Vorstand des Bundes der evangelischen Kirchen in der DDR am 26. 6. 72", 6. 7. 1972 391
1972/8 Staatssekretär für Kirchenfragen, „Präambel zum Arbeitsplan der Dienststelle des Staatssekretärs für Kirchenfragen für das II. Halbjahr 1972", 7. 7.
1972 391
1972/9 Dienststelle des Staatssekretärs für Kirchenfragen, Information Nr. 10/72:
„Information zur 4. Tagung der 1. Generalsynode der Vereinigten Evange-

lisch-Lutherischen Kirche in der DDR vom 27. September bis 1. Oktober
1972 in Weimar", 18. 10. 1972 393

1972/10 Dienststelle des Staatssekretärs für Kirchenfragen, Abt. I (Dr. Wilke), Information: „Zur politischen Situation und zu aktuellen Tendenzen in den
evangelischen Kirchen in der DDR", 4. 12. 1972 394

1972/11 Dienststelle des Staatssekretärs für Kirchenfragen, „Arbeitsinformation
Abt. I, November 1972", 6. 12. 1972 396

1972/12 Staatssekretär für Kirchenfragen, Information Nr. 11/72: „Präambel zum
Arbeitsplan der Dienststelle des Staatssekretärs für Kirchenfragen für das
I. Halbjahr 1973", 20. 12. 1972 396

1973/1 Synode des Bundes der Evangelischen Kirchen in der DDR in Schwerin
1973, Bericht der Konferenz der Kirchenleitungen 398

1973/2 Bischof Hans-Joachim Fränkel vor der Provinzialsynode der Evangelischen
Kirche des Görlitzer Kirchengebietes vom 30. März bis 2. April 1973 „zur
öffentlichen Verantwortung der Kirchen in der gegenwärtigen Stunde" 399

1973/3 „Sorge um eine menschliche Welt". Studie des Theologischen Studienausschusses des Nationalkomitees des Lutherischen Weltbundes in der DDR
vom Oktober 1973 399

1973/4 Zum politischen Auftrag der christlichen Gemeinde (Barmen II). Votum
des Theologischen Ausschusses der Evangelischen Kirche der Union (17. 7.
1973) 400

1973/5 Zum politischen Auftrag der christlichen Gemeinde (Barmen II). Votum
des Theologischen Ausschusses der Evangelischen Kirche der Union – Sondervotum der Ausschußmitglieder aus dem DDR-Bereich 400

1973/6 Dienststelle des Staatssekretärs für Kirchenfragen, Abt. IB, Weise, „Gedächtnisniederschrift über ein Gespräch mit dem Bischof der Thüringer Landeskirche, Ingo Braecklein, am 14. 12. 1973", 18. 12. 1973 401

1973/7 Bischof Hans-Joachim Fränkel, Was haben wir aus dem Kirchenkampf
gelernt? 401

1974/1 Synode des Bundes der Evangelischen Kirchen in der DDR in Potsdam
1974, Bericht der Konferenz der Kirchenleitungen 402

1974/2 Propst Heino Falcke über Identität und Relevanz der Kirche in der DDR . . 403

1974/3 Evangelische Kirche in Berlin-Brandenburg, Landessynode in Berlin-Weis-
sensee, 26.–30. 4. 1974, Beschluß zum Terminus „Kirche im Sozialismus" . . 403

1974/4 II. Generalsynode der VELK in der DDR, Bericht des Leitenden Bischofs
Ingo Braecklein 404

1974/5 Glückwunschtelegramm der Konferenz der Kirchenleitungen an den Staatsratsvorsitzenden aus Anlaß des 25. Jahrestages der Gründung der DDR,
13./14. 9. 1974 404

1974/6 Evangelische Kirche in Berlin-Brandenburg, Synode in Berlin-Weißensee,
26.–30. 4. 1974, Bericht der Kirchenleitung, vorgetragen von Bischof
Albrecht Schönherr 405

1974/7 Synode des Bundes der Evangelischen Kirchen in der DDR in Potsdam
1974, Referat des Vorsitzenden der Konferenz der Kirchenleitungen
Albrecht Schönherr, „Die Kirche als Lerngemeinschaft" 405

1974/8 Gerhard Bassarak, Heil heute und Wohl des Menschen 406

1975/1 Staatssekretär Hans Seigewasser, „Ansprache bei einem Gespräch mit Geistlichen des Bezirkes Suhl am 4. 4. 75." 408

1976/1 Synode des Bundes der Evangelischen Kirchen in der DDR in Züssow
1976, Stellungnahme der Synode zu den Berichten der Konferenz der Kir-
chenleitungen 408

1976/2 Paul Verner über das Absterben der Religion im Sozialismus 408

1976/3 SED-Parteiprogramm, Mai 1976 409

1976/4   Christoph Hinz über den Ort der Evangelischen Kirche im sozialistischen
Staat 410

1976/5   Pfarrer Oskar Brüsewitz, Abschiedsbrief an den Pfarrkonvent des Kirchenkreises Zeitz, 18. Aug. 1976 411

1976/6   Unmittelbare kirchliche Reaktionen auf die Selbstverbrennung von Pfarrer
Oskar Brüsewitz in Zeitz am 18. Aug. 1976 411

1976/7   Konferenz der Kommunistischen und Arbeiterparteien Europas (Juni 1976
in Berlin/O) „Für Frieden, Sicherheit, Zusammenarbeit und sozialen Fortschritt in Europa" 413

1976/8   Staatsratsvorsitzender Erich Honecker vor der Volkskammer auf ihrer
1. Tagung nach den Neuwahlen, Okt. 1976 413

1976/9   Dienststelle des Staatssekretärs für Kirchenfragen, „Fragen des IX. Parteitages und des Programmentwurfs der SED im Bericht der Kirchenleitung
vor der Synode der Evangelischen Kirche Berlin-Brandenburg vom 23. bis
27. 4. 1976 in Weissensee." 413

1976/10   Dienststelle des Staatssekretärs für Kirchenfragen, Arbeitsgruppe Kirchenfragen – 64 –, „Informationen über den weiteren Verlauf der Synode der Evangelischen Kirche der Kirchenprovinz Sachsen (Magdeburg)", 1. 11. 1976 414

1977/1   Synode des Bundes der Evangelischen Kirchen in der DDR in Görlitz
1977, Bericht der Konferenz der Kirchenleitungen an die Synode 414

1977/2   Synode des Bundes der Evangelischen Kirchen in der DDR in Görlitz
1977, Stellungnahme der Synode zum Bericht der Konferenz der Kirchenleitungen 415

1977/3   Bischof Albrecht Schönherr, Interview über die Formel „Kirche im Sozialismus", 8. 2. 1977 415

1977/4   Reinhard Henkys über „Kirche im Sozialismus" 415

1977/5   Bischof Hans-Joachim Fränkel vor der Synode der Evang. Kirche des Görlitzer Kirchengebietes, März 1977 417

1977/6   Bischof Johannes Hempel, Tätigkeitsbericht der Kirchenleitung vor der
Landessynode der Evang.-Luth Landeskirche Sachsens, Dresden,
15.–19. 10. 1977 417

1977/7   Dienststelle des Staatssekretärs für Kirchenfragen, „Information über eine
Tagung der Synode des Bundes der Evangelischen Kirchen in der DDR
(BEK)" 418

1977/8   Dienststelle des Staatssekretärs für Kirchenfragen, „Information über ein
Gespräch des Staatssekretärs für Kirchenfragen, Hans Seigewasser, mit dem
Landesbischof der Evangelisch-Lutherischen Kirche in Thüringen, D. Ingo
Braecklein, am 21. Juli 1977 in Erfurt, Hotel ‚Erfurter Hof' (geschlossener
Raum)", 25. 7. 1977 419

1977/9   Bischof Werner Krusche, Christliche Kirche in einer sozialistischen Gesellschaft 419

1978/1   Bischof Werner Krusche im April 1978 vor der Kirchenkonferenz von
Chantilly über die Eigenständigkeit der kirchlichen Position in der Friedensfrage 420

1978/2   Bericht der Konferenz der Kirchenleitungen über das Staat-Kirche-
Gespräch vom 6. März 1978 420

1978/3   Bericht des Politbüros vor der 8. Tagung des ZK der SED, vorgetragen von
Erich Honecker 421

1978/4   Bischof Albrecht Schönherr über die „Mündigkeit der Welt" und die „Kirche für andere" 421

1978/5   Dienststelle des Staatssekretärs für Kirchenfragen, Wilke, „Konzeption zur
Einflußnahme auf die Herbstsynoden der evangelischen Landeskirchen",
11. 8. 1978 421

1978/6   Bischof Albrecht Schönherr, Ansprache bei dem Empfang des Vorstandes
          des Bundes der Evangelischen Kirchen in der DDR durch den Vorsitzen-
          den des Staatsrates der DDR, Erich Honecker, am 6. März 1978   422
1979/1   Bischof Heinrich Rathke vor dem Sprengelkonvent in Hamburg, 27. 4. 1979 .   423
1979/2   Bischof Albrecht Schönherr, „Über Auftrag und Weg der Kirche Jesu Chri-
          sti in der sozialistischen Gesellschaft der DDR". Referat vor der Synode
          der Evang. Kirche in Berlin-Brandenburg, April 1979   424
1979/3   Synode des Bundes der Evangelischen Kirchen in der DDR in Dessau
          1979, Bericht der Konferenz der Kirchenleitungen an die Synode   425
1979/4   Manfred Stolpe über die Koexistenz von Staat und Kirche in der DDR   426
1979/5   Die Diskussion um die „kritische Distanz" der Kirche   427
1979/6   Grußwort des Staatssekretärs für Kirchenfragen Hans Seigewasser auf der
          Tagung des CDU-Hauptvorstandes am 23. 2. 1979 in Burgscheidungen   428
1980/1   Staatssekretär für Kirchenfragen Klaus Gysi vor dem CDU-Hauptvorstand
          im Februar 1980   428
1980/2   Aus dem Kommuniqué des Gespräches von Ministerpräsident Stoph und
          Bischof Schönherr am 17. Nov. 1980   429
1980/3   Horst Bartel, Martin Luther und unsere Zeit   429
1980/4   Synode des Bundes der Evangelischen Kirchen in der DDR in Leipzig
          1980, Bericht der Konferenz der Kirchenleitungen   429
1980/5   Manfred Stolpe, „Kirche, Staat und Welt". Vortrag im Dom zu Greifswald,
          15. 10. 1980   431
1981/1   Klaus Gysi, Vortrag im Ökumenischen Zentrum Genf, 29. 5. 1981   431
1981/2   Kirchenpräsident Eberhard Natho am 9. 10. 1981 vor der EKU-Synode/
          Region West in Berlin/W   432
1981/3   Staatssekretär für Kirchenfragen Klaus Gysi, Vortrag vor dem Königlichen
          Institut für Internationale Angelegenheiten in London (Chatham House),
          13. Mai 1981   433
1981/4   Dienststelle des Staatssekretärs für Kirchenfragen, Stichwortzettel zum
          „60. Geburtstag von OKR Mitzenheim, Hartmut (9. 6. 1921)", 8. 4. 1981 . .   434
1981/5   Synode des Bundes der Evangelischen Kirchen in der DDR in Güstrow
          1981, Stellungnahme der Synode zum Bericht des Vorsitzenden der Konfe-
          renz der Kirchenleitungen   434
1982/1   Aus einem Rundschreiben des Ministers für Staatssicherheit Mielke vom
          17. 3. 1982   434
1982/2   Aus der Rede-Disposition eines Führungsoffiziers der Abt. XX des MfS,
          zur Rolle des „politischen Klerikalismus"   435
1983/1   Synode des Bundes der Evangelischen Kirchen in der DDR in Potsdam-
          Hermannswerder 1983   435
1984/1   Synode des Bundes der Evangelischen Kirchen in der DDR in Greifswald
          1984   436
1985/1   Synode des Bundes der Evangelischen Kirchen in der DDR in Dresden
          1985, Bericht der Konferenz der Kirchenleitungen an die Synode   439
1985/2   Staatssekretär Klaus Gysi, Potsdam, 26. 10. 1985   439
1986/1   Manfred Stolpe über „Kirche im Sozialismus"   440
1986/2   Bischof Christoph Stier über ekklesiologische Programmformeln und „Kir-
          che im Sozialismus"   441
1986/3   Volkskammerpräsident Horst Sindermann über das Verhältnis zwischen
          Staat und Kirche   442
1986/4   Synode des Bundes der Evangelischen Kirchen in der DDR in Erfurt 1986 .   442
1986/5   Albrecht Schönherr, „Öffentlichkeitsanspruch einer Minderheit. Aktuelle
          Erwägungen zum vierzigjährigen Jubiläum der ‚Mecklenburgischen Kir-
          chenzeitung' im Juni 1986"   444

1986/6   Albrecht Schönherr, Die Religionskritik Dietrich Bonhoeffers in ihrer
         Bedeutung für das Christsein in der DDR   444
1987/1   Otto Reinhold über den beiderseitigen Lernprozeß   445
1987/2   Gerhard Bassarak über Proexistenz und Eigenständigkeit   445
1987/3   Gerhard Bassarak, „Zum Darmstädter Wort – 40 Jahre danach"   446
1987/4   Aus einem „Informationsmaterial zu Kirchenfragen" der Zentralen Auswer-
         tungs- und Informationsgruppe des MfS vom Mai 1987   446
1987/5   Aus einer „Gesprächsvorlage" für die Sitzung der Konferenz der Kirchenlei-
         tungen im März 1987   447
1987/6   Bischof Werner Leich, „Bedeutung und Wirkung des Darmstädter Wortes
         des Bruderrates für den Weg der Evangelischen Christen und Kirchen in
         der Deutschen Demokratischen Republik"   447
1988/1   Olof Klohr, Atheistischer Staat?, 1988   448
1988/2   Albrecht Schönherr, Nach zehn Jahren. Rückblick auf das Staat-Kirche-
         Gespräch vom 6. März 1978   449
1988/3   Götz Planer-Friedrich, „Kirche im Sozialismus? Eine Kompromiß-Meta-
         pher hat ausgedient"   449
1988/4   Aus der Ansprache von Bischof Werner Leich bei seiner Begegnung mit
         dem Staatsratsvorsitzenden Honecker am 3. März 1988   450
1988/5   Manfred Punge, Zum Gebrauch des Begriffes „Kirche im Sozialismus"   451
1988/6   Ausschuß „Kirche und Gesellschaft" der Theologischen Studienabteilung
         des BEK, September 1988   452
1988/7   Synode des Bundes der Evangelischen Kirchen in der DDR in Dessau
         1988   452
1988/8   Propst Hans-Otto Furian, Schreiben „An die Herren Superintendenten
         und die Vorsitzenden der Bruderschaftlichen Leitungen der Evangelischen
         Kirche in Berlin-Brandenburg" vom 9. September 1988   453
1988/9   Günter Krusche, „Gemeinden in der DDR sind beunruhigt. Wie soll die
         Kirche sich zu den Gruppen stellen?"   454
1989/1   Richard Schröder: „Nochmals: ,Kirche im Sozialismus'"   454
1989/2   Ökumenische Versammlung 1989, „Mehr Gerechtigkeit in der DDR –
         unsere Aufgabe, unsere Erwartung"   455
1989/3   Bischof Werner Leich, „Kirche im Sozialismus – Bilanz und Ausblick".
         Referat am 5.3. 1989 in Jena   455
1990/1   Bund der Evangelischen Kirchen in der DDR (Hg.), „Bleibender Auftrag
         unter neuen Herausforderungen. Überlegungen zum Weg unserer Kirche
         in das vereinigte Deutschland. Ein Gesprächsangebot"   456
1990/2   Werner Leich, „Der geistliche Auftrag der Kirche Jesu Christi und seine
         politischen Auswirkungen"   456
1990/3   Walter Hammer, „Besondere Gemeinschaft" – sehr konkret   457
1991/1   Oberkirchenrat Martin Ziegler, Leiter des Sekretariats des Kirchenbundes,
         vor der letzten Bundessynode im Februar 1991   457
1991/2   Axel von Campenhausen, „,Auch der Westen hat seine Erfahrungen'. Soll
         das Grundgesetz geändert werden?"   458
1992/1   Götz Planer-Friedrich, „Einfallstore für die Stasi. Der Thüringer Weg
         systemkonformer Kirchenpolitik"   458
1992/2   Gottfried Forck, Vortrag vor dem Kirchentagskongreß in Jena-Lobeda
         (12.–14.6. 1992)   459
1992/3   Wolf Krötke, „Mußte die Kirche mit der Stasi reden?"   459
1992/4   Johannes Althausen, „Die Kirche in der DDR zwischen Anpassung und
         Verweigerung". Referat am 14. März 1992 in Strasbourg   459
1992/5   Albrecht Schönherr, „Weder Opportunismus noch Opposition. Kirche im
         Sozialismus – der beschwerliche Weg der Protestanten in der DDR"   461

1992/6   Fritz Neugebauer, Protestanten am Scheideweg 461
1993/1   Martin Hohmann, „Strategie des Öffnens. Zur Aufarbeitung der Vergan-
         genheit" 462

Dokument 1891/1

August Bebel, Berliner Rede vom 16. Juli 1891.

Heute lehrt die Geschichtsforschung, daß der Staat eine Einrichtung der Periode des Privateigentums ist, von den Besitzenden gegründet, um sie gegen die Nichtbesitzenden zu schützen, denen er stets als ein unantastbares Heiligtum hingestellt wird. Wo sich aber verschiedene Interessen feindlich gegenüberstehen, bildet sich der Staat; wenn aber die Klassengegensätze aufgehoben werden, wird der Staat überflüssig. [...] Der Staat der heutigen herrschenden Klasse benutzt natürlich Kirche, Schule und alle Mittel, um das Volk im Glauben zu erhalten, der Klassenstaat, wie er besteht, wäre eine Notwendigkeit, und daher kommt es, daß so viele Proletarier, deren Interessen sie zu uns ziehen müßten, noch in den Reihen der Gegner gegen uns kämpfen.

Quelle: KThQ IV/2, 28–30, 28f.

Dokument 1891/2

SPD, Erfurter Parteiprogramm von 1891.

6. Erklärung der Religion zur Privatsache. Abschaffung aller Aufwendungen aus öffentlichen Mitteln zu kirchlichen und religiösen Zwecken. Die kirchlichen und religiösen Gemeinschaften sind als private Vereinigungen zu betrachten, welche ihre Angelegenheiten vollkommen selbständig ordnen. 7. Weltlichkeit der Schule. Obligatorischer Besuch der öffentlichen Volksschulen. Unentgeltlichkeit des Unterrichts, der Lehrmittel und der Verpflegung in den öffentlichen Volksschulen, sowie in den höheren Bildungsanstalten für diejenigen Schüler und Schülerinnen, die kraft ihrer Fähigkeiten zur weiteren Ausbildung geeignet erachtet werden [...].

Quelle: KThQ IV/2, 30f.

Dokument 1918/1

Verordnung des Rates der Volkskommissare über die Trennung der Kirche vom Staat und der Schule von der Kirche vom 23. Jan. 1918.

1. Die Kirche wird vom Staat getrennt.
2. In den Grenzen der Republik ist es verboten, irgendwelche örtlichen Gesetze oder Bestimmungen zu erlassen, die die Gewissensfreiheit beschränken und begrenzen oder irgendwelche Vorrechte oder Privilegien aufgrund der konfessionellen Zugehörigkeit der Bürger festsetzen.
3. Jeder Bürger kann eine beliebige Religion bekennen oder gar keine Religion bekennen. Alle Rechtsverluste, die mit dem Bekenntnis irgend eines Glaubens oder mit dem Nichtbekennen eines Glaubens zusammenhängen, werden aufgehoben. Anmerkung: Aus allen amtlichen Akten wird jeglicher Hinweis auf die religiöse Zugehörigkeit und Nichtzugehörigkeit der Bürger entfernt.
4. Handlungen staatlicher und anderer gesellschaftlicher Einrichtungen des öffentlichen Rechtes werden nicht mit religiösen Riten und Zeremonien verbunden.
5. Die freie Ausübung religiöser Riten wird in dem Maße sichergestellt, in dem sie die öffentliche Ordnung nicht stören und nicht Eingriffe in die Rechte der Bürger der Sowjetre-

publik zur Folge haben. Die örtlichen Behörden haben das Recht, alle notwendigen Maßnahmen zu ergreifen, um die öffentliche Ordnung und Sicherheit zu gewährleisten.

6. Niemand darf sich unter Berufung auf seine religiösen Anschauungen der Erfüllung seiner bürgerlichen Pflichten entziehen. Ausnahmen von dieser Bestimmung können im einzelnen Falle durch Entscheidung des Volksgerichts mit der Maßgabe zugelassen werden,
daß anstelle der einen bürgerlichen Pflicht eine andere auferlegt wird.

7. Religiöser Schwur oder Eid wird abgeschafft. In notwendigen Fällen wird nur ein feier-
liches Versprechen abgegeben.

8. Zivilstandsregister werden ausschließlich von zivilen Behörden geführt: durch die Abteilungen für Eheschließungen und Geburten.

9. Die Schule wird von der Kirche getrennt. In allen staatlichen und öffentlichen, aber
ebenso auch in privaten Lehranstalten, in denen allgemeinbildende Fächer unterrichtet werden, wird der Unterricht in religiösen Glaubenslehren nicht zugelassen. Die Bürger können
auf private Weise Religion lehren und lernen.

10. Alle kirchlichen und religiösen Gesellschaften werden den allgemeinen Bestimmungen über private Gesellschaften und Verbände unterworfen und genießen keinerlei Vorrechte und Zuwendungen, weder vom Staat noch von örtlichen autonomen und sich selbst ver-
waltenden Einrichtungen.

11. Zwangsbetreibung von Steuern und Veranlagung zugunsten kirchlicher und religiöser Gesellschaften sowie Zwangsmaßnahmen und Bestrafungen von seiten dieser Gesellschaften gegenüber ihren Mitgliedern werden nicht zugelassen.

12. Keine kirchlichen und religiösen Gesellschaften haben das Recht, Eigentum zu besitzen. Sie haben nicht die Rechte einer juristischen Person.

13. Das gesamte Vermögen der in Rußland bestehenden kirchlichen und religiösen Gesellschaften wird zum Volkseigentum erklärt. Gebäude und Gegenstände, die speziell für
gottesdienstliche Zwecke vorgesehen sind, werden nach besonderen Bestimmungen der örtlichen oder zentralen staatlichen Behörden zur kostenlosen Benutzung den entsprechenden
religiösen Gesellschaften übergeben.

Der Vorsitzende des Rates der Volkskommissare: V. Ul'jánov (Lénin) (weitere Unter-
schriften)

Quelle: R. STUPPERICH (Hg.), Kirche und Staat in der Sowjetunion, 1962, 5f.; abgedr. in:
KThQ IV/2, 66f.

Dokument 1928/1

*VI. Weltkongreß der Kommunistischen Internationale in Moskau, Sept. 1928, Programm der
Kommunistischen Internationale.*

Die Entwicklung der Produktivkräfte der kommunistischen Weltgesellschaft macht die
Hebung des Wohlstandes der ganzen Menschheit und die stärkste Verkürzung der der materiellen Produktion gewidmeten Zeit möglich und eröffnet damit eine in der Geschichte un-
erhörte Blütezeit der Kultur. Diese neue Kultur der zum erstenmal geeinten Menschheit,
die alle Staatsgrenzen zerstört hat, wird auf klaren und durchsichtigen Beziehungen der
Menschen zueinander beruhen. Sie wird daher Mystik und Religion, Vorurteile und Aber-
glaube für alle Zeiten begraben und damit der Entwicklung siegreicher wissenschaftlicher
Erkenntnis einen mächtigen Anstoß geben.

Quelle: H. WEBER (Hg.), Der deutsche Kommunismus. Dokumente 1915–1945, [3]1973,
50.

Dokument 1936/1

Verfassung der UdSSR, 1936.

Artikel 124:
Um den Bürgern die Gewissensfreiheit zu sichern, ist in der UdSSR die Kirche vom
Staat und die Schule von der Kirche getrennt. Die Freiheit, religiöse Kulthandlungen zu ver-
richten, und die Freiheit, antireligiöse Propaganda zu treiben, wird allen Bürgern zuerkannt.

Quelle: R. STUPPERICH, Kirche und Staat in der Sowjetunion, 1962.

Dokument 1937/1

Zentralkomitee der KPD, Die KPD und der Kirchenkampf. Direktive, Juni 1937.

Der Kampf zwischen der faschistischen Diktatur auf der einen Seite und der katholischen
Kirche und der evangelischen Bekenntniskirche auf der anderen Seite spitzt sich zu und erfordert die volle Aufmerksamkeit und aktive Unterstützung der um die Religionsfreiheit
kämpfenden katholischen und evangelischen Massen durch alle Antifaschisten. [...]
   Im Sinne unserer großen Aufgabe der Einigung des Volkes gegen die faschistische Barbarei unterstützen wir den Kampf der katholischen und evangelischen Organisationen um die
Verteidigung ihrer Rechte [...]
   Aus dieser Situation ergeben sich folgende Aufgaben:
   1. Aktivste Unterstützung des Kampfes der Katholiken und Protestanten um ihre Rechte, für die Glaubensfreiheit. Massenmobilisierung für die Freilassung von Niemöller, Ros-
saint und der vielen anderen verhafteten Pfarrer.
   2. Verteidigung der Rechte der katholischen und evangelischen Jugendorganisationen
und gemeinsamer Kampf mit ihnen gegen die Verschickung deutscher Jugendlicher zu Fran-
co, gegen den Kriegsdrill der deutschen Jugend.
   3. Kameradschaftliche Zusammenarbeit und gemeinsamer Kampf mit den christlichen
Arbeitern in den Betrieben, in der DAF und in anderen Massenorganisationen.
   4. Herstellung der Einheit des antifaschistischen Kampfes durch Zusammenarbeit für die
Propaganda und für die Durchführung der Volksfrontforderungen. Gemeinsame Schaffung
von [...] Stützpunkten der Volksfront.

Quelle: H. WEBER (Hg.), Der deutsche Kommunismus. Dokumente 1915–1945, ³1973,
379–381.

Dokument 1939/1

KPD, 14. Parteitag, 1939 („Berner Parteikonferenz"), Resolution.

Ein weiteres großes Hemmnis in der Einigung der Hitlergegner in der Volksfront ist die
Furcht mancher kirchlicher, besonders katholischer Kreise über das Schicksal der Kirche in
einem zukünftigen Volksfrontdeutschland. Aber ebenso, wie heute katholische und marxistische Arbeiter gemeinsam gegen denselben Feind kämpfen und einander beistehen, wird
der Kirche, die auf seiten des Volkes steht, die nicht, wie in Francospanien, an der Seite der
schwärzesten Reaktion einen erbarmungslosen Krieg gegen das eigene Volk führt, die
nicht, wie im alten Rußland, auf Gedeih und Verderb mit dem Zarismus verbunden war,
von einem Volksfrontdeutschland nicht nur keine Gefahr drohen, sondern sie wird von der
Gefahr der Vernichtung durch den Faschismus gerettet sein. Die neue demokratische Repu-

blik wird die Gewissens- und Glaubensfreiheit und den Schutz des Eigentums der Kirche garantieren [...].

Quelle: DOHLE/DROBISCH/HÜTTNER 1967, 122.

Dokument 1941/1

Geistlicher Vertrauensrat der DEK, Kanzelabkündigung vom 13. Juli 1941.

Der „Geistliche Vertrauensrat" der Deutschen Evangelischen Kirche, dem Bischof Marahrens, Landesbischof Schultz (Mecklenburg) und Präsident Hymmen (Berlin) angehörten, machte für den 13. 7. 1941 folgende Kanzelabkündigung über die Landeskirchen allen Pfarrern zur Pflicht[1]. Der Text war bereits am 30. 6. 1941 an Hitler abgesandt worden.

Der Geistliche Vertrauensrat der DEK, erstmalig seit Beginn des Entscheidungskampfes im Osten versammelt, versichert Ihnen, mein Führer, in diesen hinreißend bewegten Stunden aufs neue die unwandelbare Treue und Einsatzbereitschaft der gesamten evangelischen Christenheit des Reiches. Sie haben, mein Führer, die bolschewistische Gefahr im eigenen Lande gebannt und rufen nun unser Volk und die Völker Europas zum entscheidenden Waffengange gegen den Todfeind aller Ordnung und aller abendländischen christlichen Kultur auf. Das deutsche Volk und mit ihm alle seine christlichen Glieder danken Ihnen für diese Ihre Tat. Daß sich die britische Politik nun auch offen des Bolschewismus als Helfershelfer gegen das Reich bedient, macht endgültig klar, daß es ihr nicht um das Christentum, sondern allein um die Vernichtung des deutschen Volkes geht. Der allmächtige Gott wolle Ihnen und unserem Volk beistehen, daß wir gegen den doppelten Feind den Sieg gewinnen, dem all unser Wollen und Handeln gelten muß. Die DEK [...] ist mit allen ihren Gebeten bei Ihnen und bei unseren unvergleichlichen Soldaten, die nun mit so gewaltigen Schlägen darangehen, den Pestherd zu beseitigen, damit in ganz Europa unter Ihrer Führung eine neue Ordnung erstehe und aller inneren Zersetzung, aller Beschmutzung des Heiligsten, aller Schändung der Gewissensfreiheit ein Ende gemacht werde.

Quelle: KJB 1933–1944, 478f.; zit. n. J. HAMEL, Wahrnehmung gesellschaftlicher Verantwortung durch die evangelischen Kirchen in Deutschland – ein Rückblick, in: Zum politischen Auftrag der christlichen Gemeinde (Barmen II), 1974, 21.

Dokument 1947/1

„Darmstädter Wort", 1947.

3. Wir sind in die Irre gegangen, als wir begannen, eine „christliche Front" aufzurichten gegenüber notwendig gewordenen Neuordnungen im gesellschaftlichen Leben der Menschen. Das Bündnis der Kirche mit den das Alte und Herkömmliche konservierenden Mächten hat sich schwer an uns gerächt. Wir haben die christliche Freiheit verraten, die uns erlaubt und gebietet, Lebensformen abzuändern, wo das Zusammenleben der Menschen solche Wandlung erfordert. Wir haben das Recht zur Revolution verneint, aber die Entwicklung zur absoluten Diktatur geduldet und gutgeheißen.

4. Wir sind in die Irre gegangen, als wir meinten, eine Front der Guten gegen die Bösen, des Lichtes gegen die Finsternis, der Gerechten gegen die Ungerechten im politischen Leben und mit politischen Mitteln bilden zu müssen. Damit haben wir das freie Angebot der Gnade Gottes an alle durch eine politische, soziale und weltanschauliche Frontenbildung verfälscht und die Welt ihrer Selbstrechtfertigung überlassen.

---

[1] Vgl. Gesetzblatt der DEK. Ausgabe B (Altpreußen), 1941 (Nr. 7), 31.

5. Wir sind in die Irre gegangen, als wir übersahen, daß der ökonomische Materialismus der marxistischen Lehre die Kirche an den Auftrag und die Verheißung der Gemeinde für das Leben und Zusammenleben der Menschen im Diesseits hätte gemahnen müssen. Wir haben es unterlassen, die Sache der Armen und Entrechteten gemäß dem Evangelium von Gottes kommendem Reich zur Sache der Christenheit zu machen.

6. Indem wir das erkennen und bekennen, wissen wir uns als Gemeinde Jesu Christi freigesprochen zu einem neuen, besseren Dienst zur Ehre Gottes und zum ewigen und zeitlichen Heil der Menschen. Nicht die Parole: Christentum und abendländische Kultur, sondern Umkehr zu Gott und Hinkehr zum Nächsten in der Kraft des Todes und der Auferstehung Jesu Christi ist das, was unserem Volk und inmitten unseres Volkes vor allem uns Christen selbst nottut.

Quelle: KThQ IV/2, 164.

Dokument 1947/2

Bischof Otto Dibelius, Die tragende Mitte.

Aus der Programmrede des 2. Kirchentages für die Berliner Gemeinden, gehalten am 27. April 1947 im Sowjetischen Sektor von Berlin.

Daß sich seit 200 Jahren das Leben und Denken der Menschheit in zunehmendem Maße verweltlicht hat, ist eine Tatsache, die klar vor unseren Augen steht. Dieser Prozeß der Verweltlichung, der Säkularisierung, hat sich in keinem anderen Lande so gründlich vollzogen wie in Deutschland. Im nationalsozialistischen Staat erreichte sie einen Höhepunkt. Und bei diesem Höhepunkt ist es geblieben. [...]

Wir sind uns klar darüber, daß der Verfall der sittlichen Bindungen nichts anderes ist als die unausbleibliche Frucht jener Säkularisierung unseres Lebens... Keine menschliche Gemeinschaft kann bestehen ohne das, was man die tragende Mitte nennt. Man hat versucht, eine solche tragende Mitte vom Menschen her zu finden: im Gedanken der Kultur, in einer politischen Idee, in einem sozialen Idealismus. Das alles hat zu nichts weiter geführt als zu immer weiterem sittlichen Verfall. Die tragende Mitte kann nur Gott sein.

Wir stehen vor einem großen Entweder-Oder... Entweder eine Gegenbewegung mit Ernst und Kraft und Vollmacht setzt ein; oder, da man in einer säkularisierten Welt sittliche Ordnungen nicht aufbauen kann, es wird aus dem, was einmal ein Volk war, eine triebhaft unruhige Masse, die noch eine Zeitlang mit Gewalt im Zaum gehalten werden kann, die aber eines Tages die Schranken eines wechselnden Gewaltregiments durchbricht und im Kampf aller gegen alle zugrundegeht. Der Untergang des Abendlandes ist dann da. Und niemand meine, daß ein solcher Untergang eine sanfte Angelegenheit sei, so wie ein müder Greis sich zum Schlafen legt, um nicht wieder aufzuwachen. Im Zeitalter der Atombombe gehen Völker nicht still und geräuschlos unter, sondern so, wie es in der Offenbarung des Johannes beschrieben wird.

Quelle: O. Dibelius, Reden – Briefe 1933–1967, hg. v. J. W. Winterhager, 1970, 34–36.

Dokument 1948/1

EKD, Grundordnung, Artikel 19.

Die Evangelische Kirche in Deutschland vertritt die gesamtkirchlichen Anliegen gegenüber allen Inhabern öffentlicher Gewalt. Sie erstrebt ein einheitliches Handeln ihrer Gliedkirchen auf allen Gebieten des öffentlichen Lebens.

Quelle: Eisenach 1948. Verhandlungen der verfassunggebenden Kirchenversammlung der Evangelischen Kirche in Deutschland vom 9. – 13. Juli 1948. Hg. im Auftrag des Rates von der Kirchenkanzlei der Evangelischen Kirche in Deutschland, Berlin 1951, 229.

Dokument 1949/1

Verfassung der Deutschen Demokratischen Republik vom 7. Oktober 1949.

Aus Kap. I.: „Rechte des Bürgers"
Artikel 16. (2) Der Sonntag, die Feiertage und der 1.Mai sind Tage der Arbeitsruhe und stehen unter dem Schutz der Gesetze.
Aus Kap. IV.: „Erziehung und Bildung"
Artikel 40. (1) Der Religionsunterricht ist Angelegenheit der Religionsgemeinschaften. Die Ausübung des Rechtes wird gewährleistet.
Aus Kap. V.: „Religion und Religionsgemeinschaften"
Artikel 41. (1) Jeder Bürger genießt volle Glaubens- und Gewissensfreiheit. Die ungestörte Religionsausübung steht unter dem Schutz der Republik. (2) Einrichtungen von Religionsgemeinschaften, religiöse Handlungen und der Religionsunterricht dürfen nicht für verfassungswidrige oder parteipolitische Zwecke mißbraucht werden. Jedoch bleibt das Recht der Religionsgemeinschaften, zu den Lebensfragen des Volkes von ihrem Standpunkt aus Stellung zu nehmen, unbestritten.
Artikel 42. (1) Private oder staatsbürgerliche Rechte und Pflichten werden durch die Religionsausübung weder bedingt noch beschränkt. (2) Die Ausübung privater oder staatsbürgerlicher Rechte oder die Zulassung zum öffentlichen Dienst sind unabhängig von dem religiösen Bekenntnis. (3) Niemand ist verpflichtet, seine religiöse Überzeugung zu offenbaren. Die Verwaltungsorgane haben nur insoweit das Recht, nach der Zugehörigkeit zu einer Religionsgemeinschaft zu fragen, als davon Rechte oder Pflichten abhängen oder eine gesetzlich angeordnete statistische Erhebung dies erfordert. (4) Niemand darf zu einer kirchlichen Handlung oder Feierlichkeit oder zur Teilnahme an religiösen Übungen oder zur Benutzung einer religiösen Eidesformel gezwungen werden.
Artikel 43. (1) Es besteht keine Staatskirche. Die Freiheit der Vereinigung zu Religionsgemeinschaften wird gewährleistet. (2) Jede Religionsgemeinschaft ordnet und verwaltet ihre Angelegenheiten selbständig nach Maßgabe der für alle geltenden Gesetze. (3) Die Religionsgemeinschaften bleiben Körperschaften des öffentlichen Rechtes, soweit sie es bisher waren. Andere Religionsgemeinschaften erhalten auf ihren Antrag gleiche Rechte, wenn sie durch ihre Verfassung und die Zahl ihrer Mitglieder die Gewähr der Dauer bieten. Schließen sich mehrere derartige öffentlich-rechtliche Religionsgemeinschaften zu einem Verbande zusammen, so ist auch dieser Verband eine öffentlich-rechtliche Körperschaft. (4) Die öffentlich-rechtlichen Religionsgemeinschaften sind berechtigt, von ihren Mitgliedern Steuern aufgrund der staatlichen Steuerlisten nach Maßgabe der allgemeinen Bestimmungen zu erheben. (5) Den Religionsgemeinschaften werden Vereinigungen gleichgestellt, die sich die gemeinschaftliche Pflege einer Weltanschauung zur Aufgabe machen.
Artikel 44. (1) Das Recht der Kirche auf Erteilung von Religionsunterricht in den Räumen der Schule ist gewährleistet. Der Religionsunterricht wird von den durch die Kirche ausgewählten Kräften erteilt. Niemand darf gezwungen oder gehindert werden, Religionsunterricht zu erteilen. Über die Teilnahme am Religionsunterricht bestimmen die Erziehungsberechtigten.
Artikel 45. (1) Die auf Gesetz, Vertrag oder besonderen Rechtstiteln beruhenden öffentlichen Leistungen an die Religionsgemeinschaften werden durch Gesetz abgelöst. (2) Das Ei-

gentum sowie andere Rechte der Religionsgemeinschaften und religiösen Vereine an ihren für Kultus-, Unterrichts- und Wohltätigkeitszwecke bestimmten Anstalten, Stiftungen und sonstigen Vermögen werden gewährleistet.

Artikel 46. (1) Soweit das Bedürfnis nach Gottesdienst und Seelsorge in Krankenhäusern, Strafanstalten oder anderen öffentlichen Anstalten besteht, sind die Religionsgesellschaften zur Vornahme religiöser Handlungen zugelassen. Niemand darf zur Teilnahme an solchen Handlungen gezwungen werden.

Artikel 47. (1) Wer aus einer Religionsgesellschaft öffentlichen Rechtes mit bürgerlicher Wirkung austreten will, hat den Austritt bei Gericht zu erklären oder als Einzelerklärung in öffentlich beglaubigter Form einzureichen.

Artikel 48. (1) Die Entscheidung über die Zugehörigkeit von Kindern zu einer Religionsgesellschaft steht bis zu deren vollendetem vierzehnten Lebensjahr den Erziehungsberechtigten zu. Von da ab entscheidet das Kind selbst über seine Zugehörigkeit zu einer Religions- oder Weltanschauungsgemeinschaft.

Quelle: H. ROGGEMANN, Die DDR-Verfassungen, 1980, 200ff.

Dokument 1951/1

CDU, Thesen des christlichen Realismus.

Papier einer Arbeitstagung der CDU in Meißen, 1951.

Die Wirklichkeit Gottes, des Schöpfers aller Dinge, ist selbstverständlich der Wirklichkeit alles Geschaffenen übergeordnet. Gott ist der Ursprung für Materie und Geist, Sein und Bewußtsein. Sein und Bewußtsein nimmt der Christ daher als zwei wesensunabhängige Wirklichkeiten an, die ihren gemeinsamen Ursprung in Gott haben, und im Menschen, dem Ebenbilde Gottes, sich durchdringen. Diese Anerkennung zweier wesensunabhängiger Wirklichkeiten in der von Gott geschaffenen Welt kennzeichnet die Weltanschauung der Christen als dualistisch. Damit unterscheidet sie sich von allen monistischen Weltanschauungen, die nur eine wesensunabhängige Wirklichkeit anerkennen, sowohl vom Idealismus wie vom Materialismus.

Diese realistische Haltung begründet unerschütterlich die Überzeugung, daß der Schöpfer in seiner unendlichen Güte dem Menschen in Sinnen und Verstand die ausreichenden Werkzeuge zur Verfügung gestellt hat, um die Welt zu erkennen. Daß uns diese Erkenntnisse aber nicht von selbst in den Schoß fallen, sondern daß das Streben nach Erkenntnis eine der Aufgaben ist, die Gott den Menschen gestellt hat. Mit dem Glauben an die Offenbarung Gottes ist der Glaube an die Verläßlichkeit der Selbstenthüllung der Natur gegeben, in die der Mensch durch Beobachtung und Forschung einen immer tieferen Einblick gewinnt. Diese Überzeugung führt zu der Forderung, daß der Mensch unermüdlich um eine immer tiefere Erkenntnis Gottes und der von ihm geschaffenen Natur ringt. Der Christ bejaht daher den Fortschritt der Wissenschaft und das unablässige Streben im Sinne dieses Fortschrittes. [...]

Die Kritik Jesu an der damals bestehenden Gesellschaft wird von den Evangelien Seite für Seite bezeugt. Mit dem Ziele einer Veränderung der bestehenden Verhältnisse hat sich Jesus eingesetzt für die Gleichberechtigung der Nationen, für die Menschenwürde der Sklaven, der Frauen und Kinder. [...] Jesus [...] hat die in seinem Volke herrschende Schicht gewarnt, daß ihr Treiben mit einem furchtbaren Strafgerichte Gottes, mit einer Katastrophe enden müßte. Der Haß dieser herrschenden Schicht ist es gewesen, der Christus ans Kreuz geschlagen hat. [...]

Die Erneuerung des Lebens durch die Liebe Christi reißt die sozialen Schranken ebenso nieder wie die nationalen Vorurteile. Das Christentum verändert in seinem Wirkungsbereich die ökonomischen Verhältnisse. [...]

Da Christi Lehre für alle Zeiten Bedeutung hat [...], ist es selbstverständlich, daß diese Lehre auch für die Lösung der großen sozialen und politischen Probleme der Gegenwart Bedeutung haben muß. Christus hat zu den sozialen Fragen seiner Zeit unzweideutig und entschieden Stellung genommen. Diese Stellungnahme bedeutet eine Anleitung, wie der Christ die Fragen des menschlichen Gesellschaftslebens behandeln soll, indem er die Wirklichkeit Gottes der Wirklichkeit seiner Zeit gegenüberstellt. [...]

Die großen philosophischen Richtungen des 19. Jahrhunderts, Idealismus und Materialismus, haben sich selbst vom Christentum abgegrenzt. [...] Der Materialismus in seiner entscheidenden Ausprägungsform des dialektischen Materialismus, indem er die Gottesvorstellung als überholt erklärt und die Religion als einen Teil des Überbaus bezeichnet, der sich mit der ökonomischen Basis zwangsläufig verändert. [...]

Ohne Anhänger des dialektischen Materialismus zu sein, muß der Christ die Grundzüge der vom Marxismus-Leninismus gegebenen ökonomischen Analyse als richtig erkennen. [...]

Aus christlicher Verantwortung bekennt sich die Christlich-Demokratische Union zur sozialistischen Erneuerung der Gesellschaft. Bei dem Ringen um die Entwicklung der neuen, besseren Gesellschaft ist die von Karl Marx ausgehende Bewegung, die ihre konsequente Entwicklung in der Sowjetunion gefunden hat, von beispielgebender Wirkung. Diese Tatsache muß uns bestimmen, die politische Zusammenarbeit mit den Anhängern des Marxismus-Leninismus auf dem Boden der Blockpolitik zum Wohle unseres Volkes weiterzuüben.

Quelle: KJB 78, 1951, 138–147.

Dokument 1953/1

Kommuniqué des Staat-Kirche-Gespräches vom 10. Juni 1953.

Gegenstand der Besprechung war die Überprüfung des Verhältnisses zwischen Staat und Kirche in der Deutschen Demokratischen Republik.

In der vom Geiste gegenseitiger Verständigung getragenen Verhandlung wurde für die Wiederherstellung eines normalen Zustandes zwischen Staat und Kirche weitgehende Übereinstimmung erzielt. Die einmütige Auffassung, daß die Herbeiführung der Einheit unseres Vaterlandes, die Schaffung eines Friedensvertrages heute ein dringendes Anliegen aller Deutschen ist, erfordert die Überwindung der Gegensätze, die dieser Entwicklung entgegenstehen.

Darum wurde staatlicherseits die Bereitwilligkeit erklärt, das kirchliche Eigenleben nach den Bestimmungen der Verfassung der Deutschen Demokratischen Republik zu gewährleisten. Die Vertreter der Kirche erklärten ihrerseits, auf verfassungswidrige Eingriffe und Einwirkungen in das wirtschaftliche und politische Leben des Volkes zu verzichten.

Auf der Grundlage der Übereinstimmung sind folgende Vereinbarungen getroffen worden:

1. Es sind keinerlei weitere Maßnahmen gegen die sogenannte Junge Gemeinde und sonstige kirchliche Einrichtungen einzuleiten. Das Amt für Jugendfragen beim Ministerpräsidenten wird beauftragt, unter Teilnahme von Vertretern der Kirche, der Jungen Gemeinde und der FDJ eine Erklärung über alle strittigen Fragen in bezug auf die Junge Gemeinde herbeizuführen.

2. Alle im Zusammenhang mit der Überprüfung der Oberschüler und der Diskussion über die Tätigkeit der Jungen Gemeinde an den Oberschulen entfernten Schüler sind sofort wieder zum Unterricht zuzulassen. Es ist ihnen die Möglichkeit zu geben, die versagten Prüfungen nachzuholen. Wegen der Wiedereinstellung der aus dem gleichen Anlaß entlassenen Lehrer hat das Ministerium für Volksbildung eine sofortige Prüfung und Entscheidung durchzuführen.

3. Alle im Zusammenhang mit der Zugehörigkeit zur Evangelischen Studentengemeinde oder sonstiger Studentengemeinden ausgesprochenen Exmatrikulationen sind sofort von dem Staatssekretariat für Hochschulwesen zu überprüfen und bis zum 20. Juni 1953 zu entscheiden.

4. Das Ministerium für Volksbildung hat Richtlinien über die Abhaltung des Religionsunterrichtes in Schulgebäuden sofort auszuarbeiten. Die seit dem 1. Januar 1953 erfolgten Einschränkungen der Abhaltung des Religionsunterrichtes in den Schulgebäuden sind zu überprüfen und zu beseitigen.

5. Die beschlagnahmten Einrichtungen und Anstalten kirchlichen Charakters sind an die früheren Verwaltungen zurückzugeben. Das betrifft die Pfeifferschen Anstalten in Magdeburg, die Neinstedter Anstalten in Neinstedt, das Altersheim Seyda, Kreis Jessen/Elster. Das Schloß Mansfeld bleibt dagegen in der Verwaltung des Kombinates Mansfeld und gilt als Kulturhaus und Erholungsheim für Bergarbeiter des Kombinats Mansfeld.

6. Wegen der Belegung und Verteilung der Ferienplätze in den kirchlichen Heimen an der Ostsee wird die Durchführung und Entscheidung dem Staatssekretariat für Innere Angelegenheiten übertragen.

7. Die Urteile der Gerichte sind zu überprüfen und unrechte Härten zu beseitigen.

8. Die Verordnungen über die Anmeldepflicht von Veranstaltungen vom 29. März 1951 sind zu überprüfen und Härtefälle auszugleichen.

9. Die staatlichen Zuschüsse an die Kirchen werden nach den vereinbarten Regeln zur Auszahlung gebracht.

Quelle: KJB 80, 1953, 178f.; ZdZ 7, 1953, 270f.

Dokument 1954/1

Evangelische Kirche in Berlin-Brandenburg, Wort der Kirchenleitung an die Gemeinden, 30. Nov. 1954.

Eltern und Kinder müssen wissen, daß sich das Bekenntnis zum evangelischen Glauben nicht mit der Teilnahme an einer Jugendweihe in Einklang bringen läßt. Daher bestimmt die Ordnung des kirchlichen Lebens der Evangelischen Kirche in Berlin-Brandenburg von 1954 folgendes: „Kinder, die sich einer Handlung unterziehen, die im Gegensatz zur Konfirmation steht (Jugendweihe oder dergleichen), können nicht konfirmiert werden." So stand es auch bereits in der alten Ordnung des kirchlichen Lebens. Aus seelsorgerlicher Verantwortung für unsere Konfirmanden und ihre Eltern bringen wir diese klare Bestimmung rechtzeitig vor der Konfirmation in Erinnerung. Der Herr Jesus Christus hat gesagt: „Wer nicht mit mir ist, der ist wider mich". Er stärke uns alle, insbesondere unsere Konfirmanden, in einem fröhlichen und furchtlosen Bekenntnis zu Ihm, dem einzigen Herrn und Erlöser unseres Lebens!

Quelle: KJB 81, 1954, 146f.

Dokument 1954/2

Zentraler Ausschuß für Jugendweihen in der DDR, Thesen zur Durchführung der Jugendweihe, Nov. 1954.

1. Die Jugendweihe ist eine feierliche Veranstaltung beim Übergang des Jugendlichen in das Leben der Erwachsenen mit vorausgehenden Zusammenkünften, „Jugendstunde" genannt, in denen unter der Leitung von erfahrenen Persönlichkeiten über Fragen des Lebens, der Natur und der Gesellschaft gesprochen wird. Sie wird nicht von einer einzelnen Organisation oder Einrichtung, sondern vom ganzen Volke getragen. Es verbietet sich jeder Vergleich mit Veranstaltungen früherer oder jetziger Zeit. Sie ist keine staatliche Angelegenheit.

2. Sie wird jetzt durchgeführt, weil die Verhältnisse in unserer Arbeiter- und Bauernmacht sich stark gefestigt haben (siehe Wahlen vom 17. Oktober 1954). Sie geht weit über frühere Jugendweihen, auch über die Konfirmation, hinaus. Sie entspricht einem allgemeinen Bedürfnis.

3. Die Jugendweihe wird im Geiste des Optimismus, der Aktivität und der Anteilnahme an der gesellschaftlichen Weiterentwicklung gestaltet.

4. Die Schulentlassungsfeiern werden von ihr nicht berührt, da sie Einrichtung der Schule sind und der Jugendliche in seiner besonderen Lebenssituation eine Hilfe braucht.

5. Die „Jugendstunde" ist kein Unterricht, sondern freies Lehrgespräch über Themen der Natur- und Gesellschaftswissenschaft und der Beziehungen der Menschen untereinander; in ihr wird von der lebendigen Anschauung ausgegangen und das Erziehungsmoment betont.

6. Die „Jugendstunde" wird von Persönlichkeiten geleitet, die der Jugend nahestehen (Lehrer, Kulturschaffende, Ärzte, Ingenieure). Für besondere Themen können auch andere Personen herangezogen werden.

7. An der Jugendweihe können alle Jugendlichen ungeachtet der Weltanschauung teilnehmen. Die Konfirmation wird von ihr nicht berührt; es besteht volle Glaubens- und Gewissensfreiheit. Die Teilnahme ist freiwillig.

Quelle: KJB 81, 1954, 142.

Dokument 1954/3

Jugendweihegelöbnis.

Seid Ihr bereit, als treue Söhne und Töchter unseres Arbeiter- und Bauern-Staates für ein glückliches Leben des gesamten deutschen Volkes zu arbeiten und zu kämpfen; seid Ihr bereit, mit uns gemeinsam Eure ganze Kraft für die große und edle Sache des Sozialismus einzusetzen; seid Ihr bereit, für die Freundschaft der Völker einzutreten und mit dem Sowjetvolk und allen friedliebenden Menschen der Welt den Frieden zu sichern und zu verteidigen, so antwortet mir: Ja, das geloben wir! Wir haben Euer Gelöbnis vernommen. Ihr habt Euch ein hohes und edles Ziel gesetzt. Ihr habt Euch eingereiht in die Millionenschar der Menschen, die für den Frieden und Sozialismus arbeiten und kämpfen. Feierlich nehmen wir Euch in die Gemeinschaft aller Werktätigen in unserer Deutschen Demokratischen Republik auf und versprechen Euch Unterstützung, Schutz und Hilfe. Mit vereinten Kräften – vorwärts!

Quelle: DOHLE/DROBISCH/HÜTTNER 1967, 312.

Dokument 1954/4

SED Bernau, Kreisleitung, Abt. Agitation und Propaganda, Schreiben vom 20. Dez. 1954.

Betr.: Richtlinien für die Vorbereitung und Durchführung der Jugendweihen: Die Grundorganisationen [der SED] müssen ständig auf die Arbeit der Ausschüsse [für Jugendweihen in der DDR] Einfluß nehmen. Es wird aber darauf hingewiesen, daß das Einwirken auf die in breitester Form zu bildenden Ausschüsse und deren Arbeit nicht dazu führen darf, daß praktisch die Partei die Jugendweihe durchführt. Nur wenn der breiteste Rahmen gewahrt und sichtbar gemacht wird, kann das Ziel erreicht werden, Jugendliche aus allen Kreisen der Bevölkerung in der Jugendweihe zusammenzufassen.

Quelle: KJB 81, 1954, 143f.

Dokument 1956/1

Theologische Erklärung der a.o. EKD-Synode in Berlin, 27.-29. Juni 1956.

Die Synode hielt es für angebracht, zu den politischen Fragen mit einer theologischen Erklärung Stellung zu nehmen. Damit sollte zum Ausdruck gebracht werden, daß die politische Seite kirchlicher Arbeit theologischer und nicht politischer Motivation entspringt, mithin von einer „politisierenden Kirche" nicht die Rede sein kann. Der Entwurf der Erklärung stammte von H. Vogel. Die Erklärung wird hier vollständig abgedruckt.

Gottes Wort ist nicht gebunden (2.Tim 2,9).

Wir bekennen das Evangelium als die frohe Botschaft von dem Herrn und Heiland, dem die Welt keinen anderen Raum gönnte als die Krippe und das Kreuz, der aber als der für uns Gekreuzigte und Auferstandene uns Raum schenkt vor Gottes Angesicht, ihm zu danken und zu dienen.

Als das allmächtige und barmherzige Wort Gottes schafft sich das Evangelium auf Erden seinen Raum, den es uns Menschen nicht verdankt und den es auch gegen uns durchsetzt.

Die Kirche lebt aus dem Evangelium, das sich immer von neuem in ihr Bahn bricht und das von ihr in Wort und Tat der Welt verkündigt und bezeugt sein will.

Die Welt, ob sie es weiß oder nicht weiß, lebt davon, daß das Evangelium in ihr Raum hat und gepredigt wird bis auf den Tag, an dem der Herr des Evangeliums das Reich Gottes offenbar machen und in seiner Herrlichkeit heraufführen wird.

In der Dankbarkeit für dies Evangelium, das selbst Raum schafft und schenkt, erklärt die Synode der Evangelischen Kirche in Deutschland angesichts der besonderen Nöte und Versuchungen in Ost und West:

Das Evangelium ruft die Kirche in die Buße, wo sie meint, Gottes Wort durch ihr Amt oder ihre Liturgie, ihr Dogma oder ihre Politik zu ihrer Verfügung zu haben, anstatt ihm mit alledem zu dienen.

Das Evangelium macht die Kirche dessen gewiß, daß sie mit dem Worte Gottes frei ist, auch da, wo sie in ihrem Dienst gehindert oder verfolgt wird.

Das Evangelium läßt sich nicht mit einer westlichen oder östlichen Weltanschauung verkoppeln und ruft den Idealisten wie den Materialisten, den religiösen wie den atheistischen Menschen zum Glauben an den lebendigen Gott.

Das Evangelium kennt keinen eisernen Vorhang, sondern ruft die Menschen diesseits und jenseits aller Trennungen miteinander unter Gottes Gnade.

Das Evangelium befreit uns dazu, von der uns durch den Schöpfer geschenkten Vernunft Gebrauch zu machen, in der wissenschaftlichen Erkenntnis, in Erziehung und Bildung wie in der technischen Benutzung der von Gott in die Schöpfung gelegten Kräfte.

Es verwehrt uns, mit der Wissenschaft Götzendienst zu treiben, ihrem Fortschritt den Menschen zu opfern und sie zur Herstellung von Massenvernichtungsmitteln zu mißbrauchen, die durch keinen Zweck geheiligt werden können.

Das Evangelium befreit uns selbstsüchtige Menschen zu einem neuen Leben des Menschen mit dem Menschen und läßt uns nach gerechten und menschlichen Formen unseres Zusammenlebens auch im gesellschaftlichen und wirtschaftlichen Raum suchen.

Das Evangelium widerstreitet jedem Versuch, eine bestimmte menschliche Gesellschaftsordnung als absolut zu behaupten und sie mit Gewalt als letztes Ziel der Menschheit durchzusetzen.

Das Evangelium schenkt die Wiedervereinigung mit Gott, die uns willig macht auch zu aller menschlichen Wiedervereinigung, indem es uns von Selbstsucht, Haß und Angst zur Liebe Christi befreit.

Das Evangelium ist nicht dazu da, um uns Deutschen die politische Wiedervereinigung zu schaffen; es öffnet uns aber das Ohr für den Notschrei der Opfer der Trennung und gibt uns die Freiheit, ihre Überwindung von Gottes Gnade zu erbitten, für sie zu arbeiten und alles zu unterlassen, was sie hindert.

Das Evangelium rückt uns den Staat unter die gnädige Anordnung Gottes, die wir in Geltung wissen, unabhängig von dem Zustandekommen der staatlichen Gewalt oder ihrer politischen Gestalt.

Das Evangelium befreit uns dazu, im Glauben nein zu sagen zu jedem Totalitätsanspruch menschlicher Macht, für die von ihr Entrechteten und Versuchten einzutreten und lieber zu leiden, als gottwidrigen Gesetzen und Anordnungen zu gehorchen.

Indem wir uns der Freiheit des Wortes Gottes getrösten, bitten wir alle, mit uns seine Wohltat zu erkennen und nicht den vergeblichen Versuch zu machen, es hindern, einsperren oder den eigenen Zwecken gefügig machen zu wollen.

Die Inhaber der staatlichen Macht bitten wir, der Kirche den Raum nicht zu verwehren, den sie braucht, um das Evangelium in aller Öffentlichkeit zu verkündigen, die Jugend in seiner Wahrheit zu unterweisen und den Dienst der Liebe an all denen zu tun, die in Nöten Leibes und der Seele seiner bedürfen.

Das Evangelium ist die große Hoffnung von Gott her, daß der kommende Herr das letzte Wort behalten wird im Himmel und auf Erden.

Gottes Wort ist nicht gebunden!

Quelle: KJB 83, 1956, 17f.

Dokument 1956/2

CDU-Parteitag Sept. 1956, Entschließung.

Die CDU sieht es als ihre besondere Aufgabe an, alle Christen der DDR für die Mitarbeit an den Aufgaben der Demokratisierung und des wirtschaftlichen Aufbaus zu gewinnen. [...] Die christlichen Demokraten arbeiten unter Führung der Partei der Arbeiterklasse am Aufbau des Sozialismus in der DDR mit der Überzeugung, daß dieses Handeln den christlichen Grundsätzen entspricht und daß die Erhaltung des Friedens, die entschlossene Hinwendung unseres Volkes zur friedlichen und vertrauensvollen Zusammenarbeit der Völker auch für die Zukunft des Christentums in Deutschland und Europa die besten Voraussetzungen schaffen.

Quelle: KJB 83, 1956, 174f.

Dokument 1957/1

EKU-Synode, 2. Dez. 1957, Wort der Hilfe, wie wir Christen uns zu unserem Staat verhalten sollen.

Viele Christen wissen heute nicht, wie sie sich als Menschen, die Gott gehorchen wollen, dem Staat in der DDR gegenüber verhalten sollen. Der seelische Druck, unter dem sie stehen, bringt sie in die Gefahr, in ihrem Glauben wankend zu werden oder auch mit Haß zu antworten [...]. Dennoch wäre es gegen den Willen unseres Herrn, wenn wir uns verbittern und blinde Ablehnung in uns aufkommen ließen, die nur verneint. Die Heilige Schrift sagt uns: „Es ist keine Obrigkeit ohne Gott. Wo aber Obrigkeit ist, die ist von Gott verordnet" (Römer 13,1). Dieses Wort läßt keine Ausnahme zu. Nicht die Staatsform, nicht die Art, wie der Staat entstanden ist, nicht einmal, wie er sich selbst versteht – ob er Gottes Willen erkennt und anerkennt oder nicht – ist maßgebend dafür, wie wir Christen zu ihm stehen; sondern Gottes Wort befiehlt uns, den Staat in seinem Auftrag als ein Werkzeug Gottes ernst zu nehmen. Gottes Wort befiehlt uns darum auch, von dem Staat trotz aller Enttäuschungen immer wieder Handlungen zu erwarten, in denen wir Christen Gottes bewahrende Güte erkennen können – nicht, weil die Staatsmänner von sich aus nach Gottes Willen fragten, sondern weil Gott der Herr aller menschlichen Ordnung ist (1.Petrus 2,13) und darum sich niemand seinem Willen entziehen kann. Ein Christ ist aus der Verantwortung für seinen Staat niemals entlassen. Er nimmt sie auch dann wahr, wenn er im Gehorsam gegen Gottes Wort Widerspruch anzumelden hat. Gerade so weist er den Staat an seine Würde, die er nicht von Menschen, sondern von Gott hat [...].

Quelle: KJB 87, 1960, 75.

Dokument 1957/2

Hermann Scheler (Hg.), Die Stellung des Marxismus-Leninismus.

Scheler war Dozent für Historischen Materialismus an der Humboldt-Universität Berlin.

Zwischen Religion und Marxismus besteht ein unüberbrückbarer Gegensatz. Es ist der Gegensatz zwischen wissenschaftlichem Denken und Glauben. Wenn die Partei der Arbeiterklasse aufhören würde, gegen Religion und Offenbarungsglauben zu kämpfen, würde sie die wissenschaftliche Grundlage zerstören, auf der sie steht. Wenn die SED trotzdem in ihrem Programm nicht zur Religion Stellung nimmt und auch von ihren Anhängern kein Bekenntnis zum Atheismus als Bedingung für den Eintritt in die Partei fordert, so deshalb, weil eine solche Forderung die Interessen der Partei schädigen würde. Wir dürfen in keiner Lage vergessen, daß die Einheit der Proletarier im Kampf um ein „Paradies" auf Erden wichtiger ist als ihre Einigkeit darüber, daß es kein „Paradies" im Jenseits geben kann. Die Partei ordnet den Kampf gegen die religiösen Nebel in den Hirnen der Menschen dem Kampf um die Lebens- und Zukunftsinteressen des Proletariats unter. Sie geht aus von dem widerspruchsvollen Verlauf der Überwindung der Religion in den breiten Massen. Das Ziel der Heranbildung unserer Mitglieder zu überzeugten marxistischen Atheisten kann nur im Kampf um die Lösung unserer allgemeinen Klassenaufgaben und unserer besonderen Aufgabe auf dem Gebiet der Kultur und Schulpolitik verwirklicht werden. [...] Die Dialektik der Geschichte bringt es mit sich, daß wir in diesem Kampf sogar mit der Unterstützung religiöser Kreise der Arbeiterklasse, der Bauern und der Intelligenz, ja sogar fortschrittlicher Geistlicher rechnen können.

Quelle: KJB 84, 1957, 149.

Dokument 1957/3

Hermann Matern, Erläuterung der Beschlüsse des 30. Plenums des ZK (30.1. – 1.2. 1957).

Der Autor war von 1949 bis 1971 Vorsitzender der SED-Parteikontrollkommission.

Das 30. Plenum unseres Zentralkomitees hat die ideologischen Fragen in den Mittelpunkt gestellt, die sich bei uns auf Grund der Lage ergeben haben. Es orientierte die Partei auf die Offensive gegen die Politik des Revisionismus und des Aufweichens durch feindliche Einflüsse [...].

Der Marxismus-Leninismus lehrt, daß es in Fragen der Ideologie keine Koexistenz gibt, daß die Ideologie der Arbeiterklasse in einem unversöhnlichen Gegensatz zu der ihr feindlichen bürgerlichen Ideologie steht und diese, in welcher Gestalt sie auch auftritt, ununterbrochen angreift und zurückschlägt.

Die Partei kann nicht dulden, daß die Politik der Koexistenz und des friedlichen Nebeneinanderbestehens der verschiedenen Staatssysteme auch auf die Ideologie angewandt wird. Zwischen dem wissenschaftlichen Sozialismus und dem bürgerlichen Idealismus herrschen unversöhnliche Gegensätze. Jeder Versuch der Abschwächung, des Leugnens oder der Vertuschung dieses Kampfes muß unweigerlich auf die Positionen des Feindes führen und dem Sozialismus großen Schaden zuführen (sic!).

Unsere Parteiführung hat immer wieder darauf hingewiesen, daß die beste Art, vorwärts zu schreiten, Mängel und Schwächen zu überwinden, darin besteht, den Feind mit ideologischen Waffen, mit kühnen politischen Maßnahmen anzugreifen und zu schlagen und gegen Feinde auch staatliche Mittel anzuwenden.

Quelle: „Neuer Weg" 6/1958; abgedr.in: KJB 84, 1957, 148f.

Dokument 1957/4

Otto Nuschke, Vortrag vor Studenten, Sept. 1957.

Der Autor war von 1948 bis 1957 CDU-Vorsitzender.

In der geistigen Auseinandersetzung wird jedes ideologische, weltanschauliche und religiöse System darauf bestehen, allein die Wahrheit zu repräsentieren. In der Wahrheitsfrage gibt es also keine Verhandlungen. Als Christ werde ich auf der absoluten Wahrheit der christlichen Offenbarung bestehen, als Marxist werde ich die unbedingte Richtigkeit der Prinzipien des historischen und dialektischen Materialismus betonen. Zwischen diesen beiden weltanschaulichen Überzeugungen gibt es kein friedliches Zusammenleben, gibt es keine Koexistenz, gibt es Auseinandersetzungen, die allerdings den wechselseitigen Standpunkt respektieren müssen. [...] Wenn es also in diesem Sinne keine ideologische Koexistenz gibt, dann gibt es etwas anderes, dann gibt es nämlich die Kooperation, dann gibt es die Zusammenarbeit der friedliebenden demokratischen Kräfte, gleichgültig, welche weltanschauliche Überzeugung sie haben. Gibt es auch keine Brücke zwischen Marxismus und Christentum, so sind doch gemeinsame Berührungspunkte vorhanden.

Quelle: NZ v. 14.9. 1957; abgedr. in: KJB 84, 1957, 148.

Dokument 1958/1

Günter Jacob, Referat vor der EKD-Synode 1958.

Der Autor war von 1946 an Generalsuperintendent der Neumark und der Niederlausitz mit Sitz in Lübben, von 1949 bis 1971 Generalsuperintendent der Niederlausitz mit Sitz in Cottbus.

Als wir vor einem Jahr den damals vorgelegten Entwurf des Militärseelsorgevertrages hier in diesem Raum berieten, war es unser Bemühen, unter streng geistlichen Gesichtspunkten zu erarbeiten, wie Verkündigung und Sakramentsverwaltung und Seelsorge heute an den evangelischen Christen im Soldatenstand ausgerichtet werden können. Wir hatten damals den Wunsch, zu einer solchen Regelung dieser kirchlichen Aufgabe der Seelsorge an den Soldaten – in welcher Form immer – auch im Blick auf die evangelischen Angehörigen in den Nationalen Streitkräften der Deutschen Demokratischen Republik zu kommen. Unsere Wünsche und Erwartungen haben sich bekanntlich zerschlagen. Die Tatsache ergibt sich, daß Militärseelsorge nur in den westlichen Gliedkirchen geübt wird und geübt werden kann. Im Blick darauf, daß wir faktisch heute in zwei deutschen Staaten leben, wird dieser Sachverhalt für uns im Osten äußerst schwierig. Er bringt uns in schwere Konflikte, ja, er wird für uns untragbar. Es ist also für uns Synodale aus der Deutschen Demokratischen Republik, die wir zugleich Bürger dieses Staates sind, in diesem Staat weiter als Christen leben wollen und damit auch von Römer 13 her die gegebenen Realitäten zu respektieren haben, unmöglich, eine Mitverantwortung für eine Militärseelsorge länger mitzutragen, die nur im Westen geübt wird und auf deren Durchführung wir praktisch keinen Einfluß nehmen können. Außerdem gibt es viele Fragen, [...] die heute jedenfalls zu einer grundsätzlichen Überprüfung der mit dem Militärseelsorgevertrag verbundenen Fragen zwingen. Insbesondere ist es die schwierige Frage nach dem Inhalt der Verkündigung an die Soldaten in einer atomar bewaffneten Armee. [...] Ich muß persönlich sagen, daß ich für den Beschluß des Bundestages betreffend atomarer Ausrüstung auch aus politischen Gründen keinerlei Verständnis habe.

Quelle: KJB 85, 1958, 93f.

Dokument 1958/2

Propst Heinrich Grüber, Erklärung des Beauftragten des Rates der EKD bei der DDR-Regierung vor der EKD-Synode in Berlin 1958.

Der Autor war von 1949 bis 1958 Bevollmächtigter der EKD bei der DDR-Regierung. Der Anlaß seiner Erklärung vor der Synode waren maßlose Verleumdungen von Bischof Dibelius in der Öffentlichkeit der DDR. Zunächst gesteht Grüber, daß er und Dibelius sich in mehrfacher Hinsicht unterscheiden und in vielen Punkten unterschiedlicher Meinung sind. Dann folgt eine temperamentvolle Verteidigung des EKD-Ratsvorsitzenden, die in den folgenden Sätzen gipfelt:
Bischof Dibelius hat nicht vom sicheren Port Rundfunk-Reden gehalten, teils für Hitler, teils gegen Hitler, wie andere. Man darf denken von ihm, wie man will, er ist nie ein Befehlsempfänger gewesen, sondern er vertrat seine Meinung. Er hat mehr als andere ein inneres Anrecht darauf, sich von 1945 an an der Neuordnung beteiligt zu haben, ein ganz anderes Recht als die vielen Remigranten, die damals – wohlgenährt und mit ausgeruhten Nerven – sich gewaltsam nach vorn drängten und die mit wenigen, allerdings sehr rühmlichen Ausnahmen, uns Männer des Widerstandes beiseite schieben wollten. Diese Remigranten sind ja immer die schlechtesten Berater der Besatzungsmächte gewesen und geblieben. Das ist auch verständlich, weil sie ja die entscheidenden Jahre deutscher Geschichte hier nicht miterlebt haben. Was wir an Not in Deutschland und gerade hier in Berlin erlebt haben und noch erleben, das geht mehr auf das Schuldkonto dieser Männer als auf das der Besatzungsmächte. Diese Partisanen der Besatzungsmächte hatten ja für den Dienst des Pontifex, der Entspannung sucht, nur hämische und ablehnende Bemerkungen.

Quelle: KJB 85, 1958, 101f.

Dokument 1958/3

Ministerpräsident Otto Grotewohl, Schreiben an Propst Grüber vom 17. Mai 1958.

Angesichts des Ablaufes der Synode der Evangelischen Kirche in Deutschland im April 1958 in Berlin und der Behandlung des Militärseelsorgevertrages kann eine Vertretung des Rates der Evangelischen Kirche in Deutschland bei der Regierung der Deutschen Demokratischen Republik nicht mehr anerkannt werden. Mit dieser Feststellung ist die Tätigkeit des Bevollmächtigten des Rates der Evangelischen Kirche bei der Regierung der Deutschen Demokratischen Republik beendet. Auch die Begleitung der Delegation durch ein Mitglied des Rates ist damit hinfällig geworden. Ich bin dagegen bereit, eine Delegation der evangelischen Kirche in der DDR zu empfangen, deren Teilnehmer ihren Wohnsitz innerhalb der DDR oder im demokratischen Sektor von Berlin haben. Sollte Herr Bischof Mitzenheim, der als Vertreter des Rates der EKD für die Begleitung der Delegation genannt wurde, als Beauftragter der evangelischen Kirche in der DDR die Delegation begleiten, so werden keine Bedenken erhoben.

Quelle: KJB 85, 1958, 138; abgedr. in: G. KÖHLER, Pontifex nicht Partisan, 1974, 171f.

Dokument 1958/4

Gemeinsame Erklärung von Vertretern der Regierung der Deutschen Demokratischen Republik und der evangelischen Kirchen in der Deutschen Demokratischen Republik vom 21. Juli 1958.

Unter dem Vorsitz des Ministerpräsidenten Otto Grotewohl wurden am 2. Juni, 23. Juni und 21. Juli 1958 auf kirchlichen Wunsch Beratungen mit Vertretern der evangelischen Kirchen in der Deutschen Demokratischen Republik durchgeführt, um störende Faktoren in den Beziehungen zwischen den staatlichen Organen und den Leitungen der evangelischen Kirchen zu beseitigen.

An diesen Beratungen, die vom Geiste der Verständigungsbereitschaft getragen waren, nahmen außer dem Ministerpräsidenten der Minister des Innern, Maron, der Staatssekretär für Kirchenfragen, Eggerath, der Staatssekretär und Leiter des Büros des Präsidiums des Ministerrates, Plenikowski, und von seiten der evangelischen Kirchen in der Deutschen Demokratischen Republik die Bischöfe D.Mitzenheim und D.Krummacher, Generalsuperintendent Führ, Propst Hoffmann und Maschinenschlosser Gerhard Burkhardt teil. Zur Vorbereitung dieser Beratungen fanden außerdem beim Staatssekretär für Kirchenfragen mehrere Besprechungen statt, an denen weitere Vertreter des Staates und der Kirchen teilnahmen.

Der im Jahre 1957 zwischen der evangelischen Kirche (EKD) und der Deutschen Bundesrepublik abgeschlossenen Militärseelsorgevertrag und dessen politische und staatsrechtliche Auswirkungen nahmen in den Beratungen einen breiten Raum ein.

Nach längerer Erörterung dieser Frage erklärten die kirchlichen Vertreter, daß die Kirchen in der Deutschen Demokratischen Republik an diesen Vertrag nicht gebunden sind und daß der Militärseelsorgevertrag für die Kirchen in der Deutschen Demokratischen Republik und für deren Geistliche keine Gültigkeit hat.

Die Vertreter der evangelischen Kirchen in der Deutschen Demokratischen Republik erklärten, daß die Kirche mit den ihr gegebenen Mitteln dem Frieden zwischen den Völkern dient und daher auch grundsätzlich mit den Friedensbestrebungen der Deutschen Demokratischen Republik und ihrer Regierung übereinstimmt. Ihrem Glauben entsprechend erfüllen die Christen ihre staatsbürgerlichen Pflichten auf der Grundlage der Gesetzlichkeit. Sie respektieren die Entwicklung zum Sozialismus und tragen zum friedlichen Aufbau des Volkslebens bei.

Die Besprechung der von den Vertretern der evangelischen Kirchen vorgebrachten Beschwerden führte zu dem Ergebnis, daß der gegen den Staat erhobene Vorwurf des Verfassungsbruchs nicht aufrechterhalten wird. Die Regierung erklärte: Jeder Bürger genießt volle Glaubens- und Gewissensfreiheit. Die ungestörte Religionsausübung steht unter dem Schutz der Republik.

Soweit von den Vertretern der Kirchen Beschwerden über die Durchführung der Anordnung des Ministers für Volksbildung vom 12. Februar 1958 über die Sicherung der Ordnung und Stetigkeit im Erziehungs- und Bildungsprozeß der allgemeinbildenden Schulen vorgetragen wurden, ist eine Überprüfung zugesagt.

Die Klärung und Erledigung noch offener Einzelfragen wurden dem Staatssekretär für Kirchenfragen und den dafür in Frage kommenden Organen des Staates überwiesen. Beide Seiten erklärten ihre Bereitwilligkeit, durch klärende Aussprachen etwaige Mißstände in den Beziehungen zwischen Staat und Kirche zu beseitigen.

Quelle: DOHLE/DROBISCH/HÜTTNER 1967, 34f.

Dokument 1958/5

Aus dem Schreiben der ev. Bischöfe der DDR an Ministerpräsident Grotewohl vom 21. Nov 1958.

Sie haben uns am 21. Juli 1958 den Satz der Verfassung von der vollen Glaubens- und Gewissensfreiheit sowie der ungestörten Religionsausübung aufs neue bekundet. Wir sind dafür dankbar; aber wir empfinden es als einen schwer zu ertragenden Widerspruch, wenn im Gegensatz dazu der Staatsapparat immer mehr zur Durchsetzung der marxistisch-atheistischen Weltanschauung eingesetzt wird [...]. Wir empfinden es als schwer zu tragenden Widerspruch, daß man von den Christen erwartet, daß sie Sozialismus und Humanismus fördern und bejahen, während das Politbüro des ZK der SED durch seinen Beschluß vom 4.März 1958 eindeutig erklärt, daß die Erziehung zum sozialistischen Menschen und zum Humanismus ohne die atheistischen Voraussetzungen des Marxismus-Leninismus nicht möglich sei. [...]

Aus allen diesen Gründen bitten wir, Herr Ministerpräsident, aus den bedrängten Herzen vieler Christen, die als Staatsbürger ohne Gewissensbedrängnis leben und arbeiten wollen: Setzen Sie seitens der Regierung dem fortschreitenden Prozeß einer Identifizierung des Staatsapparates mit der marxistisch-atheistischen Weltanschauung eine Grenze! Geben Sie uns Christen die Gewißheit, daß der Staat, der den Sozialismus aufbauen will, diesen Sozialismus nicht dem atheistischen Materialismus gleichsetzt! Geben Sie uns die Zuversicht, daß in der sozialistischen Erziehung der Jugend der Glaube an den Menschen als Schöpfer nicht den christlichen Glauben an Gott den Schöpfer durch staatliche Macht- und Erziehungsmittel verdrängen will! Helfen Sie uns, daß ein Weg gefunden wird, auf dem christliche Staatsbürger, die zum Staat, aber nicht zu einer atheistischen Weltanschauung ja sagen wollen, ihres Glaubens leben können.

(Beste, Hornig, Jänicke, Krummacher, Mitzenheim, Noth, Scharf, Schroeter)

Quelle: KJB 86, 1959, 147f.

Dokument 1958/6

V. SED-Parteitag, Juli 1958, Abschnitt V des Beschlusses „Über den Kampf um den Frieden, für den Sieg des Sozialismus, für die nationale Wiedergeburt Deutschlands als friedliebender, demokratischer Staat".

Die Verbreitung religiöser Lehren ist nicht Sache des Staates und seiner Einrichtungen. Die Ausübung religiöser Kulte und das Studium der damit verbundenen Lehren ist eine private Angelegenheit kirchlich gebundener Menschen, die sich ausschließlich im Rahmen der Kirche vollzieht.

Quelle: R. ZANDER, Die Trennung von Staat und Kirche in der DDR, in: KiS 1, 1975, 21–46, 34.

Dokument 1959/1

Kurt Scharf, Bericht des Vorsitzenden des Rates der EKU auf der EKU-Generalsynode in Berlin-Spandau vom 8. bis 13. Febr. 1959.

Wir nahmen wahr, daß in der weltanschaulichen Diskussion von beiden Seiten zu pauschal und zu grob argumentiert wurde. Wir entdeckten dabei, wie wenig theoretisch, wie unmittelbar aktuell und praktisch die Erkenntnis des jungen Luther in seiner theologia negativa, des späten Bonhoeffer in seinen Aussagen über die säkularisierte, mündig gewordene und als solche zu respektierende Welt, wie klärend und hilfreich die Kritik des Religiösen von Ernst Wolf und die Atheismus-Definition von Karl Barth sind. Der Gott, den die Atheisten bestreiten, ist ein Begriffsgötze. Das gottlose Verhalten, das die Kirche bei den theoretischen Atheisten moralisch brandmarkt, ist unser eigenes säkulares Tun. Es gilt nicht, die gottfreie Weltanschauung mit christlicher Weltanschauung und moralischen Forderungen zu bekämpfen, sondern den in Jesus Christus einzigartig geoffenbarten und handelnden Gott als geschichtliche Wirklichkeit, als sichtbar gewordene Materie und spürbare Energie den Materialisten und Geschichtsgläubigen vorzuzeigen.

Gewiß ist dies nicht alles. Es ist nur die eine Seite der Sache. Gottes Wort fordert noch anderes. Es gilt auch, der Verführung zu wehren, mit Nachdruck und dringlichem Ernst, der Verführung, die von der selbstmächtigen Verherrlichung des Menschlichen ausgeht. Es gilt zu warnen, zu schützen, Unrecht und Gewalt zurückzuweisen, zumal wenn sie die bedrohen, für die wir Hirtenverantwortung tragen. Doch bei alledem darf nun wiederum nicht außer acht geraten, daß die Verkündigung des Evangeliums Heroldsruf ist – zum Retterkönig Christus, daß sie locken, werben, belehren, an die Hand nehmen will, ihn vor die Augen malen und, wo der Angeredete es irgend zuläßt, unter sein Kreuz führen will, und zwar so, daß es ein Ausweichen nicht mehr gibt. Wir meinen, daß der Kampf zwischen Kirche und Marxismus damit nicht leichter wird; er wird vielleicht sehr viel härter, jetzt erst wirklich ernst. Aber er wird echter. Wir finden uns gegenseitig dort vor, wo der andere in Wahrheit steht, und fühlen uns jeder vom anderen richtig beurteilt.

Quelle: KJB 86, 1959, 278f.

Dokument 1959/2

Bischof Moritz Mitzenheim, Rede auf der Zehnjahrfeier der DDR am 6. Okt. 1959.

Herr Ministerpräsident, meine Damen und Herren! Wenn mir als dem ältesten unter den evangelischen Bischöfen in der Deutschen Demokratischen Republik die Möglichkeit gegeben wurde, vor dieser festlichen Versammlung ein Wort des Grußes zu sprechen, so möchte ich damit beginnen, daß ich all denen danke, die durch ihre Arbeit dazu beigetragen haben, unser Volk aus der Tiefe der Katastrophe von 1945 herauszuführen, die dazu geholfen haben, die Lebensbedingungen in unserer Heimat zu verbessern, die durch ihre Arbeit erreichten, daß unser Staat im Verkehr der Völker ein geachteter Faktor wurde. Diese[r] Dank gilt den leitenden Männern im Staate ebenso wie den schlichten Bürgern in Stadt und Land, die unbekannt und ungenannt für den Aufbau unseres Volkslebens und für die Erhaltung des Friedens sich eingesetzt haben. Ich weiß, daß unter denen, die jahraus, jahrein in treuer Pflichterfüllung das Ihre getan haben, die Glieder der christlichen Gemeinden und Kirchen sind, und ich begrüße das. Nicht, daß die Kirche sich dessen rühmen wollte. Wenn ich diese Tatsache erwähne, so nur deshalb, um dem Irrtum zu wehren, als ob der Mensch, der von der Botschaft des Evangeliums ergriffen ist, sein Leben abseits von den großen Aufgaben der Zeit führen müßte oder gar aus Glaubensgründen für eine andere Ordnung als die, die in der Deutschen Demokratischen Republik gilt, einzutreten verpflichtet sei. Die Verhandlungen der offiziellen Vertreter der Evangelischen Kirchen in der Deutschen Demokratischen Republik mit den Vertretern der Regierung der Deutschen Demokratischen Republik, die unter dem Vorsitz des Herrn Ministerpräsidenten über die Stellung der Kirchen und Christen in der Deutschen Demokratischen Republik um die Mitte des vorigen Jahres geführt wurden, schlossen mit dem bedeutsamen Kommuniqué, in dem einerseits erneut bekräftigt wurde, daß jeder Bürger Glaubens- und Gewissensfreiheit genieße und die freie Religionsausübung unter dem Schutz der Republik stehe. Andererseits aber erklärten die Vertreter der Kirchen, daß die Kirche mit den ihr gegebenen Mitteln dem Frieden zwischen den Völkern diene und daher grundsätzlich mit den Friedensbestrebungen der Deutschen Demokratischen Republik und ihrer Regierung übereinstimme, daß die Christen ihrem Glauben entsprechend ihre staatsbürgerlichen Pflichten auf der Grundlage der Gesetzlichkeit erfüllen, die Entwicklung zum Sozialismus respektieren und zum friedlichen Aufbau des Volkslebens beitragen. So wollen wir es halten. Wir Christen erkennen in jeder Ordnung, die das Miteinander der Menschen formt und dem Chaos wehrt, Gottes gnädige, bewahrende Güte, für die wir den Dank in täglicher, treuer Pflichterfüllung gegenüber der Forderung des Tages erstatten. Gott schütze unsere Heimat, unser geliebtes deutsches Volk! Er erhalte und schenke uns den Frieden.

Quelle: KJB 86, 1959, 229f.

Dokument 1959/3

Thesen zum Thema „Obrigkeit", erarbeitet 1959 von einem Theologenkreis, der dem Weißenseer Arbeitskreis nahesteht.

Die Schrift lehrt, daß es staatliche „Mächte nicht anders als unter Gott gibt" (Röm 13,1; Offb 13,5–7). 1. Darum erkennen wir im Glauben, a. daß sie immer und überall gnädige Einsetzung (ordinatio dei) des Gottes sind, der in seiner Selbsterniedrigung uns zugute zum Herrn aller Herren wurde (Phil 2,5–11); b. daß sie unabhängig von ihrem Selbstverständnis Gottes Diener sind (Röm 13,4); c. daß ihre Herrschaft keinen Menschen je von Gottes Liebe scheiden kann (Röm 8,38f.). 2. Zugleich erkennen wir im Glauben, d. daß diese Mächte als „weltlich Ding" Menschenwerk sind (1.Petr 2,13), von Menschen in der Geschichte eingesetzt und veränderlich (institutio hominum); e. daß Christen, an keine bestimmte politische Ordnung gebunden, frei sind, sich einer jeden als Diener Gottes einzuordnen und hier zur Förderung von Recht und Frieden mitzugestalten (1.Petr 2,15f.); f. daß wir um der

Herrschaft Christi willen widersprechen müssen, wenn Äußerungen und Handlungen in der Kirche Menschen dazu verführen, Staaten als christlich, gottlos oder dämonisch anzusehen. Die Schrift lehrt, daß es Gnade bei Gott ist, geduldig zu sein in Leiden und Tun des Guten (1.Petr 2,20).

Quelle: KJB 86, 1959, 228f.

Dokument 1960/1

Walter Ulbricht, Programmatische Erklärung des Vorsitzenden des Staatsrates der Deutschen Demokratischen Republik vor der Volkskammer am 4. Oktober 1960.

Gestatten Sie mir, verehrte Abgeordnete, nunmehr einige Bemerkungen über unser Verhältnis zu den Religionsgemeinschaften. Die Angehörigen der evangelischen Kirche, der katholischen Kirche sowie der Jüdischen Gemeinde haben in unserer Deutschen Demokratischen Republik die Möglichkeit, in der Kirche beziehungsweise Synagoge ihre religiösen Anliegen zu pflegen. Zwischen den führenden Persönlichkeiten der evangelischen Kirche in der Deutschen Demokratischen Republik und der Regierung ist, wie Sie wissen, ein Protokoll vereinbart worden, dessen Durchführung normale Beziehungen von Kirche und Staat ermöglicht. [...] Wir können nicht daran vorbeigehen, daß sich infolge der Verwandlung Westdeutschlands in die Hauptaufmarschbasis der aggressiven NATO, infolge der vertraglich festgelegten Verfilzung kirchlicher Stellen mit Militarismus und NATO-Politik und infolge der Propaganda führender westdeutscher Kirchenleute für die Atomkriegspolitik des Bonner Staates die früher einmal möglich gewesene Zusammenarbeit zwischen der Regierung der Deutschen Demokratischen Republik und einer westdeutschen sogenannten deutschen Kirchenleitung unmöglich geworden ist. Mit unserer Einstellung zur Kirche hat das jedoch nichts zu tun.

Ich freue mich, heute feststellen zu können, daß bei einer zunehmenden Zahl maßgeblicher Amtsträger der evangelischen Kirche der Deutschen Demokratischen Republik das Verständnis für unsere Einstellung zu den westdeutschen NATO-Politikern im geistlichen Gewand und den von ihnen vertretenen Institutionen wächst. Die kirchlichen Amtsträger in der Deutschen Demokratischen Republik überzeugen sich mehr und mehr von der Richtigkeit der von Friedensliebe und den Prinzipien wahrer Menschlichkeit geleiteten Politik unserer Regierung. Im Verlaufe dieses Jahres haben an vielen Orten Pfarrer und Gemeindekirchenräte, Theologen und andere kirchliche Amtsträgee aus christlicher Verantwortung heraus dazu beigetragen, christlichen Bauern die Entscheidung für den guten Weg in die sozialistische Zukunft zu erleichtern. Als unlängst durch die Unbilden der Witterung eine reiche Ernte auf unseren Feldern in Gefahr geriet, haben hohe kirchliche Amtsträger, zum Beispiel die evangelischen Landesbischöfe D.Mitzenheim und D.Krummacher, die Pfarrer und die Gemeindeglieder aufgerufen, tatkräftig bei der Bergung der Ernte zu helfen. Auch Pfarrer und Mitarbeiter der evangelischen Kirche der Deutschen Demokratischen Republik haben auf den Feldern landwirtschaftlicher Produktionsgenossenschaften zugepackt und mitgeholfen, die erste Ernte des vollgenossenschaftlichen Dorfes einzubringen.

Wir sehen darin ein Zeichen des in der evangelischen Kirche der Deutschen Demokratischen Republik wachsenden Verständnisses für die Ziele und Aufgaben unserer sozialistischen Gemeinschaft. Das Christentum und die humanistischen Ziele des Sozialismus sind keine Gegensätze. Nur ist das Christentum, einst als Religion der Armen und des Friedens begründet, seit Jahrhunderten von den herrschenden Klassen mißbraucht worden. Heute wird es in Westdeutschland von den Kräften des Militarismus, diesmal für die menschenfeindliche Atomrüstungspolitik, mißbraucht. Die alte Sehnsucht der christlich gesinnten Bevölkerung, die sich in der Botschaft: „Friede auf Erden und den Menschen ein Wohlgefallen" äußert, kann ihre Erfüllung nur durch die Verwirklichung der hohen Ideen des Humanismus und Sozialismus finden.

Quelle: DOHLE/DROBISCH/HÜTTNER 1967, 36f.; abgedr. in: KJB 87, 1960, 63f.

Dokument 1960/2

Offener Brief der Heidelberger Konferenz: Die Christen und ihre Obrigkeit.

Im Verlauf des Obrigkeitsstreits wurde ein Offener Brief an Bischof Dibelius veröffentlicht, den 16 Persönlichkeiten verantworteten, die den Kirchlichen Bruderschaften angehörten, aber nicht in ihrem Namen sprachen. Das Papier war auch in den KB selbst nicht unumstritten. Seine Thesen lauten:

1. Die Heilige Schrift lehrt uns, in allen Menschen, die im Staat und in den politischen Gemeinden verantwortlich tätig sind, Werkzeuge Gottes zu sehen, unabhängig davon, auf welche Weise sie zu ihren übergeordneten Ämtern gekommen sind. Wir leben in keinem Staat außerhalb der Herrschaft Gottes. Die Christen in der Deutschen Demokratischen Republik können darum ihrer Regierung ebensowenig die Anerkennung als Obrigkeit versagen wie die Christen in der Bundesrepublik ihrer Regierung.

2. Die Christen sind wie alle Staatsbürger dazu berufen, an den Aufgaben der Staatswesen in den beiden Teilen Deutschlands verantwortlich mitzuarbeiten und hüben und drüben „der Stadt Bestes zu suchen". Es wäre für sie verantwortungslos, obrigkeitliche Personen deshalb abzulehnen, weil sie sich als Atheisten bezeichnen. Ebenso verantwortungslos wäre für sie ein kritikloser Gehorsam, der sich darauf beruft, daß die Regierenden Christen seien. Christen beteiligen sich an allen staatlichen Bemühungen, die dem Wohl der Menschen dienen. Da aber die Personen in den übergeordneten Ämtern ständig der Versuchung ausgesetzt sind, ihre Macht zu mißbrauchen, gehört es zur Verantwortung der Christen, sie an ihren Auftrag zur Bewahrung des menschlichen Lebens zu erinnern, um den rechten Gebrauch der Machtmittel in ihren Händen zu beten, zu Forderungen und Maßnahmen, die dem Willen Gottes widersprechen, nein zu sagen und, wenn es sein muß, durch Leiden das Zeichen dafür aufzurichten, daß Christen Gott mehr gehorchen wollen als den Menschen.

3. Christen können sich in der besonderen Gefahr befinden, ihre gesellschaftlichen Privilegien und die althergebrachten Vorrechte der Kirche als schlechthin gottgewollt anzusehen und also zu meinen, deren Verteidigung sei die notwendige Bewährung ihres Glaubensgehorsams. Ihre Verkündigung des Reiches Gottes und ihr eigenes ewiges Heil hängt aber nicht daran, daß sie behalten, was ihre Vorfahren und sie selbst einmal besaßen. Christus, ihr Herr, hat sie dazu frei gemacht, die Güter der Welt zu haben, als hätten sie sie nicht. Das bedeutet heute: Sie sind dazu frei, sowohl in der westlichen als auch in der östlichen Welt dem Evangelium zu leben. Sie sind dazu frei, ihre bürgerliche und ihre besondere christliche Verantwortung auch in der östlichen Welt wahrzunehmen, sich in deren politische, gesellschaftliche, wirtschaftliche Gegebenheiten oder Veränderungen einzuordnen und zum Beispiel als Mitglieder von Landwirtschaftlichen Produktionsgenossenschaften und Volkseigenen Betrieben ihr Christsein zu bewähren. Sie sind davon befreit, sich an unmenschlichen oder verlogenen Maßnahmen – im Westen wie im Osten – zu beteiligen oder sie gutzuheißen, mit denen die bestehende Ordnung bewahrt oder eine neue herbeigeführt werden soll. Sie sind davon befreit, im Osten oder Westen den kalten Krieg und die Hetze gegen andere Staaten und Völker mitzumachen, und lehnen darum auch die Nichtanerkennung der Deutschen Demokratischen Republik als eine Maßnahme des kalten Krieges ab. Von der

Schrift her gibt es keine Gründe, einer wechselseitigen staatsrechtlichen Anerkennung der beiden deutschen Teilstaaten in den Weg zu treten. Christen halten sich in allen Dingen an das Wort des Apostels: „Die Liebe sucht nicht das Ihre, sie läßt sich nicht erbittern, sie rechnet das Böse nicht zu, sie freut sich nicht der Ungerechtigkeit, sie freut sich aber der Wahrheit."

Heidelberg, den 4. Juli 1960

Quelle: KJB 87, 1960, 83f.

Dokument 1961/1

Bischof Moritz Mitzenheim, Ansprache anläßlich der Verleihung des Vaterländischen Verdienstordens in Gold am 16. Aug. 1961.

Der Christ, der sich in seinen Glaubensanliegen geschützt sieht, wird sich auch dem Staat gegenüber zur Loyalität verpflichtet wissen. [...] Die Kirche ist nicht an eine bestimmte Wirtschafts- und Gesellschaftsordnung gebunden, weder an die feudalistische noch an die kapitalistische noch an die sozialistische. Als Kirche im Volk und fürs Volk hat sie zu jeder Zeit und in jede Ordnung hinein das Wort von Gottes Gericht und Gnade zu sagen und die Menschen auf ihre Menschlichkeit anzusprechen. Wenn der Kirche dazu der notwendige Raum vom Staat belassen wird und wenn die Kirche ihren Dienst recht ausrichtet, so werden die Früchte des Glaubens, als da sind: gewissenhafte Pflichterfüllung, stete Hilfsbereitschaft, dienende Liebe, auch dem Volksleben und letztlich dem Staate zugute kommen.

Quelle: Dohle/Drobisch/Hüttner 1967, 369f.

Dokument 1964/1

Aus der Entschließung des 11. Parteitages der CDU (Okt. 1964).

Die sozialistische Ordnung unserer Republik schuf die Voraussetzungen, um die sozialen Wurzeln und die Folgen jenes Staatskirchentums zu beseitigen. Indem wir diese Möglichkeit nutzten, haben wir echte christliche Freiheit für den Dienst am Nächsten und am Frieden gewonnen. Damit legen wir ein lebendiges Zeugnis dafür ab, wie sich der Christ im Sozialismus bewährt und in voller Freiheit, in echter Übereinstimmung mit seinen ethischen Grundsätzen unverkürzt seinem gesellschaftlichen Auftrag nachkommen kann. [...] Christen und Marxisten bauen gemeinsam unseren sozialistischen Staat; denn sie halten gemeinsam den Sozialismus für die den Bedingungen unserer Zeit einzig gemäße, den Entwicklungsgesetzen der Gesellschaft und den Interessen der Menschen entsprechende Gesellschaftsordnung. In dieser Gemeinsamkeit liegt die Wurzel ihrer vertrauensvollen, engen Zusammenarbeit, einer der größten Errungenschaften unserer neuen Ordnung und eines wesentlichen Elements der sich herausbildenden politisch-moralischen Einheit aller Bürger.

Quelle: Dohle/Drobisch/Hüttner 1967, 420f.

Dokument 1964/2

Bischof Moritz Mitzenheim, Gesprächsbeitrag bei einem Gespräch mit W. Ulbricht am 18. Aug. 1964 auf der Wartburg.

Das Verhältnis zwischen den Kirchen in Ost und West ist gestört. Wir müssen alles tun, damit es sich bessert. [...] Die Kirche ist nicht Selbstzweck, sondern sie ist um des Volkes willen da. [...] Auch der Staat ist nicht Selbstzweck, sondern um des Volkes willen da. Wir wollen beide, jeder in seinem Auftrag und jeder mit den Mitteln, die ihm gegeben sind, für unser Volk wirken. Wir sind dienende Kirche. [...] Dienende Kirche, Kirche im Volk und für das Volk wollen wir sein und werden. Nun ist es so, daß wir manchmal bei bestimmten äußeren Dingen die Hilfe des Staates brauchen. Wir selber sind auch bereit – und wir tun es –, in Dingen zu dienen, die durch Gesetz und Macht nicht geregelt werden können. Man kann sie befehlen, aber das wäre zwecklos. Es muß eine innere Bereitschaft da sein. Wir wollen durch unser Dienen helfen, daß diese inneren Voraussetzungen geschaffen werden.

Quelle: DOHLE/DROBISCH/HÜTTNER 1967, 75.

Dokument 1966/1

Johannes Jänicke, Bericht des Landesbischofs vor der Synode der Kirchenprovinz Sachsen, 26. März 1966.

Die Öffnung zur Welt hin, die gemeinsame Verantwortung für die Welt bedeutet ganz gewiß auch für die evangelische Kirche eine Dimension, die in unserer Zeit neu erkannt wahrgenommen wird. Das soll nicht heißen, daß wir in ein fremdes Amt eingreifen wollen. [...] Kirche muß Kirche und Staat muß Staat bleiben. Das darf aber nicht zu einer Abtrennung der Verantwortungsbereiche führen, durch die die Kirche in ein kultisches Ghetto verbannt würde und die Welt einer angeblich zwangsläufigen Eigengesetzlichkeit überließe. Aus zwei Gründen darf das nicht geschehen:

1. Wenn Jesus Christus nicht nur das Haupt Seiner Gemeinde, sondern auch der Herr der Welt ist, so ist Er eben auch der Herr in den Bereichen, in denen Sein Name nicht genannt und bekannt wird; und das ist kein lebensfremdes Dogma, das nur im Himmel gilt, aber nicht auf Erden. Gewiß ist die Bergpredigt kein Regierungsprogramm für eine weltliche Obrigkeit. Aber wenn in der Bergpredigt auch gesagt ist, daß die Jünger Jesu das Licht der Welt und das Salz der Erde sind – nicht sein sollen, sondern sind! – dann wird ja deutlich, daß die Weisungen und Verheißungen Jesu nicht nur einer kleinen exklusiven Schar der Gläubigen gelten, sondern in die Reiche der Welt hineinwirken wollen, um der Finsternis zu wehren und das Verderben einer Welt aufzuhalten, die an ihrem Macht- und Gewaltdenken sich selbst immer an den Rand des Abgrunds zu bringen droht.

2. Es geht dem Staat und der Kirche um den Menschen, den ganzen Menschen, bei dem Leib und Seele nicht voneinander zu trennen sind. Wir können die Vertreter des Staates nur immer wieder bitten, es so zu verstehen, daß die Kirche ihre, der Obrigkeit, große Verantwortung für die schweren Menschheitsfragen und -nöte hilfreich mittragen will. In diesem Sinne ist auch die nicht ablassende Fürbitte der Kirchen für die Regierungen der Völker zu verstehen.

Quelle: KJB 92, 1965, 128.

Dokument 1966/2

Gerald Götting, Ansprache auf der X. Sitzung des Hauptvorstandes der CDU in Weimar, 4. Mai 1966.

Auf dieser Sitzung wurde der bisherige Generalsekretär der CDU G. Götting als Nachfolger des verstorbenen A. Bach zum neuen Vorsitzenden der CDU gewählt. Seine Ansprache hatte programmatischen Charakter. Auszüge:

Die Grundanliegen, die das Handeln des Christen in der Gesellschaft bestimmen, bestehen darin, daß dem Christen von seinem Glauben her geboten ist, Frieden zu stiften und zu erhalten, seinen Nächsten zu lieben und ihm zu dienen. Wo aber können in Deutschland christliche Menschen besser und umfassender diesen Forderungen nachkommen als in unserer Republik! [...]

In gemeinsamer Arbeit vollenden wir den Aufbau des Sozialismus in unserer Republik, erbauen wir eine sozialistische Menschengemeinschaft, in der einer für den anderen da ist, in der sich wahre brüderliche Beziehungen unter den Menschen entwickeln, in der sich die schöpferische Kraft frei entfalten kann und die den christlichen Bürgern erstmalig die Möglichkeit gibt, ihre ethischen Postulate in Übereinstimmung mit der gesellschaftlichen Entwicklung zu verwirklichen. [...]

Die gemeinsame humanistische Verantwortung für den Frieden und eine sozial gerechte Gesellschaftsordnung verbindet in unserer Deutschen Demokratischen Republik Christen und Marxisten. Diese Tatsache läßt uns mit Vertrauen und Zuversicht an die Arbeit gehen, an die Arbeit für eine glückliche Zukunft unseres Volkes, an die Arbeit für Frieden und Sozialismus.

Quelle: NZ Nr. 104 v. 5. 5. 1966; abgedr. in: KJB 93, 1966, 209f.

Dokument 1966/3

Gesprächsbeiträge von Walter Ulbricht bei einem Gespräch mit dem Landesbischof der Evang.-Luth. Kirche in Thüringen, M. Mitzenheim anläßlich der Verleihung des „Sterns der Völkerfreundschaft" in Silber, 22. Sept. 1966.

Es hat sich eine Lage entwickelt, die zu der Feststellung zwingt: In Deutschland gibt es mehrere Richtungen in der Kirche; ich möchte sogar sagen, daß es mehrere Kirchen gibt. Es gibt eine Kirche, die in christlicher Verantwortung die Grundsätze des Humanismus achtet und verbreitet. Das ist die Kirche in der Deutschen Demokratischen Republik. Es gibt in Westdeutschland eine große Zahl Christen und Geistliche, die sich von der Idee des Humanismus leiten lassen, und daneben gibt es Bischöfe, die sich der Militärkirche verschworen haben und die Politik der CDU, d.h. die Politik der Atomkriegsführung, die Politik der Forderung nach Änderung der Grenzen, die Revanchepolitik usw. unterstützen. So ist in Deutschland im Grunde eine Zersplitterung in den Kreisen der Kirche und des Christentums eingetreten. *Diesen ekklesiologischen Ausführungen Ulbrichts wird von Mitzenheim nicht widersprochen.*

Wir haben eine große gemeinsame humanistische Verantwortung vor der deutschen Nation. Wir unsererseits erfüllen diese Verantwortung durch den Aufbau einer wahrhaft humanistischen, der sozialistischen Gesellschaftsordnung. Bei dieser großen gesellschaftlichen Leistung der Bevölkerung der Deutschen Demokratischen Republik arbeiten Menschen unterschiedlicher Weltanschauung und unterschiedlicher Herkunft freundschaftlich zusammen. Das Charakteristische ist, daß dabei die Gemeinsamkeit der Bürger der DDR in ihrer humanistischen Verantwortung für die Sicherung des Friedens sowie für den Aufbau und die Entwicklung der sozialistischen Gesellschaftsordnung zum Ausdruck kommt, einer Gesellschaftsordnung, in der humanistische Gesinnung und die Grundsätze des Humanismus ihre wahre Verwirklichung finden.

Quelle: DOHLE/DROBISCH/HÜTTNER 1967, 450f.

Dokument 1966/4

Aus der Erklärung des Nationalrates der Nationalen Front des demokratischen Deutschland zur Bedeutung der nationalen Jubiläen 1967 (Juli 1966).

Im Jahre 1967 wurden in der DDR drei Jubiläen begangen: das 900jährige Bestehen der Wartburg, der 450. Jahrestag der Reformation und der 150. Jahrestag des Wartburgfestes der deutschen Burschenschaft.

In der deutschen Geschichte sind die Reformation und das Wartburgfest der Burschenschaften Ausdruck des Kampfes der fortschrittlichen Klassen und der Volksmassen für gesellschaftlichen Fortschritt, Demokratie und nationale Einheit, gegen die herrschende reaktionäre Feudalordnung. *Vorwurf an die Bundesrepublik: man versuche,*
solche nationalen und demokratischen Höhepunkte unserer deutschen Geschichte wie den Jahrestag der Reformation zu theologisieren und beraubt sie ihres nationalen, ihres demokratischen und humanistischen Gehalts. [...]
Ostern 1521 traf Luther auf der Wartburg ein und übersetzte dort von Mai 1521 bis März 1522 die Bibel. Er leistete damit einen entscheidenden Beitrag zur Herausbildung der einheitlichen deutschen Schriftsprache. Die Übersetzung der Bibel ins Deutsche war ein Ausdruck der beginnenden Emanzipation bürgerlich-demokratischer Kräfte, die dem Volke die Möglichkeit gab, die Texte der Bibel selbst zu lesen, um aus christlicher Sicht ihren demokratischen Kampf und ihre Forderungen begründen zu können. Damit gab Luther, wie Friedrich Engels es ausdrückte, ‚der plebejischen Bewegung ein mächtiges Werkzeug in die Hand'. [...]
Es kam Luther keineswegs nur darauf an, das religiöse Wort zu reformieren, sondern er wollte eine mündige, von ausländischer und inländischer Bevormundung und Unterdrückung freie Gemeinde schaffen, in der die Volkskräfte sich entfalten konnten. Dieser durch die Gedanken der Reformation ausgelöste revolutionäre Prozeß von nationaler Bedeutung kulminierte schließlich in der revolutionären Bewegung der Volksmassen, im Bauernkrieg.

Quelle: Dohle/Drobisch/Hüttner 1967, 436–445.

Dokument 1966/5

Günter Jacob, Christen ohne Privilegien. Möglichkeit des Christseins in der sozialistischen Gesellschaft.

Rundfunkvortrag, gesendet vom Süddeutschen Rundfunk am 30. November 1966.
Die Monopolstellung der Kirche ist abgeschafft, ihre Privilegien wurden schrittweise abgebaut. Das Christentum konnte nicht länger für die fragwürdige Rolle der offiziellen Staatsmetaphysik in Anspruch genommen werden. Nunmehr ist der Marxismus-Leninismus zu solcher Staatsmetaphysik erhoben, die Bekenntnis und Gefolgschaft von denen beansprucht, die als Sozialisten anerkannt sein wollen. [...]
Heute haben nicht wenige Christen vor allem aus der jüngeren Generation [...] die schweren Schockwirkungen der anhaltenden Schrumpfungsprozesse überwunden und vollziehen in innerer Zustimmung die Aussage mit, die Rudolf Augstein in seiner Berliner Rede vom Januar 1965 mit dem Satz gemacht hat: „Es bekommt den Kirchen gut, daß sie nur geduldet sind, sie schrumpfen sich gesund!" Heute wächst die Zahl der Christen, die nicht mehr im Stil der Klage und der Selbstbemitleidung auf ein nachträglich vergoldetes volkskirchliches Zeitalter oder auf die Privilegien der westlichen Kirchen schauen, sondern bereit sind, die neue Situation nicht als ein Übel hinzunehmen, vielmehr in ihr bewußt und

in innerer Freiheit eine Chance für ein glaubwürdiges und gehorsames Leben der Christen zu sehen. [...] Sie sehen sich nach einer überzeugenden und strahlungskräftigen Verwirklichung christlichen Lebens und Zeugnisses auf dem Feld der täglichen Begegnungen mit den Indifferenten und den bewußten Atheisten und entschiedenen Nichtchristen.

Quelle: KJB 94, 1967, 308–311.

Dokument 1967/1

Herbert Trebs, Referat auf der Tagung des Präsidiums des Hauptvorstandes der CDU mit Universitätstheologen, Geistlichen und anderen christlichen Persönlichkeiten, Universität Jena, 8. – 9. Febr. 1967.

Mir scheint, daß im Gespräch vom 9. Februar 1961 und im Wartburggespräch der Begriff Humanismus eigentlich nicht im Sinne der Theorie, also mit einem starken weltanschaulichen Gewicht, benutzt worden ist. [...]

In den Äußerungen von Emil Fuchs wurde der Begriff des Humanismus auf die sozialethische Ebene bezogen. Die weltanschauliche Theorie, die sich auf Natur und Bestimmung des Menschen richtet, möchte ich demgegenüber als „Konzeption des Menschen" bezeichnen. [...] Im Humanismus sind wir als Christen und Marxisten weitgehend vereint, in der Konzeption des Menschen sind wir verschieden.

Humanistisch ist ein Handeln, sind die Ziele, Ideale, Anliegen, die das Handeln leiten, die Verhaltensweisen. Die Konzeption des Menschen bietet die Begründung für die gesamte Weltsicht und das Lebensverständnis, die den Rahmen dieses Handelns bilden, und ist die Quelle für die Inspirationen und Motivationen, die dieses Handeln befruchten, schöpferisch machen und seine Triebkraft bilden. Die christliche Konzeption des Menschen ist der Glaube. Wenn man den Begriff Humanismus als Theorie faßt, dann gibt es einen christlichen Humanismus. Wenn man ihn, wie ich, sozial-ethisch-praktisch faßt, dann gibt es keinen christlichen Humanismus, wohl aber einen Humanismus aus Glauben.

Quelle: KJB 94, 1967, 182.

Dokument 1967/2

Gerald Götting, Referat auf der Tagung des Präsidiums des Hauptvorstandes der CDU mit Universitätstheologen, Geistlichen und anderen christlichen Persönlichkeiten, Universität Jena, 8.-9. Febr. 1967.

So wie die Bonner sogenannte „Wiedervereinigungskonzeption" die Spaltung Deutschlands nur vertieft hat, weil sie auf die Annexion unserer Republik hinausläuft und damit den Frieden bedroht, so wurde die Parole von der „Einheit der EKD" zu einer Waffe des kalten Krieges gegen die Deutsche Demokratische Republik.

Die freien und unabhängigen evangelischen Kirchen in der Deutschen Demokratischen Republik können mit der durch den Militärseelsorgevertrag der NATO verhafteten und verpflichteten evangelischen Kirche in Westdeutschland nicht in einem Atemzug genannt werden. Zwischen diesen Extremen gibt es keine institutionelle Einheit. Die imperialistischen Kreise haben eine über die Staatsgrenzen hinausreichende organisatorische Einheit des deutschen Protestantismus – unter Mithilfe leitender kirchlicher Männer in Westdeutschland – bewußt und absichtlich in ihre gegen die Deutsche Demokratische Republik gerichtete revanchistische Politik einbezogen und damit diese Einheit preisgegeben. Die evangelischen

Staatsbürger der Deutschen Demokratischen Republik setzen ihre Kraft für diesen unseren sozialistischen Staat ein und sind Tag für Tag daran beteiligt, die politisch-moralische Einheit des Volkes in der Deutschen Demokratischen Republik weiter zu stärken. [...]

Als Christen haben wir einen wichtigen Beitrag dazu zu leisten, daß die Zusammenarbeit aller humanistisch gesinnten Menschen weiterwächst und daß sie im Ringen mit den Kräften des Krieges den Sieg davontragen.

Quelle: KJB 94, 1967, 182f.

Dokument 1967/3

Aus der Erklärung der „Arbeitsgruppe ‚Christliche Kreise' beim Nationalrat der Nationalen Front", angenommen auf ihrer Tagung am 29. 3. 1967 zum Thema „Verantwortungsbewußte Kirchenpolitik heute ".

In Zusammenarbeit mit vielen Bürgern der DDR haben wir gelernt, was für uns alle das Beste ist: die Erhaltung und Sicherung des Friedens und der Aufbau einer sozialistischen Gesellschaftsordnung. Unsere Parteinahme für diese Zielsetzung hat dazu geführt, daß der erste sozialistische Friedensstaat in der deutschen Geschichte für uns zur Heimat geworden ist. Als verantwortungsbereite Staatsbürger wissen wir uns in ihm zu Hause. Als Glieder unserer Kirchen sind wir hier, in unserer DDR, zu Zeugnis und Dienst gerufen. [...]

In aller Deutlichkeit sei darum gesagt: Wir Christen in der DDR identifizieren uns mit der Friedenspolitik unseres Staates [...] .

Quelle: KJB 94, 1967, 187–189.

Dokument 1967/4

„Fürstenwalder Erklärung".

Der ostdeutsche Teil der 4. EKD-Synode war zu seiner 1. Tagung vom 1. bis 7. April 1967 in Fürstenwalde zusammengekommen. Am 5. April 1967 verabschiedeten die Synodalen eine „Erklärung zur Einheit der Evangelischen Kirche in Deutschland". Auszüge:

[...] Die Evangelische Kirche in Deutschland besteht. [...] Wir können nicht erkennen, daß der Herr die Evangelische Kirche in Deutschland nicht mehr brauchen will, seinen Auftrag auszuführen, das Evangelium allem Volk zu verkündigen.

[...] Die Kirchen der Evangelischen Kirche in Deutschland sind beieinander. Unser evangelisches Bekenntnis weist uns an, kirchliche Gemeinschaft nur dann aufzukündigen, wenn der Bruder in Irrlehre oder Ungehorsam gegen den Herrn der Kirche beharrt. Diese Gründe zu einer Trennung der Kirchen innerhalb der Evangelischen Kirche in Deutschland liegen nicht vor. [...]

Wir evangelischen Christen in der Deutschen Demokratischen Republik haben also keinen Grund, die Gemeinschaft der Evangelischen Kirche in Deutschland zu zerschneiden. Wir haben gute Gründe, sie festzuhalten.

Quelle: KJB 94, 1967, 268–270.

Dokument 1967/5

Hans Moritz, Nachwort zu G. Kretzschmar, „Volkskirche im Umbruch", Berlin/O 1967.

[...] Soweit ich sehe, ist es für das Gebiet der DDR die erste gründliche Studie zum Thema Kirchgemeindesoziologie. [...]

Da der Autor sich einem zentralen Thema unserer Gegenwart stellt, mußte er notwendigerweise alle kirchlichen Lebensäußerungen in eine gesellschaftliche Wirklichkeit hineinstellen, die vom umfassenden Aufbau des Sozialismus bestimmt ist.

[...] Es ist eine theologische Grundhaltung des „unbedingten Realismus", der sich der Verfasser bei der Erhellung unserer kirchgemeindlichen Situation verbunden weiß. Dieser Wirklichkeit versucht er zunächst verstehend gerecht zu werden, ehe er auch kritische Akzente setzt.

Daß der augenblickliche Stand der „volkskirchlichen" Lebensäußerungen sich dabei als äußerst unbefriedigend zu erkennen gibt, hat auch historische Gründe [...]. Es gibt aber auch Ursachen, die ihre Wurzeln in der Gegenwart haben und die man anders sehen und bewerten muß. Diese sollen erkannt werden, um einer kirchlichen Neuorientierung in unserer sozialistischen Umwelt den Weg zu bereiten. Es geht dieser Studie offensichtlich nicht nur um Tatbestandsaufnahme, sondern auch um einen Zukunftsdienst für unsere Kirche. Insofern ist diese Publikation kein Dokument der Resignation, sondern voll von gläubiger Zuversicht.

Diese Zuversicht ist darauf gegründet, daß die Diasporaexistenz der Kirche in der modernen Welt bewußt übernommen und bejaht wird, weil auch bei quantitativer Verkleinerung die Chance eines qualitativen Neuwerdens gegeben ist. Eine solche Neuorientierung der evangelischen Christenheit ist – wie der Verfasser betont – nur möglich bei geordneten Beziehungen von Staat und Kirche, und zwar in allen Bereichen [...]. Je ehrlicher, offener und wahrhaftiger die Neubesinnung ist, desto schneller werden unsere Kirchgemeinden den Weg in eine Zukunft finden, die zwar die einstige Volkskirche mit ihren Privilegien nicht wiederbringt, wohl aber die Bahn frei läßt und immer wieder frei macht für einen Dienst an Kirche und Welt.

Quelle: KJB 95, 1968, 297 f.

Dokument 1967/6

Bischof Friedrich-Wilhelm Krummacher, Tätigkeitsbericht vor der Synode in Fürstenwalde, 1.-7. April 1967.

Wir stehen in einer heute mehr noch als früher praktizierten Gemeinschaft der evangelischen Christenheit in Deutschland. [...]

All dieses ist aber auf die Dauer nur möglich, wenn man beieinander bleibt und einander nicht losläßt. [...] Wenn wir einander loslassen würden und nicht mehr aufeinander zugingen, um miteinander, trotz bestehender Lehrunterschiede, um den rechten Weg der Wahrheit zu ringen, dann bedeutete das eine ungeheure geistliche Verarmung und Selbstisolierung. Eine Kirche kann nicht freiwillig beschließen, den Weg geistlicher Verarmung zu gehen, solange ihr Gott eine gemeinsame Schulderkenntnis, aber auch gemeinsame geistliche Gaben geschenkt hat.

Darum ist es heute nicht mehr eine pragmatische Frage, die man so oder so lösen kann, sondern eine Frage des Glaubensgehorsams, ob wir an der Einheit und Gemeinschaft der Evangelischen Kirche in Deutschland festhalten oder nicht. Wenn wir uns trennen würden, so täten wir das ja lediglich aus säkularen Gründen und aus keinem einzigen tragenden geistlichen oder kirchlichen Grund. [...]

Von maßgebender politischer Seite ist öffentlich mehrmals erklärt worden, die institutionelle Gemeinschaft einer Evangelischen Kirche in Deutschland bestehe bereits nicht mehr. Zur Begründung hat man angeführt, daß aus politisch-moralischen Gründen die Kirchen und die Christen in der Deutschen Demokratischen Republik nicht mehr in einem Atemzug mit den Kirchen und den Christen in der Bundesrepublik Deutschland genannt werden können.

Darauf erwidern wir: Wenn Christen, die Glieder am Leib des Einen Herrn sind und als Glieder einer Kirche zusammengehören, nicht mehr zusammen in einem Atemzug genannt werden dürfen, dann geht es damit nicht mehr um eine institutionelle Frage, sondern um die Gemeinschaft im Glauben an den Einen Herrn. [...]

Wahrhaftig, meine Brüder und Schwestern, jetzt geht es in der Evangelischen Kirche in Deutschland um mehr als um Fragen der kirchlichen Institution oder der Gesetzgebung. Es geht um die alleinige Bindung einer freien Kirche an den Einen Herrn, der in jedem Atemzug auch der Herr unserer Brüder ist, mögen sie politisch oder gesellschaftlich anders leben und denken als wir. [...]

Gott gebe, daß wir nun erst recht diese unaufgebbare Gemeinschaft der evangelischen Christenheit in Deutschland im Zeugnis und im Dienst vor der Welt aus Glaubensgehorsam Tag für Tag tiefer verwirklichen.

Quelle: KJB 94, 1967, 265–267.

Dokument 1968/1

Brief der DDR-Bischöfe an den Staatsratsvorsitzenden Ulbricht vom 15. 2. 1968 („Brief aus Lehnin").

Als Staatsbürger der Deutschen Demokratischen Republik und als Christen gehen wir davon aus, daß nach dem durch deutsche Schuld begonnenen Krieg nun auf dem Boden der deutschen Nation zwei deutsche Staaten bestehen. [...]

Als Staatsbürger eines sozialistischen Staates sehen wir uns vor die Aufgabe gestellt, den Sozialismus als eine Gestalt gerechteren Zusammenlebens zu verwirklichen. Als Christen lassen wir uns daran erinnern, daß wir es weithin unterlassen haben, „die Sache der Armen und Entrechteten gemäß dem Evangelium von Gottes kommendem Reich zur Sache der Christenheit zu machen" (Darmstädter Wort des Bruderrates zum politischen Weg unseres Volkes vom 8. 8. 1947).

Nach dem grundlegenden Artikel 1 des Entwurfes der neuen Verfassung ist die Deutsche Demokratische Republik ein sozialistischer Staat und als solcher die politische Organisation der Werktätigen in Stadt und Land, die gemeinsam unter Führung der Arbeiterklasse und ihrer marxistisch-leninistischen Partei den Sozialismus verwirklichen. Wir bitten, daß die neue Verfassung so erstellt wird, daß die Christen und diejenigen Mitbürger, die die Weltanschauung der führenden Partei nicht teilen, an der Verantwortung für unser Staatswesen mit unverletzten Gewissen teilhaben können. [...]

Deshalb bitten wir darum, daß den christlichen Bürgern im sozialistischen Staat, an dessen Aufbau sie mitwirken, die Anerkennung ihres kirchlichen Lebens eindeutig zugesagt wird. Dabei bitten wir zu berücksichtigen, daß sich der christliche Glaube im tätigen Leben und in der Gemeinschaft von Einzelgemeinde und Kirche ausdrückt. Schließlich läßt der Wortlaut des Artikels 38 Abs. 2 nicht deutlich erkennen, daß das bewährte Prinzip der Trennung von Staat und Kirche beibehalten wird. [...]

Quelle: KJB 95, 1968, 181 f.; abgedr. in: Henkys 1970, 112–114; und in: EK 1, 1968, 218 f.

Dokument 1968/2

Verfassung der DDR von 1968.

Art. 18.1: Die sozialistische Nationalkultur gehört zu den Grundlagen der sozialistischen Gesellschaft. Die Deutsche Demokratische Republik fördert und schützt die sozialistische Kultur, die dem Frieden, dem Humanismus und der Entwicklung der sozialistischen Menschengemeinschaft [1974: der sozialistischen Gesellschaft] dient. Sie bekämpft die imperialistische Unkultur, die der psychologischen Kriegführung und der Herabwürdigung des Menschen dient. Die sozialistische Gesellschaft fördert das kulturvolle Leben der Werktätigen, pflegt alle humanistischen Werte des nationalen Kulturerbes und der Weltkultur und entwickelt die sozialistische Nationalkultur als Sache des ganzen Volkes.

Quelle: H. ROGGEMANN, Die DDR-Verfassungen, ³1980, 182f.

Art. 20.1: Jeder Bürger der Deutschen Demokratischen Republik hat unabhängig von seiner Nationalität, seiner Rasse, seinem weltanschaulichen oder religiösen Bekenntnis, seiner sozialen Herkunft und Stellung die gleichen Rechte und Pflichten. Gewissens- und Glaubensfreiheit sind gewährleistet. Alle Bürger sind vor dem Gesetz gleich. Art. 39.1: Jeder Bürger der DDR hat das Recht, sich zu einem religiösen Glauben zu bekennen und religiöse Handlungen auszuüben. Art. 39.2: Die Kirchen und andere Religionsgemeinschaften ordnen ihre Angelegenheiten und üben ihre Tätigkeit aus in Übereinstimmung mit der Verfassung und den gesetzlichen Bestimmungen der Deutschen Demokratischen Republik. Näheres kann durch Vereinbarungen geregelt werden.

Quelle: KJB 95, 1968, 191.

Dokument 1968/3

Bischof Moritz Mitzenheim, Interview in der NZ vom 4. 2. 1968.

Mitzenheim wurde in dem Interview „um eine erste Stellungnahme zum Entwurf" der neuen Verfassung der DDR und besonders zum Art. 38 des Entwurfes (im endgültigen Text der Verfassung Art. 39) gebeten.

Daß alle kirchliche Arbeit sich im Rahmen der Verfassung und der Gesetze der Deutschen Demokratischen Republik zu halten hat, ist spätestens seit dem Kommuniqué vom Juli 1958 für die evangelischen Kirchen in der DDR eine Selbstverständlichkeit. Ich möchte der Überzeugung Ausdruck geben, daß mit dem Wortlaut der Verfassung die Linie, wie sie sich von dem Kommuniqué über das Gespräch vom 9. Februar 1961 bis zum Wartburggespräch ergibt, klar fortgesetzt wird. Sie wissen, daß ich es oft gesagt habe: Wir wollen nicht Kirche gegen den Sozialismus sein, sondern Kirche für die Bürger in der DDR, die in einer sozialistischen Gesellschaft mit ungekränktem Gewissen Christen sein und bleiben wollen.

Quelle: KJB 95, 1968, 171–173.

Dokument 1968/4

Bischof Moritz Mitzenheim, Rede auf der Bürgervertreterkonferenz in Weimar am 29. 2. 1968.

Am 29. 2. 1968 fand im Deutschen Nationaltheater in Weimar eine Bürgervertreterkonferenz statt. Im Anschluß an eine Rede von W. Ulbricht mit dem Titel „Die Lehren aus der Geschichte gezogen" (abgedr. in: NZ Nr. 53/68 v. 2. 3. 1968) sprach Mitzenheim über den Entwurf zur neuen Verfassung. Darauf antwortete wiederum Ulbricht. Auszüge aus Mitzenheims Beitrag:

Bereits in meinem Interview mit der „Neuen Zeit" habe ich auf die Bedeutung dieses Entwurfs hingewiesen und der Überzeugung Ausdruck gegeben, die neue sozialistische Verfassung, ihre Auslegung und Anwendung werde eine gute Grundlage sein für den weiteren gemeinsamen Weg aller Bürger unseres Staates in die Zukunft.

Seit 1945 stehen die Christen in unserem Staat mit den Bürgern anderer Weltanschauungen am gemeinsamen Aufbauwerk. Sie sind gemeinsam mit den Marxisten den steinigen und steilen Weg gegangen, der uns aus dem Zusammenbruch von 1945 herausgeführt hat. *Mitzenheim erinnert an die gescheiterte Weimarer Republik und an den gemeinsamen leidvollen Widerstand von Christen und Marxisten gegen die nationalsozialistische Diktatur.*

In dieser leidvollen Vergangenheit, in den schlechten Erfahrungen mit der Weimarer Republik und in dem gemeinsamen Kampf unter dem Terror des Faschismus hat die Gemeinsamkeit von Christen und Marxisten, die in unserer Republik Wirklichkeit ist, hat jene humanistische Menschengemeinschaft, die Grundlage und Zielpunkt unserer Verfassung ist, ihren Ursprung. Und an dieser Gemeinsamkeit wollen wir festhalten. [...]

Die Christen in der Deutschen Demokratischen Republik erstreben keine Privilegien. Sie wollen mit ungekränktem Gewissen als Christen und als gleichberechtigte und gleichverpflichtete Bürger ihren Mann stehen. Dazu gibt uns die neue Verfassung alle Möglichkeiten.

Ebensowenig wie es den einzelnen christlichen Bürgern um Privilegien oder Vorrechte geht, sondern um die Verwirklichung des Prinzips der Gleichberechtigung, erstreben die evangelischen Kirchen in der Deutschen Demokratischen Republik Privilegien für sich. Sie wollen mit ihrer Arbeit in unserer sozialistischen Gesellschaft dem einzelnen und dem Ganzen dienen, nichts als dienen.

Was die Kirchen von ihrem Staat dringlich erbitten, ist Freiheit und Raum für diesen ihren Dienst. [...]

Die Glieder unserer Kirche sind Bürger unserer Deutschen Demokratischen Republik. Die Gemeinden und Kirchen, die Anstalten und Werke der evangelischen Kirche sind Organismen und Einrichtungen auf dem Boden der Deutschen Demokratischen Republik, und sie wissen sich zur Beachtung der Gesetze unseres Staates bei der Gestaltung ihrer eigenen Strukturen und Ordnungen verpflichtet. Die Staatsgrenzen der Deutschen Demokratischen Republik bilden auch die Grenze für die kirchlichen Organisationsmöglichkeiten.

Quelle: KJB 95, 1968, 176f.

Dokument 1968/5

Bischof Friedrich-Wilhelm Krummacher, Stellungnahme zum Entwurf einer neuen Verfassung der DDR, 14. 2. 1968.

Der Dienst der Kirche ist den Menschen im sozialistischen Staat zugewandt, die in vielen Berufen am Aufbau des wirtschaftlichen und gesellschaftlichen Lebens tätig mitwirken. Unsere evangelische Kirche hat seit dem 7. Oktober 1949 diesen Staat der Deutschen Demokratischen Republik, in dem wir Christen leben, als ihren Staat bejaht. Wir meinen, daß diesem souveränen Staat in den bestehenden Grenzen nun auch im Völkerleben die Anerkennung nicht länger bestritten werden kann. [...] Unseren kirchlichen Dienst für die christlichen Menschen in der sozialistischen Gesellschaftsordnung wollen wir in freier und selbständiger kirchlicher Verantwortung tun. Bei solchem Dienst nehmen wir keinerlei Weisungen oder gar „Bevormundungen" entgegen, die etwa von außerhalb unseres Staatsgebiets kommen könnten. Unsere evangelischen Kirchen in der Deutschen Demokratischen Republik sind eigenverantwortlich in ihrem Bereich. Eine solche kirchliche Selbständigkeit steht nicht im Widerspruch zu der brüderlichen Gemeinschaft des christlichen Glaubens, die über alle staatlichen Grenzen hinweg lebendig ist. [...] Auf solchen Grundlagen kann, wie ich meine, im Rahmen der künftigen Verfassung das Verhältnis von Staat und Kirche auf allen Ebenen kirchlichen Lebens hilfreich und fruchtbar gestaltet werden.

Quelle: KJB 95, 1968, 179f.; abgedr. in: EK 1, 1968, 161f.

Dokument 1968/6

Hans Seigewasser über die „gemeinsame humanistische Verantwortung" von Christen und Sozialisten in der „sozialistischen Menschengemeinschaft".

Der Staatssekretär für Kirchenfragen erläuterte anläßlich des 12. Parteitages der CDU Anfang Oktober 1968 in Erfurt in einem Aufsatz die Grundsätze staatlicher Kirchenpolitik.

Aufmerksame und unvoreingenommene Gäste der DDR bestätigen schon nach kurzem Aufenthalt das charakteristische Merkmal für die geistige Situation in unserer Republik: die feste Gemeinsamkeit von Marxisten und Christen, jene Gemeinschaft der sozialistischen Tat, die täglich erprobt, von großem Vertrauen zueinander getragen, durch persönliche Entscheidung ermöglicht wird. Ja, der sozialistische Bürger der DDR gestaltet bewußt seine neue Ordnung, die sozialistische Gesellschaft. [...]

Gewiß, die Bürger der Republik sind unterschiedlich nach ihrer sozialen Herkunft, Tradition, Weltanschauung, Parteizugehörigkeit oder Konfession. Mancher mag sich noch mit einem Ballast alter gesellschaftlicher Vorstellungen abquälen, mag Vorurteile bewahren, die es ihm schwermachen, den entscheidenden Wert der neuen sozialistischen Gemeinschaft zu verstehen. Und doch erweist sich in der täglichen gemeinsamen Arbeit bei der Lösung echter gemeinsamer Aufgaben die Wahrheit jenes berühmten Wartburg-Wortes des Vorsitzenden des Staatsrates der DDR, Walter Ulbricht, im Gespräch mit Landesbischof D. Mitzenheim: „Die gemeinsame humanistische Verantwortung verbindet uns alle!" Ein Wort, das zum Programm wurde.

In der DDR gibt es [...] sehr konkrete Vorstellungen von humanistischer Grundhaltung. Seit dem großen sozialistischen Oktober 1917 hat der Humanismus seinen konkreten Inhalt, wird er gleichzeitig zum konkreten Gebot. Der Humanismus unserer Zeit ist streitbar. Er fordert zur unbedingten Parteinahme auf, er läßt keine Möglichkeit des Ausweichens vor der Verantwortung zu.

Dieser konkrete Humanismus verlangt deshalb das vorbehaltlose „Ja" zum Sozialismus in Würdigung der geschichtlichen Tatsache, daß Sozialismus und Frieden identisch sind. Der sozialistische Humanismus läßt andererseits dem Imperialismus, unter welcher ideologischer Flagge er auch auftreten mag, keinen Raum. Er appelliert an alle Menschen guten Willens, immer auf der richtigen Seite zu stehen und niemals Toleranz gegenüber den Feinden des Friedens, des Sozialismus und der Sache der Humanität zu üben. [...]

Jahr um Jahr hat der Hauptvorstand [der CDU] auf festlichen und für die Teilnehmer eindrucksvollen Veranstaltungen das Ereignis vom Februar 1961 [das Gespräch Ulbrichts mit Emil Fuchs] gewürdigt. Nicht als Traditionsveranstaltung, sondern als Möglichkeit, die ideologische Klarheit unter Theologen und Geistlichen weiter zu fördern. [...]

Das denkwürdige Gespräch Walter Ulbrichts mit Professor Emil Fuchs wurde zu einem Meilenstein auf dem Wege zur sozialistischen Menschengemeinschaft, ebenso wie 1964 die historische Wartburg-Begegnung des Staatsratsvorsitzenden mit dem Landesbischof der Evangelisch-Lutherischen Kirche in Thüringen, D. Mitzenheim. Beide Gespräche geben Aufschluß über die Staatspolitik in Kirchenfragen. Diese kann und darf – trotz mancher Spezifika – nur als untrennbarer Bestandteil der allgemeinen Staatspolitik gewertet werden. Sie muß deshalb auf ihrem Gebiet, dem ständigen Auftrag der sozialistischen Verfassung folgend, Verhältnisse schaffen, die unserer Gesamtpolitik zur vollen Entfaltung der sozialistischen Menschengemeinschaft entsprechen.

Dazu gehören einerseits korrekte und vertrauensvolle Beziehungen der Kirchen zum Staat, andererseits die Bereitschaft des sozialistischen Staates, den Geistlichen und den Kirchenleitungen mit gutem Rat zu helfen, wenn sie alte anachronistisch gewordene Abhängigkeiten überwinden und eindeutig die Position der Kirche im Sozialismus beziehen wollen. Für Männer der Kirche ist das oftmals ein komplizierter, vielleicht sogar schmerzlicher Entwicklungsprozeß, zumal er eine klare Antwort auf die Verfassungsfrage nach der staatsbürgerlichen Verantwortung erheischt.

Die CDU hat mit großer Intensität diesen Entwicklungsprozeß zu beeinflussen versucht. [...]

So entfaltete die CDU auf dem Gebiet der politisch-ideologischen Überzeugungsarbeit unter Geistlichen und Theologen eine umfangreiche Aktivität [...].

Quelle: NZ Nr. 233 vom 2. Okt. 1968; abgedr. in: KJB 95, 1968, 205–209.

Dokument 1968/7

Bischof Johannes Jänicke, Bericht vor der Provinzialsynode der Kirchenprovinz Sachsen, 19. Okt. 1968.

Aber auch abgesehen davon muß die Kirche um ihres Auftrags an die Welt willen das Wort nehmen, wenn die christliche Verantwortung für das öffentliche Leben es gebietet. Sie tut das ja auch laufend. Denn die Kirche redet ja nicht allein durch die Erklärungen ihrer Synoden, Kirchenleitungen oder Bischöfe, sondern mehr noch durch ihre Glieder, die überall im Staat und Volk tätig sind und an der Verantwortung für das Ganze Anteil haben. Dabei sollte es für Christen selbstverständlich sein, daß sie ihre Existenz in diesem unserem Staat bejahen und nicht in einer heimlichen Emigration leben, handeln und reden. Das kann nicht oft genug gesagt werden, daß die positive Verantwortung für unseren Staat die Voraussetzung für die Stellungnahme der Christen ist, selbst da, wo ihr Wort der öffentlich bekannten Meinung widersprechen sollte. Wäre die positive Verantwortung nicht die selbstverständliche Voraussetzung, dann könnten wir es uns wahrlich manchmal bequemer machen und einfach schweigen – wie es ja viele tun! [...]

Wir meinen nicht für eine uneingeschränkte Freiheit der öffentlichen Meinungsäußerung eintreten zu sollen, die gewiß in bestimmten Situationen eines Staates bedenklich und fragwürdig sein kann und ihre Grenze haben muß. Wenn sich die Kirche aber zum Mund einer zutiefst begründeten Sorge ihrer Gemeinden macht und in solche Situationen das ihr aufgetragene Wort Gottes hineinspricht und zum rechten Beten aufruft und anleitet, dann tut sie damit nur, was ihres Amtes ist, und würde ihren Auftrag versäumen, wenn sie schwiege. Wir sind dessen gewiß, daß damit in Krisensituationen auch dem Staat letztlich besser gedient ist als mit Schweigen oder mit wenig überzeugenden Akklamationen.

Quelle: KJB 95, 1968, 253–255.

Dokument 1968/8

Bischof Hans-Joachim Fränkel, Bericht vor der Provinzialsynode der Evangelischen Kirche des Görlitzer Kirchengebietes.

[...] Die Christen, die Bürger unseres Staates sind, nehmen die Ordnung, in der sie leben, an als den Raum der Bewährung ihres Dienstes und Zeugnisses. Die Kirche erkennt die Aufgabe, auf der Basis einer sozialistischen Wirtschaftsstruktur das Zusammenleben der Bürger zu gestalten, als eine legitime Aufgabe an. Allen Versuchen, diese Basis zu zerstören, versagt sie sich und läßt sich nicht politisch mißbrauchen. Indem die Bischöfe den Sozialismus als eine Gestalt gerechteren Zusammenlebens angesprochen haben, haben sie keine kritiklose, die Eigenverantwortung preisgebende Akklamation vollzogen, sondern den Sozialismus der Zielsetzung eines gerechteren Zusammenlebens der Menschen unterstellt, auf die hin der Sozialismus sich befragen lassen muß. [...]

Auf keinen Fall dürfen Glaubens- und Gewissensfreiheit nur ein Dekorum sein. Verwirklichung des Sozialismus als Gestalt eines gerechteren Zusammenlebens zielt darauf, daß mit dem Sozialismus Gerechtigkeit und Freiheit untrennbar verbunden sind. Ich halte es für einen Irrtum, daß eine sozialistische Gesellschaftsordnung ihrem Wesen nach die mit echter Glaubens- und Gewissensfreiheit gegebene Begrenzung des Ideologischen nicht erträgt.

Quelle: KJB 95, 1968, 255–257.

Dokument 1968/9

Protokoll der Dienstbesprechung beim Staatssekretär für Kirchenfragen am 11. April 1968 mit Fortsetzung am 19. April 1968.

Auch für unsere Dienststelle ist die Vorbereitung des 20. Jahrestages der Republik die zentrale Aufgabe. Wir müssen es verstehen, dafür die kühnste Konzeption zu entwickeln, zumal auch in den Kirchen der DDR eine völlig neue Lage entstanden ist. Mehr und mehr setzt sich bei führenden Kirchenvertretern die Erkenntnis durch, daß das Krummersche [sic!] Bekenntnis zur EKD von Fürstenwalde zu einem Dilemma geführt hat, aus dem man nun gern herauskommen möchte. Der Staatssekretär unterrichtete in diesem Zusammenhang über bestimmte Bestrebungen prominenter Kirchenrepräsentanten, einen Modus vivendi zu finden, um unter Ausnützung der verfassungtsmäßig festgelegten Möglichkeit zu Vereinbarungen über Kirche und Staat die Beziehungen auf eine sachlich neue Art zu regeln. Es hat Andeutungen in der Richtung gegeben, die Bindungen der DDR-Kirchen zur EKD zu lösen und einen „Bund evangelischer Kirchen der DDR" mit weitgehenden Konsequenzen zu schaffen. Eine solche Entwicklung würde bedeuten, daß es gelungen ist, einen entscheidenden Schlag gegen die EKD und damit gegen die Bindungen unserer Kirche an die Bonner Militärkirche zu führen. Der Staatssekretär verwies darauf, daß es in der nächsten Zeit interessante Gespräche mit DDR-Bischöfen geben werde. Wir haben keinen Grund zu überstürzter Eile, da die Entwicklung für uns arbeite. Ob die Vereinbarungen auf Landeskirchenebene oder mit einem entstehenden „Bund" schließlich zustandekommen, das muß noch geklärt werden.

Quelle: BAP, D 0–4, Nr. 400/1, Az.: 00–06–00.

Dokument 1968/10

Protokoll der Dienstbesprechung beim Staatssekretär für Kirchenfragen am 4. Juli 1968.

Der Staatssekretär deutete darauf hin, daß man bereits dabei ist, die Volkskirche alten Stils abzuschreiben und gleichzeitig die ersten Schritte auf eine sogenannte Kaderkirche hin [zu] tun. (Schönherr/Jacob-Konzeption). [...]
Koll. Dr. Wilke gab eine kurzfristige mündliche Darstellung der gegenwärtigen Entwicklungstendenzen in den evangelischen Kirchen der DDR. Haupttendenz sei, daß sich die Kirchen gegenwärtig sehr energisch um eine Positionsbestimmung im Sozialismus bemühen. Sie suchen nach Wegen, um sich gegenüber dem sozialistischen Staate in eine gleichberechtigte Partnerschaft zu bringen.

Quelle: BAP, D 0–4, Nr. 400/2, Az.: 00–06–00.

Dokument 1968/11

Staatssekretär für Kirchenfragen, Information Nr. 7/68: Präambel zum Arbeitsplan für das II. Halbjahr 1968 der Dienststelle des Staatssekretärs für Kirchenfragen, 4. 7. 1968.

In der Verfassungsdiskussion versuchten Geistliche beider Konfessionen, vor allem aber die kirchenleitenden Kräfte mit den Bischöfen an der Spitze, durch Eingaben wesentliche Abschwächungen des sozialistischen Inhalts des Verfassungsentwurfs zu erreichen und die Position der Kirche im sozialistischen Staate zu erweitern und auszubauen.
Es kann nicht übersehen werden, daß die Vorbehalte einer beträchtlichen Anzahl von kirchlichen Amtsträgern gegenüber dem sozialistischen Staate noch wirksam sind und diesen Personenkreis mehr als andere daran hindern, ein freudiges und überzeugtes „Ja" zur Deutschen Demokratischen Republik zu sagen. Viele Geistliche sind zwar bereit, zur Ökonomie des sozialistischen Staates ein positives Verhältnis zu bekunden, gleichzeitig aber Vorbehalte gegenüber der sozialistischen Demokratie geltend zu machen und besonders die Kultur-, Bildungs- und Verteidigungspolitik zu verneinen.
Es gibt noch viele Geistliche, die Anhänger oder Verfechter der Theorie des sogenannten dritten Weges sind, die [...] von einem angeblich „vermenschlichten Sozialismus" träumen [...]. Kirchliche Amtsträger machen sich zu Verfechtern der imperialistischen Konvergenztheorie, die den Klassenkampf leugnet und als längst überholt darstellt. [...]
Auf politisch-ideologischem Gebiet besteht die Hauptaufgabe in der Festigung und Vertiefung der sozialistischen Menschengemeinschaft und in der Erziehung aller Bürger zu bewußten und voll verantwortlich handelnden Staatsbürgern der DDR. [...] Das bedeutet, daß auch bei den kirchlichen Amtsträgern das Bewußtsein geweckt und gestärkt werden muß, Staatsbürger des ersten sozialistischen Staates deutscher Nation zu sein, Staatsbürger mit allen Rechten und mit allen Pflichten, die die neue Verfassung allen Bürgern, unabhängig von ihrer sozialen Herkunft, Weltanschauung und beruflichen Tätigkeit einräumt und auferlegt. [...]
[Als Aufgabe wird angegeben:] Erziehungsprozeß des einzelnen Geistlichen im Sinne einer vorbehaltlosen Staatsbejahung.
Generelles Ziel im Maßstab der Republik ist, in allen Bezirken der DDR mindestens 50 Prozent der protestantischen Geistlichen für ein klares, keinerlei Schwankungen unterworfenes Bekenntnis zur Deutschen Demokratischen Republik zu gewinnen [...].
Der Entwicklung in den Kirchen zur Veränderung ihres Status ist erhöhte Aufmerksamkeit zuzuwenden. Kirchlicherseits sind eine Struktur- und eine Verhandlungskommission

gebildet worden, um die im §39,2 der Verfassung gegebene Möglichkeit zu Vereinbarungen zwischen Kirche und Staat im Interesse der Kirchen zu nutzen. Zum Jahresende will die Kirche entsprechende Vorschläge unterbreiten.

Die Vorbereitung der Verhandlungen kann nicht allein den kirchenleitenden Kräften überlassen werden, deren Vorstellungen darauf abzielen, das bisherige föderative System der Kirchen in der DDR abzuschaffen, eine zentralistische Kirchenorganisation zu schaffen, um dem Staate als geschlossener Block entgegentreten zu können. Die Verwirklichung dieser kirchlichen Zielsetzung würde uns die Differenzierungspolitik wesentlich erschweren.

Quelle: BAP, D 0–4, Nr. 2497/1, Az.: 05–18–00.

Dokument 1968/12

Staatssekretariat für Kirchenfragen, Abt. II (Dr. Fitzner), Vorlage zur Dienstbesprechung: „Zum Problem der möglichen Vereinbarungen zwischen Staat und Kirche (Artikel 39, Abs. 2 der Verfassung)", 23. 10. 1968.

Artikel 39, Abs. 2 der Verfassung läßt die Möglichkeit zu, Vereinbarungen zwischen dem Staat und der Kirche abzuschließen. Es ist sorgfältig zu prüfen, ob es sich aus den politischen Beziehungen zwischen Staat und Kirche, aus der Stellung der Kirchen und Religionsgemeinschaften in der DDR als notwendig erweist, zum Abschluß derartiger Vereinbarungen zu kommen. Wenn der Abschluß von Vereinbarungen geboten ist, sollte diese Möglichkeit in Erwägung gezogen werden. Keinesfalls sind sie übereilt abzuschließen. Sie sollten nur dann zustande kommen, wenn wir es als Staat für zweckmäßig halten oder ein Ersuchen der Kirchen in dieser Richtung gerechtfertigt ist.

Vereinbarungen können nur mit einem solchen Inhalt abgeschlossen werden, der der Stellung der Kirchen in unserer DDR entspricht. So muß dabei beachtet werden, daß die Kirchen in unserem sozialistischen Staat keine gesellschaftliche Kraft darstellen, die an der Staatsmacht beteiligt ist, die die Arbeiterklasse unter ihrer Führung mit den mit ihr verbündeten Klassen und Schichten ausübt. Sie sind vielmehr Institutionen, die das Recht haben, religiöse Bedürfnisse gläubiger Bürger zu befriedigen. Dabei dürfen sie die Grenzen der Religionsausübung nicht überschreiten und nicht zu Tätigkeitsformen übergehen, die im Widerspruch zu ihrer Stellung in unserer Gesellschaftsordnung stehen. Sie haben daneben das Recht, ihre gemeinnützige Tätigkeit auszuüben und sind zugleich berechtigt und verpflichtet, das dafür bestimmte Eigentum zweckgebunden zu nutzen.

Quelle: BAP, D 0–4, Nr. 400/3, Az.: 00–06–00.

Dokument 1968/13

Dienststelle des Staatssekretärs für Kirchenfragen, Dr. Wilke, „Einschätzung der Synode der Kirche Berlin-Brandenburg vom 1.-5. 11. 1968 in der Stephanus Stiftung Berlin Weißensee" [sic!], 8. 11. 1968

[Im Vordergrund der Tagung standen] die Probleme der ideologischen Auseinandersetzung mit der sozialistischen Gesellschaft und der Ausweitung des religiös-politischen Einflusses. [...]

Zu den Problemen des Verhältnisses von Staat und Kirche wurde wenig formuliert, dafür aber offensiv versucht, die Kirche als Partner für den Staat aufzuwerten, die Verfassung der DDR nach eigenen Vorstellungen im Interesse der Kirchen zu interpretieren und an der Innen- und Außenpolitik der DDR Kritik zu üben. Die Kirche soll in allen gesellschaftlichen Bereichen wirksam sein, soll als gleichberechtigter Partner des Staates aktiv in der gesellschaftlichen Praxis tätig sein und sich dabei auf die kritische Mitarbeit orientieren. Mit dieser Methode wird aus dem Engagement der Geistlichen und kirchlichen Amtsträger in der sozialistischen Gesellschaft eine Form der ideologischen Auseinandersetzung mit den Grundfragen des Staates der Arbeiter und Bauern, der Gestaltung des Sozialismus und der Diktatur des Proletariats. Das soll zu einer organisierten Struktur der ideologischen Diversion führen. Die Kirche Berlin-Brandenburg kann in diesem Zusammenhang nicht als eine der 8 Landeskirchen angesehen werden. Sie ist bereits seit langer Zeit Modell- und Experimentiergebiet für die EKD, da der Westberliner Bischof Scharf nach wie vor bemüht ist, die Linienführung der Kirche im Gebiet der DDR zu bestimmen. Diese Kirche ist bestrebt, im Verhältnis zwischen Staat und Kirche bestimmende Positionen einzunehmen und eindeutige Orientierungen für die übrigen Kirchen im Sinne der EKD-Politik zu geben. [...]

Zur gegenwärtigen Haltung von Bischof Schönherr: Bischof Schönherr hat auf dieser Tagung der Synode seinen Standpunkt eindeutig festgelegt. Er ist zu einem Vertreter des Sozialdemokratismus geworden, der sich zwar die politischen Argumente der sozialistischen Gesellschaft, des Staates und der „linken Kräfte" der Kirchen anhört, aber in politischen Fragen mit der Reaktion zusammenarbeitet. Er forciert die sogenannte „kritische Mitarbeit". [...] vertritt er heute eindeutig die von den reaktionären Kräften der EKD konzipierte Position der Unterordnung der Kirchen in der DDR unter die Politik des westdeutschen Rates der EKD. [...] Seine gesamte Haltung beweist, daß er sich als souveräner Kirchenführer fühlt, der entscheidend die Position der Kirche im Sozialismus bestimmen will, der glaubt, aufgrund seiner bisherigen Anerkennung beim Staat dafür besondere Voraussetzungen zu haben. [...]

[Als Vertreter eines Gegenkonzeptes erscheint in dem Bericht der Weißenseer Arbeitskreis. Er forderte] die eindeutige Orientierung der Kirche auf die Realitäten des Sozialismus. [...] „Die Kirche kann sich nicht zum Wächter über die Gesellschaft aufspielen". [H.Müller]

Quelle: BAP, D 0–4, Nr. 444/2, Az.: 00–13–02.

Dokument 1968/14

Staatssekretär für Kirchenfragen, Information Nr. 1/69: „Präambel zum Arbeitsplan für das I. Halbjahr 1969 der Dienststelle des Staatssekretärs für Kirchenfragen", 10. 12. 1968.

Offen zutage getreten ist [...], daß gewisse kirchenleitende Kräfte in der DDR, Bischöfe, Superintendenten und Geistliche, mit ihren Sympathien auf der Seite der Befürworter des sogenannten „demokratischen Sozialismus", auf der Seite derer standen, die sich unter der demagogischen Losung zusammenfanden, dem Sozialismus angeblich ein „menschliches Gesicht" zu geben. [...]

Gerade in Auswertung der Erfahrungen vom 21. August 1968 ist es notwendig, nunmehr alle jene Kräfte im kirchlichen Raum in Bewegung zu bringen und weitgehend zu einigen, die sich bereits positiv für die sozialistische Gemeinschaftsordnung engagiert haben und die an der grundlegenden Verbesserung der Beziehungen zwischen Kirche und Staat in der DDR interessiert sind. [...] Ziel der politisch-ideologischen Arbeit ist die Herausbildung einer entschiedenen Opposition gegen alle jene Kräfte in den Kirchen der DDR, die den sozialistischen Staat mit organisatorischen Umgruppierungen und formalen Veränderungen innerhalb der Kirchen beschwichtigen und täuschen möchten, um insgeheim weiter an der „Einheit in der EKD" festzuhalten.

Gestützt auf die innerkirchliche Opposition werden die Staatsorgane der DDR konsequent alle Vorschläge der kirchlichen Strukturkommission zurückweisen, bis folgende Bedingungen erfüllt sind: a) völlige Lösung der Kirchen der DDR aus der Bevormundung durch die EKD bei Aufhebung der Grundordnung der EKD und Niederlegung aller Ämter in der EKD und ihrem Rat; b) Proklamation ihrer absoluten Selbständigkeit; c) Anerkennung des föderalistischen Organisationsprinzips der Landeskirchen auch in einem möglichen „Bund evangelischer Kirchen der DDR"; d) Respektierung des Veto-Rechtes jeder Kirchenleitung. Diese staatlichen Forderungen an die Kirchen in der DDR entsprechen völlig dem Geist und Buchstaben der neuen sozialistischen Verfassung wie sie zugleich Kriterium des staatsbürgerlichen Verhaltens eines jeden Geistlichen und kirchlichen Amtsträgers sind.

Diese generelle Aufgabe steht im ursächlichen Zusammenhang mit der Hauptaufgabe [...] der Kirchenpolitik, nämlich mit unserem Bemühen, die Mehrheit der protestantischen und eine stabile Gruppe von katholischen Geistlichen in jedem Bezirk für eine klare persönliche Entscheidung ihrem sozialistischen Vaterland gegenüber zu gewinnen.

Die Konvergenztheorie, die Theorien von der Möglichkeit eines sogenannten „Dritten Weges" und von der beherrschenden Rolle des angeblichen „Nord-Süd-Gegensatzes", die Anstrengungen der Gegner des Sozialismus, dem Sozialismus ein sogenanntes „menschliches Gesicht" zu geben, ihn angeblich „humanisieren" zu wollen, das Gerede von einer angeblich notwendigen Vereinigung von Sozialismus und Demokratie und die demagogischen Versuche, uns den Dialog zwischen Marxisten und Christen aufzwingen zu wollen, sind Waffen aus dem Arsenal der imperialistischen Globalstrategen, eingesetzt, um die Einheit des sozialistischen Lagers zu zerstören [...].

In diesem Gesamtkomplex der ideologischen Diversion ist den offiziellen Kirchen in Westdeutschland eine spezifische Aufgabe übertragen. Als fester Bestandteil des westdeutschen Herrschaftsmechanismus sind sie Instrument der direkten Propagierung der militaristischen und revanchistischen sogenannten „neuen Ostpolitik".

Quelle: BAP, D 0–4, Nr. 2497–2, Az.: 05–18–00.

Dokument 1969/1

Thesen des Komitees zum 20. Jahrestag der DDR.

VI. In der Deutschen Demokratischen Republik entstand die sozialistische Menschengemeinschaft, die weiter wächst und sich zunehmend festigt. In ihr erfüllt sich der humanistische Gedanke von der Selbstverwirklichung des Menschen.

Auf der festen Grundlage der sozialistischen Staatsmacht und der sozialistischen Produktionsverhältnisse entwickelt sich die politisch-moralische Einheit des ganzen werktätigen Volkes. Menschen unterschiedlicher sozialer Herkunft, Lebenserfahrung und Weltanschauung – Arbeiter und Bauern, Geistesschaffende und Angehörige des ehemaligen Mittelstandes, Marxisten und Christen –, sie alle fanden in unserem Staat ihre politische und geistige Heimat. Sie sind zu Trägern und Mitgestaltern seiner gesellschaftlichen Ordnung geworden. Ihr oft konfliktreicher Weg vom „Ich" zum „Wir", ihr „Anderswerden" – häufig verbunden mit einer völligen Veränderung ihrer sozialen Stellung, ihrer überkommenen Vorstellungs- und Gefühlswelt –, das ist der größte Erfolg der zwanzigjährigen Entwicklung der DDR.

Quelle: Sozialistische Demokratie vom 24. Januar 1969. Beilage; abgedr. in: DA 2, 1969, 282ff. und in: KJB 96, 1969, 159–161.

Dokument 1969/2

*Bischof Werner Krusche, Bericht vor der Synode der Kirchenprovinz Sachsen am 15. Nov. 1969
in Halle.*

*W. Krusche resümiert anläßlich des 20. Jahrestages der Gründung der DDR das Verhältnis von Kirche
und Staat.*

Überschaut man das Verhalten des Staates gegenüber der Kirche in den vergangenen 20
Jahren, so wird man von einer gewaltsamen Bekämpfung der Kirche nicht sprechen können, wohl aber ist die Kirche aus dem öffentlichen Raum zunehmend zurückgedrängt und
ihre Arbeit eingeschränkt worden [...]. Wir können im übrigen gar keine Mittelpunktstellung haben wollen, da unsere Mitte Jesus Christus ist [...].

Überschaut man Weg und Verhalten der Kirche in diesen 20 Jahren, so wird man sagen
dürfen, daß sie sich zu keinem Zeitpunkt als Kirche gegen den sozialistischen Staat, sondern
immer als Kirche im sozialistischen Staat gewußt, daß sie sich also an Römer 13 gehalten
hat. [...]

Im Grunde ging es immer um die Lösung der Aufgabe, wie die Kirche auf die Gesellschaft einzugehen habe, ohne in ihr aufzugehen, wie sie ihre Fremdlingschaft (Hebr
11,9.13; 1.Petr 2,11; Phil 3,20) in der Solidarität mit der Gesellschaft zu praktizieren habe,
wie sie sich ihr verantwortlich einzupassen habe, ohne sich ihr unbesehen anzupassen. [...]
Wenn die Kirche in bestimmten Fällen aus ihrer Bindung an Gottes Wort ein partielles Nein
gesagt hat, so geschah dies immer unter dem Vorzeichen des grundsätzlichen Ja zum Staat
und niemals in der Absicht, der DDR zu schaden.

Quelle: KJB 96, 1969, 168f.

Dokument 1969/3

Bischof Moritz Mitzenheim, Gespräch mit Hermann Kalb.

*Kalb war Chefredakteur des CDU-Organs „Neue Zeit". Auf seine Frage: „Welche Aufgaben erge-
ben sich nach Ihrer Meinung für den Dienst der Kirche in einem Staat, dessen Bürger sich dem Aufbau
einer sozialistischen Gesellschaftsordnung verpflichtet wissen?" antwortete Mitzenheim:*

Bereits in dem bekannten Kommuniqué vom Juli 1958 wurde betont, daß unsere Kirchen die Entwicklung zum Sozialismus respektieren. Es ist nicht unsere Aufgabe, Kirche gegen den Sozialismus zu sein, sondern Kirche für die Menschen, die in einer sozialistischen
Gesellschaftsordnung Christen sein und bleiben wollen. Die Kirche hat durch die Verkündigung des Evangeliums in Predigt, Unterricht und Seelsorge unseren Bürgern Lebenshilfe,
Zuspruch und Wegweisung zu freudigem Dienst an unserem Volke zu geben. Dabei soll sie
sich offen erweisen für all die Aufgaben, die sich ihren Gliedern beim Aufbau einer sozial gerechten neuen Gesellschaft ergeben.

Quelle: NZ Nr. 1 vom 1. 1. 1969, S. 3; abgedr. in: KJB 96, 1969, 192–195.

Dokument 1969/4

*Bischof Moritz Mitzenheim über die „gemeinsame humanistische Verantwortung von Marxisten
und Christen".*

*Am 19. August 1969 fand auf Einladung des Nationalrates der Nationalen Front und des Staatssekre-
tärs für Kirchenfragen eine Festveranstaltung auf der Wartburg statt, die an das fünf Jahre zuvor geführ-*

te „Wartburggespräch" zwischen Ulbricht und Mitzenheim erinnern sollte. Im Mittelpunkt der Veranstaltung stand ein Referat von Staatssekretär Seigewasser. Bischof Mitzenheim hielt eine Grußansprache, aus der die folgenden Sätze zitiert sind:

Es ging [...] in diesem Gespräch auf der Wartburg vor fünf Jahren um die echte Gemeinschaft von Menschen mit verschiedenen Weltanschauungen, von Marxisten und Christen, in unserem Staat. Die Basis dieser sich entwickelnden Gemeinsamkeit ist nicht eine Negation weltanschaulicher Unterschiede, sondern die Erkenntnis, daß der gemeinsame Kampf um gemeinsame Lebensinteressen diese Gemeinschaft zwingend fordert. Diese Gemeinschaft ist jedoch nicht etwa ein vordergründiges pragmatisches Zweckbündnis zur Bearbeitung akuter Probleme in Kooperation. Diese Gemeinschaft wurzelt tiefer. Entscheidend erscheint mir, daß gerade in dem Gespräch vor fünf Jahren ihr tragender Grund gültig formuliert wurde: „Die gemeinsame humanistische Verantwortung verbindet uns alle." [...]

Wenn wir uns heute auf der Wartburg [...] zusammengefunden haben, so kann diese Begegnung nur sinnvoll sein, wenn wir uns deutlich machen, was humanistische Verantwortung für uns heute und hier bedeutet, welche Aufgaben und Verpflichtungen uns gegeben sind.

Die Verfassung [...] beschreibt schon in der Präambel diese Aufgaben: „den Weg des Friedens, der sozialen Gerechtigkeit, der Demokratie, des Sozialismus und der Völkerfreundschaft in freier Entscheidung unbeirrt weiterzugehen". An diesen Aufgaben wirken gleichberechtigt und gleichverpflichtet Christen und Marxisten nebeneinander und miteinander. Zusammengeschlossen in der Nationalen Front arbeiten sie an der Entwicklung der sozialistischen Gesellschaft und an der Festigung und am Ausbau des sozialistischen Friedensstaates. [...]

Der sozialistische Staat Deutsche Demokratische Republik ist auch der Staat der Christen. In ihm bewähren sie täglich ihre humanistische Verantwortung. [...]

Humanistische Verantwortung heute bedeutet, aus Menschlichkeit und um der Menschen willen sich zu entscheiden für den Weg des Sozialismus, der – wie unsere Verfassung aussagt – in eine Zukunft des Friedens führt.

Quelle: NZ Nr. 194 vom 20. 8. 1969, S. 1; abgedr. in: KJB 96, 1969, 203–205.

Dokument Nr. 1969/5

Staatssekretär Hans Seigewasser über „Kirche im Sozialismus".

Der nachfolgende Text wurde unverändert aus der Dokumentation „Zum Gebrauch des Begriffes ‚Kirche im Sozialismus'" der Theologischen Studienabteilung beim BEK übernommen.

Im Februar 1969 stellten Staatssekretär Seigewasser und Gerald Götting in Burgscheidungen fest, daß die Anerkennung der neuen Verfassungswirklichkeit Ausgangspunkt für Überlegungen der Kirche in ihrem Verhältnis zum sozialistischen Staat ist. Seigewasser gebrauchte hier erstmals den Begriff „Kirche im Sozialismus" im Zusammenhang damit, daß sich über 99% der wahlberechtigten DDR-Bevölkerung für die sozialistische Verfassung entschieden haben: Die Männer der Kirche sollten daraus „die Schlußfolgerung ableiten, daß sie dem geistlichen Auftrag der Kirche im Sozialismus nur dann gerecht werden ..., wenn sie den Sozialismus und seine humanistische Staatspolitik, insbesondere seine Außenpolitik nicht negieren." (13)

Mit Interesse werde beobachtet, daß sich in der Kirche die Kräfte mehren, „die aus der Verfassung für die Existenz der Kirchen im Sozialismus vernünftige Schlußfolgerungen zu ziehen bereit sind." (14)

Diese Aussagen von Seigewasser und Götting beziehen sich offenbar auf die inzwischen
erfolgte Zustimmung der 8 Landeskirchen der DDR und ihrer Synoden zum geplanten
Bund der Evangelischen Kirchen in der DDR (bis Ende 1968).

Quelle: Zum Gebrauch des Begriffs „Kirche im Sozialismus", hg. von der Theologischen
Studienabteilung beim Bund der Evangelischen Kirchen in der Deutschen Demokratischen
Republik, Referat Weltanschauungsfragen: Informationen und Texte Nr. 15, März 1988
(maschinenschriftl. vervielf.), 2 f.

Dokument 1969/6

Paul Verner am 7. April 1969 zur Gründung des DDR-Kirchenbundes.

*Verner war im Politbüro des Zentralkomitees der SED für Kirchenfragen zuständig. Die Rede, die er
am 7. April 1969 vor SED-Funktionären gehalten hat, wurde erst nach der Wende veröffentlicht.*
Dem Wesen nach geht es bei der Gründung des Bundes darum, die Möglichkeiten des
Taktierens mit den Kirchen Westdeutschlands zu erhalten, als Bund den staatlichen Organen in größerer Geschlossenheit entgegentreten zu können, die fortschrittlichen Kräfte in
den Kirchen der DDR durch den Bund zu bremsen und zu fesseln, und schließlich darum,
zu gegebener Zeit als Bund zu vorteilhaften Vereinbarungen mit dem Staat entsprechend Artikel 39, Absatz 2 der Verfassung (wo solche Vereinbarungen ermöglicht werden) zu kommen. [...] Wir werden, unabhängig davon, ob der Bund existiert oder nicht, und entsprechend den bisherigen positiven Erfahrungen der Zusammenarbeit zwischen staatlichen Organen und Vertretern der Kirchen, ... die Praxis fortsetzen, daß die Räte der Bezirke auch
weiterhin die Aufgaben der Regelung von Fragen mit den landeskirchlichen Organen wahrnehmen. Wir geben zu verstehen, daß das Prinzip der landeskirchlichen Organisationsform
weiterhin als die legitime Form der kirchlichen Organisation betrachtet wird.

Quelle: A. Schönherr, Weder Opportunismus noch Opposition. Kirche im Sozialismus –
der beschwerliche Weg der Protestanten in der DDR, in: DIE ZEIT 7/1992 vom 7. 2.
1992, 4 f., 4.

Dokument 1969/7

*Dienststelle des Staatssekretärs für Kirchenfragen, „Information über neue Formen und Metho-
den der politisch-religiösen Einflußnahme der Kirchen auf die Jugend", 27. 3. 1969.*

Um [...] die Bereitschaft der konfessionell gebundenen Bürger unserer Republik zur vorbehaltlosen und aufgeschlossenen Mitarbeit am Aufbau der sozialistischen Gesellschaft von
vornherein zu untergraben, prägte die Kirche die Formel „kritische Mitarbeit" als der einzig möglichen Haltung. Die scheinbare Bescheidenheit dieser Formel kann den sich dahinter verbergenden Standpunkt eines kirchlichen Wächteramtes auch in der sozialistischen
Gesellschaft und den Versuch, erst gleichberechtigte Partner zu werden und dann die gesellschaftliche Entwicklung in eine andere Richtung zu lenken, nicht verbergen.

Quelle: BAP, D 0–4, Nr. 2498–1, Az.: 05–18–00.

Dokument 1969/8

*„Staatssekretär für Kirchenfragen, Information Nr. 5/69: Präambel zum Arbeitsplan der Dienst-
stelle des Staatssekretärs für Kirchenfragen für das II. Halbjahr 1969", 30. 6. 1969.*

Im II. Halbjahr 1969 [...] richtet die Dienststelle des Staatssekretärs für Kirchenfragen alle ihre Anstrengungen darauf, die differenzierte Arbeit unter den Geistlichen und kirchlichen Amtsträgern als Teilsystem der staatlichen Leitungstätigkeit umfassend und systematisch zu organisieren. [...] Mittels eines qualitativ geeigneten Personenkreises muß es im Rahmen des Betreuungssystems für Geistliche und kirchliche Amtsträger zu mehrfachen prinzipiellen Gesprächen mit jedem Geistlichen kommen. Ziel dieser Gespräche ist die weitere Entwicklung und Festigung des Staatsbewußtseins eines jeden kirchlichen Amtsträgers; [...] Hauptkriterien für die Einschätzung jedes Geistlichen sind:

1. Das Verhältnis des Geistlichen zur sozialistischen Verfassung der Deutschen Demokratischen Republik. [...]
2. Das Verhältnis des Geistlichen zu den gesellschaftlichen und politischen tragenden Kräften des sozialistischen Staates. [...]
3. Das Verhältnis des Geistlichen zu den staatlichen Organen. Ist er bereit, ein vertrauensvolles und kontinuierlich gutes Verhältnis zu den staatlichen Organen zu pflegen und dabei zu wirken, daß die sozialistische Gesetzlichkeit von ihm selbst und von allen kirchlichen Amtsträgern konsequent eingehalten wird? [...]

Unsere Aufgabe ist es, auch die Geistlichen und kirchlichen Amtsträger in diese [d.i. die sozialistische Menschen-] Gemeinschaft einzubeziehen, das staatsbürgerliche Bewußtsein der Geistlichen und kirchlichen Amtsträger – als unsere Hauptaufgabe – ständig weiter zu entwickeln, um damit die Geistlichen in die sozialistische Menschengemeinschaft mehr und mehr einbeziehen zu können.

Quelle: BAP, D 0–4, Nr. 2498/2, Az.: 05–18–00.

Dokument 1969/9

Staatssekretär für Kirchenfragen, Information Nr. 11/69: „Präambel zum Arbeitsplan der Dienststelle des Staatssekretärs für Kirchenfragen für das I. Halbjahr 1970", 19. 12. 1969.

Erfolge zeigen sich im Fortschreiten des Differenzierungsprozesses, besonders auch in der Vergrößerung der Zahl solcher Geistlicher und kirchlicher Amtsträger, die zu einer klaren staatsbürgerlichen Konzeption geführt werden oder sich bereits aktiv in die sozialistische Menschengemeinschaft eingliedern. [...]

[Der Staatssekretär beobachtete auf den Herbstsynoden, daß die Kirchenleitungen] sich gezwungen [sahen], Leben und Wirken der Kirchen in der sozialistischen Umwelt und unter sozialistischen Bedingungen als Realität anzuerkennen. [...]

[Als Kriterien der weiteren „politisch-ideologischen" Bearbeitung von kirchlichen Amtsträgern und Kirchenleitungen nennt der Staatssekretär:]

1. Das klare Bekenntnis der Kirchenleitungen und Synoden zum sozialistischen Staate als der Realität, in der die DDR-Kirchen existieren und wirken.
2. Die offene Absage an jede geistige, d.h. politisch-ideologische Gemeinschaft mit den Kirchen in Westdeutschland, als Kirchen, die in das aggressive militaristische und revanchistische monopolkapitalistische Herrschaftssystem integriert sind. [...]

Das wachsende staatsbürgerliche Bewußtsein bei Geistlichen und kirchlichen Amtsträgern, die geistige Trennung der DDR-Kirchen vom politisch-ideologischen Einfluß der westdeutschen Militärkirche muß sich auch in einer klaren Parteinahme der Kirchen und ihrer Amtsträger für die Friedenspolitik des sozialistischen Lagers auswirken.

Quelle: BAP, D 0–4, Nr. 2498–3, Az.: 05–18–00.

Dokument 1970/1

Synode des Bundes der Evangelischen Kirchen in der DDR vom 26.-29. Juni 1970 in Potsdam-Hermannswerder: Bericht der Konferenz der Evangelischen Kirchenleitungen.

Nachdem zunächst die Sätze 2 bis 6 des Darmstädter Wortes zitiert wurden, fährt der Bericht fort:
  Auf dem Hintergrund einer solchen Besinnung sehen wir den Auftrag der Kirchen in der DDR und den unseres Bundes.
  1. „Umkehr zu Gott“: Wir vertrauen darauf, daß Gott uns immer noch ruft und nicht verstößt. Wir sollen erwarten, daß Gott mit uns Gutes und nur Gutes vorhat. Er verstellt alte Wege, um uns auf neue zu weisen. Er läßt Altes zu Ende gehen, damit wir acht haben auf das, was Er wachsen lassen will.
  2. „Hinkehr zum Nächsten“: Wir werden nur dann die ganze Fülle der Freiheit erfahren, zu der uns Gott in Jesus Christus berufen hat, wenn wir unser ganzes Leben in Seinen Dienst stellen, in dem Er uns an den Menschen weist, und zwar nicht nur in der privaten Sphäre, sondern auch in Gesellschaft und Politik. Christus stellt uns in die Verantwortung für das Ganze – für die Stadt, für den Staat, in welchem wir leben. Wir werden uns gegenseitig dazu helfen müssen, die Aufgaben zu erfüllen, die uns in dieser Verantwortung zufallen. Was wir tun und wie wir es tun, soll auf den weisen, der uns in seinen Dienst genommen hat. Wir werden uns vor allem dazu helfen müssen, das Evangelium an den Menschen unserer Zeit als eine frohe, befreiende Botschaft und nicht als Last und Gesetz weiterzugeben.
  3. Die Kirche, die ihren Irrweg bekennt und „zu einem neuen, besseren Dienst [...] freigesprochen“ ist, wird nicht die alten Vorrechte und Privilegien in Anspruch nehmen können und wollen. Sie wird lediglich um das Recht bitten müssen, ihrem Herrn ungehindert dienen zu können. Als Kirche des Gekreuzigten ist sie nicht zum Herrschen, sondern zum Dienen berufen. Dieses nicht nur theoretisch zu erkennen, sondern in ihren Strukturen und im täglichen Umgang mit den Mitmenschen zu verwirklichen, fällt ihr, die sich lange Zeit auf staatliche Macht stützen konnte, nicht leicht. Dietrich Bonhoeffer schrieb im Blick auf die Zeit nach der Wende, die er herankommen sah: „Auf unsere Privilegien werden wir gelassen und in der Erkenntnis einer geschichtlichen Gerechtigkeit verzichten können. Es mögen Ereignisse und Verhältnisse eintreten, die über unsere Wünsche und Rechte hinweggehen. Dann werden wir uns nicht in verbittertem und unfruchtbarem Stolz, sondern in bewußter Beugung unter ein göttliches Gericht und in weitherziger und selbstloser Teilnahme am Ganzen und an den Leiden unserer Mitmenschen als lebensstark erweisen“ (WE, S. 205f.). Möge unser Glaube sich so lebensstark erweisen, daß dies auch für unsere Kirchen gelten kann!

Quelle: KJB 97, 1970, 235f.

Dokument 1970/2

Synode des Bundes der Evangelischen Kirchen in der DDR vom 26.-29. Juni 1970 in Potsdam-Hermannswerder: Beschlüsse der Synode.

Die Synode stimmte bei zwei Enthaltungen folgender Stellungnahme des Berichtsausschusses zum Bericht der KKL zu:
  In dem Bericht der Konferenz sieht die Synode einen guten Versuch, den Standort des Bundes zu bestimmen. Wir sind dankbar für die Art, in der der Bericht das Bemühen um theologische Grundlegung mit nüchterner Sach- und Situationsbezogenheit verbunden

hat. Wir bejahen die im Bericht gegebene Auftragsbestimmung für den Bund der Evangelischen Kirchen in der DDR, die mit den Stichworten
– Umkehr zu Gott
– Hinwendung zum Nächsten
– Verzicht auf Privilegien
gekennzeichnet wird. Der Bund wird sich als eine Zeugnis- und Dienstgemeinschaft von Kirchen in der sozialistischen Gesellschaft der DDR bewähren müssen.

Quelle: KJB 97, 1970, 301.

Zur Interpretation von Art. 4, 4 der Bundesordnung, also zum Problem des Verhältnisses des BEK zur EKD, faßte die Synode folgenden Beschluß:
Im Blick auf das Verhältnis zu den Kirchen der EKD haben wir von der Erklärung der Synode in Stuttgart vom Mai 1970 Kenntnis genommen und sind wie die Konferenz der Auffassung, daß „die nunmehr vorhandene organisatorische Trennung ebenso klar anerkannt (ist) wie die weiterbestehende geistliche Gemeinschaft". Nach Meinung der Synode ist mit dieser Aussage des Konferenzberichtes die einzig legitime Interpretation des Artikels 4, 4 der Bundesordnung gegeben. Wir weisen alle Versuche zurück, die bestehende geistliche Gemeinschaft zu entleeren oder sie so zu interpretieren, daß dadurch die organisatorisch-rechtliche und institutionelle Selbständigkeit des Bundes in Frage gestellt wird. Es ist allein Sache des Bundes, verbindliche Aussagen über Selbstverständnis und Auftrag des Bundes der Ev. Kirchen in der DDR zu machen.

Quelle: KJB 97, 1970, 249.

Dokument 1970/3

Hans-Hinrich Jenssen, Zur geistigen Neuorientierung der Kirchen in der DDR.

Auf der Tagung des Präsidiums des Hauptvorstandes der CDU in Leipzig am 9. Febr. 1970, dem 9. Jahrestag des Ulbricht-Fuchs-Gespräches, sprach Jenssen über den Zusammenhang des von der CDU propagierten „christlichen Realismus" und kirchlicher Proexistenz. Das KJB kommentierte: „Prof. Jenssen macht deutlich, daß es bei der geistigen Erneuerung um die Gehalte kirchlichen Handelns geht, die nicht der Bibel und dem Bekenntnis, sondern der Wirklichkeitserfahrung und dem politischen Weltbild zu entnehmen sind." (KJB 97, 1970, 216)
Es ist uns allen klar, daß ich jemandem einen echten Dienst nur leisten kann, wenn ich seine Situation genau kenne, sie nicht falsch einschätze und auf Grund dieser zutreffenden Situationsanalyse die richtigen Wege der Hilfe und des Dienstes beschreibe [...].
Hier ist der Punkt, wo von der Notwendigkeit einer geistigen Neuorientierung der evangelischen Landeskirchen in der Deutschen Demokratischen Republik gesprochen werden muß. Kirchliche Proexistenz kann nur dort recht, wirklich helfend und fördernd, verwirklicht werden, wo sie basiert auf einer eingehenden Kenntnis der geistigen, ideologischen und strukturellen sowie wirtschaftlichen Zusammenhänge, auf einer geistig durchdachten und verantworteten bewußten Teilnahme an der sozialistischen Menschengemeinschaft. [...]
Pfarrer z.B., die es ablehnen, im Rahmen der Nationalen Front mitzuarbeiten, gehen derartig an der elementaren geistigen, politischen und auch verfassungsmäßigen Wirklichkeit unseres Lebens vorbei, daß eine Desorientierung der christlichen Gemeinden durch sie in Predigt, Unterricht und Seelsorge nicht ausbleiben kann. Auch die beste Theologie und die gründlichste Bibelkenntnis können nicht vor einer solchen Desorientierung bewahren,

wenn die Situation, in die hinein Verkündigung und Seelsorge geschieht, so gründlich verkannt wird [...].

Worum es geht, ist nicht dies, daß das Evangelium gemäß sozialistischer Ideologie und Weltanschauung umgemodelt und zurechtgestutzt wird, sondern das ganz andere, daß alle Evangeliumsverkündigung sich stets dessen bewußt ist, daß sie sich in der DDR an Menschen richtet, die als bewußte und engagierte Staatsbürger das entwickelte gesellschaftliche System des Sozialismus errichten, und daß sie diese Wirklichkeit, in die hinein sie ergeht, so tief verstanden und durchdrungen hat, daß sie auch nicht aus Unkenntnis politische und ideologische Desorientierung betreibt. Es geht um eine geistige Erneuerung gerade im Hinblick auf jene Gehalte der Predigt, kirchlichen Unterrichts usw., die kein Pfarrer Bibel und Bekenntnis entnehmen kann, sondern die seiner Wirklichkeitserfahrung, seinem politischen Weltbild, seinen literarischen und sonstigen kulturellen Kenntnissen und Urteilen entstammen. *In zwei Beispielen verdeutlicht Jenssen, worin diese „Desorientierung" besteht, nämlich in der Option für eine „konvergenz-theoretisch eingefärbte[] Darstellung" anstelle der polarisierenden marxistisch-leninistischen Gesellschaftsanalyse, letztlich im nicht hinreichend entwickelten „Klassenbewußtsein[]".*

Die sauberste Exegese und die beste Theologie [...] bewahrt uns nicht davor, den uns anvertrauten Menschen politisch-ideologisch schweren Schaden zuzufügen, und hilft uns nicht allein dazu, ihnen auf dem Felde der politischen Diakonie wirklich zu helfen, wenn es nicht zu einer gründlichen geistigen Neuorientierung zur Erarbeitung eines festen und konsequenten staatsbürgerlichen Bewußtseins auch bei kirchlichen Amtsträgern kommt.

Quelle: NZ Nr. 50 vom 28. 2. 1970, S. 6; abgedr. in: KJB 97, 1970, 216–218.

Dokument 1970/4

Evangelische Kirche der Kirchenprovinz Sachsen, Landessynode am 6. November 1970 in Wernigerode, Bericht der Kirchenleitung.

Die Synode unserer Kirchenprovinz hatte auf ihrer vorjährigen Tagung folgendes erklärt: „Unser entschlossenes Ja zum Bund der Evangelischen Kirchen in der DDR bedeutet auch: Die Forderung nach größerer Durchsichtigkeit seiner Entscheidungen und nach besserer Information der Gemeinden. Auf der Grundlage der kritischen Rückfragen sollte die theologische Begründung des Bundes intensiver gesucht und im Bedenken bisheriger Erkenntnisse über den Weg der Kirche (10 Artikel u.a.) präzisiert werden."

Ist diesen Erwartungen der Synode der Kirchenprovinz Rechnung getragen worden? Man wird zunächst einmal einfach feststellen müssen, daß der Bund mit Erklärungen und Äußerungen darüber, wie er den Weg der Kirche in unserer Gesellschaft versteht, noch nicht hervorgetreten ist. Man wird es darum keinem verdenken können, wenn er sagt, der Bund habe noch kein erkennbares theologisches Profil. Er war ja doch eigens dazu gebildet worden, um das der Kirche aufgetragene Zeugnis der Versöhnung in unserer spezifischen gesellschaftlichen Situation deutlicher ausrichten zu können. Wenn es in Zukunft nicht zu der beabsichtigten und erwarteten Konkretion dieses Zeugnisses käme, so geriete die Begründung, die für die Notwendigkeit der organisatorisch-rechtlichen Verselbständigung der acht evangelischen Landeskirchen im Bund der Evangelischen Kirchen in der DDR gegeben worden sind, ins Zwielicht. [...] Die Kirchenleitung ist der Auffassung, daß jetzt, nachdem die Organe des Bundes verständlicherweise zunächst vollauf mit der Schaffung der Voraussetzungen für die Arbeitsfähigkeit des Bundes beschäftigt waren, die Zeit gekommen sein müßte, das Zeugnis der in dem Bund zusammengeschlossenen Kirchen zu konkretisieren. [...] Die Zurückhaltung der Organe des Bundes an diesem Punkte hängt doch wohl damit zusammen, daß wir unsere Situation als Kirche im sozialistischen Staat aufs neue überdenken müssen in nüchterner Überprüfung unseres bisherigen Weges und im kritischen Bedenken bisheriger Erkenntnisse.

Quelle: KJB 97, 1970, 241 f.

Dokument 1970/5

EKU-Ratsvorsitzender Hans-Joachim Fränkel über die Eigenständigkeit des gesellschaftlichen und politischen Engagements der Christen in der DDR.

Auszug aus seinem Bericht, den er als Vorsitzender des Rates der EKU vor deren Regionalsynode Ost (vom 22. bis 24. Mai 1970 in Magdeburg) gab.

[I]ch muß darauf bestehen, daß solcher Dienst in der durch Christus gewirkten „Befreiung aus den gottlosen Bindungen dieser Welt" gründet. [...] Nur indem die Kirche dem sie freimachenden Worte Gottes dient, kann sie der Welt dienen.

[...] [W]ir treten ein für Abkehr von jeder Absolutsetzung politischer, nationaler, rassischer und ideologischer Werte. Das Durchsetzen-wollen weltanschaulicher Monopolansprüche ist in seiner friedensgefährdenden Art heute so vor aller Augen, daß sich niemand entschuldigen kann, wenn es darüber zu einer Weltkatastrophe kommt. [...]

Als Christen in der Deutschen Demokratischen Republik [...] nehmen [wir] die Ordnung des Staates, in dem wir leben, an als den Raum der Bewährung unseres Dienstes und Zeugnisses. Unsere Evangelische Kirche der Union erkennt die Aufgabe, auf der Basis einer sozialistischen Wirtschaftsstruktur das Zusammenleben der Bürger zu gestalten, als eine legitime Aufgabe an. Wie sie sich allen Versuchen, diese Basis zu zerstören, versagt, so läßt sie sich auch nicht politisch mißbrauchen. Wenn wir als Christen unsere gesellschaftliche Mitarbeit als den christlichen Beitrag verstehen, eine Gestalt gerechteren Zusammenlebens zu finden, dann vollziehen wir damit gerade keine kritiklose, die Eigenverantwortung preisgebende Akklamation, sondern unterstellen die sozialistische Gesellschaftsordnung der Zielsetzung einer besseren Gerechtigkeit, auf die hin der Sozialismus sich befragen lassen muß. [...] Das Postulat von der Identität humanistischer Zielsetzung ersetzt [...] den nichtgewünschten Dialog zwischen Christen und Marxisten und macht einen genuin christlichen Beitrag für die Gesellschaft nicht möglich. Nun ist aber die Behauptung der Identität der humanistischen Zielsetzung von Christentum und Marxismus nicht haltbar, weil damit übersehen wird, daß die im Evangelium begründete Lebensgestaltung sich nicht einfach mit derjenigen deckt, die sich aus dem dialektischen Materialismus herleitet. Zusammenarbeit von Christen und Marxisten kann daher nur als eine gemeinsame Verantwortung für den Menschen bei voller Respektierung der Unterschiede in der Auffassung vom Menschen verstanden werden. [...] Die so verstandene Zusammenarbeit von Christen und Marxisten kann nur dann in Wahrhaftigkeit geschehen, wenn das echte Gespräch möglich ist und Raum bleibt für einen eigenständigen christlichen Beitrag zur Gestaltung der Gesellschaft. Darum ist die in der Verfassung verankerte Glaubens- und Gewissensfreiheit von eminenter Bedeutung. [...] Ich halte es für einen Irrtum, daß eine sozialistische Gesellschaftsordnung ihrem Wesen nach die mit echter Glaubens- und Gewissensfreiheit gegebene Begrenzung des Ideologischen nicht erträgt. [...]

Wir haben unbeirrt und entschlossen dafür einzutreten, daß die volle Glaubens- und Gewissensfreiheit allen gewährt wird. Dazu gehört nicht nur die Freiheit, eine bestimmte Glaubensüberzeugung zu haben, sondern auch ihr gemäß zu leben, ohne Nachteile fürchten zu müssen. [...] Es gehört zu unserer gesellschaftspolitischen Verantwortung, für ein Klima einzutreten, in dem man sich in Offenheit und Wahrhaftigkeit begegnet.

Quelle: KJB 97, 1970, 305–308.

Dokument 1970/6

„Berufsbild eines Absolventen der Theologischen Sektion" der Humboldt-Universität Berlin.

Beschlossen vom Rat der Theologischen Fakultät der Humboldt-Universität Berlin am 2. Jan. 1970.

Der Absolvent der Sektion Theologie fühlt sich mit der sozialistischen Staats- und Gesell-schaftsordnung, der ersten wahrhaft menschlichen Gesellschaftsordnung in der Geschichte, fest verbunden und sieht in der DDR sein Vaterland. Er hat erkannt, daß der Imperialismus der erwiesene Feind von Frieden und gesellschaftlichem Fortschritt in unserer Epoche ist. Er hat aus der Geschichte gelernt, daß sich nur die Arbeiterklasse konsequent für Frieden und gesellschaftlichen Fortschritt eingesetzt hat und einsetzt. Von daher ist ihm klar, daß So-zialismus nur dort verwirklicht wird, wo die Arbeiterklasse im festen Bündnis mit allen Werktätigen durch ihre marxistisch-leninistische Partei die Gesellschaft führt. So erkennt er die führende Rolle der Arbeiterklasse und ihrer Partei, der SED, an, die in der Zusammenar-beit aller Parteien und gesellschaftlichen Kräfte ihren Ausdruck findet. Aus humanistischer Verantwortung bemüht er sich gemeinsam mit allen anderen Bürgern, durch aktive Mitwir-kung innerhalb der sozialistischen Demokratie und durch politische Mitarbeit im Rahmen der Nationalen Front (z.B. in den Arbeitsgruppen „Christliche Kreise") einen festen Platz in der sozialistischen Menschengemeinschaft zu finden. Er betrachtet die Verfassung, die sich die sozialistische Gesellschaft in der DDR gegeben hat, als Richtschnur seines staatsbür-gerlichen Handelns und begreift die Zusammengehörigkeit von Grundrechten und Grund-pflichten. Er studiert auch nach Abschluß seiner Hochschulausbildung intensiv die wissen-schaftlichen Erkenntnisse des Marxismus-Leninismus von der Gesetzmäßigkeit der gesell-schaftlichen Entwicklung, um sich einen begründeten parteilichen Standpunkt in der Klas-senauseinandersetzung zwischen Sozialismus und Imperialismus ständig neu erarbeiten zu können. Dies befähigt ihn, seinen Gemeindegliedern in allen Entwicklungsproblemen auf ihrem Wege in der sozialistischen Menschengemeinschaft zu helfen und dem Mißbrauch von Kirche und Theologie durch die imperialistische Globalstrategie, insbesondere der Ver-breitung antikommunistischer Parolen und konvergenztheoretischer Spekulationen wirk-sam entgegenzutreten. Im gesellschaftlichen Engagement für den Sozialismus wird er in sei-ner Gemeinde ein Beispiel geben [...]. _Nach einem etwa ebenso langen Abschnitt über die fachlich-theologische Ausbildung schließt das Dokument:_

Er wird danach streben, in Bewährung christlicher Liebe und im Bekennen christlichen Glaubens seiner Gemeinde ein Vorbild zu sein. [...] Es muß [...] bereits dem Studenten deut-lich werden, daß die theologisch-kirchliche Arbeit und das Engagement für die Gesellschaft nicht beziehungslos nebeneinanderstehen. Vielmehr gehört es gerade zum biblisch begrün-deten Auftrag jedes Christen, für das Gedeihen der Gesellschaft, in der er lebt, verantwor-tungsbewußt zu wirken. Der Absolvent der Sektion Theologie wird in seiner Tätigkeit als Pastor einer evangelischen Gemeinde diese spannungsvolle Einheit von theologischer und gesellschaftlicher Verantwortung in besonderem Maße zu bewähren haben. Das kann nur in konkretem Handeln geschehen. Dann wird sein Zeugnis in der Gemeinde glaubwürdig sein und sein politischer Standpunkt überzeugungskräftig sein.

Quelle: J. HAMEL, Wahrnehmung gesellschaftlicher Verantwortung durch die evangelischen Kirchen in Deutschland – ein Rückblick, in: Zum politischen Auftrag der christlichen Ge-meinde (Barmen II), 1974, 31–33.

Dokument 1970/7

Staatssekretär für Kirchenfragen, Information Nr. 5/70: „Präambel zum Arbeitsplan der Dienststelle des Staatssekretärs für Kirchenfragen für das II. Halbjahr 1970", 17. 6. 1970.

So spiegelt sich in der um mehr als 10 Prozent gestiegenen Wahlbeteiligung der Geistlichen und kirchlichen Amtsträger, verglichen mit den Wahlen von 1965, auch der fortschreitende Prozeß des Umdenkens sowie der Entwicklung des staatsbürgerlichen Bewußtseins bei diesem Personenkreis wider. Im Verlauf der systematisch und planmäßig geführten politisch-ideologischen Überzeugungsarbeit ist es gelungen, weitere Kreise der Geistlichen für die Anerkennung der sozialistischen Friedenspolitik unseres Staates zu gewinnen.

Auch die Trennung der evangelischen Kirchen der DDR von der in der EKD zusammengeschlossenen westdeutschen Militärkirche und die Bildung des „Bundes evangelischer Kirchen in der DDR" ist ein Ausdruck dieser wachsenden Erkenntnis.

Im II. Halbjahr 1970 bedarf die Entwicklung im „Bund evangelischer Kirchen in der DDR" der höchsten Aufmerksamkeit. Deutlich tritt zutage, daß es in der Leitung des Bundes Kräfte gibt, die alles aufbieten, um eine Zentralisierung gegenüber den einzelnen Landeskirchen durchzusetzen.

Hinter diesen Bestrebungen steht die Absicht, die Effektivität der gesamtkirchlichen Arbeit zu erhöhen, die kirchlichen Struktur- und Organisationsformen unter diesem Gesichtspunkt zu verändern, um dem sozialistischen Staat einen möglichst einheitlichen Block entgegenzustellen. Derartige Tendenzen der Zentralisierung werden durch die staatlichen Organe nicht akzeptiert. [...]

Es widerspricht nicht den staatlichen Interessen, wenn der „Bund evangelischer Kirchen in der DDR" in der Ökumene selbständig in Erscheinung tritt. Nach der Verselbständigung des Bundes ist es notwendig, dessen eigenständige ökumenische Arbeit so zu beeinflussen, daß sie der Verfassungswirklichkeit Rechnung trägt. Das erfordert, daß kirchliche Amtsträger auf ökumenischen Beratungen aufzutreten haben, wie es von Bürgern eines sozialistischen Staates zu erwarten ist. Das ist durch eine langfristige staatliche Konzeption zu sichern. [...] *Als „Zielstellung" der „politisch-ideologischen" Arbeit gegenüber den Kirchen wird formuliert:*
– Die Tätigkeit der Kirchen ist auf den kirchlich-legitimen Rahmen zu beschränken. Die Einhaltung der sozialistischen Gesetzlichkeit ist zu sichern.
– Versuche kirchlicher Gremien oder einzelner Vertreter der Kirchen und Religionsgemeinschaften, die sozialistische Gesetzlichkeit zu verletzen, sowie ihre Bemühungen, gesamtgesellschaftliche Belange wahrzunehmen, sind konsequent zurückzuweisen (so z.B. die verstärkten Ansätze, sich in das sozialistische Bildungssystem einzumischen).
– Bestrebungen der Kirchen, ihren schwindenden Einfluß durch neue Formen und Methoden ihrer Arbeit zu begegnen und damit auf bestimmte Schichten der Bevölkerung einzuwirken, ist [...] entgegenzutreten.
Bestandteil der Leitungstätigkeit bleibt der Aufbau bzw. die Stabilisierung des Betreuungssystems. Die individuelle politische Einflußnahme auf Geistliche und kirchliche Amtsträger ist zu verstärken. Auseinandersetzungen mit Geistlichen und kirchlichen Amtsträgern sind kontinuierlich weiterzuführen. [...] Bewährt hat sich das System der Kontaktaufnahme und der Einflußnahme auf die Synodalen. Der Prozeß der innerkirchlichen Auseinandersetzungen über eine klare Standortbestimmung der Kirchen in unserem sozialistischen Staat ist im Hinblick auf die kirchlichen Tagungen und Synoden im II. Halbjahr 1970 weiter zu fördern. Dabei ist von den guten Erfahrungen der Vergangenheit auszugehen.

Quelle: BAP, D 0–4, Nr. 2498/4, Az. 05–18–00.

Dokument 1970/8

Staatssekretär für Kirchenfragen, Information Nr. 11/70: „Präambel zum Arbeitsplan der Dienststelle des Staatssekretärs für Kirchenfragen für das I. Halbjahr 1971", 15. 12. 1970.

Mit der ganzen Bevölkerung erkennen auch immer mehr Geistliche und kirchliche Amtsträger die Erfolge und Fortschritte an, die unser Staat auf dem Wege des sozialistischen Aufbaus zu verzeichnen hat. Sie bejahen in ihrer Mehrheit die gradlinige Friedenspolitik der Staatsführung [...].

Insbesondere war und ist es die konsequente Friedenspolitik der DDR und der sozialistischen Staatengemeinschaft, die Geistliche und kirchliche Amtsträger veranlaßt, sich persönlich für die Sache des Sozialismus zu entscheiden.

Dank der intensiven Nutzung der Möglichkeiten des an historischen Ereignissen reichen Leninjahres 1970 ist es gelungen, den Prozeß der Herausbildung eines staatsbürgerlichen Bewußtseins unter den Amtsträgern der Kirchen in der DDR weiter zu fördern. Gewachsen ist die Zahl der Geistlichen, die schwankende und abwartende Positionen verlassen haben, um den Weg in die sozialistische Menschengemeinschaft zu gehen.

Kleiner ist die Zahl solcher Geistlicher und Amtsträger geworden, die auf ausgesprochen sozialismusfeindlichen, reaktionären Positionen verharren.

Eine zahlenmäßig noch starke, aber nicht einheitliche Gruppe von Geistlichen und Amtsträgern hat sich auf eine „mittlere Position" zwischen Reaktion und Fortschritt zurückgezogen. [...] Ihrer Hoffnung liegt der Wunsch nach Befreiung von der Entscheidung zwischen Sozialismus und Imperialismus und die Illusion zugrunde, der Menschheit im allgemeinen und der Bevölkerung der DDR und der BRD im besonderen würde sich noch ein „Dritter Weg" in die Zukunft, der Weg über die Verwirklichung der spätbürgerlichen Konvergenztheorie eröffnen. Dieser Gruppe von Geistlichen und kirchlichen Amtsträgern ist im I. Halbjahr 1971 besondere Aufmerksamkeit zuzuwenden. Auf ihre Einbeziehung in den Prozeß der Herausbildung eines staatsbürgerlichen Bewußtseins und der Einbeziehung in die sozialistische Menschengemeinschaft sind koordinierte Anstrengungen in der differenzierten politisch-ideologischen Überzeugungs- und Erziehungsarbeit zu entwickeln.

Die Veränderungen in einigen Kirchenleitungen machen es notwendig, mit den Bischöfen und den Kirchenleitungen eine politisch effektivere, konzeptionell fundierte Arbeit zu entwickeln. [...] Die kirchenpolitischen Leitsätze aus den Gesprächen des Staatsratsvorsitzenden Walter Ulbricht mit Professor Dr. Emil Fuchs am 9. Februar 1961 und mit Landesbischof D. Moritz Mitzenheim am 18. August 1964 [...] und ihre konsequente Verwirklichung in der auf die Politik in Kirchenfragen bezogenen Leitungtätigkeit haben in der Vergangenheit zu vertrauensvollen Beziehungen der Landeskirche Thüringen zu den staatlichen Organen geführt. Dieser, von der Thüringer Kirche gewiesene Weg ist zielstrebig für alle DDR-Kirchen anzustreben. [...]

Die Dialektik der Aufgabe besteht darin, die Gewinnung der Geistlichen und kirchlichen Amtsträger für die Staatspolitik des sozialistischen Aufbaus und der Friedenssicherung einerseits und die Zurückdrängung bzw. Einschränkung kirchlicher Aktivitäten auf den den Kirchen von der Verfassung zugewiesenen Raum andererseits als eine Einheit zu begreifen, die unmittelbarer Bestandteil des Klassenkampfes auf politisch-ideologischem Gebiet ist. Daraus ergeben sich für das I. Halbjahr 1971 folgende zentrale Aufgabenstellungen:

1. Die weitere Entwicklung im Bund evangelischer Kirchen der DDR ist mit geeigneten Mitteln so zu beeinflussen, daß

a. die organisatorische Trennung der DDR-Kirchen von der westdeutschen Militärkirche in Gestalt der EKD nunmehr auch auf politisch-geistigem Gebiet konsequent nachvollzogen wird;

b. die Bundesleitung das föderative System der kirchlichen Organisation im Bund akzeptiert und keine Tendenzen der Zentralisation forciert, wodurch die selbständige Stellung der Landeskirchen eingeschränkt wird;

c. die in der „Evangelischen Kirche der Union" (EKU) zusammengeschlossenen Kirchen der DDR die organisatorische und politisch-geistige Gemeinschaft mit den westdeutschen EKU-Kirchen auflösen und sich als selbständige EKU in der DDR konstituieren.

2. Die Berlin-Brandenburgische Kirche ist in ihren Entscheidungen so zu beeinflussen, daß sie sich von der westberliner Kirche trennt und einen eigenen vollverantwortlichen Bischof wählt. [...]

Bezeichnend für die gegenwärtige Situation in den protestantischen Kirchen der DDR ist, daß die Kirchen der VELKiDDR und die Kirchen der EKU in ihrem Verhältnis zum sozialistischen Staate zwei verschiedene Positionen zu beziehen beginnen:

Die VELKiDDR-Kirchen versuchen den Weg einer Kritik an bestimmten Erscheinungsformen der staatspolitischen Wirklichkeit zu gehen (Kritik am sozialistischen Bildungssystem, an der sozialistischen Kulturpolitik, an den Maßnahmen zur Erhöhung der Verteidigungsbereitschaft und am Genehmigungswesen), um sich auf diese Weise Einfluß auf bestimmte Kreise der Gläubigen zu sichern und in die Position des Wächteramtes gegenüber dem Staate zu kommen. Während die lutherischen Kirchen im wesentlichen aus der Defensive heraus vorgehen, versuchen die EKU-Kirchen dasselbe mit einer offensiven Geschichts- bzw. Gesellschaftskonzeption zu erreichen. (Konzeption der sogenannten Pro-Existenz, der „Einpassung ohne Anpassung", des „generellen Ja bei partiellem Nein" und dem Vorbehalt einer „konstruktiven Kritik".) [...]

Die ökumenische Aktivität des Kirchenbundes und der Kirchen in der DDR ist so zu beeinflussen, daß zu Tagungen ökumenischer Gremien im kapitalistischen Ausland nur solche kirchlichen Persönlichkeiten entsandt werden, die als sozialistische Staatsbürger die Gewähr dafür bieten, in den Gremien politisch-verantwortungsbewußt als die Sprecher von Kirchen aufzutreten, die in einem sozialistischen Staate existieren und wirken.

Quelle: BAP, D 0–4, Nr. 2498/5, Az.: 05–18–00.

Dokument 1970/9

Dienststelle des Staatssekretärs für Kirchenfragen, „Einschätzung der Herbstsynoden der Evangelischen Landeskirchen in der Deutschen Demokratischen Republik", 29. 12. 1970.

Die Herbstsynoden hatten als interne Zielstellung – ähnlich wie bei der Synode des Bundes und der VELKDDR – die Aufgabe, das innere Leitungssystem der Kirchen zu stabilisieren und Festlegungen für die weitere kirchliche Arbeit zu treffen. [...] Es machte sich bei der Durchführung der Synoden bemerkbar, daß die allgemeine Konzeption, die gegenwärtig in der Kirchenpolitik deutlich wird, auch hier ihren Niederschlag findet. Es gibt allgemeine Loyalitätsfeststellungen darüber, daß die Arbeiterklasse die Verantwortung in der Gesellschaft trägt, daß die Kirche in einer sozialistischen Umwelt wirkt, und daß Christen und Marxisten zusammen leben müssen. Darüberhinausgehende positive Aussagen zur Mitwirkung der Christen als Staatsbürger in der sozialistischen Gesellschaft werden umgangen.

Quelle: BAP, D 0–4, Nr. 444–3, Az.: 00–13–02.

Dokument 1971/1

Paul Verner, „Gemeinsam auf dem guten Weg des Friedens und des Sozialismus".

Ansprache aus Anlaß des 10. Jahrestages des Gesprächs zwischen Ulbricht und Prof. Fuchs bei einer Tagung des Präsidiums des Hauptvorstandes der CDU am 8. Februar 1971 im Palais Unter den Linden in Berlin.

Der Bund Evangelischer Kirchen in der DDR hat bekanntlich sein gesellschaftliches Selbstverständnis so formuliert, „daß er sich als eine Zeugnis- und Dienstgemeinschaft von Kirchen in der sozialistischen Gesellschaft der DDR wird bewähren müssen". Wir verstehen das so, daß kirchliche Amtsträger und Laien aufgerufen sind, in Dienst und Zeugnis die Deutsche Demokratische Republik allseitig weiter zu stärken, den Frieden zu erhalten und zum Nutzen aller und jedes einzelnen Menschen zu wirken. [...]

Es hat zwar eine Verpreußung der evangelischen Kirchen und nationalistische, ja sogar faschistische Verfälschungen der christlichen Botschaft gegeben – eine „Sozialisierung" der christlichen Lehre hat es bisher nicht gegeben und wird es auch in Zukunft nicht geben.

Im Prozeß ihrer Verselbständigung haben die evangelischen Kirchen in der DDR in rechtlicher und organisatorischer Hinsicht der Tatsache Rechnung getragen, daß sie in einem sozialistischen Staat existieren. Ausgehend von diesen Realitäten, sollte die Existenz und Tätigkeit der Kirche verstanden und praktiziert sowie eine Neuorientierung in inhaltlichen Fragen der gesellschaftlichen Existenz der Kirchen durchdacht werden.

[...] Gegenwärtig wird in den Kirchen der DDR von verschiedenen Positionen aus versucht, Antwort auf diese Fragen zu geben, wie die Kirche sich dauerhaft und unabänderlich auf die Bedingungen des sozialistischen Gesellschaftssystems einrichten soll. [...]

Jede Fragestellung nach dem Platz der Kirchen in der Deutschen Demokratischen Republik muß von der sozialistischen Verfassung ausgehen und davon, daß in der DDR das entwickelte gesellschaftliche System des Sozialismus dauerhaft und unabänderlich ist, daß christliche Bürger auf immer in diesem Staat leben und ihn durch ihre Arbeit und Leistung mitgestalten. Dabei entwickelt sich unsere Republik im Einklang mit dem Grundgesetz unserer Epoche, dem weltweiten Übergang der Menschheit vom Kapitalismus zum Sozialismus. [...]

Eine weitere wesentliche Voraussetzung konzeptioneller Überlegungen über die Kirche im Sozialismus besteht darin, daß man von der real existierenden sozialistischen Gesellschaftsordnung ausgehen muß. [...]

Ein geregeltes Verhältnis zwischen unserem sozialistischen Staat und den Kirchen [...] bedeutet selbstverständlich nicht ein beiderseitiges Aufgeben ideologisch-weltanschaulicher Auffassungen. [...]

In unserem Staat wird jeder geachtet und gefördert, auch derjenige, der seine Leistung und Aktivität für die Entwicklung unserer sozialistischen Gesellschaft und für die Sicherung des Friedens aus christlicher Überzeugung tut. [...]

Die Kirchenvertreter, die sich ernsthaft um ein gutes und dauerhaftes Verhältnis der Kirchen zum sozialistischen Staat der DDR bemühen, sollten Klarheit unter den Amtsträgern und in kirchlichen Organen schaffen, daß die Kirche weder zwischen den Fronten des Kapitalismus und des Sozialismus noch in „kritischer Distanz" zu unserem Staatswesen stehen kann.

Quelle: KJB 98, 1971, 212–217.

Dokument 1971/2

Synode des Bundes der Evangelischen Kirchen in der DDR in Eisenach 1971, Bericht der Konferenz der Kirchenleitungen.

Zeugnis und Dienst der Kirchen des Bundes der Evangelischen Kirchen in der Deutschen Demokratischen Republik vollziehen sich in der sozialistischen Gesellschaft der Deutschen Demokratischen Republik. [...] Die Kirchen haben sich die Aufgabe gesetzt, den Christen zu helfen, den Platz in ihrem Staat zu finden, an dem sie ihre Mitverantwortung in der Weise wahrnehmen können, zu der sie Zeugnis und Dienst des Evangeliums verpflichten. Die Kirchen selbst sind bereit, [...] an dem Gespräch teilzunehmen, das der Staat mit seinen Bürgern über die Gestaltung der gemeinsamen Zukunft führt. Sie sind der Überzeugung, daß sie in diesem Gespräch, gerade weil sie zu Zeugnis und Dienst des Evangeliums verpflichtet sind, Wesentliches für die Erkenntnis dessen beizutragen haben, was der Mensch und was menschliche Gesellschaft ist und braucht.

[...] Es ist Aufgabe dieser Synode, einen Schritt in der Richtung zu tun, das Zeugnis und den Dienst in dieser sozialistischen Gesellschaft genauer zu beschreiben.

Eine Zeugnis- und Dienstgemeinschaft von Kirchen in der Deutschen Demokratischen Republik wird ihren Ort genau zu bedenken haben: in dieser so geprägten Gesellschaft, nicht neben ihr, nicht gegen sie. Sie wird die Freiheit ihres Zeugnisses und Dienstes bewahren müssen.

Quelle: KJB 98, 1971, 353f.

Dokument 1971/3

Günter Krusche, Kirche in der DDR – Kirche für andere.

Eisenach 1971 hatte „Proexistenz" als Wesen der Kirche festgeschrieben und in erster Linie als Übernahme gesellschaftlicher Verantwortung durch den einzelnen Christen gedeutet. Der Vorbereitung der Synode hatte ein Aufsatz des damaligen Studiendirektors aus Lückendorf gedient, der hier in Auszügen wiedergegeben wird.

Kirche muß Kirche bleiben; aber sie bleibt nur Kirche, indem sie für andere da ist.

Im Zuge solcher Gedanken [...] haben die Christen ihre gesellschaftliche Verantwortung wiederentdeckt. [...] Alle solche Erklärungen bleiben jedoch platonisch, wenn sie nicht durch engagierte Stellungnahmen im eigenen Verantwortungsbereich gedeckt sind. Unser Verantwortungsbereich ist aber die DDR. Dies gilt es zu erkennen und anzuerkennen. Wir können nicht von den Realitäten des politischen und gesellschaftlichen Lebens absehen, wenn wir für andere dasein wollen. [...]

Entscheidend für unser Handeln sind die Spielräume, die durch die gesellschaftliche Situation gegeben sind. [...] Das schließt für uns ein die Beschäftigung mit den Denkvoraussetzungen der sozialistischen Gesellschaft [...]. Wir würden dann auch sehr bald echte Gemeinsamkeiten in der Verantwortung für den Menschen entdecken und diejenigen Stellen in der Gesellschaft aufspüren, an denen wir gebraucht werden. [...]

Zu den Blickverengungen in der Vergangenheit gehört auch die Fixierung auf das institutionelle Gegenüber von Kirche und Staat. [...] Was ein Leben mit Christus ist, wird nicht nur im Zeugnis und Dienst der Kirche, sondern im Alltag eines jeden bewußten Christen deutlich. Diese Einsicht verdient umso mehr unsere Aufmerksamkeit, als nach dem Selbstverständnis unseres Staates die Trennung von Staat und Kirche zu den unausgesprochenen Voraussetzungen der Verfassungswirklichkeit gehört und die Institution Kirche direkt gesellschaftsbestimmend nicht wirksam werden kann. Der Christ als Staatsbürger ist dagegen ausdrücklich zu gesellschaftlicher Betätigung aufgefordert: „Plane mit! Arbeite mit! Regiere mit!" Dieses Motto gilt allen Staatsbürgern. [...] Das Programm einer Kirche für andere kann ohne die bewußte Mitarbeit der Christen in der Gesellschaft nicht verwirklicht werden.

[...] [D]ie Kirche für andere ist eine Kirche, die den Aufbau einer wahrhaft menschlichen Gesellschaft bejaht und dieses Ja in Taten umsetzt.

Quelle: KJB 98, 1971, 262f.

Dokument 1971/4

Staatssekretär Hans Seigewasser, „Ansprache auf der Veranstaltung mit der Thüringer Kirche am 25. Februar 1971 in Eisenach".

Es konnte nicht ausbleiben, daß die Begegnung vom 9. Februar 1961 tiefgehende und langanhaltende Auswirkungen auf das Denken und Handeln breiter Kreise von kirchlichen Amtsträgern hatte. Ein interessanter, zeitweilig leidenschaftlicher Prozeß der Auseinandersetzung, der auch heute noch nicht abgeschlossen ist, setzte ein. In vielen tausenden von Gesprächen zwischen Vertretern der sozialistischen Staatsmacht und Vertretern der gesellschaftlichen Organisationen und Institutionen einerseits und kirchlichen Amtsträgern andererseits wurde immer wieder die zentrale Frage der Standortbestimmung des Christen und der Kirchen im Sozialismus erörtert und diskutiert. [...]

Heute Rückblick haltend, können wir mit tiefer Freude und Genugtuung sagen, daß die Auseinandersetzung um die Grundfragen christlicher Entscheidung für oder gegen den [ursprüngl.: „sozialistischen Staat", handschriftl. durchgestrichen und ersetzt durch:] Sozialismus und seine sich formierende Gesellschaftsordnung reiche Früchte getragen hat. [...]

Alles drängt auf die Entscheidung hin. Es ist unmöglich, sich ihr auf die Dauer zu entziehen oder ihr auszuweichen. Früher oder später muß man sich ihr stellen. [...] In der Thüringer Kirche hatte sich diese Grundentscheidung vollzogen. Hier ist das Wort formuliert worden, nach dem die Thüringer Kirche nicht Kirche für oder gegen den Sozialismus, sondern Kirche im Sozialismus sein wollte. Es geht wahrlich nicht um irgendeine Nebenfrage, nicht um die Wahl zwischen zwei Modeströmungen oder dergleichen, nein, es geht um die Parteinahme der Menschheit in ihrer Lebensfrage: Humanismus, Frieden und Leben oder Barbarei, Krieg und Tod! Es ist die Wahl zwischen dem „Entweder-Oder"! Ich freue mich aufrichtig, heute feststellen zu können, daß die Mehrheit unserer Geistlichen dem Beispiel der Kirche in Thüringen folgend, sich inzwischen entschieden hat. Diese Geistlichen [...] haben mir gegenüber nicht nur einmal versichert, sie seien nach der persönlichen Entscheidung für den Sozialismus bessere Seelsorger, treuere Diener ihrer Kirche und befähigtere Helfer ihrer Gläubigen geworden. Eine wesentliche Erkenntnis der Geistlichen, die sich zum „Ja" für den Sozialismus durchgekämpft haben, ist, daß der sogenannten „privilegierten" Kirche in der kapitalistischen Gesellschaft keine Träne nachgeweint werden sollte. [...]

Es gibt aber auch eine geschichtliche Notwendigkeit, daß sich die Kirchen für den Sozialismus [...] entscheiden. Sie sind unentrinnbar eingefügt in die sich weltweit vollziehende Abgrenzung von Sozialismus und Kapitalismus gegeneinander.

Quelle: BAP, D 0–4, Nr. 438–1, Az.: 00–12–04.

Dokument 1971/5

Staatssekretär für Kirchenfragen, Information Nr. 4/71: „Präambel zum Arbeitsplan der Dienststelle des Staatssekretärs für Kirchenfragen für das II. Halbjahr 1971", 29. 6. 1971.

[...] zeichneten sich weitere Fortschritte in der Entwicklung staatsbürgerlichen Bewußtseins bei den kirchlichen Amtsträgern ab. [...] Vermehrt haben sich die persönlichen Bekenntnisse von Geistlichen zum sozialistischen Aufbau in unserem Staate und besonders zur Friedenspolitik der DDR. [...]

Auf der anderen Seite ist festzustellen, daß reaktionäre Kräfte in den Kirchenleitungen in zunehmender Intensität versuchen, dieser Entwicklung entgegenzuwirken. Sie suchen nach Möglichkeiten und Wegen, den kirchlichen Einfluß, insbesondere gegenüber der Jugend, auszubauen. Theorien der spätbürgerlichen Ideologie, des Sozialdemokratismus und Antikommunismus, konvergenztheoretische und weltanschaulich pluralistische Spekulationen und Illusionen werden verbreitet. Die Übernahme westlicher Modernismen und Strukturen, die stärkere Durchsemzung eines sogenannten „ökumenischen Denkens" anstelle der bewußten Positionsbestimmung der Kirchen in der sozialistischen DDR soll die staatsbürgerliche positive Entscheidung für die Geistlichen erschweren.

Es sollen revisionistische Vorstellungen vom Sozialismus erzeugt und opportunistische Forderungen nach einem „humanisierten und demokratisierten und freiheitlichen Sozialismus" verstärkt werden. Die Infiltration sozialdemokratischer Vorstellungen gehört zu den Hauptmethoden der ideologischen Diversion. [...]

Eine positive Bilanz der politisch-ideologischen Arbeit wird sich daraus ergeben, ob auch die kirchlichen Amtsträger als Staatsbürger bereit sind, die Rechte und Pflichten von Bürgern der Deutschen Demokratischen Republik wahrzunehmen und zu erfüllen.

Die Bilanz wird Erfolg ausweisen, wenn die Geistlichen und Amtsträger der Kirchen in ihrer großen Mehrheit erkennen, daß die DDR ihr Vaterland und ihre geistige Heimat ist und nur der Sozialismus die Gewähr dafür bietet, die Kriegsgefahren abzuwenden, den aggressiven Imperialismus zu zügeln und wahrhaft humanistische Prinzipien im Zusammenleben der Menschen und der Völker auf dieser Erde zu verwirklichen.

Quelle: BAP, D 0–4, Nr. 2499/1, Az.: 05–18–00.

Dokument 1971/6

Dienststelle des Staatssekretärs für Kirchenfragen, „Einschätzung der 3. Tagung der 1. Synode des Bundes der Evangelischen Kirche in der DDR", 9. 7. 1971.

Die Leitung des Bundes sowie verantwortliche Vertreter und Gremien der Landeskirchen ließen im Verlauf des letzten Halbjahres ihr verstärktes Bemühen erkennen, den Standort der Kirche in der sozialistischen DDR klarer zu bestimmen. [...] Sie sind bemüht, sich in den Kirchen in der DDR unter der Bezeichnung einer „Zeugnis- und Dienstgemeinschaft" auf die gesellschaftlichen Realitäten im Sozialismus einzustellen. [...]

Es war unverkennbar, daß die Beratungen unter dem Eindruck des vom VIII. Parteitag festgelegten politischen Linie standen. [...]

Die von der SED, dem Staat und den gesellschaftlichen Kräften geleistete ideologische Arbeit wirkte sich auch dahingehend aus, daß bei Erörterung des Themas in der Regel von der Realität des auf der Grundlage des Marxismus-Leninismus errichteten Sozialismus in der DDR ausgegangen wurde und Theorien des „vermenschlichten Sozialismus" oder andere sozialdemokratische Versionen nicht zum tragen kamen. Die Synode hat in der Bestimmung des Verhältnisses des Christen bzw. der Kirche zum sozialistischen Staat, zur sozialistischen Gesellschaft einen weiteren Schritt nach vorn getan. Die Stimmen und Aussagen, die für das gesellschaftliche Engagement, die gesellschaftliche Mitarbeit eintraten, überwogen gegenüber denen, die die Kirche in eine Oppositionsrolle drängen wollen. [...]

Es kann festgestellt werden, daß die Bemühungen, eigenständige Positionen der Kirchen in der DDR zu finden, in echtem Sinne Christen und Kirchen darauf orientierten, ihrer staatsbürgerlichen Verantwortung nachzukommen. [...]

Faßt man die Ergebnisse zusammen, so ist festzustellen: Um der gesellschaftlichen Isolierung zu entgehen, wurde auf der dritten Tagung der Bundessynode verstärkt der Kurs der Anpassung der Kirche an die gesellschaftlichen und politischen Bedingungen in der DDR eingeschlagen. [...]

Auf der Synode wurde für die Bestimmung der Stellung des Christen zu Staat und Gesellschaft der Begriff der Partnerschaft verwandt. Er soll offenbar stärker als der bisher verwendete Begriff der „kritischen Distanz" den Aspekt der konstruktiven Mitarbeit, der Übernahme von Verantwortung im gesellschaftlichen und beruflichen Leben zum Ausdruck bringen. Der Begriff der Partnerschaft enthält aber auch die illusionäre Erwartung, die gesellschaftliche Rolle der Kirchen könne in einem Partnerschaftsverhältnis zum Staat aufgewertet werden. In diesem Sinne führte Bischof Schönherr im Bericht an die Synode aus: „Die Kirchen selbst sind bereit – einzeln oder in Gemeinschaft des Bundes – an dem Gespräch teilzunehmen, das der Staat mit seinen Bürgern über die Gestaltung der gemeinsamen Zukunft führt. Sie sind der Überzeugung, daß sie in diesem Gespräch, gerade weil sie zu Zeugnis und Dienst des Evangeliums verpflichtet sind, wesentliches für die Erkenntnis dessen beizutragen haben, was der Mensch und was die menschliche Gesellschaft ist und braucht."

Es wurde wiederholt die These aufgestellt, daß auch revolutionäre Entwicklungen in der Welt und die sozialistische Gesellschaft unter göttlichen Willen untergeordnet seien. Von daher wird die These abgeleitet, daß die Kirchen inhaltlich an der Gestaltung des Sozialismus mitarbeiten müssen. Das sogenannte Wächteramt der Kirchen gegenüber Staat und Gesellschaft soll nun überprüft und entsprechend den sozialistischen Verhältnissen modifiziert werden.

[...] Offensichtlich ist die Leitung des Bundes bestrebt, mit dem Staat in Verhandlungen über Fragen zu treten, die geeignet sind, den gesellschaftlichen Status der Kirchen aufzuwerten und ihren Einfluß auf Teile der Jugend zu verstärken.

[...] Die Vorlage 4 des Themenausschusses, die allen Gemeinden zugeleitet wird, weist eine wesentliche Zurücknahme der politischen Aussagen auf. Der Standort der Kirche wird nur territorial in der DDR bestimmt.

Quelle: BAP, D 0–4, Nr. 444/4, Az.: 00–13–02.

Dokument 1971/7

Staatssekretär für Kirchenfragen, Information Nr. 11/1971: „Präambel zum Arbeitsplan der Dienststelle des Staatssekretärs für Kirchenfragen für das 1. Halbjahr 1972", 20. 12. 1971.

Zentrale Aufgabe der Staatspolitik in Kirchenfragen bleibt, das staatsbürgerliche Bewußtsein der Geistlichen und kirchlichen Amtsträger, weiter zu entwickeln und zu festigen. [...] *Dieses staatsbürgerliche Bewußtsein findet, neben der Wahlbeteiligung und der Haltung in bestimmten außenpolitischen Fragen wie der völkerrechtlichen Anerkennung der DDR, Ausdruck in folgender Weise:*

[G]rößer ist die Zahl der evangelischen kirchlichen Amtsträger geworden, die offen bekannt haben, daß der Sozialismus die Gesellschaftsform ist, in der sie sich politisch und geistig beheimatet fühlen, in der sie als Staatsbürger leben und als Geistliche und kirchliche Amtsträger wirken;

viele protestantische Geistliche sahen sich veranlaßt, ihre Zustimmung zur sozialistischen Friedenspolitik der DDR, der Sowjetunion und der sozialistischen Staatengemeinschaft öffentlich zu bekunden und sich mit der auf das Wohl der Bürger orientierten Staatspolitik der DDR zu identifizieren;

immer mehr kirchliche Amtsträger brachten den Wunsch und die Forderung zum Ausdruck, die Beziehungen der Kirchen zum sozialistischen Staat auf der Basis des Vertrauens weiter zu entwickeln; dabei erkennen sie an, daß die Rede des Genossen Paul Verner, Mitglied des Politbüros des ZK der SED, vom 8. Februar 1971 in Berlin, programmatischen Charakter für die Entwicklung der Beziehungen zwischen Staat und Kirche hat. [...]

Erscheinungen negativer Art [...] [:]

Bestimmte reaktionäre und konservative Kräfte in den DDR-Kirchen und in ihren Leitungen fühlen sich veranlaßt, der sozialistischen Entwicklung mit Konzepten entgegenzuwirken, die ihrem Inhalt nach darauf gerichtet sind, die Basis des Vertrauens zwischen Kirche und Staat zu stören und den Prozeß der Entwicklung staatsbürgerlichen Bewußtseins bei Geistlichen und kirchlichen Amtsträgern zu beeinträchtigen.

Folgende Erscheinungen sind zu verzeichnen:
– das allgemeine Ja zum Sozialismus wird mit Versuchen verbunden, den Sozialismus in seiner konkreten marxistisch-leninistischen Form zu verändern, ihn zu „demokratisieren" und zu „liberalisieren" und ihm seine „atheistische Komponente" zu nehmen. Die Frage nach dem „spezifisch-christlichen Beitrag zum Sozialismus" wird immer zugespitzter gestellt;
– die Versuche, den weltanschaulichen Pluralismus und die ideologische Koexistenz in der DDR durchzusetzen, haben sich nicht abgeschwächt, sondern noch verstärkt;
– reaktionäre und sozialismusfeindliche Kräfte in den Kirchenleitungen entfalten unter dem Schein gutwilliger Mitarbeit am Aufbau des Sozialismus aus der Defensive heraus eine verstärkte Aggressivität mit dem Versuch, den sozialistischen Staat zu zwingen, den Kirchen das Recht zu „kritischer Distanz" und neuerlich auch zu einer modifizierten „kritischen Solidarität" einzuräumen;
– gegen die Befolgung der Veranstaltungsverordnung wird opponiert; es werden Proteste gegen die Durchsetzung des einheitlichen sozialistischen Bildungswesens organisiert; auf die Schwächung der sozialistischen Verteidigungsbereitschaft wird hingearbeitet; es wird versucht, ein Mitspracherecht der Kirchen bei der Gestaltung des gesellschaftlichen und kulturellen Lebens zu erzwingen und freier Raum für die Durchsetzung einer kirchlich illegitimen Tätigkeit gefordert.

Selbst progressive Geistliche befinden sich zeitweilig in Gemeinschaft mit den rückschrittlichen Kräften innerhalb der Kirche.

Diese negativen Bestrebungen finden u.a. ihren Ausdruck auch in
– den ununterbrochenen Versuchen, dem sozialistischen Menschenbild ein angeblich überlegenes christlich geprägtes Menschenbild entgegenzusetzen;
– den unzulässigen Bestrebungen, prinzipielle Wertung der sozialistischen Gesellschaft mit bürgerlich-philosophischen und bürgerlich-soziologischen Maßstäben vorzunehmen;
– in der erklärten Absicht, sich als Kirche für die zu etablieren, die angeblich den moralisch-ethischen und ideologischen Anforderungen der sozialistischen Gesellschaft nicht gerecht werden können. [...]

In der politisch-ideologischen Tätigkeit mit den kirchlichen Amtsträgern ist deshalb prinzipiell klarzustellen:

a) daß Kirche im Sozialismus möglich ist, wenn Kirchenleitungen und Amtsträger die illusionären Vorstellungen aufgeben, störender Faktor in der sozialistischen Gesellschaft sein zu können;

b) wenn sie die sozialistische Gesellschaft vorbehaltlos anerkennen und ihren kirchlichen Dienst im Rahmen der für alle geltenden Gesetze ausüben;

c) wenn sie in Übereinstimmung mit dem Willen der Bürger der DDR die antiimperialistischen Friedensinitiativen des sozialistischen Lagers um ihres humanistischen Inhalts willen und auch den kirchlichen Interessen dienend, vorbehaltlos und aktiv unterstützen;

Quelle: BAP, D 0–4, Nr. 2499–2, Az.: 05–18–00.

Dokument 1972/1

Albert Norden vor dem 13. Parteitag der CDU am 12. Oktober 1972 in Erfurt.

Politbüromitglied Albert Norden setzte in einer Grußansprache zum Erfurter Parteitag der CDU neue Akzente in der SED-Kirchenpolitik. An den CDU-Parteitag gewandt, sagte er:

Ihr Wille und Ihre Haltung werden daran sichtbar, daß Sie – ohne Bekenner der marxistisch-leninistischen Weltanschauung zu sein – den Sozialismus bejahen, daß Sie von den Aussagen Ihres Glaubens und Ihrer Ethik aus einen schöpferischen Beitrag zur Festigung der sozialistischen Ordnung, insbesondere auch in der Menschenbildung, leisten. Wir achten Ihre Entscheidung, und wir respektieren Ihre Motive, mit denen Sie Ihre Entscheidung begründen und aus denen heraus Sie Ihre Aktivität für die sozialistische Gesellschaft immer von neuem verstärken. Und wir sagen: Wer so seine gesellschaftliche und geistige Entscheidung gefällt hat und sie tagtäglich in der Praxis unseres Lebens nachvollzieht, der hat seinen festen Platz in unserer Gemeinschaft und der wird auch in der Zukunft in unserer Gesellschaft seine Heimat haben. Es ist dies der Platz sozialistischer Staatsbürger christlichen Glaubens, die alle ihre geistigen und sittlichen Kräfte dem Kampf des Volkes zur Verfügung stellen, und es ist dies die Heimat aller werktätigen Menschen, die unter der Führung der Partei der Arbeiterklasse in fester politisch-moralischer Einheit verbunden sind.

Quelle: KJB 99, 1972, 228f.

Dokument Nr. 1972/2

Synode des Bundes der Evangelischen Kirchen in der DDR in Dresden 1972, Referat Heino Falcke: „Christus befreit – darum Kirche für andere".

Ich sprach von der Sendung der Kirche und der Christen durch Christus. Diese Sendung ist nicht auf das Wortzeugnis zu verengen. Der ganze Dienst des Christen in allen Lebensbereichen will aus der Sendung Jesu Christi begriffen und gelebt sein. Hier liegt eine entscheidende Weichenstellung besonders für die gesellschaftliche Mitarbeit des Christen. [...]

Was aber heißt das: Leben und Mitarbeit in der sozialistischen Gesellschaft aus der Sendung Jesu Christi verstehen?

Es heißt vor allem: Wir dürfen glauben, daß auch die sozialistische Gesellschaft unter der Herrschaft des befreienden Christus ist. Gegen das sozialistische Selbstverständnis dürfen wir damit rechnen, daß unsere Gesellschaft unter der Verheißung des Auferstandenen Verheißung hat und von dem Gekreuzigten in Dienst genommen wird. Weder von Sozialisten noch von Antikommunisten können wir es uns nehmen lassen, unsere Gesellschaft im Licht der Christusverheißung zu verstehen. So werden wir frei von der Fixierung auf ein Selbstverständnis des Sozialismus, das nur noch ein pauschales Ja oder ein ebenso pauschales Nein zuläßt. Christus befreit aus der lähmenden Alternative zwischen prinzipieller Antistellung und unkritischen Sich-vereinnahmen-Lassen zu konkret unterscheidender Mitarbeit. Das ist gerade nicht eine Ideologie des Sich-Heraushaltens oder eines dritten Weges. Es ist der Weg einer aus Glauben mündigen Mitarbeit, die von einer besseren Verheißung getragen ist, als der Sozialismus sie geben kann, die einen verbindlicheren Auftrag kennt, als Menschen ihn erteilen können, und die darum konkret engagiert ist.

Der Sozialismus ist angetreten mit dem Protest und Kampf gegen das Elend des Menschen unter knechtenden Verhältnissen und mit dem Anspruch, alle Selbstentfremdung und Knechtschaft abzuschaffen und das Reich der Freiheit zu bringen. Kreuz und Auferweckung Christi machen uns kritisch gegen diesen übersteigerten Anspruch [...]. Aber gerade der befreiende Christus, seine Solidarität mit den Leidenden, seine Verheißung der Freiheit nötigt uns, den sozialistischen Protest gegen das Elend des Menschen aufzunehmen und mitzuarbeiten an der Aufgabe, unmenschliche Verhältnisse zu wandeln, bessere Gerechtigkeit und Freiheit zu verwirklichen [...]. So werden sich Christen überall engagieren, wo es gilt, die sozialistische Gesellschaft als gerechtere Form des Zusammenlebens aufzubauen und in ihren Wirtschafts- und Gesellschaftsstrukturen dem Menschen zu dienen.

Die Aufgabe, gegen Unfreiheit und Ungerechtigkeit zu kämpfen, bleibt auch in unserer Gesellschaft, denn die Geschichte steht unter dem Kreuz. Aber diese Aufgabe ist sinnvoll, denn die Geschichte steht unter der Verheißung des befreienden Christus. Diese Verheißung trägt gerade auch da, wo die sozialistische Gesellschaft enttäuscht und das sozialistische Ziel entstellt oder unkenntlich wird. Eben weil wir dem Sozialismus das Reich der Freiheit nicht abfordern müssen, treiben uns solche Erfahrungen nicht in die billige Totalkritik, die Ideal und Wirklichkeit des Sozialismus vergleicht und sich zynisch distanziert. Unter der Verheißung Christi werden wir unsere Gesellschaft nicht loslassen mit der engagierten Hoffnung eines verbesserlichen Sozialismus. [...]

Um der mündigen Mitarbeit willen wäre es in der Kirche wichtig, daß sie dem Einzelnen mehr Hilfe dafür gibt. Sie sollte ihm für seinen Dienst in der Gesellschaft das klärende, beratende und ermutigende Gespräch bieten und eine Gemeinschaft, die ihn trägt.

Quelle: KJB 99, 1972, 250–253.

Dokument 1972/3

Synode des Bundes der Evangelischen Kirchen in der DDR in Dresden 1972, Bericht der Konferenz der Kirchenleitungen.

Dem Bund ist es noch nicht gelungen, die durch ihn gewollte Zeugnis- und Dienstgemeinschaft überzeugend auszudrücken. [...]

Am deutlichste wird dieser Tatbestand vielleicht an der geringen Wirksamkeit unseres Zeugnisses gegenüber der Welt, in der wir leben. Der Bund ist der sozialistischen Wirklichkeit der DDR in großer Offenheit gegenübergetreten, angefangen bei der immer wieder neu ins Spiel gebrachten Bereitschaft des einzelnen Christen, mit seinen Kräften und Begabungen am Aufbau unseres Landes mitzuarbeiten [...], bis hin zum Eintreten der Bundesgremien [...] für die Aufnahme der DDR in die Vereinten Nationen. Trotzdem haben wir mitunter den Eindruck, dieses Zeugnis des Bundes sei nicht als schöpferischer Beitrag akzeptiert, sondern eher opportunistisch mißverstanden worden. Bei all ihrer Offenheit will Kirche aber auch im

Sozialismus Kirche bleiben, eine Gemeinschaft von Christen in einer sozialistischen Umwelt, Christen, die ihres Glaubens leben und ihrem Herrn nachfolgen und so ihren Weg finden zum Besten ihres Volkes. Das bedeutet aber, daß Kirche ihren Gehorsam nicht teilen kann. Sie ist ihr ganzes Leben ihrem Herrn schuldig, und sie will ihr gesamtes Handeln [...] als solchen ungeteilten Gehorsam verstanden wissen, es sei denn, sie nimmt sich selber als Kirche nicht mehr ernst und hat dann auch keinerlei Anspruch mehr darauf, in ihren Entscheidungen, auch in ihren politischen Entscheidungen ernst genommen zu werden.

Die Kirche Jesu Christi kann [...] nicht von dem Zeugnis lassen, daß Jesus Christus Herr aller Bereiche des Lebens ist. Auch der Glaube des einzelnen ist ungeteilt. Das muß notwendig seine Auswirkungen auf alle gesellschaftlichen Bezüge haben, in die der einzelne verflochten ist. Sonst würde der christliche Glaube verleugnet. Nur wenn der Christ mit ganzem Herzen Christ sein kann, wird er auch innerlich frei sein für den Dienst, den Staat und Gesellschaft von ihm erwarten dürfen. Vielleicht kann auch das Thema dieser Tagung [Christus befreit – darum Kirche für andere] der Synode dazu helfen, dies als Zeugnis verständlich und deutlich zu machen. Und das heißt deutlich zu machen, daß auch dieses Zeugnis nichts anderes ist als die gute Nachricht Gottes für das Land, in dem wir leben.

Quelle: KJB 99, 1972, 272.

Dokument 1972/4

Synode des Bundes der Evangelischen Kirchen in der DDR in Dresden 1972, Stellungnahme der Synode zum Bericht der Konferenz der Kirchenleitungen.

Die Kirchen des Bundes nehmen die Situation bewußt an, daß ihre Gemeindeglieder und Gemeinden in die sozialistische Gesellschaft hineingestellt sind als den Ort, den Gott ihnen für ihr Zeugnis und ihren Dienst zugewiesen hat. Dabei bemühen sie sich, ihren Gemeindegliedern und Gemeinden Mut zu machen, daß sie in dieser Gesellschaft die Aufgaben erfüllen, die zum Gedeihen der Gesellschaft führen können.

Die Kirchen des Bundes lassen zugleich deutlich erkennen, daß sie ebenso ungeteilt, wie sie die sozialistische Gesellschaft als den Ort ihres Zeugnisses und Dienstes annehmen, an diesem Ort auch ungeteilt ihres Glaubens leben wollen. Sie wissen, daß sie „ihr ganzes Leben ihrem Herrn schuldig sind". Sie wollen auch im Sozialismus Kirche ihres Herrn bleiben.

Quelle: KJB 99, 1972, 294.

Dokument 1972/5

Staatssekretär für Kirchenfragen, Information Nr. 2/72: „Gespräch mit der Magdeburger Kirchenleitung", 15. 4. 1972.

Das Gespräch fand am 9. Februar 1972 statt. Alle direkten Zitate stehen in Anführungszeichen. Bei Textteilen, die nicht in Anführungszeichen stehen, handelt es sich um kommentierende Bemerkungen bzw. Zusammenfassungen des Protokollanten Flint.

1. Aus der einleitenden Zusammenfassung des Dossiers, verfaßt von dem Stellvertreter des Staatssekretärs, Flint.

Im Verlauf der letzten Jahre hat Bischof Dr. Krusche, Magdeburg, in einer Reihe grundsätzlicher Materialien und Reden im Rahmen seiner Landeskirche, des Bundes und bei ökumenischen Konferenzen grundsätzliche Konzeptionen zur Stellung der Kirchen im Sozialismus entwickelt.

Es wurde deutlich, daß konvergenztheoretische und pluralistische Modelle als Alternativvorstellungen zum sozialistischen Menschen- und Geschichtsbild in den Kirchen der DDR wirksam werden sollen.

Aus diesem Grunde wurde festgelegt, ein Grundsatzgespräch im Beisein der gesamten Kirchenleitung zu führen und sich dabei offensiv mit den feindlichen und illusionären Vorstellungen des Bischofs auseinanderzusetzen. [...]

Die Zielstellung der Veranstaltung war, mit einer einheitlichen Argumentation aller staatlichen und gesellschaftlichen Kräfte die [ursprüngl. „imperialistischen" wurde handschriftl. durchgestrichen und ersetzt durch:] reaktionären und illusionären Vorstellungen des Bischofs und anderer kirchlichen Amtsträger zurückzudrängen und die offensive Auseinandersetzung zu vertiefen. [...]

Im Bereich der Kirchenprovinz Sachsen wird die Auseinandersetzung konsequent weitergeführt.

2. Aus dem Referat von Fritz Steinbach, „Stellv. des Vorsitzenden des Rates des Bezirkes Magdeburg für Inneres".

„Es wäre [...] natürlich und der Entwicklung der Beziehungen der Kirchenleitung in Magdeburg zu den staatlichen Organen dienlich gewesen, wenn die Kirchenleitung die positiven Ansätze, die die Bundessynode in Eisenach zum Thema ‚Kirche im Sozialismus' formuliert hat, aufgenommen und weitergeführt hätte. Wir können jedoch nicht übersehen, daß sie sich in wichtigen Fragen diese positiven Standpunkte nicht zu eigen gemacht hat."

3. Aus dem Redebeitrag von W. Krusche, Bischof der Evang. Kirche der Kirchenprovinz Sachsen.

Er dankte namens der Kirchenleitung für die Einladung zum Gespräch.

[...] Das Gesagte zerfiel praktisch in zwei voneinander unterschiedliche Hälften. Im ersten Teil versuchte der Bischof klarzumachen, inwieweit die Kirche die Friedenspolitik der DDR und der sozialistischen Staatengemeinschaft unterstützen könne. Gleichzeitig motivierte er seinen Übergang von der angeblich christlichen „kritischen Distanz" gegenüber dem Sozialismus zur „kritischen Solidarität", um im zweiten Teil mit Nachdruck, allerdings höflich im Ton, die Angriffe auf das einheitliche System der sozialistischen Volksbildung in der DDR und auf die Veranstaltungsverordnung zu wiederholen.

Unwesentlich gekürzt, sagte der Bischof u.a.:

„Mit dem Begriff Solidarität meinen wir, das Verhältnis der Kirche und ihrer Glieder zu und in unserer Gesellschaft auf eine sachgemäße Form gebracht zu haben. Solidarität heißt: wir fühlen uns zu dieser Gesellschaft zugehörig, wir lassen uns von ihren Problemen und Aufgaben angehen. Wir sind von allem mitbetroffen. Wir halten uns nicht aus ihren Schwierigkeiten heraus, sondern sind bereit, sie mitzutragen.

Die berufliche Arbeit der Glieder der Kirche ist der überzeugendste Beweis für die Praktizierung dieser Solidarität. Der Begriff schließt von vornherein die Haltung der Distanzierung, der Überheblichkeit und die Absicht, der Gesellschaft Schaden zuzufügen, aus. Wenn wir diese Solidarität eine ‚kritische' nennen, dann aus diesem Grunde: Das ist eine Lebenshaltung, in der man nichts unbedacht oder bedenkenlos übernimmt, sondern grundsätzlich alles prüft und sich selbständig mit allem auseinandersetzt, um dann eigene selbstverantwortliche Entscheidungen zu treffen.

Es gibt für diese Lebenshaltung keine Selbstverständlichkeit. Nichts wird für unfehlbar gehalten.

Kritische Solidarität heißt dann also: Die Kirche und ihre Glieder bilden in jeder Gesellschaft eine Gemeinschaft eigener Art. Das hängt mit ihrem Ursprung und ihrer Bestimmung zusammen. Sie fühlen sich der Gesellschaft zugehörig und verpflichtet, mitzuwirken.

Wir sehen in der sozialistischen Gesellschaft eine echte Möglichkeit zu einem gerechteren Zusammenleben der Menschen und sind bereit, uns an der Verwirklichung dieser Möglichkeit nach Kräften zu beteiligen. Wir prüfen alle Programme, Entschließungen, wir denken selbständig mit.

Wir stehen als Kirche und als Glieder der Kirche in der Deutschen Demokratischen Republik. Wir sind nicht erst Bürger der DDR und dann auch noch Christen, sondern als Christen Bürger der DDR. [...]

Wir haben in keiner Weise die Absicht, einen eigenen Begriff von Sozialismus zu entwickeln. Wir haben es in der DDR mit einem Sozialismus zu tun, der unter Führung der Partei der Arbeiterklasse in Verbindung mit den anderen gesellschaftlichen Kräften aufgebaut wird. Im Rahmen dieser sozialistischen Geselslchaft geht es darum, daß der Mensch zu seinem Recht kommt.

4. Aus dem Schlußwort von Staatssekretär H. Seigewasser.

„Wir diskutieren mit Ihnen nicht als Theologen, sondern einzig und allein als Staatsbürger der DDR, die auch Sie sind. Für Staatsbürger gibt es nicht nur gleiche Rechte, sondern auch gleiche Pflichten. Uns geht es nicht um die theologische Interpretation irgendwelcher gesellschaftlicher Probleme, sondern es geht uns um die Klärung politischer Fragen, die auch für die Kirchen von allergößter Bedeutung sind, weil davon die eindeutige Bestimmung des Standortes der Kirchen unter sozialistischen Existenzbedingungen abhängt. [...]

Wer ein richtiges Verhältnis zur Arbeiter- und Bauern-Macht herstellen will, der kann nicht Maßstäbe anlegen wie ein Bischof in der BRD. Die Funktion der Kirche ist bei uns eine ganz andere. In der BRD tritt die Kirche in fast allen Öffentlichkeitsbereichen in Erscheinung. Damit erfüllt sie eine Funktion, die der herrschenden Klasse sehr willkommen ist.

In der sozialistischen Volksmacht kann es für die Kirche so etwas nicht geben. Wiederholt ist Ihnen gesagt worden, daß es im Interesse der Kirche wie im Interesse der Gesellschaft liegt, wenn man weiß, welche Funktionen man wahrnehmen kann und welche Rechte und Pflichten es für jeden gibt. – – –

Ein Wort zur ‚kritischen Solidarität‘:

Ihr Tempo im Mitdenken und Überlegen entspricht nicht dem Tempo der ökonomischen Entwicklung. ‚Kritische Solidarität‘ befriedigt uns nicht. Niemand verlangt von Ihnen ein Bekenntnis zur sozialistischen Bildungspolitik. Aber was wir als Gesellschaft und als Staat von der Institution Kirche verlangen können und müssen, das ist die Verpflichtung, zu Grundfragen des Friedens, der Menschlichkeit und der Sicherheit Stellung zu nehmen. [...]

Sie erinnern sich, Herr Bischof, wie schwer es damals in Erfurt war, von Ihnen ein Zugeständnis für die völkerrechtliche Anerkennung der DDR zu bekommen. Damals haben Sie das abgelehnt. Das sage ich deshalb, weil der Staat und die Gesellschaft für eine derartige Haltung eines Repräsentanten der Kirche kein Verständnis aufbringen können und dürfen. Für die völkerrechtliche Anerkennung der DDR einzutreten, das ist eine Verpflichtung, der sich kein Bürger der DDR entziehen kann! – – –

Ein wichtiges Problem besteht darin, sich in der Kirche über den Sinn des Sozialismus klar zu werden. [...]

Wir können nicht zulassen, daß es Versuche gibt, über kirchliche Kanäle bei uns einen Pluralismus der Ideologien zu erwirken. Pluralismus, das ist ein Schlagwort, das im ‚Westen‘

überall zu hören ist, und ein Begriff, der einer wissenschaftlichen Nachprüfung nicht standhält. In einem sozialistischen Staat ist er eine Unmöglichkeit, weil er der Manipulierung der Menschen dient. [...]

Die Kirche im Sozialismus hat ihre Existenzberechtigung, wenn sie sich nicht selbst als einen Fremdkörper in dieser Gesellschaft bezeichnet. Kirche oder Religion werden bei uns zu politischen Zwecken nicht mißbraucht. Die sozialistische Gesellschaft bedarf keiner Sanktion einer Kirche, um ihre Politik der Humanität weiter stärken zu können. Wichtig ist aber, daß die Kirchen bei uns keine unrealistische Politik betreiben. Sie müssen erkennen, daß Ideologien gegen den Sozialismus keine Chance auf Realisierung haben."

Quelle: BAP, D 0–4, Nr. 2499/3, Az.: 05–18–00.

Dokument 1972/6

Staatssekretär Hans Seigewasser, „Grundsätzliche Bemerkungen zum Thema: der Platz der Kirchen in der sozialistischen Gesellschaft in der DDR".

Das unter dem Jahr 1972 archivierte Manuskript enthält keine Datierung. Vermutlich ist der Vortrag im Verlauf des Gesprächs mit dem BEK-Vorstand am 26. 6. 1972 (vgl. Dok 1972/7) gehalten worden.

An uns wurde die Frage gerichtet, wie denn der Platz der Kirchen im Sozialismus zu beschreiben wäre. Sie haben uns sozusagen nach der Existenz der Kirche im Prozeß der Gestaltung der sozialistischen Gesellschaft gefragt. [...] Da die Rechte und Pflichten der Kirchen in unserer Sozialistischen Verfassung und in den Gesetzen der DDR fixiert sind, verstehe ich Ihre Frage dahingehend, daß Sie Auskunft haben möchten, wie wir den gesellschaftlichen Status der Kirchen im Sozialismus sehen und wie wir die Voraussetzungen definieren, die für ein normales Arbeiten der Kirche, wie für ein geregeltes, gutes Verhältnis von Staat und Kirche unerläßlich sind. [...] *Als die „erste Grundbedingung" für ein gutes Verhältnis von Staat und Kirche nennt der Staatssekretär*

das richtige, vorurteils- und illusionslose Erfassen des geschichtlichen und gesellschaftlichen Ortes des Wirkens der Kirchen in unserem Staat. *Mit der Behauptung, das Kräfteverhältnis zwischen Sozialismus und Imperialismus verändere sich täglich zugunsten des Sozialismus, bekräftigt der Staatssekretär seine Ablehnung einer kirchlichen „Überwinterungstaktik" und die Zurückweisung alternativer Sozialismuskonzepte.*

Es gibt nur einen Betrachtungsstandpunkt, der realistisch ist. [...] Sich andere politische und soziale Existenzbedingungen, als die des real existierenden Sozialismus für die Tätigkeit und das Wirken der Kirchen in der DDR auszudenken, ist abwegig und führt zu nichts. [...]

Dieser Sachverhalt zwingt zu der Konsequenz, daß die Kirchen sich beheimatet fühlen in einem souveränen sozialistischen Staat. *Zum „gesellschaftlichen Status" der Kirchen und Christen in der DDR nimmt der Staatssekretär Stellung, indem er zunächst den Vorwurf der Benachteiligung von Christen zurückweist und dann fortfährt:*

Richtig ist vielmehr, daß der oft erwähnte, mit der Säkularisierung zusammenhängende Schwund an gesellschaftlicher Geltung, das heißt das Zerfallen des Volkskirchentums, ein geschichtlich sehr langer, sehr komplexer Vorgang ist, der seinen historischen Ausgang keineswegs mit dem Auftreten des Marxismus genommen hat und der auch nicht allein in der sozialistischen Gesellschaftsordnung lokalisierbar ist. [...][2]

---

[2] Dieser Satz ist stilistisch gegenüber dem Manuskript verbessert worden. Dort heißt es: „Richtig ist vielmehr, daß der oft erwähnte, mit der Säkularisierung zusammenhängende Schwund an

Obwohl in den Kirchen immer wieder gesagt wird, man verstehe sich als eine „dienende" Kirche, ist der Gedanke des Wächteramtes der Kirche über die Gesellschaft nie gänzlich beseitigt worden. In der Welt der imperialistischen Unmoral und des Krieges, des Schmutzes und des Mordens, wo das Recht des Stärkeren gilt, besteht in der Tat die Notwendigkeit zu ethischen und moralischen Korrektiven. Im Sozialismus dagegen entwickelt sich die Gesellschaft wie das Individuum auf der Grundlage neuer moralisch-ethischer Wertauffassungen. [...] Die sozialistische[n] Staatsbürger, einschließlich der Christen, nehmen aktiv Einfluß auf Planung und Leitung in unserer Gesellschaft. Sie sind an der Machtausübung durch die Arbeiterklasse beteiligt und damit erstmalig in der Geschichte in den Stand gesetzt, an den entscheidenden Lebensfragen des Volkes verantwortlich mitzuarbeiten. Die traditionelle christliche Obrigkeitsvorstellung stimmt mit der gesellschaftlichen Wirklichkeit nicht mehr überein. Das bedeutet, daß jede irgendwie geartete Erhaltung des Wächteramtes keine historische Berechtigung mehr hat. Angesichts der veränderten Situation versuchen heute bestimmte Kräfte in den Kirchen, das Wächteramt durch Modifizierung zu erhalten. Inhaltlich drückt sich die Position des Wächteramtes aus in Fehleinschätzungen bestimmter Seiten der gesellschaftlichen Entwicklung, in der negativen Deutung und im nicht Begreifen auftretender Entwicklungsschwierigkeiten. Das findet u.a. auch seinen Niederschlag in der Unterscheidung zwischen angeblich positiven und negativen Seiten des Sozialismus. [...] So entsteht der Eindruck, daß die allgemeine Zustimmung der Kirchen zur sozialistischen Gesellschaft in so vielen Details zurückgenommen wird, daß das Ja zum Sozialismus relativiert wird. Ist es nicht ein solcher modifizierter Ausdruck des Wächteramtes, wenn von „kritischer Distanz" oder heute von „kritischer Solidarität" gesprochen wird und liegt dem nicht die Auffassung zu Grunde, die sozialistische Gesellschaft bedürfe einer gesellschaftskritischen Funktion der Kirchen, um sogenannte „Fehlentwicklung" zu verhindern? Die Einsicht in die Überlebtheit des Wächteramtes zieht eine Reihe Konsequenzen nach sich. Zum Beispiel die, daß ein kirchliches Mitspracherecht in den Bereichen der Bildung und Erziehung der Jugend, der sozialistischen Kulturpolitik und der Landesverteidigung nicht besteht. Eine Kompetenz der Kirchen für diese gesellschaftlichen Bereiche hat es seit 1945 nicht gegeben und wird es auch in der entwickelten sozialistischen Gesellschaft nicht geben. [...] Die Wahrung der geistig-weltanschaulichen Eigenständigkeit der Kirchen bedeutet auf jeden Fall folgendes nicht:
– Die Kirchen können nicht teilhaben an der bürgerlichen und klerikalen Marxismuskritik, an der Verfälschung und Entstellung des Marxismus-Leninismus in Theorie und Praxis.
– Es kann nicht gebilligt werden, daß Vertreter der Kirche, kirchliche Institutionen und Werke sich zur Verbreitung imperialistischer Ideologie verleiten lassen. Das gilt insbesondere für politisch-ideologische Position[en] des Antikommunismus, des Nationalismus und Sozialdemokratismus.
– Es muß zurückgewiesen werden, wenn die Kirchen in ihrer Argumentation bestimmte Entwicklungsschwierigkeiten bei der Gestaltung der sozialistischen Gesellschaft ausnutzen.
– Die Wahrung der geistig-weltanschaulichen Eigenständigkeit wird auch mißverstanden, wo die Kirchen ideologische und moralische Rudimente der alten Gesellschaft oder politische Zurückgebliebenheit zu konservieren versuchen.

---

gesellschaftlicher Geltung, das heißt das Zerfallen des Volkskirchentums ein geschichtlich sehr langer, sehr komplexer Vorgang ist, der keineswegs historisch seinen Ausgang genommen hat, mit dem Auftreten des Marxismus und der auch nicht lokalisierbar ist, allein in der sozialistischen Gesellschaftsordnung. [...]"

– Es ist der Kirche nicht erlaubt, die Gesetze des Staates d.h. die für alle Bürger verbindlichen Rechtsnormen subjektiv zu interpretieren und sich vorzubehalten, welche Seiten sie akzeptiert oder nicht.

Ich habe Ihnen eine Reihe Erwartungen genannt, die nach meiner Auffassung die Voraussetzung für ein geregeltes Arbeiten der Kirchen in unserem Staate und für ein gutes Verhältnis von Staat und Kirche darstellen. [...]

Quelle: BAP, D 0–4, Nr. 2499–4, Az.: 05–18–00.

Dokument 1972/7

Staatssekretär für Kirchenfragen, Information Nr. 7/72: „Information über das Gespräch des Staatssekretärs mit dem Vorstand des Bundes der evangelischen Kirchen in der DDR am 26.6.72", 6.7.1972.

Ausschnitte aus Wiedergaben von Zitaten von Bischof A. Schönherr: Vor dem Referat des Staatssekretärs:
Es geht bei diesem Gespräch vor allem um die Grundfrage, wie die Kirche im Sozialismus zu verstehen ist. [...] Der Staatssekretär hat formuliert, daß die Kirche ihren Rahmen ausweite. Versteht er darunter, daß die Kirche den Sozialismus unterwandern will, gegen ihn polemisiert, dann habe der Staatssekretär recht, daß die Kirche das nicht darf. Die Kirchenleitungen wollen das nicht. Sie sind Kirchen im Sozialismus, und der größte Teil der Kirchenleitungen bejaht das auch. [...] *Nach dem Referat des Staatssekretärs:*
Der Begriff des Wächteramtes ist unglücklich und wurde von der Kirche als Gewissen der Gesellschaft verstanden, vor allem auch in der Zeit des Kirchenkampfes. Biblisch ist nur gemeint, daß man auf die Tendenzen in der Kirche aufpassen muß. Die Kirche darf nicht Schulmeister gegenüber der Gesellschaft sein. Die Begriffe der kritischen Distanz sind nicht richtig; aber kritische Solidarität ist berechtigt. [...] *Am Ende des Gespräches:*
Den Begriff der kritischen Solidarität hat er noch nicht so gesehen, er wird das überdenken. Es scheint so, als wenn der Begriff gesellschaftliches Engagement richtiger ist.

Quelle: BAP, D 0–4, Nr. 2499–5, Az.: 05–18–00.

Dokument 1972/8

Staatssekretär für Kirchenfragen, „Präambel zum Arbeitsplan der Dienststelle des Staatssekretärs für Kirchenfragen für das II. Halbjahr 1972", 7.7.1972.

Zentrales Anliegen der Staatspolitik in Kirchenfragen im II. Halbjahr 1972 ist [...] [es], auch die Kirchen in der DDR, ihre Geistlichen und Amtsträger, protestantisch wie katholisch, dafür zu gewinnen, die sozialistische Friedenspolitik im allgemeinen und die auf die Sicherung des Friedens gerichtete Außenpolitik der DDR im besonderen vorbehaltlos und nachdrücklich zu unterstützen. [...]

Die Einschätzung der Entwicklung in den Kirchen der DDR ergibt, daß sich der Prozeß der staatsbürgerlichen Erziehung durch politisch-ideologische Auseinandersetzung und Überzeugungsarbeit mit zunehmendem Erfolg vollzieht. Vor allem die sozialistische Außen- und Friedenspolitik der DDR findet zunehmend Anerkennung in Verlautbarungen von kirchlichen Amtsträgern der protestantischen Kirchen bis in die Leitungen der Kirchen hinein. [...]

Insgesamt gesehen stehen die Fortschritte in der Entwicklung einer positiven Einstellung von Geistlichen gegenüber den Grundfragen der sozialistischen Außen- und Friedenspolitik aber noch im Gegensatz zur Einstellung – auch hier wiederum bis in die Kirchenleitungen beider Konfessionen hinein – gegenüber den Grundfragen der sozialistischen Innenpolitik. Sie können und wollen noch nicht anerkennen, daß die Außen- und die Innenpolitik unseres sozialistischen Staates eine Einheit bilden, daß beide Seiten der sozialistischen Staatspolitik von dem humanistischen Grundprinzip, wie es vom Ersten Sekretär des ZK der SED, Erich Honecker, auf dem VIII. Parteitag der SED formuliert wurde, bestimmt werden: „Alles zu tun für das Wohl des Menschen, für das Glück des Volkes, für die Interessen der Arbeiterklasse und aller Werktätigen."

Die Widersprüchlichkeit in der Auffassung zur Außenpolitik und zur Innenpolitik der DDR, die willkürliche Trennung beider Seiten der einheitlichen Politik, das Verharren in der traditionellen christlichen Obrigkeitsvorstellung, die mit der Wirklichkeit nicht übereinstimmt, bedeutet, daß die kirchlichen Amtsträger falsche Schlußfolgerungen für die Standortbestimmung der Kirchen in der sozialistischen Gesellschaft der DDR ziehen. Sie suchen nach einem Modus vivendi für ihre Sonderexistenz durch die modifizierte Errichtung des „Wächteramtes der Kirche" gegenüber dem Staat, durch die Versuche, den Staat zur Anerkennung ihrer Partnerschaft zu veranlassen. Mit der Beteuerung, nur das Beste für Staat und Volk zu wollen, werden Positionen der „kritischen Distanz" oder der „kritischen Solidarität" bezogen, die in ihrem Kern aber nichts anderes als Versuche sind, das geschichtlich überholte „Wächteramt" in neuen Formen anzuwenden.

In tiefgründiger und kontinuierlicher ideologischer Auseinandersetzung ist deshalb zu klären, daß 1. sozialistische Außen- und sozialistische Innenpolitik eine Einheit sind, daß die Innenpolitik Basis der Außenpolitik ist; daß 2. es ein kirchliches Mitspracherecht in den Bereichen Bildung und Erziehung, der sozialistischen Kulturpolitik und der Landesverteidigung seit 1945 nicht gegeben hat und auch in der entwickelten sozialistischen Gesellschaft nicht geben wird; daß 3. die Einordnung der Kirchen in die sozialistische Gesellschaft nicht ohne Verzicht auf alte Privilegien erfolgen kann, die aus der Einbeziehung in den Herrschaftsmechanismus der kapitalistischen Gesellschaft herrühren.

Unter sozialistischen Bedingungen hat der Anspruch auf eine wie immer geartete „Wächteramts"-Funktion ebenso wie der Anspruch auf Partnerschaft keine soziologische Basis. Der sozialistische Staat weist alle Versuche in dieser Richtung konsequent zurück. Die Amtsträger der Kirche müssen zu der Erkenntnis geführt werden, daß der bewußte Verzicht auf jedes Privilegdenken mit dem Gewinn einer neuen Freiheit kompensiert wird, der Freiheit nämlich, als Kirche nicht mehr für machtpolitische Interessen mißbraucht zu werden.

Im Zusammenhang mit der Klärung dieser prinzipiellen Fragen und im Interesse einer rascher fortschreitenden geistigen Standortbestimmung der Kirchen unter sozialistischen Bedingungen muß den Repräsentanten der Kirchen beider großen Konfessionen und auch den Amtsträgern der kleinen Religionsgemeinschaften völlig klar werden, daß die neue Freiheit und die Wahrung ihrer geistig-weltanschaulichen Eigenständigkeit die nachfolgend umrissenen „Freiheiten" ausschließt:

– die Teilhabe an der bürgerlichen und klerikalen Marxismuskritik, an der Verfälschung und Entstellung des Marxismus-Leninismus in Theorie und Praxis;

– die Beteiligung an der Verbreitung imperialistischer Ideologien, insbesondere der politisch-ideologischen Positionen des Antikommunismus, des Nationalismus und des Sozialdemokratismus;

– die Ausnutzung bestimmter Entwicklungsschwierigkeiten bei der Gestaltung der sozialistischen Gesellschaft für die kirchliche Argumentation gegen den Sozialismus;

– die Konservierung ideologischer und moralischer Rudimente der alten bürgerlichen Gesellschaft und der politischen Zurückgebliebenheit;
– die subjektive Interpretierung der für alle Bürger geltenden Gesetze und verbindlichen Rechtsnormen durch die Kirchen mit dem Vorbehalt, selbst darüber zu entscheiden, welche Seiten davon akzeptiert werden und welche nicht.

Für ein geregeltes Arbeiten der Kirchen in der DDR und für ein gutes Verhältnis von Kirche und Staat ist die durchgängige Einhaltung dieser Normen eine unerläßliche Voraussetzung.

Quelle: BAP, D 0–4, Nr. 2499/6, Az.: 05–18–00.

Dokument 1972/9

Dienststelle des Staatssekretärs für Kirchenfragen, Information Nr. 10/72: „Information zur 4. Tagung der 1. Generalsynode der Vereinigten Evangelisch-Lutherischen Kirche in der DDR vom 27. September bis 1. Oktober 1972 in Weimar", 18. 10. 1972.

Die Synodalen dieser Kirche zeigen in ihrer überwiegenden Mehrheit in ihrem politischen Profil keine politisch progressiven Tendenzen. Nur sehr wenige sind bereit, sich über allgemeine Loyalitätsfeststellungen hinaus gesellschaftlich zu engagieren. Lediglich die Thüringer Synodalen gehören zu den politisch und kirchenpolitisch progressiven Kräften. [...]

Auf Grund der gezeigten Situation und des Kräfteverhältnisses in der Synode wurde als Zielstellung festgelegt, daß die Synode
– die außenpolitischen Aussagen der Vertreter der lutherischen Kirchen im ökumenischen Rahmen bestätigt und sie beauftragt, sich weiter konkret zu engagieren.
– nach Möglichkeit eine Abgrenzung gegenüber den feindlichen Thesen des Referats von Dr. Falcke auf der Bundessynode in Dresden erreicht.
– die Position der Kirchen in der sozialistischen Gesellschaft eindeutiger bestimmen sollte, und
– alle Tendenzen des föderalistischen Prinzips fördert. [...]

In der Frage des gesellschaftlichen Engagements der Christen war die Formulierung im Tätigkeitsbericht der Kirchenleitung zurückhaltender als auf der vorigen Generalsynode 1971. Es gab aber auch keine erneuten Feststellungen über eine „kritische Mitarbeit". Es heißt, daß man, „mit nüchternem Blick ..." bereit sein müsse, zur, vom Glauben her verantwortbaren Mitarbeit in unserer Gesellschaft.

Wenn auch mit sehr vorsichtigen Formulierungen, gibt es im Tätigkeitsbericht und im Beschluß der Synode die Abgrenzung vom Referat Dr. Falckes. Der Bericht stellt fest: „Daraus (aus der lutherischen 2-Reiche-Lehre) ergibt sich die nüchterne Haltung im Blick auf die Möglichkeiten, die nach Gottes Willen der Kirche zur Veränderung der Weltverhältnisse gegeben sind." Im Schlußdokument heißt es: „Wir haben keine biblischen Modelle für Gesellschaftsformen." [...]

Zusammenfassend kann festgestellt werden, daß es dem Einfluß der staatlichen und gesellschaftlichen Kräfte gelungen ist, bestimmte, zur weiteren Positionsbestimmung der lutherischen Kirchen notwendige Aussagen zu erreichen. Wenn auch die Feststellungen über die Einheitskirche in der DDR noch sehr verworren und kontrovers sind, zeichnet sich deutlich ab, daß der Apparat des Bundes und bestimmte kirchenleitende Kräfte darauf drängen, eine Einheitskirche zu schaffen. Sie suchen eine einheitliche Plattform für die kirchliche Tätigkeit in der DDR zu finden, die ihnen eine bessere Einflußmöglichkeit in der sozialistischen Gesellschaft schaffen soll; damit verbunden ist der Versuch, eine verstärkte Abgrenzung gegenüber der sozialistischen Ideologie zu erreichen.

Quelle: BAP, D 0–4, Nr. 2499/7, Az.: 05–18–00.

Dokument 1972/10

Dienststelle des Staatssekretärs für Kirchenfragen, Abt. I (Dr. Wilke), Information: „Zur politischen Situation und zu aktuellen Tendenzen in den evangelischen Kirchen in der DDR", 4. 12. 1972.

Wilke beobachtet bei den Kirchen eine

Profilierung des Standpunktes in außenpolitischen Problemen. […] Die Erkenntnis, daß zu einer umfassenden Friedenspolitik im Rahmen der Außenpolitik eine ebensolche sozialistisch-humanistische Innenpolitik nicht nur möglich und notwendig, sondern auch Wirklichkeit ist, setzt sich jedoch nur zögernd durch. […]

Die Kirchen sind fortlaufend bemüht, sich der Entwicklung in der sozialistischen Gesellschaft anzupassen, um einen bestimmenden Einfluß in der Gesellschaft behalten zu können. Die Kirchen sehen sich einem deutlichen Rückgang an kirchlicher Aktivität und religiösen Vorstellungen konfrontiert. […] Das veranlaßt die Kirchen, in ihrer Tätigkeit Ergebnisse der Einzel-Wissenschaften aufzunehmen und Teilerkenntnisse des historischen Materialismus zu übernehmen. Aber ihr Ausgangspunkt zur Einschätzung der gesellschaftlichen Entwicklung bleibt nach wie vor in Vorstellungen der imperialistischen Ideologie befangen. Mit Methoden der bürgerlichen Soziologie und Philosophie wird versucht, eine Analyse des Sozialismus zu erarbeiten, die daher von vornherein zu fehlerhaften Schlußfolgerungen führen muß. So kommt zum Rückgang der Zahl der Gläubigen noch hinzu, daß die angeblich neu entwickelten Modellvorstellungen und Alternativen gegenüber dem Sozialismus schließlich zu Mißerfolgen in der kirchlichen Arbeit führen. Darüber kann auch nicht hinwegtäuschen, daß sich Teile der Geistlichen und auch konfessionell gebundener Bürger zeitweilig von diesen Vorstellungen beeinflussen lassen, da sie noch nicht bereit sind, imperialistische Bewußtseinsmanipulationen in den Kirchen der DDR zu erkennen und zu überwinden. […]

Dieser Situation entsprechend, ist auf allen Herbstsynoden der Landeskirchen ein Anwachsen von Tendenzen zu bemerken, die sozialdemokratischen Thesen folgen. Nach der Provokation mit dem Referat von Dr. Falcke anläßlich der Synode des Bundes der Evangelischen Kirchen in der DDR sind aber die Formulierungen abgewogener, zurückhaltender und bestrebt, keine offenen Konflikte in dieser Hinsicht mit dem Staat auftreten zu lassen. Es wird jedoch deutlich, daß es allen Kirchen darum geht, den Versuch zu unternehmen, eine Reihe von Positionen in der sozialistischen Gesellschaft mitzubestimmen:

– Die Kirche will Partner des Staates sein, wenn es um die Frage der Gestaltung der zwischenmenschlichen Beziehungen geht. Sie fordert ein allgemeines Mitspracherecht.

– Die Kirche versteht sich als Interessenvertreter christlich gebundener Bürger gegenüber dem sozialistischen Staat und der Gesellschaft.

– Die Kirche will teilhaben an der Erziehung der Bürger, vor allem der Jugendlichen.

– Wenn die Kirche sich in der Frage der Erhaltung des Friedens und der Sicherheit in Europa engagiert, dann will sie auch das Recht haben, sich kritisch zur gesellschaftlichen Entwicklung in der DDR zu äußern. Die Kirche dürfe sich „nicht unbedacht zum Frieden äußern" (Kirchenprovinz Sachsen).

– Die Kirche will ihre ethischen Vorstellungen und Konzeptionen der Versöhnung und spezieller Formen der gesellschaftlichen Mitarbeit von Christen beim Aufbau des Sozialis-

mus in die sozialistische Ideologie einbringen und das marxistisch-leninistische Gesellschafts- und Menschenbild in Frage stellen.
- Die Kirche will beratend wirken, wenn es um die Ausgestaltung rechtlicher Beziehungen zwischen Staat und Kirche geht.
- Die Kirche verlangt Einflußmöglichkeiten, auch materiell-räumlicher Art, in den sozialistischen Wohnzentren und landwirtschaftlichen Konzentrationspunkten.

Es entstehen also, wie bereits festgestellt, bei Zusammenfassung der unterschiedlichsten Modelle und Vorstellungen ständig neue Varianten, die der spätbürgerlichen Gesellschaftslehre entnommen sind, den antagonistischen Gegensatz von Sozialismus und Kapitalismus ignorieren, negieren und sozialdemokratische oder revisionistische Theorien anwenden oder modifizieren. Alternativen gegen die sozialistische Entwicklung in der DDR werden entwickelt und verbreitet. Wenn die Friedenskonzeption der DDR von den Kirchen unterstützt werden soll, dann wollen die Kirchen eine sogenannte „echte Partnerschaft" nach bürgerlichem Modell dafür eintauschen. Die reaktionären Vertreter aus den Kirchenleitungen fordern die Kirchen dazu auf, wenn ihnen dieser Schritt zur ideologischen Koexistenz nicht gelinge, dann zur „schweigenden Kirche" zu werden. Man dürfe sich als Kirche niemals „auf die Seite der herrschenden Klasse stellen" (Kirchenprovinz Sachsen). [...]

Bischof Krusche versucht, über eine verstärkte Entwicklung und Verbreitung sozialdemokratischer Ideologien und Modellvorstellungen, das gesellschaftliche Engagement von Geistlichen in die sogenannte „kritische" Mitarbeit umzufunktionieren und bei scheinbarer aktiver Beteiligung an den Lebensfragen der Gesellschaft die ideologische Unterwanderung des „Bundes" zu organisieren und die sozialistische Entwicklung ideologisch zu stören. Er stellt die Forderung nach „eigenen Beiträgen" der Kirchen beim Aufbau des Sozialismus und verlangt die Möglichkeit für eine umfassende Tätigkeit der Kirchen in Bereichen wie der Kultur und Information. Er fordert den wissenschaftlichen und unparteilichen Dialog der Kirche mit entsprechenden gesellschaftlichen Institutionen. Die Kirche soll in die sozialistische Gesellschaft als wesentlicher Bestandteil integriert werden und bleiben. Alle hindernden Barrieren müßten hier abgebaut werden. [...]

Bischof Fränkel vertritt nach wie vor die reaktionäre Position in den Kirchen der DDR. Er fordert die schweigende Kirche im Sozialismus und versteht sich und seine Gesinnungsgenossen als Verfechter der Menschenrechte. [...]

In den evangelischen Landeskirchen zeichnen sich eine Reihe wesentlicher Veränderungen ab, die zeigen, daß die Kirchen mit allen Mitteln bemüht sind, ihre Positionen in der sozialistischen Gesellschaft auszubauen. Dabei stehen die Zentralisierungsbestrebungen im Vordergrund. *Als Aufgaben der staatlichen Kirchenpolitik formuliert Wilke:*
- Politische Alternativen gegen den Sozialismus kann es nicht geben. Sie tragen in jedem Fall den Charakter einer ideologischen Konterrevolution oder Diversion. [...]
- Die Kirche kann nie Partner des sozialistischen Staates sein.
- Die Kirche muß den Gegebenheiten der gesellschaftlichen Entwicklung Rechnung tragen.
- Den Kirchen ist auf der Grundlage des Gespräches vom 26.6.72 des Staatssekretärs für Kirchenfragen mit dem Bund nachzuweisen, wo die objektiven Grenzen für ihre Tätigkeiten liegen.
- Es kann niemals eine Sozialisierung der Religion und Kirchen geben. Aufgabe der Kirchenpolitik ist es, zu verhindern, daß die Kirchen als Störfaktoren bei der Entwicklung der sozialistischen Gesellschaft wirken.
- Die Geistlichen müssen zu guten Staatsbürgern erzogen werden, die ihre demokratischen Rechte und Pflichten wahrnehmen. [...]

In der Tätigkeit der staatlichen Organe ist darauf zu orientieren, daß durch den Bund lediglich außenpolitische Konzeptionen zu unterstützen sind.

Quelle: BAP, D 0–4, Nr. 2499/8, Az.: 05–18–00.

Dokument 1972/11

Dienststelle des Staatssekretärs für Kirchenfragen, „Arbeitsinformation Abt. I November 1972", 6. 12. 1972.

Unter dem Punkt „Zur politisch-ideologischen Entwicklung in der DDR und zu kirchenpolitischen Tendenzen" findet sich der Unterpunkt: „Standortbestimmung der Kirchen". Text:
Die Landeskirchlichen Synoden haben keine neuen Erkenntnisse zur Positionsbestimmung der Kirchen in der DDR erreicht. Man beschränkt sich darauf, die Ergebnisse der Bundessynode von Eisenach 1971 „theologisch" aufzuarbeiten, weil man dort in „praktischen Fragen zu weit vorgegriffen" habe. „Die Kirche muß immer auf der Seite der Unterdrückten stehen und sich nicht auf die der herrschenden Klasse stellen" (Pf. Rach, Dresden).
Die Ideologie der „einen evangelischen Kirche" in geistlicher Hinsicht wird verstärkt an die Stelle der Notwendigkeit der geistigen Abgrenzung von den westdeutschen Kirchen gesetzt.
Die „Regionalisierung der EKU" sei richtig (Synode Magdeburg) und entspreche Artikel 4/4, denn eine Abgrenzung ist nicht möglich.
In der Synode Berlin-Brandenburg wurde erklärt, daß es ein „unkontrolliertes Hin- und Herüber" nicht geben könnte, und es bedürfe einer „politischen und ideologischen Abgrenzung". In der Praxis wurde aber die These „eine Kirche mit zwei Bischöfen" realisiert und die Notwendigkeit kirchenpolitischer weiterer Abgrenzung zurückgewiesen.
Ein weiterer Unterpunkt lautet: „Erklärungen zum verstärkten gesellschaftlichen Engagement". Textauszug:
Das gesellschaftliche Engagement von Christen und Geistlichen wird als Ausdruck der Partnerschaft der Kirche mit der sozialistischen Gesellschaft verstanden. Der Begriff der „kritischen Assistenz" wird zur Charakterisierung der gesellschaftlichen Mitarbeit bemüht und ihr damit die alte ideologisch diversive Zielrichtung gegeben (Herbstsynode der Kirchenprovinz Sachsen).

Quelle: BAP, D 0–4, Nr. 2499/9, Az.: 05–18–00.

Dokument 1972/12

Staatssekretär für Kirchenfragen, Information Nr. 11/72: „Präambel zum Arbeitsplan der Dienststelle des Staatssekretärs für Kirchenfragen für das I. Halbjahr 1973", 20. 12. 1972.

Insgesamt gesehen hat die politisch-ideologische Arbeit mit kirchlichen Amtsträgern aller Konfessionen und aller Ebenen im zweiten Halbjahr 1972 an Effektivität gewonnen. Der Prozeß der Entwicklung staatsbürgerlichen Bewußtseins ist weiter fortgeschritten. Am deutlichsten tritt das in der ökumenischen Tätigkeit der DDR-Kirchen in Erscheinung.
Hohe Amtsträger der protestantischen Kirchen in der DDR haben sich im Zusammenhang mit der Erfüllung ökumenischer Verpflichtungen im Sinne der auf die Friedenssicherung gerichteten Politik der sozialistischen Staatengemeinschaft eingesetzt. [...]
Die Haltung führender kirchlicher Amtsträger in der Ökumene steht nach wie vor in deutlichem Widerspruch zu ihrer Position gegenüber der Innenpolitik der DDR. Vor allem

auf dem Gebiet des Bildungswesens, in der Kulturpolitik des Staates, gegenüber der Politik der sozialistischen Landesverteidigung wurden Vorbehalte angemeldet. Weiterhin wird auch der Vorwurf aufrecht erhalten, die christlich gebundenen Bürger der DDR seien angeblich „ihres Glaubens wegen zu Bürgern zweiter Klasse" mit weniger Rechten degradiert. [...]

In der staatsbürgerlichen Überzeugungs- und Erziehungsarbeit an Geistlichen und kirchlichen Amtsträgern aller Konfessionen wird deren besondere Anfälligkeit für die bürgerliche Ideologie und eine ihrer Erscheinungsformen, den Sozialdemokratismus, künftig noch stärker zu beachten sein.

Es gehört zum Konzept der imperialistischen Politik gegenüber der sozialistischen Staatengemeinschaft, daß auch die Kirchen als Institutionen ihren zersetzenden Einfluß auf den sozialistischen Staat und die Gesellschaft ausbauen und verstärken.

Damit verbunden sind klerikale Erwartungen auf die ideologische Veränderung des Sozialismus durch seine „Vermenschlichung", seine „Humanisierung" und „Demokratisierung", also auf die ideologische Unterwanderung und Aufweichung der DDR.

Mit dem Wahlsieg der SPD-FDP-Koalition haben sich diese spekulativen Vorstellungen weiter verstärkt. Auch bei einem beträchtlichen Teil der progressiven Geistlichen haben solche Ideen Fuß gefaßt.

Das Neue auf dem Gebiet der ideologischen Arbeit mit kirchlichen Amtsträgern besteht vor allem in der Tatsache, daß die ausgesprochen reaktionären Kräfte in den Kirchen sich zunehmend isolieren. Das Gros der Geistlichen, auch solcher, die den Sozialismus bekämpfen, tritt heute mit „fortschrittlichen" Argumenten auf. Sie bekennen sich allgemein zum Sozialismus als der gegenüber dem Kapitalismus gerechteren Gesellschaftsordnung. Sie meinen aber meist nicht den Sozialismus im Zeichen des Marxismus-Leninismus, den die Werktätigen in der DDR aufbauen, sondern einen „Sozialismus" der sozialdemokratischen Reformen auf dem Wege der Konvergenz mit der spätkapitalistischen Gesellschaft.

Zielvorstellung dieses illusionären und volksfeindlichen Konzepts ist einerseits ein Kapitalismus, der sich zu einer „humanistischen Leistungsgesellschaft" mit einer „neuen Qualität des Lebens" wandelt, um sich dann mit dem andererseits „verbesserten", „menschlichen" und „demokratischen" Sozialismus in der „humanistischen Industriegesellschaft" zu vereinen.

Solche Vorstellungen werden immer mehr zu einem Bestandteil des von den Kirchenleitungen forcierten ökumenischen Denkens. Es soll dem Bewußtsein von der historischen Notwendigkeit der sozialistischen Integration sowie der konsequenten Abgrenzung gegenüber dem Imperialismus entgegenwirken. [...]

Der verstärkt erhobene Anspruch der Kirchen, im Besitz einer „höheren Wahrheit" und einer gesellschaftlichen Konzeption der „größeren und besseren Freiheit" zu sein, ist Ausdruck verschärfter ideologischer Angriffe gegen den Sozialismus.

Es gibt nur ein Konzept, das allen Kriterien der Wahrheit standhält und nur einen Weg, der zur Freiheit der Völker und des einzelnen Menschen führt, den einheitlichen, weltweiten antiimperialistischen Friedenskampf, der seinem Wesen und Charakter nach internationaler Klassenkampf unter Führung der kommunistischen und Arbeiterparteien mit der KPdSU an der Spitze und der sozialistischen Staatengemeinschaft unter Führung der Sowjetunion ist.

Die spekulative Erwartung mancher Amtsträger der Kirchen, die friedliche Koexistenz von Staaten mit unterschiedlichen gesellschaftlichen Ordnungen könnte zur ideologischen Koexistenz umfunktioniert werden, entbehrt jeder realen Grundlage. Zwischen der Weltanschauung der revolutionären Arbeiterklasse, die die Welt auf der Grundlage des Marxismus-

Leninismus von Grund auf verändert und neu gestaltet und der Weltanschauung der spätkapitalistischen Bourgeoisie gibt es keine Annäherungspunkte, keine Brücken und irgendwie geartete Beziehungen. Der Gegensatz zwischen beiden hat antagonistischen Charakter und muß bis zu Ende ausgetragen werden. Auch die Kirchen und ihre Amtsträger sind diesem Grundgesetz der Entwicklung der menschlichen Gesellschaft – unabhängig von ihrem Wollen oder Nichtwollen – unterworfen. Das zwingt sie unausweichlich zur Entscheidung für den Kampf um die Sicherung des Friedens, für die Sache des Humanismus, der sozialen Gerechtigkeit und des sozialen Fortschritts.

Quelle: BAP, D 0–4, Nr. 2499/10, Az.: 05–18–00.

Dokument 1973/1

Synode des Bundes der Evangelischen Kirchen in der DDR in Schwerin 1973, Bericht der Konferenz der Kirchenleitungen.

Die Zuversicht zu dem befreienden Tun Gottes erlaubt und gebietet uns, unser Leben in der sozialistischen Gesellschaft der Deutschen Demokratischen Republik zusammen mit unseren Mitmenschen als unsere Situation anzunehmen. Jesus Christus geht uns auch in die neue gesellschaftliche Situation voran und erschließt sie uns als Auftragsfeld und Dienstchance. Wir sind Bürger eines sozialistischen Staates und Glieder einer sozialistischen Gesellschaft. Hier haben wir als Christen zu leben und zu handeln – in der Liebe, die offene Augen hat für alle Not, wo sie auch zutage tritt, die für alles Bessere und Gerechtere eintritt, woher es auch kommt, und in der Hoffnung, die sich in dieser Liebe durch nichts irre machen läßt. Auf eine Formel gebracht, die auch auf der Synode des Bundes in Eisenach 1971 gebraucht wurde: „Wir wollen nicht Kirchen neben, nicht gegen, sondern im Sozialismus sein." Diese Formel ist von unserem staatlichen Partner zustimmend aufgenommen und noch dahin präzisiert worden, daß es „eine Sozialisierung der christlichen Lehre bisher nicht gegeben hat und auch in Zukunft nicht geben werde" (Paul Verner). Das bedeutet doch wohl auch, daß es eine „sozialistische Kirche", eine „sozialistische Theologie" oder ähnliches nicht geben kann. Von daher wäre es abwegig, von den Kirchen oder Christen zu erwarten, nachträglich zu einzelnen politischen Maßnahmen fromme Begründungen zu liefern oder billige Akklamationen abzugeben.

In der Tat: Kirche im Sozialismus wäre die Kirche, die dem christlichen Bürger und der einzelnen Gemeinde hilft, daß sie einen Weg in der sozialistischen Gesellschaft in der Freiheit und Bindung des Glaubens finden und bemüht sind, das Beste für alle und für das Ganze zu suchen. Kirche im Sozialismus wäre eine Kirche, die auch als solche, in derselben Freiheit des Glaubens, bereit ist, dort, wo in unserer Gesellschaft menschliches Leben erhalten und gebessert wird, mit vollem Einsatz mitzutun, und dort, wo es nötig ist, Gefahr für menschliches Leben abwenden zu helfen. Es kann sich, wie sich gezeigt hat, ergeben, daß wir Christen im Lichte der Verheißung Gottes und unter seinem Gebot Probleme und Nöte in Welt und Gesellschaft anders sehen, als sie von anderen Voraussetzungen aus gesehen werden, oder Fragen hören, die andere nicht so hören. Wir haben dann unsere Anfragen geltend gemacht. Das geschah vor allem im Gespräch mit den zuständigen Stellen, gelegentlich auch öffentlich. Wir wollten damit keine gesellschaftliche Sonderstellung beanspruchen. Aber wer Gottes Willen ernst nimmt, muß wach sein für sein Gebot und kann nicht verschweigen, was ihm im Nachdenken vor Gott klargeworden ist.

Quelle: KJB 100, 1973, 181.

Dokument 1973/2

Bischof Hans-Joachim Fränkel vor der Provinzialsynode der Evangelischen Kirche des Görlitzer Kirchengebietes vom 30. März bis 2. April 1973 „zur öffentlichen Verantwortung der Kirchen in der gegenwärtigen Stunde".

Fränkel vertrat die Auffassung, „daß der Kirche unverzichtbar die Wahrnehmung öffentlicher Verantwortung aufgegeben ist. "[3]

Dabei ist zu beachten, daß die Kirche diesen Dienst nur wahrnehmen kann in der Freiheit, zu der sie Christus befreit hat, und das bedeutet in der Bindung an ihn, die es ihr nicht erlaubt, sich beliebig politisch anzupassen oder preiszugeben. Sie wird daher um so glaubwürdiger, je mehr sie sich aufgerufen und ermächtigt weiß, in Wort und Tat der Versöhnung Gottes mit der Welt gleichnishaft zu entsprechen. Für die rechte Wahrnehmung öffentlicher Verantwortung in unserer Gesellschaft, in welcher das immanente Welt-und Selbstverständnis des dialektischen Materialismus als normativ für die Gesellschaft durchgesetzt werden soll, ist es entscheidend, daß die Kirche den Menschen hilft, über dieser so verstandenen Gesellschaft die Macht des Schöpfers und Erlösers zu glauben, durch den jeder ideologische Absolutheitsanspruch relativiert wird. Keine Gesellschaft, sie verstehe sich wie sie wolle, kann dem Schöpfer entlaufen, der in Christus die Welt mit sich versöhnt hat. Auch der entschlossene Wille, den dialektischen Materialismus für alle verbindlich durchzusetzen, kann Gott nicht hindern, uns in unserer Gesellschaft Gutes zu tun, mit deren Willen, ohne deren Willen und auch gegen deren Willen. Darin liegt die Chance der Freiheit zum Dienst, ohne sich der Normativität eines prinzipiell atheistischen Welt- und Selbstverständnisses zu beugen.

Quelle: KJB 100, 1973, 184.

Dokument 1973/3

„Sorge um eine menschliche Welt". Studie des Theologischen Studienausschusses des Nationalkomitees des Lutherischen Weltbundes in der DDR vom Oktober 1973.

[Die Christen in der DDR] sind als Bürger ihres sozialistischen Staates sozialistische Staatsbürger. Diese Bürgerschaft ist aber nicht im Sinne ideologischer Konvergenz zu verstehen: „Ohne Bekenner der dialektisch-materialistischen Weltanschauung zu sein", sind sie bestrebt, „ihr Leben und ihre Arbeit in Übereinstimmung mit den Prinzipien sozialistischer Persönlichkeits- und Gemeinschaftsbildung zu gestalten", sie sind „sozialistische Staatsbürger christlichen Glaubens". „Christliche und staatsbürgerliche Verantwortung" treten also hier in eine produktive Beziehung; es ergibt sich so gewiß nicht ein spannungsfreier Zustand, aber ein „dynamischer Prozeß".

Es handelt sich um eine Partnerschaft zwischen Christen und Marxisten, die gerade dann zu Hoffnungen berechtigt, wenn einerseits von vornherein die Grenzen deutlich sichtbar sind, die im Bereich des Ideologischen gezogen sind, auf der andern Seite aber die Bereitschaft zum Ausdruck kommt, wechselseitig den Beitrag zu respektieren, den der jeweils andere von seinen Voraussetzungen her im Felde der gemeinsamen Aufgaben in loyaler Zusammenarbeit zu leisten in der Lage ist.

Quelle: KJB 101, 1974, 508.

---

[3] KJB 100, 1973, 182.

Dokument 1973/4

Zum politischen Auftrag der christlichen Gemeinde (Barmen II). Votum des Theologischen Aus-
schusses der Evangelischen Kirche der Union (17. 7. 1973).

In Abschnitt II.4.c. heißt es:

Die Frage nach theologischen Kriterien für politisch-gesellschaftliche Urteilsbildung
wird von manchen dahin beantwortet, daß man zwischen Motiv bzw. Impuls und materialer Gesinnung, die rationalen Gesichtspunkten folgt, unterscheidet. Gewiß ist mit Sachverstand und unter Analyse der Situation zu erwägen, was heute gefordert ist und worauf es jeweils ankommt (Phil 1,10), anstatt traditionelle Modelle zu kopieren. Jedoch genügt es
nicht, den Anspruch Gottes auf ein Motiv (etwa die Liebe) im Sinne eines Gesinnungsim-
pulses zu reduzieren. Die in Christus erschienene Liebe ist jedenfalls nicht ein abstraktes
Prinzip, das sich anderweitig gewonnenen Zielsetzungen und Leitbildern gegenüber nur als
kraftspendender Impuls anbietet. Ohne die Fragestellungen und Lösungen, auf die es heute
ankommt, in concreto vorwegnehmen zu können, gibt das biblische Zeugnis doch bei aller
Verschiedenheit und Zeitbedingtheit der Konkretion auch seinerseits materiale Hinweise,
in deren Richtung wir unter den veränderten Bedingungen der Gegenwart und in Auseinandersetzung mit heutigen Leitbildern weiterzudenken haben. [...] Nicht nur die Vorstellungen von Humanität und die Ideale künftiger gesellschaftlicher Gestaltung sind von daher
stets neu zu prüfen, sondern es ist auch zu fragen, ob bei Gleichheit des erstrebten Ziels die
anzuwendenden Mittel zu verantworten sind, da der Zweck nicht jenes [gemeint ist wohl:
„jedes"] Mittel rechtfertigt. Weder eine verbal-christliche noch eine atheistische Firmie-
rung eines gesellschaftspolitischen Programms enthebt uns der Verpflichtung zu dem Bemühen, konkret zu beurteilen, wieweit politische, soziale und ökonomische Strukturen geeignet sind, äußere Voraussetzungen für ein menschliches Miteinander zu schaffen, das dem Anspruch Gottes entspricht.

Quelle: Zum politischen Auftrag der christlichen Gemeinde (Barmen II). Votum des Theologischen Ausschusses der Evangelischen Kirche der Union, hg. v. A. BURGSMÜLLER, 1974,
246f.

Dokument 1973/5

Zum politischen Auftrag der christlichen Gemeinde (Barmen II). Votum des Theologischen Aus-
schusses der Evangelischen Kirche der Union – Sondervotum der Ausschußmitglieder aus dem
DDR-Bereich.

Der Greifswalder Bischof Horst Gienke zitiert in seinem Bericht vor der Bereichssynode der EKU – Be-
reich DDR – aus dem genannten Votum und erwähnt dabei „konkrete[] Folgerungen der Ausschuß-
mitglieder aus dem DDR-Bereich, die im Teil IV B ihren Niederschlag gefunden haben. "[4] *[Ein Tei-*
l IV B findet sich nicht in der offiziellen Druckfassung des Votums, die von A.Burgsmüller herausgege-
ben wurde und 1974 im Gütersloher Verlagshaus Gerd Mohn erschienen war]. Dort heißt es u.a.:

Dienst an den Menschen einer Gesellschaft geschieht vor allem innerhalb der Berufsaus-
übung und Familie, Nachbarschaft, Freundschaft und Bekanntschaft, so wie in der Art und
Weise, wie ein jeder seinen Körper, seinen Geist und seine Seele, seine Kraft, sein Geld und

---

[4] H. GIENKE, Bericht des Vorsitzenden des Bereichsrates der Evangelischen Kirche der Union –
Bereich DDR – vor der Synode in Berlin-Weißensee (10.-12. Mai 1974), in: epd-Dok 29/1974,
69–83, 73.

seine Freizeit in Dienst nehmen lässt. Darüber hinaus ist gesellschaftliche Betätigung in einer Reihe von Fällen eine gute und gebotene Verhaltensweise, in der Menschen als Gottes Geschöpfen gedient werden kann. Ideologische Begründung gesellschaftlicher Tätigkeit sollte Christen nicht von vornherein von der Teilnahme abhalten. Es kommt darauf an, daß wir dabei nicht das Unsrige suchen, sondern das des anderen zur Ehre Gottes. Jeder Christ sollte sich nach dem Maß seiner eigenen Erkenntnis entscheiden. Unterschiedliche Entscheidungen können und müssen miteinander getragen werden.

Quelle: H. GIENKE, ebd. (vgl. Anm. 4).

Dokument 1973/6

*Dienststelle des Staatssekretärs für Kirchenfragen, Abt. IB, Weise, „Gedächtnisniederschrift über ein Gespräch mit dem Bischof der Thüringer Landeskirche, Ingo Braecklein, am 14. 12. 1973",
18. 12. 1973.*

Dem Landesbischof Braecklein wurde der Vorschlag des Staatssekretärs, Gen. Seigewasser, unterbreitet, wie bereits schon in den Jahren vorher eine Zusammenkunft mit einem ausgewählten Kreis der Thüringer Kirchenleitung und Vertretern der Organe des Staates sowie der Nationalen Front Anfang 1974 durchzuführen. Dort sollen nach einleitenden Worten des Staatssekretärs in freimütiger Aussprache Fragen behandelt werden, die das Verhältnis von Staat und Kirche betreffen und eine Orientierung dafür gegeben werden, wie die Landeskirchenleitung in ihrer Entwicklung der politischen und gesellschaftlichen Realität in der DDR Rechnung trägt.

Der Landesbischof begrüßte den Vorschlag. Er bemerkte, daß diese Begegnungen bei seinem Vorgänger traditionellen Charakter hatten und mit zur Standortfindung der Thüringer Kirche im Sozialismus beitrugen.

Quelle: BAP, D 0–4, Nr. 797/1, Az.: 12–12–08–04.

Dokument 1973/7

Bischof Hans-Joachim Fränkel, Was haben wir aus dem Kirchenkampf gelernt?

Vortrag am 8. November 1973 in der Annenkirche zu Dresden.

So wie wir im Kirchenkampf vertiefte Erkenntnis von Christus als Grund unseres Glaubens und unserer Freiheit empfangen haben, so haben wir auch neu erkannt, was es um den Auftrag der Kirche ist. In der sechsten These der Barmer Theologischen Erklärung heißt es: „Der Auftrag der Kirche, in welchem ihre Freiheit gründet, besteht darin, an Christi Statt ... die Botschaft von der freien Gnade Gottes auszurichten an alles Volk." – An alles Volk! Damit wird die Reichweite des Evangeliums angesprochen. Niemand soll ausgenommen sein!

[...] [H]eute [...] besteht die Versuchung, daß die Kirche sich trotz aller Betonung ihrer missionarischen Sendung doch auf den Kreis ihrer Glieder zurückzieht.

Damit aber läßt man sich die Zuständigkeit der Kirche von der Welt her vorschreiben und beschränkt sich auf die nach dem Urteil der Atheisten in religiösen Vorurteilen befangenen Bürger, denen unbegreiflicherweise auch heute noch nicht das befreiende Licht des Atheismus aufgegangen ist. Aber unser Herr Jesus Christus ist kein Museumsdirektor und auch kein Chef eines Naturschutzparks für rückständige Gemüter. Er ist für alle gestorben und ist der Herr aller Menschen. Darum hat sich die Kirche mit ihrem Auftrag auch in unserer Gesellschaft für alle zuständig zu wissen. Eine Kirche, die sich auf diejenigen beschränken ließe, die noch sogenannte religiöse Bedürfnisse haben, wäre der Versuchung erlegen, ihre Sendung für die Welt zu verleugnen.

So wenig wie die Botschaft von der freien Gnade Gottes eine Begrenzung ihrer Reichweite erträgt, so wenig duldet sie eine Verkürzung ihres Inhaltes. Jesus Christus – so haben wir es im Kirchenkampf gelernt – ist Gottes Zuspruch der Vergebung aller unserer Sünden und mit gleichem Ernst Gottes Anspruch auf unser ganzes Leben. Davon ist nichts abzumarkten. Ich habe nichts dagegen, wenn heute auf die Bedeutung des Engagements der Kirche im Kampf gegen die Nöte der Welt und für das Wohl der Menschen besonders hingewiesen wird. Aber ich habe alles dagegen, wenn die Bedürfnislage der Welt zum Maßstab unserer Verkündigung gemacht wird. Die Vergebung der Sünden ist kein gefragter Artikel. Aber das ändert nichts daran, daß sie die entscheidende, den Menschen rettende Hilfe Gottes ist, für deren Verkündigung es kein Moratorium geben darf. Wo das vergessen wird, da verflacht das Evangelium von Jesus Christus zum moralischen Aufruf zur Mitmenschlichkeit. Dem haben wir zu widerstehen.

Wie wir Gottes Zuspruch der Vergebung aller unserer Sünden nicht zu verflachen haben, so haben wir auch Gottes Anspruch auf unser ganzes Leben nicht zu verkürzen. Wer z.B. noch so wunderbar von der Liebe Gottes predigt, aber nicht klar sagt, daß wir um dieser Liebe willen bei der Erziehung zum Haß nicht mitmachen dürfen, der hat in Wahrheit die Liebe Gottes nicht bezeugt. Wer die Gebote Gottes nur so weit predigt, als er dabei der Zustimmung der politischen Gewalten gewiß ist, muß wissen, daß er damit auch die Botschaft von der Vergebung der Sünden verkürzt. Die Versuchung ist groß, nur den angenehmen Teil der Wahrheit zu sagen.

Quelle: KJB 100, 1973, 163f.

Dokument 1974/1

Synode des Bundes der Evangelischen Kirchen in der DDR in Potsdam 1974, Bericht der Konferenz der Kirchenleitungen.

Der Bericht wurde von Bischof Schönherr konzipiert und vorgetragen.

Im Januar 1974 ist es erneut zu einer Begegnung des Vorstands mit dem Staatssekretär für Kirchenfragen gekommen, bei der in erster Linie Grundsatzfragen des Verhältnisses von Staat und Kirche angesprochen wurden. [...] Nach wie vor besteht Einmütigkeit, daß es keine Vermischung von dialektischem Materialismus und christlichem Glauben und keine Verwischung der Grenzen zwischen beiden geben kann. Diese Aussage ist um der gegenseitigen Respektierung der Überzeugung willen von Wichtigkeit, auch wenn der christliche Glaube uns Offenheit über weltanschauliche Grenzen hinweg ermöglicht. Deutlich wurde – auch bei verschiedenen anderen Anlässen – zum Ausdruck gebracht, daß es aus marxistischer Sicht unter den Bedingungen einer sozialistischen Gesellschaft keinen grundlegenden gesellschaftlichen Antagonismus zwischen diesen beiden Weltanschauungen gebe, der die Mitarbeit der Christen in der Deutschen Demokratischen Republik an der Entwicklung des realen Sozialismus verhindere. Gemeinsamer Widerstand in der Vergangenheit und zuverlässige Arbeit christlicher Bürger in der Gegenwart habe eine Atmosphäre von Achtung und Wertschätzung erzeugt, die eine tragfähige Basis für eine gute Zusammenarbeit von Marxisten und Christen zum Wohle der Gesellschaft darstellen könnte.

[...] Wir sehen in unserem Staat den Ort, an dem wir als Zeugnis- und Dienstgemeinschaft arbeiten wollen und unsere christliche Existenz zu bewähren haben. Wir sind der

Überzeugung, daß eine Gemeinde, die sich für das Wagnis des Glaubens einläßt, zu neuen Erkenntnissen vorstößt.

Quelle: KJB 101, 1974, 503f.

Dokument 1974/2

Propst Heino Falcke über Identität und Relevanz der Kirche in der DDR.

Falcke fragt nach einem geeigneten Leitbild von Kirche in der besonderen Situation der DDR, die u.a. durch die Diaspora-Situation, der damit verbundenen gesellschaftlichen Randexistenz der Gemeinden und dem ideologischen Gegensatz von Atheismus und Christentum geprägt sei. In dieser Situation sieht er das ekklesiologische Denken im Spannungsfeld zwischen Identität und Relevanz. Während in dem Bemühen um Identität die Kirche sucht, „ihrem Ursprung, Auftrag und Wesen treu (zu) sein", geht es ihr in ihrem Bemühen um Relevanz um ihre auftragsgemäße Proexistenz.

Das Bemühen um Relevanz und Identität gehören zusammen, denn sie sind im Auftrag der Kirche zusammengebunden. Die Losung: ‚Kirche muß Kirche bleiben' führt ins Ghetto, wenn die Kirche ihrem Herrn nicht eben darin treu sein will, daß sie für andere da ist. Die Bemühung um Relevanz in zeitgenössischer Existenz führt zur Überanpassung, wenn sie nicht zugleich darum bemüht ist, den Zeitgenossen das eine identische Evangelium zu bringen. *Die jeweilige Verhältnisbestimmung von Identität und Relevanz sei freilich von der jeweiligen gesellschaftlichen Situation, in der sich die Kirche befindet, abhängig. Für die Kirche in der sozialistischen Gesellschaft der DDR nimmt Falcke folgende Verhältnisbestimmung vor:*

Eine Kirche, die sich in dieser Situation auf die Wahrung ihrer Identität konzentrieren wollte, würde sich selbst das Ghetto bauen und ihrem missionarischen und diakonischen Auftrag untreu werden. Die Diasporagemeinde hat vor allem nach der Relevanz des Evangeliums für die Zeitgenossen zu fragen und dem Relevantwerden der Botschaft für sie zu dienen. Die Verantwortung für ihre Identität hat die Kirche im Zuge dieser Relevanzbemühungen wahrzunehmen.

Quelle: H. FALCKE, Was soll die Kirchenmusik in unserer Kirche auf dem Weg in die Diaspora-Situation?; in Auszügen abgedr. in: KJB 101, 1974, 506f.

Dokument 1974/3

Evangelische Kirche in Berlin-Brandenburg, Landessynode in Berlin-Weißensee, 26.-30. 4. 1974, Beschluß zum Terminus „Kirche im Sozialismus".

In der „epd-Dokumentation" heißt es dazu: „Die Formulierung war heftig diskutiert worden; ein Antrag auf Streichung der Parenthese, – den sie aufnimmt und bejaht –, [...] wurde, da Stimmenparität nach der Geschäftsordnung der Synode als Ablehnung gilt, mit 39 zu 39 Stimmen zurückgewiesen." (epd-Dok 27/1974, 51) Das Kirchliche Jahrbuch kommentierte: „Auch die Diskussionen um die Bezeichnung ‚Kirche im Sozialismus' lassen den Prozeß des Nachdenkens der Kirchen über ihren Standort erkennen. Aus den Berichten über die Verhandlungen der Synode 1974 der Kirche in Berlin-Brandenburg wird deutlich, daß schon die Bezeichnung ‚Kirche im Sozialismus' innerkirchlich auf Widerstand stoßen kann" (KJB 101, 1974, 509).

Die Synode hat mit Dankbarkeit von dem Teil des Berichtes der Kirchenleitung Kenntnis genommen, der sich mit dem „Zurechtfinden in unserer Gesellschaft" befaßt.

Die Synode hat auch mit Aufmerksamkeit auf die Diskussionsbeiträge gehört, die sich mit diesem Teil des Berichtes beschäftigen. Sie hat die Antworten der Kirchenleitung zu diesen Diskussionsbeiträgen vernommen.

Die Synode dankt allen, die das Wort ergriffen haben. Sie anerkennt das ernste und ehrliche Bemühen aller Beteiligten, den Weg unserer Kirche als „Kirche im Sozialismus" zu suchen.

Die Synode erkennt als Aufgabe, den Begriff „Kirche im Sozialismus" – den sie aufnimmt und bejaht – so eindeutig zu klären, daß damit allen Christen zu einem dem Herrn Jesus Christus gehorsamen Leben geholfen ist.

Quelle: epd-Dok 27/1974, 51.

Dokument 1974/4

II. Generalsynode der VELK in der DDR, Bericht des Leitenden Bischofs Ingo Braecklein.

Im Oktober dieses Jahres wird der 25. Jahrestag der Deutschen Demokratischen Republik begangen. Das ist Anlaß für die Kirche, ihre „Standortbestimmung" im sozialistischen Staat der DDR erneut zu reflektieren. Dabei muß u.a. klar erkannt werden, daß in der DDR für die soziale Sicherheit jedes einzelnen gesorgt ist, das Gesundheitswesen in hohem Maß ausgebaut wurde und das Schul- und Bildungswesen auf beachtlicher Höhe steht, auch wenn dessen weltanschaulich-atheistische Ausrichtung beschwerlich ist. Nach einem Vierteljahrhundert Geschichte der DDR, die in die längste Friedensperiode dieses Jahrhunderts in Europa fällt, ist zu überlegen, was die auf der Bundessynode 1971 in Eisenach ausgesprochene Feststellung besagt, daß wir nicht gegen oder neben dem Sozialismus, sondern Kirche im Sozialismus sind. Hier wie bei der Definition des Begriffes „sozialistischer Staatsbürger christlichen Glaubens"[5] muß von den biblischen Erkenntnissen der lutherischen Zwei-Reiche-Lehre ausgegangen werden. Diese besagt, daß die Kirche und ihre Glieder die gesellschaftliche Situation und die staatliche Realität, in der sie in der Deutschen Demokratischen Republik existieren, von dem Gott her anzunehmen haben, der der Herr über Kirche und Staat ist, und der als Herr der Geschichte seit 25 Jahren die gesellschaftliche und staatliche Wirklichkeit der Deutschen Demokratischen Republik den Einzelchristen und der Kirche als Bewährungsraum in gehorsamer Nachfolge gesetzt hat.

Quelle: ZdZ 28, 1974, 361.

Dokument 1974/5

Glückwunschtelegramm der Konferenz der Kirchenleitungen an den Staatsratsvorsitzenden aus Anlaß des 25. Jahrestages der Gründung der DDR, 13./14. 9. 1974.

Glieder unserer Kirchen [...] sehen sich von ihrem Glauben her vor die Aufgabe gestellt, den Sozialismus als eine Gestalt gerechteren Zusammenlebens zu verwirklichen.

Quelle: U.-P.HEIDINGSFELD, Bund, 1992, 19.

---

[5] Hier nimmt Braecklein eine Formulierung von ZK-Mitglied Albert Norden auf, die dieser in seiner Rede vor dem 13. Parteitag der CDU am 12. Oktober 1972 in Erfurt geprägt hatte, vgl. Dok 1972/1.

Dokument 1974/6

Evangelische Kirche in Berlin-Brandenburg, Synode in Berlin-Weißensee, 26.-30. 4. 1974, Bericht der Kirchenleitung, vorgetragen von Bischof Albrecht Schönherr.

In diesem Jahr besteht unser Staat ein Vierteljahrhundert. Eine Kirche, die sich, wie das die Synode des Bundes ausgedrückt hat, als Kirche im Sozialismus versteht, kann an der Tatsache nicht vorbeigehen, daß diese 25 Jahre zugleich in die längste Friedensperiode Europas in unserem Jahrhundert fallen, an der auch unser Staat mitgewirkt hat. In der sozialen Gesetzgebung der DDR und in den daraus resultierenden sozialpolitischen Maßnahmen sind viele gute Dinge verwirklicht, die wir als Christen nur bejahen können. Jeder Christ weiß, daß es nicht leicht ist, das als richtig Erkannte in die Tat umzusetzen. Wir könnten uns vorstellen, daß jeder Mensch guten Willens dabei gebraucht wird. Christen sind von ihrem Glauben her gewiesen, sich für den Frieden, für den Nächsten und sein Recht einzusetzen. Es wäre gut, wenn wir alle altes Mißtrauen abbauen und immer besser lernen könnten, zusammenzuarbeiten.

Quelle: epd-Dok 27/1974, 40.

Dokument 1974/7

Synode des Bundes der Evangelischen Kirchen in der DDR in Potsdam 1974, Referat des Vorsitzenden der Konferenz der Kirchenleitungen Albrecht Schönherr, „Die Kirche als Lerngemeinschaft".

Die Minderheitssituation in der DDR hat ihr Spezifikum darin, daß sie einer Gesellschaft zugeordnet ist, die nach dem Willen der führenden Partei von einer im Kern atheistischen Ideologie geprägt werden soll. Konfliktsituationen sind unvermeidlich. Christen sind in Gefahr, der Totalität des ideologischen Anspruchs ein totales Nein gegenüber allem, was von dorther kommt, entgegenzusetzen. Stimmen werden laut wie diese: Mögen wir sonst flexibel sein – in dieser Situation dürfen weder Fragen noch Zweifel aufkommen, unser Glaube muß uns fest wie eine Betonmauer umgeben. Gerade mit dieser Haltung wäre die für uns Christen einzig wirkliche Totalität, die Wirklichkeit Gottes, geleugnet. Auch durch das Medium einer andersartigen Ideologie hindurch, wie sie sich selbst auch verstehen möchte, kann dem Christen, kann den Kirchen einiges von dem aufgehen, was Gott uns lehren will.

Der Partner vertritt eine Theorie, die er ständig an der Praxis zu prüfen sich verpflichtet hat. Das sollte uns anspornen, uns zu fragen, ob unser Glaube durch die Praxis gedeckt ist. Der Partner weist nachdrücklich darauf hin, daß alles, auch das Persönlichste und Individuellste, in seinem gesellschaftlichen Zusammenhang zu sehen ist. Das sollte uns anspornen, uns zu fragen, wieweit wir an den Zuständen selbst mit schuldig sind, die wir als sündig verurteilen. Der Partner versteht den Menschen als Bündel sozialer Beziehungen. Das sollte uns anregen, uns zu fragen, ob wir den Menschen allzulange abstrakt nur als Individuum gesehen haben und ob nicht auch darum unsere Seelsorge weithin wirkungslos geworden ist. Der Partner ist davon überzeugt, daß politische und wirtschaftliche Machtfragen die entscheidende Rolle in der Geschichte spielen. Das sollte uns anregen, darüber nachzudenken, ob es einen Glaubensgehorsam gibt, der sich von politischen und wirtschaftlichen Folgerungen u.U. weitreichender Art frei halten kann. Der Partner spricht von der Religion als Betäubungsmittel für das ausgebeutete Volk. Das sollte uns anregen, uns zu fragen, ob wir nicht ungerechte Systeme oft genug gestützt und den Armen Trost im Jenseits verheißen haben – und das vielleicht noch nicht ganz wirklich abgelegt haben. Die Entschlossenheit des

Partners, das, was er für richtig hält, durchzusetzen, sollte uns bedenklich machen gegenüber der Schlaffheit, in der wir Christen und die Kirchen als Ganzes ihre ihnen aufgetragenen Sachen und die längst als notwendig erkannten Veränderungen betreiben. Die immer wieder bekundete Solidarität des Partners mit den Ausgebeuteten und Unterdrückten sollte uns darin bestärken, als „Kirche für andere" die Sache der Armen und Unfreien zu unserer eigenen Sache zu machen.

Quelle: SCHÖNHERR 1979, 220–222.

Dokument 1974/8

Gerhard Bassarak, Heil heute und Wohl des Menschen.

Referat auf dem 8. Evang. Pfarrertag in der DDR, veranstaltet vom BEK und anderen Organisationen, Juni 1974 in Berlin/O.

Wo in der [...] bürgerlich-kapitalistischen Gesellschaft – vor allem zu Beginn der Industrialisierung und des Aufkommens des Industrieproletariats im vorigen Jahrhundert – die Kirche karitative Samariterdienste (‚Innere Mission') übernahm [...] und derart die menschenfeindliche Politik der Ausbeutung und des Imperialismus unterstützte und dazu beitrug, sie aufrechtzuerhalten, [...] wird die sozialistische Gesellschaft [...] solche Nöte überwinden und beseitigen. Das heißt weder, daß die sozialistische Gesellschaft als Heilbringer aufträte, noch daß sie heillos würde. Das bedeutet für die Kirche [...]: Sie wird für ihre eigentliche Aufgabe, die Verkündigung des Heils, frei.

[...] Da, wo eine gültige Ordnung des menschlichen Zusammenlebens gefunden ist, wo das Wohl für alle optimal garantiert und gesichert ist und immer besser verwirklicht wird, sollte sich die Kirche nicht als ewig Suchende bemühen. Die Erfahrungen mit der weltgeschichtlich doch noch so jungen sozialistischen Gesellschaft vermögen da durchaus optimistisch zu stimmen im Sinne jenes historischen Optimismus, den der Generalsekretär der KPdSU, Leonid Breshnew, beim Moskauer Weltkongreß der Friedenskräfte im Herbst vorigen Jahres als Charakteristik „unserer Friedenspolitik" nannte, und den er „mit der weiteren Entwicklung der Aktionseinheit der Kommunisten, Sozialisten, Sozialdemokraten und Christen" verknüpft sah. Zu solchen „historischen Optimismus" möchte man alle Christen einladen. [...] [W]arum sollte man ihn nicht als eine Analogie in Relation zur Freude des Evangeliums verstehen [...]?

[...] Uns aber geht die Berufung auf das Evangelium im Zusammenhang mit der Forderung gesellschaftlicher Rechte für die Kirche an. Wir finden solche Rechtsforderungen im Evangelium Jesu Christi, der sagt, mein Reich ist nicht von dieser Welt, nicht angelegt und nicht begründet. Wir warnen davor, das Evangelium solcherart zu depravieren und es zu einem gesellschaftlichen oder weltanschaulichen Gesetz, zu einer Theorie des umfassenden Lebens machen zu wollen. [...]

[...] niemand hat die Kirche gewiesen, die herrschaftlichen Verhältnisse in der Welt zu verändern. [...]

Nur muß man uns die Frage nach der Funktion der Kirche in einer sozialistischen Gesellschaft abnehmen können, in der die Sorge um das gesellschaftliche Wohl gut aufgehoben ist. [...]

Das weltliche Regiment, das Gott „mit der linken Hand" (nach Luther) ausübt, bedarf nicht kirchlicher Repräsentanten. Man möchte fast sagen: im Gegenteil. Denn die Kinder der Welt sind klüger als die „Kinder des Lichts". Es geht [...] darum, [...] das Evangelium im Blick auf solche Bereiche zu entlasten, für die es sich selber als unzuständig erklärt. [...]

Wir haben mit dem Sozialismus die besten Erfahrungen gemacht als mit einer vernünftigen und humanistischen Gesellschaftsordnung, die wir in Diskussionen nicht problematisieren lassen. Wir sind hellwach, wenn jemand erklärt, in kirchlicher Legitimation und Legitimität daherzukommen und angeblich „kritische Kategorien des Evangeliums" an unsere Gesellschaftsordnung anzulegen, die wir gemeinsam mit Marxisten – also notorischen Nichtchristen – gegen Einreden aufgebaut haben, die sich als „kirchlich legitim" ausgaben, aber in Wirklichkeit bürgerliche Vorurteile mit dem Evangelium verwechselten. [...]

Dabei fragen wir nicht danach, welche der beiden in friedlicher Koexistenz konkurrierenden Gesellschaftsordnungen die christlichere ist; wir weisen die Frage nach größerer Affinität eines Systems zum Evangelium als ungeistlich zurück. Es geht uns um die bessere, die vernünftigere, die humanere Ordnung für alle Menschen [...] Es geht uns im umfassenden Sinne um das Wohl aller, das an Kriterien der menschlichen Vernunft meßbar ist. [...]

Heil und Wohl können von Christen beide nicht anders denn als Gaben Gottes verstanden werden. Nur ist beim Heil die menschliche Aktivität aus-, beim Wohl gerade eingeschlossen. Kirche darf Heil nicht eifersüchtig als wohlbehütetes Eigentum verwahren. [...] Der Kirche ist die Haushalterschaft für das Heil, nicht aber die Verfügungsgewalt darüber anvertraut – sie behält Gott sich selber vor, ubi et quandum [sic!] visum est deo –; die Kirche hat das Heil zu verkündigen, so wie sie es durch die Gabe des Heiligen Geistes kennt. [...]

Der Name des Heils ist Jesus Christus. Wo der auferstandene Gekreuzigte gegenwärtig ist, da ist Heil. Dort ist auch „Kirche", Gemeinde, selbst wenn Kirche nicht immer seine Gegenwart gewahr wird; denn er zieht auch heute [...] die Gemeinschaft der Sünder derjenigen der Frommen vor.

Die Mitteilung des Heils wird der Gemeinde gelingen, wenn sie von der Realität des Heils erfüllt, wenn sie von ihr durchdrungen ist. Da es sich bei solcher Gewißheit um das Heil handelt, das der Welt in Kreuz und Auferstehung Jesu Christi bereitet ist, kann sie nicht zu Arroganz und Selbstüberhebung führen. Heilsgewißheit gründet in keiner Weltanschauung, Philosophie oder Ideologie, setzt solche auch nicht aus sich heraus, sondern beruht allein auf dem Zuspruch des Heils, das die Gemeinde in Wort und Sakrament von Tag zu Tag neu erfährt. Heil ist keine wissenschaftliche Wahrheit. [...]

Als Wohl des Menschen aber verstehen wir die umfassende Befriedigung seiner materiellen, geistigen, kulturellen Bedürfnisse im Ensemble einer von sozialer Gerechtigkeit bestimmten gesellschaftlichen Ordnung. So ist Wohl durchaus Kennzeichen der Politik des realen Sozialismus und Inbegriff des sozialistischen Humanismus.

[...] Wir haben es bei dem Wohl des Menschen – im Unterschied zum Heil – mit rationalen, berechenbaren, machbaren, gesetzmäßig zu verwirklichenden Faktoren zu tun. Das Wohl des Menschen ist in einer Welt in guten Händen, die in ihren alltäglichen Aufgaben wie in den Dimensionen großer politischer und ideologischer Entscheidungen von einer Politik und einer Philosophie des Friedens und des historischen Optimismus getragen sind. [...]

Wohl des Menschen – bedeutet Identifizierung aller humanistischen Kräfte mit der Welt des realen Sozialismus; [...]

Heil und Wohl finden wir in der Formel vom „sozialistischen Staatsbürger christlichen Glaubens" sinnvoll verbunden. Wir ergreifen das Heil in der Gegenwart des auferstandenen Christus und erkennen unseren Platz, unsere Aufgabe und unseren Dienst in unserer Welt heute im Eintreten für andere.

Quelle: epd-Dok 36/1974, 49–71.

Dokument 1975/1

Staatssekretär Hans Seigewasser, „Ansprache bei einem Gespräch mit Geistlichen des Bezirkes Suhl am 4.4.75."

Die gesellschaftliche Entwicklung und der Prozeß der Klärung des eigenen Standpunktes führten auch in den Kirchen dazu, daß sich realistische Einsichten durchsetzten. Ich darf Sie in diesem Zusammenhang an manches freundschaftliche und zugleich prinzipielle Gespräch erinnern. So bedeutende kirchliche Persönlichkeiten wie Altbischof M. Mitzenheim, Bischof Braecklein, Gerhard Lotz oder Dr. Saft haben maßgeblich diesen Weg zu realistischer Positionsbestimmung mit geprägt. Wenn ich diese Namen nenne, so stehen neben ihnen viele Geistliche und Gemeindeglieder, die von Anfang an in den Gemeinden und in der Nationalen Front mitarbeiteten und damit auch das Profil einer Kirche im Sozialismus prägten. [...] In Ihrer Landeskirche konnten im Laufe der vergangenen Jahre Einsichten und Erkenntnisse gewonnen und praktiziert werden, durch die die inhaltliche Ausfüllung des Begriffs von der „Kirche in der sozialistischen Gesellschaft" aussagekräftiger wurde . [...] Der sogenannte „Thüringer Weg", der die Konfrontation von sozialistischem Staat und Kirche als [ursprüngl.: „selbstmörderisch" wurde handschriftl. durchgestrichen und ersetzt durch:] verhängnisvoll für die Kirchen und schädlich für die DDR erkannte und statt dessen eine positive Ausfüllung des Begriffs von der „Kirche im Sozialismus" vornahm, hat sich bewährt und den Kirchen der DDR wesentlich weitergeholfen, wie nicht zuletzt die Gründung des Bundes und sein bisheriger Weg bewiesen haben.

Quelle: BAP, D 0–4, Nr. 439–1, Az.: 00–12–04.

Dokument 1976/1

Synode des Bundes der Evangelischen Kirchen in der DDR in Züssow 1976, Stellungnahme der Synode zu den Berichten der Konferenz der Kirchenleitungen.

Die Synode des Bundes hat in Eisenach 1971 Überlegungen zum Weg unserer Kirche formuliert. Seit dem ist „Kirche im Sozialismus" unter uns ein oft gebrauchtes Wort. Es besteht die Gefahr, daß es zu einer bloßen Formel wird. Dann entstehen trennende Mißverständnisse. Das Nachdenken über die Frage, wie wir Kirche im Sozialismus sein können, muß intensiver werden. Unser Auftrag ist ständig neu zu überdenken, mit Inhalt zu füllen und in der Nachfolge zu bewähren. Er muß immer wieder in der Freiheit und Bindung, die aus dem Evangelium kommt, durchdacht und durchgehalten werden. Wir sind gewiß, daß die Bewegung, in die uns das Evangelium mitnimmt, Kirche in der jeweiligen Gesellschaft zu sein, richtig ist.

Quelle: epd-Dok 49/1976, 87.

Dokument 1976/2

Paul Verner über das Absterben der Religion im Sozialismus.

Niemand von uns nimmt an, daß die Religion im nächsten Planjahrfünft oder in allernächster Zukunft absterben wird oder auf unnatürliche Weise überwunden werden kann. Wir gehen davon aus, daß im Sozialismus die wichtigsten sozialen Ursachen für die Reproduktion religiöser Ideologie beseitigt sind. Demzufolge nimmt die Religiosität unter unseren Bedingungen gesetzmäßig ab. Aber das ist ein langwieriger und widerspruchsvoller Prozeß. In der vom Parteiprogramm abgesteckten Etappe der gesellschaftlichen Entwicklung werden jedenfalls Kirchen noch existieren und tätig sein. Wir beziehen diese Tatsache in unsere Politik und in unsere praktische Arbeit ein.

Quelle: BESIER/WOLF 1991, 30. Besier zitiert aus der unveröffentlichten Dissertation von H.Dohle aus dem Jahre 1988 („Grundzüge der Kirchenpolitik der SED zwischen 1968 und 1978", Diss.phil. B, Berlin (Ost), Akademie für Gesellschaftswissenschaften beim ZK der SED, 158f.).

Dokument 1976/3

SED-Parteiprogramm, Mai 1976.

Auf dem IX. Parteitag der SED wurde ein neues Parteiprogramm verabschiedet. Seiner Bedeutung gemäß – „[i]n der Hierarchie der Werte steht das Parteiprogramm der SED deutlich über der Verfassung des Staates DDR, wenn auch unter dem Freundschaftsvertrag mit der Sowjetunion"[6] – ist sein Entwurf „bereits im Januar veröffentlicht und zur allgemeinen Diskussion gestellt worden", wobei man feststellen mußte, daß „unter den Gleichberechtigungsgarantien für die DDR-Bürger die in der Verfassung enthaltene Gleichberechtigung unabhängig von Weltanschauung und religiösem Bekenntnis fehlte."[7] Die Kirche reagierte, indem die KKL dem Staatssekretär für Kirchenfragen, Seigewasser, eine „Meinungsbildung" zum Entwurf des Parteiprogramms zuleitete mit der Bitte, sie „an zuständiger Stelle zur Geltung zu bringen." R.Henkys referiert:

Darin beziehen sich die Autoren auf den im Programmentwurf der SED zu registrierenden Trend zu noch stärkerer Identifizierung von Staat, Gesellschaft und Partei, einschließlich ihrer Weltanschauung, und auf den ideologischen Durchsetzungsanspruch. Das Fehlen jedes Hinweises auf die Existenz von Religion und unterschiedlichen Weltanschauungen in der DDR-Bevölkerung „muß zu der Besorgnis Anlaß geben, daß die Gewissens- und Glaubensfreiheit für alle diejenigen Bürger nicht mehr eindeutig garantiert ist, die sich nicht an die Weltanschauung des Marxismus-Leninismus binden können". Die Konferenz der Kirchenleitungen forderte demgemäß: „Die unleugbare Tatsache, daß es in unserer Gesellschaft Menschen verschiedener weltanschaulicher Überzeugungen gibt, verlangt gegenseitige Achtung, wie sie in Äußerungen führender Parteifunktionäre durchaus spürbar ist. In den für die Zukunft Europas bedeutsamen Beschlüssen von Helsinki ist diese Achtung als wesentlicher Faktor für den Frieden, die Gerechtigkeit und das Wohlergehen ausdrücklich betont worden. Für die Zusammenarbeit von Menschen verschiedener Weltanschauungen und Gewissensbindungen in der Zukunft wird es von großer Wichtigkeit sein, daß dies auch in den endgültigen Parteidokumenten deutlicher zum Ausdruck kommt."
Der Entwurf des SED-Programms wurde dann tatsächlich im Sinne dieser kirchlichen Intervention korrigiert. In dem auf dem IX. SED-Parteitag (18.-22. 5. 1976) verabschiedeten Parteiprogramm hieß es:

Der sozialistische Staat garantiert allen Bürgern die politischen Freiheiten und sozialen Rechte: Das Recht auf Arbeit, auf Erholung, auf unentgeltliche Bildung und Schutz der Gesundheit, auf die materielle Sicherheit im Alter und im Falle von Krankheit oder bei Verlust der Arbeitsfähigkeit; die Gleichberechtigung der Bürger unabhängig von rassischer und nationaler Zugehörigkeit, von Weltanschauung, religiösem Bekenntnis und sozialer Stellung. Es garantiert gleiches Recht für Männer und Frauen in allen Bereichen des staatlichen, wirtschaftlichen und kulturellen Lebens.

---

[6] R. HENKYS, Umstrittene Glaubensfreiheit, in: EK 9, 1976, 421–423, 422.
[7] Ebd.

Quelle: R. HENKYS, Umstrittene Glaubensfreiheit. Revision beim SED-Parteitag, in: EK 9, 1976, 421–423.

Zur Rezeption des Kulturerbes und der Entwicklung einer sozialistischen Nationalkultur schreibt das Parteiprogramm fest:

Die sozialistische Kultur der DDR ist dem reichen Erbe verpflichtet, das in der gesamten Geschichte des deutschen Volkes geschaffen wurde. Alles Große und Edle, Humanistische und Revolutionäre wird in der DDR in Ehren bewahrt und weitergeführt, indem es zu den Aufgaben der Gegenwart in lebendige Beziehung gesetzt wird.

Quelle: Programm der SED, Berlin (Dietz) 1976, 52. Zit. n. CHR. DEMKE, Umstrittenes Erbe, in: KiS 3/1981, 30–35, 30.

Dokument 1976/4

Christoph Hinz über den Ort der Evangelischen Kirche im sozialistischen Staat.

Hinz, damals Rektor am Pastoralkolleg in Gnadau, hatte 1975 an der ÖRK-Vollversammlung in Nairobi teilgenommen. In einem Aufsatz, der die ökumenischen Impulse reflektiert, notierte er u.a.:

Die „Bekennende Kirche" [...] hatte 1945 in Stuttgart es ihre Schuld genannt, „nicht treuer bekannt und nicht brennender geliebt" zu haben. Nach 1945 sahen viele ihr Erbe im Bekenntnis gegen atheistische Lehren der marxistischen Weltanschauung weitergehen. Diese Haltung konnte mit einem Anti-Kommunismus manchmal leicht verwechselt werden, mit einem Anti-Sozialismusbekenntnis.

Der zweite Schritt war darum, daß unsere Kirche lernte, ihren Ort in der sozialistischen Gesellschaft als eine von Gott gegebene Aufgabe anzunehmen, die kein grundsätzliches Anti-Bekenntnis zuließ. [...]

Insgesamt [...] sieht unsere Kirche ihre Aufgabe heute darin, „Zeugnis- und Dienstgemeinschaft in der sozialistischen Gesellschaft der DDR" zu sein [...]. Einige Gruppen gehen noch weiter, betonen die christliche Proexistenz für die Gesellschaft, betonen, daß die Teilnahme am Aufbau des Sozialismus auch die Identifikation mit seiner Geschichts- und Gesellschaftsanalyse fordert, mit seinem Klassenkampf gegen den Kapitalismus, mit seiner Außenpolitik. [...]

Einen dritten Schritt suchen verschiedene Christen und auch Gemeindekreise, deren Stimmen weniger bekannt sind [...]. Sie bejahen grundsätzlich den Versuch des Sozialismus, eine gerechtere, menschlichere Gesellschaft aufzubauen und unmenschliche Erscheinungen des Kapitalismus zu überwinden. [...] Sie sehen aber die sozialistische Gesellschaft auch nach der Revolution mit ungelösten menschlichen Problemen konfrontiert, sehen sie in ihrer geschichtlichen Vorläufigkeit und Relativität, die sie im Licht des gekreuzigten und auferweckten Christus hat. Auch der Sozialismus ist nicht die Aufrichtung des Reiches Gottes und die Aufhebung geschichtlicher Kreuzesnachfolge in politischer Auferweckung. [...] Diejenigen, die sich diesem dritten Schritt verpflichtet fühlen, hoffen darum im weitergehenden Prozeß des Sozialismus auf anstehende Veränderungen und Verbesserungen.

[...] Allerdings sehen wir, daß bei dem Versuch, die Anliegen dieses dritten Schrittes zum Zuge zu bringen, wir immer wieder an die Grenze unseres politischen Einflusses stoßen, an die Grenze der Möglichkeit einer wirksamen Mitverantwortung, so daß wir hier unsere Ohnmacht erfahren. [...]

Summa: Wie wird die Befreiung Christi für unsere Kirche im Sozialismus wirksam? Hauptsächlich wohl darin, daß sie uns befähigt, unsere eigene Ohnmacht anzunehmen, unsere Situation als Minderheitenkirche in einer „ideologischen Diaspora" (W. Krusche). Wir lernen, den Privilegien, die unsere Vorfahren in einer großen Volkskirche hatten, nicht nachzutrauern, „sie gelassen aus der Hand zu geben" (Bonhoeffer) und die Freiheit Christi als eine kleine Schar zu leben, die kaum gesellschaftlichen Einfluß hat. Dazu gehört auch, daß wir frei davon werden, den Sinn des christlichen Glaubens am Maß seiner politischen Wirkung zu messen. Von Gemeindegliedern wird Freiheit in einem verantwortlichen Berufsvollzug bewährt, der Entlohnung und Konsum nicht vergötzt; von den Gemeinden, indem sie in den zugestandenen Grenzen ihres Lebens Räume der Freiheit bilden, Begegnung mit Andersdenkenden möglich wird, entlastende Aussprachen über tabuisierte Themen, Spontaneität und Individualität im Geist Christi wachsen darf, und schließlich, indem sie die Diakonie an Schwachen und Kranken, die ihr erlaubt ist, bereitwillig aufnimmt. Bewährung dieser Freiheit des Evangeliums geschieht vor allem aber auch darin, daß wir uns als Minderheitengruppe nicht einigeln, nicht abkapseln, sondern trotz aller Ohnmacht den Blick für den Weg der ganzen Gesellschaft offenhalten, die Zukunft des wirklichen Menschen in ihr mitbedenken und das Salz der Hoffnung wieder und wieder ausstreuen – in das Leben einzelner und der Gesellschaft.

Quelle: epd-Dok 9/1976, 32f.

Dokument 1976/5

Pfarrer Oskar Brüsewitz, Abschiedsbrief an den Pfarrkonvent des Kirchenkreises Zeitz, 18. Aug. 1976.

An die Schwestern und Brüder des Kirchenkreises Zeitz.
Liebe Brüder und Schwestern!
Es ist mir sehr schmerzlich, Euch allen die Schande zuzumuten. Ich habe mich zu dieser Tat langsam durchgerungen. Nach meinem Leben habe ich es nicht verdient, zu den Auserwählten zu gehören. Meine Vergangenheit ist des Ruhmes nicht wert. Umso mehr freue ich mich, daß mein Herr und König und General mich zu den geliebten Zeugen berufen hat. Obwohl der scheinbar tiefe Friede zukunftsversprechend ist, der auch in die Christenheit eingedrungen ist, tobt zwischen Licht und Finsternis ein mächtiger Krieg. Wahrheit und Lüge stehen nebeneinander.
Ich grüße Euch alle sehr. Ich liebe Euch [persönlicher Gruß].
Euer Oskar.
In wenigen Stunden will ich erfahren, soll ich erfahren, daß mein Erlöser lebt.

Quelle: epd-Dok 41a/1976, 3.

Dokument 1976/6

Unmittelbare kirchliche Reaktionen auf die Selbstverbrennung von Pfarrer Oskar Brüsewitz in Zeitz am 18. Aug. 1976.

a. Kirchenleitung der Evangelischen Kirche der Kirchenprovinz Sachsen in Magdeburg, Wort an die Gemeinden vom 21. Aug. 1976.
Wir wissen, daß Bruder Brüsewitz sich in seinem Dienst als Zeuge Gottes verstand, auch mit manchen ungewöhnlichen Aktionen. Selbst mit dieser Tat wollte er auf Gott als den Herrn über unsere Welt hinweisen. Er war getrieben von der Sorge, daß unsere Kirche in ihrem Zeugnis zu unentschlossen sei.

Quelle: epd-Dok 41a/1976 v. 13.9.1976, 2.

b. Konferenz der Kirchenleitungen, Brief an die Gemeinden vom 11. Sept. 1976.

Wir alle sind betroffen. Aus dieser Betroffenheit werden Anfragen laut: an unsere Kirchen, ob in ihnen das Zeugnis von Jesus Christus nicht unentschlossen und ängstlich ausgerichtet wird; an die Kirchenleitungen, ob sie die tatsächlichen Sorgen und Nöte der Gemeinden, der Pfarrer und Mitarbeiter entschieden genung aufnehmen und vertreten; an Pfarrer, Mitarbeiter und Gemeinden, ob sie einander tragende Gemeinschaft gewähren; an staatliche Organe, ob Glaubens- und Gewissensfreiheit, besonders für junge Menschen, wirklich Raum bekommt; an die Behandlung des Vorganges in der Öffentlichkeit, wie sie zusammenstimmt mit Wahrhaftigkeit und der Würde des Menschen. [...]

Die Tat von Brüsewitz und die Wirkungen, die sie auslöste, zeigen erneut die Spannungen, die durch unsere Gesellschaft gehen, und die Zerreißproben, in die viele gestellt sind. Es wird sichtbar, daß wir dem Leben in unserer Gesellschaft und unserer Kirche nicht dienen, wenn wir Probleme und Widersprüche verdrängen, statt an ihrer Lösung offen mitzuarbeiten. So haben wir dafür einzutreten, daß in unserer Gesellschaft Achtung und Respekt vor der Überzeugung des anderen das Zusammenleben und die Zusammenarbeit der Menschen wirklich prägen. Dazu gehört, daß Christen und Nichtchristen sich gegenseitig ernst nehmen als Partner im Bemühen um die Bewältigung der Probleme und Aufgaben in unserer Welt. [...]

Durch die Tat von Bruder Brüsewitz sind unüberhörbar Fragen laut geworden, die unter uns nicht ausgetragen worden sind.

[...] Daß die Wirkungen unseres Zeugnisses so oft verborgen sind, macht uns zu schaffen. Wir wollen diese Fragen gemeinsam und vor allem voreinander ehrlich austauschen und bedenken. [...]

Wir haben immer noch nicht genügend Klarheit gefunden für das politische Zeugnis der Kirche und jedes einzelnen Christen in unserer Umwelt.

Viele empfinden einen tiefen Graben zwischen den Entscheidungen und Erklärungen der Kirchenleitungen und dem, was die Gemeinde wirklich braucht. Wir haben noch nicht gelernt, füreinander durchschaubar zu handeln und zu reden.

Quelle: R. HENKYS, Kirche in der DDR, in: epd-Dok 17/1977, 22–42, 41f.

c. Bericht der Magdeburger Kirchenleitung „über Überlegungen und Entscheidungen im Zusammenhang mit der Selbstverbrennung von Pfarrer Oskar Brüsewitz", vorgelegt auf der Tagung der Synode der Kirchenprovinz Sachsen am 28. Okt. 1976.

Der Vorgang in Zeitz und die Reaktionen darauf haben gezeigt: die Frage, wie wir Kirche im Sozialismus sein können, ist noch keineswegs so klar beantwortet, wie das die in Eisenach gefundene Formulierung vermuten läßt. Die Bundessynode hat erklärt: „Das Nachdenken über die Frage, wie wir Kirche im Sozialismus sein können, muß intensiver werden." Die Erklärung, daß wir Kirche nicht gegen den Sozialismus, sondern Kirche im Sozialismus sein wollen, wird durch die Ereignisse von Zeitz nicht rückgängig gemacht oder in Frage gestellt. Wenn der in dem Abschiedsbrief von Pfarrer Brüsewitz erwähnte Kampf zwischen Licht und Finsternis als Kampf zwischen Kirche und sozialistischem Staat verstanden werden müßte, wäre ihm zu widersprechen. „Licht" und „Finsternis" sind in dieser Weise nicht dingfest zu machen. Wir werden uns die kritische Frage nicht ersparen dürfen, inwieweit es bei uns das Mißverständnis des Evangeliums als Anti-Ideologie gegen den Kommunismus immer noch gibt. Es bleibt dabei, daß wir in der DDR den Staat sehen, in dem wir nach Gottes Willen leben und für den wir uns mitverantwortlich wissen. Auch dann, wenn wir kritisch fragen oder auf Schäden aufmerksam machen, geschieht dies nicht aus heimlicher Gegnerschaft, sondern aus offener Bereitschaft zur Mitverantwortung. Wir haben nicht die Absicht, von unserer eingeschlagenen Grundrichtung abzugehen, freuen uns über alles, was in unserem Staate zum Wohle der Menschen geschieht, und tun das unsere dazu. Wo wir Gefahren sehen, werden wir das offen sagen. Wir sind dankbar für alle Freiheit, in der wir unseren Dienst tun können, und für alle Unterstützung, die wir erfahren, für alle Klärungen, die erreicht werden konnten, und wir geben die Hoffnung nicht auf, daß noch manches befriedigend gelöst werden kann, was wir als belastend und einschränkend erfahren.

Quelle: epd-Dok 38/1977, 19.

Dokument 1976/7

Konferenz der Kommunistischen und Arbeiterparteien Europas (Juni 1976 in Berlin/O) „Für Frieden, Sicherheit, Zusammenarbeit und sozialen Fortschritt in Europa".

Sie (die Parteien) erachten den Dialog und die Zusammenarbeit zwischen den Kommunisten und allen anderen demokratischen und friedliebenden Kräften für notwendig. Dabei gehen sie von dem aus, was ihnen gemeinsam ist, und treten für die Beseitigung des Mißtrauens und der Vorurteile ein, die ihre Zusammenarbeit behindern können... Eine wichtige Rolle im Kampf um die Rechte der Werktätigen für Demokratie und Frieden spielen immer breitere katholische Kräfte, Angehörige anderer christlicher Religionsgemeinschaften und Gläubige anderer Konfessionen. Die Kommunistischen und Arbeiterparteien sind sich der Notwendigkeit des Dialogs und gemeinsamer Aktionen mit diesen Kräften bewußt, was ein untrennbarer Bestandteil des Kampfes für die Entwicklung Europas im demokratischen Geist, in Richtung auf den sozialen Fortschritt ist. ... Die Kommunistischen Parteien betrachten nicht alle, die mit ihrer Politik nicht übereinstimmen oder eine kritische Haltung zu ihrer Tätigkeit einnehmen, als Antikommunisten.

Quelle: ND v. 1. Juli 1976, 3; zit. n.: Bericht von Bischof Hans-Joachim Fränkel auf der Tagung der Synode der Evangelischen Kirche des Görlitzer Kirchengebietes vom 25. bis 28. 3. 1977, in: epd-Dok 17/1977, 43–52, 43f.; und nach: Bericht der KKL an die Bundessynode in Görlitz (Mai 1977), in: epd-Dok 24/1977, 4–24, 7.

Dokument 1976/8

Staatsratsvorsitzender Erich Honecker vor der Volkskammer auf ihrer 1. Tagung nach den Neuwahlen, Okt. 1976.

Unsere sozialistische Gesellschaft bietet jedem Bürger, unabhängig von Alter und Geschlecht, Weltanschauung und religiösem Bekenntnis, Sicherheit und Geborgenheit, eine klare Perspektive und die Möglichkeit, seine Fähigkeiten und Talente, seine Persönlichkeit voll zu entfalten. Daran halten wir fest.

Quelle: ND v. 30./31. 10. 1976; zit. n. dem Bericht der KKL an die Bundessynode in Görlitz (Mai 1977), in: epd-Dok 24/1977, 4–24, 8.

Dokument 1976/9

Dienststelle des Staatssekretärs für Kirchenfragen, „Fragen des IX. Parteitages und des Programmentwurfs der SED im Bericht der Kirchenleitung vor der Synode der Evangelischen Kirche Berlin-Brandenburg vom 23. bis 27. 4. 1976 in Weissensee. "

Im Bericht wurden kirchlicherseits Voraussetzungen für die weitere Entwicklung der Beziehungen der Kirchen zum sozialistischen Staat formuliert, deren gravierendste lautet: „Kirche im Sozialismus – nicht nur räumlich, sondern auch im Sinne der Mitverantwortung verstanden." Das kann nur als Forderung nach einem Mitspracherecht der Kirchen bei der Gestaltung unserer Gesellschaft verstanden werden; und das ist sicher auch eine Reaktion auf die Tatsache, daß im Programmentwurf die Kirchen an keiner Stelle Erwähnung finden.

Quelle: BAP, D-04, Nr. 445–4, Az.: 00–13–02.

Dokument 1976/10

Dienststelle des Staatssekretärs für Kirchenfragen, Arbeitsgruppe Kirchenfragen – 64 –, „Informationen über den weiteren Verlauf der Synode der Evangelischen Kirche der Kirchenprovinz Sachsen (Magdeburg)", 1. 11. 1976.

Am Freitag, den 29. 10. 1976 beriet die Synode den Bericht Bischof Krusches in einer geschlossenen Sitzung. Von dieser Beratung wurden die Vertreter der staatlichen Organe ausgeschlossen. Die kirchlichen Gäste konnten weiter teilnehmen. Im Verlaufe dieser Sitzung wurden u.a. folgende politische Positionen bezogen:

Pfarrer Tschiche, Leiter der Evangelischen Akademie Magdeburg: Die Kirche habe immer dazu beigetragen, gesellschaftliche Verhältnisse zu stabilisieren, das geschähe auch mit der Formel von der „Kirche im Sozialismus". Es müsse unterschieden werden zwischen realem und wahrem Sozialismus. Die Kirche müsse zur Weiterentwicklung der gesellschaftlichen Verhältnisse in Richtung des wahren Sozialismus beitragen. [...]

Bischof Krusche faßte die Diskussion zusammen: Es sei tatsächlich das Verhängnis der Kirche, daß sie stets die gesellschaftlichen Verhältnisse mit ihrem Handeln stabilisiert habe. Es müsse überlegt werden, ob das heute noch gerechtfertigt sei. Auch Krusche stellte dem realen Sozialismus den wahren Sozialismus gegenüber.

Quelle: BAP, D 0–4, Nr. 445/7, Az.: 00–13–02.

Dokument 1977/1

Synode des Bundes der Evangelischen Kirchen in der DDR in Görlitz 1977, Bericht der Konferenz der Kirchenleitungen an die Synode.

Lohnt es, sich mit Formeln abzugeben? Tragen Formeln überhaupt etwas aus? Uns Christen ist die Bedeutung von Formeln nicht fremd. [...] Konkordienformeln stellen Einmütigkeit in den fundamentalen Überzeugungen fest. Im Verhältnis von Staat und Kirche, besonders dort, wo es sich nicht einfach durch pragmatische Absprachen regeln läßt, sind tragfähige Formeln als Markierungspunkte eines Prozesses notwendig und hilfreich. Für unser Verhältnis als Kirche zum Staat benötigen wir allgemein anerkannte Koexistenzformeln wie die von Eisenach.

Es geht um die Koexistenz von Menschen und in menschlichen Gemeinschaften, nicht um die Übereinstimmung von Ideen und Grundanschauungen. Wir haben häufig darauf hingewiesen, daß das Wort „ideologische Koexistenz gibt es nicht", das man gelegentlich hört, mindestens für das Zusammenleben in einer Gesellschaft nicht zutreffend und gefährlich ist. Entweder ist es unzutreffend, denn Ideologien bestehen, ob man will oder nicht, sie können nur richtig oder falsch sein. Oder es enthält die Drohung, die eine Ideologie zu beseitigen, um die andere durchzusetzen. Die Geschichte liefert für so etwas schreckliche Bilder.

Quelle: epd-Dok 24/1977, 6.

Dokument 1977/2

Synode des Bundes der Evangelischen Kirchen in der DDR in Görlitz 1977, Stellungnahme der Synode zum Bericht der Konferenz der Kirchenleitungen.

Der Bericht der Konferenz der Kirchenleitungen nimmt im zweiten Teil die Formulierung „Kirche im Sozialismus" auf. Er erinnert daran, daß sie als Ortsbestimmung „in einer so geprägten Gesellschaft" verstanden werden muß und auf den Bundessynoden jeweils konkretisiert wurde. Wir halten es für wesentlich, daß die Formulierung „Kirche im Sozialismus" immer neuer Auslegungen bedarf, die Markierungspunkte für den Weg setzen, auf dem uns das Evangelium führen will.

Quelle: epd-Dok 24/1977, 55.

Dokument 1977/3

Bischof Albrecht Schönherr, Interview über die Formel „Kirche im Sozialismus", 8. 2. 1977.

Das Interview erschien in EK 3/1977. Das Gespräch führten R.Henkys und H.N.Janowski.

Die Formel „Kirche im Sozialismus" ist natürlich weit: Man kann sie rein räumlich verstehen; das wäre aber zu wenig. Man sollte sie im Sinne echter Anwesenheit verstehen: daß die Kirche sich den Problemen stellt, in denen die Menschen sich bei uns befinden, daß man als Mitarbeitender in dieser Gesellschaft ja sagt, wo man ja sagen kann, und sich verweigert, wo man nein sagen muß. „Kirche im Sozialismus" bedeutet wohl auch, daß wir unseren christlichen Glauben mehr im praktischen Miteinander als in einem theoretischen Gegenüber einbringen. [...]

Die Kirche befähigt den Menschen ja dazu, aus christlicher Motivation heraus mitzuarbeiten, indem sie versucht, dem einzelnen die Koordinaten in die Hand zu geben, mit denen er sein Ja und gegebenenfalls auch sein Nein findet. Sie bietet ihm die Gemeinschaft, die ihn stärkt.

Quelle: epd-Dok 17/1977, 18.

Dokument 1977/4

Reinhard Henkys über „Kirche im Sozialismus".

Nach Henkys hat der Kirchenbund mit der Formulierung von Eisenach 1971 die „Erwartung der SED [...] nach einer positiven Standortbestimmung der Kirche in der sozialistischen Gesellschaft der DDR [...] als eine Herausforderung aufgenommen."[8] Die Formel von Eisenach begreift der Westberliner Journalist als „programmatisch", ihre Kurzform „Kirche im Sozialismus" bezeichnet er als „Zielsetzung"[9]. Die Inhalte dieser ekklesiologischen Programmatik stellt er so dar:

---

[8] R. HENKYS, Kirche in der DDR, in: epd-Dok 17/1977, 22–42, 33.
[9] Ebd.

Der Wille, Kirche in der sozialistischen Gesellschaft der DDR zu sein oder zu werden, setzt voraus, daß die Kirche diese Gesellschaftsordnung und diesen Staat nicht grundsätzlich ablehnt oder bekämpft. Vielmehr nimmt die Kirche im Sozialismus die gegebene Situation an und versucht, in ihr die Räume für christliches Zeugnis und christlichen Dienst zu finden, sie auszufüllen und zu erweitern. Das ist nicht zu verwechseln mit kirchlicher Parteinahme für diese Gesellschaftsordnung oder gar einer theologischen Theorie, die Kirche und Christsein an den Sozialismus bindet. [...]

Auf der anderen Seite entnimmt die Kirche im Sozialismus ihre Impulse, soweit sie aus der Gesellschaft kommen, dieser Gesellschaft und nicht einer anderen, etwa der bundesrepublikanischen. Sie legt zur Bewertung der sozialistischen DDR-Gesellschaft an sie nicht Maßstäbe an, die aus anderen Gesellschaftsordnungen gewonnen sind, sondern sie mißt sie mit deren eigenen Maßstäben, sofern sie mit dem Evangelium vereinbar sind.

Kirche in der sozialistischen Gesellschaft bedeutet, daß eine gesellschaftliche Verantwortung der Kirche bewußt anerkannt und gewollt wird, ob das Recht dazu nun staatlich zugestanden wird oder nicht. Das heißt, die Kirche sieht ihre Aufgabe nicht nur darin, sich um ihre Mitglieder zu kümmern, sondern sie sieht eine Verpflichtung für das Ganze. [...]

Die auf Zeugnis und Dienst ausgerichtete Kirche im Sozialismus fordert für sich nicht Privilegien und Zuständigkeiten, sie will nicht gesellschaftliche oder gar staatliche Macht. Sie will mit ihrem Proprium, dem Evangelium, der Gesellschaft dienen, ob das gewünscht wird oder nicht, und sie wird um Möglichkeiten und Freiheit für diesen Dienst bemüht sein.

Die Kirche im Sozialismus verpflichtet sich nicht zur Delegierung ihrer Verantwortung an Staat und Gesellschaft. Sie gibt keine ein für allemal geltenden pauschalen Zustimmungserklärungen. Sie nimmt sich die Freiheit, wo es ihr als evangelisches Zeugnis und als christlicher Dienst an der Gesellschaft nötig und nützlich zu sein scheint, Einzelprobleme zu prüfen und Ja oder Nein zu sagen. Sie sagt grundsätzlich Ja zu der Aufgabe der sozialistischen Gesellschaft, zu einem gerechteren Zusammenleben zu führen und Frieden zu schaffen, und sie wird Nein sagen, wenn ihr im konkreten Fall diese Ziele verlassen zu werden scheinen. [...]

Die Kirche im Sozialismus will [...] bemüht sein, an dem Gespräch teilzunehmen, das der Staat mit seinen Bürgern führt, und sie meint, besonders in der Frage des Menschenbildes eigenes beitragen zu können. Tatsächlich wird der Kirche eine Teilnahme am gesellschaftlichen Dialog, soweit er in der DDR überhaupt außerhalb des Politbüros der SED geführt wird, schwer, wenn nicht unmöglich gemacht. Die Chancen, als Kirche wirklich im Sozialismus verantwortlich etwas unmittelbar beizutragen, sind sehr gering. Umso wichtiger ist es, daß die Kirche sich darauf konzentriert, Menschen zu orientieren und zu stärken für ihr Wirken in Beruf und Gesellschaft. Sie bejaht und fördert grundsätzlich die Mitarbeit von Christen an Gestaltung und Ausbau dieser Gesellschaft, aber sie akzeptiert nicht die staatliche [...] Theorie, daß die Kirche den christlichen Bürgern nur die Motivation zu dieser Mitarbeit zu geben habe, Inhalte und Ziele aber der SED allein überlassen müsse. Vielmehr sollen Christen zu konkret unterscheidender Mitarbeit befähigt werden. [...] Während nämlich die SED die Alleinzuständigkeit für den Sozialismus beansprucht und die Mitarbeit der Christen unter das Vorzeichen ihres totalen Führungsanspruches stellt, will die Kirche im Sozialismus Menschen fähig machen, in der Freiheit eines Christenmenschen den Sozialismus auch ernster zu nehmen, als ihn seine Exekutoren zuweilen praktizieren.

Im ganzen läßt sich sagen, Kirche im Sozialismus ist kein theologisch begründetes Gesellschaftssystem oder gar eine christliche Verbrämung marxistischer Ideologie, sondern der Versuch, Freiheit zu leben, Freiheit zum Dienst in kritischer Solidarität an einer Gesellschaft, deren Grundlagen und Gestaltung man nicht selbst gewählt hat, die man aber deshalb auch nicht verteufelt. [...]

Es geht hier um den Ausgangspunkt: Annahme der Situation, Verzicht auf kirchliche Privilegien und Herrschaftsansprüche. Das Ziel aber sind positive inhaltliche Beiträge zum Aufbau der sozialistischen Gesellschaft als einer menschlicheren und gerechteren Gesellschaft, also damit gleichzeitig der Veränderung der gegenwärtigen. Die Formeln von der „kritischen Solidarität" oder der „konstruktiven und damit kritischen Mitarbeit der Christen" in der sozialistischen Gesellschaft gehören hierher.

Quelle: R. HENKYS, Kirche in der DDR, in: epd-Dok 17/1977, 22–42, 34f.40.

Dokument 1977/5

Bischof Hans-Joachim Fränkel vor der Synode der Evang. Kirche des Görlitzer Kirchengebietes, März 1977.

[D]ie Reichweite des Evangelium für alle ist festzuhalten. Es kann keine Begrenzung auf den Kreis derer, die noch religiöse Bedürfnisse haben, geben. Erwartungen unserer Umwelt, die in diese Richtung gehen, können wir nicht erfüllen. [...] Die Predigt der Liebe Gottes kann nicht das klare Nein zu Haß und einem Freund-Feind-Denken verschweigen. Die Versuchung, nur den angenehmen Teil der Wahrheit zu sagen, ist groß, aber wir müssen wissen: predigen wir die Gebote Gottes nur so weit, als wir uns dabei der Zustimmung unserer Umwelt gewiß sind, so verkürzen wir damit auch die Botschaft von der Vergebung der Sünden. Die Herrschaft Jesu Christi in Gericht und Gnade gilt für alle Bereiche. [...] Das Evangelium ist nicht nur Impuls und Motiv für unser gesellschaftliches Engagement, sondern gibt uns auch Richtlinien und setzt Maßstäbe. [...] Wir haben im Bund betont, daß wir nicht Kirche gegen den Sozialismus, sondern Kirche im Sozialismus sind. Aber wir müssen uns fragen lassen, ob wir dabei auch klar genug zu erkennen gegeben haben, daß wir auch Kirche sind. Ich möchte auf einen sehr bemerkenswerten Satz von Paul Verner in seiner Rede vom 8. 2. 1971 hinweisen, in welcher er uns daran erinnert, daß es wohl eine Verpreußung der Kirche gegeben hat und ausdrücklich feststellt: „Eine Sozialisierung der christlichen Lehre hat es bisher nicht gegeben und wird es auch in Zukunft nicht geben". Damit wird deutlich ein Verzicht von Herrschaft des Sozialismus und seiner Ideologie über die Kirche ausgesprochen und ihr damit die Wahrung ihrer Identität zuerkannt. Dafür dürfen wir dankbar sein. Dann aber sollte die bekannte Formel über die Kirche im Sozialismus besser so lauten: Kirche nicht gegen den Sozialismus, sondern im Sozialismus, aber nicht unter ihm und nicht in seinem Geiste. So kommt beides, der Dienst der Kirche an den Menschen unserer Gesellschaft wie ihre Freiheit zu solchem Dienst angemessen zum Ausdruck.

Quelle: epd-Dok 17/1977, 47f.

Dokument 1977/6

Bischof Johannes Hempel, Tätigkeitsbericht der Kirchenleitung vor der Landessynode der Evang.-Luth. Landeskirche Sachsens, Dresden, 15.-19. 10. 1977.

Unsere Situation als Christen im Sozialismus im Glauben annehmen und in dieser Situation freibleiben dadurch, daß wir Christus gehören. Das erscheint mir als unsere wichtigste Aufgabe [...].

Was heißt „annehmen"? – Annehmen heißt, sich klarmachen daß der Staat und die Gesellschaft, in der wir leben, (– obwohl sie durch weltliche Kräfte, durch politische Umstände und zum großen Teil durch nicht-christliche Personen entstanden sind –) unter den Augen und mit der Zustimmung Gottes entstanden sind. [...] Anders gesagt: Das 13. Kapitel des Römerbriefes ist das grundlegende Kapitel für die christliche Einschätzung auch der DDR, auch der sozialistischen Gesellschaft. [...] So unrealistisch die Behauptung ist, die Kirche könne erst in der sozialistischen Gesellschaft wirklich Kirche sein, so klar muß doch ausgesprochen werden, daß die Kirche auch in der sozialistischen Gesellschaft Kirche sein und bleiben kann. [...]

Was heißt „Freibleiben"? [...] Was wir gesellschaftlich sagen oder tun, muß vor dem Evangelium geprüft und verantwortbar sein. Denn solche Bindung gibt uns eine innere Freiheit, die für unseren Weg in der sozialistischen Gesellschaft hilfreich ist. [...]

Die Macht („Macht" im Sinne von Einflußmöglichkeiten und Durchsetzungsvermögen der Kirche innerhalb der Gesellschaft) der Kirche in unserer Gesellschaft ist erheblich zurückgegangen und im Endeffekt nicht sehr groß. [...]

In der europäischen Kirchengeschichte war das zugegebenermaßen weithin anders. Da waren die christlichen Kirchen über lange Zeiträume hinweg staatlich anerkannter, ja gestützter Machtfaktor innerhalb der Gesellschaft. Ich halte es für wenig fruchtbar, das im Rückblick nur kritisieren zu wollen. Wir müssen uns aber vor Augen halten, daß sich das tief in unser halbbewußtes oder unbewußtes Empfinden hinsichtlich christlicher Kirche eingegraben hat. [...] Das wird aber durch die Bibel nicht bestätigt.

Die Kirche Jesu Christi, der die Verheißungen Gottes ungekürzt gelten, ist die Kirche unter dem Kreuz. [...] Die christliche Kirche in der sozialistischen Gesellschaft wird – mit menschlichen Maßstäben gemessen – eine relativ machtlose Kirche sein. Das wollen die Repräsentanten unseres Staates so. Und wir sollten es unsererseits bejahen. Denn solche Situationen sind im Neuen Testament bekannt, ja eingeplant und bedeuten keineswegs das Ende der Wege Gottes. Mit solcher Lage gibt unser Herr seiner Kirche auch die Chance, sich vorrangig auf das Evangelium zu verlassen und darin dann tatsächlich unüberwindlich zu sein. [...]

Mit Vollmacht [der Kirche] meine ich die – ohne Zuhilfenahme menschlicher Macht erfahrbare – Überzeugungskraft des Evangeliums, das durch die Worte und Taten und im Lebensstil der Christen Gestalt bekommt und Menschen gewinnt. Vollmacht ist Evangeliums-Macht. Diese braucht keine gesellschaftspolitische Macht. [...]

Wächst hier nicht, unerwartet für menschliche Prognostik, zukünftige Kirche herauf! Vollmacht hängt an Menschen, die zu Zeugnis und Dienst in ihrer Umwelt bereit sind. Garantiert ist nichts; möglich ist vieles. Blieben die Chancen die gleichen, wenn das Christsein noch oder wieder zum unangefochtenen Normalbestand unserer gesellschaftlichen Existenz gehörte? Ich bezweifle das.

Quelle: epd-Dok 46/1977, 4–10.

Dokument 1977/7

Dienststelle des Staatssekretärs für Kirchenfragen, „Information über eine Tagung der Synode des Bundes der Evangelischen Kirchen in der DDR (BEK)".

Der Bericht bezieht sich auf die Bundessynode in Görlitz, 13.-17. Mai 1977.

Ausführlich wird im Bericht auf das Problem „Kirche im Sozialismus" eingegangen. Erneut wird die Position der evangelischen Kirche mit der Formel beschrieben: „Kirche nicht gegen, nicht neben, sondern in der sozialistischen Gesellschaft" sein zu wollen. Es wird erklärt, daß die evangelischen Christen bereit sind, „ihre Mitverantwortung für das Leben in Politik und Gesellschaft ungeachtet ideologischer Gegensätze mit ihren spezifischen Möglichkeiten wahrzunehmen." [...]

Diese positive Darstellung des Verhältnisses von Staat und Kirche [...] erhält ihre besondere Bedeutung vor dem Hintergrund der komplizierten kirchen-politischen Auseinandersetzungen um den Fall Brüsewitz und den verstärkten Bemühungen der Entspannungsgegner, die Kirchen der DDR in Konfrontation zum Staat zu bringen. [...]

Der Verlauf der 5. Tagung der 2. Synode gibt auch Aufschluß über das derzeitige Kräfteverhältnis im BEK. Die realistischen Kräfte bestimmen weitgehend das Ergebnis der Synode. Sie haben ihre Position stärken können. [...] Die reaktionären Kräfte befanden sich auf der Synode nicht in der Offensive.

Quelle: BAP, D 0–4, Nr. 445/8, Az.: 00–13–02.

Dokument 1977/8

Dienststelle des Staatssekretärs für Kirchenfragen, „Information über ein Gespräch des Staatssekretärs für Kirchenfragen, Hans Seigewasser, mit dem Landesbischof der Evangelisch-Lutherischen Kirche in Thüringen, D. Ingo Braecklein, am 21. Juli 1977 in Erfurt, Hotel ‚Erfurter Hof' (geschlossener Raum)", 25. 7. 1977.

Auszug aus der Wiedergabe von Äußerungen des Staatssekretärs zu den Bischofskandidaten bei der bevorstehenden Bischofswahl in der Ev.-Luth. Landeskirche Thüringen:
Superintendent Leich biete nach den bisherigen Erfahrungen nicht die Gewähr für eine konsequente Fortsetzung des „Thüringer Weges". Bestenfalls sei von ihm unverbindliches Wohlverhalten zu erwarten [...]. Prof. Dr. Saft hingegen zeichne sich aus durch eine klare Parteinahme für unseren sozialistischen Staat, die Befähigung zu solider wissenschaftlicher Arbeit sowie die Bereitschaft, kirchliche Anliegen in staatspolitische Erfordernisse und gesamtgesellschaftliche Möglichkeiten einzuordnen.

Quelle: BAP, D 0–4, Nr. 797/2, Az.: 12–12–08–04.

Dokument 1977/9

Bischof Werner Krusche, Christliche Kirche in einer sozialistischen Gesellschaft.

Aus einem Vortrag vom 25. 11. 1977 in der Martinskirche in Basel aus Anlaß der Verleihung der Ehrendoktorwürde durch die Theologische Fakultät der Universität Basel.
Das Evangelium von der kommenden Gottesherrschaft läßt sich nicht in ein religiöses Ghetto sperren und ins politische Abseits drängen, es liefert nicht nur Motivationen und Impulse für das gesellschaftliche Handeln, sondern es gibt auch Sachkriterien her, setzt Ziele und bestimmt von der Liebe her auch Mittel und Methoden. Es hat für uns Christen Orientierungswert und Maßgeblichkeit für das politische Handeln und für den Gebrauch, den der Glaube von dem wissenschaftlichen Sachverstand macht. Gerade die positive Aufnahme von Einsichten der marxistisch-leninistischen Gesellschaftslehre und der Mitvollzug sozialistischer Direktiven und Maßnahmen ist nicht möglich ohne eine immer neue und aktuell zu praktizierende kritische Unterscheidung. Das Verhältnis des christlichen Glaubens zur Ideologie des Marxismus-Leninismus ist weder als totale Konfrontation noch als partielle Identifikation beschreibbar, sondern ist ein dialektisches. „Zustimmung und Zurückwei-

sung, lernbereites Aufnehmen und kritisches Prüfen, aufgeschlossenes Sich-befragen-lassen und freimütiges kritisches Fragen sind hier stets in Tateinheit zu praktizieren."

[...] Wir versuchen nicht einen dritten Weg zwischen Kapitalismus und Sozialismus [...], sondern wir versuchen, im Sozialismus den Weg des Nachfolgegehorsams unter der Herrschaft des Gekreuzigten zu gehen im ständigen konkreten Unterscheiden unter der Frage: Was ist in unserer sozialistischen Gesellschaft dasjenige, das dem von Gott geliebten, zur Freiheit der Kinder Gottes berufenen Menschen dienlich ist, und wo und wie haben wir uns also zu engagieren oder eben auch zu verweigern oder Einspruch zu erheben?

Quelle: KiS 2/1978, 21–32, 26.

Dokument 1978/1

Bischof Werner Krusche im April 1978 vor der Kirchenkonferenz von Chantilly über die Eigenständigkeit der kirchlichen Position in der Friedensfrage.

Die Kirchen haben keine eigene Friedenspolitik zu betreiben. Aber sie haben jeweils zu „prüfen" (Rö 12,2), was dem Frieden dient, und müssen darum auch Stellung nehmen und sich je und je konkret äußern [...]. Die Kirchen sind nur solange friedensfördernde Größen, als sie trotz aller Einbindung in ihre jeweilige Gesellschaft sich ein solches Maß an Freiheit bewahren, daß sie sich nicht vor den Wagen eigener nationaler Interessen spannen lassen (oder ihn wenigstens schieben helfen), daß sie also nicht einfach zu Verstärkern der Außenpolitik des eigenen Staates werden. Wenn Kirchen nur noch diese Verstärkerrolle spielen, fallen sie als Potential zur Konfliktregelung und also als „Friedensmacher" aus.

Quelle: FAZ v. 11.5. 1978, 11; zit. n. O. LUCHTERHANDT, Die Gegenwartslage der Evangelischen Kirche in der DDR, Tübingen 1982, 79.

Dokument 1978/2

Bericht der Konferenz der Kirchenleitungen über das Staat-Kirche-Gespräch vom 6. März 1978.

Im Gespräch mit dem Vorsitzenden des Staatsrates haben die Vertreter unserer Kirchen freimütig wichtige Fragen vortragen können, die den Dienst und die Mitverantwortung der Kirche sowohl für das Ganze als auch für den Einzelnen und für dessen Verhältnis zum Ganzen betreffen. [...] In dem Gespräch wurden durch den Vorsitzenden des Staatsrates das Friedensengagement der Kirchen, ihre humanitären Hilfen an notleidenden Völkern und ihre diakonische Arbeit besonders hervorgehoben und ihr eigenständiges Wirken als bedeutsamer Faktor des gesellschaftlichen Lebens heute und künftig gewertet. Die Vertreter der Konferenz beschrieben den Auftrag der Kirche im Sozialismus, die in der Freiheit, die aus der Bindung des Glaubens kommt, zum Handeln für alle Menschen bereit ist. [...]

Der grundsätzliche Widerspruch zwischen christlichem Glauben und marxistisch-leninistischer Weltanschauung bleibt. Aber der 6. März hat gezeigt, daß bei prinzipiell unterschiedenen Grundüberzeugungen Verständnis möglich ist. [...] Die durch das Gespräch für beide Seiten aufgezeigte Chance ist ständig neu zu ergreifen.

Quelle: KJB 105, 1978, 349f.

Dokument 1978/3

Bericht des Politbüros vor der 8. Tagung des ZK der SED, vorgetragen von Erich Honecker.

Am 6. März fand zwischen mir und dem Vorstand der Konferenz ... eine Begegnung statt, bei der darauf hingewiesen wurde, daß sich den Kirchen als Kirchen im Sozialismus heute und künftig viele Möglichkeiten des Mitwirkens an der Realisierung der zutiefst humanistischen Ziele unserer Politik eröffnen. Ich bekräftige, daß unsere sozialistische Gesellschaft jedem Bürger, unabhängig von Alter, Geschlecht, Weltanschauung und religiösem Bekenntnis Sicherheit und Geborgesheit, eine klare Perspektive und die Möglichkeit bietet, seine Fähigkeiten und Talente, seine Persönlichkeit voll zu entfalten.

Quelle: KJB 105, 1978, 353f.

Dokument 1978/4

Bischof Albrecht Schönherr über die „Mündigkeit der Welt" und die „Kirche für andere".

Wieder steht [bei Bonhoeffers Briefen aus der Haft] im Zentrum die Frage, was Christus uns heute bedeutet – nun aber: uns, den Menschen einer notwendig religionslosen Zeit. [...] „Religionslos" bedeutet: Es gibt für die heutige Menschheit ehrlicherweise keine zweite Wirklichkeit, keine „Hinterwelt", in der Gott angesiedelt ist und von wo er überall dort helfend eingreift, wo wir Menschen nicht weiterkommen. [...] Bonhoeffer spricht im Anschluß an Wilhelm Dilthey nicht abwertend, sondern positiv von der „mündigen Welt", d.h.: von einer Welt, die für sich selbst einstehen muß, als ob es Gott nicht gäbe. Die Kirche wird diese mündige Welt weder klerikal zu bevormunden noch ihre Schwäche auszuspionieren versuchen, um ihren Gott als brauchbar vorweisen zu können. Sie wird die Christuswirklichkeit nur bezeugen können, indem sie wie Jesus Christus für andere da ist, ohne Macht und Privilegien, allein mit dem Wort, das im Kontext eines Lebens für andere steht. Solange dieser Kontext nicht hergestellt ist [...], wird sich die Sache der Christen still und anspruchslos auf das Gebet und das gerechte Tun unter den Menschen konzentrieren. Predigt und Sakrament werden die Gemeinde in der Verborgenheit stärken [...].

[...] Bonhoeffers Kritik an der Kirche leuchtet ein. Er mißt ihre Wirklichkeit an ihrem Auftrag, Kirche für andere zu sein. Darum macht er Mut, auf Macht und Privilegien zu verzichten. Es ist kein Zufall, daß Bonhoeffer bei den Bemühungen der ev. Kirchen in der DDR, in einer sozialistischen Gesellschaft den Weg zu finden, intensiv zu Rate gezogen wird. In diesem Kontext ist Bonhoeffers Kritik an der Religion hilfreich. [...] Das Wiederaufleben des „Religiösen" ist kein Argument gegen Bonhoeffers Erwartung einer religionslosen Welt: Entweder geht es um einen Nachholbedarf im Gebiet des Emotionalen und damit um eine rein anthropologische Frage oder um ein neues, verantwortliches Erfassen der Weltwirklichkeit in Jesus Christus und das entsprechende Leben für den anderen. Dann handelt es sich nicht mehr um „Religion" im Sinne der Kritik Bonhoeffers.

Quelle: A. SCHÖNHERR, Art.: „Bonhoeffer, Dietrich" in: Theologisches Lexikon, hg. v. H.-H.Jenssen u. H.Trebs, Berlin/O. 1978, 69–71, 70f.

Dokument 1978/5

Dienststelle des Staatssekretärs für Kirchenfragen, Wilke, „Konzeption zur Einflußnahme auf die Herbstsynoden der evangelischen Landeskirchen", 11. 8. 1978.

Die realistischen Kräfte sollten je nach konkreten Möglichkeiten im Synodenverlauf die
guten Beziehungen zwischen Staat und Kirche und die Gewährleistung der Religionsfreiheit in der DDR bestätigen. Es soll dabei aber nicht zugelassen werden, daß sich die Tendenz ausweitet, Kirche und Staat sind gleichberechtigte Partner und verhandeln miteinander über Grundfragen der sozialistischen Entwicklung. Nach wie vor gilt das Prinzip der
Trennung von Staat und Kirche.

Quelle: BAP, D 0–4, Nr. 445/10, Az.: 00–13–02.

Dokument 1978/6

*Bischof Albrecht Schönherr, Ansprache bei dem Empfang des Vorstandes des Bundes der Evangeli-
schen Kirchen in der DDR durch den Vorsitzenden des Staatsrates der DDR, Erich Honecker,
am 6. März 1978.*

[W]ir halten das Gespräch unter den gegebenen Umständen für die verheißungsvollste
Form des Miteinanders von Christen und Nichtchristen, von Staat und Kirche. Das Gespräch ist eine besonders intensive Form der Begegnung. Diese Tatsache widerspricht nicht,
sondern sie unterstreicht das Prinzip der Trennung von Staat und Kirche, dem auch wir aus
voller Überzeugung zustimmen. [...] [D]ie ideologischen Gegensätze, die weder verwischt
noch verharmlost werden sollten, können keine unübersteigbaren Barrieren bilden. Es steht
viel zu viel auf dem Spiel. [...] Es geht beiden Seiten, je von ihren Voraussetzungen aus, um
die Verantwortung für die gleiche Welt und für den gleichen Menschen. Und dieser
Mensch ist nun einmal immer zugleich Staatsbürger und Träger einer Grundüberzeugung.
Weil man den Menschen nicht zerteilen kann, sind solche Begegnungen aller Art nicht nur
nützlich, sondern lebensnotwendig. Und ich darf betonen, daß der Christ seine Existenz als
Staatsbürger nicht nur so versteht, daß er die bestehenden Gesetze rein formal beachtet, sondern daß er sich von seinem Glauben her mitverantwortlich sowohl für das Ganze als auch
für den einzelnen und für dessen Verhältnis zum Ganzen weiß. Darum halten wir Christen
viel vom Gespräch [...].
Wir haben die Erfahrung gemacht, daß diese Gespräche an Tiefe und Freimut gewonnen
haben. Ihr Inhalt ist durch das Stichwort bezeichnet, das weithin Zustimmung gefunden
hat: „Kirche im Sozialismus". 1973 formulierte eine Synode des Bundes: „Kirche im Sozialismus wäre die Kirche, die dem christlichen Bürger und der einzelnen Gemeinde hilft, daß
sie einen Weg in der sozialistischen Gesellschaft in der Freiheit und Bindung des Glaubens
finden und bemüht sind, das Beste für alle und für das Ganze zu suchen. Kirche im Sozialismus wäre eine Kirche, die auch als solche, in derselben Freiheit des Glaubens, bereit ist,
dort, wo in unserer Gesellschaft menschliches Leben erhalten und gebessert wird, mit vollem Einsatz mitzutun, und dort, wo es nötig ist, Gefahr für menschliches Leben abzuwenden, zu helfen. Es kann sich, wie sich gezeigt hat, ergeben, daß wir Christen im Lichte der
Verheißung Gottes und unter seinem Gebot Probleme und Nöte in Welt und Gesellschaft
anders sehen, als sie von anderen Voraussetzungen aus gesehen werden, oder Fragen hören,
die andere nicht so hören."[10] Diese Freiheit, die aus der Bindung des Glaubens kommt,
möchten wir uns auch in Zukunft nehmen. [...] Christen, Gemeinden, die Gesamtkirche
wollen sich diesen Aufgaben stellen. Sie wollen das von ihrem Glauben aus. Dafür brauchen
sie Raum, materiellen und ideellen Raum. [...] Bei allen diesen Wünschen geht es nicht

---

[10] Schönherr zitiert aus dem Bericht der KKL an die Bundessynode 1973 in Schwerin, vgl.
Dok 1973/1.

nur um offizielle Beziehungen zwischen der Regierung und den Leitungen der Kirchen. Was Kirche im Sozialismus wirklich ist, bewährt sich zuallererst daran, ob der einzelne Bürger in der sozialistischen Gesellschaft mit seiner Familie als bewußter Christ leben und das Vertrauen haben kann, daß ihm und allen Christen dies auch in Zukunft möglich sein wird. [...] Wir haben den aufrichtigen Wunsch, daß durch die Begegnungen und Gespräche zwischen Vertretern des Staates und der Kirche jenes Vertrauen wachsen kann, das die Redlichkeit des anderen nicht in Frage stellt, sondern voraussetzt. Dies Vertrauen wird sich um so mehr durchsetzen, je mehr die entsprechenden Erfahrungen nicht nur auf höchster Ebene, sondern an der Basis gemacht werden. Offenheit und Durchsichtigkeit sind das Barometer des Vertrauens. Das Verhältnis von Staat und Kirche ist so gut, wie es der einzelne christliche Bürger in seiner gesellschaftlichen Situation vor Ort erfährt.

Quelle: A. SCHÖNHERR, Gespräch zwischen Staat und Kirche, in: DERS. 1988, 272–276.

Dokument 1979/1

Bischof Heinrich Rathke vor dem Sprengelkonvent in Hamburg, 27. 4. 1979.

Von dem Leben unserer Kirchen und der Christen in der DDR wird oft unter dem Schlagwort „Kirche im Sozialismus" berichtet. Bei einer allgemeinen Beschreibung unserer Situation kann so geredet werden: In der DDR als einem sozialistischen Staat leben Christen, sie wollen dort bewußt als Christen leben, sie sehen sich im Sozialismus als Christen angefragt, gefordert und im Rahmen einer geltenden Ordnung anerkannt.

Als programmatische Grundaussage hilft es wenig, von „Kirche im Sozialismus" zu sprechen. Es bleibt dabei unklar, was das bei dem „real existierenden Sozialismus", wie er in der DDR vertreten wird, bedeutet. Es ist die Gefahr, daß es zu einer die Kirche vereinnahmenden Formel kommt, etwa so: „Sozialismus (nur der Sozialismus) bietet Christen Sicherheit und Geborgenheit". Wenn Bischof Schönherr sich in diesen Tagen vor der Berlin-Brandenburgischen Synode auf die Formel „Kirche für andere" bezogen hat, so wollte er damit deutlich machen, daß hiermit eine Aussage getroffen ist, die so auch vom staatlichen Partner anerkannt wird und damit einen Ausgangspunkt bildet für ein weiterführendes Gespräch. [...]

„Kirche im Sozialismus" kann jedoch nicht als das Ergebnis der Aussagen zu Kirche und Gesellschaft auf der Bundessynode 1971 in Eisenach bezeichnet werden, es ist allenfalls eine verwischende Restformel der damaligen Synode. In Eisenach hieß es seinerzeit: „Wir wollen nicht Kirche ohne, gegen oder wie andere sein, sondern Kirche für andere". [...]

Wenn ich heute von den Erfahrungen der Kirche einer sozialistischen Gesellschaft spreche, so wird dabei zu bedenken sein, welcher Sozialismus damit gemeint ist. Von der Wortbedeutung her und von der Entwicklung der Bewegung her kann es so beschrieben werden: ganz einfach mit den anderen leben, als „Sozius" leben; einfach für ihn da sein. Sozialismus heißt also: da sein für andere. Dies ist dann eine allgemein menschliche Richtschnur, die ebenso für den Cheisten wir für den Nichtchristen und dann auch für den Marxisten gelten kann. [...]

Seit vielen Jahren werden wir in der DDR von staatlicher und politischer Seite angefragt, wieweit wir zu einer Standortfindung innerhalb der sozialistischen Gesellschaft kommen. Es wird von einem Lernprozeß gesprochen, in dem die Kirche sich befindet, um ihren Standort in der sozialistischen Gesellschaft zu finden. Es ist nicht zu bestreiten, daß wir in den zurückliegenden Jahrzehnten unsere Erfahrungen gemacht haben, daß wir gelernt haben, wie Kirche wirklich Kirche bleeben kann und welche besondere Aufgabe sie als Zeugnis- und Dienstgemeinschaft in einer sozialistischen Gesellschaft wahrnehmen kann und muß.

Eingangs hatte ich darauf hingewiesen, daß die Formel „Kirche im Sozialismus" dabei keineswegs eine klärende Endformel ist, sondern allenfalls so, wie es Bischof Schönherr kürzlich in seinem Synodenreferat in Berlin-Weißensee sagte: eine Formel, die so – von staatlicher Seite angenommen – als Ausgangspunkt für ein weiterführendes Gespräch dienen kann. […]

Auf der Bundessynode in Eisenach 1971 haben die im Bund der Evangelischen Kirchen zusammengeschlossenen Landeskirchen zum ersten Mal ausführlicher ihren Auftrag innerhalb der sozialistischen Gesellschaft zu beschreiben versucht. In dem Hauptreferat, das ich damals zu halten hatte, heißt es:

„Wie werden wir der Gefahr entgehen, Kirche gegen die andern zu sein? Es geht nicht an, über die anderen das Gericht Gottes herabzuwünschen, sich in frommer Überheblichkeit von ihnen zu distanzieren oder in gefährlicher Kreuzzugsstimmung gegen sie zum Sturm zu blasen. – Wie werden wir der Gefahr entgehen, Kirche ohne die andern zu sein? Wir können uns nicht darauf einlassen, uns abzukapseln und in die eigenen Mauern zurückzuziehen. – Wie werden wir der Gefahr entgehen, Kirche wie die andern zu sein? Eine solche Kirche des Opportunismus hätte ihre Daseinsberechtigung verloren. […] Unser Thema verbietet uns, unverbindlich von der Kirche und den anderen zu sprechen, und legt uns fest auf eine (‚parteiliche') Kirche für die andern." Wenn wir von „Kirche für andere" sprechen, so geht es um die offen einladende Form des Evangeliums in die Welt der von Gott geliebten Menschen hinein, um den öffentlichen Weg der Christen.

a) Es ist ein Weg mit den anderen in unserer Gesellschaft, nicht von einer Außenposition, sondern in aufbauender Mitarbeit, in gegenseitiger menschlicher Achtung (Vertrauen), im weiterführenden Mitdenken aus kritischer Solidarität.

b) Es ist ein Weg vor anderen […], auf dem wir Jesus Christus so bezeugen sollen, daß er auch in unserer sozialistischen Gesellschaft glaubhaft wird.

c) Es ist ein Weg, auf dem wir für andere einzustehen haben: für die Schwachen, Übersehenen, Sprachlosen und Angegriffenen; für die in ihrem Lebensrecht Eingeengten, die Benachteiligten, die unmündig Gehaltenen, die Überforderten.

Quelle: KJB 106, 1979, 452–463.

Dokument 1979/2

Bischof Albrecht Schönherr, „Über Auftrag und Weg der Kirche Jesu Christi in der sozialistischen Gesellschaft der DDR". Referat vor der Synode der Evang. Kirche in Berlin-Brandenburg, April 1979.

Ausgangspunkt für unser Denken und Handeln: die Kirche Jesu Christi lebt, wir Christen leben in der sozialistischen Gesellschaft der DDR. Dabei machen wir neue Erfahrungen und entdecken neue Chancen. Unsere Bereitschaft, verantwortlich mitzudenken, zu handeln und zu lernen, wird vielfach herausgefordert. […]

Die Volkskirche, in der Kirche und Gesellschaft eine Einheit bildeten, ist in einem tiefen Wandel begriffen. Ihr typisches Kennzeichen war, daß man die Zugehörigkeit zu ihr, ihren Platz in der Gesellschaft, ihre Amtshandlungen als etwas Selbstverständliches nahm. […] Aber nun werden die Zahlen kleiner, der Bedarf an den sogenannten Amtshandlungen, die Teilnahme an kirchlichen Veranstaltungen, vom Gottesdienst bis zum Unterricht, wird geringer. […] In der Minderheitssituation ist unser Glaube nicht mehr das normale und selbstverständliche, sondern ein Angebot unter anderen. [...] Die Kirche kann nicht mehr als unbestrittene Mehrheit Privilegien verlangen. Der Pfarrer kann nicht mehr als Hüter der allgemein anerkannten Grundwerte unbedingte Autorität für sich in Anspruch nehmen. [...]

Die Chancen der kleinen Schar aufzuspüren, politische Verantwortung wahrzunehmen, die Kirche ihrem Auftrag gemäß zu ordnen, dies alles zu lernen, ist uns in der besonderen Situation aufgegeben, in der wir uns befinden: in der sozialistischen Gesellschaft der DDR. [...] Kirche im Sozialismus, das heißt zuerst Anwesenheit der Kirche dort, wo ihre Glieder leben und arbeiten, heißt sodann Teilnahme an den Problemen und Errungenschaften der Gesellschaft, heißt verantwortlich beizutragen zu deren Entwicklung, also „konkret unterscheidende Mitarbeit" (W.Krusche), heißt aber auch: Bewahrung ihrer Eigenständigkeit, die aus ihrem Auftrag kommt. Die Kirche Jesu Christi kann nicht sozialistische Kirche werden. „Kirche im Sozialismus" ist eine Formel, die zwei uns ständig begleitende Gefahren ausschließen sollte: Die Gefahr der totalen Anpassung und die Gefahr der totalen Verweigerung. [...] Die Formel „Kirche im Sozialismus" ist auch von staatlicher Seite aufgenommen worden. [...] In dieser Begegnung [dem Spitzengespräch vom 6. März 1978] sind der Kirche im Sozialismus in aller Form gesellschaftliche Bedeutung und Mitspracherecht zuerkannt worden, ohne sie zu einer sozialistischen Massenorganisation machen zu wollen. Ihre Eigenständigkeit wurde klar herausgestellt. Aber Eigenständigkeit bedeutet nicht Eigenbrötelei: Die Kirche ist nicht nur dazu da, die religiösen Bedürfnisse ihrer Mitglieder zu erfüllen, sondern ihr Dienst hat Bedeutung für die Zukunft aller. Dem christlichen Bürger wurden „als verbindliche Norm" Gleichberechtigung und Gleichachtung garantiert. Maßstab für das Verhältnis von Staat und Kirche sind die Erfahrungen des einzelnen Christen vor Ort. [...] Deutlich ist, daß [...] der Kirche die Möglichkeit gegeben wurde, ihre Wirkungsmöglichkeiten zu erweitern. [...] Das Gespräch vom 6. 3. 1978 wollte die Grundlagen für die höchstnötige Zusammenarbeit von Christen und Nichtchristen für die Zukunft schaffen.

Quelle: KJB 106, 1979, 468–479.

Dokument 1979/3

Synode des Bundes der Evangelischen Kirchen in der DDR in Dessau 1979, Bericht der Konferenz der Kirchenleitungen an die Synode.

[W]ieweit war [...] der Weg, den wir eingeschlagen haben, von dem Auftrag geleitet, jedermann Rechenschaft zu geben von der Hoffnung, die in uns ist (1.Petr 3,15). [...]

Im Mittelpunkt der Tagungen der ersten Bundessynode stand die Frage nach dem Bezugshorizont, in dem wir Rechenschaft zu geben haben. [...] Wir erinnern an die Erkenntnisse dieser Arbeitsphase: Gott weist uns neue Wege. Wir dürfen glauben, daß auch die sozialistische Gesellschaft unseres Landes unter unserem Herrn Jesus Christus steht. Hier ist unser Auftragsfeld und unsere Dienstchance, das Evangelium von der freien Gnade Gottes weiterzugeben. Das ermutigt uns auch, mit konkreten Erwartungen für die Menschen und unsere Kirchen dazu beizutragen, die in der sozialistischen Gesellschaft gegebenen Möglichkeiten eines gerechteren Zusammenlebens zu verwirklichen. Christen sind zu praktischer Mitarbeit gerufen, um konstruktiv und freimütig in Solidarität das Beste für das Ganze zu suchen. Wir wollen in den Gemeinden dazu helfen, diesen Weg in der Freiheit und Bindung des Glaubens zu gehen. In der Formel „Kirche im Sozialismus" ist dies zum Ausdruck gebracht worden. [...] Wir können in der Eigenständigkeit, zu der uns der Auftrag Jesu Christi befreit und verpflichtet, unseren Dienst ausüben und unser Zeugnis ausrichten. [...]

„[...] Christus stellt uns in die Verantwortung für das Ganze [...]." (Bundessynode 1970)
[...] Der Vorsitzende des Staatsrates hat im Gespräch mit dem Vorstand der Konferenz am 6.
März 1978 für jedermann deutlich den erklärten Willen bekräftigt, in unserer Gesellschaft
jedem Bürger, unabhängig von Weltanschauung und religiösem Bekenntnis, Sicherheit und
Geborgenheit zu bieten; die Gleichberechtigung, Gleichachtung und Chancengleichheit aller Bürger, ihre uneingeschränkte Einbeziehung in die Gestaltung der sozialistischen Gesellschaft wurde zu einer für alle verbindlichen Norm erklärt. Auch nachfolgende Gespräche
und Begegnungen mit staatlichen Vertretern haben unterstrichen, daß die Mitarbeit christlicher Bürger in unserer Gesellschaft nicht nur geduldet, sondern erwünscht ist und erwartet
wird. Diese klaren Zusicherungen bieten die Basis für die gesellschaftliche Mitverantwortung von Christen auch in Leitungsfunktionen. [...] Auf dem Wege zu größerer gesellschaftlicher Mitverantwortung werden wir bereit sein müssen, Vorurteile abzubauen und offen zu
sein für neue Erfahrungen. [...] Miteinander und Mitverantwortung in größerer Offenheit
schließt auch das Bemühen um größere Sachlichkeit ein.

Quelle: epd-Dok 44–45/1979, 4–26.

Dokument 1979/4

Manfred Stolpe über die Koexistenz von Staat und Kirche in der DDR.

Der sozialistische Staat hatte in seiner Kirchenpolitik eine dialektische Spannung zu praktizieren zwischen der philosophischen Einschätzung der Unwissenschaftlichkeit religiöser
Auffassungen einerseits und der Notwendigkeit des Gewinnens aller Kräfte zum sozialistischen Aufbau andererseits. Der Platz für den einzelnen christlichen Werktätigen war von
Anfang an deutlich. Stellenwert und Möglichkeiten der Kirche und damit der religiösen Betätigung des einzelnen waren zu finden. Die Stellung der Kirche in der Klassenauseinandersetzung, in den politischen Grundfragen, gibt den Ausschlag, ob sie zu bekämpfen, zu neu-
tralisieren oder zu tolerieren ist. Hierzu hat insbesondere in den letzten zehn Jahren in der
DDR ein wechselseitiger Lernprozeß stattgefunden [...]. Die führende Partei und die Regierung können unbeschadet ihrer weltanschaulichen Haltung zur Religion eine Kirche tolerieren, die ihre Position als Kirche im Sozialismus erklärt und praktiziert. Das Akzeptieren
der Entwicklung und die Ermunterung an die Christen zur Mitarbeit durch die Kirche geben der Gesellschaft die Möglichkeit, auch gesamtgesellschaftliche Funktionen der Religionsausübung der Kirche zu bestätigen: ihren Friedensauftrag, ihre Weltverantwortung
und ihre diakonisch-soziale Tätigkeit. Das Abwägen von Differenzen und Übereinstimmun-
gen zwischen Staat und Kirche gebietet einen modus vivendi: Übereinstimmung besteht
darin, daß beide an die gleichen Menschen gewiesen sind, beide deren Wohl und Würde
und deshalb die Sicherung des Friedens wollen und die Verbesserung sozialer Bedingungen
als hohes Ziel erkennen. Die Kirche akzeptiert die sozialistischen Produktionsverhältnisse
und damit die Basis der Gesellschaft. Abweichende Standpunkte, Differenzen sind da zu erwarten, wo die Kirche – aufgrund ihrer Verpflichtung auf ihren Herrn – gebunden ist. Das
sind nach bisheriger Erfahrung überwiegend nicht Fragen des Ob, sondern des Wie. Das
Versöhnungsgebot ihres Herrn kann die Haltung der Kirche in Friedensfragen, im Verhältnis zu Israel und im Zusammenleben der Menschen eigengeartet prägen.

Der gegenwärtige Stand des Verhältnisses von Staat und Kirche in der DDR ist das Ergebnis eines kontinuierlichen beiderseitigen Lernprozesses. In diesem Lande sind Bürger unterschiedlicher Weltanschauung unausweichlich aufeinander angewiesen. Dazu gibt es keine
vernünftige Alternative. Der erreichte Stand ist nach Lage der Dinge die realistischste und
günstigste Möglichkeit. Er bedeutet:

1. Der Kirche sind heute als eigenständige Größe in aller Form gesellschaftliche Bedeutung und Mitspracherecht zuerkannt worden. Ihre eigene Verantwortung für die Zukunft aller ist unbestritten.

2. Gleichberechtigung und Gleichachtung aller Bürger und die Möglichkeit für jeden Bürger, gerade auch für jeden Jugendlichen, zu hoher Bildung, Ausbildung und Entwicklung sind eine für alle verbindliche Norm.

3. Bei klarer Trennung von Staat und Kirche sowie unter Achtung der unterschiedlichen Grundüberzeugungen kann das gewonnene Verhältnis in allen Ebenen weiter entwickelt werden, prägend auf die Beziehungen der Bürger einwirken und dem Wohl aller dienen.

Quelle: M. STOLPE, Zehn Jahre Bund der Evangelischen Kirchen in der DDR, in: ZdZ 33, 1979, 414–421, 417f.

Dokument 1979/5

Die Diskussion um die „kritische Distanz" der Kirche.

Die mit dem 6. März 1978 erreichte Koexistenz von Staat und Kirche war, was ihre Konsequenzen auf kirchlicher Seite angeht, nicht unumstritten. Ein Beispiel ist die Kontroverse um den Begriff „kritische Distanz" im Jahre 1979.

a. Werner Scheidacker

Zu dem Weg, den wir zu gehen haben, gehört auf alle Fälle auch das ständig neue Suchen nach der bestmöglichen Regelung des Verhältnisses sozialistischer Staat/Kirche. Es kann ganz sicher nicht in einer kritischen Distanz bestehen. Kein Christ (und keine Kirche im ganzen) kann sich in überheblicher geistiger Emigration in eine Art Zuschauerrolle zurückziehen, die ihm erlauben würde, von einem vermeintlich neutralen Ort das politische Schauspiel zu beklatschen oder abzuqualifizieren. Wir gehören als Kirche und als deren Glieder zu den in der sozialistischen Gesellschaftsordnung lebenden und zwar, was von uns als Christen auf alle Fälle gefordert ist, verantwortlich lebenden Menschen. Vielleicht könnte das Stichwort „in kritischer Mitarbeit" die Position andeuten, die die Kirche und der Christ nach 30 Jahren Sozialismus einzunehmen berufen und wohl auch weithin bereit ist. „Kritisch" nicht im Sinne einer grundsätzlichen Kritik, aber im Sinne der mündigen Entscheidung (Krisis), zu der Christus die Seinen herausfordert und befähigt.

Quelle: W. SCHEIDACKER, 30 Jahre Kirche in der DDR – Erwartungen vor 30 Jahren und Erfüllungen, in: ZdZ 33, 1979, 361–368, 368.

b. Gottfried Voigt

[I]n den 30 Jahren, deren Problematik wir bedenken, [ist] von der Kirche immer wieder erwartet worden, sie möchte sich – etwa durch Bischofsworte oder synodale Verlautbarungen – in den weltpolitischen Tageskampf einschalten und für den Sozialismus überhaupt, auch für konkrete staatliche Entscheidungen und Maßnahmen erklären.

Die Kirche hat solche Erwartungen enttäuschen müssen. Nicht, weil sie heimlich auf der anderen Seite stünde und nur zu klug oder zu feige sei, dies offen zu sagen, sondern deshalb, weil ihr dazu der Auftrag fehlt. „Kritische Distanz" [...] wahrt sie nicht deshalb, weil sie zwischen den Systemen stehen wollte oder nach einem „dritten Weg" suchte, den es nach Lage der Dinge sowieso nicht geben kann; erst recht nicht, weil sie mit dem Kapitalismus sympathisiere und darum gegen die sozialistische Ordnung stünde; sondern weil keine der in dieser Welt bestehenden oder möglichen Ordnungen mit dem Reich Gottes koinzidiert, ihr, der Kirche, aber aufgetragen ist, das Reich Gottes zu verkündigen, das nicht von dieser Welt ist, und den Gott, vor dem niemand von uns recht hat.

[...] Wohl werden Christen nach Jesu Zusage Salz der Erde und Licht der Welt sein, aber sie sind es als „Fremdlinge" [...], als Menschen, die [...] ihr Politeuma im Himmel haben [...]. Hier liegt der Grund für die „kritische Distanz" – sie ist keineswegs eine vom „Klassenfeind" inspirierte antisozialistische Haltung [...].

Quelle: G. Voigt, Bekennen und Dienen. Zum Thema: 30 Jahre Kirche in der DDR – Erwartungen und Erfüllungen, in: ZdZ 33, 1979, 380–385, 383f.

Dokument 1979/6

Grußwort des Staatssekretärs für Kirchenfragen Hans Seigewasser auf der Tagung des CDU-Hauptvorstandes am 23. 2. 1979 in Burgscheidungen.

Jeder einzelne von Ihnen gibt in unserem sozialistischen Staat Zeugnis davon, daß der erfolgreiche Weg unserer Gesellschaft ohne das tatkräftige Mitwirken christlicher Bürger nicht denkbar wäre, daß das christliche Motiv staatsbürgerlicher Aktivität kein spektakulärer Sonderfall ist, sondern daß christliche und kirchliche Existenz zur Normalität des realen Sozialismus gehören. [...] Die Christen unseres Landes konnten die Schwelle ins 30. Jahr unserer staatlichen Existenz in der durch das Gespräch zwischen dem Vorsitzenden des Staatsrates, Erich Honecker, und den Repräsentanten des Bundes der Evangelischen Kirchen in der DDR am 6. März 1978 nachdrücklich bekräftigten Gewißheit überschreiten, daß der reale Sozialismus auch ihr Haus, ihre Heimstatt ist, in der ihre Leistungen in Beruf, Gesellschaft und Familie gefragt und geachtet sind und anerkannt werden. [...] Das höchste Ziel unserer hochgesteckten wirtschafts- und sozialpolitischen Aufgaben ist das Wohl und das Glück des Menschen. In diesem Streben begegnen sich Marxisten und Christen täglich, gestalten und verantworten sie gemeinsam und ohne Preisgabe ihrer persönlichen Überzeugungen unsere sozialistische Gegenwart, wirken sie für die Zukunft. Dieser Grundsatz hat sich 30 Jahre bewährt und bleibt gültig. Wir stimmen sicher überein in der Überzeugung, daß das Miteinander von Christen und Marxisten, in der Nacht des Faschismus bewährt und in drei Jahrzehnten zum Wohle des Volkes praktiziert, unsere gemeinsamen Anstrengungen auch künftig markieren wird.

Quelle: epd-Dok 19/1979, 65.

Dokument 1980/1

Staatssekretär für Kirchenfragen Klaus Gysi vor dem CDU-Hauptvorstand im Februar 1980.

In treuer Weiterführung dieses Vermächtnisses [des gemeinsamen antifaschistischen Widerstandes] sind wir nach 1945 gemeinsam vorangegangen, und in einer nicht kurzen, nicht leichten und durchaus nicht konfliktfreien Entwicklung hat sich in unserer sozialistischen Gesellschaft ein Verhältnis von Staat und Kirche herausgebildet, das mehr und mehr von Vertrauen, Freimut des Umgangs, von der Suche nach sachgerechter Lösung auftretender Fragen, von konstruktivem Zusammenwirken und vom Respektieren unterschiedlicher Grundpositionen gekennzeichnet ist.

In Wort und Sinn der Begegnung des Vorsitzenden des Staatsrates, Erich Honecker, am 6. März 1978 mit dem Vorstand der Konferenz der Kirchenleitungen wird dieser Weg auch künftig weiter beschritten werden. Er hat sich bewährt im beachtlichen Dienst der Kirchen der DDR für die Sicherung des Friedens und die Fortsetzung des Entspannungsprozesses, bei der tätigen Solidarität mit den Opfern imperialistischer Expansionspolitik, in der Mitwirkung beim Aufbau unserer sozialistischen Gesellschaft. [...] Unter diesen Voraussetzungen und auf dieser Grundlage vollzieht sich die Herausarbeitung des Selbstverständnisses der Kirche als „Kirche im Sozialismus".

Quelle: epd-Dok 14/1980, 19.

Dokument 1980/2

Aus dem Kommuniqué des Gespräches von Ministerpräsident Stoph und Bischof Schönherr am 17. Nov. 1980.

Bischof Schönherrs Ausführungen werden zusammenfassend so zitiert:
Angesichts der komplizierten internationalen Entwicklung sei gerade heute zu betonen, daß Geduld und Vertrauensbildung konstitutive Elemente für Entspannungspolitik bleiben. Die Kirche nehme ihre eigenständige Verantwortung für den Weltfrieden mit den ihr eigenen Möglichkeiten wahr, so zum Beispiel in der Form des Gebetes und der Erziehung zum Frieden.

Als gemeinsame Feststellungen bringt das Kommuniqué dann:
Der Gedankenaustausch, bei dem auch weitere Fragen von gemeinsamem Interesse besprochen wurden, fand in einer offenen und konstruktiven Atmosphäre statt. Bei den Teilnehmern bestand Übereinstimmung, daß Begegnungen dieser Art der Sachlichkeit, dem Vertrauen und der Freimütigkeit im Verhältnis von Staat und Kirche dienlich sind. Sie betonten die Entschlossenheit, den im Gespräch des Vorsitzenden des Staatsrates der DDR, Erich Honecker, mit dem Vorstand der Konferenz der Kirchenleitungen am 6. März 1978 beschrittenen Weg konstruktiv fortzusetzen.

Quelle: R. HENKYS, Irritationen im Herbst. Zur jüngsten kirchenpolitischen Entwicklung in der DDR, in: KiS 5–6/1980, 53–62, 60.

Dokument 1980/3

Horst Bartel, Martin Luther und unsere Zeit.

Bartel, Historiker an der Akademie der Wissenschaften der DDR, schrieb anläßlich der Konstituierung des Martin-Luther-Komitees der DDR im Jahre 1980:
Ein [...] Problem von großer Wichtigkeit ist die Aufgabe, den Zusammenhang von Theologie und der Ideologie verschiedener gesellschaftlicher Klassen, Schichten und Gruppen in empirischer Forschung und theoretischer Verallgemeinerung zu erfassen, wobei es gilt, sowohl das Eigenleben und die Selbständigkeit der Theologie als auch deren Einbindung in die Traditionen und in die gesellschaftlichen Auseinandersetzungen der Zeit zu verdeutlichen.

Quelle: H. BARTEL, Martin Luther und unsere Zeit. Konstituierung des Martin-Luther-Komitees der DDR, 1980, 37; zit. n. A. SCHÖNHERR, Chancen und Probleme christlicher Existenz in einer sozialistischen Gesellschaft, in: DERS. 1988, 277–290, 281f.

Dokument 1980/4

Synode des Bundes der Evangelischen Kirchen in der DDR in Leipzig 1980, Bericht der Konferenz der Kirchenleitungen.

Die offizielle Darstellung des Spitzengespräches vom 6. März 1978 referierte nicht gemeinsame Gesprächsergebnisse, sondern aufeinander bezogene Gesprächsbeiträge beider Partner. Damit war die Möglichkeit unterschiedlicher Interpretationslinien gegeben. Auf der Bundessynode in Leipzig 1980 wurde die gültige kirchliche Interpretation des 6. März 1978 vorgenommen[11]. Die entsprechende Passage aus dem Bericht der KKL lautet:

In vielem, was im Berichtszeitraum zwischen Staat und Kirche zu verhandeln war und was das Verhältnis beider bestimmte, wird bezug auf die Unterredung vom 6. März 1978 genommen. Das ist bei der grundsätzlichen Bedeutung, die dieses Gespräch hatte, legitim.

Zur kirchenleitenden Verantwortung gehört dabei eine ständige Rückbesinnung auf die ursprünglichen kirchlichen Leitvorstellungen für diese Begegnung. Es gehört dazu aber auch die Überprüfung des Gebrauchs bestimmter Schlüsselbegriffe auf beiden Seiten, die die Wirkungsgeschichte dieses Gespräches bestimmen. Ein solcher Schlüsselbegriff ist die „Trennung von Staat und Kirche". So verdient festgehalten zu werden: Die klare Trennung von Staat und Kirche und die Beibehaltung dieses Grundsatzes sind selbstverständliche Voraussetzungen aller Überlegungen, die zu dem Gespräch führten, gewesen. Es gibt kein neues „Bündnis von Thron und Altar".

Ein anderer Schlüsselbegriff ist der der „Eigenständigkeit". Wenn die Kirche ihre Eigenständigkeit betont, dann verweist sie auf die Eigenständigkeit ihres Auftrages, aus dem auch ihre Verantwortung für das Wohl des Ganzen, des Einzelnen und sein Verhältnis zum Ganzen entspringt. Es geht also um eigenständige, das heißt, dem Auftrag der Kirche entsprechende Wahrnehmung von Verantwortung.

Weil dem Begriff der Eigenständigkeit auch der Bedeutungswert von Abgrenzungen innewohnt, müssen wir uns der Gefahr bewußt bleiben, daß die Betonung von Eigenständigkeit ablenken könnte von der Ausrichtung allen kirchlichen Handelns auf die Menschen, denen Zeugnis und Dienst der Kirche gilt. Die Eigenständigkeit des Auftrags zielt aber gerade auf die besondere Zuwendung und Verpflichtung für das Wohl des Ganzen. Bei dem Empfang während der Bundessynode in Dessau 1979 ist der Begriff der Eigenständigkeit von dem verstorbenen Staatssekretär Hans Seigewasser positiv aufgenommen und von dem Vertrauen gesprochen worden, daß „jeder die Identität des anderen respektiert". Sein Nachfolger, Staatssekretär Klaus Gysi, hat diese Linie weitergeführt, als er das Verhältnis von Staat und Kirche als „von konstruktivem Zusammenwirken und vom Respektieren unterschiedlicher Standpunkte" gekennzeichnet charakterisierte.

Kirchlicherseits wird der Begriff der „Partnerschaft" häufig als Schlüsselbegriff verwendet, um ein Verhältnis von Staat und Kirche zu beschreiben, das durch Respektierung der jeweiligen Eigenständigkeit gekennzeichnet ist. Auch dieser Sprachgebrauch bedarf einer geistigen Durchdringung, um einer Entleerung oder gar Entstellung des Begriffes zu wehren. Partnerschaft kann hier nicht eine Gleichartigkeit auf der institutionellen Ebene bedeuten. Wichtig ist, aus dem Begriff der Partnerschaft das Element der Teilgabe und Teilnahme an gesellschaftlichen Beratungs- und Entscheidungsprozessen bewußtzuhalten, wie es in dem ökumenischen Leitbegriff der Partizipation enthalten ist. Partnerschaft schließt auch Meinungsverschiedenheiten ein. Sie bewährt sich darin, wie der Meinungsstreit ausgetragen wird:

– in der Achtung vor dem Mandat des anderen
– in der Respektierung seines Standpunktes
– in sachlicher Diskussion, wo allein das bessere Argument zum Wohle des Menschen zählt
– im verantwortlichen und zumutbaren Kompromiß wie
– im fairen Durchstehen unüberwindbarer Gegensätze.

---

[11] Vgl. R. HENKYS, Undeutliche Klarstellungen, in: KiS 1/1981, 9f.

Partizipation vollzieht sich in einem dynamischen und konstruktiv-kritischen Prozeß, für den Toleranz und die Möglichkeit, sich in angstfreier Offenheit äußern und mit seiner Identität und seinen Gaben einbringen zu können, kennzeichnend sind. Damit würde Partizipation selbst zur Verwirklichung einer Zielvorstellung von „Geborgenheit" beitragen, die dem Willen zu mündiger Mitarbeit in der Gesellschaft Rechnung trägt. Eine Kirche, die diese Zielvorstellung bejaht und aufnimmt, darf darüber die Legitimität christlicher Existenz in der Fremdlingschaft nicht vergessen.

Quelle: epd-Dok 46–47/1980, 8.

Dokument 1980/5

Manfred Stolpe, „Kirche, Staat und Welt". Vortrag im Dom zu Greifswald, 15. 10. 1980.

Die Stellung der ev. Kirchen unseres Landes zu dieser sozialistischen Gesellschaft kann heute wie folgt beschrieben werden:

Gott hat uns neue Wege gewiesen, die wir uns nicht gesucht haben. Aber wir dürfen glauben, daß auch diese sozialistische Gesellschaft unter der Verheißung Christi steht, wir an sie gewiesen sind und christliche Gemeinde hier ihren konkreten Auftrag hat.

Christen sind zur Mitarbeit in der sozialistischen Gesellschaft aufgefordert. Sie werden in konstruktiver und freimütiger Solidarität das Beste für das Ganze suchen und da mithelfen, wo Sozialismus als Gestalt gerechteren Zusammenlebens verwirklicht werden kann.

Kirche im Sozialismus will dem einzelnen Christen und der Gemeinde helfen, ihren Weg in der Freiheit und Bindung des Glaubens zu finden.

In der gesellschaftlichen Realität der DDR findet dies seinen Ausdruck in der millionenfachen Mitarbeit christlicher Bürger an den Aufgaben der sozialistischen Gesellschaft, dem Engagement der Diakonie für wichtige Aufgaben des Gesundheits- und Sozialwesens, der Unterstützung weltweiter Bemühungen gegen den Rassismus für Befreiungsbewegungen und den Aufbau der jungen Nationalstaaten sowie in dem eigenständigen Beitrag, den die Kirchen für die Sicherung des Friedens leisten.

Dieser gesellschaftlichen Bedeutung der ev. Kirchen trägt die staatliche Kirchenpolitik Rechnung, so wie es in den Ausführungen des Staatsratsvorsitzenden Erich Honecker am 6. 3. 78 erkennbar wurde.

Der Kirche ist heute als eigenständiger Größe in aller Form gesellschaftliche Bedeutung und Mitspracherecht zuerkannt worden. Ihre eigene Mitverantwortung für die Zukunft aller ist unbestritten. Die Kirche wird demzufolge heute nicht als Institution des Klassengegners, sondern als eigenständige gesellschaftliche Kraft gewertet.

Quelle: epd-Dok 52/1980, 73.

Dokument 1981/1

Klaus Gysi, Vortrag im Ökumenischen Zentrum Genf, 29. 5. 1981.

Der Staatssekretär für Kirchenfragen äußerte sich in Genf über die Grundlagen sozialistischer Kirchenpolitik. Der vorliegende Text basiert auf einem Tonbandmitschnitt.

Solange die Kirche Kirche bleibt, wird sie eigenständig sein müssen. Wir sind der Meinung, sie wird auf ihre Weise nie vollintegriert in unsere Gesellschaft sein als eine gesellschaftliche Kraft, aber trotzdem steht vor uns die Aufgabe, einen Modus vivendi zu finden.

Warum? Wir haben doch nicht gesagt als Marxisten, wenn wir erstmal die Macht haben, bringen wir die Kirche um. Das sind sowieso Dummheiten. Dummheiten, die Marx, Engels, auch Lenin völlig fremd waren. Das ist doch ein Quatsch. [...] Sondern wir haben gesagt, in unseren Augen als Marxisten ist die Kirche eine historische Erscheinung. Und eine historische Erscheinung hat einen Anfang und ein Ende, und es wird einen Prozeß des Absterbens geben. Aber es ist klar, daß dieser Prozeß einen ganzen historischen langen Zeitraum umfaßt. Was dann ist, wissen wir auch nicht. [...] (W)ir sehen nur, daß ein großer Teil des langen Weges als gemeinsamer Weg vor uns liegt. Das zwingt uns dazu zu überlegen, wie wir ihn gemeinsam gehen. [...]

Also, wir haben eigentlich die Absicht, die Kirchen in unserer Republik wirklich zu beheimaten und allmählich ihre Potenzen zu gewinnen für die stabile Entwicklung sowohl im Inneren unserer Republik als auch für unsere Friedenspolitik.

Natürlich braucht eine solche Entwicklung auch eine geistige Grundlage, aber wir sind der Meinung, wir haben sie eigentlich. Wenn wir sehen, wie die Bereitschaft zum gesellschaftlichen Engagement, zu politischer Verantwortung wächst usw., dann muß ich sagen, ermutigt uns das sehr, diesen Weg weiterzugehen. Auch den Weg der Kirche im Sozialismus. Nun ist die Frage, was haben wir für gemeinsame geistige Fundamente. [...] Es ist erstens unsere Friedenspolitik [...]. Das Zweite, daß wir wirklich das Beste für das Wohl aller Menschen bei uns wollen und das Dritte, daß internationale Solidarität heute in der Welt und soziale Gerechtigkeit ganz wichtige Fragen sind. Sicher werden wir uns diesen Fragen von verschiedenen Seiten aus nähern. Von verschiedenen Vorstellungen her. Aber es bedeutet gleichzeitig, daß wir eben immer wieder neu abstimmen müssen die Möglichkeiten, um die Möglichkeit zu finden des konstruktiven Vorgehens des Gemeinsamen, das Kooperierende und des Tolerierenden. [sic!]

Quelle: KiS 14, 1988, 147.

Dokument 1981/2

Kirchenpräsident Eberhard Natho am 9. 10. 1981 vor der EKU-Synode/Region West in Berlin/W.

Von Juni 1969 bis Ende Januar 1971 muß der Vorstand der Konferenz der Kirchenleitungen warten, bis er von Staatssekretär Hans Seigewasser erstmals empfangen wird. In diese tastende Versuchsphase einer Normalisierung fällt nun auch – und das muß man sich ja immer wieder einmal deutlich machen! –, daß unsere Kirchen offiziell und kirchenamtlich die Frage beantworten, die bisher nur von Randgruppen oder politischen Gruppierungen aufgegriffen worden waren: Was heißt es, daß wir Kirchen „im Sozialismus" sind? Erst 1971 formuliert eine Synode aus, was Moritz Mitzenheim schon wesentlich früher gesagt hatte: Wir wollen Kirche im Sozialismus, nicht gegen, nicht neben, sondern im Sozialismus sein. Und wesentlich später erweitert dann Hans Joachim Fränkel als Bischof von Görlitz die Formel präzisierend: nicht unter ihm und nicht in seinem Geiste. Mit all diesen Formeln sollte nicht mehr und nicht weniger gesagt sein: wir nehmen unsere Umwelt ernst, aber wir bleiben eigenständige und allein an das Evangelium gebundene Kirche.

Quelle: epd-Dok 51/1981, 60f.

Dokument 1981/3

Staatssekretär für Kirchenfragen Klaus Gysi, Vortrag vor dem Königlichen Institut für Internationale Angelegenheiten in London (Chatham House), 13. Mai 1981.

Die Kirchen in unserem Lande können – in Worten und Taten – für Frieden und Wohl der Menschheit ohne jegliche Einschränkung handeln. Der Sozialismus hat Christen und die Kirche vom Druck befreit, ihren Glauben zu Zwecken zu mißbrauchen, die nichts mit christlichen Geboten zu tun haben.

Deshalb erwarten christliche Bürger und zahlreiche kirchliche Mitarbeiter unseres Landes eine Einstellung der Kirchenleitungen, die normale und vertrauensvolle Beziehungen zwischen der Kirche und dem sozialistischen Staat garantiert. [...]

Während der [...] sechziger Jahre [...] überzeugte sich eine wachsende Anzahl von Pfarrern von der Lebensfähigkeit unseres Staates und seinem Weiterbestehen, und als Folge begann für die Kirchen eine Zeit der Unsicherheit. In den siebziger Jahren begann für die Kirchen eine Zeit, in der sie in wachsendem Maße die Vorteile, die ihnen ein sozialistischvs System und der Staat bieten, begriffen, und es wuchs ihre Bereitschaft, eine objektive und reauistßche Einstellung anzunehmen. [...]

Eine Besonderheit, auf die ich Ihre Aufmerksamkeit richten möchte, ist, daß die DDR das einzige sozialistische Land ist, wo der Protestantismus die Mehrheit bildet. Dies ist deshalb wichtig, weil die Kirchen eine grundsätzlich unterschiedliche Einstellung gegenüber gesellschaftlicher Verantwortung haben, die aus ihrem Glauben erwächst, als es in anderen Kirchen der Fall ist. Sie sind nicht in erster Linie Kirchen wie die Russisch-orthodoxe oder die römisch-katholische Kirche, sondern sie sind zur gesellschaftlichen Beteiligung gerufen. In diesem Kontext haben wir ein großes historisches Experiment in unserer Kirchenpolitik begonnen. Es ist schwierig, aber doch gleichzeitig eine Herausforderung an die Beziehungen zwischen Staat und Kirche. Und ich glaube, es ist eine große Chance. [...]

Die Mehrheit der Pfarrer stimmt heute im Prinzip dem sozialistischen System zu als dem Ort, den Gott ihnen für ihre Arbeit gegeben hat. Das bedeutet, daß die Pfarrer weitgehend in der DDR zuhause sind, nicht nur vom Geographischen her, sondern auch vom sozialistischen System her gesehen. [...]

Nun, was wurde bis jetzt erreicht?

– Zunächst haben die Kirchen die Dauerhaftigkeit und Lebensfähigkeit unserer Republik erkannt. [...]

– Die Kirchen wägen die Vor- und Nachteile einer sozialistischen Gesellschaft jetzt sorgfältiger gegeneinander ab als früher.

– Die Kirchen unseres Landes haben auf diesen Trend [„der Rückgang von Religiosität"] mit der [...] Umformung der konventionellen Kirche der Massen in eine bekennende Kirche einer aktiven Minderheit von Gläubigen geantwortet. Die Kirchen meinen, daß solche Einstellung ihnen hilft, von einer nur formalen Religion loszukommen, so daß sie aufrichtig und frei gemäß ihrem christlichen Glauben leben können. Die bestehende Trennung zwischen staatlichen und kirchlichen Angelegenheiten wird von den Kirchen anerkannt und geschätzt. Obwohl sie einige ihrer früheren Privilegien verloren haben, können sie jetzt ihr eigenes Mandat frei von allen weltlichen Bindungen erfüllen.

Quelle: epd-Dok 28/1981, 4–10.

Dokument 1981/4

Dienststelle des Staatssekretärs für Kirchenfragen, Stichwortzettel zum „60. Geburtstag von OKR Mitzenheim, Hartmut (9. 6. 1921)", 8. 4. 1981.

Bereits sein Vater, Bischof D. Dr. Moritz Mitzenheim, wesentliche Beiträge zur Standortfindung der Kirchen im Sozialismus, zur Abgrenzung von den Kirchen in der BRD, Ausarbeitung des „Thüringer Wegs" – wird von OKR Mitzenheim konsequent fortgesetzt.

Quelle: BAP, D 0–4, Nr. 797/4, Az.: 12–12–08–02.

Dokument 1981/5

Synode des Bundes der Evangelischen Kirchen in der DDR in Güstrow 1981, Stellungnahme der Synode zum Bericht des Vorsitzenden der Konferenz der Kirchenleitungen.

Die Synode sieht in der Geschichte des Bundes in den vergangenen zwölf Jahren, wie sie im Bericht des Vorsitzenden der Konferenz reflektiert wird, den anhaltenden Versuch, das Evangelium in alle Bereiche der Kirche und der Gesellschaft zu übersetzen. Wir unternehmen diesen Versuch unter besonderen Bedingungen: Die Kirche wird kleiner; schon jetzt findet sie sich als Minderheit in einer nichtchristlichen Umwelt vor. […]

Unser Nachdenken wird uns auch dazu führen, unsere Weltverantwortung wahrzunehmen. Das normale und erprobte Instrument, das sich dafür anbietet, ist das verantwortliche Gespräch […]. Dabei werden wir Christen immer wieder die Haltung überprüfen müssen, in der wir solche Gespräche führen. Es gibt „einen verletzenden Hochmut oder eine Art von Kritik, der man den Willen, hilfreich zu sein, nicht mehr abspürt" […]. Die Gesprächspartner der Kirche haben darauf hingewiesen, daß in ihren Augen die Gespräche offener, konstruktiver und verständnisvoller geworden sind. Das sollte für uns eine zusätzliche Ermutigung sein, auf allen Ebenen solche Gespräche zu suchen.

Quelle: epd-Dok 43/1981, 14.

Dokument 1982/1

Aus einem Rundschreiben des Ministers für Staatssicherheit Mielke vom 17. 3. 1982.

Der zitierte Text findet sich in den Anlagen eines Schriftstücks mit dem Titel: „Empfehlungen für ein Gespräch des Staatssekretärs für Kirchenfragen, Genossen Gysi, mit den Bischöfen der evangelischen Landeskirchen in der DDR".

Zu unterstreichen ist die auf dem X. Parteitag der SED getroffene Einschätzung, daß sich in der Zeit zwischen dem IX. und X. Parteitag der SED „… das Verhältnis des sozialistischen Staates zu den Kirchen weiter auf der Grundlage des Prinzips der Trennung von Staat und Kirche entwickelte. Die Beziehungen gewannen an Offenheit, Verständnis und Bereitschaft zu konstruktiven Regelungen …". Das klare Bekenntnis kirchlicher Würdenträger und Gremien, „Kirche in der DDR" und „Kirche im Sozialismus" sein zu wollen, wird auch als Orientierung für die staatlichen Organe bei ihren Kontakten zu Vertretern der Kirche verstanden.

Quelle: BESIER/WOLF 1991, 325.

Dokument 1982/2

Aus der Rede-Disposition eines Führungsoffiziers der Abt. XX des MfS, zur Rolle des „politischen Klerikalismus".

Der Entwurf wurde zwischen Ende September und Anfang Oktober 1982 verfaßt.
Beachte!
– Kirche läßt sich nicht total in Sozialismus integrieren;
– Kirche bleibt Kirche, es gibt keine „sozialistische" Kirche;
– Kirche steht Marxismus-Leninismus diametral gegenüber und propagiert ihre Anschauungen.
Was heißt für uns: „Kirche im Sozialismus"?
1. Kirche, die die sozialistische Gesellschaftsordnung und den sozialistischen Staat bejaht und ihre Funktion in sozialistischer Gesellschaft zum Wohle der Meuschen ausfüllt.
2. Kirche, die mit ihren Mitteln zur Stärkung der DDR und Mehrung ihres Ansehens beiträgt und ihre Glieder zu hohen Leistungen und guter Arbeit ermutigt zum Wohle der Gesellschaft und des Einzelnen.
3. Kirche unterstützt Friedenspolitik des sozialistischen Staates und leistet wirksamen Beitrag im Kampf gegen Wettrüsten und für den Entspannungsprozeß. Sie bekennt sich zur Verteidigung der Errungenschaften des Sozialismus.
4. Kirche weist alle Versuche des Mißbrauches eines „Offenhaltens der deutschen Frage" sowie Angriffe auf ihre Selbständigkeit zurück.
5. Kirche festigt die Beziehungen zu Kirchen der SU und anderen sozialistischen Staaten.
6. Kirche respektiert den Grundsatz der Trennung Staat-Kirche und mischt sich nicht in die Kompetenzen des sozialistischen Staates ein.

Quelle: BESIER/WOLF 1991, 360f.

Dokument 1983/1

Synode des Bundes der Evangelischen Kirchen in der DDR in Potsdam-Hermannswerder 1983.

Die Synode bekräftigt, daß zum Wesen der Kirche ihre Offenheit gehört. Kirche ist offen auch für alle Menschen, die in ihr Annahme und Verständnis, Geborgenheit und Schutz, Gespräche und Nähe, Hilfe und Begleitung für ihr Leben suchen. Die Kirche macht sich schuldig, wenn sie sich dieser Aufgabe entzieht. Sie muß deshalb Arbeitsformen entwickeln und integrieren, die in ihrer Flexibilität und Weite dem Sendungsauftrag der Kirche heute entsprechen. Dazu sind alle Bemühungen zu rechnen, die als offene Arbeit unverzichtbarer Teil der Verantwortung der ganzen Kirche geworden sind. Die Synode bittet die Gemeinden, diese für sie oft ungewohnte und konfliktträchtige Arbeit mitzutragen und Vertrauen zu wagen. Sie ermutigt die Mitarbeiter in diesem verantwortungsvollen Dienst, mit langem Atem die Einladung zum Vertrauen und die Gewißheit der in Jesus Christus begründeten Hoffnung weiterzugeben.

Quelle: P. MASER, Glauben im Sozialismus, Berlin 1989, 113.

Dokument 1984/1

Synode des Bundes der Evangelischen Kirchen in der DDR in Greifswald 1984.

1. Aus dem Bericht der Konferenz der Kirchenleitungen an die Synode.

Im Rückblick auf die vergangenen Jahrzehnte können wir feststellen, daß zwischen Staat und Kirche in der sozialistischen Gesellschaft unseres Landes veränderte Beziehungen gewachsen sind. Es hat, von anfänglichen Konfrontationen ausgehend, einen beiderseitigen Lernprozeß gegeben, der bis in die Gegenwart hinein nicht abgeschlossen ist. Staat und Kirche beurteilen sich heute nicht mehr vorrangig nach negativen Kriterien, die aus der Vergangenheit übernommen worden sind. An die Stelle theoretischer historischer Analysen sind neue Einsichten getreten, die durch praktische Erfahrungen im Miteinander gewonnen wurden.

Christen haben erfahren, daß der sozialistische Staat nicht die Absicht hat, die christlichen Kirchen aus der Gesellschaft zu verdrängen. Die christlichen Kirchen haben gelernt, daß sie unter einer sozialistischen Regierung erhebliche Möglichkeiten haben, den Menschen das Evangelium von Jesus Christus durch Wort und Tat zu bezeugen – oft mehr Möglichkeiten, als sie wahrzunehmen in der Lage sind.

Marxisten haben erfahren, daß die Christen nicht einfach dem Bürgertum früherer Zeiten verhaftete und somit den revolutionären Veränderungen unserer Zeit verständnislos gegenüberstehende Menschen sind. Die Vertreter des sozialistischen Staates lernen zunehmend, daß die evangelischen Kirchen gerade durch ihre religiösen Motive zu einer aktiven mitgestaltenden Kraft in der sozialistischen Gesellschaft werden können. So scheint uns, daß in den vergangenen Jahrzehnten sowohl für den sozialistischen Staat als auch für die evangelischen Kirchen realistischere Bilder mit helleren Farbtönen entstanden sind.

Das gilt auch im Blick auf Konflikte zwischen Marxisten und Christen, die im Zusammenleben immer wieder entstanden sind und entstehen. Die Konfliktfelder, die Konfliktursachen, aber auch die Lösungsmöglichkeiten sind für beide Seiten bekannter, durchschaubarer und damit leichter vermeidbar und lösbar geworden. Staat und Kirche wissen heute wechselseitig genau, was sie vom anderen erwarten können, aber auch, was sie nicht zu befürchten brauchen. An vielen Punkten hat sich erfüllt, was die Konferenz in ihrem Bericht 1974 als Hoffnung aussprach:

„Für den Nächsten einzutreten und nach dem Frieden zu suchen und für ihn zu wirken ist bleibende Aufgabe der Kirche und aller ihrer Glieder. Wir hoffen zuversichtlich, daß die Kirchen und Christen in der DDR für solchen Dienst ohne Mißtrauen und Vorbehalte in Anspruch genommen werden".

Das Prinzip der Trennung von Staat und Kirche hat sich bewährt. Solche Trennung bedeutet nicht Beziehungslosigkeit. Das Prinzip beschreibt die Eigenständigkeit der Kirche innerhalb der sozialistischen Gesellschaft. Staat und Kirche haben gelernt, daß Eigenständigkeit der Kirchen eine freiwillige Zuwendung zueinander einschließen kann. Das bedeutsame Gespräch vom 6. März 1978 hat solche freiwillige Zuwendung zueinander bewußt bekräftigt. Seither hat es nicht daran gefehlt, geduldig immer wieder das Begonnene vor Ort erfahrbar werden zu lassen. Viele Gespräche auf regionaler und örtlicher Ebene zwischen Staat und Kirche haben diesem Ziel gedient. Die Tagung des Zentralausschusses des Ökumenischen Rates der Kirchen 1981 in Dresden, die Erfahrungen des Lutherjahres, verschiedene Begegnungen zwischen den verantwortlichen Vertretern des Staates und der Kirche können als Erneuerungssymbole für Absicht und Geist des 6. März 1978 angesehen werden.

So können wir heute wagen, von einem Grundvertrauen zwischen Staat und Kirche zu sprechen. Wir meinen damit, daß Staat und Kirche an der Bewahrung und Vertiefung gewachsenen Vertrauens trotz mancher Schwierigkeiten arbeiten wollen und darin einen friedensfördernden Sinn sehen.

„Kirche im Sozialismus" ist vor 13 Jahren formuliert worden. Wir verstehen darunter an Jesus Christus gebundene Kirchen, die innerhalb der sozialistischen Gesellschaft ihre Möglichkeiten für Gottes Lob, Zeugnis und Dienst, aber auch ihre Aufgaben zur Bewährung haben.

Von verschiedenen Seiten wird in letzter Zeit angefragt, ob die Standortbestimmung „Kirche im Sozialismus" oder die Berufung auf das Gespräch am 6. März 1978 der gegenwärtigen Wirklichkeit noch entsprechen oder ob eine neue Interpretation nötig sei. Die Konferenz hat mit großer Aufmerksamkeit die Ausführungen des Staatsratsvorsitzenden in seinem Interview mit den „Lutherischen Monatsheften" zur Kenntnis genommen [...]. Sie sieht in diesen Äußerungen ein Symbol der Kontinuität gewachsener realistischer Beziehungen zwischen Staat und Kirche. Honecker sagte unter anderem:

„Ich weiß, daß die evangelischen Kirchen in der DDR am Weg des 6. März 1978 festhalten. Auch wir werden diesen Weg weitergehen. Übrigens war das Treffen vom März 1978 keine ,Sensation', wie manche behaupten, sondern reifte in einem komplizierten Entwicklungsprozeß heran.

Durch das Treffen am 6. März 1978 wurde die Kontinuität unserer Politik auf diesem Gebiet zum Ausdruck gebracht. Wir bleiben an Beziehungen zwischen Staat und Kirche interessiert, die offen, vertrauensvoll, verfassungsgemäß und konstruktiv sind. Ohne Zweifel hat der Verlauf des Jahres 1983 die Richtigkeit des Märztreffens 1978 erneut gezeigt. Von einer anders gearteten Entwicklung hätte ja niemand einen Vorteil, am wenigsten die christlichen Mitbürger, die im ,Mutterland der Reformation' in täglicher fleißiger Arbeit die sozialistische Gesellschaft mit errichten. Sie sind in unserem Lande geachtete, gleichberechtigte und gleichverpflichtete Staatsbürger. Die DDR ist für sie ihre Heimat, ihr Staat, ihr Zuhause".

Die Konferenz weist auch ihrerseits auf die Kontinuität kirchlicher Erklärungen hin. Sie stimmt offenen, vertrauensvollen, verfassungsgemäßen, konstruktiven Beziehungen zwischen Staat und Kirche zu und erkennt die Bemühung vieler verantwortlicher staatlicher und gesellschaftlicher Mandatsträger in dieser Richtung an.

1971 war der Charakter der Ortsbestimmung bei der Formulierung des Ausdrucks „Kirche im Sozialismus" vorherrschend. Dabei ging es vor allem um die innerkirchliche Aussage, daß Zeugnis und Dienst auf diese Gesellschaft in der DDR ausgerichtet sind. Zu dem Ort gehört untrennbar der Auftrag. Wenn die Kirche Jesu Christi ihren Auftrag in einer sozialistischen Gesellschaft auszurichten sucht, so nutzt sie den Bewegungsspielraum, den sie in ihr hat. Das bedeutet, daß es zwischen Staat und Kirche grundsätzlich Konflikte geben kann, aber ebenso grundsätzlich auch vernünftige Lösungen möglich sind.

Die Kirche Jesu Christi lebt auch in der sozialistischen Gesellschaft aus dem Evangelium, wenn sie eigenständig ihren Auftrag erfüllt.

2. Aus Bischof Hempels Antworten auf Fragen in der Aussprache zum Bericht der Konferenz der Kirchenleitungen.

Zwischen dem sozialistischen Staat und den christlichen Kirchen besteht eine Tradition des Mißtrauens. Sie ist zurückbezogen auf 150 Jahre begründeten Mißtrauens zwischen revolutionärer Arbeiterbewegung und christlichen Kirchen der damaligen Zeit. Seit Bestehen dieses soz. Staates, der DDR, gab es von Anfang an Konflikte. Die Konflikte und die Bereinigungsbemühungen solcher Konflikte ergaben immer wieder beiderseits den Wunsch, eine grundsätzliche Klärung des Verhältnisses zwischen soz. Staat und christlichen Kirchen herbeizuführen. Auf diesem Hintergrund ist der 6. März 1978 entstanden. Ich erinnere mich noch deutlich, in den Gemeinden oft gehört zu haben: „Wann kommt ihr über Bereinigungen von Einzelfällen endlich einmal hinaus und schafft grundsätzlichere Klärung?" Dies führte schließlich zum 6. März. Der war auch für den sozialistischen Staat ein Experiment mit Risiko. Und die Verantwortbarkeit des Risikos wird bis zur Stunde keineswegs von allen Vertretern des Staates bejaht.

Das Risiko besteht darin, daß ein sozialistischer Staat sich erstmalig mit Kirchen arrangieren wollte, zu deren Programm im Prinzip die Sozialethik gehört; solche sozial-ethischen Aktivitäten tangieren das Mandat des Staates von vornherein. Das war die eigentliche Schwierigkeit. In den letzten Jahren, das heißt seit 1978, haben sich bestimmte Grunderkenntnisse auf beiden Seiten durchgesetzt. Soweit ich das verstehe, und ich sage das mit meinen eigenen Worten, hat sich auf staatlicher Seite in Bezug auf die Kirchen durchgesetzt, daß deren Eigenständigkeit vernünftig ist, auch für den sozialistischen Staat. Und es hat sich durchgesetzt ein größerer Existenz-Realismus in Bezug auf die Zukunft der Kirche. Und schließlich hat sich auch auf staatlicher Seite die Bereitschaft durchgesetzt, in Bezug auf Konflikte geduldige Kleinarbeit zu leisten. Tatsächlich sind viele Fälle bereinigt worden. [...]

Noch ein paar Worte zum „Grundvertrauen". Ich rede mit meinen Worten und auf meine Verantwortung. Ich glaube, daß die Regierung der DDR in Bezug auf die christlichen Kirchen in diesem Land gelernt hat, daß die Christen und die Kirchen nicht die Feinde des Sozialismus sind, und daß sie bereit sind, alle Konflikte unter dieser Überschrift anzugehen. Für uns Christen bedeutet das Wort „Grundvertrauen", daß wir gelernt haben, daß der sozialistische Staat uns nicht im Prinzip aus der Gesellschaft verdrängen oder Sterbehilfe leisten will. Solche Einstellung ist entstanden gerade durch freimütige Gespräche und hätte ohne beiderseitigen Freimut nicht erreicht werden können. Im Alltag: Grundvertrauen zwischen Kirchen dieses Landes und Regierung dieses Landes heißt: Beide Seiten bejahen, daß Gespräche das Mittel ohne vernünftige Alternative sind, um in Konflikten kleiner und großer Art voranzukommen. Diese Gespräche müssen freimütig geführt werden und sie müssen uns nach der Klarheit unserer Haltung immer wieder fragen. Diese Gespräche können aber nur geführt werden, wenn zwischen Staat und Kirche ein Mindestvertrauen erhalten bleibt. Also heißt „Grundvertrauen", es lohnt sich, die ruhmlose Arbeit geduldiger Gespräche über kleinere und große Fragen zu führen. Diese Arbeit hat friedensfördernden Sinn, auch wenn sie nicht immer zu 100%igen Lösungen oder auch nur zur Erfüllung aller unserer Wünsche führt.

3. Aus dem Beschluß der Synode zum Bericht der Konferenz der Kirchenleitungen.

[Wir] empfinden [...] es dankbar, daß wir in einem Staat leben, der mit erheblichen Anstrengungen dazu beigetragen hat, den Frieden in Europa zu bewahren. Wir unterstreichen, daß alle offenen Fragen hinter der Aufgabe zurücktreten, den Frieden zu erhalten. Hier liegt auch der tragfähige Grund dafür, daß Staat und Kirche an der Bewahrung und Vertiefung gewachsenen Vertrauens trotz mancher Schwierigkeiten arbeiten wollen und darin einen friedensfördernden Sinn sehen [...]. Obwohl es grundsätzlich zwischen Staat und Kirche Konflikte geben kann, vertrauen wir darauf, daß ebenso grundsätzlich vernünftige Lösungen möglich sind. Solche Lösungsmöglichkeiten müssen gesucht und auf allen Ebenen in Anspruch genommen werden, zuallererst an dem Platz, den die Christen vor Ort in der Gesellschaft einnehmen.

Quelle: epd-Dok 43/1984, 23–25 (1). 31–33 (2). 34 (3).

Dokument 1985/1

Synode des Bundes der Evangelischen Kirchen in der DDR in Dresden 1985, Bericht der Konferenz der Kirchenleitungen an die Synode.

Für die Bestimmung des Weges unserer Kirche und ihres Standortes als „Kirche im Sozialismus" war die Erkenntnis wesentlich, daß unsere Kirchen in der Vergangenheit ihre Verantwortung für soziale Gerechtigkeit oft genug verkannt und verfehlt haben. *An dieser Stelle wird Punkt 5 des Darmstädter Wortes zitiert, vgl. Dok 1947/1.*

Von dieser Erkenntnis her haben sich unsere Kirchen auf den Weg gemacht, unsere Gesellschaft als eine nach ihrem eigenen Selbstverständnis sozialistische Gesellschaft ernstzunehmen und als den von Gott gewiesenen Raum zur Bewährung des christlichen Zeugnisses und als von Gott geschenkte Chance für den Dienst des Evangeliums aufzunehmen.

In diesem Bemühen haben unsere Kirchen gelernt, welche Bedeutung die sozialen bzw. kollektiven Menschenrechte für die Verwirklichung von Frieden und Gerechtigkeit besitzen. Was auf diesem Wege erreicht worden ist, ermutigt dazu, auch Defizite in den Rechten des Einzelnen oder einzelner Gruppen nüchtern in den Blick zu fassen und aufzuarbeiten. Dabei geht es immer um Fragen, die sich auch für das Zusammenleben in der Gemeinde und in den Kirchen stellen.

Quelle: epd-Dok 43/1985 vom 7. 10. 1985, 4f.

Dokument 1985/2

Staatssekretär Klaus Gysi, Potsdam, 26. 10. 1985.

Die Evangelische Kirche in Berlin-Brandenburg beging das 300-jährige Jubiläum des von Kurfürst Wilhelm erlassenen Edikts von Potsdam mit einer Festveranstaltung. Bei einem Empfang in der Potsdamer Neuen Residenz am 26. 10. 1985 benutzte Staatssekretär Klaus Gysi den Anlaß, um auf das aktuelle Verhältnis von Staat und Kirche in der DDR zu sprechen zu kommen.

Schließlich begehen wir den Jahrestag des Potsdamer Edikts in guter Gemeinsamkeit von Staat und Kirche. Auf dem Boden erprobter Prinzipien unseres Zusammenlebens, wie z.B. der Trennung von Staat und Kirche, der ständigen Suche nach Feldern der Gemeinsamkeit bei der Gestaltung unseres Lebens, im Bewußtsein gemeinsamer Verantwortung für das eine Volk und Land, in dem wir leben, und im Wissen um den Wert gegenseitig zugestandener Identität, um den Wert des Vertrauens von Konstruktivität und Offenheit, stellen wir uns gemeinsam um der gemeinsamen Zukunft willen, jeder auf seine Art und Weise, der gemeinsamen Geschichte. [...]

Der Marxismus [...] befindet sich in einer ungebrochenen Linie mit dem aktiven Humanismus aller Zeiten, wenn er Toleranz in seinem Verständnis als die Respektierung von Auffassungen versteht, die sich die Wohlfahrt der menschlichen Gesellschaft zum Ziel stellen. Das schließt konstruktive Diskussionen zwischen Vertretern verschiedener Weltanschauungen um die Erreichung dieses Zieles ein. Es verlangt zugleich Unnachgiebigkeit gegenüber allen Auffassungen, die mit der Existenz der Menschheit ihr Spiel treiben. [...]

Es sollte [...] daran erinnert werden, daß die entscheidenden Grundsätze für das Leben christlicher Menschen und das Wirken der Kirchen in unserem Staat in den Dokumenten der Kommunistischen Partei Deutschlands, beginnend mit der Brüsseler Konferenz 1935 und in der Berner Konferenz 1939, zu finden sind.

Die politisch-moralische Einheit unseres Volkes, zu der wir uns verpflichtet wissen, funktioniert nicht durch die Nivellierung der weltanschaulichen, ideologischen Unterschiede im Volke, sondern sie funktioniert gerade dadurch, daß bei ihrer strikten Berücksichtigung und bei unverletzter Identität das Gemeinsame für das Wohl des Landes gesucht und gefunden wird. Diese Toleranz ist für eine humanistische und damit sozialistische Gesellschaft eine lebensnotwendige ständig neue Aufgabe.

Die Grenzen dieser Toleranz sind flexibel und müssen immer neu gesucht und gefunden werden. Sie hat Grenzen dort, wo manipulierender politischer Mißbrauch dieser großen Idee und dieser notwendigen Voraussetzung für die Gemeinsamkeit für eine Ideologie betrieben wird, die letztlich die Existenz der Menschheit aufs Spiel setzt. [...]

Im Sinne des humanistischen Charakters unserer Politik und im speziellen in den Beziehungen von Staat und Kirche in der DDR wird man von realisierter Toleranz im Alltag zu sprechen haben. Weil diese Beziehungen von Offenheit, Vertrauen, Bereitschaft zu konstruktiven Regelungen gekennzeichnet sind, weil die christliche Identität und Motivation unverletzt ist und bleiben muß, respektiert und geachtet wird und werden muß. Eine Sozialisierung der christlichen Botschaft erfolgt nicht. Eine starke Gemeinschaft in elementaren Grundsatzfragen und eine starke gemeinsame Verantwortung für die Menschen und für die Gesamtgesellschaft bestimmen immer stärker unser gemeinsames Handeln.

In der Politik unseres Staates, notabene eines Staates der Arbeiter und Bauern, ich kann mich nicht entsinnen, daß wir unseren Staat jemals als einen atheistischen deklariert hätten, und die atheistische Umwelt ist auch keine Erfindung von uns, sondern eine Welterscheinung – bemühen wir uns aber, im allgemeinen und besonderen eine solche Toleranz zu verwirklichen.

Quelle: M. STOLPE/F. WINTER (Hgg.), Wege und Grenzen der Toleranz, 1987, 138–143.

Dokument 1986/1

Manfred Stolpe über „Kirche im Sozialismus".

Aus einem Interview des damaligen Konsistorialpräsidenten der Evangelischen Kirche in Berlin-Brandenburg und Stellvertretenden Vorsitzenden der Konferenz der Kirchenleitungen mit Günter Wirth, das im Januar 1986 veröffentlicht worden war.

Die evangelischen Kirchen in der DDR, die große Mehrheit ihrer Amtsträger, Mitarbeiter und Gemeindeglieder praktizieren heute die Position einer Kirche im Sozialismus. „Kirche im Sozialismus" ist die kürzeste Beschreibung des Verständnisses der evangelischen Kirche von ihrem Auftrag hier in diesem Land. [...] Kirche im Sozialismus meint die ständige Aufgabe, meint den Prozeß, in dem die Gemeinde Christi mit dieser Gesellschaft und diesem Staat DDR steht. Dieser Prozeß betrifft alle, und er hat mehrere Seiten:

– Die Kirche muß dabei Kirche bleiben und hat deshalb ihre letzte Bindung und Freiheit in Gott. Wegen der klaren ideologischen Fronten ist das im Sozialismus gelegentlich einfacher als in der westlichen Gesellschaft. Eine sozialistische Kirche kann es nicht geben.

– Die Christen dürfen glauben, daß die Verheißung Gottes auch für die sozialistische Gesellschaft gilt. Sie ist kein weißer Fleck auf der Landkarte Gottes. Gerade hier werden ihr Zeugnis und Dienst gebraucht.

– Kirche und Christen sehen sich zur konkreten Mitverantwortung für Probleme der Welt und der eigenen Gesellschaft gefordert. Die Bemühungen um Frieden und Gerechtigkeit sind für Christen praktizierter Glaubensgehorsam. Suchet der Stadt Bestes –das gilt für Christen auch in diesem Lande.

– Kirchen und Christen erwarten von der sozialistischen Gesellschaft ungehinderte religiöse Betätigung sowie die Gleichberechtigung und Gleichachtung unbeschadet der Weltanschauung.

Staat und Gesellschaft haben diese Position verstanden. Sie wurde berücksichtigt in der Vereinbarung vom 6. März 1978 zwischen Staatsrat und Kirchenbund, die am 11. Februar 1985 zwischen dem Staatsratsvorsitzenden und dem Vorsitzenden der Konferenz der Evangelischen Kirchenleitungen erneut bekräftigt wurde.

Kirche im Sozialismus ist ein zweiseitiger Prozeß, der auf allen Ebenen und in allen Bereichen eingeübt werden muß. Er erfordert verständnisvollen und offenen Dialog sowie eine konstruktive und geduldige Haltung auf beiden Seiten. Kirche im Sozialismus meint nicht kurzatmiges Taktieren, sondern langfristige unausweichliche Weggemeinschaft von Kirche, Gesellschaft und Staat. Eine Weggemeinschaft, die davon weiß, daß das Leben auch immer wieder neue Probleme bereit halten wird, in denen sie sich bewähren muß.

Quelle: Stp 14, 1986, 41.

Dokument 1986/2

Bischof Christoph Stier über ekklesiologische Programmformeln und „Kirche im Sozialismus".

Aus dem Bericht des Landesbischofs vor der Synode der Landeskirche Mecklenburgs in Schwerin vom 13. bis 16. März 1986.

Viele Christen fragen danach, wie es mit der Kirche weitergehen soll. Sie fragen nach der Perspektive unserer Kirche [...]. Wer dazu beitragen möchte, daß sich die Verhältnisse zum Guten verändern, wird zunächst von den Realitäten ausgehen, er wird versuchen, die Wirklichkeit so genau wie nur möglich wahrzunehmen. [...]

In manchen Gesprächen taucht wie ein Stoßseufzer der Wunsch auf: Wir brauchten eine neue Vision von Kirche, einen Traum, ein überzeugendes Leitbild. [...]

Ein entscheidendes Problem liegt wahrscheinlich darin, aus der Fülle guter und notwendiger Aufgaben auswählen zu müssen, Entscheidungen zu treffen und zu begrenzen, um mit Zuversicht das jeweils Mögliche und Angemessene zu tun. [...] Konzeptionelle Überlegungen in den Gemeinden und Kirchenleitungen können dazu beitragen, die erforderlichen Prioritäten zu erkennen und aus einem bloßen Pragmatismus herauszuführen. Auf welche Ziele hin richten wir unsere Arbeit aus?

Vielleicht fehlt uns gegenwärtig tatsächlich ein Begriff, der alle Aspekte zusammenfaßt. [...] Den Begriff der Volkskirche halte ich für unsere Situation in Mecklenburg für unangemessen. Die Formulierung „Kirche des Volkes" erhebt einen viel zu hohen Anspruch, als daß sie mit der Wirklichkeit unserer Gemeinden in Einklang zu bringen wäre. Die Bezeichnung „Minderheitskirche" richtet sich zu vordergründig an Mehrheitsverhältnissen in einer Region aus. Sie wirkt dadurch viel zu depressiv. Zutreffender sind demgegenüber Begriffspaare, die Spannungsfelder und Aufgaben andeuten, etwa die Gegenüberstellung: Von der Betreuungskirche zur Beteiligungskirche. Die Formel „Kirche im Sozialismus" bedarf stets neuer Interpretation und Auslegung. Sie hat inzwischen ihre wichtige Funktion erfüllt. Sie half, Mißtrauen zwischen Staat und Kirche abzubauen. Sie droht nun aber, zur Leerformel zu erstarren. Sie bietet zu viel Ansatzpunkte für Mißverständnisse, da sie sehr unterschiedliche Interpretationen zuläßt. Die bloße Ortsangabe vermag die gesellschaftlich-politische Funktion der Kirche nicht sachgemäß zu beschreiben. Kirche wird, wo immer sie lebt, in erster Linie zu fragen haben, ob sie sich von der Verkündigung des gekreuzigten und auferweckten Jesus Christus herleitet und ob sie bereit ist, in der jeweiligen konkreten Situation von seiner Botschaft zu leben, in Wort und Tat, in Zeugnis und Dienst, in Aktivität und Erleiden. Ich halte es deshalb für sachgemäß, einfach von der Kirche Jesu Christi zu reden.

Das Leitbild einer bekennenden Gemeinde, einer bekennenden Kirche, einer Gemeinschaft der überzeugten Zeugen läßt so viel Assoziationen zu, als daß sie jetzt sachgemäß aufgenommen werden können. [...] Es bedarf der Ergänzung. Ich erinnere an das Leitbild von
einer Gemeinde, die offen ist [...]. Von dem Leitbild einer missionarischen Kirche sind in
den letzten Jahren die meisten Impulse ausgegangen. [...] Die auf Bonhoeffer zurückgehende Formulierung „Kirche für andere" steht in unmittelbarem Zusammenhang mit dem Leitbild einer missionarischen Kirche. Bis in diese Tage hinein werden neue Argumente und Anregungen in die Diskussion eingefügt: Mission als Präsenz (W. Krusche), Mission als Mitge-
hen (W. Bindemann). [...] Schließlich steht mir eine Gemeinschaft von Christen vor Augen, die miteinander teilt, was sie empfängt.

Quelle: epd-Dok 18/1986, 7f.

Dokument 1986/3

Volkskammerpräsident Horst Sindermann über das Verhältnis zwischen Staat und Kirche.

Aus dem Protokoll einer Pressekonferenz im „Palast der Republik", Berlin/O., 2. April 1986.

Wir müssen darauf achten, daß alle Bevölkerungsschichten einbezogen werden in unsere
Arbeit. Und es ist nicht einfach, daß man sie zu Tagungen oder Versammlungen ruft, sondern sie müssen auch materiell, praktisch, organisatorisch einbezogen werden. Ich nenne dabei nur unser Verhältnis zur Kirche beispielsweise. Wir haben zwei Kirchen, die evangelische und die katholische Kirche. [...]

Wir können uns nicht beschweren über die Kirche, ob sich die Kirche über uns be-
schwert, das müssen Sie die Kirche fragen.

Quelle: epd-Dok 18/1986, 58.

Dokument 1986/4

Synode des Bundes der Evangelischen Kirchen in der DDR in Erfurt 1986.

1. Aus dem Bericht der Konferenz der Kirchenleitungen an die Synode.

Gerade in Konflikten wird Gemeinschaft erfahrbar, im Aushalten von Konflikten erweist
sich die Lebendigkeit einer Gemeinschaft. Das gilt auch für das Miteinander im Bund.

Das Gespräch der Konferenz der Kirchenleitungen mit der Kommission für Kirchliche Jugendarbeit, das im Mittelpunkt der Klausurtagung in Bad Saarow (März 1986) stand, hat
dies erneut deutlich werden lassen. Die Diskussion zur Formel „Kirche im Sozialismus", die
den Ort und den Auftrag der Kirchen in unserem Land in kurzer Form zu beschreiben versucht, machte Konflikte deutlich und bot die Chance, auch kontroverse Standpunkte zu artikulieren. Wenn auch generationsbedingte unterschiedliche Standpunkte keine Annäherung erfahren, so ist doch allen Teilnehmern an diesem intensiven Gespräch deutlich geworden, daß die inhaltliche Ausfüllung der Formel „Kirche im Sozialismus", will sie auch künftig eine Hilfe für Zeugnis und Dienst unserer Kirche sein, nur durch die Erfahrungen „vor
Ort" erfolgen kann.

Die Formel „Kirche im Sozialismus" versteht sich als Ortsbestimmung kirchlichen Handelns.

Es ist festzuhalten: „Kirche im Sozialismus" bedeutet, daß Kirche teilhat an den Ängsten
und Hoffnungen, den Sorgen und Erfolgen der Menschen in sozialistischer Gesellschaft.

Sie will ihren eigenen Gliedern helfen, ihren Weg in dieser Gesellschaft zu finden – „in Freiheit und Bindung des Glaubens" (wie es von der Bundessynode 1973 formuliert wurde). Und es gilt die Formulierung von Bischof i.R. D. Albrecht Schönherr: „Als Kirche im Sozialismus will sie alles das, was in dieser Gesellschaft das Leben fördert, unterstützen, und sie will vor allem warnen, was das Leben bedrohen könnte. Sie nimmt sich das Recht zu einem freimütigen Ja und gegebenenfalls auch zu einem freimütigen Nein." Die Aufgabe bleibt, in wechselnden Situationen neu herauszufinden, was dem Leben dient und was das Leben bedroht.

Wenn in Konflikten Gemeinschaft erfahrbar wird, so ist ebenso richtig, daß ungelöste Probleme und das Ausweichen vor Konflikten Gemeinschaft – auch die im Rahmen des Bundes – gefährdet. Bleibt die Lösung vorgetragener Probleme aus, gefährdet der Mißerfolg das Vertrauen in die sachgemäße Verhandlungsführung seitens der kirchlichen Vertreter.

Es wird gefragt: Wird von den Beauftragten der Kirche richtig und mit Nachdruck verhandelt? Ist der Partner überhaupt gesprächs- und kompromißbereit? So wird besonders auch dann gefragt, wenn offene Fragen immer wieder vorgetragen werden, ohne daß Lösungen in der Gemeinde zu spüren sind.

2. Landesbischof Werner Leich: Antworten auf Fragen von Synodalen zum KKL-Bericht.

Ich spreche zunächst zu den Fragen, die im Zusammenhang mit dem Begriff „Kirche im Sozialismus" stehen [...]. Der Konferenzbericht will keine formale Ortsbestimmung geben. Er spricht von der „Ortsbestimmung kirchlichen Handelns". Dieser Ausdruck ist die zusammenfassende Überschrift für zwei Aufgaben:

1. „Teilhabe an den Ängsten und Hoffnungen, Sorgen und Erfolgen der Menschen in sozialistischer Gesellschaft",
2. Hilfe für die Gemeindeglieder, ihren Weg in dieser Gesellschaft zu finden in Freiheit und Bindung des Glaubens (Bundessynode 1973).

Das Zitat von Bischof i.R. Dr. Schönherr wird als Bekräftigung der Überschrift angesehen. „Die Kirche nimmt sich das Recht zu einem freimütigen Ja und gegebenenfalls zu einem freimütigen Nein."

Der Begriff „Ortsbestimmung" kann mißverständlich sein, sobald wir den Zusatz „Ortsbestimmung kirchlichen Handelns" nicht mithören. Er kann es auch sein, weil der alles kirchliche Handeln bewegende Ausgangspunkt nur abgekürzt benannt ist, nämlich „in Freiheit und Bindung des Glaubens". Die Kirche hat den Auftrag Gottes, mit den Mitteln der Predigt des Wortes Gottes und der einladenden Verwaltung der Sakramente zum Glauben zu rufen. Darin besteht die einzige Lebensberechtigung der Kirche. Ich wandle ein Wort des großen Theologen Paul Tillich ab: „Der Glaube, nicht das Zeugnis, ist stärker als der Tod. Aber es gibt keinen Glauben, der nicht zum Zeugnis wird." Das Zeugnis soll nicht von uns selbst ausgewählte oder gar aussortierte Menschen erreichen, sondern die Menschen in ihren Lebenszusammenhängen, zu denen wir selbst gehören. Die Sendung setzt auch nicht bestimmte Lebensbedingungen voraus, die dem Glauben zuträglich sind. Die Menschen in ihren Lebenszusammenhängen sind vorbehaltlos gemeint, mit denen wir zusammen leben. Wir ermahnen uns, dies ernst zu nehmen, wenn wir von „Kirche im Sozialismus" als „Ortsbestimmung kirchlichen Handelns" sprechen.

Quelle: epd-Dok 42/1986, 11f. (1). 36 (2).

Dokument 1986/5

Albrecht Schönherr, „Öffentlichkeitsanspruch einer Minderheit. Aktuelle Erwägungen zum vier-
zigjährigen Jubiläum der ‚Mecklenburgischen Kirchenzeitung' im Juni 1986 ".

Schönherr geht der Frage nach, auf welche Weise die Kirche angesichts ihrer Minderheitssituation ihren
„Öffentlichkeitsanspruch" geltend machen bzw. nicht geltend machen kann.

Ich sehe auch die Chance, buchstabieren zu lernen, was das Kreuz nicht nur für den einzelnen Christen, sondern für die Kirche bedeutet, damit sie alles triumphale Gehabe ausschließt, von dem wir auch noch nicht frei sind. Kirche redet nun nicht mehr vom Katheder
aus, nicht mehr als die Lehrerin der anderen, die immer schon weiß, was man zu glauben
und zu tun hat. Die Zeiten, in denen man der Kirche ein Wächteramt zubilligte, sind vorbei. Wir sind nicht mehr auf dem Wachturm oben über der Stadt, von wo aus man besser
Ratschläge erteilen kann, sondern wir sind mitten im Getümmel. Wir spüren die Schmer-
zen der Gesellschaft am eigenen Leibe. Wir sind weit davon entfernt, die kleine Schar als
Vorbild und Elite ausgeben zu können. [...]
    Es war wohl Werner Krusche, der einmal das Wort von der kritisch unterscheidenden
Mitarbeit geprägt hat. [...] Unsere Mitarbeit kann nur in der unbedingten Bindung an den
Auftrag der Kirche geschehen und nicht, indem wir uns in irgendeine andere Ebene oder in
einen anderen Auftrag hineinziehen lassen. [...]
    Wir müssen den Mut haben, Ja zu sagen. Das ist gar nicht so leicht. Leichter ist es, Nein
zu sagen. Man erwartet von uns eigentlich, daß wir Nein sagen. Wir dürfen uns nicht einfach in eine Opposition hineinziehen lassen, aber natürlich auch nicht einfach das nachspre-
chen, was sowieso schon alle sagen und was man in allen Zeitsngen sehen und lesen kann.
[...] Darum müssen wir etwas riskieren. Wir müssen immer an der Grenze entlanggehen
und gelegentlich auch einmal einen Fuß darüber hinaus. Sonst läuft unsere Arbeit nur auf
die Bestätigung des status quo hinaus. Wir müssen Ja sagen, wo man das kann, und Nein sagen, wo man es muß.

Quelle: SCHÖNHERR 1988, 329–338.

Dokument 1986/6

Albrecht Schönherr, Die Religionskritik Dietrich Bonhoeffers in ihrer Bedeutung für das Christ-
sein in der DDR.

„Eine Zeugnis- und Dienstgemeinschaft von Kirchen in der Deutschen Demokratischen Republik wird ihren Ort genau zu bestimmen haben: In dieser so geprägten Gesellschaft, nicht neben ihr, nicht gegen sie" [...]. Damit geben die Kirchen, die sich 1969
zum Bund der Evangelischen Kirchen in der DDR zusammengeschlossen haben [...],
den konkreten Ort an, an den sie sich gestellt wissen. Was bedeutet das? Sie wollen den
Menschen nahe sein, die hier leben, Christen und Nichtchristen, und an ihren Erfolgen
und an ihren Problemen teilnehmen. Sie suchen sich keine Nischen, in denen sie vor Re-
gen und Sturm geschützt wären. Sie verstehen sich auch nicht als Ersatz für die fehlende
parlamentarische Opposition, ebensowenig wie als Parteigänger des Sozialismus. Eine „sozialistische Kirche" kann es weder nach ihrem Selbstverständnis noch nach dem der Partei geben. [...]
    Als Christen in einem sozialistischen Land sind wir unausweichlich vor die Frage gestellt:
Wie kann man als Christ in einer Gesellschaft leben, die eine marxistisch-leninistische Partei dem Sozialismus entgegen führen will und die alle Anstrengungen macht, die Bürger zu

sozialistischen Menschen zu erziehen? Der Frage kann sich kein Christ entziehen, es sei denn, er wolle in einer Scheinwelt leben und damit sich selbst und die anderen betrügen.

Quelle: SCHÖNHERR 1988, 239. 251.

Dokument 1987/1

Otto Reinhold über den beiderseitigen Lernprozeß.

Otto Reinhold, der Rektor der Akademie der Gesellschaftswissenschaften beim ZK der SED, formulierte im Juni 1987 auf dem Kirchentag in Frankfurt am Main:
Der Lernprozeß bestand vielleicht darin, daß ... bei Vertretern der evangelischen Kirchen die Meinung bestand, in einem Staat, in dem die atheistische Weltanschauung eine Rolle spiele, könne man nicht leben – mit der Hoffnung, daß bald ein anderer Staat kommt; ein Lernprozeß bei uns, wo die Vorstellung bestand, mit dem Aufbau des Sozialismus werde die christliche Weltanschauung allmählich an Bedeutung verlieren und verschwinden. Ich glaube, beide haben wir uns geirrt, beide haben wir uns inzwischen korrigiert ... Die entscheidende Frage ist nicht, ob man die Auffassung des andern beseitigt und ändert, sondern wie ein Weg gefunden wird für die Zusammenarbeit aller Bürger dieses Staates.

Quelle: A. SCHÖNHERR, Nach zehn Jahren. Rückblick auf das Staat-Kirche-Gespräch vom 6. März 1978, in: DERS. 1988, 344–352, 350f.

Dokument 1987/2

Gerhard Bassarak über Proexistenz und Eigenständigkeit.

Bassarak sprach beim VI. Ökumenischen Symposion, gemeinsam veranstaltet von der Sektion Theologie der Humboldt-Universität Berlin und dem Regionalausschuß der CFK in der DDR, 3./4. Februar 1987, zu dem Thema: „Christliche Proexistenz – das Eigenständige im Gemeinsamen“. Die „Weißenseer Blätter“ druckten Auszüge aus diesem Vortrag, aus denen hier zitiert wird.
„Eigenständig“ ist kein in der Bibel auffindbarer Begriff. [...] Der wohl extremste Ausdruck des Verzichts auf nicht nur Eigenständigkeit, sondern auf das eigene Heil steht bei Paulus Rö 9,3 „Ich selber wünschte, verflucht und von Christus getrennt zu sein für meine Brüder, die meine Stammverwandten sind nach dem Fleisch...“ Ist da Selbstverleugnung, Proexistenz nicht Widerspruch, ja Gegensatz zur Eigenständigkeit?
Die Regionalkonferenz der CFK in der DDR hat vor kurzem (6. 12. 86) in einer Erklärung zum konziliaren Prozeß formuliert: „Nach unserer Überzeugung würde der konziliare Prozeß sein Ziel verfehlen, wenn er der Tendenz Vorschub leistete, christliches Friedenshandeln von anderen Friedensaktivitäten abzugrenzen. Wer sich vom Friedensaufruf des Evangeliums in Bewegung setzen läßt, der braucht um seine Eigenständigkeit nicht besorgt zu sein, weil des Christen Eigenständigkeit im Dienst und Dasein für andere besteht.“ Hier wird an den gemeinsamen Weg zu einem gemeinsamen Ziel erinnert. Wird beides nicht verfehlt durch eigensinniges Pochen auf Eigenständigkeit? [...]
Eigenständigkeit – ich war dem Begriff von Anfang an nicht gewogen. [...] Sendet nicht der auferstandene Gekreuzigte uns hinein in alle Welt – wie Schafe unter die Wölfe? Gibt es da einen eigenständigen Standpunkt zu behaupten? Gilt es da nicht vielmehr, sein Fell zu riskieren? Heißt Nachfolge nicht auch Selbstverleugnung?

Quelle: WBl 1/1987, 26–28.

Dokument 1987/3

Gerhard Bassarak, „Zum Darmstädter Wort – 40 Jahre danach".

Ist der Freiraum, den sich das Evangelium schafft (und den der Staat respektiert) nicht zu kostbar, um darin Gruppen die Möglichkeit einzuräumen, „Allotria" zu treiben, darunter auch solchen, die erklären, daß die Kirche und ihre Botschaft sie nichts angeht?

Quelle: ZdZ 41, 1987, 209–212, 212.

Dokument 1987/4

Aus einem „Informationsmaterial zu Kirchenfragen" der Zentralen Auswertungs- und Informationsgruppe des MfS vom Mai 1987.

Mit der Bildung des Bundes der Evangelischen Kirchen in der DDR (1969) haben die acht evangelischen Landeskirchen der DDR der Tatsache Rechnung getragen, daß die Staatsgrenzen der DDR auch die Grenzen für die kirchlichen Organisationsmöglichkeiten bilden [...][12]. Mit der damals vollzogenen Verselbständigung der evangelischen Kirchen in der DDR gegenüber denen in der BRD, die allerdings Prozeßcharakter trug und auch heute noch Raum für nicht zu unterschätzende Bindungen und Kontakte läßt, wurde den historischen Realitäten entsprochen. Der Bund der Evangelischen Kirchen in der DDR brachte seine Position auf die bisher mehrfach bestätigte Formel: „Wir wollen Kirche nicht neben, nicht gegen, sondern wir wollen Kirche im Sozialismus sein". Diese für das heutige Verhältnis von Staat und Kirche in der DDR gültige Formel von der „Kirche im Sozialismus" bedeutet selbstverständlich nicht unbedingt: Kirche für den Sozialismus, und schon gar nicht: Kirche des Sozialismus. Es muß im Gegenteil auch weiterhin in Rechnung gestellt werden, daß es nicht wenige kirchliche Amtsträger gibt, die unter dieser Formulierung lediglich das Überleben der „Kirche im Sozialismus", also unter vorübergehend sozialistischen Bedingungen verstehen. Vor allem aber an der Basis ist eine wachsende Identifizierung der Christen mit ihrem sozialistischen Staat zu verzeichnen. [...][13] Auch angesichts dieser positiven Entwicklung ist der erreichte Grad der Verselbständigung der DDR-Kirchen von denen der BRD und ihre Einbindung in unsere sozialistische Gesellschaft als beachtlicher Erfolg unserer Politik anzusehen. [...] Dem politischen Mißbrauch der „Kirche im Sozialismus" durch die Feinde des Sozialismus entgegenzutreten, ist, da er sich gegen die ganze Gesellschaft richtet, eine gesamtgesellschaftliche Aufgabe, in erster Linie aber eine Herausforderung, die vor den Kirchen selbst steht. Je mehr sie selbst sich dagegen verwahren, von Kräften vereinnahmt zu werden, denen es letztendlich nicht um humanistische Ziele des Christentums, sondern um die Konfrontation mit einem Staat geht, der grundsätzlich doch gleiche und ähnliche Ziele verfolgt, desto weniger brauchen die Kirchen befürchten, von diesem Staat „bevormundet" zu werden, desto mehr Entfaltungsmöglichkeiten eröffnen sich den Kirchen in diesem Staat. Die Mehrzahl der kirchlichen Amtsträger in der DDR verschließt sich dieser Logik nicht. Innerhalb der Kirchen ist ein Differenzierungsprozeß in Gang gekommen, der deutlich werden läßt, daß auch die kirchenleitenden Organe, die zu manchen Fragen der gesellschaftlichen Entwicklungen „eigene Meinungen" vertreten, nicht bereit sind, sich mit denen zu identifizieren bzw. uneingeschränkt die zu unterstützen,

---

[12] An dieser Stelle weist der Text auf den Ursprung dieser Formulierung, nämlich die Weimarer Rede Mitzenheims (Dok 1968/4) hin.

[13] An dieser Stelle wird die Entwicklung der Wahlbeteiligung der Pfarrer der DDR referiert.

die immer wieder versuchen, den sozialistischen Staat mit dem Segen der Kirche zu provozieren.

Quelle: BESIER/WOLF 1991, 464.483.

Dokument 1987/5

Aus einer „Gesprächsvorlage" für die Sitzung der Konferenz der Kirchenleitungen im März 1987.

Der Bund der Evangelischen Kirchen in der DDR hat den sozialistischen Staat als eine Möglichkeit gerechteren Zusammenlebens ernst genommen und die Mitarbeit an der Verwirklichung gerechter, sozialer und humanitärer Verhältnisse zugesagt. Maßstab und Grenze dieser Mitarbeit ist die Bindung an den Auftrag des Herrn der Kirche.

Quelle: U.-P. HEIDINGSFELD, Bund, 1992, 19f.

Dokument 1987/6

Bischof Werner Leich, „Bedeutung und Wirkung des Darmstädter Wortes des Bruderrates für den Weg der Evangelischen Christen und Kirchen in der Deutschen Demokratischen Republik".

Vortrag bei einem Colloquium der Sektionen Theologie in der DDR in Jena, 8.-9. 10. 1987.
Die Kurzformel „Kirche im Sozialismus" muß immer mit dem Darmstädter Wort zusammen gesehen und von ihm aus interpretiert werden. Dies läßt sich am besten zeigen, wenn jedes der drei Worte der Kurzformel auf seine ihm eigene Bedeutung im Zusammenhang mit dem Bruderratswort untersucht wird.

[...] Mit dem Begriff „Kirche" in unserer Kurzformel wird die alleinige Bindung an den dreieinigen Gott ausgesagt und alle außerhalb seiner Verheißung und seines Willens liegenden Motive für das Handeln der Kirche abgelehnt. [...]

Mit der Aussage „im" Sozialismus wird der besondere Auftrag der Kirche in der besonderen und gegenwärtigen Situation angegeben. Der Auftrag der Kirche sucht den Menschen in seiner politisch-sozialen Wirklichkeit auf.

In der DDR ist diese Wirklichkeit der sozialistische Staat und die sozialistische Gesellschaft. Damit untersuchen wir das dritte Wort der Kurzformel. Der Sozialismus ist weder im positiven noch im negativen Sinne Vorbedingung für den Dienst der Kirche. Christus hat die Apostel „in alle Welt" gesandt, um „alle Völker" zu Jüngern zu machen. [...] Wir leben als Christen in der Gegenwart unseres Herrn immer dort, wo er auf unseren Dienst wartet. „Sozialismus" beschreibt in Kürze die Auftragsrichtung, aber nicht die Bindung unserer evangelischen Kirchen in der DDR.

Daraus ergibt sich, daß unsere Kirchen den Versuch im Lichte des Evangeliums begleiten, eine „gerechtere Form des Zusammenlebens" in einer sozialistischen Geselltchaft anzustreben. [...] Dabei will die Kirche allen Menschen nahe sein und alle standesmäßigen Schranken überwinden. Darin kommt ihr die sozialistische Gesellschaftsordnung mit ihrer Grundidee der Gleichheit aller Menschen entgegen. Auch in diesem Lebensraum bleiben die der Kirche mitgegebenen Maßstäbe für das Wahrnehmen politischer Verantwortung bestehen: Die von Gott den Menschen unverlierbar geschenkte persönliche Würde als Geschöpf Gottes, der Auftrag, die gute Schöpfung Gottes zu bewahren und das Gebot, alle Menschen zu lieben. In der Bindung an Christus unterstützt die Kirche durch ihren Dienst alles, was die guten Gaben Gottes für die Menschen fruchtbar macht und bewahrt. In der Bindung an

Christus widersteht sie Staat und Gesellschaft, wo diese Gaben Gottes den Menschen genommen werden.

Quelle: epd-Dok 52/1987, 69f.

Dokument 1988/1

Olof Klohr, Atheistischer Staat?, 1988.

Antwort auf einen Leserbrief an die „Deutsche Zeitschrift für Philosophie", in dem gefragt worden war, ob die DDR ein atheistischer Staat sei.

Zunächst ist darauf zu verweisen, daß Überlegungen über einen „atheistischen Staat" im Selbstverständnis unserer Arbeiter- und Bauern-Macht zu keiner Zeit eine Rolle gespielt haben. Denn der sozialistische Staat – wie übrigens jeder Staat – hat politische Aufgaben zu erfüllen; er ist ein politisches Instrument der herrschenden Klasse. Funktion eines Staates ist es nicht, weltanschauliche Probleme der Bürger zu regeln oder eine bestimmte Weltanschauung zwangsweise durchzusetzen. Folglich kann es nach marxistischer Auffassung weder einen „christlichen" noch einen „atheistischen" Staat geben.

Ein bürgerlicher Staat wird auch dann nicht zu einem christlichen, wenn sich die Mehrzahl der führenden Politiker als Christen bekennen, wie z.B. heute in der BRD. Ebensowenig wird aber ein sozialistischer Staat zu einem atheistischen, wenn die Mehrzahl der führenden Politiker Marxisten-Leninisten sind. Die Lösung der wirtschaftlichen, sozialen und kulturellen Aufgaben ist in der sozialistischen Gesellschaft eine Angelegenheit aller Bürger – unabhängig von ihrer Weltanschauung. Die in den leitenden staatlichen Organen tätigen Menschen sind daher beauftragt, diese gesellschaftlichen Aufgaben zu lösen. Das betrifft genauso zahlreiche Gläubige, die als Abgeordnete in der Volkskammer, den Räten der Bezirke, Kreise und Gemeinden tätig sind, die als Minister oder als leitende Mitarbeiter im Staatsapparat an der Leitung des Staates mitarbeiten. Sie gehören zu einem großen Teil der CDU an.

Die führende Rolle der SED schließt also keineswegs aus, daß in Staat und Gesellschaft der DDR eine große Zahl von Gläubigen verantwortungsvolle Leitungstätigkeiten ausüben und die gesellschaftlichen Belange mitgestalten. Denn die Motivation für eine staatliche Tätigkeit im Interesse der sozialistischen Gesellschaft kann aus religiös geprägtem Verantwortungsbewußtsein abgeleitet werden, eben weil es dabei nicht um letzte weltanschaulich-philosophische Probleme, sondern um die Gestaltung einer friedliebenden, gerechten, auf das Wohl der Menschen gerichteten Gesellschaft geht. Um für eine solche Gesellschaft einzutreten, bedarf es keines „atheistischen Bekenntnisses".

Die dominierende Rolle der Theorie des Marxismus-Leninismus in unserer Gesellschaft liegt überhaupt nicht im Bestreben begründet, Religion und Kirche zurückzudrängen oder dem Atheismus zum „Siege" zu verhelfen. Sie hat ihre sachliche Begründung in der Notwendigkeit, die gesellschaftliche Entwicklung – die sich nicht mehr wie im Kapitalismus spontan durch die Profit- und Marktmechanismen regelt – auf der theoretischen Grundlage einer wissenschaftlichen Theorie der gesellschaftlichen Verhältnisse zu planen, zu prognostizieren und zu leiten. Aus diesem Grunde ist die Kenntnis der marxistischen Gesellschaftstheorie auch ein generelles Erfordernis in Staat und Gesellschaft, nicht aber das „Bekenntnis" zu ihren philosophischen Grundlagen oder zum Atheismus.

Fazit: Der Staat in der DDR ist ein sozialistischer Staat, der von einem breiten Bündnis aller Klassen und Schichten sowie von Menschen unterschiedlicher Weltanschauung getragen und gestaltet wird: er ist daher auch kein atheistischer Staat. Und die Gesellschaft, in der wir leben, ist keine atheistische, sondern eine sozialistische Gesellschaft, die von eindeutig definierten wirtschaftlichen, sozialen und kulturellen Merkmalen, Strukturen und Prozessen geprägt ist, zu denen weder ein allgemeines Bekenntnis zur Religion noch zum Atheismus gehören.

Quelle: DZfPh 4/88; abgedr.in: KiS 14, 1988, 96.

Dokument 1988/2

Albrecht Schönherr, Nach zehn Jahren. Rückblick auf das Staat-Kirche-Gespräch vom 6. März 1978.

Der 6. März 1978 wird offenbar als eine Bekräftigung dessen verstanden, was sich unter der Formel „Kirche im Sozialismus" verbirgt. Diese Formel wendet sich vor allem gegen die „Ortlosigkeit" von Kirche, Predigt und Theologie. Wenn Jesus Christus die menschgewordene Weltverantwortung des Schöpfers ist, kann die Kirche sich an keinem Ort der Welt der Teilnahme und der Übernahme von Verantwortung entziehen. So bedeutet „Kirche im Sozialismus" – so mit besonderer Betonung bei der Bundessynode Eisenach 1971 – Absage an eine Ghetto- und Nischenexistenz, an innere und äußere Auswanderung; das schließt kritische Begleitung nicht aus, sondern ein. Es heißt „im Sozialismus", nicht nur „in der DDR". Es geht um qualifizierte Anwesenheit in der so gearteten Gesellschaft. Diese Gesellschaft wird von einer Partei geleitet, die sich dem dialektischen Materialismus verschrieben hat. Es geht um Anwesenheit in einem Staat, in dem die Machtfrage nicht von Wahl zu Wahl neu gestellt wird, sondern entschieden ist. Damit ist eine absolut neue Situation für den christlichen Bürger gegeben. Er ist gezwungen, neues Gelände zu erkunden, auf dem ihm neue Ermutigung, aber auch neue Versuchungen begegnen. „Kirche im Sozialismus" heißt, so sagte es die Bundessynode in Güstrow 1981, an den Problemen und Errungenschaften der Gesellschaft, in der wir leben, mittragend teilzunehmen, konkret unterscheidend mitzuarbeiten und dabei eigenständig und eigenprofiliert zu bleiben. Die Kirche darf sich nicht einigeln, aber auch nicht als Sammelbecken der Opposition verstehen. Ausgeschlossen sind totale Anpassung und totale Verweigerung.

Quelle: SCHÖNHERR 1988, 351 f.

Dokument 1988/3

Götz Planer-Friedrich, „Kirche im Sozialismus? Eine Kompromiß-Metapher hat ausgedient".

Als die evangelischen Kirchen in der DDR am Ende der sechziger Jahre sich anschickten, ihre Selbstorganisation als Kirchenbund zu konstituieren, da diente ihnen die Formel „Kirche im Sozialismus" als vorläufige Interpretations- und Kompromißmetapher. [...]

[D]ie Beschreibung „Kirche im Sozialismus" [war] der Versuch, die spezifische Situation der DDR-Kirchen theologisch wie organisatorisch in das Selbstverständnis aufzunehmen. Man würde heute vielleicht von ‚Kontextualisierung' sprechen. [...]

In einer neuen Situation, da die Kirche auf der einen Seite selbst Differenzierungsprozessen durch kritische Gruppen und kontroverse Themen ausgesetzt ist und der Staat auf der anderen unter den Druck einer Umgestaltungsbewegung innerhalb der Sowjetunion gerät, scheint die Leistungsfähigkeit des Slogans „Kirche im Sozialismus" für das Staat-Kirche-Verhältnis in der DDR erschöpft zu sein. Er erfüllt zwar auch dann noch eine beschreibende Funktion, wenn bestimmte Mangelerfahrungen an der Gesellschaft unter dem Dach der Kirche deutlicher artikuliert werden als in der sozialistischen Öffentlichkeit. Doch nun, da einige gesellschaftliche Probleme – nicht etwa, was ihre Lösung, sondern nur, was ihre Wahrnehmung und Darstellung anlangt – zu einem Kompetenzkonflikt führen, können die undefinierten Begriffe ‚Sozialismus‘ und ‚Kirche‘ nicht länger – mit der harmlosen Präposition ‚im‘ verbunden – als Erklärungsmuster für die Situation der DDR-Kirchen dienen. [...]

Wenn die Formulierung „Kirche im Sozialismus" über die Pragmatik hinaus einen Sinn hat, dann meint sie vor allem die Andersartigkeit der beiden Phänomene, die sie beisammenhält. In der Kirche versammelt sich ein anderes Wissen, anderes Verständnis von Wirklichkeit und Verbindlichkeit, als unter dem Anspruch des Sozialismus. In der Kirche sind die Menschen Teilhaber dieser Wirklichkeit ohne eigene Vorleistung, sogar oft im Widerspruch zu ihrem Verhalten und Reden. Der Sozialismus erhebt den Anspruch, die Gesellschaft auf ein höheres Niveau ökonomischer und sozialer Gerechtigkeit und menschlicher Beziehungen zu heben. Dazu braucht er die Leistung der Mitglieder der Gesellschaft, denn er kann nichts gewähren, was nicht zuvor erworben wurde.

Quelle: EK 21, 1988, 503–505.

Dokument 1988/4

Aus der Ansprache von Bischof Werner Leich bei seiner Begegnung mit dem Staatsratsvorsitzenden Honecker am 3. März 1988.

Zu den Grundsätzen vom 6. März 1978 gibt es keine Alternative. Bei verfassungsmäßiger Trennung von Kirche und Staat werden im Rahmen dieser Verfassung alle den Staat und die Kirche gemeinsam berührenden Fragen im offenen und sachlichen Dialog auf der Grundlage des gewachsenen Vertrauens angesprochen. Nach zehn Jahren ist uns nun das Nachdenken über den gegenwärtigen Umgang mit den Ergebnissen des Grundsatzgespräches angesichts gewordener und möglicher Entwicklungen in Gesellschaft und Kirche aufgetragen. Als evangelische Kirche wollen wir dieses Nachdenken in der Haltung vollziehen, die wir mit der Kurzformel „Kirche im Sozialismus" beschrieben haben. Wir wollen Gottes Willen annehmen, in einer sozialistischen Gesellschaft mit einem sozialistischen Staat als Kirche Gott zu dienen. Wir wollen dies tun als ein an den Willen Gottes gebundener, konstruktiv mitarbeitender Partner, der das Wohl des Gemeinwesens und die Möglichkeit des Sozialismus als einer gerechteren Form des Miteinanders von Menschen bejaht. Wir sehen unsere Aufgabe nicht darin, eine Oppositionspartei zu sein oder Akklamationen abzugeben. Vielmehr gilt: Wo wir sagen können „Gott sei Dank!", werden wir zur Mitarbeit bereit sein. Wo wir dies nicht vermögen, werden wir uns zu Wort melden und freimütig sprechen. [...]

Die Fragen, die unsere evangelischen Kirchen – diejenigen von Berlin-Brandenburg in besonderer Weise – in den letzten Monaten bewegt haben, sind Fragen, die aus dem gesellschaftspolitischen Bereich kommen. Sie haben keinen Ursprung im Dienst unserer Kirchen. Die Auseinandersetzung mit diesen Fragen mußten wir stellvertretend für Staat und Gesellschaft wahrnehmen. Wir haben uns diese Rolle nicht ausgesucht. Die eigentlichen Adressaten haben keine Bereitschaft zum Dialog signalisiert.

Quelle: epd-Dok 12/1988, 2.

Dokument 1988/5

Manfred Punge, Zum Gebrauch des Begriffes „Kirche im Sozialismus".

Aus dem Vorwort der zweiten Auflage der gleichnamigen Dokumentensammlung, hg. von der Theologischen Studienabteilung beim Bund der Evangelischen Kirchen in der DDR.

Die verschiedenen Möglichkeiten, mit der Formel „Kirche im Sozialismus" umzugehen, dürften ein wesentlicher Grund dafür gewesen sein, daß sie sich so schnell durchsetzte und bald weite Verbreitung fand. Noch einmal vermochte sie – zumindest eine zeitlang – als Integrationsformel für die seit Ende der 50er Jahre auseinanderdriftenden Gruppierungen innerhalb der DDR-Kirchen zu fungieren. Dieses Integrationspotential scheint allmählich erschöpft zu sein. [...]

Spätestens an dieser Stelle ist es an der Zeit, die „nicht besonders präzise", „abgenutzte", „fatale" – und wie die Adjektiva noch lauten mögen – Formel herauszulösen aus dem Gestrüpp der widerstreitenden Meinungen und Wertungen und zurückzuholen in ihren ursprünglichen Bezugsrahmen. Im Gang der Auseinandersetzungen nämlich ist ihr widerfahren, was Wörtern und Texten nicht selten geschieht, aber nie gut bekommt: Der Kontext ihrer Entstehung und Abzweckung wurde aus dem Blick verloren und mehr und mehr vernachlässigt. Davon abgehoben, avancierte sie zum kirchenpolitischen „Modell", „Konzept" oder „Programm" – und wurde damit überstrapaziert und überinterpretiert. Tatsächlich ist sie nichts weiter als eine abkürzende Formulierung, eine Kurzfassung der „Auftragsbestimmung", deren Elemente seit der Gründung des Bundes erkennbar und von der Bundessynode in Potsdam-Hermannswerder 1970 zusammengefaßt worden sind: „Der Bund wird sich als eine Zeugnis- und Dienstgemeinschaft von Kirchen in der sozialistischen Gesellschaft bewähren müssen." Wird das im Auge behalten und ernstgenommen, dann liegt der Ton nicht mehr auf den inhaltsschweren, mehrschichtigen Begriffen „Kirche" und „Sozialismus", auch nicht auf dem umstrittenen „in" (samt den ebenso umstrittenen Interpretamenten „nicht neben", „nicht gegen", die nur von den Ausgangspositionen des „Lernprozesses" und der „Standortfindung" in den Kirchen her zu erklären und zu verstehen sind), sondern zuerst auf „Zeugnis und Dienst". Daß deren Inhalt nicht bündig auf eine allgemeine, für alle Situationen praktikable und für alle Seiten akzeptable Kurzformel zu bringen ist, liegt auf der Hand. Denn wie Zeugnis und Dienst begriffen und wahrgenommen werden, das wird nicht nur je nach Frömmigkeitsstil und theologischem Profil sehr unterschiedlich ausfallen, sondern ebenso von persönlichen Erfahrungen und Prägungen, von politischen Urteilen und Einstellungen und nicht zuletzt von geschichtlichen Konstellationen abhängen.

Die Bestimmung „in der sozialistischen Gesellschaft", in der Tat nicht mehr, aber auch nicht weniger als eine Ortsangabe, weist den Kirchen in ihrem Zeugnis und in ihrem Dienst einen Platz an. Sie will und kann bewahren vor der orts- und standortlosen (u-topischen) Christlichkeit einer scheinbar „wahren Kirche" und „reinen Lehre", die aber weithin folgenlos bleibt für die realen, individuellen und sozialen Lebensvollzüge.

Quelle: M. PUNGE (Hg.), Zum Gebrauch des Begriffes „Kirche im Sozialismus", 1988, 15.17.

Dokument 1988/6

Ausschuß „Kirche und Gesellschaft" der Theologischen Studienabteilung des BEK, September 1988.

Eine Untergruppe des Ausschusses bemühte sich seit August 1988 um eine Klärung der Formel „Kirche im Sozialismus". Ein erster, längerer Gesprächsgang im Ausschuß (September 1988) griff die Frage auf,
ob die Formel „Kirche im Sozialismus" mehr als eine Orts- und Zeitaussage ist. Manches spricht dafür, daß sie auch in offiziellen kirchlichen Äußerungen eine bestimmte Option für gesellschaftliche Gerechtigkeit angedeutet hat. In diesem Zusammenhang wird Falckes Ausdruck „kritische Solidarität" von 1972 in Erinnerung gebracht.

Quelle: U.-P. HEIDINGSFELD, Bund, 1992, 23.

Dokument 1988/7

Synode des Bundes der Evangelischen Kirchen in der DDR in Dessau 1988.

1. Aus dem Bericht der Konferenz der Kirchenleitungen.

Es zeigte sich […], daß die inhaltliche Füllung des für unsere Kirche geprägten Begriffs der „Kirche im Sozialismus" immer wieder aktualisiert werden muß. Die Kirche wird darum bemüht sein müssen, diese „reale Standortbestimmung" inhaltlich angemessen zu konkretisieren. Und vom Staat muß erwartet werden, diese Standortbestimmung für die Existenz der Kirche in unserer Gesellschaft ernstzunehmen.

2. Aus der Antwort von Bischof Leich auf Fragen an den Bericht der Konferenz der Kirchenleitungen, 20. September 1988.

Wir brauchen eine Gesellschaft, die im täglichen Erleben ein menschliches Angesicht hat. Man könnte fast sagen, die sozialistische Gesellschaft ist so gut, wie sie das einzelne Mitglied der Gesellschaft im täglichen Erleben der gesellschaftlichen Vorgänge wahrnehmen kann, und zwar in seinen persönlichen Schicksalen. Wir brauchen die Vielfalt der Entfaltungsmöglichkeiten des Menschen.

3. Erich Honecker über die Äußerung von Bischof Leich auf der Bundessynode, 24. September 1988.

[I]ch möchte im Gegensatz zu manchem verantwortungslosen Gerede von Leuten, die es besser wissen müßten, sagen, daß das Antlitz des Sozialismus nuf deutschem Boden noch nie so menschlich war wie heute […]. […]
Die weitere Gestaltung der entwickelten sozialistischen Gesellschaft in der Deutschen Demokratischen Republik, die im Gegensatz zur kapitalistischen Gesellschaft allen Bürgern ein würdiges Leben ermöglicht, trägt das Gütezeichen einer Gesellschaft, in der ein Mensch ein Mensch sein kann. Sie ist […] kein Tummelplatz für Leute, die uns in die alte Zeit, in das alte Unglück zurückzerren wollen.

Quelle: epd-Dok 43/1988. KiS 14, 1988, 170–172. Vgl. auch J. LOHMANN, Gratwanderung, 1990, 17; U.-P. HEIDINGSFELD, Bund, 1992, 23; M. STOLPE, Aufbruch, 1992, 169.

Dokument 1988/8

Propst Hans-Otto Furian, Schreiben „An die Herren Superintendenten und die Vorsitzenden der Bruderschaftlichen Leitungen der Evangelischen Kirche in Berlin-Brandenburg" vom 9. September 1988.

Die anliegende Ausarbeitung [es handelt sich um M. Punge, Zum Gebrauch des Begriffes „Kirche im Sozialismus", 1988] und Eindrücke, die ich in den letzten Monaten bei Gesprächen mit Staatsfunktionären gewonnen habe, geben mir Anlaß zu dem Hinweis, daß es m.E. an der Zeit ist, die Formel „Kirche im Sozialismus" gründlich zu überdenken.

Der Begriff „Kirche im Sozialismus" ist schillernd. Das ist oft gesagt worden. Er ist demzufolge mißverständlich. Bei einem Gespräch, in dem es u.a. um die staatlichen Eingriffe gegenüber unseren kirchlichen Wochenzeitungen ging, sagte mir ein leitender Mitarbeiter des Staatsapparates, sie hätten (gemeint waren wohl die staatlichen Organe) den Eindruck, die Kirche wolle nicht mehr „Kirche im Sozialismus" sein. Als ich ihn fragte, wie er diese Formel verstünde, wurde klar, daß er sie in erster Linie nicht im Sinne einer Ortsbestimmung verstand, sondern inhaltlich, im Sinne eines Vorzeichens, das auch für die Kirche und die Christen in gewisser Hinsicht – z.B. im Blick auf die Gesellschaftsanalyse – Geltung beanspruche. Er hatte die Formel „Kirche im Sozialismus" aus seiner Sicht verstanden und fühlte sich subjektiv „von der Kirche", die solche Artikel in ihrer Presse „durchgehen" ließ und von ihrer Rolle seit der Tagung der Görlitzer Bundessynode September '87, hintergangen. Ich denke, man darf sich über dieses Verständnis von „Kirche im Sozialismus" von seiten eines Marxisten nicht wundern.

Ich habe den Gebrauch dieser Formel immer vermieden, weil sie mich – schon als ich sie zum erstenmal las – an den Titel der Zeitschrift der Deutschen Christen „Evangelium im dritten Reich" erinnerte. Eine gewisse Parallele zu der Formel „Kirche im Sozialismus" findet sich auch in einer Rede des „Reichs"-Bischof Ludwig Müller vom 28. Februar 1934: „Wir stehen nicht neben oder gegen den Staat, sondern wir stehen mitten im Staat als seine treuesten Helfer und seine festeste Stütze", in „Der Reichsbischof, Die Deutschen Christen", S. 11 (im Text gesperrt!), Verlag „Gesellschaft für Zeitungsdienst G.m.b.H.", Berlin 1934. – Sie werden mich nicht für so töricht halten, als ob ich diejenigen, die die Formel „Kirche im Sozialismus" in den kirchlichen Sprachgebrauch eingeführt haben, eine Sympathie für Ludwig Müller und seine Gefolgsleute unterstelle. Ich gehe vielmehr davon aus, daß die Urheber dieser Formel einen modus vivendi für die Kirche und die Christen mit dem Staat suchten, in dem wir leben. Das ist eine legitime Absicht. Aber das Wie der Verwirklichung einer solchen Absicht ist ausschlaggebend. Die in gewisser Hinsicht verständliche Anpassung an Zeittendenzen zahlt sich langfristig nicht aus. „Besetzte Formeln" (s.o.!) sind zu vermeiden. Die Formel „Kirche im Sozialismus" kann das Mißverständnis bzw. die Meinung nahelegen, daß die Verkündigung des Evangeliums in den Dienst einer Geschichtstheorie gestellt wird. Das „im" in dieser Formel hat dann die Funktion einer Klammer: „Im" Sozialismus kann durchaus Gegensätzliches neben- und miteinander stehen, aber – auf das Vorzeichen kommt es an, auf das Umfassende, und das ist dann der „Sozialismus". Das Evangelium wird damit zu einer partiellen Größe innerhalb einer vom Sozialismus bestimmten Wirklichkeit. Darum ist der Gebrauch der Formel „Kirche im Sozialismus" für die Kirche irreführend. Im übrigen ist ja der Begriff „Sozialismus" ebenfalls eine schillernde Größe. Nach dem Selbstverständnis der SED müßte man wohl vom „realen Sozialismus" sprechen. – Für die Ortsbestimmung unserer Kirche genügt: Evangelische Kirche in Berlin-Brandenburg, Evangelische Kirche in der DDR oder, wenn die Gesellschaftsform, in der unsere Kirche lebt, angesprochen werden soll – „Kirche in der sozialistischen

Gesellschaft". Das sind die sachgemäßen Bezeichnungen. Dabei müssen wir es belassen. Wir geraten sonst ins Zwielicht. „Kirche" muß durchschaubar sein, und die Menschen – gerade die Nichtchristen – müssen sich ernstgenommen wissen und dürfen nicht mit schillernden Formulierungen abgespeist werden, die einmal so und dann auch wieder anders verwandt werden können – je nach dem vermeintlichen Bedarf.

Quelle: unveröffentlicht. Az. Evang. Kirche in Berlin-Brandenburg: K. Ia Nr. 1728/88.

Dokument 1988/9

Günter Krusche, „Gemeinden in der DDR sind beunruhigt. Wie soll die Kirche sich zu den Gruppen stellen?"

Das Konzept einer „Kirche im Sozialismus" bedeutet keineswegs die Rechtfertigung der Zustände in diesem Lande, es ist vielmehr der Hoffnung auf Vermenschlichung der Gesellschaft verpflichtet. Aus diesem Grunde sieht es die Kirche in der DDR als ihre Aufgabe an, den notwendigen Dialog zwischen den Befürwortern und den Kritikern der sozialistischen Gesellschaft zu fördern, zwischen den Regierenden und den Regierten, um es in der Terminologie der V. Barmer These zu sagen. In dieser Rolle eines Brückenbauers (pontifex) geschieht es immer wieder, daß die Kirche in die Gegenpole gerät. Die Regimekritiker bezichtigen sie der Kollaboration, die Vertreter der Staatsmacht werfen ihr vor, daß sie die Feinde des Sozialismus unterstützt. Aber wenn es gelingt, den Dialog auch innerhalb der DDR zu fördern, hat die Kirche aus dem Geist Christi dem Wohl des Ganzen gedient.

Quelle: POLLACK 1990, 57–62, 62.

Dokument 1989/1

Richard Schröder: „Nochmals: ‚Kirche im Sozialismus'".

Schröder unterscheidet zwei mögliche Bedeutungsgehalte des Begriffes „Sozialismus". Er bezeichnet einerseits – allgemein – „immer Programme einer politischen Gestaltung der gesellschaftlichen Verhältnisse mit dem Ziel eines gleichberechtigten und freien Zusammenlebens aller Bürger, das im Besonderen die Chancen der sozial Schwachen und naturwüchsig Benachteiligten (Minderheiten) zu verbessern trachtet"[14] bzw. im Kontext der DDR: „eine planmäßig zu errichtende Gesellschaftsordnung, die den Übergang vom Kapitalismus zum Kommunismus darstellt, in welchem sich das menschliche Wesen erstmals in der Geschichte voll verwirklicht."[15] Neben diesem programmatischen Bedeutungsgehalt kann der Begriff „Sozialismus" auch in deskriptiver Bedeutung gebraucht werden: „Als sogenannter real existierender Sozialismus bezeichnet das Wort denjenigen Zustand der Gesellschaft, der sich aus der versuchten Realisierung des Programms ergeben hat."[16] In der Formel „Kirche im Sozialismus", die das Selbstverständnis der Evangelischen Kirchen in der DDR zum Ausdruck bringen soll, kann der Begriff nicht im Sinne seiner politisch-programmatischen Bedeutung gemeint sein, da die Kirche keine politische Programmatik in ihr Selbstverständnis aufnehmen kann.

Deshalb kann in der Formel „Kirche im Sozialismus" das Wort „Sozialismus" nur der Name sein für die gesellschaftliche und politische Realität der DDR. Es hat zunächst des-

---

[14] R. SCHRÖDER, Was kann „Kirche im Sozialismus" sinnvoll heißen?, in: DERS. 1990, 49–54, 49; vgl. DERS., Nochmals: „Kirche im Sozialismus", in: a.a.O., 149–159, 149.

[15] R. SCHRÖDER, Was kann „Kirche im Sozialismus" sinnvoll heißen?, a.a.O., 50.

[16] A. a.O., 52.

kriptiven Charakter. Dennoch ist die Formel zugleich eine Anerkennungsformel, nämlich in mindestens dreierlei Hinsicht: a) Anerkennung dieser Gesellschaft als des Ortes der Christen und Kirchen in der DDR; b) Anerkennung des sozialistischen Staates als Staat; c) Anerkennung des weltpolitischen Ortes der DDR.

Das Wort „Sozialismus" ist nun im allgemeinen Bewußtsein so stark von dem bestimmt, was die SED damit verbindet, daß die Formel „Kirche im Sozialismus" bei Vertretern von Staat und Partei leicht uneinlösbare Erwartungen auslöst, und das schadet nur. Andererseits wird das Wort „Sozialismus" von vielen so stark mit den Aporien identifiziert, in die unser Land geraten ist, daß viele in dieser Formel eine pauschale Rechtfertigung des status quo durch die Kirche sehen. [...]

Aus diesen Gründen habe ich vorgeschlagen, besser von „Kirche in der DDR" zu sprechen. [...]

„DDR" verstehe ich dabei keineswegs bloß als eine geographische Bezeichnung, sondern als etwas, wozu sich die Kirche tatsächlich bekennt, nämlich die Staatlichkeit.

Quelle: SCHRÖDER 1990, 149–159, 151.

Dokument 1989/2

Ökumenische Versammlung 1989, „Mehr Gerechtigkeit in der DDR – unsere Aufgabe, unsere Erwartung".

Aus einem der zwölf „Ergebnistexte", die von der Ökumenischen Versammlung in der DDR am 8. 5. 1989 mit mehr als Zweidrittelmehrheit beschlossen und verabschiedet worden sind.

Der grundsätzliche Anspruch der Staats- und Parteiführung, in Politik und Wirtschaft zu wissen, was für den einzelnen und die Gesellschaft als Ganzes notwendig und gut ist, führt dazu, daß der Bürger sich als Objekt von Maßnahmen, als „umsorgt" erfährt, aber viel zuwenig eigenständige, kritische und schöpferische Mitarbeit entfalten kann. Dadurch wird die Lösung anstehender sozialer, ökologischer und ökonomischer Probleme in unserem Land behindert, zugleich aber auch der Blick auf die weltweiten Probleme verstellt, in die auch wir unauflösbar verflochten sind. Die dadurch gegebene Spannung zwischen Regierenden und Regierten verhindert den inneren Frieden, beeinträchtigt aber auch den Hausfrieden im gemeinsamen europäischen Haus.

Quelle: P. MASER, Glauben im Sozialismus, Berlin 1989, 135.

Dokument 1989/3

Bischof Werner Leich, „Kirche im Sozialismus – Bilanz und Ausblick". Referat am 5. 3. 1989 in Jena (nach der Darstellung von U.-P. Heidingsfeld).

Er [Bischof Leich] ging davon aus, daß nur eine kleine Zuhörerschar anwesend sein würde, hatte also keinen ausgearbeiteten Vortrag in der Tasche, sondern lediglich handschriftliche Notizen. Gekommen waren freilich 600 Leute. Was er damals äußerte, ließ die Wellen ziemlich hoch gehen. Er schlug nämlich vor, statt der Formulierung „Kirche im Sozialismus" die Wendung „Evangelische Kirche in der DDR" zu verwenden. Die thüringische Kirchenzeitung „Glaube und Heimat" lieferte zwar nicht den Wortlaut der umstrittenen Passage nach, referierte diese aber doch ausführlich: Der Bischof habe bemängelt, „daß bei den häufigen Auslegungsversuchen für die seit 1973 auch in Beschlüssen des Kirchenbundes gebrauchte Koexistenzformel die in ihr enthaltenen Begriffe nie inhaltlich erklärt würden.

Was ‚Kirche' und was ‚Sozialismus' bedeuteten, werde vielmehr stets als unstrittig vorausgesetzt. Darin seien Schwäche und Mißverständlichkeit der Formel begründet. Außerdem sei sie 20 Jahre nach ihrem Bestehen [sic!] auch schon ‚ziemlich abgenutzt', meinte der Bischof. Dr. Leich hob jedoch hervor, daß wichtige Anliegen der Aussage ‚Kirche im Sozialismus' festgehalten werden müssen, wenn diese zugunsten der Namensformulierung ‚Evangelische Kirche in der DDR' zurücktreten soll: Die in Jesus Christus gegebene Verheißung für die Kirche und ihr Auftrag sind zu jeder Zeit und an jedem Ort in Kraft. Die Kirche ist auch in einem sozialistischen Staat zum Dienst gerufen. Dieser Dienst richtet sich auf Menschen, die in einer sozialistischen Gesellschaft leben und ihr durch ihre Arbeit dienen. So kann die Kirche nicht eine grundsätzlich gegen den sozialistischen Staat gerichtete Gegenkraft sein. Wenn sie auch nicht ‚Kirche für den Sozialismus' zu sein vermag, so versteht sie sich doch als ‚Kirche für Jesus Christus' unter den Bedingungen der DDR ...". (Glaube und Hoffnung vom 12.3. 1989)

Bischof Leichs Vorstoß war mit dem Vorstand oder der Konferenz nicht abgestimmt. Er wollte, so war damals zu hören, die Formel „Kirche im Sozialismus" auch nicht in einem Hauruck-Verfahren aus dem Verkehr ziehen. Das sollte und könnte im Laufe der nächsten Jahre ganz allmählich geschehen. Eine Standort-Veränderung, gar Kurskorrektur des BEK habe er damit in keiner Weise beabsichtigt. – Der Staatssekretär für Kirchenfragen reagierte auf Bischof Leichs Äußerungen durchaus verständnisvoll.

Quelle: U.-P. HEIDINGSFELD, Bund, 1992, 24f.

Dokument 1990/1

Bund der Evangelischen Kirchen in der DDR (Hg.), „Bleibender Auftrag unter neuen Herausforderungen. Überlegungen zum Weg unserer Kirche in das vereinigte Deutschland. Ein Gesprächsangebot".

„Kirche im Sozialismus" war eine mißverständliche und umstrittene Formel. Doch sie war Ausdruck der Überzeugung, daß Gott mit seiner Gemeinde in der von einer marxistisch-leninistischen Partei regierten Gesellschaft der DDR anwesend ist. In ihren konkreten Lebensvollzügen sollten die Menschen mit seiner Nähe und mit der Begleitung der christlichen Gemeinde rechnen dürfen. Die Kurzformel „Kirche im Sozialismus" war als Auftragsbestimmung für eine Kirche gemeint, die ihre Freiheit ihrem Auftrag verdankt (Barmen VI) und nicht den Freiräumen, die Staat und Gesellschaft ihr zubilligen. Zwischen Anpassung und Verweigerung hat die Kirche sich um kritische Solidarität bemüht.

Quelle: ZdZ 44, 1990, 228.

Dokument 1990/2

Werner Leich, „Der geistliche Auftrag der Kirche Jesu Christi und seine politischen Auswirkungen".

Der Thüringer Landesbischof und Vorsitzender der KKL trug am 31. Mai 1990 im Ulmer Münster seine Deutung der „friedlichen Revolution in der DDR" (Untertitel) vor.

Die gemeinsame Abschlußerklärung einer Klausurtagung von Vertretern der Evangelischen Kirche in Deutschland und des Bundes der Evangelischen Kirchen in der DDR vom 17. Januar dieses Jahres enthält einen Spitzensatz der Glaubenserfahrung. Er lautet: „Wir haben in diesen Monaten neu erfahren, welche politischen Auswirkungen der geistliche Auftrag der Kirche Jesu Christi hat." [...]

Der geistliche Auftrag der Kirche ist um seiner selbst willen gegeben und nicht als ein Mittel, das politische Wirkungen erzielen soll. [...] Die Besonderheit der politischen Auswirkung besteht darin, daß sie als Nebenfrucht aus dem geistlichen Auftrag herauswächst. [...] Das unerklärbare Ereignis der friedlichen Revolution hat seine Wurzeln im geistlichen Auftrag der Kirche. Er ist für sich selbst ernstgenommen zugleich Dienst für das Volk. [...] Der Auftrag an die Kirche Jesu Christi, Menschen auf ganz neuen Wegen zu Gott zu rufen, ist riesengroß. [...] Das ist der geistliche Auftrag der Kirche. Wenn wir ihn für sich selbst ernst nehmen und befolgen, werden die politischen Auswirkungen kommen wie und wann Gott will.

Quelle: ThB 21, 1990, 301–306.

Dokument 1990/3

Walter Hammer, „Besondere Gemeinschaft" – sehr konkret.

Hammer war seit 1958 Finanzreferent der EKU in Berlin, später Leiter der Berliner Stelle der Kirchenkanzlei der EKD und von 1966 bis zu seinem Ruhestand 1989 Präsident der EKD-Kirchenkanzlei in Hannover. Im Zusammenhang einer Darstellung der „Hilfeleistungen westlicher Kirchen" für die Kirchen in der DDR schreibt er im Rückblick aus westlicher Sicht:

Heute frage ich mich, in welchem Maße wir die Ursachen dafür mit gesetzt haben, daß manche in den Gliedkirchen des Bundes der Evangelischen Kirchen (in der ehemaligen DDR) sich so schwer in die neuen Verhältnisse nach dem Herbst 1989 finden können. Manche wissen heute noch nicht, in einem wie starken Maße sie nicht auf eigenen Füßen gestanden, vielmehr von auswärtigen Hilfen gelebt und von der Korruptheit ihrer Regierung profitiert haben. Ihr Dasein als „Kirche im Sozialismus" war hierdurch ein total untypisches. Ebenso ihr „Sozialismus"-Erlebnis. Vor allem in den letzten Jahrzehnten war – durch den Valuta-Hunger und das internationale Reputationsbedürfnis der DDR geschützt – eine im Vergleich zu „echt" sozialistisch-atheistischen Staaten relativ ungestörte Arbeit möglich. Ausgestattet mit einer singulär herausgehobenen Stellung im Staat als einziger nicht staatsparteigebundener Großorganisation und mit nicht geringen Privilegien (zum Beispiel besseren Reise- und DM-Verfügungsmöglichkeiten, manchem „direkten Draht" geschickter Amtsträger zu staatlichen Organen, die ihrerseits hilfreich in Konfliktfällen von „oben" entsprechende Weisung „durchzustellen" in der Lage waren) könnte es jetzt noch nachträglich zu falschen, realitätsfernen Einschätzungen wehmütigen Charakters kommen. Das Leben in einer säkularen und pluralen Gesellschaft in der frischen Zugluft der freien Meinungsäußerung für alle, hält noch Umgewöhnungs-Notwendigkeiten bereit, die mancher vielleicht nur zögernd akzeptiert.

Quelle: Übergänge 6/1990, 223.

Dokument 1991/1

Oberkirchenrat Martin Ziegler, Leiter des Sekretariats des Kirchenbundes, vor der letzten Bundessynode im Februar 1991.

Der Bund hat seine Zeit gehabt. Er war in einer Phase unserer Kirchengeschichte eine Notwendigkeit. Er hat dazu geholfen, den Gemeinden Raum zum Leben und zum Arbeiten zu schaffen. Er hat für die Kirchen und damit auch für den einzelnen Christen eine Position in der Gesellschaft des sich sozialistisch verstehenden Staates DDR errungen und behauptet. Der Freiraum, den die Kirchen sich auch mit Hilfe des Bundes erhalten konnten, ist auch anderen Kräften der Gesellschaft zugute gekommen, die an der Vorbereitung und dem Vollzug der „Wende" beteiligt waren. Darum hat es sich gelohnt, für den Bund zu arbeiten. An seinem Ende allerdings wird deutlicher sichtbar als in den Zeiten zuvor, was er wirklich war. Er war ein Zweckbündnis zur Abwehr eines übermächtig erscheinenden Staates, zur einigermaßen gerechten Verteilung von Hilfsmitteln und zur Präsentation in der Ökumene. Darüber hinaus entwickelte er Ansätze zu einer vertieften Kirchengemeinschaft. [...] Wir haben in den 45 Jahren, die Gott uns in einer rauhen Umgebung als Zeit zum Lernen gab, keine Alternative für das Kirchesein entwickelt. Wir haben die alten Strukturen bis hinein in anachronistische Kirchengrenzen konserviert. Es sind dieselben Strukturen wie in der EKD, nur abgemagert und etwas heruntergekommen. Sie sind kompatibel.

Quelle: MBEK v. 25. 6. 1991, 137. Zit.n. U.-P. HEIDINGSFELD, Bund, 1992, 10f.

Dokument 1991/2

Axel von Campenhausen, „'Auch der Westen hat seine Erfahrungen'. Soll das Grundgesetz geändert werden?"

Die Evangelische Kirche in Deutschland hat [...] erst im Jahre 1985 die sogenannte Demokratie-Denkschrift veröffentlicht. Hier wird noch einmal in katechismusartiger Weise erklärt, inwiefern evangelische Christen Anlaß haben, mit besonderem Nachdruck für die freiheitlich-demokratische Grundordnung, wie sie in dem Grundgesetz beispielhaft konkretisiert ist, einzutreten. Natürlich ist das Grundgesetz keine christliche Verfassung. Sie kommt aber christlichen Vorstellungen in ihrem religiös-neutralen Charakter, in dem Respekt vor den Menschenrechten, in dem demokratischen Aufbau im besonderen Maße entgegen. [...]
Gerne sprechen Menschen aus der früheren DDR von den besonderen Erfahrungen, die die Christen im Osten gemacht hätten und die jetzt im wiedervereinigten Deutschland nicht verloren gehen dürften. Wir wollen sie kennenlernen und sind bereit, darauf zu hören. Im Blick auf das Grundgesetz ist freilich zunächst von den Erfahrungen zu sprechen, die die Christen in einer freiheitlichen demokratischen Verfassungsordnung gemacht haben, und von den Möglichkeiten, welche sie zum Wirken in der Öffentlichkeit haben. Hier ist etwas zu lernen. Auch der Westen hat seine Erfahrungen, und zwar in einem Staate, der sich bewährt hat, und einer Verfassungsordnung, die nicht mit Schimpf und Schande untergegangen ist.

Quelle: ZW 62, 1991, 238–242.

Dokument 1992/1

Götz Planer-Friedrich, „Einfallstore für die Stasi. Der Thüringer Weg systemkonformer Kirchenpolitik".

Es muß auch deutlich hervorgehoben werden, daß der Kirchenbund als solcher seinen eigenen theologischen und kirchenpolitischen Weg gefunden und verteidigt hat, so sehr jetzt manche bemüht sind, das Kürzel „Kirche im Sozialismus" als Kollaborationsformel zu diskreditieren. Indem die evangelischen Kirchen den SED-Staat damit beim Wort nahmen

und ihn auf seine ideologischen Ursprünge festnagelten, haben sie sich bei den Machthabern höchst unbeliebt gemacht, was auch aus den Stasi-Dokumenten belegbar ist.

Damit haben die Kirchen den Machtanspruch einer korrupten Clique untergraben, die
ständig ihre eigene Ideologie durch die politische Praxis veriet. Darin bestand auch der geistige Beitrag der evangelischen Kirchen zur politischen Wende. Die Zusammenarbeit mit
der Stasi dagegen mußte in jedem Fall systemstabilisierend wirken, weil sie die mühsam er-
strittene Eigenständigkeit der Kirche im Denken und Handeln unterlief und kirchliches Reden und Handeln im Sinne der Erhaltung des Status quo instrumentalisierte. [...]

Daß staatlicherseits die Formel „Kirche im Sozialismus" so lange als Loyalitätserklärung,
ja als theologische Legitimation des politischen Kurses mißverstanden wurde, liegt auch an
dem schon damals von einigen beklagten Unvermögen, dieser Floskel einen konkreten
theologischen Inhalt zu verleihen.

Quelle: EK 25, 1992, 75–79, 76.79.

Dokument 1992/2

Gottfried Forck, Vortrag vor dem Kirchentagskongreß in Jena-Lobeda (12.-14. 6. 1992).

Man kann auch fragen, ob der später von einer Synode des Bundes geprägte Begriff „Kirche im Sozialismus" eine glückliche Formulierung war. Sie ist ja von staatlichen Stellen so
ausgelegt worden, als würde damit der real existierende Sozialismus bedingungslos anerkannt. Man sollte aber nicht vergessen, daß die Synode ausdrücklich gesagt hat, sie wolle
nicht Kirche gegen den Sozialismus und nicht Kirche für den Sozialismus sein, sondern Kirche im Sozialismus. Sie hat also den Ort bezeichnen wollen, an dem jeder evangelische
Christ damals sein Christsein in Wort und Tat zu bewähren hatte.

Quelle: epd-Dok 28/1992, 6.

Dokument 1992/3

Wolf Krötke, „Mußte die Kirche mit der Stasi reden?"

Spätestens seit dem Gebrauch der Formel „Kirche im Sozialismus" ist gerade von denen,
die nach heutiger Erkenntnis solche [nämlich Staatssicherheitsdienst-] Kontakte hatten –
aber beileibe nicht nur von denen – der „real existierende Sozialismus" wieder und wieder
als der im Grundsatz begrüßte und bejahte Ort interpretiert worden, der der Kirche, indem
er sie von der Macht fernhält, ermöglicht, in rechter Weise Kirche zu sein. Es ist falsch,
wenn heute gesagt wird, die Wendung „im Sozialismus" sei bloß formal als Ortsangabe des
Daseins der Kirche zu verstehen gewesen. Das läßt sich breit belegen. Es ist in unzähligen Variationen im Inneren der DDR, im Westen und in der Ökumene verbreitet worden, daß
der Sozialismus in seiner realen Form nicht eine Not, sondern eine Chance für die Kirche
ist, die sich andere Kirchen sogar zum Exempel zu nehmen hätten.

Quelle: DIE ZEIT 37/1992 v. 4. 9. 1992, 9.

Dokument 1992/4

*Johannes Althausen, „Die Kirche in der DDR zwischen Anpassung und Verweigerung". Refe-
rat am 14. März 1992 in Strasbourg.*

Die Kirche hat ihr ureigenes Wesen („Gemeinschaft der Glaubenden" so Ebeling) sowie ihre eigenen menschlichen und sozialen Erwartungen (Reich Gottes). Das macht sie von ihrer Umwelt abhängig. Gleichzeitig lebt sie als eine Gemeinschaft von Menschen und für die Menschen in ihren Bezügen. Darum ist die Kirchengeschichte in allen Bereichen und zu allen Zeiten als eine Geschichte zwischen Anpassung und Verweigerung zu beschreiben. [...]

Als im Jahre 1949 die DDR gegründet worden war, hatte die EKD zwar einen „Bevollmächtigten" bei der Regierung eingesetzt. Eine Anerkennung als unabhängige und eigenständige Regierung hatte sie damit aber nicht aussprechen wollen. Das konnte von dieser so nicht akzeptiert werden. Vor allem im Prozeß der sich immer deutlicher abzeichnenden staatlichen Teilung Deutschlands nach 1952 mußte sie daran interessiert sein, in der Kirche einen Partner zu haben, der sie nicht nur als Provisorium ansieht. Damit konnte sie freilich kaum rechnen, solange sie wie etwa im Jahre 1953 mit eindeutigen Gewaltmaßnahmen gegen die Kirche vorging. Und kirchlicherseits ging man auch nicht ohne Vorgeschichte an diesen Partner heran. Nachdem schon Wichern hundert Jahre vorher im Kommunismus die soziale Sünde schlechthin gesehen hatte und der Antibolschewismus durch die Unterdrückung der Russischen Orthodoxen Kirche in den Jahren nach der Oktoberrevolution neue Nahrung bekommen hatte, um schließlich durch Nazipropaganda noch verstärkt zu werden, war in der deutschen Bevölkerung eine Akzeptanz einer kommunistisch geleiteten Gesellschaft unannehmbar. Das mutige Darmstädter Wort des Reichsbruderrates vom August 1947 war fast ungehört verhallt [...]. Um der Ehrlichkeit willen müssen wir sagen, daß es nicht nur der Einheitswille der Deutschen war, der sich gegen die DDR stellte oder das Festhalten an der Gemeinsamkeit der EKD. Zwischen Staat und Kirche in der DDR stand zuerst mehr Verweigerung als Annahme [...]. *Eine Überwindung der kirchlichen Verweigerungshaltung sieht Althausen erstmals im Kommuniqué vom 21. Juli 1958 und dann in den „Sieben Sätzen" des Weißenseer Arbeitskreises von 1963 angedeutet. Zu dem letztgenannten Dokument merkt er an:*

Ich konnte hier theologisch aussagen, was mir klar geworden war: Wer nicht fliehen will wie Jona, muß in unserer Situation zu dem Partner, dem ich das Evangelium schuldig bin, ein Verhältnis herstellen, in dem ihm mein Wort glaubwürdig erscheinen kann, um es annehmen zu können. Ich bin nie auf die Idee gekommen, daß dies eine unsachgemäße Art der Anpassung gewesen sei. [...]

Um den Weg der Kirchen im Bund hinsichtlich ihres Verhältnisses zum Staat zu beschreiben, pflegt man heute bei Freund und Feind auf die Formel von der „Kirche im Sozialismus" zurückzukommen. [...] Zunächst habe ich auch in dieser Formel den erneuten Versuch gesehen, die grundsätzliche Ablehnung einer rechtmäßigen Existenz der DDR abzuwehren. [...] Ich bin auch heute der Meinung, daß die sich in solcher Haltung zeigende innere Emigration aus einer Gesellschaft dem Auftrag an den Menschen, mit denen wir zusammenleben, zuwiderläuft. Zur Glaubwürdigkeit kirchlicher Rede kann sie nicht beitragen. [...] In einem Gespräch mit dem Staatssekretär Gysi habe ich einmal herausgehört, wie sehr für Marxisten die umstrittene Formel von der Kirche im Sozialismus das Ende einer jahrzehntelangen Konfrontation kennzeichnete, bei der zwischen Christen und Marxisten die Frage nach der Gerechtigkeit oft genug hinter der nach der Macht auf der Strecke geblieben ist. Sie beschreibe, so wird man schlußfolgern dürfen, kein Bündnis und auch keine falsche Anpassung. Aber sie könnte den Anfang eines Dialogs beschreiben, der im Interesse der Menschen in unserem Jahrhundert sein könnte. [...] Man mag von unserer heutigen Sicht aus fragen, ob es richtig war, die Ortsbestimmung für die Christen mit dem Slogan „Kirche im Sozialismus" auszudrücken. Aber ich denke, man wäre auch schlecht beraten, wollte man übersehen, daß hier ein Stück Bereitschaft signalisiert worden ist, einen falschen, bei Christen seit mehr als hundert Jahren eingewurzelten Antisozialismus zu überwinden. Ich werde jedenfalls gelegentlich den Eindruck nicht los, als werfe man der Kirche in der ehemaligen DDR unter Hinweis auf die Formel von der Kirche im Sozialismus Anpassung vor, um den eigenen Weg einer sozialen und historischen Unbußfertigkeit zu rechtfertigen.

Quelle: unveröffentlichtes Maniskript.

Dokument 1992/5

Albrecht Schönherr, „Weder Opportunismus noch Opposition. Kirche im Sozialismus – der beschwerliche Weg der Protestanten in der DDR".

Die Synode [Bundessynode 1970 in Potsdam-Hermannswerder] bezog sich [...] auf die Theologie Dietrich Bonhoeffers, in deren Mittelpunkt das Bekenntnis zur Diesseitigkeit des Christentums steht. Sein Wort von der „Kirche für andere" sollte uns bestimmen und hat es auch weithin getan. [...]

Es geht um den uns gegebenen „Ort". Die Kirche darf nicht, mit Bonhoeffer zu reden, „ortlos" sein. Sie ist ganz konkret in die Welt gesandt (Johannes 17,18). „Kirche im Sozialismus ist eine Einwanderungsformel" (Heiko [sic!] Falcke), sie will Anwesenheit, Teilnahme ausdrücken. Die Kirche wollte die Christen auf ihrem beschwerlichen und bisher unbekannten Weg in einer sich sozialistisch-atheistisch verstehenden Gesellschaft begleiten, aber auch den Nichtchristen helfen, ihr Recht und ihre Würde zu bewahren. Sie mischte sich bewußt in die Politik ein, um für die Schwachen Partei zu ergreifen, ohne selbst Partei zu werden. „Kirche im Sozialismus" – das umgriff Zustimmung und Kritik. Sie versuchte, auf dem schmalen Grat zwischen Opportunismus und Opposition zu gehen. Wer der Kirche im DDR-Staat nur die Rolle einer Oppositionspartei zubilligte, wird enttäuscht. Das war nie ihr Auftrag. In einem Staat, in dem die Existenz der Kirche heiß umstritten war, tat sie gut, sich genau an ihren Auftrag zu halten.

Quelle: DIE ZEIT 7/1992 v. 7. 2. 1992, 4.

Dokument 1992/6

Fritz Neugebauer, Protestanten am Scheideweg.

Das Umdenken, das auf die Beschwernisse der Menschen in einer andauernden Drucksituation reagierte, stand weniger vor einer Alternative, sondern eher vor einem Dilemma: Entweder man setzte Konfrontation und Fundamentalkritik unbeirrt fort, konnte dann aber an der Lage der betroffenen Menschen kaum etwas ändern, oder man versuchte, die Konfrontation durch begrenzte Kooperation zu entschärfen, um auf diese Weise menschliche Erleichterungen zu erreichen. Der Preis dafür war eine gewisse Rücknahme der Fundamentalkritik, und die schlimmen Verbrechen der DDR wurden immer weniger angeprangert, ja es kam zu einer oft seltsamen Verdrängung. [...]

Festzuhalten bleibt [...], daß hier ein Prozeß stattfand, in welchem Politik West und Kirche Ost eng kooperierten. Deshalb ist es verfehlt, diesen Zeitraum einseitig zu Lasten der Kirche zu diskutieren. [...]

Es ist deutlich: Verhandlungen im Interesse der Menschen, wie sie Franz Josef Strauß mit Alexander Schalck-Golodkowski führte oder wie sie Manfred Stolpe unter unvergleichlich schwierigeren Bedingungen selbst mit dem Staatssicherheitsdienst nicht scheute, verdienen zu allererst höchsten Respekt. [...]

Wir sollten den Menschen in seiner Schwachheit nicht verdammen, ihn eher in Schutz nehmen und gerade nicht in den Schmutz ziehen. Das System selbst aber kann keine Rechtfertigung beanspruchen. Deshalb konnte im Kern der Dinge von der fundamentalkritischen Position nicht gelassen werden, und es muß deutlich sein, daß in Gestalt der DDR nicht bloß ein angeschlagenes System von den führenden Politkriminellen mißbraucht wurde, vielmehr stehen die politkriminellen Strukturen des System[s] selbst in Frage.

Die Formel „Kirche im Sozialismus" begünstigte den Verzicht der Fundamentalkritik. Wie töricht wäre es gewesen, hätten sich die Kirchen in der alten Bundesrepublik als Kirche im Kapitalismus definiert, und wo wäre es der Bekennenden Kirche im Dritten Reich eingefallen, sich als Kirche im Nationalsozialismus zu beschreiben! Kirche im Sozialismus: Ein solcher Ausdruck widerstreitet zudem der erkennbaren Redeweise des Neuen Testaments. Hier ist die Kirche entweder in Christus, oder sie ist Kirche in Korinth oder Ephesus. Welcher Apostel hätte von der Kirche in der Reichsideologie, in der pax Romana oder im Neronischen Kaiserkult gesprochen!

„Kirche im Sozialismus" suggerierte zudem, die politische Alternative laute „Sozialismus oder Kapitalismus", und es wurde ein Stück weit verdunkelt, daß die Alternative zwischen demokratischem Rechtsstaat und Unrechtsdiktatur besteht.

Quelle: EK 25, 1992, 515–518.

Dokument 1993/1

Martin Hohmann, „Strategie des Öffnens. Zur Aufarbeitung der Vergangenheit".

Hohmann, geb. 1940, studierte Schiffselektrik und ev. Theologie in Rostock und Jena. Seit 1966 Pfarrer in Gera, Ohrdruf u. Magdeburg. 1975 Promotion über Bonhoeffer und Tillich an der Humboldt-Universität Berlin. 1979 Beitrag für den von H. Dressler und C.-J. Kaltenborn herausgegebenen Sammelband „Junge Theologen im Sozialismus". In den achtziger Jahren einige Einzelstudien zur Bonhoeffer-Forschung. Als Oberkirchenrat im Kirchenbund tätig, jetzt im Kirchenamt der EKD.

Ein taktischer und theologischer Fehler war es auch, die Evangelische Kirche in der DDR mit der Ortsbestimmung „Kirche im Sozialismus" zu kennzeichnen. Die Formel ließ sich durch ihre mangelnde Präzision von allen gebrauchen und mißbrauchen. Nicht zu übersehen ist, daß Affinitäten zur sozialistischen Utopie unterschwellig wirkten und nicht unbeteiligt waren bei dieser Idee, die ja nicht erst auf einer Kirchenbunds-Synode geboren wurde, sondern eine längere Anlaufzeit und verschiedene Väter hatte. Der partielle Gewinn dieser Formel steht in keinem Verhältnis zu den Mißverständnissen und Spaltungen, die so entstanden.

Die Formel war taktisch falsch (als Strategie war sie nicht gedacht), denn sie verfehlte das Ziel. Entgegen der Absicht „öffnete" die Formel nicht, sondern mußte mit einem ständigen Abwehrzauber dessen versehen werden, was man nicht wollte. Theologisch war sie falsch, weil die Kirche Jesu Christi – zwar unbeabsichtigt, aber faktisch – mit der gesellschaftlichen Option des „Sozialismus" verknüpft wurde, die von der Gegenseite definiert oder nie klar definiert wurde. Eine geographische Ortsbestimmung ist generell ausreichend.

Quelle: EK 26, 1993, 457–460, 459.

Literaturverzeichnis

Die Titel eines Autors sind jeweils chronologisch angeordnet. Maßgeblich ist dabei das Jahr der Erstveröffentlichung, soweit bekannt. Mehrere in einem Jahr veröffentlichte Titel folgen in alphabetischer Ordnung aufeinander. Finden sich Auszüge in der Dokumentation abgedruckt, so ist dies jeweils angemerkt. Die bei häufig zitierten Werken verwendeten Titelabkürzungen werden mit angegeben. Um ihr Auffinden zu erleichtern, werden sie am Ende des Verzeichnisses noch einmal gesondert aufgeführt.

ABROMEIT, HANS-JÜRGEN, Das Geheimnis Christi. Bonhoeffers erfahrungsbezogene Christologie, Neukirchen: Neukirchener 1991 (NBST 8).

ADAM, ALFRED, Nationalkirche und Volkskirche im deutschen Protestantismus, Göttingen: V&R 1938.

ADAM, ERNST, Die Stellung der deutschen Sozialdemokratie zu Religion und Kirche (bis 1914), Frankfurt/M. 1930.

ADLER, ELISABETH, Pro-existenz. Verkündigung und Fürbitte in der DDR, Berlin: Käthe Vogt 1960 (unterwegs 13).

ALAND, KURT, Die Theologischen Fakultäten in der DDR, in: ZdZ 8, 1954, 106–110.

ALTHAUSEN, JOHANNES, Zur Studienarbeit über die missionarische Struktur der Gemeinde, in: ZdZ 19, 1965, 70–72.

– Die Kirchen in der DDR zwischen Anpassung und Verweigerung. Referat am 14. März 1992 in Strasbourg (unveröffentlicht); vgl. Dok 1992/4.

AMBERG, E.-H., Art.: Zwei-Reiche-Lehre, in: Theologisches Lexikon, 1978, 429f.

ANSELM, REINER, Verchristlichung der Gesellschaft? Zur Rolle des Protestantismus in den Verfassungsdiskussionen beider deutscher Staaten 1948/49, in: KAISER/DOERING-MANTEUFFEL 1990, 63–87.

ASMUSSEN, HANS, Politik und Christentum, Hamburg 1933.

– Grundsätzliche Erwägungen zur Volkskirche, in: JK 3, 1935, 288–294.

Auf dem Weg zur sozialistischen Menschengemeinschaft. Eine Sammlung von Dokumenten zur Bündnispolitik und Kirchenpolitik 1967–1970, Berlin/O 1971.

BAHRO, RUDOLF, Die Alternative. Zur Kritik des real existierenden Sozialismus, Reinbek bei Hamburg: Rowohlt 1980.

BALDERMANN, INGO, Infame Machart. Ein Buch über Stasi und Kirche, in: LM 31, 1992, 62–64.

BARBERINI, GIOVANNI/STÖHR, MARTIN/WEINGÄRTNER, ERICH (Hgg.), Kirchen im Sozialismus. Kirche und Staat in den osteuropäischen sozialistischen Republiken, Frankfurt/M.: Otto Lembeck 1977.

BARTH, KARL, Die Not der evangelischen Kirche, in: DERS., „Der Götze wackelt". Zeitkritische Aufsätze, Reden und Briefe von 1930 bis 1960, hg. v. K. KUPISCH, Berlin ²1964, 33–62.

– Fides quaerens intellectum. Anselms Beweis der Existenz Gottes im Zusammenhang seines theologischen Programms, Zürich: TVZ 1981 (GA II.1).

– Volkskirche, Freikirche, Bekenntniskirche, in: EvTh 3, 1936, 411–422.

– Die Kirche – die lebendige Gemeinde des lebendigen Herrn Jesus Christus, in: DERS., Die lebendige Gemeinde und die freie Gnade, München 1947 (ThExh NF 9), 3–23.

– Brief an einen Pfarrer in der Deutschen Demokratischen Republik, in: DERS., Offene Briefe 1945–1968, hg. v. D. KOCH, Zürich: TVZ 1984 (GA V).

– Theologisches Gutachten zu den Zehn Artikeln über Freiheit und Dienst der Kirche, in: Kirche in der Zeit 18, 1963, 414ff.; abgedr. in: EvTh 23, 1963, 505–510; und in: KJB 90, 1963, 190–193.
– Kirchliche Dogmatik Bd. I/1 – IV/4, Zürich: TVZ 1932–1967.
Bartl, Klaus, Schwerpunkte der Säkularisierungsdebatte seit Friedrich Gogarten. Ein Literaturbericht, in: VF 35, 1990, 41–61.
Bassarak, Gerhard, Gebet für die Welt, in: ZdZ 11, 1957, 322–325.
– Mündigkeit, in: ZdZ 19, 1965, 241f.
– Was nutzt Friedensforschung dem Kampf für den Frieden?, in: Ders. (Hg.), Friedensforschung und Friedenskampf, Berlin 1972, 132–149.
– 25 Jahre Darmstädter Wort, in: ZdZ 26, 1972, 255–260.
– Zur Frage nach theologischem Inhalt und Interpretation von „Heil heute" in einer sozialistischen Gesellschaft, in: ZdZ 27, 1973, 161–172.
– Heil heute und Wohl des Menschen, in: epd-Dok 36/1974, 49–71; *vgl. Dok 1974/8.*
– Art.: Dialog, in: Theologisches Lexikon, 1978, 104f.
– Art.: Friedenskonferenz, Christliche (CFK), in: Theologisches Lexikon, 1978, 146–148.
– Art.: Säkularisation, in: Theologisches Lexikon, 1978, 369f.
– Das Eigenständige im Gemeinsamen, in: WBl 1/1987, 25–28; *vgl. Dok 1987/2.*
– Zum Darmstädter Wort – 40 Jahre danach, in: ZdZ 41, 1987, 209–212; *vgl. Dok 1987/3.*
– Dialog – eine schwierige Aufgabe, in: ZdZ 43, 1989, 244f.
Basse, Ottokar (Hg.), Kirche im sozialistischen Gesellschaftssystem. Begegnungen, Erfahrungen, Einsichten, Zollikon 1986; abgek.: Basse 1986.
Bayer, Ulrich, Die „Deutsche Frage" auf den EKD-Synoden 1958 bis 1963: Konsolidierung und Ernüchterung im Zeichen des Mauerbaus. Die Vertiefung der deutschen Teilung und das Ende der Einheit der EKD, in: KZG 3, 1990, 336–354.
Beier, Peter, Rundbrief des Präses der Evang. Kirche im Rheinland an die kirchlichen Mitarbeiter der Evang. Kirche im Rheinland vom 24. April 1990, in: SI 2/1990, 2–5.
– Sozialismus am Ende?. Vortrag in der Evang. Akademie in Mülheim/Ruhr am 25. August 1990, in: SI 3/1990.
Beintker, Horst, Wort – Geist – Kirche, in: KuD 1965, 227ff.; in gek. Form u. d. T. „Zur Theorie der ‚nachkirchlichen' Kirche. Theologische Anfragen und Thesen" abgedr. in: ZdZ 20, 1966, 250–260.
Beintker, Michael, Der „Laie" als Experte in der Kirche, in: ZdZ 40, 1986, 118–123.
– Der gesellschaftliche Neuaufbau in den östlichen Bundesländern. Herausforderungen an die Theologie, in: ThLZ 116, 1991, 241–254.
– Die Idee des Friedens als Waffe im kalten Krieg, in: KZG 4, 1991, 249–259.
– Das Wort vom Kreuz und die Gestalt der Kirche, in: KuD 39, 1993, 149–163.
Benz, Wolfgang, Deutschland seit 1945. Entwicklungen in der Bundesrepublik und in der DDR. Chronik Dokumente Bilder, München: Moos 1990.
Berg, Christian, Wittenberg unter Moskau. Entwicklungen Probleme Aufgaben, in: Jacob/Berg 1957, 33–54.
Berglar, Peter, Wilhelm von Humboldt, Reinbek: Rowohlt [3]1979.
Berke, Thomas, Zwiespältige Geheimdiplomatie. Kirchenleitendes Handeln am Beispiel DDR, in: LM 31, 1992, 364–366.
Berliner Erklärung von Christen aus beiden deutschen Staaten vom 9. Februar 1990, in: JK 51, 1990, 151–154.
Besier, Gerhard (Hg.), Staatssicherheit in Kirche und Theologie, in: KZG 4, 1991, 293–312.
– mit Wolf, Stephan (Hgg.), „Pfarrer, Christen und Katholiken". Das Ministerium für Staatssicherheit der ehemaligen DDR und die Kirchen, Neukirchen-Vluyn: Neukirchener 1991 (Historisch-Theologische Studien zum 19. und 20. Jahrhundert [Quellen] 1); abgek.: Besier/Wolf 1991; *vgl. Dok 1976/2; 1982/1.2; 1987/4.*
Bethge, Eberhard, Besprechung: Hanfried Müller, Von der Kirche zur Welt, in: Die mündige Welt, Bd. 4, München 1963, 169–174.

– Was heißt: Kirche für andere? Überlegungen zu Dietrich Bonhoeffers Kirchenverständnis, in: PTh 58, 1969, 94–105.

– Otto Dibelius. Autobiographisches, in: W. Huber (Hg.), Protestanten in der Demokratie. Positionen und Profile im Nachkriegsdeutschland, München 1990, 167–191.

Bichhardt, Stephan (Hg.), Recht ströme wie Wasser. Christen in der DDR für Absage an Praxis und Prinzip der Abgrenzung. Ein Arbeitsbuch, Berlin 1988.

Bindemann, Walther, Zwischen Utopie und Realität: Kirche in Solidarität mit den Armen, in: ZdZ 35, 1981, 201–213.

– Dimensionen einer Formel. Theologische Überlegungen zu „Kirche im Sozialismus", in: KiS 15, 1989, 243–247.

Bingel, Peter, Die Aufgaben der Kirche in den östlichen Bundesländern heute – aus der Sicht eines Westlers, in: ZdZ 47, 1993, 12–18.

Bischofswerdaer Arbeitskreis, Christliche Gemeinde in der DDR, in: Kirche in der Zeit 17, 1962, Heft 6; abgedr.in: KJB 89, 1962, 210–217.

Bischöfe, evang. der Ostzone, Schreiben an Marschall Sokolowski vom 11. Mai 1948, in: Heidtmann 1964, 32–34.

Bischöfe, evang. der DDR, Schreiben an Ministerpräsident Grotewohl vom 21. Nov. 1958, in: KJB 86, 1959, 147f.; vgl. Dok 1958/5.

Bischöfe, evang. der DDR, Stellungnahme zum Verfassungsentwurf, 15. Februar 1968 („Brief aus Lehnin"), in: EK 1, 1968, 218f.; abgedr. in: KJB 95, 1968, 181f.; und in: Henkys 1970, 112–114; vgl. Dok 1968/1.

Bischöfe und Beauftragte des Bundes der Evangelischen Kirchen in der DDR und der Evangelischen Kirche in Deutschland, Loccumer Erklärung vom 17. Jan. 1990, in: JK 51, 1990, 99f.

Bleibender Auftrag unter neuen Herausforderungen. Überlegungen zum Weg unserer Kirche in das vereinigte Deutschland. Ein Gesprächsangebot, erarbeitet von einer Arbeitsgruppe im Auftrag des Vorstandes der KKL, in: ZdZ 44, 1990, 225–229; vgl. Dok 1990/1.

Bloth, Peter C., Art.: Jugendweihe, in: TRE 17, 1988, 428–432.

Blühm, Reimund, Überlegungen zum Theologiestudium auf dem Hintergrund der theologischen Ausbildung in der DDR, in: ThB 21, 1990, 285–300.

Bonhoeffer, Dietrich, Sanctorum Communio. Eine dogmatische Untersuchung zur Soziologie der Kirche. Hg. v. J. v. Soosten, München: Kaiser 1986 (DBW 1); abgek.: SC, DBW 1.

– Nachfolge. Hg. v. M. Kuske u. I. Tödt, München: Kaiser 1989 (DBW 4); abgek.: N, DBW 4.

– Ethik. Hg. v. I. Tödt, München: Kaiser 1992 (DBW 6); abgek.: E, DBW 6.

– Widerstand und Ergebung. Briefe und Aufzeichnungen aus der Haft, hg. v. E. Bethge. Neuausgabe, München: Kaiser (1970) ²1977; abgek.: WEN.

Boyens, Armin, Im Abwehrkampf. Besier untermauert seine Kritik der DDR-Kirchen, in: EK 26, 1993, 750–752.

Braecklein, Ingo, 25 Jahre DDR. Aus dem Bericht der II. Generalsynode der VELKDDR, in: ZdZ 28, 1974, 361; vgl. Dok 1974/4.

Brakelmann, Günter, Kirche und Sozialismus im 19. Jahrhundert, Witten: Luther 1966.

Bransch, Günter, Kirche auf dem Wege. Perspektiven der evangelischen Kirche in der sozialistischen Gesellschaft, Berlin: Union 1987.

– Prophetische Wegmarkierung als kirchenleitendes Handeln, in: KiS 12, 1986, 2–7.

Brändle, Werner, „Realitätsnahe Kirche"? Ein systematisch-theologischer Beitrag zur gegenwärtigen ekklesiologischen Diskussion, in: KZG 2, 1989, 459–470.

Bräuer, Siegfried, Martin Luther in marxistischer Sicht von 1945 bis zum Beginn der achtziger Jahre, Berlin: EVA 1983.

Breipohl, Renate, Religiöser Sozialismus und bürgerliches Geschichtsbewußtsein zur Zeit der Weimarer Republik, Zürich: TVZ 1971 (Studien zur Dogmengeschichte und systematischen Theologie 32).

Brief aus Lehnin, s. unter: Bischöfe, evang. der DDR.

Bruderrat der EKD, „Gebt Gott recht!". Wort an die Gemeinden aller Zonen in Deutschland, in: ZdZ 3, 1949, 464–468.

BRUNNER, EMIL, Das Mißverständnis der Kirche, 1951.
– Dogmatik Bd. 3, Zürich 1960.
Brüderliche Kirche – menschliche Welt. Festschrift für Albrecht Schönherr, Berlin: EVA 1972.
BRÜSEWITZ, OSKAR, Abschiedsbrief an den Pfarrkonvent des Kirchenkreises Zeitz vom 18. August 1976, in: epd-Dok 41a/1976, 3; *vgl. Dok 1976/5.*
Bund der Evangelischen Kirchen in der DDR, Bundessynode in Potsdam-Hermannswerder 1970, Bericht der Konferenz der Kirchenleitungen, in: KJB 97, 1970, 235f; *vgl. Dok 1970/1.*
– Bundessynode in Potsdam-Hermannswerder 1970, Beschlüsse der Synode, in: KJB 97, 1970; *vgl. Dok 1970/2.*
– Bundessynode in Eisenach 1971, Bericht der Konferenz der Kirchenleitungen, in: KJB 98, 1971, 353–355; *vgl. Dok 1971/2.*
– Kirche für andere – Zeugnis und Dienst der Gemeinde. Bericht des Themenausschusses der Bundessynode in Eisenach 1971, in: KJB 98, 1971, 279–284.
– Bundessynode in Dresden 1972, Bericht der Konferenz der Kirchenleitungen, in: KJB 99, 1972, 271–280; *vgl. Dok 1972/3.*
– Stellungnahme der Bundessynode in Dresden 1972 zum Bericht der Konferenz der Kirchenleitungen, in: KJB 99, 1972, 293–295; *vgl. Dok 1972/4.*
– Bundessynode in Schwerin 1973, Bericht der Konferenz der Kirchenleitungen, in: KJB 100, 1973, 181; *vgl. Dok 1973/1.*
– Bundessynode in Potsdam 1974, Bericht der Konferenz der Kirchenleitungen, in: KJB 101, 1974; *vgl. Dok 1974/1.*
– Konferenz der Kirchenleitungen, Glückwunschtelegramm an den Staatsratsvorsitzenden anläßlich des 25. Jahrestages der Gründung der DDR, 13./14.09. 1974, in: U.-P. HEIDINGSFELD, Der Bund der Evangelischen Kirchen, epd-Dok 21/1992, 19; *vgl. Dok 1974/5.*
– Ausschuß „Kirche und Gesellschaft", Überlegungen zu den Fragen der 2. Tagung der II. Synode des Bundes der Evangelischen Kirchen in der Deutschen Demokratischen Republik (1976, unveröffentlicht).
– Bundessynode in Züssow 1976, Stellungnahme der Synode zu den Berichten der Konferenz der Kirchenleitungen, in: epd-Dok 49/1976, 86f; *vgl. Dok 1976/1.*
– Bundessynode in Züssow 1976, Zwischenbericht der Gemeindekommission zum Thema „Die Rolle des Laien in den Gemeinden und in der Kirche", in: epd-Dok 49/1976, 96–101.
– Konferenz der Kirchenleitungen, Brief an die Gemeinden vom 11.9. 1976, in: R. HENKYS, Kirche in der DDR, epd-Dok 17/1977, 22–42, 41f.; *vgl. Dok 1976/6.*
– Bundessynode in Görlitz 1977, Bericht der Konferenz der Kirchenleitungen, in: epd-Dok 24/1977, 4–24; *vgl. Dok 1977/1; 1976/8.*
– Stellungnahme der Bundessynode in Görlitz 1977 zum Bericht der Konferenz der Kirchenleitungen, in: epd-Dok 24/1977, 55–57; *vgl. Dok 1977/2.*
– Konferenz der Kirchenleitungen, Bericht über das Staat-Kirche-Gespräch vom 6. März 1978, in: KJB 105, 1978, 349f.; *vgl. Dok 1978/2.*
– Bundessynode in Dessau 1979, Bericht der Konferenz der Kirchenleitungen, Teil 1: mündlicher Bericht, in: epd-Dok 44–45/1979, 4–30; *vgl. Dok 1979/3.*
– Bundessynode in Dessau 1979, Beschluß der Synode zu Fragen gesellschaftlicher Verantwortung, in: KJB 106, 1979, 404–406.
– Bundessynode in Leipzig 1980, Bericht der Konferenz der Kirchenleitungen, in: epd-Dok 46–47/1980, 4–16; abgedr. in: KJB 107, 1980, 350–355; *vgl. Dok 1980/4.*
– Bundessynode in Güstrow 1981, Bericht der Konferenz der Kirchenleitungen, in: epd-Dok 43/1981, 2–13; abgedr. u. d. T. „Bewährung" in: SCHÖNHERR 1988, 291–310.
– Bundessynode in Güstrow 1981, Arbeitsbericht 1980/81, in: epd-Dok 43/1981, 16–58.
– Bundessynode in Güstrow 1981, Gemeinsame Entschliessung zur schrittweisen Verwirklichung einer verbindlichen föderativen Gemeinschaft, in: epd-Dok 43/1981, 59–65.
– Bundessynode in Güstrow 1981, Stellunggnahme der Synode zum Bericht des KKL-Vorsitzenden, in: epd-Dok 43/1981, 14f; *vgl. Dok 1981/5.*
– Texte von der Bundessynode in Greifswald 1984, in: epd-Dok 43/1984, 1–35; *vgl. Dok 1984/1.*

- Bundessynode in Dresden 1985, Bericht der Konferenz der Kirchenleitungen, in: epd-Dok 43/ 1985; *vgl. Dok 1985/1.*
- Bundessynode in Erfurt 1986, Bericht der Konferenz der Kirchenleitungen, in: epd-Dok 42/ 1986, 1–35; *vgl. Dok 1986/4.*
- Bundessynode in Dessau 1988, Bericht der Konferenz der Kirchenleitungen, in: epd-Dok 43/ 1988; *vgl. Dok 1988/7.*
- Erklärung der Konferenz der evangelischen Kirchenleitungen vom 8. Dezember 1989, in: JK 51, 1990, 42f.
- *s. auch unter: Bleibender Auftrag unter neuen Herausforderungen;* CIESLAK, JOHANNES; DEMKE, CHRISTOPH; FALCKE, HEINO; *Gemeinsam unterwegs;* HENKYS, REINHARD; *In besonderer Gemeinschaft;* KASNER, HORST; *Kirche als Lerngemeinschaft;* KRUSCHE, GÜNTER; KRUSCHE, WERNER; LEICH, WERNER; *Loccumer Erklärung;* MENDT, DIETRICH; *Mit der Kirche leben;* MÖLLER, ADALBERT; OPITZ, BERNHARD; RATHKE, HEINRICH; SCHÖNHERR, ALBRECHT; *Stellungnahme der KKL ...; Theologische Studienabteilung beim Kirchenbund; Verantwortung der Christen ...;* WALTER, ERWIN; *Wort zum Frieden;* ZIEGLER, MARTIN.

Bund evangelischer Pfarrer in der DDR, Christ und Kirche in der Deutschen Demokratischen Republik, in: Evangelisches Pfarrerblatt, Heft 18, Sept. 1962; abgedr. in: KJB 89, 1962, 222–237.

BUSCH, EBERHARD, „Gott hat nicht auf sein Recht verzichtet". Die Erneuerung der Kirche im Verhältnis zum politischen Bereich nach dem Verständnis der reformierten Reformatoren, in: EvTh 52, 1992, 160–176.

BÜSCHER, WOLFGANG, Ein neues Interesse an Kirche und Religion. Kirche als Element einer sozialistischen Nationalkultur?, in: KiS 5/1981, 13–20.

CAMPENHAUSEN, AXEL VON, „Auch der Westen hat seine Erfahrungen". Soll das Grundgesetz geändert werden?, in: ZW 62, 1991, 238–242; *vgl. Dok 1991/2.*
- Freie Kirche in freiem Staat. Zusammenarbeit in der offenen Gesellschaft, in: LM 31, 1992, 546f.

Christen und Marxisten in gemeinsamer Verantwortung, Berlin: Union 1971.

CDU (Ost), Entschließung des Parteitages im September 1956, in: KJB 83, 1956, 174f.; *vgl. Dok 1956/2.*
- Entschließung des 11. Parteitages, Okt. 1964, in: DOHLE/DROBISCH/HÜTTNER 1967, 420f.; *vgl. Dok 1964/1.*
- *s. auch unter: Christen und Marxisten in gemeinsamer Verantwortung;* GÖTTING, GERALD; GYSI, KLAUS; HEYL, WOLFGANG; JENSSEN, HANS-HINRICH; NORDEN, ALBERT; ORDNUNG, CARL; SEIGEWASSER, HANS; *Thesen des christlichen Realismus;* TREBS, HERBERT; VERNER, PAUL; WIRTH, GÜNTER.

Christsein gestalten. Eine Studie zum Weg der Kirche, hg. v. Kirchenamt im Auftrag des Rates der Evangelischen Kirche in Deutschland, Gütersloh: Mohn (1986) [4]1987.

CIESLAK, JOHANNES, Die Bedeutung der Gemeinde für den Alltag der Christen (Kurze Zusammenfassung eines Referates auf der Bundessynode in Eisenach 1971), in: KJB 98, 1971, 277f.

CONZEMIUS, V./GRESCHAT, M./KOCHER, H. (Hgg.), Die Zeit nach 1945 als Thema kirchlicher Zeitgeschichte, Göttingen 1988; abgek.: CONZEMIUS/GRESCHAT/KOCHER 1988.

DAHLGREN, SAM, Das Verhältnis von Staat und Kirche in der DDR während der Jahre 1949–1958, Uppsala 1972 (Bibliotheca Theologiae Practicae 26).

DAHM, KARL WILHELM/DREHSEN, VOLKER/KEHRER, GÜNTER, Das Jenseits der Gesellschaft. Religion im Prozeß sozialwissenschaftlicher Kritik, München: Claudius 1975.

DAHM, KARL-WILHELM/LUHMANN, NIKLAS/STOODT, DIETER, Religion – System und Sozialisation, Darmstadt: Luchterhand 1972.

DAHM, KARL-WILHELM/MARHOLD, WOLFGANG, Theologie der Gesellschaft. Der Beitrag Heinz-Dietrich Wendlands zur Neukonstruktion der Sozialethik, in: ZEE 34, 1990, 174–191.

DALFERTH, INGOLF U., Religiöse Rede von Gott, München: Kaiser 1981 (BevTh 87).
- Existenz Gottes und christlicher Glaube. Skizzen zu einer eschatologischen Ontologie, München: Kaiser 1984.

- Theologischer Realismus und realistische Theologie bei Karl Barth, in: EvTh 46, 1986, 402–422.
- Das Wort vom Kreuz in der offenen Gesellschaft, in: KuD 39, 1993, 123–148.

DANTINE, JOHANNES, Buße der Kirche 1989/90, in: JK 52, 1991, 276–280.

Das Evangelium und das christliche Leben in der Deutschen Demokratischen Republik. Handreichung, entgegengenommen durch die Synode der EKU im Februar 1959 (als Manuskript gedruckte Textvorlage), Witten/Ruhr: Luther o.J.

DÄHN, HORST, Konfrontation oder Kooperation?, Opladen 1982 (Studien zur Sozialwissenschaft 52).
- Wissenschaftlicher Atheismus und Erziehungssystem, in: HENKYS 1982, 144–157.
- Wissenschaftlicher Atheismus in der DDR, in: BASSE 1986, 101–114.
- (Hg.), Die Rolle der Kirchen in der DDR. Eine erste Bilanz, München: Olzog 1993 (Geschichte und Staat 291).

DEMKE, CHRISTOPH, Umstrittenes Erbe. Zur Einordnung Martin Luthers in die „sozialistische Nationalkultur der DDR", in: KiS 3/1981, 30–35.
- Nicht bremsen – aber nüchtern rechnen. Gespräch mit dem DDR-Kirchenbundvorsitzenden zum Weg der Kirchen, in: Übergänge 3/1990, 89–93.
- Ein Heiliger der Scheinheiligen. Für eine Demontage von St.Asi, in: EK 25, 1992, 147–150.

Der Christ in der DDR. Handreichung der Vereinigten Evang.-Luth. Kirche in Deutschland, Berlin 1961.

DIBELIUS, OTTO, Das Jahrhundert der Kirche. Geschichte, Betrachtung, Umschau und Ziele, Berlin (1926) 61928.
- Nachspiel, Berlin 1928.
- Die Verantwortung der Kirche. Eine Antwort an Karl Barth, Berlin 1931.
- Die tragende Mitte. Programmrede des 2. Kirchentags für die Berliner Gemeinden, 27. April 1947, in: DERS., Reden – Briefe 1933–1967, hg. v. J. W. WINTERHAGER, 1970, 34–43; vgl. Dok 1947/2.
- Volk, Staat und Wirtschaft aus christlichem Verantwortungsbewußtsein. Ein Wort der Kirche, Berlin 1947; abgek.: DIBELIUS, Volk, 1947.
- Grenzen des Staates, Berlin-Spandau (1949) 31952.
- Vom ewigen Recht, Berlin-Spandau: Wichern 1950.
- Vom Kampf und Frieden in der Kirche, in: ZdZ 4, 1950, 1–5.
- Hirtenbrief an die Pfarrer der Berlin-Brandenburgischen Kirche vom 26. Juli 1952, in: KJB 79, 1952, 211–216.
- Obrigkeit?, Berlin 1959.
- s. auch unter: Die Stunde der Kirche; Evang. Kirche in Berlin-Brandenburg.

Die Christen sind kein Makel des Sozialismus. Ein Gespräch in Erfurt, in: GuH 50/1987 v. 13.12. 1987, 2.

Die neue Verfassung der DDR. Mit einem einleitenden Kommentar von DIETRICH MÜLLER-RÖMER, Köln: Verlag Wissenschaft und Politik 31974.

Die Stunde der Kirche. Festschrift für Otto Dibelius zum 70. Geburtstag, Berlin: EVA 1950.

DIECKMANN, CHRISTOPH, Glauben mit und ohne. Die Enquetekommission des Bundestags prescht durch die Kirchengeschichte der DDR, in: DIE ZEIT 52/1993 v. 24.12. 1993, 5.

DITFURTH, CHRISTIAN VON, Blockflöten. Wie die CDU ihre realsozialistische Vergangenheit verdrängt, Köln: Kiepenheuer & Witsch 1991.

DOERNE, MARTIN, Demokratie in christlicher Schau, in: ZdZ 2, 1948, 173–176.

DOHLE, HORST/DROBISCH, KLAUS/HÜTTNER, EBERHARD (Hgg.), Auf dem Wege zur gemeinsamen humanistischen Verantwortung. Eine Sammlung kirchenpolitischer Dokumente 1945–1966 unter Berücksichtigung von Dokumenten aus dem Zeitraum 1933 bis 1945, Berlin: Union 1967; abgek.: DOHLE/DROBISCH/HÜTTNER 1967; vgl. Dok 1939/1; 1954/3; 1958/4; 1958/6; 1960/1; 1961/1; 1964/1; 1964/2; 1966/3; 1966/4.

DOHLE, HORST/HEISE, JOACHIM/ONNASCH, MARTIN (Hgg.), SED und Kirche. Eine Dokumentation grundsätzlicher Entscheidungen zu ihrem Verhältnis. Bd. 1: 1946–67, Neukirchen-Vluyn: Neukirchener 1993 (Historisch-Theologische Studien zum 19. und 20. Jahrhundert [Quellen] 2.1).

DOMKE, MICHAEL, Das Gubener Wort linker Christen. Entwurf, in: WBl 3/1990, 10.

DRESSLER, HELMUT/KALTENBORN, CARL-JÜRGEN (Hgg.), Junge Theologen im Sozialismus, Berlin: Union 1979; abgek.: DRESSLER/KALTENBORN 1979.

DRESS, WALTER, Versuchung und Sendung. Luthers Zeugnis für die Gegenwart 1951.

Du sollst nicht falsch Zeugnis reden, in: ND v. 31. August 1976; abgedr. in: epd-Dok 41a/1976, 12f.

EBERT, ANDREAS/HUBERER, JOHANNA/KRAFT, FRIEDRICH (Hgg.), Räumt die Steine hinaus. DDR Herbst 1989. Geistliche Reden im politischen Aufbruch, München: Claudius 1989.

EHLERT, FLORIAN, „Suchet der Stadt Bestes!" Bischof Mitzenheims Bemühungen um Einvernehmen mit dem Staat, in: KiS 14, 1988, 97–101.

ENGELIEN, ALMUT, Die theoretische Auseinandersetzung der SED mit der Religion, in: HENKYS 1982, 127–143.

Erich Honecker empfing Landesbischof Dr. Werner Leich, in: ND vom 04.03. 1988; abgedr. in: epd-Dok 12/1988, 6f.

ERLER, FRITZ, Art.: Sozialismus als politische Bewegung, in: EStL, ²1975, 2370–2373.

Ermittlungen eingestellt. Die Arbeit in der Berliner Umweltbibliothek geht weiter, in: GuH 50/ 1987 v. 13.12. 1987, 2.

ESTER, H./HÄRING, H./POETTGENS, E./SOMBERGER, K. (Hgg.), Dies ist nicht unser Haus. Die Rolle der katholischen Kirche in den politischen Entwicklungen der DDR, Amsterdam Atlanta: Rodopi 1992.

Evangelische Kirche der Kirchenprovinz Sachsen, Für die Möglichkeit eines echten und hilfreichen Gespräches. Stellungnahme der Kirchenleitung zur Weltfriedensbewegung, zur Politik der Regierung und zum Verhältnis Kirche und Staat, abgegeben gegenüber dem Ministerpräsidenten des Landes Sachsen-Anhalt, 11. Dezember 1950, in: HEIDTMANN 1964, 70–81.

– Landessynode November 1972, Bericht der Kirchenleitung, in: KJB 99, 1972, 256–260.

– Wort der Kirchenleitung an die Gemeinden, 21. August 1976, in: epd-Dok 41a/1976, 2; *vgl. Dok 1976/6.a.*

– Provinzialsynode, Oktober 1976, Bericht der Kirchenleitung über Überlegungen und Entscheidungen im Zusammenhang mit der Selbstverbrennung von Pfarrer Oskar Brüsewitz, in: epd-Dok 38/1977, 10–19.

– Provinzialsynode in Wittenberg, 18.-20. März 1988, Beschluß der Synode betr. Maßnahmen gegen Ausreisewillige, in: epd-Dok 17/1988, 9.

– *s. auch unter:* JÄNICKE, JOHANNES; KRUSCHE, WERNER; *Linke Christen aus Suhl;* MÜLLER, LUDOLF; ZAISSER, WILHELM.

Evangelische Kirche der Union, *s. unter: Das Evangelium und das christliche Leben in der Deutschen Demokratischen Republik;* FALCKE, HEINO; FRÄNKEL, HANS-JOACHIM; GIENKE, HORST; HAMEL, JOHANNES; NATHO, EBERHARD; *Rechtfertigung und Gesellschaft; Rechtfertigung, Glaube und Bewußtsein;* SCHARF, KURT; STUPPERICH, ROBERT; *Wort der Hilfe …; Zum politischen Auftrag, 1974.*

Evangelische Kirche des Görlitzer Kirchengebietes, Provinzialsynode 1974, Bericht des von der Kirchenleitung eingesetzten Ausschusses, in: KJB 101, 1974, 514–518.

– *s. auch unter:* FRÄNKEL, HANS-JOACHIM; WOLLSTADT, HANNS-JOACHIM.

Evangelische Kirche in Berlin-Brandenburg, a.o. Tagung der Synode in Berlin, 9./10. August 1952, Bericht zur Lage, vorgetragen von Bischof OTTO DIBELIUS, in: KJB 79, 1952, 216–226.

– Wort der KL an die Gemeinden, 30.11. 1954, in: KJB 81, 1954, 146f.; *vgl. Dok 1954/1.*

– Landessynode in Berlin-Weißensee, 26.-30.04. 1974, Bericht der Kirchenleitung vom 27.04. 1974, vorgetragen v. Bischof A.SCHÖNHERR, in: epd-Dok 27/1974, 24–49; *vgl. Dok 1974/6.*

– Landessynode in Berlin-Weißensee, 26.-30.04. 1974, Beschluß der Synode zum Terminus „Kirche im Sozialismus", in: epd-Dok 27/1974, 51;

– *s. auch unter:* DIBELIUS, OTTO; FORCK, GOTTFRIED; FURIAN, HANS-OTTO; MENDT, DIETRICH; SCHÖNHERR, ALBRECHT.

Evangelische Kirche in Deutschland, Eisenach 1948. Verhandlungen der verfassunggebenden Kirchenversammlung der Evangelischen Kirche in Deutschland vom 9.-13. Juli 1948, hg. im Auftrag des Rates von der Kirchenkanzlei der Evangelischen Kirche in Deutschland, Berlin: Wichern 1951; *vgl. Dok 1948/1.*

– Elbingerode 1952. Bericht über die vierte Tagung der ersten Synode der Evangelischen Kirche in Deutschland vom 6. – 10. Oktober 1952, hg. im Auftrage des Rates von der Kirchenkanzlei der Evangelischen Kirche in Deutschland, o.O. 1954.

– Theologische Erklärung der a.o. EKD-Synode in Berlin, 27.-29.06. 1956, in: KJB 83, 1956, 17f.; *vgl. Dok 1956/1.*

– Erklärung zur Einheit der Evangelischen Kirche in Deutschland („Fürstenwalder Erklärung"), verabschiedet vom ostdeutschen Teil der 4. EKD-Synode auf seiner Tagung in Fürstenwalde, 1.-7.4. 1967, in: KJB 94, 1967, 268–270; *vgl. Dok 1967/4.*

– Evangelische Kirche und freiheitliche Demokratie. Der Staat des Grundgesetzes als Angebot und Aufgabe. Eine Denkschrift der Evangelischen Kirche in Deutschland, Gütersloh: Mohn (1985) ³1986.

– *s. auch unter: Bruderrat der EKD; Christsein gestalten;* GROSSE, LUDWIG; GRÜBER, HEINRICH; *In besonderer Gemeinschaft;* JACOB, GÜNTER; KRUMMACHER, FRIEDRICH-WILHELM; *Loccumer Erklärung;* Rat der EKD; SCHÖNHERR, ALBRECHT; SCHRÖDER, RICHARD; STIER, CHRISTOPH; *Wort zum Frieden.*

Evangelisch-Lutherische Kirche in Thüringen, *s. unter:* MITZENHEIM, MORITZ.

Evangelisch-Lutherische Landeskirche Mecklenburgs, *s. unter:* RATHKE, HEINRICH; STIER, CHRISTOPH.

Evangelisch-Lutherische Landeskirche Sachsens, Landessynode März 1988, Erklärung der Synode, in: epd-Dok 17/1988, 37.

– *s. auch unter:* HEMPEL, JOHANNES; KRESS, VOLKER; NOTH, GOTTFRIED; *Wider die materialistischatheistische Bekenntnisschule.*

FABIAN, WALTER, Art.: Sozialismus – geschichtlich und systematisch, in: RGG 6, ³1962, 176–181.

FAHLBUSCH, ERWIN, Art.: Kirche – Gegenstand, Aufgaben und Probleme der Ekklesiologie, in: EKL 2, ³1989, 1046–1053.

– Art.: Kirche – Kirche im Wandel, in: EKL 2, ³1989, 1087–1094.

FALCKE, HEINO, Christus befreit – darum Kirche für andere. Referat auf der Bundessynode 1972 in Dresden, in: epd-Dok 30/1972, 1–18; abgedr.in: KJB 99, 1972, 242–255; und in: Zum politischen Auftrag, 1974, 213–232; *vgl. Dok 1972/2.*

– Was soll die Kirchenmusik in unserer Kirche auf dem Weg in die Diaspora-Situation? Vortrag auf den Landesmusiktagen in Halle/Saale (15.-18.09. 1974), in: epd-Dok 38/1975, 69–73; *vgl. Dok 1974/2.*

– Bemerkungen zur Funktion der Zweireichelehre für den Weg der Evangelischen Kirchen in der Deutschen Demokratischen Republik, in: U.DUCHROW (Hg.), Zwei Reiche und Regimente. Ideologie oder evangelische Orientierung? Internationale Fall-und Hintergrundstudien zur Theologie und Praxis lutherischer Kirchen im 20. Jahrhundert, Gütersloh 1977 (Studien zur evangelischen Ethik 13), 65–78.

– Brief an die Pfarrer und Mitarbeiter im Verkündigungsdienst in der Propstei Erfurt (Febr. 1984), in: epd-Dok 21/1984, 1–4.

– Kirchen im Friedensbund Gottes. Ekklesiologische Aspekte des Friedensauftrags der Kirchen heute, in: EvTh 45, 1985, 348–366.

– Unsere Kirche und ihre Gruppen – Lebendiges Bekennen heute?, in: KiS 11, 1985, 145–152.

– Mit Gott Schritt halten. Biblische Aspekte des Prozesses gegenseitiger Verpflichtung (Bund) für Gerechtigkeit, Frieden und Bewahrung der Schöpfung, in: JK 47, 1986, 260–267.

– „Kirche für andere" in der DDR. Gespräch mit GERHARD REIN zur Bedeutung Bonhoeffers für den Weg der Kirche, in: KiS 12, 1986, 59–63.

– Der Konzilsgedanke Dietrich Bonhoeffers, in: GREMMELS/TÖDT 1987, 101–119.

– Erwägungen zum konziliaren Prozeß, in: ZdZ 41, 1987.

– „Neues Denken". Interview von G. REIN, in: KiS 13, 1987, 61–63.

– Umkehr führt weiter. Zur Grundorientierung des gegenwärtigen Weges der Kirchen in der

DDR, in: J. E. Gutheil/S. Zoske (Hgg.), „Daß unsere Augen aufgetan werden ...“. FS H. Dembowski, Frankfurt/M. 1988, 184ff.

– Kirche und christliche Gruppen. Ein nötiges oder unnötiges Spannungsfeld?, in: Pollack 1990, 103–113.

– Stellvertretendes Handeln. „Kirche im Sozialismus“ am Beispiel der DDR, in: KiS 15, 1989, 232–238.

– Der Auftrag der Kirche heute. Vortrag zur Friedensdekade 1990 in Erfurt, in: JK 51, 1990, 677–683.

– Zukunft der kleinen Herde. Die Einwanderung der Kirche in die nachsozialistische Gesellschaft, in: EK 23, 1990, 163–166.

– Die unvollendete Befreiung. Die Kirchen, die Umwälzung in der DDR und die Vereinigung Deutschlands, München: Kaiser 1991 (Ökumenische Existenz heute 9).

– Kirche im Sozialismus. Vortrag auf einer Tagung der Ev. Akademie in Halle, 1992 (unveröffentlicht).

– „Selbstkritik ist angebracht“. Interview, in: Sonntag. Mecklenburgische Kirchenzeitung v. 2. 2. 1992, 5.

– „Kirche im Sozialismus“ als Kompromißformel?, in: ZdZ 47, 1993, 82–86.

Falkenau, Manfred, Kirchliche Sozialisation. Fragen zur Sozialgestalt der Gemeinde in der gesellschaftlichen Wirklichkeit der DDR, in: Außer der Reihe 1974–1984, hg. v. der Theologischen Studienabteilung beim Kirchenbund.

– Kirche und Gruppen. Einsichten und Fragen zur sozialen Gestalt der Gemeinde (1985), in: Pollack 1990, 25–29.

Fechtner, Kristian, Volkskirchliche Praxis zwischen Ökonomie und Kommunikation. Einige Überlegungen zur „Nachfrage“ als Handlungsform der Volkskirche, in: ThPr 28, 1993, 191–204.

Fehr, Helmut, Politisches System und Interessenpolitik im „real existierenden Sozialismus“. Zum Verhältnis von Staat und evangelischen Kirchen in der DDR, in: Aus Politik und Zeitgeschichte 27/1986, 35–45.

Feil, Ernst, Die Theologie Dietrich Bonhoeffers. Hermeneutik, Christologie, Weltverständnis, München Mainz: Kaiser; Grünewald ³1971 (Gesellschaft und Theologie: Systematische Beiträge 6).

– (Hg.), Verspieltes Erbe? Dietrich Bonhoeffer und der deutsche Nachkriegsprotestantismus, München: Kaiser 1979 (IBF 2).

– mit Tödt, Ilse (Hgg.), Konsequenzen. Dietrich Bonhoeffers Kirchenverständnis heute, München: Kaiser 1980 (IBF 3).

– Ende oder Wiederkehr der Religion? Zu Bonhoeffers umstrittener Prognose eines „religionslosen Christentums“, in: Gremmels/Tödt 1987, 27–49.

Fetscher, Iring, Art.: Kommunismus und Bolschewismus, in: RGG 3, ³1959, 1737–1742.

– Der Marxismus. Seine Geschichte in Dokumenten, Bd. 1: Philosophie, Ideologie, München 1962.

– Karl Marx und der Marxismus. Von der Philosophie des Proletariats zur proletarischen Weltanschauung, München: Piper 1967; abgek.: Fetscher 1967.

– Von der Philosophie des Proletariats zur proletarischen Weltanschauung, in: Fetscher 1967, 123–144.

– Wandlungen der marxistischen Religionskritik, in: Fetscher 1967, 200–217.

– Art.: Sozialismus als theoretischer Begriff, in: EStL, ²1975, 2368–2370.

Figur, Fritz, Weg in der Wüste – Wasserströme in der Einöde, in: ZdZ 2, 1948, 33–36.

Fischbeck, Hans-Jürgen, Von der Ungerechtigkeit auferlegter Abgrenzung, in: epd-Dok 21/1988, 5–7.

Fischer, Martin, Dankbarer predigen, in: ZdZ 1, 1947, 371.

– Die politische Verantwortung der Kirche heute, in: Die Stunde der Kirche. FS Dibelius, 1950, 101–111.

– Die öffentliche Verantwortung der Christen, in: Evangelische Kirche in Deutschland, Elbingerode 1952, 90–140.

– Obrigkeit, Berlin: Käthe Vogt 1959 (unterwegs 10).

– Theologie und Kirchenleitung, in: EvTh 21, 1961, 49–68; abgedr.in: Theologie und Kirchen-leitung. FS Fischer, 1976, 12–31.

– Wegemarken. Beiträge zum Kampf um unseren Weg, Berlin Stuttgart: Lettner ²1961.

– Überlegungen zu Wort und Weg der Kirche, Berlin: Lettner 1963.

FISCHER, PETER, Kirche und Christen in der DDR, Berlin: Holzapfel 1978.

Fixierung überwinden. Kirchenprovinz Sachsen: Versuch einer Bilanz zu Jugendweihe und Kon-firmation, in: KiS 3/1980, 15–24.

FORCK, GOTTFRIED, Kirchengemeinschaft und politische Ethik. Hinweis auf ein Arbeitsergebnis, in: ZdZ 34, 1980, 224–229.

– Zum Weg unserer Kirche. Vortrag vor der Landessynode der Evangelischen Kirche in Berlin-Brandenburg, Berlin/O, 4. April 1986, in: epd-Dok 18/1986, 35–42.

– „Wir sind eine unabhängige Vertrauensinstanz". Interview, in: DER SPIEGEL Nr. 21/1987 vom 18. Mai 1987; abgedr. in: epd-Dok 25/1987, 58–61.

– Unser Auftrag als Kirche und die aktuellen Herausforderungen der Gegenwart. Bericht des Landesbischofs an die Landessynode Berlin-Brandenburg, Berlin/O, 8. April 1988, in: epd-Dok 21/1988, 53–61.

– „Was wollten wir eigentlich?". Vortrag auf dem Kirchentagskongreß in Jena-Lobeda, 12.-14. Juni 1992, in: epd-Dok 28/1992, 3–6; *vgl. Dok 1992/2.*

FRÄNKEL, HANS-JOACHIM, Bericht des Vorsitzenden des Rates der EKU vor deren Regional-synode Ost in Magdeburg (22.-24. Mai 1970), in: KJB 97, 1970, 305–308; *vgl. Dok 1970/5.*

– Bericht des Landesbischofs vor der Provinzialsynode der Evang. Kirche des Görlitzer Kirchen-gebietes, 1968, in: KJB 95, 1968, 255–257; *vgl. Dok 1968/8.*

– Bericht auf der Tagung der Provinzialsynode der Evang. Kirche des Görlitzer Kirchengebietes vom 26.-29. März 1971, in: KJB 98, 1971, 250–253.

– Ein Wort zur öffentlichen Verantwortung der Kirchen in der gegenwärtigen Stunde. Vortrag auf der Provinzialsynode der Evang. Kirche des Görlitzer Kirchengebietes (30.03.-02.04. 1973), in: KJB 100, 1973, 182–190; *vgl. Dok 1973/2.*

– Was haben wir aus dem Kirchenkampf gelernt? Vortrag am 8. November 1973 in der Annen-kirche zu Dresden, in: KJB 100, 1973, 161–167; *vgl. Dok 1973/7.*

– Bericht auf der Tagung der Synode der Evang. Kirche des Görlitzer Kirchengebietes (25.-28.03. 1977), in: epd-Dok 17/1977, 43–52; *vgl. Dok 1977/5; 1976/7.*

– Bericht auf der Tagung der Synode der Evang. Kirche des Görlitzer Kirchengebietes vom 31. März bis 3. April 1978, in: epd-Dok 30/1978, 62–70.

– Bericht auf der Tagung der Synode der Evang. Kirche des Görlitzer Kirchengebietes vom 30. März bis 2. April 1979 in Görlitz, in: epd-Dok 19/1979, 9–18.

FRICKEL, HEINRICH, Stationen einer 20jährigen Entwicklung. Konfirmandenunterricht und Kon-firmation in der DDR. Eine Problemskizze, in: KiS 3/1975, 9–17.

FRIEBEL, THOMAS, Kirche und politische Verantwortung in der sowjetischen Zone und der DDR 1945 – 1969. Eine Untersuchung zum Öffentlichkeitsauftrag der evangelischen Kirchen in Deutschland, Gütersloh: Mohn 1992.

FRIELINGHAUS, DIETER, Kirche im Sozialismus – Kirche des Friedens, in: WBl 5/1989, 10–15.

FRIEMEL, FRANZ GEORG (Hg.), … wie die Träumenden. Katholische Theologen zur gesellschaftli-chen Wende, Leipzig: Benno 1990.

FRITZSCHE, HANS-GEORG, Art.: Mensch, in: Theologisches Lexikon, 1978, 288f.

– Systematische Theologie und kirchlicher Auftrag im Sozialismus. Gespräch mit GÜNTER WIRTH, in: Stp 1/1986.

– Lehrbuch der Dogmatik, Bd. 4: Ekklesiologie – Ethik – Eschatologie, Berlin/DDR: EVA 1988.

FROSTIN, PER, Materialismus, Ideologie, Religion. Die materialistische Religionskritik bei Karl Marx, München 1978.

FUCHS, EMIL, Marxismus und Christentum, Leipzig 1953.

– Christlicher Glaube in seiner Auseinandersetzung mit den Mächten, Fragen, Nöten der Ge-genwart und in seiner Wahrheit erfaßt und dargestellt. Bd. 1, Halle 1958.

– Christliche und marxistische Ethik. Lebenshaltung und Lebensverantwortung der Christen im Zeitalter des werdenden Sozialismus. 2 Bde, Leipzig 1956 u. 1959.

FUNK, UWE, Die Existenz sozialethischer Gruppen in der evangelischen Kirche der DDR als gesellschaftswissenschaftliches Problem, in: POLLACK 1990, 81–102.

FURIAN, HANS-OTTO, Kirche, Welt und Gesellschaft im theologischen Denken Günter Jacobs in den dreißiger Jahren, in: ZdZ 35, 1981, 61–64.

– Schreiben „An die Herren Superintendenten und die Vorsitzenden der Bruderschaftlichen Leitungen der Evangelischen Kirche in Berlin-Brandenburg" vom 9. September 1988 (unveröffentlicht, Az. Evang. Kirche in Berlin-Brasndenburg: K. Ia Nr. 1728/88); *vgl. Dok 1988/8.*

FÜHR, FRITZ, Kirche am Anfang einer neuen Zeit, München 1958 (ThExh NF 66).

– Unsere Kirche in der Zerstreuung – Not und Segen, in: ZdZ 13, 1959, 1–3.

– Kirche wird Diaspora. Biblische Perspektiven für kirchenleitenden Dienst, in: ZdZ 17, 1963, 124–134.

GARSTECKI, JOACHIM, Mehrwert der Wahrheit. Wo steht der DDR-Kirchenbund im konziliaren Prozeß?, in: EK 20, 1987, 138–141.

GEIGER, MAX, Christsein in der DDR, in: D. SÖLLE/K. SCHMIDT (Hgg.), Christentum und Sozialismus, 1974.

– Christsein in der DDR, München 1975 (Theologische Existenz heute 185).

– August Bebels Stellung zu Christentum und religiösem Sozialismus, in: ThZ 46, 1990, 20–63.

Gemeinsam unterwegs. Dokumente aus der Arbeit des Bundes der Evangelischen Kirchen in der DDR 1980–1987, Berlin: EVA 1989.

GERMIS, CARSTEN, Der Märtyrer von Zeitz, in: DIE ZEIT 21/1993, 9.

Gespräch zwischen dem ehemaligen DDR-Kultusminister und Staatssekretär für Kirchenfragen, KLAUS GYSI, und Oberkirchenrätin CHRISTA LEWEK am 24. April 1990, in: KZG 3, 1990, 440–468.

GESTRICH, CHRISTOF, Wissenschaftliche Theologie in Berlin. Selbstdarstellung der Sektion Theologie der Humboldt-Universität anläßlich des 175. Jahrestags des Bestehens der Berliner Universität, in: KiS 12, 1986, 74–79.

– Die Heilung einer doppelten Entfremdung – Ernst Lange über Kirche und eine „Theorie kirchlichen Handelns", in: BThZ 2, 1985, 33–52.

GIENKE, HORST, Bericht des Vorsitzenden des Bereichsrates der Evangelischen Kirche der Union – Bereich DDR – auf der Synode in Berlin-Weißensee (10.-12. Mai 1974), in: epd-Dok 29/1974 v. 18.06. 1974, 69–83.

GIESECKE, HANS, Wort, Welt und Gemeinde, in: ZdZ 10, 1956, 252–258.

GOGARTEN, FRIEDRICH, Verhängnis und Hoffnung der Neuzeit. Die Säkularisierung als theologisches Problem, Stuttgart: Vorwerk 1953.

GOLLWITZER, HELMUT, Vortrupp des Lebens, München: Kaiser 1975.

GORZ, ANDRÉ, Und jetzt wohin?, Berlin: Rotbuch 1991 (Rotbuch 36).

GOTTSCHALK, PETER, Spurensicherung in Erfurt, in: EK 16, 1983, 534.

GÖTTING, GERALD, Ansprache auf der X. Sitzung des CDU-Hauptvorstandes in Weimar, 4.5. 1966, in: NZ v. 5.5. 1966; abgedr. in: KJB 93, 1966, 209f.; *vgl. Dok 1966/2.*

– Referat auf der Tagung des Präsidiums des Hauptvorstandes der CDU mit Universitätstheologen, Geistlichen und anderen christlichen Persönlichkeiten (Jena, 8./9.2. 1967), in: KJB 94, 1967, 182f.; *vgl. Dok 1967/2.*

– Vorwort, in: DOHLE/DROBISCH/HÜTTNER 1967, 21–27.

– mit NORDEN, ALBERT, „Mitarbeit sozialistischer Staatsbürger christlichen Glaubens" (Referate auf dem 13. Parteitag der CDU vom 11. bis 14. Oktober 1972 in Erfurt), Berlin: Union 1973; abgek.: GÖTTING/NORDEN 1973.

– Christliche Demokraten in schöpferischer Mitarbeit für das Wohl des Volkes. Aus Reden und Aufsätzen 1977–1981, Berlin: Union 1982.

GRABNER, WOLF-JÜRGEN/HEINZE, CHRISTIANE/POLLACK, DETLEF (Hgg.), Leipzig im Oktober. Kirchen und alternative Gruppen im Umbruch der DDR. Analysen zur Wende, Berlin: Wichern 1990.

GRAF, FRIEDRICH WILHELM, Königsherrschaft Christi in der Demokratie. Karl Barth und die deutsche Nachkriegspolitik, in: EK 23, 1990, 735–738.

– Traditionsbewahrung in der sozialistischen Provinz. Zur Kontinuität antikapitalistischer Leitvorstellungen im neueren deutschen Protestantismus, in: ZEE 36, 1992, 175–191.

GREMMELS, CHRISTIAN/TÖDT, ILSE (Hgg.), Die Präsenz des verdrängten Gottes. Glaube, Religionslosigkeit und Weltverantwortung nach Dietrich Bonhoeffer, München: Kaiser 1987 (IBF 7); abgek.: GREMMELS/TÖDT 1987.

GRODE, WALTER, Der Vereinigungsprozeß als Opferritual. Stolpe und die doppelte deutsche Identität, in: LM 31, 1992, 245f.

– Stasi-Akten als Vielzweckvehikel. Lust an der Bewältigung fremder Vergangenheit, in: LM 31, 1992, 102.

GROSSE, LUDWIG, Leiderfahrungen in Thüringen. Debattenbeitrag auf der EKD-Synode in Suhl 1992, in: EK 25, 1992, 732f.

GROTEFELD, STEFAN, Sammelrezension einiger neuerer Publikationen zur Geschichte der evangelischen Kirchen in der DDR, in: KZG 5, 1992, 155–161.

GROTEWOHL, OTTO, Schreiben an den Beauftragten des Rates der EKD bei der Regierung der DDR, Heinrich Grüber, vom 17.05.1958, in: KJB 85, 1958, 138; abgedr. in: G. KÖHLER, Pontifex nicht Partisan, 1974, 171f.; *vgl. Dok 1958/3.*

GRUNENBERG, NINA, Ein Idealist im „Roten Kloster". Cornelius Weiss, Rektor der Universität Leipzig, muß eine heikle Aufgabe bewältigen, in: DIE ZEIT 11/1993 v. 12.03.1993, 34.

GRÜBER, HEINRICH, Erklärung des Beauftragten des Rates der EKD bei der DDR-Regierung vor der EKD-Synode in Berlin 1958, in: KJB 85, 1958, 101f.; *vgl. Dok 1958/2.*

– Erinnerungen aus sieben Jahrzehnten, Köln 1968.

GÜNTHER, ROLF-DIETER, Art.: Junge Gemeinde, in: Theologisches Lexikon, 1978, 225.

GYSI, KLAUS, Grusswort des Staatssekretärs für Kirchenfragen in der DDR auf der Tagung des CDU-Hauptvorstandes, Februar 1980, in: NZ v. 23.02.1980; abgedr. in: epd-Dok 14/1980, 19; *vgl. Dok 1980/1.*

– Kirche und Staat in der DDR, in: epd-Dok 28/1981, 8.

– Vortrag am 29. Mai 1981 im Ökumenischen Zentrum Genf, in: KiS 14, 1988, 147 (Auszüge aus einem Tonbandmitschnitt); *vgl. Dok 1981/1.*

– Vortrag vor dem Königlichen Institut für Internationale Angelegenheiten in London (Chatham House) am 13. Mai 1981, in: epd-Dok 28/1981, 4–10; *vgl. Dok 1981/3.*

– Ansprache auf der Festveranstaltung „300 Jahre Edikt von Potsdam", 26.10.1985, in: M. STOLPE/F. WINTER (Hgg.), Wege und Grenzen der Toleranz. Edikt von Potsdam 1685–1985, Berlin: EVA 1987, 138–143; *vgl. Dok 1985/2.*

– *s. auch unter: Gespräch zwischen ...*

HABERMAS, JÜRGEN, Können komplexe Gesellschaften eine vernünftige Identität ausbilden?, in: DERS./D. HENRICH, Zwei Reden, Frankfurt/M 1974, 25–84; abgedr. in: DERS., Zur Rekonstruktion des Historischen Materialismus, Frankfurt/M (1976) ⁵1990, 92–126.

HAGER, KURT, Die entwickelte sozialistische Gesellschaft. Aufgaben der Gesellschaftswissenschaften nach dem VIII. Parteitag der SED, Berlin: Dietz 1971.

HAHN, UDO, Zwischen Gelingen und Versagen. Bemerkungen zur Formel „Kirche im Sozialismus", in: ZW 63, 1992, 51–55.

HAMEL, JOHANNES, Erwägungen zum Weg der evangelischen Christenheit in der DDR, in: DERS., Christ in der DDR, Berlin (Käthe Vogt) 1957 (unterwegs 2).

– Der Weg der Kirche inmitten des „Abfalls", in: ZdZ 12, 1958, 402–407.

– Christenheit unter marxistischer Herrschaft (unterwegs 7).

– Kirche für die Welt – Ein Abänderungsvorschlag zu den Zehn Artikeln, in: Kirche in der Zeit 1964; abgedr. in: KJB 91, 1964, 200–205.

– Wahrnehmung gesellschaftlicher Verantwortung durch die evangelischen Kirchen in Deutschland – ein Rückblick, in: Zum politischen Auftrag, 1974, 19–33; *vgl. Dok 1941/1.*

HAMMER, WALTER, Hat die Volkskirche noch eine Zukunft?, in: epd-Dok 43/1975, 76–89.

– „Besondere Gemeinschaft" – sehr konkret. Über die Hilfeleistungen westlicher Kirchen, in: Übergänge 6/90, 220–223; *vgl. Dok 1990/3.*

HANAK, TIBOR, Die Entwicklung der marxistischen Philosophie, Basel Stuttgart 1976.

HARMATI, BELA/PLANER-FRIEDRICH, GÖTZ/URBAN, DETLEF, Abkehr von der herrschenden Rationalität. Ein Gespräch über das wachsende Bedürfnis nach Religion, in: KiS 12, 1986, 165–171.

HARTMANN, MATTHIAS/URBAN, DETLEF, Gruppen im Abseits? Der schwierige Dialog zwischen Kirche und Basisgruppen, in: KiS 11, 1985, 143–145.

HAUSTEIN, MANFRED, Kirche im Sozialismus – Erkenntnisse unseres Weges, in: Stp 7/1985.

– Anfragen an eine absolute Theologie und ihre Polemik, in: WBl 1/1986, 30–36.

– Mein Standpunkt. Kommentar zum Staat-Kirche-Verhältnis, in: Stp 3/1986.

HÄCKEL, HARTMUT, Plötzlich selber entscheiden müssen. Auch die DDR-Kirche hat Mühe mit der Vereinigung, in: LM 29, 1990, 243–245.

HÄRLE, WILFRIED/HERMS, EILERT, Rechtfertigung. Das Wirklichkeitsverständnis des christlichen Glaubens, Göttingen: V&R 1980 (UTB 1016).

HÄRLE, WILFRIED, Art.: Kirche – Dogmatisch, in: TRE 18, 1989, 277–317.

– Wenn ein System zusammenbricht. Theologische Bewertung des Staatssozialismus, in: EK 23, 1990, 421–424.

HÄRTEL, ARMIN, Pluralität in der Kirche als Chance und Gefahr, in: ZdZ 32, 1978, 208–213.

Heidelberger Konferenz, Die Christen und ihre Obrigkeit. Offener Brief (1960), in: KJB 87, 1960, 83f.; *vgl. Dok 1960/2.*

HEIDINGSFELD, UWE-PETER, Fortbestehende Bindungen. Zur Gründung des Kirchenbundes 1969, in: KiS 13, 1987, 247–249.

– Der Bund der Evangelischen Kirchen. Aspekte seiner Entstehung und seines Wirkens aus westlicher Sicht, in: epd-Dok 21/1992; *vgl. Dok 1974/5; 1987/5; 1988/6; 1989/3; 1991/1.*

– *s. auch unter: Kirche in der DDR.*

HEIDLER, FRITZ, Thesen zur Frage Christentum und Sozialismus, in: ZdZ 2, 1948, 78–81.

– „Verkreisung" der Kirche?, in: ZdZ 6, 1952, 221–225.

– Voraussetzungen für lebendige Gemeinde, in: ZdZ 10, 1956, 175–180.

HEIDTMANN, GÜNTER (Hg.), Hat die Kirche geschwiegen? Das öffentliche Wort der evangelischen Kirche aus den Jahren 1945–1964, Berlin: Lettner ³1964; abgek.: HEIDTMANN 1964.

HELWIG, GISELA/URBAN, DETLEF (Hgg.), Kirche und Gesellschaft in beiden deutschen Staaten, Köln: Edition Deutschland Archiv 1987; abgek.: HELWIG/URBAN 1987.

HELWIG, GISELA, Störfälle. Zum Dialog zwischen Kirche und Staat in der DDR, in: DA 4/1988.

HEMPEL, JOHANNES, Gesichtspunkte zum Dienst des Pfarrers heute, in: ZdZ 25, 1971, 164–171.

– Die Relevanz der Situation für die Frage der kirchlichen Ämter, in: ZdZ 26, 1972, 246–249.

– Rolle und Funktion des Amtes in einer sich wandelnden Kirche und Gesellschaft. Berichte und Überlegungen, in: ZdZ 29, 1975, 246–256.

– Rede vor der Synode der Ev.Luth. Landeskirche Sachsen in Dresden (16.-20. Oktober 1976), in: epd-Dok 38/1977, 9f.

– Annehmen und freibleiben. Teil III des Tätigkeitsberichts der Dresdner Kirchenleitung auf der Tagung der sächsischen Landessynode vom 15. bis 19. Oktober 1977 in Dresden, in: epd-Dok 46/1977, 4–10; *vgl. Dok 1977/6.*

– Aus Gottes Barmherzigkeit leben. Evangelischer Glaube und ökumenische Herausforderung, in: EK 19, 1986, 700–703.

– „Stellungnahme zu uns selbst". Wider die einfachen Antworten, in: ZdZ 47, 1993, 42–48.

HENKYS, REINHARD, Zur Situation der Kirche in der DDR, in: epd B Nr. 32–34 vom 12., 19. und 26. 8. 1965; abgedr. in: KJB 92, 1965, 169–176.

– Die Gemeinden in der DDR, in: „Botschaft und Dienst". Monatsheft für kirchliche Männerarbeit, 17, 1966, Nr. 4 (April); abgedr. in: KJB 93, 1966, 312–316.

– Glaubwürdige Haltung, in: EK 2, 1969, 558.

– Kirchen in der DDR vor Chancen und Postulaten, in: EK 2, 1969, 126.

– (Hg.), Bund der Evangelischen Kirchen in der DDR – Dokumente zu seiner Entstehung. epd-Dokumentation Bd. 1, Witten 1970; abgek.: HENKYS 1970.

– Die Depression ist überwunden. Bund der Kirchen in der DDR nimmt Kurs auf die Zukunft, in: EK 3, 1970, 211f.

- Divergenz-Theologie, in: EK 3, 1970, 379f.
- Interesse an der Kirche läßt nach. Die Ergebnisse der DDR-Kirchenbund-Synode, in: EK 4, 1971, 458.463f.
- Kirchenpolitik nach Ulbricht, in: EK 4, 1971, 307.
- Prozeß mit ungewissem Ausgang. Neuansatz der Kirchenpolitik in der DDR, in: EK 4, 1971, 210.215f.
- Kapitalistisches Überbleibsel. Kirchenpolitik nach dem letzten SED-Parteitag, in: EK 5, 1972, 215–218.
- Kirche Christi – im Sozialismus. Zur Synode des DDR-Kirchenbundes, in: KJB 99, 1972, 296f.
- Dialog statt Agitation. Kirche und Staat in der DDR, in: EK 6, 1973, 35f.
- Die ideologische Abgrenzung wird härter. Staat und Kirche in der DDR, in: EK 6, 1973, 292f.
- Realistische Bilanz. Synode des DDR-Kirchenbundes in Schwerin, in: EK 6, 1973, 419–421.
- Getrennt und doch nicht getrennt. Staat, Gesellschaft und Kirche in der DDR, in: EK 7, 1974, 264–267.
- Bedingungen theologischer Arbeit in der DDR. Theologische Forschung und Lehre in der sozialistischen Gesellschaft, in: KiS 3/1975, 30–32.
- Das Zeichen von Zeitz und seine Wirkung. Kirchen in der DDR überprüfen ihre Position, in: EK 9, 1976, 583–585.
- Umstrittene Glaubensfreiheit. Revision beim SED-Parteitag, in: EK 9, 1976, 421–423; *vgl. Dok 1976/3.*
- Kirche in der DDR. Vortrag bei der deutschlandpolitischen Tagung der Exil-CDU in Rotenburg/Fulda am 12. Februar 1977, in: epd-Dok 17/1977, 22–42; *vgl. Dok 1977/4.*
- Impulse der Erneuerung. Kirche und charismatische Bewegung in der DDR, in: EK 11, 1978, 643–645.
- Eine neue Kirche entsteht. Die evangelischen Kirchen in der DDR schließen sich zusammen, in: EK 12, 1979, 131–133.
- An der Nahtstelle der Weltsysteme. Beitrag der Kirchen zur Festigung des Friedens, in: EK 13, 1980, 255–257.
- Interesse an stabilen Verhältnissen, in: KiS 4/1980, 13f.
- Irritationen im Herbst. Zur jüngsten kirchenpolitischen Entwicklung in der DDR, in: KiS 5–6/1980, 53–62; *vgl. Dok 1980/2.*
- Luther als Krisenhelfer?, in: EK 13, 1980, 499.
- Grenzen der Lernbereitschaft, in: KiS 5/1981, 11f.
- Undeutliche Klarstellungen, in: KiS 1/1981, 9f.
- Abrüstung auf beiden Seiten, in: EK 15, 1982, 412f.
- Angst vor den Pflugscharen, in: EK 15, 1982, 236f.
- (Hg.), Die evangelischen Kirchen in der DDR. Beiträge zu einer Bestandsaufnahme, München: Kaiser 1982; abgek.: HENKYS 1982.
- Kirche – Staat – Gesellschaft, in: DERS. 1982, 11–61.
- Politischer Pazifismus als Programm. Engagement für den Frieden in den DDR-Kirchen, in: EK 15, 1982, 655–657.
- Rüsten zur Verteidigung. Nach der Synode des DDR-Kirchenbundes, in: EK 15, 1982, 607f.
- Volkskirche im Übergang, in: DERS. 1982, 437–462.
- Zwischen den Weltmächten. Politische Tendenzen in der DDR-Bevölkerung, in: EK 15, 1982, 119–121.
- Gottes Volk im Sozialismus. Wie Christen in der DDR leben, Berlin 1983.
- Der Reformator als Patron. Bilanz des Luther-Jahres in der DDR, in: EK 17, 1984, 64–67.
- „Grundvertrauen", in: KiS 5/1984, 7f.
- Auf dem Wege zur Partnerschaft?, in: KiS 11, 1985, 7f.
- Vom Westen her beobachtet. Evangelische Kirche in der sozialistischen Gesellschaft der DDR, in: KiS 11, 1985, 193–198.
- Offener und konfliktbewußter, in: KiS 12, 1986, 145f.

– Phase der Selbstbesinnung, in: KiS 12, 1986, 193f.
– Verläßlicher Partner, in: KiS 12, 1986, 53f.
– Evangelische Kirche, in: HELWIG/URBAN 1987, 45–90.
– Kirchen und Religionsgemeinschaften, in: A. FISCHER (Hg.), Ploetz – DDR, 1988, 130–134.
– Thesen zum Wandel der gesellschaftlichen und politischen Rolle der Kirchen in der DDR in den siebziger und achtziger Jahren, in: G.-J. GLAESSNER, Die DDR in der Ära Honecker, 1988, 332–353.
– Kirche als Anwalt der Bürger. Christen in der DDR drängen auf Reformen, in: EK 4/89, 6–8.
– Wende-Tage. Zwischen Leipzig und Berlin. Beobachtungen und Schlaglichter, in: EK 12/ 1989, 21f.
– Zwischen Konformität und Reform. Kirche, Gesellschaft und Partei im anderen Deutschland, in: EK 11/1989, 6–9.
– In wortreiches Schweigen gehüllt. Die Stasi hat das Steuer der Kirche nicht in die Hand bekommen, in: EK 25, 1992, 73–75.
– Wahrheitssuche durch die Brille. Literaturreport zur kirchlichen Zeitgeschichte der DDR, in: EK 26, 1993, 454–457.
HENRICH, ROLF, Der vormundschaftliche Staat. Vom Versagen des real existierenden Sozialismus, Reinbek bei Hamburg: Rowohlt 1989 (rororo aktuell Essay).
HERBERT, KARL, Kirche zwischen Aufbruch und Tradition, Stuttgart: Radius 1989.
HERMS, EILERT, Die Fähigkeit zu religiöser Kommunikation und ihre systematischen Bedingungen in hochentwickelten Gesellschaften. Überlegungen zur Konkretisierung der Ekklesiologie, in: ZEE 21, 1977, 276–299; abgedr. in: DERS., Theorie für die Praxis – Beiträge zur Theologie, 1982, 259–287.
– Ist Religion noch gefragt?. Das religiöse Fundament des staatsbürgerlichen Handelns, in: DERS. 1990, 25–48.
– Religion und Organisation. Die gesamtgesellschaftliche Funktion von Kirche aus der Sicht der evangelischen Theologie, in: W. HÄRLE (Hg.), Kirche und Gesellschaft. Analysen – Reflexionen – Perspektiven, Stuttgart 1989, 59–86; abgedr. in: HERMS 1990, 49–79.
– Theologie und Politik. Die Zwei-Reiche-Lehre als theologisches Programm einer Politik des weltanschaulichen Pluralismus, in: DERS., Gesellschaft gestalten. Beiträge zur evangelischen Sozialethik, Tübingen 1991, 95–124.
– Auf dem Weg in die offene Gesellschaft, in: DERS. 1990, 239–249.
– Erfahrbare Kirche. Beiträge zur Ekklesiologie, Tübingen: Mohr 1990; abgek.: HERMS 1990.
– Pluralismus aus Prinzip, in: „Vor Ort". FS P. C. Bloth, 1991, 77–95.
– *s. auch unter:* HÄRLE, WILFRIED.
HESSLER, B., Art.: Diaspora – der Juden, in: LThK 3, 1959, 343f.
HEYDEN, G., Persönlichkeit und Gemeinschaft in der sozialistischen Gesellschaft, in: DZfPh 1/1968.
HEYL, WOLFGANG, Christen und Kirchen in der Deutschen Demokratischen Republik, Berlin/ DDR 1975.
– Unser Wirken gibt Ansporn zu schöpferischer Mitarbeit. Referat auf der Tagung des Präsidiums des Hauptvorstandes der CDU in Weimar am 4. September 1975, in: NZ v. 05.09. 1975; abgedr. in: epd-Dok 9/1976, 60–63.
– Christ im Sozialismus. Freiheit und Dienst. Aus Reden und Aufsätzen 1958–1980, Berlin: Union 1981.
HILDEBRANDT, REINHARD, Die Evangelische Kirche im DDR-Sozialismus, in: Die Neue Gesellschaft/Frankfurter Hefte 40, 1993, 694–705.
HINZ, CHRISTOPH, Christliche Gemeinde in der DDR und das Thema von Nairobi, in: Ökumenische Rundschau 4/1975; abgedr. in: epd-Dok 9/1976, 29–35; *vgl. Dok 1976/4.*
HINZ, ERWIN, Soziologische Überlegungen zu Bonhoeffers Rede vom mündigen Christen und von der mündigen Welt, in: Brüderliche Kirche – menschliche Welt. FS Schönherr, 1972, 107–130.
HOHLWEIN, HANS, Art.: Religiös-sozialistische Bewegung, in: RGG 5, ³1961, 958–961.
HOHMANN, MARTIN, Zur Bedeutung des Marxismus-Leninismus für das Denken und die Existenzweise eines Theologen in der DDR, in: DRESSLER/KALTENBORN 1979, 26–44.

– Impulse D. Bonhoeffers für das Wirklichkeitsverständnis des Christen, in: Schönherr/Krötke 1985, 11–24.

– Erste Antwort auf E. Feil: Religion als transzendierendes Suchen, in: Gremmels/Tödt 1987, 50–54.

– Strategie des Öffnens. Zur Aufarbeitung der Vergangenheit, in: EK 26, 1993, 457–460; *vgl. Dok 1993/1.*

Honecker, Erich, Bericht vor der 8. Tagung des ZK der SED, 1978, in: KJB 105, 1978, 353f.; *vgl. Dok 1978/3.*

Honecker, Martin, Sozialismus – Was ist das eigentlich?, in: ZW 62, 1991, 132–146.

– DDR-Vergangenheit und kein Ende? Die Ethik darf nicht suspendiert werden, in: LM 31, 1992, 49f.

– Individuelle Schuld und kollektive Verantwortung: Können Kollektive sündigen?, in: ZThK 90, 1993, 213–230.

Horváth, Arpád, Sozialismus und Religion. Die Religion und ihre Funktionen im Spiegel sozialistischer Ideologien, Bd. 1: 1835–1900, Bern: Peter Lang 1987.

Huber, Wolfgang, Kirche und Öffentlichkeit, Stuttgart 1973.

– Kirchen im Konflikt, in: epd-Dok 43/1975, 50–57.

– Welche Volkskirche meinen wir? Ein Schlüsselbegriff gegenwärtigen Kirchenverständnisses im Licht der Barmer Theologischen Erklärung, in: Ders. 1985, 131–146.

– Die wirkliche Kirche. Das Verhältnis von Botschaft und Ordnung als Grundproblem evangelischen Kirchenverständnisses im Anschluß an die 3. Barmer These, in: Ders. 1985, 147–168.

– Die Kirche als Raum und als Anwalt der Freiheit, in: Ders. 1985, 205–216.

– Freiheit und Institution. Sozialethik als Ethik kommunikativer Freiheit, in: Ders. 1985, 113–127.

– Kirche, München: Kaiser (1979) ²1988.

– Wahrheit und Existenzform. Anregungen zu einer Theorie der Kirche bei Dietrich Bonhoeffer, in: Ders. 1985, 169–204.

– Barmer Theologische Erklärung und Zwei-Reiche-Lehre, in: Ders. 1985, 33–51.

– Folgen christlicher Freiheit. Ethik und Theorie der Kirche im Horizont der Barmer Theologischen Erklärung, Neukirchen-Vluyn: Neukirchener (1983) ²1985 (NBST 4); abgek.: Huber 1985.

– „Was das Christentum oder auch wer Christus für uns heute eigentlich ist". Dietrich Bonhoeffers Bedeutung für die Zukunft der Christenheit, in: Gremmels/Tödt 1987, 87–100.

– Traditionserfindung. Zur Bildung einer neuen Legende durch Friedrich Wilhelm Graf, in: ZEE 36, 1992, 303–305.

– Was wollten wir eigentlich?. Ein Rückblick auf gemeinsame Wege im Kirchentag, in: epd-Dok 28/1992, 7–15.

Hübner, Eberhard, Die Lehre von der Kirche und die volkskirchliche Wirklichkeit als Problem von Theorie und Praxis, in: Freispruch und Freiheit. FS W. Kreck, München 1973, 189–205.

– Theologie und Empirie der Kirche. Prolegomena zur Praktischen Theologie, Neukirchen-Vluyn: Neukirchener 1985.

Identität und Pluralität. Ein Beitrag zur Ekklesiologiestudie des LWB aus der DDR (1976, unveröffentlicht. Die Arbeit liegt veröffentlicht vor in einer englischen Übersetzung u. d. T.: „Identity and Plurality. A Contribution from the GDR to the Ecclesiology Study of the LWF", in: The Identity of the Church and it's Service to the Whole Human Being. Final Volume I: Reports on 35 Self-Study Projects in 46 Churches, Geneva 1977, 573–671), erarbeitet im Auftrag des Theologischen Studienausschusses des Nationalkomitees des LWB in der DDR von G. Krusche und H. Tschoerner.

In besonderer Gemeinschaft. Gemeinsame Worte des Bundes der Evangelischen Kirchen in der DDR und der EKD, Hannover 1989.

Israel, Jürgen (Hg.), Zur Freiheit berufen. Die Kirche in der DDR als Schutzraum der Opposition 1981–1989, Berlin: Aufbau 1991.

Iwand, Hans Joachim, Kirche und Gesellschaft, in: Bekennende Kirche. Festschrift für M. Niemöller zum 60. Geburtstag, München 1952, 101–117.

Jacob, Günter, Die Versuchung der Kirche. Vorträge der Jahre 1933–1944, Göttingen: V&R 1946.
– Die Verkündigung der Weihnachtsbotschaft im Jahre 1947, in: ZdZ 1, 1947, 393–400.
– Vom priesterlichen Dienst, in: ZdZ 1, 1947, 41–47.
– Vom einfältigen Dienst, in: ZdZ 2, 1948, 193–196.
– Die Sendung der eucharistischen Bruderschaft, in: ZdZ 3, 1949, 17–23.
– Die Geschichtsdeutung der Kirche, in: Die Stunde der Kirche. FS Dibelius, 1950, 81–100.
– Leib Christi und Kirchengemeinde, in: EvTh 12, 1952, 198–210.
– Die Kirche als Braut Christi, in: ZdZ 7, 1953, 454–457.
– Die Verpflichtung der Kirche gegenüber den ihr Fernstehenden. Eine Einführung in die Probleme von Sektion II der Zweiten Weltkonferenz des Ökumenischen Rates in Evanston, in: ZdZ 8, 1954, 248–253.
– Der Raum für das Evangelium in Ost und West, in: KJB 83, 1956, 9–16; abgedr. in: Berlin 1956. Bericht über die außerordentliche Tagung der zweiten Synode der Evangelischen Kirche in Deutschland, Hannover 1956; und in: F. Bartsch (Hg.), Gottes Wort ist nicht gebunden. Vom Auftrag und Dienst der Evangelischen Kirche in Deutschland, Berlin/DDR 1956; und u. d. T.: „Das Ende des konstantinischen Zeitalters" in: G. Jacob, Umkehr in Bedrängnissen, München 1985, 43–59.
– Deutsche Volkskirche im Ernstfall, in: Jacob/Berg 1957, 7–32.
– mit Berg, Christian, Evangelische Kirche jenseits der Zonengrenze, Berlin: Lettner 1957; abgek.: Jacob/Berg 1957.
– Referat vor der EKD-Synode 1958, in: KJB 85, 1958, 93f.; vgl. *Dok 1958/1*.
– Der Dienst des Laien in der Kirchengemeinde heute, in: ZdZ 13, 1959, 203–211.
– Vom Leben der christlichen Gemeinde in einer nichtchristlichen Umwelt. Bemerkungen zum 1. Petrusbrief, in: ZdZ 15, 1961, 94–99.
– Das Leitbild für den Kirchenbau in der angefochtenen Gemeinde von heute, in: ZdZ 16, 1962, 316–320.
– Zehn Artikel und Sieben Sätze. Versuche einer Wegweisung, in: ZdZ 18, 1964, 219–225; abgedr. in: JK 1964, 189ff.; und in: KJB 91, 1964, 195–200.
– Exodus in die Welt von morgen, in: ZdZ 19, 1965, 242–249.
– Christen ohne Privilegien. Möglichkeiten des Christseins in der sozialistischen Gesellschaft. Vortrag im Süddeutschen Rundfunk vom 30. 11. 1966, in: KJB 93, 1966, 308–311; abgedr. in: JK 2/1967; und in: ZdZ 21, 1967, 409–412; vgl. *Dok 1966/5*.
– Kirche auf Wegen der Erneuerung. Gesammelte Aufsätze aus drei Jahrzehnten, Göttingen 1966.
– Die Zukunft der Kirche in der Welt des Jahres 1985, in: ZdZ 21, 1967, 441–451; abgedr.in: Ders. 1985, 61–92; und in: KiS 12, 1986, 14–21.
– Der Christ in der sozialistischen Gesellschaft. Theologische Probleme und Folgerungen. Ein Sagorsker Vortrag, Stuttgart 1975.
– Weltwirklichkeit und Christusglaube. Wider eine falsche Zweireichelehre, Stuttgart: Evangelisches Verlagswerk 1977.
– Barmen 1934 im Zwielicht der Ambivalenz von Aufbruch und Verengung, in: ZdZ 38, 1984, 115–120.
– Ende des konstantinischen Zeitalters?, in: ZdZ 39, 1985, 129–131.
– Umkehr in Bedrängnissen. Stationen auf dem Weg der Kirche von 1936 bis 1985, München: Kaiser 1985 (Kaiser Traktate 86); abgek.: Jacob 1985.
Jacobi, Erwin, Staat und Kirche nach der Verfassung der Deutschen Demokratischen Republik, in: ZevKR 1, 1951, 113–135.
Janowski, Hans Norbert, Luther im roten Rock, in: EK 14, 1981, 681f.
– Ökumene im Osten, in: EK 14, 1981, 490f.
Jasper, Gotthard, Art.: Sozialdemokratie und Weltanschauung, in: RGG 6, ³1962, 156f.
– Art.: Sozialdemokratie, geschichtlich, in: RGG 6, ³1962, 153–156.
Jänicke, Johannes, Kirche auf dem Wege, in: ZdZ 11, 1957, 83–88.

– Bericht des Landesbischofs vor der Synode der Kirchenprovinz Sachsen, 26. März 1966, in: KJB 92, 1965, 128; *vgl. Dok 1966/1.*

– Bericht des Landesbischofs vor der Synode der Kirchenprovinz Sachsen, 19. Okt. 1968, in: KJB 95, 1968, 253–255; *vgl. Dok 1968/7.*

JENSSEN, HANS-HINRICH, Voraussetzungen echter Proexistenz. Zur geistigen Neuorientierung der Kirchen in der DDR. Korreferat auf der Leipziger Präsidiumstagung des Hauptvorstandes der CDU anläßlich des Jahrestages der Begegnung vom 9. Februar 1961, in: NZ v. 28.02. 1970; abgedr. in: KJB 97, 1970, 216–218; *vgl. Dok 1970/3.*

– Bibliographie, zusammengestellt von A. NISCH, in: ThLZ 118, 1993, 980–984.

JOSUTTIS, MANFRED, Dogmatische und empirische Ekklesiologie in der Praktischen Theologie. Zum Gespräch mit Karl Barth, in: Theologie und Kirchenleitung. FS Fischer, 1976, 150–168.

JÜCHEN, AUREL VON, Warum Christentum und Sozialismus einander begegnen müssen, in: ZdZ 1, 1947, 185–190.

JÜNGEL, EBERHARD, Mit Frieden Staat zu machen. Politische Existenz nach Barmen V, München: Kaiser 1984 (Kaiser Traktate 84).

– Hat der christliche Glaube eine besondere Affinität zur Demokratie?, in: DERS., Wertlose Wahrheit. Zur Identität und Relevanz des christlichen Glaubens, München 1990, 365–377.

– Zum Verhältnis von Kirche und Staat nach Karl Barth, in: ZThK Beih. 6, 1986, 76–135.

– Kirche im Sozialismus – Kirche im Pluralismus. Theologische Rückblicke und Ausblicke, in: EK 26, 1993, 6–13.

KAISER, JOCHEN-CHRISTOPH/DOERING-MANTEUFFEL, ANSELM (Hgg.), Christentum und politische Verantwortung. Kirchen im Nachkriegsdeutschland, Stuttgart u.a.: Kohlhammer 1990 (Konfession und Gesellschaft 2); abgek.: KAISER/DOERING-MANTEUFFEL 1990.

KANDLER, KARL-HERMANN, Die Verantwortung des Christen für die Welt. Zum Pastoralkolleg der VELK über die Zwei-Reiche-Lehre, in: ZdZ 32, 1978, 22–26.

– Glaubensfreiheit und Glaubensgehorsam – Hören und Gehorchen. Referat auf der Tagung der Generalsynode der VELKDDR, Dresden, 03.06.1988, in: epd-Dok 32/1988, 63.

– Utopie und Sozialismus in theologischer Sicht, in: KuD 38, 1992, 82–104.

– Gottes Wort im revolutionären Umbruch 1989, in: KuD 39, 1993, 314–334.

KASHER, ARYEH, Art.: Diaspora. Israelitische und jüdische Diaspora. Frühjüdische und rabbinische Zeit, in: TRE 8, 1981, 711–717.

KASNER, HORST, Kirche als Gemeinschaft von Lernenden. Referat auf der Bundessynode in Potsdam-Hermannswerder 1974, in: ZdZ 29, 1975, 11–18.

KELER, HANS VON, „Später Sieg der Stasi?" Orientierungen in einem Labyrinth, in: ZW 63, 1992, 65–71.

KIESOW, ERNST-RÜDIGER, Art.: Pfarrer, Pfarramt, in: Theologisches Lexikon, 1978, 328f.

Kirche als Lerngemeinschaft. Dokumente aus der Arbeit des Bundes der Evangelischen Kirchen in der DDR. Bischof D. Albrecht Schönherr zum 70. Geburtstag, hg. v. Sekretariat des Bundes der Evangelischen Kirchen in der DDR, Berlin/DDR 1981.

Kirche in der DDR. Dokumente – Kommentare, zusammengestellt v. U.-P. HEIDINGSFELD und H.-J. RÖDER, hg. v. der Gymnasialpädagogischen Materialstelle der Evang.- Luth. Kirche in Bayern, 3 Bde. 1980 (Arbeitshilfe für den evangelischen Religionsunterricht an Gymnasien, Themenfolge 48).

Kirche und Staat in der DDR und in der Bundesrepublik. Hg. v. der Friedrich-Ebert-Stiftung, Bonn: Verlag Neue Gesellschaft GmbH 1981.

KLAGES, GÜNTER, So geht es nicht weiter. Abschied von der Volkskirche?, in: LM 31, 1992, 453–456.

KLAPPERT, BERTHOLD, Bekennende Kirche in ökumenischer Verantwortung. Die gesellschaftliche und ökumenische Bedeutung des Darmstädter Wortes, München 1988.

KLEIN, DIETER, Dialog als Chance zu eigener Theorieentwicklung, in: WBl 1/1988, 28–53.

KLOHR, OLOF, Vom „Absterben der Religion" im Sozialismus. Schwierigkeiten der atheistischen Propaganda in der DDR (Zusammenfassung des Vortrages, den Klohr im Juni 1973 in Leipzig gehalten hat und der in russischer Übertragung in der Zeitschrift „woprossi filosofii" Nr. 3/1974, 147ff. erschienen ist), in: KiS 4/1975, 27–30.

– Nicht Taktik, sondern objektive Notwendigkeit – Anmerkungen zum Dialog von Marxisten und Christen, in: begegnung. Zeitschrift für Katholiken in Kirche und Gesellschaft, 5/1987; abgedr. in: epd-Dok 25/1987, 55f.

– Atheistischer Staat?, in: DZfPh 4/1988; abgedr. in: KiS 14, 1988, 96; *vgl. Dok 1988/1.*

KNABE, HUBERTUS, Neue soziale Bewegungen. Zur Entstehung und Bedeutung alternativer Gruppen im Sozialismus, in: KiS 15, 1989, 14–16.

KNECHT, GÜNTER, Obrigkeit? Überlegungen zu einer immer noch umstrittenen Frage, in: ZdZ 47, 1993, 22–24.

KOCH, DIETHER, Eine Dokumentensammlung als Streitschrift. Zum Werk von Besier/Wolf über Kirche und Stasi, in: EvTh 52, 1992, 360–365.

– Ein neues Schuldbekenntnis der Kirche angesichts unserer Vergangenheit seit 1945?, in: EvTh 53, 1993, 202–215.

KOCH, GERHARD, Die Kirche Jesu Christi als Heimat, in: ZdZ 5, 1951, 248–253.

KOCH, HANS-GERHARD, Staat und Kirche in der DDR. Zur Entwicklung ihrer Beziehungen 1945–1974. Darstellung, Quellen, Übersichten, Stuttgart: Quell 1975.

KODALLE, KLAUS-M., Dietrich Bonhoeffer. Zur Kritik seiner Theologie, Gütersloh: Mohn 1991.

KOLAKOWSKI, LESZEK, Die Hauptströmungen des Marxismus. Entstehung, Entwicklung, Zerfall, 3 Bde., München Zürich 1977–1979.

Komitee zum 20. Jahrestag der DDR, Thesen, in: Sozialistische Demokratie v. 24. 01. 1969, Beilage; abgedr. in: DA 2, 1969, 282ff.; und in: KJB 96, 1969, 159–161; *vgl. Dok 1969/1.*

Kommuniqué des Staat-Kirche-Gespräches vom 10. Juni 1953, in: ZdZ 1, 1953, 270f.; abgedr. in: KJB 80, 1953, 178f.; *vgl. Dok 1953/1.*

Kommuniqué des Gespräches zwischen Ministerpräsident Stoph und Bischof Schönherr am 17. 11. 1980, auszugsw. in: R. HENKYS, Irritationen im Herbst, KiS 5–6/1980, 53–62; *vgl. Dok 1980/2.*

Konkordie reformatorischer Kirchen in Europa (Leuenberger Konkordie), in: KJB 100, 1973, 19–23.

KORTZFLEISCH, SIEGFRIED VON, In den eigenen Spiegel blicken. Können wir im Westen von den DDR-Christen lernen?, in: LM 29, 1990, 49f.

– Die Kirche und das Stasi-Gift. Der Wahrheit dient Aufmerksamkeit, nicht Hysterie, in: LM 31, 1992, 193f.

KÖHLER, GÜNTER (Hg.), Pontifex nicht Partisan. Kirche und Staat in der DDR von 1949 bis 1958. Dokumente aus der Arbeit des Bevollmächtigten des Rates der EKD bei der Regierung der DDR Propst D. Heinrich Grüber, Stuttgart: Evangelisches Verlagswerk 1974.

KRAUS, HANS-JOACHIM, Reich Gottes: Reich der Freiheit. Grundriß Systematischer Theologie, Neukirchen-Vluyn 1975.

– Systematische Theologie im Kontext biblischer Geschichte und Eschatologie, Neukirchen-Vluyn 1983.

KRECK, WALTER, Kirche und Kirchenorganisation. Einige Fragen zu Helmut Gollwitzers Kirchenthesen, in: EvTh 38, 1978, 518–526; abgedr. in: DERS., Kirche in der Krise der bürgerlichen Welt, 203–213.

– Was erwartet die Christenheit in der Ökumene von der Kirche in der DDR, in: ZdZ 35, 1981, 321–331.

– Grundfragen der Ekklesiologie, München: Kaiser 1981.

– Kommentar zur Loccumer Erklärung, in: JK 51, 1990, 100f.

– Quo vadis, EKD? Fragen zur Rolle der Kirche im Zuge der deutschen Einigung, in: JK 51, 1990, 612–619.

KREMSER, HOLGER, Der Rechtsstatus der evangelischen Kirchen in der DDR und die neue Einheit der EKD, Tübingen: Mohr 1993 (Ius ecclesiasticum 46).

KRESS, VOLKER, Die Kirche und ihre Gruppierungen – Die Gruppierungen und ihre Kirche. Vor-

482 *Literatur*

trag vor der Synode der Ev.-Luth. Landeskirche Sachsen auf ihrer Tagung vom 24. bis 28. März 1979 in Dresden, in: epd-Dok 19/1979, 4–8.

Kritischer Faktor. Erich Honeckers milde Kirchenpolitik stößt in der SED auf Widerstand, in: DER SPIEGEL, 18. 11. 1985.

KROH, PETER, „Lernprozess" und „Lerngemeinschaft". Gedanken eines marxistisch-leninistischen Philosophen, in: WBl 4/1989, 31–45.

– Lernprozess und Dialog. Antwort an Richard Schröder, in: WBl 1/1990, 62–66.

KRÖTKE, WOLF, Karl Barth und das Anliegen der „natürlichen Theologie", in: DERS. 1984, 24–32.

– Die Bedeutung von „Gottes Geheimnis" für Dietrich Bonhoeffers Verständnis der Religionen und der Religionslosigkeit, in: DERS. 1984, 9–23.

– Das Bekenntnis als Dimension des Lebens der Gemeinde, in: DERS., Die Universalität des offenbaren Gottes. Gesammelte Aufsätze, München 1985, 209–220.

– Christus im Zentrum. Karl Barths Verständnis der Barmer Theologischen Erklärung, in: ZdZ 38, 1984, 120–127.

– Gottes Kommen und menschliches Verhalten. Aufsätze und Vorträge zum Problem des theologischen Verständnisses von „Religion" und „Religionsfreiheit", Stuttgart: Calwer 1984 (Arbeiten zur Theologie 69); abgek.: KRÖTKE 1984.

– Die christliche Gemeinde im Dienst Jesu Christi – zur III., IV. und VI. These der Barmer Theologischen Erklärung, in: BThZ 2, 1985, 53–63.

– Die Universalität des offenbaren Gottes. Gesammelte Aufsätze, München: Kaiser 1985 (BEvTh 94).

– Christsein in der Gesellschaft, in: KiS 14, 1988, 59–63.

– Gottes Herrlichkeit und die Kirche. Zum Gottesverständnis der Auseinandersetzung zwischen Karl Barth und Otto Dibelius, in: KZG 2, 1989, 437–450.

– Die Kirche und die „friedliche Revolution" in der DDR, in: ZThK 87, 1990, 521–544.

– Die Ekklesiologie Karl Barths im Kontext der Aktualität. Ein Beitrag zur theologischen Problemlage, in: ZdialTh 7, 1991, 11–27.

– Mußte die Kirche mit der Stasi reden?, in: DIE ZEIT 37/1992 v. 04. 09. 1992, 8f.; *vgl. Dok 1992/3*.

– Dietrich Bonhoeffer als „Theologe der DDR". Ein kritischer Rückblick, in: ZEE 37, 1993, 94–105.

KRUMMACHER, FRIEDRICH-WILHELM, Vom Auftrag der Kirche in der Welt. Gedanken über den kirchlichen Dienst im Osten Deutschlands, in: ZdZ 1, 1947, 9–15; abgedr. in: ZdZ 41, 1987, 3–6.

– Zehn Jahre Predigerschule Paulinum, in: ZdZ 10, 1956, 262–264.

– „Zeichen der Zeit". Rückblick und Ausblick, in: ZdZ 10, 1956, 1–8.

– Bericht des Landesbischofs vor der Synode der Pommerschen Kirche, 1. Nov. 1960, in: KJB 87, 1960, 202–211.

– „Ergänzender Bericht" auf dem ostdeutschen Teil der 1. Tagung der 4. EKD-Synode in Fürstenwalde, April 1967, in: KJB 94, 1967, 264–267; *vgl. Dok 1967/6*.

– Gesprächsbeitrag zum Verfassungsentwurf, 14. Februar 1968, in: EK 1, 1968, 161f.; abgedr. in: KJB 95, 1968, 179f.; *vgl. Dok 1968/5*.

KRUPKA, SIEGFRIED, „Sozialismus". Ein Beitrag zur historisch-soziologischen Begriffsbildung, Tübingen, Univ., Diss., 1953.

KRUSCHE, GÜNTER, Kirche und Kybernetik, in: ZdZ 21, 1967, 12–16.42–52.

– Kirche in der DDR – Kirche für andere. Zur Thematik der Bundessynode in Eisenach 1971, in: ena v. 02. 06. 1971; abgedr. in: KJB 98, 1971, 262–264; *vgl. Dok 1971/3*.

– Soziologische Faktoren im Amtsverständnis, in: ZdZ 25, 1971, 171–180.

– Die Frage nach der Kirche als Frage nach Christus, in: ZdZ 31, 1977, 81–90.

– Zwischen Resignation und Hoffnung. Zum Selbstverständnis des Pfarrers in der DDR, in: EK 13, 1980, 584–587.

– Bekenntnis und Weltverantwortung. Die Ekklesiologiestudie des Lutherischen Weltbundes. Ein Beitrag zur ökumenischen Sozialethik, Berlin: EVA 1986.

- Gemeinden in der DDR sind beunruhigt. Wie soll die Kirche sich zu den Gruppen stellen?, in: LM 27, 1988, 494–497; abgedr. in: POLLACK 1990, 57–62; *vgl. Dok 1988/9.*
- Alles wird neu – und ist neu zu lernen. Die Kirche in der nachsozialistischen Gesellschaft, in: LM 29, 1990, 193–196.
- Interview, in: EK 1/1990, 31f.
- Im Zwielicht der Geschichte. Warum die Angriffe auf Manfred Stolpe nicht treffen, in: LM 31, 1992, 97–99.
- *s. auch unter: Identität und Pluralität.*

KRUSCHE, WERNER, Vom Jenseits zum Diesseits, in: ZdZ 16, 1962, 241–247.
- Das Missionarische als Strukturprinzip, in: DERS. 1971, 109–124.
- Die Gemeinde Jesu Christi in der Welt (Thesen), in: DERS. 1971, 125–132.
- Die Kirche für andere. Der Ertrag der ökumenischen Diskussion über die Frage nach Strukturen missionarischer Gemeinden, in: DERS. 1971, 133–175.
- Die Reformation geht weiter, in: DERS. 1971, 201–217.
- Missio – Präsenz oder Bekehrung?, in: DERS. 1971, 176–200.
- Bericht vor der Synode der Kirchenprovinz Sachsen am 15. November 1969 in Halle, in: KJB 96, 1969, 167–172; *vgl. Dok 1969/2.*
- Zwanzig Jahre evangelische Kirche im sozialistischen Staat, in: ZdZ 23, 1969, 361f.
- Bericht der Kirchenleitung der Kirchenprovinz Sachsen vor der Landessynode am 6. November 1970 in Wernigerode, in: KJB 97, 1970, 193f.308–312; *vgl. Dok 1970/4.*
- Diener Gottes, Diener der Menschen. Hauptreferat auf der Vollversammlung der KEK vom 26.04.-03.05. 1971 in Nyborg, in: KJB 98, 1971, 355–364.
- Schritte und Markierungen. Aufsätze und Vorträge zum Weg der Kirche, Göttingen: V&R 1971 (Arbeiten zur Pastoraltheologie 9); abgek.: W. KRUSCHE 1971.
- Die Herausforderung durch die konkrete Situation, in: ZdZ 26, 1972, 250–255.
- Die Gemeinde Jesu Christi auf dem Wege in die Diaspora. Vortrag vor der Synode der Evangelischen Kirche der Kirchenprovinz Sachsen in Halle am 17. November 1973, in: KJB 100, 1973, 167–175.
- Die Vielfalt der Evangeliumsverkündigung in der Diaspora. Vortrag beim Ältestenrüsten des Evangelischen Gemeindedienstes Halle am 24. April 1975 in Halle, in: epd-Dok 9/1976, 36–42.
- Christliche Kirche in einer sozialistischen Gesellschaft. Vortrag am 25. November 1977 in der Martinskirche in Basel anläßlich der Verleihung der Ehrendoktorwürde durch die Theologische Fakultät der Universität Basel, in: KiS 2/1978, 21–32; Auszüge in: KJB 103/104, 1976/77, 510–512; ein zusammenfassender Bericht findet sich in: Schweizer Evangelischer Pressedienst vom 07.12. 1977; abgedr. in: epd-Dok 5/1978, 73–77; *vgl. Dok 1977/9.*
- Podiumsbeitrag auf dem XVII. Evangelischen Kirchentag in Berlin/W im Juni 1977, in: EK 10, 1977, 433f.
- Der welt-fremde Christ. Christliche Existenz in unserer Zeit, Sexau 1987 (Sexauer Gemeindepreis für Theologie 6).
- 6. März 1978 – 1988. Ein Lernweg, in: epd-Dok 12/1988.
- „Ein Weg zwischen Opportunismus und Opposition". Ohne das Spitzengespräch mit Honekker vor zehn Jahren wären manche Dinge in jüngster Zeit anders gelaufen. Interview, in: SZ vom 05.03. 1988; abgedr. in: epd-Dok 12/1988, 37–40.
- Die Kirche im Spannungsfeld von Charisma und Institution, in: EvTh 49, 1989, 20–38; abgedr. in: DERS., Verheißung und Verantwortung. Orientierungen auf dem Weg der Kirche, Berlin 1990, 138–154.
- Zwischen Anpassung und Opposition. Gespräch über den zurückliegenden Weg der „Kirche im Sozialismus", in: Übergänge 2/1990, 51–56.
- „Denkt daran, daß im Herrn eure Mühe nicht vergeblich ist". Rückblick auf 21 Jahre Weg- und Arbeitsgemeinschaft im Bund. Referat vor der Bundessynode, September 1990, in: ZdZ 46, 1992, 9–15.34–45.
- *s. auch unter: Bund der Evangelischen Kirchen in der DDR; Evangelische Kirche der Kirchenprovinz Sachsen.*

KRUSKA, HARALD, Kirche und Sekte, in: ZdZ 7, 1953, 169–178.

KRÜGEL, SIEGFRIED, Prozeß der Erneuerung. Ökumene in der DDR, in: EK 13, 1980, 523–525.

KUPISCH, KARL, Der theologische Weckruf, in: ZdZ 10, 1956, 208–213.

– Kirchliche Hochschule Berlin, in: ZdZ 1960, 413–417.

– Art.: Stahl, Friedrich Julius, in: RGG 6, ³1962, 327.

KUSKE, MARTIN, „Kirche für andere" in der „mündigen Welt". Die Bedeutung von „Widerstand und Ergebung" für kirchliches Handeln heute, in: PABST 1973, 83–102.

KÜHN, ULRICH, Der theologische Ort für die Frage nach dem „einen Amt" und den „vielen Funktionen", in: ZdZ 26, 1972, 241–245.

– Wie lehrt die Kirche heute verbindlich?, in: ZdZ 32, 1978, 321–328.

– Kirche, Gütersloh: Mohn 1980.

– Art.: Protestantische Kirchen, in: TRE 18, 1989, 262–277.

– „Begrenztes politisches Mandat". Lutherische Akzente im Verständnis des Auftrags der Kirche an der Gesellschaft, in: ZdZ 44, 1990, 97–103.

LAFONTAINE, OSKAR, Deutsche Wahrheiten. Die nationale und die soziale Frage, Hamburg: Hoffmann und Campe 1990.

LANG, BERNHARD, Luther von Staats wegen, in: EK 15, 1982, 652.

LANGE, ERNST, Kirche für andere. Dietrich Bonhoeffers Beitrag zur Frage einer verantwortbaren Gestalt der Kirche in der Gegenwart, in: EvTh 27, 1967, 513–546.

LANGER, JENS, Zusammenarbeit von Gläubigen und Kommunisten, in: Mecklenburgische Kirchenzeitung v. 20.10. 1985; abgedr. in: KiS 11, 1985, 257f.

– Gesellschaftliche Kooperation, in: „Die Kirche" v. 23.11. 1986; abgedr. in: KiS 13, 1987, 18f.; und in: epd-Dok 25/1987, 57.

– Übergang zwischen Christlichem und Weltlichem. Zu Fragen von kirchlicher Sozialgestalt und Ekklesiologie unter den Bedingungen der Säkularität in der DDR, in: BThZ 3, 1986, 293–306.

– Die großen „kleinen Leute". Gegenwart und Zukunft des 6. März 1978, in: Mecklenburgische Kirchenzeitung v. 8.3. 1987; abgedr. in: KiS 13, 1987, 69f.

– Kirche im Prozeß gesellschaftlicher Differenzierungen, in: ZdZ 43, 1989, 40–45.

– Evangelium und Kultur in der DDR. Zur Bedeutung ihrer Beziehungen für Zeugnis und Gestalt der Evangelischen Kirchen. Praktisch-theologische Aspekte einer ökumenischen Debatte, Berlin: Alektor 1990.

LAU, FRANZ, Luthers Lehre von den beiden Reichen, Berlin: Lutherisches Verlagshaus 1952 (Luthertum 8).

– Art.: Diaspora. Evangelische Diaspora, in: RGG 2, ³1958, 177–180.

LEEUWEN, AREND TH. VAN, Der Dienst der Kirche in einer von Entchristlichung bedrohten Welt, in: ZdZ 16, 1962, 281–290.

LEICH, WERNER, Ansprache vor der Bundessynode in Berlin/O nach der Wahl zum Vorsitzenden der KKL (1. Februar 1986), in: epd-Dok 18/1986, 1–3.

– Antworten auf Fragen von Synodalen zum KKL-Bericht, in: epd-Dok 42/1986, 36–39.

– Bedeutung und Wirkung des Darmstädter Wortes des Bruderrates für den Weg der evangelischen Christen und Kirchen in der Deutschen Demokratischen Republik, in: epd-Dok 52/1987, 60–70; abgedr. in: ZdZ 42, 1988, 70–74; *vgl. Dok 1987/6.*

– Ansprache beim Treffen mit dem Staatsratsvorsitzenden Erich Honecker am 3. März 1988, in: epd-Dok 12/1988, 2–5; *vgl. Dok 1988/4.*

– Interview-Äußerungen nach dem Gespräch mit Erich Honecker, in: ARD-Sendung „Tagesthemen" vom 4. März 1988; abgedr. in: epd-Dok 12/1988, 7f.

– Wir haben einen Weg der Verständigung vor uns. Interview, in: ena, 25.02. 1988; abgedr. in: epd-Dok 12/1988, 32.

– Der geistliche Auftrag der Kirche Jesu Christi und seine politischen Auswirkungen. Gedanken über die friedliche Revolution in der DDR, in: ThB 21, 1990, 301–306; *vgl. Dok 1990/2.*

– Tiefenströmungen im Leben eines Volkes. Der geistliche Auftrag der Kirche und seine politischen Auswirkungen, in: Übergänge 5/1990, 197–199.

– *s. auch unter: Bund der Evangelischen Kirchen in der DDR; Erich Honecker …*

LENIN, WLADIMIR ILJITSCH, Staat und Revolution, in: LAW II, 158–253.

LEONHARD, WOLFGANG, Die Revolution entläßt ihre Kinder, Köln: Kiepenheuer & Witsch (1955) [5]1992 (KiWi 271).

LESSING, ECKHARD, Kirche – Recht – Ökumene. Studien zur Ekklesiologie, Bielefeld: Luther-Verlag 1982 (Unio und confessio 8).

– „Selbständigkeit" und „Freiheit" der Kirche. Eine Notiz zum Kirchenverständnis Dibelius' und Barths, in: KZG 2, 1989, 426–436.

– Zwischen Bekenntnis und Volkskirche. Der theologische Weg der Evangelischen Kirche der altpreußischen Union (1922–1953) unter besonderer Berücksichtigung ihrer Synoden, ihrer Gruppen und der theologischen Begründungen, Bielefeld: Luther 1992 (Unio und Confessio 17).

LÉVI-STRAUSS, CLAUDE, Mythologica IV/2: Der nackte Mensch, Frankfurt/M.: Suhrkamp 1975.

LEWEK, CHRISTA, s. unter: Gespräch zwischen …

LINGNER, OLAF, Erinnerungen eines Grenzgängers. Bilanz der „besonderen Gemeinschaft", in: Übergänge 6/1990, 224–230.

LINK, CHRISTIAN, Über den Umgang mit der Schuld, in: EvTh 52, 1992, 365–368.

Linke Christen aus Suhl, Offener Brief an unsere Mitchristen. An die Mitglieder der Synode der Evangelischen Kirche der Kirchenprovinz Sachsen und darüber hinaus, in: WBl 2/1992, 4–7.

LINN, GERHARD, Mündigkeit als Ausgangspunkt für die Gestaltung kirchlicher Dienstes, in: Brüderliche Kirche – menschliche Welt. FS Schönherr 1972, 187–202.

– Teilhabe an der Zuwendung Gottes, in: EK 20, 1987, 468–471.

LINSSEN, RUDOLF, Wider das Laisser-faire. Die Synode der Evangelischen Kirche tagte in Suhl, in: EK 25, 1992, 726–728.

LOHFF, WENZEL, Ein herrschaftsfreier Raum. Was heißt Dienst der Kirche an der Gesellschaft?, in: LM 12, 1973, 661–664.

– mit MOHAUPT, LUTZ (Hgg.), Volkskirche – Kirche der Zukunft? Leitlinien der Augsburgischen Konfession für das Kirchenverständnis heute. Eine Studie des Theologischen Ausschusses der Vereinigten Evangelisch-Lutherischen Kirche Deutschlands, Hamburg: Lutherisches Verlagshaus 1977 (Zur Sache 12/13); abgek.: LOHFF/MOHAUPT 1977.

LOHMANN, JOHANNES, Gratwanderung. Die Rolle der Kirche in den vergangenen Jahrzehnten, in: KiS 16, 1990, 17–21.

– Theologie und Wirklichkeit. Das Verhältnis von Theologie, Kirche und Gesellschaft in der DDR, in: Übergänge 2/1990, 75f.

LOTZ, MARTIN, Evangelische Kirche 1945–1952. Die Deutschlandfrage. Tendenzen und Positionen, Stuttgart: Radius 1992.

LÖWE, HARTMUT, Ein Blick, freundlich und kritisch, auf die evangelische Kirche, in: ZThK 87, 1990, 271–284.

LUCHTERHANDT, OTTO, Die Gegenwartslage der Evangelischen Kirche in der DDR. Eine Einführung, Tübingen: Mohr 1982 (Jus ecclesiasticum 28); vgl. Dok 1978/1.

LUHMANN, NIKLAS, Komplexität, in: DERS., Soziologische Aufklärung Bd. 2, Opladen: Westdeutscher Verlag 1975, 204–220.

– Funktion der Religion, Frankfurt/M.: Suhrkamp [2]1990 (stw 407).

– Soziale Systeme. Grundriß einer allgemeinen Theorie, Frankfurt/M.: Suhrkamp [4]1991 (stw 666).

– Archimedes und wir. Interviews, hg. v. D. BAECKER u. GEORG STANITZEK, Berlin: Merve 1987.

– Gesellschaftsstruktur und Semantik. Studien zur Wissenssoziologie der modernen Gesellschaft, Frankfurt/M.: Suhrkamp 1993 (stw 1093).

LUTTER, HANS, „Neues Denken" und der Dialog zwischen Marxisten und Christen, in: ZdZ 43, 1989, 288–291.

LUTZ, HANS, Art.: Sozialdemokratie und Kirche, in: RGG 6, [3]1962, 157–159.

LÜCK, WOLFGANG, Die Volkskirche. Kirchenverständnis als Norm kirchlichen Handelns, Stuttgart u.a.: Kohlhammer 1980 (Urban-Taschenbücher 653).

MAAZ, HANS-JOACHIM, Der Gefühlsstau. Ein Psychogramm der DDR, Berlin: Argon 1990.

MAECHLER, WINFRIED, Kirche im sozialistischen Staat. Die Ergebnisse einer Aussprache, in: ZdZ 4, 1950, 48f.

MAMMACH, KLAUS (Hg.), Die Brüsseler Konferenz der KPD (3.-15.Oktober 1935), Frankfurt/ M: Verlag Marxistische Blätter GmbH 1975.

MARQUARDT, FRIEDRICH WILHELM, Gab es zwischen bruderschaftlichen Christen diesseits und jenseits der Mauer eine Wahrheitsfrage?, in: WBl 1/1991, 16–22.

MARSCH, WOLF-DIETER, Institution im Übergang. Evangelische Kirche zwischen Tradition und Reform, Göttingen 1970.

MARX, KARL/ENGELS, FRIEDRICH, Werke, hg. v. Institut für Marxismus-Leninismus beim ZK der SED, 39 Bde. und zwei Ergänzungsbände, Berlin/DDR: Dietz 1956–1968.

MASER, PETER, Glauben im Sozialismus, Berlin: Gebr. Holzapfel 1989; *vgl. Dok 1983/1; 1989/2.*
– Kirchliche Zeitgeschichte nach der Wende, in: KZG 5, 1992, 69–93.

MATERN, HERMANN, Erläuterungen der Beschlüsse des 30. Plenums des ZK der SED (30.01.-01.02. 1957), in: Neuer Weg 6/1958; abgedr. in: KJB 84, 1957, 148f.; *vgl. Dok 1957/ 3.*

MAU, RUDOLF, Bündnis mit der Macht? Die theologischen Fakultäten in den neuen Ländern, in: EK 25, 1992, 79–81.
– Das „Sprachenkonvikt". Theologische Ausbildungsstätte der Evangelischen Kirche in Berlin-Brandenburg („Kirchliche Hochschule Berlin-Brandenburg") 1950–1991, in: BThZ 9, 1992, 107–118.

MAYNTZ, RENATE, Soziologie der Organisation, Reinbek: Rowohlt (1963) [6]1972 (rde 166).

MECHELS, EBERHARD L.J., Kirche und gesellschaftliche Umwelt. Thomas – Luther – Barth, Neukirchen-Vluyn: Neukirchener 1990 (NBST 7).

MECHTENBERG, THEO, Die Friedensverantwortung der evangelischen Kirchen in der DDR, in: HENKYS 1982, 359–365.
– Die Lage der Kirchen in der DDR, München: Hanns-Seidel-Stiftung 1985; abgek.: MECHTENBERG 1985.
– Das Staat-Kirche-Verhältnis im 40. Jahr der DDR, in: Die DDR im vierzigsten Jahr. Geschichte, Situation, Perspektiven. Zweiundzwanzigste Tagung zum Stand der DDR-Forschung in der Bundesrepublik Deutschland, 16. bis 19. Mai 1989, hg. v. I. SPITTMANN und G. HELWIG, Köln: Edition Deutschland Archiv 1989, 162–172.

MEIER, KURT, Volkskirche 1918–1945. Ekklesiologie und Zeitgeschichte, München: Kaiser 1982 (Theologische Existenz heute 213).
– Volkskirchlicher Neuaufbau in der sowjetischen Besatzungszone, in: CONZEMIUS/GRESCHAT/ KOCHER 1988, 213–234.
– Literatur zur kirchlichen Zeitgeschichte, in: ThR 54, 1989, 113–168.380–414.

MENDT, DIETRICH, Zeugnis- und Dienstgemeinschaft fördern! Konsistoriales und synodales Denken im Bund Evangelischer Kirchen in der Deutschen Demokratischen Republik und seinen Gliedkirchen, in: ZdZ 30, 1976, 271–274.
– Der Laie in Gemeinde und Kirche. Kurzreferat vor der Bundessynode in Görlitz 1977, in: epd-Dok 24/1977, 25–27.
– „Salz der Erde". Ein Vortrag zur Lage der Kirche in der DDR, gehalten vor der Berlin-Brandenburgischen Synode am 25. April 1987, in: KiS 13, 1987, 106–110; abgedr. u. d. T. „Ihr seid das Salz der Erde" in: epd-Dok 25/1987, 16–26.
– Das Dilemma der Kirche in Ost und West. Missionarische Kirche oder religiöse Belanglosigkeit?, in: Übergänge 4/1990, 161–165.
– Lehren aus der DDR-Vergangenheit. Distanz zum Staat – eine notwendige politische Haltung?, in: LM 31, 1992, 450–453.
– Kirche zwischen Körperschaft des öffentlichen Rechts und Salz der Erde, in: ZdZ 47, 1993, 145–147.

MICHAEL, J. P., Art.: Diaspora. Evangelische Diaspora, in: LThK 3, 1959, 346.

Mit der Kirche leben. Entwurf einer Ordnung des kirchlichen Lebens in den Gliedkirchen des Bundes der Evangelischen Kirchen in der DDR, in: epd-Dok 9/1986, 15–25.

Mitzenheim, Moritz, Rundbrief an die Pfarrer der Thüringer Landeskirche vom 7. Juni 1952, in: KJB 79, 1952, 184–186.
– Rede auf der Zehnjahrfeier der DDR, 06. 10. 1959, in: KJB 86, 1959, 229f.; *vgl. Dok 1959/2.*
– Ansprache anläßlich der Verleihung des Vaterländischen Verdienstordens in Gold am 16. Aug. 1961, in: Dohle/Drobisch/Hüttner 1967, 369f.; *vgl. Dok 1961/1.*
– Gespräch mit Walter Ulbricht auf der Wartburg, 18. Aug. 1964, in: Dohle/Drobisch/Hüttner 1967; *vgl. Dok 1964/2.*
– Interview, in: NZ v. 04. 02. 1968; abgedr. in: KJB 95, 1968, 171–173; *vgl. Dok 1968/3.*
– Rede auf der Bürgervertreterkonferenz in Weimar am 29. 02. 1968, in: KJB 95, 1968, 176f.; *vgl. Dok 1968/4.*
– Grußansprache auf der Festveranstaltung zur Erinnerung an das „Wartburggespräch" zwischen Ulbricht und Mitzenheim, Wartburg, 19. Aug. 1969, in: NZ v. 20. 08. 1969; abgedr. in: KJB 96, 1969, 203–205; *vgl. Dok 1969/4.*
– Interview, in: NZ v. 01. 01. 1969; abgedr. in: KJB 96, 1969, 192–195; *vgl. Dok 1969/3.*
Moltmann, Jürgen, Kirche in der Kraft des Geistes. Ein Beitrag zur messianischen Ekklesiologie, München: Kaiser (1975) ²1989.
– Vom Heiligen Reich zum offenen Haus Europa. Der Kontinent braucht eine neue Formation des Christentums, in: EK 25, 1992, 94–97.
Mommsen, Wilhelm, Deutsche Parteiprogramme, München 1960.
Moritz, Hans, Nachwort zu G. Kretzschmar, Volkskirche im Umbruch, Berlin/O 1967. Abgedr. in: KJB 95, 1968, 297f.; *vgl. Dok 1967/5.*
– Antwort an Hanfried Müller, in: WBl 5/1985, 46–48.
– Religion und Gesellschaft in der DDR, in: ThLZ 110, 1985, 573–588.
Möller, Adalbert, Die gesellschaftliche Verantwortung des Christen. Referat auf der Bundessynode in Eisenach 1971, in: KJB 98, 1971, 272–277.
Mücksch, Walther, Gestaltwandel der Gemeinde, in: ZdZ 9, 1955, 361–367.
Müller, Gerhard, Ein Wandel ohne Aufbruch? Aus dem Bericht des Leitenden Bischofs an die Generalsynode der VELKD, in: LM 32, 1993, 22–24.
Müller, Hanfried, Von der Kirche zur Welt. Ein Beitrag zu der Beziehung des Wortes Gottes auf die societas in Dietrich Bonhoeffers theologischer Entwicklung, Leipzig: Köhler und Amelang 1961.
– Credo ecclesiam, in: Brüderliche Kirche – menschliche Welt. FS Schönherr, 1972, 203–225.
– Evangelische Dogmatik im Überblick, 2 Bde., Berlin: EVA (1978) ²1989.
– Einige Randbemerkungen zu einigen Randerscheinungen zwischen Kirche und Kultur. Teil 2, in: WBl 1/1983, 20–32.
– Kirche im Sozialismus, in: WBl 5/1983, 11–19; 1/1984, 21–32; 3/1984, 22–35; 4/1984, 11–17; 5/1984, 12–23.
– Christliche, sozialethische Aspekte der Zusammenarbeit von Kommunisten und Christen, in: WBl 2/1988, 8–27.
– Religio rediviva oder Die Beschwörung der Kontingenz. Zum Thema: Religion in der Moderne und in der DDR-Gesellschaft, in: WBl 4/1985, 2–19.
– Das „Evangelium vom Gott der Gottlosen" und die „Religion an sich", in: WBl 4/1986, 26–40.
– Religio rediviva im Gespräch. Antwort an Hans Moritz, in: WBl 1/1986, 26–30.
– Zwischenbilanz zum „Religionsgespräch" in den Weißenseer Blättern, in: WBl 6/1986, 4–10.
– Die Synode des Bundes und Probleme der Zeit, in: WBl 3/1987, 37–39.
– Sind wir Verfassungsfeinde?, in: WBl 5/1990, 13–20.
Müller, Ludolf, Hirtenbrief vom 28. Juni 1952, in: KJB 79, 1952, 186f.
– Rundbrief an alle Pfarrer der Landeskirche vom 28. Juni 1952, in: KJB 79, 1952, 188–190.
– Schreiben der Ev. Kirchenleitung der Kirchenprovinz Sachsen an das Ministerium für Staatssicherheit der DDR vom 14. Juni 1952, in: KJB 79, 1952, 190–194.
– *s. auch unter: Evangelische Kirche der Kirchenprovinz Sachsen.*
Müller, Norbert, Evangelium und politische Existenz. Die lutherische Zweireichelehre und die Forderung der Gegenwart, Berlin: Union 1983.

MÜLLER-STREISAND, ROSEMARIE, Exodus der Kirche aus dem Sozialismus? Zu der Synode der Evangelischen Kirche in Berlin-Brandenburg, in: WBl 1989/2, 26–44.

NAGY, GYULA, Der Auftrag der Kirche in der heutigen Welt, in: ZdZ 22, 1968, 173–178.

NATHO, EBERHARD, Kirche im Sozialismus: Wie es zu ihr kam und wie sie heute lebt. Referat auf dem Pfarrertag in Dortmund am 30. Mai 1979 (Tonbandnachschrift), in: epd-Dok 37/1979, 16–23.

– Die evangelischen Kirchen in der DDR. Vortrag auf der EKU-Synode/Region West, gehalten am 9. Oktober 1981 in West-Berlin, in: epd-Dok 51/1981, 57–66; *vgl. Dok 1981/2.*

Nationale Front des demokratischen Deutschland, Erklärung des Nationalrates zur Bedeutung der nationalen Jubiläen 1967 (Juli 1966), in: DOHLE/DROBISCH/HÜTTNER 1967, 436–445; *vgl. Dok 1966/4.*

– Erklärung der Arbeitsgruppe „Christliche Kreise" beim Nationalrat der Nationalen Front vom 29.03. 1967, in: KJB 94, 1967, 187–189; *vgl. Dok 1967/3.*

Nationalkomitee des Lutherischen Weltbundes in der DDR, *s. unter: Identität und Pluralität; Sorge um eine menschliche Welt.*

NEUBERT, EHRHART, Religion in der DDR-Gesellschaft. Nicht-religiöse Gruppen in der Kirche – ein Ausdruck der Säkularisierung?, in: KiS 11, 1985, 99–103.

– Sozialisierende Gruppen im konziliaren Prozeß, in: KiS 11, 1985, 241–245.

– Megapolis DDR und die Religion. Konsequenzen aus der Urbanisierung, in: KiS 12, 1986, 155–164; abgedr.in: PTh 76, 1987, 222–245.

– Religion in Soziologie und Theologie. Ein Vermittlungsversuch für den Gebrauch des Religionsbegriffes in der DDR, in: KiS 12, 1986, 71–74.

– Reproduktion von Religion in der DDR-Gesellschaft, in: epd-Dok 35–36/1986.

– Die Ekklesiologie des Erich Mielke. Stasi-Dokumente und kirchliche Vergangenheitsbewältigung, in: Übergänge 2/1990, 70–75.

– Protestantische Aufklärung. Die Bedeutung der informellen Gruppen für die Umgestaltung, in: Übergänge 4/1990, 144–147.

– Vorauseilender Gehorsam. Protestanten im veränderten gesellschaftlichen Kontext, in: Übergänge 6/1990, 230–236.

– Vergebung oder Weißwäscherei. Zur Aufarbeitung des Stasiproblems in den Kirchen, Freiburg: Herder 1993 (Herderbücherei 1785).

NEUGEBAUER, FRITZ, Protestanten am Scheideweg. Grundsätzliches und Persönliches aus der DDR-Zeit, in: EK 25, 1992, 515–518; *vgl. Dok 1992/6.*

NICOLAISEN, CARSTEN, Art.: Dibelius, Otto, in: TRE 8, 1981, 729–731.

NOACK, AXEL, Die evangelischen Studentengemeinden in der DDR. Ihr Weg in Kirche und Gesellschaft 1945–1985, Merseburg 1984.

– Kirche im Übergang – wohin? Evangelische Kirche nach der Vereinigung. Thesen eines Beitrags zum Thüringer Kirchentag, Erfurt, 04.07. 1992, in: epd-Dok 34/1992, 7–10.

NORDEN, ALBERT, Grußansprache vor dem 13. Parteitag der CDU am 12. Oktober 1972 in Erfurt, in: GÖTTING/NORDEN 1973; auszugsw. abgedr. in: KJB 99, 1972, 228f.; *vgl. Dok 1972/1.*

NOTH, GOTTFRIED, Volkskirche heute, in: ZdZ 14, 1960, 166–170.

– Bericht der Kirchenleitung der Evangelisch-Lutherischen Landeskirche Sachsens vor der Landessynode (Herbsttagung 1970), in: KJB 97, 1970, 359–363.

– Zur Diskussion um die Zwei-Reiche-Lehre, in: ZdZ 27, 1973, 121–125.

NOWAK, KURT, Christentum in politischer Verantwortung. Zum Protestantismus in der Sowjetischen Besatzunszone (1945–1949), in: KAISER/DOERING-MANTEUFFEL 1990, 42–62.

– Der Protestantismus in der DDR – Erfahrungen und Schwierigkeiten auf dem Weg zur Demokratie, in: ZEE 34, 1990, 165–173.

– Labile Selbstgewißheit. Über den Wandel des ostdeutschen Protestantismus in vierzig Jahren DDR, in: F. W. GRAF/K. TANNER (Hgg.), Protestantische Identität heute, Gütersloh 1992, 105–115.

– Das umstrittene Zeugnis des Pfarrers von Rippicha. Drei Neuerscheinungen zu Oskar Brüsewitz, in: ZdZ 47, 1993, 154–160.

– Zum Widerstreit um die „Kirche im Sozialismus", in: ZEE 36, 1993, 235–238.

NUSCHKE, OTTO, Vortrag vor Studenten über Probleme der Koexistenz, Sept. 1957, in: NZ v. 14.09. 1957; abgedr. in: KJB 84, 1957, 148; *vgl. Dok 1957/4.*

OBERMAN, HEIKO A. u.a. (Hgg.), Kirchen- und Theologiegeschichte in Quellen. Ein Arbeitsbuch. Bd. 4: Neuzeit. Ausgewählt, übersetzt und kommentiert von HANS-WALTER KRUMWIEDE u.a., 2. Teil: 1870–1975, Neukirchen-Vluyn: Neukirchner ²1986; *vgl. Dok 1891/1; 1891/ 2; 1918/1. 1947/1;*

OLOFSSON, SABINE, „Gottes Volk im Sozialismus" – und was man westwärts darüber liest, in: WBl 3/1984, 46–49.

ONNASCH, MARTIN, Die Situation der Kirchen in der sowjetischen Besatzungszone 1945–1949, in: KZG 2, 1989, 210–220.

– Konflikt und Kompromiß, in: KZG 3, 1990, 152–165.

OPITZ, BERNHARD, Der Laie als Christ in der Welt. Kurzreferat vor der Bundessynode in Görlitz 1977, in: epd-Dok 24/1977, 28–30.

ORDNUNG, CARL, Divergenz und Polarisierung. Beitrag auf der IX. Sitzung des CDU-Hauptvorstandes im Dezember 1970, in: NZ v. 19.12. 1970, 5; abgedr. in: KJB 97, 1970, 194–196.

– Über das spezifisch „Christliche", in: Stp 1/1973; abgedr. in: KJB 99, 1972, 260–262.

OTTER, JIRI, Evangelische Kirche der Böhmischen Brüder in der CSSR, Prag 1985.

Ökumenische Versammlung in der DDR, dritte Sitzungsperiode (Mai 1989), Ergebnistexte, auszugsw. in: P. MASER, Glauben im Sozialismus, 1989, 134f. (dort Bezug auf: FAZ 106/1989 v. 9.5. 1989, 6); *vgl. Dok 1989/2.*

PABST, WALTER (Hg.), Kirche für andere. Vorträge und Ansprachen im Bonhoeffer-Gedenkjahr 1970, Berlin: EVA 1973; abgek.: PABST 1973.

PANNENBERG, WOLFHART, Wissenschaftstheorie und Theologie, Frankfurt/M.: Suhrkamp 1987 (stw 676).

– Angst um die Kirche. Zwischen Wahrheit und Pluralismus, in: EK 26, 1993, 709–713.

– Systematische Theologie. Bd. 3, Göttingen: V&R 1993.

PETZOLD, LOTHAR, Staat oder Kirche sind wir selbst. Zu den von Landesbischof Dr. Johannes Hempel eingeräumten Vergangenheitsfehlern, in: ZdZ 47, 1993, 67f.

PETZOLDT, MATTHIAS G., Sind wir nun eine christliche Gesellschaft?, in: ZdZ 47, 1993, 48–51.

PFEIFER, H. (Hg.), Genf '76. Ein Bonhoeffer-Symposion, München 1976 (IBF 1).

PLANER-FRIEDRICH, GÖTZ, Rechtfertigung und Kirchenrecht. Ein Beitrag zur theologischen Grundlegung des Kirchenrechts in einer sozialistischen Gesellschaft, in: ZdZ 34, 1980, 1–9.

– Sozialethische Urteilsbildung im Bund der Evangelischen Kirchen in der DDR, in: ZEE 26, 1982, 246–278.

– Wer gehört eigentlich zur Kirche? Theologische und rechtliche Aspekte der Kirchenmitgliedschaft, in: KiS 1/1984, 20–23.

– Kirche im Sozialismus? Eine Kompromiß-Metapher hat ausgedient, in: EK 21, 1988, 503– 505; abgedr. in: KiS 14, 1988, 181f.; *vgl. Dok 1988/3.*

– An die Selbstgerechten. Trauerarbeit am Verlust der DDR-Geschichte, in: EK 23, 1990, 597– 599.

– Beute machen in der Höhle des Löwen? Schwieriger Weg des Grenzgängers Stolpe, in: EK 25, 1992, 645–647.

– Einfallstore für die Stasi. Der Thüringer Weg systemkonformer Kirchenpolitik, in: EK 25, 1992, 75–79; *vgl. Dok 1992/1.*

– Einheit ohne Wandel. Die ostdeutschen Kirchen auf Identitätssuche, in: EK 26, 1993, 707–709.

– *s. auch unter:* HARMATI, BELA.

Politische Kultur in der DDR. Hg. v. der Landeszentrale für politische Bildung Baden-Württemberg, Stuttgart u.a.: Kohlhammer 1989 (Kohlhammer Taschenbücher 1089; Bürger im Staat); abgek.: Politische Kultur, 1989.

POLLACK, DETLEF, Religiöse Chiffrierung und soziologische Aufklärung. Die Religionstheorie Niklas Luhmanns im Rahmen ihrer systemtheoretischen Voraussetzungen, Frankfurt/M. u.a.: Lang 1988 (Europäische Hochschulschriften: Reihe 23, Theologie. Bd. 322).

– Religion und Kirche in der DDR, in: WZ(L).GS 1988, 92–104.
– Religion und Kirche im Sozialismus, in: ZdZ 43, 1989, 6–14.
– Sozialethisch engagierte Gruppen in der DDR. Eine religionssoziologische Untersuchung, in: DERS. 1990, 115–154.
– Das Ende einer Organisationsgesellschaft. Systemtheoretische Überlegungen zum gesellschaftlichen Umbruch in der DDR, in: ZfS 19, 1990, 292–307.
– (Hg.), Die Legitimität der Freiheit. Politisch alternative Gruppen in der DDR unter dem Dach der Kirche, Frankfurt/M. u.a.: Lang 1990 (Forschungen zur Praktischen Theologie 8); abgek.: POLLACK 1990.
– Religion und gesellschaftlicher Wandel. Zur Rolle der Kirche im gesellschaftlichen Umbruch, in: Übergänge 6/1990, 236–243.
– Überblick über den Stand der Forschung zum Thema Kirche und Religion in der DDR, in: ZEE 35, 1991, 306–317.
– Ideologie produziert. Besier und die Quellen, in: EK 26, 1993, 460–462.
– Sozialismus-Affinität im deutschen Protestantismus? Sozialistische Leitvorstellungen des Kirchenbundes in der DDR. Bemerkungen zu einem Interpretationsvorschlag von Friedrich Wilhelm Graf, in: ZEE 37, 1993, 226–230.
– *s. auch unter:* GRABNER, WOLF-JÜRGEN.

Pommersche Evangelische Kirche, *s. unter:* KRUMMACHER, FRIEDRICH WILHELM.

POPPE, ULRIKE, Das kritische Potential der Gruppen in Kirche und Gesellschaft, in: POLLACK 1990, 63–79.

POST, WERNER, Kritik der Religion bei Karl Marx, München: Kösel 1969.

Pressemeldung über das Staat-Kirche-Gespräch vom 6. März 1978, in: EK 11, 1978, 230 (Auszüge).

PUNGE, MANFRED, Art.: Akademien, Evangelische, in: Theologisches Lexikon, 1978, 17f.
– *s. auch unter: Zum Gebrauch ...*

QUAATZ, REINHOLD G., Zum Thema Kirche und Welt, in: ZdZ 2, 1948, 214–217.
– Der fundamentale Irrtum, in: ZdZ 4, 1950, 341–345.

RAPP, EUGEN LUDWIG, Art.: Diaspora. Jüdische Diaspora in Mittelalter und Neuzeit, in: RGG 2, ³1958, 176f.

Rat der EKD, Stellungnahme zu den Kontakten der evangelischen Kirche zum Ministerium für Staatssicherheit, in: EK 25, 1992, 152.

RATHKE, HEINRICH, Kirche für andere – Zeugnis und Dienst der Gemeinde. Theologisches Hauptreferat auf der Bundessynode im Juli 1971 in Eisenach, in: KJB 98, 1971, 265–272.
– Den Glauben leben und bekennen. Vortrag vor der Synode der Evang.-Luth. Landeskirche Mecklenburgs auf ihrer Tagung vom 1. bis 4. November 1979, in: epd-Dok 51/1979, 4–18; *vgl. Dok 1979/7.*
– Referat vor dem Sprengelkonvent in Hamburg, 27.4. 1979, in: epd-Dok 37/1979, 24ff.; abgedr. in: KJB 106, 1979, 452–463; und u.d.T. „Der öffentlich verantwortete Weg der Kirchen" (I-IV) in: Mecklenburgische Kirchenzeitung Nr. 25–28/1979 v. 24.6., 1.7., 8.7. u. 15.7. 1979; *vgl. Dok 1979/1.*

RATZMANN, WOLFGANG, Kirche ohne Privilegien – Utopie oder Feigenblatt?, in: ZdZ 47, 1993, 86–92.

RAU, GERHARD, Volkskirche heute – im Spiegel ihrer theologischen Problematisierung, in: VF 32, 1987, 2–31.

Rechtfertigung und Gesellschaft. Werkstattbericht III der Kommission für das Lehrgespräch in der DDR (eingesetzt vom Rat der Evangelischen Kirche der Union und von der Kirchenleitung der Vereinigten Evangelisch-Lutherischen Kirche in der DDR), in: epd-Dok 6/1973; abgedr. in: KJB 99, 1972, 301–309.

Rechtfertigung, Glaube und Bewußtsein. Werkstattbericht IV der Kommission für das Lehrgespräch, in: KJB 100, 1973, 227–234.

REIHER, DIETER (Hg.), Kirchlicher Unterricht in der DDR von 1949 bis 1990. Dokumentation eines Weges, Göttingen: V&R 1992.

REIN, GERHARD, Die protestantische Revolution 1987–1990. Ein deutsches Lesebuch, Berlin: Wichern 1990.

REITINGER, HERBERT, Die Rolle der Kirche im politischen Prozess der DDR 1970 bis 1990, München 1991.

REITZ, RÜDIGER, Sozialismus auf Wiedervorlage. Anmerkungen zur Kirchenarbeit der SPD im Kontext europäischer Politik, in: SI 4/1991.

Religion verschwindet nicht. Auszug aus einem Beitrag von WOLFGANG KLEINIG und GOTTFRIED STIEHLER in der Ausgabe der DZfPh vom September 1988, in: KiS 14, 1988, 203.

RENDTORFF, TRUTZ, Die Beziehung von Kirche und Staat. Zur Wirklichkeit der Volkskirche, in: epd-Dok 43/1975, 20–35.

– Theologische Probleme der Volkskirche, in: LOHFF/MOHAUPT 1977, 104–131.

– Welche Kirche wollen wir? Thesen, in: epd-Dok 43/1975, 36–39.

– Die Religion in der Moderne – die Moderne in der Religion. Zur religiösen Dimension der Neuzeit, in: ThLZ 110, 1985, 561–574.

– Revolution der kleinen Leute. Politik und Kirche in der DDR, in: EK 12/89, 22–25.

– Wie christlich wird Europa sein? Zwischen Säkularisation und Re-Evangelisierung, in: EK 25, 1992, 98–102.

– Wie christlich wird Europa sein?, in: ZEE 36, 1992, 99–110.

RICH, ARTHUR, Art.: Religiös-sozial, in: RGG 5, ³1961, 957f.

RICHTER, EDELBERT, Chancen für Kirche und Staat. Die neue Kirchenpolitik der SED und die Marxsche Religionskritik, in: KiS 3/1983, 9–23; abgedr. u. d. T. „Die neue Kirchenpolitik der SED und die Marxsche Religionskritik" in: DERS., Christentum und Demokratie in Deutschland, Leipzig u.a. 1991, 202–232.

RICHTER, JOHANNES, Vom garstigen Weg der Erkenntnis. Die evangelische Kirche in der Rolle des Sündenbocks, in: LM 31, 1992, 195f.

ROGGE, JOACHIM, Zur Entstehung und Geschichte des Parochialsystems, in: ZdZ 25, 1971, 379–384.

– mit ZEDDIES, HELMUT (Hgg.), Kirchengemeinschaft und politische Ethik. Ergebnis eines theologischen Gesprächs zum Verhältnis von Zwei-Reiche-Lehre und Lehre von der Königsherrschaft Christi, Berlin/DDR: EVA 1980.

– Theologie und Kirche in der DDR, in: EvTh 41, 1981, 66–83.

ROGGEMANN, HERWIG (Hg.), Die DDR-Verfassungen, Berlin: Berlin-Verlag ³1980 (Quellen zur Rechtsvergleichung aus dem Osteuropa-Institut an der Freien Universität Berlin. Die Gesetzgebung der sozialistischen Staaten 7); *vgl. Dok 1949/1.*

ROSENTHAL, RÜDIGER, Größere Freiräume für Basisgruppen. Interview von M. HARTMANN, in: KiS 13, 1987, 189–191.

ROUSSEAU, JEAN-JACQUES, Vom Gesellschaftsvertrag oder Grundsätze des Staatsrechts. In Zusammenarbeit mit E. PIETZCKER neu übersetzt und herausgegeben von H. BROCKARD, Stuttgart: Reclam 1991.

RÖD, WOLFGANG, Philosophie als Gesellschafts- und Religionskritik, in: S. POGGI/W. RÖD, Die Philosophie der Neuzeit. Bd. 4: Positivismus, Sozialismus und Spiritualismus im 19. Jahrhundert (Geschichte der Philosophie, hg. v. W. RÖD, Bd. 10), München 1989, 153–247.

RÖDER, HANS-JÜRGEN, Kirche im Sozialismus. Zum Selbstverständnis der evangelischen Kirchen in der DDR, in: HENKYS 1982, 62–85.

– Politik ohne Heiligenschein, in: EvInf 4/1992, 6.

– *s. auch unter: Kirche in der DDR.*

RUGENSTEIN, BJÖRN, „Kirche im Sozialismus"? Ein Gesprächsbeitrag, in: WBl 3/1984, 35–39.

RYTLEWSKI, RALF, Ein neues Deutschland? Merkmale, Differenzierungen und Wandlungen in der politischen Kultur der DDR, in: Politische Kultur, 1989, 11–28.

SÄNGER, PETER, Zur Wirkung von Iwands Theologie, in: ZdZ 43, 1989, 182–186.

Schamlose Hetze mit menschlichem Versagen. Hintergründe und Zusammenhänge der Sache Brüsewitz, in: NZ v. 31.08. 1976; abgedr. in: epd-Dok 41a/1976, 13f.

SCHARF, KURT, Bericht des Vorsitzenden des Rates der EKU auf der EKU-Generalsynode in Berlin-Spandau (08.-13.02. 1959), in: KJB 86, 1959, 278f.; *vgl. Dok 1959/1.*

– Über die Grenzen hinweg. Zum 70. Geburtstag von Albrecht Schönherr, in: EK 14, 1981, 571f.

SCHEIDACKER, WERNER, 30 Jahre Kirche in der DDR – Erwartungen vor 30 Jahren und Erfüllungen, in: ZdZ 33, 1979, 361–368; *vgl. Dok 1979/5.*

SCHELER, HERMANN (Hg.), Die Stellung des Marxismus-Leninismus, in: KJB 84, 1957, 149; *vgl. Dok 1957/2.*

SCHEVEN, KARL VON, Kirchenleitendes Handeln heute. Grundsätze und Forderungen, in: ZdZ 6, 1952, 180–183.

SCHICKETANZ, PETER, Die Zukunft der Gemeinde und die Gemeinde der Zukunft, in: ZdZ 20, 1966, 354–357.

SCHIEDER, ROLF, Civil Religion. Die religiöse Dimension der politischen Kultur, Gütersloh: Mohn 1987.

– Rationalität im ethischen Diskurs. Kirchen als Stabilitätsgaranten im politischen Umbruch, in: LM 29, 1990, 309–312.

SCHILLING, FALKO/STENGEL, FRIEDEMANN, Die theologischen Sektionen im „real-existierenden" Sozialismus der DDR, in: KZG 5, 1992, 100–112.

SCHMIDT, MARTIN ANTON, Art.: Kommunismus – kirchengeschichtlich, in: RGG 3, ³1959, 1735–1737.

SCHMOLZE, GERHARD, Nach 20 Jahren: Jugendweihe in der DDR. Die Effektivität der Jugendstunden und Abschlußfeiern soll erhöht werden, in: KiS 3/1975, 18–22.

SCHMUDE, JÜRGEN, Sozialismus aus christlicher Sicht, in: SI 5/1991, 1–37.

SCHOENEICH, HARRO, Die bleibende Bedeutung der Lehre Luthers von den beiden Regimenten. Ein Diskussionsbeitrag, in: ZdZ 7, 1953, 401–405.

SCHOLDER, KLAUS, Kirche, Staat, Gesellschaft, in: EvTh 18, 1958, 241–255.

– Die Kirchen und das Dritte Reich. Bd. 1: Vorgeschichte und Zeit der Illusionen 1918–1934, Frankfurt/M. Berlin: Ullstein 1977. Tb: 1986.

– Otto Dibelius (1880–1980), in: ZThK 78, 1981, 90–104.

SCHORLEMMER, FRIEDRICH, Macht und Ohnmacht kleiner Gruppen vor den Herausforderungen unserer Zukunft, in: POLLACK 1990, 17–23.

SCHOTT, CHRISTIAN-ERDMANN, Art.: Diaspora. Konfessionelle Diaspora innerhalb des Christentums, in: TRE 8, 1981, 717f.

SCHOTT, ERDMANN, Der Christus des Glaubens und die christliche Kirche, in: ZdZ 5, 1951, 241–248.

SCHÖLLER, JÜRGEN, Inhaltslose Religion. Versuch einer Antwort auf Manfred Hausteins „Anfragen", in: WBl 4/1986, 40–42.

SCHÖNHERR, ALBRECHT, Diesseitigkeit. Ein Gedenkwort für Dietrich Bonhoeffer, in: ZdZ 1, 1947, 307–312.

– Die Predigt in der „mündigen" Welt. Gedanken Dietrich Bonhoeffers, in: ZdZ 9, 1955, 242–250.

– Das Zeugnis des Christen in der DDR. Thesen für den Weißenseer Arbeitskreis, 3.10.1960, in: DERS. 1979, 248f.

– Kirche in der Welt – Kirche für die Welt. Antwort an Johannes Hamel, in: Kirche in der Zeit 1964; abgedr. in: KJB 91, 1964, 205–212.

– Die Botschaft vom Reich und der Dienst in der Welt, in: ZdZ 21, 1967, 81–87; abgedr. in: DERS. 1979, 12–26.

– Missio heute. Schlußreferat beim Kongreß „missio heute" vom 4. bis 7. Dezember 1967 in Berlin, in: ZdZ 22, 1968, 167–172.

– Ansprache beim Neujahrsempfang des Rates des Bezirks Frankfurt/Oder am 9. Januar 1968, in: EK 1, 1968, 101f.; abgedr. in: KJB 95, 1968, 169–171.

– Ein wichtiger Schritt auf dem Wege zum „Bund der Evangelischen Kirchen in der DDR". Ein ena-Interview mit dem Verwalter des Bischofsamtes D. Albrecht Schönherr, in: epd-Dok 5/1969; abgedr. in: KJB 95, 1968, 237–243.

– Bonhoeffers Satz: „Unser Christsein wird heute nur in zweierlei bestehen: Im Beten und Tun des Gerechten unter den Menschen" – Versuch einer Auslegung, in: PABST 1973, 19–37; abgedr. in: SCHÖNHERR 1979, 104–118.

- Gedenkwort zum 25. Todestag Dietrich Bonhoeffers, in: PABST 1973, 11–17; abgedr. in: SCHÖNHERR 1979, 142–148.
- Wort des Verwalters des Bischofsamtes in der Region Ost der Evangelischen Kirche in Berlin-Brandenburg auf der Synode vom 6. bis 10. März 1970, in: KJB 97, 1970, 354–358.
- Ansprache an den Staatssekretär für Kirchenfragen am 24. Febr. 1971, in: ZdZ 25, 1971, 307ff.; abgedr. in: DERS. 1979, 250–259.
- Impulse aus der Theologie Bonhoeffers für den Weg der Christen in der sozialistischen Gesellschaft der Deutschen Demokratischen Republik, in: DERS. 1979, 119–141.
- Die Rolle des Bundes der Evangelischen Kirche für den Protestantismus in der DDR. Beitrag zur Festschrift für Bischof Jan Niewieczersal, 1973, in: DERS. 1988, 262–271.
- Die Kirche als Lerngemeinschaft. Referat auf der Bundessynode in Potsdam, 28.09.1974, in: DERS. 1979, 206–229; *vgl. Dok 1974/7.*
- Kirche als Gemeinschaft von Lernenden, in: epd-Dok 52/1974.
- Welche unerledigten Aufgaben ergeben sich aus dem Stuttgarter Schuldbekenntnis?, in: DERS. 1988, 92–102.
- Dietrich Bonhoeffer, in: ZdZ 30, 1976, 373f.
- Christsein in der DDR. Interview vom 08.02.1977, in: EK 3/1977; abgedr. in: epd-Dok 17/1977, 18–21; *vgl. Dok 1977/3.*
- Grußwort an die Synode der EKD, Saarbrücken, 6. Nov. 1977, in: epd-Dok 5/1978, 4–6.
- Noch – schon – heute. Die Bedeutung Dietrich Bonhoeffers für das Christsein in der DDR, in: DERS. 1979, 188–199.
- Art.: Bonhoeffer, Dietrich, in: Theologisches Lexikon, 1978, 69–71; *vgl. Dok 1978/4.*
- Art.: Zeugnis- und Dienstgemeinschaft, in: A.a.O., 426–428.
- Gesellschaft im Wandel und Kirche im Lernprozeß, in: DERS. 1988, 41–55.
- Gespräch zwischen Staat und Kirche. Ansprache bei dem Empfang des Vorstandes des Bundes der Evangelischen Kirchen in der DDR durch den Vorsitzenden des Staatsrates der DDR, Erich Honecker, am 6. März 1978, in: DERS. 1988, 272–276; *vgl. Dok 1978/6.*
- Die Predigt Dietrich Bonhoeffers, in: DERS. 1979, 164–187.
- Horizont und Mitte. Aufsätze, Vorträge, Reden 1953–1977, München: Kaiser 1979; abgek.: SCHÖNHERR 1979.
- Leib Christi und Nachfolge bei Dietrich Bonhoeffer, in: DERS. 1979, 149–163.
- Über Auftrag und Weg der Kirche Jesu Christi in der sozialistischen Gesellschaft der DDR. Vortrag vor der Synode der Evang. Kirche in Berlin-Brandenburg im April 1979, in: epd-Dok 37/1979, 4–15; abgedr. in: ZdZ 33, 1979, 369–380; und in: KJB 106, 1979, 468–479; *vgl. Dok 1979/2.*
- Chancen und Probleme christlicher Existenz in einer sozialistischen Gesellschaft, in: epd-Dok 8/1981; abgedr.in: DERS. 1988, 277–290; *vgl. Dok 1980/3.*
- Erkenntnisse. Acht Sätze zur Kirche in der DDR, in: DERS. 1988, 311.
- mit KRÖTKE, WOLF (Hgg.), Bonhoeffer-Studien. Beiträge zur Theologie und Wirkungsgeschichte Dietrich Bonhoeffers, München: Kaiser 1985; abgek.: SCHÖNHERR/KRÖTKE 1985.
- Dietrich Bonhoeffer und der Weg der Kirche in der DDR, in: SCHÖNHERR/KRÖTKE 1985, 148–156.
- Gemeinschaft in Haftung, Verantwortung und Hoffnung. Eine Rede über Deutschland, gehalten in den Münchener Kammerspielen am 1. Dez. 1985, in: DERS. 1988, 176–189.
- 1945–1985: Befreite Kirche auf Um- und Abwegen, in: DERS. 1988, 149–173.
- Die Religionskritik Dietrich Bonhoeffers in ihrer Bedeutung für das Christsein in der DDR, in: DERS. 1988, 239–260; *vgl. Dok 1986/6.*
- Öffentlichkeitsanspruch einer Minderheit. Aktuelle Erwägungen zum vierzigjährigen Jubiläum der „Mecklenburgischen Kirchenzeitung“ im Juni 1986, in: KiS 12, 1986, 149–152; abgedr. in: DERS. 1988, 329–338; *vgl. Dok 1986/5.*
- Zum Weg der evangelischen Kirchen in der DDR. Vortrag im Hause des Hauptvorstandes der CDU in Berlin (DDR) am 10. Februar 1986, in: DERS. 1988, 312–328.
- Abenteuer der Nachfolge. Reden und Aufsätze 1978–1988, Berlin: Wichern 1988; abgek.: SCHÖNHERR 1988.

– Das Verhältnis zwischen Christen und Nichtchristen nach der Theologie Dietrich Bonhoeffers, in: DERS. 1988, 232–238.
– Dietrich Bonhoeffer und der Weg der Kirche in der DDR, in: SCHÖNHERR/KRÖTKE 1985, 148–156.
– Nach zehn Jahren. Rückblick auf das Staat-Kirche-Gespräch vom 6. März 1978, in: KiS 14, 1988, 5–8; abgedr. in: DERS. 1988, 344–352; *vgl. Dok 1987/1; 1988/2.*
– Vor fünfundzwanzig Jahren: Die „Zehn Artikel" und die „Sieben Sätze", in: ZdZ 42, 1988, 294–298.
– Zorn und Mut: Die lieblichen Töchter der Hoffnung. Ein Beitrag zum Weg unserer Kirche in die Zukunft, in: Die Kirche, 10.1. 1988; abgedr. in: DERS. 1988, 339–343.
– Gedanken zu einem Dialog zwischen Marxisten und Christen, in: ZdZ 43, 1989, 245–247.
– Gratwanderung. Gedanken über den Weg des Bundes der Evangelischen Kirchen in der Deutschen Demokratischen Republik, Leipzig: EVA 1992.
– Weder Opportunismus noch Opposition. Kirche im Sozialismus – der beschwerliche Weg der Protestanten in der DDR, in: DIE ZEIT 7/1992, 4f.; *vgl. Dok 1969/6; 1992/5.*
– *s. auch unter: Bund der Evangelischen Kirchen in der DDR; Evangelische Kirche in Berlin-Brandenburg.*
SCHREY, HEINZ-HORST, Art.: Religiöser Sozialismus, in: RGG 6, ³1962, 181–186.
SCHRÖDER, RICHARD, Nachahmung der Natur. Das aristotelische Verständnis des menschlichen Herstellens, in: DERS. 1990, 1–22.
– Der christliche Humanismus – aus protestantischer Sicht, in: DERS. 1990, 23–35.
– Was kann „Kirche im Sozialismus" sinnvoll heißen?, in: DERS. 1990, 49–54.
– Antwort auf Peter Krohs „'Lernprozess' und 'Lerngemeinschaft'", in: WBl 5/1989, 55–57.
– Nochmals: „Kirche im Sozialismus", in: DERS. 1990, 149–159; *vgl. Dok 1989/1.*
– Religion und Gesellschaft. Über einige Versuche, der Kirche in der sozialistischen Gesellschaft der DDR durch Religionssoziologie aufzuhelfen, in: KZG 2, 1989, 471–493; abgedr.in: DERS. 1990, 95–120.
– Abkehr von der Utopie. Interview von P. HÖLZLE u. H. N. JANOWSKI am 10. Mai 1990, in: EK 23, 1990, 343–346.
– Denken im Zwielicht. Vorträge und Aufsätze aus der Alten DDR, Tübingen: Mohr 1990; abgek.: SCHRÖDER 1990.
– Was heißt „... für Recht und Frieden sorgen" heute?, in: ZdialTh 7, 1991, 145–164.
– Am Schnittpunkt von Macht und Ohnmacht. Der Streit um Manfred Stolpe kommt nicht zur Ruhe: Kirchenmann, Diplomat, Politiker – wie weit durfte der Konsistorialpräsident gegenüber der Stasi gehen?, in: DIE ZEIT 42/1992 v. 9.10. 1992, 12f.
– Biblische Ökonomie, in: DIE ZEIT 16/1992 v. 10.4. 1992.
– Umgang mit dem großen Bruder. Maßstäbe zur Bewertung der DDR-Vergangenheit. Hauptvortrag auf der EKD-Synode Suhl 1992 zum Thema „Kirche im geteilten Deutschland", in: EK 25, 1992, 728–730.
– Deutschland schwierig Vaterland. Für eine neue politische Kultur, Freiburg: Herder 1993 (Herder Spektrum 4160).
– Wahrheit und Lüge stehen nebeneinander, in: DIE ZEIT 21/1993, 9–11.
– Wozu ist die Kirche da? Referat auf dem DEKT in München 1993, in: epd-Dok 28/1993, 1–5.
SCHRÖTER, ULRICH, Staatssicherheit und Kirche. Eine Zwischenbilanz, in: EK 25, 1992, 456–459.
SCHULTZ, HANSJÖRG N., Die eigene Geschichte geleugnet und dahingesiecht. Die Christliche Friedenskonferenz (CFK) versuchte, den Ost-West-Gegensatz zu überwinden. Nach 1968 entwickelte sie sich zur kommunistischen Tarnorganisation, in: DAS 4/1992, 22.
SCHULTZE, HARALD, Gemeindeaufbau nach dem Einigungsvertrag. Praktisch-theologische Erwägungen zum Weg der Kirchen im Bereich der ehemaligen DDR, in: ThPr 26, 1991, 178–192.
– Kirchenleitendes Handeln unter Basisdruck, in: ZdZ 47, 1993, 137–141.
SCHULZ, B., Art.: Diaspora. D. der dt. Katholiken, in: LThK 3, 1959, 345f.
SCHWAN, HERIBERT, Ein Journalist kritisiert seine Kritiker, in: RM 31/1993 v. 30.7. 1993, 24.
SCHWEITZER, WOLFGANG, Kircheneinigung als Lernprozeß der EKD? Was wird aus den „Erfahrungen" der DDR-Kirchen?, in: Übergänge 5/1990, 188–191.

SED Bernau, Kreisleitung, Abt. Agitation und Propaganda, Schreiben vom 20.12. 1954, in: KJB 81, 1954, 143f.; *vgl. Dok 1954/4.*

SEIDEL, J. J., „Neubeginn" in der Kirche? Die evangelischen Landes- und Provinzialkirchen in der SBZ/DDR im gesellschaftspolitischen Kontext der Nachkriegszeit (1945–1953), Göttingen 1989.

SEIGEWASSER, HANS, Vorwort, in: DOHLE/DROBISCH/HÜTTNER 1967, 9–18.

– Erläuterungen der Grundsätze staatlicher Kirchenpolitik anläßlich des 12. CDU-Parteitages in Erfurt 1968, in: NZ v. 2.10. 1968; abgedr. in: KJB 95, 1968, 205–209; *vgl. Dok 1968/6.*

– Rede in Burgscheidungen, Febr. 1969, in: Zum Gebrauch des Begriffs „Kirche im Sozialismus", 1988, 2f.; *vgl. Dok 1969/5.*

– Grußwort auf der Tagung des CDU-Hauptvorstandes am 23. Februar 1979 in Burgscheidungen, in: NZ v. 2.3. 1979; abgedr. in: epd-Dok 19/1979, 65; *vgl. Dok 1979/6.*

SEILS, MARTIN, Die Gesprächsthemen der systematischen Theologie, in: ZdZ 20, 1966, 358–367.

– Zweireichelehre in der Wende. Erfahrungen und Gedanken aus der ehemaligen DDR, in: NZSTh 35, 1993, 85–106.

SELMS, ADRIANUS VAN, Art.: Diaspora. Jüdische Diaspora im Altertum, in: RGG 2, ³1958, 174–176.

SIEBENHÄUER, ANDREAS, Wegbereiter der Wende. Die Rolle der Kirche in der DDR im Umbruchsprozess, Köln 1991.

SINCLAIR, LAWRENCE A., Art.: Diaspora. Israelitische und jüdische Diaspora. Alttestamentliche Zeit, in: TRE 8, 1981, 709–711.

SINDERMANN, HORST, Äußerungen zum Verhältnis zwischen Staat und Kirche auf einer Pressekonferenz im „Palast der Republik", Berlin/O., 2. April 1986, in: epd-Dok 18/1986, 58; *vgl. Dok 1986/3.*

SMOLIK, JOSEF, Die Haltung der Christlichen Friedenskonferenz zur „Deutschen Frage" Ende der 50er Jahre, in: KZG 3, 1990, 380–385.

SORG, THEO, Europa evangelisieren. Statement auf der Sonderversammlung der Römisch-Katholischen Bischofskonferenz für Europa, Dezember 1991 in Rom, in: EK 25, 1992, 102–104.

Sorge um eine menschliche Welt. Studie des Theologischen Studienausschusses des Nationalkomitees des Lutherischen Weltbundes in der DDR vom Oktober 1973, in: KJB 101, 1974, 486–495. 507–509; *vgl. Dok 1973/3.*

Staatssekretariat für Kirchenfragen, interne Akten (unveröffentl.; archiv. im Bundesarchiv Potsdam, Abt. D 0–4); *vgl. Dok 1968/9–14; 1969/7–9; 1970/7–9; 1971/4–7; 1972/5–12; 1973/6; 1975/1; 1976/9.10; 1977/7.8; 1978/5; 1981/4.*

– *s. auch unter* GYSI, KLAUS; SCHÖNHERR, ALBRECHT; SEIGEWASSER, HANS.

STAMMLER, EBERHARD, Armut einer reichen Kirche. Diskussion um die Volkskirche in der DDR, in: EK 23, 1990, 585.

– Die Hand an den Pflug legen. Ist die Volkskirche ein auslaufendes Modell?, in: EK 25, 1992, 261–263.

STAPPENBECK, CHRISTIAN, Die Anfänge des Weißenseer Arbeitskreises. Ein Kapitel Geschichte der Kirchlichen Bruderschaften, in: WBl 1/1983, 36–46.

– Kirchliche Nachkriegsentwicklung in Berlin 1945–1949, in: G. WIRTH (Hg.), Beiträge zur Berliner Kirchengeschichte, Berlin 1987, 327–350.

– Zwischen Militärseelsorge und „Respektierung des Sozialismus". Die Krise der EKD von 1955 bis zum Grundsatz-Kommuniqué 1958, in: WBl 3/1989, 19–35.

STAVENHAGEN, GERHARD/HÖFFNER, JOSEPH, Art.: Sozialismus, in: StL, Bd. 7, ⁶1962, 303–324.

STAWINSKI, REINHARD, Theologie in der DDR – DDR-Theologie?, in: HENKYS 1982, 86–126.

STEINLEIN, REINHARD, Die gottlosen Jahre, Berlin: Rowohlt 1993.

Stellungnahme der KKL auf ihrer Klausurtagung in Buckow, 11. – 13. März 1988, in: epd-Dok 17/1988, 1–3.

Sterbende Volkskirche? (Anonym verfaßter Beitrag „aus der DDR"), in: Deutsches Pfarrerblatt. Bundesblatt der deutschen evangelischen Pfarrervereine Nr. 2/1959 v. 15.1. 1959, 25–28.

STIER, CHRISTOPH, Bericht des Landesbischofs an die Synode der Landeskirche Mecklenburgs in Schwerin, 13.-16. März 1986, in: epd-Dok 18/1986, 5–11; *vgl. Dok 1986/2.*

– Unterscheiden tut not. Debattenbeitrag auf der EKD-Synode in Suhl 1992, in: EK 25, 1992, 731 f.

STOCK, KONRAD, Die Kirche in der Gesellschaft. Eine ekklesiologische Skizze, in: KZG 2, 1989, 451–458.

STOLPE, MANFRED, Zehn Jahre Bund der Evangelischen Kirchen in der DDR. Anmerkungen zur kirchlichen Entwicklung nach 1968, in: ZdZ 33, 1979, 414–421; *vgl. Dok 1979/4.*

– Kirche, Staat und Welt. Vortrag, gehalten im Dom zu Greifswald am 15. Oktober 1980, in: epd-Dok 52/1980, 67–74; *vgl. Dok 1980/5.*

– Anmerkungen zum Weg der Evangelischen Landeskirchen in der Deutschen Demokratischen Republik. Gastvorlesung an der Theologischen Sektion der Humboldt-Universität Ost-Berlin am 9. Dezember 1981, in: epd-Dok 8/1982, 27–36.

– Kirche „1985" und 2000 – Sammlung, Öffnung, Sendung. Gespräch mit G. WIRTH, in: Stp 14, 1986, 39–45; *vgl. Dok 1986/1.*

– Evangelische Kirche in der DDR unterwegs zum Jahr 2000, in: epd-Dok 19/1987, 47–55.

– Kirche im Bewährungsfeld. Zum Auftrag evangelischer Kirchen in der DDR, in: KiS 13, 1987, 133–137.

– Zum Auftrag evangelischer Kirchen in der DDR, in: G. MAYER/J. SCHRÖDER (Hgg.), DDR heute. Wandlungstendenzen und Widersprüche einer sozialistischen Gesellschaft, 1988, 96–108.

– Die Zukunft der Deutschen in Europa, in: KZG 3, 1990, 328–335.

– Schwieriger Aufbruch, Berlin: Siedler 1992.

– Die Vereinigungskrise überwinden. Interview von P. HÖLZLE und H. N. JANOWSKI vom 11. Januar 1993, in: EK 26, 1993, 84–88.

STROHM, THEODOR, Hat die Volkskirche eine Zukunft?, in: ThPr 4/1974; abgedr. in: epd-Dok 43/1975, 58–67.

STRUNK, REINER, Die Macht der Ohnmacht. Im Einflußverlust der Kirche liegt Verheißung, in: EK 26, 1993, 523–525.

Studienarbeit für den Kirchenbund. Aufgaben und Arbeitsweise der Theologischen Studienabteilung des Bundes, in: KiS 4/1975, 24–26.

STUHLMACHER, PETER, Volkskirche – weiter so?, in: ThB 23, 1992, 151–170.

STUPPERICH, ROBERT (Hg.), Kirche und Staat in der Sowjetunion. Gesetze und Verordnungen, Witten: Luther-Verlag 1962 (Schriftenreihe des Studienausschusses der EKU für Fragen der orthodoxen Kirche 1); *vgl. Dok 1918/1; 1936/1.*

– Otto Dibelius. Ein evangelischer Bischof im Umbruch der Zeiten, Göttingen 1989.

SZABÒ, ISTVÁN, Eine lange Zeit „innerer Blutung". Die „Theologie des Dienstes" als Antwort auf das Elend der Reformierten Kirche in Ungarn (masch.), o.O.; o.J.

TEICHERT, WOLFGANG (Hg.), Müssen Christen Sozialisten sein? Zwischen Glaube und Politik, Hamburg ²1977.

TEMPLIN, WOLFGANG, Wahrheit, nicht Rache, in: DER SPIEGEL 41/1993, 59–62.

THAA, WINFRIED, Gesellschaftliche Differenzierung und Legitimationsverfall des DDR-Sozialismus. Das Ende des anderen Wegs in die Moderne, Tübingen: Francke 1992.

THEIMER, WALTER, Geschichte des Sozialismus, Tübingen: Francke 1988.

Theologie und Kirchenleitung. Festschrift für Martin Fischer zum 65. Geburtstag, hg. v. W. ERK und Y. SPIEGEL, München 1976.

Theologische Sektion der Humboldt-Universität Berlin, Berufsbild eines Absolventen der Theologischen Sektion der Humboldt-Universität Berlin, verabschiedet vom Rat der Sektion am 2. 1. 1970; *vgl. Dok 1970/6.*

Theologische Studienabteilung beim Kirchenbund, *s. unter:* FALKENAU, MANFRED; *Studienarbeit für den Kirchenbund; Zum Gebrauch des Begriffes „Kirche im Sozialismus".*

Theologisches Lexikon, hg. v. H.-H. JENSSEN u. H. TREBS, Berlin: Union 1978.

Thesen des christlichen Realismus. Erstellt auf der Arbeitstagung der CDU in Meißen, 1951, in: KJB 78, 1951, 138–147; *vgl. Dok 1951/1.*

Thesen zur Durchführung der Jugendweihe. Hg. vom Zentralen Ausschuß für Jugendweihen in der DDR, November 1954, in: KJB 81, 1954, 142; *vgl. Dok 1954/2.*

THIERSE, WOLFGANG, „Im Wahljahr wird gemordet". SPIEGEL-Gespräch „über den Fall Stolpe und die deutsche Vergangenheitsbewältigung", in: DER SPIEGEL 45/1992 v. 2.11. 1992, 40–45.

THROWER, JAMES, Marxism–Leninism as the Civil Religion of Soviet Society. God's Commissar, Lewiston Queenston Lampeter: The Edwin Mellen Press 1992 (Studies in Religion and Society 30).

TILLICH, ERNST, Die Kirche und die Auflösung der gesellschaftlichen Ordnung. Ein Beitrag zur Vorbereitung von Amsterdam, in: ZdZ 2, 1948, 75–78.

TREBS, HERBERT, Referat auf der Tagung des Präsidiums des Hauptvorstandes der CDU mit Universitätstheologen, Geistlichen und anderen christlichen Persönlichkeiten (Jena, 8./9.2. 1967), in: KJB 94, 1967, 182; *vgl. Dok 1967/1.*

– Art.: Aufklärung, in: Theologisches Lexikon, 1978, 45f.

– Art.: Diakonie, politische, in: A.a.O., 102f.

– Art.: Klerikalismus, in: A.a.O., 260.

– Art.: Königsherrschaft Christi, in: A.a.O., 266f.

ULBRICHT, WALTER, Programmatische Erklärung des Vorsitzenden des Staatsrates der Deutschen Demokratischen Republik vor der Volkskammer am 4. Oktober 1960, in: DOHLE/DROBISCH/HÜTTNER 1967, 36f. (Auszug); abgedr. in: KJB 87, 1960, 63f.; *vgl. Dok 1960/1.*

– Gespräch mit Landesbischof Mitzenheim anläßlich der Verleihung des „Sterns der Völkerfreundschaft" in Silber am 22. Sept. 1966, in: DOHLE/DROBISCH/HÜTTNER 1967; *vgl. Dok 1966/3.*

ULLMANN, WOLFGANG, Wahrheit, nicht Skepsis macht frei. Eine Kirche, die am Staat hängt, nimmt sich nicht ernst, in: LM 31, 1992, 99f.

URBAN, DETLEF, Von Anfang an in einer Krise. Gedanken zum 25-jährigen Bestehen der CFK, in: KiS 6/1983, 9–26.

– mit WEINZEN, HEINZ WILLI, Jugend ohne Bekenntnis? Dreißig Jahre Konfirmation und Jugendweihe im anderen Deutschland 1954–1984, Berlin 1984.

– *s. auch unter:* HARMATI, BELA; HARTMANN, MATTHIAS; HELWIG, GISELA.

Überlegungen zu Theorie und Praxis des Klassenkampfes als Herausforderung an die Christen in der DDR, in: epd-Dok 27/1974, 95–104.

Verantwortung der Christen in einer sozialistischen Gesellschaft für Umwelt und Zukunft des Menschen. Beitrag der Kirchen in der DDR zum Thema der Weltkonferenz des ÖRK 1979 („Glauben, Wissenschaft und Zukunft"), erarbeitet vom Ausschuß „Kirche und Gesellschaft" des BEK, in: ZdZ 33, 1979, 243–263.

Vereinigte Evangelisch-Lutherische Kirche in der DDR, *s. unter:* BRAECKLEIN, INGO; KANDLER, KARL-HERMANN; *Rechtfertigung und Gesellschaft; Rechtfertigung, Glaube und Bewußtsein.*

Vereinigte Evangelisch-Lutherische Kirche in Deutschland, *s. unter: Der Christ in der DDR;* LOHFF, WENZEL; MÜLLER, GERHARD; *Volkskirche – Kirche der Zukunft?*

VERNER, PAUL, Gemeinsam auf dem guten Weg des Friedens und des Sozialismus. Rede auf der Tagung des Präsidiums des Hauptvorstandes der CDU, Berlin, 8. Febr. 1971, in: Christen und Marxisten in gemeinsamer Verantwortung, 1971; auszugsw. abgedr. in: KJB 98, 1971, 212–217; *vgl. Dok 1971/1.*

VOIGT, GOTTFRIED, Das eine Amt und die aktive Gemeinde, in: ZdZ 26, 1972, 345–360.

– Bekennen und Dienen. Zum Thema: 30 Jahre Kirche in der DDR – Erwartungen und Erfüllungen, in: ZdZ 33, 1979, 380–385; *vgl. Dok 1979/5.*

Volkskirche – Kirche der Zukunft? Leitlinien der Augsburgischen Konfession für das Kirchenverständnis heute. Eine Studie des Theologischen Ausschusses der Vereinigten Evangelisch-Lutherischen Kirche Deutschlands, in: LOHFF/MOHAUPT 1977, 9–37.

VOLLNHALS, CLEMENS, Antikapitalismus oder Illiberalismus? Zur Debatte über die Traditionsbewahrung im sozialistischen Provinz, in: ZEE 36, 1993, 231–234.

Von der Freiheit der Kirche zum Dienen. Theologische Sätze des Weißenseer Arbeitskreises, in: KJB 90, 1963, 194–198.

WALTER, ERWIN, Der Laie in der Verantwortung für die Gemeinde. Kurzreferat vor der Bundessynode in Görlitz 1977, in: epd-Dok 24/1977, 34–36.

WEBER, HERMANN (Hg.), Der deutsche Kommunismus. Dokumente 1915–1945, Köln: Kiepenheuer & Witsch ³1973; abgek.: WEBER 1973; *vgl. Dok 1928/1; 1937/1.*

WEBER, HERMANN, Geschichte der DDR, München: dtv ³1989.

WEICK, WOLFGANG E., Bismarcks Comeback, in: EK 17, 1984, 515f.

Weimarer Kreis, Memorandum, in: KJB 89, 1962, 217–221.

WEINRICH, MICHAEL, Die Weltlichkeit der Kirche. Systematische Zugänge zu einem Grundproblem der Ekklesiologie, in: EvTh 50, 1990, 206–221.

WEINZEN, H. W., Jugendweihebücher – gestern und heute. Entwicklungen in drei Jahrzehnten DDR, in: KiS 5/1983, 14–24.

– Wegweiser zur Jugendweihe. Buchreport über das dritte Handbuch zur Jugendweihe, in: KiS 13, 1987, 111–115.

– *s. auch unter:* URBAN, DETLEF.

Weißenseer Arbeitskreis, Thesen zum Thema „Obrigkeit" (1959), in: KJB 86, 1959, 228f.; *vgl. Dok 1959/3.*

– s. auch unter: Von der Freiheit der Kirche zum Dienen.

WEISSMANN, KARLHEINZ, Die Kirche vor einer Gratwanderung. Zwischen Selbstgerechtigkeit und Selbstanklage, in: LM 31, 1992, 101.

WELKER, MICHAEL, Kirche ohne Kurs? Aus Anlaß der EKD-Studie „Christsein gestalten", Neukirchen-Vluyn: Neukirchener 1987.

WENDELBORN, GERT, Art.: Versöhnung und Parteilichkeit, in: Theologisches Lexikon, 1978, 499.

WENSIERSKI, PETER, Historisches Experiment?, in: KiS 2/1981, 12f.

– Thesen zur Rolle der Kirchen in der DDR. Eine Bestandsaufnahme, in: KiS 5/1981, 21–30.

Wider die materialistisch-atheistische Bekenntnisschule. Wort der Evangelisch-Lutherischen Landessynode Sachsens an die Landesregierung, 19. Oktober 1951, in: HEIDTMANN 1964, 96f.

WIDMANN, PETER, Die Hilfe der Historiker bei der Bewältigung von Vergangenheit, in: ThLZ 117, 1992, 641–650.

WILKENS, E., Die zehn Artikel über Freiheit und Dienst der Kirche, Stuttgart Berlin 1964.

WINKLER, EBERHARD, Wer gehört zur Gemeinde?, in: ZdZ 32, 1978, 201–208.

WINTERHAGER, JÜRGEN WILHELM, Art.: Dibelius, Otto, in: RGG 2, ³1958, 181.

WINTERS, PETER JOCHEN, Mehr als Irritationen? Überlegungen zur SED-Kirchenpolitik, in: KiS 2/1981, 20–25.

„Wir haben auf Reform gesetzt, nicht auf Revolution". Die Kirche im Sozialismus: Ein ZEIT-Forum über die Rolle der Protestanten unter der SED-Diktatur, in: DIE ZEIT 13/1991 vom 22.3. 1991, 41–46.

WIRTH, GÜNTER, Die Beteiligung der CDU an der Umgestaltung der DDR in den fünfziger Jahren, in: KZG 3, 1990, 125–151.

WITTE, BARTHOLD C., Bericht über kirchliche Transferleistungen im evang. Bereich in die DDR von 1957 bis 1990, in: epd-Dok 11a/1993, 1–6.

WOLLSTADT, HANNS-JOACHIM, Kleine Kirche – großer Auftrag. Vortrag vor der Synode der Evang. Kirche des Görlitzer Kirchengebietes in Görlitz, 27. März 1981, in: epd-Dok 21/1981, 59–69 (Tonbandnachschrift in Auszügen).

Wort der Hilfe, wie wir Christen uns zu unserem Staat verhalten sollen, verabschiedet von der Synode der EKU am 2.12. 1957, in: KJB 87, 1960, 75; *vgl. Dok 1957/1.*

Wort zum Frieden. Der Bund der Evangelischen Kirchen in der DDR und die Evangelische Kirche in Deutschland zum 40. Jahrestag des Beginns des 2. Weltkrieges, in: ZdZ 34, 1980, 426f.

ZAGATTA, MARTIN, Kirche als Ersatzöffentlichkeit. Zuflucht oder Ventil: der Funktionszuwachs der Kirchen in der DDR, in: Politische Kultur, 1989, 66–80.

ZAISSER, WILHELM, Antwort des Ministeriums für Staatssicherheit auf das Schreiben der Evang. Kirchenleitung der Kirchenprovinz Sachsen vom 14. Juni 1952 (2. Juli 1952), in: KJB 79, 1952, 194–196.

ZANDER, RUTH, Die Trennung von Staat und Kirche in der DDR. Zur Verwendung der Begriffe „Kulthandlungen", „Religionsausübung" und „religiöse Handlungen" in Verfassungstexten, Verlautbarungen und Reden in der DDR, in: KiS 1, 1975, 21–46.

Zehn Artikel über Freiheit und Dienst der Kirche, in: KJB 90, 1963, 181–185.

Zentralkomitee der SED, Die Politik der Partei gegenüber den Religionsgemeinschaften. Aus dem Rechenschaftsbericht des ZK der SED zum VI. Parteitag, Januar 1963, in: KJB 89, 1962, 169f.

ZIBELL, MICHAEL, Rezension von H. Müller, Evangelische Dogmatik im Überblick, Berlin/O 1978, in: KiS 3/1979, 44f.

ZIEGLER, MARTIN, Auf dem Wege zu einer missionierenden Gemeinde, in: ZdZ 18, 1964, 204–214.

– Zwanzig Jahre waren nicht nur ein Zwischenfall. Interview, in: Übergänge 5/1990, 176–179.

– Referat vor der Bundessynode im Febr. 1991, in: MBEK v. 25.6. 1991, 137; abgedr. in: U.-P. HEIDINGSFELD, Bund, 1992, 10f.; *vgl. Dok 1991/1.*

ZIEMER, CHRISTOF, In und neben der Kirche. Charismatische Bewegung in den Kirchen der DDR, in: ZdZ 33, 1979, 218–226.

ZILZ, FRIEDRICH, Die Frage nach der Kirche, in: ZdZ 17, 1963, 50–55.

ZIMMERMANN, WOLF-DIETER, „Friede, Friede!" – und ist doch kein Friede. 4. Pfarrertag des „Bundes evangelischer Pfarrer in der DDR" in Berlin-Weißensee, in: Sonntagsblatt Nr. 40 vom 7.10. 1962; abgedr.in: KJB 89, 1962, 237f.

– Eine bedeutsame Weichenstellung, in: KiS 12, 1986, 9–11.

ZIPPELIUS, REINHOLD, Allgemeine Staatslehre, München: Beck [10]1988.

ZOBELTITZ, LOUIS VON, Die christliche Friedenskonferenz am Scheideweg – Ende oder neuer Anfang?, in: JK 51, 1990, 147–150.

Zum Gebrauch des Begriffs „Kirche im Sozialismus". Hg. von M. PUNGE im Auftrag der Theologischen Studienabteilung beim Bund der Evangelischen Kirchen in der DDR, Referat Weltanschauungsfragen (Informationen und Texte Nr. 15, März 1988); *vgl. Dok 1988/5.*

Zum politischen Auftrag der christlichen Gemeinde. Barmen II. Veröffentlichung des Theologischen Ausschusses der Evangelischen Kirche der Union, hg. v. A. BURGSMÜLLER, Gütersloh 1974; abgek.: Zum politischen Auftrag, 1974; *vgl. Dok 1973/4; 1973/5.*

Zwischen Volkskirche und Freiwilligkeitsgemeinde. Tatsachen und Tendenzen aus dem kirchlichen Leben in der DDR, in: EK 1, 1968, 619–623.

Verzeichnis der abgekürzten Literaturangaben

BASSE 1986	BASSE, OTTOKAR (Hg.), Kirche im sozialistischen Gesellschaftssystem. Begegnungen, Erfahrungen, Einsichten, Zollikon 1986.
BESIER/WOLF 1991	BESIER, GERHARD/WOLF, STEPHAN (Hgg.), „Pfarrer, Christen und Katholiken". Das Ministerium für Staatssicherheit der ehemaligen DDR und die Kirchen, Neukirchen-Vluyn: Neukirchener 1991 (Historisch-Theologische Studien zum 19. und 20. Jahrhundert [Quellen] 1).
BONHOEFFER, SC, DBW 1	BONHOEFFER, DIETRICH, Sanctorum Communio. Eine dogmatische Untersuchung zur Soziologie der Kirche. Hg. v. J. v. SOOSTEN, München: Kaiser 1986 (DBW 1).
BONHOEFFER, N, DBW 4	BONHOEFFER, DIETRICH, Nachfolge. Hg. v. M. KUSKE u. I. TÖDT, München: Kaiser 1989 (DBW 4).
BONHOEFFER, E, DBW 6	BONHOEFFER, DIETRICH, Ethik. Hg. v. I. TÖDT, München: Kaiser 1992 (DBW 6).
BONHOEFFER, WEN	BONHOEFFER, DIETRICH, Widerstand und Ergebung. Briefe und Aufzeichnungen aus der Haft, hg. v. E. BETHGE. Neuausgabe, München: Kaiser (1970) [2]1977.

CONZEMIUS/GRESCHAT/KOCHER 1988 Conzemius, V./GRESCHAT, M./KOCHER, H. (Hgg.), Die Zeit nach 1945 als Thema kirchlicher Zeitgeschichte, Göttingen 1988.

DIBELIUS, Volk, 1947 DIBELIUS, OTTO, Volk, Staat und Wirtschaft aus christlichem Verantwortungsbewußtsein. Ein Wort der Kirche, Berlin 1947.

DOHLE/DROBISCH/HÜTTNER 1967 DOHLE, HORST/DROBISCH, KLAUS/HÜTTNER, EBERHARD (Hgg.), Auf dem Wege zur gemeinsamen humanistischen Verantwortung. Eine Sammlung kirchenpolitischer Dokumente 1945–1966 unter Berücksichtigung von Dokumenten aus dem Zeitraum 1933 bis 1945, Berlin: Union 1967.

DRESSLER/KALTENBORN 1979 DRESSLER, HELMUT/KALTENBORN, CARL-JÜRGEN (Hgg.), Junge Theologen im Sozialismus, Berlin: Union 1979.

FETSCHER 1967 FETSCHER, IRING, Karl Marx und der Marxismus. Von der Philosophie des Proletariats zur proletarischen Weltanschauung, München: Piper 1967.

GÖTTING/NORDEN 1973 GÖTTING, GERALD/NORDEN, ALBERT, „Mitarbeit sozialistischer Staatsbürger christlichen Glaubens" (Referate auf dem 13. Parteitag der CDU vom 11. bis 14. Oktober 1972 in Erfurt), Berlin: Union 1973.

GREMMELS/TÖDT 1987 GREMMELS, CHRISTIAN/TÖDT, ILSE (Hgg.), Die Präsenz des verdrängten Gottes. Glaube, Religionslosigkeit und Weltverantwortung nach Dietrich Bonhoeffer, München: Kaiser 1987 (IBF 7).

HEIDTMANN 1964 HEIDTMANN, GÜNTER (Hg.), Hat die Kirche geschwiegen? Das öffentliche Wort der evangelischen Kirche aus den Jahren 1945–1964, Berlin: Lettner [3]1964.

HELWIG/URBAN 1987 HELWIG, GISELA/URBAN, DETLEF (Hgg.), Kirchen und Gesellschaft in beiden deutschen Staaten, Köln: Edition Deutschland Archiv 1987.

HENKYS 1970 HENKYS, REINHARD (Hg.), Bund der Evangelischen Kirchen in der DDR – Dokumente zu seiner Entstehung. epd-Dokumentation Bd. 1, Witten 1970.

HENKYS 1982 HENKYS, REINHARD (Hg.), Die evangelischen Kirchen in der DDR. Beiträge zu einer Bestandsaufnahme, München: Kaiser 1982.

HERMS 1990 HERMS, EILERT, Erfahrbare Kirche. Beiträge zur Ekklesiologie, Tübingen: Mohr 1990.

HUBER 1985 HUBER, WOLFGANG, Folgen christlicher Freiheit. Ethik und Theorie der Kirche im Horizont der Barmer Theologischen Erklärung, Neukirchen-Vluyn: Neukirchener (1983) [2]1985 (NBST 4).

JACOB/BERG 1957 JACOB, GÜNTER/BERG, CHRISTIAN, Evangelische Kirche jenseits der Zonengrenze, Berlin: Lettner 1957.

JACOB 1985 JACOB, GÜNTER, Umkehr in Bedrängnissen. Stationen auf dem Weg der Kirche von 1936 bis 1985, München: Kaiser 1985 (Kaiser Traktate 86).

KAISER/DOERING-MANTEUFFEL 1990 KAISER, JOCHEN-CHRISTOPH/DOERING-MANTEUFFEL, ANSELM (Hgg.), Christentum und politische Verantwortung. Kirchen im Nachkriegsdeutschland, Stuttgart u.a.: Kohlhammer 1990 (Konfession und Gesellschaft 2).

KRÖTKE 1984

KRÖTKE, WOLF, Gottes Kommen und menschliches Verhalten. Aufsätze und Vorträge zum Problem des theologischen Verständnisses von „Religion" und „Religionsfreiheit", Stuttgart: Calwer 1984 (Arbeiten zur Theologie 69).

W. KRUSCHE 1971

KRUSCHE, WERNER, Schritte und Markierungen. Aufsätze und Vorträge zum Weg der Kirche, Göttingen: V&R 1971 (Arbeiten zur Pastoraltheologie 9).

LOHFF/MOHAUPT 1977

LOHFF, WENZEL/MOHAUPT, LUTZ (Hgg.), Volkskirche – Kirche der Zukunft? Leitlinien der Augsburgischen Konfession für das Kirchenverständnis heute. Eine Studie des Theologischen Ausschusses der Vereinigten Evangelisch-Lutherischen Kirche Deutschlands, Hamburg: Lutherisches Verlagshaus 1977 (Zur Sache 12/13).

MECHTENBERG 1985

MECHTENBERG, THEO, Die Lage der Kirchen in der DDR, München: Hanns-Seidel-Stiftung 1985.

PABST 1973

PABST, WALTER (Hg.), Kirche für andere. Vorträge und Ansprachen im Bonhoeffer-Gedenkjahr 1970, Berlin: EVA 1973.

Politische Kultur, 1989

Politische Kultur in der DDR. Hg. v. der Landeszentrale für politische Bildung Baden-Württemberg, Stuttgart u.a.: Kohlhammer 1989 (Kohlhammer Taschenbücher 1089; Bürger im Staat).

POLLACK 1990

POLLACK, DETLEF (Hg.), Die Legitimität der Freiheit. Politisch alternative Gruppen in der DDR unter dem Dach der Kirche, Frankfurt/M. u.a.: Lang 1990 (Forschungen zur Praktischen Theologie 8).

SCHÖNHERR 1979

SCHÖNHERR, ALBRECHT, Horizont und Mitte. Aufsätze, Vorträge, Reden 1953–1977, München: Kaiser 1979.

SCHÖNHERR/KRÖTKE 1985

SCHÖNHERR, ALBRECHT/KRÖTKE, WOLF (Hgg.), Bonhoeffer-Studien. Beiträge zur Theologie und Wirkungsgeschichte Dietrich Bonhoeffers, München: Kaiser 1985.

SCHÖNHERR 1988

SCHÖNHERR, ALBRECHT, Abenteuer der Nachfolge. Reden und Aufsätze 1978–1988, Berlin: Wichern 1988.

SCHRÖDER 1990

SCHRÖDER, RICHARD, Denken im Zwielicht. Vorträge und Aufsätze aus der Alten DDR, Tübingen: Mohr 1990.

WEBER 1973

WEBER, HERMANN (Hg.), Der deutsche Kommunismus. Dokumente 1915–1945, Köln: Kiepenheuer & Witsch ³1973.

Zum politischen Auftrag, 1974

Zum politischen Auftrag der christlichen Gemeinde. Barmen II. Veröffentlichung des Theologischen Ausschusses der Evangelischen Kirche der Union, hg. v. A. BURGSMÜLLER, Gütersloh 1974.

Bibelstellenregister

Jes

56, 9–12   261

Ez

3, 17   263
3, 17–21   261
33, 1–9   261

Jona

allg.   460

Mt

allg.   289
10, 20   264
10, 39   271
16, 25   243
18, 20   283
21, 5   151
28   237
28, 18–20   256

Joh

17, 18   461
17, 21   60

Rö

8, 38f.   346
9, 3   445
10, 14–17   284
12, 2   420
13   30, 71, 89, 92–94, 97,
        185, 342, 366, 418
13, 1   340, 346
13, 4   346
13, 1–10   90
14, 4   122

1.Kor

9   297
9, 20ff   237

2.Kor

5, 19   274

Eph

2, 12   291

Phil

1, 10   400
2, 1–5   246
2, 5–11   346
2, 6–11   246
3, 20   366

1.Tim

2   94
2, 4   285

2.Tim

2, 9   338

Tit

allg.   94

1.Petr

1, 1   124
2   94
2, 11   366
2, 13   340, 346
2, 15f.   346
2, 20   347
3, 15   425

1.Joh

allg.   289
4, 20   193

Hebr

11, 9   366
11, 13   366
13, 8   104
13, 12   243
13, 12f.   134, 147, 199,
        246f.

Jak

1, 1   124

Apk

allg.   332
13   92
13, 5–7   346

Namenregister

Die kursiv gesetzten Seitenzahlen beziehen sich auf die Fußnoten

Adler, E. 242, *242*, 247
Aland, K. *197*
Althausen, J. *99*, 459f.
Asmussen, H. *195*
Augstein, R. 352

Bach, A. 350
Bahro, R. 48
Barth, K. 29, 44, *79*, 94, 98, *98*, 135, *135*, 146, *146f.* 155, *155*, 158, *158*, *191*, 198, *226*, *226*, *237*, 239, *246f.* 257, *257*, *261*, 345, 467f., 474, 480, 482, 485f.
Bassarak, G. 36, *115f.*, *158*, 191, *192*, *200*, 223, 242, *242f.*, *271*, 313, 406, 445f.
Bauer, B. 6
Bebel, A. 10, 13f., *13f.*, 328, 473
Beintker, M. *116*, *118*, *138*, *148*, *192*, *198*, *219*, *233*, *245f.*, *250*
Bellah, R. N. 173, *173*
Berg, C. *117*, *132*, 479
Berger, P. L. *301*
Berija, L. P. 28
Bernhardt, K.-H. *192*
Besier, G. *45*, *48*, *272*, *294*, *296*, *307*, 465, 481, 490
Beste, N. 344
Bethge, E. *102f.*, *105*
Bindemann, W. 442
Blühm, R. *197*
Bonhoeffer, D. 101–107, *102f.*, *106–108*, 109, *110*, 111–117, *114*, *116*, 119–121, *137*, *141*, 144, 146, *146*, 156, *157*, 158, 198, 200, 220–236, *225f.*, *229–231*, *235f.*, 238, *244*, *246*, 257, 275, 277, *277*, *287*, 310, 345, 370, 411, 421, 442, 444, 461–463, 465, 470f., 474, 477f., 481f., 484, 487, 489, 492–494
Braecklein, I. *194*, 401, 404, *404*, 408, 419
Bransch, G. *93*
Bräuer, S. *53*
Breshnew, L. 41, *41*, 406

Brunner, E. *137*
Brüsewitz, O. 46–48, *48*, 151, 213, 250, 411f., 419, 469, 488, 491
Bultmann, R. 116
Burkhardt, G. 343
Busch, E. *261*
Büscher, W. *34*, *181*, *276*

Calvin 297f.
Campenhausen, A. v. 458
Cieslak, J. *249*
Comte, A. 11
Dalferth, I. U. *219*, *231*

Dähn, H. *17*, *24*, *28f.*, *31*, *35*, *43f.*, *127*, *178*, *191*
Demke, C. *183*, *305*
Dibelius, O. *29f.* 30, 33, 59–61, *59f.* 65f., 78–84, *78–80*, *83f.*, 87, 92, 98f., *146*, 156, *173*, *189*, *246f.*, 332, 342, 348, 365, 468f., 482, 485, 488, 492, 496, 498
Diem, H. *118*
Doernberg, S. *42*
Doerne, M. 82
Durkheim, E. *173*

Ebernburg, J. *58*
Eggerath, W. *32*, 343
Engels, F. 8, 10–12, 14, 18f., *18f.*, 116, 187, 352, 432
Epikur 5, *5*

Falcke, H. *99*, *112*, 120–122, *120*, 125, *125*, *132*, *134*, *138*, *147*, *155*, *179*, 214, 223, *239–241*, 244, *244*, 249f., *249f.*, *274*, *276*, *282*, *287–289*, 288f., 291f., *294*, 298, *298*, 306f., *306*, 384, 393f., 403, 452, 461
Feil, E. *103–105*, 104, 478
Figur, F. *147*
Fink, H. *192*

Fischer, J. *219, 316*
Fischer, M. 31, 89, *89–93*, 91, 99, *189*, 496
Fitzner, H. 363
Forck, G. 70, *70, 286f.*, 459
Fränkel, H.-J. *46, 49, 66*, 122, *122, 129, 150, 155f., 158, 186*, 213, *213*, 251f., *251–253*, 260, *261*, 274, *274, 287*, 307, *307*, 361, 373, 395, 399, 401, 417, 432
Fritzsche, H.-G. *120*
Fuchs, E. 36, *36*, 85f., 96, 192f., *192–194*, 196, 313, 353, 359, 371, 376, 378
Funk, U. *300f.*
Funke, G. *115*
Furian, H.-O. *68*, 453
Führ, F. 125f., *125f., 128, 133, 201*, 343

Gestrich, C. *197*
Gienke, H. *265*, 400, *400*
Gogarten, F. 107, 109, 113, 119f., *119f.*, 464
Gollwitzer, H. *61, 156*, 481
Götting, G. 37, *177, 190*, 350, 353, 367f.
Graf, F. W. *3*, 478. 490
Grotewohl, O. 33, 62, *97*, 277, *278*, 343f., 465
Grüber, H. *23, 25, 28, 30*, 62, *93, 152*, 295, 342f., 474, 481
Günther, R.-D. *118*
Gysi, K. *143f.*, 157, *176, 178, 182, 282*, 428, 430f., 433f., 439, 460, 473

Habermas, J. *171f.*
Hager, K. 40, 52, *52, 180*
Hamel, J. 77, *77*, 94f., *94, 133*, 135, *135, 158, 238, 253*, 492
Hammer, W. *127*, 457
Hartmann, M. 491
Haustein, M. 492
Häckel, H. *14*
Härle, W. *136, 217, 283f.*
Hegel, G. F. W. 5–8, *5*, 11, 18
Heidingsfeld, U.-P. *268f.*, 455
Heidler, F. *82*, 117
Hempel, J. *46*, 147f., 151, *151*, 213, *213*, 295, 417, 437, 489
Henkys, R. *26f., 34–36, 46f., 53, 63*, 127–129, *131f., 134, 137, 151, 154, 166, 168, 178, 180, 190f., 197, 204, 223, 262, 269*, 277, *306f., 409, 409*, 415, *415, 430*
Herbert, K. *23*
Herms, E. *167*, 171f., *171–173, 175, 188, 196, 217, 283f.*
Herrmann, F.-J. *282*

Heyden, G. *34*
Heyl, W. *177*
Hinz, C. 410
Hohmann, M. 462
Honecker, E. *39, 48*, 49, *52*, 152, *176*, 181, 202f., *204, 209*, 212, *214f., 255*, 281, *282f., 287*, 392, 413, 421f., 428f., 431, 437, 450, 452, 469, 477, 482–484, 493
Honecker, Margot *52*
Honecker, Martin 109, *109*
Hornig, E. 344
Huber, W. *23f., 59f.*, 60, *81, 98, 105, 136, 160f., 168, 200, 216*, 229, *229–231, 246, 283f.*
Hübner, E. *155*
Hymmen, F. 331

Iwand, H. J. 491

Jacob, G. 76, 77, 81, *81f.*, 92f., *92f.*, 108, *108, 117f., 126, 132–135*, 134f., 137, *137f., 146f., 150f., 155f.*, 156, *158, 166, 223, 237, 239, 243, 247, 279*, 341, 352, 362, 473
Janowski, H. N. *53*, 415, 494, 496
Jarowinski, W. *209*
Jänicke, J. *29, 133*, 344, 350, 360
Jenssen, H.-H. 371f.
Josuttis, M. *155*
Jüngel, E. *98, 167, 220, 231*

Kaiser, J. 24, *82, 189*
Kalb, H. 366
Klein, D. 42, *43*
Kleinig, W. 491
Kleßmann, C. *59*
Klohr, O. 35, *35, 43f.* 44, *176, 178*, 448
Knabe, H. *50, 171*, 277, 300, *300*
Knecht, G. *84*
Kolakowski, L. *12*
Kroh, P. *273*, 494
Krötke, W. *79*, 99, *99f., 141, 158, 197, 219, 223, 231, 238*, 459
Krummacher, F.-W. 63, *64*, 65f., 82, *82*, 97, *97, 117, 136, 140, 158*, 343f., 347, 355, 358
Krusche, G. *208, 249*, 293–295, *293–295*, 379, 454, 478
Krusche, W. 71, *119*, 125, *125, 127f.*, 130, *130*, 135, *135, 137*, 138, *141*, 145, *145–147*, 149, *149*, 151, *151*, 168, *168, 185, 237, 243, 247–249*, 257–260, *258–261*, 270,

270, 274, *274,* 276, 296–298, *296–298,*
306f., *305–308,* 366, 386f., 395, 410,
414, 419f., 425, 442, 444
Kupisch, K. *78*
Kuske, M. *107, 155f.*

Lang, B. *53*
Lange, E. *137,* 229, *229,* 473
Lange, F. *29, 31*
Lange, W. *45*
Langer, J. *108*
Lassalle, F. *13*
Lau, F. 88f., *88*
Leeuwen, A. T. v. *108*
Leich, W. *202, 209, 215, 262, 282f., 286f.,*
419, 443, 447, 450, 452, 455f., 469
Lemmer, E. *82, 189*
Lenin, W. I. 10, 14f., 18, *18f.,* 41, *42,* 187,
376, 432
Leonhard, W. *24, 27, 179, 187, 273*
Lewek, C. *254,* 473
Lévi-Strauss, C. *187*
Liebknecht, W. *13*
Lohmann, J. *127, 170*
Lotz, G. 408
Lotz, M. *58*
Luchterhandt, O. *23, 40, 43f., 49, 203,*
210, *210*
Luhmann, N. 111, *111,* 217, *217, 245,*
316, 489
Luther, M. 53, 82, 88f., *88,* 94, 198, 261,
345, 352, 406, 429, 436, 465, 468f., 476,
479, 484, 486, 492
Lutter, H. *44f.*
Lück, W. *81*

Malinowski, B. *173*
Marahrens, A. 331
Maron, K. 343
Marsch, W.-D. *137*
Marx, K. 5–11, *8,* 14f., 18, *18f.,* 24, 111,
187, 335, 432, 471f., 490
Maser, P. *17, 23, 63,* 277, *277–279*
Matern, H. *85, 158,* 341
Mau, R. *53, 197*
Mayntz, R. *196*
Mechtenberg, T. *49f., 52f., 64*
Meier, K. *23f., 136*
Mendt, D. 154, *154, 156, 241, 296, 306*
Mielke, E. *133, 282,* 434, 488
Mittag, G. *282*
Mitzenheim, H. 434

Mitzenheim, M. 21, *23f.,* 32, *32,* 36, 64f.,
64, 67, 69–71, 86f., *86f.,* 96, *177f., 180,*
191, 194, *194f.,* 196, 198, 343–345, 347,
349, 351, 357–360, 366f., 376, 408, 432,
434, *446,* 469, 487, 497
Moltmann, J. *156*
Moritz, H. 36, *155f.,* 191, *291,* 301–304,
301, 354, 487
Möller, A. *264*
Mücksch, W. *117, 136, 138*
Müller, E. 136, *136*
Müller, H. *63,* 114f., *114–116,* 157, *157f.,*
197–201, *198–201,* 234–236, *235,* 241,
247, 263f., 264, 271, *271, 273,* 313, 364,
464, 487, 499
Müller, L. 453

Natho, E. 432
Neubert, E. *179–181,* 290–292, *290f., 294,*
301, 304
Neugebauer, F. 461
Noack, A. *241*
Norden, A. 40, *190,* 384, *404*
Noth, G. *134,* 137, *137f., 140,* 252, 257,
257, 344
Nowak, K. *4, 22f.,* 23, *25, 46, 81, 83, 138,*
141, 159, 166f., *166f., 222, 282*
Nuschke, O. *85,* 341

Onnasch, M. *23, 60, 189*
Ordnung, C. *192, 223, 274*
Origenes 224

Pannenberg, W. *226, 231*
Parsons, T. *173*
Petzoldt, M. *241*
Planer-Friedrich, G. *65, 132, 144, 292,*
449, 458
Plenikowski, A. 343
Plutarch 5, *5*
Pollack, D. *3, 50f., 54f., 182,* 277, *280,*
302–304, *302f.*
Poppe, U. *299*
Punge, M. 68, *68, 118, 295,* 451, 453

Quaatz, R. G. 82, *82*

Rathke, H. *212, 244, 246f., 249,* 423
Rendtorff, T. *111,* 262, *262*
Richter, E. *182, 276*
Rosenthal, R. *281, 299*
Rousseau, J.-J. *174*
Röder, H.-J. 67, *67, 249*

Rytlewski, R. *281*

Saft, W. 408, 419
Schalck-Golodkowski, A. 461
Scharf, K. *62, 78, 207*, 344f., 364
Scheidacker, W. 427
Scheven, K. v. 82, *82*
Schicketanz, P. *247*
Schieder, R. *173*
Schilling, F. *197*
Schmolze, G. *29*
Scholder, K. *78, 195*
Schorlemmer, F. *296*
Schönherr, A. 49, *49*, 62, *62, 67, 76*, 107,
   107f., 110, 113f., *113*, 120f., *125, 128,
   133, 136, 147–151*, 149f., 152, *153–
   157, 166–168*, 167, *178, 186, 192*,
   202f., *202f., 209f.*, 212, 214, 223, *223*,
   236, *236–239*, 239, *243f., 254f., 263*,
   264, *265f.*, 266f., 268, 275, *275f., 299*,
   307f., 362, 364, 382, 391, 402, 405, 415,
   421–424, *422*, 429, 443f., 449, 461, 466,
   469, 480f., 492
Schröder, R. *3, 20, 38, 46, 68*, 72, *72, 75,
   78, 111, 141, 176, 220, 276, 302*, 454,
   454, 482
Schröter, W. 344
Schultze, H. *46, 166*, 296, *296*
Schweitzer, J. B. v. *13*
Schweitzer, W. *296*
Seidel, J. J. *23–25, 59, 65, 78*
Seigewasser, H. 37–39, 67f., *67f.*, 70, *70,
   72, 72, 143, 176*, 210, 263, *263, 307*,
   359, 367f., 380, 388f., 401, 408f., 419,
   428, 430, 432
Seils, M. *112, 198*
Sindermann, H. 442
Smolik, J. *191*
Stalin, J. 27f., 59, *187, 273*
Stappenbeck, C. *115, 133*
Stawinski, R. *197*
Steinbach, F. 387
Stengel, F. *197*

Stier, C. *123, 151*, 441
Stolpe, M. *52, 70, 95, 132, 155f.*, 156,
   178, 180, 186, 188, 202, *202*, 205–209,
   205–209, 220, *238, 269, 276, 282f.*,
   287, 292f., *292f., 295*, 426, 431, 440,
   461, 474, 483, 489, 494, 497
Strauß, F. J. 461

Thrower, J. *173f., 177, 187*
Tillich, P. 443, 462
Trebs, H. *116, 118*, 191, *263*, 353
Tschiche, H.-J. 414

Ulbricht, W. 24, 26, 28, *28, 31*, 34–36, *34–
   36*, 39–41, *39*, 52, 64, *64*, 67, 85f., *85f.*,
   108, *149*, 175f., *176f.*, 179, *180*, 181,
   192, *194, 251*, 347, 349, 351, 356–359,
   367, 371, 376, 378, 476, 487
Urban, D. *29, 192*

Verner, P. 39, 67f., *68, 177, 209*, 255, 368,
   378, 383, 398, 408, 417
Vogel, H. 58, *93*, 338
Voigt, G. *134*, 427
Vollnhals, C. *23*

Weber, H. *16, 24, 26, 31, 39f., 52, 63, 189*
Weick, W. E. *53*
Weinzen, H. W. *29*
Welker, M. *262*
Wensierski, P. 112, *112*
Wilkens, E. *63, 238*
Wirth, G. *189f., 192*, 440, 472, 496
Witte, B. C. *127*
Wolf, C. 150
Wolf, E. 345
Wollstadt, H.-J. 153f., *153*

Zagatta, M. *215, 281, 287*
Zaisser, E. 27
Zeddies, H. *254*
Ziegler, M. *118*, 457
Zimmermann, W.-D. *92f.*

Sachregister

Abendland/ abendländisch 61, 78, *79*, 80, 104, 331f.

Abendmahl *29, 63*, 155

Abgrenzung 24, 116, *123*, 135, 142, 144f., 149, 157, 163, 166, 179, 181, 184, 198, 229, 231, 272, 282, 380, 393f., 396f., 430, 434, 465, 471, 476

Akklamation 36, 94, 97, 233, 307, 360f., 373, 398, 450

– A.theologie 148, 158

Altruismus 87, *271*

Anpassung 36, 46, 73, 95, 97, 99, *99*, 156, 183, *189, 305*, 377, 382, 403, 425, 449, 453, 456, 459–461, 463, 483

Antichrist/ antichristlich 14, 91–93

Arbeiterklasse (s. Klasse)

Arkandisziplin (s. a. Schweigen) 224–230, 232–236, *227, 257, 275*

Assistenz 195

– kritische A. 396

Atheismus 35, *35*, 44, 49, 76, 97, 108, *108, 149, 176*, 178, 340, 345, 401, 403, 448f.

– Wissenschaftlicher A. 34f., 43, *45*, 108, *178*, 468

atheistisch 15, *29*, 30, *31*, 33, 40, *43*, 45, 92f., 96f., 108, *108*, 114, 121, *125*, 131, 178, 198, 222, 301, 338, 344, 383, 399f., 404f., 410, 440, 445, 448, 457, 461, 480f., 498

Attribute (der Kirche) 60f., 63f., 162, 215f. *215*

Aufklärung 5f., 12–14, *173*, 485, 488f., 497

Außenpolitik/ außenpolitisch 41, 47, 54f., 59, 68, 128, *237*, 253, *253*,280, 364, 367, 382, 391–394, 396, 410, 420

Außenrelation (der Kirche) 2, 116f., 124f., 129, 145, 150, 152, 154, 283, 315

Autorität 13, *13*, 83, *83, 120*, 122, 249, 425

autoritär 12f., 51, 121, 172f., 201

Barmer Theologische Erklärung 66, 84, 98f., *98*, 122, 184, *207, 213, 218, 243*,

256, *261*, 267, 294, 312, 400f., 454, 456, 478–480, 482, 499

Basis (der Kirche) 151, 296, *296*, 423, 446, 475, 491, 494

Befreiung 11, 15, 120–122, 144, 166, 198, *237*, 244, 373, 376, 410, 431, 471

Bekehrung 258, *258*, 483

bekennen (s. a. Kirche) *91, 134, 150*, 157, 166, *167*, 190, 225, 229, 231, *232*, 255, 288f., *288*, 292, 328, 332, 335, 338, 357, 370, 374, 384, 397, 399, 435, 448, 455, 470, 490, 497

Bekennende Gemeinde 133, *133f., 165*, 442

Bekenntnis 15f., 25, 38, *52*, 58, 62, 68f., 72f., *89*, 91, 97, 130f., 133f., *133f.*, 145, *168*, 176, *176*, 177f., *190*, 194, 199, 224f., *224*, 226f., 229–232, *231f.*, 239, 266f., *272*, 273, 288f., 292, 294, 298, 311, 328, 333, 336, 340, 352, 354, 357, 361f., 369, 371f., 381, 388, 409f., 413, 421, 426, 434, 448f., 461, 482, 485, 497f.

– B.kirche 133, 168, 330, 463

Belehrung/ belehren (s. a. Lehre) 145, 148, 265, 267, 272, *273*, 345

Beobachtung/ beobachten/ Beobachter 39, 44, 49, 55, 84, 107, 110f., 121, *132*, 135, 138f., 141f., *146*, 151, 153f., 156f., 159, 162, *166*, 217, 229, 334, 476

– Selbstbeobachtung 141f., 145, 162, *166*, 169, *169*, 310

Betreuung 132, *134*, 135f., 163, 250, 277, 369, 375, 441

Bewährung/ bewähren 76, 223, 348f., 361, 367, 371, 373f., 378, 402, 404, 411, 423, 428, 430, 436f., 439, 441, 451, 458f., 466, 496

Bewußtsein (s. a. bürgerlich) 5f., 8, 10, 12, 14, 31, 34, 53, *80*, 95, 103, *110*, 111, 115, 124, 126, 128, *132*, 134, 140, 142, 145, 180, 185, *193*, 196, 199, 223, *223*, 250, *269*, 276, 296, 299, *300*, 334, 362, 394, 397, 439, 455, 490

– Klassenbewußtsein 372
– Problembewußtsein 106, 142, *150*, 170
– Selbstbewußtsein 6, *6*, 81, 140, 163, 167, *183*, 312
Bildung (s. a. Christenlehre; Erziehung; Schule) 13f., 29, *31*, 32f., 43f., *52, 54*, 268, 328, 333, 338, 344, 362, 375, 377, 383f., 387f., 390, 392, 397, 404, 409, 427
– Ministerium für Volksbildung *29, 31, 52*, 336, 344
Binnenrelation (der Kirche) (s. Innenrelation)
„Brief aus Lehnin" (1968) 66, *178f., 237*, 238, *270*, 356, 465
Bruderschaft *137*, 163, *271*, 379
– Kirchliche B.en 133, *147*, 348, 495
bruderschaftlich *68, 168*, 453, 473, 486
Bund der Evang. Kirchen in der DDR (BEK)/ Kirchenbund 1, *3*, 38f., 45, 48, 50, 57, *63*, 65, 67, 71, 74, *94*, 100, *112*, 114, 120, 131, *141*, 150–152, *168*, 175, *178, 183, 185*, 190, 192, 202f., *202f.*, 205, 210f., 238, 244, *248*, 250f., 253, *263*, 264, 267f., *268*, 269f., *286, 290*, 295, 299, 301, 306–308, 361, 365. 368, 371f., 375–378, 385, 389, 395f., 406, 415, 417, 419, 424, 441f., 444, 446f., 449, 451, 456–458, 460, 462, 466, 473, 475, 483, 486, 489, 492, 496, 498
Bund Evangelischer Pfarrer 35f., *45, 62*, 191, 313, 467, 499
Bundesrepublik (Deutschland) (BRD) 30, 41, 48, *48*, 51, 53f., 58–60, 76f., 95, *141*, 167, 179, *180, 196*, 253, *253, 281*, 316, 343, 348, 352, 356, 376, 388, 416, 434, 446, 448, 462, 464, 480, 486
Bundessynode in
– Potsdam-Hermannswerder (1970) 71, *71, 147*, 238, 370, 451, 461, 466
– Eisenach (1971) *43, 67*, 69–71, *70f.*, 73, 75f., 118, 120, 152, 170, *185, 187*, 211, *212, 221*, 238, 244, *244, 247*, 249, 253, *265, 268*, 379, 387, 396, 398, 404, 408, 412, 414f., 423f., 449, 466f., 482, 487, 490
– Dresden (1972) 71, *71*, 120f., *179*, 244, 249f., *274*, 306f., *306*, 384–386, 393, 466, 470
– Schwerin (1973) *49*, 69f., *71*, 212, 253, *255, 307*, 398, *422*, 466, 476
– Potsdam-Hermannswerder (1974) *125*, 266, 402, 405, 466, 480, 493
– Görlitz (1977) *70, 202*, 210, *210f.*, 413–415, 418, 466, 486, 489, 498

– Dessau (1979) *150*, 425, 430, 466
– Leipzig (1980) *204, 238, 255, 307f.*, 429f., 466
– Güstrow (1981) *212, 238*, 269, *272, 308*, 434, 449, 466
– Potsdam-Hermannswerder (1983) *215*, 286, 435
– Greifswald (1984) *211, 308*, 436, 466
– Dresden (1985) *151*, 439, 467
– Berlin (1986) *286*, 484
– Erfurt (1986) *238, 295, 308*, 442, 467
– Dessau (1988) 452, 467
Burgfrieden *182*, 185, 205, 208f., 221, 272, 295, *307*, 314
Buße 99, 200, 338, 468
Bürger 7, 16, 40, 44, 62, 71, *71*, 78, 85, 115, *123*, 130, 144, 157, *158*, 175, *178*, 206, 211, *212*, 214, *214*, 238, 251, 277, *282f.*, 287, *287*, 328–330, 333, 342, 344, 346, 349, 351, 354, 356–359, 361f., 366, 373–375, 379, 381–384, 388, 391, 393f., 397–399, 409, 413, 416, 421, 423, 426f., 444f., 448, 452, 454f., 477
– B.gemeinde 157, *158*
– B.tum 13, 16, 115, 436
– Staatsbürger/ staatsbürgerlich 7, 41, 66, 175, *176*, 333, 362, 365, 369, 372, 374, 380f., 383, 388, 391, 395, 397, 422, 428, 477
– christliche (Staats)bürger/ gläubige B./ evangelische B. etc. 34, *39*, 47, 86, 99, 128, 130, 153, *179*, 249, *294*, 351, 353f., 356, 358, 361, 363, 368, 378, 380, 394, 397f., 401f., 416, 422f., 425f., 428, 431, 433, 437, 449
– sozialistischer (Staats)bürger 359, 377, 390, 399
– sozialistischer (Staats)bürger christlichen Glaubens 40, 41, 190, *190*, 384, 399, 404, 407, 473
bürgerlich 7, *13*, 14, 157f., *158*, 179, *180*, *201*, 206, 239, 279, 329, 334, 341, 352, 383, 390, 392, 394f., 407, 465
– kleinbürgerlich 250
– spätbürgerlich 376, 381, 395
– (staats)bürgerliches Bewußtsein/ Staatsbewußtsein *177*, 190, 369, 372, 375f., 381–383, 396
– b. Christen 115
– b. Gesellschaft 7, 137, 393, 406
– b. Ideologie 10, 341, 397
– b. Kirche 156, 158
– (staats)bürgerliche Pflichten/ Pflichten des

Bürgers 32, 86, *86*, 96, 174, 329, 333, 343, 346
- b. Staat 19, 448
- (staats)bürgerliche Verantwortung 37, *190, 254*, 348, 360, 382, 399

Chance 31, 43, 133, *141*, 149, *150*, 150, *151*, 155f., 158, 166, 169, *207*, 248, *254*, 255, 353, 355, 389, 398f., 416, 418, 420, 424f., 433, 439, 442, 444, 459, 475, 480, 491, 493
Christengemeinde 157, *158*
Christenlehre (s. a. Religion) 130, 133, 279
Christen, einzelne 1, 47, 86, 98, 129f., 139, *148*, 152, 154, 211, 214, 218, 236f., 248–251, 253, *254*, 263, 299, 358, 379, 385f., 412, 415, 423, 425f., 431, 444, 458
Christliche Friedenskonferenz (CFK) 36, *113*, 191f., *191f., 194, 254*, 313, 445, 464, 494f., 497, 499
Christlich-Demokratische Union (CDU) 24, *24*, 27, *27*, 35, *36*, 37, 40f., *45*, 47, *67, 72*, 77, *82*, 96, *176f.*, 189–191, *189–191*, 198, 223, *223, 274*, 313, 334f., 339, 341, 349–351, 353, 359f., 366, 371, 378, 384, 428, 448, 467f., 473f., 476f., 480, 488f., 494f., 496–498
Christologie/ christologisch 87, *190*, 200, 246f., 258, *261*, 271, 463, 471
Christsein/ Christ sein *118, 128*, 130, 155, 159f., *167, 232*, 348, 352, 386, 416, 418, 444, 459, 467, 473, 479, 482, 492, 498
Confessio Augustana (CA) *136, 160f.*, 196, *216*, 230f., *256, 284*

„Darmstädter Wort" (1947) *99*, 145, *261*, 331, 356, 370, 439, 446f., 460, 464, 480, 484
deduktiv/ deduzieren 156, 184, *190*, 196, 200f., *212*, 214, 245, 256, 260, 271, 309, 314
Demokratie *13*, 55, 207, 280, 352, 362, 365, 367, 374, 413, 468, 474, 480, 488
- D.denkschrift der EKD 262, 458, 470
- Parteiendemokratie 83
- Volksdemokratie 58
demokratisch (s. a. Sozialismus) 12f., *12*, 17, 24, *24*, 27, 31, *31*, 48, 83f., 180, 186, 206, 209, *274, 282*, 330, 341, 352, 395, 413, 458, 462
- undemokratisch 201
Demokratischer Zentralismus 26, *26f.*, 51, 201, 262

deskriptiv/ Deskription 142, 146, 162, 164, 302f., *309*, 312, 314, 454f.
Deutsche Christen *23, 194*, 453
Deutschland (s. a. Bundesrepublik) 25, 29, 39, 57f., *58*, 63, 83, *89*, 109, 162, *180*, 189, 193, 196, 330, 332, 339, 342, 345, 348, 351, 353, 355f., 458, 464f., 491, 493f.
- D.frage/ deutsche Frage *22*, 28, 435, 485
- D.politik 57–59, *58f.*, 61, 85, 280
- Gesamtdeutschland/ gesamtdeutsch 27, 38, 58, *59, 85*, 93, 95, 126
- Ostdeutschland/ ostdeutsch *82*, 223, 354, 482
- Westdeutschland/ westdeutsch *51, 58*, 70, *81*, 91, 93, *190*, 210, 262, *276*, 300, 347, 351, 353, 364f.
Diakonie/ diakonisch 28, 206, *244, 252, 254*, 259f., 279, 284, 287f., 292, 372, 403, 411, 420, 426, 431, 497
Dialektik/ dialektisch (s. a. Materialismus) 11, 19, 22, 55, 198, 201, *224*, 259, *259, 297*, 340, 376, 419, 426
- D. Theologie *137*, 158
Dialog 54, 178, *224*, 272–276, *274–276*, 280, *281, 287*, 294, 305f., 365, 373, 395, 413, 416, 441, 450, 454, 460, 464, 475f., 480–482, 485, 494
Diaspora 101, 123–125, 127, 131, 136, 142, 145f., 211, 218, 236, *249*, 296, 355, 403, 470, 473, 477, 480, 483f., 486, 490, 492, 494f.
- ideologische D. 125f., 129, 131, 146, 410
- Kirche in der D./ D.kirche 125–129, 131f., 134, 137–140, 144–146, 149, 151–154, 156, 163–168, *166*, 211, *287*, 311f.
- säkulare D. 124–126, *125*, 129, 131
dienen (s. a. „Sieben Sätze..."; „Zehn Artikel..."; Zeugnis) 9, 13, 90, 92, 117f., 148, *195, 206*, 220, *224*, 230, 238, *241*, 243, *251*, 261, 264, 294, 338, 349–351, 358, 370, 373, 385, 390, 403, 412, 416, 450, 456, 497
Diesseitigkeit/ diesseitig 117, 198f., 234, *234*, 461, 492
Diesseits 229, 235, 332, 483
Distanz/ distanzieren 34, 44, 89, 95, 97, 124, *151*, 158, 172, *238, 241*, 250, 267, 280, 286, 288, 387, 424, 486
- kritische D. 72, *177*, 199, 201, 271, 272f., 314, 378, 382f., 387, 390–392, 427f.
Diversion/ diversiv *177*, 233, *253*, 364f., 381, 395f.

Dualismus/ dual 6, 55, 90, 92, 103, 109, 158, 223, 233, 334
Dyarchie 23, 81, 86, 196, 262

Eigenständigkeit/ eigenständig 30, 34, 36–40, 49f., 65f., 73, 86f., 122, 129f., 143, 145, 148, 152f., 162, 169, 177, *177*, 179, *179*, 199, 203f., *204*, 212f., *237f.*, 253–256, *255*, 261, 267–272, *270, 272–274*, 274f., *299*, 301, 305, *306f.*, 307, 310f., 314, 373, 375, 382, 390, 392, 420, 425, 427, 429–432, 436–438, 445, 449, 455, 459, 464
Einfluß 5, 9–11, 16, *26*, 36, *36*, 40, 43–45, 48, *51*, 80, 100, *103, 115*, 118, 128, 139, *146*, 148, *148, 151*, 152–154, 195, 197, 199, 209, *241*, 246, 253, *253, 262*, 342, 375, 377, 381f., 390, 394, 397, 411
– E.losigkeit/ e.los *62*, 140, 147, *148*, 151, 153, 248f., 311
Einheit 27, 102f., 106, 125, 135, 139, 157, 172, *172*, 177, 205, 217, *246, 268, 273f.*, 288f., 330, 340, 349, 354, 365, 384, 392, 406, 424, 439
– deutsche/ nationale E. 57f., *58f.*, 62, 335, 352, 460
– E. der Kirche/ der EKD 30f. 59–66, *64, 85, 136*, 163, *207*, 215, 268, 270, 309, 353–355, 364, 393, 464, 470, 481, 489
– E.front 10, 14, 16f., *24*, 35, 43
einheitlich 11, *26*, 53f., 171–174, *174*, 217, 266, 332, 352, 375f., 383, 387, 392, 397
Einwanderung (s. a. Formel) 239f., *239f.*, 461, 471
Ekklesiologie 78f., 87, 96, 108, *137f.*, 146, 155, 159, 161, 169, 198, 200, *212*, 219, 224, 227, 232f., 243, 245–247, 250, 258f., *258*, 283, 309f., 315f.
ekklesiologisch 2f., *24*, 57, 63f., 74, 80f., 87, 101, 110, 112, 116, 120, 123f., 127, 131–133, 135f., 139f., *141*, 142, 144–148, *146f.*, 150–157, 159–165, *161*, 169, *177*, 197, 200, *207*, 216f., 224, 229f., 232–236, *235*, 239f., 245–248, *245–247*, 250, 255, 257f., *257*, 260, 264, 267, 271, 284, *287*, 288f., 291, *294*, 295f., 300, 311, 314, 351, 403, 415, 441, 465, 470
Ekklesiozentrismus/ ekklesiozentrisch 87, 149, *150*, 152, 156, 196f., 229, *247*, 258, 296
Elite/ elitär 43, *134*, 145, 444
Emanzipation/ emanzipatorisch 7, 103f., *103*, 107, 120f., 310, 352

Emigration, innere o.ä. 95, *95*, 99, 312, 360, 427, 460
Empirie/ empirisch (s. a. Kirche) 5, 7, 21, 60f., 64, 75, 139f., 154, 162, 166, 283–285, 296, 300, 304, 309, 312, 429, 478, 480
Entscheidung/ entscheiden/ entschieden 17, 89, 91, *95*, 97, 117, *118*, 131f., *134*, 143, 163, 166, 177, 190, 199, 245, 255, 273, 331, 334f., 347, 353, 359, 364f., 367, 376, 380f., 384, 386f., 393, 398, 401, 407, 427, 430, 449, 475
Erberezeption 52f., *183*
Erlösung 75, 98, 119, *232*, 257
Errungenschaften 169, *238*, 272f., *272*, 349, 425, 435, 449
Erziehung (s.a. Bildung; Christenlehre; Schule) 15, 24, 31, *31*, 35, 40, 43–45, *45*, 78, 279, 333f., 337f., 344, 362, 376, 390–392, 394, 397, 402, 429, 468
Ethik/ ethisch 43f., 74, 85, 96, 100, 103, *103*, 122, 169, 175, 179f., *182*, 192, *192f.*, 199f., 216, 227, 246, *253*, 263, *282, 287*, 289, 313, 315f., 349, 351, 383f., 390, 394, 465, 472, 478, 492
– politische E. 77, 79, 83f., 89, 92, 95, *95*, 98f., 227, 261, 271, 273, 472, 491
– Sozialethik/ sozialethisch 118, 139, *141*, 148, 160, 197–200, 246, 250, *277*, 280, 288f., *289*, 295, *296*, 304, 353, 438, 467, 473, 477f., 482, 487, 489f.
Evangelium 25, *29*, 30f., *71*, 74, 82, *93*, 94, 96, 117, 123, 132, *135, 147f.*, 150, 197f., 211, 216, *216*, 219, 220, 228, 230, 235f., 241, *241, 249*, 252, *252*, 256f., 260, *262*, 267, *289*, 291, 306, *308*, 315, 332, 338f., 345f., 348, 354, 356, 366, 370, 372f., 379, 382, 401–403, 406–408, 411f., 415–419, 424f., 432, 434, 436f., 439, 445–447, 453, 460, 468f., 479, 483f., 487
Evang. Kirche der Kirchenprovinz Sachsen *29, 47f.*, 71, *125, 128, 147, 149, 151*, 168, *183, 185, 248*, 257, *260, 274, 283*, 306, *307*, 350, 360, 366, 372, 387, 394–396, 411f., 414, 469, 472, 480, 483, 485, 487, 498
Evang. Kirche der Union (EKU) 38, 66, 77, 97, *97*, 122, 237, 251, *251, 265*, 268–270, *274*, 340, 345, 373, 377, 396, 400, 432, 457, 468f., 472f., 485, 488, 491, 498, 499

Evang. Kirche des Görlitzer Kirchengebietes
46, 49, 66, 122, *129, 150,* 153, *153,*
155, 213, *213,* 251, *251f.,* 260, *287,*
306f., 361, 399, 417, 469, 472, 498

Evang. Kirche in Berlin-Brandenburg *29,*
39, 60, 66, *68,* 70, *78,* 84, 92, *113, 115,*
128, 133, *147,* 154, *154f., 198, 202,*
264, 269f., *269, 278, 286,* 292, *296,*
299, 336, 363f., 377, 396, 403, 405, 413,
423f., 439f., 450, 453, 468f., 472f., 486,
488, 493

Evang. Kirche in Deutschland (EKD) 2, *22,*
27, 30–32, 34, 36–38, 57, *58–60,* 59–66,
62–64, 66, 78, 85, 91, 93, *94,* 125, *127,*
138, *157, 181, 194,* 241, 262, *262,* 277,
278, 290, 296, 309, 332, 338, 342f., 353–
356, 361, 364f., 371, 375, 377, 456–458,
460, 462, 464f., 467, 469f., 472, 474,
478f., 481, 490, 494f., 498
– Treysa (1945) 59, 65
– EKD-Synode in Eisenach (1948) *58, 66,*
333, 469
– EKD-Synode in Elbingerode (1952) *59,*
90, *90, 93,* 470
– a.o. EKD-Synode in Berlin (1956) 30,
63, 93, *138,* 338, 470, 479
– EKD-Synode in Berlin (1958) 60, 93,
93, 342f., 474
– EKD-Synode in Berlin (1960) *61*
– EKD-Synode in Bethel (1963) 58
– EKD-Synode (Bereich Ost) in Fürstenwalde (1967) 61f., 64f., 354f., 361, 470, 482

Evang. Landeskirche Greifswald 82, *185,*
265, 400

Evang. Studentengemeinde (ESG) 27f., *89,*
241f., *242,* 336, 488

Evang.-Luth. Kirche in Thüringen (s. a.
Thüringer Weg) 14, 70, *23f., 64, 67,* 86,
194, *177f., 180, 194,* 351, 360, 376, 380,
419, 470, 474

Evang.-Luth. Landeskirche Mecklenburgs 127, *123, 151, 212, 244,* 441,
470, 490, 495

Evang.-Luth. Landeskirche Sachsens *46, 88,*
127, *151,* 213, *213, 252,* 257, *257, 280,*
296f., 417, 470, 475, 482, 488, 498

Formel (s. a. Kirche im Sozialismus) 24, 34,
38, 40f., 31, 311f., 314, *13, 34,* 96, 129,
132–134, 145, 159, 161–164, 176f., 201,
231, 234, 274, 290, *176f., 190f., 194,*
244, 251, 274, 306, 333, 368, 398, 407,
417, 423, 432, 441, 451, 453, 455, 458

– Einwanderungsformel 239, 461
– Koexistenzformel 202–204, *204,* 210,
314, 414, 455
– Kompromißformel *240f.,* 471

Fortschrittliche Christen 35, 313, 191

Fortschritt/ fortschrittlich 11, 28, 44, 53,
105, 142, 191, 334, 339, 340, 352, 368,
374, 376, 381, 392, 397, 398, 413

Freiheit (s. a. Gewissen; Meinung;
Religion) 16, 18, 25f., 32, *13, 18, 49,*
84, 90, 96, 98, 104, 106, 115, 119–122,
162, 178, 195, 198, 206, 243, 245, 256,
268, 282, *287, 305,* 330f., 333, 339, 349,
353, 358, 360f., 370, 373, 379, 381, 385,
392, 397–399, 401, 408f., 411, 413, 416–
418, 420, 422, 425, 431, 440, 443, 456,
464, 477f., 481, 485, 490, 498
– Glaubensfreiheit 16f., 24, 26, 32, 50, 77,
87, 96, 108, 122, 256, 195, 228, 252,
195, 214, 330f., 357, 409, 476, 480

Freiraum *182,* 206, 207–209, *207,* 220,
220, 278, *291,* 446, 456, 458, 491

fremd/ Fremdheit 110, 124, 134, 9, 40,
350, 385, 389, 414, 428, 432, 473f., 483

Fremdlingschaft 130, 147, 149, *147,* 366,
431

Friede (s. a. Burgfrieden; Christliche Friedenskonferenz) 24, 41–44, 61, 72, *62,*
78, 96, 98, 130, 167, *85, 115,* 176, 193,
200f., 203, 254, 280f., 286, *176, 192f.,*
254, 280f., 335, 337, 339, 343, 345–349,
351, 353f., 357, 359, 367, 369, 373–376,
378, 380f., *383f., 387f., 391f.,* 394–398,
404–407, 409, 411, 413, 416, 420, 426,
428f., 431, 432f., 435–440, 445, 455,
464, 468, 470, 472, 476, 480, 486, 494f.,
497–499

frühchristlich 92

Fundamentalismus/ fundamentalistisch 202,
232

Fürbitte 92, 94, *82,* 242, *242f.,* 350, 463

Ganze, das 111, 137, *167,* 238, 294f., *287,*
297, 358, 360, 370, 398, 416, 420, 422,
425f., 430f., 454f.

Gebet/ beten *82,* 94, 230f., *232f.,* 234–236,
242, *242f., 281, 298,* 331, 348, 360, 421,
429, 464, 493

Gebote 80, 82f., 86, 89, 94, 104, *143,* 193,
262, *180, 185,* 398, 402, 417, 422, 426,
433, 447

Gehorsam 60, 63f, 84, 88–90, 97, *140,*
147, *148, 149,* 150, *151, 185, 195,* 238,

241, 243, *243*, 261f., 340, 348, 353, 355f., 386, 404f., 420, 440, 480, 488
– Ungehorsam 63, 89, *243*, 354
Geist (s. a. Heiliger Geist; Pneumatologie) 5, 7f., 11, *13, 158*, 258, 294, 297, *263f., 297*, 365, 400, 411, 436, 454, 464, 487
Geistlich 64, 68, 88, 104, 109f., 168, *78*, 230, 342, 347, 355, 367, 371, 396, 456, 457, 469, 484
Geistliche/ Geistlichkeit 25, 37, 67, *12f., 263*, 340, 343, 351, 353, 359f., 362, 364f., 369, 375f., 380–383, 391f., 394–397, 408, 473, 497
Gemeinsamkeit 35, *64*, 136, 193, 289, *268*, 349, 351, 358f., 367, 379, 439f., 460
Gemeinschaft (s. a. Lerngemeinschaft; Religion; sozialistisch; Zeugnis) 18, 38, 52, 63–65, 71, *18, 29, 63f.*, 79, 82, 117, 129f., 150, 154, *137*, 206, 249, 266, 268f., 297, *178, 207, 244, 268, 274, 299*, 328, 332, 337, 347, 354–356, 359, 364, 367, 369, 371, 377, 382–386, 388, 399, 407, 412, 414f., 440–443, 458, 460, 466, 477, 480, 483, 491, 493
– besondere G. 39, 65f., *63*, 457, 474
– Glaubensgemeinschaft 25, 65
Gemeinwohl (s. Wohl)
Gerechtigkeit/ gerecht 8, 24, 66, 69, 167, *176, 179, 193*, 201, 230, *232f.*, 234, 236, *236, 251, 265, 276*, 280, *299*, 307, 339, 351, 355, 356, 361, 366f., 370, 373, 383, 385, 388, 397f., 404, 407, 409f., 416f., 421, 425, 431f., 439f., 447f., 450, 452, 455, 458, 460, 470, 493
Gesinnung 48, 78f., 301, *192f.*, 351, 400
Gespräch 28, 32, *32*, 36, *36*, 44, 48, *64*, 65, *71*, 86, *86*, 93, 99f., *115, 118*, 122, *134, 180, 186*, 190, 192, *192, 194, 204*, 208–214, *210, 212*, 238, 249, 253, 275f., *282*, 286, 302, *307*, 314, 335, 349, 351, 353, 357, 359–361, 366f., 369, 371, 373, 376, 378–380, 382, 385–387, 389, 391, 395, 398, 401, 408, 415f., 419, 423f., 426, 429, 434–436, 438, 441f., 447, 452f., 456, 460, 465, 468–470, 472–475, 480–484, 487, 490f., 495–497
– G. Honecker-Schönherr (6. März 1978) 49f., 123, 128, 152f., *127*, 202–204, 210, *177, 209, 212, 214, 255, 275*, 208, 221, 238, 255, 275, 295, *204, 307*, 420–422, 425–430, 436–438, 441, 449f., 466, 478, 483f., 490, 493f.

Gewissen 71, *45*, 83f., 122, *115*, 238, *178, 193*, 344, 356–358, 391, 409
– G.freiheit *13*, 15–17, 24, 26, 32, 50, 77, 84, 87, 96, 108, 122, *166*, 195, *195, 214*, 228, 252, 328, 330f., 333, 337, 344, 346, 357, 361, 373, 409, 412
Ghetto 93, 124, 134, *135, 243*, 350, 403, 419, 449
Glaubende/ Gläubige (s. a. Bürger; ungläubig/ Ungläubige) 15, 44f., 119, 128, 130, 143, 157, 190, 200, *212*, 224, 227, 246, *263, 299*, 350, 363, 377, 380, 394, 413, 433, 448, 460, 484
Glaubwürdigkeit 150, 154, 162, *148, 151*, 182, 225, 227f., 232, 250, *241, 296*, 460
– unglaubwürdig 148
Gottes Wort 30, 135, 198, 225, 229f., 236, 260f., 277, 294, 306, *185, 232, 264*, 338–340, 345, 366, 479, 480
Gottesdienst 27, 110, 117, 130, 278, *243*, 329, 334, 424
Gottlosigkeit/ gottlos 94, 98, 122, 140, 224, 226f., 243, *234*, 345, 347, 373, 487, 495
Grenze 53f., 58, 60f., 64f., 315, *58*, 90, 92, 157, 216, 229, 231, 240, 245f., 283, 285, 292, *231, 242f., 245*, 328, 344, 351, 358–360, 363, 395, 399, 402, 410f., 440, 444, 446f., 468, 474, 476, 492
Grundrechte (s. Recht)
Gruppen 16, 315, 111, 118, 137, 139, 154, 156, 163, 167, *118*, 181, 183, 276f., 280–286, 288–300, 303f., 308, *192, 277, 280f., 287–291, 294, 296–299*

Heil 75, 105, 132, 147, *148, 193*, 223, 243, *243*, 257, 259f., 285, 297, 332, 348, 406f., 445, 464
heilig/ Heiligkeit *29*, 80, 92, 123, 137, *174, 193*, 215f., 224, 227, *234*, 283, 331, 487,
Heiliger Geist (s. a. Geist; Pneumatologie) 160, 216, *232*, 258, *263f.*, 284, 297 *298*, 407, 464, 487
Herrschaft *8*, 19–21, *19, 26*, 27f., 51, *52*, 53, 83f., 87–89, 94–96, 100, 106, 110, 114, 124, 128, 143, *144*, 147f., 163, 173, *182*, 185, 188, *195*, 201, 261, 280 *281f.*, 312, 346–348, 365, 369, 384, 392, 406, 417, 419f., 446f., 474, 485
Humanismus/ humanistisch/ Humanisierung (s. a. Sozialismus; Verantwortung) *31*, 35, 37f., 44, 49, 53, *64*, 68, 72, *72*, 74, *85*, 96, *144*, 176 *176, 181, 204*,

254f., *259, 274,* 344, 347f., 351–354, 357, 357–359, 365, 367, 373, 380f., 384, 392, 394, 397f., 407, 410, 421, 439f., 446, 494

Identität 9, 37, 51–53, *52,* 87, 124, *132,* 139f., 142, 145f., 148–150, 155–157, *158,* 160f., 166, 169, 171–173, *172, 174,* 177, 179–181, 183–185, 197, 199f., 204f., *207,* 214–220, 224, 227–233, *231f.,* 236f., 239–243, *239–244,* 245–248, 255, 267, 271, *271,* 276, 279, 283–286, *287,* 288f., *289,* 291–299, 304 312f., 315, 373, 403, 417, 430f., 439f., 474, 478, 480, 489
Ideologie/ ideologisch/ Ideologisierung (s. a. bürgerlich; Diaspora) 8–11, *8,* 15, 22, 27f., 30–36, *36,* 39f., 42–44, *45,* 46f., 50–55, *52, 54, 64,* 66, 74f., 77, 85, 89–92, *91, 93,* 97, 99f., 104, 108, 111f., 114, 116, *116,* 121–123, 125f., *125,* 129–131, *137,* 141–144, *141, 150,* 156–158, *176f., 180,* 181–183, *183,* 186, 189, *191,* 192, 197, 200, 204, 208, 219–223, *220,* 228, 233, 242, 247, *253,* 255, 264, 266f., 275, 279, 280f., *281, 300,* 301–304, 310–312, 341, 359, 360–365, 369, 371–373, 375f., 378, 381, 383–385, 388–397, 399, 401, 403, 405, 407–409, 412, 414, 416f., 419, 422, 429, 439f., 459, 462, 470–472, 476, 478, 490
Indoktrination 21, 27, 40, *45,* 47, 51f., 54, *195*
Induktion/ induktiv 177, 184, 207, *212,* 256, 260, 267, 270, 289 *289,* 309, 314
Information *144,* 209, *209,* 213, 217, 252, *262,* 281 *281, 287,* 372
Inkarnation 258, *261*
Innenpolitik 27f., 47f., 51, 54f., 128, 144, *176, 237,* 280, 392, 394, 396
Innenrelation (der Kirche) 2, 116, 124, 131, 315
Institutio Dei 84, *161,* 312, 315
Institution/ institutionell/ institutionalisieren 43, *45,* 49f., 63f., *64,* 81, 84, 89, 105, 118, 129, 137, *137,* 139, 144, 149, 151, *160f.,* 174, 186, 196, 207, 209, 211f., *213–215,* 215f., 218, 220, 236, *237,* 238, *245,* 248f., 251f., 265, *265,* 272, 276, 279, 284f., *287, 287,* 291, *291,* 295, 297–299, *297–300,* 301f., 311, 315, 347, 353, 355f., 363, 371, 379f., 388, 390, 395, 397, 430f., 478, 483, 486

Integration/ integrieren/ integrativ 21, 25, 30, 34f., 40f., 44, 55, 57, 85, *95,* 110f., 143, *151,* 162f., 170–175, 177, *181f.,* 183, *189, 192,* 219, 258, *276,* 285f., 288–293, *291,* 296, 298–304, 309, 311, 313, 369, 395, 397, 431, 435, 451
Intoleranz (s. Toleranz)

Ja/ Bejahung *72, 91,* 94, 97, 101f., 157, 334, 344, 355, 358–360, 362, 366, 376f., 380, 383–385, 390f., 405, 410, 415f., 418, 431, 435, 438, 443f., 450, 459
Juden/ Judentum/ jüdisch 6, 123, 247, 477, 480, 490, 495
Jugendweihe 28f., *28f.,* 31, *31, 91,* 279, 336–338, 465, 472, 492, 496–498
Junge Gemeinde 27, 277–279, *278, 281,* 335f., 474

Kampf (s. a. Kirchenkampf) 6f., 13–16, *13, 19,* 23, 27, 29, 32, 35, 41–44, 52, 79f., *80, 91,* 92, 133, 145, *192f.,* 193, *198,* 224, 227, *237,* 259, 278f., 331f., 340f., 345, 352, 358, 362, 367, 376, 384f., 397f., 402, 410, 412f., 427, 435, 464f., 468, 472, 497
Kapitalismus/ kapitalistisch 20, 41f., *42,* 69, 143, 157, *192,* 349, 369, 377f., 380, 380, 392, 395, 397, 406, 410, 420, 427, 448, 452, 454, 462, 474, 476, 498
Kennzeichen (der Kirche) 94, 146, 148, 154, *158, 161*
Kenosis/ kenotisch 233, 243, 245–247, *245f.,* 315
Kirche (s. a. Attribute; Außenrelation; Basis; Bekenntnis; bürgerlich; Diaspora; Einheit; Innenrelation; Kennzeichen; Kommunikation; Masse; Minderheit; Mission; Ortsbestimmung; Position[sbestimmung]; Selbstverständnis; Situation[sbestimmung]; Staatskirche; Volk)
– Bekennende K. (BK) 23, *78,* 81, *89,* 92, 116, 133, 144, *147,* 158, 163, 191, *195,* 228, *229, 231,* 239, *247,* 267, 410, 462, 480
– bekennende K. 433, 442
– Beteiligungskirche 163, 441
– empirische K. 60f., 63f., 139f., 156, 160, 162f., 283–285
– Freikirche 145f., 163, *165, 252,* 463
– Freiwilligkeitskirche 130, 132, *132,* 156, 163
– geglaubte K. 60f., 64, 140, 216, 245, 283f., 315

– K. für andere (s. a. Proexistenz) 118,
138f., *141*, 144f., 149, 163, 197, 200,
212, 229, 234, *235*, 241, *241*, 244, *244–
247*, 246, 248f., *249, 258, 306*, 379f.,
384, 386, 403, 406, 421, 423f., 442, 461,
465f., 470, 482–484, 489f.
– K. im Sozialismus 37f., 43, 49f., 57, 67–
76, *68, 70, 76*, 98, 100f., 108, 113,
119f., 123–125, 127f., 131, 139f., *141*,
142, 145, 149, 154, 158, 164–166, 168–
170, 173, 178, *178*, 184f., *185*, 188, *194*,
196f., 199, 202–206, *204*, 208–211,
212f., 215, 218–220, 233, *237–239*, 238–
240, 253, 255, 257, 263, 266, 268, 270,
272, *274f*., 276, *282*, 283, *287*, 294, *299*,
305f., *305, 307*, 309, 313–315, 360, 364,
367, 378, 380, 384, 387, 389, 391, 395,
398, 401, 403–405, 408, 410, 412, 414–
418, 420, 422–426, 429, 431f., 434f.,
437, 439–443, 446f., 449–462, 465, 469,
471f., 474f., 480, 483, 487–491, 494,
498f.
– K. in der sozialistischen Gesellschaft *43*,
66, 69, 71, 84, 185, 204, 248f., 393f.,
403, 408, 415–418, 436, 465, 476, 494
– Offene K. 118, 139, 145, 163, *165*, 215,
272, 276f., *292f*., 315
– ostdeutsche K. 30, 45, 65, 81, 91, 489
– Röm.-kath. K./ Katholizismus 13f., 16,
246, 330, 347, 365, 391, 413, 433, 442,
469, 472, 495
– Sein der K. 2, 139, 141, *141*, 155, *155*,
157, 160–162, 169, *251*
– wahre K. 139, 157, 241, 451
– westdeutsche K. 30, 35, *58*, 65f., 81, 91,
115, 127, *133*, 206, *207*, 241, 369, 375–
377, 396
Kirchenkampf 23, 27, 35, 92, *194*, 228,
231 *231*, 330, 391, 401f., 472
Kirchenpolitik *3, 12*, 15, 18, *19, 22*, 23,
25f., 28, 33–40, *36*, 43, 45f., *45*, 48, 52,
58, 62, 67, 73, 77f., 85, 91, 93, 99, 112,
115, *115*, 125, 127, 138, 143, *143*, 148,
149, 189, 203, 209, 269, *276*, 311, 314f.,
354, 359, 365, 377, 384, 395, 426, 431,
433, 458, 463, 476, 482, 489, 491, 495,
498
Kirchensteuer 127, 155
Kirchentag *59f*., 130, *147*, 278, 299, 332,
445, 459, 468, 472, 478, 483, 488
Kirchlichkeit 124, 149, *149*, 155, *158, 289*
Klasse / Klassen- (s. a. Bewußtsein) 8, *8*,
10f., 14f., 18–20, *18f*., 27, 35, 39–42, 52,

72, 111, 142, 156f., *182, 192, 198*, 208,
208, 278, 328, 340, 347, 352, 362f., 374,
376, 397, 410, 426, 428f., 431, 448, 497
– Arbeiterklasse 16, *26*, 34, 37, 40, 43, 52,
176, 189f., 339, 340f., 356, 363, 374,
377, 384, 388, 390, 392, 397
klein/ Kleinheit *107*, 140, 142, 145, 153–
155, *167, 252, 299*, 311, 350, 355, 411,
424f., 434, 444, 471, 492, 498
Klerikalismus/ klerikal 104f., 107, 199,
222, 235, 264 *264*, 310, 390, 392, 397,
421, 435, 497
Koexistenz (s. a. Formel) 37, 41f., 50, 54,
73, 77, 85–87, 95f., 98, 101, 145, 188,
190, 202, 204f., 210f., 221, 223, 275,
314, 341, 383, 395, 397, 407, 414, 426f.,
489
Kollaboration 30, 294, 454, 458
Kommunikation 3, 54, *54*, 129, 141f., 160,
160, 164, 171f., *172*, 174, 190, 203, 209,
211, 214f., *215*, 217–220, *217f*., 224f.,
227, 230–232, 234, 240, 261, 265, 272f.,
275f., *281*, 285, 288, 299, 301, 306, 471,
477
– Außenkommunikation (der Kirche) 71,
153, 205, 207, 209, 211, 213, 218, *218*,
224f., 227–230, 233f., 236f., 240, 244,
246, 248, 250f., 253, 257, 261, *261*, 263,
264, 265, 267f., 272f., *276*, 277, *287*,
288, 292, 305, 312
– Binnenkommunikation (der Kirche) 213,
217, 218, 220, 224f., 229f., 232, 234,
236, 240, 248, 263, 268, 277, 288
Kommunismus/ kommunistisch *12*, 15,
19f., *19*, 24, 30f., 34, *34*, 40, 43f., *50*,
53, 58, *80*, 95, 99, *179*, 180, 187, *191f*.,
200, *214*, 329, 397, 406, 412f., 439, 454,
460, 471, 484, 487, 492, 494, 498
– K. Partei Deutschlands (KPD) 15–17, 24,
16, 24, 330, 439, 486
– K. Partei der Sowjetunion (KPdSU) 15,
40, 42, *45, 52, 187*, 397, 406
Konferenz der Kirchenleitungen (KKL) 28,
48, 49, 66, 69, *113*, 149, *183, 192*,
202f., *202, 204, 209f., 215, 254f*., 257
268, 282, 286f., 295, 305, 307f., 370,
379, 385f., 398, 402, 404f., 408f., 412,
414f., 420, 425, 428–430, 432, 434, 436–
442, 447, 452, 456, 465f., 484, 495
Konfession/ konfessionell 1, *12f*., 22, *22*,
124f., 191, *218*, 268–270, 328, 359, 362,
368, 392, 394, 396f., 413, 485, 492,
497

Konfirmation 28f., *29*, 130, 133, *134*, 279, 336f., *472*, 497
Konflikt 11, *19, 23, 25*, 41, 55, *60*, 66, 77, 85f., 96f., 139, 145, 170, 172, 188f., *190*, 194, 196, 200, 203, 205, 208, 212, 217, 240, *240*, 261f., 278, 280–282, 289, *291*, 295, *295*, 299, 301, 313, 315, 342, 365, 394, 405, 420, 428, 435–438, 442f., 450, 457, 476, 478, 489
Konformismus/ konformistisch/ Konformität 31, *62*, 86, 91, 114, 116, 144, 477
Konfrontation 26, 29, 42, *59*, 62, 87, 96, 101, 123, 144, 188f., 223, 225, 242, 247, *274, 294*, 408, 419, 436, 446, 460f., 468
Kongregationalismus/ kongregationalistisch 138f., *252*
Konkordat *49*, 210
konstantinisch 134, *135*, 137, *138, 239*, 255, 479
Konstruktivität/ konstruktiv 2, 16, 41, *103, 136*, 177, 194f., 221, 256, 258, *259*, 268, 273, 281f., 294, 298, 301f., *302*, 304, 307, *307f.*, 377, 382, 417, 425, 428–432, 434, 437, 439–441, 450
Kontingenz 35, 106, *193*, 222, 290, 300–305, *303*, 487
Konvergenz 14, 35, 69, 85f., 96, 110, 158, 167f., 189, 208, 264, 289, *289*, 362, 365, 372, 374, 376, 381, 387, 397, 399
– praktische K. 36, 41, 115, *190*, 275
Kooperation/ kooperativ 24, 42f., 51, 77, 86f., 95f., 98, *144*, 145, 205, 233, 242, *274*, 341, 367, 461, 468, 484
Königsherrschaft Christi 474, 491, 497
Kreuz/ Kreuzestheologie 75, 146–150, *146f., 199*, 200, 217, 219, 232f., *232*, 240, 243, *244*, 246, *247, 259*, 272, *274*, 334, 338, 345, 370, 384f., 407, 410, 418, 420, 441, 444f., 464, 468
Kritik (s. a. Religion) 6–8, *19, 24*, 38, 47, *58*, 109, 114, 122, *136*, 141, 156, *158*, 159, 166, 220–222, 226, *226*, 228f., 233, 245, 259, *259, 263*, 273, *273f.*, 280, *282*, 285, 289, 294, *294*, 299, 307, *308*, 310, 334, 345, 348, 361, 364, 373, 377, 385, 390, 392, 421, 427, 434, 461–463, 465, 467, 481
– Selbstkritik 38, 221, *263*, 273, *273*, 311, 471
Kultur 50, 78, *79*, 80, 104, 112, 179, 182, *183*, 239, *239*, 281, *290*, 329, 331f., 340, 357, 362, 377, 390, 392, 395, 397, 410, 467f., 484, 487, 489, 491f., 494

Lagertheorie 158
Laien 116–118, *118* 136, 163, 192, 218, 249, *251*, 378, 466, 479
Legitimation/ legitimieren/ Legitimität 8, 20f., 23f., 33, 51–53, 72, 74, 81, 83f., 87–89, 95f., 99f., 104, 106, *106*, 109f., 156, 166, 170, 173, 175, 178, 181f., *182*, 183, 185–188, *186*, 200, *262, 291*, 302, 310–313, 407, 431, 459, 490, 496
Lehre (s. a. Belehrung/ belehren) 1, 6, 39, 42, 81, 174, *177*, 187, 197, 225, 228, 230, 234, 256, *263, 273*, 277f., 332, 335, 345, 378, 398, 410, 417, 451, 476, 478
Leid/ leiden 47, *47*, 97, 148, 150, 201, 221, 223, 226, 229f., 234–238, *234*, 243, *244*, 315, 339, 347f., 370, 385, 441, 474
Leitbegriff 39f., 123, 249, 277, *238*, 430
Leitbild 23, *24*, 40, 257, 311, 400, 403, 441f., 479
lernen 19f. 105, 117f., 142, *143, 147*, 150, *151*, 169, 178, *182, 234*, 248, 256, 265–267, *266*, 273, *294, 299*, 305, 329, 354, 374, 401f., 405, 410–412, 420, 423–426, 436, 438f., 444f., 451, 458, 472, 476, 480–483, 493–495
Lerngemeinschaft 211, *212*, 263, 265, 267, 270, 272, 314f., 405, 480, 482, 493f.
Liebe 79, 83, 88, *88, 147, 167*, 193, *195, 199f., 232*, 243, 247, *252*, 258, 285, 297, 335, 339, 346, 349, 374, 398, 400, 402, 417, 419
Loyalität/ loyal 21, 30, 36, 44, 63, 68, 78, 87, 93, *93*, 188, 194, 314, 349, 377, 393, 399, 459
lutherisch 78, 86, 133, *134*, 140, *160f.*, 194, *194f.*, 256, 258, *258*, 260–262, 377, 393, 404, 470, 484, 487
Lutherische Arbeitsgemeinschaft Berlin-Brandenburg 134
Lutherischer Weltbund (LWB) 60, *178*, *254, 258, 293*, 399, 478, 482, 488, 495

Macht *8*, 9, 13, *16*, 74, 79, *80*, 83f., 91f., 98–100, 104, 114, 118f., 143f., *144*, 147–150, *147f., 151*, 153, *154*, 157, 182, 185f., *185f., 195*, 200, 208f., 241, *241*, 243, *264*, 267, 271, *281*, 289, 294, 339, 344, 348, 350, 363, 365, 370, 380, 388, 390, 399, 405, 416, 418, 421, 432, 449, 454, 486, 492, 494, 496
– M.losigkeit/ m.los 149, 418
– Ohnmacht/ ohnmächtig 150, 235, 410f., 492, 494, 496

– Vollmacht/ vollmächtig *148*, 225, 332, 418

Marxismus/ marxistisch 12, 17–20, 25, 37, 43, 72, 95, *107*, 115, 131, 167, *182, 183, 189, 192*, 220, 247, 272f., *273f.*, 275, *275, 281, 290*, 301, 330, 332, 340f., 344f., 373, 389f., 392, 402, 410, 416, 439, 448, 465, 471f., 475, 481

Marxismus-Leninismus/ marxistisch-leninistisch 18, 22, 30, 39, 43, 69, 74f., 77, *108*, 110f., 114–116, 130, 142, 145, 148, *150*, 157f., 174, 176, 180, 182f., *197*, 250, *259*, 273f., *281*, 302f., 310, 335, 340f., 344, 352, 356, 372, 374, 381, 383f., 390, 392, 395, 397, 409, 419f., 435, 444, 448, 456, 477, 482, 492

Marxisten 35, 41, 45, 49, 85–87, 96, *178*, 193, *208, 223, 251, 265*, 275, 302, *302*, 305, 313, 349, 351, 353, 358f., 365–367, 373, 377, 399, 402, 407, 423, 428, 432, 436, 453, 460, 467, 481, 485, 494

Masse(n-) 14, 16, 48, *115*, 129, *132*, 156f., 330, 332, 340, 352, 425, 433

– M.kirche *132*, 156f.

Materialismus/ materialistisch 10–12, 33, 97, 107, 110, *201*, 332, 334f., 344, 472, 498

– Dialektischer. M. 11f., 61, 97, 116, 174, 180, 335, 341, 373, 399, 402, 449

– Historischer M. , 174, 180, 340f., 394

Meinung 50, 54, 122, 186, *194*, 206, *287*, 360, 409, 430, 446, 451, 453, 457

– M.freiheit 111f., 252

Mensch *5*, 6f., 9–12, 14f., 18–20, *19*, 27, 31, 44f., *47*, 71, *71*, 95, *99*, 104f., 117, 119, 120–122, *120*, 212, *234*, 250, *252–254*, 334, 379, 382, 388, 405, 422, 452

– moderner M. *110*, 113

Menschenrechte (s. Recht)

Militärseelsorgevertrag 30, 32f., 59, 61, *91*, 93, 342f., 353

Minderheit 32, *107*, 123f., *125*, 126–128, 135, 142, 152–155, 157, *165*, 167, *214f., 287*, 405, 411, 424, 433f., 444, 454, 493

– M.kirche 126, 153–155, 167, *220*, 266, 410, 441

Ministerium für Staatssicherheit (MfS) 20, 27, *30*, 41, 45, *46*, 48, *52*, 65, *115, 133, 144, 177*, 181, 209, *272, 283*, 434f., 446, 459, 461, 464, 487, 490, 494, 498

Mission 79, 126, 137, 145f., 257–260, *258*, 442

missionierende Gemeinde/ Kirche 126, 134f., 163, 250, 257f., 296, 442, 483, 486, 499

Mitarbeit/ mitarbeiten 14f., 21, *27*, 37, 41, 43, *43*, 66, 77, 85–87, *95*, 96f., 130, *144*, 167, 190, *190*, 236, 244, 249, *251, 254, 274, 294, 299, 306*, 307, *308*, 339, 364, 368, 373f., 380, 382–385, 393f., 396, 402, 408, 415f., 424–426, 431, 444, 447f., 450, 455, 473, 477

– kritisch unterscheidende M. *178f., 308*, 444

– kritische M. 244, 364, 368, 393, 417, 427

– konkret unterscheidende M. 130, *238*, 244, *305*, 306, 385, 416, 425, 449

Mitte 23, 80, *82, 147*, 189, *223*, 243, 332, 366, 468, 493

Mittler 214, 277, 287, 294

Mitwirkung/ mitwirken 25, 49, 79, 143, 177, *204*, 356, 358, 374, 377, 421, 428f.

Motivation 15, *22*, 39, 41, 45, 63, 74, 144, 167, 196, 199, 200, 217, 242, 260, 275, 338, 353, 415f., 419, 440, 448

Mündigkeit/ mündig 102–110, *103, 107f., 110*, 112–123, *116, 118, 120, 123*, 131, 137, *141*, 145, *147*, 170, 187, 206, 209, 215, 220, 222f., 226–228, 233–235, *234*, 249, 252, *253*, 265, 272, *274, 282*, 306f., *306*, 310f., 345, 352, 385, 421, 427, 431, 464, 477, 484f., 492

– Unmündigkeit/ unmündig 14, 106, 112, 114, 120–122, 220, *253*, 311, 424

Mythos 187, *187*

Nachfolge/ nachfolgen 71, 134, 147, *147*, 156, 163, *232*, 243, *243*, 266, *266, 277, 287*, 386, 404, 408, 410, 420, 445, 465, 493f.

Nation/ national (s. a. Einheit) 52f., *52*, 57, *58*, 62, 122, 163, 179, 180, *180, 189, 207, 253*, 284, 334f., 345, 351f., 356f., 362, 373, 409f., 420, 463, 467f., 484, 488

Nationalismus 261, 390, 392

Nationalsozialismus/ nationalsozialistisch *23*, 25, *78*, 80f., 92, 189, 262, 332, 358, 462

negativ (im polit. Sinn) 25, 45, 53, 69, *69*, 73, 76, 84, 98, 106, 136, 149, 156f., 165, 167, 201, *215*, 273, *273*, 383, 390, 436

Nein/Verneinung *91*, 94, 97, 102, *185*, 306, *306–308*, 331, 339f., 348, 362, 366, 377, 385, 405, 415–417, 443f.

Nichtchristen/ nichtchristlich (s. a. unchristlich) 88f., 105, 131, 135, 154, *210, 214, 271*, 292f., *295*, 353, 407, 412, 422f., 425, 434, 444, 454, 461, 479, 494

Norm/ normativ 15, 21, 42, 50, 80f., 102,
124, *136*, 137, 139f., 142f., 146, *147*,
151, 153, 159f., 164, *172*, *195*, 231, 245,
260, 266, 300, 302f., 393, 399, 425–427,
485
notae ecclesiae 216, *216*

objektiv 10, 12, *18, 52, 128, 144, 252,
273, 281*, 300, 304f., 395, 433, 481
Obrigkeit 33, 74f., 77f., *78f*, 80, 82–84,
86–97, *93*, 99, 117, *191*, 261, 340, 346,
348, 350, 390, 392, 468, 472, 475, 481,
498
Öffentlichkeit/ öffentlich (s. a. Verantwortung) 3, *19*, 25f., 28, 30, 36, 40, 44, 46,
52, 58, *58, 64*, 65f., *66*, 70, 76f., 80, 82,
86, *92f*, 95f., 111, *112, 115*, 129f., 139,
143, 148, *148*, 150, 152–154, 164, *166*,
171f., 175f., *176f*, 186, 190, *190*, 195,
205, 211–213, *212*, 217, 220, 227f., 230–
232, 235f., *235*, 248f., 251–253, *251–
253*, 255, 262, *262, 264f*, 268, 272, *275*,
280f., *281*, 283–285, *287*, 288, 307, 314,
328f., 332–334, 339, 342, 355, 360, 366,
383, 388, 398f., 412, 424, 444, 449f.,
458, 471f., 475, 478, 490, 493, 498
Ökumene/ ökumenisch 2, 43, 116, 131,
167, 229, *238*, 239, 241, *242*, 253, *254*,
257–260, *259, 269*, 283f., 306, 375, 377,
381, 386f., 393, 396f., 410, 430, 445,
458f., 475, 479–485
– Ö. Rat der Kirchen (ÖRK) *58, 78, 135*,
153, *153*, 254, *258, 299*, 410, 436, 479,
497
– Ö. Versammlung *207*, 455, 489
Offenbarung/ offenbar *13*, 102f., *193*, 226,
226, 235, 259, 267, 334, 338, 340f., 345,
482
Ohnmacht (s. Macht)
Opportunismus/ opportunistisch 62, 381,
385, 424, 461, 483, 494
Opposition/ oppositionell 16, *16, 26*, 30,
48, 61, *115, 133, 185*, 186, 188, 233,
270, *281*, 294, *294*, 364f., 382, 444,
449f., 461, 478, 483, 494
Ordnung 18, *19*, 22, 24, *24, 26*, 27, *29*,
31, 37, 43, 72, 81–83, 90, 92f., 98, 104,
135, 137, 162, *165*, 168, *168*, 173, 180,
190, 194f, 195, 209, *245, 252, 254*, 262,
266, 328f., 331f., 340, 342, 344, 346,
348f., 352, 358f., 361, 364f., 373, 384,
397, 406f., 423, 427, 458, 497
– Gesellschaftsordnung 15, 17, 24, 42–44,

61, 68f., 78, 81f., 86, 144, *177*, 193, 238,
243, *252, 265*, 307, 339, 349, 351, 354,
358, 361, 363, 366, 373f., 378, 380, 389,
397, 407, 416, 427, 435, 447, 454
– politische O. 24, 74, 81, 83, 96, 101,
262, 346
Organisation 16, *23, 26*, 27, 36, 41, *42f*,
50, *50*, 55, 61–64, *62*, 67, 85, 93, 129,
131, *137*, 148f., *148*, 151, 155f., 162f.,
181, 186, 211, 218, 248, *254*, 262, 278,
280, 284f., 295, *300*, 315, 330, 337, 356,
358, 363, 365, 368, 375, 377, 380, 446,
449, 457, 477, 481, 486, 490
Ortsbestimmung (der Kirche) 3, 38f., 55,
69, 74–76, 84f., 87, *94*, 98, 100f., 105,
136, 139, 153, 159f., 170, *185*, 253, 312,
415, 437, 442f., 453, 460, 462

Parteinahme 72, 77, 91, 143, *177*, 231–233,
242, 253, 255, 259, 354, 359, 369, 380,
416, 419
Partikularismus/ partikular 23, 60f., 81,
165, *188*, 269, *274*, 283f., *297*
Partizipation *238, 307*, 430f.
Partner(schaft) 16, 36, 62, 122, 145, 152,
154, 178, *204*, 205, 238, *238, 266*, 274f.,
305, 308, 362, 363f., 368, 382, 392, 394–
396, 398, 399, 405f., 412, 422f., 430,
434, 443, 450, 460, 476f.
Pflicht(erfüllung) (s. a. bürgerlich) 32, 86,
86, 88f., 96–98, *174, 195, 273*, 329, 333,
343, 346, 349, 357, 362, 381, 388f., 395
Pluralismus/ pluralistisch 21, *26*, 38, 40, 50,
52, 111, 122, 125, 167, *167*, 174f., 179,
182, 188, 196, 219, 227, 281, 296, *297*,
316, 381, 383, 387f., 477, 480, 489
Pluralität/ Pluralisierung 40, 129, 141, *165*,
168, 275, 295–297, 475, 478
Pneumatologie/ pneumatologisch (s. a.
Geist; Heiliger Geist) *263, 264*, 297, 298
poietisch 20f., 72, 85, 144, 186, *271*
Politbüro der SED *26*, 28, 39f., 48, *49*, 67,
177, 190, 209, 255, 344, 368, 383f., 416,
421
Position(sbestimmung) (der Kirche) *29*, 32,
37f., 43, 67, 69, *69, 91*, 97–99, 140, 142,
143, 147, 149, *177, 183, 198*, 254, 275,
294, 341, 360, 362, 364, 376–378, 381f.,
390, 392–396, 408, 414, 418, 420, 426f.,
440f., 446, 462, 476
positiv (im polit. Sinn) 25, 45, 73, *116*,
142, 236, 301, 360, 362, 364, 368, 377,
381, 387, 390, 392, 408, 415, 417, 419,
421, 446

Präsenz/ präsent 39, 137–139, 154, 168, *214*, 220, *251, 258*, 262, *287*, 308, 442, 474, 483

priesterlich 149, 242f., 479

Privilegien/ Privilegierung/ (un)privilegiert 26, 76, 105, 123, 127–133, 140, *141*, 142–147, *146f.*, 149–155, *150f.*, 159, 250, 262, 311, 328, 348, 352, 355, 358, 370, 371, 380, 392, 411, 416f., 421, 425, 433, 457, 479, 490, 495

Proexistenz (s. a. Kirche für andere) 87, 96, 139, 145, 149, 156, *212*, 229, 234, 236, *241*, 242–245, *243*, 247, 248f., 271, 371, 379, 403, 410, *445*, 480

progressiv 10, 45, 53, *116*, 383, 393, 397

Prophetie/ prophetisch 89, *118*, 149, 259, *259, 261, 263, 276, 305*, 465

Protestantismus/ protestantisch 22, *25*, 78, 180, *182*, 188, 222, *222*, 228, *264, 282*, 362, 365, 377, 383, 391, 396, 433, 463, 484, 488, 491, 494

– deutscher P. 22, 57, 59, 65, 99, *132*, 353, 463, 471, 474, 490

– ostdeutscher P./ P. in der DDR 66, 83, 100, 167, 488, 493

– westdeutscher P. 30, 167, 262

Realisierung/ realisieren 38, 42, 49, 103, *134*, 186, *190*, 192, *204*, 210, 249, 389, 396, 421, 440, 454

Realismus/ realistisch 12, 22, 45, 48, 103, 116, *116*, 138, *144*, *190*, 202, 223, 256, 334, 355, 371, 389, 408, 418f., 422, 426, 433, 436–438, 468, 476, 496

Realität/ real (s. a. Sozialismus; Wirklichkeit) 11, 22, 34, 36f., 59, *64*, 68f., 72–75, 93, *95*, 97, *108*, 132, *135*, 139, 156, *167*, 178, 180–187, 194, 201, 203, 213, 222f., 245, 250, 253, 264, 275, 283, 342, 364, 369, 378f., 381, 389, 397, 401f., 404, 407, 414, 423, 428, 431, 441, 446, 451–454, 457, 459, 463, 465, 471, 477, 492

Recht 7f., 10, 15–17, 24, 26f., 32, 47, 50, 60, 72, 78, 80, 83f., 90f., 98f., 102, 109, 128, 160, 162, 168, 186, 201, *254, 261, 273*, 277, 314, 329, 331, 333, 342, 346, 357, 363, 370, 383, 388, 390, 394, 405, 409, 416, 443, 461, 465, 467f., 485, 494

– Grundrechte 17, 24, 374

– Menschenrechte 54, 201, 254, *254*, 286, 395, 439, 458

– R.staat 48, 84, *196*, 207, 462

– Staatskirchenrecht 24–26, 55, 127, 162, 203, 209f., 316

Rechtfertigungslehre/ -theologie 91, 102, 120f., 244

Reich Gottes 79, 259, 286, 332, 338, 348, 356, 406, 410, 427f., 460, 481, 492

Religion

– Absterben der R. 44, 49, 188, 408, 432, 480

– R. als Privatsache *13*, 24, 328

– R.ausübung 32, 87, 328, 333, 344–346, 363, 426, 498

– R.freiheit 16, 25, 330, 422, 482

– R.gemeinschaft 25f., 127, 174, 333f., 347, 357, 363, 375, 392, 413, 477, 499

– R.kritik 5–8, 12, 14, 77, 105, 121, *182*, 220f., 226, 310f., 444, 471f., 490f., 493

– R.losigkeit/ r.los 26, *103*, 106, *107*, 112, 120f., 123, 198f., 221f., 226, *227*, 228f., 234f., 310, 421, 471, 474, 482

– R.politik 15, 43, 85f., 192

– R.soziologie 85, 106, 192, *192*, 300, *301*, 302, 313, 494

– R.system 167, 310

– R.theorie/ r.theoretisch 30, 35, 114, 305, 489

– R.unterricht *13*, 26, *31*, 279, 333, 336

– R.wissenschaft 9, 34

– Zivilreligion (s. Zivilreligion)

Repression/ repressiv 38, 47f., 170, 172f., 175, *175*, 179, *182*, 184–186, 188, 219, 248, 310f., 313

Restauration 6, 23, 76, *78*, 80–82, 90, 92, 133f., *138, 147*

Revisionismus/ revisionistisch 59, 341, 381, 395

Revolution/ revolutionär 10–12, 14, 19, *19, 24*, 34f., 53, 90, 180, *182*, 187, 331, 352, 382, 397, 410, 436f., 457, 460, 480, 482, 484f., 491, 498

– konterrevolutionär *48*, 395

Sammlung 28, 124, 134–136, 138f., 144, 239, 243, 248, *260*, 496

Säkularisierung/ säkular (s. a. Diaspora) 79f., 82, 103–114, *103, 108, 111f., 116*, 119f., 123–126, 137f., *172*, 188, 199, 222, 235, 249, *259*, 293, 310f., 313, 332, 345, 355, 389, 457, 464, 473, 484, 488, 491

Schar *135*, 145f., *148*, 155, 350, 411, 425, 444

Schöpfung 9, 75, 106, 119f., 198, 338, 447, 470

Schrumpfung/ schrumpfen 76, 126f.,
130f., *134*, 140, *155*, 352
Schuld *58, 147*, 202, 232f., *232, 236, 242,
261, 275*, 286, *305*, 342, 355f., 373, 386,
405, 410, 435, 460, 478, 481, 485
Schule (s. a. Bildung; Erziehung) 12, *12f.*,
15, 26f., 31, *31*, 328–330, 333, 336f.,
344, 498
Schweigen (s. a. Arkandisziplin) 97, 205,
224–228, *224*, 232, 360, 395, 398, 417,
477
Seelsorge/ seelsorgerlich (s. a. Militärseelsorgevertrag) 32, 95, 99, 143, 189, 206,
312, 334, 336, 342, 366, 372, 380, 405
Selbstbezogenheit 104, 144, 198, 232, 248
Selbstlosigkeit/ selbstlos 150, 200, 232, 236,
238, 241, *241*, 243f., *243f.*, 248, 260,
272, 305, 311, 313, 370
Selbstverbrennung 46–48, 151, *151*, 213,
250, 411f., 469
Selbstverleugnung 148, 200, *200*, 241–245,
271, 445
Selbstverständnis (der Kirche) 1–3, 38f., 57,
65, 67f., 76, 101, 113, 115, 123, 129,
131, 145, 151, 158f., 163f., 166, 184,
186, 199, 204, 206, 211, 215, 221, 244,
248, 255f., 267, 283, 285, 291f., *291*,
297, 298, 301, 303, 311, 314, 371, 378,
429, 444, 449, 454, 482, 491
Selbstzweck *137*, 206, *232, 243*, 258, 349f.
Sendung 134–136, 138f., 239, 243f., *243*,
250, 258, 260, *260, 289*, 384, 401f., 435,
443, 469, 479, 496
„Sieben Sätze des Weißenseer Arbeitskreises
‚Von der Freiheit der Kirche zum Dienen‘“ (1964), 237f., *237f.*, 242f., 460,
479, 494, 497
Situation(sbestimmung) (der Kirche) 3, 30,
33, *36*, 67, 74, 78, *80*, 81, 90, 96–101,
104, 107f., *107*, 111, 124–129, 131–133,
134, 137, 138–140, *141*, 142, 145–147,
146, 149, 151–154, *151*, 161f., *167*,
169f., 181, 184, 191, 202f., 205, 209,
211, 213, *214*, 218, *227*, 233, 236, *236*,
239, 248–250, *249*, 256, 260, *260*, 266–
269, *276, 287, 289*, 290, 292, 296, 298,
305, *305*, 310, 314, 316, 352, 355, 359f.,
370–372, 377, 379, 386, 390, 393f., 398,
400, 403–405, 410, 416–418, 423–425,
441, 443f., 447, 449–451, 460, 470, 475,
483, 486, 489
Solidarität, *176*, 237, *242*, 366, 385, 387,
406, 425, 429, 431f., 465

– kritische S. 130, *178*, 305–308, *305–308*,
383, 387f., 390–392, 416f., 424, 452, 456
Sozialdemokratie/ sozialdemokratisch/ Sozialdemokratismus 12, *12f.*, 14, 69, 364,
381, 390, 392, 394f., 397, 406, 463, 479,
485
Sozialisation 171, 181, *181*, 183, 279, 288,
290f., *290f.*, 301, 304, 467, 471
Sozialismus (s. a. Kirche im Sozialismus)
– Aufbau des S. 22, 26–28, 31, 34f., 77, 85,
111, 115, 180, *190f.*, 339, 344, 351, 354–
356, 358, 366, 368, 376, 380f., 383, 385,
394f., 397, 410, 417, 424, 426, 429, 445
– christlicher S. 24, *82, 189*
– demokratischer S. *52, 82*, 364, 397
– real existierender S. 69, 72, 74f., *108*,
156, 178, 185–187, 203, 250, 253, 275,
378, 389, 423, 454, 459, 463, 471, 477
– Religiöser S. 85, 192, 465, 494
– S. mit menschlichem Angesicht/ humani-
sierter S./ vermenschlichter S. , 362,
364f., 381, 397, 452, 454
– verbesserlicher S., *179, 274*, 385
sozialistisch (s. a. Bürger; Kirche; Weltanschauung; Wirklichkeit)
– s. Gesellschaft *27, 34*, 39, *39*, 41, *43f.*,
44, 48–50, 52, 66, 69, 71f., 75f., 84, 87,
95, 97f., 108, 114f., 121, 140, 143, 145,
150f., 153, 158, 169–173, 175, 178f.,
183, 311, 313, 352, 357–359, 361, 363f.,
367f., 371, 373f., 377f., 379, 382–386,
388–390, 392–396, 398, 402f., 406, 408,
410, 413, 415–426, 428, 429, 431, 433,
436f., 439f., 446–448, 450–452, 454,
456, 464f., 471, 474, 476f., 479, 483,
489, 493f., 496f.
– s. Menschengemeinschaft 33–36, *34*, 38,
40, 50, 52, 67, 177, 180, 351, 357, 359f.,
362, 365, 369, 371, 374, 376, 463
Sozialistische Einheitspartei Deutschlands
(SED) (s. a. Politbüro) 15, 24–28, *26f.*,
31, *31*, 33, 35, 39f., *39*, 45, *45*, 47f., 52,
52, 59, 67, 72, *176, 180*, 186, 189, *189*,
192, *204*, 208, *209, 212*, 275, *280f.*, 281,
307, 338, 340f., 344f., 368, 374, 381,
384, 392, 409, 413, 415f., 434, 445, 448,
453, 455, 458, 468f., 474, 476, 478, 482,
486, 491, 495, 498f.
Staatskirche *128*, 162f., *165, 168*, 314, 333,
349
– S.recht (s. Recht)
– S.vertrag 203f., 314
Staatssekretär für Kirchenfragen *32, 36*, 37–

39, *45*, 67f., *67f.*, 70, *72, 143f.*, 157, *176, 180,* 209, *262, 307,* 343f., 359, 361–364, 366, 368, 369, 375–377, 381f., 386, 391, 393–396, 401f., 409, 413f., 418f., 421, 428, 431, 433f., 456, 473f., 493, 495

Stabilität/ Stabilisierung/ stabil 1, 8, 23, 36, 39, 48, 51, *52*, 53–55, 77, 81, 95, 121, *125*, 126, 181, 182, *182f., 195*, 197, 203, 210, 220, 245f., 266, 276, *276*, 280, 289f., 293f., 314, 375, 377, 414, 432, 459, 476, 492

Standort 38, *68f.*, 69–71, 73, 370, 375, 380–382, 388, 392, 396, 401, 403f., 415, 423, 434, 437, 439, 451f., 456

status confessionis 64, 97

Stellvertretung/ stellvertretend 81, 139, *214f.*, 242, *242, 274,* 286f., *287*, 305, 308, 450, 471

Sünde/ Sünder/ sündigen 89, 119f., *161, 193, 199,* 231, *234, 242, 252,* 294, 402, 405, 407, 417, 460, 478, 491

System (s. a. Religion) 2, 5, 11, 21, 27, 29f., 33f., *34*, 40, 43, 47, *50*, 51, 55f., 68, 85, 95, *95*, 97, *99, 144*, 171, *172*, 184, *187*, 217f., *217f.*, 245f., *245*, 261, 283–285, 295f., 300, 303, 313, 315, 341, 467
- Gesellschaftssystem/ gesellschaftliches S. 26, 32, 39, *39, 50*, 96, 167, *192*, 287, 313, 372, 378, 416, 464
- politisches S. 28, 33, *50*, 51, 61, 185f., *189*, 242, *300*, 471
- soziales S. / Sozialsystem 50, 216, 241, 245f., 248f., 283f., 313, 315, 485
- S.geschlossenheit 50f., *51*, 53–55
- s.immanent/ s.eigen 51, 54f.
- S.theorie/ s.theoretisch 2, *50*, 111, 245, 285, 489
- Teilsystem/ Subsystem 21, 50f., 171f., *262*, 285, 295, *296*, 302, 311, 369

Tabu 221, 278, 411

Taufe/ taufen 29, 130, 132f., *132–135*, 137, 163, 166, 168, 225, 292f.

Teilnahme/ teilnehmen 15, 28f., *29*, 58, *60*, 66, 130, 133, 150, 211, *212*, 223, 226, 233f., *234*, 236–240, *237f., 244,* 248, 250, 255, 259, 272, *272*, 276, 296, 305, 307, 311, 315, 370f., 401, 410, 416, 425, 430, 444, 449, 461

Teleologie/ teleologisch 24, 53, 180, 186, *204*, 272

Thüringer Weg 69, 86f., *93*, 194, *194*, 196–198, 313, 376, 408, 419, 434, 458, 489

Toleranz/ tolerant *13*, 15, 32, 44, 174, *214*, 252, 359, 431, 439f., 474
- Intoleranz *13*, 174

Totalität/ total 27, 55, 61, 78, 125, 143, 245, *252*, 339, 385, 405, 416, 419, 425, 435, 449

Totalitarismus/ totalitär 83, 90, 111, 133, *232, 262*, 310–312

Tradition 20, *52*, 53, 78, 82, 84, 86, 99, 116, *118*, 119, 132f., *137*, 144, 156, 158, *160f., 173*, 179–181, *180*, 183, 187, 191f., 194, *195*, 220, 239, *245*, 256f., 261f., 273, *273*, 296, 299, 311, 316, 359, 429, 437, 474, 477f., 486, 498

traditionell 18, 41, 43, 60, 117, *118, 143,* 156, 279, 280, *282*, 390, 392, 400f.

traditionsgeschichtlich 1, *3, 22*, 116, 220

Transferleistungen 127, 498

Übergang 19f., 22, 28, 34, 39f., 50, 110f., 121, 129f., 132, 139, 146, *150*, 156, 175, 180, *192*, 196, 233f., 266, 293, 378, 387, 454, 476, 484, 486, 488

Überwinterung/ überwintern 76f., 189, 389

Überzeugung 16, 44, 58, 77, 86, 93, 129–131, *141, 148,* 173, 175, 180, 188, 189, *191*, 205, 210, *212, 214,* 219, *220*, 222, 228, 245, *276, 286,* 289, 316, 333f., 339, 341, 360, 373–376, 378f., 382, 391, 397, 402, 409, 412, 414, 418, 420, 422, 427, 428

Umkehr 200, 332, 370f., 470, 479

Umwelt 2, 70f., 73f., 94, 101, 107, 109, 111f., *118*, 121, 123–125, 131, 135, *135*, 137, 140, 145f., 148, *153*, 160–162, 164, 169f., 196f., 211, 216–219, 225, 227f., 231, *231*, 233, 240, 245–247, *245*, 265, 267, 283, 285, 292, 297–299, 310–312, 315f., 355, 369, 377, 386, 412, 417f., 432, 434, 440, 460, 479, 486

unchristlich (s. a. Nichtchristen) 89, 124

Ungehorsam (s. Gehorsam)

ungläubig/ Ungläubige 44, 225

Unglaube, 199, *199*, 224, 241, *263*

unglaubwürdig (s. Glaubwürdigkeit)

Urchristenheit/ urchristlich 123f.

Urgemeinde 37, 146, *146, 190*

Ventilfunktion 55, 212, 289, 498

Verantwortung/ verantworten/ verantwortlich (s. a. bürgerlich) 49, 57, 66, *71f.*, 72, 77, *78*, 91, 104, 119f., 122, *125*, 132, 152, *153*, 169, *177, 178, 180,* 193, *199*,

202, *204*, 205, 210, 212–214, 216, 229, 237f., 249, *249*, 251, *252f.*, 256, *259*, 264, *274, 287*, 295, 298, *298*, 302, 306, *306f.*, 307f., 336, 340, 345, 348, 354, 356, 358, 362, 366, 370f., 373f., 377, 379, 390, 393, 411, 416, 418, 421f., 424–427, 429f., 432, 433–435, 437, 439, 447–449, 466, 468, 471f., 474, 478, 480, 482, 484, 486–488, 490, 493, 498
- christliche/ kirchliche V. *49, 64*, 80, 96, 137, 153, *189f.*, 190, 254, 335, 347, 351, 358, 497
- Eigenverantwortung 66, 117, *118*, 162, 211, 359, 361, 373, 387
- gemeinsame (humanistische) V. 25, 34f., 38, 177, *178, 185, 212, 251*, 274f., *274*, 350f., 359, 367, 373f., 428, 440, 467
- Mitverantwortung 71, 97, 117, *118, 123*, 211, 238, *271*, 306, 342, 379, 410, 412–414, 419f., 431, 440
- öffentliche V. 66, *92*, 152–154, *252*, 253, 262, *264f.*, 399, 472
- V.losigkeit 72, 452
Vereinigte Evangelische Kirche (VEK) 154, 269f., *269*
Vereinigte Evangelische Kirche in Deutschland (VELKD)/ in der DDR (VELKDDR) 96, *96, 136, 181*, 237, 268–270, *269*, 377, 404, 465, 480, 487
Verfassung/ verfassungs- 25, 77, 130, *168*, 186, 214, 335, 344, 371, 375, 379, 409, 437, 450, 458, 463, 487, 491, 498
- V. der DDR (1949) 26, 32, 77, 333, 479
- V. der DDR (1968/74) *26*, 37–39, *39*, 50, 64, *65f.*, 68, 70, *118, 178, 194f.*, 203, 210, 238, 356–363, 365, 367–369, 373f., 376, 378, 389, 465, 468, 482
- V. des Kirchenbundes (1969) *63*, 168
- V. der UdSSR (1936) 15, 330
- Weimarer V. 26, 162
Verheißung/ verheißen 60f., 124, *141*, 153, 215f., 245, 248, 260, *274, 282*, 332, 350, 384f., 398, 405, 418, 422, 431, 440, 447, 456, 496
Vernunft/ (un)vernünftig 6, 10, 86, 90, 92, 199, 200, *265*, 271, *271, 289*, 314, 338, 367, 407, 427, 437f., 474
Versöhnung/ (un)versöhnlich 18, *18*, 61, 85, 102, 213, *232*, 251, *252f., 274*, 307, 341, 372, 394, 399, 426, 498
Vertrauen 48f., *150*, 151, *182*, 210, 249, *287*, 302, *302*, 339, 349, 351, 359f., 369f., 376, 383, 423f., 428, 429f., 433, 435, 437–440, 443, 450, 472

- Grundvertrauen 211, 308, 314, 436, 438, 476
vertraulich 48, 151, 190, 213
Verweigerung/ verweigern *46*, 59, 84, 94, *99*, 104, 185, *307*, 415, 420, 425, 449, 456, 459f., 463
- V. des Wehrdienstes *46, 115*
Verwirklichung/ verwirklichen 10, 12, 20, 24, 37, 44, 48, 53, 60, 64, 66, 79, *79*, 85–87, 135, 144, *179, 190*, 193, 201, 252, 254f., 269, *269, 274*, 313, 340, 348, 351, 353, 356, 358, 361, 365, 370f., 374, 376, 380f., 385, 388, 404–407, 425, 431, 439, 440, 447, 453f.
Volk (s. a. Bildung; Demokratie) 5, 7, 13f., 17, 20, 23, 32, *58f.*, 71, 78f., 81f., 86, *86, 99, 118*, 123, 163, 173, *176*, 181, *193*, 194f., *195, 273*, 330–335, 337, 339, 344, 346, 349–352, 354, 357, 360, 365f., 384, 386, 390, 401, 405, 410, 428, 439–441, 457, 468, 473, 484
- V.front 16f., *16, 143*, 330
- V.kammer 36, 48, *85*, 347, 413, 442, 448, 497
- V.kirche 23, 80–82, 101, 129f., 132–139, *132, 134, 136–138*, 144, 146, *147*, 149, 153, 155–158, *158*, 161, 163–168, *165–168*, 189, *195*, 196, 239, *239*, 241, *241*, 250, *252*, 255, 265f., *265*, 279, 291, 311f., 316, 352, 355, 362, 389, 411, 424, 441, 463, 471, 474, 476, 478–480, 485, 486, 488, 490f., 495–497, 499
Vollmacht (s. Macht)

Wahrheit/ wahr (s. a. Kirche) 5, *5*, 155–157, *155*, 161, *161*, 173f., 187–189, *188*, 193, *193f., 201, 207*, 215, 219–224, *219f.*, 227–232, 236, 267, *271*, 275f., *275f.*, 312, 339, 341, 349, 355, 397, 402, 407, 411, 414, 417, 472f., 477f., 484, 486, 489, 494, 496f.
Wächter(amt) 98, 143, 261–265, *261–265*, 267, 272f., 305, *305*, 314, 364, 368, 377, 382, 390–392, 444
Weißenseer Arbeitskreis (WAK) *(s. a. unter Sieben Sätze...)* 113, *115*, 133, *133f.*, *252*, 264, *271*, 346, 364, 492, 495
weltanschaulich 13, 15, 21, *28*, 35, 38f., 41, 44f., 50, *64*, 77f., 80, 85, 87, 90, *112*, 130, *133, 143, 149*, 171f., 174f., *175*, 177–179, 188, 193f., *195*, 200, 205, 208, *208*, 210, *244, 26f.*, 301f., *305*, 331, 341, 345, 353, 357, 367, 373, 378, 381,

383, 390, 392, 402, 404, 406, 409, 426, 439, 448, 477

Weltanschauung 11, *13*, 14, 16, 22, 25f., *25*, 44, 85, 96f., *103*, 108, 114, *149*, 174–178, *176, 178*, 188, *190*, 193, 196, 198, 222, 238, 333f., 337f., 344f., 351, 356, 358f., 362, 365, 367, 372, 384, 397–399, 402, 407, 409, 410, 413, 420f., 426, 439, 440, 445, 448, 471, 479
- sozialistische W. 12, 44
- W.staat 33, 92, 97, 133, 189
- wissenschaftliche W. 11f., 21, 88, 148, 201

weltlich *13, 29, 78–80*, 88, 110, 114, 117, 119, 143, 222, *227*, 229f., *234*, 237, 257, *264*, 328, 332, 346, 350, 406, 418, 433, 484, 498

Wert(vorstellung) 9, 23, 81, 104, 122, *172*, 173–175, *176*, 179, *253*, 263, *281f.*, 357, 359, 373, 390, 409, 425

Widerstand 25, *78*, 79, 81, 92, 98, 143, 191, 312, 342, 358, 402f., 428, 448, 465, 484

Wiedervereinigung 57f., *58*, 61, 77, 93, 189, 339, 353

Wirklichkeit (s. a. Realität) 6, 9, 11, 18, 21f., 35, 51, 54f., 72, 79, *82*, 102f., 106, 110–113, 114, 118, 128, *135*, 139, 141, 162, 171, *172*, 174, 182f., 187, 188, 196, 208f., 215, 219, 222f., *223*, 240, 245, 248, 250, *265, 275*, 309, 311, *316,*, 334f., 345, 355, 358, 371f., 377, 385, 392, 394, 405, 421, 437, 441, 447, 450, 453, 479, 485, 491
- gesellschaftliche W. 22, 34, 43, 74f., 106f., 159f., 172, 309, 216, 260, 355, 390, 404, 471
- sozialistische W. 71
- W.nähe 310, *170*
- W.verständnis 96, 102, 187, 198, 222f., 226, 250, 252, 311, 475, 478

- W.wahrnehmung 55, 111, 162, 164, 315

Wohl 86, *176*, 193, 201, 223, 259, 260, 294, 297, 335, 348, 383, 392, 402, 406, 407, 413, 426, 427f., 430, 432f., 435, 440, 448, 450, 454, 464, 473
- Gemeinwohl 23, 32, 81, *178*, 196, 201

„Zehn Artikel über Freiheit und Dienst der Kirche" (1963) 237, 242, 464, 474, 479, 494, 498f.

Zeugnis/ (be)zeugen/ Zeuge 38, 61, *71, 88*, 104, 122, 145, *148,, 151*, 153f., *161*, 167, 184, *193, 194*, 199, 211, 218, *219, 224*, 226, 230f., 233f., 236, *241–244*,243, 248–250, *251*, 256f., *259*, 260, *264*, 266, *266, 268f., 289*, 292, 305, 349, 353, 354, 356, 361, 372–374, 378f., 382, 384, 385f., 400, 411f., 416, 418, 421, 424f., 428, 430, 436f., 439, 440–443, 451, 466, 484, 488, 490, 492
- Z.- und Dienstgemeinschaft 69, 71, *118*, 145, 163, 371, 378f., 381, 385, 402, 410, 424, 444, 451, 486, 493

Zivilreligion/ zivilreligiös/ Civil Religion 150, *150*, 166f., *167*, 170, 173–179, *174–178*, 181–188, *187*, 192, 194, 204, 205, *204*, 248, 255, 274, 313, 492, 497

Zusammenarbeit/ Zusammenwirken 14, 41f., 49, *58*, 85, 96, 177, *182*, 200, 205, *268*, 274, *281*, 302, *302*, 306, 330, 335, 339, 341, 347, 349, 354, 364, 368, 373f., 399, 402, 409, 412f., 425, 428, 430, 445, 459, 467, 484, 487

Zwang/ Zwangs- 18f., 21, 34, 90, 111, 154, 172, 219, *282*, 329, 448

Zwei-Reiche-Lehre 78, 86, 89, 103f., 194, 261f., 264, 404, 463, 470, 477–480, 487, 488, 491, 495

Beiträge zur historischen Theologie

Alphabetisches Verzeichnis

ALKIER, STEFAN: Urchristentum. 1993. *Band 83.*

AXT-PISCALAR, CHRISTINE: Der Grund des Glaubens. 1990. *Band 79.*

–: Ohnmächtige Freiheit. 1996. *Band 94.*

BAUER, WALTER: Rechtgläubigkeit und Ketzerei im ältesten Christentum. 1934, ²1964. *Band 10.*

BAYER, OSWALD / KNUDSEN, CHRISTIAN: Kreuz und Kritik. 1983. *Band 66.*

BETZ, HANS DIETER: Nachfolge und Nachahmung Jesu Christi im Neuen Testament. 1967. *Band 37.*

–: Der Apostel Paulus und die sokratische Tradition. 1972. *Band 45.*

BEUTEL, ALBRECHT: Lichtenberg und die Religion. 1996. *Band 93.*

BEYSCHLAG, KARLMANN: Clemens Romanus und der Frühkatholizismus. 1966. *Band 35.*

BONHOEFFER, THOMAS: Die Gotteslehre des Thomas von Aquin als Sprachproblem. 1961. *Band 32.*

BRANDY, HANS-CHRISTIAN: Die späte Christologie des Johannes Brenz. 1991. *Band 80.*

BRECHT, MARTIN: Die frühe Theologie des Johannes Brenz. 1966. *Band 36.*

BRENNECKE, HANNS CHRISTOF: Studien zur Geschichte der Homöer. 1988. *Band 73.*

BURGER, CHRISTOPH: Aedificatio, Fructus, Utilitas. 1986. *Band 70.*

BURROWS, MARK S.: Jean Gerson and »De Consolatione Theologiae« (1418). 1991. *Band 78.*

BUTTERWECK, CHRISTEL: ›Martyriumssucht in der alten Kirche? 1995. *Band 87.*

CAMPENHAUSEN, HANS VON: Kirchliches Amt und geistliche Vollmacht in den ersten drei Jahrhunderten. 1953, ²1963. *Band 14.*

–: Die Entstehung der christlichen Bibel. 1968. *Band 39.*

CONZELMANN, HANS: Die Mitte der Zeit. 1954, ⁷1993. *Band 17.*

–: Heiden - Juden - Christen. 1981. *Band 62.*

DIERKEN, JÖRG: Glaube und Lehre im modernen Protestantismus. 1996. *Band 92.*

ELLIGER, KARL: Studien zum Habakuk-Kommentar vom Toten Meer. 1953. *Band 15.*

EVANG, MARTIN: Rudolf Bultmann in seiner Frühzeit. 1988. *Band 74.*

FRIEDRICH, MARTIN: Zwischen Abwehr und Bekehrung. 1988. *Band 72.*

GESE, HARTMUT: Der Verfassungsentwurf des Ezechiel (Kapitel 40–48) traditionsgeschichtlich untersucht. 1957. *Band 23.*

GESTRICH, CHRISTOF: Neuzeitliches Denken und die Spaltung der dialektischen Theologie. 1977. *Band 52.*

GRÄSSER, ERICH: Albert Schweitzer als Theologe. 1979. *Band 60.*

GROSSE, SVEN: Heilsungewißheit und Scrupulositas im späten Mittelalter. 1994. *Band 85.*

GÜLZOW, HENNEKE: Cyprian und Novatian. 1975. *Band 48.*

HAMM, BERNDT: Promissio, Pactum, Ordinatio. 1977. *Band 54.*

–: Frömmigkeitstheologie am Anfang des 16. Jahrhunderts. 1982. *Band 65.*

HOFFMANN, MANFRED: Erkenntnis und Verwirklichung der wahren Theologie nach Erasmus von Rotterdam. 1972. *Band 44.*

HOLFELDER, HANS H.: Solus Christus. 1981. *Band 63.*

HÜBNER, JÜRGEN: Die Theologie Johannes Keplers zwischen Orthodoxie und Naturwissenschaft. 1975. *Band 50.*

HYPERIUS, ANDREAS G.: Briefe 1530–1563. Hrsg., Übers. und Komment. von G. Krause. 1981. *Band 64.*

JETTER, WERNER: Die Taufe beim jungen Luther. 1954. *Band 18.*

JØRGENSEN, THEODOR H.: Das religionsphilosophische Offenbarungsverständnis des späteren Schleiermacher. 1977. *Band 53.*

KASCH, WILHELM F.: Die Sozialphilosophie von Ernst Troeltsch. 1963. *Band 34.*

KAUFMANN, THOMAS: Die Abendmahlstheologie der Straßburger Reformatoren bis 1528. 1992. *Band 81.*

KLEFFMANN, TOM: Die Erbsündenlehre in sprachtheologischem Horizont. 1994. *Band 86.*

KNUDSEN, CHRISTIAN: siehe BAYER, OSWALD

KOCH, DIETRICH-ALEX: Die Schrift als Zeuge des Evangeliums. 1986. *Band 69.*

KOCH, GERHARD: Die Auferstehung Jesu Christi. 1959, ²1965. *Band 27.*

KÖPF, ULRICH: Die Anfänge der theologischen Wissenschaftstheorie im 13. Jahrhundert. 1974. *Band 49.*

–: Religiöse Erfahrung in der Theologie Bernhards von Clairvaux. 1980. *Band 61.*

KORSCH, DIETRICH: Glaubensgewißheit und Selbstbewußtsein. 1989. *Band 76.*

KRAFT, HEINRICH: Kaiser Konstantins religiöse Entwicklung. 1955. *Band 20.*

KRAUSE, GERHARD: Studien zu Luthers Auslegung der Kleinen Propheten. 1962. *Band 33.*

–: Andreas Gerhard Hyperius. 1977. *Band 56.*

KRAUSE, G.: siehe HYPERIUS, ANDREAS G.

KRÜGER, FRIEDHELM: Humanistische Evanglienauslegung. 1986. *Band 68.*

LERCH, DAVID: Isaaks Opferung, christlich gedeutet. 1950. *Band 12.*

LINDEMANN, ANDREAS: Paulus im ältesten Christentum. 1979. *Band 58.*

MARKSCHIES, CHRISTOPH: Ambrosius von Mailand und die Trinitätstheologie. 1995. *Band 90.*

MAUSER, ULRICH: Gottesbild und Menschwerdung. 1971. *Band 43.*

MOSTERT, WALTER: Menschwerdung. 1971. *Band 57.*

OHST, MARTIN: Schleiermacher und die Bekenntnisschriften. 1989. *Band 77.*

–: Pflichtbeichte. 1995. *Band 89.*

OSBORN, ERIC F.: Justin Martyr. 1973. *Band 47.*

PFLEIDERER, GEORG: Theologie als Wirklichkeitswissenschaft. 1992. *Band 82.*

RAEDER, SIEGFRIED: Das Hebräische bei Luther, untersucht bis zum Ende der ersten Psalmenvorlesung. 1961. *Band 31.*

–: Die Benutzung des masoretischen Textes bei Luther in der Zeit zwischen der ersten und zweiten Psalmenvorlesung (1515-1518). 1967. *Band 38.*

–: Grammatica Theologica. 1977. *Band 51.*

SCHÄFER, ROLF: Christologie und Sittlichkeit in Melanchthons frühen Loci. 1961. *Band 29.*

–: Ritschl. 1968. *Band 41.*

SCHRÖDER, RICHARD: Johann Gerhards lutherische Christologie und die aristotelische Metaphysik. 1983. *Band 67.*

SCHWARZ, REINHARD: Die apokalyptische Theologie Thomas Müntzers und der Taboriten. 1977. *Band 55.*

SENFT, CHRISTOPH: Wahrhaftigkeit und Wahrheit. 1956. *Band 22.*

STRÄTER, UDO: Sonthom, Bayly, Dyke und Hall. 1987. *Band 71.*

–: Meditation und Kirchenreform in der lutherischen Kirche des 17. Jahrhunderts. 1995. *Band 91.*

THUMSER, WOLFGANG: Kirche im Sozialismus. 1996. *Band 95.*

WALLMANN, JOHANNES: Der Theologiebegriff bei Johann Gerhard und Georg Calixt. 1961. *Band 30.*

–: Philipp Jakob Spener und die Anfänge des Pietismus. 1970, ²1986. *Band 42.*

WERBECK, WILFRID: Jakobus Perez von Valencia. 1959. *Band 28.*

ZIEBRITZKI, HENNING: Heiliger Geist und Weltseele. 1994. *Band 84.*

ZSCHOCH, HELLMUT: Klosterreform und monastische Spiritualität im 15. Jahrhundert. 1988. *Band 75.*

–: Reformatorische Existenz und konfessionale Identität. 1995. *Band 88.*

ZURMÜHLEN, KARL H.: Nos extra nos. 1972. *Band 46.*

–: Reformatorische Vernunftkritik und neuzeitliches Denken. 1980. *Band 59.*

Den Gesamtkatalog schickt Ihnen der Verlag
J. C. B. Mohr (Paul Siebeck), Postfach 2040, D-72010 Tübingen.